大学的探索

纪宝成

（第一卷）

中国人民大学出版社
·北京·

编者前言

一

大学，是人类社会中一种独特的机构；大学的存在，是人类历史上独特的社会文化现象。现代意义上的大学，可以追溯到中世纪的欧洲。在漫长的历史进程中，大学经历了一次次的沧桑巨变，大学的理念不断丰富，大学的职能不断拓展，大学的组织形式不断复杂，大学的教学内容不断扩充……时至今日，大学在社会中的地位和作用越来越重要、越来越突出，大学与国家的发展和民族命运的关系越来越密切。

中国虽然早在汉代就有了大学的雏形——太学，先贤往圣对大学精神也有精辟的论述——如"大学之道，在明明德，在亲民，在至于止善"等，但是这些传统并没有自然而然地催生出现代意义的大学，中国的现代大学是清末民初学习借鉴西方的产物，关于大学的精神旨趣、学科学制、教学研究等诸方面，无不深受欧美大学的影响。与此同时，很多著名的大学校长也都自觉从中国传统文化中汲取养分，努力将之融合、运用到办学实践之中。百年来的中国大学发展史，就是一部探索史。在这片历史的天空，留下了蔡元培、梅贻琦、张伯苓、唐文治、吴玉章、成仿吾、李达等著名大学校长孜孜不倦、上下求索的身影和思想光辉。

大学校长是一所大学的灵魂，他的办学理念、办学思路，他的筹划能力、推动能力，他的眼光和见识，关系着这所大学的发展方向和发展路径；而且，他的言行举止、人格魅力、作风做派，也会潜移默化地影响这所大学的学风和校风，影响这所大学所形成的传统。因此，大学校长和大学是紧紧联系在一起的。

尤其是在今天这样一个变革的时代。在充满物质、充满新鲜、充满变化、充满信息甚至充满知识的同时，这个时代也充满着迷失。一所大学的校长，能否在这样一个容易迷失的时代，依旧保持智者的清醒、勇者的胆识、知识分子的良心和教育家的眼光，显然会深刻影响这所大学的当前甚至长远发展。

二

中国人民大学在百年来中国大学发展史上是一所独特的大学。她诞生于1937年的抗战烽火中，是从战火中走来的大学。她于1950年正式命名组建，是新中国第一所新型正规大学，代表着新中国对大学教育的探索，代表着不同于以往的一种新的办学模式和发展道路，在中国高等教育体系中是一所独特的大学。她以人文社会科学为主，学科专业齐全，整体实力较强，综合优势突出，新中国的很多学科专业都肇始于人民大学，她因而被称为"新中国人文社会科学高等教育领域的一面旗帜"。正因如此，中国人民大学不仅与国家和民族同呼吸、共命运，她的命运也和中国人文社会科学的命运紧密相连，文科兴则人大兴，文科衰则人大难振。

20世纪90年代中后期，在市场经济大潮的冲击下，在严重的"重理轻文"思维及其因此形成的制度性歧视的影响下，人文社会科学的作用得不到正确的认识、地位得不到应有的评价，中国人民大学也因此而发展迟缓，一度处于被边缘化的地位。

纪宝成教授就是在这样的背景下于2000年9月出任中国人民大学校长的。九年来，他对外呼吁重视人文社会科学、积极营造学校发展的良好外部环境，对内带领人民大学的师生员工解放思想，开拓进取，团结奋斗，抢抓机遇，迎难而上，"闯出一条生路"，创造了一个又一个业绩。不但学校的硬件条件得到根本改善，软件建设也取得重大成就。在第三轮重点学科评审中，中国人民大学以 33 个重点二级学科、8 个重点一级学科在人文社会科学领域居于全国第一位；在教育部学位评估中心 2009 年初公布的一级学科排名中，中国人民大学有 7 个一级学科全国排名第一，在人文社会科学领域又居第一；在中央教育科学研究所 2009 年发布的"中国高等学校绩效评价报告"中，中国人民大学在全国高校中排名第四。中国人民大学的综合办学实力、核心竞争力、内在凝聚力和外在影响力大幅提升，进入了持续发展的"黄金时期"。

美国加州大学洛杉矶分校的教育学教授罗伯特·罗兹（Robert Rhoads）曾就中国的大学治理问题对中国人民大学的十多位不同学科领域的教授进行逐个访谈；访谈之后，他非常感慨地表示，"在当前美国的大学里，校长经常是教授们抨击的对象；但是谈起纪校长，你们的教授几乎都赞不绝口，认为他是人民大学发展史上里程碑式的人物"。

三

在一个容易迷失的时代，实干主义固然重要，然而实干背后的理念和思路往往是关键。纪宝成校长的探索，就体现了这样一种理念与实干的高度结合。他不跟风趋同、随波逐流，而是切合实际地提出理念，为之躬行；又从实践中不断发展和丰富办学理念和办学思路，形成了较为系统、富有个性的教育思想，探索出一条别具特色、富有成效的大学发展之路。品味他的探索之路，至少可以感受到这样几个典型特点：

（一）尊重高等教育发展规律和高等学校办学规律，致力于建设植根于大学本质的制度和文化。

邓小平同志曾提出，高校领导人"至少应该是懂得教育的有管理学校专长的专业人员"，温家宝同志近年也"倡导教育家办学"，其实提出的问题都是"办教育的人应懂教育"。所谓"懂得教育"，我们理解应该是了解并能把握高等教育发展规律和高等学校办学规律，并具有自己的办学思路与教育理念。

纪宝成校长是经济学家，具有深厚的学术理论功底，善于研究和发现事物的本质规律；他长期从事教育工作，热爱教育事业，对教育尤其是高等教育有着深刻而独特的认识和理解。择其要者，主要有以下几个方面：

1. 对社会主义市场经济、对教育客观规律有着深刻的认识和把握，因而旗帜鲜明地反对教育产业化，坚持教育的公益性质。他坚决反对大学过浓的商业化，疾呼加大对包括高等教育在内的整个教育的投入，早日实现财政性教育经费占 GDP 4％的目标。在一个喧嚣的时代，纪宝成校长保持着一个教育家的清醒和眼光，透过纷纭的现象，坚持、追求并发展大学之道。比如，他大力倡导大学要崇尚学术、追求真理，要"以学为本"、"以学生为本"，呼吁"越是变革的时代，越要坚守大学的传统；越是变化的社会，越要秉持大学的精神；越是纷扰的诱惑，越要牢牢抓住大学的本质"。在他撰写的《中国人民大学之歌》中，"宁静圣洁"、"自由和谐"是他心目中大学校园的理想境界，也是他关于大学精神的四大原则。

2. 提出要全面理解和提高高等教育质量，认为高等教育大众化并不是降低人才培养质量、不要精英教育，而是要促进大众高等教育和精英教育的协调发展。他认为，"大学之所以为大，根本之处在于它的两大最直接产品——学生和学术"；人民大学必须以学生为本，坚持高规格、高质量培养人才；在科研上则要出精品、出上品、出传世之作。

3. 深刻分析人文社会科学特别是人文社会科学高等教育的价值、特点和在我国现代化建设中的地位、作用；指出不能把"科教兴国"理解成"技术兴国"；呼吁不仅要从认识上，更要从制度层面真正落实人文社会科学的地位。他在呼吁加大高等教育投入力度的同时，提出"特别要关注基础研究和人文学科的萎缩情况，着力改善文科办学条件"。认为人民大学作为一所以人文社会科学为主的学校，有责任、有义务肩负起发展人文社会科学的使命，办出特色，办出水平。

4. 注重建设植根于大学本质的制度和文化。他注重学校的制度建设和文化建设，不仅领导学校进行了基于学科发展规律的院系调整、内部组织与治理结构调整等，完善了教学、科研、人事聘任等各方面的制度，而且首创了新年报告会制度、院长年度会议制度、高水平跨学科平台及视觉形象系统等等。他特别关注一个以人文社会科学为主的学校对待自然科学的态度问题，因而注重发展精干的理工科，形成人文精神与科学精神交融的校园文化。他要求学校是个"风清气正"的地方，要做到"事业留人、感情留人、机制留人"，更要"正气留人"，营造一个良好的读书做学问的环境。

（二）从中国的国情和人大的校情出发，解放思想，实事求是，鲜明提出了建设世界一流大学的宏伟战略并为之努力。

作为一所学术机构的领导人，大学校长担负着重要使命，其一便是能够根据世情、国情、校情，高瞻远瞩同时又实事求是地提出学校的发展战略。对大学发展方向和发展目标的科学确立，这是校长办学思想的集中体现，也是他能够胜任校长职位的前提条件。

新世纪的头二十年，不仅是中国经济发展的战略机遇期，也是中国社会建设包括高等教育发展的战略机遇期。纪宝成校长敏锐地把握住了时代的脉搏，从我国现代化发展、高等教育发展和人民大学的历史、优势、实力出发，代表学校正式提出了建设以人文社会科学为主的世界一流大学的宏伟战略，提出了"十年基础、十年腾飞"的阶段性目标，用二十年或更长一点时间把人民大学建设成世界一流大学。由此他提出了"人民、人文、人本，大师、大楼、大气，真情、真想、真干"的发展理念，提出了"一个体系与三个意识"的学科发展思路，提出了"国民表率、社会栋梁"的人才培养目标，提出了全面提升学校国际性的战略，提出了"接续文脉、重振国学"，弘扬"立学为民、治学报国"的人大精神，走出了一条"特色强校、内涵提高、质量第一"的科学发展道路。

建设"人民满意、世界一流"这一宏伟战略目标的提出，极大地凝聚了人心、鼓舞了士气，因而新世纪的人民大学，充满活力、生机勃勃；而明确具体的发展思路、发展理念、发展目标和发展举措，则给了学校行动的指南，让人民大学的理念不会只停留在思想层面，而会实实在在地体现在行动上。所以，这些年人民大学的发展，是理想一步步成为现实的过程。理想的可以追求可以实现，让人民大学呈现着蓬勃向上的活力。纪宝成 2008 年作为教育界的唯一代表被评为中国思想力人物，显然与此不无关系，正像评选活动在对候选人的介绍中所提到的那样，这些人"均是各行业的思想精英，同时也是行动巨人。他们都对自身行业有着独到而深刻的思考，并且不遗余力地将理论和思想付诸行动。"关于纪宝成，还有着这样的评价："在一个文化失落的年代，大学改革与国学热呼声日嚣，二者在学者纪宝成身上合二为一，他成为变革时代的一个文化的符号。"

（三）扎根传统，放眼世界，注重从中国优秀传统文化包括大学传统和世界高等教育发展经验中汲取营养。

大学或多或少都具有世界主义的精神，在经济全球化的今天，中国的高等教育更不可能孤立发展。面对全球化浪潮和知识经济的影响，面对中国国际地位提升对高等教育的新要求，面对变化的高等教育的国际竞争环境，纪宝成校长大声疾呼，无论是从国家命运还是大学自身命运来说，大学都必须放眼世界，大力提升国际性，对此别无选择。他明确提出，国际文化交流应成为高等教育的第四项职能，中国人民大学要力争成为中外文化交流的排头兵。为此，中国人民大学开办国际小学期，大力提升人才培养的国际性；并在历史上第一次专门制定提升国际性规划纲要，采取战略举措大力提升学科建设、教师队伍、人才培养、科学研究、学术出版的国际性。

同时，纪宝成校长也认识到，共性总是寓于个性之中，各国的大学必定会根植于自己的文化、传统和国情之中。即使是借鉴、移植外来的文化观念和制度，如果在本国的传统中没有与之相对应、相契合的因素，那么外来的观念和制度也很难在本国扎根或者发展起来。所以他明确反对"大学国际化"、"与国际接轨"的含混提法，认为在当今世界，所谓的"国际化"，无非就是"美国化"；他主张以"国际性"来代替"国际化"，并自觉地从中国优秀传统文化和大学传统中汲取营养。这在纪宝成校长的办学思想和办学实践中都有明显的体现。比如在办学思想层面，他把人大精神概括为"立学为民、治学报国"，他希望学生具有"国民表率、社会栋梁"的成长目标，具有"明德、博学、求是、笃行"的学术品格，具有"忠诚、勤勉、朴实、友爱"的道德人格，具有"行为精英，心为平民"的处世方式，他希望教师既做"经师"又做"人师"等等，无不深深打上了中国传统文化的烙印。比如在办学实践层面，他竖立孔子像，建立孔子研究院，首创国学院，命名明德楼，建议传统节日为法定节假日等等，都"表现出对中国历史和文化深深的尊重"（爱尔兰都柏林大学授予纪宝成校长名誉博士时的评价）。因此，在新世纪以来，中国人民大学自觉担负起传承文化的使命，逐渐成为研究和弘扬中国优秀传统文化的排头兵和学术重镇。

　　这样的充满思想性的大学探索，透过纪宝成朴实的话语跃然纸上。然而打动我们的，不仅是他思想的深邃、行动的坚定，更是他作为一个学者的赤子情怀和一个知识分子的强烈社会责任感。尽管大量的文章是工作讲话，但是纪宝成校长的真诚充溢其中。他对社会充满了热爱，对民生充满了深深的关注，正如他说的那样，"追求卓越的精英阶层，包括知识分子，很容易在不知不觉中就脱离大众。这就需要我们的精英、知识分子，在内心深处要有平民意识，要时刻警醒自己，只有来自于平民又服务于平民的知识和一切努力，才是真正有价值的"。这样的情怀投放在日常工作中，则体现为他对人民大学、对人民大学的师生员工的真挚感情。比如，在刚就任人民大学校长时，纪宝成校长看到"当时的大楼之于人大，不仅仅意味着硬件设备的改善，更意味着人才的挽留、信心的提升和学校凝聚力的增强，是物质变精神的问题，是非常重要的人的问题"，因而不畏艰难，提出要"带着感情解决教职工住房问题"。通过"社会化、商品化、货币化"的思路把解决教职工住房和拓展校园办学空间、改善办学条件结合起来，就是在人民大学教职工住房条件极差而国家福利分房政策早已终止，并且人大校园狭小、硬件破烂的现实条件下"逼出来的一条思路"。正是这种厚重的感情，让纪宝成校长提出的理念和举措总是体现着浓郁的人文关怀，因而总是有着深厚的民意基础和强大的执行力。

四

这些充满真挚情感的理念和实践都蕴涵并体现在纪宝成校长任职以来的关于人大发展的会议讲话、发言、汇报、工作报告、演讲以及发表的文章和访谈中，将之汇集在一起，就是《大学的探索》这部书。《大学的探索》一书收录了纪宝成校长 2000 年 9 月任职以来至 2009 年 9 月为止关于办什么样的中国人民大学、如何办好中国人民大学的一系列讲话和文章（作者关于宏观高等教育改革发展的文章没有收录），具有较强的针对性，同时也具有较强的普适性，有的发表过，有的则是第一次公开。《大学的探索》反映了纪宝成校长结合中国人民大学的办学实践，对大学精神、大学理念、大学功能、大学使命和责任、大学发展战略、大学组织、具体办学举措、中国大学如何办成世界一流大学等诸多问题进行的思考和探索、实践和创新，很多方面其实不单纯是大学发展的事件，已经溢出了高等教育的范畴，对社会发展和文化发展都产生了积极的影响。

全书共分为"总体办学思路与新的起航"、"人民大学与人文社会科学"、"学科建设的一个体系与三个意识"、"大师、大楼、大气"、"科学管理与'真情、真想、真干'"、"塑国民表率、育社会栋梁"、

"接续文脉、重振国学"、"兼容并蓄与提升国际性"等八个部分。

"总体办学思路与新的起航"部分，体现了纪宝成校长关于中国人民大学的办学理念、发展战略和发展思路的思考和探索。上任之初，他即提出"1231"办学思路，引领着中国人民大学走出低谷，抢抓机遇，迎接挑战；他组织全校师生员工开展关于世界一流大学的大讨论，并结合实际情况提出中国人民大学建设世界一流大学的战略目标，振奋精神，鼓舞士气；他根据高等教育的现状和人民大学的校情提出学校发展要"内涵提高、特色强校、质量第一"；他提出新世纪前二十年人民大学"十年基础、十年腾飞"的战略规划，并带领学校提前实现了"十年基础"中"固本强基，重塑形象"的目标，吹响了下一阶段"十年腾飞"的号角。

"人民大学与人文社会科学"部分，体现了纪宝成校长及中国人民大学为呼吁全社会重视人文社会科学、为繁荣和发展人文社会科学所作出的思考和努力。纪宝成校长任职以来发表的第一篇文章就是《新世纪要更加重视人文社会科学》，举办的一个大会（即中国人民大学命名组建五十周年纪念大会）、组织的第一个学术论坛（即中国人文社会科学论坛）都是呼吁重视人文社会科学的。他认为人文社会科学与自然科学是"车之两轮"、"鸟之两翼"。新世纪要更加重视人文社会科学，正确认识和评价人文社会科学的地位和作用，摒弃"重理轻文"的陈规陋习。他提出贯彻落实科学发展观，从认识、制度、投入等诸多方面入手，办好文科高等教育；认为中国人民大学素有"我国人文社会科学高等教育的重镇"的美誉，要通过自我提升来肩负起发展与繁荣人文社会科学的重担。

"学科建设的一个体系与三个意识"部分，体现了纪宝成校长关于大学学科建设的思考和探索。他始终认为，学科建设是大学工作的重中之重，是大学发展的龙头和主线。他的学科建设思想较为系统完整。2001年，他提出了建设一个"主干的文科、适当的理科、必要的工科"的学科体系，后来发展成"主干的文科、精干的理工科"。

从人民大学的实际出发，他提出了学科建设的"三个意识"，即"基地意识、特色意识、一流意识"，以及"全面提升，重点突破，强化优势"，"巩固优势学科，发展应用学科，扶持基础学科和交叉新兴学科"的学科建设举措，他反复提醒学科建设要有"居安思危、居危思危"的忧患意识。针对学科特点的不同，他提出按照"入主流、在主流、壮主流、领主流"的思路建设大文科；按照"有基础、相关联、高起点、入主流，力争高水平"的思路发展"少而精"的理工学科。

"大师、大楼、大气"部分，体现了纪宝成校长关于师资队伍建设、校园建设、大学文化和学风校风建设的思考和探索。他创造性地发展了清华大学梅贻琦校长"所谓大学者，非谓有大楼之谓也，有大师之谓也"的思想，将"大楼"、"大气"置于非常重要的位置，这不仅仅是针对当时人民大学缺少"大楼"的实际，而且也是一种与时俱进的大学理念。他指出，所谓"大楼"指的就是现代化的教学科研设施和良好的办学条件，是"绿化、美化、数字化、人文化、节能化"的校园环境。所谓"大气"则是学校的学术视野、学术氛围、学术气度、学术品格、学术胸怀，是追求进步、追求真理、追求科学、追求光明的校风，是百花齐放、百家争鸣、学术自由、严谨求实的学风，是"尊重知识、尊重人才、尊重劳动、尊重创造"的氛围，是"事业留人、机制留人、感情留人、正气留人"的环境。在现代社会，有了"大楼"和"大气"，不一定能培养出"大师"，没有"大楼"和"大气"，就更难培养"大师"，也难以留住"大师"。"大师、大楼、大气"之间的关系并不是孤立的，而是物质变精神、精神变物质的辩证关系。

"科学管理与'真情、真想、真干'"部分，体现了纪宝成校长关于大学治理和管理的思考和探索。他提出要以"真情、真想、真干"为发展的行动纲领，并将之与"人民、人本、人文"的办学宗旨、"大师、大楼、大气"的办学思路相融合，形成人民大学的18字"发展经"。"真情"，就是对国家、对民族、对教育事业、对学校要有真感情，要敬业，要忠于职守；"真想"，就是在真情的基础上对学校发展、对具体工作要积极思考，多谋善断，要有办法；"真干"，就是真抓实干，讲行动、讲效果、讲业绩。在学校的管理中，纪宝成校长希望学校各级领导"清醒、团结、干事"；希望各部处和学院的领导班子成为"团结的班子、干事的班子"；希望行政教辅人员能多读书、干中学、多研究，最终能在学校形成"想干事、敢干事、能干事、干成事"的工作氛围。

"塑国民表率、育社会栋梁"部分，体现了纪宝成校长关于人才培养的思考和探索。在办学实践中，纪宝成校长逐渐形成了非常系统而完整、富有人大特色的关于人才培养的思想。"国民表率、社会栋梁"是人才培养目标，前者指做人，后者指做事，做人与做事要统一。他还对学生提出"忠诚、勤勉、朴实、友爱"的道德人格标准，"明德、博学、求是、笃行"的学术品格要求，"德、智、体、雅"和"真、善、美、爱"的综合素质追求，"行为精英，心为平民"的处世方式。纪宝成校长对人才培养的关注涉及各个层面，无论是培养方案、教学管理、招生就业、社会实践、学生资助，还是住宿条件、体育设施甚至吃饭洗澡等问题，事无巨细，他都记在心头，大多亲自过问。

"接续文脉、重振国学"部分，收录了纪宝成校长在人民大学开展国学教育和研究的相关文章、讲话和访谈（部分关于国学理论的文章未收录），体现了纪宝成校长关于在中国人民大学继承和弘扬中国优秀传统文化的思考和探索。继承和弘扬中国优秀传统文化，是纪宝成校长一以贯之的思想主张，从竖立孔子像，呼吁设立传统节日为法定假日，到提出"重估国学的价值"这一重大命题，并创办新中国第一所国学院，重振国学，呼吁设立国学学位等等，可谓水到渠成。在他看来，人大的国学是按照"大国学"、"新国学"的思路发展的，不是复古，不是守旧，也不是狭隘，而是今人眼中的国学、是国际视野下的国学、是当代形态意义上的国学。

"兼容并蓄与提升国际性"部分，体现了纪宝成校长关于大学的第四项职能即国际文化交流和提升大学国际性的思考和探索。他指出提升大学国际性，不仅是人民大学走向世界、应对挑战的需要，也是建设世界一流大学的需要，更是我们国家增强国际学术影响力、争取国际话语权、提升软实力的需要。因此，他上任伊始，就把提升学校国际学术文化交流能力提上重要议事日程，2004年提出增强大学国际性的重要性，2006年重申国际文化交流是大学的第四项职能，2008年把提升国际性确定为当年院长工作会议的主题，并指导有关部门制定提升国际性的规划纲要，2009年通过制度创新，首次开办国际小学期。

《大学的探索》一书，忠实记录了纪宝成校长探索"大学之道"、全心全意办好中国人民大学的风雨历程；真实反映了纪宝成校长和人大师生员工九年来团结奋进、开拓创新的坚实足迹；全面展示了中国人民大学新世纪以来波澜壮阔的发展画卷。同时，也从一个侧面折射出新世纪以来中国高等教育改革和发展取得的巨大成就和面临的挑战。相信本书的出版，对于关心中国人民大学的读者、关注中国大学改革和发展的读者会有一定参考价值。

本书每一部分收集的篇目截至2009年9月，大体按照时间先后排序，所选文章尽量保持原貌，只对文字作了少许删节和订正。编者在每一部分之前都作了一个简短的解说，并选用了纪宝成校长的两首诗词，有助于读者了解本部分的要旨。需要说明的是，本书的少数文章，特别是一些讲话，是在不同场合、不同时间对同一问题进行的阐述，难免存在着大同小异、交叉重复之处，还请读者理解。既然是大学的"探索"，难免存在不健全、不完善的地方，对于纰漏乃至错误之处，还请读者予以批评指正。

中国人民大学高等教育研究室胡娟、李立国、胡莉芳，财政金融学院黄文彬，学校办公室刘向兵、侯书栋，校史研究室梁敬芝，国家汉办樊钉等同志先后参加了本书的选稿、整理和编辑工作，马俊杰教授给予了大力的支持，出版社徐莉、潘蔚琳等为本书的出版付出了努力。

当完成这部书稿的编辑工作的时候，我们油然想到了 2007 年 6 月纪宝成校长荣获第四届"十大中华经济英才"荣誉称号时对他的评语：为学，不落窠臼、大胆创新；为师，默默燃烧、纤丝吐尽；为官，锐意改革、风雨兼程；是科研、教学、行政硕果三重的时代英才。斯言实乃实至名归之谓也。

大学是一项神圣的事业，大学的探索永无止境！

2009 年 12 月

目　　录

总体办学思路与新的起航

人民大学与人文社会科学

总体办学
思路与新的起航

千年交替、世纪更迭，如何引领中国人民大学在新世纪创造新的辉煌？作者在校长任职仪式上提出的"1231"办学思路，引领着中国人民大学走出低谷，抓住机遇，迎接挑战，走"内涵提高、特色强校"的发展道路，并在发展中化解长期积累的矛盾和难题，取得各项改革的新突破。思想改变世界，思路决定出路，"1231"的总体工作思路为中国人民大学开启了一个新的时期。

水龙吟·中国人民大学命名五十周年大会

（2000 年 10 月 25 日）

　　掌声似雨如潮，清心振气欢声乱。高朋满座，群贤毕至，神交百感。激越新声，蓝图重绘，讲坛璀璨。似龙吟虎啸，振聋发聩，齐踊跃，冲霄汉。

　　五十年来综览，铸辉煌、大家风范。开来继往，双肩沉负，舒弛未敢。众望期期，百年基业，尤需肝胆！待风云世纪，一流争创，了平生愿。

江城子·拆除陋烂房

（2001 年 1 月 16 日）

　　老夫岂发少年狂？陋平房，烂楼房，陋烂成堆，统统拆精光。此事万难难不住，拼执著，又何妨！

　　摧枯拉朽不平常。既开张，必堂皇；大计精心，风险敢担当！谤误无须拳击案，心气定，自轩昂。

抓住机遇，谋求发展 *

——在中国人民大学校长任职仪式上的讲话

(2000 年 9 月 27 日)

各位领导，各位老师，同志们：

刚才张常韧局长宣布了党中央、国务院关于我任职的决定，吕福源同志代表教育部党组发表了重要讲话，徐锡安同志代表北京市委发表了重要讲话，在这里我要对组织上对我的信任和勉励表示深深的谢意。尽管前一段时间我对到中国人民大学来工作有一定的思想准备，但此时此刻我才真切地感受到，在我一生中一个新的岗位、新的工作、新的挑战开始了。因此，一种庄严感、神圣感、责任感油然而生。

在我即将履行新的岗位职责的时候，首先请允许我向我们刚刚卸任的老校长李文海教授表示崇高的敬意和衷心的感谢，他在他的任期之内，为人民大学的改革与发展作出了重要贡献，为我们今后的工作奠定了良好的基础。我们恳切地希望李文海老校长在今后的工作当中能继续关心学校的改革与发展，对我本人和新一届班子的工作继续给予关心、指导和支持。借此机会我还想向我们学校历任校领导，对他们为人民大学的建设和发展付出的辛劳和智慧表示衷心的感谢，也向全校广大师生员工包括已经离退休的老同志们致以亲切的慰问与

_____

  * 本文根据讲话录音整理，全文原载《中国人民大学》校报 2000 年 10 月 10 日，同时被《发展与繁荣人文社会科学》（纪宝成著，北京，中国人民大学出版社，2004）和《中国当代教育家文存·纪宝成卷》（纪宝成著，上海，华东师范大学出版社，2006）收录。

问候。

在千年更替、世纪之交这样的时刻，在中国人民大学迎来命名组建 50 周年这样的时刻，又回到人民大学来工作，我一方面感到很荣幸，但更多的是感到责任重大，压力很大。刚才吕福源副部长对人民大学给予很多很高的评价。中国人民大学是我们党在新中国创办的第一所高校，应当说也是我国人文社会科学方面整体实力水平比较高的一所高等学校，是我国人文社会科学人才成长的一个主要的摇篮，也是人文社会科学研究的主要基地之一。来到这样一所名牌大学工作，我当然感到很荣幸。但是，更多的是感到压力很大、责任重大，主要是由于一方面人民大学很重要，另一方面，时代对人民大学提出了新的、严峻的挑战。

我们学校是一所以人文学科、社会科学见长和为主的高等学校。人文社会科学如何面向 21 世纪，怎样认识人文社会科学在"科教兴国"战略中的地位和作用，作为人民大学这样一种学科结构的高等院校，在新的世纪如何更好地服务于我国现代化建设事业，这样一些问题，虽然我们经过很多年的探索，但是目前依然处在探索之中，存在很多挑战。改革开放、市场经济、科技革命、法制建设、国际竞争、世界多元化、经济全球化等等，不断提出新的情况、新的问题，向人民大学提出新的挑战。怎样回答这样一些问题，我觉得工作是非常艰巨的。从人大自身来讲，虽然实力很强，但也有很多需要面对的现实问题，由于长期投入较少，欠账太多，我们学校的办学条件，我们教师的工作环境、生活条件都还存在诸多困难。而当前社会存在着的急功近利的社会风气、重理轻文的客观现实，也对我们从另一个角度提出了更大的挑战，面对这样一些问题，我脑子里一直在想，我能不能挑起这个担子，能不能干好。

教育部领导多次找我谈话，想想中国人民大学的情况，我也很有信心。首先我们有党中央、国务院对人民大学的亲切关怀，有教育部和北京市委、市政府的正确领导和大力支持，这是第一条；第二条是尽管人民大学存在着很多引起我们紧迫感的问题，但她依然是一所实力很强的学校，在人文社会科学领域从整体水平来讲，可以与国内任何一所大学相媲美、争高下，有这样一个很好的基础。但是更重要的，吕福源副部长刚才讲过，人民大学有一种当年毛主席说的"始终奋进在时代前列"的光荣传统。人民大学的教师有追求真理、追求光明、追求进步的精神。所以，把这些加在一起，前面的那些挑战实际上也可以说是一种发展的机遇。想到这些，我又感到很有信心，今后工作能不能做好是以后评价的问题，最重要的是眼前应当努力去干工作。福源同志刚才代表教育部党组对人民大学给予了很高的评价，提出了很多殷切的希望，对今后工作提出了非常重要的指导意见。徐锡安同志也代表北京市对人民大学提出了非常好的意见。这些我们都要很好地学习，认真地贯彻落实。

从我自己来讲，目前对学校的工作提不出什么具体意见。但是我有一个总的认识，这就是，目前我们国家可以说正处于高等教育发展的最好时期，面临着最好的机遇，在这种情况之下，如何抓好这个机遇是个大问题。在当前的新形势下，我们一定要抓住机遇，高高地举起"发展是硬道理"的旗帜。只有发展才能增强凝聚力，只有发展才能化解长期积累的各种矛盾，也只有发展才能够迎接新的挑战，创造新的辉煌。当前的发展，我想很重要的是两个方面：一个是要搞好学科的规划和学科的建设，一个是要搞好校园的规划和校园的建设。在过去工作的基础之上，如何把这两个规划和两个建设紧紧抓住不放将是我们今后一段时间非常重要的任务。这两个建设、两个规划是密不可分的。为了搞好这一点，我们应当抓改革、抓调整、抓管理，我们应当在改革当中发展，在调整当中前进，在管理当中提高。从教育教学改革来讲，主要是全面推进素质教育，培养适合时代需要的新的建设者；从内部体制改革来讲，主要是转换学校运行机制，调动广大教职工的积极性。调整有多方面的调整，但重要的、关键的是学科定位的适当调整，这是我们学校教学组织结构的适当调整，是我们学校形象的重新塑造。管理问题，刚才徐锡安同志也讲到了，我们主要是向管理要质量、要效率、要效益。我们一方面要搞好"抓改革、抓调整、抓管理"的工作，另一方面同样重要的是千方百计地多渠道筹集办学经费，争取在未来几年之内实现空前规模的资金投入，大大加快学校建设和发展的步伐；在加大投入的同时，我们应当精打细算，用好每一分钱，提高投资的各种效益。我来人民大学就任之前，陈至立部长、吕福源副部长、张保庆副部长分别找我谈话，他们谈到很重要的一条就是都表示一定要大力支持人民大学，包括加大对人民大学的投入。想到这些，我就信心倍增，豪情满怀。

关于学校工作，我想应该这样来做。从个人来讲，我是中国人民大学的毕业生，人民大学是我的母校，当年是人民大学培养了我，哺育了我；后来我在人民大学工作了 10 年，是人民大学锻炼了我，提高了我。在我离开人大 8 年零 10 个月之后，现在又回到人民大学来工作，过去的老师、过去的同事以及后来的校友们，我们将在一起共同工作，希望得到你们的支持，包括批评和监督。我一定努力按照吕福源副部长刚才提出的要求，不辜负党中央、国务院的重托，紧紧依靠校党委的集体领导，按照民主集中制的原则进行工作，把自己变成中国人民大学的一分子，按照"三个代表"重要思想的要求，与在座的同志们以及全校广大教职员工同呼吸、共命运，下定决心，排除万难，为实现吕福源副部长刚才对人民大学提出的"把人民大学全面建设成为国内外处于领先地位，具有鲜明中国特色和重大国际影响的高水平的社会主义大学"的目标而努力奋斗，为我们民族的复兴，为我们祖国的繁荣作出人民大学应有的贡献。我相信，中国人民大学的明天一定会更加辉煌、更加灿烂。

谢谢大家！

用一流的教学和科研回报祖国和人民 [*]

——在中国人民大学命名组建 50 周年
纪念大会上的讲话

（2000 年 10 月 15 日）

尊敬的各位领导、各位来宾、各位校友，老师们、同学们：

今天，我们隆重集会，纪念中国人民大学命名组建 50 周年，首先，请允许我代表中国人民大学向前来参加纪念大会的各位领导、各位嘉宾、各位校友表示热烈的欢迎和衷心的感谢！代表学校党政领导向奋斗在我校各个岗位上的广大师生员工表示亲切的问候！

中国人民大学的 50 年是在党的三代领导集体的亲切关怀下建设和发展的 50 年。中华人民共和国成立之初，党中央在考虑新中国高等教育事业的发展时，决定创办一所以人文社会科学为主的新型大学。1949 年 12 月 16 日，中央人民政府政务院第十一次政务会议根据中共中央政治局的建议，通过了《关于成立中国人民大学的决定》。1950 年 10 月 3 日，以华北大学为基础的中国人民大学正式成立。党和国家领导人刘少奇、朱德、张澜、董必武、林伯渠、何香凝、徐特立、谢觉哉等亲临成立大会。中央人民政府副主席刘少奇同志在讲话中指出：中国人民大学是"我们中国第一个办起来的新式的大学，在

　＊ 本文根据讲话录音整理，全文原载《中国人民大学学报》2000 年第 6 期，并被《发展与繁荣人文社会科学》（纪宝成著）一书收录。

中国历史上以前所没有过的大学。中国将来的许多大学都要学习我们中国人民大学的经验，按照中国人民大学的样子来办立其他的大学。"中国人民大学作为我们党和政府亲手创办的新中国的第一所新型大学正式诞生了。从此，10 月 3 日，成了我们永远不会忘记的日子。1953 年，我国进入社会主义改造和社会主义建设时期，中央把中国人民大学的任务进一步明确为两点：第一，为国家培养建设骨干；第二，为改造旧的和建设新的高等教育树立一个新型正规大学的典型。

在以后的发展历程中，中国人民大学的建设和发展一直得到党的三代领导集体的无比关怀。毛泽东、刘少奇、周恩来、朱德等党的第一代领导集体成员，先后在中国人民大学的人才培养、办学形式、经费投入、基础设施建设等问题上多次作出了重要指示。"文化大革命"结束后，由于邓小平同志的过问和督促，经党中央、国务院批准，中国人民大学于 1978 年从在"文革"中被迫停办解散的厄运中恢复了新生。邓小平同志多次指出，"人民大学是要办的"，并指示中国人民大学"主要培养财贸、经济管理干部和马列主义理论工作者"①。他还就人大复校以后的培养目标、专业设置、课程内容等问题作出过重要的具体批示。1992 年和 1997 年，江泽民总书记曾经先后两次为中国人民大学题词，希望人民大学"高举邓小平理论伟大旗帜，培养跨世纪优秀建设人才"。党和国家领导人李鹏、乔石、李瑞环、李岚清也曾为中国人民大学校庆题词，勉励我校继承和发扬优良传统，坚持解放思想，勿忘实事求是。李鹏、宋平、李岚清等领导同志还多次莅临中国人民大学指导工作。

刚才，李鹏委员长亲临我们的大会并发表了重要讲话，李岚清副总理又专门致信祝贺，希望将中国人民大学建成具有鲜明中国特色的和重大国际影响的世界一流大学。所有这些，都充分体现了党的三代领导集体对我们人民大学的殷切期望，给了我们巨大的鼓舞和力量。

---

① 《邓小平文选》，2 版，第 2 卷，69 页，北京，人民出版社，1994。

50 年来，中国人民大学在发展的每个历史时期，都得到党和政府的高度重视和大力支持。1950 年建校之初，我校的办学经费占到中央人民政府教育部全部概算的 1/5。1954 年 1 月，中共中央宣传部决定高等教育部除了对高等学校进行一般领导和管理外，应以中国人民大学、北京大学、清华大学为工作重点，取得经验，推动全面。1954 年 12 月，高等教育部发文，第一次确定以中国人民大学为首的 6 所大学为全国重点大学。在 1959 年、1960 年国家两次确定全国重点大学，1980 年、1984 年两次确定国家重点建设的 10 所大学时，中国人民大学均位列其中。1996 年，中国人民大学首批进入国家"211工程"重点建设大学之列。当前，国家实施《面向 21 世纪教育振兴行动计划》，中国人民大学又成为获得国家重点支持的大学之一。

50 年来，中国人民大学始终坚持社会主义办学方向和"始终奋进在时代前列"的优良传统，从无到有，从有到优，在艰苦奋斗中创业，在开拓进取中发展，学校的各项事业尤其是学科建设、人才培养和科学研究取得了巨大成就。

1950 年到 1965 年的 15 年间，中国人民大学为全国高校培养了绝大多数政治理论课师资，在传播马克思主义基本原理和基础知识方面，充分发挥了"工作母机"的作用；中国人民大学在新中国高等教育中最早设置了经济、管理方面的专业，为建立和管理好我国的社会主义企事业和财政金融工作在人才支持和知识贡献方面发挥了巨大作用；中国人民大学组织编写的文科教材哺育了新中国一代代教学和科研人才，特别是《政治经济学教程》、《辩证唯物主义和历史唯物主义》、《中国革命史讲义》、《微积分》等全国通用教材，发行量达数百万册乃至上千万册，影响深远而又持久；中国人民大学还在全国率先创办了函授教育这一重要的办学形式，为普及高等教育发挥了领头和示范作用。

复校以后 20 多年来，在党的十一届三中全会的指引下，中国人民大学以党的基本路线和邓小平理论为指导，走上了一条不断改革、加速发展的道路，各方面建设取得了显著的成效。

　　由于主动适应社会主义市场经济发展的需要，加强学科建设，中国人民大学的学科综合实力大大提高。马克思主义理论与思想政治教育、哲学、中共党史、国际政治学、理论经济学、法学、新闻学、国民经济管理、金融学、财政学、会计学、统计学、社会学、人口学、清史、档案学、人力资源管理、行政管理、工商管理、商品学等一大批学科均在全国名列前茅，成为公认的学科排头兵。中国人民大学还率先建立了信息管理系、劳动人事学院、知识产权中心等适应新时代需要的院系或者中心，大力发展管理科学、信息科学和环境科学等新兴交叉学科，在全国也都起到了一定的先导或者示范作用。目前，在8个全国高校文科教学指导委员会中，我校教授担任了法学、历史学、新闻学、档案学、社会学、马克思主义理论与思想品德课共6个委员会的主任。在人文社会科学领域，学校拥有的博士、硕士和本科各个层次学科点和博士后流动站的数量，在全国高校中居于前一二位；全校共有14个国家重点学科，约占全国文科重点学科总数的1/5；入选教育部"跨世纪优秀人才工程"的学者约占全国入选者的1/5。

　　经过50年的发展，中国人民大学已经成为我国人文学科、社会科学人才培养的重要基地。据不完全统计，50年来学校共培养各类高级专门人才16万人，其中有一大批已经成长为著名的哲学家、教育学家、经济学家、历史学家、法学家、文学家、社会学家、政治学家、企业家、经济财贸管理干部、马克思主义理论工作者、新闻工作者、法律和文学艺术工作者等优秀人才。据有关部门统计，人大培养的学生中，在党政机关担任省部级干部的有约400人，担任司局级干部的有20 000多人。学校拥有中文、哲学、历史、马克思主义理论与思想政治教育、理论经济学以及大学生文化素质教育6个国家文科基础学科人才培养和科学研究基地，中国人民大学因此而成为全国拥有文科基础学科教学基地最多的高校。中国人民大学也是我国人文社会科学研究的重要基地。从1978年至今，全校的科研成果总数约占全国文科科研成果的1/7；每年获得的人文社会科学科研项目和每届获得的科研奖励项目，均在全国高校名列前茅。最近，在全国高校社科基地建设评审中，中国人民大学先后有 12 个基地通过了初审或评估，在全国高校中最为突出。人大书报资料中心和出版社是全国著名的文科信息中心和出版基地，为人文社会科学的研究提供了量多质优的信息资料。人大的学者们关注现实，贴近社会，对经济体制改革、政治体制改革、经济发展、民主法制、文化建设、精神文明建设、对外开放以及国际政治等领域的重要理论和实践问题进行了深入研究，产生了一系列重大成果，为社会主义物质文明和精神文明建设作出了重大贡献，一大批学者担当着中央和各级人民政府的顾问，为党和政府的决策提供咨询，为经济发展献计献策。

50 年的历程，是光彩夺目的历程，中国人民大学没有辜负党和国家的期望，已经成为代表我国人文社会科学高等教育最高水平的高等学府之一，不断地用一流的教学和科研成果回报祖国和人民。

今天，当我们隆重纪念中国人民大学命名组建 50 周年、回顾总结已经走过的光辉历程的时候，我们深切怀念为中国人民大学的创建和发展作出不可磨灭的贡献的吴玉章、成仿吾、胡锡奎、郭影秋等已经故去的老一辈校领导，深切怀念为人民大学的学科建设、人才培养和科学研究奠定坚实基础的老一辈著名教授、学者。在这里，我也代表学校向历任校领导和已经离退休的老教授、老干部、老同志们表示崇高的敬意，向关注学校发展的海内外的广大校友和全校师生表示由衷的感谢！

同志们，正如江泽民总书记在庆祝北京大学建校 100 周年大会上的讲话中指出，世纪之交、千年更替的当今世界，科学技术突飞猛进，知识经济已见端倪，国力竞争日趋激烈，而我们的国家 20 多年的改革开放和社会主义现代化建设取得举世瞩目的巨大成就。刚刚召开的党的十五届五中全会审议并通过了《中共中央关于制定国民经济和社会发展第十个五年计划的建议》，吹响了向新世纪进军的号角。在这种形势下，中国的人文社会科学应当如何面向 21 世纪？怎样认识人文社会科学在"科教兴国"战略中的地位和作用？中国人民大学在新的世纪如何更好地服务于我国现代化建设事业？中国人民大学能否适应急剧变化着的形势的需要，始终奋进在时代前列？所有这些新形势、新情况、新问题，都向我们提出了严峻的挑战，也使我们面临着空前的发展机遇。长期以来，由于种种原因，我们学校的建设欠账较多，积累的矛盾较多，学校的办学条件，教师的工作环境、生活条件都还存在诸多困难；更为重要的是，在当前迅速变革和发展的时代，我们能不能进一步解放思想、转变观念和转换机制，以适应新的形势、新的时代的需要？我们是长于守成还是勇于创新？这是我们世纪之交必须面对的重大的现实抉择。而当前社会上存在着的急功近利的社会风气，重理轻文的客观现实，也对我们从另一个角度提出了严峻挑战。可以说，现在的中国人民大学经受着"不进则退"甚至是"缓进也是退"的巨大压力。然而，具有"始终奋进在时代前列"光荣传统的中国人民大学，对迎接挑战充满信心，因为有党中央、国务院的亲切关怀，有教育部、北京市的正确领导，有一支追求真理、追求科学、追求进步，长于艰苦奋斗的教职工队伍。现在的中国人民大学，人心思改，人心思变，人心思进，"解放思想，开拓奋进，抓住机遇，加快发展"已经成为全校的共同心声。我们完全可以这样说，在即将过去的 20 世纪，我们的前辈取得了辉煌的业绩，现在，我们将豪情满怀地跨入新的世纪！

刚才，陈至立部长代表教育部发表了重要的讲话，对人民大学的过去进行了充分的肯定，对人民大学的未来提出了殷切的期望，对人文社会科学的地位和作用进行了深刻的阐述，我们备受鼓舞，深受教育，我们一定要认真贯彻落实教育部党组的要求。在今后的工作当中，我们要适应新时代的需要，创造无愧于时代的新业绩，必须高举"发展才是硬道理"的旗帜。发展是硬道理，创新是真办法，只有以创新求发展，才能增强凝聚力，才能化解长期积累的各种矛盾，才能战胜新的挑战，创造新的辉煌。面向 21 世纪，我们要继续坚持"解放思想，实事求是"的思想路线，根据改革开放和现代化建设的需要，脚踏实地，埋头苦干，努力在教学、科研、管理等方面不断创新，不断突破，由此确立新定位，塑造新形象，开拓新路子，实现新飞跃。

当前，我们必须下大力气抓好两方面的工作：一是要搞好学科的规划和学科的建设；二是要搞好校园的规划和校园的建设。在过去已有工作的基础之上，要把这两个规划和两个建设紧紧抓住不放，这是我们一段时间内非常重要的任务。为此，我们应当抓改革、抓调整、抓管理，在改革当中发展，在调整当中前进，在管理当中提高。

我们要面向新世纪，积极探索学科发展的新路子。学科建设既要内涵式发展，又要外延式发展，要通过调整、重组、增设，通过巩固提高基础优势学科，大力发展应用学科，大力发展交叉渗透的新兴学科。构建文科和理工科、基础学科和应用学科、传统学科和新兴学科协调发展，也就是主干的文科、适当的理科、必要的工科①协调发展的合理的学科体系。

我们要围绕素质教育，大力深化教学改革和创新。要积极推进教学思想、课程体系、教学内容、教学手段和方法以及教学管理的改革和创新，不断提高人才培养质量。

我们要继续加强科学研究，发挥科研服务的巨大能量。我们要坚持贯彻"百花齐放、百家争鸣"的方针，继续保持和改善中国人民大学"兼容并蓄、有容乃大"的有利于学科繁荣的学术环境。要坚持理论联系实际的优良学风，结合改革开放和现代化建设中的重大理论和实际问题，不断推出具有重大现实意义和学术价值的科研成果，在基础理论研究上实现重大突破，在实际问题研究上产生重大影响。要积极拓展社会服务的领域，根据现实需要，参与社会发展，在为党和国家决策咨询服务方面作出应有的贡献。要以社科基地为建设龙头，积极实现科研体制、科研管理的制度创新。

---

① 作者首次正式提出"主干的文科、适当的理科、必要的工科"学科体系定位。

我们要积极争取国家更多的投入，包括争取国家《面向 21 世纪教育振兴行动计划》的更大支持，并要多渠道地筹集建设资金，争取在未来几年之内实现空前规模的资金投入，大大加快学校建设和发展的步伐；要把一流大学的要求与现代化观念结合起来，积极拓展办学空间，改善和优化教学科研条件；建设绿化、美化、净化和数字化的美好校园；要下大决心，尽快推出新举措，大范围地改善教职工的住房条件，并争取较大幅度地提高教职员工收入水平，改善生活待遇。

同志们，中国人民大学是一所以人文社会科学为主的高等学府，而人文社会科学不同于自然科学的一个重要特点就是，它既是一个理论体系，又是一种价值体系；既是一门科学，又是一种意识形态。人文社会科学教育不仅仅是向学生传授专业知识，而且还承担着帮助学生确立科学的世界观、人生观、价值观的重大任务。因此，我们必须坚持马克思列宁主义、毛泽东思想、邓小平理论的指导地位不动摇。在当前我国正处于社会转型期的历史条件下，在国际共产主义运动依然处于低潮的历史条件下，在西方敌对势力总是妄图对我"西化"、"分化"的国际环境下，在这方面保持清醒的头脑尤为重要。我们一定要高举邓小平理论这一当代马克思主义的伟大旗帜，坚持社会主义办学方向，坚持四项基本原则，决不搞指导思想上的多元化。在这方面，我们中国人民大学具有优势和传统，我们一定要很好地保持和发扬。

在纪念中国人民大学命名组建 50 周年之际，共同回顾辉煌历史，认清时代要求，把握未来使命，我们信心满怀。我们要紧紧团结在以江泽民同志为首的党中央周围，高举邓小平理论伟大旗帜，团结起来，开拓奋进，为把中国人民大学建设成为以人文社会科学为主的世界一流大学而努力奋斗，为伟大祖国的繁荣昌盛和中华民族的伟大复兴作出我们应有的贡献。我相信，经过我们的不懈努力，中国人民大学一定会拥有更加光辉灿烂的明天！

谢谢大家！

当前的问题与"1231"工程[*]

——在担任校长后第一次全校中层干部会议上的讲话

(2000 年 10 月 27 日)

下面我想就当前的工作讲一些意见。今天我到人大工作整整一个月。就任以来，一开始最重要的工作是筹办中国人民大学命名组建50 周年纪念大会，然后组织召开过两次党委常委会、两次校长办公会，我本人拜访了袁宝华老校长等绝大多数已经离任的历任校领导，也看望了几位老教授，听取他们的意见。目前我还没有都听完学校各部门的情况介绍，组织、人事、财务、教学、科研等部门的工作都听过了，下个星期我会继续听取后勤、基建、校产等几个部门的情况介绍。所以对于学校的全面情况，目前我还不完全熟悉，现在依然处于一个熟悉情况的阶段。但是有些工作不能等着我们把情况完全熟悉了再干。

这段时间我对学校未来的发展问题已有过一些思考，今天把思考的问题向同志们汇报一下，有的是本学期的工作，有的是希望大家共同来研究和思考的问题。

党的十五届五中全会刚召开不久，现在全党、全国人民都在认真学习、贯彻十五届五中全会精神。中共中央关于"十五"建设的建议，概括起来是"以发展为主题，以结构调整为主线，以改革开放和科技

* 本文根据讲话录音整理。

进步为动力，以提高人民生活水平为根本出发点"，全面规划了我们国家新世纪初改革与发展的宏伟蓝图。我在教育部工作期间，具体组织了第十个五年计划中关于教育部分的制定工作。中央"十五"计划的建议草案里很多关于教育的内容，都是我们当时完成并报送上去的。

"十五"计划对我们来说最重要的是"加快发展"这几个字，因为提到科技和教育，最重要的是要加快发展，主要包括进一步提高国民素质和培养一大批高水平、高层次的人才队伍这两个方面。

在我校命名组建50周年纪念大会上，李鹏委员长、陈至立部长、刘淇市长都高度评价了人民大学的过去和现在，对未来也提出了殷切期望。对我校而言，这次会议特别重要的是两个问题：一个是怎样认识人文社会科学的地位。这次会议对此给予了充分的肯定。我认为人民大学的地位与人文社会科学的地位密切相关，人文社会科学不受到重视，人民大学就很可能甚至一定会被有意无意地忽视。另一个是明确了人民大学改革与发展的目标——就是要建成以人文社会科学为主的世界一流大学①。这次会议精神，对我校广大教职员工和校友鼓舞极大。可以说，它的震撼力和所形成的凝聚力以及必将产生的影响力，都是非常强大、非常深刻、非常久远的，也是无法估量的。可以认为这次会议是中国人民大学发展史上的一个里程碑，是我们努力再创辉煌的一个新起点；也可以认为这次会议吹响了人民大学向新世纪进军的号角，奏响了起航的乐章。因此学校上下都感到非常振奋，表示要乘势而上，要让人民大学在新的世纪创造出新的业绩。在学校党委常委会和校长办公会上大家一致认为，学校应作出认真学习党的十五届五中全会精神、认真贯彻落实中国人民大学命名组建50周年纪

---

① 2000年10月5日，作者出席中国人民大学附属中学建校50周年庆祝大会时，就中国人民大学的办学目标等问题，向吕福源副部长作了汇报，希望将学校的奋斗目标定为"以人文社会科学为主的世界一流大学"，吕福源副部长当即表示赞同。随后，这一提法得到了陈至立部长等教育部领导的一致认可。在2000年10月15日中国人民大学命名组建50周年纪念大会上，这一提法被正式确认下来。

念大会精神的决定。这个决定正在起草过程中，不久就会公布。决定中将要提出中国人民大学如何建成以人文社会科学为主的世界一流大学，人文社会科学如何面向 21 世纪等基本问题。

我们在振奋、兴奋之后，重要的是要反省、反思，要反躬自问差距何在？怎样根据既定的目标制定有力措施把工作搞上去？我们不能老是沉浸在兴奋当中、振奋当中、自我陶醉当中，这不是我们人大的风格。我们应该将重点放在找差距上，思考世界一流大学是什么样子，国内其他一流大学是什么样子，人民大学目前的优势是什么，差距在哪里，对此应有客观的分析。盲目的自豪、盲目的自信、盲目的乐观都不是正确贯彻纪念大会精神的态度。所以要在全校开展这样一个大讨论，讨论的重要问题是怎样找出差距，根据我们的目标应该采取什么措施；而且在进一步理清思路、明确目标以后，应该注重行动，注重实效，力戒空谈。我们要听取来自各方的不同意见，这是应当的，但是不能无穷尽地论证下去，不能无休止地争论下去，要真抓实干。没有行动就不可能干出成效来，哪能谈得上建成世界一流大学？

这段时间我和学校各方面接触，向学校领导班子各位同志请教、讨论问题，我认为我校具有很多的优势和很好的传统。比如说人民大学的学科基础非常雄厚，学科建设成就巨大，很多学科在全国依然处于领先地位或者名列前茅，不少学科的发展势头蒸蒸日上，有老一辈学术带头人，也有年轻一辈，要撼动人民大学的学科基础很难，这是我们几代人留下的最宝贵的财富。这一点确实值得我们自豪，也是我来接这个班时感到最高兴、最振奋的。当然，我后面还要讲学科建设中存在很多问题，但总体讲基础还是相当好的。

我们学校有很多好的校风、好的传统。最近采访我的媒体记者比较多，我都一一给他们介绍，我体会中国人民大学至少有五个方面的优良传统：

1. 始终奋进在时代前列。我们的师生是追求真理、追求光明、追求进步的，所以他们能始终奋进在时代前列。当然我后面要提到我们也存在着滞后的问题，但是主流方面还是积极向上的。我们可以举很多例子说明这一点。

2. 实事求是。我校这条校训一直得以发扬光大。人民大学培养的学生很受欢迎，很重要的原因是他们具有务实、苦干的作风。社会上流传有关几所名校的一些笑话、传言，无论褒贬，意思也都是说人民大学的学生比较务实。

3. 兼容并蓄。社会上对人民大学其实并不完全了解，我在人民大学工作过多年，又住在这里，对学校情况比较熟悉。人民大学的思想其实是非常活跃的，各种学术思想都能够共存。世界上各个国家的好的做法我们学校都愿意借鉴、吸收，苏联的、美国的、日本的等等，各个国家的做法其实很不相同，但在人民大学都能够找到与之相关的论述。兼容并蓄、有容乃大是人民大学的一大传统。"双百方针"在人民大学贯彻得是比较好的。这是能够办出高水平的一流大学的重要保障。

4. 服务现实。我们一直很注重理论联系实际，紧密围绕着国家改革开放和发展建设当中各种重大的理论问题、实践问题，来培养人才和进行学术研究，并强调服务现实，多年来一直如此。我们很多理论课题选题都是在现实当中提出来的重大理论、实践问题。

5. 艰苦奋斗。人民大学校园条件很差，广大师生员工在这样简陋的校园环境下，创造了辉煌的业绩，毋庸置疑，没有艰苦奋斗的精神是不可能的。

人民大学还有很多好的传统值得总结、继承和发扬。成绩我不多讲，既然重点是找差距，就把我来这里一个月的时间所看到的、听到的、想到的有关存在差距的问题说一说，不一定准确，但希望大家在讨论如何建设一流大学的时候，能够把这些问题考虑进去，或者把它总结得更加深刻、更加全面。我只是提出初步的看法供大家参考。

尽管我们改革开放的成就巨大，从我们学校的校容校貌到深层次的学科建设，教学、科研、管理水平，运行机制，管理体制都发生了许多巨大的变化,有很突出的成就,但是在已进入新世纪的今天,与世界一流大学相比还有很大差距,值得我们思考。我想总结归纳为以下几点:

首先是几个"跟不上"。

(1)办学思想、教学思想、管理思想跟不上改革开放和培养新世纪合格人才的要求。尽管我们现在成就巨大,但在市场经济条件下应当怎样办学、怎样多渠道筹集资金等问题上,我们的办学思想赶不上其他很多学校。培养的人才怎样算是合格,他们的素质、知识结构究竟怎样,教学思想、人才观念究竟应该是什么样的,对于这些问题我们研究得不够。我们对世界一流大学的情况知道得很少,对国内一流大学的情况知道得其实也不多,并不真正了解人家在干什么,在抓什么。人民大学素以理论研究著称,但在这些方面却听不到很多很深刻的东西。在计划经济条件下形成的很多思维定式,到今天依然还有不少遗留。所以说解放思想、更新观念是一个大问题。如果我们的办学思想、教学思想、管理思想没有进一步更新的话,很多工作就难以向前推进。

(2)组织结构、管理体制、运行机制跟不上改革开放和培养新世纪合格人才的要求。比如说我们的教学组织架构,目前院系设置的情况跟人民大学这样一所以人文社会科学为主的中国一流高等学府的地位是不大相符的。在座很多同志都是各自学科的一流专家,对世界主要国家的主要高校的相关情况应当是有所了解的。当年我在学校当副教务长时,就谈到院系调整是成熟一个调整一个,15年过去了,我们的院系结构调整仍然没有到位。院系调整特别是合并等情况很值得研究。再比如说后勤管理体制,虽然在改革中取得了很大成就,但机制的变革并没有取得突破性、实质性的进展,跟不上学校在新时代进一步发展的需要。

(3)队伍建设,尤其是师资队伍建设跟不上改革开放和培养新世纪合格人才的要求,与世界一流大学比较,差距还比较大。虽然我们有很多优秀教师，但更要看到存在的问题。人事处做过一个比较，我校年轻教师中博士学位获得者比例目前虽处于全国前列，但不是最高的，低于个别兄弟院校；由于人民大学在"文化大革命"中停办8年的特殊原因，有些院系教师出现了年龄断层，50岁到60岁这一年龄段的教师很少，这是一个特殊的情况，但如果不迅速改变，在老一辈的特别是其中全国著名教授都退休的情况下，有些院系容易发生青黄不接的问题。当然有些院系抓得很好。对于师资队伍建设，我们要有危机感、紧迫感。今天在国内的竞争中，人民大学并不占据特别的优势地位。许多人怀念上世纪50年代学校的特殊地位，但那种地位早就不存在了，那是一种特定历史条件下的特定地位，那种地位也不应当长期存在下去。我们应当认识到现在所处的环境，认清自己的定位，考虑好师资队伍建设问题。学校近年来对师资队伍建设采取了一系列有效措施，特别是去年学校在分配制度上作了重大改革，对稳定队伍作出了重要贡献。但总体来讲，队伍建设方面还存在不少问题。同样，在管理干部队伍建设上也存在不少问题。一个学校没有一支强有力的、高水平的、高素质的管理干部队伍，工作是很难搞上去的。当然我们的管理干部工作很勤奋，为学校发展作了很大的贡献，但亟待加强。

（4）校园环境、各种设施建设远远跟不上改革开放和培养新世纪合格人才的要求。我们校园里没有多少值得自豪的地方，太过简陋了，办学设施严重不足。现在的大学生不同于80年代，独生子女很多，观念不同了，眼光也不同了。很多考生和家长选择学校，不仅要看学校的名气，还要看学校的条件。低层次的要求是看校园环境、住宿等生活条件，高层次的要求是看学校的办学条件，比如图书馆、机房条件、教师水平以及学校在整个国家的地位。现在我们的校园环境、设施建设还存在太多问题，校园还很乱：由于管理不到位，我们有限的教室、食堂被外单位的学生甚至是中学生占用，造成自习座位紧缺、食堂拥挤不堪，一封接着一封的学生来信反映这个问题；由于历史原因，本来不大的校园内还建有规模庞大的家属区，而且和教学区没有分开，商铺摊点随处可见，现代化的不多，低水平的不少，就像是贸易集市一样，有损人民大学的形象。总之，宁静的校园早就没有了。这样的情况在全国名牌大学中是不多见的。考生怎么会对这样的校园环境感兴趣？家长看了是什么心情？像这样一些问题，都很值得我们研究、思考。校园环境问题我希望能彻底解决。

其次是几个"投入不足"。

（1）经费投入严重不足。尽管这在很大程度上是国家问题，但同时我们自己也应考虑怎样多渠道筹集办学经费。人民大学"历史欠账"太多，"七五"计划时，人民大学被列为全国十所重点建设高校之一，但没有得到重点建设的经费；"八五"计划时，人民大学又是十所重点建设高校之一，但又基本上没有得到多少经费。"211工程"也是拿的最低级别的经费，4 500万元。不光钱少了，钱的背后其实有一个名分问题，有的人在心目中可能就会认为你是重点大学中的二、三流学校了，不值得重点投入。应当认为，这种情形的造成与社会上普遍存在的重理轻文的思想根深蒂固、积重难返有关，但也与我们自己的工作有关。

（2）有些领导干部，特别是部分"双肩挑"干部，在行政管理方面精力投入不足，履行岗位职责不够。怎样来治理一个学校？怎样来治理一个院、一个系、一个部、一个处？怎样研究学习其他学校？我们很多干部在精力投入上还不够。不少兄弟院校为了建设世界一流大学，都是有计划、有组织地进行研究和工作。人民大学则很少研究这类问题。个别院系的领导上午开完学校的大会，下午就出差、讲课去了，不通知、不传达会议精神，整个院或系不知道学校布置了什么工作。院系领导要研究怎样履行好自己的职责，既然担任了行政工作，就要投入，就要做好。当然担任行政工作，跟自己的教学、科研有很多矛盾，我们要妥善处理好这个矛盾，要有一些制度解决这一问题。如果我们的干部在管理岗位上投入不足，甚至是严重不足，就很难把学校办好。当领导就需要讲牺牲精神、奉献精神，要发扬这些精神。当然学校也应关心这些同志。所以，首先不是管理水平高低的问题，而是精力能否充分投入的问题。

（3）少数教师在教学、科研上精力投入不足，甚至是严重不足。这些教师基本的工作精力放在校外了。到外面讲课不是不可以，真是为了教学、科研，为了与实践相结合当然是可以的，但要掌握一个度。在校外单位讲课讲得好可以为人民大学争光，也可以与实际工作部门相沟通，这是好事情，但是如果反客为主，副业当成了主业，甚至其实既不是搞教学也不是搞科研，长年累月没有一篇文章出来，这是绝对不行的。前些天有位系里的领导告诉我，他不担心理论与实践相结合、教学与实践相结合的问题，担心的是这些教师以后不搞教学、不搞科研了。这里可能有如何调整我们的思路，调动教师工作积极性的问题；但对教师个人来说，是需要认真考虑怎样把自己的本职工作履行好的问题。听说还有老师不上课，让自己的研究生去代课，甚至擅自停课、调课，或请人上课，而管理部门竟然没发现。尽管是个别现象，但是影响很恶劣。这说明，督导工作很必要、很重要。如果教师不敬业，我们就不可能建成一流大学。

再次，还有"两个不够"。

（1）个别部门、个别同志讲大局不够。强调个人利益、局部利益比较多，整体利益考虑得比较少，以至于我们少数院系之间互相开课都成了问题，逼得个别院系不得不搞"小而全"，这里面是关系问题还是体制问题，是怎样造成的，要认真研究。我们不批评谁，但这个问题要解决。

（2）个别同志、个别院系讲团结不够。尤其让人痛心的是长期内耗可以把一个学科搞得一蹶不振。如果这样，我们就愧对前辈，愧对后人。这个问题可能是由多种原因造成的，但问题是客观存在的，它已经严重影响了学科建设，严重影响了学校上水平。人民大学长期以来是我国马克思主义理论的坚强阵地，我们曾经因此而自豪，但是这一次教育部的人文社会科学研究基地评审，人民大学在马克思主义基地评选上竟然榜上无名，这样的问题难道不值得深思吗？这样的问题我们不正视它、研究它，一流大学建设恐怕就是一句空话。

最后，还有一点就是学校还是比较封闭。听了外事工作汇报，我感觉外事工作这几年取得长足进展，已开创了新局面，但是，我们对国外情况的研究还很不够。其实我们对国内情况的研究也不够，例如统计资料就不够完善。学校在争取投入、争取支持时，要拿材料去说话，没有数据、没有比较、没有研究，你怎么说？学校没有做足够的比较和研究工作，跟教育部门、兄弟院校和其他相关机构联系不够，比较封闭，某些领域甚至是相当封闭。当然和80年代、90年代相比，还是进步了不少。

我来校工作第一次召开中层干部大会就讲这么多问题，我想只有正视不足，才能更好地落实十五届五中全会和中国人民大学命名组建50周年纪念大会的精神。我们要时刻警醒自己，不能够沉浸在盲目的自信、自豪中。成绩不讲跑不了，问题不讲不得了。今天会议的主要目的是请广大中层干部和教职员工重点找差距。只有这样我们才能更加明确奋斗目标，才能采取更加切实有效的措施。"三讲"教育作为试点已经过去了，但"三讲"的精神应当继续下去。我们应当按照"三讲"的精神和"三个代表"的要求来看问题，查原因，找差距。思想政治工作不是空的，加强行政管理工作也不是空的，应针对这样一些问题，努力开创新的工作局面。

接下来，我想讲讲下一步的工作打算。我在学校命名组建50周年纪念大会上已经讲了轮廓性的意见，这个意见不是个人的意见，而是代表班子、代表党委讲的。总体上我们还是要按照十五届五中全会的精神，以发展为主题。我曾经就在这里讲过①，要做到"一个高举"，即高举邓小平关于"发展才是硬道理"的旗帜；"两个规划、两

---

① 指2000年9月27日在中国人民大学校长任职仪式大会上的讲话。

个建设"，即要搞好学科的规划与建设、校园的规划与建设，抓住这两个规划和建设不放；然后要通过"三抓"来实现，即抓改革，抓调整，抓管理，在改革中发展，在调整中前进，在管理中提高；然后还有一个"投入"，即千方百计筹措办学经费，加大资金投入，未来三五年内要有空前规模的资金投入来加快我校的发展。这几个要点所宣示的内容可以简称"1231"工程。

具体谈三个方面。有的马上就要做，有的还只是一个设想，还要具体化：

1. 在学科规划方面，我们要面向新世纪，积极探索学科发展的新路子。

（1）学科专业结构要适当调整。要巩固提高基础学科、优势学科，大力发展应用学科，大力发展交叉渗透的新兴学科，即两个巩固提高，两个大力发展。我们要逐步地形成这样一个学科专业结构：主干的人文社会科学、适当的理科、必要的工科。这个问题需要我们在信息科学、环境科学等方面认真地加以研究。此外，人文社会科学的学科专业我们要尽可能全一些。

（2）抓好学科专业队伍建设，特别是学科带头人。要针对我校教师中博士比例尚不足够高、整体外语水平不是顶尖的情况，多选留包括从外校选留博士生，多从国外引进留学归国人员。人事处和各相关单位都要在这方面多做工作。要重视培养学科带头人并充分发挥他们在学科建设上的作用。

（3）加强教学、科研设施建设。我们不可能一夜之间让所有院系的教学条件、实验设备都完全改善，但一定要逐步改善，尽快改善。一定要让我们的教师及引进的人才感到在人民大学工作有利于成就事业，有好的工作环境。我们要争取在这方面有较大变化。

（4）要有一个很好的学术氛围，一个团结、和谐、百花齐放、百家争鸣的学术氛围。应该说人民大学在这方面有很好的传统，我们要继续发扬。

（5）学科建设要坚持正确的理论方向、政治方向。人民大学的学科建设有一个特点：以人文社会科学为主。人文社会科学不同于自然科学的一个重要特点，就是它既是一个理论体系，又是一种价值体系；既是科学，又是意识形态。因此，我们在学科建设问题上，怎样坚持正确的理论方向、政治方向，如何跟上新时代并体现改革开放的时代要求，这是一个重要的问题。这两者应该是统一的，而不是对立的。这也是我们学科建设中的一个大问题，关系到人民大学形象的问题。我们是学马克思主义的，马克思主义是开放的、发展的。改革是我们伟大的社会主义的实践，怎样在改革实践中丰富发展各门学科？如果以为坚持马克思主义就是教条地对待马克思主义的话，那么学校的学科建设就会受到很大的影响。当然，我们也不能走向另外一个极端。人民大学总体来讲在这方面的情况是好的，但这依然是我们学科建设中值得重视的一个大问题。

2. 在校园规划和校园建设方面，我们已作出了一系列的决定。

（1）重新审定人民大学校本部的校园规划。西区的市造纸六厂即将收回，确保明年3月份交给人民大学，教育部非常支持我们，为收回这片地给了4 000万元。造纸六厂虽然只有30亩地，但两边的地连成一片，就是七八十亩地。包括附近的校工厂占地，我们要很好地重新规划。

（2）做好新校区建设可行性的论证工作。要抓紧做好前期工作。我到市政府拜见了林文漪副市长，重点谈了造纸六厂和良乡①的问题。良乡的问题，只要北京市发了文件，各项基础工作都动起来了，我们就可能去干，但要干就是大干。人大现在这块地方发展潜力有限，如果有条件的话我们也要抓新校区建设，但建新校区要十分慎重，必须充分论证。

---

① 当时北京市政府研究批准建立沙河高教园区和良乡高教园区，并拟定中国人民大学进驻良乡高教园区。

（3）拆迁学校大部分危陋旧房，限期完成。北五楼和静园、宜园那条马路以南的全部危陋旧房，包括便民市场、家具库，要求最迟明年5月底全部拆光，然后进行统一规划。能盖房的盖房，不能盖房的进行绿化。人大学生的活动空间太少了，校园内建筑实在是太密集了，要增加绿地。至于"一处"平房区目前拆迁还做不到，财力跟不上，要一步一步来。但除此以外的简陋平房区，我们要迅速采取拆迁措施。

（4）已立项的基建项目抓紧开工、施工。多功能体育馆、学生公寓、浴室、多媒体教学楼等要抓紧建设，还有目前仍是个"大坑"①的仁达大厦工程的复工问题。西北角的造纸六厂这个地方也要规划。所以，我们基本建设的任务非常艰巨。

（5）主要道路、楼群、绿化园应当命名。要认真研究校园人文景观的设置，提高校园的文化品位。我们初步设想对东门口的花园进行命名，同时争取建造一座标志性建筑。要让任何到人大的人都要去看一眼，毕业生都要到那儿进行摄影留念，增强学校的凝聚力。这也是比较提气的事情。这些工作可以马上就开始。

3．在为学生和教职工服务方面，我们要办成几件实事。

我认为我们学校工作上应有一个指导思想，就是"一切为了学生，一切为了教学、科研"。"一切为了学生"，就是为了学生健康成长，培养合格人才；"一切为了教学、科研"，搞好教学和科研，也是为学生服务。这个指导思想应该非常明确。

我们应首先努力做好以下几项工作：

（1）整顿校园秩序和校园环境。希望各有关部门密切配合，是哪个部门的责任哪个部门就要认真负责，切实解决。校园内人员太杂太乱，学生丢自行车问题严重；学9楼（现品园1楼）、西区食堂周围卫生环境比较糟糕；租房户也要进行清查。整个校园内商气太浓，赚

---

① 由于种种原因，仁达大厦工程1999年动工后不久就被搁置了。作者到任后指示学校财务、基建等部门排解各种历史遗留矛盾并重新进行设计施工，后来建成文化大厦。

钱的气氛太浓，不知道有多少校内单位在出租东西。有的民办大学以人民大学的操场为操场，以人民大学的教室为自习室，等等。食堂也是一样，据说外面很多人都到这里吃饭。当然后勤社会化不是不可以，但我们的学生食堂已经很拥挤，怎么办？既要改革，又要为我们的学生服务好，这些事情都要认真研究。

（2）尽量改善教学条件和教学辅助设施。我们准备先从图书馆开始，学校已经给图书馆增加了一些经费，把电子阅览室搞起来，至少100个座位，现在只有37个座位。图书馆一楼大厅空空荡荡，电子阅览室37台微机，学生使用需要排队，这和我们学校建设世界一流大学差距甚远，应当马上有所改善。尤其院系的实验设施，紧缺的、教学急需的，要逐步加以解决，要在原有工作基础上继续努力，而且要加快这方面建设的步伐。

（3）为教职工服务，当前最重大的问题，是要下大决心，采取重大举措，较大范围地解决教职工住房问题。我们设想到明年年底这个问题有比较大的解决；彻底解决不可能，目前还不敢作出这个承诺，只能努力在现有条件下作出较大的改善。有关部门已经在行动了。学校还在进一步筹划这件事情，究竟采取多少种方案，是一个方案还是多个方案并举，有关部门正在认真地研究。我们想要买一批房，人民大学的校园空间有限，大家不要再指望今后在这里盖多少家属宿舍，我想，宜园3楼是不是应是盖的最后一栋家属楼了，这个校园不能再盖大批家属宿舍了，为了学校长远的发展，不能这样做。教职工的住房，将来只有向外发展，才会是比较好的解决途径。关于这件事，我们正在研究实施的办法。

（4）搞好后勤工作，尤其是为学生服务的食堂，希望有进一步的改进。我们有的食堂办得不错，有的食堂尽管很努力，但依然存在不少差距。其他为学生、教工服务的生活设施也要进一步完善。盖浴室也是这样，应当盖一个现代化的浴室。要有远见，要把这样的问题解决好，多办实事。

在管理方面，今天就不详细讲了，教学管理水平、科研管理水平、人事管理水平、后勤管理水平，都还有需要进一步提高、改善的地方。希望大家进一步研究这些问题。日常的工作其实往往是最重要的东西，人们往往重视新东西，注意新亮点，日常的工作往往容易被忽视，但日常的工作一旦被忽视，就会造成根本的内伤，根本的损害，所以我们希望加强日常管理。当然我们学校有些突出问题也值得警惕。我前面已经讲过，人大校园商气比较浓，这点我们应当高度重视起来。要妥善解决把学校资源出租、变相转让等问题。市场经济条件下办学可以适当引进市场机制，但不适当地蔓延到各个领域，问题就大了。所以我们在运行机制的转换上，体制改革上，要恰到好处，认真分析，哪些是国家应该包的，哪些不应该包的，要搞清楚。后勤适当剥离，转换机制，是完全必要的，但是有一些领域，要认真研究，不能完全市场化。这一点我们如果不重视的话，也会从根本上损害我们的事业。

因为本学期的工作已经布置过了，所以今天我只是讲存在的问题，提出一些新问题，并不是重新布置工作，还是要以本学期初学校布置的工作为准，以学校发的文件为准，文件继续有效，这些只是对文件的补充，有些是重要的补充，有些是更加具体化的内容。我只是把我到校以后学校领导班子研究的一些问题、我们想到的一些问题，给大家通报一下，便于同志们开展关于怎样创建世界一流大学的讨论，把它引向深入。创建世界一流大学的讨论应当是务实的讨论，不是空对空的讨论，所以我今天讲的全部是比较实的东西。工作都没有具体谈。比如科研工作应当怎么搞，那天科研处的同志来介绍科研工作的情况，我提了一些意见，也讨论了一些问题，比如如何抓住重大现实问题进行科研。明年中国共产党成立80周年，中央发了一个通知文件，对待这件事情人民大学就不应该仅仅是一个学习的问题。那天我在文件上批了两句话，指出人民大学要拿出一批高质量的理论文章来纪念我们党成立80周年。我们希望党史系以及其他有关院系的专家们能够在这些方面写出高质量的文章来，这在理论上是一个贡献，同时也可以促进学校的学科建设，为学校增光添彩。再比如服务奥运会，刘淇市长在中国人民大学命名组建50周年纪念大会上提出人大要在"人文奥运"方面作出贡献，对此学校行动很快，已经提出了初步的设想，市里是很高兴的。像这样随时提出的针对现实的一些重大科研问题，应当纳入我们的视野，要好好地抓这些问题。

今天，科研工作我没有涉及，教学工作也没有多讲，因为我认为那是要专门讲的问题，下一步将召开专题会议进行研讨。后勤改革以及管理体制、财务体制都要进行进一步改革，进一步调整，阶段性的成果要不断地出现。我们其他方面的管理体制都要改革，我们讲"抓改革、抓调整、抓管理"不是空的，都要一一加以落实。最近我收到不少教师、学生的来信，我不可能一一答复，但这些来信我都很认真地看了，包括对遴选博导和硕士点、博士点建设的意见，有关部门对此正在进行认真的研究。总而言之，我今天是向同志们汇报一下我来校以后的思考。希望大家多提建议，不对的地方请大家批评指正。

向总书记汇报*

——在江泽民同志考察中国人民大学时召开的 师生代表座谈会上的汇报

(2002 年 4 月 28 日)

尊敬的江总书记、尊敬的各位领导：

在这春光明媚、生机勃发的美好季节，江总书记亲临我校视察，我们十分兴奋、十分激动，感到无限荣光。在此，请允许我代表中国人民大学 28 000 多名师生员工向总书记致以最崇高的敬意和最热烈的欢迎！

中国人民大学是我们党亲手创办的第一所新型正规大学，她的历史是与党和政府同呼吸、共命运的历史。概括地说，以毛泽东同志为核心的党的第一代领导集体亲手缔造了中国人民大学，以邓小平同志为核心的党的第二代领导集体给了中国人民大学第二次生命，以江泽民同志为核心的党的第三代领导集体赋予了中国人民大学"与时俱进"的新品质、新灵魂，这在我国 1 000 多所普通高校中是独一无二的。

下面，我将学校的基本情况和我们的工作向总书记做个简要的汇报。

---

　　* 本文根据讲话录音整理，全文原载 2002 年 5 月 10 日《中国人民大学》报，曾被《发展与繁荣人文社会科学》（纪宝成著）和《中国当代教育家文存·纪宝成卷》收录。

一、学校的基本情况

在党中央、国务院的亲切关怀下，在教育部和北京市的正确领导下，经过几代人的不懈努力，中国人民大学已经发展成为我国人文社会科学领域最具影响力的著名高等学府之一。

中国人民大学已经发展成为我国人文社会科学领域人才培养的重要基地和高层次建设人才成长的摇篮。现在，学校人文社会学科设置齐全，同时也设有若干理工学科，拥有一大批高水平的一流教授学者。学生素质也相当好，本科生平均录取分数文科全国第二，理工科也是全国前三、五名。研究生报考人数位居全国高校前列。从去年（2001 年）开始，我校的研究生招生数量已经超过了本科生招生数量，研究生与本科生在校生的比例已达到 1∶1.3，是全国研究生比例最高的三所高校之一。1950 年人民大学组建以来，正规学历毕业生 12 万多人，他们绝大部分是各条战线的工作骨干。

中国人民大学在我国人文社会科学高等教育领域长期发挥着先导和示范的作用，在新中国人文社会科学高等教育的许多学科领域作出了奠基性、开创性的贡献。我国现有的马克思主义理论学科，以及哲学、经济、管理、法律、新闻、党史、外交、政治等学科或专业，不少都是肇始于中国人民大学，然后由这里走向全国。

中国人民大学已经发展成为我国人文社会科学研究的一座学术重镇，并在一定程度上发挥了"智库"的作用。中国人民大学科研成果丰硕，在教育部以及北京市的人文社会科学评奖中，一直名列前茅。一大批学者担任各级政府和各类企业的顾问，例如人大法学院的学者几乎参与了新中国成立以来我国所有重要法律的起草工作，这在全国高校中是绝无仅有的。

在衡量一所大学实力和水平最重要的几项指标中，人大都名列前茅。例如，人大在人文社会学科领域拥有的博士点、硕士点数量在全国高校前两名之列；人大拥有的国家重点学科总量全国第五，其中社会科学全国第一；人大拥有 12 个教育部人文社会科学重点研究基地，名列全国第一；拥有 6 个基础文科人才培养和科学研究基地，全国第一；拥有 14 名本届国务院学位委员会学科评议组成员，在人文社科领域名列全国高校第一；在最近 3 年全国百篇优秀博士论文评选中，在人文社科领域也是全国第一。

中国人民大学是我国人文社会科学高等教育领域对外交流的重要桥梁。目前我校已与 30 多个国家和地区的 80 多所大学建立了合作交流关系，对外交流重基础、重实效，成效卓著，主要表现在：

（1）引进、翻译出版了若干适应我国改革开放需要的重要教科书和学术专著。例如，近几年我校出版社翻译出版了"经济科学译丛"、"工商管理经典译丛"、"公共行政与公共管理经典译丛"等国际上最前沿、最具影响力的经典教材，很好地满足了当前改革开放和教学改革的需要。

（2）开展了一系列重要的交流合作项目。如教育部交由我校举办的 1985—1995 年为期十年的中美经济学交流项目（即福特基金项目），在我国第一次最大规模、最系统地引进了西方经济学理论和方法，对我国新时期经济学的改革与发展产生了深远的影响。

（3）主办或承办了一系列高水平且贴切时务的国际学术会议。目前，我校平均每周有一次国际学术会议，国际知名学者、外国驻华使节或外国政要经常来我校讲演。

二、我们的奋斗目标和当前的工作思路

响应江总书记建设若干所世界一流大学的号召，我校提出了建设以人文社会科学为主的世界一流大学的奋斗目标，得到了中央领导同志和教育部领导同志的肯定和支持。在新世纪的第一年，我校正式启动了"实践'三个代表'重要思想，创建世界一流大学"的历史进程。一方面，我们感到，作为一个拥有 13 亿人口的大国，建成一所以人文社会科学见长、特色鲜明的世界一流大学是十分必要的，这既是人文社会科学高等教育发展的需要，也是我国改革开放和现代化建

设实践的呼唤；另一方面，从人民大学的历史、优势、实力来看，也具备建成这样一所世界一流大学的条件和能力。

总书记去年在北戴河的重要讲话，是对哲学社会科学重要地位、重要作用的新判断、新概括、新总结，对哲学社会科学战线提出了新期望、新任务、新要求。我们深受教育、深受鼓舞。我们感到，将我校建设成为一所以人文社会科学为主的世界一流大学，是贯彻总书记关于哲学社会科学与自然科学"四个同样重要"思想的重大举措，对于纠正社会上一定程度存在的"重理轻文"倾向，繁荣哲学社会科学，全面贯彻"科教兴国"的战略方针具有重要意义。

要建设世界一流大学，我们感到要更多地看清我校存在的差距和问题。概括起来就是"一个不足、三个不够、四个跟不上"。即：投入严重不足；思想解放不够，勇于创新不够，发展活力不够；思想和观念、体制和机制、学科和组织结构、队伍建设尤其是师资队伍建设这四个方面跟不上改革开放和时代发展的要求。

根据这些情况，我们新一届领导班子认为第一要务是要进一步解放思想、更新观念，要以与时俱进的马克思主义也就是邓小平理论和"三个代表"重要思想来指导我们的教学、科研和各项工作。与此同时，我们脚踏实地地确立了"1231"的工作思路，"1"就是高举"发展才是硬道理"的旗帜，增强机遇意识，加快学校发展；"2"就是切实抓好学科的规划与建设、校园的规划与建设；"3"就是抓改革、抓调整、抓管理，在改革中发展，在调整中前进，在管理中提高；最后一个"1"就是千方百计加大投入。按照这样一个工作思路，经过一年多的艰苦努力，学校的凝聚力大大增强，学校的面貌发生了显著而深刻的变化。

要建设以人文社会科学为主的世界一流大学、繁荣人文社会科学，从根本上讲，就是要坚持"解放思想，实事求是，与时俱进"的思想路线，坚持学习、宣传、实践"三个代表"重要思想。在实际工作中，一方面，我们要以"三个代表"重要思想为指导，努力研究回答实践中提出的重大理论和实际问题，不断推出有深度、有分析、有说服力的理论成果，为党和政府决策服务，为两个文明建设服务，为繁荣新时期的人文社会科学作贡献。中国人民大学只有拿出无愧于时代的符合"三个代表"重要思想的理论、文化成果，才是与时俱进、真正一流的高等学府。另一方面，我们要以"三个代表"重要思想为指导，全面贯彻党的教育方针，按照邓小平同志"三个面向"的要求，按照总书记在清华大学建校 90 周年庆祝大会上对青年学生提出的五点希望和对我校两次题词的要求，本着"一切为了学生"的办学理念，努力把学生培养成为"国民表率、社会栋梁"。中国人民大学只有培养出一批又一批具有远大理想、高尚情操、创新品质和实践能力的"优秀建设者"，才是与时俱进、真正一流的高等学府。为此，我们要努力工作，要努力改善教学、科研条件，包括在昌平区拓展办学空间；要着力加强学科建设和师资队伍建设，争取涌现一批学贯中西、博古通今的新一代学术骨干乃至学术大师；要以改革的精神，进一步探索先进的学校管理体制和运行机制。所有这些，要靠我们全体师生员工自身的努力，也希望得到各级领导和社会各界的关心、支持和帮助。最近两三年，教育部、财政部、国家计委加大了对我校的经费投入，"十五"期间的投入力度将会更大，这对我校实现"十五"期间的奋斗目标，包括新建 20 万平方米用房的西北区建设工程，将会起到重要作用。

尊敬的江总书记，您曾于 1992 年、1997 年两次为人大题词，要求中国人民大学"高举邓小平理论伟大旗帜，培养跨世纪优秀建设人才"，今天，您又亲临我校视察，这是巨大的鼓舞、巨大的力量，必将激励我校师生全力以赴，为将中国人民大学建设成为以人文社会科学为主的世界一流大学而努力奋斗，为我国的社会主义现代化建设事业和中华民族的伟大复兴而努力奋斗。

最后，再一次代表我校广大师生员工向总书记和各位领导致以最崇高的敬意！

发扬光荣传统　建设一流大学[*]

——在庆祝中国人民大学建校 65 周年大会暨吴玉章奖颁奖仪式上的讲话

（2002 年 11 月 1 日）

尊敬的各位领导、各位来宾、各位校友，老师们、同学们：

在这秋高气爽的美好时节，在党的十六大即将召开的历史时刻，我们迎来了中国人民大学 65 年华诞。今天，我们在这里欢聚一堂，隆重集会，庆祝中国人民大学建校 65 周年，并举行吴玉章奖[①]颁奖仪式。在此，我谨代表中国人民大学向出席庆祝大会的各位领导、各位来宾、各位朋友、各位校友表示热烈的欢迎和衷心的感谢！向荣获第四届吴玉章奖的专家学者们表示热烈的祝贺！

刚才李鹏委员长亲临大会，为吴玉章奖获得者颁奖，并发表了重要讲话。李鹏委员长在讲话中高度肯定了我校 65 年来取得的巨大成就，并从迎接 21 世纪挑战，实现中华民族伟大复兴的战略高度，阐述了教育特别是人文社会科学教育的特殊重要性，再一次强调：要把中国人民大学建设成为以人文社会科学为主的世界一流大学。陈至立

＊　本文根据讲话录音整理。

①　吴玉章奖，由吴玉章基金会设立，该基金会系为纪念我国无产阶级革命家、教育家、历史学家、语言文字学家、中国人民大学第一任校长吴玉章而设，成立于 1983 年。吴玉章奖旨在促进我国哲学社会科学的发展和繁荣，每五年评选一次，现已成为目前全国性的历时久、规格高、影响大的人文社会科学重要奖项之一，该奖项的设立也标志着中国人民大学为繁荣发展我国人文社会科学所作出的积极努力和所取得的重大成就。

部长代表教育部致辞，强卫副书记宣读中共北京市委书记、市长刘淇同志的贺信，对我校提出了殷切希望。这是对我校广大师生员工的巨大鼓舞和鞭策。我们要认真学习贯彻落实李鹏委员长的讲话精神，以优秀的成绩来回报党和人民对我们的期望。

溯本求源，中国人民大学的根深扎在革命圣地延安。1937 年 8 月，在抗日战争烽火燃烧在祖国大地之际，中共中央决定在延安成立陕北公学，并委任老一辈无产阶级革命家、教育家、文学家成仿吾担任校长。陕北公学时期，毛泽东、周恩来等许多老一辈革命家、理论家、教育家都曾多次到陕北公学演讲。毛泽东同志的《论鲁迅》、《目前的时局和方针》等多篇光辉著作，都是根据他在陕北公学的演讲整理而成的。1939 年 7 月，陕北公学转战华北并更名为华北联合大学。在华北联合大学刚刚成立的第三天，毛泽东同志就为广大师生作报告，这就是后来发表的《〈共产党人〉发刊词》这篇传世名作。1948 年 8 月，华北联合大学与北方大学合并组建为华北大学。毛泽东主席题写了"华北大学"校名。

1949 年 12 月 16 日，中华人民共和国成立仅两个半月，中央人民政府政务院根据中共中央政治局的建议作出了《关于成立中国人民大学的决定》，1950 年 10 月 3 日，以华北大学为基础的中国人民大学正式组建并举行开学典礼。毛泽东主席签署委任状，任命吴玉章同志为中国人民大学的首任校长。刘少奇、朱德等领导同志出席典礼并发表重要讲话。刘少奇同志指出：中国人民大学是"我们中国第一个办起来的新式的大学，在中国历史上以前所没有过的大学"。1953 年，中央进一步明确了中国人民大学的历史任务和发展方向：为国家培养建设骨干；为改造旧的和建设新的高等教育树立一个新型正规大学的典型。1954 年 12 月，高等教育部发文确定中国人民大学等 6 所大学为全国首批重点大学。在"文化大革命"前的 16 年间，中国人民大学为新中国高等教育事业的发展，为新中国哲学社会科学的发展，作出了杰出的开拓性的巨大贡献，为国家培养了大批优秀建设人才和马克思主义理论人才。"文革"期间，中国人民大学惨遭破坏，被迫停办。

"文革"结束不久，邓小平同志积极主张恢复人民大学，并多次指出"人民大学是要办的，主要培养财贸、经济管理干部和马列主义理论工作者"①。1978 年，国务院专门发文正式恢复中国人民大学。1980 年，中国人民大学被列为国家重点建设的十所大学之一。1992 年和 1997 年，江泽民总书记曾两次为中国人民大学题词，勉励中国人民大学要"坚持党的教育方针，培养优秀建设人才"，"高举邓小平理论伟大旗帜，培养跨世纪优秀建设人才"。1996 年，中国人民大学首批进入"211 工程"重点建设大学之列。

尤其令人振奋的是，今年 4 月 28 日，江泽民总书记亲临我校考察，亲自主持师生座谈会，并且发表了极其重要的讲话。在讲话中，他明确了中国人民大学在新世纪新阶段的历史定位和作用，指明了中国人民大学在新形势下的发展方向。现在的中国人民大学已发展成为一所以人文科学、社会科学、管理科学为主，兼有信息科学、环境科学等理工科的著名的综合性重点大学，成为我国人文社会科学教育与研究的重要基地，被誉为"我国人文社会科学高等教育领域的一面旗帜"。

忆 65 年沧桑，我们可以清楚地看到：中国人民大学与党和人民血肉相连。党的第一代领导集体亲手缔造了中国人民大学，党的第二代领导集体给了中国人民大学第二次生命，党的第三代领导集体赋予了中国人民大学"与时俱进"的新品质、新灵魂。中国人民大学的存在与发展，始终是党和国家重大战略的组成部分。我们可以自豪地说，中国人民大学 65 年的历史，是在党的三代领导集体的亲切关怀下应运而生、茁壮成长、健康发展的历史。

在抗日战争的烽火中，陕北公学吸纳了全国乃至海外华侨的优秀

---

① 《邓小平文选》，2 版，第 2 卷，69 页。

儿女，为抗战培养了 10 000 多名干部，吸收了数千名革命先锋入党。毛泽东同志曾高度地评价说："中国不会亡，因为有陕公。"被誉为"插在敌人心脏上的一把利剑"的华北联合大学，在敌后战场浴血奋战六年，毕业学员逾万人，创建了不朽的英雄业绩。在解放战争的炮火中组建的华北大学，在近一年半的办学期间，为党的事业培养各类干部近两万名，为新中国的高等教育奠定了重要的基础。

中国人民大学命名组建后的 50 多年来，始终坚持社会主义的办学方向，在艰苦奋斗中创业，在开拓进取中发展，取得了辉煌成就。

在人才培养方面，作为我国人文社会科学领域的主要人才培养基地，65 年来，我校共培养各类毕业生 17 万余人，他们大多数是各条战线的工作骨干，其中有一大批著名的哲学家、经济学家、历史学家、法学家、文学家、政治学家、社会学家、教育家、企业家、经济财贸管理干部、马克思主义理论工作者、新闻工作者、法律和文学艺术工作者等优秀人才。据有关部门统计，人大培养的学生中，在党政机关担任省部级以上干部的有近 400 人，担任司局级干部的有 20 000 多人。目前全校共有在校学生 27 898 人，其中，本科生 8 083 人，研究生 7 990 人，留学生 718 人，成人高等教育学生 11 107 人。研究生与普通本科生的比例已达到 1∶1，是全国研究生比例最高的三所高校之一。此外，近几年发展起来的网络教育在册生已达 19 500 余人。

在学科建设方面，中国人民大学为新中国人文社会科学教育事业的发展，作出了奠基性、开创性的贡献，而且在多个学科领域长期发挥着先导和示范的作用。我国现有的马克思主义理论、经济、管理、法律、新闻、党史、政治、外交等学科，有不少都肇始于中国人民大学，有许多人文社会科学课程的第一本教科书也都是人大编写的。学校现在拥有 91 个硕士学位学科点，64 个博士学位学科点，其数量在人文社科领域内居全国高校前两名之列；拥有 12 个教育部人文社会科学重点研究基地，6 个基础文科人才培养和科学研究基地，均居全国第一位；在国家重点学科中，人大拥有 25 个，总量全国第五，社会科学全国排名第一。在科学研究方面，人民大学已经发展成为我国人文社会科学研究的一座学术重镇，发挥着"智库"和"咨政"的重要作用。一大批学者担任各级政府和各类企业的顾问；许多学者参与了党和国家以及一些省级政府的重要法规、规章、决定及其他重要文件的起草工作。

评 65 秋功绩，正如江泽民总书记 4 月 28 日考察我校时指出："60 多年来，中国人民大学广大师生发扬'始终奋进在时代前列'的优良传统，勤俭办学，艰苦奋斗，积极探索，求真务实，使学校成为我国人文科学、社会科学、管理科学教育和研究的重要基地，为马克思主义在中国的传播和普及，为我国哲学社会科学的发展和繁荣，为我国社会主义革命、建设和改革事业的发展作出了重要贡献。"因此，我们还可以自豪地说，中国人民大学 65 年的历史，是与党和国家同呼吸、共命运的历史，是"解放思想，实事求是，与时俱进，开拓创新"的历史。

在回顾中国人民大学 65 年奋斗历程的时候，我们深切怀念为中国人民大学的创建和发展作出不可磨灭的贡献的吴玉章、成仿吾、胡锡奎、郭影秋等老一辈校领导，深切怀念为人民大学的人才培养和科学研究奠定坚实基础的老一辈著名教授、学者。在这里，我代表学校向历任校领导和已经离退休的教职工表示崇高的敬意，向正在各个岗位辛勤耕耘的全校广大师生员工和关心、支持学校建设发展的海内外校友表示由衷的感谢和亲切的问候！

"明者因时而变，知者随世而制。"进入新世纪，国际局势正在发生深刻的变化，世界多极化和经济全球化的趋势在曲折中发展，科技进步日新月异，综合国力竞争日趋激烈。我国进入了全面建设小康社会，加快推进社会主义现代化的新的发展阶段。新世纪新阶段，具有与党和国家同呼吸、共命运特殊品格的中国人民大学，必须以新的姿态迎接新时代的挑战，在改革中求发展，在创新中争一流，为国家的繁荣、民族的振兴作出更大贡献。基于这样的思考，在纪念中国人民大学命名组建 50 周年的时候，我们提出了学校建设和发展的新的工作思路，就是高举"发展才是硬道理"的旗帜，增强机遇意识，加快学校发展；切实搞好学科的规划与建设和校园的规划与建设；抓实改革，抓实调整，抓实管理，在改革中发展，在调整中前进，在管理中提高；千方百计地筹集办学经费，解决好制约学校建设和发展的瓶颈问题。这一被称为"1231"的工作思路，是一个辐射面广的整体，是一个彼此相互联系的系统，它将随着学校情况的变化，不断地调整切入点和着重点。

近两年来，在教育部和北京市委的正确领导下，我们按照"1231"的工作思路，励精图治，开拓创新，把学校改革、发展和稳定的局面推向了一个新的台阶，使学校的发展进入了历史上最好的时期。我们采用新的机制和有效措施，深化教职工住房制度改革，从根本上解决了教职工忧患多年的住房问题，既改善了教职工居住条件，又置换了校园；加大了人事、分配制度改革的力度，在普遍提高教职工津贴的基础上，适当拉开收入差距，稳定了学术骨干和管理骨干队伍；加大院系调整、学科调整力度，组建了一批新学院，增设了一批新专业；推进后勤社会化改革，组建后勤集团，实现了后勤实体与学校行政系统规范分离，初步理顺了后勤实体与学校的人事、财务、资产的关系；调整校园规划，拆迁校园危旧陋房，综合治理校园秩序，加快基础设施建设，优化了学校的形象和面貌；收回北京造纸六厂占用的我校土地，实施校园置换计划，缓解了困扰我校发展的办学空间狭窄问题。以上这些事实充分地说明，努力立于时代潮头的中国人民大学更加富有生机和活力，正在向着新的宏伟目标腾飞。

江总书记在考察我校发表的重要讲话中，"衷心祝愿中国人民大学在新世纪创造新的成就，为祖国、为人民、为社会主义现代化建设作出更大的贡献，成为以人文社会科学为主的世界知名的一流大学。"这是党和国家在新世纪新阶段对中国人民大学的新要求、新定位。我们一定不负重托，不辱使命，在几代人大人构筑的新的起跑线上，在实践"三个代表"重要思想，创建世界知名一流大学的历史征程中，坚持党的社会主义办学方向，沿着切合我校实际的工作思路，真抓实干，团结奋进，在新的世纪铸造新的辉煌。

我们要进一步解放思想，不断推进教育创新。为此，我们要更新教育观念，确立与21世纪我国经济和社会发展需要相适应的教育观和人才观；要扫除制约学校发展的体制性障碍，优化教育结构，努力提高教育资源的利用效益；要与时俱进地改革教学的内容、方法和手段，吸纳当代自然科学和人文社会科学的最新成果，融入博大精深的中华文明，建立和完善激发受教育者全面发展的新型教学模式。

我们要秉承实事求是的校训，紧密联系实际，努力对改革开放和现代化建设实践中的全局性、战略性、前瞻性的重大课题作出科学的回答，在理论和实践的双重探索中，发挥哲学社会科学服务社会所具有的不可替代的重要作用。

我们要从学校实际出发，全面加强学科建设。在学科建设中，完善学科布局结构是基础，提高学术水平和人才培养能力是核心，加强师资队伍建设尤其是高层次师资队伍建设是关键，增加投入、改善办学条件是保证。我们要适应社会经济发展的需要，在巩固提升基础学科、优势学科的基础上，大力发展应用学科、交叉学科、新兴学科，初步构建"主干的文科、适当的理科、必要的工科"协调发展的学科体系；要坚持"百花齐放、百家争鸣"的方针，提倡探索，尊重探索，鼓励探索，努力营造宽松和谐、兼容并蓄的学术氛围，多出学术精品，培育高素质人才；要大胆地进行队伍建设的制度改革，强化师德、学风建设，改善师资队伍结构，提高管理人员素质，通过多种渠道、多种方式，建设一流的教师队伍和管理干部队伍；要继续加强校园规划与建设，加强学校基础设施建设，大力改善办学条件。

我们要进一步加强国际交流合作，增强学校的国际性。近两年来，学校接待国外政要、学者来访，召开国际学术研讨会层次之高、次数之多是空前的，但这与形势的要求还有相当的差距，我们要进一步拓展对外合作与交流的广度和深度，努力开创国际交流合作的新局面。

我们要紧紧抓住人才培养这一学校的根本要务，"一切为了学生，一切为了教学、科研"，按照邓小平同志"三个面向"的要求，按照江泽民总书记在庆祝北京大学建校 100 周年大会上对青年提出的"四个统一"、在清华大学建校 90 周年庆祝大会上提出的"五点希望"和来我校考察时发表的讲话精神，努力把学生培养成"优秀建设人才"，使他们将来成为我们所期望的"国民表率、社会栋梁"。

我们要适应形势的新变化，进一步加强党的建设、党的领导和思想政治工作，充分发挥学校党委的领导核心、党总支的政治核心、党支部的战斗堡垒和党员的先锋模范作用，不断加强和改进党的建设和思想政治工作，为创建世界知名的一流大学提供强有力的思想、政治和组织保证。

各位领导、各位来宾，老师们、同学们、同志们，再过 7 天，举世瞩目的党的十六大就要召开，中国改革开放和现代化建设事业从此将揭开新的一页，十六大的召开也必将为中国人民大学的发展注入新的动力，带来新的契机。我们坚信，在党中央、教育部和北京市的正确领导下，在社会各界的鼎力支持下，全校师生员工团结奋斗，我们就一定能够为建设中国特色社会主义事业作出更大的贡献，一定能够在中华民族的伟大复兴中跻身世界一流大学的行列。

谢谢！

新的形势，新的目标，新的奋斗[*]

——在中国人民大学首次新年报告会上的讲话

（2003 年 1 月 16 日）

各位老师、各位同事，同志们、同学们：

经过学校研究，决定今天召开一次全校新年报告会，而且计划从今年开始每年举行一次新年报告会，主要内容是由学校主要领导就当前的工作向全体教职员工和学生代表汇报，并就下一年的工作思路提出初步的设想，也听取大家的意见。这样做的目的是为了更好地上下沟通，为了更好地实行校务公开、民主办学，更有利于增强学校的凝聚力，能够团结一致地为实现学校的发展目标而奋斗。

今天是第一次新年报告会，就由我来向各位老师、机关干部，还有学生代表汇报一下当前的工作。现在正值新年之际，春节又即将来临，所以在报告会开始的时候，请允许我代表学校党委、学校行政，并以程天权书记和我个人的名义向全校广大教职员工和全体同学祝贺新年，祝贺新春！

由于这段时间实在太忙，今天的新年报告会主要内容并没有经过讨论，仅仅是我自己做了一些准备，收集了一些资料，所以今天的讲

---

　　[*] 本文根据讲话录音整理，略有删节。新年报告会制度根据作者的倡议而设立，是民主办学思想的具体体现，其形式为校长将过去一年的工作和对未来的展望向学校全体教职员工和学生代表汇报。新年报告会的形式受到中国人民大学师生的好评，并得到了兄弟院校和上级主管部门的高度肯定。

话应当说主要看成是个人的报告，讲对了的可以说比较准确地表达了学校领导班子集体的意志、集体的意见；讲错的地方、不全面的地方，统统是我个人的责任。今天不是一个工作会议，不要看成是一个工作部署会，也并不是全面地报告工作，主要是通通气，讨论一些问题，不会涉及学校方方面面的工作。

下面我就分三个部分向同志们报告一下学校当前的工作情况和工作思路。

一、关于学校的发展目标问题

大家知道，去年4月28日江泽民总书记考察了人民大学并且发表重要讲话，他在讲话中对学校的历史给予了充分的肯定，对人民大学的未来发展提出了殷切的希望。他指出，60多年来中国人民大学广大师生发扬"始终奋进在时代前列"的精神，勤俭办学、艰苦奋斗、积极探索、求真务实，使人民大学成为我国人文科学、社会科学、管理科学教育和研究的重要基地。他还说，衷心祝愿人民大学在新世纪创造新的成就，为祖国、为人民、为社会主义现代化建设事业作出更大的贡献，成为一所以人文社会科学为主的世界知名的一流大学。总书记这段话实际上为人民大学在新世纪的发展定位、发展特色、发展方向进行了规划。这几段话让我们感到要树立三种意识：一是基地意识，要成为人文科学、社会科学、管理科学教育和研究的基地；二是特色意识，就是以人文社会科学为主的特色；三是一流意识，致力于建设世界知名的一流大学。我们觉得基地意识、特色意识、一流意识这三个意识，就明确地指出了人民大学未来的发展方向和发展目标。

作为党和国家的最高领导人，这样具体地为一所大学规划它的定位和办学方向，应该说是极其罕见的，体现了第三代领导集体对我们人民大学殷切的希望。江总书记在讲话里面还说到，毛泽东同志、邓小平同志生前对中国人民大学都寄予了厚望，江泽民同志作为第三代领导集体的核心也对人民大学寄予厚望。所以在去年9月初，我们学校第十二次党代会认真贯彻了总书记的指示精神，规划了我们今后一段时间"实践'三个代表'重要思想，创建世界一流大学"的蓝图。

建世界一流大学是怎么提起来的？为什么我们要提建世界一流大学？人民大学有没有资格建世界一流大学？这样的问题，我们两年多来一直在讨论、议论。这个问题最先提出是2000年10月初，人大附中50周年校庆那天，我当时刚担任人民大学校长不久。在附中大操场上我向参加附中校庆的教育部吕福源副部长汇报，我说10月15日人民大学将举行命名组建50周年大会，这次大会应当有个关于学校建设目标的提法，没有提法这个会就开得没有太大意义。他问我是什么意见，我就说人民大学能不能提"创建以人文社会科学为主的世界一流大学"，能不能这样提？

同志们知道"世界一流大学"的提法当时非常敏感，全国仅仅北大、清华两家这样提。我们提出时加了一个定语："以人文社会科学为主的"，吕部长当场表态，说人文社会科学人民大学是一面旗帜，这样的提法是可以的，但要回部里跟陈至立部长报告一下。果然陈部长也同意这个提法。所以在10月15日中国人民大学命名组建50周年大会上正式地打出这个标语："为创建以人文社会科学为主的世界一流大学而努力奋斗"。李鹏同志亲临这次大会并发表重要讲话，他就讲了人民大学要建成为以人文社会科学为主的世界一流大学，他当时还诙谐地说现在就已经是了。李鹏同志的讲话新华社全文转发，各个报纸都登了。一下子人民大学要创建世界一流大学的说法就宣传开来。随后人民大学党委作了《关于贯彻十五届五中全会精神，开展建设以人文社会科学为主的世界一流大学讨论的决定》，当年11月份全校开始了一场关于创建世界一流大学的大讨论。我们很多院系群情激昂，认真调查研究，写出了不少有分量的报告。这样一个主题也成了当年12月份中国人民大学第四届教职工代表大会第七次会议的主题，我作了主题报告。

所以说在 2000 年的第四季度，在人类即将进入新世纪的时候，要建世界一流大学的愿望就在我们中国人民大学广大师生员工心中激荡；2001 年进入新世纪的时候，我们就提出了"实践'三个代表'重要思想，创建世界一流大学"这样一个基本的工作思路。2001 年广大师生团结奋斗，取得了很重要的成绩。2001 年 12 月 17 日，李岚清副总理在他的办公室召集清华、北大、人大三校校长汇报工作，我当时把人民大学的地图挂在岚清副总理办公室的墙上，向他汇报人民大学怎么规划、怎么发展。汇报完以后，他开始讲话，他说江泽民同志在庆祝北京大学建校 100 周年大会上提出来要建若干所世界一流大学，你们几家当然都在其中。据我所知，李岚清同志讲人民大学要列入建设世界一流大学的讲话这是第一次。当时陈至立部长、刘淇市长、吕福源副部长都在场。正是由于这样一些提法，有了这么长一段时间的酝酿，到去年 4 月 28 日江总书记考察我校时顺理成章地一锤定音，敲定人民大学要创建世界一流大学。后来北京市召开党代会，贾庆林书记的报告当中庄严、郑重地提出要支持人民大学创建世界一流大学。所以我们这两年来确立这样的奋斗目标，从酝酿到党和国家最高领导到各级领导把它正式地确定下来，我们觉得这对于人民大学在新世纪的发展是极其重要的，是具有决定性意义的。

我们为什么要建世界一流大学？从世界范围来看，一个国家有没有世界一流的大学，应该看成是衡量该国高等教育实力和综合国力的一个重要标志；建世界一流大学是一个国家经济社会发展到一定程度的必然要求。对于我们国家来讲，应当认为这是全面进行现代化建设、全面建设小康社会的一个客观需要。

那么一流大学应该有什么样的特征？什么是世界一流大学？江总书记 1998 年在北京大学 100 周年校庆大会上阐述世界一流大学时讲了"四个应该是"①。我们认为这"四个应该是"就是世界一流大学

---

① 参见本书《建设以人文社会科学为主的世界一流大学》一文。

的基本特征。人民大学如果要建世界一流大学，应该在这四个方面进行努力。当然，从什么意义上来定义世界一流大学，世界上从来没有一个固定的说法，没有什么权威的认定，也没有国际组织对世界一流大学下个定义，做个界定。但是从人们的一般认识当中，从各种评级、排行当中，从专家们的论述当中来看，一流大学一定是有一流的生源、一流的师资、一流的教学、一流的科研、一流的社会服务、一流的设施、一流的管理、一流的国际学术影响，没有这样一些"一流"，尤其是没有一流的影响力，就很难叫做世界一流的大学。因此，建设世界一流大学是一个非常令人仰慕的目标，但又是一般情况下很难达到的目标。中国人民大学提出要建世界一流大学，实际上是给自己定出一个要经过艰苦的努力、艰难的攀登才能实现的目标。我们是不是太好高骛远了呢？当然不是这样。无论从人民大学的历史发展定位还是现实发展要求来看，我们都应当提出这样一个目标。

从人民大学历史发展定位来看，提出这样的要求，我们觉得才能无愧于历史，无愧于我们的前辈，无愧于党的三代领导集体对人民大学的关怀和期望。大家都了解我们学校的历史：从 1937 年在延安建立的陕北公学，一直发展到后来的华北大学，1949 年华北大学进城；中华人民共和国成立后，当时的政务院根据中共中央政治局的建议于 1949 年 12 月 16 日作出了《关于成立中国人民大学的决定》；1950 年 10 月 3 日以华北大学为基础组建的人民大学举行开学典礼，刘少奇、朱德、董必武、何香凝等很多老一辈革命家都参加了。1954 年 8 月，当时的高等教育部首批确定中国的六所重点大学，即人大、北大、清华、哈工大、北京农业大学、北京医学院，重点大学的提法最早从这时开始。1959 年确定了 16 所重点大学，1960 年确定 64 所重点大学，人民大学都在其中。1990 年国家确定重点建设高校，人民大学当然也在其中。到了上世纪 90 年代确定"211 工程"，人民大学也名列其中。在这之前的"七五"计划、"八五"计划，人民大学都是国家明文规定重点建设的大学之一。我们在座一些老同志都见过国务院的文件，我也见过文件。从历史来看，党和国家始终把人民大学放在最优先、最重要的位置上来发展，即使"文革"当中人大被迫解散，但"文革"结束以后，邓小平同志最先提出来，或者说是主要由他决策，恢复了人民大学。所以江总书记去年考察我们学校的时候，我汇报说以毛泽东同志为核心的第一代领导集体亲手缔造了人民大学，以邓小平同志为核心的第二代领导集体给了中国人民大学第二次生命，以江泽民同志为核心的第三代领导集体赋予了人民大学与时俱进的新的品质和新的灵魂。我们这样一种提法显然是完全符合历史和事实的。中国人民大学这样一所有着光荣传统，对国家曾经作出重大贡献的学校，不建世界一流大学谁建？！总书记到人民大学考察的时候，对人民大学有三个"为"的评价，同志们一定言犹在耳。他说，人民大学为马克思主义在中国的传播和普及，为我国哲学社会科学的发展和繁荣，为我国社会主义革命、建设和改革事业的发展作出了重要贡献。这三个"为"的评价并不是中国每一所大学都能够得到的，所以我们应该用舍我其谁的精神来提出建设世界一流大学的问题。

中国人民大学历史上得到党和国家领导这么多关怀、这么大关注，如果不提出来建设世界一流大学，我们感觉对不起党中央，对不起人民群众，对不起关怀我们的各级领导。而且，经过几代人的奋斗，人民大学对新中国的人文社会科学高等教育事业作出了不可磨灭的、奠基性的、开创性的贡献：新中国的很多专业都是从人民大学开始办，然后走向全国；很多专业的教科书都是人民大学编写，然后走向全国。前人努力的成果，我们今天不把它继承下来，就对不起我们的先辈，对不起我们几代人的奋斗。所以，我们提出这样一个目标符合党和国家的要求，符合全国人民的愿望，也符合我们人民大学几代人的愿望。这是实践"三个代表"重要思想的体现，不是好高骛远，也不是不切实际。

这是从人民大学历史发展定位来考虑提出建设世界一流大学。从人民大学今后发展的要求来看，也应当提出这样的目标。我们现在面临的时代，不管是经济的发展、科技的进步，还是世界形势的变化和国内社会的深层变革，都要求人民大学以新的姿态、新的面貌在新的世纪创造新的业绩。

宏观上就不详细讲了。从高等教育领域来看，全国高等教育发展的形势是非常好的，可以说从上世纪 90 年代到进入新的世纪，是我们高等教育发展历史上最好的时期之一。高等教育体制改革取得了突破性进展，高等教育事业实现了跨越式发展。在这样一个高等教育迅猛发展的大背景下，我们面临着大好的机遇，同时也面临着严峻的挑战。我们如果没有更高的目标要求自己，就会不进则退。我当时在教育部工作，是在高等教育体制改革一线组织实施的主要组织者之一。我们清楚地看到，很多重要的大学在高校管理体制改革当中资源得到了进一步的优化配置；许多单科性院校向多学科、综合性方向发展，多学科大学向综合性大学发展；强强合并使一些学校变得越来越强。比如说浙江大学四校合并，办学综合实力大增，学科除了军事学没有外，什么都有，几乎所有二级学科都有博士点。北京大学这样的学校本来就很强，与北京医科大学合并是强上加强。复旦大学和上海医科大学合并，武汉大学四校合并，一下子就跃居前列。吉林大学成为中国当今规模最大的大学。昨天报纸报道，今年硕士生报考人数最多的十所大学，我们学校是第五名，前四名就是北京大学、复旦大学、武汉大学、浙江大学，这四所大学都是合并过的大学，前十所里面也只有南京大学和人民大学没有合并过其他高校。第九名是清华，清华大学是跟中央工艺美术学院合并的。在这样一种情况之下，再加上改革开放以来，经过 20 多年的发展，许多学校在人文社会科学领域发展得非常迅速，不少后起之秀已经形成了对人民大学强有力的挑战。人文社会科学传统上就比较强大的大学在继续前进；一批新发展人文社会科学的著名大学，由于起点很高和品牌效应，具有很强的发展优势。在这样的历史背景之下，人民大学如果再不奋起给自己确定一个目标，就可能逐步沦为第一集团军的后续部队了，甚至于变成二流学校。所以学校确定这样一个目标，给自己提出了更高的要求，同时也期望我们的领导部门重视支持人民大学的发展。我们觉得在新世纪开始的时候把这样的问题提出来是非常重要的。幸运的是，人民大学继续得到党中央、国务院的关怀，得到教育部、北京市的关怀，我们一提出来就得到领导的肯定和支持，特别是江泽民总书记宣布、规划这样的发展目标，使我们受到极大的鼓舞。我相信全校广大师生员工一定都会奋起努力，为实现这样的目标作出自己应有的贡献。这是我今天给同志们汇报的第一个问题，关于学校目标定位情况。

二、我们两年来为实现这样一个目标所做的工作

怎么样实现这样一个目标？千里之行，始于足下。新世纪开头这两年是我们在"实践'三个代表'重要思想，创建世界一流大学"的历史进程中开始迈步的两年。在 2000 年 12 月份教代会第七次会议上，当时我向教代会汇报工作当中提到，争取用 20 年或者更长一点时间来实现建设世界一流大学的目标，那是第一次正式提出了时间表。去年我们学校党的第十二次代表大会正式庄重宣布了这一点，就是用 20 年或者更长一点时间，要将我们学校建设成为人文社会科学为主的世界知名的一流大学。这样一个时间表提法跟党的十六大报告恰恰是一致的。十六大报告当中"全面建设小康社会"，大家可能都注意到这么一句话，就是"二十一世纪头二十年，对我国来说，是一个必须紧紧抓住并且可以大有作为的重要战略机遇期"。我们学校正好也提这本世纪的头 20 年。我们就是要按照十六大的要求，准确地判断我们国家发展的形势，在这个非常重要的战略机遇期，人民大学应该与全国人民同步。可以认为，我们抓住重要战略机遇期的一个非常重要的方面，就是要把人民大学建设成为世界一流大学，这是我们对建设小康社会所应当作出的贡献，对国家发展、对民族复兴的贡献。

经过两年的奋斗，目前学校的基本情况是什么呢？在过去工作的基础之上，在一代又一代人大教职工奋斗的基础上，又通过这两年的努力，目前我们学校的基础情况大致是这样：

学校的在校生规模，本科生 8 083 人，研究生 7 129 人，留学生有 700 多人，成人教育学院的在校生 11 100 多人，网络学院注册学员 19 900 多人，网络学院学员不加上，我们全部学生人数也有 27 000人。在这里面可以看到一个非常重要的方面，即本科生和研究生的比例已经接近 1∶1。最近北大、清华是不是达到 1∶1 我不清楚，但是前两年我们这三所学校基本上都是 1∶1.3。这是一个研究型大学的重要标志之一。我们不盲目追求这个比例，人民大学研究生与本科生的比例基本上是自然形成的，没有谁来刻意地追求，是自然地发展到了这样的水平，这也从一个侧面说明人民大学早就是一个研究型大学。这个规模跟前几年比怎么样呢？本科生比 2000 年也就是两年前增长了 30%，研究生比 2000 年增长了 45%，这算不算跨越式发展可以研究，但是步子确实迈得比较大。

我们的教职员工加上附中、附小一起全口径计算，在职的有 3 300多人，如果不算附中、附小和校工厂、印刷厂，是 2 800 多人。其中专任教师 1 230 多人，包括教授 376 名，副教授 532 人。专任教师中拥有博士学位的大概达到 36%，拥有硕士学位的占 44.5%，博士和硕士加在一起大概占 80% 的样子，处于全国高校的最前列。

我们拥有一支很强的学术队伍，有一批卓越的哲学社会科学家和中青年教师骨干队伍，有很多具体数据足以说明这一点。比如说由于人文社会科学领域不设院士制度，没有院士，国务院学科评议组成员就显得很重要，我们有 14 位，就人文社会科学领域来讲名列高校第一，特别是其中有 7 位是学科评议组的召集人。在教育部 14 个文科教学指导委员会当中，人民大学的教师有 7 位担任指导委员会的主任，有 6 位副主任，这个数量也是不少的。我校有 122 位享受政府特殊津贴的专家，获得教育部国家优秀青年教师奖的现在已经达到 11 位，这一奖项地位高，现在每年都由李岚清副总理亲临颁奖了。列入北京市"百人工程"的教师有 50 位。这是我们师资队伍的基本情况。

我们学校教学、科研的情况应当说也都很好。现在就整个学科来看，人民大学有 64 个博士点，91 个硕士点；博士点实际招生的是 54 个，硕士点中有 89 个招生。本科专业原来 56 个，最近又增加了两个，达到 58 个。有 12 个教育部人文社会科学重点研究基地，在全国名列第一位；有 6 个教育部基础文科人才培养和科学研究基地，在文科领域也列第一位。我校拥有 25 个国家重点学科，在全国名列第五位，这是去年年初教育部公布的非常重要的学科水平的指标，在我们前面的是北大、清华、复旦、南京大学，而在人文社会科学领域我们是全国第二位，北大是第一位，有 29 个，如果单就社会科学来讲我们则位居全国第一位。这是学科结构的情况。

从这样几个数据来看，一方面说明我们的基础很好，另一方面也说明这两年优势继续得到保持，这正是我们建设世界一流大学的根基，没有这些东西，建世界一流大学纯属空谈。

这两年我们怎么样让事业得到发展的呢？我们确定了"1231"的工作思路。"1"就是一个高举，高举"发展是硬道理"的旗帜，增强机遇意识，强化发展观念，抓住机遇、加快发展。只有发展才能够增强凝聚力，只有发展才能化解历史上积累下来的各种各样的矛盾，也只有发展才能创造新的业绩，铸造新的辉煌。江泽民总书记讲发展是执政党执政为民的第一要务，提出发展要有新思路，多次提到妨碍发展的思想观念要坚决地改变，束缚发展的做法和规定要坚决地冲破，妨碍发展的体制弊端要坚决地革除，这都是十六大报告上的话，非常强调发展。我们这两年就是这一条，高举"发展是硬道理"的旗帜，而且绝不动摇，坚决抓住发展作为我们自己的主题。发展不能是空洞的政治口号，应当落实到具体工作当中来。我们学校就是落实成两个规划和建设：学科的规划和建设，校园的规划和建设。怎么样把这两个规划和建设抓好呢？我们就提出三个"抓实"，即抓实改革，抓实调整，抓实管理。在改革当中发展，在调整当中前进，在管理当中提高。我们是以这样一种工作思路来对待学科的规划和建设，来对待校园的规划和建设。不能一般地去抓，如果没有新的思路，没有新的观念，在新的历史条件下很难取得这两个规划和建设的成就。最后一个"1"呢？就是要千方百计地加大资金的投入，要空前规模地进行资金投入。记得在2000年9月27日就职的时候，我就讲了这样的思想，上面这些话在就职讲话里面都有，其中讲到投入的时候就是要争取在未来几年之内空前规模地加大资金投入，大大加快学校的建设与发展。

这两年多来我们一直沿着这样的工作思路来进行工作，来实践"三个代表"重要思想，建设世界知名一流大学。应当说，学校的面貌已经发生了巨大的变化，人气更旺了，凝聚力大大增强。教学、科研、管理、后勤等方面都出现了新的气象，我们在前辈、前人创造的业绩基础上，有所前进，有所发展。我向同志们汇报几个最主要的成绩：

1. 我们从广大教职工的切身利益入手，认真地对待了历史遗留的重大难题——教职工住房问题。我们解决教职工住房是在国家宣布福利分房政策已经结束、已经没有任何可能再用福利分房的办法来解决教职工住房这样一个大的背景之下来考虑这个问题的。当时已经宣布福利分房结束一年多了，学校领导班子完全可以按照国家的规定办事，该补贴就补贴吧，没有别的办法呀！但是我们感到对于人民大学这样一所重要的大学，广大教职工住房条件那么差，在教育部直属高校71所当中单项指标是倒数第一位，是教职工住房最差的学校，这样的情形应当改变！我自己也在人大住，我的很多老师都住在人大，我很清楚这一点。所以在我没有到学校就任之前，就跟教育部的主要领导汇报，希望支持我解决教师的住房问题。我当时说了一些很朴素的话，很简单的话。我说："凭什么人民大学的教授住房要比北大、清华的教授差那么多?"我是 2000 年 9 月 27 日到任,牛维麟同志是 10 月 27 日到任,正好迟一个月。他在到任后的第一次校长办公会上问我他的任务是什么?我说你的任务就是九个字——"拆房子、买房子、建房子",把当时破烂的房子拆掉,要买房子解决教职工住房问题,要建房子改善学校的办学条件。当时怎么来解决呢?因为福利分房已经停止了,所以我们是在没有办法的情况下用逼出来的办法去解决。当时我们提出来要带着感情解决教职工住房问题,要用新的观念、新的思路、新的举措来改善教职工住房。

我们的思路就是实行"商品化、货币化、社会化"的改革思路,所以后来才有了一整套的政策和办法出台。我们同时采取了"三不一鼓励"的政策,即不在校园新建职工住房,不在校内增加产权住户,不在校内实行住房达标,鼓励大家搬到校外居住。为什么这样做呢?因为我们校园面积有限,我们要把改善教职工住房与置换校园、扩大学校的办学空间结合起来,把改善职工住房与优化校园环境、优化校园秩序结合起来。

当时房产处的同志们奋斗了多个日日夜夜,测出了全校 4 000 户的情况,我们总共 5 000 多户,测出来 4 000 户,是多么巨大的工作量!研究了国家和北京市所有的住房方面的政策和文件,研究了兄弟院校的成功经验,再根据测算到的 4 000 户的情况(有老革命、老干部,有老教授、年轻教师,有青年干部,有工人等各种各样的情况),才制定了那么一套具体的办法出来。同时,在人大周围到处找房源,要找居住环境比较好、物业管理比较好的地方,也就是要找比较好的房源给我们的教师,党委会、校长办公会先后不知讨论过多少次,反反复复,共选取了若干个方案,最后研究确定的是世纪城。我们向开发商预定了 10 万平方米给大家,后来又在回龙观找地方。到目前为止,我们学校有 1 500 多户到校外购房。在大家的住房标准内总共花了 5 个亿,其中个人花了两个多亿,这是规定面积标准以内的;当然标准以外扩大的面积个人还要花钱,这部分个人可能还花了两三个亿，这样，大概总共花了 8 个亿。

这样，人民大学教职工住房可以说一步登天，大家感到扬眉吐气。这里面包含着观念的转变、学校住房机制的改变。教职工生活质量提高了，学校校园面积得到了置换，筒子楼不算、青年公寓不算，腾出来 500 多套成套住房，共 4.7 万平方米。这就使我们能够把原来住教职工的红 1 楼、红 2 楼、红 3 楼和原来打算用作教工住房的新建的宜园 3 楼腾出来用作学生宿舍，解决 2002 年新生入学的问题，发展了事业。包括拆迁共腾出土地 180 亩，这些土地本来是被教职工生活占用了，现在变成了教学用地，变成了校园绿化用地，扩大了学校的办学空间。而且很重要的是，我们赢得了时间，争取了空间。我们学校当时有 900 名教职工是无房户，2 500 户是未达标户，缺房 13 万平方米。如果要我们去征地，要我们去盖房，现在大家也住不上。两年、三年拿不下来，那就严重影响我们学校建设世界一流大学的进程。所以这次解决教职工住房问题的效益是多方面的。我们常开玩笑说 1 000 多户走了，就连学校里面出出进进的车子也减少了。这样一个改变，又配合着我们拆迁两万多平方米的危陋旧房，增加了三万多平方米的绿化面积，学校的校园面貌焕然一新。这是一件大事情，大大提高了学校的凝聚力，增强了广大教职工对人民大学建设世界一流大学的信心，激发了很多教师要为人大奋斗的热情。说句老百姓的话，那就是大家感到走出去体面了，跟兄弟院校走在一起，跟港澳台来的朋友们在一起，大家感到很体面。当我们把这个情况向上级领导汇报，李岚清副总理是非常高兴的，并给予了高度肯定。在去年 12 月 12 日，仅仅一个月之前，《中国青年报》一整版报道人民大学解决教师住房的情况，题目叫做"圆梦安居"。李岚清副总理 12 月 14 日作了批示，批给陈至立同志，他写道："至立同志，可否请《中国教育报》再登一次？请酌。"12 月 15 日的《中国教育报》第二版全文转载，在全国引起很大的反响。在最近国务院召开的第四次全国高校后勤改革电视电话会议上，李岚清副总理又专门讲了人民大学的住房改革问题。这项改革应该说是成功的。

2. 学校狠抓了校园的建设。这个我就不想多讲了，大家看到很多了。除了刚才我讲拆了两万多平方米危陋旧房，建了三万多平方米绿化面积，同时很重要的是我们有 10.4 万平方米新建筑竣工。这两年当中竣工的，包括新的留学生公寓楼、世纪馆、多媒体教学楼、游泳馆，还有青年公寓、宜园 3 楼，其中有的是上一届班子就开始兴建的，有的是这一届班子决策开工的。再加上我们教职工住房置换出来的房子，一下子使我们教学、科研用房，学生生活用房增加了 10 万多平方米。向各位老师们汇报，我们学校西郊主校园这一块，到2000 年为止，学生生活用房 11 万平方米，教学行政用房 12 万平方米，一共是 23 万平方米。现在我们学生宿舍增加了 5 万平方米，教学行政用房增加了 5 万平方米，原来总共只有 23 万，现在已经变成33 万，仅仅是两年的时间。我们还通过很不容易的工作把前几年已经长期租赁出去的兴发大厦收了回来，一半用于教学、科研，一半用于开发，我们只算了 4 000 平方米。应当说从一定程度上缓解了教学、科研和学生生活用房紧张的状态。我们研究生的宿舍有的已经在全国处于领先水平。

与此同时，50 多年来人民大学第一次大规模地进行地下管网的改造和道路的改造，高标准地进行改造。同志们，我们的道路到目前为止才仅仅改造了两公里，就是去年暑假搞的，但是地下的管线长达60 多公里，这是巨大的工程！人民大学在这里建校 50 多年没有地下雨水管道，下雨从来是自东往西流，自然流向，所以只要下大雨就会有一些地方排不出去积水。这是第一次有了地下雨水管道，这项工程还没有完工，今年暑假还要继续进行。

更为关键的就是西北区改造与建设工程。我们去年年初或者说前年年底开始提出这个创意，记得 2001 年 12 月 19 日，我向李岚清同志汇报的时候正式地推出了人民大学"西北区改造与建设工程"的概念。2002 年春节以后上班的第二天，教育部张保庆副部长到学校来视察工作，我们就专门汇报西北区改造与建设工程，概算要 8 个亿，住房还要 2 个亿，这就 10 个亿；基础设施改造 5 000 万，仪器设备 1.5 亿，一共 12 亿元。这就是教育部在正常教学经费之外同意再给我们的 12 个亿。在向李岚清副总理汇报西北区改造与建设工程的同时，我也汇报了人大关于解决教师住房问题，进行校园置换的设想。我在汇报住房问题的时候说可能要花 3 个亿，当时李岚清副总理说："花钱就花钱嘛，这个问题解决得好！"我当时听了特别高兴。张保庆副部长在人大视察时表示会大力支持人民大学的改革与发展，去年他又来过一次，再一次重申了这几个亿。去年，我、天权同志和几位校领导一起向教育部党组作了一次汇报，陈至立部长等四位部领导、七个司局一把手听我们的汇报，我再一次讲到西北区的建设经费问题。向大家报告，这两年入账的一共是 3.5 亿，日常经费不算。

同志们，我们为了办学治校而要钱，我觉得是理所当然、理直气壮的。为了事业得到好的发展，要钱不丢面子。我们跟财政部项怀诚部长、张幼才副部长，跟国家计委的王春正主任、郝建秀副主任、汪洋副主任一个一个都汇报过。我记得 2001 年春节前拜会项怀诚同志时，一见到我，他就说："老纪，你可是第一个到财政部来要钱的人大校长啊！"他既然这样说了就表示会支持人大。果不其然，我们修购资金 7 000 万元来自于财政部。所以多向领导汇报实际情况和实际困难，多沟通，多汇报，这是我们作为大学领导职责范围之内的事情，是理所当然的。其实人民大学的困难情况上级领导都很清楚。我记得在教育部工作时，陈至立部长曾经来人大视察过一次。我当时是计划司司长，杨周复是财务司司长，顾海良是社政司司长，都陪同她来了。她开玩笑说："你们三个都是人民大学（出来）的，你们开校友会呢！"她看到人大过于简陋破旧的校园又调侃地对我说："老纪，你怎么搞的，你的母校怎么这个样子？你怎么不多给一点钱？"她问我为什么不多给人大点钱，其实上面的领导同志对此很清楚。她又说，你看你们那个地方（指基建处的仓库），像个养鸡场。这给她的印象很深，后来我到人民大学工作后向她汇报"养鸡场"拆掉了，她很高兴。同志们，今天是元月 16 日，我们记得两年前的昨天，也就是 2001 年元月 15 日拆除了便民市场（包括那个"养鸡场"）。当时真正打响的第一枪是在 2000 年 12 月 15 日拆除学生活动中心门口的公共厕所。公共厕所为什么成了第一枪呢？那个厕所在实验楼旁边，影响教学环境，又存在安全隐患，所以首先拆它，打响了第一枪。

　　通过这样一些艰苦的工作，我们得到了国务院领导同志，教育部领导同志，国家计委、财政部领导同志，以及北京市领导同志的关怀、同情和支持。还要提到的是在今年，我们在向贾庆林书记汇报人民大学的工作时，特别强调了西北区改造与建设工程，贾书记当时就表态要支持。我们要求列为重点工程，要求一路开绿灯，后来果然很多方面开了绿灯，审批很快。同志们，盖一个房子你们知道要盖多少章吗？要盖 128 个章！有时候我们请老师们也体谅一下基建处同志们的辛苦，办成一件事情是多么的困难！我们很多同志都研究政府机构改革，希望大家好好研究这一类的问题，看看如何能够有助于提高行政办事效率。改革开放 20 多年了，我记得我上研究生的时候就听说搞基建要盖 100 多个章，要改革，可现在还要盖 128 个章，所以我们取得今天这样的成绩很不容易。西北区改造与建设工程中，学生公寓已经开工兴建，经济学科、法学院大楼今年 3 月份将正式破土动工，新闻学院和大礼堂也将在今年下半年开工兴建，这些都是属于西北区工程的。仁达大厦也即将重新开工，希望到明年年底基本竣工。新的学生公寓是 8 万平方米，将从根本上解决学生住房问题。新的学院大楼 11 万平方米①，包括礼堂。我刚才讲了目前整个教学行政用房才 11 万平方米，这一下子又有 11 万平方米出来了。到那时我们学校大部分院系正教授每人可有一间工作室，副教授两个人一间，这应当是国际标准了。我们不但要美化、绿化、净化我们的校园，而且要建数

---

　　①　这座大楼后来设计为 14 万平方米，定名为"明德楼"。

字化的校园。两年以后我相信再做新年报告会的时候，我们就可以更加自豪地来宣布这一点：人民大学正在逐步变为数字化的校园，人民大学教师的办公条件将有根本性的改善。我们基建部门的同志们应该说十分辛苦，两年来他们没有星期六、没有星期日，如有必要今年春节他们也准备吃在工地。

在美化校园方面，我们兴建了百家园、宜园、凝园，竖立了吴老的塑像、孔子像，还为各条道路命名，大大提高了人民大学校园的文化品位，校园应该说正在逐步地变得不但好看，而且耐看。过去人民大学从东门到西门一穿而过，没有什么好看的，现在有可以留步的地方、观赏的地方，甚至有地方可以让你想一想了。学校的人文底蕴开始在校园当中体现出来，人文关怀和文化品位得到体现。这是第二个大的方面，基本建设、硬件环境和校园环境发生了极大的变化。

3. 学科建设和队伍建设问题。在这方面我们坚持不懈地做了大量的工作，特别是各个院系做了大量的工作。这起始于2000年11月份开展的创建世界一流大学大讨论。大家可能知道八百人大教室的那次会议，动员大会上热气腾腾，有几位代表的发言我至今印象深刻，他们很好地分析了所在学科和部门的情况。从那时候开始各个院系做了大量的工作，学校的队伍建设也出台了一系列的措施，包括"百人工程"的实施。我在后面会详细讲一下学科建设问题。学科规划和建设上这两年迈出的步伐为我们今后的学科建设工作奠定了比较好的基础，这是第三个方面的工作。

4. 人民大学的形象更加丰满、更加立体化。人民大学怎么让国人了解，让世界了解？这是我们两年多来一直在思考的问题。人民大学应当说过去确有封闭的一面，但并不等于人民大学就是保守的，也不等于人民大学没有自己的成就。人民大学其实做了很多重要的工作，在很多方面取得了重要的成就。怎样塑造人民大学新时期的新形象？我们从细微之处抓起，也从大的方面抓起，不放松任何一个有用的方面来塑造人民大学的新形象。

　　我前面讲的很多工作，包括确定人民大学建设世界一流大学的目标，都是带有改变人民大学形象的意味在里面。要让领导了解人民大学，让国人了解人民大学，让世界了解人民大学，这实际上包括两方面的工作。一方面是要做，通过提高我们的实力来丰满我们的形象；另一方面就是宣传工作，这个方面谋划非常重要。比如说我们邀请江总书记来，也筹划了很长时间，最后请我们学校的知名教授给江总书记写一封信，汇报学习总书记"8·7"讲话的体会，然后提出希望总书记能够视察人民大学，因为人民大学是一所以哲学社会科学为主的大学。这封信从9月份一直写到11月份，各位老先生都很认真，字斟句酌，这位老师说要加一句，那位老师说要改一个字，非常不容易。我们用毛笔、用宣纸的信笺规规矩矩地写了一封信，十六位教授签名，给总书记送去了，然后我们跟有关同志保持密切联系，希望这封信无论如何要转到江总书记手上。江总书记看了，也作了批示，视察人大列入了江总书记2002年的工作日程。记得2002年元月2日，我接到电话，知道总书记视察人民大学已经列入2002年工作日程。我当时特别高兴，问："什么时候来呀？"他们说："你们不是讲春暖花开的时候来吗？就在那个时候了。"我们就一边盼啊，一边准备啊，一直到4月1日得到具体通知。江总书记来考察，这是人民大学重塑形象极其重要、极其关键的一步，海内外都很关注。我到哥伦比亚大学访问，哥大知道国家最高领导到一所大学，就说明了一所大学的重要地位，我们不需要再讲多少别的话，他们已经非常清楚中国人民大学在中国高等教育中的地位与作用了。

　　所以形象塑造问题是非常重要的。当然仅仅这样是不够的，更重要的是要做扎实的工作，要以改革的精神做好工作来改善和丰满我们的形象。但宣传工作也是必不可少的。这两年我们的宣传部门应该说立了大功。首先调整了宣传工作的定位，并不仅仅是理论宣传，理论宣传我们继续抓好，同时要抓好人民大学自身的宣传。我们曾经研究策划了几个题目，一个是人民大学住房改革，一个是人民大学后勤改革，一个是人民大学对外交流。对外交流很重要，我们做了很多工作，包括出版翻译了那么多西方的学术著作、国外一流的教材；我们开了那么多的国际学术会议；我们请了那么多的外国专家教授到人民大学讲学，聘请了那么多国外的兼职教授、客座教授、名誉教授。把这些方面凝聚在一起，写了几篇很像样的长篇报道，影响很大，并且都刊发在《光明日报》、《中国教育报》、《中国青年报》等大报。

我们成立了孔子研究院，竖立了孔子像。竖立孔子像，影响巨大。记得当时有一位教授给我打电话，说有人想给人民大学捐赠一尊孔子像，你敢不敢要？我当时一愣，想了一下马上就说，为什么不敢要？要。孔子是古代的也是现代的，是中国的也是世界的。当年"打倒孔家店"是一种思想解放，促进了中国新文化运动，是时代的需要；发展到今天，我们认真研究孔子思想的精华，弘扬中国传统优秀文化，同样是一种时代的需要，同样是一种思想的解放。这件事的影响力大大超出我们的预料，章新胜副部长代表教育部参加了我们的孔子像揭幕典礼，在海内外产生很大的反响，包括美国、澳大利亚、德国、日本、韩国、我国港澳台地区等等，影响非常广泛。兄弟院校也感到震惊，人民大学敢干这件事？人民大学的形象在改变。我们做宣传工作，要宣传人民大学的典型经验，宣传人民大学的名教授、骨干教师，宣传人民大学教学、科研成果，要把这些作为人民大学今后宣传工作的重点之一。通过校园软、硬环境的变化，通过好的宣传工作，使我们学校的形象发生了变化，人们今天对待人民大学的认识应该说正在更新。这是第四方面的工作，就是形象的塑造问题。

对外交流，我就不一一说了。我们对外交流当中有一些重要的事件，包括我出席哥伦比亚大学新任校长就职典礼。这是新中国第一位大学校长应邀参加该校校长的就职典礼，我们驻美国大使馆很重视这件事，认为是中美教育交流史上一件重要的事情，显然说明了人民大学本身国际地位正在提升。

5. 我们在优化校内教育资源、加强学科建设方面迈出了一定的步伐，调整组建了商学院、公共管理学院、外国语学院、环境学院、人文学院。这样的院系调整对学科的发展应该说非常重要。另外，我们在干部队伍建设方面也作出了很多的成绩。在这里就不详细汇报了。

6. 后勤改革问题。我们在上世纪 90 年代人民大学后勤改革的基础之上，成功地组建了后勤集团，实现了后勤与学校行政的规范分离。分离工作很成功，波澜不惊，没有出现任何大的问题。后勤改革看似小事，其实很不容易，精简了将近四分之一的员工，全体干部、工人全部"就地卧倒"，重新竞聘上岗，从处级干部开始；有 82 人提前退休，其中包括 3 名处级干部。合同工成为真正意义上的合同工，严格地按照合同办事。后勤改革中历史遗留的难题非常多，改革起来很困难。这里面有多少的艰难，多少的艰辛！甚至有辱骂、威胁、恐吓。

改革后勤只是改革的一个方面。刚才讲的调整学科定位，调整资源配置，调整学校的形象定位，这都是调整。至于管理，就是向管理要效益，向管理要质量。我可以举出很多例子，比如去年我们新竣工 4.4 万平方米的建筑，也就意味着这个冬季增加了 4.4 万平方米的供暖面积，另外还提前了 15 天开放暖气，并且跟去年保持同样的温度，但学校供暖的经费一分钱未增加，这意味着什么呢？意味着学校节约了 200 万元左右，这就是向管理要效益。人民大学的水电工作原来根本就说不清楚，电费收多少算多少。个人住户大概还能收起来，其他很多电费根本不知道找谁去收，收不起来就学校贴。现在开始，这方面的投入必须讲产出，投资必须讲回报，资产必须折旧，学校很多活动一律实行全成本核算。比如现在根据核算交电费，就促使一些部门和单位（例如食堂）注意节约成本。后勤集团这些方面的工作，应当说是观念上的极大转变、管理上的极大转变。后勤保障工作虽然还存在不少问题，但是我们要看到这些进步，这是重大的改革。后勤广大职工应该说付出了艰辛的努力，成绩要高度肯定。

7. 整顿学校秩序，把人心、人气凝聚到教学、科研，凝聚到建设世界一流大学上来，这也是我给大家介绍的最后一个方面工作。整顿学校的各种秩序，包括整顿办学秩序，整顿商气过浓的情况，优化了校园环境，优化了校园秩序。记得刚来的时候我曾经在大会上讲过，人民大学商气太浓，校园内乱办班、乱办店、乱发小广告的现象严重。南有西瓜摊，北有杂货店，当时大小商店就有一百零几个，乱办班就更不用说了。我们是狠下决心，知道因此要得罪一些人，但是我们相信这样抓了以后，绝大多数师生是拥护的。应当说现在已初见成效了。学校的环境大大优化了，人民大学原来像个居民区、生活区，现在像个高等学府了。我在教育部工作时，有一次一位部领导在人民大学贤进楼参加中欧法学院院长会议的开幕式后对我说："老纪，你看看人民大学！南边西瓜摊，北侧那个宿舍楼还挂着各式衣物，还开什么国际学术会议！把我们高等教育的脸都丢了！"话讲得很直率，正好张天保副部长来了，这位领导又说："天保同志，你看看你们人民大学！"张天保副部长也是人民大学的毕业生。我当时听了心里真是很难受。这种状况应该说现在结束了，这里同样有向管理要效益的问题。我只简单举一个例子，学校里有一个工商研修中心，当年学校跟它订的合同从一年交一万块钱递增，一年加一万，六年仅交 24 万元。我们很多同志都知道工商研修中心是怎么一回事情！它的质量也不是没有问题，影响了学校声誉。我们面临着非常棘手的问题，非常难办，但是再难也要进行整顿。这个整顿和谈判的过程是非常艰难的，因为有合同，尽管不合理，但我们必须遵守法律。经过艰苦的努力，我们把它放到培训中心。去年这个中心向学校交了 250 万元，今年下来 350 万元，两年交了 600 万元，而且要求保证质量和人大声誉。但是我们过去的合同，六年才让它交 24 万元，而且没有质量上的监管。这样一些工作加在一起才能够产生软环境的效应，通过整顿、加强管理，学校的工作正在出现新的面貌，学校里面各种环境发生了变化，人气、人心发生了变化，人心思变，人心思进，人心思干，大家心气逐步集中到建世界一流大学当中来，逐步集中到加强教学、科研，提高学校师资队伍质量，提高学校的知名度，提高学校的美誉度等方面来。

回顾这两年的工作，在党委的领导之下，人民大学广大师生员工"实践'三个代表'重要思想，创建世界一流大学"取得了一定的成绩，为我们新世纪的发展开了一个好头，迈出了比较好的一步。我们当时提出要开好头，迈好步，应该说这个目标基本上得到实现。这是我向同志们汇报的第二个问题。我们以往所做的工作，我只列举了几个方面，还有很多工作没有说，比如学生工作，包括思想政治工作、体育活动、文艺活动、第二课堂、教学的评估考核，比如人事工作、科研工作我都没有讲，我们的纪检工作、监察工作、招标工作都没有说到。应该说各方面的工作都做得很好。校庆65周年也没有详细讲，因为大家都参与了，都看到了，大家同心协力，艰苦工作。我曾经讲过，为了办好65周年校庆，我们不少同事经过了多少个灯火通明不夜天！我们的校史馆建起来也很不容易，我建议没有看过的同志去看一看。现在不管外宾还是兄弟院校的客人看了，都认为人民大学校史馆是很有水平的，领导同志看了也很高兴，当然也有要充实、完善的地方。这些工作我都没有一一跟大家讲。

三、关于我们今年的工作怎么做

今年的工作还是要继续实践"三个代表"重要思想，创建世界知名一流大学。今年的工作党委会已经做了一个决定，除了要抓好西北区改造与建设工程，抓好我们的后勤改革等问题以外，非常重要的一个方面是要抓好院系工作。我们提出来把今年叫做院系工作年。"院系工作年"含义是什么呢？就是我们要很好地促进一下院系工作。院系的工作主要是教学、科研、学科建设。我们要抓院系，练内功，增强核心竞争力，开创工作的新局面。党的十六大报告提出，改革要有新的突破，发展要有新的思路，开放要有新的局面，各项工作要有新的举措。我们学校怎么有新举措呢？大政方针、基本的思路都有了，现在关键是各个院系共同来落实这些东西，院系工作的核心是学科建设问题，所以我第三个问题重点讲学科建设，同时给大家报告一下其他方面的工作。

学科建设是龙头，学科建设是主题，是发展的主题。我们抓住了学科建设就能纲举目张地开创学校的新局面。但是怎么来抓，我们就要首先看到存在的问题。

1. 学科布局是学科建设的基础。在学科布局方面我们存在的问题主要有：

（1）虽然我们是以人文社会科学为主的大学，但是人文社会科学一共有20个一级学科，我们却有7个一级学科没有博士点，比如教育学、人类学、外语等等。

（2）我们的人文学科特别是文史类并不是很强，中文系只有一个博士点，没有国家重点学科。历史虽然是国家重点学科，但是主要是明清史，特别是清史比较强。古代史有些方面并不强，各种专门史、思想史等方面也并不都是强项。

（3）本来人民大学有条件发展一些理工科，人民大学有1个工科博士点，有9个理工科的硕士点。现在如果在哪个地方的工学院有9个硕士点、1个博士点就可以说是所不错的工学院了，但是在人民大学，这些学科被淹没在人文社会科学这个大海当中，20多年还没有形成一个"势"，分散而不成势，以至于社会上不少人以为人民大学是纯文科大学。我们的数学专业招生大概已经有20多年了，数学系也成立多年了，但恐怕连我们学校的老师有不少都不一定知道本校还有数学系，就不要谈外人了。应该说前些年我们的理工科没有得到应有的发展。针对这样一种情况，学校提出"主干的文科、适当的理科、必要的工科"这样的学科布局原则，并且提出要正确地处理好基础学科与应用学科，传统学科与新兴学科，老学科与新建、复建学科之间的关系。学校提出了文科要适当的增加，特别是基础理论学科要进一步加强。理工科建设我们提出来这样一个原则，即按照"有基础、相关联、高起点、入主流，力争高水平"的学科建设原则发展人民大学的理工科。学校已经初步决定要成立理学院，我们的发展规划处已经做了大量调查研究工作，学校的领导也在跟兄弟院校领导同志接触，研究这样的问题。一所世界一流大学没有一定的理工科做支撑在当代是很难实现的。据我们了解，世界一流大学没有理工科、不是综合性大学的屈指可数。当然最著名的例外就是伦敦政治经济学院，应该说这是所世界一流大学，还有巴黎一大，基本上都没有理工科，但它们都是在特定的历史情况下形成的。当然日本一桥大学也算文科大学，在日本国内比较有名。总体来讲没有一定的理工科很难成为世界一流大学。我们人民大学的经济、财经、统计、社会学等都需要强有力的数学学科的支持，没有很好的数学支持，这些学科要成为世界一流也会极其困难。但是要办好数学系，要办好计算机系，没有物理系行吗？要办好环境学院，没有化学、没有生物学行吗？大概都是不行的。人民大学是人文社会科学为主，这不宜改变，但是要适当地向更加综合的方向发展，这是建设世界一流的必由之路。所以我们在院系工作年要把工作重点放在学科的布局结构上，既要增加新的学科，也要加强比较薄弱的学科。我们将根据 25 个国家重点学科、4 个北京市重点学科、若干学校重点建设的学科和院系建设的学科这四种类型分别采取不同的政策来加强学科的规划、支持和指导。

2. 队伍建设是学科建设的关键。前面已经介绍过我们学校师资队伍的情况，我们学校确有一批大师级的教授和中青年学术骨干。他们取得了卓越的成绩，为世人所瞩目。我们希望这些大教授们更好地为学校、为学科的繁荣服务，也希望我们的中青年骨干教师尽快地成长。但是要看到，我们的师资队伍也存在着必须高度重视的问题，我列出这么几个问题，主要摆事实。

人民大学目前取得海外学位的教师仅有 56 名，其中获得海外博士学位的 34 位，获得硕士学位的 20 位。这就是所谓"海归派"了，这跟有的兄弟高校相比差距不小，虽然这有学科特点的原因。我丝毫没有轻视我们"土博士"的意思，但是我们要建设世界一流大学，要加强国际学术交流，要有国际的学术影响，没有一批在国外获得学位的教师，显然在目前条件下是个缺陷，特别是我们学校有一批通用性的、国际通行的学科，就更应当有一些贯通中西的老师。但是我们感到这方面的人才很少。

我们有一批学科，特别是某些老牌的优势学科后继乏人。昨天庄福龄教授在老教授座谈会上专门谈到马克思主义哲学史恐怕学校就剩他一个人在研究了，当年曾是多么强大的一支队伍！目前国内有的大学在这个方面人员还比较齐整，反而以培养马克思主义理论人才著称的人民大学似乎在某些文科方向上后继无人了。马克思主义哲学的重点学科不在人民大学，邓小平理论研究的基地到了北京大学，我想也不是偶然的事情，不能仅仅看成是技术性的问题。我们人民大学号称一贯重视马列，但是为什么马克思主义学科、马哲史到了这个地步了呢？这些都曾是我们的优势！我们的逻辑学、美学、科学技术哲学等学科，45 岁以下的教授是零。这种状况应当说是堪忧的。我们还有一些学科 60 岁以上的教授要占大部分，虽然这些教授学术强，但评国家重点学科不能只靠"吃老本"呀。

有些国家重点学科师资力量令人担心。我举几个例子，这丝毫不是批评，是内部作报告，自己分析自己，我这也没有讲稿，只是脑子里面记到的，排名不分先后。国民经济管理，当年人民大学的国民经济系赫赫有名，如今情况怎么样？这可是国家重点学科！工业经济专业当年赫赫有名，现在工业经济还有多少人在研究？会计学，当年也是赫赫有名，现在科研成果多吗？马上就开始三年一次的科研考核，据说有的教师，恐怕还不是个别的，大概一篇文章都没有。大家看看，这是不是存在的问题。

师资队伍还有一个问题：我们能够用双语教学的老师、能够使用多媒体教学的老师又有多少呢？本科生课堂只开出 39 门双语课程。

教育部要求我们 5％～10％的课堂要能够用双语教学，人民大学一年
1 400 门课，5％就有 70 门课了，10％就是 140 门，但现在还没有达
到。教育部要求 30％的课堂能够采用多媒体教学，人民大学现在必
修课不到 20％使用多媒体教学，在学校的"十五"规划中这个目标
是要求到"十五"末期达到 50％，差距太大了，要大力推进。应当
承认，我们的师资队伍在国际性和运用现代教学手段方面目前确实存
在不小的差距。

师资队伍建设上还存在一个编制要重新审定的问题。外语教学任
务很重，但是仍然空编。有一些院系长期空编，为什么？

师资队伍建设上最重要、最核心的问题是骨干队伍的建设和拔尖
创新人才的培养。我们虽然拥有一批优秀的中青年骨干，但总体说来
我们还是缺乏优秀的创新拔尖人才，缺乏领军人物。

师资队伍建设是学科建设的关键问题，没有一流的教师根本谈不
上一流的科研、一流的学科，也谈不上一流的大学。所谓一流大学，
你就得有名师嘛！不能说人民大学没有名师，而是说我们名师的数量
还不够多，我们的年轻人要努力达到甚至超越老一辈名师的水准，在
学术上逐步拥有老一代名师在他们那个时代在全国的地位。这是为了
面向未来，适应未来时代的需要。我们感到这方面差距比较大，所以
院系工作年要把它作为重中之重来研究。

3. 提高科研水平和教学水平是学科建设的核心。在这个问题上，
我们通过对教师的考核、对本科生的课堂考核检查、对研究生教育的
检查，发现主体部分都是好的，很多教师作出了杰出的成就，要充分
肯定。但是存在的问题也是明显的。有少数教师责任心、事业心、师
德、学风、敬业精神比较差，学术水准、教学水平不太高，教学方
法、教学形式不能适应时代的需要，不能满足学生的要求，甚至个别
的实在让人感到难堪。这不是无中生有，都是经过调查核实的。虽然
这样的教师人数极少，但是影响很大。教师擅自调课、擅自停课也不
是个别的现象。研究生教学当中存在的问题可能还更多。我们要看到

教学当中的问题，要看到这与建设世界一流大学之间存在着严重的差距。科研方面，我很不愿意再说，我们现在三年考核要开始了，对教授的要求是三年七篇文章，在核心期刊上发表的只要求三篇。副教授发表六篇文章，核心期刊只要两篇。这个标准是不高的。冯惠玲副校长跟我讲，现在有的学院，达不到这个标准的数量既不是 1％、2％、5％、8％的问题，可能达到两位数，这怎么得了?! 我听了非常震惊。人民大学居然有教师不搞科研? 三年时间不发表一篇文章? 这样的教授能说是合格的教授? 这怎么建设世界一流大学?! 我们科研上存在的问题要好好研究，过去长期讲人民大学不管是立项还是获奖，在人文社会科学领域基本上占全国的七分之一，我今年就没有敢用这方面数据。根据中文社会科学引文索引（CSSCI）关于哲学社会科学发表文章排名统计，这几年人民大学也落在北大的后面。这还只是讲国内发表，还不是讲国际发表。

在今天的大会上，我们如实地向广大教师汇报这样的情况，大家共同讨论该怎么办。前不久在一年一度的科研工作会议上，科研处搞了一个各院系科研情况表，请各个院系认真地看一看，要查一查原因。同志们，到认真对待这些问题的时候了，不管一所学校、一个院系在外面搞得怎么热闹，最后决定水平的还是学科、还是科研。我们要求出精品、出上品、出传世之作，学校在这方面要采取重大的措施。

4. 优化环境、改善条件、增加投入是学科建设的保证。优化的是什么环境呢? 我主要指的是软环境。主要有这么几个方面：

（1）十六大报告里面讲，要营造鼓励人们干事业，支持人们干成事业的社会环境。这一条在人民大学一定要落实下来，人民大学要营造一个鼓励教师争当"领头雁"的环境，尊重劳动，尊重知识，尊重人才，尊重创造，一定要把拔尖人才鼓励出来，让拔尖人才脱颖而出，这是我们在学科建设方面必须采取的重大措施。不管是物质方面的鼓励还是精神方面的奖励，我们应当进一步加大支持拔尖创新人才脱颖而出的力度，应当营造有利于人才脱颖而出的一种氛围、一种机制。

（2）江总书记在人民大学考察时讲到创新的时候说，各级政府要支持哲学社会科学的发展繁荣，要创造鼓励理论探索和学术创新的社会环境和学术氛围。我们人民大学就是要进一步营造这样一个百花齐放、百家争鸣、兼容并蓄、有容乃大的氛围。没有学术自由就不可能有创新，不可能有精品、上品。在遵守宪法和法律的前提下，在以"三个代表"重要思想为指导的基础上，任何学术观点都有存在的空间，必须创造这样一种学术氛围。

（3）要创造一种团结、和谐、合作的环境和氛围，而不是文人相轻、互相拆台、互不合作、互相攻击的氛围。团结、和谐、合作的氛围对我们优秀人才的成长非常重要。

我想优化环境重点讲的是这三个方面。去年暑假我参加中外大学校长论坛，当时哈佛大学荣誉校长发言后我问他，你们怎么保证学术自由？他说干扰学术自由的是三种力量，一是政府不适当的干预，二是学校不合时宜的规章制度，三是学术权威，学术权威不适当的行为也干预学术自由、压制新生力量。我有同感。我们要从这三个方面努力来保证一个良好的学术环境。

改善条件，主要是生活条件和办公条件，这在前面已经讲过了。当然我想对于文科来讲，教授仅有工作室还不够，还需要完善的图书资料、网络和实验室，特别是理工科的仪器、设备都要改善。增加经费投入问题，前面我已经讲过了。

5. 一个团结奋斗、敬业合作的领导班子是当前学科建设关键中的关键。在昨天的老教授座谈会上，大家认为学校领导班子还是比较团结、比较奋斗、比较敬业的，很多院系的领导班子也是这样。他们提出两条希望：一是敬业，要投入，要把岗位当成你的第一要务，校长要把校长岗位当成第一要务，院长要把院长岗位当成第一要务，而不是把院长岗位当做第二、第三责任。这个意见非常中肯。二是希望领导班子团结合作。我觉得这个意见非常重要。我们有一些院系的领导很难在一起商量问题，而且商量问题的时候不是推心置腹，不是从学校、从院系、从学科大局出发考虑问题。我想，如果我们真正做到了老教授们提出的这两条，就是学校学科建设和教师们的福音。我以为，组织部门也好，院系领导、广大教职员工也好，在选择干部、配备领导班子的时候，一定要把那些政治上靠得住，业务上有本事、能干事、干成事的人选拔到各级领导岗位上。希望大家为此共同努力。人民大学有这么多优秀人才，我们不相信不能把一个院系班子组织好。我想到王安石当年有一句话，"不患材之不众，患上之人不欲其众；不患士之不欲为，患上之人不使其为也"，他的意思就是说，并不是人才不多，而是怕当领导的不想人才多；并不是知识分子不想有所作为，而是怕当领导的不想让他们有作为。王安石讲得很透彻。我们如果有"使材众，使士为"的胸怀和气魄，相信我们人民大学必然是人才济济的。

6. 学科建设是一个系统工程，除了上述方面以外，良好的规章制度、良好的秩序、良好的行政服务和行政管理，都是学科建设非常重要的外部条件。这是对我们校部机关，对我们后勤部门提出的要求。我们校部机关的队伍这两年把许多大事情，包括我们命名组建50周年，包括江总书记考察，包括校庆65周年等活动都办得非常好，很多人加班加点，战斗力很强。日常的工作也做得很好。我们的校办、规划、人事、科研、教务、研究生院、组织、宣传、财务、资产、基建、学生工作等各个部门做了很多工作。我们一再提出要求，要有服务的意识，要有效率的意识，要有竞争的意识，这些方面都有很大提高。

但是，目前干部队伍建设也有需要引起我们重视的问题。我看了人事处提供的一些资料，我们院系管理干部和校部机关的干部，在学历层次上还有待改进、提高。性别结构好像问题也比较多，我们有的院系管理干部100%是女性，有的80%是女性，大部分院系管理干部

60％是女性。我们对女性没有歧视，只是男女比例不平衡也会造成很多其他的问题。当然这些问题都不是主要问题，根本的问题是如何提升业务能力，爱岗敬业。我曾讲过，想要一份全面的学校统计资料，但至今还没有，人民大学历史上没有这个习惯做法。我们应该把历年的招生数量、各类在校生人数、各类毕业生人数、教师状况、财政支出与收入、固定资产等情况编成一本册子。我们有的院系的领导和工作人员对自己的老前辈、对自己的历史情况不怎么了解，对历史上的名教授不尽知道，对历史上作过贡献的教职员工也不尽知道。这种状况应当尽快改变。

我们校部机关在管理上尽管存在一些问题，但是一旦注意了马上就能改正并产生效果。关键是抓问题，问题抓住了，就会改善。我举个例子，研究生院的刘大椿同志报告说我校研究生招生计划中国家计划的部分很少，远远低于全国的平均水平。国家计划意味着国家要给钱的。我说人民大学这么一所重点大学，怎么研究生招生的国家计划那么少，远远低于全国的平均水平。人民大学本来就很穷，没有国家计划就没有相关的经费。我让他把数字给我，然后就找发展规划司——就是我以前工作过的那个司，把情况跟他们汇报。老司长还有点面子，他们核实后打电话告诉我说，你们研究生院反映的情况完全属实，人大国家计划内研究生招生人数确实远远低于全国平均水平。我问北大、清华的国家计划那么多，人民大学怎么这么少？他说这个状况怎么造成的我们也不知道，没有人反映过。我说这些不管了，希望能够把计划增加上来。向大家报告，2003年招生计划，我校国家计划内硕士生由1000人增加到1700多人，增加了约70％；博士生国家计划部分也增加了300多人，国家计划部分已经占到将近80％。研究生院告诉我，一个国家计划内硕士生一年拨款1万元，一个博士生一年1.2万元，新增国家计划内的761个硕士生就是761万元，300多个博士生就是300多万元，一年就增加1100万元。就这么一件管理上的事情，我们从国家每年多得到1100万拨款。国家现在每年拨给我们的经费总共才四个多亿。人民大学那么穷，不认真地抓管理就不能发现问题。发现不了问题，这么多年就这么过下来了！业务水平体现在哪里呢？还有一个例子，有一次我看到人民大学中区食堂报的固定资产十几万元，一个中区食堂才十几万固定资产？我要求核查，查出来的结果好像是少了一个零或是多了一位小数点。我举这样的例子就是说明提高管理水平、提高服务水平非常必要、非常重要。类似这样的例子绝不是一件两件，我不愿意多说。希望在学校机关工作的同志们，一定要钻研业务，要善于发现问题，研究问题，分析问题，解决问题。

我们有的老师抱怨到校部机关办事情很难，学者对学术领域的事情很精通，但是对学校的很多规章确实不知道。当他来办事情，工作人员耐心解释，讲清楚相关规定，我觉得是理所当然的。我们有一些同志却非常不耐烦，态度不好。如何更好地服务于我们的教师，更好地对待我们服务的主体，还需要进一步提高。当然我们可以要求教师更好地学习这些规定，但我们要通过很好的解释和服务来让他们更了解。行政工作具体说来很琐碎，有时很烦，不是不可以理解，但还是要端正工作态度，尊重知识，尊重人才。

后勤的问题也是一样，存在着跟机关类似的问题。有的同志工作态度很傲慢，不能因为掌握着物质资源，好像这就是你的，这种观念都是不对的。我们首先要牢固树立尊重知识、尊重人才的观念，尊师重教，认真地听取意见，尽可能地提高我们的服务水平。优良的管理和环境，对于我们的学科建设会起到极其重要的促进作用。搞好了环境，学校发展了，我们的管理人员才能够实现自身的价值；学校办不好，管理就是失败的，大家的价值就得不到实现。

对学科建设问题讲这么多，因为目前存在的问题是比较多的，我想重点是解决问题，提高水平，才能把学科建设搞上去。

今年新年报告会我想应该是 5 点钟结束，现在超过了 15 分钟，非常抱歉。我主要是向同志们通报情况，介绍情况，讲对的地方供同志们参考，讲错的地方都是我个人的意见，欢迎同志们批评指正，也欢迎大家对学校的工作多提建设性意见，多多地批评监督，让我们一起把人民大学 2003 年的工作做得更好，向世界一流大学迈进！

　　谢谢大家！

重塑形象，夯实基础，全面提升[*]

——第一个任期（2000—2004 年）的述职报告

（2004 年 9 月 1 日）

我们这届班子是在世纪之交的 2000 年 9 月开始进行换届调整的。四年来，在我国高等教育事业各项改革不断深入，发展势头迅猛的形势下，在教育部和北京市的正确领导下，学校领导班子带领全校广大师生员工同心同德，团结奋进，以"解放思想，抓住机遇，深化改革，加快发展"为指针，启动了"实践'三个代表'重要思想，创建世界知名一流大学"的历史进程，按照"1231"的总体工作思路，制定并实施"十五"总体发展规划，各项工作均取得重大进展。这是学校党委正确领导的结果，是全校广大师生员工团结奋斗的结果。我本人作为这一届学校行政班子的负责人，作为学校的主要领导人，在这一过程中发挥了自己的作用，做了一定的工作。在此提纲挈领地作一总结和回顾。

一、到任时的工作基础

2000 年 9 月 27 日我就任中国人民大学校长之前，就深感压力很大。就任之后，经过一段时间的调查研究，心情十分复杂。

---

　　* 本文曾向上级有关领导呈报。2004 年 10 月 9 日，时任国务委员的陈至立同志在该工作总结上作出重要批示："读后很受启发。总结实事求是。四年来人大的成绩有目共睹，望再接再厉，争取更上一层楼"。

一方面，我感到中国人民大学作为我们党亲手创办的第一所全国重点大学，确实是我国人文社会科学最重要的人才培养和科学研究基地，是我国人文社会科学教育领域的一面旗帜，在我国高等教育领域具有特殊重要的地位，发挥着特殊重要的影响；学校有很多优势和很好的传统，特别是在人文社会科学领域，有比较深厚的学术积累、比较强的学术队伍和相当广泛的社会影响。能够在新世纪到来之际来到这样一所著名大学工作，深感这是组织上对我的信任。

另一方面，我也感到，由于种种原因，学校面临着重重困难和问题，严重制约和影响着学校的建设和发展。学校的教育思想、办学思路不够清晰，面向新的世纪，面对新的形势、新的时代，如何明确学校发展的战略目标？处于迅速变革和发展的时代，如何进一步解放思想、转变观念和转换机制？在急功近利的社会风气、重理轻文的客观现实下，怎样为人文社会科学的地位与作用大声疾呼？学校的办学条件也相当艰苦，办学面积狭小，教职工住宅严重短缺，教学科研用房、学生宿舍严重不足，校园环境凌乱陈旧，危陋旧房比比皆是，基础设施老化现象严重。学校没有一座独立的学院大楼；各院系教研室没有活动场所；教师包括一些在国内外享有盛誉的学者均没有自己的办公室，长期处于非常罕见的无体育馆、无礼堂、无游泳池、无风雨操场的状态①。学校的办学经费投入严重不足，历年欠账较多，1978年以来的 20 多年间，人大从国家得到的经费投入总计仅 9.4 亿元。此外，学校的管理思想、组织结构、管理体制、运行机制以及师资队伍建设也存在不少问题，师生员工人心不稳，精神不振。这一切都使我一方面为人民大学广大教职工在低水平的工作环境中取得那么多辉煌的成就而钦佩、而振奋，同时又为与人民大学地位如此不相称的办学条件、办学现状而深感震惊和不安。

① 据教育部 2001 年统计，在教育部 71 所直属高校中，中国人民大学生均校舍面积居倒数第 7 名，生均教室面积居倒数第 8 名，生均校园面积居倒数第 6 名，教职工人均住房面积居倒数第 1 名。

在世纪之交、千年更替的关键时刻，在我国高等教育迅猛发展的新形势下，中国人民大学这样一所我们党亲手创办的、有着"始终奋进在时代前列"优良传统的著名大学，这样一所"为马克思主义在中国的传播和普及，为我国哲学社会科学的发展和繁荣，为我国社会主义革命、建设和改革事业的发展作出了重要的贡献"的社会主义大学，如何才能适应急剧变化的形势需要，抑制住"不进则退"的趋势，走出当时发展滞缓、声誉下滑的困境，进而继续奋进在时代前列？如何才能焕发出新的活力，实现新的跨越式发展，为社会主义现代化建设事业作出更大的贡献？面对这些重大问题，我和学校新一届领导班子其他成员夙夜忧叹，寝食难安，深感压力重大，责任重大。

二、四年来的主要工作

（一）以确立建设以人文社会科学为主的世界知名一流大学的战略目标为龙头，开启了"实践'三个代表'重要思想，创建世界知名一流大学"的历史进程

经过深入的调研和反复的思考，在就任之初，我就向教育部领导表示，重视和支持人民大学的发展，不仅关系到人民大学一所高校的发展，而且对促进我国高等教育的全面发展具有重要意义，希望给予人民大学更多的关怀、更大的支持。2000 年 10 月 5 日，我在人大附中建校 50 周年庆祝大会上见到教育部吕福源副部长时，专门向他汇报了人民大学的办学目标等问题，并第一次提出了将人民大学建设成为以人文社会科学为主的世界一流大学的建议，吕副部长当即表示同意。随后，这一提法得到了陈至立部长等教育部领导的一致赞同。

2000 年 10 月 15 日，在我建议和主持下，学校隆重召开了中国人民大学命名组建 50 周年纪念大会，李鹏委员长在讲话中代表党中央、全国人大、国务院提出了把中国人民大学建设成为"以人文社会科学为主的世界一流大学"的办学目标；李岚清副总理致了贺信；教育部陈至立部长就人文社会科学的重要地位与作用发表了重要讲话。这次会议振聋发聩，影响深远，对以人文社会科学为主的我校来说是极大的鼓舞和鞭策，大大增强了学校的凝聚力，为我校走向新世纪做了良好的组织动员和舆论准备。会后，经我提议，在学校党委领导下，学校开展了全校范围的以建设世界一流大学为主题的大讨论，学校各个部门、各个院系到专业都写出了国际国内比较研究的报告，从世界、全国的范围来认识和明确自己的优势和劣势，总结出了我校的优良传统和差距，拓宽了视野，明确了发展方向。

在确立学校发展目标的同时，学校的整体工作思路也逐步在我头脑中明晰起来，这就是我们这四年始终坚持如一的"1231"的整体工作思路，即一个高举——高举邓小平"发展才是硬道理"的旗帜，两个规划与建设——搞好学科规划与建设、校园规划与建设，三个抓实——抓实改革，抓实调整，抓实管理，在改革中发展，在调整中前进，在管理中提高，一个投入——千方百计筹措办学经费，空前规模地加大投入。随后，学校还进一步形成了"对内固本强基，对外营造环境"两条战线作战的指导思想，即对内狠抓学科建设、校园建设，注重内涵提高，重塑学校形象；对外大张旗鼓宣传人文社会科学，为学校发展创造良好的社会环境，两条战线的工作统一在建设以人文社会科学为主的世界一流大学目标之下。组织制定了"十五"期间学校规模、结构、质量、效益等方面的发展目标和主要措施；提出了"主干的文科、必要的理科、适当的工科"的学科发展思路和一系列具体工作思路。同时，高扬为人文社会科学鼓与呼的大旗，在海内外全面塑造人民大学中国人文社会科学排头兵的形象，推动社会各界认同人文社会科学的地位和作用。所有这些，对指导学校全局工作、增强学校凝聚力都起到了重要作用。

在我国人文社会科学的地位和作用逐步得到广泛认同、中国人民大学的社会影响逐步扩大的形势下，2002 年 4 月 28 日，应中国人民大学之邀，时任中共中央总书记、国家主席的江泽民同志亲临中国人民大学考察并发表重要讲话。讲话对中国人民大学建校以来所作出的成就和贡献给予了充分肯定，阐明了哲学社会科学的重要性，并提出要把中国人民大学建设成为以人文社会科学为主的世界知名的一流大学，讲话中提出了"五个高度重视"和"五点希望"，为发展繁荣哲学社会科学指明了正确的方向。这是中国人民大学历史上党和国家最高领导人第一次前来考察，极大地鼓舞了人民大学的全体师生。这不仅是人民大学发展史上的一件大事，是中国高等教育界的一件大事，也是中国人文社会科学界的一件大事，具有重大而深远的意义。我自己在这项工作当中，主要起到了筹划、组织及把握关键细节的作用。全校师生都为之倾注了极大的热情、精力和心血。

2002 年 11 月，学校举办了以我提议的"校友、校史、校貌"为主旋律的 65 周年校庆活动，李鹏委员长又一次来到人大并发表热情洋溢的讲话，进一步增强了学校的凝聚力，展现了学校"解放思想，实事求是，与时俱进，开拓创新"的新形象。学校也借此做了一些具有长远影响的工作，如举办校史展览，成立校史馆，对于保存人大历史，形成人大优良校风，传承人大优良传统，意义重大。在这一重大活动中，领导班子全体成员、全校干部、教师和学生都付出了心血。我个人在其中的作用是确定主旋律，宏观策划，把握全局，同时亲自抓其中的重要工作。

为更好地实现建设一流的战略目标，我与领导班子其他成员认真调查研究，遵循科学发展观的要求，进一步明晰、丰富了我校发展的战略思路，包括：将我校建设成为以人文社会科学为主的研究型、综合性大学；不追求大规模、全学科，而是要高起点、高水平，追求一流；学科建设要整体推进，重点突破，要以完善学科布局结构为基础，以提高学术水平和人才培养能力为核心，以加强师资队伍建设为关键，以增加投入、改善环境为保证；要按照"大师、大楼、大气"的办学理念来建设学校；要培养学生"明德、博学、求是、笃行"的学术品格，要造就以"国民表率、社会栋梁"为终身追求的人大学子；目前条件下不办跨地区分校，只是有重点、有条件地在异地试办产学研基地；主要立足于校园置换和周边拓展来扩大学校办学空间；要建设"美化、绿化、人文化、数字化"、"好看、耐看"的校园。所有这些，对统一认识、凝聚人心、协调步伐、扩大影响都起到了重要作用。

（二）多方面争取领导理解与支持，努力营造学校改革发展的良好政策环境和外部环境

为学校发展营造良好的外部环境，赢得有力的资源支持，是大学主要领导义不容辞的责任。四年来，我和班子的其他同志积极主动，殚精竭虑地做好这一工作。先后前往李岚清、贾庆林、李长春、陈至立等中央领导同志处请示汇报工作，并多次向教育部周济、张保庆、袁贵仁、章新胜、赵沁平、吴启迪、田淑兰、李卫红，中宣部刘云山、雒树刚，国家发改委（国家计委）王春正、汪洋、李盛林，财政部项怀诚、张佑才，北京市委、市政府刘淇、龙新民、杜德印、朱善璐、刘敬民、范伯元等领导同志以及中央组织部、中央统战部、外交部、人事部、劳动与社会保障部、商务部、文化部等有关部级或司局级领导请示汇报工作，同时还争取多位领导同志多次来我校视察或现场办公。我每到一地讲学、开会、考察或调研，都要主动与当地省市领导接洽会谈，与兄弟高校交流，同时应邀作专题报告，会见校友，接受采访，全面宣传人大或争取社会资助。

应当说，这些年我们在此方面的努力，对于让领导部门更加了解人民大学的情况和困难，加强对我们工作的指导，解决学校现实的困难；对于求得各方面的了解和理解，消除社会上的误导和误解，都起到了积极的作用，成效十分显著。学校校园发展规划的调整与实施、造纸六厂用地的收回、西北区改造与建设工程的实施、"九五"期间

"211 工程"建设任务的圆满完成、"985 工程"二期的启动、大面积解决教师住房问题的成功进行、科研经费的提高、各类专项投入和捐资的空前增加，以及我们在招生计划、学科建设等各类问题上得到多方面实质性的支持，诸多难题得到解决或缓解，都与我们积极争取多方理解与支持密不可分。特别是 2002 年 5 月北京市召开第九次党代会，明确提出积极支持中国人民大学等高校创建世界一流大学；2003 年 9 月教育部和北京市人民政府决定重点共建中国人民大学，教育部明确将我校纳入"985 工程"二期建设之列。这一系列重大举措，标志着我校"985 工程"建设进入新的阶段，进一步从行动上落实了江泽民同志对我校提出的建设以人文社会科学为主的世界知名的一流大学的战略要求。

（三）聚精会神、持之以恒地抓好学科规划与建设，学科建设登上一个新台阶

对照建设世界知名的一流大学的目标，我深感人民大学的学科结构、数量和布局都存在不容忽视的问题。为此，几年来，我多次到院系调研，适时召开各种会议，并时时注意听取各方面的意见，在学校领导班子抓好学科建设方面发挥了重要作用。主要工作有：

第一，制定并完善学科规划。抓住"211 工程"二期建设规划制定、"985 工程"项目申报等机遇，学校和各学院进行了认真研究，分析学科建设的优势和不足，根据各重点学科的不同特点提出不同要求，在此基础上，领导制定了学校学科规划，召开了学科建设工作会议，提出了"主干的文科、必要的理科、适当的工科"的学科结构目标，并对理工科提出了"有基础、相关联、高起点、入主流，力争高水平"的建设方针。2003 年，出台了《中国人民大学学科建设与发展报告》（学科建设白皮书），对现有学科的特点、水平、优势和存在的问题进行了实事求是的深入分析，增强了大家的责任感、危机感、紧迫感，有力促进了学科规划和建设工作。2004 年，我们又把学科建设结构目标调整为"主干的文科、精干的理工科"，进一步适应了学科建设的要求。

第二，按照有利于学科发展、有利于资源优化配置、有利于学校长远发展的目标，兼顾国际通行、中国特色和人大特有三大原则，大张旗鼓地进行了院系调整工作，先后组建成立了商学院、公共管理学院、环境学院、外国语学院、人文学院、马克思主义学院、社会与人口学院、信息资源管理学院、统计学院、农业与农村发展学院、培训学院等，基本完成了这一轮的院系调整工作。学校学科综合实力进一步增强，布局更为合理。

第三，启动"院系工作年"，在学科规划、学科调整的基础上，2003年初我提出了"院系工作年"设想，旨在狠抓院系工作，夯实基础，苦练内功，提高核心竞争力。在各位主管校领导共同努力下，优化了学科资源配置，增加并加强了艺术、教育等文科学科，加强了对信息学院、环境学院建设的投入；筹建理学院的工作也取得一定进展，化学系已于今年招生。国家重点学科申报、新增学位学科点申报工作都取得了重大成果。

在教学方面，深化了教学改革，召开了新世纪第一次教学工作会议、新世纪第一次理论工作会议，狠抓教材出版工作，继续规划出版"面向21世纪系列教材"，推动原版教材的引进和使用，倡导教授上本科课堂，积极参加教育部"高校青年教师奖"评选，连续四年推出学校"十大教学标兵"。在全国率先实施了硕士生弹性学制的重大改革，积极开展本—硕连读、硕—博连读的试点工作，研究生规模在稳步扩大的同时，培养质量也得以保证。

在科研方面，召开了新世纪第一次科研工作会议，连续四年举办具有深远影响的"中国人文社会科学论坛"，狠抓了科研立项工作，2003年一年获准立项的国家和省部级课题多达100多项，在人文社会科学领域领先于其他高校，科研经费达到了空前的5 200万元，大大超过前两年，也大大超过了"九五"期间的总和；发表了一大批学术论文，出版了一大批学术著作和教材，其中有相当数量的精品、上品和传世之作，为国家的学术繁荣作出了重要贡献；倡导哲学社会科学学术研究要面向实践，充分发挥"认识世界，传承文明，创新理论，咨政育人，服务社会"的作用，呼吁"国有疑难问人大"。"人大三大报告"（《中国人民大学中国经济发展研究报告》、《中国人民大学中国社会发展研究报告》、《中国人民大学中国人文社会科学发展研究报告》）形成品牌并进一步引起广泛社会反响；学校组织编写的不定期刊物《问题与思路》，直接寄送中央有关部门，服务于高层决策；成立了中国人民大学"人文奥运"研究中心，为北京市"人文奥运"构想献计献策，承担了重大课题"北京 2008 年奥运会全面影响研究"（OGGI）项目；等等。

"院系工作年"的成效是显著的。学校院系之间、学科之间科研不平衡的状况正在改变，学术氛围正在普遍浓厚起来，团队协作攻关的气氛也在一些领域形成，人民大学"学术殿堂"的形象也进一步突出；教学工作有序进行，开创性的教学质量管理体系已经全面展开，课堂教学管理制度进一步完善，精品教材建设取得显著成绩，课程重复建设等痼疾初步得到解决；学科整体实力得到较大提高。

第四，抓住机遇，推动学科建设再上新台阶。2004 年，学校紧紧抓住中央发布《关于进一步繁荣发展哲学社会科学的意见》重要文件、实施"马克思主义理论研究和建设工程"以及推进"985 工程"二期建设等重要机遇，进一步加强了对哲学社会科学的研究、规划和宣传；以中央"马克思主义理论研究和建设工程"实施为契机，抢抓机遇、乘势而上，形成了以教材编写、重大课题研究和队伍建设为重点的总体思路，并在全校进行了充分动员；集中力量规划我校"985工程"二期建设思路，并对教育部"985 工程"人文社会科学项目的建设提出了重要参考意见。

（四）以人为本，有步骤、有重点地加强队伍建设，成效显著

队伍建设包括两方面：一个是教师队伍，一个是干部队伍。在教师队伍建设问题上我们做了大量工作，主要思路是以人为本，营造好的环境，倡导好的风气，吸引人才，培养人才，善待人才，帮助优秀人才脱颖而出。其中一个重要方面就是实现了教师住房的极大改善。2002年有1 600多人、1 500多户喜迁新居，一方面置换了校园，腾出了部分教师住房用于招生，保证了随后几年研究生招生计划的全面完成；另一方面改善了教师住房条件，稳定了教师队伍，吸引了其他的优秀拔尖人才到人民大学来。学校还启动了"百人工程"、"百人引进工程"，引进优秀人才，培养在职教师，提高教师中博士学位获得者的比例，为培育大师做制度上的准备；进行了以岗位业绩酬金为核心的人事制度改革；按照按劳分配、多劳多得、优劳优酬的原则，实施岗位任务津贴，在普遍提高教职工津贴的基础上，适当拉开收入差距，稳定了学术和管理骨干队伍。在采取上述举措的同时，学校逐步对教师提高要求，力求解决教师精力投入不足的问题，已收到很大成效。

为加强师资队伍建设，2003年，我在提出"院系工作年"的同时，提出"人事工作年"。主要工作有：按照"新人新办法，老人调办法"的思路积极稳妥地开展新一轮人事制度改革。新选留毕业生全部实行聘任合同制；对教师进行了空前的"动真格"的三年总考核和党政干部、教辅人员聘期考核，科学有效，波澜不惊；进一步修订完善了教师考核办法、聘任办法等规章制度，相应微调了岗位业绩酬金实施方案，引进高层次拔尖人才已形成较大工作面；执行了国家关于调整工资的决定，学校还自筹经费，出台了新的离退休人员和在岗人员的生活补贴办法。这些复杂细致的工作，对于调动教职员工的积极性，形成良好的运行机制，提高学校的工作质量和核心竞争力，都起到了十分积极的作用。在做好上述工作的同时，我还十分重视师德建设，不断提醒广大教师搞好教书育人，遵循学术规范，甘于寂寞，力戒浮躁，并用江泽民同志引用过的"经师易遇，人师难遭"不断勉励大家。

在干部队伍建设方面，我主要是配合党委做了大量工作，如在各类干部培训班上不断呼吁和引导，对干部培养和使用提出一整套工作思路；对干部素质、干部作风、干部效率提出系列要求；调整了中层干部考核办法；注重学院和部处领导班子建设；强调"双肩挑"干部正确处理好业务与行政的关系；大力推进了教师、管理干部挂职、轮岗、交流制度；积极推动干部学习、培训、出国交流，开阔眼界，增长见识。同时，十分关心青年干部的健康成长，大胆启用德才兼备的优秀人才，悉心关怀与严格要求相结合。这些举措，均已产生良好效果。

（五）狠抓校园规划与建设，积极拓展办学空间，校园面貌和办学条件显著改善

按照"1231"的总体思路，我刚刚到任就组织领导了校园规划的总体调整工作。2001 年 12 月，在向李岚清同志汇报时，我正式提出了"西北区改造与建设工程"的概念。2002 年初，在张保庆副部长视察人民大学时我对此进行了系统汇报，得到了教育部的大力支持，学校"十五"期间校园发展总体规划逐步确立。2001 年底，北京市规划委正式批准了我校的调整规划。同年，在教育部、北京市的大力支持和学校的不懈努力下，我校终于收回北京造纸六厂占用的 28 亩土地，使得新规划具备了实施条件，规划面积达 24 万平方米的西北区改造与建设工程遂于当年破土动工。

在校园建设方面，四年来，包括西北区改造与建设工程部分项目在内，学校竣工工程 18.8 万平方米[①]，目前在建、今明两年竣工工程 20 万平方米[②]；另有规划建设工程培训中心大楼 2 万平方米，三项合计 40.8 万平方米，远远超过 2000 年时全校同类用房面积的 23

[①] 包括世纪馆、游泳馆、多媒体教学楼、宜园 2 楼、青年公寓、宜园 3 楼、品园 5 楼、西北区学生公寓 A 栋等。

[②] 包括西北区改造与建设工程的经济学科与法学院楼（后改称明德楼）一期工程 9.4 万平方米，西北区学生公寓 B～F 栋 4.6 万平方米，复工的仁达大厦即文化大厦 6 万平方米。

万平方米。毫无疑问,这是人大历史上基本建设规模最为密集、进展最快的时期,四五年的工作超过了过去 50 年工作的总和,全校教学、科研、行政办公条件正在发生根本性的改善。利用争取到的多方专项资金支持,学校启动了建校 50 多年来第一次校园基础设施改造工程,第一次电力设施改造增容工程,分三年进行了大规模的地下管网改造,彻底改变了自然排水、设施不配套的状况,使道路和地下管网等基础设施达到国内高校先进水平。

与此同时,在我的推动下,学校坚定不移、大张旗鼓地开展了校园环境整治工作,拆除校内危陋房屋 2 万多平方米,搬迁 203 户,拆迁停办农贸市场、商业摊点数十个;专项整治乱办班、乱出租;新增校园绿化面积达 3 万平方米,新建百家园、宜园、汇贤园、凝园等,改造完成求是园;对学校主要道路、楼群进行了命名;建起了《吴玉章校长与学生在一起》雕像、老校长成仿吾雕像以及孔子铜像等具有代表性的校园景观。校园面貌发生了巨大变化。

在拓展办学空间方面,一是拓展原有校区。从 2001 年到 2003 年,学校先后收回了造纸六厂用地、兴发大厦以及伍富商店、粮店,不仅增加了学校的办学空间,增大了资产存量,对维护校园的完整性和纯洁学校的学术氛围都有重要意义。二是把解决教职工住房与推进住房的商品化、社会化、货币化相结合,与置换校园、规划校园相结合,在校内腾退 4.71 万平方米职工住宅和 180 多亩土地用于办学,使办学用地由 520 亩增加到 700 亩,比 2000 年净增近 35%。这一计划的实现,不仅使在校外购房的教职工户均面积达到 121.6 平方米,极大地改善了我校教职工的居住条件,而且置换了校园,争取了时间,赢得了空间,凝聚了人心,腾退的住房调整为研究生、博士后或留学生宿舍,用于扩大办学规模,同时优化了校园环境和秩序,促进了学生住房“421”目标的部分实现,取得了“山重水复疑无路,柳暗花明又一村”的成效。这一创举,得到了李岚清同志和教育部领导的高度肯定和表扬。

目前，经过反复谋划和大量的复杂工作，并得到教育部、北京市的大力支持，第二期校园置换工作正式启动，预计在 2004 年底完成。届时将进一步拓展校内办学空间，优化校园环境，改善教师住房条件。

在异地试办产学研基地方面，学校以珠江三角洲、长江三角洲为重点进行了探索，目前深圳研究院运转良好，苏州研究院正在积极筹建之中。同时，我们在周边拓展办学空间方面也进行了不懈努力，有望取得新的成果。

此外，"数字人大"建设工程正在紧锣密鼓地实施之中，有望在 2004 年底取得重大进展；图书馆、实验室的硬件建设以及北戴河休养所的建设将陆续完成。所有这些不仅会美化育人环境，从根本上改善办学条件，而且会鼓舞士气，激励人心，增强建设世界知名一流大学的信心和决心。

在这些重大工作中，我主要抓思路、抓组织、抓进度、抓效益，做了一些筹划和决策性、保障性的工作。

（六）充分发挥我校作为我国人文社会科学教育研究领域对外交流重要桥梁的作用，加强对外交流与合作，提升了我校的国际影响

对于这样一项关系到建设世界知名一流大学的重要工作，几年来我孜孜以求，努力开拓。学校对外合作与交流工作取得突破性进展，北美和欧洲的局面基本打开，日本和韩国的交流有所深化，港澳台地区的工作进一步拓展。2000 年至今，学校组团 40 多次，先后访问了美、日、欧等国家和地区的一些著名大学，签署了一批重要协议，目前已与 30 多个国家和地区的 100 多所大学建立了合作与交流关系，与 20 多所世界一流大学重点展开了重要合作项目[1]；主办、承办了

---

① 如与哥伦比亚大学联合授予硕士学位的"经济政策与财政金融管理"合作项目（这是目前我国中外合作办学中最高层次的合作），与密歇根大学合作开展的中国学、档案学研究项目，与华威大学开展的"2＋2"学生联合培养项目，与布法罗纽约州立大学合作的 EMBA 项目等。

一系列高水平的国际学术会议①；也得到了韩国、菲律宾以及中国香港等国家和地区一些实业界、政界人士的关注，并初步得到了一些捐赠。四年来，除去抗击"非典"期间，大体上平均每周有一次国际学术会议召开，每 10 天有一位国外大学的校长来访，每两周有一位外国政要、驻华大使或外国著名学者来学校演讲。此外，学校的留学生规模进一步扩大，留学生学习、生活条件也有了一定改善。

国际学术交流活动频繁开展，产生了明显效果。哥伦比亚大学邀请我去参加新任校长的就职典礼，我国驻美大使馆对此作了高度评价；日本创价大学授予我名誉博士以表彰人民大学及我个人在高等教育领域作出的贡献，诸如此类，都表明了人民大学的国际地位在提高，影响在扩大。

（七）提出"国民表率、社会栋梁"的培养目标，注重学生工作和学生的健康发展

四年来，我反复强调学校工作要"一切为了学生"，"一切为了教学、科研"。在 2001 年召开的学校第 25 次学代会上，我明确向全校同学提出了做"国民表率、社会栋梁"的期望，希望大家有远大理想，服务社会，献身祖国。这一提法很快成为全校师生员工广泛认同的人才培养目标。2003 年，我在给博士生授课时，提出要培养"明德、博学、求是、笃行"的学术品格。几年来，我从中国人民大学的战略目标和使命出发，特别注重学生的全面培养。不断营造机会，鼓励学生参加各种活动以得到全方位的锻炼；设立"校长奖"以奖励那些表现杰出、有突出才能的同学，支持学校有关部门重奖全国、全校优秀博士论文的作者及指导教师，重奖在全国"挑战杯"比赛中获得良好成绩的学生及指导教师；注重在对外交往中

---

① 如"21 世纪世界百所著名大学法学院院长论坛"、"亚洲管理教育论坛"、"中美公共管理论坛"、"孔子与当代"国际学术研讨会、"中韩 21 世纪学术论坛"等。

宣传、推出人大学子；注重校园建设、校园环境塑造中学生的需求和对学生的影响；同时尽可能多地参加与学生有关的活动，重视学生的来信和意见建议。

我还十分重视招生和就业工作，强调"一流大学，一流生源"，"一流大学，一流就业"，要求保证研究生、本科生生源质量，对有关工作及时予以指导和督促。总体而言，我校学生生源质量居全国高校前列，学生培养质量较好。在连续六届全国百篇优秀博士论文评选中，人民大学获选论文总数在人文社会科学领域名列全国第一；在"挑战杯"等重大学术比赛中也获得了优异的成绩。2004年，面临空前规模的学生就业的严峻形势，经过扎实有效的工作，毕业生一次就业率达到95％，居全国高校前列。

（八）推进民主办学、依法治校，不断提高管理水平和效益

我一向认为，在"1231"的整体思路中，抓实改革、抓实调整、抓实管理这个"3"十分重要，抓好"3"才能真正落实"1231"，才能调动一切的积极因素。为此，我一贯注重校务委员会、学术委员会、教职工代表大会、民主党派、学生会、研究生会在治教、治校中的作用。学校重大决策如住房制度改革、"十五"规划制定、院系调整、重大基建项目以及领导干部任命等在出台前，我都要亲自或请有关领导、部门反复征求意见，慎重决策；学校重要干部任命、各类评奖确定前均有公示。我还十分重视群众来信、来访，对各种信访件都予以认真处理和明确答复。在具体工作中，我强调有关部门要充分利用各种会议、文件、校园网、有线电视、《每周信息》、公示栏、宣传橱窗等多种途径及时沟通各类信息。为加强校务公开，赢得广大师生员工对建设世界知名的一流大学的目标和有关举措的支持，经我提议，从2002年新年开始，学校连续两年举办"新年报告会"，向全体教职工报告一年来各项工作的进展情况，收到了非常好的效果。2003年9月，学校召开中国人民大学教职工第五届代表大会、工会第十四

次代表大会，我在会上作主题报告，把"依法治校"、"校务公开"等理念结合起来，提出了"民主办学、依法治校"的思想，认为在我校各项工作都取得重大进展的局面下，"民主办学、依法治校"已经成为对学校各项工作，特别是管理工作提出的一项新的必然要求，得到了广大教师和干部的一致赞同。实践证明，这些工作，已经在学校里形成了一种生动活泼、团结奋斗的局面。

在管理工作中，我还注重研究学校管理体制，努力规范各级组织的行为；注重完善学校组织、人事、财务、会计、审计（特别是事前审计）和资产管理制度，健全监督机制；注重规章制度建设，对全校以往的各项规章制度进行梳理，分别予以废止或修订，或根据需要制定新的规章制度；注重倡导良好的教风、学风、机关作风；注重要求后勤部门加强投入产出管理，多方面挖潜增效，降低后勤运行成本，提高效益。同时进行了一定的制度创新，如在基建工作招投标的公开公正方面进行了探索，设立了纪委书记、纪检监察部门有关人员及基建部门有关人员一起自始至终参加招标工作的机制。

在后勤改革和后勤管理方面，学校以新的理念、新的机制组建了后勤集团，真抓实干，一步到位，实现后勤实体与学校行政系统规范分离，深化了后勤集团的内部管理体制改革，初步理顺了后勤实体与学校的人事、财务、资产的关系。几年来，后勤集团朝气蓬勃，事业健康发展，学校办学效益也得到明显提高。

值得一提的是，在2003年抗击"非典"的斗争中，根据党中央、国务院和教育部、北京市的部署和要求，我作为主要领导，秉持"生命高于一切"的原则，号召全校师生"防大疫、打硬仗、送瘟神"，发动和依靠广大干部群众，坚决果断地组建指挥协调系统、支持保障系统，制定各项预案，采取多种切实有效措施，全面宣传、全面动员、全面排查，使人大校园成为一座充满人文关怀的"安全岛"，最终取得了抗击"非典"的全面胜利，学校的管理水平也经受住了一次严峻的考验。

（九）加强宣传工作，倡导爱校荣校，努力重塑人大形象

良好的形象塑造需要多方面工作，前面八个方面的工作与此都有关系。主要工作，一是宣传定位调整，要求宣传工作不仅仅宣传理论工作，而且宣传人民大学的工作经验、工作成果、优秀教师和学生；二是我还亲自抓了宣传报道工作，组织了数篇有影响、有力度的报道，如校园置换问题、教师住房问题、人事改革、对外交流与合作等，有关报道在《人民日报》、《光明日报》、《中国教育报》、《中国青年报》、香港《大公报》以及一些电视、网络媒体刊（播）出后，产生了广泛的影响。

四年来，我提议并组织的许多活动，都对人大形象产生了良好作用。除了命名组建 50 周年纪念大会、江泽民同志考察人民大学、校庆 65 周年系列活动外，还举行了纪念江泽民同志"4·28"考察人大一周年纪念活动、复校 25 周年纪念活动、"发展繁荣人文社会科学高层论坛"，策划举办"共和国部长论坛"，校园竖立了孔子铜像，组织颁布了我国高校第一个视觉形象识别系统（VIS），组织编纂了第一部学校年鉴，隆重举行毕业典礼、学位授予仪式，以及进一步加强了校友工作等等。所有这些，都对改善人大形象、增强学校凝聚力起到了积极作用，进一步展示了我校"解放思想，实事求是，与时俱进，开拓创新"的新形象。2004 年初《使命——中国人民大学的世纪传奇》这样由校友自发撰写的力作的出版，表明了我校近几年的发展所引起的社会震撼和思考。

校园软环境的改造也是校园形象极其重要的一个方面。在增强人民大学良好的文化氛围、优良的学术氛围、和谐的学术环境、活跃的学术空气方面，我也做了很大的努力，如积极支持各学院举办各种各样的学术活动。文化景观百家廊、双趣亭的建立，从外观设计、楹联到中外先贤先哲的警句等工作，我和许多老师、同学都付出了心血。经过全校师生共同努力，在学校形成了一个活跃的、和谐的、自由的学术环境，形成了一个不但好看而且耐看的校园，人民大学的这种转化，在校内外都产生了深刻的影响。

（十）以舍我其谁的气概，高扬人文社会科学旗帜，开拓进取，勇于担纲，为发展和繁荣哲学社会科学事业不懈努力

几年来，按照"对内固本强基，对外营造环境"的指导思想，在我推动和领导下，人民大学义不容辞地高扬人文社会科学旗帜，为发展和繁荣哲学社会科学事业不懈努力。我到人民大学后所做的第一件工作，就是确立把学校建设成以人文社会科学为主的世界一流大学的目标；筹划召开的第一次会议，就是以发展繁荣人文社会科学为主题的命名组建50周年纪念大会；发表的第一篇论文，就是发表在《中国人民大学学报》并被《新华文摘》、《报刊文摘》、《中国社会科学文摘》等刊物广泛转载的《新世纪要更加重视人文社会科学》；第一次接受媒体采访，就产生了《人文社会科学与自然科学是"车之两轮"、"鸟之两翼"》这样的专题报道。这些工作，带动了学校其他领导以及学校许多教授纷纷撰写文章，或利用多种场合呼吁重视人文社会科学的繁荣和发展，引领了这方面社会舆论的潮流。学校从新世纪的第一年起，组织了一年一度的开创风气之先的高水平的"中国人文社会科学论坛"，面向全国发出关于繁荣发展哲学社会科学的倡议。在我校的大力呼吁和积极努力下，国家大型文化工程《清史》纂修工作正式启动，我校是《清史》纂修领导小组成员单位，我校戴逸教授出任编纂委员会主任，清史研究所承担《清史》纂修的日常工作。这项工作虽然已由文化部牵头，但是人民大学作出了巨大的贡献，我本人也是领导小组成员之一，做了大量复杂的、协调的工作。学校成立孔子研究院，在全国率先组织发起编纂《儒藏》（后改为《儒典》），启动对儒家传统文化的系统研究和总结，保存儒家文化遗产。在国内首次编写了"三大报告"，引起广泛的社会反响。我还先后应北京、湖南、山东、海南、福建、大连等省市社科院的邀请，前去作了十多场有关发展繁荣人文社会科学的专题报告。

目前，人文社会科学在经济和社会发展中的重要地位和巨大作用日益得到全社会的广泛认同，并引起党和政府的高度重视。2004 年，中央发布了《关于进一步繁荣发展哲学社会科学的意见》，教育部成立了指导高校哲学社会科学工作的高级咨询机构——教育部社会科学委员会①。这一切，我们都尽了我们应有的力量，作出了人民大学应有的贡献。

我还十分注重发挥学校理论研究和学科的传统优势，在面临新形势、新任务和新问题的情况下，动员全校师生员工，积极投身于理论研究工作，并面向社会广泛宣传。学校召开了新世纪第一次理论工作会议，整合传统优势，成立了"三个代表"重要思想研究中心，举办了"代表中国先进文化前进方向的中国共产党——中国人文社会科学著名专家纪念建党 80 周年高级论坛"；在学习江泽民同志关于发展繁荣哲学社会科学的"8·7"讲话、"4·28"讲话和"7·16"讲话，学习党的十六大报告和胡锦涛同志"七一"重要讲话，以及中央领导同志关于科学发展观有关论述的过程中，组织力量，开展研究，分别发表了数量众多的理论文章，引起广泛关注和一致好评。在此过程中，我本人身体力行，多次参加校内有关的学习理论讨论会，多次发表文章和讲话；尤其是参加了 2003 年 7 月由中央组织的学习贯彻"三个代表"重要思想宣讲团，在认真学习、精心准备的基础上，赴甘肃、江苏两省的 5 个城市做了 6 场宣讲，取得了很好的效果；更为重要的是，我把办好人民大学作为本届领导班子贯彻"三个代表"重要思想的基本实践，自觉地以"三个代表"重要思想来指导、衡量我们的工作，使学校工作不断迈上新的台阶。2004 年，中央启动"马克思主义理论研究和建设工程"，我校有 19 位教授入选课题组首席专家或作为主要成员，成为全国参与人数最多的高校。

---

① 中国人民大学共有 13 名教授入选，人数居全国高校前列，其中黄达教授担任委员会顾问。

经过全校师生员工几年的共同努力,学校的事业取得了长足的发展。现设有研究生院和 19 个学院,另设有成人高等教育学院、网络教育学院和培训学院;有 25 个国家重点学科,居全国高校第 5 位,其中社会科学类重点学科居全国高校第 1 位。有 6 个教育部基础文科人才培养和科学研究基地、12 个教育部人文社会科学重点研究基地,均居全国高校首位。截止到 2004 年 9 月,有普通本科生 9 262 人、硕士研究生 7 090 人①、博士研究生 2 400 人,分别比 2000 年 9 月增加 47%、114.5%和 117.8%,合计增加 75.1%;研究生与本科生的比例为 1:1,是全国高校这一比例最高的大学之一。留学生由 2000 年的 518 人增加到 849 人,增加 63.9%。现有成人教育在校生近 10 000 人,其中 80%是本科生;网络教育在册生 34 000 多人。学校重点学科由 2000 年的 14 个增加到 25 个,增幅为 78.6%。博士点由 54 个增至 74 个,增幅为 37%;硕士点由 89 个增至 116 个,增幅为 30%;博士后流动站由 7 个增至 14 个,增幅为 100%;一级授权学科由 9 个增至 11 个,增幅为 22%。上述部分指标已经达到或超过学校"十五"规划制定的目标。

现有专任教师 1 432 人,比 2000 年增长了 8.3%,其中教授 417 人,副教授 538 人,分别比 2000 年增长了 38.5%和 2%;拥有博士学位的教师 677 人,比 2000 年增长 79.1%,占专任教师总数的比例由 25.9%提高到 47.3%;博士生导师(不含兼职博导)376 人,比 2000 年增长 130%。现有新一届(第五届)国务院学位委员会委员 1 人,国务院学位委员会学科评议组成员 14 人,在全国高校位居前列;有教育部全国高校教学指导委员会委员 11 人,其中 6 人担任主任委员,2 人担任副主任委员;有享受政府特殊津贴的专家 122 人,有 11 人荣获教育部"高校青年教师奖",居全国高校第五位;有 24 人入选教育部哲学社会科学"跨世纪优秀人才培养计划工程",有 4 人入选

---

① 其中,研究生单证教育的学生(MBA、MPA、法律硕士)1 793 人。

"新世纪百千万人才工程"国家级人选；有 50 人入选北京市哲学社会科学"百人工程"，所占各项比例在高校中均名列前茅。其他办学资源和办学能力也进一步增强。

目前，学校事业发展，面貌巨变，人气上升，内在的凝聚力、吸引力和创造力不断增强，外在的社会形象和影响力持续提升，呈现出众志成城、奋发向上的繁荣景象。中国人民大学已经以新的形象出现在世人面前。

三、主要体会与不足

四年来，中国人民大学在改变、在前进、在提高，这是广大师生员工在学校党委领导下共同奋斗的结果，是整个领导班子、各部处、各有关学院共同努力的结果，我所起的主要是一个发起者、组织者、规划设计者的作用，出了一些思路、出了一些点子，对一些重大工作抓住不放，一抓到底，抓出了成效。这几年的主要工作体会有：

第一，一定要坚持"发展是硬道理"的基本思路。发展是学校工作的主题，只有发展才能化解历史积累下来的和前进当中的矛盾，凝聚人心，只有发展才能改变面貌，只有发展人民大学才能在新的世纪有新的作为。所以要牢牢抓住发展不放，牢牢抓住"1231"的整体思路不放，牢牢抓住各种机遇不放，无论遇到什么困难都毫不动摇，如果没有坚持这一点，就不可能有人民大学的今天。

第二，一定要以高度的使命感、责任感做好工作。办好人民大学是党中央、国务院的期望，是我就任之前中央组织部、教育部领导对我的嘱托。几年来，我和领导班子其他成员有幸在新的世纪，肩负起把人民大学建设成为以人文社会科学为主的世界知名一流大学这样一个伟大工程的奠基性任务，我们不能不感到一种强烈的社会责任感、紧迫感和使命感，这是我们做好一切工作的根本动力。

第三，一定要真抓实干，一切事在人为。要想干事，敢干事；能干事，干成事。"想干事，敢干事"，就是要解放思想，敢于突破，独辟蹊径，干前人、别人没有干过的事，敢当重任，不计个人得失，坚定不移。几年来，学校发展中的许多工作如拆迁危陋旧房，清理乱办学、乱办班，制止教师在外兼实职，大规模实施院系调整，后勤与行政的规范分离，以及开展"动真格"的教职工三年考核，等等，无不触及许多人的利益，无不面临许多棘手的问题，也曾遇到对我们的诬告、陷害、威胁，既有惊涛骇浪，又有暗流汹涌，如果没有这种知难而上、坚定不移的精神，是根本不可能取得一个又一个的胜利的；"能干事，干成事"，就是要精于筹划，深思熟虑，慎重决策，一旦决定，就注重行动，注重落实，言必行，行必果，大事、难事一抓到底，排除万难，去争取胜利。想干事，敢干事，能干事，干成事的基础是没有个人私心杂念，"心底无私天地宽"。

第四，一定要坚持群众路线。我们所做的一切工作都是站在广大教职工的立场，都是代表了群众利益。因此，几年来，我十分重视调查研究，听取群众的意见，听取群众的呼声，把握住学校工作的难点、重点和热点问题。所有的学院我都去进行过调研；所有的群众来信我都十分认真地处理；哪里最困难，哪里最需要，我就会出现在哪里。包括遇到"非典"这样的紧急突发事件，我自始至终都与广大师生员工在一起，因此能赢得广大群众的信赖。群众路线还要求学校的所有重大决策都能做到公开、透明，都要力求得到群众的理解和支持。贯彻好群众路线是民主办学的基本途径，也是我们许多工作圆满成功的重要基础。

第五，一定要坚持学习、学习、再学习。我们要反复学习邓小平理论和"三个代表"重要思想，反复学习江泽民同志关于发展繁荣人文社会科学的三次重要讲话，反复学习胡锦涛同志的重要讲话和党的十六大文件。只有学习才能使我们的思路更加清晰，才能站在比较高的水准上来领导学校的工作。

第六，一定要建设一个团结的班子、干事的班子。作为主要领导，我始终十分重视领导班子建设，注重与党委书记密切沟通，真诚合作，大事多商量，小事多通气，相互配合，相互补台；对副手，我能做到明确分工，放手使用，密切配合。通过这样的努力，我以实际行动实践民主集中制，实践党委领导下的校长负责制。我为我们这样一个团结的班子、干事的班子而欣慰，而高兴，同时也为这样的班子建设作出了自己的贡献。

此外，我感到学校在取得辉煌成就的同时，也存在着一些困难和问题。我们既做了不少让师生员工满意的事情，同时也存在着师生员工不尽满意的事情。几年来学校工作节奏快，工作强度大，是优势，也带来了问题。如何保证学校领导班子尽量从日常事务性工作中解脱出来，集中力量议大事、谋发展；如何进一步深化改革、加强管理、依法治校；如何把握、协调新形势下的各种利益关系，进一步提高有关重大决策的科学性、针对性，保证决策顺利、有效地落实等等，都是需要切实注意的问题。

全面部署"十一五"规划，
切实完善学校治理结构*
——在中国人民大学首次院长工作会议上的开幕讲话

（2006 年 6 月 5 日）

同志们：

为了把"十一五"规划工作搞得更好，为了新世纪我们人民大学的学科建设、人才培养等各方面的工作搞得更好，学校决定从今年开始举行一年一度的院长工作会议。这次会议是我们人民大学历史上第一次院长工作会议，学校能来的党政领导都来了。

我想在讲这次会议任务之前，先说明一下为什么要召开院长工作会议。召开院长工作会议，当然是因为院一级的工作非常重要，院长们的责任非常重大。即使从形式上看，召开院长工作会议本身就说明学校把院一级工作提到更高、更重要的位置上。深层次地看，为什么要这样呢？"十五"期间，也就是本世纪前五年，在党中央、国务院的亲切关怀下，在教育部、北京市的正确领导之下，在学校党委的统一领导之下，全校广大师生艰苦奋斗，解放思想，抓住机遇，深化改革，加快发展，取得了巨大成就。我们不但扭转了上个世纪 90 年代尤其是 90 年代中后期所出现的发展滞缓、声誉下滑的被动趋势，摆脱了这样的被动局面，而且重新定位、重塑形象、重振雄风，不管是

---

* 本文根据讲话录音整理。

人才培养、科学研究、社会服务、国际交流，还是学科建设、校园建设、队伍建设、制度建设等各个方面都取得了长足的进展，校园面貌包括人们的精神面貌发生了巨大变化。这次教育部"211工程"专家组成员来人大考察，几乎每一个人都认为人民大学发生了翻天覆地的变化。不仅教学、科研条件有了历史性、根本性的改善，而且事业也取得了跨越式的发展。整个"十五"期间，是团结奋斗的五年，是教学、科研取得巨大成就的五年，是人民大学面貌包括人们的精神面貌发生巨大变化的五年，我们师生员工的教学条件、科研条件、工作条件、生活条件都有了突破性、根本性的改善，学科建设上了新的台阶，人才培养的水平在继续提高。这说明什么问题呢？说明前几年的努力从整体上为学校的进一步发展创造了条件。

与此同时，我们还进行了一些概括和理论上的提升，提出了一些新的理念。这几年我们通过总结提出了"人民、人本、人文"的办学理念，提出了"大师、大楼、大气"的办学思路、提出了"真情、真想、真干"的行动纲领，可以说这五年时间念了这18个字的发展真经。我们提出了"国民表率、社会栋梁"的人才培养目标，提出了"明德、博学、求是、笃行"的学术品格要求，提出了"忠诚、勤勉、朴实、友爱"的道德人格要求，如此等等。我们不仅提出理念，而且在这些方面努力实践。所有这些概括为一句话，就是"实践'三个代表'重要思想，创建世界知名一流大学"。通过江泽民同志考察中国人民大学，党中央、国务院规划了人民大学的发展目标和发展方向，就是"创建以人文社会科学为主的世界知名的一流大学"。把这些集中在一起，可以说人民大学新世纪头五年，也就是说第十个五年计划期间，确确实实是辉煌的，为人民大学在新世纪建设世界一流大学打下了坚实基础，为我们实施第十一个五年计划创造了良好开端。

在这种情况下，我们认为今后学院一级的工作任务应当比"十五"期间更加重要、更加突出。如果说"十五"期间重点工作是抓全校工作，搭建全校的平台，改善全校的条件，提升全校的学术水准，在学校层面做了更多努力的话，那么在"十一五"期间除了在学校层面继续努力工作以外，学院一级的工作就显得更加突出、更加重要，因为"十一五"期间学校工作的重心将更加突出学科建设、科学研究、人才培养，而这些工作的载体和主要任务是落实在各个学院，我们有理由认为院长的责任更加重大，学院的责任更加重大。我们在"十五"期间还进行了资源的整合、学科的调整、院系的重建，为的什么呢？就是为了学院更好地发展下去。我们召开院长工作会议，是形势的需要，是完成新世纪任务的需要，这是最根本原因。

除此以外，我们还想，既然如此重要，就要改变以往仅仅召开中层干部会议这样一种工作方法。中层干部工作会议今后还是要开的，我们每个学期开学布置工作，要召开中层干部会议；有些特殊的事情，可能也要召开中层干部会议。但是仅仅召开中层干部会议就把院长的角色淹没了一些，淡化了一些，院长的角色不太突出。我们既然要完成新时期的任务，就要把院长的角色更加突出，仅仅有中层干部会议实际上是不够的。之所以召开院长工作会议，实际上是要进一步加强院长的责任感、使命感，同时也想通过院长工作会议这种形式，为校领导与院长之间的沟通、交流，也为院长之间的沟通、交流提供一个场合、舞台，让大家有机会在一起开会讨论，更好地就学校的发展、各个学院的发展相互交流、沟通情况，达成共识，为学科之间、学院之间的交流合作、融合、交叉创造新的条件。

所以，学校党委常委会、校长办公会一致决定，从今年开始，举行院长工作会议，而且要制度化，每年召开一次，主要任务是研究学校发展，召开院长工作会议主要是出自这种考虑。当然召开院长工作会议现在不是最好的时间，学生论文答辩、学生毕业、就业，大家都很忙，因而不是很恰当。今后，什么时候召开？有人提议学生放暑假后第一周，正好一个学年即将结束，另一个学年将要开始，学生放假了，教职工没放假，这个时候开最好。这个时间问题可以再讨论，以后再说。

今年恰好是国家"十一五"开局的第一年，也是人民大学"十一五"开局的第一年。恰值我们"十五"、"211工程"验收、交账，新的"十一五"、"211工程"准备酝酿启动的时候，也是"985工程"二期进入实施的关键阶段。今年还有多项其他任务，比如说：国家重点学科评审，下半年将要开始；全国新一轮一级学科评估将依批次展开，首先从管理学科和自然科学领域开始，我们学校的工商管理、公共管理、农林管理、化学、物理今年参加。这一轮评估教育部有关部门的要求是不留空白，全部参加，明年还会扩大到其他学科领域。这些工作无论对学校还是学院，显然都非常重要。

这次会议的任务很集中，主要是三项任务：第一，启动"十一五"规划；第二，讨论治理结构的组织架构问题；第三，也是这次会议的重点，学科建设问题。学科建设也是"十一五"规划的重点或者说是龙头，所以要抓住学科建设问题进行分析研究。会议结束的时候，要把学校当前紧迫的工作再强调几点，当前工作再点一点。会议形式是学校领导和有关部处就"十一五"规划、学科建设、学科分析进行大会介绍，然后请几个学院的领导发言，之后进行分组讨论，最后是会议总结。会议时间为两天，时间比较紧，任务比较重。我们相信第一次院长工作会议对于我们"十一五"期间的建设会起到比较长远的作用，希望大家聚精会神地开好这次会议。有些问题可能还要延伸到会议结束以后，希望大家继续提出意见。下面我就这次会议的主要任务向大家作一个简要的报告。

一、关于"十一五"规划

"十一五"规划的编制工作起步比较早。我们在2005年多次召开了"十一五"规划编制工作会议，大会讨论形成一个初稿，目前已接近于定稿了。对于"十一五"规划，我主要想说明以下几个问题。

（一）"十一五"是人民大学创建世界一流大学的关键时期，是关键的五年，是承上启下的五年，对人民大学建设世界一流大学非常重要

人民大学创建世界一流大学的战略目标是争取本世纪头 20 年或者更长一点时间实现。这个时间与国家前 20 年的战略机遇期是同步的，就是说我们国家 2020 年要全面建成小康社会，而全面建成小康社会，如果没有若干所世界一流大学做支撑是难以想象的。我们理解，若干所当然不是两所，从江泽民同志的讲话①来看至少要三所，我想也不一定是三所，是若干所，没有若干所一流大学来支撑，这个小康社会是不可想象的。人民大学应当有这样的历史自觉性、历史责任感，响应党中央、国务院的要求，争取在头 20 年的战略机遇期，也同步建成以人文社会科学为主的世界一流大学。我们有一点弹性，"20 年或者更长一点时间"，也可能 25 年，五个五年，初步见成效，并要继续巩固完善。今年新年报告会的时候，我们曾经提出这 20 年时间分为两个阶段，10 年基础，10 年腾飞，用两个五年计划打基础，两个五年计划冲击一流，跻身一流，实现一流。所以前 10 年可以认为是一个科学定位、固本强基、全面提升的 10 年，是打基础；后 10 年是冲击一流，跻身一流，巩固一流，这个阶段也可能时间再长一点，比如说，再延长五年。这两个阶段我们要上四个台阶，五年一个台阶，每一个五年计划人民大学上一个大的台阶。"十五"期间，我们已经上了一个大台阶，学校重新定位了，重塑形象了，"主干的文科、精干的理工科"的学科体系框架已经基本建立起来了，以后是完善和巩固的问题；我们历史性地改善了人民大学的办学条件；我们已经拥有相当一批有实力的学科，比如说 25 个国家重点学科，5 个排名全国第一的一级学科，这里有大量数据，我就不一一列举了。

---

①　指江泽民同志 1998 年 5 月 4 日在庆祝北京大学建校 100 周年大会上的讲话，和江泽民同志 2002 年 4 月 28 日考察中国人民大学时的讲话。

学校创建世界一流大学的理念、思路应当说已经日益清晰了。"十五"期间我们在科学定位、改善条件、固本强基这些方面已经迈出了非常坚实的一步，但是还不够，我们还要通过一个五年计划，也就是第十一个五年计划来继续打基础，来上第二个台阶。这第二个台阶我们把它概括为全面提升，重点突破，强化优势。"十一五"计划期间，人民大学强的学科要更强，弱的学科也要加强，全面提升。我们现在比较弱的，人文学科比如外语、艺术类，新建学科比如教育、人类学、心理学，这些相对比较弱的学科，通过"十一五"建设要变强，至少达到中间水平。要重点突出优势学科，强化优势，比如经济学、法学、哲学、马克思主义基本理论，强化有特色的学科，比如社会、人口、新闻等等。要强化我们的优势，所谓强化优势，就是你真正是处在全国的前列，令人信服，不可怀疑，像经济学、法学现在名列前茅，是全国最好的，没人怀疑，这次"211"评审就可以看出来，专家们普遍认为这些学科取得的成绩令人信服。当然我们还要居安思危、"居危思危"，今天下午还要讲这些问题。人民大学通过"十一五"建设，这些学科作为全国最好的学科这样的地位不能动摇。

第三个台阶就是冲击世界一流，亦即应当有一两个学科能够达到世界一流。现在我们还不敢说达到，保守地说只能说接近，"十一五"我们也还不敢说，但"十二五"期间就要冲击、达到，"十三五"到2020年我们要跻身于世界一流行列。我们想，用20年时间，两个阶段，四个台阶，实现我们的战略目标。为了有把握一点，也可以把它定为25年，第二个阶段可能15年时间，冲击一流，跻身一流，巩固一流。

对这样一个构想，"十一五"显然是承上启下的关键阶段，它是我们为冲击世界一流奠定基础、打好基础最关键的五年，要基本完成这个工作，为下一个五年冲击世界一流做好各方面的准备，这就需要我们创造性地开展工作。从国家为我们提供的机遇来看，"十一五"期间也面临着最好的时机。科学发展观的提出、构建和谐社会的提出、建设创新型国家的提出、繁荣发展哲学社会科学的提出、马克思主义研究和建设工程的实施、"985工程"和"211工程"的实施，所有这些，都为我们"十一五"期间的发展提供了非常好的机遇。我们可以这样说，"十一五"期间国家为我们提供这么好的机会、机遇，如果抓不住的话，我们创建世界一流大学的理想就会夭折，就会泡汤。哪怕我们前五年作出了那么多的成就，"十一五"要是做不好，不乘势而上，不乘胜前进，不继续固本强基，抓不住这些机遇，就实现不了理想。为什么这么说呢？一方面，国家提供这样的机会我们没抓住；另一方面，不管是什么原因造成的，不管是否完全合理，是否包含不理性的东西，目前国内高等学校的竞争非常激烈。高等教育的竞争是否应该如此激烈和残酷？我觉得理论上可以探讨，可以引导，但是不管怎么说，现在社会把高校之间的竞争气氛营造得非常浓厚，我们不但要适应，还要抓住主动权。我们现在的竞争对手，明摆着是两类：一些过去是我们的老伙伴、老对手，有与人民大学类似学科结构的综合性大学；另一些是著名理工科大学，它们调整发展战略，大力兴办和发展人文社会科学，对人民大学构成新的挑战、形成新的竞争关系。此外，还有一些单科性大学，这些年发展态势非常好，也形成某种竞争关系。现在可谓群雄并起，争资源，争人才，争优势，这种局面还会进行下去。像我们新闻学院，原来肯定是全国独大，现在这话完全不敢说，已经有若干学校、机构对我们的第一位置表示挑战。我们的哲学已经被排在第二的位置，原来这肯定是全国第一；马克思主义基本理论，人民大学原来毫无疑问是全国第一，现在恐怕也不敢这样说。

前面讲到的是机遇、挑战和竞争的压力。另外，我们还要考虑在"十五"期间所进行的各项改革和发展有可能引起的后续反应，相信主要会是正面的反应，但也可能会存在负面的反应。"十五"期间我们采取的很多措施，在"十五"期间显示了巨大的、积极的促进作用，但会不会有什么不周到和遗留隐患，在"十一五"的发展过程中产生新的问题？"十一五"期间，随着形势的发展，国家对高等教育的指导思路也可能存在新动向，整个高等教育在"十一五"期间可能会面临一些新问题、新矛盾，人民大学不可能置身其外。

所以，我们面临的形势和问题包括三个方面。第一，国家提供的大量机遇我们不抓住不行，不进则退；第二，所面临的严峻的压力和挑战，如果不能应对好，我们也会败下阵来；第三，我们在前进当中，可能遇到新的情况、新的矛盾、新的问题，如果不能处理好，也会影响发展。总之，"十一五"时期是非常重要的时期，"十一五"规划是非常重要的事情，"十一五"是中国人民大学"实践'三个代表'重要思想，创建世界知名一流大学"承上启下的关键阶段。这个阶段抓好了，我们建设世界一流大学就增强了信心，增加了希望；这个阶段抓不好，我们目前的大好形势很有可能就会出现挫折，严重一些有可能在很大程度上影响建设世界一流大学的进程。

（二）"十一五"规划的指导思想和基本思路

会议材料上已经写了，我就不详细介绍。这部分内容，大家还可以提意见。指导思想和工作思路沿用了一些我们老的提法，也是我们这些年工作的总结。总体来讲，要以改革为动力，以发展为主题，以学科建设为龙头，以环境改善为支撑，以人才培养为根本任务，把"十一五"时期各项工作做好。

规划的主要目标，提了四个提升：提升人才培养水平，提升科学研究水平，提升国际性水平，提升管理服务水平。这四个提升，是硬性要求，实际上这四个提升都是固本强基的，都是整体推进的。

具体的数量目标，在校学生规模，提了 22 000 人（不包括成人教育学生），可能有适当的修正，比如说加一点点，22 200 人。这个目标里面包含一个思想，就是把人民大学在"十五"期间对"规模、数量、速度"的重点关注逐步转变到"十一五"期间对"结构、质量、效益"的重点关注，基本思路有所转移和调整。根据人民大学目前的办学条件和办学水平，我们认为"十一五"期间的事业发展，重点是提高人才培养质量和科学研究水平，在质量上下更大的工夫，同时进一步优化结构；规模则基本保持稳定，略有扩展。大家可以看看，博士生现在就有 2 795 人，2010 年才 2 800 人，只增加了 5 个人。大家如果有看法，认为博士生应该多增加一点，可以讨论，不过就算增加也不会增加很多，比如 2 900 人，大家研究研究。普通本科生规划数为 12 000 人，这是包括留学生在内，这样一个研究生和本科生的结构合不合理？硕士生数量整体有所增加，但是"双证"学术型研究生有所下降，"单证"职业型研究生有所扩大。这个主要是因为考虑到相当一部分学科的硕士研究生培养将来应是作为一种过渡培养，其中多数人应当继续深造攻读博士学位；"单证"研究生，即专业学位也就是职业学位研究生，在"十一五"期间国家是重点发展的，人民大学也要这样。人民大学在校生的结构有这样一些变化，本科生略有扩大，博士生稳中略增，主要是"单证"硕士生有较大幅度增加，但是"双证"硕士生规模减小，外国留学生也有一定增长。总体上讲规模有一定增加，主要则是把结构进一步优化，质量进一步提升。这背后的指导思想就是重视结构、重视质量、重视效益。关于成人高等学历教育，原则上保持现有规模，8 000 人到 10 000 人，不要再扩大。在高等教育已经进入大众化阶段的情况下，我校的成人高等学历教育今后如何办，我们还要再想一想。我校网络教育是国内高校最成功的之一，在"严格管理、规范管理"的前提下，我们会稳定或扩大规模，现有 39 000 左右注册网络学生。高端培训，在这个方面没有提出明确的奋斗目标，怎么办？是以经济效益来体现，还是以人数来体现？规划口径是三个月以上还是半年以上的？这要有一个说法。事业规模我们的基本目标就是这样，其中核心目标是本科生、研究生的在校生规模。基本思想是稳定规模，重点放在优化结构、提高质量和办学效益方面。

关于学科建设。创建世界一流大学，最根本的是要提高中国人民大学的综合实力，综合实力包含着人力、物力、核心竞争力和国内国际的社会影响力。没有实力，就没有活力。而综合实力建设的基础是能力建设，能力建设的基础是学科建设，学科建设的基础是队伍建设，队伍建设的核心是拔尖人才、创新团队的建设。我们的学科建设就是按着这样一个思路来进行，最根本的是把能力建设抓上去。要把能力建设抓上去，还要坚持"有所为，有所不为；有大为，有小为"这样一个工作思路，不是所有学科"平起平坐"地抓；我们一方面整体推进，另一方面要重点突出。将来"211工程"主要负责整体推进，"985工程"主要负责重点突破。"211工程"、"985工程"应该有这样一个区别，当然也不是绝对的。"211"也不是不扶持重点，"985"也不是不扶持一般，但是"211"主要负责整体推进，"985"要重点突出，冲击一流。另外学校还有自筹资金，自筹资金既要用到整体推进方面，也要用到重点突破上，两方面都要扶持。因此在学科建设问题上，"十一五"期间要有这样的明确说法。重点突破究竟在哪些方面？我在新年报告会上曾经提过，经济学、法学、哲学、管理学、马克思主义基本理论、中国传统文化和一些特色领域，包括新闻学、社会学、人口学，这些是要重点突破的，可能还不全。这一次"211"评审，教育部专家给我们提的主要意见，概括起来说：第一条，人民大学人文学科滞后于社会科学，尤其是文学和史学；哲学整体还是强的，尤其宗教学和传统文化是亮点，其他的则还需要再加强；认为史学除了清史以外，其他的都很难说有很大的影响力；我们的文学在主干的方面还不太具有全国影响，和人民大学的地位不相称。第二条，马克思主义基本理论这方面，特别像党史、科学社会主义，这些学科似乎已经边缘化。社会还需不需要？这样的学科人民大学怎么办？第三条，希望我们的文理学科交叉渗透。第四条，"精干的理工科"，精干是什么，有没有再明确一点？专家对人民大学给予了高度评价，在这里就不说了，我认为专家们提出的这几条意见，很值得我们重视，尤其是第一条、第二条。人民大学历史学的亮点不能仅仅是清史，而我们历史学院目前确实有这样的问题；我们原来在近代史方面也有优势，现在似乎看不到。文学在主干方面很值得研究，中国古代文学是中文系最重要的学科领域，但现在缺乏有影响力的学科成果和有影响力的学科带头人。哲学虽然整体水平还是不错的，在数量方面还是占有一定优势，但是现在缺乏中青年学科带头人。所以学科建设既要整体推进，又要重点突出，有所为，有所不为，有大为，有小为，把这样一个思想贯穿下来。

我们学科建设的目标是争取获得 16 个一级学科授予权；同时，这次国家重点学科评审当中增量部分，希望保三争五，即现有的 25 个重点二级学科，增加到 28～30 个。现在新一轮评审已经开始了，我们希望能有一些学科新增上去，比如农业经济管理上次掉下去了，这一次能不能重新回到重点学科行列里面来？我们的宗教学能不能成为国家重点学科？"十五"期间，我们的国家重点学科由 14 个增加到 25 个，是大幅度地跃进。这次新一轮评审究竟会怎么样？我们在学科规划上应该密切关注。

学科建设总是和队伍建设、科学研究联系在一起。我们在科学研究方面提了一些数量要求。比如说科研经费，"十一五"期间能不能达到四个亿？这个数目要求是不低的。我校科研经费在 2005 年达到了 8 500 万元，里面大概有 500 万是属于理工科的，8 000 万属于文科，在人文社会科学领域居全国高校第一位。在科研项目的争取上，我们没有过多强调项目数量，只要科研经费能够达到这么多，科研项目就不会少。队伍建设，一个是规模要继续扩大，要进一步扩大专任教师队伍，尤其要重视教师的国际化程度和教师创新团队的能力这两个方面。要继续沿着"走出去、请进来、沉下去"的方针来加强队伍建设；要继续贯彻培养和引进相结合，以培养为主，同时不放弃任何人才引进的机会；高层次人才、创新团队的建设应当是重中之重。当然还要继续改善学缘结构。

以上是在学科建设、科学研究方面的规划要求。

在办学条件主要是硬件设施方面，"十一五"期间，我们最重大的任务是建设人民大学的新图书馆和国学馆，同时学生宿舍要适当扩大。现在我们的校舍面积 94 万平方米，再争取增加 10 万平方米。重点是这几个项目。在硬件方面的另外一个支撑条件就是仪器设备，现在提出的规划目标是仪器设备值达到 3.6 亿元。在这些方面，"十一五"期间一定要大见成效，其中最重要的是国家重点实验室、教育部重点实验室、理学院实验室和新闻学院实验中心的建设，这是学校几个重点工程，其他学院的实验室建设也要做好。

"十一五"期间，图书馆建设要继续强调进一步建设好电子图书馆，纸本图书还要继续扩大，更要优化；校园网建设，我校已经取得了历史性进步，成为全国最先进的大学之一，我们要巩固和完善。

国际交流还要增进。"十五"是中国人民大学国际交流大发展的时期，成就是辉煌的，已经和 30 多个国家和地区的 140 多所高校签订了校际合作协议。数量已经不少了，现在关键在于与名牌大学和名牌学科所在大学建立和扩大实质性的交流与合作。关于这一点，国际交流处已经有了想法，他们打算把世界上各有关国家分成几个片，要成立这几个片的指导委员会或者其他组织，每一个片要重点抓若干所大学，这得有一个数量指标。人民大学主办的国际学术会议数量不少，"十五"期间大概有 240 多次，我不认为还要进一步扩大，并不是多多益善。现在我们人民大学已经出现这样的情况，有的世界大牌教授来讲演，参加听的学生并不很多，教师则很少。我了解一下，这与我们组织活动过多、过于频繁可能有关系，国内外讲座太多，从时间的角度来说，学生听不起，老师也听不起；但这也许与一些老师闭门造车有关，与观念有关系，送上门来的都不愿去听。国际会议如果一年维持在 50 次左右，我觉得就可以了，重要的是质量。我这个意见说得不一定对，可以讨论。国际学术交流这方面应当有些数量指标。除了协议数量、国际学术会议数量，还应当有一些其他重要指标，例如，国际发文数量、学生交流数量、留学生数量、翻译出版的学术专著和教材数量等。

科学研究方面也要有数量要求。科学研究论文的数量要求，我认为我校中文社会科学引文索引（CSSCI）论文数 2 100 篇还是有点低，还要继续提升，否则到时候可能就处于全国第二、第三的位置了，但应当特别强调的是，我们人民大学的国际发文应大幅度增加，这是今后科研工作的重点之一。另一个重点则是讲质量，上水平，出精品，出上品。

对于规划的目标，定量、定性的描述，我就说这么多了。至于规划的战略措施，今天就不详细讲了。

在学科建设上要重申"三个意识"、"一个体系"，"三个意识"即"基地意识、特色意识、一流意识"，一个体系即"主干的文科、精干的理工科"，这是加强学科建设战略措施的一个重点。

教学，我们要强调人才培养始终是一所大学的根本任务和社会职能。对此，我们应当毫不动摇；我的理解是，离开了这个根本任务就不叫学校了。然后我们是两个中心，即教学和科研；四项职能，即教学、科研、社会服务、国际文化交流。建设这两个中心，履行这四项职能，确保一个根本任务的完成，这就是我们的全部工作。人才培养这一块要采取非常扎实的措施，如果人民大学不能培养出一流的人才，我们就不能叫一流的大学。这次"211"评估组看了财政金融学院的金融工程班和经济学院的经济学数学班，认为人民大学很重视本科教学。其实在重视本科教学上，有的学院做得好，有的则一般。在我看来，检验一所大学是不是真的一流，首先应该从教学的历史实践来考虑，即人才培养方面为社会作了多少贡献。所以我们要在教学管理、教学改革这一方面采取更有利于人才培养的根本性措施。这些年来，我们比较重视科研，讲教育教学问题少了些，当然现在很重视教学评估，但好像没有教学评估就不太谈教学的话题了，这就很有问题。研究生的教学也要重视，虽然今年我们的学生又获得了两篇全国优秀博士论文，累计总数现在有 20 篇了，在人文社会科学领域在全国遥遥领先，但是"十一五"期间能不能确保领先，我还是有些担心的。这一次提了"十一五"期间获选全国优秀博士论文的目标是 6～10 篇。人才培养我们要重点抓两头，一头是本科生，一头是博士生，当然硕士研究生的培养质量也要保证。我们是全国本科生源最优秀的大学之一，社会上评论说人民大学是文科方面最难考的第二所大学，第一所是北京大学，我们的录取分数线现在全国范围内就是仅次于北大，在一些省份有时还超过北大，生源非常优秀，如果培养不出一流人才，对不起家长，对不起孩子，对不起国家。博士生是创新型国家创新人才的主要后备军或者说是准生力军，人民大学要在博士生的培养上下大工夫，否则就无法完成创新人才培养的根本任务。

其他重要措施还包括硬环境、软环境的营造。硬环境是硬件设施，我刚才已经提到过了。软环境主要是中国人民大学的学术眼光、学术胸怀、学术气度，要做到百花齐放、百家争鸣、海纳百川、兼容并蓄；软环境还包含科学研究的严谨的科学态度、严格的学术规范、严肃的学术道德；要保持学术的尊严，人民大学是一所有品位、有追求的大学，是一所高等学府，是一座学术殿堂，保持学术的尊严和校风的纯净，人人有责。这些是软环境中的一些重要方面。良好环境的营造、提高和保持，与制度建设密切相关，是我们创建世界一流大学最重要的方面之一。我们讲"大师、大楼、大气"，大气就是指的软环境。

刚才讲到的诸多方面都是实现"十一五"规划的重大措施，提升国际性也是重大的战略措施，要从方方面面提高人民大学的国际性。要强有力地提高我们教师的外语水平就是一个迫切的重要方面。从现在起，对绝大多数学科教师的外语水平都应当有更严格的要求，特别是增量部分，外语不过关，都不能进入。除了中国传统文化等少量学科可以酌情变通以外，大部分学科新进的老师都应当有明确的外语要求，当前要围绕提升教师的外语水平来提升我们的国际性。

"十一五"规划制定已经进入了最后阶段,这次会议请大家酝酿、讨论,而且要延伸到会后。希望每一位院长把这份报告再详细地审阅一次,并改出一份来,送到规划处。我们组织一个小班子利用暑假期间逐字逐句推敲一下,在党政联席会议再审议一次,争取在新学年开始不久能正式颁布实施。关于"十一五"规划我就讲这么多,这是这次会议的第一个主要议题,也是最主要的议题。

二、关于学校治理结构问题

治理结构是一个非常广泛的问题,不仅包括组织架构、运行机制等,还包括我们的理念,大学理念、管理理念,包括我们民主办学、依法办学方针的贯彻和落实。这次主要把治理结构的组织架构基本明确,这是治理结构当中的一个基础。学校是按照"三级架构、两级管理"这个基本原则来设计组织架构,也就是说,校院这两级具有基本的行政管理权;至于三级架构,院以下有两种情况,一种设系、研究所,一种设教研室。这两种情况都是符合人民大学实际的。关于架构,有没有第四级呢?有的学院可能会有,即系以下的组织不再叫教研室,而叫教研组,不再到人事处备案。这样一种模式大家可以讨论。将来学校如果再提加强教研室建设,主要是指系和不设系的教研室,这是最基本的教学组织和科研单位,它的主要任务是根据学院部署来组织实施教学、科研。院设系的系主任由院长提议,校长聘任,在此过程中学校会有一个领导小组审议;教研室主任由学院任命,教研组更是由学院负责,大体是这样一个规范。这就是三级架构、两级管理,将来学校的运行,基本上就是这样了。

这次会上印发了中国人民大学学院、系、研究所建制列表,凡是列在这上面的都是有建制的,所有教师、职员的编制和工资就根据这个核定,行政关系都在这里面。这里所列举的院、系、研究所,院长和系、所长都是由校长任命或聘任;系、所这一级的领导主要由最重要的教授担任,任期需要讨论,两年一换、三年一换还需要研究，我们了解国外很多大学都是两年一换，其重要的好处就是防止派系形成，我们要从制度上防止派系形成阻碍学术发展这种情况的出现。

需要说明的是我们还必须有矩阵式的管理，主要体现在科研上：要组建一批跨学院、跨学科的科研机构。教育部重点研究基地本来就是这么一个要求。除了这些国家基地外，学校还要组建若干个新的跨学院、跨学科的研究院或者研究中心，以适应我校发展的要求。校一级的打算再增加这样几个：一个是中国经济改革发展研究院，这个研究院和教育部重点研究基地是合二为一的；第二个是国学研究院，把中国传统文化研究统统纳其中，挂靠在国学院，已经宣布成立国学研究院，是校一级的；第三个是马克思主义研究院，挂靠在马克思主义学院，依靠它来建设，但是还要跨院系；第四个是公共政策研究院，这与公共管理学院自己原有的公共政策研究院实行一体化，既承担着本学院又承担着学校组织的公共政策的研究；第五个是调查与评价中心，依托统计学院，还涉及社会与人口学院、新闻学院、财政金融学院等若干个学院；第六个是乡村建设中心，也已经成立了，设在农业与农村发展学院，也要利用其他学院的力量承担国家重大课题。这些跨院系的、跨学科的研究机构，主要起组织作用，主要在研究国家重大攻关课题或者学校自己制定的重大课题方面，起带头作用和主力军作用。负责人主要是由著名教授和学校领导来兼任和担任，由校长来聘请。这些研究院与教育部的重点研究基地、实验室形成了矩阵式的科研体系，既有学院的纵向领导，又有这些跨学院的组织，形成了矩阵式的科研网络体系，这是中国人民大学加强学科建设、提高科研水平的一个重要措施。除此以外，还有几个合作研究的机构也提出来了，也把它作为矩阵管理的一个部分。现在成立了建华研究院、当代中国研究中心，还有一家正在研究，要成立可持续发展研究院，这也是跨院系的、跨学科的。它们的性质和前面的性质完全一样，也要依托一些学院。建华研究院是依托商学院，当代中国研究中心是依靠马克思主义学院，可持续发展研究院还没有最后定下来。

关于治理结构当中的组织架构问题，先给同志们介绍这些，大家有意见还可以提，特别是新的意见，跨学科、跨院系的研究机构还有没有新的增加，要从人民大学的发展需要出发。至于治理结构中的其他问题，包括人事管理问题等，还需要接着研究，进一步完善。总之，要与时俱进地解决出现的新情况、新问题。

我们还要进一步完善民主办学、依法办学这方面的组织架构。人民大学的校务委员会将对学校重大决定进行讨论，教职工代表大会、工会对各项工作的管理和监督，也将进一步提升，进一步发挥作用；校学位委员会、学术委员会继续发挥在学科建设、教学科研水平的提高等方面的权威性作用。这些委员会是治理结构必不可少的方面，都应当按照现行的制度、现行的办法去做，而且与时俱进地改革、调整，把工作做得更好，更好地体现人民大学民主办学的意愿。治理结构问题我就讲这么多，这是会议的第二项任务。

三、关于学科建设问题

学科建设问题是这次会议的第三项任务，也是一个重要议题。会议将分析我校每一个学科的现状、历史和走势，主要是近阶段的走势，看看每一个学科的实际能力如何、社会影响力如何、核心竞争力如何。这是继学科白皮书之后，又一次很深入的分析，希望大家高度注意这次学科分析。有关部门，主要是研究生院，做了大量工作，对各个学科详细列出了所掌握的情况，我们的院长要看看这些分析是否符合实际情况，还有哪些重要的需要补充。我们一定要找准自己的位置、自己的优势、自己的问题和近一段的工作目标。所有这些围绕着学校的"三个意识、一个体系"这样一个中心思想来进行，服务于、服从于创建以人文社会科学为主的世界一流大学这样一个总体目标，服务于、服从于我们"十一五"期间"整体提高、重点突破、强化优势"上台阶的要求。由于时间关系，关于学科建设问题，我就留在总结大会上再向大家详细讲讲①。

这次会议本身的任务、议题主要是这三项，当然会议期间可能还有其他的内容，请大家多互相交流。希望大家聚精会神把这次会议开好。今天我就讲这么多，请大家批评指正。

① 参见本书（第二卷）《学科建设要抓基础、抓重点、抓队伍、抓学风、抓管理》一文。

办出特色，办出水平 *

——在教育部"办学特色"专题工作座谈会上的发言

（2006 年 7 月 1 日）

　　强调办学特色是我国高等教育的一贯传统。办学特色虽看不见，摸不着，但肯定有其理论价值和实践意义。我认为办学特色至少可以体现在四个方面：

　　1. 学科结构和学科特色。

　　这是一所大学形成其办学特色最基本的因素，决定着学校在哪些学科领域为社会服务。中国从清末开始引进西方的教育制度，开始高等教育的研究，完成了由"四部之学"向"七科立学"（有说八科，首为经学）的转变。1912 年，民国教育部公布《大学令》、《大学规程》，对大学所设置的学科及其门类作了原则性规定。新中国成立后，50 年代初经历一场院系调整，许多综合大学被拆分，建立了很多单科性学校；进入 90 年代，大学学科综合性的趋势发展很快，学科结构又有趋同化倾向。

　　我们要警惕大学学科专业结构的趋同化，鼓励各个学校根据自己的传统、优势、条件和社会需要科学定位、各就其位。即使学校的学科结构类似，也应形成学科特色，因研究方向、优势学科而异，形成自己的学科特色。

---

　　* 本文根据发言录音整理，2006 年 8 月 20 日《中国教育报》以《没有特色就没有高水平》为题全文发表。

2. 在人才培养目标和模式上，充分体现办学特色。

不同高等学校的学科领域类似，因学校层次和培养目标的不同，也可形成不同的办学特色，如研究型人才的培养和应用型人才的培养，如技术创新型人才的培养和技术扩散型人才的培养。技术创新和技术扩散是两个不同的概念，后者是把创新的东西转化为成果然后推广，这两类人才我国目前都很缺乏。

3. 学校服务的空间和地域的不同，也能形成不同的办学特色。

不同学校由于体制、办学历史和学科特点，其服务面向和人才培养的走向因空间和地域的不同，也能形成不同的办学特色。学校要纠正一种偏见，不要认为面向全国服务的学校就是一流的，为地方服务就是二流的。

4. 学校的办学指导思想、办学理念、办学方针，学校的文化、传统，学校的信念和精神，都能形成学校的办学特色。

高等学校的个体组成高等教育的全局。我认为，单个的学校没有特色，也就没有我们高等教育的高水平，很难创新。办学特色需要得到社会的认可，学校要通过人才培养、科学研究、社会实践、社会服务等塑造出自己特有的社会形象，并通过多种形式宣传学校自己的特色定位，获得社会的认可。

学校的办学特色是个性，我们强调其重要性时也不能过头，高等学校不能脱离其共性。关键是目前存在的高等学校办学模式趋同的现象比较突出，不利于形成各校自己的特色，需要加以引导。

内涵提高谋发展　特色强校创一流[*]

"十五"期间，在党中央、国务院的亲切关怀下，在教育部和北京市的正确领导和大力支持下，中国人民大学广大师生员工坚持解放思想、深化改革，紧紧围绕建设以人文社会科学为主的"人民满意、世界一流"大学的奋斗目标，以科学发展观为统领，高举"发展是硬道理"的旗帜，从自身实际出发，抓住历史机遇，实事求是地走出了一条"内涵提高谋发展，特色强校创一流"的发展道路，取得了历史性的显著成就，大大提升了学校的办学能力和水平。

一、实事求是地确立自身特色鲜明的发展定位，解决"我们建设一个什么样的大学"的问题

特色是高校核心竞争力的主导因素。一方面，特色是核心竞争力形成的重要基础；另一方面，特色又是核心竞争力形成与发展的结果。确立和实践特色发展战略，走特色强校之路，应当成为大学发展的本质追求和必然选择。

中国人民大学经过不断摸索、反复实践，主要从以下五个方面入手，对自身特色进行了定位。

（一）"人民满意、世界一流"大学的目标定位

"人民满意"是办学方向，是价值追求。要求我们必须坚持全

---

　* 本文系作者在 2007 年初教育部直属高校咨询会议上的讲话，全文原载《中国高教研究》2007 年第 3 期，同时以《走特色强校、内涵提高为主的发展道路》为题在《中国高等教育》2007 年第 Z1 期发表。

心全意为人民服务，多出人才、多出成果的办学宗旨。一个重要方面就是要坚持用马克思主义的科学发展观指导各个学科的建设，繁荣发展哲学社会科学和自然科学；另一个重要方面就是培养社会主义现代化建设所需的优秀人才，把树立为人民服务的世界观、人生观、价值观放在首位，培养学生热爱人民、心系大众的立场。

"世界一流"是办学能力，是办学水准。世界一流的研究型大学要求有一流的生源、一流的师资、一流的学科、一流的科学研究、一流的国际学术影响、一流的社会服务、一流的办学条件和管理水平。

作为新中国长期重点建设的最主要的综合性、研究型大学之一，中国人民大学在新世纪明确提出要建成"人民满意的以人文社会科学为主的世界知名的一流大学"。这一目标是从中国人民大学命名组建以来党和国家所寄予的殷切期望，从高等教育今后发展的实际需要，从学校的自身历史地位、学术实力和今后发展方向三个维度审时度势提出的。这一定位，得到了党和国家领导人以及教育部领导的充分肯定和大力支持，赢得了广大师生员工的广泛认可，从而极大地调动了学校各个方面为实现这一愿景而努力奋斗的积极性、主动性和创造性。

（二）以人文社会科学为主，"主干的文科、精干的理工科"的学科定位

中国人民大学拥有 26 个新中国首批设立的博士点，新中国第一个法学博士、新闻学博士以及外国留学生在我国获得的第一个人文社会科学博士都出自中国人民大学。这充分表明，在长期的办学实践中，我们已逐步形成了鲜明的人文社会科学特色和优势，在人文社会科学多个学科领域作出了奠基性、开创性的贡献。

在新的世纪，我们认识到这样的学科特色就是优势，就是核心竞争力，因而必须继续保持这样的特色，同时，我们也与时俱进地丰富和强化了这样的特色。我们没有趋同式地把自己发展成为综合程度更高的大学，而是实施了差异性的发展战略，不贪多，不图全，有选择地追求卓越。一方面，我们对人文社会科学学科建设提出了兼顾"国际通行，中国特色，人大特有"的原则，面向世界，面向未来，建设较为齐全的大文科；另一方面，我们按照"有基础、相关联、高起点、入主流，力争高水平"和"少而精"的原则，发展了少量理工科。这种文理交融的学科结构不仅对人文社会科学的新发展形成了强有力的支撑，而且对于形成现代大学必不可少的人文精神与科学精神相结合的校园文化，对于高素质创新人才的成长，发挥了无可替代的积极作用。

（三）保持研究生与本科生适当规模和合理比例的规模定位

在全国扩招的高潮中，我们从实际出发，积极严谨地把握发展节奏，在办学规模上没有盲目求大。从 2000 年至 2006 年，我校普通高等教育本科生在校生增长 52.4％，普通硕士研究生增长 79.2％，博士研究生增长 174.5％。"单证"专业硕士学位生增长 171.5％。本科生和研究生在校生规模扩张速度远远低于全国 1999—2005 年本专科生 366％和研究生 403％的增长水平。

中国人民大学是新中国开展研究生培养起步最早的高校之一，1950 年命名组建之时研究生教育就同步产生。1986 年，学校本科生与研究生人数的比例即已达到 2.6∶1，位居全国高校第一。现在，我们则将研究生与本科生比例大体控制在 1∶1 的水平上，不再提高研究生的比重，全日制在校生规模也控制在 2 万人左右，同时着力提高本科生、研究生培养的质量，目前已形成了以本科教育为基础、研究生教育为重点、继续教育为辅助的全方位、多层次的办学格局。

（四）以周边拓展与校园置换相结合拓展办学空间的空间定位

在近年发展中，我们也曾考虑和探索过兴办分校和异地办学。然而，我们很快意识到，异地办学和兴办分校不仅财力难以保证，不便于管理，更重要的是，会对学校的办学质量带来影响。于是，我们很快确立了通过周边拓展、校内拓展这两种方式拓展办学空间的空间定位。

在党中央、国务院和北京市委、市政府的大力支持下，学校通过艰苦努力，收回北京造纸六厂用地，并创造性地采用商品化、社会化、货币化的思路，将解决教职工住房问题与拓展学校办学空间相结合，使 3 000 余户教职工通过置换政策喜迁校外新居，附小、幼儿园也随迁到校外。通过周边拓展与校园置换，学校总计收回、腾退房屋近 11 万平方米，在西郊主校园 906 亩办学空间内，新增土地 240 余亩，使教学用地增加到 740 亩左右，比 2000 年净增 48%。学校的教学、科研、行政、学生生活条件均得到了大幅度改善。

（五）人民共和国的优秀建设者和领袖人才的培养定位

在近 70 年的办学历程中，中国人民大学有一个鲜明的办学特色，就是始终培养人民共和国高水平的优秀建设者和各行各业、各个层面的领袖人才。这一特色是中国人民大学办学水平、办学质量的集中体现。

新世纪，我们进一步强化了这样的办学特色和人才培养定位，提出了"国民表率、社会栋梁"的培养目标，始终坚持以马克思主义理论武装学生，既重视专业素质的培养，又重视思想道德素质的提高；既注重科学文化知识的传承，又注重人文精神的培育；既强调中国国情的教育，又培养学生具有广阔的国际视野，始终保持了我校毕业生社会适应能力强、理论素养高、发展后劲足的显著特色。

上述五个方面的定位，符合我校现阶段的发展实际，是我们对自身特色的一种比较科学的定位。正是这种科学定位，使中国人民大学在新世纪走上了一条特色强校、以内涵提高为主的，高水平、高效率的发展道路。

二、坚持内涵提高为主的发展道路，解决"怎样建设我们的大学"的问题

我们在明确和实践自身特色定位的同时，从自身实际出发，提出了"人民、人本、人文"的办学理念，"大师、大楼、大气"的办学思路和"真情、真想、真干"的行动纲领。学校紧紧围绕"实践'三个代表'重要思想，创建世界知名一流大学"的目标，心无旁骛地坚持走内涵提高为主的发展道路，聚精会神地抓学科建设、队伍建设、校园建设、制度建设，努力提高学校的教学质量、科研质量、服务质量和管理水平。

（一）从夯实基础入手，全面提升人才培养质量

1. 狠抓"三个基本"、"三个体系"建设，本科教育积极创一流。本科教育是研究型大学教学工作的重要基础。学校遵循教育的规律和人才成长的规律，将基本知识、基本理论和基本技能的"三个基本"作为人才培养的主要内容，同时不断深化教学改革，以开拓创新的精神将研究型教学体系、实践型教学体系、教学质量监控体系"三个体系"建设作为创新型人才培养的重要措施。通过"三个基本"和"三个体系"有力地推进了本科教学质量的全面提高。

在"三个基本"培养方面，学校始终坚持"宽口径、厚基础、多选择"的人才培养模式，下大力气加强基础知识、基本理论教育，始终坚持不断加强教材建设和精品课程建设，始终坚持高水平的主讲教师上本科课堂。同时，学校充分发挥人文学科齐全、师资力量雄厚的优势，大力开展通识教育，聘请一批校外知名学者开设高质量、品牌化的系列讲座，进一步丰富和完善素质教育课程体系。2005年，我

校在国学院成立伊始，就明确了培养国学"通才"的目标，设计了本硕六年一贯制的培养方式，确定了以阅读元典为主，强调学生自学的教学方式，鼓励学生"游学"，读万卷书，行万里路，接触社会，感受人生。2005 年新建的理学院在本科阶段实行导师制，通过师生互动、教学相长，着力培养学生的"问题意识"以及运用所学专业知识和基本理论解决实际问题的能力。

在"三个体系"建设方面，学校鼓励将科研成果直接转化为课堂教学内容，将前沿学术理论运用于提高教材建设质量，实现教学与研究的互动，理论与实践的交融，既大幅度地提高了教师在本科教学中的投入力度，又推动并催生了一大批优秀教学成果的涌现：2005 年，在第五届国家级教学成果奖评奖中，我校共获得 5 项国家级一等奖，其中独立完成或牵头完成的有 2 项，参与完成的有 3 项；获得 10 项国家级二等奖，其中独立完成的有 8 项，牵头完成和参与完成的各 1 项。获奖数量在全国高校位居前列。学校坚持以严格的质量标准推动提高教学水平，在全国率先研究、编制完成了《中国人民大学管理标准·教学质量体系》，经过 6 年试点推行，初步确立了以全面质量管理为理论基础的本科教学质量保证体系。学校坚持以培养复合型、创新型人才为目标，鼓励教学改革。

2. 稳定规模，改善结构，提高质量，研究生培养努力创一流。研究生教育是研究型大学人才培养的重心。进入新世纪，我们从办学目标和定位出发，在研究生培养中致力于稳定规模、改善结构、提高质量、提升国际性。

在稳定规模方面，学校审慎对待研究生规模扩张的问题。在学科点增长方面，我们也适当进行了极少数外延式扩张，但更注重内涵式增长，即把学科点增加的侧重点放在对原有学科的整合、派生上，放在对特色优势学科的强化、拓展上。通过院系调整、师资力量整合、跨学科平台搭建等，激发产生新的生产力。这种以内涵式提高为主、集约型发展的方式成为我校学科点增长的主要方式。从 2000 年到

2006 年，学校硕士学位授权学科点由 89 个增加到 144 个（包括自主设置的 29 个硕士点），博士学位授权学科点由 53 个增加到 99 个（包括自主设置的 22 个博士点），增幅分别达到 61.8% 和 86.8%，而所有这些增长点绝大多数都是在原有学科基础上衍生而来的。

在改善结构方面，我们一是加大力度调整研究生生源结构，在综合考察的基础上适当提高来自一流大学或一流学科的生源比例，适当减少在职博士生（高校教师除外）的招生比例；二是在推进学制改革、实施弹性学制的基础上，不断调整研究生学科结构和学位结构，扩大新兴学科、社会急需学科和具有潜在优势学科的招生规模，加大应用性强的专业学位研究生的发展力度；三是调整研究生管理工作重心，将硕士研究生的重心放在课程体系建设上，将博士生的管理重心放在学术创新能力和学术研究的前沿性上。

学校始终高度重视研究生培养质量的不断提高。2004 年召开了以"深化改革、创新管理，实现研究生教育从数量扩张型向质量提高型转变"为主题的会议。围绕这一主题，我们按照"严格标准、简化程序、明确责任、完善服务、随机抽查"原则，创新管理，探索建立了一整套完善的质量保证机制，例如在研究生招生复试环节建立了一套流程规范、方式灵活多样的选拔机制；在博士生前沿理论选读方面推出"博士生主文献制度"，在提高导师培养研究生质量方面实行"导师组制度"，等等。同时大力提高研究生教育的国际性，先后同 38 个国家和地区的 142 所大学建立校际学术交流关系，互派留学生规模成倍增长。通过这一系列举措，引导学生迅速进入学科研究主流，把握学术发展前沿，拓展学术国际视野，从而为全面提高研究生培养质量发挥了积极作用。在连续 8 届全国优秀博士论文评选中，我校共有 20 篇论文入选，占全国已入选人文社科优秀博士论文总数（139 篇）的 1/7 强，在所有高校和科研院所中位居第一。

（二）繁荣学术、服务社会，不断提高科学研究和服务社会的水平和质量

新世纪，我校秉承"追求真理、崇尚学术"的教风学风，营造"兼容并蓄、有容乃大"的学术氛围，按照"入主流、在主流、壮主流、领主流"的总体要求，积极探索有人大特色的科研发展之路。具体做法可概括为"两个关注，三个倡导，四个延伸，一个加强"。

"两个关注"就是关注"国计"、关注"民生"。关注"国计"就是关注国家的重大政治、经济、社会和文化问题，不断为党和政府提供政策咨询和智力支持。"十五"期间，我校先后有 9 位教师受邀为中共中央政治局集体学习作辅导报告或为中共中央政治局常委作专题讲座，一大批教师以讲座、课题研究、学术研讨等形式为中央领导和中央国家机关提供决策咨询。我校先后承担或参与了中共中央"马克思主义理论研究和建设工程"、"国家清史纂修工程"等特大、重大项目；参与了包括《宪法修正案》、《物权法》、《反垄断法》、《公司法》、《破产法》、《证券法》等几乎所有重要法律、法规的起草、修订工作。在建设社会主义和谐社会、弘扬中华民族优秀传统文化、建设创新型国家、社会主义新农村建设、国际关系与全球化、两岸关系研究、绿色国民经济核算研究（绿色 GDP）、金融改革和资本市场发展战略以及高等教育发展等重大问题上，我校教师的意见、建议均发挥了积极作用。关注"民生"就是关注与人民生活息息相关的社会问题，为构建社会主义和谐社会作贡献。学校鼓励教师把科研的视角投向社会各个层面，既围绕社会保障问题、就业问题、三峡移民问题、城市化进程中的农民工问题、社会弱势群体的保障问题、传统节日列为法定假日问题等积极开展相关研究，又深入到广大农村、社区、工厂、医院，关注并研究社会反响强烈、关系民众生计的重大问题。

"三个倡导"就是倡导自由探索的学术精神，倡导跨学科研究的学术方法，倡导科学合理的学术评价标准。在中国哲学领域具有重要

影响的"和合学"思想，以及《中国佛教哲学要义》、《21世纪中国易学史》等著作的问世，都是学校倡导宽松、自由学术氛围的产物。已经产生重大国际影响的"北京2008年奥运会全面影响研究"（OG-GI）项目等重大课题的成功中标，则是各类跨学科课题组多层次、多方位、多形式联合攻关的成果。

"四个延伸"就是引导广大教师将研究视野从校内延伸到校外，从国内延伸到国外，从中央延伸到地方，从政府延伸到企业，服务中央、国家决策，服务首都经济建设，服务全国各地发展，服务企业发展建设。"十五"期间，我校承担的国家和地方各级政府的规划课题多达上百项。2005年开始，学校先后派出10多个教授考察团分赴全国十几个省、市、自治区进行调研。学校还承担了大量来自企业委托的项目，为企业的发展出谋划策。

"一个加强"就是大力加强科学研究的组织管理工作。

通过以上举措，全校科研工作发展迅速。2006年学校获得的国家社科基金面上项目连续第4年保持全国高校第一，国家社科基金重大项目竞标以较大优势获全国第一，教育部人文社科重大攻关项目立项数与其他5所院校并列第一。"十五"期间，我校科研经费总额达2.4亿元，比"九五"期间的0.58亿元翻了两番多；在刚刚过去的2006年，年度科研经费首次突破亿元。科研项目结构和经费来源渠道也发生了显著的变化：学校科研经费中来源于校外企业、社会横向课题的金额比例由"十五"初期的1/3发展到"十五"末期的2/3。学校教师发表的学术论文数量也逐年增加，中文社会科学引文索引（CSSCI）收录我校论文数量2000年居全国高校第三，2001、2002、2003年均居全国第二，2004年和2005年则跃居全国高校第一位，分别达到1858篇和1867篇。"十五"期间，我校共举办国际学术会议299次，出国参加国际学术会议7039人次，在国际学术会议上提交论文2281篇，分别比"九五"增长90.5%、298.6%和95.5%。

（三）狠抓队伍建设、环境建设，切实保障教学科研工作质量的提高

走内涵提高为主的发展道路、进一步提高办学质量的关键是加强能力建设，重点是教师队伍建设、硬件设施建设和软环境建设。近年来，我校教师队伍建设以梯队建设、创新团队建设为重点，以师德师风建设为核心，不断提高师资队伍的质量。

在教师梯队和创新团队建设方面，我们抓规模，重点则是抓结构、抓学术水准。在年龄结构上，学校紧密围绕学科建设优化教师队伍结构，使教师平均年龄下降到 42.5 岁，50 岁以下教授比例达到 52.9％，中青年学术骨干成为教师队伍的主体。在学历结构上，教师中具有博士学位的已经占 63.4％。在学缘结构上，近 5 年新近补充教师中最后学历为外校的教师达到 78.1％，其中留学归国人员占 25.7％。在学术水准和人才质量上，学校重视提高教师的业务水平和国际视野，在"985 工程"二期投入 7 700 万元用于高层次人才队伍建设。学校坚持按照"请进来、走出去、沉下去"的工作思路，加强教师队伍建设。学校还提出"事业留人、机制留人、感情留人、正气留人"，努力营造聚人气、干事业、谋发展和出人才、出大师的和谐环境。通过以上措施，学校逐步形成了一支学历层次高、专业结构好、学缘结构优、科研能力强、年龄结构合理的师资队伍，为提高教学科研质量提供了有力保障。

加强教学科研条件、公共服务体系等硬件建设是提高办学质量、办学水平的物质基础。经过近 6 年的艰苦努力，中国人民大学教学科研条件发生了根本变化，实现了几代人大人梦寐以求的教授每人一间工作室，副教授两人一间工作室的梦想。全校教学科研行政用房 2005 年比 2000 年增长 192％；学生生活用房增长 117％。实验室建设取得了突破性进展，仪器设备总值由 2000 年的 0.4 亿元增加到目前的 1.99 亿元，"数字人大"校园网络系统已发展为全国高校信息化建设的典型；我校还不断改善教学技术硬件条件，95％以上的公共教室

实现了多媒体化，教学环境建设已达到国际水平。

我们不仅重视队伍和硬件建设，还高度重视软环境建设。学校坚持"民主办学、依法治校"和管理创新。通过完善并实施"三重一大"和其他一系列规章制度，保证了学校人事、教学、财务等方面工作的安全、有序、稳定运行，较好地实现了校令畅通、反应灵敏、运转规范、质量提高的要求。

从现代大学制度的要求出发，学校积极推进内部治理结构改革，依照"三级架构、两级管理"的原则，把改革的方向定位为提升校级宏观管理的科学性、规范性、权威性与增强和调动学院管理的主体性、积极性并重，理顺校、院、系等三级组织之间的关系。探索建立了一批跨院系、跨学科的科研机构，与教育部的社科重点研究基地、实验室一并形成矩阵式的科研体系，提升了科学研究的能力。

学校始终将学风建设作为保证教育质量的一项重要前提。既注重通过制度建设、激励机制建设培养学生刻苦读书、求真务实、严谨治学的学术品格，又积极营造具有人大特色的学术氛围。

此外，学校还积极为发展繁荣人文社会科学鼓与呼。先后召开了以发展繁荣人文社会科学为主题的中国人民大学命名组建50周年纪念大会，组织了一年一度的开创风气之先的高水平的"中国人文社会科学论坛"，面向全国发出关于繁荣发展哲学社会科学的倡议。2002年江泽民同志考察人大并发表重要讲话，2004年中央发布《关于进一步繁荣发展哲学社会科学的意见》后，我校领导和许多专家学者纷纷撰写文章，进一步呼吁重视人文社会科学的繁荣和发展，引领舆论潮流的方向。在学校的大力呼吁和积极努力下，国家大型文化工程《清史》纂修工作正式启动。在全国率先组织发起编纂《儒藏》。在国内首创组织编写一年一度的《中国人民大学中国人文社会科学发展研究报告》、《中国人民大学中国经济发展研究报告》和《中国人民大学中国社会发展研究报告》。为弘扬中国传统文化，学校先后成立了孔子研究院、国学院、国学研究院。这一系列积极举措，既推动了全社会对人文社会科学的重视和关心，又为学校赢得了良好的社会声誉；既对国家作出了贡献，又为自身发展创造了良好的宏观环境。

三、我们的思考和体会

（一）科学定位、特色强校，是高校落实科学发展观的重要体现

当前我国高等学校发展存在的重大问题之一，就是发展目标趋同、学科结构趋同。如何引导各个高校科学定位、各安其位，明确优势、突出特色，如何通过人才培养、科学研究、社会服务彰显学校的办学特色，对学校形成真正的发展推动力，是提高高校办学质量的重大战略问题。

作为一所以人文社会科学为主的综合性、研究型大学，中国人民大学始终把学科规划与建设作为办学特色的主要基础，紧扣建设"人民满意、世界一流"大学的发展目标，狠抓学科建设、队伍建设、校园建设、制度建设，努力提高教学质量、科研质量、服务质量和管理水平，对内固本强基，对外营造环境，使学校在人才培养、科学研究和社会服务等方面都得到了全面发展，赢得了社会的广泛认同。

（二）内涵发展、提高质量，是高校落实科学发展观的具体要求

中国人民大学从实际出发，经过不断摸索，选择了内涵提高为主的发展道路，强调高起点、高水平、有特色、有优势，实施特色发展战略。在工作步骤上我们提出了"心要热、头要冷、步要稳"的策略；在工作方法上我们强调"抓重点、攻难点、创亮点、谨慎热点"，坚持"有所为，有所不为"，"有先为，有后为"，没有平均用力，四面出击，而是把突破点放在学科规划与建设、校园规划与建设两方面。通过强化优势，提高质量，带动了学校教学、科研、管理、服务质量的全面提升和协调发展。

（三）建设和谐校园，正确处理改革、发展、稳定的关系，是高校落实科学发展观的基本保障

建设和谐校园是高校坚持运用科学发展观统领各项工作的基本保障。我们认为，和谐是稳定的最高境界，只有以和谐为核心，才能正确处理改革、发展、稳定的关系；同时，和谐不是一团和气，更不是停滞不前，只有发展才能协调解决各种矛盾，只有发展才能加快解决各种问题，只有发展才能赢得真正的、持久的和谐局面。

学校在近年来的探索中，高举"发展是硬道理"的旗帜，高举创新的旗帜，高举和谐的旗帜，坚持贯彻"人民、人本、人文"，"大师、大楼、大气"，"真情、真想、真干"的18字办学理念和行动纲领，在不断深化改革、推进发展的进程中，克服各种各样的矛盾和阻力，解决一系列难以想象的困难，以极大的勇气精心谋划，全面推进，开拓进取，在发展中谋和谐，在和谐中促发展，使学校在学科建设、科学研究、队伍建设、校园建设、制度建设等各个方面取得了巨大的成绩，使得我们在建设世界一流大学进程中的步伐更加坚实有力。

立学为民，治学报国[*]

——在庆祝中国人民大学建校70周年大会上的讲话

(2007 年 11 月 1 日)

尊敬的各位领导、各位来宾、各位校友，老师们、同学们：

大家好！在这美好的深秋时节，在党的十七大胜利闭幕的喜庆时刻，我们在这里欢聚一堂，共同庆祝中国人民大学建校 70 周年。在此，我谨代表学校向出席大会的各位领导、来宾和校友表示热烈的欢迎和衷心的感谢！向全校广大师生员工致以节日的祝贺和诚挚的问候！

中国人民大学已经走过了 70 年光辉的历程。这非同寻常的 70 年，是我国从新民主主义革命到社会主义革命、建设和改革，风云际会的 70 年；是中国共产党领导下的中国高等教育从创办、发展到壮大的 70 年；也同时是中国人民大学与党和国家同呼吸、共命运，始终奋进在时代前列的 70 年。回顾 70 年来中国人民、中国革命走过的道路，我们就会更加深刻地理解"中国人民大学"这个名字背后蕴涵的艰辛与坚强；回顾 70 年来中国人民大学从战火中走来、在发展中奋进的道路，我们就会更加深刻地理解一代代人大人数十年如一日的坚定与坚持。

奋进中的人们总有一种强大的精神力量。中国人民大学 70 年办

＊ 本文根据讲话录音整理。

学历程所积淀的人大精神，归结为一点，就是始终保持对祖国、对人民的无限忠诚和高度的使命感、责任感，立学为民，治学报国。1937年，在民族危亡之际，陕北公学诞生了，学校以救国救亡为己任，培养了大批抗战干部。华北联大时期，师生们跨越万水千山，转战敌后办学，6年间毕业学员逾万人。为迎接新中国成立的曙光，华北大学奋勇担纲，培养了大批革命干部。1949年12月16日，中央人民政府政务院第十一次政务会议根据中共中央政治局的建议，通过了《关于成立中国人民大学的决定》，中国人民大学翻开了中国高等教育史崭新的一页，不仅为新中国培养了万千建国干部和大批建设者，而且为我国新型高等教育的奠基和发展作出了开拓性的贡献。

进入新世纪，特别是党的十六大以来，中国人民大学又一次挺立在时代潮头。学校高举"发展、创新、和谐"的旗帜，解放思想、抢抓机遇、埋头苦干、开拓奋进，从学校实际出发，坚持走"特色强校、内涵提高"的科学发展道路，以改革的精神大力加强学科建设、校园建设和制度建设，以人为本地实现了快速、稳健、协调的全面发展，学校面貌发生了巨大而深刻的变化，内在凝聚力和创造力不断增强，外在的影响力和竞争力持续提升，建设"人民满意、世界一流"大学迈出了坚实的步伐，在人才培养、科学研究、社会服务、国际交流诸方面都取得了历史性的显著成就，为建设中国特色社会主义的伟大事业作出了应有的贡献。

重温70年光荣历史，回顾70年辉煌成就，中国人民大学"立学为民、治学报国"的使命感、责任感贯穿于学校办学方向、办学特色、校风学风等方方面面。

始终坚持中国特色社会主义的办学方向。中国人民大学是我党亲手创办的第一所新型正规大学。全面贯彻党的教育方针，培养德智体雅、真善美爱全面发展的社会主义建设者和接班人，始终是学校的办学宗旨和目标；以马克思主义为指导，加强学科建设和理论建设，推进知识创新和理论发展，始终是学校与时俱进的科学品质和方向。在新世纪，我们又明确提出建设以人文社会科学为主的"人民满意、世界一流"大学的学校奋斗目标，提出"国民表率、社会栋梁"的人才培养目标，提出"人民、人本、人文"的办学理念，并在实践中不断丰富发展，成为人民大学新的精神财富。

始终坚持为发展与繁荣具有中国特色的人文社会科学而努力奋斗。人文社会科学与自然科学是现代社会发展、中华民族复兴的"车之两轮"、"鸟之两翼"。中国人民大学在长期的办学实践中，在人文社会科学多个学科领域作出了奠基性、开创性的贡献。进入新世纪，学校顺应时代的要求，高扬人文社会科学的旗帜，构建了"主干的文科、精干的理工科"协调发展的学科体系，进一步加强了人文社会科学学科的建设，引领了繁荣发展哲学社会科学的时代潮流，既推动了全社会对人文社会科学的重视和关心，又为学校赢得了良好的社会声誉；既对国家作出了贡献，又为自身发展创造了良好的宏观环境。

始终坚持追求真理、追求科学、追求光明、追求进步的校风和实事求是、理论联系实际的学风。"实事求是"是人民大学的光荣校训。人大师生不唯书、不唯上、不唯洋、只唯实，既脚踏实地，敢于合理继承，又解放思想，敢为人先，以严谨求实的科学精神和舍我其谁的担纲意识，积极呼应、汇入乃至引领时代发展的潮流。从改革开放初期发表《实践是检验真理的唯一标准》的胡福明校友，到改革开放新时期撰写《东方风来满眼春》的陈锡添校友，再到新世纪"扎根基层的时代先锋"、"人民满意的好法官"宋鱼水校友，他们用一个个优美的音符谱写了人大人实事求是、追求真理的精彩华章。

作为一所著名的高等学府，作为人民共和国建设者的摇篮，人民大学培养的20多万名毕业生中既有许多成就卓著的专家学者，又有许多闻名遐迩的企业家、政绩斐然的党政军高级领导干部，以及卓有建树的新闻、法律、文学艺术和科学技术工作者。他们是人民共和国优秀的建设者，是建设中国特色社会主义伟大事业的中坚骨干力量，也是人民大学的自豪和骄傲！

　　重温 70 年光荣历史，回顾 70 年辉煌成就，我们倍加感谢党和国家的亲切关怀，倍加感谢教育部、北京市的正确领导和大力支持！重温 70 年发展历程，我们倍加怀念为中国人民大学的创建和发展作出不可磨灭贡献的吴玉章、成仿吾、郭影秋等老一辈校领导，倍加怀念为人民大学的人才培养和科学研究奠定坚实基础的老一辈著名教授、学者！在这里，我还要代表学校向历任校领导和已经离退休的教职工表示崇高的敬意！向正在各个岗位辛勤耕耘的全校广大师生员工和关心、支持学校建设发展的海内外校友表示由衷的感谢！

　　同志们，同学们！今天的中国人民大学已经站在了新的历史起点上，进入了"全面提升，重点突破，强化优势，登攀一流"的发展新阶段。作为一所政治坚定、特色鲜明、学风优良、底蕴深厚、成就卓著、具有强烈责任感和使命感的大学，中国人民大学将继续高举中国特色社会主义伟大旗帜，全面贯彻落实科学发展观，进一步解放思想、实事求是、开拓进取，实现新的发展，创造新的辉煌，矢志不渝地践行"立学为民、治学报国"的人大精神。

　　我们要进一步巩固和发展作为人文社会科学高等教育重镇的地位。胡锦涛总书记在党的十七大报告中强调，要推进社会主义文化的大发展大繁荣，要繁荣发展哲学社会科学，推进学科体系、学术观点、科研方法的创新。这对中国人民大学和一批具有人文社会科学特色强项的综合性、研究型全国重点大学提出了光荣而艰巨的任务。人文社会科学是人民大学的立校之本、强校之基。学校将进一步为国家和人民的事业发挥"智库"作用，在加强学科建设和理论创新的基础上全面推动我国哲学社会科学优秀成果和优秀人才走向世界，为繁荣发展我国人文社会科学作出新的更大贡献。

　　我们要进一步凸显马克思主义教学与研究高地的优势。中国人民大学是中国马克思主义理论教育、研究和传播的重要基地。在新的历史阶段，学校将继续坚持马克思主义在学科建设、教学科研、人才培养中的指导地位，坚持运用科学的立场、观点和方法分析当前具体问题，在加强马克思主义基本理论研究方面，在推进中国特色社会主义理论体系的研究和建设方面下大力气，出大成果，为不断推动马克思主义指导中国特色社会主义建设事业的伟大进程作出新的贡献。

我们要进一步彰显人民共和国建设者摇篮的人才培养特色。中国人民大学将认真遵循教育规律，全面贯彻党的教育方针，深化教育改革，创新教育理念，强化通识教育，更新教学内容，完善培养模式，提高人才质量。我们将继续坚持立德树人，以社会主义核心价值体系武装学生，继续按照"明德、博学、求是、笃行"的学术品格，"忠诚、勤勉、朴实、友爱"的道德人格要求学生，培养具有崇高理想、高尚品格、创新精神、实践能力和国际视野的人民共和国优秀建设者和杰出人才，更为出色地为中国特色社会主义事业提供强有力的人才支持。

我们要进一步发挥高等教育创新平台的作用。当今时代，科学技术日新月异，经济全球化不可阻挡地改变着世界，创新能力越来越成为提升综合国力和国际竞争力的重要手段。教育创新是建设创新型国家的主战场，高等教育创新是建设世界一流大学的核心和灵魂。为此，中国人民大学将进一步完善"主干的文科、精干的理工科"的学科体系，强化特色学科、优势学科，发展新兴学科、交叉学科，进一步优化文理交融、相互促进的育人环境；进一步培养具有创新思维和能力、具有坚韧不拔的勇气和毅力，能够创造性地解决问题的人才；进一步加强科研工作的创新力度，多出精品、上品和传世之作，在建设创新型国家方面发挥更大作用。

我们要进一步发挥弘扬中华优秀传统文化平台的作用。中华文化源远流长、博大精深、璀璨辉煌，是民族精神的根基，是文化发展的源泉。它所蕴涵的巨大民族凝聚力和创造力，必将在提升国家综合实力、实现民族全面复兴、构建社会主义和谐社会、造就世界文明新秩序的过程中，发挥无可替代的作用。中国人民大学将继续紧密贴近时代的主题，从致力于国家强盛、民族复兴的战略视野着眼，高举继承和弘扬中华民族优秀传统文化的旗帜，深入研究、认真反思近代中国百年来对传统文化的观点、态度，全面分析、系统挖掘研究中华文化的发展脉络、经典精粹及当代价值，为弘扬中华优秀文化，建设中华民族共有精神家园作出更大贡献。

我们要进一步强化国际学术文化交流窗口的功能。中国人民大学的发展需要走向世界，跻身一流；中国人民大学国际性的提升也能够为促进中外学术文化交流，在让世界正确认识、评价中国方面贡献自己的力量。具有鲜明特色和优势的中国人民大学将以更加自信和开放的姿态，与世界诸多知名大学和学术机构建立广泛的合作关系，不断加强学术文化交流，大力提升国际性，与世界同行一道，共同分享发展的机遇，共同应对面临的挑战，共同推动和谐世界的发展与繁荣。

各位领导、各位来宾，老师们、校友们、同学们，回顾历史，风雨兼程七十载，我们是历史的创造者；展望未来，堂皇学府续华章，我们是未来的开拓者。我们坚信，在党中央、国务院的亲切关怀和教育部、北京市的正确领导下，在社会各界和广大校友的鼎力支持下，全体人大人认真贯彻落实党的十七大精神，同心同德，团结奋进，七十年"立学为民、治学报国"的中国人民大学必将在新的历史时期取得新的发展！中国人民大学的明天必将更加美好！更加辉煌！更加灿烂！

"壮哉人大，我们永远的精神家园；浩荡弦歌，我们阔步奋进在时代"！

谢谢大家。

"发扬传统，办出特色，办出水平"*

——学习胡锦涛总书记对中国人民大学重要指示精神的体会

（2008 年 4 月）

3 月 15 日，中共中央总书记、国家主席胡锦涛出席在中国人民大学举行的"中日青少年友好交流年"开幕式和相关活动。在活动过程中，胡锦涛总书记与我们亲切交谈，他指出，人民大学是很有特色的学校，要发扬自己的传统；办大学大家不要都办成一个样子，要办出特色，要办出水平；办出特色和办出水平是统一的，办出特色才能有高水平，办出水平才能有特色。胡锦涛总书记再次当选国家主席后的第一个公务活动就安排在人民大学，体现了党和国家对人民大学的高度重视；在出席公务活动的间隙，胡总书记不忘了解人民大学的情况，并对学校的工作作出重要指示，体现了党和国家对学校的亲切关怀和殷切期望。这对我们来说是巨大的鼓舞、巨大的鞭策，给予了我们巨大的力量。我们一定要更加坚定不移地走"内涵提高、特色强校"的科学发展之路，办出特色，办出水平，把人民大学建设成"人民满意、世界一流"大学。

改革开放 30 年来，我国的高等教育事业获得了长足发展，取得

---

　　* 本文原载《中国高等教育》2008 年第 10 期，全文发表时原题为《高校科学发展的战略方针：发扬传统，办出特色，办出水平》。

了令人瞩目的伟大成就，初步形成了适应国民经济建设和社会发展需要的多层次、多类型、多形式、学科门类基本齐全的中国特色社会主义高等教育体系，为社会主义现代化建设培养和培训了大批专门人才，在国家经济建设、科技进步和社会发展中发挥了重要作用。在充分肯定我国高等教育取得的成就和经验的同时，应该看到，我国的高等教育还面临着诸多问题，特别是高等教育资源配置、结构布局、学科专业设置和人才培养结构还不能完全适应国家现代化建设和经济社会发展的现实需要，人才供需的结构性矛盾仍很突出，社会高层次专门人才总量供给不足与部分专业人才相对过剩并存，行业企业急需实用人才短缺与高校毕业生就业难并存，这"两个并存"现象尚未有根本性转变。导致这些问题的原因主要是很多高校在办学定位、办学层次、学科专业设置、人才培养结构与模式等方面存在着较为严重的"千校一面"的趋同化现象。这种现象不仅导致了大量低水平重复建设，教育质量难以提高，而且使得高等教育发展与经济社会发展的需求严重脱节，制约了高等教育的科学发展。

在这样的背景下，胡锦涛总书记关于"发扬传统，办出特色，办出水平"这一重要指示，不仅为中国人民大学在新时期的发展指明了方向，而且对于新时期国家高等教育事业的科学发展极具现实针对性和重要指导意义。贯彻落实这一重要指示，是高等教育领域贯彻落实科学发展观的基本要求，是按高等教育发展规律和高等学校办学规律办学的重要体现，是提高高等教育质量的根本举措，是我国高等教育和高等学校科学发展的一项战略指导方针。

一、发扬传统，办出特色，办出水平，是高等教育贯彻落实科学发展观的基本要求

当前，我国高等教育正处于一个新的历史起点，处于改革发展的关键历史时期。在新时期，高等教育必须以科学发展观为指导，由注

重规模、外延扩张、强调速度的发展模式转变为注重内涵提高、提升质量、提高办学水平的发展模式，也就是由又快又好的发展转变为又好又快的发展。"好"字当头，"好"字优先，"好"首先体现在注重内涵发展，强化办学特色。今年（2008 年）的《政府工作报告》提出要"优化学科专业结构"。高校各具特色，是整个高等教育体系充满活力的基础。学科是高校的基本组成要素，是高校办学特色的基础。"优化学科专业结构"就是要求高校发展要分清主次，集中资源，办好优势学科与新兴学科，形成本校有特色的学科专业群，从而形成自己鲜明的办学特色。"好"要体现在提高办学水平上，教育现代化是新世纪国家全面现代化不断推进的必然要求。党的十七大报告首次确认了"提高教育现代化水平"的概念，这对高等教育发展和高等学校发展都具有非常重要的意义。以往大家都讲教育要面向现代化，要为现代化建设服务，但很少有人讲教育自身如何现代化的问题。提高办学水平就是要全面提升高等教育的现代化水平，在办出特色的基础上争创一流。办出特色与办出水平是密不可分的，没有特色上的优，就谈不上发展得好。贯彻落实科学发展观，要求进一步优化高等教育布局和科类专业结构，各个高校都要努力办出特色，办出水平，加快形成多样化、多层次、多类型的高等教育体系，从而全面提升高等学校办学水平与高等教育现代化的水平。

二、发扬传统，办出特色，办出水平，是按高等教育发展规律和高等学校办学规律办学的重要体现

办学特色是一所高校在发展历程中形成的比较持久稳定的发展方式和被社会公认的、独特优良的办学特征。特色是学校独特而持久的本质内涵，是学校立足与发展的根本，是生存与竞争的前提，具有独占性、特有性、优势性。办学特色与高等学校的办学定位及其所具有的人才培养、科学研究、社会服务和国际文化交流等四项

职能是密切相关的。具体而言，办学特色可以体现在许多方面，择其要者至少有五个方面：一是学科结构特色。这是一所大学形成其办学特色最基本的因素，决定着学校在哪些学科领域发挥自身的职能。二是人才培养目标和模式特色。即使高等学校的学科领域相类似，也可因学校的人才培养目标和培养模式不同而形成特色。三是社会服务的地域和领域特色。不同学校由于管理体制、办学历史和学科特点，其社会服务面向和人才培养的走向因空间、地域和社会领域的不同而形成特色。四是办学传统的特色。不同学校因不同的办学理念、不同的发展轨迹和历史积淀而形成特色。五是校园文化特色，体现着学风、教风和校风的鲜明特点，是办学特色的一个重要方面。

办学特色是在长期办学过程中孕育、生长、积淀、发展起来的，所以办学特色的形成离不开发扬传统，要充分尊重传统和历史，但发扬传统并不意味着因循守旧，同时更需要解放思想。学校的特色既应起源于历史，尊重传统，又能够与时俱进，不断创新。特色只有在历史的洗礼和创新发展中，才能得以形成和不断发扬光大。

办学水平既是指一所高校履行教学、科研等社会职能的整体综合水平，也会体现为一所高校相对于其他高校而言具有的整体实力、比较优势和核心竞争力。提高办学水平的核心是提高教育质量，其内涵不仅指教学水平和人才培养质量，而且还包括科学研究水平、先进的办学理念与教育理念、优良的校风学风、良好的制度环境和现代化的硬件设施等，是一个全方位的综合性的标准和要求。

办学特色与办学水平二者密切相关，相得益彰。办学特色是办学水平的集中概括和综合体现，是办学水平不断提高自然形成的结果。只有一所学校的优势和竞争力得到长期稳定发展，这所学校的特色才能形成。一所学校只有科学定位，强化特色，走特色办学和特色强校之路，才能真正全面提升办学水平。没有特色的发展不是科学发展，也不可能提升办学水平，提高教育质量。低水平、低质量的办学实践不会形成特色。只有遵循高等教育发展规律和高等学校办学规律，发扬传统，立足现实，以提高教育质量为核心，才能形成自身的办学特色，才能真正全面提升办学水平。

三、发扬传统，办出特色，办出水平，是提高高等教育质量的根本举措

世纪之交，我国高等教育实现了跨越式发展，目前已成为世界上高等教育规模最大的国家。但是，对于我国高等教育改革发展的成就，特别是对于高等教育的质量，高等教育界内部和社会舆论对此认识并不一致。高教界人士一般认为世纪之交我国高等教育的质量是基本稳定的；而社会上许多人都认为高校质量在下降，甚至提出了"大扩招带来质量大滑坡"的说法。前一种说法当然有道理，而对后一种说法也不能简单否定，甚至毋宁说也是有一定道理的，是从不同的质量观出发得出这种认识的。高教界的主流观点，是从历史纵向比较，也是从保护发展积极性来衡量；而社会各界特别是用人部门是从毕业生是否适应当前经济社会发展需求角度来认识的。应该看到，高等教育扩招以来，教育部门和高校通过增加教育要素资源，改善办学条件，加强师资队伍建设，加强和规范管理，建立质量监控体系，在确保高等教育质量方面下了许多工夫。但是，前些年，许多高校盲目发展，缺乏科学定位，不少学校热衷于"升格"，专科升本科，有了本科就要成为硕士、博士授予单位，单科性大学要成为多科性乃至综合性大学，纷纷提出了办成国内（或省内一流）、国际（或全国）有影响的多科性、综合性、研究型大学的战略目标。显然，这并不那么符合高等教育发展规律和高等学校办学规律。经济社会发展所需要的人才是多层次、多类型的，而高等学校的发展方向却是单一的。经济社会发展固然需要一大批拔尖人才，但需要更多的是数以千万计的专门

人才和数以亿计的高素质劳动者。单一化的高等教育发展方向与多样化的人才需求相矛盾，势必导致大量的毕业生学非所用，导致毕业生结构性失业问题日趋严重。所以，提高高等教育质量的根本举措与首要任务是调整学科专业结构和人才培养目标，各个高校应在内涵发展上下工夫，办出特色，办出水平。

四、发扬传统，办出特色，办出水平，是我国高等教育和高等学校科学发展的一项战略指导方针

站在历史新起点上深化高等教育改革，促进高等教育发展，当前高等学校最迫切的是切实按照科学发展观的要求，发扬传统，办出特色，办出水平。世界一流高校没有统一的办学模式，各层次、各类型高校都可以办出一流水平，关键是要有科学的定位与合理的特色。如美国一流的高校特色分明，风格迥异，既有教学与科研并重的研究型大学，也有只提供高质量本科教育的文理学院，还有一批学科特色鲜明的专门学院，如纽约服装学院、美国烹饪学院分别因培养出一批世界一流的服装设计师和烹饪大师而闻名于世。我国近代的无锡国专、立信会专、上海商专、杭州艺专、东亚体专，也都是办学特色鲜明的学校，在国内外声名卓著。所以，重要的是各类高校都应各定其位，各有自己的适应面，各有自己的发展方向。

"办出水平"不局限于若干所著名的综合性大学，普通高等院校、高职高专和民办高校都可以办出特色，办出水平。上世纪90年代以来，我国通过高等教育管理体制改革，组建了一批具有优势学科群的综合性大学，总体上看，这符合世界高等教育发展趋势，符合知识经济时代科学技术文化交叉融合发展的规律，符合人才培养规律和科学研究规律。因为在一流大学中，特色化与不同程度的综合化并不矛盾，世界一流大学一般是综合性大学。如有人曾对30所世界一流大

学的学院设置频率进行了分析，发现有 8 类学院的设置频率超过了
50%，依次为理学院（100%）、人文学院（96.7%）、工学院
（83.3%）、商学院（83.3%）、法学院（73.3%）、医学院（70.0%）、
教育学院（50%）、建筑学院（50%），充分反映了这些学科专业设置
的普遍性。学校的多学科发展不仅有利于培养高质量的人才，同样也
有利于学校研究实力的提升。同一学科群之间存在着较强的联系，不
同学科群之间也存在联系，大学不同程度的综合化能为各学科相互促
进、共同发展创造条件，为大学的科研发展特别是相关学科、交叉学
科的发展奠定良好的知识基础。

当然，综合化绝不意味着盲目求大、求全，更不意味着学科设置
规模越大越好，种类越全越好。实际上，大学的学科设置是有界限
的，因为大学所获得的资源是有限的，管理能力是有限的，如果一味
求大、求全，最后的结果就是制造出低水平、低质量的学科专业，这
与"办出特色，办出水平"的发展思路是背道而驰的。

对于特色，我们不能作肤浅、庸俗的理解。特色并不简单等同于
"人无我有"，并不等于满足于填补学科专业的空白。特色更多的是不
同学校同一学科专业相比较而得出的，并不仅仅是不同学校不同学科
专业之间的比较，即特色更多的是同质产品的比较，而不只是异质产
品的比较。不能因为北大有物理学科，人大有经济学科，全国其他学
校就不办物理、经济学专业了，关键是不同学校的同类专业应有自己
明确独特的人才培养目标。同时，一些多科性大学应该保持鲜明的学
科特色，也是符合社会多样化需求的。我国农、林、地、矿、油、交
通、邮电、纺织等以特定领域为主要服务对象的专业院校应继续保持
自身优势，办出特色，办出水平。我国的高职高专院校也要向特色要
水平，以水平促特色。总之，我国各层次、各类型高校都应发扬传
统，在办出特色上下工夫，在办出特色的基础上办出水平，争创
一流。

五、努力把中国人民大学建设成为以传统特色促水平、以水平带动特色的科学发展的示范高校

中国人民大学是一所以人文社会科学为主的、声名卓著的综合性、研究型全国重点大学。70多年来，中国人民大学发扬"始终奋进在时代前列"的优良传统，与党和国家同呼吸、共命运，培养了20多万名高水平的优秀建设者和各行各业、各个层面的领袖人才，被誉为"我国人文社会科学高等教育领域的一面旗帜"和"人民共和国建设者的摇篮"。中国人民大学70多年办学历程所积累的人大精神，归结为一点即"立学为民、治学报国"，那就是始终保持对祖国、对人民的无限忠诚和高度的使命感、责任感。学校在各个方面始终坚持中国特色社会主义的办学方向，始终坚持追求真理、追求光明、追求进步的校风和实事求是、理论联系实际的学风。作为我党创办的第一所新型大学，学校全面贯彻党的教育方针，培养德智体美全面发展的社会主义建设者和接班人，始终是办学的宗旨和目标。以马克思主义为指导，加强学科建设和理论建设，推进知识创新和理论发展，始终是学校与时俱进的科学品质和方向。

进入新世纪，如何把中国人民大学这样一所具有悠久历史、深厚积淀和光荣传统的著名大学进一步办好，办出特色，办出水平，是党中央、国务院和社会各界一度十分关心的问题，也是学校领导和广大师生员工长久思考的问题。进入新时期特别是党的十六大以来，我们认真学习贯彻落实科学发展观，高举发展、创新、和谐的旗帜，解放思想，抢抓机遇，埋头苦干，开拓奋进，从实际情况出发坚持走"特色强校、内涵提高"的科学发展道路，坚持"人民满意、世界一流"的发展目标定位，坚持以人文社会科学为主干的文科、精干的理工科的学科建设定位，坚持研究生与本科生适当规模和合理比例的发展规模定位，坚持培养人民共和国的优秀建设者和领袖人才的培养定位，发扬学校优良传统，不断凝练办学特色，努力提高办学水平。这样的

发展思路和办学实践，既符合中国人民大学自身的特色，又符合国家发展建设的需要，是我们对自身发展道路的一种比较科学的定位。在此基础上，我们没有趋同式地把自己发展成为综合化程度更高的大学，而是不贪多、不求全，有选择地追求卓越，实施了内涵提高为主的发展战略，全力以赴地抓学科建设、队伍建设、校园建设和制度建设。学校面貌发生了巨大而深刻的变化，内在凝聚力和创造力不断增强，外在的影响力和竞争力持续提升。在建设"人民满意、世界一流"大学的历史进程中，迈出了坚实的步伐。在人才培养、科学研究、社会服务、国际交流诸方面都取得了历史性显著的成就，为建设中国特色社会主义伟大事业作出了应有的贡献。

历史的检验充分证明，中国人民大学的发展道路是经过不断探索、反复实践的定位合理、特色鲜明的发展道路。正是因为坚持了这样的科学发展道路，学校才始终保持着良好的社会声誉，也始终保持着在人文社会科学领域中的领先地位。

今天的中国人民大学已经站在了新的历史起点上，进入了全面提升、重点突破、强化优势、争攀一流的发展新阶段。作为一所政治坚定、特色鲜明、学风优良、底蕴深厚、成就卓著，具有强烈责任感和使命感的大学，中国人民大学将继续高举中国特色社会主义的伟大旗帜，全面贯彻实践科学发展观，着力转变不适应、不符合科学发展的思想观念，努力改变那些不利于科学发展的观念和做法，不断完善学校科学发展的体制机制，从而进行科学发展的全面实践，积累科学发展的经验，创新科学发展的成绩，以更好地发扬传统，办出特色，办出水平，努力把中国人民大学建设成为科学发展的示范高校。

我们的拼搏与期待[*]

——在纪念中国人民大学复校 30 周年
座谈会上的汇报

（2008 年 10 月 5 日）

尊敬的延东同志，

尊敬的各位领导，各位老师，同学们：

今年是改革开放 30 周年，也是我们中国人民大学复校 30 周年。在这样一个极具纪念意义的历史时刻，在全党深入学习实践科学发展观的重要时刻，中共中央政治局委员、国务委员刘延东同志在教育部部长周济等领导同志陪同下，亲临我校考察指导工作，我们十分高兴！在此，请允许我代表全校四万名师生员工，向刘延东同志的到来表示热烈的欢迎！延东同志是我们的校友，我们就格外多了一份亲切感、光荣感和自豪感！

从 1977 年初夏开始，我国改革开放的总设计师邓小平同志多次讲话、批示，要求尽快恢复中国人民大学。30 年前的 1978 年 7 月 7 日，

　＊ 本文根据作者在刘延东同志考察中国人民大学暨中国人民大学复校 30 周年座谈会上的汇报录音整理。2008 年 10 月 5 日，在中国人民大学复校 30 周年之际，刘延东同志代表党中央、国务院，同时以人大校友的身份，对中国人民大学复校 30 周年表示祝贺，向全校师生员工表示诚挚的问候和崇高的敬意，并考察学校工作。刘延东同志在会上强调，要深入总结经验，进一步改革创新，提高质量，办出特色，多出人才，多出成果，努力建设以人文社会科学为强项的世界一流大学；同时要通过改革创新努力使中国人民大学成为贯彻科学发展观、探索世界一流大学建设的示范区，成为推动高等教育改革、提高人才培养质量的试验田，成为弘扬优秀传统文化、促进中外文化交流的排头兵。

国务院以国发［1978］129号文批准《关于恢复中国人民大学有关问题的请示报告》；同年7月26日，中国人民大学隆重举行复校会师大会；10月9日，首批108名研究生开学上课，我很荣幸就是其中的一分子；10月24日，学校召开78级新生欢迎大会；10月26日，78级本科新生开始上课……经历"文化大革命"浩劫，停办8年之久的中国人民大学浴火重生了！那激动人心的历史场景至今仍一幕幕展现在人们眼前！在此，我们向为人民大学的恢复和发展作出贡献的所有同志们，特别是已经离退休的老同志们表示衷心的感谢，并致以崇高的敬意！

30年来，中国人民大学一如既往地与党和国家同呼吸、共命运，在党中央、国务院的亲切关怀和教育部、北京市的正确领导下，经过全校师生员工的共同努力，各项事业在改革开放中取得长足进步。为国家的改革开放和现代化建设、为建设中国特色社会主义作出了自己的贡献。尤其进入新世纪以来，学校广大师生员工坚持以邓小平理论、"三个代表"重要思想和科学发展观为指导，高举"改革、创新、和谐"的旗帜，发扬"立学为民、治学报国"的人大精神，坚持"内涵提高、特色强校"的发展道路，解放思想、抢抓机遇、敢为人先、团结奋斗，使学校面貌发生了巨大变化，综合实力、社会声誉大幅提升，为用20年或更长一点时间将中国人民大学初步建成以人文社会科学为主的世界一流大学奠定了良好的基础。

一、学校办学过程中所做的主要工作

我们的工作始终以改革为动力，以发展为主题，在实事求是地科学定位的基础上，紧紧围绕教学、科研两个中心，聚精会神地狠抓学科、队伍、校园、制度四项建设，努力发挥现代大学人才培养、科学研究、社会服务、国际文化交流四项社会功能，固守并弘扬崇尚学术、追求真理的大学精神，取得了显著的业绩。

第一，实事求是的发展定位。科学定位是高校发展的一个根本出发点。在高等教育规模迅速增长的过程中，我们没有跟风、赶潮，而是从我校实际出发，实事求是地强调高起点、高水平、强化特色、突出优势。我们对学校在新世纪初的发展提出了五个定位：一是建设"人民满意、世界一流"大学的发展目标定位；二是建设以人文社会科学为主，"主干的文科、精干的理工科"的学科定位；三是在现有条件下，研究生与本科生适当规模和合理比例的规模定位（研究生与本科生比例大体控制在1：1的水平，全日制在校生规模在2万人左右）；四是现阶段以周边拓展与校园置换相结合拓展办学空间的空间定位；五是始终培养人民共和国高水平建设者和各行各业、各层面领袖人才，也就是"国民表率、社会栋梁"的人才培养定位。这五大定位的提出，既符合人民大学自身办学特色，又符合国家发展建设的需要。正是在这种科学定位的基础上，中国人民大学在新世纪初走上了一条"特色强校、内涵提高、质量第一"的发展道路。

第二，围绕两个中心。不断提高教学及人才培养的质量，从来都是高校工作的中心，是高校贯彻落实以人为本大学理念的基本体现，我们从来不敢掉以轻心。我们遵循教育规律和人才成长规律，在本科教育方面坚持"宽口径、厚基础、多选择"的人才培养模式，坚持研究型教学、实践型教学两种教学方式相辅相成，坚持基本理论、基本知识、基本技能"三基"的教育和训练，坚持不懈地加强教材建设、课程建设、教学管理制度建设"三项建设"，同时不断注意解决教师精力、领导精力、经费投入"三不足"的问题。这就是我们人民大学本科教学中的"12333"，它有力保证了教学质量的稳定和提升。近年来，为进一步提升学生创新能力，又大力加强了通识教育，加强了创新人格的养成。所有这些保证了人大毕业生一般说来都有较强的理论基础、较强的思维能力，且有务实作风，动手能力较强。与此同时，优秀教学成果不断涌现。2005年，在第五届国家级教学成果奖评奖中，我校共获得5项国家级一等奖（其中独立完成或牵头完成的2项，参与完成的3项），10项国家级二等奖（其中独立完成的8项，牵头完成的1项，参与完成的1项），位居全国高校前列。

在研究生教育方面，人民大学是我国传统的研究型大学，早在 1986 年，本科生和研究生比例即达到 2.6：1，研究生比例之高位居全国第一位。进入新世纪以来，我们制定并遵循了"适度规模、改善结构、提高质量、提升国际性"的工作方针，并实施了培养机制改革、"主文献制度"、"导师组制度"等一系列制度创新和管理创新，探索了一套较为完整的质量保证机制，研究生培养取得显著成绩。在连续 10 届全国优秀博士论文评选当中，我校共有 24 篇论文入选，占全国人文社科优秀博士论文的 1/7 强，位居全国第一位。

科学研究是研究型大学的另一个中心工作。我校历来重视科研，在繁荣学术和发挥"智囊团"、"思想库"作用方面成就卓著。学校先后承担或参与了"马克思主义理论研究和建设工程"、"国家清史纂修工程"、"北京 2008 年奥运会全面影响研究"等特大、重大项目。近年来学校教师发表的论文数量也逐年增加，中文社会科学引文索引（CSSCI）收录我校论文数量从 2004 年以来连续四年保持全国第一位。2001 年到 2007 年学校获得省部级以上科研成果奖 170 项；获得国家社会科学基金项目、自然科学基金项目等 3 006 项，获得经费 4.5 亿元，其中国家社会科学基金项目、教育部人文社科重大攻关项目连续四年位居全国高校第一位。2008 年学校国家社科基金面上项目连续六年保持全国高校第一，国家社科基金重大项目竞标以较大优势获得全国第一位，教育部人文社科重大攻关项目立项数与其他五所院校并列第一。"十五"期间，我校各类科研项目共 2 608 项，是"九五"时期的 4.16 倍；科研经费总额达 2.4 亿元，比"九五"期间的 0.58 亿元翻了两番多。在科研项目和科研经费大幅度增长的同时，项目机构和经费渠道也发生了显著的变化。学校科研经费中来源于企业、社会横向课题的金额由"十五"初期的 1/3 发展到"十五"末期的 2/3，国际资助项目亦大幅增加。

第三，狠抓四项建设。

（1）狠抓学科建设。学科建设是高校发展的龙头。我们按照"三个意识,一个体系"开展工作。"三个意识"即以人文社会科学为主的特色意识、我国人文社会科学研究主要基地的基地意识、中国一流并力争跻身世界一流的一流意识(这三个意识均来自江泽民同志2002年4月28日讲话)。"一个体系"即"主干的文科、精干的理工科",同时制定"巩固传统优势学科,发展社会应用学科,扶持基础学科和新兴交叉学科"的工作方针,加大了资金投入和人才引进力度,加大能力建设的强度,同时坚决而稳妥地整合了校内学科资源。所有这些都使我校的学科实力进一步增强,布局更加合理。在教育部2007年国家重点学科评审中,我校33个二级学科被评为国家重点学科,并由此认定8个一级学科为国家重点学科,在人文社会科学领域无论一级学科还是二级学科,我校均位居全国高校第一位。

(2)狠抓教师队伍建设。教师队伍建设是学科建设核心。从学校实际出发,在抓规模适度扩大的基础上,重点抓结构,抓梯队,抓学术水准,抓师德、师风。目前在年龄结构上,教师平均年龄下降到42.5岁,50岁以下教授比例达到52.9%。在学历结构上,教师中具有博士学位的已经占63.4%。在学缘结构上,近五年新补充教师队伍中最后学历为外校的教师达到78.1%,其中留学回国人员占25.7%。在学术水准和人才质量上,学校重视提高教师的业务水平和国际视野。加强教师队伍建设,学校坚持"请进来、走出去、沉下去"的工作思路;提出"事业留人、机制留人、感情留人、正气留人";努力营造聚人气、干事业、谋发展和出人才、出大师的和谐环境。

通过这些措施,学校逐步形成了一支学历层次高、专业结构好、学缘结构优、科研能力强、年龄结构合理的教师队伍,为提高教学与科研质量提供了有力保障。

(3)狠抓校园建设。校园建设关系到学科建设、队伍建设,关系到人才培养和科学研究的质量。进入新世纪以来,在党中央、国务院、教育部和北京市的大力支持下，我们以创新的精神、改革的思路开展校园建设，经过艰苦的努力，实现了学校校园基础设施建设和师生工作、学习、生活条件的根本改善。一方面，以空前规模的资金投入力度和前所未有的建设规模进行校园基础设施建设，房屋竣工总面积达38万平方米，大大超过了过去50年的总和，教学科研行政用房比2000年增长两倍；另一方面，将解决教职工住房问题与拓展学校办学空间相结合，3 000余户教职工通过置换政策喜迁校外新居，附小、幼儿园也随迁校外，学校总计收回、腾退房屋近11万平方米，新增办学土地240余亩，比2000年教学用地增长48％。实验室建设取得了突破性进展；"数字人大"校园网络系统已发展为全国高校信息化建设的典型；95％以上的公共教室实现了多媒体化，教学环境建设达到国际水平；几代人大人梦寐以求的"教授每人一间工作室，副教授两人一间工作室"的目标得以实现，一个绿化、美化、数字化、人文化的校园环境初具规模。

（4）狠抓制度建设。按照"三级架构、两级管理"原则，理顺校、院、系等组织间的关系；通过建立当前条件下尽可能科学合理的评价、激励机制，努力营造良好的教学科研环境和宽松自由的学术氛围；以改革的精神进一步完善教学、科研、人事、财务等各项规章制度，学校运转较好地实现了校令畅通、反应灵敏、运转规范、效率较高的要求。

此外，我们还在干部队伍建设、校风学风建设、努力提升国际性、招生就业、出版发行、后勤保障等方面做了大量工作。

上述的一个目标定位、两大中心、四项建设以及其他方面的工作，使我校的事业有了很大的发展。目前全日制在校生20 597人，其中本科生11 339人（比2000年增长79.9％），硕士研究生6 040人（加上在职"单证"硕士生2 878人，比2000年增长170％），博士生2 885人（比2000年增长161.8％）；外国留学生总人数1 553人（比2000年增长199.8％），其中攻读学位的外国留学生1 220人，在全国

大学的探索

高校中名列前茅。此外，学校还有成人高等教育学生 13 629 人，网络教育注册生 40 012 人。

目前，学校拥有固定资产 26 亿元，是 2000 年 3.5 亿元的 7.4 倍；总资产达到 44.7 亿元，是 2000 年 8.8 亿元的 5 倍。学校没有外债，但是有内债。总体来讲，人大家底变厚，经济安全，财务状况良好。

学校目前还与 42 个国家和地区的 154 所大学建立了学术文化交流关系，也比 2000 年扩张了数倍。

综上所述，八年来，我们人民大学念了一篇 18 个字的"发展经"，那就是："人民、人本、人文"，"大师、大楼、大气"，"真情、真想、真干"。

二、学校发展面临的一些主要问题及建议

第一，人民大学发展目标的定位问题。

2002 年 4 月 28 日，江泽民同志考察中国人民大学，以党和国家最高领导人的身份亲自给人民大学发展目标定了位："衷心祝愿中国人民大学在新世纪创造新的成就，为祖国、为人民、为社会主义现代化建设作出更大的贡献，成为以人文社会科学为主的世界知名的一流大学。"此后，陈至立、周济等教育战线的主要领导同志也一再重申要将人大建成"以人文社会科学为主的世界知名一流大学"。最近，胡锦涛同志来到中国人民大学，又对我校提出了"办出特色，办出水平"的新要求，我们深感责任重大。但在实际工作中，我们感到建设"世界一流大学"却又似乎仅仅只指两所大学，人民大学广大师生对此感到迷惑不解。其实，人民大学自 1950 年命名组建时，就是中国最重要的大学之一。50 年代开始的时候，人大是全国唯一的学习典范；1953 年中央提出了人大、北大、清华三所高校为全国的示范高校；1954 年国家首批确定 6 所重点大学，人大位居首位；此后人大一直是全国最重要的高校之一。"文革"之后复出并主持教育工作的邓小平同志积极主张恢复人民大学。1977 年 10 月 20 日，他在约见

152

北京大学党委书记周林等人时说："自然科学固然重要，要搞好，社会科学也很重要。文科，光有中国人民大学还不够，北大文科是有基础的，搞好文科是很必要的。"我们从小平同志的话中不难体会到，在小平同志心目中，人民大学在我国人文社会科学领域拥有毋庸置疑的最为重要的地位，他是从国家发展大局提出来的。因而人民大学发展目标定位问题，的确是个关乎全局的问题，而现在却似乎成了一个不太确定的问题。所以我代表人民大学四万多名师生员工，希望中央、教育部进一步在政策导向、经费投入等问题上能够体现这样的定位。人民大学人文社会科学得到的投入，多年来远低于国家对一些名校人文社会科学的投入。这种状况我们感到怎么解释似乎也是说不通的。发展目标定位关系人大发展的根本，而且定位也是钱啊！所以我冒昧斗胆地在这里提出这个问题。

第二，人民大学目前发展的瓶颈之一是空间发展问题。

学校主校园只有 906 亩，加上城里的零星土地，也仅 1 000 亩出头。我们现在的办法，一是周边拓展，我们与北京市共建，北京市委、市政府决定把原来的第三师范学校的用地和房产划归人民大学，这个工作正在进行，已经进行了三年多，还没有得到结果，我们钱已经付了不少。我们也向北京市领导请示，请他们给予支持。市里相关领导也很积极，当然他们也有很多难题。另外，"文革"遗留问题，如大华衬衫厂、"二炮"等占用人民大学校舍问题仍有待解决。二是就近拓展，解决人大的出版、版权贸易等为主的文化产业用地和青年教师周转房建设用地。最近，海淀区领导同志专门为我们人民大学集体办公，想帮我们解决这个问题，但他们也呼吁我们请国务院、教育部、北京市对这个问题给予关心，像解决北大、清华的困难一样来解决人大拓展用地问题。三是外地拓展。我们已经建立了苏州研究院，校园建设正在紧张进行当中，我们将在苏州建设全球化研究中心。

第三，经费投入严重不足是人民大学发展的另一个瓶颈。

1978 年复校到 2000 年的 23 年中，国家对人民大学的全部财政性投入（包括学费收入）仅 9.4 亿元。新世纪以来，教育部、财政部加大了对人大的投入（"十五"正常经费之外，教育部、财政部为人大增加了 12 个亿，包括"211 工程"，不包括"985 工程"），但由于历史欠账太多、太久，问题依然严重。我们希望"十一五"期间在正常经费以及"211 工程"之外，同口径仍然保持 12 个亿的投入增量（包括"211 工程"，不包括"985 工程"）。

最后一个问题，希望上级领导格外关注全国人文社会科学教育及研究领域中的一些重大问题，因为这些问题也密切关系到人民大学的发展。

这些问题主要包括：（1）马克思主义的指导地位问题。改革开放30 年来我们取得的一切成就的根本原因，归结起来就是开辟了中国特色社会主义道路，形成了中国特色社会主义理论体系。中国特色社会主义的伟大实践，需要进一步坚持、创新和发展马克思主义。然而，目前实际上从理论研究到教学科研，马克思主义的指导地位已经被不同程度地弱化。例如，在经济学领域，在课程设置、学术导向等方面起主导作用的实际上是西方主流经济学，而不再是马克思主义经济学。这对我校也产生了很大的影响。从东南亚金融危机到南美实行新自由主义政策的破产，从低迷了二十年的日本经济到苏东改革的破产，一直到最近的华尔街风暴，证明了新自由主义不但不适合中国，对西方经济也很难进行科学的解释。但在我们国家相当一部分的高校里，新自由主义经济学实际上是主流经济学，一些从其他高校包括不少著名大学考到人民大学来的研究生，对马克思主义经济学基本上知之甚少，个别的甚至一窍不通。（2）加强人文基础学科建设是一个重大问题，文史哲这样一些基础学科目前发展的环境不是很好，希望从国家层面研究人文基础学科的发展战略。（3）重振国学的问题，关系到弘扬中华文明，共建中华民族精神家园，关系到国家软实力。希望从国家层面进行研究、规划，从制度设计到具体规划，从队伍建设到经费投入，都应该对重振国学给予更多的关心和支持。（4）人文社会科学的国际交流，希望在政策导向、经费投入方面给予切实的支持。（5）人文社会科学的评价标准、评价机制、评价形式亟待创新，既要体现人文社会科学的发展规律，也要体现与自然科学同样重要。

我就汇报这么多，讲得不对的地方请首长和各位领导批评，谢谢！

回望不凡业绩，志在更上层楼[*]

——在中国人民大学 2009 新年报告会上的讲话

（2009 年 1 月 6 日）

各位老师，同志们、同学们：

一年一度的新年报告会今天又开始了，2003 年是第一次，这是第七次了。首先我代表学校向全体师生员工祝贺新年！祝大家在新的一年身体健康、事业进步，家庭幸福！

不平凡的 2008 年已经过去了，充满希望的 2009 年正在向我们走来。在这个辞旧迎新的时刻，我们总是要回顾总结过去一年来的工作和生活，展望新的一年的图景。2008 年是极不平凡的一年，对国家来讲，有大悲，有大喜，有大成功、大收获，也有大挑战、大考验。从去年年初的冰雪灾害到"5·12"汶川大地震，全国人民深深感受到自然灾害摧残的悲痛，尤其是汶川大地震，给人民的生命财产和生活带来了严重的影响。我们党和政府领导全国人民渡过了这样的难关，这些场景至今历历在目。后来奥运会的举办，先有我们迎接奥运多年的喜悦心情，很快西方一些国家破坏我们的奥运会，在火炬传递过程当中制造了历史上罕见的丑闻；在这样一种情况之下，我们党和政府沉着应对，成功举办了 2008 北京奥运会，为国家赢得了极高的世界性声誉，全国人民感受到巨大的喜悦。接下来，"神七"飞天，

---

* 本文根据讲话录音整理。

中国宇航员第一次在宇宙太空行走，极大地振奋了华夏儿女的爱国热情。我们国家的经济发展从总体上讲，一直还是保持着良好的发展势头，但是到了下半年，特别是 9 月份以后逐步显现出来的世界金融危机给我国带来了巨大的冲击，现在依然是在冲击之中。由此带来的巨大挑战，甚至可以认为是改革开放 30 年以来，在经济领域所面对的最大挑战之一，也是人类社会自 1929 年世界经济大危机以来面对的最严重的一种经济威胁。所以，怎么样来概括和形容 2008 年？我相信将来会有史学家来评论，但我们自己感受到 2008 年，是大悲、大喜、大收获、大成功、大挑战、大考验的一年。在党的十七大精神指引下，我们各族人民团结奋斗，在这些灾难面前，在这些挑战面前坚强应对，经受住了考验，并取得了巨大的成功。我们正是在这样一个年代，在这样一个年头，度过了改革开放 30 周年这极不平凡的一年。

2008 年，既是我们国家改革开放 30 周年，也是我们人民大学复校 30 周年。这可以看做历史的巧合，但是也充分说明了人民大学确确实实是与党和国家同呼吸、共命运的一所大学。学校各学院师生都开展了纪念改革开放 30 周年的各种各样的活动，共同庆祝这 30 年来我们国家取得的历史性的、翻天覆地的变化和伟大的成就。中国的综合国力大幅度提升，人民生活水平大幅度提升，国际地位大幅度提升。同时大家也在分析未来中国的道路怎样走，大家认真学习党的十七大，认真学习贯彻科学发展观，认真思考怎么样在邓小平理论、"三个代表"重要思想和科学发展观指导之下把今后一段时间的发展道路研究得更加清楚，使我们国家更好地走向科学、和谐发展的道路。

同时，我们也举办了纪念人民大学复校 30 周年的丰富多彩的活动，比如专门召开纪念座谈会、校友返校等等。我们 77、78 级校友返校活动做得有声有色。回顾人民大学历史，特别是改革开放 30 周年历史，尤其是进入新世纪以来的历史，大家也为人民大学所取得的辉煌成就而欢欣鼓舞。通过纪念活动，大家进一步坚定信心，要在国家深化改革，进一步科学发展的大背景之下来求得人民大学更好、更快的发展，在建设"人民满意、世界一流"大学的历史进程当中迈出更加坚定的步伐。

所以，2008 年对人民大学来讲是非常不平凡的一年。这一年又是人民大学大事、喜事、新事连连的一年。2008 年 1 月 18 日，温家宝总理和英国布朗首相来到人民大学世纪馆，举行新中国外交史上第一次中国政府首脑和外国政府首脑与公众交流、对话的活动，这是我们国家外交创新的一项重要举措。国家选在人民大学举办中外政府首脑第一次与公众交流、对话活动，本身就是对人民大学的一种肯定、一种褒奖、一种鼓励、一种支持。那天温总理的精彩对话，与布朗首相别开生面的交流，以及在世纪馆主馆观看乒乓球运动员友谊赛，与我们人民大学广大学生热烈交流的场面至今历历在目。

2008 年 3 月 15 日，团中央、外交部选择了人民大学作为"中日青少年友好交流年"开幕式举办的学校，那一天上午，胡锦涛同志刚刚再次当选为国家主席，下午就来到人民大学参加交流活动的开幕式，这给人民大学广大师生又一次带来了巨大的喜悦。这本身又一次表明了党和国家对人民大学的肯定、褒奖、鼓励和支持。在参加活动之余，胡锦涛总书记给我们人民大学提出了殷切的希望，希望人民大学继续"发扬传统"，"办出特色，办出水平"。胡总书记关于人民大学要"发扬传统，办出特色，办出水平"的重要指示，为人民大学新世纪的发展进一步指明了方向。尤其值得一提的是总书记在人民大学百家园里面亲手种植了象征中日友好的玉兰树和樱花树，这将是人民大学极其珍贵的财富，成为人民大学校园非常美丽的风景，成为人民大学代代相传的财富。

2008 年 10 月 5 日，人民大学复校 30 周年纪念座谈会召开，主管教育的中共中央政治委员、国务委员刘延东同志到会与我们一起纪念人民大学复校 30 周年，并且与人大师生进行座谈。在听取了人民大学师生发言之后，刘延东同志作了一个小时的讲话，讲得非常亲切、非常诚挚、非常深刻。刘延东同志特别提到了当初她为什么要选择人民大学来上研究生。她认为，人民大学是中国人文社会科学最好的大学，充分肯定人民大学的成就，特别是新世纪以来人民大学取得的重大成就，并非常明确地提出了三个"成为"的殷切希望：希望人民大学通过改革创新成为贯彻科学发展观，创建世界一流大学的示范区，这是第一个"成为"；成为深化教育改革，提高人才培养质量的试验田，这是第二个"成为"；成为弘扬优秀传统文化，促进中外文化交流的排头兵，这是第三个"成为"。成为"创建世界一流大学的示范区"，"提高人才培养质量的试验田"，"促进中外文化交流的排头兵"，听了延东同志这样的希望，我们为人民大学感到骄傲和自豪，同时我们也感到肩负的责任是多么重大。

这一年三位党和国家领导人，特别是胡锦涛总书记和温家宝总理来到人民大学，充分体现党和国家对人民大学的关怀、对人民大学的关注、对人民大学的期待、对人民大学的希望。所以，我们整个2008年从头到尾都是在喜悦的气氛当中度过的。虽然国家发生和经历了各种各样的考验，我们也与全国人民同悲同喜，但就人民大学所经历的这些事情来讲，可以说我们一直都是在喜悦当中度过的。我们回顾2008年的时候，首先想到大事、新事、喜事，首先想到三位领导人来到人民大学，这是人民大学的大事、人民大学的喜事。

2008年学校的基本情况是什么呢？我简单汇报一下。到现在为止，人民大学有22个学院，12个跨院系的研究机构，同时还有继续教育学院、培训学院、深圳研究院、苏州国际学院（苏州研究院）等教学研究机构。目前学校的专任教师1 675人，其中教授515人，副教授653人。本科专业有63个；硕士点有149个，其中有30个是自设的；博士点有100个，其中22个是自设的；博士后流动站有15个。目前我们学校全日制的在校生人数21 666人，其中本科生10 547

人，硕士研究生 6 195 人，博士生 3 325 人；外国留学生总人数 1 599
人，其中攻读学位的 1 335 人。我们在职的硕士研究生有 2 878 人。
人民大学研究生总数超过了 11 000 人，比本科生略多一点。此外我
们还有成人高等教育学生 12 582 人，网络教育的学生人数，即网上
人大注册的人数 42 481 人，规模很大。我们一些老师、干部可能不
是很了解，继续教育学院网络部现代化程度非常高。我在美国、法
国都看过现代化的网络教育设施，我认为人民大学的设施不次于它
们，达到了世界一流水平。只不过我们的服务体系可能还不如国外
完善，因为我们国家太大。大家不能小看人大的网络教育，我们作
为研究型大学怎么更好地为社会服务，这项事业应当说是探索的领
域之一。

2008 年另外一个重要的基本情况是财务状况良好，持续地保持
良好运行的状态。全口径总投入在 2007 年突破 15 个亿元的基础上，
2008 年又突破了 16 亿元。到 2008 年 11 月份为止，我们学校资产总
值比上年增加 6.2 亿元，现在是 54.1 亿元，比 2000 年的 8.8 亿元增
长了 5.1 倍，实现了大幅度增长。我们固定资产总值达到了 26.2 亿
元，比上年增长了 2.2 亿元，是 2000 年 3.5 亿元的 7.5 倍。教育部
副部长陈希同志昨天来学校考察，我们向他汇报了这些情况，当年人
民大学校园相当一部分破烂不堪，没有什么值钱的东西。我昨天汇报
还讲到国家给我们的财政拨款长期不足，我们人民大学广大教职工创
收的钱有一部分变成了优质的国有资产。人民大学教职工的精神状态
非常好，我自己都深受感动。

这样一种蓬勃发展的局面、这样一种蒸蒸日上的事业，都是大家
干出来的。在 2008 年我们人民大学广大师生员工继续高举"改革、
创新、和谐"的旗帜，认真贯彻落实科学发展观，在党委领导下团结
奋斗，干出了新成绩，作出了新贡献，也取得了新收获。我下面主要
分四个方面向大家作个汇报。

一、学科建设是高等学校发展的龙头

我们人民大学始终抓住学科建设这个"牛鼻子"不放，抓住这个龙头不放，长期地、一贯地狠抓学科建设。2008 年是学科建设大获全胜的一年、丰收的一年。有三个数字可以说明：在 2007 年全国举行的重点学科评审当中，人民大学有 33 个二级学科成为国家重点学科，在人文社会科学领域第一次超过了北京大学，我们比北大多 1 个，北大是 32 个；这一次教育部采取了根据重点二级学科的数量认定重点一级学科的政策，根据这 33 个认定人民大学有 8 个重点一级学科，还有另外 8 个重点二级学科，这 8 个重点一级学科又比北京大学多了 1 个，北大是 7 个，所以说无论二级学科还是一级学科，在人文社会科学领域人民大学都比北京大学多了 1 个。我们并不认为人民大学就比北大强了，但是最起码说明这两个学校在人文社会科学领域的整体水平是基本相当的。最近国务院学位委员会换届，成立了以刘延东同志为主任委员的新一届国务院学位委员会；同时重新认定国务院学位委员会学科评议组成员，我校有 17 位教授成为新一届学科评议组成员，比上一届多了 3 位，在人文社科领域我校是最多的。更为振奋人心的是教育部学位评估中心从 2007 年开始进行新一轮一级学科评估，这个结果即将公布，据我们所掌握的比较准确的情况，人民大学共有 7 个一级学科评为全国第一，比上一轮增加两个。这是什么概念呢？一级学科共有 81 个，全国总共才 81 个第一名，人民大学在中国 2 000 余所大学中拿到 7 个第一，占全国第一总数的 8.6%。而人文社会科学只有 21 个一级学科，有 1/3 的第一名在人民大学，我们还不激动吗？人民大学只有 14 个一级学科的博士授予权，却有二分之一是全国第一。我们大概还有两个第二名，第三名、第四名、第五名各 1 个。可以这样认为，这次一级学科评估再一次充分证明人民大学人文社会科学的学科建设水平在全国处于相当优秀的位置上。现在的这种发展势头使我不禁想到 1977 年 10 月 20 日邓小平同志约见北京大学党委书记周林等人的谈话。邓小平同志讲"自然科学固然重要，要搞好，社会科学也很重要。文科，光有中国人民大学还不够，北大文科是有基础的，搞好文科是很必要的"。我们没有辜负改革开放总设计师邓小平同志当年的评价，他的评价在今天再一次得到了历史的验证！

这些成绩不能光看做 2008 年的成绩，这是此前八年努力奋斗的结晶，是改革开放 30 年人民大学一代又一代师生员工长期努力奋斗的结晶。但是 2008 年人民大学在学科建设方面同样扎扎实实地进行了新的部署，这些新的工作成果不仅会体现在刚才讲的这些数据当中，还将更多地体现在今后的事业发展当中。2008 年学科建设的重点还是以下三个方面：

首先，继续抓学科定位。我们要进一步明确人民大学的发展定位，在"主干的文科、精干的理工科"的体系之下，已研究了一些新兴学科发展的步骤问题，并且也采取了一些有力举措，但是有些举措的作用效果还不是非常明显，特别是一些新学科发展的蓝图还不够清晰，今后仍要逐步加大这方面的工作力度。

其次，继续抓学科能力建设。抓学科能力建设主要体现在三点：一是抓教师队伍的建设，二是抓设施保障的建设，三是抓资源的整合优化。在教师队伍建设方面，2008 年我们各院系、各主管部门，尤其是人事处，做了很多重大的工作。教师队伍建设的第一项工作就是按照新的岗位聘用制度，将人民大学所有的教职员工重新定岗。这项工作 2006 年就开始准备了，2007 年花了一年的时间，到 2008 年才开始公示。2008 年 1 月 11 日，审议通过 1 445 位同志的教师岗位，首批 68 名教授受聘为二级岗位，113 位受聘为三级岗位，258 位为四级岗位，其他的是副教授岗位、讲师岗位。2008 年 5 月到 7 月完成第二次教师岗位聘任工作，增加了二级岗教授 15 人，三级岗教授 13 人，还有副教授。干部岗位同样也进行了聘任，管理职员聘任 757 人，其中五级管理职员 73 人，六级管理职员 108 人。教师以外专业技术人员聘任了 614 人，其中三级岗位 31 人。

工勤人员聘任了 300 多人。这是新的制度，工作量巨大，但效果很好。第二项工作就是每年都要举行的技术职称的评定工作，2008 年我们新聘教授 30 名，其中有校外调来 9 人，新聘副教授 49 位，含校外调来的 13 人。教师以外专业职称，副高级技术职称的 12 人。第三项工作就是加强创新团队建设。我们采取了引进与提升校内人员相结合的方针，取得了明显的成效。引进来一批非常有水准的、有学术造诣的学科带头人或者是学术骨干。我们的物理系、公共管理学院，中文、哲学、经济等学科，都引进了一些重要的学术带头人或者学术骨干，这对增强人民大学的学科能力将会起到积极作用。第四项工作就是加大了对教师的培训力度。这主要体现在提升国际性方面，全年学校共派出 53 位教师到国外进行长期研修，遴选并资助 60 位优秀教师参加国际会议，举办了前后 25 场次优秀教师讲座，参加的教师达到 600 多人。我们也进一步加强了对教师师德师风的要求，完善了对教师考核评价的制度，正式设定了学校的科研编制的教师岗位。这些在师资队伍建设方面所采取的措施对增强学科能力都将会起到重要的作用。人民大学的教师梯队更加合理，创新团队正在一个一个地形成。

在教学科研设施建设方面，最集中的是实验室建设。通过 2008 年的努力和以前几年的努力，我们形成了理工科实验室、应用型文科实验室、多媒体技术实验教学环境三大实验体系，我们人民大学这样一所以文科为主的学校终于建成三大实验体系。学校建成或在建实验室 48 个，涵盖了所有一级学科和本科专业方向。学校数据工程与知识工程实验室通过教育部验收，正式批准成为教育部重点实验室，人民大学第一次拥有了教育部部级实验室。经济与管理实验教学中心和新闻传播实验室被评为国家级实验教学示范中心。昨天陈希同志看了我们与思科集团合作的中国第一个新闻实验室，他感到"很震惊"。信息学院的信息综合实验室被评为北京市实验教学示范中心。现在，人民大学仪器设备价值大概将近四个亿，而 2000 年的时候只有几千万。

在资源的整合优化方面，我校主要通过组织跨院系的研究机构来进行资源的整合优化，这是一项制度创新、组织创新。在 2008 年最重要的是正式批准成立可持续发展研究院和中国调查与数据评价中心。这是两个跨院系的校一级的研究机构。可持续发展研究院目前挂靠农业与农村发展学院，中国调查与数据研究中心暂时挂靠统计学院。对这两个跨院系的研究机构我们寄予了新的希望，与原来经济改革发展研究院、公共政策研究院、国学研究院一样，都是跨院系的研究机构。希望这些跨院系的研究机构能在资源整合优化方面起到学院不能起到的作用，更好地充分利用整个人民大学的学科资源，在优化整合的过程中提高我们学科建设的能力和水平。

第三，继续抓科学研究。科学研究的水平是学科能力高低的集中体现，是人民大学学术影响力最集中的体现。科研上不去，学科建设肯定上不去。学校 2008 年在科学研究方面同样是可圈可点的。首先向大家报告 2008 年公布的 2007 年中文社会科学引文索引（CSSCI）论文发表的数量，人民大学继续保持全国第一位，在检索范围之内的数量是 2 234 篇，连续第四年保持全国第一位，与第二名的差距正在逐步拉大。人民大学 2000 年是全国第三名，2001、2002、2003 年是全国第二名，从 2004 年开始，一直到 2007 年我们连续四年保持全国第一位。在目前的条件下，抓论文发表数量依然是非常重要的，尽管对这个问题有各种各样的看法，包括我本人在内，对规定或要求发文数量有时候也感到不大恰当，但是论文发表的数量依然能够在相当的程度上反映一所学校的科研实力和学科实力，这应当是毋庸置疑的。

2008 年学校科研项目的立项数和科研经费稳步增长。立项科研项目 1 212 项，批准立项的经费达到 1.45 亿，再创历史新高。我们人民大学 2006 年科研经费第一次突破 1 亿元大关，2007 年是 1.1 亿，2008 年是 1.45 亿，比上一年增长了 3 000 多万，确实成绩可观，在人文社会科学领域，我校的科研经费在全国高校遥遥领先，这又是一个全国第一。上述几个方面的数字是互相印证的，如果人民大学只有一方面数字是第一，其他方面不是第一就不能说明问题，我今天报告所有这些数据，在人文社会科学领域人民大学都是第一，这应当是能够说明我们的强大实力和领先地位的。

在教育部哲学社会科学研究重大课题攻关项目方面，2008 年共设立 37 项，人民大学拿了 5 项。教育部从 2003 年开始设立这一项目，从 2003 年到 2008 年这 6 年当中，人民大学共拿了 28 项，占教育部立项总数的 14.5％，稳居全国第一位。在国家社会科学基金项目方面，2008 年我校拿下了 40 项，其中重点项目是 5 项，青年项目 13 项，一般项目 22 项，连续 6 年居于全国高校首位。

在理工科方面，我们学校获准资助的国家自然科学基金项目有 31 项，其中商学院有杰出青年科学基金一项，信息学院获得重点项目一项；还获得面上项目 22 项、青年科学资助项目 7 项。获得资助总金额为 1 071 万。昨天下午陈希同志到理学院视察，给予了高度赞扬。因为我校成立理学院之前，我曾专门向当时在清华大学工作的陈希同志求教，听他的建议，他昨天还谈到这个事情。他看了人民大学理学院以后，感到确实是高起点，确实有特色、有水平，像这样发展下去人民大学的理学院将在全国有相当的地位。我们对这些新的院系投入一定基本的资金以后，它们自己形成了很强的造血功能，而国家、社会对自然科学、技术科学的资助经费是非常多的，有本事你尽可以去拿。

科研工作另外一个重要方面是人民大学的"三大报告"、"三大发布"以及一系列的论坛、讲座，不但活跃了学校的学术氛围，使学生得到了在其他高校很难得到的学术熏陶，同样重要的是推动了科学研究和学术繁荣，人民大学"智库"的形象更加丰满，所起的作用也越来越大。"三大报告"，即宏观经济报告、社会发展报告、人文社会科学发展报告照样在进行。而"三大发布"，一个是中国发展指数的发布，袁卫常务副校长挂帅，发展指数实际上是衡量我们国家 31 个省（自治区、直辖市）科学发展状况的一个指数，每一次发布都会引起党中央和国务院的重视，还引起各省市的关注，引起学术界的关注。第二大发布就是经济学院宏观经济论坛的宏观经济预测的发布，现在一个季度发布一次，年中和年末两次发布最为重要，这个发布通过科学的方法预测中国宏观经济发展的状况，其准确度和社会公信度在国内堪称一流。我记得去年香港媒体曾经评价中国内地对宏观经济的预测有几家单位最值得重视，第一家是国家发改委，第二家就是我们人民大学。最近国外宏观经济运行情况也验证了人民大学的发布是相当准确的，这说明我们人民大学的经济研究对宏观经济的预测已经达到相当高的水平。第三大发布就是中国创新指数的发布，是在 2008 年2 月份发布的，对中国 31 个省（自治区、直辖市）的创新能力进行了研究，也引起了有关部门的重视。我们还有若干高水平的论坛，特别是中国人文社会科学论坛、中国资本市场论坛、国际关系论坛、公共管理论坛、国学论坛等等。这样一些论坛和讲座，在人民大学平均每一个星期至少是一次，极大地丰富了学校的学术生活，大大增强了浓厚的学术氛围，活跃了学术思想，也使人民大学成为学者们向往的地方，成为国内人文社会科学交流的中心，成为中国与世界文化交流的一个重要平台。所有这些都可以归结为学科建设，包括学科建设能力和学科水平的提升。人民大学持续的影响力正是来自于学科建设，来自于科学研究。

二、"立德树人"是学校的根本任务

在中央领导同志讲话包括胡锦涛同志的讲话中，谈到学校教育都讲"立德树人"是根本原则。2008 年，人民大学在这个方面也做了大量的工作，以提高质量为核心，继续深化教学改革，努力提高人才培养质量，取得新的进展。

人才培养第一个环节就是招生。招生工作越来越处于生源激烈竞争的状态。一个学校的社会影响力和社会地位如何，招生是很大的检验。我们招生部门和各有关院系高度重视招生工作，2008 年本科生的招生生源结构更加合理，男女生比例有所调整，共录取本科生2 718人，男生比例比上一年提升了 3 个百分点，新生男女比例是46∶54，但尚未达到男女生各半的理想比例。本科生录取线在很高的基础上继续有所提高，生源质量比往年稳中有升。文科、理科录取分数高过重点线 50 分以上的省份数都达到历史最高水平。新生的综合素质进一步有所提高，新生当中党员人数、三好生人数、学生干部人数、特长生、高水平运动员数量都比往年有所增加。基础学科的生源质量明显上升，这跟社会需要的变化有关系，历史、哲学、物理、化学这些基础学科生源质量都有所上升。国学院是第一次不再采取自主招生的优惠办法，在这种情况下生源质量不但没有下降，而且继续上升。本科生招生，宣传工作很重要，今后要进一步加大宣传的力度，争取更好的生源质量。

研究生招生，我校继续保持很好的势头。人民大学曾经连续 17年居于全国报名人数第一的位置上。你别看当年校园比较破烂，但是人民大学学术水平很高，精神状态很好，艰苦奋斗的精神代代相传，因而是长时间研究生报名学生人数最多的高校。上个世纪 90 年代后期由于若干著名大学合并，它们的体量比人民大学大多了，人民大学研究生报名人数也就不可能再居于第一位了。2007 年居于全国第四位，2008 年是第三位，2009 年又居于第四位，这说明在研究生教育上，人民大学依然是广大学子向往的一所大学。这几年，研究生的报录比始终保持在 6∶1。2008 年继续贯彻稳定规模，录取内地硕士生2 850 人，博士生 840 人；录取外国来华留学硕士生 80 人，博士生 19人；录取港澳台硕士生 14 人，博士生 21 人。尤其值得一提的是，如何提高研究生的生源质量一直是研究生院和各学院非常关注的问题，2008 年研究生院继续实施 2007 年赴著名高校招收推免生这一创新举措，积极吸引优秀生源，组织了 10 个招生小组，分赴复旦大学、南京大学、武汉大学、南开大学等招收外校学生，共有 327 名考生参加复试，最终决定接收 185 人，其中排在各校专业前五名的有 94 人，占接受总数 50.8%，应该说这是很成功的，这是招生方面的创新。

在人才培养方面，对本科生的培养采取了"12333"的模式，我向刘延东同志和陈希同志汇报时都讲了人民大学的"12333"。"1"就是"宽口径、厚基础、前沿性、多选择"的人才培养模式；"2"就是坚持实践型教学和研究型教学并重，相互交替进行或者统一进行，来提高人才培养质量；第一个"3"是重视基本理论、基本知识、基本技能为重点的教学内容和教学体系；第二个"3"是重视课程建设、教材建设、教学管理制度建设等三项建设；最后一个"3"就是不断地注意解决教师、领导、经费三个方面对本科教育投入不足的状况。教务部门和各个院系在"12333"方面都做了大量的日常工作，也得到了教育部、北京市教委的大力支持。我们进一步强化了通识教育，进一步把通识教育与专业教育更好地结合起来，把实践型教学和研究型教学更好地结合起来，通过教学改革，以质量为中心提高本科生教学质量。

研究生的培养方面，这几年一直按照"稳定规模、优化结构、完善机制、提高质量、提升国际性"的工作方针，推动研究生人才培养的改革和质量的提高。特别值得一提的是研究生培养机制的改革正在稳健地、科学地向前发展。研究生培养的另一个亮点就是博士生主文献制度的建设，这是人民大学的一个创举，100 个博士点的主文献共有 97 卷 146 册之多，初步地把各个学科研究生必读的经典文献尽可能地收集起来，倡导研究生认真读书，了解本学科的基础，了解本学科的方法，了解本学科的前沿。只有这样才能在继承的基础上提高研究生的创新能力，这对于提升研究生培养质量将会起到重要的作用。

结合国家留学政策的调整，我校与国外大学联合培养博士生的工作也取得了新的进展，将近 80 位博士生被派到国外大学学习。2009

年还要进一步加大这方面的工作力度。在研究生培养方面，导师组的作用正在更好地与导师制结合在一起。博士生的培养，导师制很起作用，但是也有不足的地方，导师组是导师个人作用不可替代的，特别是在综合考试这方面，导师组的作用应该发挥得更好。

在本科生、研究生的第二课堂方面，各个院系和学校学生处、团委等学生工作部门齐抓共管，大大丰富了广大学生的第二课堂，并取得了优异的成绩。长期以来，第二课堂的广泛开展和水平的不断提升对于人民大学学生实践能力的提升、眼界的开拓、知识的丰富，都起到了课堂教学所不能起到的作用。第二课堂既要注重学生知识的丰富、能力的提高，也要注重学生人格与道德的养成、思想政治水平的提升。学校把思想政治工作与学生生动活泼的成长紧密结合起来，对人才培养起到非常重要的作用。

2008 年在学生实践方面最为可圈可点的就是参与北京奥运会了，人民大学的学生奥运志愿者 9 000 多人，在北京市高校中占第一位，当然也是全国高校第一位。圆满完成奥运会的志愿服务工作，体现了人民大学学生工作的高水平、高水准、高要求。大家知道，奥运志愿者能够坚持下来很不容易，大量的工作都是单调的、简单的、重复的，每天就是那些事情，没有别的，做一个星期大家很新鲜，过了一个星期恐怕就不新鲜了。但是，人民大学的学生不愧是人大的学生，他们坚持下来了，同学们觉得参与志愿者活动，是一种精神的提升、意志的磨炼、境界的升华。这对于人民大学学生的来说，将是终生难忘的经历和财富。他们为人民大学争得了荣誉，也为自己的成长选择了一个非常好的机会，在服务当中增长才干，锻炼成长。

人才培养还有一个很重要的方面，那就是保证我们的学生能够充分就业。在市场经济条件下，如何以创新的思维、创新的理念和创新的方法来看待和做好就业工作，是对中国当代大学的挑战和考验，是对高水平大学的重要检验。如果就业情况不好，招生情况就不可能好；招生情况不好，怎么可能办成一流大学？我们培养人才，就是为了让他们更好地为国家服务，为民族服务。对学生个人来讲，就是帮助他们实现人生的愿望和价值。在大学毕业生就业方面，国家层面和个人层面的需要是能够很好结合的，大学有责任帮助学生更好地就业。

2008 年人民大学毕业生总人数为 5 942 人，截至 2008 年 9 月 1 日，我校毕业生总体就业率为 96.75％，其中本科生和二学位生就业率为 95.17％，硕士生和博士生就业率为 97.86％，创历史同期最高水平。毕业生就业主要集中在北京和沿海开放城市。从行业分布来看，到国家机关、事业单位、高校及科研院所、国有企业和三资企业去工作依然是人民大学毕业生就业的传统优势，所占的比例是比较高的。2008 年毕业生考入公务员的有 400 多人，这个数字跟上一年基本持平。进入国有企业，尤其是国有大中型企业就业的人数大幅度提升，占毕业生总人数的比例由上年的 26.5％增长到 50.3％，有一半毕业生进入了国有企业。毕业生选择日益多样化了，这是发展变化的重要趋势。如何在新形势下做好毕业生就业工作，是我们长期关注的大问题。我们必须保持较高的就业率，必须保证毕业生的就业质量，必须关心毕业生的前途，这是学校发展的需要，是对毕业生、对家长的高度负责，也是对国家、对民族的贡献。

三、大力提升国际性，是学校在新时期的新任务

人大提升国际性蕴涵着极大的发展空间和众多新的生长点，应引起我们的高度重视。提升国际性的重要性，我在这里不想多说了，只想引用胡锦涛总书记在党的十七大报告当中的一句话："当代中国同世界的关系发生了历史性变化，中国的前途命运日益紧密地同世界的前途命运联系在一起。"经济全球化、知识经济的到来，这是我们国家不可避免地需要面对的。中国已经成为世界第三经济大国、第二贸易大国，人民大学是中国最著名的人文社会科学为主的大学，不提升国际性怎么能适应经济社会发展趋势，怎么可能成为世界一流大学？

中国在和平发展的过程中，体现"软实力"的一个非常重要的指标就是话语权和影响力。没有话语权，没有影响力，很难称得上是真正的世界大国。而要有话语权，除了拥有经济实力、科技实力之外，还得有文化实力，没有文化上的影响力不可能有真正的话语权。人文社会科学在这方面担负了重大的责任，人民大学应当有舍我其谁的雄心壮志，积极发挥促进中外文化交流排头兵的作用，这也是刘延东同志对人民大学的要求。基于这样的认识，2008年院长工作会议的主题就是提升国际性。

学校已经把提升国际性确定为新的发展阶段的一项重大任务。人大这些年在提升国际性方面已经作出了巨大的成绩，积累了丰富的经验。我们已经同世界上49个国家和地区的162所大学签订了校际合作协议。我们今年将与哥斯达黎加大学合作建立孔子学院，这是人大的第九所孔子学院。我们如何通过孔子学院这些平台来提升学校的国际性，为国际文化交流作出贡献，这是需要进一步研究的。当然，更重要的还是中外学术交流，要进一步办好人民大学的国际学术会议，拓展更多国际学术交流的渠道，比如人大出版社、书报资料中心需要更好地走向世界，各个学院深度参与国际学术会议，更多的教师互访，更多的学生交流等等，都是人民大学未来的重要任务。学校已经出台了提升国际性的行动纲领，具体行动计划正在逐项落实。特别需要提到的是人民大学将从2009年暑假开始设立国际小学期，这项工作一直在紧锣密鼓地进行筹备。国际小学期的开设将是人民大学学制的重大变革、教学制度安排的重大调整。2009年7月份一个月的时间将成为一个独立的小学期，为期四周。国际小学期的课程基本上以英语为主来讲授，有少量的双语课程，还有个别的中文课程。这是人民大学提升国际性方面采取的重大的制度性创新。

我们进一步加大"985工程"对提升国际性的支持，用在提升国际性方面的资金大幅度增加。《中国人民大学学报》英文版继续顺利出版，更多人大学者的科研成果将翻译成英文发表。没有英文的论文和著作走向世界，我们的学术就很难被国外学术界认同。所谓世界一流大学本身并没有完全一致的标准，最重要的体现之一就是学校的影响力。如果没有用目前国际通行的英文发表学术成果，就很难形成国际影响力。这方面的工作我们都在加强过程当中。尽管我们过去有很多国际学术交流，但是比较系统地、比较科学地采取具有战略意义的举措来提升国际性，应该说才刚刚开始。

四、校园建设与后勤服务的提升是学校发展的支撑和保障

人民大学校园建设这些年来取得了辉煌的成就，2000年的时候，人民大学除了教职工宿舍，只有23万平方米真正用于人才培养、科学研究、行政办公和学生生活。而新世纪以来，到2006年学校正式竣工的同口径建筑面积就有38万平方米，五六年的时间比过去50年总和还多。狠抓校园建设对提高教学质量、科研水平和行政管理水平都起到重要的支撑与保障的作用。但是这些仍然不能满足学校事业的发展，现在学校决定开始第二轮校园基本建设，即东区改造和建设工程，以新的图书馆和国学馆为代表，初步规划约有12万到15万平方米。大家看到的两栋学生公寓楼也正在紧锣密鼓施工，一栋在世纪馆旁边，一栋是留学生楼和国际交流中心，在多媒体教学楼旁边。这两栋宿舍楼2009年8月份就要竣工，9月份投入使用，将会大大缓解学生宿舍紧张的状况。特别是对于学生长期反映的洗澡问题，这两栋学生宿舍楼完工以后将得到比较好的解决。

图书馆新馆春节以后将正式动工，这可能是我第三次讲了，没想到立项审批的过程实在太复杂。因为大部分建设经费由国家拨款，所以审核非常严格，盖了200多个公章，很难呀。本来应该在冬天来临的时候就能够正式开工，但是在招标过程当中出了问题，投标单位串标了。行业不正之风啊！各位老师，学校的很多事情办成都不容易

呀！我出面找了北京市领导，大家做了很多工作，现在已经重新招标，有望春节后正式破土动工。一旦动工，速度会非常快，因为资金都没有问题。国学馆因为设计的反复造成了一定的拖延，现在算把这个问题解决好了，有望2009年上半年正式开工。这是人民大学非常重要的两栋建筑，建好以后，不仅图书馆条件大为改善，国学院、艺术学院等有关学院办公条件也会得到改善，筹建中的博物馆也就有了地方。第二轮基本建设对完善人民大学的教学、科研和办公设施，对改善学生的住宿条件将会起到决定性的作用。

校园建设还有一块非常重要的南方战场，那就是苏州国际学院，也就是苏州研究院。苏州研究院第一期基本建设工程正在紧锣密鼓地进行，主体工程已经封顶并进入了装修阶段。暑假之后将正式投入使用，那将是一个"如花似玉"的美丽校区。学校拟在苏州研究院成立新的学术特区——中国人民大学全球化研究中心，成为人民大学直属的研究机构。研究院的教师一部分要面向海内外招聘，一部分要吸引本校的老师轮流去工作。特别是已到退休年龄的博士生导师，如果愿意到苏州研究院工作，可以延长两到三年再退休，可在苏州研究院带研究生，生活设施都有保障。这项工作将成为2009年一项重要工作。

校园建设的第三个重点，就是原第三师范学校（"三师"）用地和房产划归人民大学的问题。北京市早就确定把第三师范学校划给人大，但是由于种种原因，办成这件事情太难了。第三师范学校的土地证和房产证已经交给人民大学了，但是市政府文件还没有下，户头还在地方。因为"三师"的事情，我约见了吉林常务副市长，他专门来到我办公室谈这个事情。北京市市委刘淇书记、郭金龙市长和其他市里的领导都非常关心、支持人大，"三师"的问题也许有望在2009年基本解决。但愿这项工作在2009年能够有比较大的进展。

后勤工作这些年来发生了深刻的变化。大家难以想象2000年人民大学的后勤是什么状况。今天的后勤已经是新后勤了，已经是全新的后勤系统了。服务第一、质量第一的理念已经基本形成。公益性与市场化这两者怎么样恰当的结合，哪些领域要坚持公益性，哪些领域要坚持半公益性，哪些领域完全市场运作，通过这七八年的探索，后勤系统基本上有了头绪，也积累了丰富的经验。后勤系统为保障学校的教学、科研发挥了极其重要的作用，在餐饮服务与管理、供应服务和管理、物业管理与节约能耗、商务接待和运输服务、商业经营与市场开拓等方面都进行了艰辛的探索，我们有充分的理由向人民大学的后勤系统表示敬意！人民大学后勤系统这七八年的探索，谱写了一曲改革者之歌。尽管后勤服务还存在着种种不尽如人意的地方，还存在着诸多的挑战和难题，但是相信有了这几年探索的基础，后勤系统完全有可能在学校的领导之下应对挑战，争取事业更上一层楼。

我给大家报告后勤系统的一些数字，别的就不多讲了。人民大学用水量2001年是196万吨，2007年才149万吨。这几年增加了这么多大楼、这么多学生，本科生增加了70%，硕士生增加了80%，博士生增加了200%，但是用水量却减少了。这说明当年人民大学用水很浪费，跑、冒、滴、漏的现象很多。从2001年开始，学校彻底进行道路的翻修、地下的管道和线路整修，包括弱电、强电加在一起60多公里长。这60公里的管道和线路发挥了重要作用，所以用水量才会下降。人民大学能够精打细算，人大世纪馆跟其他高校的体育场馆一比，造价和建筑质量的优势就体现出来了。学校如何花好钱、用好钱是很有窍门的，是很见功力的。

再比如说供暖，2001—2002年供暖期学校供暖面积是573 000平方米，燃气消耗787万立方米，平均每平方米建筑耗费13.6立方米；到2008年供暖季，学校供热面积895 000平方米，消耗天然气859万立方米，平均每平方米耗费9.6立方米，比2001年下降了很多。我当时提出人民大学校园应当是"绿化、美化、数字化、人文化、节能

"化"的校园，现在看来，不仅前几化基本实现，节能化的校园也正在逐步形成。如果没有后勤系统辛勤而细致的劳动，包括技术改造，这些怎么可能实现？后勤战线是学校工作的一个重要的有机组成部分，前几次新年报告会没有多讲，这次我把后勤系统多讲一讲，让大家有较多的了解。

五、学校其他方面的重要工作

除了上述四个方面的主要工作以外，学校还有很多大事情，我也点一点。

学校圆满完成奥运会各项工作任务。北京奥运会的举办，人大参与其中，做了大量的工作。我当时提出了学校奥运工作的 20 字方针，即"高度重视，精心组织，巧妙安排，为国效力，为校争光"，实践证明是切实可行的。整个奥运会的工作大家都没有经验，包括北京奥组委也没有经验。我们学校还要上课，没有巧妙安排是不行的。我们还要向奥组委提出建设性意见，学校第一次参与服务的学生志愿者连水都没有喝上，我也曾经对此发过脾气。围绕 20 字的方针，学校分六条战线进行了工作，即奥运研究、志愿者工作、场馆建设和运行（人民大学世纪馆、游泳馆是奥运训练场馆）、后勤保障、奥运安保和奥运宣传。学校还接待了 200 多名海外志愿者。在座的校领导几乎全部都参加了这项重大工作，各学院、各部门付出了辛勤的劳动，工作压力极大，因为这是政治任务，不能出现任何差错。人民大学圆满完成了各项任务，没有出任何问题。作为志愿者人数最多的高校，我们的志愿者也非常优秀。奥运会结束之后，学校及学校参与奥运的师生共获得"北京奥运会、残奥会志愿者工作优秀组织者单位"等各级各类表彰和奖励共计 325 项次。值得一提的是，冯惠玲副校长牵头的人民大学人文奥运中心，作为唯一的高校机构荣获中共中央、国务院授予的"北京奥运会、残奥会先进集体"称号，奖牌的落款是中共中央、国务院。我心潮涌动，一把年纪了，能够看到中共中央颁发的奖牌还是第一次，在人民大学历史上也是第一次。这是国家给我们人大的荣誉和表彰，也说明人民大学对奥运会作出的贡献。还要提到几位跳水冠军，郭晶晶、吴敏霞等在奥运会上获得了 4 块金牌、1 块银牌、2 块铜牌的优异成绩，她们都是人民大学的学生，也为人民大学争了光。

2008 年举行了若干纪念活动。其中最重要的是国学院成立三周年庆典，引起了社会的广泛关注。国学院成立三周年庆典展示了我校国学教育取得了巨大成就，已经初步建立了比较完善的国学教育体系，制定了比较完善的教学计划，出版了国学经典解读系列教材（已出版 8 部，总体有 30 部到 40 部），创办了《中华国学研究》[①] 学术刊物，产生了包括"中国人民大学国学研究丛书"、"西域语言历史研究丛书"在内的一系列有重大影响的学术成果。西域问题的研究现在引起了极其广泛的关注。在国际上讲关于西藏的问题，不能都是达赖集团的声音和他们的著作，我们也要发出自己的声音，"西域语言历史研究丛书"相当一部分讲到这些问题。

2008 年也是人民大学书报资料中心成立 50 周年。50 年来，书报资料中心为中国人文社会科学的繁荣发展作出了贡献，对国家有关机构各项方针政策的制定也发挥了无声的咨询、参谋作用。中国一代又一代人文社科学者是伴随着人大书报资料中心发行的各种学术刊物成长起来的。书报资料中心如何面向未来，在新的条件之下办得更好，既有严峻的挑战，也有极大的机遇。在新一届领导班子领导下，书报资料中心以新的面貌出现在我们面前，思路变了，面貌就会改变。希望书报资料中心在新的一年能够取得新的进展和新的成就。

还有一件事情向大家报告，中国人民大学校友会终于获得民政部的正式批准。2008 年民政部批准把"中国陕北公学华北大学校友会"

---

① 2009 年 6 月更名为《国学学刊》。

更名为"中国人民大学校友会"，这是 2008 年民政部唯一批准的大学本部校友会。学校相关机构也要进行相应的变动和调整，正式成立校友会办公室，纳入学校行政序列。这是一件可喜可贺的基础性工作，要感谢陕北公学和华北大学老校友们的大力支持和帮助。

在科研经费社会化问题上，我再说两句。以前人民大学的科研经费约 2/3 来自于纵向项目，现在约 2/3 来自于社会和企业，而且科研走向国际的趋势很明显。商学院同神华集团、中钢集团的合作，开辟了我校社会科学研究的新途径。对学校来讲，也锻炼了一批教师和一批学生，研究生从中受益很多。学校的金融与证券研究所最近同日本野村证券研究所合作，大步地走向世界了。野村证券研究所是日本资格最老、规模最大，在全球是具有影响力的证券研究机构，2008 年 2 月份与我们学校金融与证券研究所签署了合作研究备忘录，独家买断了金融与证券研究所有关资本市场研究成果在日本的发表权和转载权。这在人民大学历史上还是很新鲜的事情，学校应该有更多这样的合作。

最后一项，我想把创收的问题再强调一下。随着学校的发展和财源逐步的丰厚，人民大学有更多的自由资金来改善教职工的生活福利。2008 年两次调整了全体教职员工的岗位津贴，人均增加 1 100 元。从 2007 年下半年开始，一年时间之内 4 次调整离退休教职工的待遇，人均增加 630 元，为此学校每年增加支出 1 600 万元，加上在岗教职工的津贴调升，每年要增加支出 4 500 万元。人民大学广大教职员工为学校的发展作出了杰出的贡献，学校最近经过研究决定，2008 年在国家规定发 13 个月工资的基础上再多发一个月工资；根据学校财力状况，又决定增发一个月的岗位津贴作为年终奖发给大家；离退休的同志就不分等级，每人增加 1 200 块钱，作为新年慰问金。之所以能这样做，跟学校重视各个方面的创收工作有很大的关系，跟各个院系的创收对学校财力增加的支持有很大关系。人民大学的创收工作是很规范、很规矩的。商学院、继续教育学院、培训学院、公共管理学院、法学院、财政金融学院、劳动人事学院、经济学院等学院为学校收入的增加作出了贡献。当然这跟学科也有关系，这些学院利用了学科的优势，既满足了社会的需要，又为学校增加了收入。研究生院从中起到重要的组织作用。培训学院也得到了各个学院的共同支持。

在这里，我想特别说一说培训学院。培训学院每年除了按规定交给学校的创收收入以外，学院自己留成的部分本可以任意支配，但是培训学院没有忘记学校的关心和支持。昨天晚上，培训学院领导班子经过研究决定从留成积累中捐给学校2 350万元，其中，1 000万作为收藏基金捐给学校博物馆，支持博物馆收集文物和藏品；1 000万用于国学馆设备设施的建设；300万用于支持学校的高等教育研究。高等教育研究室在人民大学是新设机构，除了完成各项国家级的、教育部的和学校的研究课题之外，引起社会广泛关注的是推出"中国大学50强"排名。"中国大学50强"被很多人认为是比较符合中国实际的。培训学院这次捐献的最后50万元用于支持人大的校史研究。一个学校如果不认清自己的历史，就很难面向未来。人民大学的校史研究处于拓荒的阶段，很多有分量的史实还没有挖掘出来。校史研究非常重要，在此我再一次呼吁人民大学的教授们关注校史、研究校史。我在中山大学看到该校历史系的教授写出了校史方面的巨著，我感到特别羡慕。我校历史学院的教授们什么时候能写出中国人民大学的校史呢？人民大学在建国初期处于什么地位？人民大学为什么在"文化大革命"当中被解散？人民大学在历次政治运动中究竟是什么情况？这些问题不少还是一个谜。现在有外国学生写了人民大学的历史在国外发表，人民大学的博士生能不能写人民大学校史方面的博士论文呢？这次培训学院捐赠学校2 350万，都是用在"211工程"、"985工程"难以覆盖的地方，用来支持学校的科学发展、全面发展、和谐发展。在此，我代表学校向培训学院的全体教职员工致敬！

六、2009 年学校工作的展望

总体来讲，2009 年将是学校贯彻落实科学发展观最重要的一年，2008 年是人民大学的质量年，当时讲质量年至少要延续三年，所以2009 年依然是质量年。我们要以提升质量为核心，认真贯彻落实科学发展观，推进各方面的工作质量上新台阶。

今年重要的工作有六个方面：第一，学科建设和校园建设要有新的进展。要大力加强人文学科，特别是中文、外语和艺术。理科的发展也要继续加强。第二，人才培养要上新的水平。第三，在营造宁静校园方面要更加努力，使得教师潜心治学，学生认真读书。其中包括评价体系、设施保障条件和师德师风建设。宁静校园是建设一流大学必不可少的软实力。第四，在提升国际性方面迈出决定性的步伐。国际小学期一定要办好。第五，要在学科建设中加强意识形态工作。胡锦涛总书记在十七届三中全会发表的重要讲话中，有很长一段话谈当前意识形态问题。这次党建工作会议上，习近平同志关于意识形态问题也有长篇讲话。人民大学是人文社会科学为主的大学，人文社会科学大部分学科既是知识体系，又是意识形态，这些年来意识形态领域中的混乱状况已经是有目共睹，比如社会上，历史虚无主义、新自由主义等都有广泛的市场，在高校的课堂、讲坛、讲座中，不正确的思潮还有相当的影响力。在新的历史条件下怎么样创造性地、科学地加强意识形态工作是我们共同面临的一个挑战，我们应当来探索，来研究。记得我刚到人民大学的时候就讲过，学校不允许把学术问题政治化，也不允许把政治问题学术化。我们要在实践中继续高举"改革、创新、和谐"的旗帜，在与时俱进地正确地加强意识形态工作、发展中国特色社会主义理论、弘扬社会主义核心价值体系方面，人民大学责无旁贷，应当加倍努力。第六，要继续千方百计地筹集资金，加大办学投入。

总而言之，新的一年将是学习实践科学发展观具有决定性意义的一年，希望我校广大教职工和同学们在党中央、国务院的关怀下，在教育部和北京市的领导下，认真地贯彻落实科学发展观，把人民大学各项工作提高到新的水平，为创建"人民满意、世界一流"大学作出更多的、更大的贡献。谢谢大家！

坚守使命　内涵提高
特色强校　科学发展*

（2009 年 4 月）

中国人民大学是中国共产党亲手缔造的新中国第一所新型正规大学，是一所与党和国家同呼吸、共命运、始终奋进在时代前列的大学，是一所特色鲜明、富有光荣传统和时代精神、极具代表性的大学。党和国家一直高度重视、亲切关怀中国人民大学，并对中国人民大学的发展寄予殷切期望。从 1937 年诞生在抗战烽火中的陕北公学开始，中国人民大学的命运就和国家与民族的命运紧紧联系在一起。70 多年来，中国人民大学为新中国培养了万千建国干部和大批建设者，为我国新型高等教育的奠基和发展作出了开拓性、基础性的贡献，为中国特色社会主义事业作出了卓越贡献。

在深入学习实践科学发展观活动中，中国人民大学认真总结创建

---

　　* 本文是作者结合中国人民大学近些年来的工作实践，对高等学校如何进一步贯彻落实科学发展观进行深入思考和探索而撰写的专题文章。全文以《坚守使命，特色强校，科学发展》为题原载《中国高等教育》2009 年第 13、14 期合刊。新世纪以来，中国人民大学以科学发展观为统领，弘扬"立学为民、治学报国"的人大精神，高举"发展、创新、和谐"的旗帜，走出了一条"内涵提高、特色强校、科学发展"的道路。2009 年 5 月 7 日下午，中共中央政治局常委、中央书记处书记、国家副主席、中央学习实践活动领导小组组长习近平同志专程到中国人民大学考察指导学校深入学习实践科学发展观活动，对学校取得的成绩特别是创新的实践探索表示充分肯定，认为人民大学在创建世界一流大学中有自己的路子，希望以深入学习科学发展观为契机，进一步探讨办学方向、办学思路，进一步积极推进工作，进一步取得新的更大发展。

"人民满意、世界一流"大学的发展历程，结合自身实际情况，对高等学校如何进一步贯彻落实科学发展观进行了深入的思考、探索和实践。

一、以人为本，狠抓发展

以人为本是科学发展观的核心。在办学实践中我们认识到，中国人民大学落实以人为本有两个层面：第一个层面是立足于人民的根本利益和国家、民族的长远利益，办好中国人民大学，办好人民满意的大学，用一流的人才培养、学术研究和社会服务回报祖国和人民，不辜负党和国家的殷切期望，不辜负"中国人民大学"这个神圣的名字，在满足人民群众日益增长的物质文化需要方面贡献自己的一份力量；第二个层面是在学校内部树立教师和学生的主体地位，坚持为广大师生员工服务，维护好、实现好、保护好他们的根本利益，坚持教学以学生为本，学术以教师为本，工作以教职员工为本。在上述两个层面落实以人为本，关键在于发展，只有发展才能化解历史留下来的矛盾，才能解决前进过程中的新的问题，才能创造新的业绩和新的辉煌。新世纪以来，中国人民大学高举"发展是硬道理"的旗帜，始终把发展放在第一要务的位置上。

发展离不开理想的召唤、精神的激励和信念的鞭策。中国人民大学的发展，首先立足于继承和发扬自身的优良传统上。胡锦涛总书记在去年亲临中国人民大学出席国务活动时与我们亲切交谈并指出，人民大学是很有特色的学校，要发扬自己的传统。在 70 多年的办学实践中，中国人民大学形成了"立学为民、治学报国"的光荣传统，也就是始终保持对祖国、对人民的无限忠诚和高度的使命感、责任感，始终奋进在时代前列。这是中国人民大学宝贵的精神财富，是我们发展进步的动力源泉。进入新世纪以来，全校师生员工弘扬"立学为民、治学报国"的人大精神，高举起"发展、创新、和谐"的旗帜，解放思想、抢抓机遇、埋头苦干、开拓奋进，一心一意办教育，聚精会神谋发展，走出了一条"内涵提高、特色强校、质量第一"的科学发展道路。

发展离不开正确的、符合实际的发展思路和发展举措。中国人民大学无论是在新中国的建设史上还是在我国高等教育体系中，都是一所具有特殊地位的大学。但是由于种种原因，中国人民大学在上个世纪90年代发展迟缓，甚至停滞。我们深刻认识到，要改变这样的状况，必须而且只能奋起抓发展。进入新世纪，根据中国人民大学的实际情况，我们提出了"1231"的总体工作思路，"1"就是"一个高举"，高举"发展才是硬道理"的旗帜；"2"就是抓好学科规划与建设，抓好校园规划与建设；"3"就是抓实改革、抓实调整、抓实管理；最后一个"1"，就是千方百计筹集经费，空前规模加大投入。按照这一思路，学校狠抓学科建设、队伍建设、校园建设、制度建设和作风建设，开展了波澜壮阔的改革探索和办学实践，逐步形成了"内涵提高谋发展，特色强校创一流"的科学发展模式，探索出"人民、人本、人文，大师、大楼、大气，真情、真想、真干"的十八字"发展真经"。

时至今日，中国人民大学的各项事业和面貌发生了巨大而深刻的变化。与2000年相比，学校现有全日制在校生21 640人，规模比2000年增长了将近一倍，其中本科生增幅67％，硕士生增幅87％，博士生和留学生人数分别都是2000年的3倍还要多；专职教师增长46％；学校固定资产增长了6.5倍；新建教学、科研、行政用房和学生用房则是2000年时50年建设总和的1.45倍；学校财务状况良好，运行安全。学校不仅事业飞速发展，内在凝聚力和创造力也不断增强，外在影响力和社会声誉显著提升。学校不仅在人才培养、科学研究、社会服务和国际交流等方面取得了历史性的显著成就，办学水平、办学质量和综合实力不断提升，实现了"固本强基、重塑形象"的阶段性目标，而且充分发挥了大学服务社会、影响社会、引领社会、贡献社会的作用。新世纪以来，中国人民大学紧扣时代脉搏，呼吁全社会重视人文社会科学，成为发展和繁荣人文社会科学的排头兵；重估国学价值，成为弘扬和研究中国优秀传统文化的排头兵；反对和清除教育产业化、市场化思潮，成为坚守大学使命、守护大学精神的排头兵，为中国高等教育事业的科学发展和中国特色社会主义建设事业作出了独特的贡献。

二、科学定位，坚守使命

在学校发展的过程中我们深刻体会到，科学、准确的定位是高等学校科学发展的重要基础。如果定位不准确、不科学、不合理，就很难实现科学发展。中国人民大学经过反复实践和不断探索，主要从以下几个方面对自身的发展进行了定位。

一是坚守大学使命、守护大学精神的社会角色定位。我们始终认为，大学不同于企业，也不同于其他社会组织。大学是知识的殿堂，是人才的摇篮，是社会的良心，大学必须以培养人才、创新知识为神圣使命，必须以崇尚学术、追求真理为价值导向。大学的科学发展，首先要对大学的使命、大学的精神、大学的职能和功用保持清醒的认识，为此，就必须清除伴随着新自由主义思潮而一度存在的教育产业化、市场化的恶劣影响，决不能把大学办成衙门，也决不能把大学办成学店。在中国人民大学，我们号召并鼓励全体师生员工消除"商气"，努力坚持学术本位，坚守大学培养人才、发展学术的崇高使命，守护大学崇尚学术、追求真理的崇高精神，静下心来读书，潜下心来育人，营造宁静校园，一心一意办教育。这一点是十分重要的。

二是坚持不贪大，不求全，有所为，有所不为的办学特色定位。胡锦涛总书记去年在我校指出，办大学大家不要都办成一个样子，要办出特色，办出水平。这对高等教育的科学发展具有极强的现实针对性和战略指导意义。我们认为，大众化高等教育应是多层次、多样化的，不同的高等学校都要办出自己的特色，不能趋同化，不能千校一面。特色是水平的前提和基础，每所高校都应在学科领域、办学类型、办学层次、办学规模、办学目标和服务面向上找准自己的位置。

中国人民大学是一所以人文社会科学为主的综合性、研究型大学，这是在长期办学实践中形成的鲜明特色，是我们新时期发展的根基，中国高等教育体系中也应该有这样一所以人文社会科学为主的大学建成世界一流大学。基于这样的考虑，中国人民大学在发展过程中没有贪大求全，没有盲目扩张，而是在工作中强调"心要热、头要冷、步要稳"，强调"有所为，有所不为"，"有先为，有后为"，选择了一条以人文社会科学为主，内涵提高、特色强校的发展道路。

三是建设"人民满意、世界一流"大学的目标定位。"人民满意"是办学方向，是价值追求。"世界一流"是办学能力，是办学水准。作为新中国长期重点建设的最主要的综合性、研究型大学之一，中国人民大学在新世纪明确提出要建成"人民满意的以人文社会科学为主的世界知名的一流大学"。这一目标是从中国人民大学命名组建以来党和国家所寄予的殷切期望，从高等教育今后发展的实际需要，从学校的自身历史地位、学术实力和今后发展方向三个维度审时度势提出的。这一定位，得到了党和国家领导人以及教育部领导的充分肯定和大力支持，赢得了广大师生员工的广泛认可，从而极大地调动了学校各个方面为实现这一愿景而努力奋斗的积极性、主动性和创造性。

四是以人文社会科学为主、"主干的文科、精干的理工科"的学科定位。中国人民大学拥有26个新中国首批设立的人文社会科学领域的博士点，新中国第一个法学博士、新闻学博士以及外国留学生在我国获得第一个人文社会科学博士都出自中国人民大学。这充分表明，在长期的办学实践中，我们已逐步形成了鲜明的人文社会科学特色和优势，在人文社会科学多个学科领域作出了奠基性、开创性的贡献。这样的学科特色就是优势，就是核心竞争力，因而必须继续保持这样的特色，同时，我们也与时俱进地丰富和强化了这样的特色。

五是保持研究生与本科生适当规模和合理比例的规模定位。在全国扩招的高潮中，我们从实际出发，积极严谨地把握发展节奏，在办学规模上没有盲目求大。作为新中国开展研究生培养起步最早的高校之一，中国人民大学 1950 年命名组建之时研究生教育就同步产生。1986 年，学校本科生与研究生人数的比例即已达到 2.6：1，位居全国高校第一。现在，我们则将研究生与本科生比例大体控制在 1：1 的水平上，不再提高研究生的比重，全日制在校生规模也控制在 2.2 万人左右，同时着力提高本科生、研究生培养的质量，目前已形成了以本科教育为基础、研究生教育为重点、继续教育为辅助的全方位、多层次的办学格局。

六是在现有条件下以周边拓展与校园置换相结合拓展办学空间的空间定位。在党中央、国务院和北京市委、市政府的大力支持下，学校通过艰苦努力，收回北京造纸六厂用地，并创造性地采用商品化、社会化、货币化的思路，将解决教职工住房问题与拓展学校办学空间相结合。学校的教学、科研、行政、学生生活条件均得到了大幅度改善。

七是以"国民表率、社会栋梁"为培养目标的人民共和国的优秀建设者和各层面领袖人才的培养定位。在近 70 年的办学历程中，中国人民大学有一个鲜明的办学特色，就是始终培养人民共和国高水平的优秀建设者和各行各业、各个层面的领袖人才。这一特色是中国人民大学办学水平、办学质量的集中体现。

三、解放思想，勇于创新

解放思想是研究新情况、解决新问题、开拓新局面、实践科学发展的重要前提。解放思想合乎逻辑的必然结果就是创新，创新是检验解放思想的重要标准。解放思想就要破除迷信，破除各种阻碍进步的教条和框框；要解放思想，就要有干事业的社会责任感，就要有大无畏的勇敢精神，就要有正确的思想方法和作风。

中国人民大学进入新世纪的发展历程，就是一个不断解放思想、开拓奋进的过程，在坚守使命、推进学科建设和校园建设方面解放思想，突破常规，创新工作思路和工作方法，取得了很多成绩。例如，学校首设国学院，弘扬中国传统文化。学校紧密贴近时代主题，从致力于国家强盛、民族复兴的战略视野着眼，高举继承和弘扬中华民族优秀传统文化的旗帜，不唯书，不唯上，大胆探索，深入研究、认真反思近代中国百年来对传统文化的观点、态度，全面分析、系统挖掘研究中华文化的发展脉络、经典精粹及当代价值，建设中华民族共有精神家园。我们先后成立了孔子研究院和新中国第一个国学院，并呼吁将传统节日设为国家法定假日，引起了海内外的广泛关注和积极反响。

又如，进行校园置换，创造性地解决教职工住房困难和学校发展空间狭小问题。根据当时的实际情况，我们开动脑筋，大胆地采用了商品化、社会化、货币化的办法，将解决教职工住房问题与拓展办学空间相结合，经过艰苦卓绝的工作，使 3 000 余户教职工通过置换政策喜迁校外新居，附小、幼儿园也随迁到校外。通过周边拓展与校园置换，学校总计收回、腾退房屋近 11 万平方米，在西郊主校园 906 亩办学空间内，新增用于教学的土地 240 余亩，使教学用地增加到 740 亩左右，净增 48%。此举也大大优化了学校的教学环境和工作、生活秩序；教职工也在校园置换中受益，户均建筑面积从房改前的 49 平方米左右上升至 105 平方米，升幅达 114%，等于新盖了约 35 万平方米的家属楼。"安居圆梦"，极大地调动了广大教职工爱校荣校的积极性。

四、强化特色，办出水平

我们认为，学科特色是学校办出特色的基础要素，学科建设则是学校工作的重中之重，是学校发展的龙头和主线，抓住了学科建设，就是牵住了学校发展的"牛鼻子"。从我校实际出发，我们以"三个意识"，即"基地意识、特色意识、一流意识"，"一个体系"即"主干的文科、精干的理工科"，以及"提升优势学科，发展应用学科，扶持基础学科和交叉新兴学科"，"整体推进，重点突破，强化优势"的发展举措，"居安思危、居危思危"的忧患意识，来指导新世纪学校的学科建设，在保持特色的同时大力提升水平。

在学科布局上，我们一方面坚持"入主流、在主流、壮主流、领主流"的思路，面向现代化、面向世界、面向未来，建设较为齐全的大文科；另一方面，按照"有基础、相关联、高起点、入主流，力争高水平"的要求发展"少而精"的理工学科。通过艰苦的资源整合、布局调整和复建新建，我校的优势学科、特色学科进一步凸显，文理支撑、人文与科学交融的学科环境和育人环境基本形成。而所有这一切都是内涵式提高、集约型发展为主实现的。2000 年至 2008 年间，我校硕士点由 89 个增加到 149 个，博士学位点由 53 个增加到 100 个，这些大多数是在原有学科基础上诞生或衍生而来的，只有极少数来自于外延扩张。

在学科合理布局的基础上，我们把工作重点放在了提升学科实力和水平上，放在了彰显研究型大学的特色上。这些年来，我们持续千方百计地大力加强能力建设，包括师资队伍建设、硬件建设等；持续千方百计地大力提升科学研究水平，包括重大学术理论与现实问题的基础研究和对策研究的深度与广度；持续千方百计地大力开展国际学术文化交流；持续千方百计地大力创造有利于学科发展的制度环境，从而切实有效地显著提升了学校的学科综合实力和核心竞争力。从2004 年起，学校发表的中文社会科学引文索引（CSSCI）数量一直居于全国高校第一位；通过竞标取得的国家社科基金项目、教育部重大社科项目的数量近五年连续保持全国第一位；在迄今十届全国百篇优秀博士论文评选中，学校累计有 24 篇入选，遥居全国人文社会科学领域博士培养单位的第一位；教育部 2007 年公布了第三批重点学科，学校拥有的重点学科数量，无论是一级学科还是二级学科，均在人文社会科学领域居全国第一位；在教育部学位评估中心今年年初公布的新一轮全国一级学科评估结果中，学校有 7 个一级学科排名全国第一，占人文社会科学领域全部 21 个一级学科的三分之一，在人文社会科学领域居全国高校首位，排名第一的学科总数位居全国第三位。

这些数据不仅反映了学校在学术研究和人才培养中的卓越成就，也包括了学校在发挥智囊团作用方面的诸多杰出贡献。所有这些充分体现了学校新世纪以来"内涵提高谋发展，特色强校创一流"所取得的成就。中国人民大学在新的历史时期保持了自己作为"中国人文社会科学重镇"、"人文社会科学的一面旗帜"的崇高荣誉。

五、把握方向，和谐发展

高等学校的科学发展，必须坚持中国特色社会主义的办学方向，坚持马克思主义的指导地位。人文社会科学一般都具有知识体系和价值体系的双重属性，因此，坚持马克思主义的指导地位，坚持马克思主义的与时俱进，把握正确的办学方向，对于以人文社会科学为主的中国人民大学就具有格外重要的意义。

在社会转型期的实际工作中，把握好方向其实并不那么容易。我们主要在两个方面保持了清醒的政治头脑：一方面，我们组织学校广大师生警惕"马克思主义过时论"、"社会主义失败论"、"共产主义渺茫论"的影响，辨析"新自由主义"、"历史虚无主义"、"民主社会主义"等思潮和"西方中心论"的影响，抵制社会上存在的将马克思主义理论边缘化、将"中国特色社会主义"歪曲为"中国特色资本主义"的图谋和影响；另一方面，我们大力倡导用邓小平理论、"三个代表"重要思想和科学发展观这一中国化的当代马克思主义理论体系来指导我们的人才培养和科学研究，大力倡导实事求是、理论联系实际的学风，鼓励教师沉到改革开放第一线中去汲取营养，沉到书斋中去严谨治学，从古人、前人、洋人那里汲取营养，从而在学校形成了高举中国特色社会主义旗帜，走中国特色社会主义道路的主流价值取向。

校园和谐，是学校科学发展的有力保证。新世纪以来我们在这方面倾注了大量心血。我们从广大师生最直接、最迫切的现实利益问题入手，充分调动大家爱校荣校的积极性。以知行楼群学生公寓、世纪城教职工商品化住宅投入使用为标志，广大师生尤其是广大教职工的生活条件、生活品质有了历史性的改善；以宏伟的明德楼投入使用，以及一个绿化、美化、人文化、数字化、节能化校园的初步形成为标志，广大师生员工的学习、科研、工作环境有了根本性的改善。这些是发展工程，也是人心工程。

我们从高等学校的使命和特点出发，通过深化改革、制度建设和工作导向，努力营造有利于学术发展的宽松、自由、和谐的人文环境和学术氛围。我们认真贯彻"百花齐放、百家争鸣"的方针，大力倡导"兼容并蓄、有容乃大"的思维倾向和学术气度，倡导在宪法允许范围内的学术独立精神，提倡探索、尊重探索、鼓励探索，既支持、褒奖成功的探索，也容忍、善待失败的探索，不允许将学术问题政治化，当然也不允许将政治问题学术化，加上不断改进和完善考核评价机制，一个有利于学术繁荣发展的"尊重知识、尊重人才、尊重劳动、尊重创造"的校园环境已经形成。

高等学校是一个特殊的社会组织体。我们十分重视以改革的精神不断探索、完善学校内部治理结构，努力形成并保持学校顺畅、高效地运转。我们按照"三级架构、两级管理"的原则，基本上理顺了校、院、系的关系，把调动院系工作的主动性、积极性与维护学校管理的统一性、权威性结合起来，充分尊重并充分发挥各种学术机构的权威和作用，正确理解学术权力与行政权力的关系，不允许将学术活动行政化，也不允许将行政工作学术化；同时倡导责任意识、大局意识、团队意识、效率意识、奉献意识，重视团结的、干事的领导班子的思想作风建设，注意处理好学校不同利益群体的关系，一个"想干事、能干事、干成事"的校园环境已经形成。

高等学校是人才摇篮、学术殿堂，良好的学风、教风、校风是高校文明程度、价值取向的集中体现，关系到学校改革与发展的成败。我们努力遵循教育规律，努力守护大学精神，与教育产业化、市场化的喧嚣保持距离，反对急功近利，反对学风浮躁，更要反对学术不端行为。在教师队伍建设上，我们提出"事业留人、机制留人、感情留人、正气留人"。对学生，我们提出"明德、博学、求是、笃行"的学术品格要求和"忠诚、勤勉、朴实、友爱"的道德人格要求，努力营造"教师乐教、学生向学、宁静圣洁、自由和谐"的风尚，使人民大学始终成为培养具有崇高理想、高尚品格、创新精神、实践能力和国际视野的人民共和国优秀建设者的摇篮。

中国人民大学在新世纪发展的历程，是学习实践科学发展观的历程；在科学发展的道路上已经处于历史上最好的发展时期，提前实现了新世纪初确定的"十年基础，十年腾飞"的第一阶段，即"固本强基、重塑形象"阶段的目标，为再过十年左右学校努力跻身世界一流大学行列奠定了坚实基础。但我们取得的还是阶段性成果，我们还面临着诸多困难、矛盾和挑战。因此，我们一定要借这次学习实践科学发展观活动的东风，认真总结经验，认真查找问题，认真规划未来，将下一个"十年腾飞"的发展战略具体化，不断完善结构、提高质量、提升国际性，使中国人民大学在科学发展观的指引下大步前进，并在不远的将来建成"以人文社会科学为主的世界一流大学"。

吹响十年腾飞的号角 *

——在中国人民大学 2009 年院长工作会议上的讲话

（2009 年 7 月 6 日）

　　每一次院长工作会议都是在一个学年基本结束、新学年即将到来的时候召开。2006 年召开了第一次，这是第四次。每年召开一次的院长工作会议已经成为人民大学最重要的一项制度性会议，对整个学校的学科建设、人才培养质量提升和事业发展等方面都起到了很大的推动作用。这次院长工作会议回顾过去一年的成绩，也是回顾过去九年的成绩；展望下一年的工作，也是展望以后十年的工作。

　　今年的院长工作会议背景与过去不一样，一是在学习实践科学发展观活动正进入整改阶段的背景下进行的。要深入贯彻落实科学发展观，推动学校各项工作的科学发展。二是还有一个小背景：我们迎来了国际小学期，这是人民大学学制上的一个重大创新。那天的开学典礼非常振奋人心，气氛十分热烈，全场为之沸腾。如果这个制度成功的话，那就是在新旧学年之间增加了一个学期。国际小学期应当算是上一个学年的延续，新学年还是应从 9 月份算起。

　　院长工作会议体现了学校对学院工作的高度重视，说明了学校的工作基础是在学院。学校发展的成效最终体现在各个学院上。当然，各个部处的工作成绩离不开学院，各个学院的发展也离不开各个部

＊ 本文根据讲话录音整理，略有删改。

处，各个学院的工作也体现着各个部处的心血。学校办得好不好，关键在学院。

每年院长工作会议对学校发展都是具有战略性意义的。这次会议与前三次会议又有很大的不同，那就是要谋划未来若干年的发展思路，吹响未来十年腾飞的号角。本世纪初，我们提出用 20 年或更长一点时间把人民大学建成世界一流大学，当时叫"十年基础、十年腾飞"。经过九年的努力，我们认为"固本强基、全面提升、重塑形象"的第一阶段目标已经提前圆满实现，也就是本该到 2010 年实现的目标已经提前到现在实现了，差不多提前了一年吧。我们人民大学已经真正站在一个新的历史起点上，现在要具体谋划未来"十年腾飞"的问题。这次会议最核心的主题就是吹响十年腾飞的号角，谋划未来十年发展的蓝图，对蓝图的轮廓性问题进行构思和讨论，当然其核心还是学科建设和人才培养质量。如果这个主题基本能实现的话，那么这次会议在人民大学创建世界一流大学的历史进程中就带有里程碑的意义。希望大家沉下心来，高度聚精会神，开好这次会议，并做好会议的后续性工作。

围绕上述主题，我主要讲四个问题，一是吹响十年腾飞的号角，二是进一步明确学科建设的规划和发展思路，三是切实抓好学风问题，四是进一步提升国际性。

一、吹响十年腾飞的号角

新世纪以来，我们高举"发展、创新、和谐"的旗帜，弘扬"立学为民、治学报国"的人大精神，坚持"1231"的总体思路没有改变，没有动摇，念了一个"十八字"发展真经（人民、人本、人文，大师、大楼、大气，真情、真想、真干），走出了一条"内涵提高、特色强校、质量第一"的科学发展道路。前不久，习近平同志来我校的时候，高度肯定了这个发展道路，他说：人大发展有自己的路子，走了一条有特色的发展道路。

校园建设方面，以明德楼的建成为标志，从根本上改变了学校的教学和科研条件；以知行楼群的建成投入使用为标志，极大改变了学生的住宿和生活条件；以世纪城时雨园投入使用为标志，从根本上改变了教职工的住房和生活条件。这几个硬件条件的改变使人民大学的外在面貌有了很大变化。

学科建设方面，在第三轮重点学科评审中，我校以 33 个重点二级学科、8 个重点一级学科在人文社会科学领域居于全国第一位。在教育部学位评估中心年初公布的一级学科排名中，我校有 7 个一级学科全国排名第一，在人文社会科学领域居于第一位。这两个评估、评审都是教育部有关单位组织和发布的，具有权威性。这两次评估和评审标志着人民大学的学科建设、科学研究、人才培养取得了巨大的成就。

与此同时，人民大学在新世纪的发展过程当中服务社会、引领社会、贡献社会，还起到了三个排头兵的作用：一是呼吁全社会重视人文社会科学，成为发展和繁荣人文社会科学的排头兵；二是重估国学价值，成为弘扬和研究中国优秀传统文化的排头兵；三是抵制市场诱惑、反对教育产业化、市场化思潮，成为坚守大学使命、守护大学精神的排头兵。在这三个方面，人民大学为国家高等教育的发展作出了自己独特的贡献，这也是重塑人大形象的极其重要的方面。

由此可见，人民大学的综合实力、核心竞争力有了很大提升，对内凝聚力、对外影响力达到了一个新的水平，人大在新世纪重塑辉煌的努力应当说已经取得了阶段性重大成果。九年来，我们"固本强基、全面提升、重塑形象"取得了很大成绩，社会影响力进一步提高。人民大学作为中国最著名的高等学府之一的辉煌形象、作为知识殿堂的辉煌形象树立起来了。过去有些人并不太这样认为，而只是认为你是"培养干部的"，是"第二党校"，而不是学术殿堂，现在对于人民大学的认识有了根本性转变。过去九年的艰苦奋斗、重塑形象，为十年腾飞打下了很好的基础。

对"十年腾飞"和建设世界一流，大家要有一个清晰的认识。怎样就算是"世界一流大学"了呢？前不久，常务副校长袁卫同志参加教育部关于讨论世界一流大学标准问题的会议。其中提到人文社会科学达到世界一流大学水准大概要有四个方面的标准：一是要努力在一些基本办学指标方面，接近或者达到世界一流水平，比如说生师比、人均学术论文发表情况、生均投入等。二是对国家经济、社会发展的贡献率达到世界一流水平。任何一所世界一流大学都是对本国经济、社会发展作出重大贡献的。我校高教研究室研究发现，美国一流大学不仅对国家，而且对所在社区也作出巨大贡献（我们人民大学这几年对北京市作出的贡献也是前所未有的，人文奥运研究就是对北京市作出的大贡献）。三是若干学科具有国际影响力，这一影响力包含两个方面：一方面是水平很高，另一方面是介绍出去让人家认识和认同。帮助国外同行了解中国、认识中国，那才叫国际影响力。人大应该说在这方面做得还很不够，我们有很多高水平成果，但没有介绍到国外去。四是具有鲜明的办学特色和先进的管理水平，体现先进的办学理念和大学文化。人民大学的办学理念、办学特色和管理水平应当说目前在国内还是比较先进的，在这方面我们当然还应该继续努力。我们应该把这四个方面作为我们努力的方向。当然可能还有第五、第六方面，这里的每一个方面也都要具体化。但从这四个主要方面来衡量，我认为大体上是恰当的。从这四个方面来看，我们学校都是有条件和能力冲击世界一流的。

建设世界一流大学，人民大学现在"天时、地利、人和"都具备。

"天时"就是我们碰到了很好的时代。建设世界一流大学确实要有我们的努力，但碰不到好时候，你能干事吗？"天时"就是党中央、国务院、教育部、北京市对人民大学的关怀和强有力的支持：2002年江泽民同志考察人民大学，期望把人民大学建设成为"以人文社会科学为主的世界知名的一流大学"；去年胡锦涛总书记到人民大学作出了"发扬传统，办出特色，办出水平"的重要指示；去年10月，主管教育的国务委员刘延东同志返回母校，提出人民大学要办成创建世界一流大学的示范区、提高人才培养质量的试验田、促进中外文化交流的排头兵，这是基于国家形势发展的需要，也是基于对人民大学的认可和信任。现在我们碰到了最好的时候，人民大学不再是处在边缘化的状态，而是得到了党和政府的高度关注和大力支持；改革开放和现代化建设的大好形势为人民大学的发展提供了无穷无尽的舞台。从这两个方面看，"天时"非常好。

"地利"就是学校新世纪九年的发展为"十年腾飞"提供了良好的基础。"天时"是时代的赋予，"地利"就是我们自己的状况。我们这些年事业发展的数据就不详细说了：相比 2000 年，学生总规模大致翻了一番，专职教师增长 46％，固定资产增长 6.5 倍；新建的教学、科研和学生生活用房，则比前 50 年总和增长 1.45 倍。而且学校财务状况良好，没有外债，财务很安全。这几年，学校无论是思想政治工作还是各项制度建设，应当说都积累了新的经验，软环境状况相当不错。这些都是我们的"地利"。

"人和"就是建设世界一流大学的奋斗目标反映了广大师生的热切期盼，反映了广大人大人的意志。广大师生员工和广大校友高度认同人大成就，高度认同人大目标，凝聚力很强，团结和谐，人气很旺，要建设"人民满意的世界一流大学"，可以说大家是"意气风发"。爱校荣校的自豪感、荣誉感、归属感空前高涨，办事干事的积极性、主动性、创造性空前地迸发出来。有了这样一支团结奋斗的队伍，有了这么多师生员工的鼓励与支持，我们就有了发展的动力和源泉。学校"想干事、能干事、干成事"的氛围很浓郁，绝大部分人都想为人大建设"人民满意、世界一流"大学的历史进程添砖加瓦，发挥自己的光和热。

基于这些方面的考虑，我们吹响"十年腾飞"的号角，提出力争用十年左右时间跻身世界一流大学行列这样一个目标是时候了。这里还有一个很大的背景：胡锦涛同志在视察北京大学、中国农业大学时，都提出了加快建设世界一流大学的号召；中央领导同志提出，到2020年中国应该有若干所大学进入世界一流。在我印象中，提出具体时间要求，这是第一次，这肯定是中央在全面分析国内外经济以及社会发展的水平和趋势的基础上定出的一个战略目标、战略决策。

有了这些年的积累和基础，有了"天时、地利、人和"，也有了建设世界一流大学的可比较、可衡量的目标，我们用十年左右的时间是有可能实现理想的，所以要奋力争取。我认为人民大学法学院现在差不多是世界一流法学院了，我到国外访问，人家都知道人大法学院很好。像这样的学院，人民大学再来几个，并且始终保持很好的发展态势，我看就可以实现我们的目标。以上是第一个问题——为什么现在提出吹响"十年腾飞"的号角。

二、进一步明确学科建设的规划和发展思路

十年腾飞，工夫还是要下在学科建设上。我再强调一下我们按照"三个意识、一个体系"的思路狠抓学科建设。"三个意识"即以人文社会科学为主的特色意识、我国人文社会科学研究主要基地的基地意识、中国一流并力争跻身世界一流的一流意识，"一个体系"即"主干的文科、精干的理工科"的学科体系。我们同时坚持"巩固提升优势学科，大力发展应用学科，扶持基础学科和新兴交叉学科"的工作方针，加大了资金投入和人才引进力度，加大了能力建设的强度，坚决而稳妥地整合了校内学科资源，所有这些都使我们的学科实力进一步增强，布局更加合理。我们还要坚持"整体推进、重点突破、强化优势"的工作方针。我们这些年一直是按着这样的思路和方针来工作的，在学科建设上取得了很大的成绩。除了工作思路和方针，这些年我们还一直抱着"居安思危、居危思危、自警不懈、自强不息"这样一种精神状态来搞学科建设，多次进行学科分析，重点查找问题。对所做的工作，我们总结为"四个持续"：一是持续千方百计地大力加强能力建设，包括师资队伍建设、硬件建设等；二是持续千方百计地

大力提升科学研究水平，包括重大学术理论与现实问题的基础研究和对策研究的深度与广度；三是持续千方百计地大力开展国际学术文化交流；四是持续千方百计地大力创造有利于学科发展的制度环境，倡导学术自由，保障"双百"方针的正确贯彻执行，倡导"事业留人、机制留人、感情留人、正气留人"，鼓励出成果，"出精品、出上品、出传世之作"。

目前我校的学科发展状况如下：在全部 12 个学科门类中，我校在哲学、经济学、法学、文学、历史学、教育学、理学、工学、医学、管理学等 10 个学科门类中有博士或者硕士学位授予权（只有农学、军事学没有学位授予权）；我校现具有博士或硕士学位授权点的一级学科涉及 29 个，其中博士学位一级学科授权点 14 个，全部为人文社会科学学科，现有博士学位二级学科授权点 104 个（含目录外自主设置的 24 个）；硕士学位一级学科授权点 6 个，硕士学位二级学科授权点 157 个（其中目录内 116 个，自主设置 33 个，专业学位 8 个）。还有 9 个一级学科下设硕士二级学科点但没有一级学科硕士授予权。

应当说，我们在人文社会科学领域优势非常明显，但也要看到存在的问题。一是相对于一些优势学科，还有些学科与学校整体水平不相称。比如说外语学院整体比较弱，其中个别专业没有硕士点、没有博士点，甚至没有教授。在人大还有这样薄弱的学科，我们确实应该感到惭愧，感到责任没尽到。分管领导要重视这些问题。外语、艺术、数学这些学科门类都存在类似情况。我校艺术学院成立 10 年了，虽然能拿出像样的艺术品，这很重要，但至今缺少像样的学术论文，这恐怕是个遗憾。二是相对于我校的社会学科来讲，人文学科还需要大力加强。应当认为我校的中文、历史、哲学都有相当的实力，尤其是哲学现在全国排名第二，应该有实力把第一拿下来，历史要继续保持全国第五，中文大幅度提升则完全有可能。三是相对于排名相近的高校，我们部分学科在部分指标上并不存在优势，新闻学、社会学虽排名全国第一，但并不具有绝对优势，经济学、法学等优势大一些，但也不能掉以轻心。四是学术成果虽然数量上有明显优势，但是缺少具有重大影响力的成果，国际性水平明显偏低，在质量水准上或者国际性上差距也不小。最近发生两件事情，我认为敲响了警钟：一是获得的社科基金面上项目数量在连续六年保持全国高校第一的情况下，今年一下滑到第四。一些重要学院这两年表现都不太好，有客观原因，但也要查主观原因，今后要奋力去争取。二是这次优秀博士论文评选，我们有 6 篇入围，只有 1 篇评上，比上年少了 1 篇。两件事同时发生，对我们是一个警示，很值得研究。

下面我讲一讲今后的发展思路：

（一）目前排名全国前三名的学科要考虑哪一些学科能跻身世界一流

我们的经济学、法学、社会学、政治学、新闻传播学、马克思主义理论、哲学、工商管理等学科要冲击世界一流。冲击世界一流应该主要还是主流学科，我们的经济学院、财政金融学院、法学院、社会与人口学院、新闻学院、商学院、公共管理学院、国学院、哲学院等要逐步建成世界一流学院。大家不要小看国学院，它的西域研究、汉藏佛学研究现在肯定进入世界一流的行列，国学院（还包括加上汉语国际推广研究所和相关学院的力量）成为世界一流的中国传统文化研究中心，也就是国外所讲的汉学研究中心，应该是有可能的。

下面我就几个排名第一的学科谈谈具体的看法，不讲优势和成绩，主要谈问题和不足，特别是值得注意的问题，请大家琢磨。

经济学存在的问题有三个：一是学科整体的国际性亟待提高，具有海外学术背景的学术骨干，特别是在国外获得博士学位的教师人数依然偏少，特别是在著名国际学术机构、国际权威学术期刊担任相应学术职务的教师屈指可数，国际顶级成果发表数量偏少。比如，经济学院对在顶级刊物发文设有 10 万元大奖，但至今没有人能获得。二是在基础理论研究和治学咨政方面都需要加强，人民大学的经济学基础理论研究是最强大的，相对于过去的辉煌，现在的基础研究似乎少了一些；在咨政方面，虽然我们的宏观经济论坛和资本市场论坛都已成为常设性论坛并在国际上产生了一定影响，但我们觉得还应该进一步加强，尤其是要大踏步走向国际。三是技术支撑投入需要进一步加大，要进一步探索。

法学的问题主要是大力提升国际性的问题，学科国际性水平有待进一步提高，教师和学生的国际交流能力有待进一步提高。在学术成就方面，教师在国内顶级学术期刊和国外学术期刊发表文章的数量也有待进一步提高。另外，人才梯队仍然存在不够合理的问题，主要是青年讲师人数过少；人均科研著作、论文数量目前也还不平衡，有的发表很多，有的发表很少。这些都制约着法学院的长远、持续发展。

社会学存在的问题有三个：一是师资力量优势不很明显，在此轮学位评估中心的评估中，我们社会学在此分项上仅有微弱优势。二是重要二级学科人类学明显处于劣势，与目前社会学排名第二的学校北京大学相比，我校的人类学在声誉、师资、科研成果等方面仍有较明显差距。三是在学术声誉方面还有欠缺，两轮评估中我校社会学在这一分项中都排在了第二。所以，"居危思危"，并非危言耸听。

政治学存在三方面问题：一是在师资队伍上还要下大工夫，整体规模还不够大，有海外学历和学位的人员也还偏少，部分教师的研究领域也偏窄；二是各层次学生的国际交换项目偏少；三是科研相对说来并不是太强，获奖数相对较少，纵向和横向的各类科研项目的数量也有待进一步提升。政治学现在取得了与北大并列第一的成绩，将来要继续保住第一，任务艰巨。

新闻学的问题：教师队伍建设在多元化、年轻化和国际性这三个方面存在着结构性问题；科学研究存在高端不足、创新不足、协作不足三大问题。其次，教学工作也需要在全新环境中改革课程体系，跟上时代发展的步伐。这也是一个需要居安思危、"居危思危"的学科。

我相信，上述这些学科如果注意到了这样一些问题，并下大工夫切实采取有力措施，全国排名第一的地位就很有可能继续保持下去。

（二）其他学科怎么办

需要整体推进，但也需要重点突破。一是要采取切实措施，继续向人文学科倾斜，包括文、史、哲、国学、艺术、外语等等。二是马克思主义理论研究要进一步加强，首先是基础理论的研究，放在国际大背景和改革开放大背景中来加强基础研究。其次是加强对以社会主义核心价值体系为代表的当前一些重大问题的研究。马克思主义学院应该在基础理论上拿出更多高水平成果，包括哲学院、国际关系学院等相关学院都要在这两方面加强。三是管理学方面，工商管理要在国际通行和中国特色这两方面同时下工夫，争取进入全国前两名（现在是第三名）；公共管理领域的各有关学科也希望能够得到进一步加强，例如教育学，虽然大家很努力，但并没有达到预期水平，我们期待有更快更大的进步。四是加强理工和交叉学科建设，环境科学、计算机科学、物理、化学、数学要有建成一流的志气。教育部副部长陈希同志前不久来人大时，对物理和化学的"小而精"、"高起点、高水平"建设方针给予了充分肯定。我校环境学科很有特点和特色，在国际上很有知名度，但要在凝练学科方向上作出更大的努力。计算机这一块也希望能在凝练和合理布局学科方向上下更大的工夫，并加强队伍建设，这是人大比较老的学科，希望有大的起色。

关于学科覆盖面，在未来十年要有总体考虑。初步设想，在未来五年，外语、物理、化学、教育学、艺术学、数学要设立博士点；未来十年，争取增加5至6个一级学科博士授予权，达到19或者20个；未来十年，在现有21个人文社会科学一级学科中，我校要争取覆盖其中的19个学科（体育学和民族学覆不覆盖要再研究）。

（三）在学科建设上我们想搞几个方面的工程，也就是在各学院各自为战的基础上，提出学校层面上的综合性的几大工程

其一，在能力建设方面：一是进一步加大数据工程与知识工程重点实验室建设的力度；二是进一步加大中国调查与数据中心建设的力度，包括人文社会科学调查数据平台建设、中国综合社会调查（CGSS）建设等。尽管在这些方面已取得实质性进展，但仍需进一步充实、完善。

其二，在基础研究方面：要进一步重视基础研究，一是马克思主义基本理论，二是中国传统学术文化，三是经济学理论，四是哲学理论，在这几个基础研究方面要推出重大研究项目。

其三，在跨学科研究方面：我们要在中国特色社会主义理论体系、中国经济政策、中国传统文化、经济全球化、政治多极化、金融危机与世界经济秩序、可持续发展、社会福利、公共政策、人文北京等方面组织实施一系列重大跨学科的研究项目，进一步加大整合资源的力度。

这几个需要重点加强的方面，要以一定的名目或载体列入规划。具体是什么名称我们可以再讨论，但是这个工作思路要明确提出来，要长期坚持下来，列入"985工程"之列。

其四，在教材建设方面：新时期要有新的引人注目的成就，新编多少本、修订多少本，都要有一个具体的规划，也包括翻译多少本、引进多少本。例如国学院经典解读系列教材，就应该是项目之一。我们主张优秀教材主要不是新编，而应该重视修订；我们主张名教授编教材；我们还主张集体编写教材。这里讲的教材主要是本科教材，研究生的教材建设也要有明确的规划。总体来讲，要在过去工作的基础上，结合"十年腾飞"的要求制定出一个未来十年的教材建设规划。

各个项目要尽快确定主题，选好带头人，展开相关工作，力争在3至5年内推出具有重大影响力的研究成果。所有这些均列入"985工程"建设。

（四）要继续大力加强队伍建设

一是在规模上和结构上，继续在扩大和优化方面做文章。人民大学的生师比现在偏高，在未来五年争取降到 16∶1 乃至 14∶1。有几个学院，生师比太高，更应该认真考虑这个问题。它们这几年已经一直在引进教师，希望继续努力，如有什么具体问题，找人事处协商解决。要认识到，一流大学的教师队伍要达到一定的规模。教师结构问题主要涉及梯队结构、年龄结构、性别结构、海外引进和国内选留，这些结构性问题要解决好。像刚才谈到的有些学科，人事处要做到填平补齐，像法语这样的专业，要在结构上和规模上同时做文章。

二是对顶尖级人才实行引进和培养相结合的方针，大力提升高端人才的数量和质量。结合国家的"千人计划"，加大海外人才的引进力度，现在我们有一位（蓝志勇教授），未来五年希望能引进 5 位左右。中组部和教育部刚刚发文件，指出列入"千人计划"的学者一并由国家颁发"国家特聘专家"聘书。最近国家对引进海外人才高度重视，如果不抓紧，人民大学就会错失机遇。我们在新世纪初提出的"百人工程"已经圆满实现，现在想提出"双百工程"，即未来十年引进高水平人才100 名，海外引进主要是正教授或者是有希望成为正教授的中青年学者，国内引进则主要是正教授；同时人民大学自己培养 100 名高端人才，以副教授为起点。纳入这个工程之内的，学校要采取特殊措施。在科研经费等各个方面都要有一些政策性的倾斜措施。把国家"千人计划"、"长江学者"、新世纪"百千万人才工程"纳入学校"双百工程"之中。我们已有不少高端人才，再来个"双百工程"，那人大将来就更不一样了。

三是机制创新。在用人机制、考核机制、评价机制上创新，包括薪酬待遇，高端人才的薪酬待遇肯定还要进一步提升。当然，要坚持学术本位，要绩效挂钩，要弘扬正气。

（五）人才培养的创新问题

一是要在人才培养的国际性上下大工夫。我们的目标是建设世界一流大学，但学生参加国际交流的比重较低。这次国际小学期的经验要好好总结，争取越办越好。学生的国际交流在本科生阶段就应该加大，研究生阶段跟上；师资队伍建设要与此相适应，无论是在外语教学方面还是在专业教学方面，外籍教师的人数都要加大。二是本科教育要继续完善、加强通识教育，这是人才培养的极其重要的方面。有一些学院，应用性课程太多，应该适当砍掉一些，加大通识教育。要让学生多读经典、元典，加强基础知识的学习，这对于培养创新能力具有重要意义。三是研究生实行分类培养的问题。要进一步细化分类培养方案，根据时代的要求与时俱进。硕士层次的学术性研究生数量要适当减少，职业性的专业学位学生规模相应扩大。四是继续加强和完善研究型教学和实践型教学，创新形式，提高人才培养质量。五是鼓励学生多读书，读好书，博览群书；大学生不读书，问题会很大。六是大大加强招生工作，尤其是研究生招生工作要进一步优化生源结构。

三、切实抓好学风建设

关于学风问题，这些年来，大家日益关注。教育部多次下发相关文件，还专门成立学风建设委员会，秘书处就设在人民大学。各个学校也很重视，发了很多文件。这既说明大家对学风问题的重视，也反映了学风问题的严重性。最近一段时间媒体上充斥着关于学术不端问题的各种报道。学术造假，学术论文、学位论文的抄袭剽窃行为，都可以说不是个别现象，大家都见怪不怪了。在当今网络媒体化的情况下，有关这类问题的炒作有时还成了不稳定因素，它可以严重损害一个学术单位的声誉，甚至造成严重的矛盾和不稳定的局面。最近我校研究生院引进了一个软件，通过该软件抽检，居然有不是个别的博士学位论文有"复制率"偏高的问题。评职称时也发现个别教师有学术不端的问题。更为严重的是，我们发现有个别教师不认为这是严重问题，甚至有老师认为七拼八凑并没有太大不正常，认为就是这样做学问的。我在 2004 年教育部学风建设的一个座谈会上的发言讲过："毫不夸张地说，任何一个对我国学术研究有所关注和了解的人都会发现，像急功近利、浮躁、脱离实际，漠视和侵占他人成果，片面追求数量、粗制滥造，弄虚作假，学术批评庸俗化，一些学术评审的行政化，等等，已经成为极为普遍的现象。这些不良现象严重地损害了学术研究的环境，影响了学术的声誉，挫伤了广大研究者的积极性和创造性，危及了人文社会科学的健康发展。"这是就全国的情况讲的。我相信当前学风问题不仅人文社会学科存在，在理工农医学科也存在。如果学风问题得不到解决，我们谈不上提高人才培养质量，谈不上学科建设，当然也根本谈不上建设世界一流大学。当前，要把扎扎实实地解决学风问题当作人民大学的一件大事来抓，当作实现"十年腾飞"，建设世界一流大学的一个战略性问题，应引起各位院长的高度重视。

当前突出的学风问题似可归纳为以下四类：

第一类是学术腐败。利用手中学术权力把资源当作资本来交换，为个人或小团体谋取利益。这是违法行为，有的甚至是犯罪。

第二类是学术不端。学术不端指的是违背学术道德和学术良知，不尊重基本学术规范的行为。今年 3 月份教育部的通知把学术不端行为分为七类：一是抄袭、剽窃、侵吞他人学术成果；二是篡改他人学术成果；三是伪造或者篡改数据、文献，捏造事实；四是伪造注释；五是未参加创作，在他人学术成果上署名；六是未经他人许可，不当使用他人署名；七是其他学术不端行为。学术不端虽然未必违反刑法或犯罪，但突破了学者的基本道德底线，侵犯了他人的学术权益，污染了学术空气，败坏了社会风气。这些学术不端行为，不能说人大都有，但是好几项人大都有个别存在。

第三类是学术庸俗化。以庸俗化和急功近利的态度对待学术。有的东抄西凑，粗制滥造，制造学术垃圾；有的个人山头主义，排除异己，"窝里斗"；有的食古不化，食洋不化，甚至拿国外二流、三流成果，冒充一流到中国。所有这些都是学术庸俗化的情形。

第四类是学术消极现象。缺乏学术理想和学术抱负，得过且过，人云亦云，不搞科研，不搞学术，随波逐流，从来不思考什么问题。说老实话，这些人很难算是学术界人士，这样的人在人大恐怕也不止一个或两个。

对上述这些情况和问题，我们应该严肃对待，对学术腐败和不端行为坚决查处，坚决抵制，对庸俗化和学术消极现象，我们应该追根溯源，正本清源，加强教育，营造一个积极健康的学术环境。学风的建设问题当前应是人大建设世界一流大学进程中必须高度重视的问题。学术腐败和学术不端是我们的大敌。

学风问题的根源可以从两个方面来找：一个是外因，一个是内因。

外因是社会环境的影响，主要是不能正确地认识社会转型和市场经济，也包括我们国家在市场经济建设过程中受到较大的新自由主义影响造成的一些认识上的问题。市场化浪潮波及国家方方面面，教育领域市场化浪潮也是很盛行的：忽视教育的基本职能，把教育当作产业，不是为了学术而是为了赚钱，将学术的崇高使命置于脑后，物欲横流，金钱至上，这些不良思潮对高等教育确实产生了严重的负面影响，特别是20世纪90年代中后期以来影响很大。甚至有把学校办成学店、教师成了老板、学生成了雇工之虞。这些问题，不仅在学校，在一些政府机构和领导那里也有这种思想和这种思维。那种思潮忘记了"公益"的概念，忘记了"为民"的宗旨，只有"功利"没有"主义"。如果处在这样的风气当中，学生怎么能健康成长？诚信丧失、没有理想，天不怕、地不怕、人不怕，没有敬畏之心，更没有感恩之心，只有个人为中心。这是我们所不愿看到的。当然，大学是相对清净之地，还是有很多优秀人才聚集在这里。人大有很多优秀教师，主流是好的，但是我们的学风问题也已经到了必须予以高度重视的程度。我记得80年代，在我们学校发现个别教师写论文时一个自然段（三行）抄了别人的，就要进行批评，要作深刻检查。现在情况可能远不是这样，问题要严重得多。内因就是一些教师、学生放松了对自己的要求，道德、人格不完善，学术信仰迷失等等，一句话，是世界观、价值观出了问题。

孔子曰，"人而无信，不知其可也"。如果我们的教师、我们的学生在诚信问题上尚且如此，教师怎么可能成为一流的教师？学生怎么可能学到扎实有用的知识？我们的学校又怎么可能建成世界一流的大学？所以，对于个别教师、个别学生的学术不端行为，学校绝不会手软，一旦查实，不管是什么人、什么头衔，都得进行严肃处理。学者失掉了诚信，就不成其为学者；学术缺少诚信，就没有存在的价值。

现在怎么办呢？我想我们不能说大环境不好我们就没有办法之类的话，我们不应当随波逐流，也不能说等到大环境好了小环境自然会好。不能有这样一种观念。要拿出勇气，想出实际的办法。在这个问题上人民大学应当走在社会的前列，努力克服和杜绝不良之风对校园的侵蚀。我们应当刻不容缓地把学风建设作为人民大学软环境建设一个最核心、最重要的问题，放上议事日程。

今年 6 月 26 日，在我校举行的"中国人文社会科学论坛 2009"上，我在发言中讲道："市场经济是一把双刃剑，在有效配置资源的同时，伴随着市场经济而来的金钱至上、物欲横流、假冒伪劣、道德沦丧、精神空虚等与社会主义精神文明建设背道而驰的现象也随之而来。我们如何建设一个有道德的而不是充满贪欲的市场经济？如何使市场经济中的参与者有一个道德底线，有一颗敬畏之心？如何在关注国民物质生活的同时更加关注其精神生活？如何通过社会主义文化的大发展大繁荣来重建精神家园？如何克服社会上所谓'有金钱无知识，有知识无文化，有文化无审美，有审美无信仰'的现象？"我提了一系列问号，我们人文社会科学工作者不但自己要身正，还要引领风气，为营造一个清洁的学术环境贡献智慧。也只有自己身正，才能引领风气。人民大学应该在这方面贡献智慧，引领社会，与有识之士一起解决这个问题。

加强学风建设，我想主要应从三个层面着手：

1. 在教师和学生中弘扬正气，树立良好的学风。号召我们的教师培养"士志于道"的浩然之气，人文社会科学教师应更多一些人文主义情怀、理想主义情怀。

胡锦涛总书记在前年教师节座谈会的讲话中指出，要养成求真务实和严谨自律的治学态度，恪守学术道德，发扬优良学风。要树立高尚的道德情操和精神追求，甘为人梯，乐于奉献，静下心来教书，潜下心来育人，努力做受学生爱戴、让人民满意的教师。这些话看似老生常谈，其实切中时弊。学校在教师道德操守的规定方面要进一步完善，要制定清晰的教师道德守则。对违反教师道德的不端的学术行为，只要发现，一定严加惩处，决不手软。我们既要注重道德教育，也要加强相关制度建设，并在必要时运用法律的手段。

2. 加强院系的作用。要进一步加强院系组织在学风建设当中的责任和作用，恢复一些良好的传统做法并将之上升到制度层面，鼓励团结、淳朴、共同进步的学风。

最近我校高教研究室在研究中找出了中国人民大学50年代初成仿吾老校长等人写的关于中国人民大学教研室的工作、系的工作和教师的工作等三篇文章，大家看了之后感慨很深，深受感动，认为50年代的时候，人民大学的学风是多么好、多么清新，人民大学不愧为一所名校，踏实严谨，团结协作，学术的尊严得到充分彰显。比如当时的系，也就是现在的学院，都有明确的教育目的与完整的教育计划，每一个教研室有教研室的工作计划，每一个教师有自己完整的工作计划，非常严格规范。系里设有系委员会，那时也讲民主办学，教研室和系委员会经常开会，开会的内容都是关于怎样互相学习，提高教学水平和科研水平，在会议当中互相学习，提携新人，共同提高，共同进步。

其实这种良好纯正的学风，在80年代的人民大学仍得到了良好保持，我记得我当年在人民大学学习工作的时候，学风非常严谨朴实，学校很注重对年轻教师和学生理论素养的培养和训练。教研室一个星期开一次会，从不间断；要么讨论学科建设，要么讨论教学当中遇到的问题，要么有老师参加学术会议后回来汇报会议情况。问题出在90年代以后，市场经济的发展带来的极端急功近利思想、"重理轻文"思潮带来的文科学者的焦虑浮躁情绪，使得这些良好的传统被一些人遗忘甚至抛弃。即便如此，我们的很多学者仍保持着严谨认真的学风。比如，人口学系在邬沧萍老师的带领下，就数十年如一日地保持教研室每周共同学习一次的好传统。这种周会制度，人大还有一些机构也坚持了下来，同事之间注重相互学习，相互切磋，共同提高。

现在人民大学教师和院系的工作条件得到了根本性改善，尤其是明德楼建成以后，每一位教授都有自己的工作室，松散的状况有所改进，不少学院改进得很明显。今后，这方面工作还要继续加强，要上升到制度层面。院、系组织要组织教师在教学、科研上多下一点集体的工夫，教研室或系完全有条件一周学习一次或聚在一起进行学术交流和讨论，这样的优良传统应该广泛恢复起来。

3. 在学校层面，要进一步加强制度建设，营造良好的学术氛围。

学校要提倡探索，尊重探索，鼓励探索；坚决贯彻"百花齐放、百家争鸣"的方针，尊重学者的学术自由，提倡积极健康的学术争鸣和学术批评。研究生院、教务处、科研处和人事处要进一步研究完善教学科研管理制度、人才激励制度和人才培养制度，在调动大家积极性的情况下，保证人才培养和学术研究的质量导向。人民大学是以人文社会科学为特色的大学，应该在健全人文社会科学的评价标准和评价体系上作出自己的贡献。比如，要坚决摒弃简单的量化管理方式和手段，量化手段是要的，但简单量化是不行的，要着重看科研成果的社会认可度和影响力，包括同行的评价和介绍、学术界的引用率以及政府、企业的采用情况等，坚持定性评价与定量评价相结合；对原创性优秀成果加大奖励力度；还要注重分类指导，充分体现不同学科、成果的特点，理工科和文科不一样，文科里面人文学科和社会科学也不一样，自然科学、工程科学很注重论文，人文社会科学尤其是人文学科注重专著，过去的考核重视论文，对专著的重视可能不够，对这样的问题要分类考虑。在这方面，我们要学习国内外大学一些好的做法。据我所知，美国不少大学对各个学科的考核也是分类进行的，加州大学洛杉矶分校对社会科学的成果评价就比较注重项目和论文，对人文学科则比较注重专著。这些注重分类的科学做法我们都可以借鉴。

总之，学风建设，是我们今后"十年腾飞"的一个战略重点。

四、提升国际性

提升国际性是今后"十年腾飞"中的又一个战略重点。我们在提升国际性方面已经采取了很多措施。我们认为，没有国际性的提升，就不可能建成世界一流大学；要建成"人民满意、世界一流"大学，提升国际性就是要狠抓的战略性问题。我们去年院长工作会议的主题就是全面提升国际性，会议讨论了《中国人民大学全面提升国际性行动计划纲要》，规划了学校未来 5 至 10 年在学科建设、科学研究、学生培养、教师队伍、管理干部、国际伙伴、海外存在及校园文化等多方面的国际发展目标，标志着学校正式将提升国际性作为重要的发展战略。目前，学校正在积极完善《〈中国人民大学全面提升国际性行动计划纲要〉实施细则》，但由于各单位重视程度不一致，协调推进的力度不够，《实施细则》还没有正式发布。这一次院长会上我们要重新审视《实施细则》，结合一年来的新情况，认真讨论，会后加以完善，然后正式发布实施。

1. 国际合作方面。

在过去的一年里，我校新签校际协议 6 个，续签校际协议 3 个。至今，我校有合作伙伴学校 165 个，其中港澳台 15 个，国外 150 个，分布在五大洲 41 个国家和地区。2009 年 6 月，我校与沙特阿拉伯阿布杜拉阿齐兹国王大学签署了校际合作协议，标志着我校与世界主要文明之一伊斯兰世界的重要代表国家沙特阿拉伯建立了合作关系。

2. 国际会议方面。

2009 年 4 月，学校举办了亚太国际教育协会（APAIE）2009 年年会，来自 33 个国家的 345 所大学和教育机构的 684 位代表参加了会议，这是亚太国际教育协会第一次在中国举办年会，当时教育部郝平副部长来参加会议，他说这是新中国成立以来高等学校举办的规模最大的国际教育会议之一，会议涉及国家和地区之多、高校范围之广和层次之高以及国际化的与会模式在国内均属首创。这是人民大学提升国际性方面的一个重要成就。

3. 队伍建设方面。

过去一年里，我校共引进了 24 名海外教师；为开展国际小学期，我校邀请了 44 名海外教师前来任教；同时我们还选派了 61 名教师出国作长期研修。我们依托汉青经济与金融高级研究院在提升教师队伍国际性方面也取得了重要进展。

4. 国际发文方面。

2008 年较 2007 年国际发文数量继续提高，六大索引收录我校论文总数量有较大提高。但是我告诉大家，虽然我们国际发文的数量有所增长，但在国内高校的位次又向后退了。这就说明，其他大学在国际发表方面进步更快，人大相对位置在后退，确实让人忧心。

5. 人才培养方面。

过去的一年里，我校派出学生赴国外交流共 326 人，派出学生赴港澳台交流共 206 人。我校留学生人数也在稳步增长，截至 2009 年 6 月，共有留学生 1 557 人，来自 91 个国家和地区，分布在 21 个学院，其中，学历生的比例占 80% 以上。人才培养方面的大事情，是今年我们首次开设了"国际小学期"，现在看来效果很好。海外存在方面，截至目前，我校共参与了海外 10 家孔子学院的建设，其中欧洲 5 家、北美 2 家、中美 1 家、亚洲 1 家、非洲 1 家。过去的一年里，新建孔子学院 3 家，分别为意大利博洛尼亚大学孔子学院、哥斯达黎加大学孔子学院、美国密歇根大学孔子学院，都具某种代表性。

在看到成绩的同时，我们也要重视提升国际性方面存在的一些问题。总体来说，我们的学科整体国际影响力和竞争力不足，缺乏若干有能力引领中国学术走向世界的学科；科研整体国际影响力和竞争力有限，缺乏一批达到国际学术前沿水平并为国际所认识的标志性学术成果；教师队伍整体国际影响力和竞争力偏低，缺乏一批具有多元学科背景和国际影响的教师；人才培养体系国际性不够，缺乏一种具备国际战略眼光、国际先进理念的本国人才培养模式；提升国际性的制度保障体系的科学性、先进性不足，缺乏一整套迈向世界一流、成熟完备的制度设计和相关的配套机制，等等。"五个不足、五个缺乏"，这些不能适应建设"人民满意、世界一流"大学的目标。教师队伍方面，我们现在具有国际交流能力、能够独立出席国际会议进行学术交流的专业教师大概只有200多人，占全校教师人数的13％左右，人数实在太少，比例太低。行政教辅人员队伍中有海外学习经历的人数更少，比例更低。

今后拟采取的主要措施有以下几方面：

1. 要进一步加强国际性人才引进，提升教师队伍的国际性。

一方面，要在高层次、国际型人才引进问题上下真功夫，要采取超常规措施，打破体制、机制、组织等方面的束缚，为引进人才创造条件。继续以"985工程"的实施为契机，以汉青经济与金融高级研究院等学术特区和一批新的研究机构为增长点和新的平台，利用好国家"千人计划"等相关海外人才引进政策，以高标准、高要求聘请有欧美名校留学背景的高层次人才，以不同形式补充、改善、丰富我校师资队伍结构。要采取强有力的措施引进外籍教师，除了语言教师外，还必须加大聘请外籍专业教师的力度，既可以聘任国外大学的博士毕业生来校工作，也可以吸引国外教师来校以学术休假的方式短期执教。英文学报也需要聘请专职外籍工作人员，加强国际发行，加强刊物的国际影响力。

另一方面，要在培养自身队伍上下工夫。人才队伍建设的立足点还是要以我为主。要在继续保证常规工作的基础上进一步加大提升国际性的力度，如外派教师出国研修，严格年轻教师的选留制度和支持鼓励出国短期讲学项目等。管理队伍的国际性也是队伍建设的一个重要组成。组织部门要认真研究学院领导班子的搭配问题，尤其是国际性强的学科、专业，要重点培养一批有留学、访学背景，能够熟练地运用外语交流的后备干部。有关部门要组织实施好《中国人民大学行政管理干部海外培训计划》，继续办好行政管理干部的英语培训班。

2. 要进一步加强课程、教材建设，提升人才培养的国际性。

我们要及时总结国际小学期的工作经验，深入探索教学内容、教学方法和学期制度的改革思路，为学校提升国际性、创新人才培养模式提供借鉴。我们要把国际性课程建设、教材建设作为提升人才培养国际性的基础，加大各学院本科生课堂采用英语教学的力度，教务处要检查、抽查双语教学课堂的落实情况。出版社、书报资料中心要在进一步引进国外经典原版教材、刊物杂志的基础上，加强我们自身学术成果的翻译出版工作。

要在巩固现有留学生规模优势的基础上，进一步研究改善生源结构。要深入了解外国学生的需要，通过进一步研究全英文项目的结构，使我们现有的多个项目办成汇聚人才的项目，在招生、住宿、餐饮等方面也要做好具有针对性的服务工作。同时，还要开设更多的全英文课程。我们还要切实提高留学生毕业时的质量，不应照顾、不应降格，留学生和中国学生要统一标准，一视同仁。

要以多种方式大力加强我校学生与海外著名大学学生之间的交流活动，创造条件鼓励我校学生赴海外著名大学攻读硕士、博士学位。认真策划学生的对外交流项目，使人大的毕业生在未来的就业市场上更加具有国际竞争力。

3. 要进一步加强国际发表，提升科学研究的国际性。

要充分认识这一问题对我国形象、对学术发展、对高校声誉的重要作用。现在，各个学院在促进国际发表上采取了一些有力措施，比如经济学院，对国际发表的文章，根据刊物不同级别给予不同奖励，在国际排名前五位的经济类杂志发表一篇文章奖励 10 万，在 SCI 杂志上发表一篇奖励 5 万，在 SSCI 杂志上发表一篇奖励 2 万。其他学院也有采取类似办法的。国际发表很重要的一项工作是一个组织策划问题，建议由研究生院确定若干个重点发展的学科，帮助教师提高按照国际学术规范发表论文的能力。还要努力把我校英文杂志办成能够进入 SSCI 目录的英文刊物。要进一步加强国际发表，提升科学研究的国际性。一方面要加强国际发表，另一方面，要把人民大学自己办的杂志尽快推出去，争取进入国际学术界认可的行列。

还要办好学术特区。办几个国际人才聚集的学术特区，特别是要重视特聘专家的作用，以特聘专家为核心形成一个学术特区，形成一个团队。要通过办好学术特区来提升国际性。

总之，希望人民大学的全体同志对提高国际性问题进行更深入的思考。国家经济建设和社会发展的各个方面迫切需要国际性的人才，提升国际性要从国家发展的大局来考虑问题。从人民大学的战略出发来说也需要这么做，因为我们要建成世界一流大学。希望提升国际性能够引起大家进一步的重视，这是今后"十年腾飞"的一个战略重点。

人民大学与人文社会科学

人文社会科学与自然科学是"车之两轮"、"鸟之两翼"。新世纪要更加重视人文社会科学，摒弃"重理轻文"之陈规陋习，适其时也。中国人民大学素有"我国人文社会科学高等教育的重镇"的美誉，繁荣和发展人文社会科学，中国人民大学责无旁贷，大有可为。秉承追求真理、追求光明、追求进步的传统，坚持"人民、人本、人文"的办学理念，中国人民大学依旧要作为人文社会科学的一面旗帜，"始终奋进在时代前列"，建设以人文社会科学为主的世界一流大学。

浣溪沙·贺"中国人文社会科学论坛"

（2001 年 5 月 20 日）

高举人文社会旗，潮流引领辟新蹊。振聋发聩论坛题。
舍我其谁当未必，当仁不让应希期。闻鸡起舞不迟疑。

水调歌头·江总书记考察中国人民大学

（2002 年 4 月 30 日）

展览图书馆，弦乐逸夫堂。座谈共话成就，任重日方长。
显赫一流定位，大力人文社会，宏论阐新纲。走进新时代，伟
业向辉煌。

草凝绿，花竞艳，是春光。欢声雷动，天遂人愿满园狂。
一吐胸中块垒，荡涤心头郁结，四顾尽昂扬。豪气冲天起，挽
袖写华章。

建设以人文社会科学为主的世界一流大学[*]

——在建设世界一流大学动员大会上的讲话

(2000 年 11 月 18 日)

今天的这个动员大会是个非常重要的大会。在纪念中国人民大学命名组建 50 周年的时候，我们确立了建立世界一流大学这样一个目标，李鹏同志代表党中央向全国人民做了宣布，这对我们是极大的鼓舞和鞭策。学校党委经过认真的讨论之后作出了《关于学习贯彻中共十五届五中全会精神，深入开展"建设以人文社会科学为主的世界一流大学"讨论的决定》，开展讨论就是为了要把这个口号变成实实在在的行动，当然这不是一年两年的问题，而是需要长时间的奋斗。

讨论之中要注意四个问题，即为什么要建世界一流大学？什么是世界一流大学？中国人民大学能不能建成世界一流大学？中国人民大学应当怎样建世界一流大学？

一、为什么要建世界一流大学？

从世界范围看，这是一个国家高等教育发展和综合国力的体现，是一个国家政治、经济和文化发展到一定程度的必然要求，是民族复兴和现代化建设的必然要求。我们国家现代意义上的高等教育实际上

　＊ 本文根据讲话录音整理，全文曾用作《建设以人文社会科学为主的世界一流大学——中国人民大学教学改革与发展文集》代序，同时被《发展与繁荣人文社会科学》（纪宝成著）和《中国当代教育家文存·纪宝成卷》收录。

才 100 年，前 50 年由于种种原因发展缓慢。经过新中国成立以后 50 年的发展，特别是改革开放 20 多年的发展，我国的高等教育规模已经比较可观了。据我了解，1997 年开始，我国本专科毕业生的数量已经占据了世界第一位，超过了美国获得学士学位和副学士学位的总人数。可以认为，我们已经是一个高等教育大国了，但并不是一个高等教育的强国。在这种情况下，为了让高等教育更好地发展，不仅规模上要继续扩大，而且在层次上、质量上要上新台阶。因此，重点建设一批学校，一直是我国发展高等教育的一个指导思想。在进入新世纪的时候，江泽民同志在北京大学建校 100 周年的庆典上提出了建设若干所具有世界先进水平的一流大学的伟大号召，这就是要用追赶型的发展战略去建设若干所重点高校。这样，一方面能够在高等教育这个领域拉近、接近、赶上世界先进水平；另一方面也对其他大量的高等学校起到一个示范性的作用，把我们整个高等教育的水平迅速地提高上去。建设若干所世界一流大学是立足于国家的长远发展而从我国高等教育发展的客观实际所提出来的一项重大的战略性举措。

关于中国人民大学为什么也提出要建成世界一流大学，并不是因为北大、清华这样提了，我们眼红，不是这样。人民大学有两个方面应该考虑，第一个方面，党和国家一直关注着人民大学的发展，党的三代领导集体关心中国人民大学，我们如果不把人民大学办成世界一流大学，就有愧于党和政府对我们的期望。绝大多数同志可能都了解这段历史，一些年轻的同志可能不一定非常清楚，那就是 1949 年 12 月 16 日中央人民政府政务院根据中共中央政治局的建议，作出了《关于成立中国人民大学的决定》，1950 年 10 月 3 日举行开学典礼，当时实际上就是重点建设。1954 年 12 月，高教部第一次提出了建设重点高校，当时全国是 6 所，中国人民大学是 6 所之首，依次是中国人民大学、北京大学、清华大学、哈尔滨工业大学、北京农业大学和北京医学院；以后历次确立重点大学，人民大学均名列前位。后来"七五"、"八五"期间，人民大学都是重点建设的十所院校之一。到

90 年代前期，人民大学是首批进入"211 工程"建设的学校之一。可以说，新中国成立以来历次重点建设的高校都有人民大学。但是，经费投入严重不到位，"七五"重点建设基本落空，因为"七五"建设有一句话，"人民大学由中央各部委共同建设"，这个"共同建设"实际上落空了，没拿到钱。"八五"重点建设也是经费严重不到位，这跟"重理轻文"的倾向是有关系的，但是每一次至少名义上我们都是重点，从来没有少过。党中央、国务院也在人民大学身上倾注了大量的心血。作为这么发展起来的一所高校，我们觉得如果不把人大建成世界一流大学，有愧于党中央、国务院对我们的关怀。

第二个方面，从我们迎接新的世纪，迎接新的挑战来看，我们要为国家作出更大的贡献，就应当在竞争当中自强自立，努力把自己建设成世界一流大学。大家都很了解，20 世纪 90 年代以来，特别是高教管理体制改革以来，最近这三五年时间，高等教育改革和发展的形势发展得非常快，很多高校，包括许多地方名牌高校、教育部直属重点大学都建设得非常好，尤其在硬件方面。我觉得有些重点大学在声誉方面 20 年前甚至 10 年前和人民大学是不好比的，但现在在社会上的影响和地位，有不少应该说并不在人民大学之下了，有的给人的感觉甚至超过人民大学。这就是说目前面临着一个激烈竞争的形势。再加上高教管理体制改革，重新组建了一些"巨无霸"的大学。这些学校经过合并高校的资源重组，学科范围和实力进一步扩大，进一步增强。面临着这么一个变化的局面和局势，人民大学如果不发奋图强，不确立建设世界一流大学的目标，就会在未来的发展中受到很大的影响。所以我们提出建设世界一流大学这一奋斗目标的想法得到了教育部的支持，得到了党和国家领导人的支持，这次命名组建 50 周年纪念大会上就向全国宣布了。目前公开宣布要建设世界一流大学的，我们就是第三家了，这一点也是很不容易的。大家知道去年（1999 年）教育部和地方共建了一些大学，共建协议用了建设"国际知名的高水平大学"这个词，一共 7 所，后来就出了个所谓"2＋7"的提法（"2"

是指北大、清华）。但是教育部绝没有说只有这7所建"高水平"，别人都不是；也没有想到要把它变成一个台阶，变成一个层次。但是社会上就流传开来了，一些人认为人民大学不但似乎和世界一流大学无缘，与"国际知名的高水平大学"似乎也无缘了，因为这一次教育部没有与北京市共建你呀。这次在筹备纪念命名组建50周年的时候，党委讨论决定必须将建世界一流大学的目标提出来，最先我是向吕福源副部长汇报的，在今年（2000年）10月2日人大附中50周年校庆庆典上，我对他说从任何一个角度看我们都必须提这个奋斗目标。他完全同意我们"建设以人文社会科学为主的世界一流大学"的提法，并说回去向陈至立同志汇报。在命名组建50周年纪念大会上，这个提法就正式确认了。从此开始，我们也就确立了建设世界一流大学的奋斗目标。从国家需要，从高等教育发展的需要，从人民大学的历史地位、学术实力和自身的发展需要，从任何角度讲，确立建设世界一流大学的奋斗目标都是非常必要的。这是我讲的第一个问题。

二、什么是世界一流大学呢？

这个问题很多同志已经讨论过了。江泽民同志在北大100周年校庆的时候，讲了这么一段话："为了实现现代化，我们要有若干所具有世界先进水平的一流大学。这样的大学，应该是培养和造就高素质的创造性人才的摇篮，应该是认识未知世界、探求客观真理、为人类解决面临的重大课题提供科学依据的前沿，应该是知识创新、推动科学技术成果向现实生产力转化的重要力量，应该是民族优秀文化与世界先进文明成果交流借鉴的桥梁。"我们认为，这"四个应该是"就是世界一流大学的基本特征。关于世界一流大学，世界上没有任何权威机构来进行评定，也没有世界公认的、统一的评价标准，但这并不意味着世界一流大学不存在，也并不意味着不存在世界一流大学的客观标准。80年代以来，不少国际组织对世界上最佳的大学进行排名，1986年，亚洲一些国家和地区高校的管理人员和教师曾经通过投票的方式，选出他们心目当中世界上最好的前 10 所著名大学，结果是哈佛大学、剑桥大学、牛津大学、斯坦福大学、麻省理工学院、东京大学、耶鲁大学、加州大学伯克利分校、巴黎大学、哥伦比亚大学和康奈尔大学（并列）。1994 年，亚洲学者对全世界的大学进行了调查，也排出了前 10 名，哈佛大学、剑桥和牛津大学（并列）、斯坦福大学、加州大学伯克利分校、耶鲁大学、东京大学、巴黎大学、密歇根大学和普林斯顿大学（并列）。1994 年，瑞士的日内瓦国际教师协会评出了世界十佳大学，分别为斯坦福大学、哈佛大学、麻省理工学院、加州大学伯克利分校、普林斯顿大学、剑桥大学、耶鲁大学、牛津大学、东京大学、慕尼黑工业大学。三个不同的排名由不同的角度、不同的年份、不同的人评出来，可以看出，里面有若干个重复的，这就说明世界一流大学还是有其客观标准的，并不因为不存在一个国际权威的评价机构，国际一流大学就不存在。

把这些大学的一些共性归纳起来，大概应该有八个方面：

（1）有一流的生源，是众多的学子家长向往的学校，社会声誉极高。这是评价是否世界一流大学的重要标准，像哈佛大学的录取比例是 10%～15%，100 个人报考，只录取 10 个人到 15 个人，有的学院可能更低，100 个人报考只能取 5 个，优中取优，择天下英才而育之，一流大学是集天下英才育国家栋梁，没有这一点就不是一流大学。当然我们国家有个高考制度的问题，高考制度和国际上不完全一样，但是生源情况仍是评价中国人民大学是否具备建设世界一流大学条件的极其重要的标准。

（2）一流的师资。一流的师资不是天上掉下来的，要有好的机制：一是严格的选拔评聘制度，二是优胜劣汰的竞争激励机制。有这两条，才有可能建立起一支高水平的师资队伍，才有可能涌现出一批学术大师。没有一批学术大师怎么能叫一流大学呢？在我校命名组建50 周年纪念大会上，陈至立部长明确提出希望中国人民大学能有一批学贯中西的大师级的人才。没有一流的师资队伍，根本谈不上一流大学的问题。

（3）一流的多科性学科。不光学科是一流，而且应当是多科。学科是人才培养的基本单位，是理论创新的源头，也可以认为是技术革命、制度创新、经济增长点的一个肥沃的土壤。没有若干个一流的学科，根本谈不上一流的大学，要在学科建设上下很大工夫。

（4）一流的科学研究。作为世界一流大学，应当有划时代的科研成果、原创性或前沿性的科研成果。如果教授们每年在核心期刊上发表一两篇文章都感到困难，哪里还能谈得上建世界一流大学？

（5）从世界一流大学来看，共性的东西还有一流的国际学术影响。它应当成为优秀传统文化和世界先进文明交流传播的中心，否则怎么建设一流大学呢？你的学术影响是国际性的，在国际学术论坛上能经常听到人大教授的声音；谈到某个学科，人家就要找人民大学。虽然不可能所有学科，但是总要有若干学科达到或代表国际一流学术水平。

（6）一流的社会服务功能。对北京市或者对全国，我们作为文科院校，应当对政府决策、企业决策提供高水平的咨询服务，比如法学院参加了新中国成立以来几乎所有重要法律的起草工作，这就是现实的社会服务。

（7）一流的设施。这需要充足的经费投入，只要有钱，就可以办到，难的是钱。

（8）一流的管理水平。这个问题既取决于目前管理队伍的素质，也取决于体制和机制。

这八个方面都是围绕着学校的基本功能的，方方面面都要做好。

三、中国人民大学能不能建设世界一流的大学呢？

这就要靠我们的传统、实力和条件。我们有着很多很好的传统：始终奋进在时代前列的传统，实事求是的传统，兼容并蓄的传统，面向现实、服务社会的传统，艰苦奋斗的传统。中国人民大学有着很好的生源，多年来，我校普通本科的文科招生分数一般位于全国第二，理科招生分数位居第三第四第五，总的来说，生源是很好的。目前，人民大学研究生和本科生的比例为 1∶1.4，去年（1999 年）研究生的招生数已经超过了本科生，今年还是略多一点点，这个比例是很高的，这也是我们作为研究型大学的重要指标之一。我校很多学科目前在国内是一流的，有的则位居全国第一。我校的文科人才培养基地也好，这次评的科研基地也好，国家重点学科也好，承担的科研项目也好，在人文社会科学领域往往在全国不是第一就是第二；我们拥有的学士学位点、硕士学位点、博士学位点，在人文社会科学领域应当说是数一数二的。我们拥有人文社会科学领域的博士生导师人数位居全国前茅，我校有国务院学科评议组成员 14 个，总排名在全国居于第四位。人民大学的整体师资力量是很强大的，水平是很高的。从科研成果来看，我校人文社会科学领域的科研成果在很多情况下占全国 1/7，科研立项、得到的奖励等也总是名列前茅，不管是在全国还是在北京。人才培养方面，总体讲，人民大学的毕业生很优秀，许多人是政界、企业界、学术界、新闻界、法律界的中坚骨干。据不完全统计，人大毕业生中担任省部级干部的近 400 人，司局级干部 2 万多人，社会上反映，人民大学的毕业生，务实肯干，适应性比较强，后劲比较足，水平比较高，绝大部分都是为人民大学争光的，当然也有不行的，那是个别的。再比如说人民大学这几年的改革，应当说取得了很重要的成绩，机构改革我觉得在全国是走在前面的，人事改革我个人认为也是走在前面的，后勤改革，1990 年大承包，在当时来说绝对在全国领先一步，所以人民大学的后勤队伍对转变机制是有思想准备的，为进一步的深化改革准备了很好的基础。特别是去年（1999 年）这一年，人事制度改革、分配制度、后勤改革都迈出了重要步伐，为后面的改革提供了很好的基础。人民大学的教学改革，不管是本科教学还是研究生教学，我认为取得了很大的成绩，从全国来说都是走在前面的。当然我们也存在多方面的差距，比如，大家感到差距比较大的是校园建设，尽管这些年来也有很大的成绩，但是欠账太多，基础设施、校园环境、工作条件和生活条件差距还是比较大的。在学科建设、队伍建设等方面也存在不少亟待解决的问题。在工作上，如何善于谋划、善于管理、善于总结、善于恰当地看待自己，等等，也都还存在差距，甚至是很大的差距。我讲的基本意思是，人民大学虽然有困难、有问题，但还是具备创办世界一流大学的基本条件。有党和政府的关心，有教育部与北京市的正确领导，有广大教职员工的努力奋斗，我们对建设世界一流大学充满信心。

四、怎样建成世界一流大学？

这是我们应当着重讨论的问题，大家共同来回答这个问题。我们已提出来要高举"发展是硬道理"的旗帜；提出来工作重点是两个规划和建设：校园规划和建设，学科规划和建设；提出来要抓改革、抓调整、抓管理；提出来加大资金投入。所有这些都是当前我校建设世界一流大学起步阶段的重要工作思路。但是我想这些方面要在实践中不断提高，比如说要加大国际交流，这个问题对学科建设非常重要。因此我们希望大家在讨论当中、在会议当中、在工作当中不断丰富这些工作思路。

在这里，我觉得有些问题还需要大家深入地思考，深入地讨论，比如说人文社会科学为主的大学能不能建成世界一流大学？有的人认为，人文社会科学怎么能建成世界一流大学？一种认识是认为人文社会科学意识形态比较强，认为我们是社会主义国家，怎么去借鉴国际经验？世界一流也就无从谈起。还有一种从另外一种角度来认识，说人文社会科学本来科学性就不强，怎么可能世界一流？我想这里仍然有个思想解放的问题。事实上，哈佛大学最强的学科是商学、政治学，并不是自然科学；剑桥大学 31 个学院，62 个系，其中人文社会科学的系要超过自然科学的系，它怎么叫世界一流大学？普林斯顿最著名的学科专业是国际关系，这也属于人文社会科学，它也是世界一流大学。人类社会有很多共性的东西，人文社会科学也不例外；而且，个性的东西也完全有可能成为世界一流。说人文社会科学不能建设世界一流的思想，不过是一个陈旧的思想、保守的思想。还有人从另外一个角度讲，我们马克思主义哲学、马克思主义经济学如果真的建成世界一流，人家也不承认你。我不这样认为。并不是人家不承认你，而是我们如何提高水平来让他们承认。如果我们《资本论》讲得非常好，那当然就是世界一流，美国也开《资本论》呀，你中国人民大学的《资本论》研究果真是世界一流，人家就会认可的，关键看你是不是真的一流，并不是说马克思主义的就不能叫世界一流。马克思就是西方评出的 20 世纪的十大名人之一。所以我们的思想要解放，我们要宣传，希望我们的教授写写这方面的文章，讨论讨论人文社会科学究竟能不能搞世界一流。我们觉得照样可以搞世界一流，从理论到实践都可以。如果说人文社会科学不能搞世界一流，那我们这个目标就从根本上动摇了。

第二个问题，说到我们的学科结构、学科调整问题。我们要以人文社会科学为主，那么理工科办不办？我觉得人民大学要适当发展理工科。适当发展并不是点缀，我们要么不干，要干就要进入主流，并应成为人民大学的主力军之一，真正地进行文理渗透。所以我希望信息学院能够办好，并且以这个为基地，看看发展什么样的理工科；还有我们的商品学系能不能成为新的理工类专业的增长点？我们的农业经济系搞了环境科学，能不能再在文理渗透方面迈出新的步伐？对我校的学科体系，我们放眼 20 年，不是现在就要达到什么要求，但是我们现在要研究，要起步。

像这样一些实实在在的问题，都应当成为当前这场讨论的内容。建设世界一流大学也要虚实结合，并不是等讨论好了再行动，我们现在就应行动。例如，我校的教学组织机构必须进行制度创新。我前两天收到来自美国的一封信，是我校国际政治系的一位毕业生写的，他对母校非常热爱，对人民大学的情况了如指掌，花了三天时间，给我写了一封很长的信，对人民大学的学科结构调整、教学体制的重组提出了非常详尽的具体建议，很有见地，不少东西和我本人的认识是一致的。我以为人民大学不进行坚决的、科学的调整，建设世界一流大学将是困难的。我觉得这也是个实实在在的问题，教学组织如何服从学科建设，像这样一些问题，希望在讨论当中能够务实地展开。

最后，我们要制定一个战略性发展纲要，一个五年计划，要求"高、深、新、实"。讲"高"，就是站在国家发展的大局，用世界眼光、时代眼光来看世界一流大学，用深邃的学术眼光来看待建设世界一流大学；讲"深"，深就是透，要把涉及的问题讲透了；我们要讲"新"，就是要有新的东西，要创新，要有新的思维，要研究新情况、新问题，包括我们的思想观念，包括体制机制，包括规划的目标和措施；讲"实"，就是目标是实的，措施是实的，效果应当是看得见的，行动是实实在在的，脚踏实地的，从实际出发的，否则我们定出来的规划就是口号，纸上画画，墙上挂挂，没有什么实际意义。因此，我们应当心是热的，头是冷的，工作要实，步子要稳。以上就是我们对规划工作的具体要求，希望大家讨论。

在学科建设上，应当特别重视一个问题，就是我们要有深邃的学术眼光，要有深厚的学术功底，同时，还要有宽广的学术胸怀。特别是在院系工作的领导同志、学科带头人，如果没有宽广的学术胸怀，那么这个学科建设要搞上去是不可能的，甚至有好的基础也会滑坡。还有，在管理问题上，我希望一切为了学生，一切为了教学、科研，这种观念应当深入人心。这样一些问题也希望能带到这场讨论中去。

在今天这样一个会议上，我的讲话只是作为这场大讨论的一个发言。希望大家能围绕这些重大问题理论联系实际地进行讨论，而不是空对空，空对空的讨论我们大家都很厌倦，教师们时间都很宝贵，讨论问题应当是实实在在的，重点则是找差距。这次人民大学命名组建50周年纪念大会，我有个很深的感受，就是人民大学的干部队伍很能战斗，素质高、觉悟高、水平高，很短的时间内做了那么一篇大文章，这样一个大活动，没有一支很强的干部队伍是绝对办不到的。这说明，大家都有一股"气"，就是要把人民大学办好。会议开完以后，全校广大师生员工都很振奋，但是振奋以后，高兴以后，应当是实实在在的工作，所以党委作出这么一个决定，希望大家认真贯彻这个决定，争取到明年（2001年）4月的时候拿出一份满意的答卷。

我们最近向教育部作了工作汇报，教育部4位部领导、7位司局长听了汇报，部领导作了重要指示，其中有一句话我今天要在这里说一下，陈至立部长对我讲，"现在你们的凝聚力增强，这很好，但你们也不要把胃口吊得太高，胃口吊高后，将来实现不了是不行的"。所以我们在讨论制定规划的时候，一定要防止浮躁心理，防止盲目攀比追风，这些都是要不得的；盲目的乐观、盲目的自信、盲目的自豪都是不可取的；盲目地提些口号，盲目地提些目标，也是不行的。例如，我们不能说每个学科都要建成世界一流，不能说每个学科现在都是国内一流，这是不可能的。目标一定要实实在在，实事求是。我们搞规划也是一样的，思想要解放，也要量体裁衣。我们提出的目标也是分阶段的，很多事情不可能一步到位，还是在过程当中，但是我们一定要迈出决定性的步伐，要取得实质性的进展。在这过程当中，尤其是起步阶段，我们不能把胃口吊得太高，这是陈部长告诉我们的一个重要思想，希望大家在讨论中认真贯彻。

目前，我校各方面的工作都在进行中，我代表党委讲过的一些发展思路都在实施中，这一点请大家放心。校园的规划，拆房子、建房子、买房子，都在进行；分配制度呢，今天党委已经讨论过了，即将出台。这场建设世界一流大学的大讨论不会影响目前的工作，我们希望边讨论边干，不能等明年讨论完了再干。希望大家把这场讨论搞好，谢谢大家！

新世纪要更加重视人文社会科学[*]

展望 21 世纪，科学对社会发展的影响力越来越大，同时，科学发展的整体化趋势也愈演愈明。所谓科学发展的整体化不仅仅是指自然科学各学科之间的交叉、渗透和融合，也不仅仅是指自然科学与技术之间的相互渗透、相互作用和相互转化，更应引起我们重视的是自然科学与人文社会科学之间的相互作用、相互结合。社会发展到今天，自然科学与人文社会科学无论哪一门科学都不可能单独承担解决世界面临的各种复杂问题的任务，只有顺应科学与社会自身发展的规律，使二者很好地结合起来，才能给人类面临的诸多问题提供正确的解决方案。

但是，时至今日，许多人心目中的"科学"可能主要的还是指自然科学，甚至只是与自然科学相关的技术。这种狭隘的眼界既不利于科学的发展，也不利于社会的进步，更和 21 世纪科学与社会发展的大趋势格格不入。因此，在新世纪到来之际，我们应大声疾呼，全社会都要更加重视人文社会科学，更加重视人文社会科学与自然科学的结合与共同发展。只有这样，才能正确、全面地理解和贯彻党的"科教兴国"战略，才能使我国的社会主义现代化事业更加顺利地向前发展。

---

  * 全文原载《中国人民大学学报》2001 年第 1 期，《新华文摘》2001 年第 5 期转载，同时被《发展与繁荣人文社会科学》（纪宝成著）和《中国当代教育家文存·纪宝成卷》收录。

一、为什么说人文社会科学与自然科学是"车之两轮"、"鸟之两翼"

最近，在中国人民大学命名组建 50 周年纪念大会上，李鹏同志发表了热情洋溢的讲话。他说道，在新的世纪，我国的现代化事业将更加发展，建设中国特色社会主义事业将更加完善。在这一伟大的创造性事业中，人文社会科学与自然科学是"车之两轮"、"鸟之两翼"，具有同等重要的地位，同样是"科教兴国"战略中不可缺少的组成部分。随着经济的发展，社会的进步，将需要更多的人文社会科学人才。李鹏同志的讲话，对人文社会科学和自然科学的关系及二者在我国社会主义现代化事业中的作用作了形象而正确的说明。

随着科学的发展及其对社会影响作用的不断加大，特别是随着现代自然科学、现代技术的发展给人类带来的正负两方面的双重效应，人们已经越来越认识到，不发展自然科学不行，不发展人文社会科学也不行。但是，为什么说人文社会科学与自然科学是"车之两轮"、"鸟之两翼"，缺一不可？这还需要从科学推动社会进步的内在机制、科学发展的自身规律等方面作更加深入的阐明，从而提高人们对人文社会科学作用的认识。

大家知道，人类的全部知识是由两个部分组成的。一个部分是自然科学。自然科学又可以细分为数学、化学、物理、生物学等。另一部分是社会科学。社会科学可以细分为文学、史学、哲学、经济学、政治学等。这是科学本身的一种划分，是随着科学的发展和研究的需要而出现的一种划分，是学科的划分，而不是实践的划分。在人类的实践活动中，科学各学科都是相互交叉起作用的。人类的任何一项实践活动从来都不是靠某个单一的学科来完成的。这从最简单的实践，比如生产一张桌子，就可以得到很好的说明。生产一张桌子，不但要综合运用数学、物理、化学等自然科学的知识，同时还要运用美学等人文社会科学的知识，否则就不能解释为什么中国的桌子和外国的桌子不一样。这种不一样是由历史、文化、美学观念的不同造成的。自然科学及技术的成果给人们的实践活动提供了物质条件、物质载体，但如何运用这种条件，不是自然科学和技术本身所能解决的，需要人文社会科学的支撑和导引。生产一张桌子的简单实践都是如此，更不用说现在人类各种各样的不知比生产桌子复杂多少倍的现代实践了。但由简单的例子已经能够得出这样的结论，科学是可以划分出多种门类的，但实践是多门科学共同起作用的结果。

那么，人们为什么往往忽视人文社会科学而重视自然科学呢？应当承认，这和它们二者在实践中起作用的方式不同有一定的关系。自然科学经过由基础理论向应用研究的转化，它的成果可以物化和体现在技术当中。新技术一旦出现，就会给人类改造自然的活动展现出新的前景，这对生产力发展的影响是直接的，明显的，看得见摸得着的。人文社会科学则不同。如果说自然科学、科学技术是人类改造自然的"硬件"，那么，人文社会科学也许可以称作人类改造自然的"软件"，它的作用是一种支撑、导引、保证的作用，它发生作用的方式是间接的、隐蔽的，往往是看不见摸不着的。人文社会科学对社会作用的方式有自己的特点，但是对社会进步的作用是客观的，一直在起作用的，并随着社会发展作用会越来越大。自然科学和人文社会科学在社会发展中的作用不同，但有人却把这种不同的作用看做作用的有无，认为自然科学是不能没有的，人文社会科学却可有可无，这就大错特错了。因此，我们现在要提高的不是人文社会科学的作用（这种作用历来是客观存在的），而是要提高人们对人文社会科学作用的认识。

邓小平提出"科学技术是第一生产力"的光辉命题，这是对马克思主义理论的发展。但邓小平从来没有把科学理解为单纯的自然科学，他曾特地申明："科学当然包括社会科学"①。现在已经有越来越多的有识之士，包括国内外一些著名的自然科学家呼吁重视人文社会科

① 《邓小平文选》，2版，第2卷，48页。

学，重视人文社会科学在科学向生产力转化中的作用，这说明随着科学的发展和人类改造自然活动的日趋复杂，人文社会科学的作用正在日趋凸显。可以这样说，从科学转化为技术、技术转化为生产力的过程来看，其中的每一步都是在向人文社会科学靠拢。科学转化为生产力，变成技术再转变成产品，这个过程是自然科学一步一步地投向人文社会科学怀抱的过程。人文社会科学的作用似乎是无形的，但若没有它在这一过程中起支撑和导引的作用，自然科学就转化不成现实的生产力，因为，在从科学到技术、技术到产品的转化过程中，怎样进行资源配置、怎样生产、谁来生产、什么时间生产、在什么地方生产、为谁生产、生产多少、怎样销售、如何进行售后服务、产品利润如何分配等问题就摆在人们面前。对这些问题的研究往往属于人文社会科学的范畴，而不再是技术问题，自然科学对这些问题是无能为力的。

可见，自然科学与人文社会科学，它们在科学向生产力转化的过程中各自起着对方不能起的作用，缺谁也不行。而且，在这一过程中自然科学与人文社会科学不是平行地、分别地起作用，而是共同地、相互渗透地起作用。人文社会科学在科学技术转化为生产力的过程中起的是导向和支撑的作用，如果导向错误，就有可能造成灾难。比如曾经在人类科学技术史上写下浓重一笔的原子技术，可以用来建立核电站以造福于人类，也可以制造原子弹这种大规模杀伤性武器，已经制造出来的原子弹可以用来发动侵略战争，也可以用来作为抵御侵略的手段。又如克隆技术、基因组移植等高新技术，它们使现代生命科学实现了重大突破，但它们在 21 世纪会给人类带来什么后果，已经引起人们越来越多的思考和关注。应当说，21 世纪的许多高新技术都具有既可能造福于人类，又可能给人类造成难以控制的危险这样的二重性，而且这种可能造成的危险，不知比原子弹要大多少倍。人类需要的是趋利避害地发展，这就需要给科学技术一个正确的价值导向。科学巨匠爱因斯坦曾经说过："科学虽然伟大，但它只能回答'世界是什么'的问题，'应当如何'的价值目标，却在它的视野和职能的范围之外。"① 爱因斯坦这里讲的"科学"显然指的是自然科学，要回答他所关注的世界"应当如何"的价值问题，正是人文社会科学的任务。因此可以说，如何利用自然科学和技术创新造福于人类，依赖于对科学技术的价值导向，依赖于人文社会科学的发展程度及其在全社会形成的文明程度。正确的社会价值导向和正确使用技术的社会机制，是技术促进人类进步、提高人类福祉的基本前提。

二、不能把"科教兴国"理解成"技术兴国"

从上面的分析可以看出，在人类实践当中，人文社会科学和自然科学本来就是"你中有我，我中有你"，是联系在一起不可分割的。可是现在有些人就硬是只重视理工、科技，不重视人文社科。如果这样下去，只会使我们的经济、文化及整个社会运行出现畸形。所以在"科教兴国"的战略中，两者占有同等重要的地位，都是不可缺少的组成部分。也就是说，党中央提出的"科教兴国"战略，这里的科学应该既包括自然科学也包括人文社会科学，这里的教育既包括自然科学教育也包括人文社会科学教育。只有把这两方面讲全，并把这两方面很好地结合起来，才能正确地贯彻和实施"科教兴国"战略。

毫无疑问，我们的国家要兴、人民要富，必须继续下大气力发展自然科学、发展先进技术。但是，同样必须清醒地看到，与技术创新同等重要，甚至更为突出的，那就是观念更新、体制创新、机制创新、管理创新；中国社会现在在发展中面临的许多根本性问题和紧迫性问题并不是单纯依靠自然科学和技术所能解决的。而且，怎么才能使技术加快发展，也有社会机制的问题，这又回到了人文社会科学领域。因此，把"科教兴国"理解为"技术兴国"是非常肤浅、片面的。

为什么说当代中国社会发展的许多问题主要不是给自然科学提出的，而是给人文社会科学提出的呢？我们在最近学习江泽民同志"三

---

① 《爱因斯坦文选》，第 3 册，182 页，北京，商务印书馆，1997。

个代表"重要思想论述的过程中对此有很深的感触。江泽民同志指出，我们党要始终代表中国先进生产力的发展要求，代表中国先进文化的前进方向，代表中国最广大人民的根本利益。并说，这是我们党的立党之本、执政之基、力量之源。这些论断十分正确和深刻，我们应当进行深入的领会和学习。江泽民同志"三个代表"的论述提出了许多既有理论性又具现实性的根本问题。比如，什么是"先进生产力"，什么是"先进生产力的发展要求"，什么是"先进文化"，什么是"先进文化的前进方向"，什么是"中国最广大人民的根本利益"，什么才能称得上是这三个方面的真正代表，如何才能始终成为这"三个代表"等等。江泽民同志的论述没有直接提到人文社会科学，但他的论述句句都同人文社会科学的研究、教育有十分紧密的关系。要真正落实和贯彻江泽民同志"三个代表"重要思想，必须充分重视和发挥人文社会科学的作用，加强人文社会科学的研究和教育。

以江泽民同志"三个代表"的论述中代表先进生产力的发展要求为例。可以看到，这里有三个依次递进的概念：生产力→先进生产力→先进生产力的发展要求。生产力是和自然科学、科学技术有密切联系的概念。马克思主义把生产手段、生产工具看做区别不同时代生产力水平的标志，但马克思主义从来没有把生产力理解为单纯的技术。如果说生产力不是技术概念，那么，"先进生产力"，特别是"先进生产力的发展要求"就更不是技术概念，而是社会发展的概念。一般认为，马克思主义十分重视生产力，这是不错的，但容易简单化。江泽民同志论述的深刻之处，在于没有停留在对一般发展生产力问题的认识上，而是强调"先进生产力"，特别是强调"先进生产力的发展要求"。这不但不是单纯的自然科学问题，也不是社会科学当中单纯的经济学问题。先进生产力及其发展要求的问题，涉及社会经济、政治、文化的各个方面。这又回到前面我们讲过的问题，科学是有学科的区分的，但实践中出现的问题是综合的，不是哪一个学科所能解决的。总之，江泽民同志"三个代表"的论述，给人文社会科学研究提出了重大的课题。如果不发展人文社会科学研究，不弄清这些理论问题并在实践中贯彻实施，我们党怎么能始终成为这"三个代表"呢？

其实，从现实来看，从改革开放以来的实践来看，我们不断遇到的各种新情况、新问题，在深层上，都是向人文社会科学提出来的，需要人文社会科学回答的问题太多，不是一两个个别的、局部的问题，往往是涉及中国社会进一步发展的全局性问题、根本性问题，不大力发展我国的人文社会科学怎么行呢？反过来讲，人文社会科学研究和实践的每一次重大突破，都大大推动了我国社会生产力的发展，促进了社会的进步。当年我国进行的一次全国范围的大讨论——"实践是检验真理的唯一标准"，至今都让很多从那个时代过来的人记忆犹新。那场大讨论对人们解放思想，对生产力的解放，对国家和社会的发展起了很大的推动作用。那场讨论正是属于人文社会科学的范畴。党的十四大作出的建立和完善社会主义市场经济的决策，党的十五大作出的以公有制为主体、多种经济成分共同发展的决策等等，都是我们党对社会主义建设实践经验的正确总结，其中也熔铸了我国许多人文社会科学工作者的智慧和探索。现在，世界和中国都进入了新的世纪，我们面临的问题更复杂，发展的任务更艰巨，充分重视和发展人文社会科学研究的问题尤其显得重要。

提高人们对人文社会科学重要性的认识，不仅仅是重视人文社会科学在整个科学中的地位和作用的问题，还包括重视人文社会科学在整个教育中的地位和作用的问题。

科学教育（主要指的是自然科学的教育）和人文教育（主要指的是人文社会科学的教育）是培养科学素质和人文素质兼备的全面发展型人才的两个基本方面。人类教育的历史和现实都证明，单纯的科学教育和单纯的人文教育一样，将会造成理智的扭曲。人文社会科学教育与单纯的专业教育不同，它是面对全体大学生和全体公民的，人文素质教育是学生全面发展的重要组成部分。还是爱因斯坦讲的对，他说："用专业知识教育人是不够的，通过专业教育，学生可成为一种有用的机器，但是不能成为一个和谐发展的人，要使学生对价值（社会伦理准则）有所理解并产生热烈的感情，那是最基本的。"如果一个人只片面地接受某一学科的知识，没有志向，没有情趣，没有正确的价值观，人只是成了掌握某项技术的工具或机器，那就太可悲了。应当说，某一门科学技术不需要每一个人都掌握，但人文社会科学的素养却是每个人都不可缺少的。

现在的问题是，不仅是高等教育，甚至从中等教育开始，对人文社会科学也不很重视。不仅理工科学生在人文社会科学方面的根基比较浅，甚至一部分文科院校也不太重视人文社会科学的综合教育，尤其是人文教育。对于一个人的成才而言，人文社会科学的教育极其重要。一个人处在接受教育的阶段，除了各种基础的或专业的知识以外，最重要的是两个问题，一是价值观，一是思维方式和方法。人文社会科学对于受教育者开阔眼界、开启智力、陶冶情操起着重大的作用，对确立和改造人们的人生观、世界观、价值观起着巨大的作用。

很多大师级的科学家的人文素养都是非常高的，比如杨振宁、李政道等，他们在自己的专业研究领域有着很高的造诣，但他们在给国内青年作报告时，特别强调中国文化对他们成长所起的作用，很大一部分是在谈如何做学问，如何做人，如何报效祖国等等。现在我们有些大学生对中国历史很模糊，对现实世界、现实社会的认识很肤浅，对唐诗宋词的了解也仅限于小时候学的那几首，有的甚至连自己国家的地理环境、省会城市都说不出来。像这样培养出来的人是有很大缺陷的。现在社会上很重视学习外语和计算机，这是对的，学习这两门知识，很有必要，但外语和计算机只是工具，如果只重视它们而忽略了人文方面的教育，就不知道如何使用这种工具和把这种工具用到什么地方。

近几年，国家一直在推行素质教育，素质教育要从小开始，尤其是要加强对中国优秀传统文化的教育。对于这一点，生活在国内的人可能感触不深，但是很多在海外的中国人对中国优秀传统文化教育的重要性体会得非常深刻，一个民族没有自己的文化就很难在世界立足。美国、日本都是科学技术非常发达的国家，它们在大力发展高新技术的同时也非常重视加强人文素质教育。尤其是日本，非常重视自己的传统文化。所以，人文素质教育，包括优秀传统文化教育对一个人的成才是极其重要的。我们要发展教育，就要从自然科学和人文社会科学两方面入手，只有这样，培养出的人才才能真正承担起"科教兴国"的任务。

三、新世纪人文社会科学工作者任重道远

面对新世纪，客观形势要求我国的人文社会科学有一个大的发展，但人们对此的认识还远远不足。客观与主观之间形成了巨大的矛盾和反差。不解决好这个矛盾，我国的社会主义现代化事业就不可能健康发展。要解决好这个矛盾，应当从提高全社会对人文社会科学的重视和人文社会科学工作者振奋精神作出自己应有的贡献这两个方面入手。

从我国目前的现实情况来看，重理轻文的问题可以说是积重难返。要真正提高全社会对人文社会科学的认识，还需要做很多工作。

人文社会科学确实有其自身的特点，它既是知识体系，又是价值体系；既是科学，又是意识形态。正是它自身的这种特点决定了人们不容易客观地评价它的作用。有的人至今不承认人文社会科学是科学，他们认为只有自然科学才是科学。这除了少数人的有意歪曲以外，更多的是对人文社会科学的误解。这种误解既有认识上的根源，也有社会历史方面的原因。由于在科学转化为生产力的过程中，人文社会科学往往以"软"和"隐"的方式起作用，而自然科学则往往以"硬"和"显"的方式起作用，就容易使人们在认识上产生错觉，觉得学好理工科是实实在在的本领，而文科听起来就虚无缥缈，学好学坏也看不出多大的不同。另外，更深层的原因，是人文社会科学中的不少学科和政治有直接或间接的联系。由于过去"左"的思想的影响

尚未彻底肃清，政治仍被一些人看成是翻手为云、覆手为雨，没有科学性的东西，这就使人们轻视人文社会科学似乎更增加了一些根据。还有，同自然科学的发展相比，人文社会科学由于其研究对象和问题的复杂性，它的很多学科确实还不像自然科学发展得那样成熟。这种种原因综合在一起，再加上目前社会上急功近利的风气比较浓厚，因此，人文社会科学的研究和教育被轻视，甚至被冷落。在这种风气的影响下，我们到处可见忽视、轻视甚至歧视人文社会科学的现象。其突出表现是对人文社会科学研究和对人文社会科学教育的投入严重不足，这种不足不是表现在一时一地上，而是表现在总体上离发展人文社会科学的客观需要相距甚远。由于人文社会科学对社会发展的影响不像科学技术那样立竿见影，人们忽视人文社会科学的作用在短时期内其后果也可能不十分明显，但从长远来看危害极大。也正因为人文社会科学的作用不是短时期能显现出来的，因此所形成的后果也不是短时期就能改变过来的。由此也更加看出我们提高对人文社会科学认识的紧迫性。

为了使人文社会科学和自然科学真正成为社会主义现代化事业的"车之两轮"、"鸟之两翼"，除了必须提高人们对人文社会科学重要性的认识，使全社会都来重视和发展人文社会科学以外，还需要人文社会科学工作者振奋精神，从自身做起，真正使人文社会科学这只轮子健全起来，这只羽翼丰满起来，也就是要作出现实的成绩，使人们真正感受到人文社会科学的不可或缺的作用。

人文社会科学的研究对象是人和社会，它的研究对象必须面对现实、面向实际，它的研究成果必须被社会接受、承认和采用，必须对社会发展作出贡献。这个要求是非常高的，我们的人文社会科学的研究与教育和这个要求相比还有很大的差距。特别是我们现在生活在一个发展迅猛、变化剧烈的时代，现在世界的变化可以说是1天等于20年，要在这样一个迅速变革和发展的时代实现国家的复兴，要在经济全球化、生活数字化的条件下缩小同发达国家的差距，无不需要新的思想、新的办法、新的对策、新的思路、新的视野、新的见解，需要进一步解放思想，实事求是，需要人文社会科学研究的创新，需要理论的创新。这就要求我们的人文社会科学工作者进一步振奋精神，解放思想，转变观念，以崇高的社会责任感从事创造性、开拓性的工作，真正使人文社会科学的理论研究既重视基础研究又重视现实研究，在基本理论和现实对策两个方面都发挥出应有的作用，使人文社会科学的研究成果对社会发展产生强大的冲击力和影响力，使人文社会科学在新世纪发挥出其应有的功能和作用。

可见，在新世纪我国发展人文社会科学的任务十分艰巨，我国的人文社会科学工作者任重道远。在邓小平同志"科学技术是第一生产力"、"科教兴国"思想的指引下，以江泽民同志"三个代表"重要思想的论述为指针，有我国广大人文社会科学工作者的努力开拓，我国的人文社会科学在新世纪一定会取得飞跃的发展。有了人文社会科学和自然科学这两只轮子和两只翅膀，我国的社会主义现代化事业一定会加速发展和实现腾飞，从而稳步地达到自己的目的。

高扬人本，开拓创新，
实现人文社会科学的当代价值[*]
——在"中国人文社会科学论坛（2001）"上的演讲

（2001 年 5 月 18 日）

一、全面准确地认识人文社会科学的地位和作用

（一）以人为本，促进社会和人自身的发展

人文社会科学的地位和作用，可以从两个层面来认识。一是人文社会科学本身在人类社会中的地位和作用，一是人文社会科学与自然科学的相互关系、相互作用。从人文社会科学本身在人类社会中的地位和作用来看，社会科学侧重于研究社会发展规律，对社会运转方式、发展方向提供理论说明和操作方案；人文科学研究人自身的精神追求和精神发展，总结实践，探索未来，揭示真善美，为社会创造新思想，做社会智慧之源，对于人们开启智力、开阔眼界、陶冶情操，确立人生价值起着巨大的作用。因此，人文社会科学的作用，首先突出表现为倡导人文关怀，铸造人文精神，关注精神家园，以达到提升人的价值，开发人力资源，促进人的全面发展的作用。这种人本精神，是人文社会科学价值的核心之一。因此，人文社会科学对人类社

---

　　* 本文根据演讲录音整理，《光明日报》2001 年 7 月 7 日以《开拓创新，实现人文社会科学的当代价值》为题摘要发表，同时全文被《高扬人文社会科学旗帜》（纪宝成主编，北京，中国人民大学出版社，2001）和《发展与繁荣人文社会科学》（纪宝成著）收录。

会、对人自身发展的作用不言而喻，人文社会科学在社会主义精神文明和物质文明建设中的作用是不可替代的。

（二）人文社会科学与自然科学是"车之两轮"、"鸟之两翼"

从人文社会科学与自然科学的相互关系来看，人生活在自然和社会两种环境中，在解决人与自然、人与社会以及人与人的矛盾的过程中，逐步形成了以研究自然界各种物质和现象为对象的自然科学以及以研究各种社会现象和精神活动为对象的人文社会科学。虽然人文社会科学在研究领域、研究方法等方面与自然科学存在着明显的区别，不能像后者那样可以完全数字化、公式化、定量化和追求客观性，但在以事实为依据、以规律为对象、以实践为标准来体现其客观性和科学性这一点上，与后者并无差异。人文社会科学和自然科学的不同性决定了两种科学在社会生活和社会发展中有不同作用，不能相互代替，而彼此的共同性又决定了二者可以相互补充、相互影响、相得益彰。人文社会科学需要吸取自然科学的合理性、实证方法和技术手段，自然科学需要人文社会科学的人文精神和文化底蕴的渗透。二者相濡以沫，相激相励，共同发展。

因此，可以说，自然科学与人文社会科学的划分是学科的划分，而非实践的划分。人类的实践活动要求各门知识共同起作用，其中人文社会科学所起的支撑、导引、保证作用绝对不可忽视。特别是人类社会已进入 21 世纪，无论是自然科学还是人文社会科学都不可能单独承担解决世界面临的各种复杂问题的任务，只有顺应科学与社会自身发展的规律，使二者很好地结合起来，才能给人类面临的诸多问题提供正确的解决方案。实践早就告诉我们，没有组织，没有管理，没有机制，科学技术就不能自动转化为现实的生产力；实践也早就向我们揭示，没有正确的价值取向和人文精神，科学技术并非一定会造福于人类，而给人类带来不幸甚至灾难也是完全可能的。爱因斯坦曾经讲过："（自然）科学虽然伟大，但它只能回答'世界是什么'的问题，'应当如何'的价值目标，却在它的视野和职能的范围之外。"①。邓小平同志在谈到科教问题时，指出："科学当然包括社会科学"②。一位杰出的科学家和一位伟大的政治家从不同的角度得出了相同的结论：自然科学与人文社会科学相辅相成，缺一不可。

从人类社会发展来看，社会全面进步毕竟建立在高度的物质文明和高度的精神文明协调发展的基础上，社会主义的现代化是经济、政治和文化的共同现代化。当今中国的现代化建设，迫切需要新技术，但同样需要甚至更为突出的是观念更新，体制创新，管理求新。人文社会科学如果"滞后"，就不可能有经济建设和政治建设的持续发展；开发主观世界如果乏力，就不可能有改造客观世界的成功。说人文社会科学与自然科学是"车之两轮"、"鸟之两翼"，正是这个道理。同时，这也有助于我们匡正并走出严重阻碍人文社会科学发展和全面繁荣的诸如"把科学仅仅理解为自然科学"、"把科教兴国等同于技术兴国"、"把知识经济说成是技术经济"等认识误区。

（三）充分认识人文社会科学的当代价值

人文社会科学在上述两个层面的作用，在当代中国有了更加突出的体现。改革开放以来，在党和政府的正确领导下，我国人文社会科学研究取得了令人瞩目的成绩。广大人文社会科学工作者紧紧围绕建设中国特色社会主义的实践，大胆进行理论创新。从真理标准问题的大讨论，到改革开放过程中一次又一次的重大理论突破；从改革开放初期理论界对那些超越历史阶段的做法及其教训进行的深刻反思，到社会主义初级阶段理论的提出；从对传统经济体制弊端和缺陷的分析，到社会主义市场经济理论的提出；从"文化大革命"结束初期法学界开展的民主与法制、人治与法治、法律与政策等问题的讨论，到"依

---

① 《爱因斯坦文选》，第 3 册，182 页。
② 《邓小平文选》，2 版，第 2 卷，48 页。

法治国"方略的提出和实施，我国人文社会科学工作者在传播和研究马克思主义、探索社会主义初级阶段理论、形成社会主义市场经济理论、研究社会主义法制建设、探讨经济社会发展理论和发展战略、探寻中华文明和着手社会主义新文化建设以及国际问题研究等方面，都取得了突破性进展，为我国新时期的改革开放和社会主义现代化建设提供了高水平的理论指导、智力支持、精神动力和思想保证，从中不难看出人文社会科学的当代价值。可以说，我国改革开放和社会主义现代化建设每前进一步，都伴随着人文社会科学工作者辛勤耕耘的劳绩。

中国人民大学作为一所以人文学科、社会科学、经济和管理科学为主，兼有信息科学、环境科学的综合性、研究型大学，享有"人文社会科学的一面旗帜"和"排头兵"的美誉。中国人民大学的博士、硕士、本科等各个层次的学科点以及博士后流动站的数量在全国高校人文社会科学领域均居于前列；拥有国家文科基础学科人才培养和科学研究基地、国家人文社会科学重点科研基地的数量在全国高校中也是最多的。中国人民大学的学者们关注社会，贴近现实，对经济体制改革、政治体制改革、经济发展、企业经营管理、民主法制建设、精神文明建设、传统文化与现代文明、对外开放以及国际政治等领域的重要理论和实践问题都进行了深入研究，产生了一系列重大成果。广大教师参与了国家"七五"、"八五"、"九五"、"十五"计划及党和政府一系列重要文献起草的咨询性工作；参与了新中国《宪法》、《刑法》、《民法》、《香港基本法》、《澳门基本法》等所有重要法律的起草和修改工作；先后有 9 位学者为中央领导同志及中央政治局、全国人民代表大会常务委员会作专题讲座；一大批学者担任中央和各级人民政府的顾问，为党和政府的决策提供咨询，为经济发展献计献策。建校 60 多年来，中国人民大学共为国家培养了 17 万多名高层次人才，其中涌现出许多优秀的专家、学者，企业家，新闻、法律工作者以及大批政府公务人员，担任省部级领导职务的干部就有近 400 人，他们在各自的岗位上都创出了显著的业绩。在改革开放时期产生重大影响的两篇历史性文献《实践是检验真理的唯一标准》的论文和《东方风来满眼春》的长篇通讯，都是人大校友执笔撰写的。近年来，人大的毕业生也已经走向世界，国际货币基金组织、世界银行等国际组织中都有人大学子活跃的身影，其数量在国内大学的毕业生中名列前茅。中国人民大学在培养优秀人才、传播先进思想、繁荣人文社会科学研究、生产优秀精神产品等方面所作出的重大贡献、所发挥的重要作用无可辩驳地说明，人文社会科学在国家经济建设和社会发展中作用重大，大有可为。

（四）全社会都要更加重视人文社会科学的发展

人文社会科学的作用是客观存在的，人文社会科学的成绩也是人们有目共睹的。需要提高的不是人文社会科学的地位与作用，而是人们对人文社会科学地位与作用的认识。这是因为，目前整个社会重自然科学、轻社会科学，重技术发展、轻人文精神的现象（有人甚至称之为"以技术扼杀人文"）仍然比较严重，在一些地方已是根深蒂固，积重难返。

应当看到，人文社会科学所受到的不公正待遇，有人文社会科学自身的某些原因，也有复杂的社会历史原因。首先，人文社会科学有其自身的特点，它既是知识体系，又是价值体系；既是科学，又在很大程度上是意识形态。正是它的这种特点决定了人们不易客观地评价它的作用。其次，由于在科学转化为生产力的过程中，人文社会科学往往以"软"和"隐"的方式起作用，而自然科学则往往以"硬"和"显"的方式起作用，就容易使人们在认识上产生错觉，以为自然科学对经济、社会的推动作用是实实在在的，而人文社会科学听起来就虚无缥缈。特别是在一个国家经济起飞的阶段，一提到生产力发展，一提到高新技术，似乎都是自然科学的成果，而与人文社会科学毫无关系。第三，更深层的原因，是人文社会科学中的不少学科与政治有直接或间接的联系。由于过去"左"的思想的影响尚未彻底肃清，右的干扰也确有存在，政治仍被一些人看成是翻手为云、覆手为雨，缺乏科学性的东西，这就为人们轻视人文社会科学更增加了一些实据。第四，同自然科学的发展相比，人文社会科学由于其研究对象和问题的复杂性，它的很多学科确实还不像自然科学发展得那样成熟。上述诸多原因综合在一起，再加上目前社会上急功近利的风气比较浓厚，也很容易导致人文社会科学教育与研究被轻视，甚至被冷落。因此，我们随处可见忽视、轻视、远离甚至歧视人文社会科学的现象。一个突出表现是对人文社会科学教育和研究的投入严重不足，这种不足不是表现在一时一地上，而是表现在总体上离发展人文社会科学的客观需要相距甚远；另一个突出表现是对人文社会科学工作者的成就和业绩的评价不够公平，存在着低估、忽视甚至无视的社会现象，让人明显感到与对自然科学工作者的评价相去甚远。

面对人们对人文社会科学与自然科学明显不同态度的强烈反差，面对人文社会科学取得的成就与其所面临的困难之间的强烈反差，我们再次向全社会大声疾呼：关怀人文社会科学，善待人文社会科学，支持人文社会科学，全社会都要更加重视人文社会科学的发展。

二、以创新为动力，实现人文社会科学的当代价值

高校人文社会科学研究是我国人文社会科学研究的重要方面，高校人文社会科学队伍是我国人文社会科学队伍的重要组成部分。改革开放以来，广大教师紧紧围绕建设中国特色社会主义的伟大实践，坚持"三个面向"，不断探索，努力创新，为改革开放提供了重要的理论支持和智力支持，在人才培养和学科建设等方面也作出了重要贡献，一大批中青年学术骨干和学科带头人健康成长，我国的人文社会科学出现了从未有过的繁荣局面。

在取得令人瞩目成绩的同时，我们也应看到，高校人文社会科学事业在自身发展中也存在着不少值得高度重视的问题，如有的教学研

究人员习惯于传统的教学和研究方式，脱离实际，"闭门造车"；有的仍然不能摆脱传统的思维定式，故步自封，畏惧创新；有的不愿接受新事物，与研究对象之间存在着隔膜；有的照抄照搬国外的理论，食洋不化；有的学风浮躁、急功近利；知识结构普遍不完善，尤其是缺乏科学技术知识。特别应引起高度重视的是，对于我国改革开放和社会主义现代化建设中的一些重大理论和实际问题，研究得还不够深入细致，回答得还不够充分有力；人文社会科学的研究还相对滞后于经济、社会的发展。加快解决这些问题，促进人文社会科学进一步繁荣与发展，是高校人文社会科学工作者的艰巨任务。

（一）理论创新是人文社会科学发展的生命力

人文社会科学要发展，必须进行创新。近几年来，江泽民同志多次向全党和全国人民强调了创新的重要性。他指出："创新是一个民族的灵魂，是一个国家兴旺发达的不竭动力"①。科学技术的发展，社会各项事业的进步，都要靠不断创新。可以说，创新是发展之基，是强国之本，是民族之魂，国运兴衰，系于创新。

创新不仅包含着科技创新，而且包含着体制创新、理论创新。一切思想和理论都不可能是超时空的。人文社会科学同样如此。今天的人文社会科学固然包含一些具有永恒价值的观点，但作为完整的理论体系来说，从来就没有、今后也不会有一成不变的，适应一切时代、一切国家和民族的理论体系。在相当长的时期里，人文社会科学之所以得不到应有的重视，或者发挥不了应有的作用，一个很重要的主观原因，就是缺乏创新。我们所处的时代，是一个改革的时代，是一个创新的时代。时代发生着巨大的变化，人文社会科学也面临着巨大的挑战。我国的改革开放事业正在向纵深发展，现代化建设正在蓬勃进行，我们需要并呼唤源于实践、大胆创新的崭新的社会科学理论。拘

---

① 江泽民：《论"三个代表"》，46 页，北京，中央文献出版社，2001。

泥于那些过时的说教，采取教条主义、本本主义的方法，显然不能指导和解释我们今天进行的伟大实践。因此，创新是人文社会科学的生命力，没有创新，人文社会科学就会僵化、枯竭，就会失去存在和发展的活力。高校人文社会科学队伍无疑应成为人文社会科学理论创新的主力军。

（二）坚持正确的政治方向，积极投身于社会实践

人文社会科学既是知识体系，又是价值体系；既是科学，又是意识形态。正是由于这种特点，决定了从事人文社会科学研究必须坚持正确的政治方向，必须坚持以马克思主义，尤其是具有中国特色的马克思主义——毛泽东思想、邓小平理论和江泽民同志"三个代表"重要思想为指导，这是繁荣和发展高校人文社会科学的根本原则。作为人文社会科学方面的教学科研人员，在事关原则的大是大非问题上，一定要旗帜鲜明，保持清醒的头脑。

社会实践是人文社会科学发展的源泉。人文社会科学的研究只有在实践活动中才能发生、发展，也只有通过实践才能有理论的创新。改革开放的实践经验告诉我们，伟大的实践需要伟大的理论，而伟大的实践也孕育着伟大的理论，理论创新必须植根于改革实践，以我国改革开放和现代化建设的实际问题为中心，着眼于马克思主义理论的运用，着眼于对实际问题的理论思考，着眼于充分尊重人民群众的首创精神。实践精神和群众观点，是人文社会科学工作者的基本素质。正像江泽民同志在《关于改进党的作风》中所指出的那样："理论创新的源泉在实践，实践的主体是人民群众。……不能拿本本去框实践，而是要用实践去发展本本。"① 60多年来，中国人民大学的学者们之所以能通过研究产生出一系列重大成果，从而为社会主义物质文明和精神文明建设作出重大贡献，一个主要原因就是中国人民大学有

---

① 江泽民：《论"三个代表"》，75页。

着关注现实、贴近社会、服务现实的光荣传统和优良校风，这也是进一步发展人文社会科学研究的一条基本经验。

（三）始终站在时代前列，追求光明，追求科学，追求理想

始终站在时代前列，追求光明，追求科学，追求理想，是中国人民大学的又一良好传统和校风，也是中国人民大学取得一系列成就的精神法宝。

人文社会科学的发展，特别是理论创新应当具有一定的超前性，而超前往往意味着艰难，意味着寂寞，甚至是非难。发展人文社会科学，没有足够的政治勇气和理论勇气，没有追求光明、追求科学、追求理想的精神，是根本不可能实现的。人类发展史上的每一次理论创新、理论变革，都遭受到传统的习惯势力和保守力量的反对。《共产党宣言》在欧洲诞生之初，就被欧洲反动势力视为"幽灵"，加以"围剿"；优秀共产党员、我校校友张志新为捍卫真理，勇于同强权作坚决的斗争，不惜牺牲自己的生命……今天，我们的时代已经发生了巨大变化，我们的国家为人文社会科学的发展创造了良好的环境，人文社会科学面临着前所未有的大好机遇，我们可以更加自觉地站在时代前列，追求光明，追求科学，追求理想。这种追求，需要高尚的精神境界、高昂的精神状态、强烈的事业心和责任感。否则，就不可能有什么创新意识，也不可能在人文社会科学研究中大有作为。培养出一大批勇于追求、勇于创新的人文社会科学工作者，是繁荣和发展人文社会科学的重要保障，也是中国人民大学责无旁贷的光荣使命。

（四）树立良好的学风，营造有利于人文社会科学发展的良好环境

恩格斯指出，一个民族要登上科学高峰，一刻也不能离开理论思维。理论思维的培养，非一朝一夕之功，更不能寄希望于所谓的"速成"、"文化快餐"，而需要博览群书，孜孜以求，"板凳要坐十年冷，文章不写一句空"。在社会发展瞬息万变，诱惑随处可见的情况下，

人文社会科学工作者更要保持自己的学术气节，克服浮躁心理和急功近利的倾向，力求突破，力求创新。马克思说过，在科学上没有平坦的大道，只有不畏劳苦沿着陡峭山路攀登的人，才有希望达到光辉的顶点。在进入 21 世纪的时候，重温马克思一个半世纪前的这段教诲，犹如暮鼓晨钟，发人深省。

人文社会科学的发展，离不开良好的学风，离不开成熟的、宽松的、和谐的人文环境和学术氛围。要坚持"百花齐放、百家争鸣"的方针，努力营造"兼容并蓄、有容乃大"的环境；要提倡探索，尊重探索，鼓励探索，既要尊重研究者的学术自由，不打棍子，不扣帽子，又要提倡积极的、健康的学术争鸣和学术批评，要有海纳百川的学术气度和宽广的学术视野；还要尊重研究者的原创性劳动，建立健全保护人文社会科学研究成果的有关制度，建立符合中国国情的正确的评价机制，严格学术规范，提倡学术尊重、学术关怀。那些"文人相轻"、"相恶"的陋习，动辄危言耸听、上纲上线的所谓批评，肆意贬低、挤压人文社会科学的所谓评价，都是人文社会科学发展的大忌，必须坚决摈弃。

（五）加快科研体制的改革，建立繁荣人文社会科学的新机制

高校人文社会科学的教育与研究之所以存在理论脱离实际或者相对滞后的现象，与我们的科研体制有着一定的关系。特别是在人文社会科学与自然科学等学科之间综合、交叉和渗透日渐增多的情况下，高校人文社会科学的科研体制愈发不能适应发展的需要，必须进行改革，这是繁荣人文社会科学、实现人文社会科学当代价值的关键问题之一。要逐步打破自我封闭的格局，引进竞争机制，形成有不同投资筹资来源、不同组织管理模式、公正公平的评价和激励机制的科研体制；要探索出一种能够把应用研究、咨询服务与社会需求紧密联系起来的有效方式和运作机制。人才是理论创新的主体，没有好的体制、机制，就难以造就一支人才辈出的、"青出于蓝而胜于蓝"的学者队伍，"理论之树常青"也就无从谈起。

21世纪将是人类社会发生深刻变革的世纪，将是中华民族实现伟大复兴的世纪，也将是中国人文社会科学繁荣和发展的世纪。我们一定要从关乎国家发展前途和命运的战略高度重视人文社会科学的地位和作用，积极促进人文社会科学的繁荣和发展。中国人民大学师生员工愿与全国广大的人文社会科学工作者携手共进，高举邓小平理论的伟大旗帜，坚持解放思想，实事求是，高扬人本，开拓创新，努力实现人文社会科学的当代价值，为国家昌盛、民族复兴和学术繁荣作出更大的贡献。

学习江泽民同志重要讲话，
繁荣哲学社会科学*
——在"东南论坛"学术报告会上的演讲

（2002 年 8 月 7 日）

各位领导，同志们：

今天有机会到福建省东南论坛来讲一讲个人对江泽民同志讲话的体会，感到十分荣幸，同时也感到十分惶恐，因为在座的都是哲学社会科学方面的专家、领导，特别是有一批德高望重的老领导、老专家。我主要汇报一下工作体会，与大家共同交流。

今年（2002 年）3 月福建省社科联就对我发出邀请，希望我在纪念江泽民同志"8·7"讲话一周年的时候来作一个学术报告；在江泽民同志 4 月 28 日考察中国人民大学之后，福建省社科联再次对我发出邀请。在此行之前，从 2001 年 11 月以后，我曾应海南社科联、湖南社科联、北京社科联之邀去讲过哲学社会科学的有关问题。这么多社科联邀请我去讲同一个主题，反映了江泽民同志"8·7"讲话以后我国哲学社会科学界出现的新的精神风貌，我感到由衷的喜悦。

江泽民同志在十六大召开前夕不到一年的时间里，三次就哲学社会科学问题发表重要讲话，这三篇讲话构成了一个完整的严密的体

* 本文根据作者应邀在"2002 年全国各省区市社科联协作会暨'东南论坛'学术报告会"上的讲演录音整理，同时全文被《发展与繁荣人文社会科学》（纪宝成著）和《中国当代教育家文存·纪宝成卷》收录。

系，精辟地、深刻地阐述了哲学社会科学的功能、地位和作用，阐述了新世纪我国哲学社会科学发展的方向，对广大哲学社会科学工作者的历史使命寄予了殷切的希望，对各级党委和政府提出了明确的要求，是新世纪发展和繁荣哲学社会科学的理论纲领和行动纲领。在我们党和国家历史上，党和国家最高领导人就哲学社会科学这样系统、深刻地发表讲话，理论上讲得很清楚，怎么行动也讲得很清楚，是极为罕见的，可以说是第一次。人们不能不仔细考虑，江泽民同志为什么这么强调哲学社会科学。江泽民同志的讲话是战略性的讲话，是"三个代表"重要思想的有机组成部分，全党、全国人民都应当学习这个讲话，我们哲学社会科学界尤其应当学习。如果哲学社会科学界不学习、不研究这个讲话，我认为就谈不上学习、实践"三个代表"，因为如果对自己所从事工作的地位、作用不清楚，对存在的问题不清楚，怎么去实践"三个代表"重要思想！所以在中国人民大学，我们把学习江泽民同志关于哲学社会科学的精辟论述，看做实践"三个代表"的重要方面。

一、关于"四个同样重要"的体会

江泽民同志在北戴河的讲话中讲到，在认识和改造世界的过程中，哲学社会科学与自然科学同样重要；培养高水平的哲学社会科学家与培养高水平的自然科学家同样重要；提高全民族的哲学社会科学素质，与提高全民族的自然科学素质同样重要；任用哲学社会科学人才并充分发挥他们的作用与任用自然科学人才并充分发挥他们的作用同样重要。这就是"四个同样重要"。特别是第四个"同样重要"，出人意料，已经讲到干部路线了。在中国人民大学的"4·28"讲话中，江泽民同志重申了这"四个同样重要"。当讲到"对四个同样重要，大家都很赞同，现在的关键在于落实"时，他的语调上扬、节奏放慢，话音一落，全场热烈鼓掌。在相当长的一段时间，我们哲学社会科学界并没有感受到同样重要，"重理轻文"在我国长期存在，积重难返。在进入新世纪时，江泽民同志提出"四个同样重要"，使我们耳目一新。为什么是"四个同样重要"？其实这个问题并不难回答。就如我们各级领导讲的所有问题都是哲学社会科学范畴之内的问题，并不是自然科学的问题；我们省长、省委书记、国家领导人天天讲的都是哲学社会科学问题，就连自然科学的政策问题都属于哲学社会科学问题。可以说哲学社会科学年年讲月月讲天天讲，但仍然有很多人瞧不起它。嘴上讲它重要，实际没认为它重要。所以江泽民同志在"8·7"讲话发表七八个月后，来中国人民大学重申"四个同样重要"，并特别提出"现在的关键在于落实"，这不是偶然的，让人不能不深思。"4·28"讲话后不到三个月，江泽民同志言犹未尽，在中国社会科学院再次重申。江泽民同志的讲话，不只是结论性地讲"四个同样重要"，他还深刻地阐述了哲学社会科学的地位、功能和作用，把地位、功能和作用讲清楚了，才能深刻认识到它是同样重要的。在北戴河讲话主要讲了结论性意见，在中国人民大学的讲话是进一步深入，到社科院的讲话是继续延伸，提出了"两个不可替代"。他在"4·28"讲话中论述了哲学社会科学的三大基本功能，即"三个解决"——哲学社会科学是解决人们世界观、人生观、价值观，解决理论认识和科学思维，解决社会发展和社会管理规律的认识和应用的科学。紧接着他说，掌握必备的哲学社会科学知识，对于人们认识纷繁复杂的社会现象，提高道德素养和精神境界是十分重要的。他说掌握必备的哲学社会科学知识，对于领导干部尤其是高级领导干部讲政治、懂全局，驾驭复杂形势，研究战略策略，提高领导水平，更是十分重要的。这是"两个十分重要"。紧接着他又说，我们要高度重视哲学社会科学在治党治国和社会主义现代化建设中的巨大作用。这一段非常精辟地阐述了哲学社会科学的功能、地位和作用。这段话的末尾是，各级党委和政府要和全国各族人民一起共同努力、大力促进哲学社会科学的繁荣和发展。

从治党治国的高度论述哲学社会科学的作用，这是前所未有的。

它标志着我们党和国家探索社会主义现代化建设的规律、探索我们党执政的规律，更加理性、更加自觉、更加成熟。我认为应当这样来认识它：只依靠自然科学是不能治党治国的，是不可能完成社会主义现代化建设任务的。江泽民同志的讲话不仅总结了改革开放以来的经验，也不仅总结了建国 50 多年来的经验，同时总结了两三百年来人类历史进程的经验和教训，从而提出了科学的结论。从邓小平提出"科学技术是第一生产力"，到去年北戴河讲话时，江泽民同志提出"哲学社会科学的成果和研究能力也是综合国力的重要组成部分"，再到人民大学讲话时，江泽民同志提出"哲学社会科学在治党治国和社会主义现代化建设中的巨大作用"，大家可以看到内在的逻辑联系，对这个问题的认识的逐步深化。

哲学社会科学在现实生活中主要有三个方面的作用：

第一，哲学社会科学是研究人的精神世界的科学。因此人的理想、信念、道德、情操、品格、情感世界、精神生活、交际能力等等，都与哲学社会科学有非常密切的联系。没有这些，人就不成为人；没有这些，人就是动物、行尸走肉，是工具、机器。人之为人取决于上述这些方面，而这些是通过哲学社会科学体现出来的。甚至哲学社会科学可以创造出现实社会并不存在的理想境界，从而让人们得到某种享受，或创造出理想境界让人去追求，这就是哲学社会科学的巨大魅力。一篇《桃花源记》到现在还让我们流连忘返，它的美学价值、文学价值可以让世世代代的人得到享受，这是自然科学无法做到的。

第二，它是研究社会的科学，揭示社会发展的方向，揭示社会运动的规律，揭示社会运作的方式，所以江泽民同志讲这是治党治国（的学问）。比如说，马克思主义对共产主义世界这一人类社会发展方向的合乎逻辑的揭示和描述，可以让我们奋斗终生，自然科学无法起到这种作用。邓小平为我们描绘了中华民族伟大复兴的"三步走"战略，这同样是科学技术无法做到的。这些都是哲学社会科学的智慧揭示出来的。再比如说，经济体制改革确立社会主义市场经济体制是我们改革的目标和方向，这也是运用社会科学揭示社会发展的方向。不仅如此，它还提供社会活动的操作技术，比如股份制是建立市场经济的操作技术之一。没有这些操作技术，哪来什么社会主义市场经济体制？研究规律就像理科，研究操作技术就像工科，把两者结合起来，我们就可以把握社会的发展方向、运动规律以及运作方式，这些都属于哲学社会科学范畴。没有发达的哲学社会科学，社会不可能顺利前进。回顾改革开放以来20多年，重视了哲学社会科学的作用，社会就向前发展；如果不重视，就要不断地付学费。现在有一些干部，总是浪费人民的财富去付学费。有些学费是应当付的，但很多是冤枉钱，哲学社会科学早已把规律揭示出来了，却不为人所知所用。"实践是检验真理的唯一标准"，邓小平就是紧紧抓住了这一点，发起了解放思想的运动，确立了"解放思想，实事求是"的思想路线，才有改革开放20多年来GDP平均以每年9.7％的速度增长。仅仅靠高新技术是不可能做到这一点的。我国有全世界最多的工程师，但为什么"文化大革命"当中没有把经济发展起来、不能腾飞？是因为思想不对头、路线不对头、机制不对头、体制不对头，而解决思想、路线、机制、体制的问题，是哲学社会科学的任务。一旦重视解决这些问题，全国的面貌马上不一样。哲学社会科学这方面的作用，我想大家都能体会到，但不一定深刻认识到。江泽民同志的这次讲话，振聋发聩，高度重视哲学社会科学在治党治国方面的巨大作用。其实我国古代思想家在关于社会变革方面有很多精辟的论述，江泽民同志在"4·28"讲话中就曾引用了汉初杰出的思想家、政治理论家贾谊的话"去就有序，变化因时"。贾谊的《过秦论》中有这样一段话："是以君子为国，观之上古，验之当世，参以人事，察盛衰之理，审权势之宜，去就有序，变化因时，故旷日长久而社稷安矣。"哲学社会科学就是"察盛衰之理，审权势之宜"的科学，是使国家长治久安的科学。对比俄罗斯的"休克疗法"，我国的改革就是做到"去就有序，变化因时"。江泽民同志号召各级党委和政府都来认识这个问题。我们相信，在新世纪，哲学社会科学的作用在治党治国当中可以得到更大的发挥。

第三，是哲学社会科学在物质生产方面的作用。前两个方面可以认为是哲学社会科学在精神文明、政治文明方面的作用，下面重点谈一下它在物质生产，即物质文明的创造方面的作用。哲学社会科学在物质文明的生产创造方面同样起着不可替代的作用，这主要集中在两个方面：

其一是马克思早已论述过的。马克思在《资本论》中讲到，社会生产的形成有五个方面的决定因素：（1）工人的平均熟练程度；（2）科学的发展水平及其在工艺中的应用程度；（3）生产过程的社会结合；（4）生产资料的规模及效能；（5）自然条件。其中，除第二方面基本属于自然科学，第四方面、第五方面是与自然科学有关，而所有这五个方面都与社会科学有密切的关系，特别是第三方面，生产过程的社会结合包含了资源的配置，包括物质生产的动力、目的，物质财富的分配、生产过程的连接（比如是自给自足地联系，抑或通过市场联系，还是以计划经济的方式联系），这都要通过哲学社会科学揭示的理论、规律以及它所提供的操作技术加以解决，否则自然科学技术再高明，也只能停留在图纸上，不能变成现实的生产力。我们过去的体制下的弊端就是这方面的例证。过去我们有很多发明创造不能形成现实的生产力，就在于体制问题，资金、劳动力、生产的规模、效益等一系列问题无法解决。我参观过香港的生产力促进局，建议在座各位有机会去看看，生产力促进局不同于美国的"孵化器"，美国在这方面做得很好，我们很多地方也在搞，但是香港的促进局把"孵化器"和开放市场整个结合在一起，扶持中小企业。它的一段解说词很好："科学不等于技术，技术不等于产品，产品不等于市场，市场不等于效益"。这就告诉我们，从科学最终转化为效益，必然需要将自然科学与社会科学结合在一起，才能成为人们扎扎实实的福利。可见哲学社会科学与自然科学确确实实是"车之两轮"、"鸟之两翼",紧密结合在一起的,都是生产力形成的决定因素。邓小平同志当时讲科学技术是第一生产力,管理也是生产力,随后他说他讲的这个科学当然包括社会科学在内。江泽民同志1995年在第三次科技大会上讲话,也讲了科学技术当然包括哲学社会科学。两代领导人都用了"当然"两个字,意味深长。

其二,哲学社会科学对物质生产起到了价值判断和价值导向的作用。任何科学技术都是双刃剑,可以造福于人类,也可以给人类带来负面影响甚至是灾难。哲学社会科学可以把科学技术引导到为人类造福方面上来,这就是哲学社会科学的使命。比如核技术,如果没有正确的价值导向,被用于侵略战争,那它就不是第一生产力,而是第一破坏力。又如克隆技术,需要哲学社会科学家和自然科学家共同努力,研究克隆技术给人类生活带来的问题,如果没有正确的价值导向,克隆技术对人类造成的后果将难以预料。网络时代到来了,大家都欢呼,但其负面影响曾被忽略;其负面影响已经活生生地在社会生活中显现出来。如果没有正确的价值导向,网络也将给人们带来更多的问题。新的摄像技术已经达到透过人的衣服透视人体,而且可以批量生产……如果没有正确的价值导向,可想而知我们的社会将成为什么样的社会!人类还能有正常的生活吗?改革开放以来,很多人要钱不要命,追求经济利益不计后果,造成严重的环境污染,现在甚至连我们餐桌上的东西也不能给人以安全感,这就是滥用科学技术带来的消极后果给我们的切肤之痛。人民大学1999年翻译出版了诺贝尔经济学奖获得者阿马蒂亚·森的新著《以自由看待发展》(*Development as Freedom*)。这本书的基本观点是,经济发展就其本性来讲是自由的增长,自由是经济发展的最高目标,也只有自由才能成为经济发展的手段;衡量人民的生活质量,不只是依据财富的增长,而是还要依据自由的增长。财富、技术等都是手段而非目的,自由才是目的。这就是以人为本,仁者爱人。发展经济是为什么呢,最终当然是为了人类的发展、人类的幸福。所以江泽民同志"三个代表"重要思想是极其准确的，代表中国先进生产力的发展要求，代表中国先进文化的前进方向，代表中国最广大人民的根本利益。忘记了代表人民的根本利益，为技术而技术、为利益而利益、为产值而产值，不计后果，问题就会很大。这就涉及价值导向问题。所以哲学社会科学对我们现代化建设太重要了。江泽民同志讲"四个同样重要"，我们感到非常亲切，非常符合实际。历史上三次工业革命或称三次产业革命也说明了这个道理。对我国有些人把三次工业革命简单理解为三次技术革命，我是有不同看法的，因为它们不仅仅是由高新技术为引导，而且也是伴随着深刻的社会变革产生、发展的。20世纪70年代兴起的新经济史学派专门对这些问题进行过探索，认为工业革命、产业革命，它们不仅仅是技术革命的问题，同时引起了产权制度的变革、企业制度的创新、法律的调整和完善等等，进而引起了社会观念的变革，才形成了波澜壮阔的三次产业革命，推动人类社会的历史进程。没有上述这些方面结合在一起，是没有三次产业革命的。所以把三次产业革命理解为科技革命、技术革命至少是不准确的，它完全忽视了三次产业革命的社会变革方面。假如没有企业制度的创新，再新的科学技术也不可能发挥那么大的作用，因为原有的企业制度容纳不了新的科学技术。

刚才讲过，关于真理标准的大讨论促成了改革开放的新时期，"三个代表"重要思想的提出又为我们的现代化建设开辟了新的境界，这些都是哲学社会科学巨大作用的实际体现。历史和实践一再证明了这一点。哲学家康德曾经讲过，科学（特指自然科学）只能解决"世界是什么"的事实判断，不能解决价值判断。科学家爱因斯坦讲过类似的话，他说科学虽然伟大，但是它只能回答"世界是什么"的问题，至于"世界应当如何"，则超出了它的视野和职能范围之外。思想家、科学家都早已总结前人和自己的实践讲过这样的问题。所以，江泽民同志的"四个同样重要"，是非常科学的结论，是总结了人类历史发展的经验，总结了现代化进程的经验，总结了我们改革开放的经验，而且从治党治国的高度提出来，是非常英明的。

为什么会提出"四个同样重要"呢？我认为是因为实际生活中没有把它们放到同样重要的位置上。表现有两个，一个是评价严重不公，一是投入严重不足。

评价不公这方面，把社会偏见、社会不良心理在制度上体现出来了，这就很严重了。举例来说，自然科学有若干个国家级大奖，哲学社会科学严格来说没有一项；对作出开拓性、奠基性前沿学术成就的理工农医方面的大师，我国给予了高度重视，比如专门设置院士制度，但是哲学社会科学没有类似的制度。过去有学部委员，中国科学院学部委员就是现在的院士，把学部委员改为院士时就把哲学社会科学排除在外了。一批作出杰出贡献的，具有奠基性、开拓性、前沿性学术成就的哲学社会科学家和他们的研究成果没有得到应有的、公正的社会评价。同时我们还炒作院士，炒作得很厉害。各个地方竞相提高院士的待遇，反差就非常大了。再比如说，我们的评比、评职称、排行榜等，也基本上按理科的价值取向、理工科的思维、理工科的评判标准、理工科的指标体系来评价哲学社会科学，对哲学社会科学的评价很多都理工科化了。我们过去只注重质的评价，不注重量的评价，这是不对的，但是也不能因此就走向另一个极端，什么都量化，把量化当做最科学的东西。一首诗究竟该如何量化？毕加索的画怎么量化？毕加索的画有些人连看都看不懂，但它却极富艺术价值，用量化的标准怎么能评价？《红楼梦》怎么样量化评价？《实践是检验真理的唯一标准》这篇文章的作用和贡献如何量化评价？它的作用绝不亚于一项重大的科学技术发明。这些都很难用量化的手段评价。但是我们现在把量化奉为神灵，认为这是最科学的，很少有人对它提出疑问。这种量化的评价模式完全是工科化的思维，连理科化的思维都不是。这种评价有严重的缺陷，很不科学，很不公平。更有甚者，社会评价本已不公，却又拿这些不公的社会评价在微观方面所形成的结果再来衡量、评价哲学社会科学单位的业绩。比如说大学排行榜，院士的多少，只对理工农医、不对哲学社会科学实施的"长江学者奖励计划"人数的多少，科研经费的多少（国家对理工农医类的投入远远高于哲学社会科学类）等等都是重要的评价指标。拿这些来评价我们人民大学，就很不公平了。今年（2002 年），网大排行榜把人大排到第九名，去年是十四名，前年是二十几名，这已经在改进了。其中师资队伍指标，人民大学排全国二百多名，这简直是笑话！其主要原因，就是人大是以人文社会科学为主的大学，没有院士和长江学者。

第二个是投入问题，由于轻视哲学社会科学，甚至怀疑哲学社会科学是不是科学，认为哲学社会科学可有可无，导致对哲学社会科学投入严重不足。我只举几个简单的例子，在座的各位都有体会。第一个例子。今年全国哲学社会科学基金才 1 亿，但由于已经比去年增加了 4 000 万，大家就觉得不得了了。社科基金一开始才 1 200 万，后来涨到 6 000 万，现在是 1 亿，不管怎么样，已经有很大的提高了，但是我认为与需要、与党和政府对哲学社会科学繁荣和发展的期望差距甚远。

第二个例子。前年下半年到去年年初，教育部评全国高等学校人文社会科学重点研究基地。在座的高校领导同志肯定都知道，人文社会科学研究基地相当于理、工、农、医院校的国家重点实验室，或者国家重点工程研究中心，是同一个级别。全国高等学校的哲学社会科学工作者千辛万苦申报，专家评审，评出 103 个。后来又补了 3 个，全国一共 106 个。我们人民大学很荣幸，评了 12 个，全国高校之冠，在全国是最多的。给多少钱呢？一个基地 30 万元，全国一共就给 3 000 万元，还有几个只给名，不给钱。大概有的一个国家重点实验室都不止 3 000 万，而全国所有的人文社会科学重点研究基地还不如一个理工科国家重点实验室的经费多。评基地、给经费，已经是比较重视的了，如果不重视，一分钱都没有。还有文科基础学科人才培养基地，包括文史哲、理论经济学等，一个基地给多少钱呢？10 万元钱、15 万元钱，这也算是重视的，不重视一分钱都没有。人民大学应当说是我们国家以人文社会科学为主的最著名的学府之一了，最具代表性的一所大学，这次国家重点学科评审，共获得 25 个，综合排名全国第五，这就说明人民大学实力非常雄厚，因为其他大学学科范围太广了。事实上，其中人文社会科学方面的国家重点学科，人民大学名列全国第一。因此，在人文社会科学方面，应当说人民大学在我们国家是很强的，人才培养和科学研究都作出了重要贡献。但是国家对人民大学的投入是很低的。去年（2001 年）香港《大公报》一整版报道中国人民大学，记者写得很幽默，她说，我给纪校长提了十个问题，只有一个问题他避而不答。什么问题呢？就是国家对人民大学的投入。我不太好讲啊！当然，最近这两三年对人民大学的投入迅速增加，特别是去年到今年。但是原来对人民大学投入之低，是谁都想象不到的。我想，如果按投入产出给大学排名，排行榜就是另一番景象了！很多人脑子里面根本就认为哲学社会科学不需要花钱，这是陈旧的观念！这有两个原因，一个认为哲学社会科学没什么用途，都是耍嘴皮子的，不干实事；第二个认为哲学社会科学也不错、也很重要，但是不需要花什么钱，不就是几张纸、一个讲台、一支粉笔、几本书，你们就可以讲课了。再加上人文社会科学教育工作者自己不尊重自己，不光这几年扩招，前几年发展高等教育时，发展哲学社会科学专业显得好像是最容易的。会计专业满天下都是，我在国家教委高等教育司当司长时，看到全国每十个大学生中，就有一个是学会计的，也搞不清楚会计教师从哪来的，办学条件怎么具备的，这不是让人容易产生文科高等教育不要花多少钱的错觉嘛！哪有那么多学会计的教师！

那么为什么造成这些现象？有多种原因，我觉得很值得我们哲学社会科学领域的领导同志和哲学社会科学家们来思考这些问题。我认为不能简单地认为是因为哪个领导素质差，也不能简单地认为是社会故意瞧不起哲学社会科学。我想有着具体的深层次的原因。

第一，能不能正确认识哲学社会科学的学科性质和特点。至少有三个特点值得我们重视。其一，哲学社会科学既是科学体系，又在很大程度上是一个意识形态；既是一个知识体系，又是一个价值体系。这是自然科学所不具备的特征。其二，哲学社会科学的研究对象不是自然物质，而是人以及由人所组成的社会，人是有感情的、有思想的，人的感情、思想、精神是变化的。因此，哲学社会科学不可能形成自然科学的那些公理、公式，也没有那么精确。马克思曾经讲，经济规律是一种趋势。经济规律要作为一种趋势来看，这个观念是非常正确的。实际上我们所接触的社会发展、社会运动、社会操作这些方面的各种各样的规律，绝大部分只能作为一种趋势来看，很难用定量的数据、精确的公式把它描述出来。有人说将来可以精确地量化描述出来，但我想有些也许永远也不可能这样表述出来。所以如果习惯于理工科的思维，就很容易认为哲学社会科学不是科学。但哲学社会科学就是这样，它的科学性并不是一种物质外在，而是表现在方向和趋势上，这就是它的科学性。联合国教科文组织 1949 年在一个文献上明确提出来，哲学社会科学是科学。当然，对这个问题一直有争议，就是现在，国外有些科学家也不认为人文学科是科学，甚至不承认社会科学是科学。其三，大多数哲学社会科学门类跟政治靠得很近。政治本身其实也有理论和运作的规律。但是现实生活当中，不管国内国外，政治往往被人看做翻手为云、覆手为雨。克林顿上台是一套政策，布什上台又是一套政策，所以有人认为政治说不清楚，没有什么科学性。但是这本身可能就是政治的科学性，恰恰这就是政治本身的运动规律。所以我想第一个原因就是学科的这些特点，让人感觉到不可捉摸，价值观就更说不清楚了。自然科学不可能是这样，它的客观性很清楚。

第二，能不能正确认识到自然科学和哲学社会科学在物质生产、物质财富创造的过程中所起的作用、表现的方式是不相同的。自然科学是以明显的方式表现出来，是以"硬"的方式表现出来，而哲学社会科学是以"软"的方式表现出来，是以隐性的方式表现出来的。这个话筒往这儿一放，大家可以大致判断出来它的技术含量，但是从中看不出来企业的经营理念、企业的营销方式、企业的管理模式，为什么决定生产它，在哪儿生产它？这些从表面看不出来。社会操作技术完全是隐蔽的、幕后的活动，所以人们能直观地感觉到高新技术的作用，但一般看不到哲学社会科学在其中所起的作用。这是人们忽视哲学社会科学的一个非常重要的原因。

第三，则是我们国家特殊的历史原因。那就是改革开放以前政治运动不断，"左"的东西长期占主导地位，把哲学社会科学片面地政治化，造成了严重后果，让人连带觉得整个哲学社会科学不可信任；改革开放以后，由于市场经济大潮的冲击，急功近利，只要能挣到钱就行，能有产值就行，所以就容易对见效快、明显的科学技术感兴趣。在这一点上，跟历史上"重理轻文"现象的产生有同宗同源的共性的东西。大家知道，真正"重理轻文"是伴随着资本的产生而产生的，因为人类历史上的教育从来是"重文轻理"。而伴随着三次产业革命的发生与发展，自然科学技术显得愈来愈重要，自然科学教育替代人文社会科学教育更为人们所重视，这也就是最近这两三百年来的事情。"重理轻文"是资本发展的必然结果，是资本主义生产的必然结果，为什么呢？因为它使资本追逐利润如虎添翼，在管理不变的条件下，谁掌握了高新技术，谁就能取得超额利润。因为企业的理念、管理、社会的法规、制度等等总是会相对地稳定，而谁用了最新的科学技术，谁的利润马上就上去了。科学技术发展到一定程度，它才引起生产关系新的变革，生产关系相对说来要稳定，科学技术是最活跃的。所以是从资本追逐利润时就开始产生了"重理轻文"。现在我们搞市场经济了，大家更多地看重利润，新的科学技术的采用对利润的增长又有非常明显的作用，哲学社会科学相对说来是潜移默化起作用的，是长期起作用的。其实，企业对于类似于工科的应用管理技术也是很重视的，但它也许只重视这一块，文、史、哲这类基础学科就不一定重视了，这是历史和社会层面的原因。

所以我们觉得有学科属性本身的问题、认识上的问题、历史上的原因，导致"重理轻文"。"重理轻文"也是世界性的，并不是中国特有的，是伴随着资本主义生产方式的产生而产生，也不是新中国才有的，旧中国就有。1930 年前后，当时的国民党政府教育部颁布了一系列法规，鼓励发展理、工、农、医等实科。所以这是个世界性的问题，我们不能埋怨哪一个人。但是在我们国家，现在哲学社会科学的重要性，它的功能、地位、作用模糊了。因此，我们繁荣哲学社会科学就要针对这些问题来采取措施。

二、关于繁荣哲学社会科学的一些体会和认识

繁荣哲学社会科学，我觉得首先对于新时期需要什么样的哲学社会科学应当有一个清醒的认识。我认为最重要的是两条。第一条，就是与时俱进，新时期需要与时俱进的哲学社会科学。这一点大家现在讲得都非常多，但是与时俱进具体表现在什么方面？与时俱进的着力点在什么地方？我个人体会有三点。

第一点，要重视问题的研究，要关注现实，关注重大理论问题的研究。江泽民同志这三次讲话都提到了要重视战略性、全局性、前瞻性的重大课题研究，要求哲学社会科学工作者关注现实、深入实际、深入群众、深入生活、深入基层。任何哲学社会科学都是在解决当代问题的过程中发展的，马克思主义是这样，所有的哲学社会科学都是这样。因此哲学社会科学家应当有问题眼光。提不出问题的学生不是好学生，不能研究问题的哲学社会科学工作者，我看很难叫哲学社会科学家。要能够提出问题、抓住问题。马克思曾经讲过，对于一个时代来讲，"主要的困难不是答案，而是问题。""问题就是公开的、无畏的、左右一切个人的时代声音。问题就是时代的口号，是它表现自

己精神状态的最实际的呼声。"① 这就告诉我们，问题是时代的呼唤，是时代的声音。这种概括是多么的精辟、多么的深刻！看看改革开放以来，我们所面临的各种各样的问题，比如说我国现在贫富差距在拉大，把这个问题研究好了，对策搞好了，那就丰富发展了哲学社会科学，丰富发展了马克思主义。采取回避的态度总是不行的。改革开放一开始实际上并没有什么贫富差距，也就是十几年的时间，贫富差距一下就拉大了，这难道不值得我们警醒、不值得我们重视吗？究竟是什么原因形成的，怎么来解决这个问题，值得我们认真研究。没有一定的贫富差距，恐怕现阶段也不利于经济的发展，但是差距过大，也不利于经济的发展、社会的稳定，这是治党治国面临的一个重大问题。现在经济成分是多样化了，利益多元化了，人们的价值观念也多样化了，因此各种选择性、差异性大大增加了，但由此也带来了各种各样的问题。对于这些重大现实问题，我们应认真研究。如果不抓住重大问题研究，不解决当代提出的重大理论问题、实践问题，哲学社会科学与时俱进就永远只是一个口号、一句空话。研究世界问题也是一样，现在我们经常讲经济全球化、政治多极化，这是在文明多样化的情况下出现的经济全球化和政治多极化，它必然有一系列的问题需要我们去解答。所以我认为，与时俱进就是关注现实、回答重大理论与实践问题。关注与回答我国改革发展当中、世界进程中重大的问题，这样才能与时俱进；否则的话，这个与时俱进是空的。所以江泽民同志在北戴河讲话、人民大学讲话、社科院讲话中，都在强调这个问题，这绝不是偶然的。这是第一点，要关注现实，抓住问题。

第二点，要与时俱进，就要有国际视野，要有国际眼光。在改革开放的今天、经济全球化的今天，我们的哲学社会科学的研究和发展必须具有国际眼光，这样才能真正地与时俱进，或者说，这是哲学社会科学与时俱进的一个极其重要的方面。邓小平曾经说过，我们承认

---

① 《马克思恩格斯全集》，中文 1 版，第 40 卷，289～290 页，北京，人民出版社，1982。

自然科学比发达国家落后了，现在我们也应当承认社会科学就其可比的方面也比发达国家落后了。邓小平 20 世纪 80 年代讲的话，这样一种落后的状况，应当说通过改革开放，通过广大哲学社会科学工作者的艰苦努力，很多方面正在往前赶，我们对国外各个学科前沿的情况基本上都有所了解，这就是一个很大的进步，缩短了这个差距。但是要从我们的研究方法、能力、水平、研究的深度和广度来讲，若干学科都有很大的差距。所以我们现在更应通过进一步的对外开放，更多地搭建中外文化交流的平台，让我们的学者在这个平台上自由地往来，真正地做到江泽民同志所要求的立足中国，面向世界。我们觉得还要在这方面进行艰苦的努力。在这一方面，我们比自然科学界是落后的。如果我们今天不了解世界、不认识世界，哲学社会科学的与时俱进，就要大打折扣。所以我们应当呼吁政府来支持哲学社会科学进一步对外开放，也需要广大哲学社会科学工作者来加强学科的国际性。

第三点，要强调的是学科交叉融合、交叉渗透，这也是哲学社会科学与时俱进的又一个极其重要的方面。交叉渗透首先是哲学社会科学的各学科之间的交叉渗透，我们在学科建设上、人才培养上就必须这样做。另外一个重要方面是哲学社会科学与自然科学的交叉渗透，要利用自然科学的成就、自然科学提供的手段，自然科学开辟的新的物质境界来进行哲学社会科学的研究，来丰富拓宽哲学社会科学工作者研究的视野，只有这样我们的哲学社会科学才能与时俱进。学科的交叉渗透是个很大的趋势，但是不可能融合成一个学科，专业化和综合化趋势总是并存的，关键的问题在于我们不能够只强调专业化这个方面，也要看到综合趋势的一面。现在哲学社会科学的状况和我们自己的学风也有关系，以邻为敌、自我封闭、自我划界，对交叉渗透重视得很不够，这是不利于哲学社会科学发展的。现在不管解决什么政策问题，都是多种学科共同作用的结果，如治理环境污染问题、制定环境政策等。我们人民大学有环境经济专业，但是环境问题如果仅从经济的角度来研究，肯定是不行的，没有自然科学来支持，这个专业肯定办不好。现在我们的电子政务就要求行政管理学与计算机科学联系在一起，要求学生的知识面就很不一样了。所以学科交叉渗透也是保持哲学社会科学与时俱进的一个极其重要的方面。

我想哲学社会科学的与时俱进可以讲很多方面。与时俱进的重要性、必要性，报纸上讲得太多了。我这里只讲与时俱进的切入点在哪儿，怎么样才能与时俱进。我讲上述这三点与同志们切磋，就教于大家。

我们新世纪需要什么样的哲学社会科学？我要讲的第二条就是中国风格、中国特色、中国气派。

我们要强调我们的中国特色、中国气派。中国特色无非是两个方面，一个是中国的、传统的、优秀的文化，从孔孟之道到老庄哲学，两千多年丰富的治理国家的历史遗产，需要很好地研究、挖掘。对中国优秀的传统文化应当重新研究、重新审视，去年（2001 年）下半年人民大学开了一个世界伦理、价值问题国际学术讨论会，中外教授都对中国古老的"和而不同"的思想给予了高度评价。《国语》上讲："和实生物，同则不继"，如果不同的事物和谐并存，就能够不断产生新的事物，如果把世界上的事物变成一个事物了，那世界就不能前进了。孔老夫子在《论语》中也讲了："君子和而不同，小人同而不和"。这个思想是多么的光辉！它应当成为处理当今国与国之间的关系、不同文明之间的关系的一条国际准则，我们应当把它发扬光大。大家和而不同，互相和谐共存，取长补短，这才是个美好的世界。这就是我们中国古代的思想，这就是中国特色、中国气派。所以要重视中国优秀传统文化的研究、继承和发扬。

另外一个方面就是重视当代中国问题的研究。世界上有很多很好的东西，但要和中国的情况结合在一起。马克思主义要中国化、马克思主义要现代化。同样西方来的哲学社会科学凡于我有用的也必须中国化、现代化。这样我们才能够以"三个代表"重要思想为指导，形成中国特色、中国风格、中国气派的哲学社会科学。

综上所述，我们在新时期需要与时俱进的哲学社会科学，需要具有中国特色、中国风格、中国气派的哲学社会科学。

三、关于"现在的关键在于落实"的体会

繁荣哲学社会科学，关键在于行动，在于落实江泽民同志提出的"四个同样重要"。怎样理解江泽民同志在人民大学讲的"现在的关键在于落实"。"关键在于落实"由谁来落实？落实的主体是谁？落实的重点是什么？

我想，落实的主体首先应当是各级党委和政府。各级党委和政府要充分认识到哲学社会科学在治党治国中的巨大作用，要深刻认识到社会当前面临的主要问题是给哲学社会科学提出的。我们要提高认识并不是要提高哲学社会科学的地位，而是提高对哲学社会科学的地位和作用的认识。因为其地位和作用是客观存在的，不需要人为地提高。

要提高的是认识，首先是各级党委和政府的认识。哲学社会科学与自然科学各门学科是理论的划分并不是实践的划分。任何一个实践问题都需要多门学科综合作用，不可能只由一门知识起作用。1990年，我曾经在《人民日报》发表了一篇文章——《按照客观经济规律办事的几个理论问题》，重点就是讲经济工作、经济政策不能只是讲某种经济规律，要讲多种经济规律；不只是讲经济规律，还要讲自然生态规律、社会运作规律。这就表现出解决实际问题时总是各门学科共同起作用。我曾经多次举例讲制造桌子的问题，造一张桌子不仅要运用数学、物理知识，还要有文学、美学等文化知识，造一张桌子尚且如此，更何况当今现代化建设当中的重大问题呢！哪一个问题的解决不需要多门学科共同完成？所以，我们觉得要提高对哲学社会科学地位与作用的认识。不过，只落实在提高认识上也是不行的，关键在于行动，行动就是江泽民同志在人民大学的讲话中提出的"五个高度重视"。江泽民同志还提出要积极支持科学探索和理论创新，创造良好的学术环境、学术氛围。他在社科院的讲话就更具体了，点出了人

事部门、教育部门、宣传部门的责任。

所以这个重视一是制度性的问题要解决好。我们呼吁设立哲学社会科学界的院士制度。有位哲学社会科学工作者写了一篇文章，反对设院士，说不设院士是哲学社会科学的一大幸事，因为这样可以避免政要的混入。他讲的也有一点道理。但我认为不能因为这一点可以处理好的问题就把大的重要的优点推翻了，小道理总要服从大道理吧。还有其他很多不设人文科学院士的理由，其中之一是认为哲学社会科学太敏感，存在意识形态问题，比如搞自由化怎么办？我想搞自由化的恐怕不只是在哲学社会科学家之中吧？著名的自然科学家也有搞自由化的，而且，这种人毕竟是个别的。前面提到的所谓政要混入问题，不能混淆在一起。说政要混入，我觉得这话说得也很含糊，如果我们某一个政界人物的学术造诣非常高、非常有成就，当院士又有什么不可以？过去我们的学部委员里也有政界人士嘛！既是革命家，又是学问家，他就能当院士。所以我觉得这个理由根本不成立。这只是设立制度后如何保证制度良性运行的问题。总之，我认为我们哲学社会科学界应当讨论院士制度问题。当然叫不叫院士，是不是叫别的名称，那又是另外一回事。

二是投入要解决好。我们哲学社会科学研究重大问题，就要搞社会调查，这就要花钱。我们哲学社会科学的经费太少，课题费出几次差就没了，还怎么深入搞调查研究？美国不一样。"9·11"事件后打电话进行社会调查，提几个问题，占用了他人的时间和精力，好，每个问题20美元，通过这种方式得到公众配合。人家哲学社会科学搞调查研究，要花很多钱。另外，现在搞社会调查还存在很多困难和问题，例如，调查到真实情况有时并不容易。这样的调查数据根本没用，不能用于科研和决策。所以，没有钱，要想繁荣和发展哲学社会科学也是不行的。

三是良好环境的营造。真正做到"双百"方针，创造宽松和谐的学术环境。江泽民同志在人民大学讲到了，在社科院的讲话更具体。

这些也要贯彻落实到现实生活当中去。我们人民大学就提出"在遵守宪法的条件下，任何学术观点都有存在的空间"，不允许随便给教授戴帽子，"左"和"右"那是政治概念。学术上应当是百花齐放，既可以激进，也可以保守，只要有各自的道理，坚持传统不一定是错的，激进的可能代表某种方向，所以只要能自圆其说，就要允许他们存在、摩擦、碰撞，这样才能产生新的思想。没有学术自由绝不可能有理论创新。当然，要坚持正确的政治导向。所以政府应当高度重视学术环境问题。

四是队伍建设。尤其要抓理论队伍建设，理论队伍建设的核心是以"三个代表"重要思想来统领哲学社会科学研究，统率哲学社会科学队伍；关键则是要重视拔尖人才的培养和使用，尊重他们的劳动，发挥他们的作用。

第二个落实的主体就是哲学社会科学工作者。我们也要做到以下四点：

一个是使命感。认识到繁荣和发展哲学社会科学是我们崇高的历史使命。江泽民同志的三次讲话，大大增强了我们的自豪感和使命感。我们要在这一领域勤奋耕耘，为国家作贡献。

二是方向。要坚持以马克思主义为指导，坚持马克思主义的立场、观点和方法，这是最重要的。把"三个代表"重要思想作为衡量哲学社会科学的方向、水平和尺度。这也是江泽民同志在人大讲的。我们坚持马克思主义的立场、方法和观点，很重要的就是要熟悉马克思主义。我认为邓小平讲"读马列要精"，这并不是对我们这些专业研究者说的，而是对广大干部群众说的。我们专门搞这一行的只读一两本书恐怕是不行的。要认真地读原典，不要轻易讲马克思主义过时了，马克思主义不是过时的问题，而是与时俱进的问题。"过时"和"与时俱进"是两个不同概念。与时俱进是一脉相承，立场方法和基本观点是一样的。此外，对其他的、西方的经典著作也要认真地读原典。

三是学风。江泽民同志在中国人民大学讲话，就讲了六个层次的学风问题，非常具体，非常切合实际。他还引用了《资治通鉴》一句话，"经师易遇，人师难遭"，要求我们既要做经师，又要做人师。他在社科院讲话也讲到这个问题，要把做人做事做学问统一起来。学风问题从来都非常重要，现在尤应强调。

四是贡献。哲学社会科学一定要讲贡献，有为才能有位。要拿出扎扎实实的学术成果，发挥好江泽民同志在社科院讲话中强调的那些作用，即认识世界、传承文明、创新理论、咨政育人、服务社会。在这些方面作出贡献，哲学社会科学才能被更好地认可，得到党和政府的进一步重视。只有这样做了，我们的哲学社会科学也才能够真正繁荣起来。

第三个落实的主体就是学术机构，包括大学、社科院、社科联等哲学社会科学的组织单位。一定要落实好党和政府各项有关的方针政策，落实好江泽民同志这些重要讲话，团结好哲学社会科学界，为繁荣哲学社会科学而努力奋斗。

只要各级党委和政府、全体哲学社会科学工作者、各级组织共同努力，我相信哲学社会科学一定能够繁荣发展起来。

以上就是我向同志们汇报的自己学习江泽民同志讲话的认识和体会，请同志们多多批评指正。

人民、人本、人文

——《中国人民大学视觉形象系统》序

(2003 年 4 月 2 日)

大学是有精神的，惟其精神，使之能经世而独立，历久而弥新。

这种精神，有时千言万语不能道出其中之一二，于是我们用图标来表达它。很简单的一个标识，蕴涵着一所大学的全部理念、传统、风骨和几代师生的追求。

中国人民大学为自己的传统和特色而骄傲，但我们的内心又是谦卑和朴实的，我们看重团结的力量，看重人本的精神，看重为人民服务的办学宗旨，也看重自己以人文社会科学为主的特色。所以，会有今天的以人为本的标识展现在大家面前。

这个稍微拉长的篆书"三人行图案"，不仅简洁地活现出中国风格、中国气派，还以其特别的形象表达了"胸怀九州，海纳百川"的学术气度和治学理念，表达了追求真理、与时俱进的科学精神和时代要求。它也会在不经意中，从我们心头流过"子在川上曰：'逝者如斯夫……'"的感慨，提醒学子年华似水、及时奋斗。

在人大的历史上也曾有过"圆形宝塔红星图案"和"红蓝双色人字图案"的学校标识，但因种种原因，未规范化和系统化。因此我们规范和系统这个新的标识，希望它能将人民大学的精神展现给世人，将人民大学的传统延续给后人，将人民大学创建世界一流大学的目标铭刻于其中——以一种严谨的、一贯的姿态。

是为序。

附：

中国人民大学校徽的由来

进入新世纪，中国人民大学参照国内外著名高校的做法，本着"具有人大特色，体现人大传统，蕴涵人大文化，展现人大精神"的原则，在充分调研和广泛听取师生员工意见、建议的基础上，开始重新设计、确定并实施推广新的视觉形象识别系统，还专门成立了由作者挂帅的中国人民大学形象建设委员会，同时成立中国人民大学形象建设委员会办公室，并挂靠学校办公室。2002年9月25日中国人民大学校长办公会上，学校确定了"圆形篆书人字图案"、人大红和取自吴玉章校长手迹的"中国人民大学"行书字体的标准组合为核心这一新的视觉形象识别系统。在2004年中国青年报社与新浪网站联合开展的"最受公众喜爱的校徽"评选中，人民大学的校徽标识以34％的支持率高居榜首，前三名依次是中国人民大学、北京大学和清华大学。

《发展与繁荣人文社会科学》前言 *

(2004 年 2 月 10 日)

伟大的古罗马思想家塞涅卡曾说："我们能够活着，这是大自然的恩赐，而能够活得好，则是哲学的恩赐。"我深以为然。

这句话以很简单的方式揭示了一个真理：人类的福祉需要仰仗的不仅包括以自然及其活动为研究对象的自然科学，还包括以人类本身及其活动为研究对象的人文社会科学，两者相辅相成、缺一不可。对此，我们的先贤先哲们也早已参透，一如《周易》所说，"观乎天文，以察时变；观乎人文，以化成天下。"

但这样一个简单的道理，由于种种原因，现时代却不被或不能被有的人所接受，人文社会科学及其作用长期得不到应有的重视。尽管在正式场合没有人说人文社会科学不重要，但普遍的"重理轻文"却是个不争的社会存在。甚至，"科教兴国"一开始就被一些人在内心褊狭地扭曲为"技术兴国"，让人哭笑不得，奈何不得！

2000 年 9 月 27 日，我就任中国人民大学校长。在就任之前，尽管不无心理准备，但粗粗的了解仍使我大吃一惊：这样一所我国著名的最具特色的人文社会科学重镇，在严重的"重理轻文"的社会思维泥沼里，在客观上实际形成的制度性歧视之下，已经有些举步维艰。

---

  * 本文系《发展与繁荣人文社会科学》（纪宝成著）一书的前言部分，同时被《中国当代教育家文存·纪宝成卷》一书全文收录。

这可是一所 1954 年就被列为中国 6 所重点高校之首，并被江泽民同志评价为"为马克思主义在中国的传播和普及，为我国哲学社会科学的发展和繁荣，为我国社会主义革命、建设和改革事业的发展作出了重要贡献"的大学啊！

以前我在人民大学做教授、在教育部做公务员，都对不重视人文社会科学的现象有所感受，也曾多次加以批驳。但感触从来没有像此时此刻这样来得深刻来得痛切！也从来没有像此时此刻这样对改变这种状况有着如此强烈的使命感和紧迫感！

人文社会科学对社会的作用难道真的就比自然科学小吗？它难道就不值得社会给予其与自然科学同等的地位吗？为什么会造成不重视人文社会科学的现象？造成人文社会科学窘境的原因是什么？主要体现在哪些方面？怎样才能发展和繁荣人文社会科学？……我对这些问题开始进行深入的思考。

在思考的过程中，我日益感到人文社会科学并非没有为社会作出贡献，而是没有为人们所正确认识；需要提高的并不是人文社会科学的地位，而是人们对人文社会科学的认识；社会对人文社会科学的不重视，不仅体现在对人文社会科学的投入严重不足上，更体现在对人文社会科学的社会评价不公上。而事实上，我们的社会已经因为不重视或忽视人文社会科学而产生一系列问题甚至付出沉重代价了：人文缺失、物欲横流、拜金主义、技术至上、价值扭曲、诚信沦丧、急功近利、浮躁浅薄、对大自然的无情索取、对传统文化的漠视蔑视……

中国人民大学作为一所以人文社会科学为主的大学，没有理由对这样的社会现象保持沉默；呼吁重视人文社会科学，呼吁通过发展和繁荣人文社会科学来进一步推动经济、社会的协调发展，是中国人民大学这样的大学理应担负起的责任，也是每一个人文社会科学工作者义不容辞的责任。

所以，我决定不仅要做，也要说，即不仅要重视和抓好中国人民大学自身的建设和发展，还要呼吁整个社会来重视人文社会科学，来发展和繁荣人文社会科学。我就任后策划组织的第一个会议——中国人民大学命名组建50周年纪念大会，其主题就确定为呼吁重视人文社会科学；我就任后公开发表的第一篇文章就是《新世纪要更加重视人文社会科学》。而这最初的举动，就收到了很好的效果，我们得到了不仅来自人文社会科学界的人士，也包括来自自然科学界在内的社会各界人士的鼓励和支持。从此，我开始以中国人民大学校长的身份，以一个人文社会科学工作者的热忱，为发展和繁荣我国的人文社会科学鼓与呼。

幸运的是，党中央国务院一贯重视人文社会科学的发展。改革开放以来，惨遭"文化大革命"无情摧残的人文社会科学和人文社会科学高等教育（中国人民大学就曾被迫停办8年之久）不仅迅速恢复发展，而且在政治环境、学术环境、学科体系和发展规模等方面都越来越处于新中国成立以来最好的发展时期，为建设中国特色社会主义作出了卓越贡献。近年来，党中央国务院充分注意到"重理轻文"的不良社会倾向，进一步加大了扭转这种不良倾向的力度。李鹏同志2000年10月15日在中国人民大学命名组建50周年纪念大会上令人耳目一新地指出人文社会科学与自然科学是"车之两轮"、"鸟之两翼"；江泽民同志在2001年"8·7"讲话中，高瞻远瞩、切中时弊地提出哲学社会科学与自然科学"四个同样重要"的著名论述，又在2002年4月28日考察中国人民大学的讲话中从治党治国的高度再次强调人文社会科学的重要性，并提出要将中国人民大学建设成为一所以人文社会科学为主的世界知名的一流大学；胡锦涛同志也曾多次代表党中央在讲话中强调要重视哲学社会科学，体现了党中央振兴哲学社会科学的决心。尤为不同寻常的是，最近，党中央又系统提出了进一步繁荣发展哲学社会科学的意见，这必将指导我国新时期的人文社会科学开创出繁荣发展的新局面，人文社会科学在传承人类文明、探究社会规律、实现人的自身发展，在改革开放、全面建设小康社会、实现中华民族伟大复兴的宏图伟业中，必将发挥出无可替代的更大的作用。

如何贯彻落实好党中央关于繁荣发展哲学社会科学的指示精神？发展与繁荣人文社会科学，人文社会科学工作者自己该做些什么，政府和社会又该做些什么？如何摆脱理工科的思维定式，从人文社会科学自身的特点和发展规律出发，来看待人文社会科学，来评价人文社会科学，来发展和繁荣人文社会科学？……所有这些，都是我和我的同事们一直在探究的问题，有的似乎找到了一些答案；有的却还处于思考过程之中，如雾里看花，不甚清晰。所以，我接受一些朋友的建议，挑选自己这几年（主要是就任中国人民大学校长以来）的多少有点价值的有关发展和繁荣人文社会科学的文章结集出版，主要是为了抛砖引玉，与有志于发展繁荣人义社会科学的同仁一起探讨思考，来摸索人文社会科学的发展规律，寻求创造更好、更合理的人文社会科学发展的空间和社会氛围。

本书分为两个部分，第一部分为"高扬人文社会科学的旗帜"，收集的文章主要是反映自己对重视、发展和繁荣人文社会科学的一些理论上的认识，共收录 21 篇；第二部分为"构建人文社会科学的殿堂"，则是结合自己工作实际所写的一些实践体会，力图为构建人文社会科学的殿堂添砖加瓦，共收录 22 篇。此外，为了帮助读者更多地了解有关背景，还附录了记者采写的 3 篇有关报道。需要说明的是，文集中的少数文章，尤其是讲演形成的文稿之间，存在着些许同中有异、异中有同的交叉重复之处，还请读者理解；好在角度不同，繁简不同，相互补充，似也无妨。

感谢学校办公室刘向兵、胡娟、付春梅、朱克然，教育科学研究所李立国，他们仔细而周到的文稿收集和初步整理工作，为编辑本书提供了最好的基础；马俊杰教授、吴潜涛教授以及胡娟、李立国与我一起参加了文稿的筛选和全书的编辑，付出了辛勤的劳动；出版社的领导和编辑徐莉、杨宗元、李红，以及将这篇算作本书"前言"的文字译成英文的王维东副教授，也都为本书的出版付出了心血，这里一并表示衷心的感谢！

我的这些东西，不求令人信服，但求引人思考，期盼着读者的批评与教正！

哲学社会科学工作者要
自觉树立与强化"五种意识"*
——关于如何繁荣发展哲学社会科学的思考

在提出树立新的科学发展观和全面建设小康社会的新的历史时期，中央又于今年年初颁发了题为《关于进一步繁荣发展哲学社会科学的意见》的 3 号文件。这是指导我国新时期哲学社会科学繁荣发展的纲领性文件，它的颁发具有重大意义。现就如何繁荣发展哲学社会科学谈几点体会和思考。

一、全社会要在宏观上创造有利于哲学社会科学发展的社会氛围和学术环境

我们知道，这几年党中央国务院非常重视哲学社会科学的发展问题。江泽民同志于 2001 年 8 月 7 日于北戴河、2002 年 4 月 28 日于中国人民大学、2002 年 5 月 30 日于中国社会科学院连续发表关于发展与繁荣哲学社会科学的重要讲话。今年年初党中央又特别颁发《关于进一步繁荣发展哲学社会科学的意见》的重要文件，这些说明党中央国务院已经把大力促进我国哲学社会科学的发展繁荣提升到了执政党治国方略的高度。正如江泽民同志 2002 年 4 月 28 日在考察中国人民大学时的重要讲话中指出的那样：现在的关键在于

---

　　* 本文原载《中国特色社会主义研究》2004 年第 3 期，同时被《中国当代教育家文存·纪宝成卷》全文收录。

落实。所以，目前的当务之急是要把大力促进我国哲学社会科学的发展繁荣，落实为各级党委、政府和广大哲学社会科学工作者的共同行动，真正营造一个良好的有利于哲学社会科学发展繁荣的社会氛围和学术环境。

这首先需要各级党委和政府的重视，真正把哲学社会科学放在与自然科学同样重要的地位上来，切实解决实际存在着的不重视哲学社会科学的问题。不重视哲学社会科学，我觉得当前最大的是三个方面的问题。一是在发展观上，人文社会科学长期没有被放在应有的位置，在一些地方甚至严重缺位，以人文社会科学的科学理论和科学知识来指导社会经济的协调发展和人自身全面发展的意识比较淡薄。社会经济发展中的若干失误、付出的若干所谓"学费"与此密切相关。二是对哲学社会科学的教育与研究投入严重不足。我们的哲学社会科学基金最初大概是 1 200 万，2001 年时是 6 000 万，而同时期的自然科学基金是 16 亿。这几年哲学社会科学基金有了较大幅度的增长，据了解，目前是 1.2 亿。但这个数字对于我们 11.67 万亿的国民生产总值来讲显然是太少了。三是由于评价不公带来的实质上存在的制度性歧视。所谓制度性歧视绝不是夸张的说法。比如说在我国自然科学方面有院士制度，但在哲学社会科学领域至今也没有相当的称谓。我认为社会对那些在哲学社会科学领域作出开创性、奠基性、前沿性重大成就的哲学社会科学家应当给予与自然科学家同样的荣誉与待遇。在自然科学领域，目前全国至少有三项大奖，而哲学社会科学领域国家级的大奖一项也没有。这些制度体现的真正意义并不在于荣誉和待遇，而是背后蕴涵的社会肯定和制度导向。所以，要真正营造一个有利于哲学社会科学发展繁荣的良好氛围，首先是各级领导的认识要到位，要自觉地学习、运用哲学社会科学知识，要把发展繁荣哲学社会科学融入社会发展规划，同时也要创造一个公正的社会评价制度，让大家在从思想上树立哲学社会科学与自然科学同样重要的观念的同时，从制度设计上也能感受到这种同样重要。

发展繁荣哲学社会科学，必须创造一个民主求实、和谐自由的学术环境，真正贯彻"百花齐放、百家争鸣"的方针。我以为，只要遵守宪法和国家法律，符合"三个代表"重要思想，任何学术观点都有存在的空间。我们鼓励探索，探索就会有成功的探索和失败的探索，成功的探索将有助于我们得出接近于真理的认识，但失败的探索往往也是我们为了接近真理做的一种努力，是追求真理的一个过程。对成功的探索，我们应表彰、奖励；对失败的探索，我们也应当容忍、善待，不要打棍子、戴帽子，因此，在人民大学，我们提出在符合宪法和法律的前提条件下，任何学术观点都有存在的空间，有的教授保守一些，不一定不好；有的激进一些，也不一定不好。因为激进中可能包含着某种发展方向，保守则可能将某些有价值的东西坚持了下来。我们不要把学术问题政治化，也不要把政治问题学术化，没有这样一种学术自由就绝对不可能有创新。恩格斯讲过，真理就像燧石一样，只有摩擦碰撞才能迸发出灿烂的火花，这是实践所证明了的。

目前，影响学术自由往往来自三个方面不适当的做法：一是政界人士不适当的干预。干预学术的情况在我国已经越来越少，但至今仍未杜绝；二是学术组织不恰当的规章制度。这会在不自觉中干预学术自由；三是学术权威不适当的行为。比如"大树底下不长草"的现象。

所以要营造一个有利于繁荣发展哲学社会科学的宏观环境，需要党和政府的重视和正确领导，需要我们学校、科研机构和每一个哲学社会科学工作者的共同努力，需要整个社会的支持。

二、哲学社会科学的组织机构和哲学社会科学工作者要自觉地树立与强化五种意识

3号文件的印发，不仅表明了党和政府对哲学社会科学事业的高度重视，同时也表明党和政府对哲学社会科学寄予殷切的希望，我们

哲学社会科学工作者应当深刻认识自身肩负的历史责任和使命，为发展繁荣我国哲学社会科学事业而努力奋斗，以实际行动来回报党和政府的期望。

第一，要有导向意识，要始终不渝地坚持以马克思主义为指导。当前，马克思主义在世界范围处于低潮，面临严峻挑战。因此，对于要坚持马克思主义，很多人是有怀疑的。《意见》明确指出："繁荣发展哲学社会科学必须坚持马克思主义的指导地位。"这是很有针对性的。哲学社会科学既是一个知识体系，也是一个价值体系，是科学性与意识形态的统一。马克思主义是我们党的立党立国之本，也是我们哲学社会科学的灵魂。我们一定要坚持马克思主义的指导，否则就会迷失方向，甚至对哲学社会科学的发展起到相反的作用，这一点在新世纪、新的时代背景下尤其重要。我们就是要把人民大学建设成为马克思主义理论研究和教育的重要阵地，在这一点上，我们应当理直气壮，不要怕别人说思想保守、僵化。列宁说得好，"沿着马克思的理论的道路前进，我们将越来越接近真理（但绝不会穷尽它）；而沿着任何其他的道路前进，除了混乱和谬误之外，我们什么也得不到"。其实，综观西方各国，它们也都是把意识形态、价值判断放在了首位。

当然，要真正解决坚持马克思主义的问题，还有个如何看待马克思主义、如何发展马克思主义的问题。《意见》提出要实施马克思主义理论研究和建设工程，这确实抓住了关键。我们认为，这样几点需要特别强调：一是要认真读书，深入学习和研究马克思、恩格斯和其他经典作家的著作，努力发掘新的思想。哲学社会科学工作者应当认真、深入、系统地阅读和学习马克思、恩格斯、列宁的书。一些人不读马克思、恩格斯的书，却在那里大谈特谈马克思主义过时了，这是很愚蠢的表现。坚持马克思主义，首先应当读马克思主义的书，要了解、熟悉、研究马克思主义。邓小平讲过，"学马列要精，要管用的"。要精，马克思经典著作你要念；要管用的，这主要是对实际工作者、领导工作者讲的。后面还有一句话，"长篇的东西是少数搞专业的人读的"[①]。搞专业的你不研究马克思主义你怎么知道它过时了？你怎么知道哪些原理要坚持，哪些是具体结论，哪些是基本原理？你看都没看过怎么知道？二是要全面、正确理解马克思主义基本原理，把马克思主义基本原理与经典作家针对当时情况提出的具体论断区分开来。要深化对马克思主义基本原理的研究，解决对马克思主义许多重要原理概念不清晰、说理不透彻的问题，要努力发掘并认真研究过去未曾重视、其实十分重要的一些思想观点，特别是要破除对马克思主义的教条式理解，澄清附加在马克思主义名下的错误观点。更为重要的，三是要以"解放思想，实事求是，与时俱进，开拓创新"的精神，结合新的时代、新的实际来发展马克思主义。在新世纪坚持马克思主义，就是要坚持邓小平理论和"三个代表"重要思想。"三个代表"重要思想是马克思主义与中国社会主义建设相结合的最新理论成果，是当代中国的马克思主义。要把是否体现了先进生产力的发展要求，中国先进文化的前进方向和中国最广大人民的根本利益，作为衡量我国哲学社会科学性质、方向和水平的根本尺度。

第二，要有实践意识，具有问题眼光。实践是哲学社会科学发展的源泉，问题是哲学社会科学发展的动因。任何科学包括自然科学都是在研究和解决问题中发展的：社会主义现代化建设波澜壮阔的伟大实践，层出不穷的新情况新问题，为哲学社会科学创造性发展提供了深厚的基础。广大哲学社会科学工作者应投身到改革开放和社会主义现代化建设的实践中，去研究和探索实践中提出的全局性、战略性、前瞻性的重大问题，去验证理论、创新理论和发展理论。只有这样才能充分发挥哲学社会科学的功能和作用，实现哲学社会科学工作者的历史使命，进而不断实现当代哲学社会科学的发展与繁荣。马克思曾指出，对一个时代来说，"主要的困难不是答案，而是问题。""问题

---

① 《邓小平文选》，1版，第3卷，382页，北京，人民出版社，1993。

就是公开的、无畏的、左右一切个人的时代声音。问题就是时代的口号，是它表现自己精神状态的最实际的呼声。"① 发现、分析和解决问题的过程就是我们认识事物规律、把握时代脉搏的过程，这也是推进哲学社会科学发展的必由之路。以问题为中心，既是马克思主义倡导的科学的认识态度和方法，也是得到人类进步史印证的一条规律。在中国近现代史上，出现了马克思主义和中国具体实践相结合的三次历史性飞跃，形成了毛泽东思想、邓小平理论和"三个代表"重要思想，这三大理论成果都与我们党解决不同历史时期的根本性、全局性问题有关。问题眼光与社会责任感又是紧密相连的，往往只有具备强烈社会责任感的人，才能敏锐抓住社会发展中的焦点和难点。哲学社会科学工作者，基于本身学科的特点，应当具备这样的社会责任感：既要做社会发展的催化剂，又要做社会发展的清醒剂。要从根本上来推动人类社会走一条科学发展之路、健康发展之路、可持续发展之路。

第三，要有时代意识，具有国际眼光。哲学社会科学要努力解决时代赋予的重任，要有鲜明的时代性，要体现时代特色。当今时代的最鲜明特点就是全球化迅猛发展，世界各国之间的交流联系越来越密切。在一个日益开放的全球化的世界，哲学社会科学工作者没有国际眼光，不用国际眼光来观察、思考与研究问题，是很难取得大的成就的。对中国来说，哲学社会科学工作者具有国际眼光尤其重要。邓小平同志在上个世纪 80 年代曾说过，与发达国家相比，我们已经承认我国的自然科学落后了，现在也要承认哲学社会科学就其可比的方面来说也是如此。客观地说，尽管这些年来，我国的哲学社会科学取得很大发展，但在许多领域，无论是在研究方法、能力、水平上，还是在研究的深度和广度上，都同国外的先进水平有一定的差距。具有国际眼光，能够帮助我们扩大眼界，从联系世界范围内的政治、经济、

---

① 《马克思恩格斯全集》，中文 1 版，第 40 卷，289～290 页。

文化的实际，和吸纳、学习国外哲学社会科学领域已经取得的成就这样两个方面，帮助我们从更高的高度、更广的视野和更新的基础上进行哲学社会科学研究。

第四，要有科学意识，追求学术精品。哲学社会科学尽管具有很强的意识形态性，但既然是科学，同样要求有严密的科学性。哲学社会科学之所以不为人们重视和理解，有一个原因就是哲学社会科学的科学性不如自然科学那么严密，那么容易为人理解和把握。因此，我们必须强化科学意识，提倡出精品，出上品。我写过一篇文章，讲科研观要有两个要，叫"著书要立说，撰文要立论"。就是说你写一本专著要立一个学说在里面，写一篇文章要立一个观点在里面，而不是照抄别人的，解释别人的，否则叫什么科学研究？马克思当年曾把科学研究比之于入地狱。没有磨难怎么可能搞科学研究？"天下文章一大抄"，这个怎么叫科学呢？"要有感而立，有积而发，有思而作"。"有感而立"，就是要通过关注现实、深入实际去体验实践的呼唤，感知时代的脉搏，从中出课题、立项目，而不是为了评讲师、评教授去立项目。"有积而发"，就是一定要有深厚的学术积累、实践积累、资料积累。"有思而作"，就是要多思、深思、慎思，从而达到求实、求是、求新的效果。思的过程就是研究的过程。我还谈过几个"不"，就是"不违心于己，不苟同于人；不求令人信服，但求引人思考；不求轰动效应，但做老实文章"。我校方立天教授去年出版了《中国佛教哲学要义》，引起学术界轰动，没有申请就被评为国家图书一等奖。这本书的基础绝不是一年、两年的努力，而是数十年的心血，所以说，厚积方能臻化境。也只有这样的哲学社会科学成果，才能经历住时间的考验，才能为社会所承认、所重视。目前学术界存在的急功近利、矫情浮躁，精品较少、庸作迭出，甚至文人相轻、互相攻讦、抄袭、剽窃等各种时弊，严重影响哲学社会科学的声誉，严重影响哲学社会科学的繁荣发展。我们必须坚持严谨治学、实事求是、民主求实的学风。学者要甘于寂寞，淡泊名利，力戒浮躁，潜心钻研；要认真读书，多思慎思，关注现实世界，注重学术积累；要厚积薄发，要加强团结，和谐合作，在学术研究当中相互切磋，共同进步。

第五，要有本土意识，发展具有中国特色、中国气派、中国风格的哲学社会科学。我国哲学社会科学工作者的研究首先要立足于中国的国情、立足于中国的实际。这应该是哲学社会科学的一个基本出发点。我国哲学社会科学研究工作离开中国的国情和实际，就会成为无根之木、无源之水，是不可能取得真正的进步和成就的。例如，在中国民主革命时期，以王明为代表的一些人，不认真研究中国的国情和实际，照搬马克思主义的理论观点，并以之指导中国革命的实践，结果造成了极大的危害。而毛泽东思想、邓小平理论和"三个代表"重要思想之所以正确与伟大，就在于它们是以毛泽东、邓小平和江泽民为代表的中国共产党人在坚持马克思主义指导的同时，立足中国的国情和实际，进行创造性的研究而取得的理论成果。其次，要与中国当代社会主义现代化实践相结合，立足中国当代实践。改革开放 20 多年来的时代是一个伟大的时代，我国社会主义现代化建设取得了世人瞩目的巨大成就，综合国力和人民生活水平大幅度提升。这样伟大的时代、伟大的实践应当产生伟大的理论，邓小平理论、"三个代表"重要思想正是在这样的时代中产生、发展、丰富起来的。我们的哲学、经济学、政治学、社会学、法学、管理学、新闻学等等无疑也应当在如此生动而丰厚的伟大实践中去更新、去丰富、去发展。

最后，要与中国优秀的传统文化相结合。我国具有丰富悠久的传统文化，当代哲学社会科学的发展离不开对中国传统文化的继承。恩格斯曾经说过，"在希腊哲学的多种多样的形式中，差不多可以找到以后各种观点的胚胎、萌芽。""如果理论自然科学想要追溯自己今天的一般原理发生和发展的历史，它也不得不回到希腊人那里去。"[①]同样，我国古代传统文化像诸子百家的内容也极其丰富，包含了我国

---

① 《马克思恩格斯全集》，中文 1 版，第 20 卷，386 页，北京，人民出版社，1971。

今天许多思想认识的萌芽。中华民族传统文化是我们的文化之根、民族之魂，在经济全球化、政治多极化、生存数字化、文化多元化浪潮汹涌发展的当今世界，如果我们不能以开放性、建设性的态度来继承和弘扬我们的优秀传统文化，那么我们中华民族就很难自立于世界民族文化之林。中国哲学社会科学繁荣发展离不开对中国传统优秀文化的发掘、整理、继承和弘扬。

学术沃土，思想摇篮[*]

——在中国人民大学出版社成立 50 周年庆祝大会上的讲话

(2005 年 6 月 26 日)

今天，我们相聚在这里，隆重举行"中国人民大学出版社成立 50 周年庆祝大会"，首先，请允许我代表学校，向出席本次庆典的各位领导、各位嘉宾表示热烈的欢迎！向 50 年来在中国人民大学出版社辛勤工作过的同志、向多年来关心中国人民大学出版社发展的领导和朋友表示衷心的感谢！向中国人民大学出版社全体员工表示热烈的祝贺和诚挚的问候！

中国人民大学是我们党亲手创办的第一所新型正规大学。学校始终以发展和繁荣哲学社会科学为己任，经过几代人不懈努力，已经发展成为以人文社会科学为主，兼有部分理工学科的综合性、研究型全国重点大学。目前，学校正朝着党和国家提出的把中国人民大学建设成"以人文社会科学为主的世界知名的一流大学"的奋斗目标阔步前进。中国人民大学以"人民、人本、人文"为办学宗旨，以"大师、大楼、大气"为办学理念，以"国民表率、社会栋梁"为人才培养目标，充分发挥人文社会科学学科在全国高校中数量最多、门类最全、水平最高的综合优势，为国家经济建设和社会发展培养高层次的理论

---

* 本文根据讲话录音整理，全文原载《大学出版》（社庆专辑）2005 年第 3 期。

型、应用型、管理型人才。作为我国人文社会科学研究的重要基地，中国人民大学积极面向现代化建设主战场，研究重大政治、经济、文化和社会问题，充分发挥高校"思想库"和"智囊团"的作用，为我国社会主义建设和改革事业的发展作出了重要贡献。

中国人民大学出版社是我校最重要的科研和教辅单位之一。它成立于1955年，是新中国成立后成立的第一家大学出版社，开创了新中国大学出版事业的先河。50年来，特别是改革开放以来，人大出版社没有辜负党和国家赋予的历史使命，为宣传、研究和普及马克思主义，特别是当代中国的马克思主义理论，为我国的改革、发展和建设提供精神食粮和智力支持，做了大量工作。进入新世纪，中国人民大学出版社高扬哲学社会科学的旗帜，以"出教材学术精品，育人文社科英才"为出版理念，用先进文化服务教育、服务学术、服务社会，将大学出版工作同我国文化教育事业的发展、同我国经济社会的发展紧密地结合在一起，形成了鲜明的出版特色。

中国人民大学出版社始终坚持精品战略，追求卓越、追求一流，出版了一大批具有较高知识传承和文化传播价值的优秀教材和学术著作，自觉成为先进文化的实践者和传播者。人大出版社于1982年就被教育部确定为国家文科教材出版中心，是我国最重要的高校教材出版基地之一，为我国高等教育教材建设起到了较大的推动作用。同时，人大出版社将出版高水平的学术著作作为重点工作，相继出版了《亚里士多德全集》、《中国佛教哲学要义》等众多具有极高学术价值和历史意义的经典力作。近年来，人大出版社加大引进国外精品图书力度，推出"经济科学译丛"、"工商管理经典译丛"、"公共行政和公共管理经典译丛"等引进版系列图书，不仅引领大学出版界系统利用国外学术资源的潮流，更为我国社会主义市场经济建设事业和高等教育改革发展提供了重要的智力支持。

50年来，上级领导、全国哲学社会科学界和学校全体师生，对出版社的发展壮大寄予厚望；50年中，出版社全体同志兢兢业业，为我国大学出版事业和人民大学的发展作出了不可替代的巨大贡献，我以为，我们用"学术沃土，思想摇篮"这八个字来概括和评价50年业绩的人大出版社，是恰如其分的。人大出版社无愧于时代的重托，无愧于"中国人民大学"这个光辉的名字！

新世纪的大学出版事业，面临着更多的机遇和挑战。希望你们以与时俱进的马克思主义为指导，继续高扬发展和繁荣人文社会科学的大旗，坚持精品战略和品牌战略，保持和发扬自身的出版特色，以高度的历史责任感，在我国人文社会科学的发展征程中再写新篇章。

希望你们坚持内涵式发展战略，牢固树立以发展为第一要务的办社理念，勇于创新，锐意进取，在认真向兄弟出版社学习和总结自身发展经验的基础上，不断完善治理结构，深入挖掘内部潜力，提升管理水平；按照文化产业的发展规律，逐步建立更能适应图书市场竞争环境的事业发展模式，大胆探索大学出版事业的科学发展道路，再创社会效益与经济效益双赢的佳绩。

希望你们立足长远发展需要，继续大力加强人才队伍建设。一方面要加强自身人才的涵养，培育一大批在业内处于领先地位的图书策划编辑、审稿编辑、发行和出版管理人才，为出版社快速发展注入强劲活力；另一方面，要力争通过多年努力，将出版社建设成为联系全国乃至全世界优秀学者的平台，通过出版优秀学术著作和高校教材，形成国际化、多学科、高水准的作者资源网络，为出版社实现可持续发展打下坚实的基础。

希望你们以国际化视野，进一步拓展国际合作领域，积极向国际知名的优秀出版机构学习，继续发展与国外一流大学出版社的合作关系。既要引进国外最前沿、最优秀的学术著作和高等教育教材，更要借鉴国外出版界成熟的运作模式，早日实现在战略规划力、策划执行力、学术影响力等多方面达到国际先进水平。

50年弹指一挥间，一代又一代人大出版人，发扬始终奋进在时代前列、实事求是、兼容并蓄、服务社会、艰苦奋斗的人大传统，与时俱进，开拓创新，奉献出足以令全体人大人引以为豪的业绩。英国哲学家培根曾经说过：书籍是横渡时间大海的航船。人大出版人就像书籍航船上的水手，以高度的责任心和高超的执业能力驾驭知识之舟扬帆远航。我代表全校师生，再次向人大出版社全体员工表示由衷的敬意！

最后，再次感谢各位领导和嘉宾莅临庆祝大会，衷心祝愿中国人民大学出版社发展成为具有人大特色、中国气派、国际影响的一流的人文社会科学出版和研究机构，为中国人民大学创建世界知名的一流大学的历史进程，为大学出版事业的蓬勃发展，为我国哲学社会科学事业的发展和繁荣作出更大的贡献！

提高科研工作质量要处理好五种关系 [*]

—— 在中国人民大学 2007 年科研工作会议上的讲话

（2008 年 1 月 8 日）

2008 年是个重要的年份。今年不仅要举行北京奥运会，而且是改革开放 30 周年。国家的各个领域、各条战线都将回顾、总结改革开放的成就，展望未来的发展。人民大学应义不容辞地在这样重大的纪念年份承担我们的责任。2007 年 12 月 31 日，学校专门召开办公会议，集中讨论了此项工作，部署以多种形式纪念改革开放 30 周年。对人民大学来讲，今年也是复校 30 周年。实际上，1978 年也是我国高等教育的一个新起点。可见人民大学真是与党和国家同呼吸、共命运。

纪念两个 30 周年，对科研工作来说，重要的就是在理论层面反映 30 年的成就。希望各学院在安排今年的科研工作时考虑到，把它作为一个重要问题提出来。学校主办的各种刊物，书报资料中心、出版社都要拿出像样的成果。书报资料中心甚至可以出版特刊，出版社也可以出版系统的丛书。有的学院、有的教师已经开始筹划。要提醒的是，我们固然需要宣传成就的文章，更需要有理论深度的、概括性、总结性、有很高学术价值的文章。比如，中国模式到底是什么？一个国家持续 30 年的经济增长，原因是什么？尽管现在存在这样那

＊ 本文根据讲话录音整理稿节选。

样的问题，但是不能否认我国综合国力的大幅增强，人民生活水平的显著提高。我认为根本的原因就是高举中国特色社会主义的旗帜。要在这方面做文章。僵化的马克思主义不可能有这样的成就，完全照搬洋人、古人也不可能有这样的成就。

30年前，《实践是检验真理的唯一标准》是人大校友写的。30年后我们还应该能够写出重量级的精品。要号召师生认真研究总结30年的经验，要继续解放思想，敢于实事求是，不要回避存在的问题和矛盾，可以把问题看做挑战和机遇。

人民大学的科研工作再上新台阶，核心问题就是如何提高科研质量，这是最根本的重大问题。2008年是我们的"质量年"，当然也是"科研质量年"。要提高科研工作质量，首先要处理好五种关系。

一是数量与质量的关系。没有数量就没有质量，但有了数量并不一定就有高质量。我校中文社会科学引文索引（CSSCI）发文数量连续四年名列全国高校第一位。正是有了数量的基础，才突出强调质量。我校文科方面的教师人数较多，发文数量不能低，但绝不能因此而忽视质量，有时候甚至要牺牲一些数量，也要确保产出高质量、高水平的成果。

我国的一些学术刊物存在一些不规范的现象。有人在同一刊物连续发表几篇文章，一般说来这应该是不宜倡导的；有的学术刊物办得似乎不太像学术刊物；有的人当主编，经常发表自己的文章。人民大学主办的刊物要研究办法、措施防止诸如此类的问题，你自己不做，学校就要来帮助处理。

在教师考核方面，数量考核还是必要的，但质量要放在更加突出的地位，要以质量为导向，加强质量方面的指标设计，如代表作评议制度等。

二是国际与国内的关系。我校的国际论文发表数量太少，虽然有学科方面及意识形态的问题，但是为什么同是文科论文发表，与一些重点大学相比人大的排名较低呢？原因之一可能与人大的学科结构有关，比如我们的心理学不强，而心理学领域国际发文是相当多的。其他国际通用性较强的学科如国际关系、金融学、工商管理、公共管理、中国传统文化等也应该有更多的国际发表。这方面还有很大差距。我们要了解国际发文的规范。应该通过国际发表让国际学术界了解中国、认识中国，向世界介绍中国的文化、发展成就，人民大学的教师如果没有这本事，人大如何建设一流大学呢？世界上对当代中国的研究，国外很多大学都是显学，对中国政治经济的研究也很热门，在目前的情况下应该大有作为。

人大理工学科国际发文数量已成倍翻升，希望继续有更多的国际发表。物理系、化学系都有一流的实验室，信息学院的工作抓一下也明显上升了，环境学院的国际发表潜力也很大。推动国际发表的工作，根本问题是队伍问题，也有科研工作的导向问题。

三是基础研究与应用研究的关系。在重视应用研究的同时，要更加强调、支持基础研究，特别是文、史、哲和各学科的基础理论研究。在国家层面上，国家社科基金设立了后期资助就是为了支持基础研究，并不都是支持应用性的研究。学校对基础研究的支持也要加强。人大出版社在文史方面的编辑力量不足，在基础研究的出版发行方面也存在一些不足，可以再加强。基础研究的重大意义绝不亚于应用研究。

四是人文学科与社会科学的关系。我校社会科学很强，但人文学科参差不齐。人文学科的研究，在一段时间内要很好地抓一下。要杜绝人文学科内耗、文人相轻的现象。如果人文学科上不去，人民大学建设世界一流大学肯定建不成。社会科学的大部分研究是对策性、应用性的，过了一段时间就会发生变化。人文学科和社会科学的基础理论研究则是持久的，要更加关注和重视人文学科和社会科学基础理论的研究。

五是论文与专著的关系。我们的工作可能对专著有所忽视。只讲论文是理工科思维的体现，人文基础学科的专著是很重要的。当前的学术界和出版界存在这一种不良的风气，有的论文发表、专著出版很随意，质量很低，产生了一批学术垃圾。在上个世纪 80 年代，发表文章、出书都是很了不起的事情。在这种情况下，要注意甄别、评价，对于真正有价值的学术专著，我们在评价上要认真对待。

还要处理好学术著作与教材的关系。对于高水平的教材，既要看成是教学成果，又要看成是研究成果。人民大学作为人文社会科学的工作母机，出版引领教学的高水平的教材依然是我们的责任和目标。

上述五个方面的关系对于提高科研工作的质量是非常重要的，要在处理这五种关系的过程中形成新的机制，最终有利于提高我们的科研质量，多出上品、精品和传世之作。

要处理好上述五种关系，还要进一步加强我们的筹划和谋划工作。对于基础研究和应用研究、人文学科和社会科学、冷门学科和热门学科等等要予以分门别类的指导和引导。如何筹划和谋划，关键要看学院。特别是院长，是谋划的主帅，当然也要靠教授，靠学院的民主科学决策。院长是学术权力和行政权力的集中代表，要充分依靠广大教师，集中大家的智慧。

贯彻落实科学发展观，
办好文科高等教育[*]

——在教育部"高等学校文科人才培养和
学术繁荣座谈会"上的报告

(2009 年 2 月 27 日)

改革开放以来，中国的高等教育实现了跨越式发展，人文社会科学（文科）高等教育也取得了历史性成就。认真回顾总结我国人文社会科学高等教育发展的成就和经验，梳理其中独特的"中国经验"，分析当前存在的问题，对于在新的历史起点上推进文科人才培养、繁荣学术事业具有十分重要的意义。

一、我国新时期文科高等教育面临的形势

1978 年召开的十一届三中全会重新确立了"解放思想，实事求是"的思想路线，使我国各项事业重新焕发出生机与活力，人文社会科学事业也迎来发展的新时期，取得了重要成就。但由于"重理轻文"等思想的长期影响，人文社会科学与自然科学在一段时间处于不均衡的发展状态。随着改革开放的深入推进和综合国力的不断

　　* 本文是作者在应邀参加教育部举办的"高等学校文科人才培养和学术繁荣座谈会"上提交的书面材料，部分内容在会议上宣读。文章的前三部分以《在历史新起点上办好文科高等教育》为题发表于《中国高等教育》2009 年第 8 期。

增强，人文社会科学的地位和作用得到进一步凸显并为社会各界所广泛认识。

特别是进入新世纪以来，党中央国务院采取的一系列举措极大地推动了人文社会科学的发展。2001 年至 2002 年间，江泽民同志先后在北戴河、中国人民大学和中国社会科学院连续三次发表关于加强人文社会科学的重要讲话，提出了"四个同样重要"、"五个高度重视"、"两个不可替代"的重要论断。党的十六大明确提出"坚持社会科学和自然科学并重，充分发挥哲学社会科学在经济和社会发展中的重要作用"。2004 年 1 月，中共中央发出《关于进一步繁荣发展哲学社会科学的意见》，明确了新世纪繁荣发展哲学社会科学的指导方针、总体目标和主要任务，为我国哲学社会科学的繁荣发展指明了方向。2004 年 5 月 28 日，胡锦涛总书记在中共中央政治局第十三次集体学习时明确指出：哲学社会科学的发展水平，体现着一个国家和民族的思维能力、精神状况和文明素质。我们一定要从党和国家事业发展全局的战略高度，把繁荣发展哲学社会科学作为一项重大而紧迫的战略任务切实抓紧抓好。在党的十七大报告中，胡锦涛总书记再次强调了哲学社会科学的重要性，为今后一个时期人文社会科学的发展进一步指明了方向。在新的历史条件下，我们要以科学发展观为指导，深入贯彻落实我们党关于发展繁荣人文社会科学的方针政策。从某种意义上来讲，应该说重视人文社会科学发展的思想观念已经树立。

在实践中，经过几代人的不懈探索，我国基本建成了特色鲜明、水平较高的人文社会科学教学、科研、应用、创新体系，成为当代世界多样文化中一支重要的力量。主要成就可总结为五点：一是基本形成了一个较为全面、较为齐备的具有中国特色、中国风格、中国气派的人文社会科学学科体系；二是基本形成了规模、科类、层次相对完整的文科人才培养体系。人才培养的绝对规模与相对规模持续扩大，2006 年文科在校生规模达到 859 万人，占高等教育在校生规模的一半，教育教学改革全面展开，人才培养模式不断创新，课程体系与教材体系不断完善，教学条件得到一定程度的改善；三是培养了一支具有相当规模、较高水平、思想坚定的教学科研队伍，一大批中青年学者脱颖而出；四是建立了国家、地方和高校三级哲学社会科学创新平台，出现了一批具有时代特色和较高水平的研究成果，推进了马克思主义中国化，恢复和加强了人文社会科学咨政育人、服务社会的重要功能；五是人文社会科学在吸收世界文明的先进成果方面取得了重大成就，中国学术开始走向世界，在世界多样文化中开始发出中国的声音，初步发挥了中外交流的桥梁和纽带作用。

重视人文社会科学理念的树立以及过往成就的取得，都为文科高等教育下一步的发展奠定了良好的基础。但要看到的是，全面建设小康社会、建设人力资源强国、推进和谐社会建设等理念的提出，向文科高等教育提出了更高的要求；大众化高等教育的实现、多元化社会思潮的涌动和国际高等教育竞争的加剧，也都向文科高等教育提出了更大的挑战。而相对于中国经济的迅速发展，我们高等教育包括文科高等教育的整体水平和国际影响尚不能令人满意，在人才培养、资金投入、教材建设、教风学风建设等方面，还存在着诸多不尽如人意的地方。

要想在新的时期、新的形势下推动文科高等教育取得又好又快的发展，就必须在科学发展观的指导下，认清当前的形势，正视存在的问题，切实贯彻落实党和国家关于繁荣发展人文社会科学的系列方针和政策措施，力求在发展中解决问题，在解决问题中发展，按照文科的规律办好文科高等教育。

二、当前文科高等教育中存在的主要问题

以下提到的五方面问题，有的是高等教育中存在的普遍问题，有的则是因为没有尊重文科的特殊规律造成的，但在我们看来，都是文

科高等教育中的关键问题。这些问题如不能得到解决，文科的人才培养质量就很难得到保证，文科的学术繁荣也很难实现。

（一）党和国家对人文社会科学的重视，尚未在制度层面得到有效落实

党和国家总结了人类历史发展的经验，总结了现代化进程的经验，总结了我国改革开放的经验，从治党治国的高度提出要重视人文社会科学的繁荣发展，但是，到现在为止，这种高度重视仍未在制度层面得到有效落实。自然科学有若干国家大奖，人文社会科学没有；自然科学领域有国家级实验室和研发中心，人文社会科学没有；自然科学领域设有院士制度，但人文社会科学领域没有院士制度，一批作出杰出贡献的，具有开拓性、奠基性学术成就的人文社会科学学者和他们的研究成果没有得到应有的、公正的评价。这两年国家进行人事制度改革，理工科的院士自动进入一级教授岗，但人文社会科学的一级教授岗位至今尚未落实。另外，至今尚未建立起科学的人文社会科学评价体系，基本上仍是按照理工科的思维、价值取向、评价标准、指标体系来评价人文社会科学，评价的"理工科模式"和管理的"工程化倾向"现象严重。这一切，都导致人文社会科学的重要性在实践当中得不到真正落实，甚至往往被扭曲、矮化和弱化。

所有的理念，都要通过行动来落实，通过制度来保障，对人文社会科学的重视也不例外，正如江泽民同志在考察人民大学的讲话中指出的："现在的关键在于落实"。我们呼吁：要把党和国家重视发展人文社会科学的大政方针首先落实到具体的制度上来，包括人事制度、奖励制度、学科制度、经费投入制度等，从制度层面来真正扭转"重理轻文"，落实"四个同样重要"，从而为人文社会科学的繁荣和文科高等教育的发展提供良好的制度环境。

（二）对人文社会科学的性质认识不够，文科高等教育缺乏科学有效的指导和管理

人文社会科学既是一个知识体系，又在很大程度上是一个价值体系。对这一点持有清醒的认识是加强文科高等教育、促进学术繁荣的基础。作为知识体系，人文社会科学有自己的发展规律，但现在社会上包括高校之中在对人文社会科学的认识上存在浅薄化和庸俗化的倾向。一些人认为几个老师几本书就可以办文科。近年来，文科人才培养的规模扩张太快，浮躁之风严重，一些高校盲目发展文科专业尤其是应用性专业，导致学校定位不明、特色遗失、专业设置趋同、办学质量得不到保障。有些学校在办文科时缺乏甚至完全没有责任意识，不是根据自己的实力、水平和各方面条件的成熟，而是盲目跟进市场和眼前需要，仓促上马。以新闻学类专业点为例，1999 年到 2004 年 5 年内，共增加 335 个专业点，平均每年增加 70 个；到 2005 年，我国新闻类专业点达到 661 个，一年就新增 202 个，几乎相当于新中国成立后的前 50 年建立的专业点总和的两倍。这些专业点的教学质量如何，令人难以想象。这种急功近利的行为不仅损害了学生的利益，也损害了学校的声誉和高等教育的整体声誉。除此之外，在文科专业的设置方面还存在着专业划分标准混乱、专业名称不规范、新设专业缺乏明确标准和质量要求等种种问题。

作为价值体系，人文社会科学具有意识形态的属性，对国家的社会制度、经济建设、文化发展，对人们的世界观、人生观和价值观都有着重大影响。在当前社会多元发展的形势下，如何在文科高等教育中科学地坚持马克思主义，促进马克思主义的中国化，以服务于建设中国特色社会主义的伟大事业，同时，让我们的学生拥有正确的世界观、人生观和价值观，是一个必须引起高度重视的重大问题。这绝不仅仅是开设几门思想政治课就可以解决的问题。但现在在这方面缺乏科学的、深入的、系统的研究和指导，也存在着一些学者不肯或者不敢公然声称自己是马克思主义者，有的甚至公然挑战马克思主义的指导地位。有的学校马克思主义理论课程基本被取消，学生无从了解马克思主义的经典和中国化的最新成果。这样的混乱现象首先就体现在教材建设上，现在，相当一部分文科教材既不注重马克思主义的立场和思想观点，也不注重知识内容的科学性、严谨性和前沿性；而且文科教材泛滥成灾，各个院校自编教材，互相雷同甚至抄袭的不少，造成巨大的人力财力浪费和低水平重复而误人子弟。

令人遗憾的是，这些问题并不能得到及时纠正。解决这些问题需要高等学校的自律，也需要教育主管部门科学有效的指导和管理。

（三）文科高等教育经费投入严重不足，办学条件亟待改善

进入新世纪以来，随着我国高等教育规模的扩张，高等教育经费也有了较快增长，但经费增长速度远低于高校在校生规模扩张速度，导致生均公用经费逐年下降。文科生均经费低于理工农医，是所有学科门类中最低的，严重制约了人才培养质量的提高。在科学研究方面，我国高校获得的文科科研经费更是严重不足。最近几年，文科科研经费相比过去，有了较快增长。即使这样，仍然很低，以科研经费最高的 2008 年为例，国家社会科学基金和教育部人文社会科学研究基金的总经费约 2.4 亿，目前高校从事文科教学与研究的人员有 50 多万人，每人年均不到 500 元；而实际资助比例更是只有 10％左右。高校文科经费投入不足，严重制约了教学科研设施的改善、教学实践活动的进行、教师队伍的优化和原创性成果的产出，直接影响人才培养的质量。

（四）文科高等教育的人才培养观念存在功利化倾向，教风学风有待提高

现代大学的组织形式和学科制度只重视适应知识的高度分化的要求，而忽视了对知识的高度综合的适应，它使专业产生凝聚力的同时，也使本学科专业与其他专业相脱离，不仅将本来相互联系的知识

割裂为狭窄的知识领域，而且将人才培养在很大程度上变成狭窄的职业训练。在专业与功利的影响下，大学正逐步变成职业养成所，教育被抽去了精神，大学被抽去了灵魂。人文与科技的基础教育沦为专业教育或职业养成的点缀与装饰。一些人视大学为职业养成所，一味强调市场需求，以为教给学生的应该是谋生技能。有的学生也把读书看做谋职之需，不肯踏踏实实地学好基本理论、基本知识、基本技能。文科高等教育中"过窄的专业教育、过强的功利主义、过弱的人文精神"的现象普遍存在，甚至在一些研究型大学也是如此。在市场经济大潮的冲击下，一些大学缺乏宁静的精神和自持的品格，不能赋予教师和学生正确的引导和良好的氛围；一些教师缺乏端正的态度和踏实的作风，不能起到"道德文章、堪为师表"的作用。教风学风中的急功近利和浮躁风气严重影响了文科的教育教学和学术繁荣。

（五）文科高等教育的国际文化交流"输入"远大于"输出"，中国学术的国际话语权很弱

在国际文化交流中，一方面，人文社会科学领域的单向输入占主导地位的状况一直延续至今，而且浅尝辄止或食洋不化以及误读、误解、误导的现象大量存在。另一方面，随着我国经济实力的发展，与我国地位相应的国家软实力得不到应有的张扬，中国学术的国际影响力和国际话语权相当微弱，缺乏推介我国传统文化和思想观念的有效方式，缺乏深入总结和解读中国发展经验、发展模式的有效成果。这已经在一定程度上成为制约、阻滞我国和平发展的一个瓶颈。

三、政策建议

以上问题的解决，显然不仅需要大学自身的努力，也需要政府和全社会的共同努力。我们提出以下几点建议：

（一）充分认识人文社会科学对人才培养的重要性，尊重文科的自身规律，加强科学有效的指导

要充分认识到人文社会科学既是一个知识体系，又是一个价值体系，肩负着提升国民素质、教化民众、塑造时代精神、丰富民族思维的重大责任。因此，发展人文社会科学教育，不仅仅是面向文科学生、培养文科人才的问题，对于整个高等教育发展、对于全体大学生的健康成长都起着不可替代的基础性作用，人文社会科学是每个学生都应该接受的教育内容。要把人文社会科学的使命贯穿于整个高等教育的办学实践之中。从这个意义上讲，各个院校都应该开设一些文科课程，有一批教师从事人文社会科学的研究与教学，这对于改善学校整体的学术氛围和环境，对提高学校人才培养的质量都会起到积极的作用。但是，这并不意味着大办文科。应该进一步明确文科专业的设置门槛和质量标准，加强对文科专业设置的规范管理，坚决纠正专业设置中的混乱现象。应用学科专业要科学布点，不能盲目增设新专业点，尤其要严格控制某些专业点布局太多，毕业生就业困难的学科专业。要修改目前与国家经济社会发展实际需要严重脱节的、本科生培养与研究生培养严重脱节的学科专业目录，适当增加面向国家长远战略的人文社会科学一级学科，比如国学。

（二）适当控制增长规模，强调质量意识和精品意识，加强学风建设和教师队伍建设

同整个高等教育一样，当前及今后一段时间，文科的人才培养也要由规模扩张转变到质量提升的道路上来。文科高等教育规模要适度，结构要进一步优化。要改变单一的人才培养模式，结合文科的特点加强文科的教学工作。要形成符合大众化高等教育要求的具有中国特色的多元人才培养质量观，根据大学类型和层次确定不同的质量标准，探索与之配套的有效的质量控制办法和评价体系，强调质量意识和精品意识。在研究型大学，尤其要重视人才培养中的宽口径和厚基础，大力推进通识教育，提高学生的人文素养，促进学生全面发展和创新人格的养成。要高度重视人才培养当中的价值观导向，加强对学生的马克思主义教育和传统文化教育，以多种形式加强社会主义核心价值体系建设。要特别关注和加强对文科教材建设的指导和规范，一方面要坚持马克思主义的指导地位，把马克思主义的基本观点渗透到各个学科当中；另一方面又要坚持解放思想，把马克思主义中国化的最新成果吸纳到教材中。要大力推进教学制度的改革，切实实施学分制、弹性学制等制度。要切实加强和改进教学实践环节，保证文科学习的理论联系实际。同时，要大力提高教师队伍质量，加强对教师的培养和培训，加强学风和师德建设，营造鼓励探索、尊重探索的"百花齐放、百家争鸣"的学术氛围，提倡"爱岗敬业、淡泊宁静、潜心治学、奋发进取"的学风和教风。

（三）加大投入力度，特别要关注基础研究和人文学科的萎缩情况，着力改善文科办学条件

切实加大教育投入，实现教育法规定的教育财政性经费的三个增长，使财政性教育经费投入最迟在 2012 年达到国内生产总值（GDP）的 4％，高等教育财政性投入占 GDP 的比例达到 1‰左右。与理工农医相比，文科高等教育历史欠账较多，投入严重不足。因此，在普遍提高高等教育财政性投入的基础上，要适度向文科高等教育倾斜；在普遍增加生均拨款的基础上，文科学生生均拨款标准应有较大幅度增长。在加大对文科高等教育财政性投入的过程中，不仅要考虑数量因素，更要关注质量因素；同时，根据文科特点进行制度创新，建立科研事业费制度。

"211 工程"、"985 工程"是高等教育领域国家重点建设的战略举措。在建设过程中，要真正体现人文社会科学与自然科学并重，加大对文科高等教育、人文社会科学研究基地、重点学科和课题研究的投入力度。要特别重视对基础研究和人文学科的扶持，防止这些学科的萎缩。

（四）根据人文社会科学的特点和文科高等教育的规律，建立科学的评价机制和合理的激励制度

人文社会科学的评价标准、评价机制、评价形式亟待创新，既要体现人文社会科学的发展规律，也要体现与自然科学同等重要。值得注意的是，自然科学和技术科学有着统一的国际评价标准，而人文社会科学由于其特殊性，既不可能按照理工学科的国际评价标准，也不能按照由西方主导的评价标准来进行评判和建设，我们应当摈弃评价的"理工科模式"和管理的"工程化倾向"，在借鉴学习的基础上，努力建立有中国特色的人文社会科学评价标准和评价机制。

要摒弃目前实际存在的对人文社会科学的制度性歧视，建立对人文社会科学的激励制度。设立人文社会科学领域国家级奖项，设立人文社会科学领域国家级研究基地，恢复人文社会科学院士制度或实施相当于院士制度的制度安排，就是要从制度层面真正扭转"重理轻文"现象。

（五）积极而又严谨地扩大人文社会科学高等教育的对外交流，在吸收借鉴的同时，努力增强我国的学术影响力和国际话语权

在吸收借鉴人类文明优秀成果方面，要在深度、广度上下工夫，要在鉴别比较中借他山之石攻玉，同时要防止食洋不化，防止缺乏研究的误读、误解、误导，更要警惕西方敌对势力从意识形态领域"西化"我们的图谋。要加强我国优秀传统文化的影响，加强我国社会经济发展经验、成功发展模式的总结和推介，从而增强我国的国际话语权，为世界文化的多样性贡献力量，为增强国家的软实力贡献力量。在这方面，最重要的一是加强能力建设，尤其是师资队伍建设和学术出版物能力建设；二是扩大中外学生交流和多种形式的国际学术交流。

四、我校文科人才培养的几点体会

作为一所以人文社会科学为主的综合性、研究型全国重点大学，中国人民大学对文科人才的培养进行了积极的实践和探索，积累了一定的人才培养经验。

我校的人才培养定位是"国民表率、社会栋梁"，希望能够培养中国社会主义建设事业的中流砥柱。那么，未来的中国社会，需要什么样的文科人才？我们认为，未来的社会要求的人才应有坚定的思想信念和强烈的社会责任感，在知识结构上应该具有相当的国际性、开放性，对变化具有很好的适应能力，同时又能对真善美有执著的追求，具有一定传统文化底蕴，同时又对多元文化具有理解和同情，具有从书本和实践当中不断学习的能力。基于这些理念，我们在反思人才培养的过程中，更加强调人才培养的四个要素：道术结合、文理交融、中西会通、知行统一。

（一）道术结合

针对当前社会重术轻道的"功利主义"现象，我们提出道术结合，就是要注重学生基本技能的训练，更要注重学生基本知识、基本理论的培养。文科人才培养具有一定的特殊性，其中，正确的人生观及价值观、宽广的学术视野和深厚的理论基础是文科学生的潜力之所在，所以学校一贯高度重视学生思想引导，强化基本知识、基本理论和基本技能的培养与训练，认为夯实基础是提高学生综合素质、培养学生创新精神和实践能力的根本。

为了实现这一目标，学校不断探索"宽口径、厚基础、多选择"的人才培养模式，改进思想政治教育，大力加强通识教育。一方面通过加强通识教育课程建设、修订完善本科专业培养方案和专业教材等方式，下大气力加强基本知识教育和专业基本理论教育，通过系统、科学的基础性课程设置来保证学生具有良好的知识结构和开阔的学术视野；另一方面充分发挥学校人文学科齐全、师资队伍实力雄厚的优势，要求"名师上本科课堂"，同时聘请校外专家开设高质量的系列讲座，内外结合，丰富课程体系，提高课程质量，通过高质量的基础性课程来陶冶学生的情操、培养学生的德性。在教学中，学校强调并引导学生大量读书，尤其注重阅读经典和元典，并以学科专业或专业主干课程为中心，有选择地遴选必读文献，逐步建立本科必读文献制度。通过这些措施，促进研究型教学，为学生打下扎实的理论功底。

（二）文理交融

文理交融就是人文精神与科学精神相统一。中国人民大学有强大的人文社会科学，在最新的一轮学科评比中，就有七个一级学科获得全国第一。但是，我们也一直在思考，太强大的人文社会科学优势，会不会让学生的思维过于人文社会科学化？越是人文社会科学强大的学校，越要注意学生科学精神的养成。意识到这一点，中国人民大学大力加强人文社会学科专业中的基础科学课程建设，要求所有的非艺术类学生都必须学习数学和逻辑类的课程。最重大的举措是在这些年成立了理学院，并以"有基础、相关联、高起点、入主流，力争高水平"的思想建设精干的理工学科。通过理学院的建设，不但提高了学生的自然科学素养，而且在学校形成了文理交融的学术氛围，促进了人才培养和科学研究的健康发展。

（三）中西会通

针对前些年人们的目光只向"外"看，不注重传统文化的传承等问题，中国人民大学提出学生应当既具有全球视野和国际交流能力，亦应当对自己的传统文化有相当的了解和理解；自己的文化优势往往是国际竞争力的重要来源。学校这几年采取了很多措施来促进学生知识和思维方式中的中西会通。最重大的措施主要有两个：一是成立国学院。通过国学院，不但可以克服文史哲分家带来的人才培养和科学研究方面的问题，传承文化，接续文脉，为培养未来的优秀国学人才提供良好的平台，而且可以通过其扩散效应，提高全校学生的国学修养，在学校形成重视学习传统文化精粹的氛围。二是实行提升国际性战略。学校制定了提升国际性战略行动纲要和实施细则。在提升学生的国际性方面，学校千方百计扩展学生的国际交流和学习机会。不但通过校际协议等方式有组织、有计划地大力加强交换学生的派出，对学生国际交流采取奖励性和鼓励性措施，继续注重吸纳外国留学生，而且，自 2009 年开始学校进行人才培养制度的大变革，试办暑期学校（国际小学期）。我们要求人民大学的学生在校学习期间至少参加一次暑期学校学习。暑期学校实行校院两级办学，通过邀请国际一流学者、开设特色项目、举办国际学术会议等形式来帮助学生了解国际学术前沿，把握最新学术动态，增加对其他文明的了解，加强国际交流与合作的能力。同时，暑期学校还将有助于促进中外教师交流，推动国内教师教学方式与方法改革，由此切实提升人才培养质量。

（四）知行统一

文科学习不像理工科，有大量的实验要求，如果没有正确的指导思想，文科学生的学习很容易犯从书本到书本的错误。针对这一点，学校十分注重文科学生的知行统一和动手能力。

当然，文科学生的动手能力和理工科学生不同，不是做实验或操作仪器设备的能力，而是理论联系实际，通过深入社会实践来学习理论、领会理论、发展理论、创新理论的能力。为了促进学生的知行统一，近几年来，学校在探索中逐步形成并不断完善研究型教学体系、实践型教学体系和教学质量监控体系这三个体系的建设，形成了第一课堂和第二课堂有效融合的一些办法。

在课堂教学中，学校重视推动教师将科研成果转化为课堂教学内容，重视课堂学习中的学术研讨、科研训练和读书报告，通过科研带动教学，促进教学相长，优化人才成长环境，营造浓郁的校园学术氛围。学校鼓励文科特色的实验教学方式，如法学院的"诊所式教学"、"模拟法庭"；经济学院的"商务谈判模拟教学"、"实验经济学模拟教学"等。学校投入经费设立面向学生的科研基金，鼓励学生课余的科研活动，锻炼学生进行科研的能力，中国人民大学的学生总是能积极参加各种科研竞赛并展现实力，比如人大的学生在历届的"挑战杯"全国大学生课外学术科技作品竞赛上都能取得好成绩。学校还十分注重为学生提供良好的实践机会和平台。为配合社会实践和毕业实习，各个学院都有对口的实习基地，如：历史学院在河北磁县的考古基地，为学生提供了很好的实习平台；国学院在许多历史文化遗址（白鹿洞书院、武夷书院、山西皇城相府、太湖书院等地）设立了实习基地，并创设了别具一格的"读万卷书，行万里路"的"游学"计划；经济学院为强化实践与教学的密切结合，与很多企业和有关政府部门合作，建立日常教学实践基地。

通过有针对性地采取措施，我校的文科人才培养工作得到加强，符合当前需要的文科人才培养模式正在逐步形成。当然，要将"道术结合、文理交融、中西会通、知行统一"这四个要素较好地体现在学生的培养当中并非易事，我们将一以贯之，继续探索并躬行。

新中国人文社会科学
60年的风雨历程和当代使命[*]
——在"中国人文社会科学论坛（2009）"上的演讲

（2009年6月26日）

尊敬的各位来宾，女士们、先生们：

大家上午好！

"中国人文社会科学论坛 2009"隆重开幕，首先，我谨代表中国人民大学，向到会的各位学者、各位来宾表示热烈的欢迎！我今天的演讲，主要是试图对新中国人文社会科学的发展历程进行一些回顾、总结和反思，对人文社会科学当前面临的严峻挑战、担负的使命和未来发展趋势提出一些看法，求教于诸位专家学者、老师同学。

一、人文社会科学 60 年的风雨历程

新中国的人文社会科学，60 年来走过了风雨历程。概括而言，人文社会科学事业取得了令人瞩目的成就，但也经历了坎坷和曲折。回顾人文社会科学 60 年来的发展轨迹，可以认为大致经历了三个阶段。

第一阶段是从 1949 年中华人民共和国成立到 1966 年"文化大革

＊ 本文根据讲话录音整理，曾以访谈形式以《新中国人文社会科学 60 年的历程、当代使命和发展趋势》为题发表在《马克思主义研究》2009 年第 8 期。

命"爆发。这 17 年，人文社会科学事业奠定了发展的基础，主要表现为：一是全面确立了马克思主义在人文社会科学中的指导地位，马克思主义基本原理、立场、观点和方法在研究中得到普及；二是基本建立起较为完整的人文社会科学教育和科研体系，包括成立了一些与马克思主义相关的学科，先学习苏联，后强调中国实际，建立起了一个强调人民大众立场的人文社会科学教学科研模式；三是提出了"为社会主义服务，为人民服务"的"二为"方向，"百花齐放，百家争鸣"的"双百"方针，强调历史唯物主义、辩证唯物主义，倡导有所发现，有所发明，有所创造；四是提倡"古为今用"、"洋为中用"、"厚今薄古"、"推陈出新"，强调理论来源于实践、理论联系实际和为现实服务。

这一阶段，由于坚持马克思主义的指导，人文社会科学的改造和发展取得了很大的成就，为新中国的建立和巩固，为社会主义革命和建设的推进作出了不可磨灭的贡献，但这一时期教条主义和僵化模式及"左"的错误思想对人文社会科学的发展也产生了许多不良影响。学术研究中出现了简单化、概念化、公式化的倾向。学术研究领域混淆政治和学术的界线，用政治批判代替学术争鸣的现象比较严重。简单、粗暴的政治批判扼杀了当时不少正确的理论观点，诸如马寅初的"新人口论"、孙冶方的"商品经济论"，以及诸如俞平伯、杨献珍等人的学术观点都受到了极不公正的对待。一些学科，如社会学、人口学、人类学等，被简单化地贴上资产阶级学术标签，遭到被停顿乃至取消的命运。

第二阶段是从 1966 年到 1976 年的"文革"十年动乱时期。这一阶段，"文革"在理论和实践两个方面把"左"的错误推向极端，"双百"方针名存实亡，许多人文社会科学研究成果都被作为"封、资、修"的内容加以批判，知识分子被列为革命对象，大部分文科院校和文科专业停办，教师队伍被遣散，人文社会科学及其高等教育事业受到严重破坏，所有的学会也都停止了活动。

上述两个阶段大致称为前 30 年。第三阶段是改革开放以来社会主义新时期的后 30 年发展历程。这 30 年，从恢复起步到蓬勃发展，人文社会科学的道路越走越开阔。

1978 年之后，经过拨乱反正，开展"实践是检验真理的唯一标准"大讨论，广大人文社会科学工作者获得了思想上的大解放。80 年代初，人文社会科学在社会主义现代化建设事业中的地位和作用被重新认识，人文学科逐步恢复、社会科学全面兴起，人文社会科学进入了一个罕见的文献剧增期和学术提升期，呈现出复苏的良好势头。

紧接着，广大人文社会科学工作者在中国共产党的领导下以高昂的精神风貌投入到改革开放大潮和社会主义现代化建设之中。中国人文社会科学开始努力改变过去那种相对封闭和自我设限的状态，代之以开放的姿态和开拓的精神。1983 年，邓小平提出"教育要面向现代化，面向世界，面向未来。"这其中蕴涵的深刻理念，不仅成为中国教育改革与发展的根本性指针，也为人文社会科学在新时期的发展繁荣指明了方向。整个 80 年代，广大人文社会科学工作者始终以一种强烈的使命感对中国面临的问题进行着深入的反思和研究，并广泛接触西方文明中各个学科的学术思想和研究范式，在理论和实践中表达出人们对"三个面向"的理解与企盼。

及至 90 年代，伴随着社会主义市场经济体制的建立，中国发生了以经济生活为基础的全部社会生活的重大变革，标志着中国社会发展理念与运行方式的大突破。在现实的有力激发下，中国人文社会科学界进一步解放思想、转变观念，鼓起更大的理论勇气，在各个领域展开有益的探索，大量具有独立见解的学术著作问世，大大推动了经济建设和社会发展。

进入新世纪，人文社会科学事业的发展引起了国家的高度重视。2001 年至 2002 年间，江泽民在北戴河、中国人民大学和中国社会科学院连续三次系统地发表关于重视发展繁荣哲学社会科学的重要讲话。2004 年，中共中央正式颁布《关于进一步繁荣发展哲学社会科学的意见》。在党的十七大报告中，胡锦涛进一步将哲学社会科学的重要性提升到关系国家前途命运的战略高度。这些讲话和举措深刻地表明了发展人文社会科学对当代中国发展的紧迫性和深远意义，也在一定程度上扭转了长期以来我国科学发展中存在的"重理轻文"倾向。广大人文社会科学工作者备受鼓舞，在宽松、和谐、鼓励探索和创新的学术氛围下，高举中国特色社会主义的旗帜，进一步开拓进取，不仅人文社会科学的各主要学科在创新方面不断取得新的进展，人文学科与社会科学紧密结合、人文社会科学与自然科学相互渗透也蔚然成势。跨院校、跨地区、跨系统的科研联合攻关接连启动，产生了一大批具有创新意义的重大研究成果。

回溯历史发展的轨迹，可以看到，新中国人文社会科学发展的60年是一个跌宕起伏、曲折前行的历程，是在探索中发展、改革中前进的60年。

二、当代中国人文社会科学面临的严峻挑战

众所周知，中国特色社会主义的伟大事业在改革开放中取得了巨大的成就，我国的综合国力、人民生活水平和国际地位有了很大提高。但是，时代的发展总是会向我们不断提出新的问题。马克思说"问题就是时代的口号，是它表现自己精神状态的最实际的呼声"①。当前，中国特色社会主义的建设，正面临着国际、国内一系列的新情况、新问题、新挑战。面对时代提出的诸多重大理论和现实问题，中国人文社会科学却缺乏整体的、深入的、有效的研究，缺乏富有想象力和建设性的思想、思路和方案，在回应时代主题，回答民众疑惑，满足实践需要等诸多方面往往显得力不从心或苍白无力。在我看来，当代中国人文社会科学面临着诸多的严峻问题和挑战，需要我们解答和应对。举例来说：

---

① 《马克思恩格斯全集》，中文1版，第40卷，289~290页。

第一，中国特色社会主义的基本政治制度、基本经济制度的探索、改革和完善，需要人文社会科学工作者贡献智慧。如何抵制和消除、批评和辨析"马克思主义过时论"、"社会主义失败论"以及西方"新自由主义"、"民主社会主义"和历史虚无主义的影响，坚持中国特色社会主义的道路，丰富和发展马克思主义？如何在新的历史条件下保障"人民当家做主"，保障好普通工人、农民的政治民主权利和经济利益而不致沦为弱势群体？如何在贫富差距超乎我们想象的今天实现社会的公平正义？怎样正确认识中国特色社会主义市场经济体制，它的基本框架如何进一步确定和完善？有没有利益群体打着"改革开放"、"中国特色社会主义"的旗号聚敛财富，而又以"改革开放"、"市场经济"的名义瓜分财富？如何认识和解决实际上一些地方已经存在的资本的无情掠夺和压榨？在当下的经济领域中，应当如何明确地体现社会主义的原则？

第二，社会主义的精神文明建设，社会主义文化的大发展大繁荣，国民的道德素质和精神世界，需要人文社会科学工作者贡献智慧。市场经济是一把双刃剑，在有效配置资源、激发人们进取精神的同时，伴随着市场经济而来的金钱至上、物欲横流、伪劣假冒、道德沦丧、精神空虚等与社会主义精神文明建设背道而驰的现象也随之而来。我们如何建设一个有道德的、有法治的，而不是充满贪欲的市场经济，如何使市场经济中的参与者有一个道德底线，有一颗敬畏之心？如何在关注国民物质生活的同时更加关注其精神生活？如何通过社会主义文化的大发展、大繁荣来重建中华民族共有的精神家园？如何来克服社会上所谓"有金钱无知识，有知识无文化，有文化无审美，有审美无信仰"的异化、荒诞现象？

第三，真正落实科学发展观，实现政治、经济、社会、文化和生态的全面、协调、可持续发展，需要人文社会科学工作者贡献智慧。以人为本的科学发展观的提出，实际上就是对以往"见物不见人"、"GDP 至上"的发展观的某种矫正。如何消解城乡二元结构，实现第

一、第二和第三产业的统筹协调发展，科学推进城市化、工业化进程？如何在保障经济健康快速发展的同时，实现社会的和谐、文化的繁荣和自然环境的保护？如何充分利用"后发优势"，避免资本主义工业化过程中曾经出现的种种弊端？如何在注重当前的现实利益的同时，考虑到子孙后代的长远利益，实现代际利益之间的协调？

第四，协调因多种经济成分、多重利益群体诉求、多元价值观念所带来的差异和冲突，重建社会共识，重新整合社会，需要人文社会科学工作者贡献智慧。在现实生活中，权力和资本的畸形结合所造成的社会群体的分化乃至对立，会不会扭曲中国特色社会主义的改革？一些地方出现的"仇富仇官"情绪，社会上不同群体价值观的分裂和冲突，难道不值得我们警醒吗？解决价值观冲突的办法首先就是沟通与对话，我们人文社会科学工作者能够了解广大老百姓的疾苦和心声吗？能够站在广大人民群众的立场上，有勇气代表老百姓而不是或不只是代表特定利益集团发表意见吗？

第五，中国已离不开世界，世界也离不开中国，如何在关注中国问题，解决中国问题的同时，面向世界发出中国人文社会科学的声音，为和谐世界的建设和人类文明的进步作出贡献，需要人文社会科学工作者贡献智慧。一段时间以来，有不少学者"言必称希腊"，可是我们真的能够对西方文明有全面而透彻的了解吗？我们身在中国，自以为对中国很了解，可是熟知不一定真知，我们真的能够准确而生动地向世界介绍、说明中国吗？我们对未来的文化、未来的经济、未来的国际格局和世界图景，真的已经有长远而合理的预期、勾画和展望吗？我们对人文社会科学的重视，对传统文化的弘扬，真的已经跨越形式上的作秀而落实为脚踏实地、科学理性的行为常态吗？

第六，在经济全球化背景下，不同文明之间的交流、交融、交锋，应对全球金融危机，应对国际意识形态领域的复杂斗争，应对新霸权主义、民族冲突、恐怖主义等重大问题，建设世界政治经济新秩序，需要人文社会科学工作者贡献智慧。在国际学术界，中国人文社会科学的声音很弱，话语权很少，这实际上是我国文化软实力单薄和缺位的表现。我们应该为建设世界政治经济新秩序提供新的思想、理念和观点。但是，在这些方面我们准备好了吗？我们有深入的研究和积累吗？我们拥有恰当的渠道和平台吗？

上述这些尖锐而复杂的重大理论和实践问题，我以为都是当前中国人文社会科学所面临的严峻挑战。我们广大人文社会科学工作者任重道远，有责任、有义务在中国特色社会主义理论的伟大旗帜下，以马克思主义为指导，实事求是地正视这些问题，努力回答这些问题，只有这样，中国的人文社会科学才能不断发展，不断前进，也才能为丰富和发展中国特色社会主义理论作出真正的贡献。

三、中国人文社会科学未来发展的展望

60 年的实践充分表明，中国人文社会科学必须坚持真正以马克思主义为指导，反对教条主义和经验主义；必须坚持解放思想，实事求是，一切从实际出发，弘扬求真务实精神；必须深深植根于当代中华民族振兴的伟大实践，以深入研究前瞻性重大课题为主攻方向；必须增强民族文化自信，弘扬中华传统文化，有效凸显其现代文化建设中的不可缺失的资源性价值；必须培养世界性眼光，吸收世界各国人文社会科学的优秀成果，既要冲破隔绝外域文化的藩篱，又要防止盲目崇信、食洋不化；必须坚持双百方针，充分发扬学术民主，鼓励探索、创新，营造良好的学术环境。

就高校人文社会科学的状况而言，下列诸项尤需严重关切：（1）国家提出要重视人文社会科学的发展，但到目前为止，这种高度重视在制度层面得到的有效落实还比较有限。人文社会科学与自然科学同等重要的战略思想尚未真正落实到操作层面。（2）人文社会科学研究的指导思想太过功利化，指导方式太过行政化。受此影响，当前中国人文社会科学界虚骄之气、浮躁之风日趋严重，有重大影响的精品力作却不够多。（3）人文社会科学研究经费严重不足，基础研究和

人文学科的投入尤其短缺且不得法，直接制约了原创性成果的产出。（4）我国人文社会科学的高等教育尚未形成合理结构，缺乏有效的质量保障体系和科学的评价制度，文科人才培养的质量有所下降。（5）违背学术研究"求真"的宗旨，缺乏学术追求的高尚品格，将学术探索简单与宣传等同，在一定程度上导致学术成果的学术含量下降，学术价值弱化。

因此，为人文社会科学的进一步健康发展创造条件，是我们的当务之急。建议首先着手解决以下几个比较具体的问题：（1）摒弃目前实际存在的对人文社会科学的制度性歧视，建立有效的分类评价和激励机制。（2）改变指导思想和指导方式，尊重学术发展规律，强调厚积薄发和精品意识，力避学术体制的僵化和学术泡沫的泛滥。（3）切实增加人文社会科学研究经费投入，特别关注基础研究和人文学科的萎缩情况，着力改善文科科研环境和办学条件。（4）调整文科结构，加强对文科专业设置的规范管理，在适当控制高等教育规模的同时切实加强文科教师队伍的建设，努力提高学术水平和教学质量。（5）加强学风建设，坚守学术道德，摒弃学术浮躁，惩戒学术腐败。

面对中华民族伟大复兴的历史责任，面对全球化背景下的战略机遇和巨大挑战，中国人文社会科学已进入到观念更新、知识转型的临界时刻。广大人文社会科学工作者要紧紧围绕未来中国发展以及世界发展的现实问题，加强深度研究和理论关注，以此形成当代人文社会科学的中国形态和中国表述，真正地建构起具有中国特色、中国风格和中国气派的人文社会科学，将中国人文社会科学事业推向新的高潮，为建设中国特色社会主义作出更多更新的贡献。

谢谢大家！

大学的探索

纪宝成

（第二卷）

中国人民大学出版社
· 北京 ·

目　　录

学科建设的一个体系与三个意识

大师　大楼　大气

科学管理与“真情、真想、真干”

学科建设的
一个体系与三个意识

学科建设是大学发展的核心和龙头；学科布局是学科建设的基础。要逐步构建一个"主干的文科、精干的理工科"的学科体系。文科要"在主流、壮主流、领主流"，理工科要"有基础、相关联、高起点、入主流，力争高水平"。在学科建设中牢固树立一流意识、基地意识和特色意识。只有居安思危、"居危思危"，不断巩固传统特色、发挥已有优势并积极发展新的增长点，才能形成和保持一大批具有品牌效应和重要社会影响的院、系、所与学科专业。

浣溪沙·组建新学院

（2001 年 6 月 29 日）

喜气洋洋进会堂，资源整合创新强。院旗一展掌声长。

好事多磨磨好事，文章难做做文章。紧随时代共辉煌。

七绝·记学科建设工作会议

（2002 年 7 月 12 日）

孤诣潜心创一流，纵横分析亮心头。

思危方是居安策，苦干埋头奋不休。

院系调整要从学校实际出发[*]

——在中国人民大学理论类院系
调整座谈会上的讲话摘要

（2001 年 3 月 5 日）

院系调整要从我校实际出发，要从长计议，要保持和发挥已有优势，不能削弱任何优势学科，要为建设一流大学服务。今天总结的几个"有利于"很好，总体要有利于学校的发展。

我校目前院系调整，学科整合问题主要存在于三大学科领域：经济管理类、政治理论类、公共管理类。文（学）、（历）史、哲（学）、外（国语）等学院没有大的问题。这三大学科领域内的院系设置现状确实不够理想，确实存在一个学科资源优化组合的问题。政治理论领域原有四大系，不能办垮。希望集思广益、群策群力。

学院组建方式：是完全按学科目录组建，如新闻学院，还是不一定按学科目录组建，如外校的生命科学学院？今天不作定论，大家可以再议议。其实，影响学院设置的学科专业目录也还存在不少问题，尚待进一步完善，估计下次修订工作会有较大改动。今后我校是学院覆盖所有系，还是院系并存，要认真研究。

虽然院系调整工作可借鉴国内外的许多经验，但更重要的是立足于人大的实际，着眼于人大的基础。新的院、系一旦成立，一定要相

---

* 本文根据讲话录音整理。

对稳定，要有包容性。

学院之间的学科界定要尽可能明晰，目前有的界定尚不明晰，存在两个"乱"的问题：第一是学院设置根据不明确，划分依据不一致；第二是新、老专业并存，相同的专业以不同的名称在院系之间并存。要把这两个问题解决好。把有限的学科专业资源在校内可以研究整合好。

除了实体性质的学院之外，也可以搞一些有包容性的研究院，如公共管理研究院、马克思主义研究院。学院是稳定的，研究院可以是动态的、横向的。教师允许在不同专业之间流动。

总体上，我们中国人民大学建一流大学，应有一流大学的气象，一流大学的气势。我们是以文科为主的著名学府，我们人大的院系设置，理应给其他学校的文科发展提供重要参考价值。目前我们存在不少不合理之处，特别是会计学不在工商管理学院之中，这简直太荒唐了。要发动大家充分研讨，反复酝酿。

希望大家既要在自己院系立场上来看待调整问题，又要站在学校立场上来思考问题。

院系调整是学科建设的战略性举措[*]

——在全校中层干部院系调整工作情况
通报会上的讲话摘要

（2001 年 6 月 26 日）

一、院系调整的工作背景、指导思想及目标

我国高等教育正处在新一轮的改革与发展之中。宏观层面的"共建、调整、合作、合并"使高等学校的体制改革取得具有战略意义的成果，高校内部改革也在进一步深化，院系、学科的调整与重组正成为高校内部发展变革的重要内容和标志之一。我校自 1978 年复校以来，院系设置和学科调整经历了恢复、成长、转型和局部调整与重组的发展过程，在巩固已有传统特色和优势的院、系、所和学科专业的基础上，形成和发展了一批具有品牌效应和重要社会影响的院、系、所、学科专业以及部分新兴学科。然而，随着社会的进步和经济的发展变革，我校院系设置、组织结构不甚合理和规范，学科发展交叉、重复，且资源、力量分散的状况也日益明显，严重制约着学校在新世纪的进一步发展。

为积极适应高等教育新一轮改革与发展中学科调整与重组的趋势和需要、保证我校新世纪的发展和实现以人文社会科学为主的世界一流大学的奋斗目标，我们必须从战略性、基础性和全局性的高度来规

---

　　* 本文根据作者讲话整理。

划并实施院系调整。也就是说，院系调整是学校进行学科调整和规划的需要，是学校面向新世纪发展的需要，是创建以人文社会科学为主的世界一流大学的需要，也是全校广大师生员工的迫切愿望。院系调整，优化学科资源组合，是学校学科建设和整体发展进程中的一项具有战略性、基础性和前提性的工作，是学校迈向新世纪的重要举措和关键工作，对学校今后的发展具有极为深远的意义。

我们进行院系调整，总体说来必须遵循教育发展的规律，借鉴国内外一流大学的成功经验，同时兼顾国际通行、中国特色、人大特有的原则。具体来说，既要以国家现行的学科专业目录作为调整的参考依据，又要考虑经济社会发展的需要和学科发展的趋势；既要在总体上规划和设计科学、规范的调整方案，又要考虑多年来积累的品牌效应；既要体现院系设置的包容性和前瞻性，又要考虑其稳定性和长远性；既要尊重学科发展本身的规律，又要考虑利益的调整和协调；既要考虑新兴学科的发展要与原有的优势相结合，又要兼顾院系设置的标准尽可能趋于一致；既要坚持整建制进行调整的原则，又要允许院系和教师个人进行双向选择，以有利于学科的发展，有利于整个学校的发展，有利于实现建设世界一流大学的目标。

通过这次院系调整，要对部分交叉、重复设置的专业进行调整、整合，消除我校原有院系组织结构、学科设置不甚合理的现象；要提升我校原有的基础优势学科，形成学科发展新的增长点；同时要创造一种科学的管理体制和组织结构，着重对以本科教学为主的教学单位进行调整，更好地调动广大教职工的积极性和创造性，推进我校的进一步发展，为我校形成"主干的文科、适当的理科、必要的工科"①

---

① 作者 2001 年 3 月 5 日曾在理工类院系调整讨论会上发表题为《理工类要办就要高起点》的讲话，主要内容是：新世纪的人民大学没有理工科是不行的。如果不合并外校，那么就要内部发展。要有高水平的文理渗透，并且有发展的主动权，就必须适度发展理工学科。信息学院需要计算机科学与技术，环境学院需要环境科学，这两个学院都必须有理工科方面的专家、教授。理工类要不就不办，要办就要高起点，都要"少"而"精"。今后一段时间引进教师，尤其要注意向理工科倾斜。要通过发展理工学科，改变人大形象。无论 21 世纪高校发展如何，纯文科学校未必有很光明的前途。

的学科体系奠定基础。

二、院系调整的进展过程

我们的院系调整工作是一步一个脚印有序开展的：

1. 2001 年 2 月，成立学校院系调整领导工作小组，正式开始布置院系调整工作。

2. 2001 年 2 月 11 日，在中层干部会上提出院系调整工作是本学期的一项重要工作。

3. 2001 年 2 月至 4 月初，在我和袁卫副校长的主持下，发展规划处先后召开五次大型座谈会（包括四次按学科群召开的座谈会和一次中青年学术骨干座谈会）和数十次小型座谈会，并对涉及调整的近 20 个院、系、所进行了调研走访。先后有 100 余位院、系、所负责人和专家学者参加了座谈，约 1/2 的院系主动提供了建议和方案。在此基础上，发展规划处比较分析了国内外一流大学相关院系的设置情况，听取了有关领导、专家学者的意见，在先后十三稿的基础上形成了供全校讨论的两个草案。

4. 2001 年 4 月 11 日，学校召开中层干部和全体教授会议，通报院系调整草案。

5. 全校各机关部处和院、系、所在近一个月的时间内组织了认真的讨论，90% 的单位在本单位范围内组织了讨论，并向发展规划处提供了反馈意见。

6. 2001 年 5 月 10 日，学校院系调整领导工作小组依据反馈意见，形成拟提交校长办公会和校党委常委会的初步方案。发展规划处组织老领导和老干部座谈会，并再次走访部分专家学者，对方案进行反复论证，征求意见；与调整中涉及的重要院系进行了数次讨论。经 5 月 30 日学校院系调整专题办公会讨论，形成提交校党委常委会的总体方案。6 月 8 日，经第 144 次党委常委会讨论，通过院系调整总体方案。院系调整进入实施阶段。

三、对院系调整总体方案的说明

应当指出，随着经济发展、社会变化和学科自身的发展，院系的设置也会随之进行相应的改变，院系调整不可能一蹴而就，也并非一劳永逸。调整方案的制定是一个过程，方案的实施更需要创造条件。新学期开学前，决定新组建或调整的院系如下：

（一）新组建的院、系、研究院（所）

在原国民经济管理系、行政管理学系、软科学研究所、教育科学研究所的基础上组建公共管理学院；

在原农业经济系环境经济教研室、商品学系的基础上组建环境学院；

成立中共党史研究所（与中共党史系一套班子、两块牌子）；

成立公共政策研究院（以软科学研究所为日常办事机构）。

（二）涉及更名的院、系

工商管理学院更名为"商学院"；

外语系更名为"外国语学院"。

（三）进行调整的部分院、系、专业

将会计系整建制调入商学院；

将劳动人事学院的行政管理专业调入公共管理学院的行政管理学系；

将劳动人事学院的社会工作专业调入社会学系；

将中共党史系的政治学部分调入国际关系学院政治学系；

将商学院土地资源管理专业调入环境学院①。

新学期开学后，在巩固完善已调整和新建院系工作的同时，积极创造条件，进行新的调整，争取在一年内基本完成院系调整工作。

---

① 土地资源管理专业后调入公共管理学院。

四、院系调整工作要求

总体要求为：统一思想，提高认识，加强领导，精心组织，确保院系调整工作顺利进行。

院系调整是我校创建以人文社会科学为主的世界一流大学进程中的一件大事，是今年学校的一项重要工作。开学以来，各机关部、处、院、系、所按照学校的统一安排，认真组织教职员工进行讨论。广大师生积极参与，献计献策，在全校范围内形成了前所未有的学科建设和教学改革的大讨论，这对我校在创建世界一流大学的进程中上水平、上台阶起到了积极的推动作用，已经形成本次院系调整工作的成果之一。

各级党组织和党员、干部要坚决服从学校党委的决定，切实做好本单位教职员工和学生的思想政治工作，统一思想，提高认识，加强团结，扎实工作。广大干部，特别是领导干部要以"三讲"的精神和从"三个代表"重要思想的高度来对待院系调整工作，进一步增强改革的紧迫感和责任感，识大体、顾大局，正确处理好个人利益和集体利益、局部利益和全局利益、眼前利益和长远利益的关系，增强大局意识、全局意识，认真配合学校有关部门做好工作，确保本次院系调整的顺利进行。

研究公共管理硕士学位
办好公共管理硕士教育

Ⅰ. 在全国首届公共管理硕士（MPA）教育研讨会上的讲话[*]

（2001 年 8 月 30 日）

在国务院学位委员会、教育部、人事部的领导和组织下，我国又一个专业学位——公共管理硕士（MPA）的教育试点工作，今年已经正式开始，7 月组织报名，10 月全国联考。MPA 的培养目标是政府部门及非政府公共机构从事公共管理、处理公共事务、制定与执行公共政策方面高层次、专业化、应用型、复合型的专门人才；造就具有现代公共管理、公共事务、公共政策理论素养与技能，精通某一公共管理领域的管理者、政策分析者和领导者。

MPA 是国际通行的学位，英文全称为 Master of Public Administration，与工商管理硕士、法律硕士并列为文科高层次职业研究生教育的三大支柱。MPA 专业学位同管理类其他硕士学位相比，处于同一层次，但类型不同，各有侧重。在培养目标、招收对象、课程

---

[*] 本文系作者作为全国公共管理硕士（MPA）专业学位教育指导委员会副主任，在全国首届公共管理硕士专业学位教育研讨会议上的讲话。本文在《中国行政管理》2001 年第 7 期全文发表。

326

设置、培养方式以及知识结构、能力结构等方面有特定要求和质量标准，区别于教学、科研型人才的培养要求，强调直接面向公共管理领域实施专业学位教育。比如，入学者要有一定的实践经验；强调案例教学、实务教学，注重学以致用；学位论文以高层次的调研报告、咨询报告、政策评估、案例分析报告、项目规划、公共管理对策研究等为主要形式。总之，MPA 是专为那些在公共领域内具有实际工作经历，并且有志于在政府和非政府公共机构承担管理、领导工作的人员开设的研究生专业教育，侧重于实际公共管理能力的培养与训练。

从对 MPA 本身的研究来说，应特别指出以下三点相互联系的内容：MPA 的产生与发展同公务员职业培训密切相关；MPA 是政府公务员及非政府公共机构管理人员最为合适的学位；MPA 在国际上归入职业学位，我们改称为专业学位。

MPA 的产生与发展同公务员职业培训密切相关。根据目前看到的资料，MPA 作为学位教育产生于美国。1911 年，美国纽约市政研究局创办公共服务培训学校，目的是培训本局的工作人员，同时也对其他城市的相关人员开放，由此带动了一批大学开设公共管理课程，对公务员进行公共管理的培训正式开启。1924 年，公共服务培训学校迁到锡拉丘兹大学，与该校新成立的麦克斯韦尔公民与公共事务学院合并，启动了美国第一个 MPA 计划，面向公共管理领域创办了综合性的教育与培训课程。因此，麦克斯韦尔公民与公共事务学院被公认为开 MPA 教育之先河。20 世纪 60 年代到 70 年代初，美国从联邦政府到州政府和地方（市）各级政府对公务员职业培训的需求日益增大，大学的公共管理课程教学迅速发展，这一时期成为 MPA 教育的大发展时期。到 1973 年，美国开设公共管理课程的院校达 101 所。70 年代以后，美国的 MPA 教育进入规范化发展时期。1978 年由开办 MPA 教育的所有院校组成全美行政院校联合会（NASPAA），建立了统一的 MPA 课程标准，对开办 MPA 教育的单位进行审核、评估，每年公布一次评估结果，即全美 MPA 教育院校排行榜，促使各院校为获得较好的排名而重视 MPA 教育的改革与发展。这时，MPA 教育规模继续扩大。到 1995 年，美国开设 MPA 课程的院校有 232 所，在校学生 3 万多人。这些院校普遍开展公共管理方面的专业教育，也为在职公务员提供各类培训课程。

从国际上看，近半个世纪以来，随着科学技术的迅速传播，人口的增长和流动变化，服务行业的兴起，城市和交通的发展，环境保护的加强，教育的普及与提高，社会保障和医疗保健的普遍化，社会犯罪与治安问题的凸显，经济全球化、政治多极化的世界大趋势，各种社会问题日益增多，情况愈加复杂，公共管理在社会生活中的作用越来越重要，对政府官员及非政府公共机构管理人员的专业素质要求越来越高。所有这些，促进了政府公务员和公共管理人才培养工作的蓬勃兴起，MPA 成为很多国家培养高层次、应用型公共管理人才的主要途径。美国哈佛大学的肯尼迪政府学院、锡拉丘兹大学的麦克斯韦尔公民与公共事务学院、法国国立行政学院、斯拜尔德国行政学院、英国伦敦大学政治经济学院、韩国汉城大学公共行政研究生院等都是成功培养公共管理人才的典范。加拿大、澳大利亚、日本、马来西亚、新加坡、泰国、以色列等也先后开设了 MPA 课程，培养、培训公务员和公共管理人员。国际社会发展的总趋势表明，MPA 专业学位正变得越来越重要。这不仅说明了人们对 MPA 的重视程度，更主要的是 MPA 适应了当代政府和公共管理人员专业化发展的大趋势。MPA 被喻为朝阳学位，有广阔的发展前景。

实践证明，MPA 是政府公务员及非政府公共机构管理人员最为合适的学位，因此才被各国广为接受。例如在美国，政府在招聘公务员时，某些职位要求必须有 MPA 学位。联邦政府中 10%～20% 的工作人员、公共政策领域中 50%～60% 的工作人员具有 MPA 或相近的学位。韩国 60 万公务员中，系长级以上公务员为 1 万人，其中 30% 通过在职学习获得了 MPA 学位。哈佛大学肯尼迪政府学院的口号是："为 21 世纪准备领导人"。其一年制的在职公共管理硕士（MC/MPA），每年在全世界招收具有至少 7 年的专业工作经历，且受过严格的交叉学科的学院教育的中级职业人员，这些人要显示出能够在国家、州、地方政府和其他公益组织，包括媒体机构和非营利组织中取得领导地位的素质。在 1996—1997 学年，该校学生分布于 34 个国家，遍及美国各州以及政府内外，学生年龄从 30 岁至 60 岁，职业生涯从 7 年到超过 40 年，跨度均很大。学生在学期间，必须从学院的核心课程领域（量化分析方法、公共管理、政治/领导/伦理学）中至少选择一门课程，多数学生还在政策领域中选择一科专门化课程。

据抽样调查，麦克斯韦尔公民与公共事务学院 1993 年的 158 名 MPA 毕业生中，曾经或正在担任大使及相近职务者 7 人，国外总督 1 人，城镇管理者 32 人，乡村管理者 7 人，市长市政府官员 2 人，政府秘书或助理秘书 8 人，有关部门经理和副经理 2 人，联邦政府正副局长 61 人，处级公务员 15 人，县级行政长官 6 人，公共部门专员或代表 10 人，政府部门顾问和公共机构有关专员 4 人。英国伯明翰大学把 MPA 的培训对象定位在中央政府公务员、地方政府官员、公营企业的经理人员、非政府组织的领导人等。西方发达国家大学后教育的历史和现状表明，高层次、应用型人才的培养规模一直呈不断扩大的趋势。至 90 年代，美国的职业学位获得者的比例已占整个硕士学位获得者人数的 55％ 以上。英国、法国、加拿大等国也都十分重视高层次、专门化、应用型人才的培养，许多行业的从业标准与相关学位、文凭证书紧密相关。

我国的学位制度与西方有很大差异，开展专业学位教育历史较短，但发展速度很快。从 1990 年开始进行工商管理硕士（MBA）的试点工作，迄今已设置工商管理硕士、建筑学硕士、法律硕士、教育硕士、工程硕士、临床医学硕士、公共卫生硕士、口腔医学硕士、公共管理硕士、农业推广硕士、兽医硕士 11 个专业学位。据国务院学位委员会办公室提供的数字，至2000年底，专业学位研究生已累计招生40 961人。从1991年开始计算，年均增长率68.8%，远远超过同期全国研究生的发展速度。同时，在职攻读专业学位人数已累计招生51 362人，从1993年开始计算，年均增长率139%，最近几年尤其呈现快速发展趋势。

我国MPA专业学位设置方案的论证、培养方案的设计和一系列试办的准备工作，从1998年就开始了。党的十五大和九届全国人大一次会议提出建立办事高效、运转协调、行为规范的行政管理体系，完善公务员制度，建设一支高素质的专业化国家行政管理干部队伍。开展公共管理硕士（MPA）专业学位教育就是具体落实这一项目的重要举措，是新形势下国家公务员队伍建设对国家教育部门和人事部门提出的一项重要而紧迫的战略任务，也符合广大公务员的热切期望与要求。据人事部1999年底统计，全国公务员总数541万人，其中具有大专及以上文化程度的只有52%左右，公务员队伍总体学历层次不高，知识结构方面接受过系统的高层次公共管理专业教育者较少。在全国范围开展的国家公务员培训需求调研发现，广大年轻的公务员，包括大量近几年晋升的处级公务员，因目前知识结构不能完全适应工作需要，迫切希望掌握政府行政管理的规律，学习现代管理知识、市场经济理论、金融知识、财税知识、法学理论以及计算机与信息管理等相关的实用性专业知识与技能，以提高科学决策能力、依法行政能力、综合分析能力、组织协调能力、应变能力、文字理解与表达能力，以及贯穿在其中的领导能力和创新能力等。目前采取的公务员短期常规培训方式难以完全解决这些问题；很多渴望进修提高的中青年公务员选择在高校或党校其他专业学习，某种程度上造成新的学非所用现象，导致教育资源与人才资源的浪费。所以，公共管理硕士（MPA）专业学位应运而生，是教育与社会实践、社会发展要求相结合的一种新型的教育形式。正如全国公共管理硕士（MPA）专业学位教育指导委员会主任委员、人事部副部长尹蔚民同志所指出的：

"公共管理硕士专业学位教育，有利于优化公务员队伍的学历结构、知识结构和专业结构，有利于建设一支高素质、专业化的公务员队伍，有利于提高行政管理的水平和效率，对加速培养适应新世纪经济、社会发展需要的高层次复合型行政管理人才将起到积极的、重要的作用。"

如前所述，MPA 国际通称为职业学位（professional degree），我们改称为专业学位，称谓不同，自然会有区别。职业学位有两大本质特征：学术性和职业性，两者缺一不可。职业学位要求有独特的知识领域、较高的专门技术层次、严格的入门标准和鲜明的实践性。同时，要获得这种学位才能进入某一行业或领域从业，即学位是从事职业的必备条件。在我国，目前还没有确立从业资格与学位的紧密关系，因此还不是严格的职业学位，称专业学位更准确。但可以预见到，随着经济、社会的发展，随着学位与研究生教育制度的完善，用人的标准不断规范，对人才的要求不断提高，相关行业和主管部门也在不断向规范化的用人标准方向努力，专业学位会逐步与有关职业任职资格相衔接，这是必然的发展趋势。

MPA 专业学位是我国教育领域中的新事物，是我国在新的历史时期进行干部教育与培养的新形式。我们有长期培养干部和进行研究生教育的丰富经验，有国外可资借鉴的 MPA 教育的经验，办好我国的 MPA 教育是完全具备条件的。重要的在于我们要充分认识、高度重视不断出现的、需要研究的问题。比如，当前要认真研究 21 世纪公共管理人才的需求，研究我们应该如何适应这种需求，包括师资队伍、教材、案例库的建设以及教学方案的设计等，研究在教育、培训的体制及方式方法上我们面临着哪些挑战，应该怎样突破和创新，研究怎样具有中国特色、中国风格，等等。在这方面，需要教育部门与政府部门、实际用人单位相结合，需要政府官员、有丰富公共管理经验的专家参加到我们的研究和探索中来，共同奉献智慧和经验，继承、借鉴、开拓、创新，共同办好中国的

MPA 教育。

II. 在全国 2005 年公共管理硕士（MPA）教育研讨会上的讲话

（2005 年 7 月 24 日）

我国公共管理硕士学位（MPA）教育自 2001 年正式启动以来，取得了很大的成绩。对于这些成绩，人们已经从多方面做了总结，在这次会议上我主要指出以下四个方面：

1. MPA 专业学位已在我国落地生根，开花结果。MPA 专业学位适应了我国公共管理和公务员队伍建设的需要，填补了我国应用型研究生培养的一个空白，开创了公务员能力建设的新途径。短短的五年时间，MPA 专业学位已经在我国生根开花。现在，全国有 83 所 MPA 试办院校，分布在 28 个省、市、自治区，还有很多院校在积极申报试办权，这说明 MPA 适应了经济社会发展的需要。目前，在校和已毕业的 MPA 研究生共 17 294 人，遍布全国。还要看到，MPA 专业学位已产生广泛的社会影响，成为全社会各级政府对公务员教育和培训的一种范式，很多省、市、自治区政府都为此下发了专门文件，以此培训公务员。

2. 初步形成了我国 MPA 教育的新型教育模式。MPA 专业学位教育是对传统教育模式的创新，是高等教育面对的新事物。五年来，我们通过国内外的考察、与政府部门的探讨、借鉴各专业学位教育的经验以及举办研讨会、师资培训等，研究 MPA 专业学位教育的规律和特点，并具体实践 MPA 教育的全过程，通过每一个培养环节去落实 MPA 专业学位的特色与要求。可以说，我们已经在教学实践中，而不仅仅是认识上，形成了一整套有别于全日制研究生的教育模式。现在，全国首届 MPA 优秀论文评选已经揭晓，论文的质量受到评审专家好评；MPA 教育合格评估方案也已经完成，即将按照 MPA 专业学位教育的要求，对首批 24 所 MPA 试办院校进行评估。通过评估，我们希望有些院校能结束试办阶段，这意味着我国 MPA 教育进入一个完善和较为成熟的时期。总之，MPA 教育模式已经从原来理论上的认识，转化为实践中的现实，成为我国研究生培养的新路径。

3. 促进了公共管理知识的整合与发展。为适应 MPA 教育的需要，各 MPA 试办院校，包括一些申办院校，整合资源，实现学科与教育资源的重组，纷纷成立公共管理学院（名称各异，如政府管理学院、国际关系与公共事务学院、政治与公共管理学院、政治与公共事务学院、行政学院、政策与公共管理学院等）；有些院校建设了公共管理大楼，配置各种必需的教学设备。在开展 MPA 教育的过程中，综合院校和文、理、农、工、医等各类院校之间进行公共管理知识的交流与研讨，以前从来没有这样活跃。政府官员以各种形式参与到 MPA 教育中来，学校和政府的联系日益广泛并且规范化和制度化。这使理论与实践联系更加密切，极大地推动了公共管理知识的融合与创新。上述互动无论对于学校提高教育水平，还是政府提高自身能力，都是极其有益的。可以说，MPA 教育发展这五年，是我国公共管理领域知识交流最活跃、发展最为蓬勃旺盛的时期，是公共管理学科取得积极进步的五年。

4. 全国 MPA 教育指导委员会（简称教指委）形成了一套比较规范的工作制度和工作方式，为今后 MPA 教指委的工作打下了基础。目前 MPA 教指委制度化的会议有三个：一是全国 MPA 教指委工作会议，主要是研究与 MPA 教育相关的政策问题、学科建设问题，也包括评审新增院校（目前一共开过六次）；二是全国 MPA 教育研讨会，主要是传达贯彻教育、人事主管部门有关 MPA 教育的精神，总结、交流 MPA 教育的新鲜信息与经验；三是全国 MPA 论坛，每年 10 月举行，由各校教师带队，主要是 MPA 研究生参加。MPA 教指委还重点抓好师资培训和信息交流工作，迄今举办了七次师资培训、两次 MPA 新增培养单位负责人的岗前培训，这都属于教指委根本性、制度化的工作。

同志们，总结我国五年来 MPA 教育的发展，我们有很多收获，形成如下七点共识：

1. MPA 专业学位是为了培养政府公务员和公共管理专门人才，MPA 教育的每一步发展都离不开政府的关心与支持。所以，我们必须加强与政府的密切联系，紧密结合政府的需要开展 MPA 教育，这是 MPA 教育的生命力之所在。

2. MPA 招生工作是 MPA 教育的前提。各 MPA 试办院校要下大力气，组织好生源，做好招生工作，否则 MPA 教育就会落空。这也是有些学校的教训，对此决不可掉以轻心。

3. MPA 专业方向设置是 MPA 教育发展的基础。各试办院校要结合自身学科优势，面向社会需求，设计有自己特色的 MPA 专业方向。这些专业方向要有一定的数量（MPA 教学基本要求规定不少于3 个），以供学生选择。

4. MPA 课程建设和论文指导是 MPA 教育的根本。MPA 课程不是全日制研究生课程的拼盘，而是适应应用型研究生培养的要求、重新设计的一个培养体系。无论是核心课程，还是专业方向课程和选修课程，都应该突出专业学位课程的特色，应对课程加以创造和创新，并采用案例教学的方式。MPA 学位论文是体现公务员培养目标的重要环节，是研究能力和写作能力的培养。我们从 2002 级开始压缩 MPA 课程学分（从 52 学分压缩到 42 学分），目的之一就是加强论文环节。现在看来，很多 MPA 研究生还不善于撰写论文，很多写成工作总结，所以有必要开设一些如何撰写论文的课程或讲座。

5. MPA 专题讲座是 MPA 教育的重要形式。很多学校都聘请政府官员、资深公共管理专家或校内外著名学者，开设专题讲座，以弥补课程现实性的不足，收到很好效果，受到学生欢迎。有些院校把"社会主义建设的理论与实践"课程，开设为 10 个专题，效果也很好。

6. MPA 师资队伍是 MPA 教育的灵魂。整合全校师资力量，形成专职和兼职相结合的教师队伍，这是 MPA 教育的施教主体和 MPA 培养质量的灵魂。MPA 教育需要出色的"讲手"，需要优秀的课堂讨论主持人。同时，MPA 教育也在造就着"明星"教师、"王牌"教师。所以，各院校一定要注意 MPA 师资队伍的建设，给教师更多的参加培训和考察的机会，建立严格的课堂教学考核制度。

7. 领导重视、加强管理是 MPA 教育的保证。MPA 不同于全日制研究生教育，多是利用工作之余和节假日时间上课，所以要有适应 MPA 教学要求的规范的管理制度。这些制度一开始就要设计好，在执行中不断完善，还要注意保存好原始的各种考评资料，以备检查和事后的教育评估。

同志们，总结以往的经验，我们还要思考当前的问题，以便深化认识，做好我们的工作。目前，有三个问题提出来与大家讨论：

1. 对 MPA 教育领域认识的深化。这经历了三个阶段：第一阶段，MPA 教育领域就是行政管理专业，行政管理就是 MPA，这是 1998 年 MPA 专业学位论证阶段的认识；第二阶段，MPA 教育领域是公共管理一级学科，公共管理一级学科就是 MPA，一级学科下 5 个二级学科（教育管理、行政管理、医药卫生管理、土地资源管理、社会保障）就是 MPA 的专业方向，这是首批 MPA 试办院校申报和准备阶段的认识；第三阶段，MPA 教育领域包括政府的各个管理部门，公共管理的各个领域，即政府有什么部门，公共管理有什么领域，就有什么 MPA，MPA 教育已超出公共管理一级学科范围，MPA 教育就是通才（MPA 核心课程）和专才（MPA 专业课程）教育的有机结合，这是首批 24 所 MPA 试办院校正式启动 MPA 教育时的认识，并由此形成多个专业培养方向。据我们所知，美国哈佛大学 MPA（包括 MPP）就有 16 个专业方向。而 MPA 的开创学校锡拉丘兹大学最强和最有特色的 MPA 培养方向，就是政府的财政管理、财政预算。这一认识大大扩展了我们 MPA 教育的视野，所以才有今天这样多学校、多学科兴办 MPA 的局面。但是，也应该强调，MPA 诸多研究方向必须是从政府管理、公共管理的角度设置和培养人才，这才是 MPA 而不是混同于各个具体专业。若把 MPA 变成学校现有的其他专业，比如现在有些 MPA 的学位论文，完全写成了社会学、人口学、法学等具体学科的论文，就不符合 MPA 的要求。这一点，应该引起各办学单位的高度重视。

2. 关于异地招生和异地办学问题。MPA 首批院校办学起步阶段，强调本地院校都在本省、市招生；没有试办院校的省、市人事部门，可委托一所外地试办院校在本地招生、为本地区培养人才。因为首批 24 所院校处在 14 个省、市、自治区，所以其他省、市、自治区纷纷委托上述院校在本地招生，因此一开始就形成了异地招生的局面。我们也认为，一个地区的公务员只能由本地院校培养，这不利于公务员队伍的建设，"划疆而治"的招生办法实际上也是人为的因素所不能控制的，打破省市招生界限实际上是教育发展的必然趋势。但我们要强调异地招生不等于异地办学，异地招生的研究生必须到本校学习，并达到一定的研读时间要求（MPA 办学基本要求规定不少于半年），否则就变成了在当地设函授站，根本无法保证教育质量。确保 MPA 研究生在本校的研读时间，是即将开始的 MPA 教育合格评估的重要内容之一。当然，在当前 83 所院校同时开展 MPA 教育的情况下，也要考虑让学生就近报名、就近上学，这样有利于节约成本（这是今年学位办招生通知中的一个精神），各院校特别是地方院校也要优先考虑选择培养本地区人才。

3. 关于竞争与合作。我们 83 所 MPA 试办院校是一个大家庭，大家在办学中展开竞争也是必然的，这有利于激发 MPA 教育的生机与活力，提高 MPA 教育的质量。但必须是公平竞争、合理竞争，而不是恶性竞争。同时，我们要特别强调合作。应该说，我们这些兄弟院校一直合作得很好，而且大家创造了很多比较好的合作方式。比如北京首批的 7 所院校从一开始就相互合作，后来在其他院校申办中也是密切合作、互相支持，没有门户之见。上海的首批 4 所试办院校和市人事局一开始就有个联席会议制度，研究上海 MPA 教育的有关问题；现在上海、江苏、浙江的 MPA 试办院校办起了长三角公共管理论坛，每年一届，已有两届；最近陕西 3 所 MPA 试办院校（西安交通大学、西北大学、西北工业大学）联合召开 MPA 招生新闻发布会，在全省和全国都引起很好的反响。这都是很好的合作形式。合作推动了 MPA 教育事业的发展，也给我们大家创造了心情舒畅的工作局面。我们真诚希望这一良好趋势得以保持和发展。

公共管理硕士（MPA）专业学位是我国教育领域中的新事物，是我国在新的历史时期进行干部教育与培养的新形式。我们有长期培养干部和进行研究生教育的丰富经验，有国外可资借鉴的 MPA 教育的经验，办好我国的 MPA 教育是完全具备条件的。重要的在于要充分认识、高度重视不断出现的、需要研究的问题。比如，当前要认真研究 21 世纪公共管理人才的需求，研究我们应该如何适应这种需求，包括师资队伍、教材、案例库的建设以及教学方案的设计等，研究在教育、培训的体制及方式方法上我们面临着哪些挑战，应该怎样突破和创新，研究怎样具有中国特色、中国风格，等等。在这方面，需要教育部门与政府部门、实际用人单位相结合，需要政府官员、有丰富公共管理经验的专家参加到我们的研究和探索中来，共同奉献智慧和经验，继承、借鉴、开拓、创新，共同办好中国的公共管理硕士（MPA）教育。

全面加强学科建设
创建世界知名一流大学[*]

——在中国人民大学新世纪第一次学科
建设工作会议上的讲话

（2002 年 7 月 10 日）

在学期即将结束的时候召开这样一次学科建设会议，这是江泽民同志考察中国人民大学之后我校召开的第一个重要会议，是贯彻"三个代表"重要思想、落实江泽民同志在中国人民大学讲话精神的一个极其重要的会议。选择学科建设作为第一个重要会议的主题，原因很好理解，因为学科建设是学校工作的龙头，是学校整体实力的核心，是学校发展的主旋律。江泽民同志这一次在"5·31"讲话中提出"发展是第一要务"，完全切合我校的实际情况。在我校提出的"1231"的工作思路中，这其中第一个"1"就是高举邓小平提出的"发展才是硬道理"的旗帜。学校党政领导班子认为，抓学科建设，就是抓住了开创学校工作新局面的关键。根据党委决定，学校领导班子多次研究，确定召开这样一次会议。在此之前，我们召开过教学工作会议、研究生工作会议。这两个会议都可以看成是学科建设工作会

＊ 本文根据讲话录音整理，《中国高等教育》2002 年第 23 期以《加强学科建设 创建世界知名一流大学》为题发表本文第二部分的主要内容。本文被《发展与繁荣人文社会科学》（纪宝成著）和《中国当代教育家文存·纪宝成卷》全文收录。

议的前奏和准备。

今天主要讲两个问题：一是为什么要加强学科建设，二是从中国人民大学实际出发，怎样加强学科建设，以后一个问题为主。

一、加强学科建设的必要性和紧迫性

1. 要从历史的责任感来认识学科建设的必要性、紧迫性。

这次江泽民同志来我校考察，与师生代表座谈，发表了重要讲话。江泽民同志在讲话中对中国人民大学的过去给予充分的肯定，对中国人民大学的未来寄予厚望。他有这样一段话始终萦绕在我脑海中："60多年来，中国人民大学广大师生发扬'始终奋进在时代前列'的优良传统，勤俭办学，艰苦奋斗，积极探索，求真务实，使学校成为我国人文科学、社会科学、管理科学教育和研究的重要基地，为马克思主义在中国的传播和普及，为我国哲学社会科学的发展和繁荣，为我国社会主义革命、建设和改革事业的发展作出了重要贡献。我衷心祝愿中国人民大学在新世纪创造新的成就，为祖国、为人民、为社会主义现代化建设作出更大的贡献，成为以人文社会科学为主的世界知名的一流大学。"这一段话既是对中国人民大学历史的一个科学的、中肯的、非常高的评价，也对中国人民大学的未来提出了殷切期望。对中国人民大学过去的评价和肯定实际上也是对未来的要求。像"勤俭办学，艰苦奋斗，积极探索，求真务实"，"始终奋进在时代前列"，还有"三个为"这样的评价，并不是中国任何一所学校都能得到的，反过来说，也是要求我们继续发扬下去，历史上已经作出贡献，将来也要这样发挥作用。

江泽民同志讲话给我们以巨大的鼓舞，同时我们也感到肩头责任重大。要建世界一流大学一定要有一流的学科，没有一流的学科就不可能培养出一流的人才，不可能出一流的成果。一流的学科、一流的成果、一流的人才培养以及一流的社会服务，还应有一流的设施，把这些都结合起来，才能称为一流大学。我们首先要在所有这些方面成为国内一流，然后向世界一流大学迈进。要抱着把人民大学建设成为世界一流大学这样一种历史责任感来考虑我们的学科建设，这是一个基本出发点。江泽民同志的讲话中还有这样一句话，"毛泽东同志、邓小平同志等老一辈无产阶级革命家生前对中国人民大学寄予厚望"，现在江泽民同志也对我们寄予厚望，可以说党的三代领导核心都对人民大学寄予了殷切希望。进入新的世纪，国家发展战略进入了第三个阶段。在这样一个关键时刻，江泽民同志考察中国人民大学，并且发表了极其重要的讲话。这一讲话并不仅仅是对中国人民大学的讲话，也是对全国的讲话。它是继江泽民同志在北大、清华发表重要讲话后，又一次对高等教育战线发表的重要讲话，也是继去年（2001 年）"8·7"讲话后，又一次就哲学社会科学问题对全党、全国人民发表的重要讲话。讲话只有 2 600 多字，时间不到 15 分钟，但是言简意赅，意义深远，高瞻远瞩，是我们繁荣哲学社会科学的一个理论纲领和行动纲领。同时他还亲自规划了中国人民大学的发展定位、发展方向和发展特色，是我们人民大学未来一段时间发展的基本指导纲领。我们这样一所得到党的三代领导集体亲切关怀、格外关爱的学校，不建设世界一流的学科，不建成世界一流的大学，我们恐怕就要愧对时代，愧对国家，愧对我们的人民。在这一点上，我们要用"舍我其谁"的气概来看待这样一个问题，要有一种历史责任感。中国人民大学 60 多年来，经过历代师生的艰苦奋斗，形成今天这样一个基础。过去的领导、师生没有愧对他们当时那个年代，我们这一代人也不能愧对我们这个时代，要继承优良传统，搞好学科建设，为国家、人民和现代化建设作出更大贡献。

2. 要从高等教育改革与发展中几个值得高度重视的方面来认识我校学科建设的必要性、紧迫性。

为适应国内改革开放和社会主义现代化建设的需要，适应当前国际形势和科技革命的发展变化，20 世纪 90 年代以来，我国高等教育的改革与发展取得了巨大成就，改革取得了突破性进展，事业实现了跨越式发展。特别是 90 年代中后期这一段，高等教育的改革发展形势可以认为是空前大好。形势喜人，同时形势也逼人。

（1）从规模上讲，1999 年党中央、国务院实行了高等院校扩招的决策，短短几年时间，高校招生在规模上就有了一个飞跃。全国普通高等学校的在校生人数 2001 年为 1 214 万人，比 1998 年增长了 89.0%，几乎翻了一番。普通高校的录取率 1998 年只有 46.1%，到 2001 年已经提高到 78.8%，研究生教育规模也有很大发展。全国高等教育的毛入学率已经由 1998 年的 9.8% 提高到 2001 年的 13.2%，高等教育发展形势非常快，大众化的高等教育正大步向我们走来。规模发展对质量提出了更高的要求，质量问题显得更加突出，学科建设问题也就更加突出。因为发展的内涵应该是规模、质量、结构、效益四者的统一，而不仅仅是一个规模的问题，所以规模的迅速扩大把质量问题、学科建设问题摆在了更加突出的位置上来。认为大众化教育就可以降低质量要求，这种观点肯定是错误的。

（2）高校管理体制改革实现了历史性变革，条块分割的高等教育管理体制也已经基本上改变为中央和省两级管理、以省级管理为主的管理体制。中央部门原来办了将近 370 所普通高校，现在数量还不到 120 所。其中教育部系统就 100 所，这 100 所经过合并调整，现在是 71 所。教育部以外没有几个部委有学校，就是国防科工委、国家民委等有几所。过去部委办的普通高校大部分已以"共建"形式归属地方。在变革的过程中，将近 600 所高校合并调整为 267 所大学，这里面涌现了一批真正意义上的综合性大学。这是我国 21 世纪高等教育发展的一个非常重要的基础，这种合并调整产生的巨大效应将会随着时间的流逝更加凸显，特别对学科建设所发挥的作用将会是出人意料的。这些综合性大学的学科建设、学科氛围将比人大更有优势。人民大学原来的相对优势与这些合并调整后的综合性大学相比较，会发生重要变化。这种改革向人民大学的学科建设提出了新的挑战。浙江大学的学科涵盖了除军事学之外的所有学科；清华大学早就不是传统意义上的工科院校了；北京大学亦不是新中国成立后以文科和理科为主的形象，现在综合得多，好像也在向历史上北京大学、燕京大学的学科结构复归。这样一种形势我们应当充分认识。我们并不是说要争高下，这些学校在学科建设、科学研究、人才培养等方面有可能为国家作出更大贡献，我们作为兄弟院校应该看到这个问题，应当激励自己更加重视学科建设。

（3）教育投入的大幅度增加。"211 工程"动用了 100 多个亿，覆盖了近 300 个重点学科。建设高水平的世界一流大学，少数大学重点建设，省部共建一批高水平大学，学校数量也并不多，但是中央和省市共投入 200 个亿以上。100 多个亿的"211 工程"建设款人民大学只拿到 4 500 万，三百分之一都不到。重点建设一流、高水平大学，到目前为止我校共拿到 2 个多亿，百分之一多一点。在经费的重点投入下，很多学校的学科建设出现了突飞猛进的变化，有的甚至是根本性的变化；而人民大学前几年似乎在主流之外，感到有一点被边缘化了。

（4）高水平一流人才队伍的建设，这也是这几年高等教育改革发展的一个非常值得重视的动向。特别是"长江学者奖励计划"的实施和推行，使全国一大批高等学校在队伍建设方面注入了新的活力，取得了非常重大的甚至是质的变化。"长江学者奖励计划"的实施实际上使我们队伍建设的机制发生了变化，效应是广泛的，但是非常遗憾，由于只限于理工农医学科，人民大学入选"长江学者奖励计划"的人数至今还是零。在这一问题上，似乎人民大学也被边缘化了。也就是说，如果我们不努力的话，我们与其他一些高校会形成差距，并有可能拉大，而不是缩小。

（5）国际交流方面。人民大学在国际交流方面很长一段时间有一定成绩，但总体来讲也不在主流当中。在 20 世纪 90 年代，高等教育的国际交流可以说是色彩纷呈，人员交流有相当规模，很多理念、学术上的交流非常深入。由于许多原因，我们学校除了少数学科的交流如法学、经济学、管理学的交流可以说是中国一流的，但整个来讲，我们并不处于领先的位置。这同样对我们的学科建设会带来影响。

我讲的这个第二点，是从这几年高等教育改革发展，从整个国家适应世界形势的变化，适应我国改革开放的变化，适应科技革命的变化，高等教育取得了巨大的成就等方面来谈的。改革是历史性的突破，发展是跨越式的发展。当然我们中国人民大学也发展了，但是由于客观的、主观的种种原因，恰恰在全国大发展的时候，中国人民大学发展比较滞缓。因此在学科建设上我们存在一些问题，不承认这一点恐怕是不行的。这就突出了我们人民大学学科建设的紧迫性。

3. 要从我校学科现状来认识学科建设的必要性、紧迫性。

先列举一些数据。目前，我校在哲学、经济学、法学、教育学、文学、历史学、理学、工学、管理学等9个学科门类中有博士和硕士学位授予权，现在招生的博士学位二级学科点54个，有权招生的是64个，还有10个没有招生。硕士学位二级学科点89个，实际上是91个，有2个没有招生。学士学位专业56个，有9个一级学科有一级学科自主授予权，有25个国家级重点学科点和4个北京市重点学科点，12个教育部人文社会科学重点研究基地，8个一级学科设有博士后科研流动站，有6个教育部基础文科人才培养和科学研究基地。师资队伍建设方面，由于文科没有院士，一个重要衡量指标是国务院学位委员会学科评议组成员，我校有14人。从这些数据可以看出我们有自己的优势。中国人民大学历届领导都重视学科建设，中国人民大学一代又一代的教师都重视科学研究，重视教育水平的提高。正是由于历届领导的重视、历代教师的奋斗，所以这次国家重点学科评审，我校有25个国家重点学科，全国总排名第5位，人文社会科学领域我们排第2位，社会科学排第1位。总体来说是很有成绩的。不看见成就，就不是实事求是的态度。正是因为有这样一些强势的学科，我们才敢讲要建设世界一流大学，否则根本就是奢谈。所以说要感谢我们的老领导和作出过突出贡献的学者们。

但是，为了我们的工作，为了我们的事业，恐怕我们更多地还要看到学科建设现状中存在的问题。

（1）仅就人文社会科学领域来说，我们的学科分布是不均衡的，也不尽合理。在现行公布的学科门类方面，人文社会科学共有 7 个学科门类，有 20 个一级学科，我们在民族学、教育学、心理学、体育学、外国语言文学、艺术学、管理科学与工程这 7 个学科当中或者没有博士点，或者是空白。

（2）我校社会科学领域方面的学科实力比较强，有的可以说很强。如经济学类，包括理论经济学和应用经济学，我校有 10 个国家重点学科，在全国遥遥领先，第二名和我们就相差很远了，应该说我们实力非常强，恐怕全国没有一所高等院校能够和中国人民大学相比。但是人文类部分学科相对比较弱一些，主要是中文和历史的部分领域。中文文艺评论是优势。中文的基础领域，中国人民大学一个国家重点学科都没有。历史方面，中国古代史已进入国家重点学科，但主要是明清史强，特别是清史很强；世界史、各种专门史都不是很强。哲学总体讲在国内应该是很强，是全国最强的哲学系之一，但也并不是各方面都很强，比如说美学就相对弱一点。我们认为，要建设一所以人文社会科学为主的世界一流大学，如果一些基础学科不太强，就不能不引起高度的重视。

（3）人文社会科学为主并不等于没有其他学科。理工科要有适当发展。整体讲，我校理工科的发展在改革开放 20 多年中丧失了一些机遇，没有在大势中达到预期的效果。我们的信息管理学科是全国最早设立的，也早就有了计算机的硕士点，但计算机科学与技术本科专业直到 20 世纪 90 年代末才开办，现在也才设立了计算机科学与技术的博士点。我们的商品学本来是理工科的，但现在很大程度上已转为管理学科了，我们培养的食品科学与工程硕士在外校有的已成了具有很强实力的学科带头人，但自己的食品科学与工程学位点却没有得到应有的发展。理工这一块总体讲还是前进了，但进展不理想。

我们在现有的学科结构方面还是存在问题。就我校 25 个国家重点学科来说，有一个分析，把它们分成了三类。一类在全国居于领先地位，优势比较明显。我们有三个学科是满分，得票率 100％，这确实是很难得的，而且队伍也比较整齐，年龄、学历结构也比较合理，研究项目、研究经费都比较多，比如说我们的法学。这样的学科约占 15％。第二类在全国处于第一梯队当中，在全国有一定优势，但优势并不明显。在这些学科领域有与我们处于同一水平的兄弟院校，数量就不是一所两所了，而是有若干所。在这类重点学科中有的学科师资队伍年龄结构、学历结构不够合理，有的高水平的中青年学者比较缺乏，有的研究项目、研究经费并不很多，高水平的研究成果不平衡或不突出。25 个重点学科中大概有 70％处于这种状况，列在第一梯队，但优势并不明显。这里面情况多种多样，有的高水平研究成果不是很多，有的虽然高水平成果很多，但高水平的中青年学者不是很多，还是靠的老一辈，特别是有"大树底下不长草"这种现象，情况堪忧。第三类，这次虽然进入了重点学科，但以微弱优势勉强入选，整体实力一般，研究项目、研究经费偏少，主要依靠吃老本，老一辈学者创下的优势，抵挡了一阵子，这部分大概也占了 15％。

这次开会重点就是找差距，并不是找成绩。这么一分析，我们可以得出八个字：居安思危，"居危思危"。优势明显的学科应该居安思危，如第一类；处在第三类和第二类的某一些学科，应当"居危思危"。以这样一种思维方式考虑问题，就能不断地警醒自己，就有可能针对存在的问题采取强有力的措施，使强者更强，偏弱者变强，弱者将来也有可能进入重点学科之列。

上次向教育部周济副部长汇报时获悉，今后国家重点学科 5 年评选一次，是动态的。今后重点学科的评审就看我们现在的工作，这次评上的 25 个重点学科是以前工作积累的成就，我们现在做工作是为下一次评审做准备。我们应当结合学校自身情况，查找问题，既要找出布局上的问题，又要找出实力上的问题，把布局上的问题、实力上的问题分析清楚，保持清醒头脑，采取得力措施，我们的学科建设才能保持一种优良态势，在新的时期创造新的业绩。

二、从学校实际出发，全面加强学科建设

从学校实际出发，我重点强调几个方面的工作，提出来供同志们参考。

总的讲是要有一种责任感，要把学科建设看做实践"三个代表"重要思想的一个非常重要的工作，是时代的要求，党和人民的期望。有了责任感就要强调自觉性和坚定性，要自觉地、坚定不移地抓学科建设，不能说是部里领导要求抓的，也不能说是学校要求抓的，而是我们每一个院系、每一个教师的责任。还要有一种坚定性，坚定性有两个含义，一是克服困难，二是排除干扰。中国人民大学并不是没有干扰，干扰也包含社会上的，要克服困难，排除干扰，坚定不移地抓学科建设，要埋下头、沉下心把学科建设搞上去。下面讲几个方面：

1. 完善学科布局结构是加强学科建设的基础。

江泽民同志考察我校时亲自为中国人民大学规划了发展定位、发展方向、发展特色，即人文科学、社会科学和管理科学的基地，以人文社会科学为主的世界知名的一流大学，这几点完全符合中国人民大学的历史、现状，也为未来确定了方向。我们从江泽民同志的这段讲话中体悟到要突出"一流意识、基地意识、特色意识"，强调这三个意识，逐步构建一个"主干的文科、适当的理科、必要的工科"的学科体系，从这三个意识和一个体系出发，来完善我们的学科布局。

完善学科布局主要是处理好以下几个关系：

（1）处理好优势学科和相对说来比较弱势的学科的关系，要巩固、提高优势学科，同时大力加强社会需要的、相对说来实力较弱的学科。

（2）处理好人大现有的老学科和新建、复建的新学科之间的关系。从华北大学的那段历史来看，我们最近复建了艺术类学科；从人

大组建以来的历史来看，我们复建了外交学科；从整个学校历史来看，前几年还建立了教育研究所，填补了教育学科的空白。同时我们可能还会新建一些填补空白的文科类、交叉型新学科，如心理学、人类学等。这些新建、复建的新学科情况也不一样，需要因科制宜地采取措施。艺术类学科非常值得我们重视，虽然学校成立了艺术学院，这几年也取得了一定的成绩，但是从学科建设角度看，应当说我们的艺术类学科存在的问题还很多。学校近期决定采取重要举措，解决影响办学的特殊问题，大力加强艺术学院、艺术类学科的建设。还有一些新的学科，学校正在研究筹建。

（3）处理好人文社会学科和理工类学科以及交叉渗透学科的关系。总体上讲，在"主干的文科、适当的理科、必要的工科"的原则下，努力发展理工类学科和交叉渗透学科，这个问题的关键首先在于工科就是工科，理科就是理科，当然要发展交叉学科，但又要慎言交叉，没有真正的理工科，哪有交叉学科？不要把理工科文科化、管理学科化。人大适当发展必要的理工学科绝不是装点门面、赶时髦，其深远意义在于要在中国人民大学形成文理渗透的学术氛围、育人环境、思维方式，使我们的学科发展水平包括人文社会学科的发展水平更能适应时代的需要，使我们的校风、学风中渗入理工科思维，使我们的学生得到更加完整的教育，把人文素养和科学精神结合起来。我们培养的学生其知识结构和综合素质应当是文理交融、中西合璧、贯通古今的。我们年长的一辈知识结构有欠缺，这是历史造成的，难道我们还要让下一代也这样吗？21世纪对人才规格的需要我们应充分加以重视。当然，也不能贪大求全，什么理工科都想发展，我们不走这样的道路，而应当与现有学科相关联，做到少而精、高起点、入主流、高水平。要么不办，要办就办高起点、高水平的。

（4）处理好应用学科和基础学科的关系。基础学科对于中国人民大学这样一所研究型大学、这样一所在社会上有着崇高学术地位的大学十分重要，在这个地方，我重点要为基础学科说话。现在经常讲专业设置要考虑市场需求，但是市场需求不等于社会需求，市场需求是社会需求当中的一个重要组成部分，但毕竟不是全部。我们这样的学校不应当短视、浅视，不应当急功近利。不仅要考虑社会当前的需要，而且要考虑社会长远的需要；不仅要考虑物质建设的需要，而且要考虑文化建设的需要；不仅要考虑物质财富的创造，而且要考虑精神食粮的创造；不仅要考虑知识的创新，而且要考虑历史的传承。这是人大这样的学校所应承担的历史使命。因此，表面上看社会不太需要的所谓冷门学科，但只要是科学的需要、学术的需要、社会长远的需要，人大都有责任把这些学科办好。这些学科创收能力很弱，学校应当调动其他资源进行支持。学校刚刚组建的人文学院，是基础学科比较集中的学院，学校给予支持和政策倾斜完全是必要的、应当的。还有一些小学科、冷门学科，中国人民大学这样的学校不承担谁来承担？这么大的国家，有一些人搞"冷门"的理论研究、学术研究是完全应当的，这也是中国人民大学的一种"格"。

完善学科布局还有一个时间的要求，还要分档次来考虑问题。分为三个层次：一是国家重点学科 25 个，市级重点学科 4 个，国家都会有配套措施，都将会有较大的投入，北京市提出与教育部共建我校，包括这 4 个市级重点学科。二是确立一批学校重点建设学科，20 至 30 个，都是有相当基础的或是国家急需的，有可能下个时期就成为国家重点学科。三是院系建设学科，主要请各院系自己抓好建设。

至于时间表，我们想在"十五"期间有个初步的框架，然后用 10 年左右时间基本建成这样的学科体系，再用 10 至 15 年，使我们相当一部分学科进入世界前列，或者说对世界产生影响，有相当的知名度。我同意国务院学位办领导同志的话，我们有一些国内一流的学科其实就是世界一流（当然还有个走向世界的问题），不要把世界一流看得太玄、神乎其神。

2. 提高学术水平和人才培养能力是学科建设的核心。

在这里，我不想泛泛地讲教学科研工作。先列举几个数据，有值得自豪的，也有值得警醒的。现在衡量高校教师力量的一个很重要的指标是国家高校青年优秀教师奖，很遗憾人大今年只评了 1 位，该奖项 1999 年开始启动，已经评了 5 届，每年评选 100 名，人大到现在有 6 位。跨世纪优秀人才数量也很重要，我校与北大并列第一，从 1997 年开始，到 2001 年结束，每年评 30 个人，一共评出 154 位，其中中国人民大学 24 位（现在在校的有 21 位），这是衡量师资队伍的又一重要指标。国家级教学成果奖获奖情况，我校差距比较大。2001 年，特等奖没有，一等奖 0.5 个，二等奖 7.5 个，全国排名第 9 位，这是衡量一个学校本科教学水平的最重要的指标之一。优秀博士论文奖评奖情况不错，评了 4 届，我校共有 10 篇入选，在人文社科领域位列全国第一，这一指标令人欣慰，反映了我校研究生培养水平是不错的。

在重点学科评审中，还有一个问题就是，与上次评选结果相比，人大增加了不到一倍，很多学校却是成倍增长。这虽然有我校原来重点学科比较多、基数比较大的问题，但仍然应当引起高度重视。

因此，提高学术水平和人才培养水平是当务之急，是学科建设的核心问题。在这一点上我想强调几点：

（1）继续深化教学改革，出一批优秀教学成果，争取在人才培养方面能引领人文社科高等教育领域潮流。教学内容的革新是最重要的，保持教学内容的科学性、先进性、时代感，需要广大教师、各个院系和教学管理部门共同努力，确保人民大学在人文社科高等教育领域中，相当一部分学科能引领潮流。要贯彻江泽民同志讲的既要立足中国，又要面向世界的要求。教学内容问题上有三方面的内容值得重视：

第一，要把改革开放实践中的经验深化为理论，充实到教学内容中来，要善于把前沿性的学术研究成果转化为教学内容。中国社会发生了巨大的变革，陈旧的、过时的东西应当从教学内容中剔除。

第二，中华文化博大精深，要把博大精深的中华文化更多地融入我们的教学内容中去。五四运动"打倒孔家店",产生了巨大的历史作用,开创了文化领域新的时代,但它所导致的误解和久远的负面影响也值得我们重视。历史发展到 21 世纪,怎样对待传统文化本身就值得研究。历史虚无主义否定中国文化传统,这种思潮已经存在好几十年了,也成了极左思潮的一个根源。根据时代需要,我们应当积极地、科学地研究中华传统文化,把优秀的中国传统文化充实到我们的教学内容中来。

第三,要面向世界,积极吸取人类文明的一切优秀成果,把人文社会科学领域优秀的东西都吸收进来。邓小平曾说,我们现在不仅自然科学落后,而且社会科学(就可比方面而言)也落后了。落后了就应学习,特别是国际通用的学科,如商学学科、管理学科更应该是这样。要从改革开放的实践、中国优秀传统文化、人类文明的优秀成果这三个方面充实、革新我们的教学内容,始终保持我们的先进性、科学性、前沿性和强烈的时代感。除了教学内容外,教学理念、教学模式、培养方案、教学环境等方面进行创新也很重要。我们学校理应涌现出一批高水平的优秀教学成果,这是创建世界一流大学的题中应有之意。

(2)增强创新意识,加强科学研究。要在全局性、战略性、前瞻性的重大理论实践课题方面,推出重量级的科研成果,在理论创新方面为国家作贡献。除了一般性的科研成果,中国人民大学尤其应当重视科研成果的原创性、奠基性、前沿性。如果不能的话,很难说是世界一流大学。无论是应用学科,还是基础学科,要参加重大项目的研究、重要问题的研究,要重视入主流、在主流、壮主流。过去,我国人文社会科学领域的很多学科专业都肇始于中国人民大学,然后走向全国。我们老一辈的学者为新中国的人文社会科学作了很多奠基性的、开拓性的贡献,新一代的人大学者应当继承老一辈的优良传统,在原创性、奠基性、前沿性方面继续作出贡献。

(3)增强学科建设的国际性。这是我们提高学术水平、人才培养质量的一个极其重要的努力方向，是一个非常重要的着眼点，这是时代的需要。当今经济全球化、世界多极化、文明多样化，在这样的时代，一所著名大学，想要建成世界一流大学，没有相当的国际性是不行的。我们这样的学校理应为国家的国际交流作出更大贡献。一方面我们培养的人才要更能适应世界经济发展的需要，适应国家改革开放的需要。在世界银行、国际货币基金组织，人大毕业生是比较多的，主要是国际经济专业和国际金融专业的毕业生。教育部陈至立部长讲在联合国各类组织中中国的大学毕业生太少，究其原因，我以为一是学科结构、知识结构，二是英语水平。既然要建世界一流大学，就应有国际视野，有处理国际事务的知识和能力，特别是一些国际性很强的专业，双语教学势在必行。将来的留学生教学不应仅用中文，还应有英文，这样才能吸引更多的外国留学生，这样才能把国际前沿的东西吸收到人大来、把人大具有中国特色的优秀成果推向世界，才能营造中西融合的学术氛围，才能成为世界知名的一流大学。增强国际性应从多方面着手，包括队伍建设、生源结构、课程改革、科学研究等等，这些方面人大过去已取得一些杰出的成就，但成就还比较单一，不够丰富，不够立体，规模也不够大，有些方面层次不够高。

我们要有效地整合、优化学校教育资源配置，通过改革，整合、优化资源配置，充分挖掘资源潜力。这里强调两点：一是怎样跨院系、跨学科组织课题攻关，特别是发挥 12 个研究基地的作用和其他跨院系、跨学科的科研项目的作用。比如"人文奥运"项目，绝不是哪一个院系的事情，要把相关力量整合起来，进行集体攻关。江泽民同志讲的"五个高度重视"，就有高度重视哲学社会科学的课题攻关。"人文奥运"不仅是在校内操作，还要进行国际合作。我们准备与加州州立大学合作，该校参与组织过洛杉矶奥运会，出了专门教材，为现实服务得很具体。北京市对我们的设想非常感兴趣。二是继续加大院系调整步伐，通过院系调整，更好地整合我们的资源，促进新兴学科的发展，为新的学科寻找新的增长点，同时促进现有学科的交叉、融合，争取明年（2003年）这个时候，人大各系、所都能进学院。人文学院都已组建，我想还有什么学科不能组建学院？希望得到各个院系和广大教师的理解与支持。

3. 加强师资队伍建设尤其是高层次师资队伍建设是学科建设的关键。

应当说，我国高等教育在新的世纪或者说进入世纪之交的时候，师资队伍建设出现了新的特点、新的动向、新的要求，结合我校工作来讲，重点强调五点：

（1）更新人才工作的观念，特别是各级领导和人事部门，要确立人才资源是第一资源的观念。从某种意义上来说，有了一流的人才，也就有了一流的学科。包括我们人事制度，人才的刚性引进、柔性引进，有很多观念问题，很多创新问题，要摒弃那种重使用、轻培养、轻管理等过时的东西，抢占人才培养制高点。进一步解放思想，使各种人才能够脱颖而出。

（2）全力加强一流人才队伍建设。20世纪90年代中后期以后，特别是"长江学者奖励计划"推出以后，高等教育强调师资队伍建设，已不再是泛泛而谈，而是非常突出一流人才、拔尖人才的吸引和培养。所以今天讲人才队伍建设，要把这一特点突出出来，强化一流人才队伍建设，要把吸引和培养拔尖人才放在建设师资队伍的首位，不搞过去那种大锅饭、平均主义。过去也讲脱颖而出，但老是脱颖不出或很难脱颖而出，因为过去的很多制度是平均主义的。吸引和培养应该并重，既要到海外去吸引，到外界去吸引，也要认真抓自己的培养。当然，在特定时段、特定专业，不排除吸引是第一位的，以引进为主。比如要建一个新学科，不排除高水平整体引进，引进三五位拔尖人才，一个学科可能就初步建立起来了。高水平的整体引进，先支撑起来再说。学校已决定实施"百人工程"，每年引进20人左右，文件已下发，有一整套配套措施。总体来讲，学校也要重视自己内部的拔尖人才的培养，吸引和培养拔尖人才应当说是一个系统工程，在政策措施、资源配置等分配方面要形成合力，狠抓落实。这不是一个部门的事情，人事处、资产处、财务处、研究生院、教务处等等，要形成整体的引进人才和人才梯队建设的合力，也应注意避免出现重引进、轻培养的倾向，培养包含着管理和严格要求，包含着考核。对引进的拔尖人才，在充分发挥他们作用的同时，也应提出严格要求，让他们尽早迈向学术大师。

（3）进行队伍建设的制度创新。学校的人事制度改革早就开始了，也积累了很多好的经验，要在过去工作的基础上进一步深化改革，进行制度创新、机制创新。我们按需设岗，按岗设酬，优劳优酬，这一制度正在逐步完善；也正在加大提高津贴的力度，适当拉大差距；竞聘上岗还有待进一步完善。我们优胜劣汰的机制还没有完全建立起来，现在虽有一定的考核体系，有的教授、副教授考核不合格，个别的低聘了，也有的转岗，但总体讲，这个力度还是很小的，这方面机制也要进一步完善。人事管理制度尤其要进行制度创新，刚才讲到所谓"刚性引进"、"柔性引进"、"借水行舟"、"不求所有，但求所用"等等这样一些观念，流动编制的使用、合同聘用的推行，都有待于我们人事部门认真地加以研究，进行制度化、规范化。因此，我们人事部门的任务是非常艰巨的，在这个问题上，要走出去，开阔自己的视野，解放思想，实事求是，大胆地进行制度创新。如果我们没有很好的人事制度，我们创建世界一流大学的努力很大程度上有可能会断送在僵化的、保守的人事制度上。所以，我们人事部门责任重大。但这件事光靠人事部门也不行，我们所有的领导都有这样的责任，我们的教师也都应当适应人事制度创新的要求。

（4）要强化师德师风建设。江泽民同志在中国人民大学的讲话中对哲学社会科学工作者提出了五点希望，其中的第四点希望就是讲的这个问题。他要求大家坚持一种"严谨治学、实事求是、民主求实"的学风、师风，讲得很具体，讲了好几个方面，"淡泊名利"、"甘于寂寞"、"力戒浮躁"、"厚积薄发"等等，还特别引用了《资治通鉴》

中的一句话，"经师易遇，人师难遭"，号召"大学的老师要做传授知识的'经师'，更要做善于育人的'人师'"，所谓"道德文章，堪为师表"，既要传授知识，又要教学生做人。在这个问题上，中国人民大学向来有很好的传统，我们希望人民大学优良的师德师风能够代代相传。我们的教师应当热爱学生，爱岗敬业，勤谨治学，严格学术规范；我们的教师应当有民主求实的作风，应当能够团结、合作，而不是文人相轻。所以强化师德师风建设是我们师资建设的一个极其重要的内容，我们还希望全校教师都要遵守学校的各项规章制度，正确地处理好学校工作与社会兼职的关系。

（5）要采取多种方式，强有力地宣传和推介中国人民大学的优秀学者，特别是优秀的中青年学术骨干和老一辈学术大师。我们人民大学有优良传统，比较低调，比较务实，但是适当地宣传在今天这个时代是完全必要的。重点之一是要宣传中国人民大学的学者，有杰出贡献的学者。江泽民同志在我校讲了"五个高度重视"，最后一个就是"要高度重视为哲学社会科学发展作出杰出贡献的学者的成就和作用"，所以我们学校的各级领导、宣传部门、教师本人都有责任、有义务宣传人民大学的杰出学者，宣传他们的学术成就，宣传他们对国家作出的贡献。这不是一种炒作，不是一种广告，而是宣传人文社会科学在我们国家现代化建设过程中的地位和作用。这是加强我们师资队伍建设，尤其是高层次、高水平师资队伍建设的一个极其重要的方面，也是我校尊重知识、尊重人才的一个具体表现，鼓励我们的教师脱颖而出、争当"领头雁"的一个具体体现。

总之，人才队伍建设，这是一个关键。

4. 增加投入、改善环境是加强学科建设的保证。

（1）优化学术环境。长期以来人民大学形成了优良的学术氛围。学术环境我主要强调三点：

第一点就是"百花齐放、百家争鸣、兼容并蓄、有容乃大"，要有这样一种宽松和谐的学术环境，要有这样一种学术气度和学术眼光。在遵守宪法和法律的前提下，任何学术观点都有存在的空间，没有学术自由就不可能有理论创新，我们必须创造一种有利于理论创新的学术氛围，要鼓励探索、鼓励创新。在此过程中，有成功的探索，也会有失败的探索。我们应当支持、褒扬、奖励成功的探索，也要善待、容忍失败的探索。在学术问题上要慎言"左"和"右"，不要随便说哪个教授"左"，哪个教授"右"，"左"和"右"是政治概念。我们认为这一点是优化学术环境非常重要的一点。

优化学术环境的第二点，是要进一步形成尊重知识、尊重人才，鼓励争当"领头雁"这样一种氛围，而不是文人相轻，互相攻讦、互相指责、互相瞧不起。李岚清同志多次讲，文人相轻应该变成文人相亲，这就要文人相重。首先是文人之间相互尊重，才谈得上别人对你尊重，在我们自己范围内都不互相尊重，别人怎么会尊重你呢？要努力营造尊重人才、尊重知识、互相尊重、鼓励创新、鼓励探索这样一种氛围。

第三点，要形成团结、合作、和谐、协调的氛围。我们要有竞争，竞争的另一面要合作，市场经济不仅强调竞争，也强调合作和协作。在中国人民大学，团结和协作的学术环境是非常重要的，我们的老一代学者大多数都有这样的优良传统和作风，在这个问题上，我们也应当代代相传。现在我们个别教研室的教师们走不到一起去，说不到一起去，坐不到一起去，一个学期都不开一次会，学科建设、教学方案一概不研究，这还叫教研室吗？这些都是不合适的。

（2）优化管理环境和服务环境。管理就是服务，我们学校的管理应是一切为了学生，一切为了教学、科研，我们所有的管理岗位都是为教学和科研第一线服务的。我们不仅要善待学生，也必须善待我们的老师。我们现在管理方面的问题比较多，要针对一定程度上仍存在的服务较差、效率较低、"中梗阻"等问题采取切实有效的措施加以改进。要真正把"为教学、科研第一线服务"落到实处。营造一个良好的、有利于发展的政策环境，锻造一个具有很高效率的管理体系，培养一支爱岗敬业、熟悉业务的管理干部队伍，这是非常重要的几个方面。我曾经讲，要善待我们的机关管理干部，过去存在着对他们缺乏关怀的问题，有时批评得多，使用得多，鼓励得少，培养得少。一个大学本科毕业生留校兢兢业业工作八九年，连一个主任科员都不是，这就有点亏待他们了！要知道，考上中国人民大学的都是很优秀的青年学子啊！要关心我们的干部，关心他们的成长，同时也要对他们提出严格的要求，要求他们具有较强的岗位意识、服务意识、效率意识、大局意识。管理就是服务，这个服务不是端茶递水，重要的是营造良好的政策环境，是提高我们的工作效率，是服务要到位。这样才能真正优化管理环境，提高管理水平。

（3）改善硬件环境。主要指的是我们的教学设施以及配套的后勤管理设施、校园环境。我们已经讲过多次，学校也已经做了巨大努力。我们依然做这样的承诺，经过3年多的时间，中国人民大学的教学设施一定会有根本性的改变。今年8月份我们的世纪馆、游泳馆将如期竣工并全面投入使用，多媒体教学楼10月份竣工，校庆时投入使用。这三个建筑有45 000平方米，投入使用后，将在某些方面根本改善人民大学的教学环境。世纪馆、游泳馆的使用将会大大改善我们体育教学的环境，多媒体教学楼的使用，使我们现代化教学手段上一个台阶。但是，我们教授的工作环境依然没有得到根本的改善，所以现在正全面抓好西北区建设工程，几座新的学院大楼到2004年底竣工后，我们每一位教授肯定会有一个工作间，中国人民大学连教研室都没有一间办公室的历史将会一去不复返！昨天我和基建部门的同志再次谈这个问题，他们再一次立下军令状。校园网、图书馆、实验室等其他方面的硬件环境也都正在不断改善。三年之内，要使人民大学的教学设施和教师工作环境有根本性的改善，不说世界一流，也是中国一流。我们这个目标一定可以实现。

（4）要改善国际交流环境，进一步加强外事工作。一段时间以来，我们的国际交流工作越做越好，现在新的局面正在出现。我们要在过去工作的基础上，调动学校、院系和教授个人三个方面的积极性，改善我们国际交流的环境，提高国际交流的质量和水准，把国际交流工作做得更好。教育部领导同志对我们讲，我们的一流大学对国外一些三流、四流学校的交往应适当注意，要减少国际交流的盲目性。教育部的外事工作最近也有一个观念的更新，不完全从学校定位上来考虑问题，更重要的是从学科来考虑。美国有的三流学校的某些学科却是一流的，这样也是可以交流的。国际交流地域的广泛性也很重要，我们学校要进一步注重欧美交流，我们的教师有日本留学背景的不算少，但有欧美留学背景的则比较少。要重视美国，也要重视欧洲。当年苏联对建立中国人民大学的支持非常大，现在我们与独联体国家的交往很少了，所以我们经济学院最近准备举行中俄高级经济论坛，我非常赞同、非常支持。苏联解体后出现了各种各样的问题，但俄罗斯这个国家是伟大的国家，俄罗斯民族是伟大的民族，不光是自然科学，俄罗斯的人文社会科学也都是了不得的。总之，我们国际交流的环境要进一步改善，工作要进一步讲究实质性成效。

（5）最后一点就是加大经费投入。学校用于学科建设的经费要大幅度增加。我前面讲了那么多的优化和改善，归根到底要靠经费的投入。学校最近已经采取措施，除了正常的教学、科研经费等运转经费以外，另外已经立项5 200万元用于科研，这完全是各个院系学科建设的钱，5 200万，这是空前的，已经全部有项目。预计在一年内至少还能再投入5 000万，完全用于学科建设。我们现在感到担心的是，怎样用好这笔钱，怎样实现最优的投入产出，希望大家认真研究，群策群力。为此，我们的院系领导、我们的教授要考虑怎么样进一步地开阔视野，多向兄弟院校学习，多在国际上走一走、看一看，是非常必要的。队伍建设是要花钱的，改善科研设施是要花钱的，社会调查也是要花钱的，我们现在有一些新一代教授不太习惯于也不太擅长于社会调查。现在社会调查也很困难，行路难啊！在新的历史条件下，怎么样开拓新的调查研究的途径，很值得我们研究。总之，我们要千方百计争取继续加大经费投入，同时，要把钱用在刀刃上，充分发挥这些钱的效应，真正使我们人民大学的学科建设登上新的台阶，开创新的局面。

关于怎样加强学科建设，我谈了四点比较具体的意见，完善学科布局是基础，提高学术水平和人才培养能力是核心，加强队伍建设、特别是高水平人才队伍的建设是关键，加大投入、优化环境是保证。要主要从这几个方面来开展工作。这些工作不是哪个人的事情，也不是哪个部门的事情，既不能说成只是校部的事，也不能说成只是院系的事，这是全校的事，是共同的事，是大家共同的责任，大家要齐心协力做好这项工作。

最后，我们希望这次会议开成虚实结合、重在落实的会议。所谓"虚"，主要是分析形势、提高认识、统一思想，其实也是实的；所谓"实"，就是讲实话、鼓实劲、干实事；"重在落实"主要指我们的思想要落实，措施要落实，最终要落实在行动上。让我们在虚实结合、重在落实的指导思想下，把这次会议开好。

发展"小、精、尖"的理工科[*]

——在中国人民大学化学系成立庆典上的讲话

(2004 年 10 月 23 日)

我们中国人民大学是一所以人文学科、社会科学、管理科学为主的综合性重点大学，人文社会科学是我们传统的优势学科，但我校在理工学科发展方面也有一定积累。2002 年 4 月 28 日，江泽民同志考察中国人民大学，对我校的发展作出重要指示，代表党和政府提出了将中国人民大学建设成为以人文社会科学为主的世界知名的一流大学的宏伟目标。学校经过详细考察和反复研究，认为我校要在当前情况下建成世界一流大学就必须有选择地适当发展较高水平的理工学科。因此学校决定新建人民大学理学院，并提出了"有基础、相关联、高起点、入主流，力争高水平"的建设指导思想，而化学系就是筹建中的理学院成立的第一个系。

化学系的成立在我们中国人民大学发展史上是一件大事，具有标志性意义。从此，人民大学的学科定位开启了"主干的文科、精干的理工科"的历史性演变。人民大学办理工学科不求"多、大、全"，但求"小、精、尖"。我们要办出自己的特色，要在某些专业方向上走在国内甚至世界一流的行列。

化学系成立的意义不仅限于化学系本身和理学院，它的成立对人

---

　* 本文根据讲话录音整理。

民大学整体的人才培养和学科建设，进而对人民大学的整体发展都是至关重要的。我校一直把培养既具有人文素养又具有科学精神的"国民表率、社会栋梁"作为自己的人才培养目标，化学系的成立及今后理学院的成立，将会很好地服务于这个目标；同时，还将有助于人民大学文理学科交融的学术环境的形成，有助于人文社会科学工作者在一定的程度上借鉴理工科的思维方式和研究方法，有助于我们各方面的科学研究工作。当然，我也相信，人民大学深厚的人文社会科学积淀也将会为我们的化学系和其他理工学科的发展提供价值判断和营养，促进我们的化学系和其他理工学科的健康成长。

目前化学系的建设进展迅速，领导班子和教师队伍已经建立起来，教师全部具有博士学位，副教授以上人员全部具有海外留学经历；实验室已经装修一新，一些大型仪器设备将陆续到位；首批本科生、硕士研究生已经开始正常的学习生活。更为可喜的是，化学系成立的消息受到海内外业界的广泛关注，一些杰出人才纷纷表示愿意加盟人民大学化学系，一个新的朝气蓬勃的化学系已经起步，开始满怀信心地走向未来。

当然，化学系刚刚成立，也面临不少困难。要在这个新建的系里诞生优秀科研成果，培养优秀人才，不断提高教学、科研以及服务社会的水平，需要化学系全体师生坚持不懈地付出艰辛的努力和创造性的劳动。化学系的同志们，学校在关注着你们，兄弟院校在关注着你们，社会舆论界也在关注着你们。在此，我想向化学系的老师和同学们提出几点希望：

第一，希望你们反复审视学科规划，重点在凝练学科方向上做文章，明晰、确定人民大学化学系的特色所在，并根据学科规划做好各方面的工作。

第二，希望你们大胆创新、锐意进取，采用全新的人事制度和管理体制，探索一条在人文社会科学为主的大学建设理工学科的新路，为建立和发展具有中国人民大学特色的理工科起到示范作用。

第三，希望你们抓住建系的良好契机，广纳各方贤才，提高专业培养层次，稳步扩大招生规模，强化管理，注重质量，在教学科研、人才培养、社会服务诸多方面齐头并进。

总之，学科方向要明，师资队伍要精，办学理念、体制机制要新，加上科学严谨的治学，踏实勤奋的工作，争取尽快在一张白纸上画出最新、最美的图画是完全可能的！在这方面，你们要有一点"野心"！

在座的各位嘉宾中，有多位中科院资深的院士、化学界的知名专家、兄弟院校化学院系的负责同志。同志们，你们在化学领域都有着崇高的地位，人民大学新办化学系需要你们和社会各界的鼎力支持，对于你们的宝贵经验和提出的宝贵建议，我们的化学系一定会认真、虚心地研究和学习。

我相信，在教育部、科技部和学校的大力支持下，在社会各界的真诚帮助下，我校的化学系一定能把握良机，乘势而上，充分发挥后发优势，在汇聚学科人才、构筑学科高地的进程中努力将自己逐步建设成为有特色、高水平的一流化学系。对此我们充满信心！

努力开创世界一流的
马克思主义研究

Ⅰ. 在"中国人文社会科学
论坛(2005)"上的演讲*
(2005 年 6 月 18 日)

女士们、先生们、同志们、朋友们:

早上好!

马克思主义研究是一个世界性的学术领域,可以出现世界级的学术成就,也可以出世界级的大师。中国是以马克思主义为指导的国家,中国的马克思主义研究在世界上具有举足轻重的地位,对于进一步推进当今世界的马克思主义研究也担负着重要的责任。今天,研究马克思主义的中外学者们在中国人民大学会聚一堂,共同研讨"马克思主义与中国发展之路"这一重大课题,是一件具有重要社会影响的学术盛事,必将受到关心马克思主义历史命运和中国特色社会主义历史命运的国内外人民的共同关注。我代表中国人民大学,对来自国内外的著名学者表示热烈欢迎! 同时,我也想就马克思主义研究问题发表一点意见,向各位著名学者和同志们、朋友们请教。

---

* 本文根据讲话录音整理,原载《理论前沿》2006 年第 2 期。

一、深刻认识和感受马克思主义研究的重要性、紧迫性

马克思主义是人类思想的宝贵财富，也是我们立党立国、改革发展建设各方面的指导思想和理论基础。我们党要带领中国人民建设中国特色社会主义，马克思主义、社会主义、共产主义这三面大旗都要举。

那么，马克思主义在当今世界的地位究竟如何？马克思主义在当代中国的实际状况又如何？20多年来，我们搞改革开放和社会主义现代化建设，取得了举世瞩目的成就。这是在坚持以马克思主义作为指导思想和理论基础的中国共产党领导下取得的，是与时俱进的当代马克思主义的胜利，是在改革中自我革新、自我完善、自我发展的社会主义制度的胜利。反映这一伟大实践的邓小平理论、"三个代表"重要思想，充分展示了当代马克思主义的风采和强大生命力。但现实生活中又让人感到马克思主义似乎处于尴尬境地，存在很多困惑、误区，出现很多理论与实践的矛盾、理论与政策的矛盾。事实上，在一些人的思想里面，对于马克思主义究竟要不要坚持、能不能坚持、如何才能坚持，存在着很多疑问；而漠视、边缘化甚至公然挑战马克思主义指导地位的问题也已经是一种早就浮出水面的客观存在。我们不应当回避这些问题。一个严肃的马克思主义者，一个对国家负责、对人民负责、对我们中华民族历史命运负责的理论工作者，应当实事求是地分析马克思主义在当代中国和当今世界的实际状况。

我个人认为，之所以会出现上述状况，主要与下列情况有关：

1. 在苏东剧变之后，世界上社会主义与资本主义两大阵营的长期对立和斗争以资本主义阵营取得胜利而告终，社会主义运动在世界范围内遭受严重挫折，这一客观实际以及随之而起的马克思主义"过时了"、"失败了"、"终结了"等论调，使不少人对社会主义、对马克思主义产生了动摇和怀疑。

2. 新中国曲折发展的历史，特别是"文化大革命"为代表的极左思潮与实践和其他国家社会主义实践当中暴露出来的种种问题，以

及资本主义依然在发展、依然具有生命力，使不少人对那些被认为是马克思主义的东西产生了怀疑和动摇。

3. 以美国为首的西方国家用它们的价值观念改造世界，通过种种方式"西化"、"分化"我们的图谋开始收到某种成效。这集中表现在两个方面：其一，历史虚无主义泛起。它否定中国近现代的革命史，否定中国优秀传统文化，试图颠倒历史；宣称经济文化落后的中国没有资格搞社会主义；断言1978年以来的改革实践是对社会主义的否定和对"以英美为师"的所谓"近代文明主流"的回归，鼓吹"现代化就是美国化"。其二，西方经济理论，主要是集中鼓吹"私有化"、"市场化"的新自由主义一度在相当范围内大行其道，并且，拉丁美洲已然破灭的"新自由主义神话"——被阿根廷总统称为"野蛮的新自由主义"——至今似乎仍在试图影响和误导我国经济改革的进程。新自由主义的所谓"主流经济学家"们根本不承认马克思主义经济学，在他们眼中，马克思主义经济学甚至连一个学派的地位都没有，其中的狂热者甚至明白宣称：自己的使命是要把马克思主义送入坟墓，并在它的棺材上钉上最后一个钉子。历史虚无主义和新自由主义这两股思潮相互策应，滋长蔓延，影响所及，使得与马克思主义相对立的理论观点、价值观念及其思维方式已经成为一些干部和青年的思维方式，并且，新自由主义的思想理论已经在一些地方转化为现实的政策。在有些人眼里，深化改革就是私有化，"建设中国特色社会主义"其实不过是"建设中国特色资本主义"。这样一种状况，当然会严重削弱马克思主义的指导地位，也必然会使人们对马克思主义产生怀疑和动摇。

4. 部分人脱离时代、脱离实践地空谈坚持马克思主义，或者思想僵化，不懂得随着时代的发展变化去根据新的实践进行理论突破和创新；或者思想懒惰，不愿意下工夫调查研究丰富多彩的社会变革实践进而进行理论突破或创新；或者缺乏理论勇气，不敢在纷纭复杂的社会思潮中追求真理、探求真理。由于缺少科学的、系统的、具体的理论创新，对改革进程中出现的大量迫切需要回答或进行剖析的复杂社会现象也就阐释得或者不清晰，或者不彻底，甚而视而不见、避而不谈。这在客观上也会削弱马克思主义的指导地位，并使人们对马克思主义产生怀疑和动摇。

上述情况的存在，都使我们深刻感受到新时期研究、丰富、发展、坚持马克思主义的重要性、紧迫性和艰巨性。我们要建设中国特色社会主义，就必须巩固和发展我们社会的主流价值观。主流价值观就是马克思主义、与时俱进的马克思主义、当代发展着的马克思主义。今天的社会经济成分、组织形式、就业方式、利益关系和分配方式日益多样化，人们思想活动的独立性、选择性、多变性和差异性很强，价值取向出现多样化。在这样的历史时期，我们能不能确立马克思主义在意识形态的指导地位，能不能把"三个代表"重要思想内化为各级政府的行为以及领导者和理论工作者的个人行为？这些问题的确很值得关注和研究，我们的确应当以高度的使命感、责任感、紧迫感投身到当代马克思主义理论建设中来。

二、马克思主义研究必须面向重大理论和实践课题

在新世纪，马克思主义研究到底如何展开？马克思主义理论创新到底如何进行？这是人们共同关注的问题。就此，我也谈几点看法：

1. 要重视对马克思主义基本理论、观点的研究。特别是要弄清以下问题：

弄清哪些是马克思主义的基本观点，过去强调、现在强调、将来还要强调，离开了这些，就不是马克思主义。比如，社会主义的基本特征究竟是什么？是不是就是"社会公正＋市场经济"？还要注意那些十分重要但过去却被忽略了的基本观点。比如，关于人的自由而全面的发展的观点。《共产党宣言》和《资本论》中都讲到了人的自由而全面的发展，与我们现在倡导的以人为本、西方倡导的人权其实有很多共通的东西。人生而平等，人要有自由，人要全面发展，我们发

展经济、发展文化的目的都是为了人。马克思主义的这一方面观点过去是被忽略了，而且因为资产阶级也有类似论述，为了与资产阶级划清界限，就不谈了。这是很奇怪的事，人权为什么是资产阶级的专利？为什么不能是马克思主义的有机组成部分？

弄清哪些是过去强调但并不适合现在的观点。"不适合现在"大致有两种情况，一种是完全不适合现在，还有一种是部分地不适合现在。有的观点过去是强调的重点，但现在就不再是重点。比如，阶级斗争、暴力革命、打碎旧的国家机器，这些观点是马克思主义理论体系中的一部分，让大家知道就行了，在和平建设时期并不是我们强调的重点。

弄清哪些当年被认为是马克思主义的基本观点而其实是断章取义，或者是片面理解，或者是割裂扭曲，或者是穿凿附会。对于这些并不是马克思主义的东西，我们要条分缕析地把它们分离出来。

弄清哪些只不过是马克思主义经典作家或我们党和国家领导人针对当时具体情况所作的论断，并不能把它泛化，当作普遍的东西。比如，"摸着石头过河"，在一定条件下肯定是真理性的东西，但如果因为这一点，就不要规律，就不要学术研究，就不要学术争鸣，统统摸着石头过河，那成本该有多高！

弄清哪些与资产阶级理论观点是尖锐对立的，哪些是共通、共性的东西。马克思主义理论本来就是从资产阶级理论发展过来的，肯定有共通的东西。对市场分析、市场规律的认识很多就是共通的，资本主义社会有，社会主义社会也可以有。在马克思、恩格斯所处的时代，他们改造了资产阶级的经济学、政治学、社会学等，创造了马克思主义理论。那么，我们当代马克思主义者也应考虑到当代资产阶级的经济学、政治学、社会学等方面，哪一些是与我们共通的地方，是值得学习和借鉴的东西。要搞清楚马克思主义基本观点有哪些是与资产阶级理论尖锐对立的，或者并不对立却也很不相同，也正是由于这些特性的东西才显示出它是马克思主义的。

2. 要强调马克思主义是个开放的体系，与时俱进地丰富、发展马克思主义。

首先，要重视我们改革开放和建设中国特色社会主义的伟大实践；重视中国共产党成立以来对社会改造的伟大实践；重视其他社会主义国家的实践；重视当代国际上的各种各样的实践。重视实践、重视变化了的实践、重视发展着的实践，特别是我们中国自己的实践，从实践中概括、抽象、升华我们的理论；同时，用实践来衡量、检验我们原来的观点、理论。离开当代实践，特别是当代中国实践、中国共产党80多年的实践、新中国50多年的实践、改革开放20多年的实践，当代中国的马克思主义研究就成为无源之水、无本之木。重视对实践问题的研究，尤其是改革开放的成功实践和存在的问题，来把握时代的脉搏，体验时代的呼唤。从实践中提出重大理论课题，对这些问题开展深入的理论研究，形成创新性的理论成果，再拿回到实践中去检验，这应该成为哲学社会科学工作者理论研究的一条科学路径。

其次，要重视已有的理论探索成果，特别是改革开放以来各个学科领域里面已有的理论探索，要重视不同观点的研究。我们作为学术工作者、哲学社会科学工作者，应当理性地、科学地对待当今世界和当代中国的各种理论成果，从正确的东西中汲取营养。有些学术观点、学术论文可能处于过渡阶段，各种各样的认识有很多不确定性，这些观点也许当时是对的，后来看是不对的；也许当时看是不对的，后来是对的。还有一些不同的观点，我们也要重视，为什么人家要提出这样一种观点，包括非马克思主义的观点。不重视这些，我们很难写出有血有肉的东西来，也很难写出经得起实践和历史检验的东西来。

再次，要重视借鉴世界范围内的各种理论成果。不管是西方马克思主义的，还是西方资产阶级的；不管是西方主流文化的，还是非主流文化的；不管是正面，还是反面的（当然有一些东西很难说是正面、反面的）……都需要我们来进行研究，特别是学术前沿的东西，要保持比较清醒的头脑，具有比较敏锐的眼光，及时作出反应。不了解国外最前沿的东西，我们写出的东西也就缺乏时代感、缺乏针对性、缺乏创新性。中国人民大学对西方的很多研究还是相当深入的，有一批学者包括中青年一代对国内外都比较了解，但总的来说人数还是不够多，研究的深度、广度都有待进一步拓展。

3. 要重视对淡化、歪曲、诋毁、挑战马克思主义指导地位，鼓吹指导思想多元化，任意修改或随意曲解马克思主义的观点，以及把马克思主义搞得面目全非的各种思潮和理论观点，进行辨析与批判，而不应任其自由泛滥。这种辨析与批判主要不是政治层面的斗争，而首先要做的是学术层面的剖析、比较、讨论和批判。深入、系统地进行学术层面的分析批判，必将有利于与时俱进地开创马克思主义研究的新局面，从而富有时代气息地丰富和发展马克思主义。

三、中国人民大学要有世界一流的马克思主义研究

中国人民大学是中国共产党亲手创办的一所以人文社会科学为主的综合性、研究型重点大学。江泽民同志曾经评价中国人民大学对马克思主义的传播与普及作出过重要贡献。周济部长几次见到我都要谈这个问题，他说："人民大学建设世界一流大学，马克思主义理论这一块一定要搞好，一定要抓上去，要能在全国处于顶尖状态。那么，全世界研究马克思主义的人到中国来就一定要到人民大学，这应当是人民大学建设世界一流大学的一个重要方面、一个重要体现。"

创一流，首先就要入主流。在马克思主义研究上，不入主流，就不能创出一流。所谓入主流，就是要研究重大问题，就是重大理论问题、重大实践问题的研究要入马克思主义的主流。我们要进入这个主流。哲学、历史学、经济学、政治学、社会学、新闻学、法学等学科，都要入马克思主义研究这一主流。当然，西方一些同类学科的研究成果，也要进行研究，但一定要努力在马克思主义体系中借鉴、吸

收它们。中国人民大学的新一代学者要有信心、有决心、有诚心来入主流、在主流、写主流，为创造世界一流的马克思主义研究的成绩而努力奋斗。

创一流，必须有一流的研究人才。搞社会主义现代化建设，最关键的是人才；实施"科教兴国"战略，最关键的是人才；搞马克思主义理论研究，最关键的还是人才。中国人民大学要在马克思主义研究方面处于顶尖状态，就必须有一流的马克思主义研究人才。我们既要从总体上把学校有关从事马克思主义研究的力量积极动员起来、组织起来，充分发挥教学骨干、学术骨干的作用，又要充分重视和调动老一辈马克思主义理论家、专家、学者的作用，还要积极地动员、引导博士研究生、博士后参加到这个工作当中来，把这三个方面的队伍组织起来，并充分重视拔尖人才的成长和其作用的发挥，从而形成一支新时期在国内处于领先水平的马克思主义理论创新团队。

创一流，就要多出一流的研究成果。人民大学自建校以来，在马克思主义研究方面取得了十分突出的成就，撰写了一批有影响的学术论文，出版了一批有影响的图书，但我们必须承认，已取得的成果离实践与时代对我们提出的要求、离马克思主义理论创新对我们提出的要求还是很远的。因此，在马克思主义理论研究方面，我们一方面要积极借鉴、吸收国内外马克思主义研究的积极成果，掌握马克思主义理论研究的前沿动态，另一方面还要注重积极开展马克思主义基础理论研究，加强马克思主义学科建设，编写全面、深入的中国化马克思主义的教材，并通过多种途径把我们的研究成果推向社会乃至推向世界。

最后，我用邓小平同志的一句话来作为我的结束语："我坚信，世界上赞成马克思主义的人会多起来的，因为马克思主义是科学。"[1]

---

[1] 《邓小平文选》，1版，第3卷，382页。

再次感谢与会的各位来宾，预祝本次论坛取得圆满成功。

Ⅱ. 在中国人民大学"马克思主义理论研究和建设工程"研讨会上的讲话*

（2004 年 8 月 7 日）

马克思主义理论研究和建设工程实施以来，中央有关部门采取了一系列措施把全国有关理论队伍组织起来。江泽民同志曾经评价人民大学对马克思主义的传播与普及作出过重要贡献。对马克思主义理论研究和建设工程，人民大学应该采取实质性措施，应当有所作为。今天，我想讲几个问题与大家共同探讨。

一、以高度的使命感、责任感、紧迫感来认识实施马克思主义理论研究和建设工程的重要性、紧迫性、艰巨性

我们要认识这项工程的重要性、必要性，认识它的艰巨性、紧迫性。不实事求是地分析当前马克思主义在中国的实际状况，是不可能有深刻的认识的。我们不应当回避当前的现实。一个严肃的马克思主义者，一个对国家负责、对我们民族命运负责的理论工作者应当实事求是地分析当前马克思主义在中国的实际状况，否则，这项工程的实施就可能是形式主义、走过场。作为马克思主义理论阵地，人民大学在新的时期如果对这样一个问题没有清醒的认识、没有科学的分析，不可能编写出新时代所需要的马克思主义教材。

为什么会出现这种状况？应该说，新中国曲折的发展历史，特别是"文化大革命"，使人对那些被认为是马克思主义的东西产生怀疑、动摇；苏东剧变更让人对社会主义、对马克思主义产生怀疑、动摇；

---

* 本文根据作者讲话录音整理。

马克思以后的资本主义世界的发展，它的生命力，让人对马克思主义的一些观点产生怀疑、动摇；两大阵营的长期对立和斗争最后以资本主义阵营在一段时间内取得胜利而告终，让人对马克思主义产生怀疑、动摇；以美国为首的西方阵营用它的价值观念来改造世界、西化我们、分化我们的图谋从来没有终止过，而我们改革20多年的实践也出现了种种新情况，也引起了很多的困惑。现在我们很多青年学者，包括大学生，对马克思主义似乎有一种逆反心理，不是那么理性地、科学地对待马克思主义。

当前改革开放实践中，国际政治中以及我们自己对待马克思主义的态度存在着这样或那样的问题。有的就是思想上的问题，认为马克思主义不管用，有的是方法问题，有的是困惑或误解。正是由于存在着诸多问题，国家坚定了这样的认识：不走社会主义道路，不坚持以马克思主义为指导，这个国家就会乱。

21世纪的马克思主义在中国是什么样的？在理论学术上要比较系统地反映出来。刚刚讲的种种问题也可能是历史不可避免的，因为社会在转型。转型过程中，各种各样的混乱、各种各样的思潮不可避免。也正是因为改革开放20多年的实践，我们才有条件实施这项工程，也许10年前不具备这种客观条件，现在可能具备这种条件，因为有很多问题我们现在认识得比较清楚了。只有经过这样一些反复实践，实践上也比较成熟，正面、反面我们都看到后，再把它上升到理论上，认识也就可能会比较成熟。所以说，经过改革开放20多年实践，现在进入新世纪来实施这个工程，条件是比较成熟的。

我理解，现在实施马克思主义理论研究和建设工程，是为了在新时期重新组织新一代理论工作者队伍，发展壮大这个队伍，并不仅仅是几本书、几本教材的问题；同时，通过实施这项工程，不只是在文件上、不只是在领导人讲话上，而且还要在著作上、在教科书上比较系统地总结、反映当代发展着的马克思主义。显然，实施马克思主义理论研究和建设工程具有鲜明的现实针对性，具有鲜明的时代要求，适应了中国改革开放的要求。

当然，我们要充分认识到这项工程的艰巨性。这个艰巨性最主要来自两个方面：一个是主流价值观。主流价值观究竟是什么？我们说，今天的经济形式、组织形式、利益多样化、多元化，差异性很强，价值取向也同样是多样化的。"三个代表"重要思想的核心是什么？是代表最广大人民群众的根本利益。马克思主义最根本的一条就是符合最广大人民群众的利益。这应当是我们主流价值观的一个集中体现。但在当今确立社会主义理想、老百姓共同富裕的价值观事实上有着很大的艰巨性，不是所有人都认同的，一些人甚至不少人并不从思想上真正认同它。我想这也应是这次编写教材的一个非常重要的考虑。举个小例子：在这次中外大学校长论坛上，所有人都反对教育市场化，高等教育要考虑市场需要与市场机制，但绝不能让市场来办教育。伦敦经济学院的院长在演讲中就说，绝对不能把学校当公司来经营，如果把公司经营拿到学校，那么学校就不叫学校了。这是我们办教育的底线。全国人民代表大会一通过《民办教育促进法》，我就对其中的"投资回报"提出不同意见，教育要允许投资回报，要赚钱，这是教育的悲哀！连这样的问题都认识不一致呀！另一个方面，实施马克思主义理论研究和建设工程的艰巨性还源于理论耕耘、理论探索本身的艰辛。马克思把理论工作比作"入地狱"，是地狱的入口处。要发展马克思主义没有非常艰辛的劳动是不可能的。对于这项工程的艰巨性，我们要有清醒的认识，把艰巨性搞清楚，我们才能更有信心把这个工作做好。

二、实施马克思主义理论研究和建设工程，人民大学的新一代学者要有信心、有决心、有诚心来入主流、在主流、写主流①

主流价值观就是马克思主义、当代马克思主义、当代发展着的马

---

① 本部分详细内容可参见本书《在"中国人文社会科学论坛（2005）"上的演讲》。

克思主义。所谓主流，就是对重大问题、重大理论问题、重大实践问题的研究。我们要入马克思主义的主流，就是要入当代马克思主义理论体系，要进入这个主流。

1. 要重视对马克思主义基本理论、基本观点的研究。如果不重视对这些问题的研究，我们就不能说是入主流的。由于种种原因，一段时间以来，我们很多学者的精力、兴趣没有放在这一方面，实际上存在断档问题，时间上的断档、人员上的断档、著作上的断档。我们现在要重新把它积蓄起来。重视马克思主义基本理论的研究有这样一些具体的考虑：

（1）哪些是马克思主义的基本观点，过去强调、现在强调、将来还要强调，离开了这些，就不是马克思主义。

（2）哪些基本观点过去被忽略了，其实十分重要。

（3）哪些是过去强调但并不适合于现在的。

（4）哪些当年被认为是马克思主义的基本观点，其实是断章取义，或者是片面理解，或者是割裂扭曲，或者是穿凿附会。

（5）哪些只不过是马克思、恩格斯经典作家针对当时具体情况所作的诊断，并不能把它泛化，不能当作普遍的东西。

（6）马克思主义基本观点中，哪些与资产阶级理论是尖锐对立的，哪些是有共通的、共性的关系。

2. 要重视我们改革开放和建设中国特色社会主义的伟大实践；重视中国共产党建立以来对社会改造的伟大实践，包括建国前和建国后；重视其他社会主义国家的实践；重视当代国际上的各种各样的实践。重视实践、重视变化了的实践、重视发展着的实践，特别是我们中国自己的实践，从实践中概括、抽象、升华我们的理论；同时，用实践来衡量、检验我们原来的观点理论。离开当代实践，特别是离开当代中国实践、共产党80多年的实践、新中国50多年的实践、改革开放20多年的实践，实施马克思主义理论研究和建设工程也可以认为是无源之水、无的放矢。要重视对实践问题的研究，尤其是改革开放的成功实践和存在的问题，来把握时代的脉搏，来体验时代的呼唤，从实践中提出重大理论课题，提出我们各本教材要回答的主要问题。

3. 要重视已有的理论探索成果，特别是改革开放以来各个学科领域里面已有的理论探索，要重视不同观点的研究。我们作为学术工作者、科学工作者，应当理性地、科学地对待各种理论成果，正确的东西可以从中吸取营养。

4. 要重视借鉴当代世界范围内的各种理论成果。不管是西方马克思主义的，还是西方资产阶级的经济学、政治学；不管是西方的主流文化的，还是非主流文化的；不管是正面的，还是反面的（或有一些东西很难说是正面的、反面的）……都需要我们来进行研究，特别是前沿的东西，要保持比较敏锐的眼光，及时作出反应，要深入了解。

通过重视对马克思主义基本理论和观点的研究、重视我国改革开放和建设中国特色社会主义的伟大实践、重视已有的理论探索成果、重视借鉴世界范围内的当代各种理论成果来进行创造性研究，我们就有可能写出一批高水平、高质量的教材，就有可能写出一批高水平、高质量的论著和其他副产品。任务艰巨，希望我们的学者要有信心、有决心、有诚心来入主流、在主流、写主流。

三、实施马克思主义理论研究和建设工程的组织保证工作

实施马克思主义理论研究和建设工程的组织保证工作，现在来讲，也是摸着石头过河，当然也有一定预见性、一定经验与借鉴。

在队伍上，总体上要把学校有关力量积极动员起来、组织起来，以教学骨干、学术骨干为主，同时，充分重视和调动老一辈马克思主义理论家、专家、学者的作用，还要积极地动员、引导博士研究生、博士后参加到这个工作当中来，让他们既作出贡献，也得到历练和提

高。这三个方面也是组织队伍的过程。

在政策上，凡是已离岗的同志参加到工程中来，岗位津贴按在职教授照发，当然也要有某种考核。对参加工程包括参加国家工程、教育部工程，承担重要任务、有工作量的，考核标准要进行适当调整。一个是报酬，一个是工作量。要承认工作量。学校要拿出一些专用经费来支持这个工程，要使全身心投入这项工程的老师个人劳动所得达到合理的水平。

在组织上，学校成立专门的马克思主义理论研究和建设工程领导小组，我任组长，林岗同志、冯惠玲同志任副组长，表明这项工程是学校主要负责同志抓的。各个有关学院院长要亲自挂帅，有关学科的责任教授责无旁贷，相关的教研室要积极动员起来，组织要落实，人员要落实，经费要落实，制度要落实，有关部门要根据这个精神把工作进一步做好。

在工程实施过程中，肯定会出现这样那样的问题，遇到什么问题要及时解决，要有解决问题的机制。

我有个建议，眼前工作的起步能否先出版一点东西，先出版一些成果，比如改革开放以来马克思主义基本观点研究的论文集，马克思主义经典作家的重要文选、解说，这既是实施马克思主义理论研究和建设工程的副产品，也为我们实施马克思主义理论研究和建设工程提供了参考文献。下一步，要考虑人民大学编写的教材有哪些，教材种类是哪些。要一一列出来。比如政治经济学，尽管中央有关部门首推一本，但我不认为一本就够了，高校的情况不一样，各个专业的要求不一样，人民大学的政治经济学教材历来很强，要不要再编一本政治经济学？教育部抓了9本教材，其中有的我们没必要再编，有的我们可能还要再编一本。更重要的是，在这9本范围之外，哲学社会科学除了公共课要抓，各个专业的专业基础课都要列入这个范围，包括应用经济学的各个专业、政治学的各个专业、法学的各个专业的专业基础课，甚至有的主干专业课也可以列入。这些要早有准备，提出个规划。

把马克思主义经济学
与时俱进地推向前进

Ⅰ. 在首届中国政治经济学年会上的讲话[*]

（2007 年 9 月 15 日）

马克思主义是人类的思想宝库，它是我国立党、立国、改革、发展、建设指导思想的理论基础。马克思主义研究又是一个世界性的学术领域，它可以产生有世界影响的研究成果，可以产生有世界影响的研究大师。而政治经济学是马克思主义理论的核心组成部分，作为以马克思主义为理论基础的中华人民共和国来讲，对马克思主义政治经济学的研究理所当然应放在理论研究的核心地位；对于坚持马克思主义来讲，也理所当然要把马克思主义政治经济学与时俱进地推向前进。这应当是人民大学的历史责任，也是这一代从事政治经济学教学研究的教授专家的共同责任。

改革开放 30 年，中国社会主义取得巨大成就，不管是赞成、反对的，对中国社会主义的成就都给予了认同，近 30 年持续年均 9％以上的经济增长是世界经济发展史上的奇迹。尽管存在着各种各样的问题，有目共睹的是国家的综合实力明显提升，人民生活的水平明显提高。怎么看待这些成就？这是当代马克思主义的一个胜利，是自我

---

　　* 本文曾在《政治经济学评论》2009 卷第 1 辑以《加强对政治经济学的教学与研究》为题发表，收入本书时，略有删节。

革新、自我完善、自我发展的中国社会主义制度的一个胜利。邓小平理论也是在改革开放中得到丰富发展的。但是，也有另外的看法，认为这是西方各种理论的胜利。他们认为经济文化落后的中国根本没有资格搞社会主义，因而不得不搞改革；1978 年以来的改革开放就是对社会主义的一种否定，就是退回去，就是"以英美为师"，就是向资本主义世界的"当代主流社会"的一种回归，什么"社会主义的自我完善"，没那回事情。

那么，在中国的实际情况怎么样呢？一方面，我们讲以马克思主义为指导。胡锦涛同志倡导的社会主义核心价值体系，第一句话就是以马克思主义为指导。但是，在现实生活当中，我们却经常感到马克思主义处于尴尬的地位，理论与实际的矛盾、理论与政策的矛盾、报刊上各种各样的观点，跟党的基本路线往往相左的文章，也不断出现。

我觉得作为一个马克思主义的理论家，一个严谨的学者，应当有一种对国家、对人民、对中国的历史命运高度负责的态度，严肃地对待这样一个问题。

那么怎么样开创一流的马克思主义研究的新局面？我觉得这是我们，包括政治经济学界专家在内的所有的理论家共同面对的问题，开创这样的新局面也是党中央对理论家的一种殷切的期望。基本的指导思想就不说了，胡锦涛同志 6 月 25 号在中央党校省部级干部学习班上所讲的"四个坚定不移"，就是我们基本的指导思想。所以，包括马克思主义政治经济学在内，这些目标应当都是我们基本的指导思想。那么具体应当怎么做？我想有三个方面的问题是值得我们研究的。

1. 要以对马克思主义的信仰，以严谨科学的态度，认真地研究马克思主义的基本理论、基本观点，掌握马克思主义基本的理论体系。对政治经济学来讲，就是努力掌握马克思主义政治经济学理论体系。

要下工夫啃原著，真正弄清马克思主义的基本理论、基本观点。这些话全是老话，没有新话。一要弄清哪些是马克思主义的基本理论、基本观点，哪些不属于基本理论、基本观点。二要弄清哪些属于过去需要强调的基本理论和观点，但现在不一定强调的重点。比如说，阶级斗争、暴力革命，那当然是马克思主义的基本理论。革命时期它是强调的重点，而现在和平建设时期，我们知道这是马克思基本理论观点就可以了，并不是现在强调的重点。这是我个人的看法。三要弄清哪些属于对马克思主义理论的误解、误读、误导，或者是片面理解，或者是歪曲、割裂，或者是穿凿附会，其实并不是马克思主义的原意。

所以，我们第一条就是要很好地学习马克思主义本身。我认为，现在读书的气氛并不太浓厚，而在马克思主义经典原著上下工夫的就更少了。应当补上这一课。我们在座有几位著名的经济学家，也是我们的老师，像卫兴华老师、吴易风老师，都是对经典原著读得很深的。

我举一个例子，马克思在《资本论》第一卷的序言里面说"社会经济形态的发展是一种自然历史过程"[①]，"一个社会即使探索到了本身运动的自然规律……它还是既不能跳过也不能用法令取消自然的发展阶段"[②]，而只能"缩短和减轻分娩的痛苦"[③]。马克思的这个观点可以说贯彻于方方面面，我认为贯彻了一生。他认为，社会经济形态的发展，在根本上是取决于社会生产力的发展水平，但是，人们并不能自由地选择自己的生产力；人们自己创造自己的历史，但他们只能在实际碰到的、既定的、从过去继承下来的条件下创造历史，而不能随心所欲地创造历史。这个差不多是马克思的原话。那么在我们政治经济学来讲，我甚至认为应当有一章或有一节题目就是："社会形态

---

① 《马克思恩格斯全集》，中文1版，第23卷，12页，北京，人民出版社，1972。

②③ 同上书，11页。

的发展是一个自然历史过程"。但是在现实之中随心所欲地创造历史的现象，曾经一而再、再而三地发生。

从这样的观点出发，我们就可以看到，对于社会主义条件下是不是存在商品生产、进而该不该实行市场经济体制，就涉及这样的根本性问题。马克思在《哥达纲领批判》当中非常明确提出"刚刚从资本主义社会里产生出来的""共产主义社会第一阶段"① 不存在商品生产，讲得非常明确。怎么认识这个问题呢？我们经济学家如何来解决这个问题呢？这个问题解释不清楚，大家对中国特色社会主义就会产生怀疑：以马克思主义为指导，但马克思并不是这样讲的呀。但是我理解，马克思在《哥达纲领批判》当中讲到的资本主义社会和共产主义社会都是纯净状态下的典型形态，都把各种具体问题抽象掉了、省略掉了，也就是这里讲的资本主义社会是不存在任何非资本主义经济关系的资本主义社会，是商品生产发展到最高阶段的资本主义社会。而这样的资本主义社会恐怕到现在也还没有完全实现，包括美国。你能说它现在就是全部的资本主义经济关系，没有一点点别的经济关系在里面？连美国这样高度发达的国家，恐怕也不能说这样的话。所以马克思这里讲的资本主义社会是纯净的典型形态，不是现实生活当中的资本主义。同样，人类社会生产发展到最高阶段的资本主义创造了高度的社会主义生产力以后产生出来的那种共产主义，也是指的纯净状态下的典型形态，这是一种理论抽象，它是为了揭示规律。我的理解就是这样的，这样的理解并不是没有任何根据的。我们再看看马、恩的经典著作中，一旦回到具体问题的时候，他们的观点就不一样了。比如说，他们提到当无产阶级掌握政权，"凡是农民作为土地私有者大批存在的地方"②，都必须首先让农民的私有制向集体经济过渡。我们姑且不论马克思讲的集体经济是不是我们今天讲的集体经

---

① 《马克思恩格斯全集》，中文 1 版，第 19 卷，22 页，北京，人民出版社，1963。

② 《马克思恩格斯全集》，中文 1 版，第 18 卷，694 页，北京，人民出版社，1964。

济，可能不一样，但是他明确讲了需要"过渡"。而恩格斯则进一步提出了农业合作化的设想，提出当无产阶级掌握政权的时候，要以国家的身份对小农经济、对大量存在的小农，首要的任务是要把他们从私人的生产"变为合作社的生产和占有"①。而我们中国就是小农经济大量存在的国度。即使是对社会占有生产资料的国有经济来说，马克思、恩格斯的认识——在社会主义阶段无论如何也不排除承租和出租，如果是这种经营方式，那么并不是毫无代价地为个人或集体使用，那就是说还是有代价的。此外，马、恩还认为在这个历史阶段还要保留银行和信贷。你把马克思、恩格斯的这些论述连贯起来，在我们国家的社会主义初级阶段，你能认为不存在商品生产？肯定不是这样，只不过是他们没有想到中国要建立社会主义制度，没有论述过这个具体的问题。从我刚才讲的整个思想体系来看，如果我们真的要沿着马克思主义的理论体系，用马克思主义的立场、观点来分析问题，我们就会毫无疑问地得出结论：我国现阶段存在商品生产，应当可以建立市场经济。

我以为，类似的问题在马克思主义理论宝库当中有很多的阐述，我们过去由于搞阶级斗争不关注这些，也没有认真研究这些。比如说马克思关于产权的理论，我认为很系统；马克思对股份制的理论，我觉得很超前，也很到位；马克思对经济全球化的论述，高瞻远瞩，揭示了人类社会发展的规律。

所以，马克思主义本身、政治经济学本身的主要任务是揭示社会发展的趋势、经济发展的趋势、经济形态发展的趋势。趋势就是规律。我觉得对于马克思主义经典著作、马克思主义理论体系本身的研究方面如何下工夫，是当前的一个重大任务。这是第一点意见。如果这一点搞不清楚的话，不下大工夫，不能像这次胡锦涛总书记在优秀教师座谈会上讲的那样——刻苦钻研、严谨笃学、淡泊名利、志存高

① 《马克思恩格斯全集》，中文1版，第22卷，580页，北京，人民出版社，1965。

远，静下心来教书，潜下心来育人，没有这种精神，没有这种学风，没有坚定的信念，那就很难出现马克思主义理论研究的新阶段，更谈不上丰富和发展。马克思主义理论家首先对马克思主义理论本身是要有真功夫的。

2. 要以高度的责任感，以一种对中国特色社会主义坚定的信念，满腔热情地研究当代中国、改革开放当中的中国，来研究在建设中国特色社会主义伟大事业当中所碰到的重大理论和实践问题，来丰富和发展马克思主义。如果我们不能对当前的重大问题开展深入系统的研究并给出令人信服的答案，这种理论成果如果出不来的话，马克思主义也是没有说服力和影响力的。

这方面问题大家知道的比我多得多，我并不从事这方面的教学研究，但是，我想，随便举例就可以举出若干重大问题。

比如说，社会主义基本经济制度与市场经济相结合，这是不是一个重大问题呢？那么这里面马上就涉及什么叫社会主义基本经济制度。有人说，"社会公正加市场经济"就是社会主义基本经济制度，是不是这样？有人说社会主义基本制度的主要特征在分配领域，不是什么所有制；二次分配搞好了，那就是社会主义，所以说民主社会主义才能救中国。这里提出的问题就是社会主义基本经济制度究竟什么样。资产阶级经济学家认为，社会主义与市场经济是不兼容的。我们过去也认为很难兼容。公有制怎么与市场经济兼容呢？改革发展的历史进程向我们提出来，它们是可以兼容的。当然在实践中，这种兼容遇到很多难题和矛盾。但是，它确确实实使我们的社会得到了发展。那么，这样一个基本理论问题，不能说已经解决了，还应当进行深入地、系统地研究，并给出令人信服的答案。

再比如，国有经济的改革，这个问题太大了。我个人认为，新自由主义在中国的影响很大一部分是在对国有经济的特征和改革问题上。什么是产权？国有经济产权不清晰？新自由主义者认为只有私有制才是产权清晰的，没有任何其他产权清晰的形式。只要私有化了，不就全部解决了？那么，产权理论究竟是什么呢？怎样作出马克思主义的回答呢？再有，新自由主义者认为国有经济没有效率，是这样吗？不单是意识形态和巩固政权的问题，根本的问题是，它究竟对生产力的发展有没有起到促进作用，它是不是解放生产力了，是不是有利于生产力的发展。如果在这些问题上得不到真正的说明，任何体制最终都是要垮台的。生产力发展是根本性的问题。我前面说过，马克思讲的社会经济形态的发展根本上取决于社会生产力的发展水平。国有经济如果不能够促进社会生产力的发展，那么它也是没有生命力的。所以，它在自主创新方面所起的作用、在创造稳定的有利于社会生产力发展的宏观环境方面所起的作用，以及它在财富创造、财富积累等其他方面所起的积极作用，是不是都应当得到更加充分的、科学的说明？西方的有些马克思主义学者甚至于西方的资产阶级学者对于国有经济在这方面的研究分析，可能比我们的研究更为深入、更为细致。一些西方经济学家研究的结果认定：国有经济在生产效率和生产力发展水平上并不见得比私有制的低，甚至可能比它还高。得出这种结论的并不都是马克思主义学者。

再比如说，现在讲的科学发展观，从五个统筹开始到这次总书记在中央党校系统地论述科学发展观的时候讲到的统筹兼顾是根本方法。什么叫统筹兼顾？在经济学上如何得到理论上的说明？这样，我们马上就想到，马克思主义政治经济学里面关于按比例分配社会劳动的规律，但讲这个规律却是久违了。因为我们把计划经济和计划说得一塌糊涂，甚至"计划"这两个字我们都不敢提了。尽管邓小平同志南方谈话的时候市场、计划都讲到了，说资本主义市场经济也有计划，社会主义经济也有市场，市场、计划都是手段，但很多人依然不敢谈计划，甚至避之如鬼神，岂不怪哉？我前几年有一次到美国布法罗大学访问，了解到那里的水电站是纽约州政府的，其发电量的分配和定价，全部是计划的。美国怎么能搞计划呢？我们怎么一谈计划就那么可怕呢？甚至就成了政治问题了！没有计划还能统筹兼顾吗？总是要把各种重要数字拿来以后，才能谈统筹兼顾啊。这是统筹兼顾的基本工作，这是基本工具啊。没有统计和计划怎么知道什么东西多，什么东西少？计划作为国家宏观调控的一种手段怎么能因莫名其妙的害怕而不要了呢？它在实际工作中还是存在的，翻翻我们现在的政治经济学教科书，谈计划的必要性和理论根据，谈按比例分配社会劳动规律，有没有了？充不充分？我的感觉是现在很少有人谈这样的理论和实践了。这还叫科学？搞哲学社会科学，追求真理、追求科学、追求光明、追求进步，要有大无畏的理论勇气，才能得出科学的结论。所以，科学发展观，如果不从按比例分配社会劳动规律来谈，仅仅把它看成是一种政治家的政策，好像没有理论根据。我们总不能这样去认识吧？我们应当让科学发展观得到强有力的理论说明，认为科学发展观是符合各种各样客观规律的，它就是科学，就是正确的，我们必须用它指导各项工作。现在很多宣传文章，都是一种口号式的宣传。怎么样让它得到深刻的、理论上的说明，这是我们政治经济学专家学者们的责任。在我们的政治经济学教科书上按比例分配社会劳动的规律应当大书特书，不要再害怕了。其实，统筹兼顾的思想一直是我国社会主义建设的重要指导思想之一，过去我国经济战线的领导人陈云、李先念不知道讲了多少次统筹兼顾，毛泽东也不知道讲了多少次。现在在新的历史条件下由胡总书记重新提了出来，难道不值得我们学术理论界深刻反思吗？

第四个比如说，公平和正义究竟怎样在政治经济学里得到说明？社会的公平和正义，可以说任何时代都在追求。从孔夫子到孙中山，凡是有识之士，都在追求公平和正义。但是，在中国特色社会主义条件下，社会公平和正义的内涵是什么？怎么来实现？从经济学来讲，是在分配领域来实现，还是在就业领域来实现？还是在生产资料占有方面也应当有某种社会意义上的社会公平？怎么来理解这个问题呢？怎么样根据这样的理解和解释来制定我国的政策呢？

所以我要强调的第二个方面，就是对我们改革发展中遇到的重大理论问题和实践问题，进行深入的、系统的科学研究，得出科学的、令人信服的结论。只要你这样做了，一定会丰富发展马克思主义。你不这样做，大家就不大相信。不管你说得如何天花乱坠，一遇到实际问题，就说不通了，这总是不行的。

3. 要对淡化、边缘化、诋毁甚至公然挑战马克思主义指导地位的各种社会思潮，进行科学的辨析和批判。这个辨析和批判，不是政治层面的斗争，而是学术层面的剖析、分析、探讨、争鸣，乃至于商榷和批判。只有在与不同社会思潮处于这样一种既相处又能够辨析、商榷、争鸣的过程当中，马克思主义才能得到真正的丰富和发展，才能富有时代气息地、富有朝气地、富有战斗力地向前发展。这既是捍卫马克思主义，又是丰富发展马克思主义。邓小平同志讲"我们不争论"是从政治方面讲的，他并没说学术不争论。学术不讨论、不争论怎么能前进呢？但是现在这样的文章我们几乎看不到。所谓和谐，从哲学上讲，本质上是事物的对立统一和多元的协调并存。那么，对立统一包含着相互的矛盾斗争。这个斗争不要理解为阶级斗争、政治斗争、暴力革命，而应主要是学术层面上的争鸣。由于现在经济成分和利益的多样化，社会组织方式多样化，生活方式多样化，就业岗位、就业形式的多样化，人们的价值观也多元化了。这些是客观存在，我们应当学会在多元化的社会思潮当中、在多元化的价值追求当中，来发展马克思主义。

我们在这里所强调的是马克思主义的指导地位，我们反对的是指导思想的多元化，并不是别的观点不能存在。不要以为唯我一家、别人不能存在。一切能为我所用的，我们都应当学习借鉴，包括西方新自由主义，我认为它也有值得我们学习借鉴的东西。马克思主义本来就是从资产阶级的经济学、政治学、社会学等发展而来的，为什么我们就不能从当代资本主义的经济学、政治学、社会学等吸收营养，来发展我们当代的马克思主义理论呢？

我今天将我想说的一些东西如实地汇报给大家，我很坦诚地给大家讲我的观点，讲错的地方恳请大家批评指正。我的愿望是要把马克思主义政治经济学与时俱进地推向前进！它是时代的，是科学的，是能够推动中国特色的伟大的社会主义事业向前进的政治经济学。

谢谢大家，祝大家健康！

Ⅱ. 坚持改革开放成功经验 大力发展马克思主义经济学*

——在中国模式与中国经济学的发展国际学术研讨会暨中国经济学教育第三届年会上的讲话

（2008 年 9 月 20 日）

尊敬的各位领导，老师、专家们：

大家好！今天教育部经济学教学指导委员会和中国人民大学经济学院共同举办的中国模式与中国经济学的发展国际学术研讨会暨中国经济学教育第三届年会隆重开幕，我代表中国人民大学向出席论坛的各位领导和专家、新闻媒体朋友们表示热烈欢迎和诚挚问候！

今年是改革开放三十周年。在改革开放的历史进程中，中国共产党坚持把马克思主义的基本理论与中国实际相结合，建立了中国特色社会主义理论体系，开辟了中国特色社会主义发展道路，创造了独特的发展模式。所谓中国模式从根本上来说就是中国特色社会主义的模式。从经济领域来看，中国模式的实质就是要把社会主义基本经济制度与市场经济相结合，这构成了中国经济改革的主线、特色、主要内容和基本经验，其中包括以公有制为主体与多种所有制经济共同发展相结合，发展市场经济与以人为本相结合，国家调控与市场调节相结合，提高效率与促进社会公平相结合，坚持独立自主与参与经济全球

---

* 本文根据讲话录音整理。

化相结合，中央集权与地方分权相结合，改革发展与稳定相结合，整体协调与重点突破相结合等等。在社会主义市场经济体制的基础上，我们探索出了符合中国国情的发展道路，形成了中国特色自主创新道路、中国特色新型工业化道路、中国特色农业现代化道路、中国特色城镇化道路、中国特色区域发展道路等，以人为本、全面协调可持续的科学发展观则集中体现了中国经济发展模式的核心理念价值追求。

实际上，改革是为了让人拥有追求合法利益的自由，本质上是这样的。过去特别是在极左思潮的影响下，人们追求合法利益的自由至少是受到很大压制的。《共产党宣言》提出，每个人的自由发展是社会发展的条件，我们今天的社会要向这方面前进。所以我们现在要强调以人为本，实现人的全面发展。

这里我想特别强调的是，中国改革开放的成就是在中国特色社会主义理论体系的指导下取得的，中国改革开放的成功是中国特色社会主义的胜利，绝不像一些人所论述甚至鼓吹的那样，是西方主流经济学指导了中国的经济改革。正如胡锦涛总书记在十七大报告中指出的，改革开放以来，我们取得的一切成绩和进步的根本原因，归结起来就是开辟了中国特色社会主义道路，形成了中国特色社会主义理论体系。实践充分证明，离开了马克思主义的指导，离开了邓小平理论、"三个代表"重要思想和科学发展观的中国特色社会主义理论体系，不可能有中国改革开放的伟大成就，也不可能形成中国特色的改革模式和发展模式。只有在实践中不断创新和发展马克思主义，中国社会主义道路才能越走越宽广。

伴随着改革开放的不断深入，中国的经济学理论和教育获得了巨大发展，开创了空前繁荣的局面。在中国经济学界和教育界的共同努力下，面向现代化、面向世界、面向未来的经济学教育体系正在形成，努力发展具有中国特色、中国风格、中国气派的经济学理论正在逐步成为经济学发展的主旋律。当代中国经济学建设和发展是与建设中国特色社会主义的伟大实践紧密相连的，深刻反映了改革开放和历史进程的要求，并随着实践的发展而得到发展。反过来，中国的改革开放为理论的发展也提供了实践经验。

同改革开放和中国特色社会主义发展的要求相比，中国经济学科的建设工作也存在着一些值得我们关注、重视的问题，包括弱化、边缘化马克思主义经济学的情况依然存在，在个别地方和某些学校相当严重。有人说我是左派，看到我重振国学又说我是右派。这些人老把过去路线斗争的思维用到今天。我说你的思维是不是也要改革改革？怎么老延续路线斗争思维的那一套呢？共产党本来就是左派，我们反对的是极左，共产党不是左派是什么派？有些人嘴上虽然拥护共产党领导，实际却在反左的旗号下，凡是共产党的东西、人民的东西他都不感兴趣，甚至不分青红皂白地都要反对。这种状况在当今的某些领域似乎成了一种时髦，在座的有多少人能够公开说自己是马克思主义经济学家？好像叫马克思主义经济学家的勇气都没有了，称自己为马克思主义经济学家好像不是很光荣，真是岂有此理。小平同志曾经说过，国外有些人过去把我看做改革派，把别人看做保守派。我是改革派，不错；如果要说坚持四项基本原则是保守派，我又是保守派。所以，比较正确地说，我是实事求是派。我们都应当向小平同志学习，作实事求是派。还有一个问题是基础理论相对薄弱，理论和实际存在着脱节，对西方经济学存在着照搬、照抄的现象。这个话是讲得很轻了，实际上哪里是照抄照搬的问题，在一些人那里根本是把西方经济学当成主流经济学，认为那才是对的，是普世的经济学。另外还有教学体系不够完善，等等。所以，在新的历史条件下，我们要深刻总结改革开放三十年来的学科建设经验，深入做好学科建设工作。怎么做就是我们这个会议的主题了。

恩格斯曾经有一段大家非常熟悉的话，他说，人们生产和交换所处的条件，各个国家各不相同。每个国家里，各个时代又各不相同。因此政治经济学不可能对一切国家和一切历史时代都是一样的。谁要想把古代政治经济学和现代英国政治经济学置于同一时代下，除了最陈腐的老生常谈之外，不能揭示出任何东西。因此政治经济学本质上是一门历史的科学，它所涉及的是历史性的且经常变化的材料。这种历史的科学是以辩证法为基础的，辩证法是什么呢？马克思在《资本论》中提出，辩证法在对现成事物的肯定的理解中，同时包含对现成事物的否定的理解。辩证法对所有事物都是从变化中理解，辩证法不承认任何固定不变的事物，本质上是批判的、革命的。我们认为马克思主义政治经济学本身也是批判的、革命的、与时俱进的，所以我们公开宣称马克思主义经济学是一个开放的体系，要和各个国家的具体实践相结合，还要和各个国家不同时代的实践相结合。不同的时期，会产生不同的经济学的理论观点，并且会形成不同的经济政策。应当讲，这样是很客观的。然而20世纪90年代，一些理论家、教授却狂热鼓吹西方新自由主义和以西方新自由主义为代表的经济学，他们认为这是普世的真理。马克思主义认为政治经济学是历史的科学，他们却说西方的自由主义是普世的、永恒的，那才是真理，并且认为中国根本没有经济学，只有西方经济学才是经济学。但是实践是检验真理的标准，这是大家公认的。在西方经济学的指导之下，全世界发生了什么呢？！我们看到了亚洲的金融危机，我们看到了前苏联地区国家及东欧国家的新自由主义改革的彻底破产，我们看到了拉美新自由主义神话的破灭，现在终于轮到了美国，轮到了这个资本主义最核心的，被标榜为最标准的、最发达的心脏地区——华尔街，轮到了雷曼兄弟的破产。我们的党委书记昨天晚上才从美国回来，我们通了电话，他告诉我现在美国雷曼兄弟破产了，这被认为是西方经济生活中最严重的灾难事件；另一个是中国的三鹿奶粉事件，这个美国人也非常了解了，对中国企业公信力的丧失感到震惊。西方经济学如果这么灵光、这么普世、这么永恒，那么，发生的这一切又如何解释？面对最近十多年来的实际怎么能闭着眼睛说瞎话呢？说它是普世的、恒定的吗？！我看当下中国出现的问题相当一部分和新自由主义思潮在中国的泛滥有着密切的关系。

我们向来认为，西方经济学有很多值得我们重视和借鉴的东西，为什么要学习它？从经济学的角度来讲，我早讲过这样两个问题：第一，它确确实实有着关于发展市场经济的共同的东西，现代化大生产条件下一些共通的东西。发达国家比我们先走了一步，它们碰到的问题我们可能要碰到或者我们正在面对，那么它们对碰到的问题作出的理论解答确实值得我们镜鉴，对此我们必须学习和研究。第二，由于现在的世界经济秩序是由西方主导的，如果我们不了解它的理论、思维方式，我们就不可能与世界打交道，因为我们不知道规则怎么制定，不知道这个规则里隐含着什么东西。所以应做到知己知彼，这也是古人教给我们的政治智慧。中国立于世界之林，不了解最发达国家怎么行呢？特别是研究型大学更应该接触到最前沿、最尖端的东西，不但一般地了解，还应该系统地了解。所以我主张认真地系统地学习研究西方经济学。人民大学正是这样做的，在国内第一个开设西方经济学的是人民大学，最早成立国际经济教研室的恐怕也是人民大学。我们需要熟悉西方经济学的马克思主义经济学家，比如说高鸿业先生就是这方面的功臣，他是马克思主义经济学家，用马克思主义的立场、观点系统研究、评介西方经济学，堪称大师。在时下的经济学教学当中，这样来讲授西方经济学的教师很少了，甚至马克思主义经济学仅仅作为一门政治理论课，变成了大家心目中不怎么重要的课程。我坚定地认为，至少在经济类各种专业中，马克思主义经济学应该作为专业基础理论课而不能仅仅作为一门政治课。有这样的情况让我担忧：我们中国人民大学的经济类博士生不少来自兄弟院校，已是硕士毕业了，其中一些人却对马克思主义经济学知之甚少甚至一窍不通。我可以认为在一些高校把马克思主义经济学边缘化似乎已经成为时尚！在大学工作的同事心里都是有数的，马克思主义经济学如今在一些高校究竟占有多少分量？你的课程体系究竟是什么状况？我这个话讲得对不起了，但是我觉得学术讨论要科学！科学就是要实事求是的嘛！

我刚才讲了对西方经济学的态度，对马克思主义经济学、马克思主义的教条化我们也要认真对待。这些年来，大家都在反对把马克思主义进行教条化、片面化、凝固化的理解，今后还要继续反对。对马克思主义不能采取教条化，列宁、毛泽东同志都是这样认为的。在苏俄实行新经济政策的时候，列宁提出来要发展共产主义制度下的资本主义。他说，这就是所谓的国家资本主义，国家能够限定它的范围的资本主义。列宁还说，像这样一种国家资本主义，马克思没有留下只言片语，因为马克思没有进行社会主义探索。但是列宁说我们这样做是正确的，他没有把马克思主义教条化。毛泽东在第七次党代会上讲，中国未来的经济应该有国家经营、私人经营、合作社经营三种形式。我们不但不怕资本主义，而且要在一定条件下发展资本主义。在七届二中全会上再次提出，这种有利于国民经济发展的资本主义的经济成分，发展它们不但是不可避免的，而且对发展经济是非常必要的、非常有利的。这些思想在马克思和恩格斯的著作中都是找不到的。对马克思主义教条化包括对毛泽东本人的观点教条化都是不对的。恩格斯说过，马克思的整个世界观不是教义，而是方法。它提供的不是现成的教条，而是进一步研究的出发点和供这种研究使用的方法。我们要牢牢记住这一点。

我还有这样的观点，不一定对。一个国家的各门社会科学都是在这个国家的政治、经济、文化、历史条件下产生的，经济学也不能例外。长期以来，把经济学孤立起来进行研究，离开了社会、文化、政治条件，单谈经济问题，这本来就有问题。同样，资产阶级的民主和自由经济都是在特定的历史条件下产生的。我只讲一个历史条件，其中大家可以看到中国和西方的不同，那就是宗教。在西方，宗教文化是作为一个既定的条件摆在那里的，制约着人们的行为，影响着人们的行为。美国、法国这些国家是以个人为中心的，这是西方文化的特点，即以自我为中心，强调自我实现、个人主义，其人本主义实际上就是个人主义，从中世纪的宗教迫害中解放出来追求个人自由。但是在西方个人主义很少发展成极端个人主义，为什么？因为宗教文化。信教者每个星期做礼拜，经常进行忏悔。中国主要是汉文化，是无神论，没有宗教的制约，长期以来中国是以儒家思想为主来教化老百姓的。"文化大革命"中用毛泽东的"老三篇"来教化老百姓、教化党员，试图以此取代孔孟之道。但是现在这些似乎都没有了、很少谈及了，直到前两年胡总书记提出"八荣八耻"。在西方，经济的自由不仅受法律的约束，还受宗教文化的约束；西方的经济学、政治学有宗教的社会机制在那里。你照搬一点，没有整体的行吗？社会如同一个复杂的大机器在那里运转，不能只取其一个方面、一个局部来作结论。我们今天研究经济学，把政治、社会、文化全部撇开，光就经济谈经济，你认为合适吗？是对的吗？我讲这样的观点可能不一定正确，但是按照马克思主义哲学的观点，事物是变化的、发展的、相互联系的，不是静止的。理论抽象可以，但是一旦到政策层面，就应当复原到现实的政治经济文化当中来。

　　发展马克思主义经济学还要进一步解放思想。刚才我谈的解放思想，一定要从马克思主义教条化中解放出来；一定要从西方经济学教条化中解放出来；在改革开放中一定会形成新的教条，也要从新的教条中解放出来。计划经济也就是二十多年的时间，改革开放至今已经三十年了，也形成了不少新的教条，把西方经济学神圣化这就是教条，其实不止这些，还有其他的教条。市场万能论是不是新教条？泛市场化呢？什么问题都能用市场的观点来谈吗？究竟是不是正确的？我们对此至少可以提出一个疑问。在思维方式上，不争论是邓小平同志提出来的，但是邓小平同志并没有说学术问题也不争论，相反，他主张"百花齐放、百家争鸣"。并不是什么东西都不争论，而且，不争论也不等于不讨论。但一段时间以来，一些人却把不争论当成了武断、专断的挡箭牌。对于一个新的东西需要探索，这就是摸着石头过河，但这并不意味着我们所有的规律都不要了。规律归规律，石头归石头，明明有一座桥，你偏偏不走，说要摸着石头过河，你不觉得成本太高了吗？风险太高了吗？不撞南墙不回头，中国又没有令人信服的问责制度，实行的是集体领导。诸如此类的思维方式都是需要总结的，不能成为教条，应当灵活运用，用得好就是智慧，用得不好遗祸我们的事业和人民。

我觉得，实事求是要和解放思想永远联系在一起，只讲解放思想不讲实事求是就不是真正的解放思想。只有从中国实际出发，从中国改革开放伟大实践出发来发展我们的经济学，我们的经济学才能充满生机，充满活力！社会主义市场经济理论主要是邓小平发展起来的，毛泽东、陈云、李先念也提出过相关的问题，当年都讲过不少，但是真正成为理论体系和国家大政方针是邓小平的功绩。邓小平把市场经济看成一种经济方式、经济手段，从来没有看成一种经济制度，他说市场经济不等于资本主义。而西方经济学认为市场经济就是资本主义经济，你们搞中国市场经济就是中国特色资本主义。这种观点我们不能回避啊！前两年我看到《参考消息》的显要位置上有一篇文章认为，要注意中国模式，叫专制资本主义，他们的叫自由资本主义。他们提出要重视中国模式的生命力，不要搞自我欣赏，但他们认为中国模式是专制资本主义，不是社会主义。为什么这样认为？我们是不是承认它？我想我们绝不能承认这一点。这样一来，就产生一个问题，邓小平那个时代提出来什么是社会主义，我现在突发奇想，什么是资本主义？现在避讳谈资本主义，不敢谈我们经济中有资本主义成分，其实社会主义经济中已经存在着相当比重的资本主义经济成分，但是我们不敢谈。在座的经济学家，你们在课堂上有没有公开讲我们有资本主义经济成分？就像当年列宁、毛泽东公开宣称我们不怕资本主义，不但不怕，我们还要学习它。什么叫资本主义？马克思时代资本主义是什么？列宁时代资本主义是什么？邓小平时代资本主义是什么？都有共同的特征，但是表现方式和实践方式有很多新的变化，否则人家说我们是资本主义我们怎么解释？列宁当年要搞的称为国家资本主义，说这是国家限制的资本主义，是可以划定范围的资本主义。我们今天是什么呢？用一个什么称呼呢？像这样一些问题，经济学家应该进行勇敢的探索而不是回避问题。回避问题不能建设中国特色、中国气派、中国风格的社会主义经济学，不可能。我们不能回避这些问题，必须正面解答这些问题，这才是科学的态度。剩余价值理论对不对？西方经济学当然不会去讲。因为讲到剩余价值就要讲到剥削。当年刘少奇说剥削也是有功劳的。我们现在对剩余价值、对剥削怎么说？你换个名字行不行？因为这是一种客观存在，就是资本的无偿占有，你不承认这一点，就不能解释当今中国的贫富分化；但如何去解释，就需要下工夫研究，进行理论创新。经济学应当能够解释现实问题，如果不能解释现实问题，你算什么经济学？当年的产业工人被迫下岗，他们都生活在社会的最底层，有的月薪可怜巴巴几百元，你怎么用经济学来解释？你不解释这样的问题谁来相信你？

我今天提出的问题比较"那个"一点，但这是事实。一方面我们中国经济有了长足的发展，我们国力有了很大的增强；另一方面我们资源的浪费、环境的污染、贫富的分化都是代价，这怎么办？经济学如果不加以研究，不善于从实际吸取营养，怎么能说这是充满生机活力的、有时代感的中国特色、中国气派、中国模式的经济学呢？

我本人搞过应用经济学，当年对经济学有过兴趣，现在主要精力在教育上了，对经济学本身没有太多的研究，但是留神我们周围的情况，观察世界的风云变幻，我认为全世界的经济学家都该冷静思考了，不要在那里狂热地鼓吹西方所谓主流经济学的一种模式了。包括美国在内，我相信美国这个国家一定会反思，一定会产生新的经济学。中国经济学界不能老是跟着别人跑，总是跟着人家跑是要吃大亏的。人家改了，你还要跟着原来的，你不感到丢人吗?! 这次经济危机是几十年来最严重的经济事件（包括雷曼兄弟破产），美国一定会反思。美国这个国家之所以保持一定的活力，我认为与这个民族善于总结有很大关系。一个"9·11"事件，它反恐反了这么多年，方式对不对我们不管，但是它坚决做着反应。这次对于新自由主义那一套政府不能不干预了，各个国家在救市。再也不能够说西方经济学是普世的、永恒的，也不能够说中国没有经济学，只有它们有经济学。我从来不同意这样的观点。希望我们反映中国道路、中国特色的经济学在大家的共同努力下，能够早日形成，无愧于改革开放和中国特色社会主义的伟大实践和辉煌成就，无愧于我们的时代和我们的民族。

让辩证法走进我们的生活 *

——学习李瑞环《辩证法随谈》的体会

（2007 年 5 月）

在柳絮飞扬、桃花盛开的四月时节，李瑞环同志的《辩证法随谈》一书由中国人民大学出版社出版了。本书是瑞环同志继《学哲学　用哲学》之后的另一精彩力作，是瑞环同志在实践中活学活用辩证法的理论结晶和实践总结。《学哲学　用哲学》2005 年由中国人民大学出版社出版后，社会反响热烈，受到干部群众的普遍欢迎。《辩证法随谈》再次由中国人民大学出版社出版，是瑞环同志对人民大学的信任和厚爱，是中国人民大学的一大盛事，我们深感荣幸。本书的出版，对于正在进行的改革开放和现代化建设，对于提高全社会的哲学素养，对于落实科学发展观、构建社会主义和谐社会，具有重要的理论和现实意义。

中华民族自古就有博大精深的哲学思想和辩证思维，《老子》、《周易》、《庄子》、《孙子兵法》等著作中所包含的朴素辩证法思想，深刻影响了中国传统文化和中国人的思维方式。《辩证法随谈》一书蕴含着丰富的哲学思想和辩证思维方式，给我们坚持科学的发展观，促进社会全面发展以丰富的启迪。改革开放以来，我国经济社会发展取得了辉煌成就，另一方面也产生了诸多复杂尖锐的问题和矛盾。如

---

* 本文根据讲话录者整理，原文发表于 2007 年 5 月 26 日《光明日报》。

果不能辩证地看待这些问题和矛盾，我们就可能会本末倒置，正如瑞环同志在书中说："在大规模经济建设中，在深化改革的转折时期，出现一些经济与社会发展不够协调的情况，发生这样那样的消极现象，要客观具体地分析，不能惊慌失措，不能以偏概全，更不能因噎废食，由于一时的曲折或某些非议而动摇改革、发展的信心。"过去讲以阶级斗争为纲，对其他方面包括经济建设很不重视，是错误的；现在把以经济建设为中心看成就是经济第一，忽视经济以外的其他方面，也不符合辩证法。瑞环同志告诫我们要辩证地看待以经济建设为中心："强调经济工作重要，并不是说其他工作不重要。如果科技教育、思想道德、民主法制等方面搞不好，经济工作就很难搞好，即使一时上去了也不可能持久。但所有这些发展都必须围绕经济这个中心进行。"他在书中还强调要辩证地处理跨越式发展和常规式发展、继承和创新的关系等问题。当前我国正处在社会快速转型时期，应对各种新问题和新矛盾尤其需要哲学思想的指导，由其提供方法论和正确的思维方式。唯物论和辩证法是两大法宝，有了这两条，我们就能真正做到实事求是，没有唯物论和辩证法就根本没有实事求是。

《辩证法随谈》一书对于搞好马克思主义理论学科建设，繁荣发展哲学社会科学也具有重要意义。怎样让群众掌握理论，让理论走近群众，始终是高校马克思主义理论课的一个难题。瑞环同志几十年来坚持在生活和工作中学哲学、用哲学的经历和成就，给了我们很大的启示。《辩证法随谈》一书既蕴含着丰富的哲学和辩证法的道理，又贴近现实、贴近生活、贴近实践，并且始终保持了鲜活的风格。比如："过去讲，'卫星上天、红旗落地'；现在看，要想红旗不落地，必须卫星早上天"，"头疼要吃头疼药，脚气要抹脚气灵，老抹脚气灵是治不了头疼病的"等话语，道理讲得十分透彻。这种意蕴深远、清新自然的理论风格为广大干部群众所喜闻乐见，有助于当前形式主义文风、话风的转变，也提示我们，理论和哲学只有走进生活和实践，才能为群众真正掌握和运用。瑞环同志的这两部著作，不是哲学教科书胜过哲学教科书，我们应该认真学习、研究，以改进文风，充实教材，改善教学，把马克思主义理论课讲得更加精彩，更加生动。

《辩证法随谈》一书所体现出的瑞环同志勤于学习、深入思考的作风和习惯，也是我们应该学习的。书中的许多见解和论述，深刻独到、富有前瞻性，当时讲需要有很大的政治勇气和理论勇气。例如，瑞环同志在 1995 年就讲："我们搞改革，任何时候都要讲两个理：一个理是讲市场经济、成本核算、优化组合、按劳分配等，另一个理是讲全心全意为人民服务是我们党的最高宗旨。这后一个理是我们作为执政党的带根本性的大道理。如果这么多群众的困难长期解决不了，如果对他们的疾苦不闻不问，我们就够不上叫共产党，就会失去人民群众的拥护，失去自身存在的历史理由。"这就警醒我们实行市场经济决不能伤害社会公正和人民的利益，不能搞过度市场化，把所有领域完全推向市场。这样的观点，高瞻远瞩、振聋发聩，没有思想的解放，没有心怀人民和国家的品格，没有无私无畏的胸襟，是讲不出来的。所以我们一方面要学哲学、用哲学，学习唯物辩证法，同时要学习瑞环同志敢于运用唯物辩证法分析问题、解决问题的勇气和精神。

我写了一首小诗贺《辩证法随谈》的出版："挥洒自如天地间，民生国计纵横谈。新鲜辩证多风采，海阔天空智慧山。"《辩证法随谈》一书是马克思主义中国化的重要成果，我们要认真地学习。我还倡议我们的老师、学生，特别是哲学院、马克思主义学院的师生，更要认真地研读、精读，以提高我们的哲学素养和认识水平。

学科建设要抓基础、抓重点、抓队伍、抓学风、抓管理*
——在中国人民大学首次院长工作会议上的总结讲话

(2006 年 6 月 6 日)

一、对会议的总体评价

关于会议的总结问题，刚才有四个组代表的发言，我认为就是对会议很好的总结，杨慧林的沉稳、杨瑞龙的激情、王利明的韧劲和杜小勇的睿智，都给我留下了深刻的印象。他们的共同点是都站得比较高，听得出来都是非常用心的。对这次会议本身的总体评价问题，我只想补充并强调三点。

1. 大家一致认为，这次会议的召开，这样一种形式，是人民大学历史上一种会议制度的创新。它突出了院长作为一个学院的行政主管的地位，突出了院长在我们学校管理工作当中的重要地位，增强了院长的使命感、责任感、荣誉感。而不再像过去那样，学校只开中层干部会，把院长们淹没在两百多个中层干部之中，从而突出了院长们肩负着的重大责任。"抓头头，头头抓"应该说是管理学的一个原理，"头头"抓好了，事情就好办多了。所以，这种会议形式必将对学校今后管理水平的提高起到促进作用。

2. 这次会议本身是在"十一五"开局之年这样的关键时刻召开

---

* 本文根据讲话录音整理。

的，也就是在"十五"规划顺利完成，转入到"十一五"期间，承上启下的时候召开的，既具有很强的方向性和战略性，也具有很强的现实性和针对性。把"十五"取得的成就作为新的起点，当前工作我们怎么搞，"211工程"、"985工程"怎么搞，学科建设怎么搞，治理结构方面怎么搞，研究这些问题都具有很强的现实性和针对性。因此，这次会议是一个统一认识的会议，是一个清醒头脑的会议，也是一个增强信心、加油鼓劲的会议。我认为这是在新时期召开的一次重要会议，对人民大学未来五年的发展非常重要，必将因此而载入我们的史册。

这次会议内容涉及面广，但议题很集中、很关键、很深刻。"十一五"规划的讨论，治理结构主要是组织架构问题的讨论，当然重点是讨论学科建设。其实"十一五"规划也好，治理结构也好，它的关键、它的核心，还是要把人民大学学科建设搞上去，学科建设是最核心的东西。大家对这次会议本身重要性的认识都是一致的。正是因为认识了这次会议的方向性、战略性、现实性、针对性，内容很集中、很关键、很深刻，所以，与会同志都感到这次会议对大家施加的压力也大，尤其是各个学院的院长。处长们在筹划会议的时候工作很紧张，现在就轮到院长们感到压力大了。院长永远是压力大啊！当一个称职的院长永远是压力大。在一个新的历史阶段开始的时候，一个新的规划开始的时候，要谋划全局，所以院长尤其感到压力大。这种压力一定会转化为动力，推动各个学院的工作做得更好。

3. 这次会议也是一个上下沟通、相互交流的很重要的会议。大家对学校经过调查研究提出的"十一五"规划、治理结构、学科建设、学科分析高度地认同。不仅是这样，同时也对学校的工作，以及会议讨论的这三个方面提出了许多建设性的意见。这些意见我们应当认真研究。不仅各个部处、有关职能部门要研究它，学校领导班子也要认真对待，很好地消化并逐步加以解决。跟这次会议文件相关的，只要是合理的，回去以后都应修改吸收；关系到其他方面工作的，学校也会认真地研究。

大家还提出来，这样的院长会议是不是可以一年召开两次，这样的建议可以研究，但是我想，最重要的院长会议应该还是一年一次，这并不妨碍必要时召开临时性的院长会议。大家提出把这个院长会议制度化，每年召开的时间稳定下来，我觉得这个建议挺好；至于会议地点，基本上就是我校的北戴河学术交流中心了。

二、关于学校学科建设问题的几点认识和感想

贯穿这次会议的主题其实就是学科建设，因为"十一五"规划的实现主要通过加强学科建设来实现，当然还有其他方面的配套建设，但学科建设是龙头。所以在今天会议将要结束的时候，我再就这个问题谈几点个人的认识和感想。

（一）学科建设要抓基础

在第十一个五年计划期间，"985工程"、"211工程"等，我们的学科建设都要在抓基础上下大工夫。什么是"基础"，我想有这么几个方面。

1. 要抓基础学科。

这并不是说别的学科不抓，因为我们的总体要求是要整体推进、重点突出。我们要抓基础，首先是文、史、哲等人文类各个学科。从学校来看，要建设以人文社会科学为主的世界一流大学，没有强大的文、史、哲等人文学科的支撑是不行的。但是相对来说，目前这几个学科是弱了一点儿。当然我们的哲学还是很强的，但由于各种各样的原因，既有深层次的原因包括人本身的主观原因，也有新老交替这种自然的原因，哲学院的影响似乎比过去小了一点。至于文学院，上一次在学院班子换届的时候我就讲过，中文已经走出了历史的低谷，现在是向上走的。历史学院这一块，清史很强，承担了国家的重大工程，现在的问题是怎样既把国家重大工程完成好，又把人民大学历史

学科建设好，这是出现的新情况、新问题，需要我们更多地研究它。这次"211工程"专家组对我校人文学科提出要进一步加强的意见，我认为很中肯。文、史、哲是人民大学的基础学科，但人文学科并不只是这些，外国语、艺术也都属于人文学科。应当说，我们的外国语学院是比较薄弱的，艺术学院复建不久，也需要很好地发展，要从学科建设的角度认真研究怎样把这些人文学科搞好。数理化也是基础学科，我们是按发展"精干的理工科"的思路新建的；物理系、化学系我现在不太担心，我认为它们是高起点，理念很好，工作也很有成效，当然还要继续用心尽力，继续真抓实干。现在要提出的是我们早就有的数学学科怎么办？建设一个高水平的数学系必须提到议事日程上，"十一五"期间必须认真研究，争取着手解决。所以，我们一定要抓好基础学科，这是第一个"基础"。

2. 要抓基础理论。

人民大学最重要的是马克思主义基本理论，以及各个学科的基本理论。各个学科都有自己的基本理论，管理有管理学原理，国际政治有政治学理论，新闻有新闻理论，法学有法理。应用性再强的学科也都有它的基本理论。不光是要重视理论，还要重视历史知识。这次公共管理学院给我报的公共管理硕士新的招生考试草案，我加了一个科目——历史，中国的公务员不懂历史怎么能当好公务员？不能太急功近利了。学生不懂历史、没有历史感是不可能有内涵、有深度的。所以，各个学科的史和论，都要高度重视。我们现在比较重视应用性的东西，是对的，但从培养人才来讲，人才的知识结构中史和论也是非常重要的。所以，我们一定要抓好基础史论。

3. 要抓基础条件。

图书馆建设、校园网建设、数据库建设、实验室建设，这些都是基础条件。而且应当用与时俱进的眼光来看待基础建设。人民大学作为中国一流大学，要建世界一流大学，没有若干方面很强的基础条件的支撑，就甭想进入现代的世界一流大学行列。我们一定要以现代的理念、全球的视野来看待学校的基础条件建设，不要以为"大楼"起来了就够了，这个"大楼"还应当把它看成抽象的东西，而不仅是具体的明德楼、多媒体教学楼①，"大楼"的抽象含义是指与时俱进的教学和科研的设施条件。所以，我们一定要抓好现代化的基础设施、基础条件的建设。

（二）学科建设要抓重点

什么是重点？我校经国家审定颁布的重点学科，那肯定是重点；国家设在人大的各种研究基地所在的各个学科，那肯定是重点；国家批准的人才培养基地所在的各个学科，那肯定也是重点。但是，不知大家是否注意到，这次研究生院提供的会议材料不仅对我校重点学科进行了分析，而且对有特色的非重点学科也进行了分析。"有特色的非重点学科"是什么含义呢？就是它现在不是国家重点学科，但它是人民大学的特色学科，对人民大学的发展、对国家的建设和发展都有一定意义。它或者是新兴学科，或者是目前已有相当基础甚至国内领先的学科。所以，所谓抓重点，这些也应该在范围之内。另外，我们新建的一些学科，希望尽快发展起来的学科，也应该是学校工作的重点，国学院、物理系、化学系，教育学、心理学、城市规划与管理等等，像这样一些领域和学科都要大力扶持，加紧工作。这是抓重点的第一层含义。

第二层含义是要抓重中之重。抓重点的目的是要营造"高原"，抓重中之重的目的是要构筑"高峰"。那就是说，要准备让它冲击世界一流，最起码应是稳定的、当前公认的全国第一位、第二位。我看不把话讲得太死，并不是非第一不可，因为第一位稍不留神就容易变成第二位了，这么大的一个国家，全国第二也是很了不起，不要把院长们逼得太紧了，压得喘不过气来。这就是重中之重。今天我在小组

---

① 2004 年 10 月 18 日更名为"公共教学 1 楼"。

会上听发言，有位院长的发言我觉得非常好，有很强的大局观念。他说，这些学科在全国排第一、第二，不仅仅这些学科本身会受益，整个人民大学也受益，对人民大学所有学科都会有辐射作用；人民大学因为这些学科而成为中国最著名的大学，学校整个声誉好，那人民大学所有学科都会跟着沾光。如果人民大学在全国举足轻重的学科掉下来，整个学校声誉都会受到消极影响，大家也都会觉得没有太大意思了。所以一定要以这样的胸怀、这样的大局观念来看问题，允许、支持学校向最重要的学科、冲击世界一流的学科适当倾斜和加大投入。所以大家不能看到学校特别重视这几个学科，就说领导偏心了。我们是从人民大学全局出发，有所为，有所不为。我们一定要在这个问题上统一思想和认识。

当然，在抓重点和抓重中之重的同时，学校一定不会忘记整体水平的提升，一定不会忘记整体推进，大家共同发展。除非你这个学科被时代所淘汰，如果不是这样，学校肯定对所有学科都要支持。但是在整体推进的基础之上，我们要抓重点，然后还要抓重中之重。在抓重中之重的问题上学校还要采取更加有力的措施，包括我们自筹的经费，包括社会赞助的经费，要更多地用在重中之重上，包括队伍建设，包括提升国际性等等。

（三）学科建设要抓队伍

队伍怎么抓法，这一直都是一个十分重要的问题。我想主要有三个层面的问题。

1. 在稳定现有队伍的基础上做文章。

人民大学是一所高水平的大学，现有的队伍当中就有很多杰出的教授和中青年学术骨干，既有现在全国知名的大教授、有影响的教授，也有崭露头角、已经初具影响力的年轻教授，还有刚刚加入我们教师队伍当中来的、具有很大潜力的年轻人。应当把这支队伍稳定下来。

对于稳定队伍我也想说三句话，即"三个留人"。一是"事业留人"。要给舞台给任务，让人感到在这个地方能够有所作为。做到事业留人不简单，要冲破不少束缚；如果是武大郎开店，就不可能"事业留人"。二是"机制留人"。要有良好的运行机制，不管是人事制度、分配制度，还是学科评价、业绩考核、评职称、评奖，这些机制要合理，要留得住人。机制很重要，光讲感情是不够的，有的时候出问题就出在机制上。所以，在改革中形成和完善良好的机制，包括有利于人们干事业的人事制度、分配制度、评价制度，也包括百花齐放、百家争鸣、海纳百川这样一种学术氛围，都十分重要。三是"正气留人"。人民大学是一座堂堂的高等学府，是以"中国人民"这样一个神圣的名字命名的大学，没有一种浩然正气是不行的。蝇营狗苟、庸俗、商气很重，这是绝对不行的。要让大家感到在人民大学这个环境里工作，有崇尚学术、追求光明、健康向上的感觉，从而留住真正干事业的人。

今天上午，郑功成教授在小组会上发言，就人才问题讲了几句话，我觉得很有意思。他说，"引进比培养更重要"，这句话要琢磨琢磨，可能在一定条件下可以这样说；"尊重比待遇更重要"，"机制比人情更重要"，"责任比权力更重要"，我认为这几句话很正确，很值得我们重视。当然，对于第一句话，我觉得是有条件的，特别是新建学科，那肯定是引进比培养更重要，但是我们很多学科不着重于培养也是不行的。

所以，首先是稳定现有队伍。我们过去有些人走了，固然有人家用手段来"挖"的原因，但也确实存在机制方面出了问题的原因，比方说"近亲繁殖"、"一人独大"所导致的后果。我们应在这方面总结经验、吸取教训。

当然，"待遇留人"、"感情留人"这些话我们也是不容忽视的，但我认为更重要的还是"事业留人"、"机制留人"、"正气留人"，待遇其实也要形成在机制里。不讲对国家、对民族、对学校的感情，成天钻在钱眼、权力欲里面，这样的人走了也罢。我认为稳定现有队伍是个基本工作，一定要做好。

这是抓队伍的第一个层面，请各位院长、各有关部门的负责同志关注现有队伍，把这支队伍带好，充分发挥大家的作用。

2. 在引进高水平人才方面下工夫。

这次法学院、经济学院的经验介绍都讲到了这样的问题，当然其他学院在这方面也做得不错，也都在这方面下了很大的工夫。引进高水平的人才，并不完全只看学术，要加强对学术道德、敬业精神的考核了解。对频繁"跳槽"的人，千万不要引进。中国就有这样的学者，从这个城市跳到那个城市，弄了一套房，再跳到另一个城市，再弄一套房，这种学者我们人大是不能要的。他把自己的学术当作是一个要价钱、讲条件的筹码了。所以我们要注意对引进人才的工作经历、学术道德、敬业精神这方面的考核。脾气怪一点，我看这个不怕，有些很有成就的大教授往往脾气比较怪。脾气怪一点有什么关系呢？我不认为这是个太大的问题。如果这个老师非常敬业，有责任感，对学术有追求有热爱，教学科研水平很高，发点儿专家脾气有什么不可以呢？也有利于我们当领导的保持清醒吧！

人民大学在引进高水平人才方面一定要舍得下更大的力气。特别是新建学科以及人才有断档的学科，或者是青黄不接，或者是缺乏领军人物的学科，引进人才要加大力度，要以博大的胸怀，引进高水平人才。

3. 在选留优秀博士生上开动脑筋。

选留优秀博士生，包括在国内选拔和到国外选拔。选拔优秀博士毕业生，我认为经济学院的办法值得借鉴，不管什么人，在国内这个领域的顶尖杂志要发表两篇文章，另外外语必须过关，没有这两个条件一概不要。当然，政治倾向性、为人和品德也必须考虑。政治倾向、人品如何，这是个前提条件，在这一条件下，一定要在顶尖杂志发表文章，没有这一条不行！经济学院要求的杂志是《中国社会科学》、《经济研究》和《世界经济》。

我们要加大引进海外留学生的力度，要专门研究这类有效措施。今年暑假我们派人到美国去，一方面是参加管理学年会，另一方面是在那里物色和引进优秀的海外人才。

抓队伍建设就要注重分析自己的队伍状态。法学院这一方面就做得很好，他们通过认真比较分析，发现当前主要紧缺的是30岁左右的青年人才。去年下半年法学院领导班子跟我专门谈过这样的问题，并针对实际存在的问题采取了各种有力措施，很有成效。可见，这样的院长都是头脑很清醒的院长！

（四）学科建设要抓学风

刚才传达了教育部刚刚下发的文件，教育部社会科学委员会成立了学风委员会，秘书处就设在人民大学，秘书长是我校的秦惠民教授。这是教育部经过认真挑选的，这也是对我们的鞭策，我们更要重视学风建设。

学风建设方面现在最突出的问题是学术道德。学风内容是广泛的，理论联系实际也是学风问题，治学方法、治学态度也是学风问题。但当前，突出问题是学术道德，现在不端行为、学术失范，甚至犯罪现象，在高校都时有发生。不仅在教师队伍当中，在研究生当中恐怕也有。有的学生不认真做学问，拼拼凑凑、剪剪贴贴就是一篇文章，这要形成风气怎么得了？所以要认真地贯彻教育部的文件精神。在这里我强调四个"严"字。一是"严肃"，严肃对待学风问题。学风可以说是我们学术的生命线，尤其诚信是学术研究的基础，要严肃对待，把它看成是安身立命的最根本的素质之一，不仅对个人，而且对学科，对学院，以及人民大学的荣誉，乃至于中国学术界的荣誉，影响都很大，所以一定要严肃对待。二是"严格"，严格遵守学术规范，严格遵守各项规章纪律。一定要自觉自律地来严格遵守。三是"严谨"，要严谨治学，踏踏实实，不要投机取巧，不要急功近利。做学问是个非常老实的事情，毛泽东说共产党就最讲"认真"二字，做学问也是这样。马克思把做学问比之于入地狱，是非常艰苦，因而也是非常严谨的事情。四是"严厉"，严厉惩处一切违背学术道德的事件和个人。文件上明确规定，在评奖、评职称方面，学风存在问题的就一票否决。授予学位方面也是一样，如果违反了学术道德，也要实行一票否决。而且可以追究以前的行为，如果三年前给你博士学位，现在发现问题了，一经发现，立马取消学位，严惩不贷。中国人民大学不容许有学术道德问题玷污学校的声誉。所以，我提出了这四个"严"字——严肃、严格、严谨、严厉。

还有一点我要提醒一下。跟自己的学生合作发表文章，尤其要注意，一定要亲自参加，并了解来龙去脉才能合作，否则如果学生有行为不端，就会把你给害苦了。时下有的新闻媒体总是盯住名教授，盯住名校，这也没什么不好，批判学术腐败是完全应该的。在这个问题上，大家特别要注意：文章挂你的名，你就一定要实实在在参加。这一点希望大家要提醒所有导师。

学风问题内容广泛，我只就学术道德提出几个问题，希望大家注意，因为我们学校关于学术道德也有几个文件，都发过。总之，学科建设一定要抓学风。

（五）学科建设要抓管理

什么是管理呢？我个人觉得第一位的就是规划和谋划。这是管理的一个最基本的前提，也是最核心的内容之一。管理就是单纯的管理，这样的意见是非常狭隘的。管理不是讲服务吗，什么是服务啊？服务就是提出奋斗目标，提出发展规划，然后营造良好的环境，提供很好的条件，当好后勤部长，这就叫服务。这里讲的服务不是端茶递水式的，不是这么简单的含义。

抓管理首先要搞好学科规划和谋划。规划和谋划不完全一样，谋划是非常重要的，事在人为，首先就是谋划，不谋划怎么事在人为呢？所谓"谋事在人，成事在天"，这话说得有点消极，但是有其合理性，谋事在人嘛！其次，要营造良好的学术氛围和学术环境。构建和谐社会具体到学校里面，一个主要方面就是要构建良好的学术环境。大家在这个环境当中能够心情舒畅地进行工作，真正体现尊重知识、尊重人才、尊重创造，"尊重比待遇更重要"，我们一定要形成这样良好的学术环境。第三，要严格执行各种规章制度，保证其贯彻落实，而且创造性地贯彻落实。我讲的都是原则性的，各个学院应该具体化，根据自己情况调整。文学院院长讲到以制度来管人，学院就应该把学校大的原则跟学院具体的情况结合起来。文学院的科研奖励非常清楚，公正公开，没有人质疑其合理性和有效性。

抓管理涉及的内容也非常广泛，在这里我就强调这三点：一要抓学科规划和谋划，二要建立和保持良好环境，三要抓各项规章制度的落实。现在学校已经提供了比较好的工作条件，教授都一人一间工作室，各学院应当利用这个前所未有的条件创造老师与学生多接触、学者之间多交流的机会，比如说一个星期两三次就很好了。这种行为、制度和习惯养成了，就是生产力，就是创造力。

我今天重点讲了学科建设问题，学科建设需要抓基础、抓重点、抓队伍、抓学风、抓管理。

三、当前工作

借此机会，我简要介绍一下学校当前的主要工作，讲讲几件具体的事情。

一是以迎接"本科教学评估"为契机，认真抓好教学工作。我认为，经济学院和财政金融学院这两个学院实施的人才培养模式，是带有根本性的一种变革，是新时期经济学人才培养具有根本性的探索。培养人才是学校的根本任务，不管科研是否是中心，也不管高校有几大职能，人才培养是最根本的任务。所以"十一五"规划当中，我们不仅要强调科研重要性，也要强调科研成果转化为教学内容、科研推动和服务教学,并让研究生在研究当中得到提高,这才叫培养创新型人才。这次本科教学评估是我们反思自己、分析自己的最好机会,看看我们哪些做得很好,哪些做得不够,以评促改、以评促建,把人才培养工作做得更好。这个月我们需要自评,"211工程"验收刚完,我们就需要自查自评本科教学,大家辛苦了,这样便于我们利用暑假针对存在的问题研究进一步做好工作的方案。这是我们接下来要做的第一件事情。

二是做好校内住户的集并搬迁工作。校园部分住户集并置换开始进入关键阶段,各相关学院应该过问,应做好相关工作。学校开始启动东北区建设工程,在前一段校园置换校内许多住户外迁的基础上,将仍分散在校内部分家属楼的住户集并到校内另一部分家属楼中去,以便拆除部分老旧家属楼和前一段未拆完的危陋平房,加快新的教学科研设施的建设。学校已经决定,将要拆除林园5楼至11楼和整个"一处"的平房,可能还要多拆一个楼,有234住户要集并置换,学校已经制定了很严密的方案,大体上等户型、等面积来进行校内置换,同时要给予适当的优惠,包括位置和面积上的优惠;同时在自愿的基础上也允许到校外购房,对所有校内调整住房搬迁户都有适当的补助,搬家费用等由学校承担,装修费用也会有适当的补偿,保证搬迁户不会吃亏。

住房集并是关乎学校未来发展的大事,把这些地方拆除,整个学校功能用房可以与已经搬出的原附小和幼儿园用地连成一片。学校在这个地方规划了一座35 000~38 000平方米的新图书馆和15 000~18 000平方米的国学馆*,这两座现代化建筑有中国传统民族风格的因子,图纸已经初步设计出来,现在关键在于住户集并搬迁工作能否顺利进行。我们的搬迁工作从6月份开始,分为六个阶段,现在进入第五、六阶段交界点,目前已经做了大量工作,海淀区的几个部门也

---

* 最后确定的规模是:新图书馆44 600平方米,国学馆28 500平方米。

参与进来，目前海淀区已经在报纸上刊登了人民大学这一区域的多处违章建筑，限定时间强制拆除。集并搬迁工作量很大，我们的很多干部都做了大量的细致工作，很不容易。由于集并搬迁问题涉及一家一户，各个学院也要重视自己相关人员的工作。目前建设的前期工作已经完成，资金已经落实，但是如果搬迁工作不能落实，建筑用地没有，立项、资金、设计等就都批不下来，会影响到一系列的工作步骤和进度。领导同志给了我们很多支持，我们也已做了很多工作，不能因为拆迁问题毁于一旦。我们对这项工作绝不动摇，一定要迎难而上，抓出成效。

三是做好迎接 70 周年校庆的筹备工作。明年就是人民大学建校 70 周年，时间已经很紧迫了，各学院做好自己工作，也要配合学校做好工作。要把各院系的历史概况、学生情况、教师情况、校友情况搞清楚，而且要启动校庆的相关筹备工作。另外学校正在编写校志，与国内一些名牌大学相比，我们在这方面起步已经比较迟了，去年开始着手，校志编写到 2005 年，这很不容易。要众手成"志"，我们提出这个口号，各有关部门和学院要积极配合，指定专人提供材料。我在这里要特别强调这件事情。学校正在丰富校庆各项内容，比如支持学校荣誉教授出版个人文集，像这样的工作各个学院都要支持，要采取各种措施来做好这些事情。

最后，希望大家注意目前理论领域、意识形态领域的问题，请各位院长关心国家大事。今天在院长会议上提醒大家，昨天《人民日报》发表钟宣理的文章，标题是《毫不动摇地坚持改革方向，为实现"十一五"规划目标提供强大动力和体制保障》，文章写得方方面面很周到，应该说态度非常明确，既要毫不动摇地坚持改革方向，要有坚定改革的决心和信心，又要毫不动摇地坚持社会主义制度，不断完善社会主义市场经济体制，保证经济社会又快又好发展。我们必须坚持深化改革的大方针，实实在在地推进改革，因为时代在前进，但中国的改革需要从绝大多数人的利益出发，不能损害大多数人的利益。目前国有企业改革等出现了一些问题，有一些不合理的现象存在，钟宣理的文章也强调了这点。我们不要搞什么论战，这会干扰我们改革和发展，但是正确探索改革开放和探讨科学的发展观、改革观，探索新形势下如何建设中国特色社会主义是有必要的。对改革过程有不同看法肯定存在，我们不要对人家扣帽子，要分析说理。院长们对此要很敏感，要头脑清醒，做到心中有数，既要注意这样一些大问题，又要注意该干什么就干什么。

今天我利用会议结束这个机会，就学科建设和当前工作向大家强调一下，讲错的地方请大家指正。

新起点，新目标，新任务，再创新辉煌[*]

——在中国人民大学新世纪第二次学科建设工作会议上的讲话

(2007 年 12 月 27 日)

各位院长、各位老师、各位同志：

这是我校跨入新世纪以来第二次学科建设工作会议，第一次是在 2002 年的暑假。学科建设的状况从根本上反映了一所大学的综合实力和核心竞争力，反映了一所大学的办学水平、办学特色和学术地位，以科学、务实、创新的精神抓学科建设，就是抓住了学校发展的根本和核心。

我今天的讲话主要包括三个部分：一是从学校事业发展的角度简单回顾我们围绕学科建设取得的成就；二是为什么我们要提新起点、新目标、新任务；三是如何实现我们的新目标、新任务，再创新辉煌。

一、学校近五年来围绕学科建设取得的成就

这些年来，学校按照"1231"的工作思路，走出了一条"内涵提高谋发展，特色强校创一流"的发展道路，取得了历史性的显著成就，大大提升了学校的办学能力和水平。这样的成绩是建立在不断摸

---

　　* 本文根据讲话录音整理。

索、反复实践的基础上的，是建立在对自身发展道路科学定位的基础上的。这包括五大定位：一是"人民满意、世界一流"大学的发展目标定位；二是"主干的文科、精干的理工科"的学科建设定位；三是保持研究生与本科生适当规模、合理比例，全日制在校生规模控制在2万人左右的发展规模定位；四是坚持周边拓展与校园置换相结合的办学空间定位；五是以"国民表率、社会栋梁"为宗旨，造就一大批人民共和国的优秀"建设者"和各个层面领袖人才的培养定位。

在科学定位的基础上，我们牢牢把握以学科建设为核心，抓学科规划、抓校园建设、抓队伍建设、抓制度建设，取得了可喜的成绩。在此，我仅回顾上一次学科建设会议以来我们在学科建设上经历的几件鼓舞人心的大事：

1. 2003年教育部和北京市人民政府联合下发《关于重点共建中国人民大学的决定》，标志着我校被正式纳入国家"985工程"建设项目；这样的地位在2005年"985工程"二期建设中被进一步巩固。

2. 2004年中共中央发出《关于进一步繁荣发展哲学社会科学的意见》，在随后中共中央组织的马克思主义理论研究和建设工程中，我校参与学者及首席专家人数均居全国高校首位，彰显了我校在繁荣发展哲学社会科学方面的重要地位和作用。

3. 2004年我校化学系成立，2005年物理系、理学院相继成立，这标志着我校"主干的文科、精干的理工科"的学科体系初步形成。物理系王孝群团队还在2007年被评为长江学者创新团队，实现了我校在创新团队上零的突破。

4. 2005年10月，成立国学院，这是我校高举弘扬传统文化的旗帜，为这一领域的学科建设、人才培养、社会服务所探索的一条新路，引起了社会各界的巨大反响和高度关注。

5. 在2005年公布的由教育部评估所组织的全国高等院校和科研院所学科评估中，我校的理论经济学、应用经济学、法学、社会学、新闻传播学5个一级学科整体水平排名全国第一，总数位居全国高校第三位。

6. 我校原有 25 个国家重点二级学科，在教育部 2007 年最新公布的国家重点学科评审结果中，我校又有 8 个一级学科和 8 个二级学科获批为国家重点学科，至此，人民大学已有 33 个国家重点二级学科和 8 个国家重点一级学科，在人文社会科学领域超过了北大，排名全国第一，充分体现学校近年来通过狠抓学科规划与建设，坚持内涵式提高的道路，取得了丰硕成果。

7. 在过去的 9 年里，我校共有 22 篇博士论文被评为全国优秀博士论文，在人文社会科学领域居全国第一。

诸如此类的大事、喜事、好事还有很多，在这里就不一一列举了。取得这样的成就，与我们工作中的四个"紧抓不放"是分不开的。

1. 抓学科规划。按照"主干的文科、精干的理工科"的发展思路，一方面，我们继续完善学科布局结构，将国民经济学、数量经济学专业调整到经济学院，并按照拾遗补阙的原则，面向世界、面向未来建设较为齐全的大文科；另一方面，按照"有基础、相关联、高起点、入主流、力争高水平"的原则发展了"少而精"的理工学科，新建了化学系、物理系。通过整合资源，调整布局，使重点学科、特色学科进一步凸显。在适当进行了极少数外延式扩张的同时，我们更注重内涵式增长，即把学科点增加的侧重点放在对原有学科的整合、派生上，放在对特色优势学科的强化、拓展上。通过院系调整、师资力量整合、跨学科平台搭建等，激发形成新的生产力。这种以内涵式提高为主、集约型发展的方式成为我校学科点增长的主要方式。从 2000 年到 2006 年，学校硕士学位学科点由 89 个增加到 144 个（包括自主设置的 29 个硕士点），博士学位学科点由 53 个增加到 99 个（包括自主设置的 22 个博士点），增幅分别达到 61.8% 和 86.8%。本科专业由 2002 年的 56 个增加到 62 个，这增加的 6 个包括汉语言、物理、化学这样的基础专业，体现了学科布局的日趋合理。

2. 抓校园建设。硬件建设是改善办学条件、提升学科建设的基础。学校依靠内部拓展与周边拓展相结合的方式积极扩大办学空间，以空前规模的资金投入、前所未有的建设规模推进校园基础设施建设。校园置换使 3 000 余户教职工通过置换政策喜迁校外新居，教师住房条件从最差一跃成为全国最好的高校之一。同时，学校总计收回、腾退房屋近 11 万平方米，在西郊主校园 906 亩办学空间内，新增可用于办学的土地 240 余亩，使学校教学科研行政办公用地增加到 740 亩左右，比 2000 年净增 48％，教学、科研、行政、学生生活条件均得到了大幅度改善。

经过近 7 年的艰苦努力，以 2005 年明德楼投入使用为标志，学校教学科研条件发生了根本变化，实现了几代人大人梦寐以求的"教授每人一间工作室，副教授两人一间工作室"的理想。全校教学科研行政用房由 2000 年的 12.6 万平方米增加到 2007 年的 31.7 万平方米，增长了 152％；学生生活用房由 10.7 万平方米增加到 38.8 万平方米，增长了 263％。与此同时，公共服务体系建设也取得了跨越式发展，实验室建设取得了突破性进展，仪器设备总值由 2000 年的 0.4 亿元增加到目前的 1.99 亿元，"数字人大"校园网络系统已发展为全国高校信息化建设的典型；学校图书馆共有藏书 337.9 万册（包括线装古籍 40 余万册），电子图书 15.04 万种，通过资源整合，形成了从学校图书馆到学院图书分馆，涵盖人文社会科学各主要门类的多类型、多层次图书文献信息服务体系；通过不断改善教学技术硬件条件，95％以上的公共教室实现了多媒体化，教学环境建设达到了国际先进水平。这些努力为我校的学科建设提供了良好的硬件条件，从教学、科研、人才引进等各个方面促进了学科建设的发展。

3. 抓队伍建设。高水平的师资队伍是学科建设的关键。在教师梯队和创新团队建设方面，我们抓规模，重点则是抓结构、抓学术水准。规模上，专任教师快速增长，2007 年比 2002 年增长 22％，具有博士学位专任教师增幅更是高达 115％；从教师的学科结构来看，我校人文类和理工类的教师增长幅度较大；在年龄结构上，学校紧密围绕学科建设优化教师队伍结构，使专任教师平均年龄从 2002 年的 42 岁下降到 2007 年的 38 岁，教授平均年龄由 50 岁下降到 45 岁，50 岁以下教授比例达到 52.9%，中青年学术骨干成为教师队伍的主体；在学历结构上，教师中具有博士学位的已经占 63.4%，拥有博士学位者占专任教师的比例在教育部直属高校中名列第二；在学缘结构上，近 5 年新近补充教师中最后学历为外校的教师达到 78.1%，其中留学回国人员占 25.7%；在学术水准和人才质量上，学校重视提高教师的业务水平和国际视野，在"985 工程"二期投入大量经费用于高层次人才队伍建设。学校还坚持按照"请进来、走出去、沉下去"的工作思路，鼓励教师提升国际交流能力和理论联系实际的能力，加强教师队伍建设。学校还提出"事业留人、机制留人、感情留人、正气留人"，努力营造聚人气、干事业、谋发展和出人才、出大师的和谐环境，积极创造有利于拔尖人才、创新团队脱颖而出的机制，创造有利于人才施展才华的舞台。

通过以上措施，学校逐步形成了一支学历层次高、专业结构好、学缘结构优、科研能力强、年龄结构合理的师资队伍，为提高教学科研质量提供了有力保障。

4. 抓制度建设。软环境建设是学科建设的保障。我们始终认为：一流的大学需要一流的管理水平，制度建设是实现内涵提高、特色强校的重要保障。学校坚持"民主办学、依法治校"和管理创新，不断丰富和提升学校的办学理念和办学思路，形成了"立学为民、治学报国"等一系列具有鲜明人大特色和精神的办学宗旨。通过完善并实施"三重一大"和其他一系列规章制度，保证了学校人事、教学、财务等方面工作的安全、有序、稳定运行，较好地实现了校令畅通、反应灵敏、运转规范、质量提高的要求。从现代大学制度的要求出发，学校积极推进内部治理结构改革，依照"三级架构、两级管理"的原则，把改革的方向定位为提升校级宏观管理的科学性、规范性、权威性与增强和调动学院管理的主体性、积极性并重，理顺校、院、系三级组织之间的关系。探索建立了一批跨院系、跨学科科研机构，与教育部的社科重点研究基地、实验室一并形成矩阵式的科研体系，提升了科学研究的能力。

学校在评价、激励机制方面进行了卓有成效的探索，倡导自由探索的学术精神，倡导跨学科研究的学术方法，充分营造了良好的教学科研环境和宽松自由的学术氛围，体现了尊重人才、尊重知识、尊重劳动、尊重创造的制度建设基本思想。

我们取得的成就确实让人振奋，这说明一个学校只要聚精会神搞建设、一心一意谋发展，就会取得巨大进步。

二、为什么要提新起点？

我们为什么要在现阶段提新起点？一方面当然是我校自身发展到一个新阶段的需要。根据我们对本世纪头 20 年的规划，我校这 20 年的发展步骤分为两个阶段——"十年基础，十年腾飞"：每五年上一个台阶，用两个 5 年固本强基和全面提升，再用两个 5 年冲击和实现世界一流目标。现在已经是 2007 年底，固本强基的工作我们做了 7 年，目前正处于学校发展规划的"十一五"期间。根据学校"十一五"规划，该期间的任务是"全面提升，重点突破，强化优势"，继续加强校园建设和学科建设，为 3 年后的"十年腾飞"计划奠定坚实的基础。所以，现在可以说是我校实现战略目标承上启下的关键时期，这段时间学科建设的效果，直接关系到我校在 2020 年乃至更长一段时间建成世界一流大学伟大目标的实现。

在这个关键时期，我们在学科建设上累积起来的优势要求充分发挥，实现加速发展；我们以前在学科建设上未能解决或暂时不能解决的问题、矛盾，需要得到解决；以前想要大力推进但时机还不成熟而现在时机已经成熟的措施，需要加紧推进；以前想要做但能力还达不到而现在能力已经达到的事情，需要着手来做。学校的发展虽然已取得了很多成就，但仍存在不少问题。在学科建设上，体现为教师国际学术交流能力还不够强，高层次人才和学术大师数量不足，学术人才历史积累还不够，学术人才结构有待进一步优化；学科原始创新和解决重大理论与实践问题的能力仍需加强，研究水平同经济社会发展对我校的要求仍然有一定差距，学术成果对国家重大政策和社会发展的影响力有待进一步提高；一些学科发展思路还不够清晰，部分传统优势学科发展趋缓，学科国际性程度普遍不高，新兴和交叉学科未能取得突破性进展，等等。

所以说，过往的辉煌只是给我们提供了一个更高的平台。就好像接力赛，我们上一段跑得很好，但只有把接下来的这一段也跑好，把每一段都跑好，才能达到胜利。所以，现在我们要在新的起点上迎接新的挑战，进行新的长跑，完成新的任务，达到新的目标。这是一个方面，我想大家都有深刻体会，我就不多说了。

另一个方面，就是我们的学科建设面临着新的外部形势，高等教育的发展给我们带来了新的挑战，要求我们去适应去应对。

1. 高等教育大众化的实现及提升高等教育质量的现实要求。

在我国高等教育体制改革取得突破性进展的同时，我国高等教育规模在新世纪实现了跨越式的发展，高校毛入学率在 2006 年达到 22％，在学人数超过 2 500 万人，已经进入国际公认的高等教育大众化阶段，形成了世界上最大规模的高等教育；高等教育为我国经济社会发展服务的能力显著提升，在国家发展和社会进步中发挥的作用进一步增强，从而也进一步形成了全社会关注高等教育、支持高等教育的良好氛围。但同时也提出了在规模和数量上全面扩张之后，应该如何进一步做强我国高等教育这样的问题。党的十七大报告把提高高等教育质量当作优先发展教育、建设人力资源强国的重要措施。对每所大学来说，在自己的定位上提高质量都是生命线。我国目前有 2 000多所高校，在学学生 2 500 万人，但是 2008 年以后，随着适龄人口的减少，报考学生人数会处于逐渐减少的状态。我国目前高等教育中专科教育正在呈上升趋势，普通本、专科在校生比例由扩招前的 2：1 变为 2005 年的 1.02：1；扩招以来，专科增长幅度一直高于本科。而在科类结构方面，人文社会学科的比重一直在提高。1998 年，理科和文科的比例是 1.64：1，而到 2005 年，这一比例为 0.99：1，文理科规模基本持平。这两个方面的数字意味着什么？意味着作为一所以人文社会科学为特色的研究型大学，我们面临着更加激烈和严峻的挑战。同时，社会对高等教育的理解和期待也在改变，选择性大大增强。一所学校要在竞争中立于不败之地，只有靠优良的质量。所以，教学质量、科研质量和社会服务质量是学校获得发展的关键，学科建设的好坏将对学校的命运有着决定性影响。

2. 国内外研究型大学建设如火如荼。

我校虽然在进入新世纪后得到了长足的发展，但要看到的是，国内其他研究型大学在这些年也发展很快。一些前几年通过合并完成资源整合的高校整体优势开始显现，传统理工科大学介入人文社会科学研究领域并形成新的竞争力。在全球化的时代，这样的竞争远远不只限于国内。最近十几年来，建设高水平研究型大学的热潮在全球范围内方兴未艾。德国等欧洲国家纷纷进行高等教育改革以加强研究型大学建设，试图在新一轮的国际秩序调整中打破美国研究型大学在知识创新领域的单极化格局。韩国、日本、印度等亚洲国家也都把研究型大学建设纳入本国发展战略中，通过国家或地方政府财政的投入或政策倾斜，提高这些大学的人才培养质量、科学研究能力和国际声誉，使之成为本国高等教育的旗舰，鼓励这些大学在国际舞台上直接参与国际竞争和合作，并通过发展研究型大学促进本国高等教育整体水平的提升，促进本国经济社会的全面发展。现在大家一到夏天就会看到所谓香港、内地大学高考状元之争的报道，这只是高等教育激烈竞争的冰山一角。随着中国国内居民购买力的增强，国外高等学校对国内教育市场的吸引力也会进一步增大，我们与海外大学的竞争会日趋激烈。比如美国康奈尔大学就针对我们人大附中等中学的学生举办了夏令营等种种活动,其实就是在吸引学生。所以将来参加生源竞争的,不只是国内的大学,还会有越来越多的国外大学特别是一些著名的研究型大学将进入我国。要在这样日益激烈的竞争中取胜,我们确实是逆水行舟,任重道远。虽然在过往取得了一点成绩,但远远没有到可以喘息的时候。我们在很长一段时间里都必须保持脚踏实地、不懈奋斗的状态,居安思危、"居危思危"。

三、我们在学科建设上的新目标、新任务

在新的时期,我们在学科建设上应该确立哪些新目标、新任务?目前,我们的学科布局工作基本完成,主要就是根据"国际通行、中国特色、人大特有"的原则继续做好学科规划,拾遗补阙,真正建设好"主干的文科、精干的理工科"。我们学科建设的基本思路是"全面提升,重点突破,强化优势",也就是抓亮点,抓重点,抓难点,抓增长点。主要目标是已经处于我国领先地位、世界通行的学科要着眼于世界一流,为冲刺世界一流"助跑";具有较强实力和基础的学科要着眼于中国一流,在未来的几年里达到中国一流;相对薄弱的学科要加快建设,跻身于该领域的全国前列水平;同时发掘并抓好新的增长点,为学校学科建设的持续发展蓄积能量。具体任务有五方面:

1. 要以冲击世界一流为目标,优先建设若干具有国际影响的学科,也就是要实现重点突破、狠抓亮点。正如整个国家高等教育的发展需要通过大力建设高水平大学来突破,我们学校要想在创建世界一流上取得突破,就需要把我们的拳头产品进一步办好办强。通过"211工程"、"985工程"建设,通过资金和政策的倾斜,进一步加强我们的优势学科,如经济学、法学、金融学、商学、统计学等等,促进这些学科冲击世界一流。

2. 要以保持学科建设的高度为目的,巩固重点学科,也就是抓重点。要巩固我校现有的33个重点二级学科,保持这些学科在全国

的领先地位并强化优势。学校要建成学术"高原"和"高峰"，就需要有一批重点学科，现有的这 33 个重点二级学科就是学术高原的基本支点，奠定了我校学科建设的高度。要进一步提升内涵，巩固并强化优势。

3. 要以增加新的重点一级学科为目标，有计划、有策略地重点建设和发展若干具有一定基础的二级学科。按照现有条件，在 2010—2011 年国家重点学科申报中，我校应争取政治学、中国语言文学、历史学、公共管理及图书馆、情报与档案管理等一级学科进入国家一级重点学科。按照这一战略目标，我校未来几年对这些学科的发展和建设就应该有计划、有重点地进行，在这些一级学科下，首先建设和发展具有一定基础的二级学科，使其在未来成为重点学科。例如，公共管理学科中，我们可能首先需要扶持社会保障（以劳动人事学院为依托）和土地资源管理专业的发展；中国语言文学学科中，帮助具有一定基础的中国古代文学和比较文学与世界文学等二级学科的发展；在政治学一级学科中，要选取其中一两个有基础的二级学科予以重点支持；历史学和图书馆、情报与档案管理一级学科也要进一步明晰未来应重点发展的二级学科。做这样的安排，目的就是要大力提升相关一级学科的竞争力，使其在下一次重点学科评审中，在一级学科层次能有突破。这是我们要抓的另一个重点，可以说是战略上的重点。通过加强这些学科的建设，既优化结构，加强相关学科的相互支撑力度，又能服务于下一轮一级学科的重点学科评审。因为只要某类被评为重点学科的二级学科达到三个，按现行规定就可以自动评上重点一级学科。

4. 要以完善学科体系为目的，重点建设若干个新建学科，也就是抓增长点。要继续发展好理工科，进一步形成文理交融、相互支撑的学科氛围。在理工科的建设中我们已经取得了很大的成绩，我们要一如既往支持物理系、化学系的发展，也要大力加强数学系的建设。我们学校是一所社会科学占有很大优势的学校，数学在社会科学的研究方法中是极为重要的基础。我们如果要保持社会科学在国内的优势地位并力求国际一流，就必须有很强的数学系。数学将是学校未来的发展重点之一，学校将通过体制创新来建设我们的数学系，我们的数学系不能比国内任何一所综合性、研究型大学差。心理学也是这样，国外著名的研究型大学都有很强的心理学，这也说明了心理学的基础地位和对其他学科的支撑作用，我们要加大建设力度。

国学将继续是我们非常重要的增长点，也是一个重要的看点。国学院要在主干领域全方位地加强基础建设。新成立的国剧研究中心，将使我校的国学研究更加丰满、更加鲜活。国学教育的探索与创新代表了我们作为一所研究型大学的学术品格、学术品位和学术追求。我们要下大力气，把新中国第一所国学院办好。

5. 要以全面提升为目标，建设好我们的一些薄弱学科。艺术、外语、史论等人文学科和许多学科的史论部分，对学校尤其是对一所以人文社会科学为特色的学校而言非常重要，但遗憾的是这些学科中的一部分在我校目前还处于相对薄弱的地位。近年来我校虽然增加了对这些学科建设的投入，但还很不够。学校教务处告诉我，我校今年进行通识教育的改革，但不少基础学科和人文学科无论是数量还是课程设计上都远远不能满足学生需要。学校将进一步加大对这些学科的扶持力度，通过抓难点，促进学科水平的全面提升。

四、如何实现我们的新目标、新任务，再创新辉煌

在当前严峻的形势下，我们怎样能实现这些新目标、新任务，创造新辉煌呢？这就需要我们进一步提高内涵、强化特色，把握好学科建设这一关键。需要我们针对学科建设中存在的问题，认真研究对策，积极妥善加以解决。尤其需要我们的每一位老师特别是院领导、指导教授、责任教授都树立对学校、学院、学科强烈的责任感，不仅关注个人的学术活动和自己的研究领域，也要关注整个学科的状态；不仅要提高个人的学术素养，也要提高整个学科、整个学院的学术积

累，埋下头、沉下心、聚精会神，通力合作，把我们的学科建设搞好。下面就我自己想到的讲几个方面：

1. 牢固树立人才资源为第一资源的观念，大力加强队伍建设。

要搞好学科建设，关键在于人才，在于一支一流的学科队伍。这些年来，我们的队伍建设确实取得了很大的成就，但要冲击世界一流，还很不够。

（1）队伍建设要进一步解放思想，更新观念。应该说这些年来各学院和职能部门已经确立了人才资源是第一资源的观念，也取得了很大的成绩。从学校层面上成立了人才引进办公室，人事部门也在向人力资源部转型，一些学院院长在人才引进和人才培养上确实兢兢业业，做了大量的工作，但是，一些学院对队伍建设的长期规划和周期考虑还不是很够，人才引进的力度还不够大，人才引进和培养的方法还不够多，发掘有潜力的人才比如"准大师"并进行有目的的培养还很不够。在全校范围来说，对人才引进和人才培养的重视程度还很不平衡，还缺乏根据不同学科特点进行人才引进的办法和弹性，还存在不同程度重使用、轻培养、轻管理的问题。个别院校在人才引进方面挖空心思甚至不择手段，也使我们的队伍建设存在着必须警惕和面对的"反引进"的问题。这些都需要我们进一步解放思想、更新观念，特别是各位院长和责任教授，不仅自己应是千里马，还要是伯乐，不仅是善于培养优秀学生的伯乐，还要是善于传、帮、带，善于培养优秀青年教师的伯乐。

（2）科学地进行队伍建设的制度创新。这一年多来，学校工作中的一件大事就是配合国家政策进行人事制度改革，新的人事制度改革方案即将推出。学校经过努力，争取了尽可能有利于员工的方案。新的制度有一些先进的方面，比如通过一级教授的设置，使原来的制度设计中重理轻文的一些方面能够得到缓解，因为人文社会科学的一级教授和理工科的院士工资待遇和地位是一样的。新的制度也有利于适当拉大差距，鼓励优秀人才脱颖而出。当然，新的制度在推行中还有一些问题需要去研究。目前，我校人事工作中按需设岗、按岗取酬已基本做到，但如何进行制度创新，做到优劳优酬就还需要探索。在人事工作中，还有不少制度需要我们实现创新，比如考核制度，如何通过考核鼓励科研、鼓励教学；比如如何结合奖励制度，在考核的同时对"十年磨一剑"的同志进行合理的评价，对优秀的原创性成果进行奖励；再比如，我们不像美国有非升即走的制度，那么就需要我们在人才的选留上要更谨慎，要在尊重、遵守新《劳动法》的基础上，进行适合中国国情的制度创新。

（3）要进一步强化师德师风的建设。我们面临的时代是一个变革的时代，价值多元、观念多变、诱惑极多，这就比任何时候都要求我们的教师有定力，能抵制住诱惑。教师传道、授业、育人，是特殊的岗位，所以对教师的人格人品，总是有比其他职业更高的要求。最近，胡锦涛总书记在全国优秀教师座谈会上的讲话深刻指出，希望广大教师爱岗敬业、关爱学生，刻苦钻研、严谨笃学，勇于创新、奋发进取，淡泊名利、志存高远，特别是希望教师要养成求真务实和严谨自律的治学态度，树立高尚的道德情操和精神追求，恪守学术道德，发扬优良学风，静下心来教书，潜下心来育人。这篇讲话意味深长，静心潜心才能坚持学术本位，才能达到"淡泊明志、宁静致远"的境界，不急功近利，不随波逐流，真正在学术上、在人才培养上作出成绩并享受其中的乐趣。

希望人民大学优良的师德师风代代相传，坚持学术本位，摒弃浮躁、潜心治学、宁静致远，将研究高深学问、探求真理作为一种崇高的大学生活方式。学校将一如既往地坚持"百花齐放、百家争鸣"的方针，努力为师生营造好的氛围，也将继续强化师德师风建设，通过加强管理来杜绝不良做法、不良习气。

2. 继续坚持学科建设中科学研究、人才培养、社会服务相结合，进一步提升我们的人才培养质量、科学研究质量和社会服务质量。

学科建设的核心归根到底还是提高科学研究水平和人才培养质

量，提高社会服务水平。十七大明确提出要提高高等教育质量，这是新时期中国高等教育面临的挑战，也是我校谋求发展的根本任务。提高质量有种种途径，我们要继续做好科研工作，加强管理和制度建设，促使科研成果出精品、出上品、出传世之作。我们要继续做好教学工作，加强通识教育和人才培养机制改革，加强精品教材建设，培养宽口径、厚基础、具有创新品格和实践能力的人才。我校近年来进行了研究生培养机制改革和本科生通识教育改革，这些改革既是人才培养，也是学科建设；既是对学生提要求，也是对教师提要求。科学研究与人才培养往往是相辅相成的，科学研究中的前沿成果可以带到课堂上、师生交流上，而教师在教学和与学生交流中也经常会受到启发或触动，又能带到科研上。对硕士生、博士生和本科高年级学生，学校鼓励教师带着学生一起做科研，在科研中出成果、出人才。科学研究与人才培养相结合是中国高等教育的一项优良传统，我们一定要很好地继承并发扬光大。我们也要做好社会服务，加强问题意识和参与意识，为国家决策、社会进步服务；理论联系实际是我校的一项优良传统，我们也要很好地继承并发扬。

3. 要特别鼓励和支持学科建设中的团队攻关，为重大创新型成果的产生创造条件。

团队攻关在理工科的科学研究中几乎已成惯例，人文社会科学虽然有自己不同的特色，老师们自己埋头苦干也能出优秀成果，但应该看到现代社会人文社会科学研究中团队攻关也越来越显示其威力。我校近年在国家重大科研立项中为什么能屡创佳绩？很大的一个原因就是组织工作和团队攻关。特别是在信息极大丰富的时代，个人对知识的掌握往往是很有限的，要想在科学研究上有所突破，往往需要多人的合作和集体的力量，尤其是对社会科学工作者来说，团队攻关更是别具意义。我们国家现在极其强调要出创新性成果、建设创新型国家。一所研究型大学，在现在和未来的中国能不能奠定自己的地位，就要看有没有重大的创新型成果。所以，学校要特别鼓励和支持学科建设中的团队攻关，鼓励传、帮、带，鼓励合作研究。各个院系要把教研室每周例会制度重新建立和完善起来，教师要经常见面，才能相互启发，才能培养合作精神，才能一拍即合、组成团队去进行科学研究。

4. 继续做好软环境建设和硬件建设，为学科建设提供良好的支持与保障。

软环境建设中，学校要继续加强党建和思想政治工作；提高管理服务水平，构建立体管理服务体系；深化学校内部管理体制改革，完善治理结构；加强制度建设，推进学校"民主办学、依法治校"；准确把握所谓学术权力与行政权力的关系，坚持学术本位，实现教授治教。在硬件建设中，则要进一步拓展办学空间，优化用房布局分配，提高资源利用效率，加强实验室体系建设，加强网络电子资源整合和建设，以图书馆新馆的建设为契机，充分实现图书及数据库对教学、科研的辅助功能。建设一个科研条件先进、人文气息浓厚、生活环境优美、可持续发展能力较强的校园环境，使其为学科建设服务。

围绕学科建设还有很多重要方面需要去关注去做，我就不一一讲了。期待今天下午的经验交流和讨论会上涌现尽可能多的真知灼见。谢谢大家！又是一个新年到了，也借此机会祝大家新年快乐！

发挥学科优势　服务科学发展[*]

——在中国人民大学"中国发展指数（2008）发布会"上的讲话

（2008 年 12 月 23 日）

尊敬的各位领导、各位专家，女士们、先生们：

大家下午好！不平凡的 2008 年即将过去，充满希望的 2009 年正向我们走来。在这样一个辞旧迎新的日子里，各位嘉宾聚集在人民大学，参加"中国发展指数（2008）发布会"，首先，我代表学校向各位领导、各位专家的到来表示热烈的欢迎和诚挚的感谢！

在前不久召开的纪念十一届三中全会 30 周年大会上，胡锦涛总书记发表重要讲话，系统总结了改革开放 30 年来的宝贵经验，概括为"十个结合"。其中第一个结合，就是把坚持马克思主义基本原理同推进马克思主义中国化结合起来。总书记指出，30 年来，我国改革开放取得伟大成功，关键是我们既坚持马克思主义基本原理、又根据当代中国实践和时代发展不断推进马克思主义中国化，形成和发展了包括邓小平理论、"三个代表"重要思想以及科学发展观等重大战略思想在内的中国特色社会主义理论体系，赋予当代中国马克思主义勃勃生机。

从十六届三中全会第一次正式提出科学发展观，到党的十七大全

---

[*] 本文根据讲话录音整理。

面阐述科学发展观，"发展"的主题被赋予了全新的、科学的、既立足国情又适应时代发展要求的内涵。如何建立一套科学的指标体系，测量、评价和引领中国社会沿着科学发展观的方向前进，不仅成为一项重大的时代课题，而且成为当前国际国内复杂多变背景下，中国继续谋求又好又快地发展的紧迫任务。

中国人民大学中国发展指数从 2007 年首次发布以来，一直得到专家学者的高度评价，受到中央领导的高度重视和政府部门的广泛关注，引起了强烈的社会反响，产生了积极的社会效应。今天是我们第三次向社会公开发布中国发展指数的编制结果。据我了解，在中国发展指数 2008 的编制研究中，我们对于区域发展水平的测量和评价又有新的发现，课题组进行了一些针对性的改进，因而显得更加科学、更加合理、更加公正，能够更好地体现科学发展观的思路和要求。

中国人民大学一如既往地秉承实事求是的研究精神，连续三年推出中国发展指数，既是我们当前深入贯彻学习实践科学发展观的具体行动之一，又是我们始终坚持崇尚科学、追求真理，积极服务社会，引领社会发展的一项有益探索和尝试。今年 10 月 5 日，刘延东同志视察中国人民大学并发表重要讲话，从五个方面高度评价人民大学进入新世纪以来的发展成就，其中第一个就是"人民大学极其关注和研究国家经济社会发展的重大问题，为中央领导和中央国家机关提供决策咨询"。作为一所以人文社会科学为主的综合性、研究型全国重点大学，中国人民大学义不容辞地有责任在建设中国特色社会主义的伟大事业中，在推动中国社会健康和持续发展的过程中，作出自己的贡献。

我希望这项中国发展指数的研究工作能够在不断探索、改进的过程中不断完善，我也坚信这样一个有意义、有价值的工作在我们人民大学一定能够坚持下去。我们真诚欢迎各位领导、专家、学者和社会各界朋友对我们的这项工作给予评论，提出批评、意见和建议，大家共同努力把中国人民大学中国发展指数塑造成一个科学

的、合理的、完善的指标体系，一个实事求是的、符合中国国情
的、对全面协调可持续发展进行监测评价的有效工具，为构建和谐
社会作出新的贡献。

最后，再次感谢各位领导、专家、学者的到来。谢谢大家！

加强学科建设的实践与思考[*]

——在国防大学做学科建设的专题报告

（2009 年 4 月 27 日）

来到国防大学介绍情况，心里还是有点忐忑不安的，因为我毕竟在普通高校工作，对军事院校的情况不是很了解，所以只能就我们学校学科建设的情况给同志们作一下介绍，希望对国防大学的学科发展有所助益。

一、中国学科制度的历史沿革及现状

学科是对学问的一种学术分类，它表现为人们按照一定的学术标准把人类的知识积累进行划分的一种过程、一种制度。学科是立学之本、教学之范，它关系到人才培养的规格和目标，关系到教学资源的配置和协调，关系到教学的质量和效益，关系到学术研究的方向和水平。所以，对大学来讲，加强学科建设是非常重要的。

中国古代对学科也有划分，也就是"经、史、子、集"四部之学，从隋朝开始，一直延续到清末。在清末西学东渐的过程当中，一些洋务派人士认为引进西方的学科制度对中国来讲是必不可少的，包括李鸿章、张之洞等人都有这样的主张。清王朝当时很腐朽，但是应当说他们在西方学科制度的引进上还是有精深研究的，没有盲目照搬

＊ 本文根据讲话录音整理。

西方。1904 年，清王朝颁布的《大学堂章程》，把学科分为八个，即"八科立学"，第一个学科就是经学，为中国传统文化保留了一席之地，其他七个学科用现在的语言来表述就是理、工、农、医、文、法、商。

民国初年，由于当时社会思潮包括新文化运动思潮的影响，中国传统文化遭到排斥和贬低。1912 年颁布的《大学令》把经学这个学科就去掉了，只保留理、工、农、医、文、法、商七科，学科制度基本上是全盘西化的。经过近一个世纪的演变，我国目前设置了 12 个学科门类，另外还有一个军事学门类。国防大学很多学科属于军事学门类。除了军事学以外的 12 个门类下设 81 个一级学科，每个一级学科下面还有若干个二级学科。现在大学的专业设置基本上是以二级学科为基础，设置学士学位、硕士学位、博士学位。

高等学校抓发展最基本的方面是抓学科建设。学科建设是学校事业发展的"龙头"，抓住了学科建设就是抓住了学校发展之纲，就抓住了学校发展的"牛鼻子"。中国人民大学一向重视学科建设，目前人大涉及的一级学科有 29 个，拥有博士授予权的一级学科有 14 个，这是经过国务院学位委员会审批的。在人文社会科学领域，人民大学拥有博士授予权的一级学科是全国最多的高校之一。

中国人民大学拥有比较强大的学科实力，今年元月份，教育部学位评估中心公布了全国高校一级学科的评估结果，人民大学取得了优异的成绩，有 7 个一级学科排名全国第一，即理论经济学、应用经济学、法学、政治学、社会学、新闻学和马克思主义理论，排名第一的学科数量在全国高校排名第三。第一名是清华大学，有 12 个一级学科排名第一，大部分是工科。第二名是北京大学，有 9 个一级学科排名第一，以文科和理科为主。人民大学的 7 个第一都是文科，在人文社会科学领域排名全国第一。第四名是中国农业大学，有 6 个学科排名第一。从中可以看出来，学科建设一个极其重要的方略和指导思想就是要办出特色，办出水平，只有办出特色才能办出水平，也只有办出水平才能办出特色。

人民大学在人文社会科学领域的强大的学科实力，当然不仅仅从一级学科排名这个角度来看，除此之外，人民大学有 33 个二级学科是国家重点学科，在人文社会科学领域也名列全国高校第一位；人文社会科学领域发表的论文数量，中文社会科学引文索引（CSSCI）检索结果显示，人民大学从 2004 年起发表论文的数量就一直居于全国第一位；全国优秀博士论文每年评选 100 篇，其中人文社会科学领域的论文最多的一年评了 18 篇，最少的一年只评了 14 篇，其他的都是理、工、农、医领域的，连续评了 10 届，人民大学获得优秀博士论文的是 24 篇，在人文社科领域遥居全国第一位。这些数据从不同侧面反映了人大在人文社会科学领域的学科建设方面取得的辉煌成绩，说人大是我国人文社会科学的学术重镇，应是当之无愧的。这是学校师生员工长期奋斗、辛勤劳动、长期积累的结果。

二、如何加强学科建设

如何加强学科建设，我自己体会，可能主要有以下几个方面。

（一）要坚守大学的使命，守护大学的精神

改革开放以来，我们国家处在激烈的变革和转型时期，各种思潮都涌进来了，人们的思想观念和价值取向日趋多元。在市场经济大潮的冲击下，在一定范围内出现了物欲横流、金钱至上的问题。党中央提出以人为本的科学发展观，具有极强的现实针对性和时代意义，我们很长一段时间存在着"见物不见人"的倾向，并没有完全做到以人为本，许多地方往往只重视经济发展，重视 GDP（国内生产总值），而在一定程度上甚至相当程度上忽视了经济、政治、社会和文化的协调发展，忽视了如何实现人的全面而自由的发展。所以科学发展观不是纯粹的学术探讨，而是指导我们国家科学发展的大政方针，是统领我们各个方面工作的指导思想。

市场经济的大潮对高等学校也有很大的冲击。在我看来，大学的基本使命就是人才培养和知识创新。如果没有人才培养这一条，大学就成了纯粹的科研机构，就不能说是学校；如果没有高深学问的研究，没有知识创新，那可能是小学、中学，很难称得上是大学。所以培养人才和发展学术是大学的基本使命，社会之所以要大学这样的机构存在，最主要的要求就是这两个方面的职能。这本来是非常清楚的，但是在市场经济大潮的冲击下，我们有时就犯糊涂了。急功近利、浮躁之风在高等学校同样有所反映，在某些方面甚至还比较严重。一些人模糊了甚至忘记了大学是干什么的，模糊了甚至忘记了自己的职能和使命是什么，忘记了人才培养是大学最重要的使命，或者把它放在次要的位置上，反而把社会服务等衍生的职能当成基本职能，更有甚者则是宣扬教育市场化，要以办企业的方法办高等教育。大学中也有不少教师评了教授以后就不太愿意再上课，或者不太愿意多上课，或者只给研究生上课不给本科生上课。这样的情况在很长一段时间是存在的。

一所大学如果对自己的职能和使命认识不清楚的话，还谈得上什么学科建设呢？前年我在北京论坛上发表一个讲话，题目是"变革的时代呼唤宁静的校园"，这个演讲引起了与会中外校长们的广泛兴趣和一致赞同。我记得当时美国夏威夷大学的一位副校长就站起来发言表示赞同和支持，他说，中国存在着这样的现象：大学教授拎着包到处跑，像个商人；企业家到处出书，像个学者。这样讲当然有一些极端，大学里面还是有很多潜心治学的优秀学者，但是急功近利、浮躁的风气对大学的冲击确实还是很大的，以至于大学的精神得不到彰显。大学的精神是什么？就是崇尚学术、追求真理，这是大学的基本精神。如果一所大学崇尚金钱，追求功名利禄，哪里还会关心学术的发展，关心人类的命运？哪里还会去攀登科学的高峰，营造知识的殿堂？居里夫人当年搞研究的时候，她是为了功名利禄吗？不是，她就是为了追求科学、追求真理。如果一所大学的教师没有崇高的学术理想，没有追求真理、追求科学、追求进步、追求光明的正气，整天谈股票，谈各种各样的名利场上的事情，这样怎么能有学科建设的辉煌成就呢？

所以，在人民大学，我提出抓学科建设首先要坚守大学的使命，守护大学的精神。尽管我们学校还存在着这样和那样的问题，但是我们的主流价值是好的，我们的各项规章制度是指向这样一种价值观念的。比如我们规定教师不准在校外兼实职。我 2000 年刚到人大当校长，就说人大的商气太重，有些做法不大像高等学校的作为。教授就是教授，可以在社会上兼职，也可以到校外去讲课，这是联系社会、了解社会、服务社会的一种渠道，但是不能在校外兼实职，去当经理、当老板，一律不允许，否则就应辞职，就请离开人民大学。这一条规定是非常严格的。当然人民大学绝大多数教师是非常敬业的，非常热爱学生和学术。胡锦涛总书记在 2007 年优秀教师座谈会上的讲话，对教师提出很多殷切的希望，其中有一条就是要关爱学生，要静下心来教书，潜下心来育人。胡总书记讲得非常中肯，切中时弊，引人深思。大学如果不宁静，大学的教师如果不静下心来，学科建设就没有办法搞上去。

（二）要把握学科建设的正确方向

这一点对我们人民大学是非常重要的。因为人民大学的学科以人文社会科学为主，人文社会科学不同于自然科学的一个重要特点，就在于它既是一种知识体系，又是一种意识形态，比自然科学要复杂得多。作为大学的领导者，必须坚持马克思主义的指导地位，把握学科建设的正确方向。我记得 2000 年到人民大学上任校长之前，时任教育部部长的陈至立同志找我谈话。我向至立同志提到两个方面：一是希望教育部在经费上支持人大，要给钱，人民大学太穷了。第二就是意识形态问题，我不知能不能把握好，心里面感到有些忐忑。至立同志当然给了我很多鼓励。对于人民大学这样的学校，进行人文社会科学的学科建设，既要坚守马克思主义的指导地位，又要保持各个学科的与时俱进，同时还要考虑到学科建设的中国特色、中国风格、中国气派。在改革开放的新时期，上述这几个方面要做到有机结合，否则学科建设就可能出现各种各样的问题。

党中央提出社会主义的核心价值体系，第一条就是坚持马克思主义的指导地位。对于马克思主义的指导地位，各种文件讲得非常多了，但是在现实生活当中，马克思主义实际上又处在一种非常尴尬的地位。苏联解体、东欧剧变等事件，使得很多人认为马克思主义过时了、社会主义失败了、共产主义渺茫了；我们国家曲折发展的历史，特别是"左"的严重错误，比如"文化大革命"，都是在马克思主义、社会主义的旗号下进行的，对普通老百姓认识马克思主义产生了负面影响；改革开放以来，我们引进了很多西方的东西，有一些学者认为，我们的改革实际上是向资本主义的回归，他们发表文章，声称我们的改革就是要"以英美为师"，这使得人们对改革当中各种各样的问题形成了模糊的认识；历史虚无主义和新自由主义思潮泛滥，实际上影响到了我们的一些政策。再加上一些研究马克思主义的学者，有的比较僵化、比较教条，实际上使马克思主义失去了鲜活的生命力；有的可能偷懒，对改革开放过程中出现的重大理论和实践问题不愿意研究，不愿意做艰苦的理论探索；有的则胆子小，缺乏或者没有理论勇气，不敢进行理论创新。这几种精神状态都使得我们对改革开放当中大量的、非常生动的实践，不能很好地进行理论概括和总结，这样一来就可能影响马克思主义的理论说服力。党中央在群众智慧的基础上提出了"三个代表"重要思想，提出了科学发展观的重大理论，这些中国化的当代马克思主义，构成了中国特色社会主义的理论体系，为我们国家在当代坚持马克思主义的指导地位奠定了大局，把握了方向。但是在我们高等教育界，在大学具体进行学科建设的过程中，还会遇到各种各样的问题，需要我们保持清醒，坚持马克思主义的指导地位不动摇。

在新形势下高等学校的办学实践中，坚持马克思主义的指导地位需要引起我们的高度关注。比如有的高校把马克思主义课程"砍"得差不多了，仅仅在"两课"里体现一些，其他课程情况如何就很难说了！比如有的学校经济学的课程全部是西方经济学主要是新自由主义，而马克思主义经济学已经几年都不怎么讲了；经济学专业的研究生入学考试，马克思主义理论的内容都不考，全部考西方经济学的。全国高校现在专门研究《资本论》的专家很少了，有的大学经济系都把《资本论》的课程"砍掉"了，当然我们人民大学还有《资本论》专家，还有《资本论》的课程。现在全球性的金融危机来了，西方国家开始重视《资本论》，原来不重视的人中有些人才又开始研究《资本论》。所以，仅在口头上讲坚持马克思主义为指导是不够的，马克思主义的指导地位要切实体现在学科建设之中。在我们人民大学，我们认为马克思主义不仅是我们党和国家的指导思想，更是人类思想宝库中的瑰宝，研究马克思主义是世界性的课题，可以产生世界级的科研成果，可以产生世界级的学术大师。我们应该以这样的精神状态来对待马克思主义的基本理论，就是要认真、系统地精读、精研马克思主义的经典著作和理论体系。对人民大学的教授来讲，只读一两本马克思主义的书是远远不够的，必须要系统地学习和研究，要系统地、原原本本地读经典，要系统地掌握马克思主义的基本原理。这是从事人文社会科学研究的教师必须要做到的，在人民大学我们非常强调这一点。

在坚持马克思主义指导地位的同时，我们也清醒地认识到，对以人文社会科学为主的大学来讲，还应该坚持"百花齐放、百家争鸣"的方针，坚持学术自由，这些对学科建设同样是极其重要的。我认为，没有学术自由就没有理论创新，没有理论的创新就很难有学科水平的提高。所以我在人民大学明确提出，只要拥护宪法和法律，符合宪法和法律要求的任何学术观点都可以存在；不允许随便给教授带上"左"的或者"右"的帽子；不允许在教授当中划分什么改革派、保守派；不允许把学术问题政治化，当然也不允许把政治问题学术化。我们褒奖成功的学术探索，但是也善待、宽容失败的探索。我们学校把这样一些思想在各种评价体系当中都体现出来，从而在学校营造了一种学术自由、鼓励创新、百花齐放、百家争鸣的氛围。人民大学的学术风气是健康的。人民大学是中国共产党创立的新中国第一所新型正规大学，而且以"中国人民"这样的名字来命名，人民大学的广大师生员工有一种崇高的使命感和责任感，"立学为民、治学报国"的人大精神渗透在学校的学科建设、学术研究和人才培养当中。有人认为人民大学是学术最自由的一块地方，我们努力把坚持马克思主义为指导与贯彻"百花齐放、百家争鸣"的方针和学术自由较好地统一起来，创造出健康、宽松的学术氛围，从而有利于学科发展和学术繁荣。

（三）要解放思想，提高科研水平

加强科学研究，提高学术水平，是学科建设的核心。而提高科研水平本身就是创新，没有创新就不是科学研究。而要创新就必须要解放思想，解放思想就是要不迷信任何教条，破除所有迷信，我们既要破除僵化的马克思主义的东教条，也要破除照搬西方的西教条，还要破除在改革开放当中形成的新教条。我觉得特别要警惕一些成功的经验变成我们继续前进的桎梏，从而形成新的教条。比如说"三来一补"、引进外资在改革开放初期当然很重要，但是现在中国已经是世界第三大经济体、第二大贸易体、第一大外汇储备国，如果还把工作重点放在引进外资上，放到"三来一补"上，恐怕就是一种新教条。我们应该破除各种各样的迷信和教条，在科学研究当中必须倡导解放思想。

解放思想合乎逻辑的必然结果就是创新，创新是衡量是否解放思想的唯一标准，也是学科建设能否抓上去，能否提升水平的根本途径。所谓创新，就是人们在实践当中通过研究事物的新过程、新本质、新规律而得出新认识，并且依靠新认识来发明新的实用技术或者新的实践方法，来创造新的事物或者开拓新的局面的过程。

创新最重要的方法之一就是要有问题眼光，要有问题意识。我们要关注问题，诺贝尔奖获得者都是解决问题才得奖的，哲学社会科学同样如此。如果没有问题意识，没有问题眼光，任何创新都不可能实现。我们号召广大师生要关注改革开放当中的重大理论问题和实践问题，在创新中提高科研水平。创新还要有高度的社会责任感和崇高的使命感，这样才能够与时代的脉搏跳动联系在一起，才能够发现大量的问题。

创新还需要巨大的理论勇气、政治勇气，需要有一种大智大勇、大无畏的精神。特别是对于哲学社会科学而言，创新更需要政治勇气、理论勇气和学术勇气。如果只考虑领导会不会同意，学术大师会不会同意，是不是与现行政策相违背等等，就很难创新。

创新还需要科学的思维和正确的思想方法。要处理好继承与创新的关系，处理好认同与求异的关系。没有科学的思维方式和思想方法，整天胡思乱想那不是创新。

（四）要重视学科建设技术层面的问题

除了上述三个方面是指导思想以外，抓学科建设还有几个技术层面的问题：

1. 抓好学科布局结构是学科建设的基础。

人大学科建设的指导思想是"三个意识，一个体系"。"三个意识"就是"特色意识、基地意识、一流意识"，这是我们从 2002 年 4 月 28 日江泽民同志考察人民大学发表的讲话当中提炼出来的。"一个体系"就是主干的文科、精干的理工科的学科体系。我们就是按照这样的思路来进行学科规划、布局和建设的。除此以外，还要处理好基础学科和应用学科的关系、优势学科与新兴学科的关系。我们的工作方针就是巩固加强优势学科，支持发展应用学科，扶持基础学科和交叉渗透学科。

2. 抓好队伍建设是学科建设的关键。

队伍建设主要是师资队伍建设。加强教师队伍建设有两个重要方面：一是重视学术梯队的建设；二是重视拔尖创新团队建设。我们也非常重视教师队伍形成合理的学缘结构，防止近亲繁殖，本校的博士毕业生原则上不留校，留校的条件要求也非常苛刻。

师资队伍建设还有一个工作原则就是"事业留人、机制留人、感情留人、正气留人"。这是我们在引进人才的经验和教训中总结出来的。比如机制留人，和待遇留人不一样，机制留人包含了待遇留人，但机制有奖励的机制，也有惩罚的机制。人大对教师的考核是很严格的，每三年一次，已经进行了两次，每次不合格的都在 10% 左右，但是这项工作进行得波澜不惊，没有闹事的。处置方式有几种类型：一种是转岗，一种是降格，一种是诫勉，还有一种是减少岗位津贴。由此，考核就形成了良性机制。再比如正气留人，人大倡导风清气正，对于频繁"跳槽"的所谓"大牌"学者，把已经取得的学术成就当成讨价还价的筹码，这样的学者人大不需要。《资治通鉴》有一句话"经师易遇，人师难遭"，说的是传授知识的老师是容易找得到的，但是为人师表、教人怎么做人的老师并不多见。我们希望人大的教授们是"经师"与"人师"的统一，尽管我们不可能完美地达到，但是否朝着这个方向努力，结果还是大不相同的。

在师资队伍建设中，我们还非常重视发挥教授的作用。人大2002年就实行了指导教授和责任教授制度，当时国家还没有分一、二、三、四级岗位教授，我们就把教授进行了分级，分为指导教授、责任教授和普通教授。这样更有利于发挥教授们在学科建设中的积极作用。在人民大学，凡属学术性问题的决策，都要经过由教授们组成的各种委员会，如学术委员会、学位委员会、职称评审委员会等通过，才能最后敲定。

3. 抓硬件建设和软环境建设是学科建设的重要保障。

硬件条件主要包括教师的生活条件和工作环境。新世纪以来，我们采取了社会化、商品化、货币化的校园置换政策解决教师住房问题。人民大学的教师住房条件原来是教育部直属高校倒数第一，现在成为全国教师住房最好的大学之一，同时，3 000多户教职工搬到校外居住，把宝贵的校园空间腾出来用于教学科研，也改善了学生的学习、生活条件。有人可能会问，抓教师住房条件跟学科建设是什么关系？其实这就是物质变精神，精神变物质的辩证关系。如果不把教师的住房问题解决好，高水平的学科建设肯定搞不上去。在保证教师安居乐业的同时，我们还关心教师的工作条件。人民大学过去用于教学、科研的用房非常少，只有12万平方米。通过这几年建设，教学科研用房已达到30万平方米，实现了教授每人一间工作室，副教授两人一间工作室，讲师三人一间工作室。人民大学的校园网是后起的，有后发优势，现在已建设成为中国高等学校最先进的校园网之一。此外，图书馆、实验室等设施也都得到了较大的改善。

除硬件条件之外，软环境建设对学科发展更加重要。人大着重营造"百花齐放、百家争鸣"的学术自由环境，营造尊重人才、尊重知识、尊重劳动、尊重创造的良好氛围，营造一种鼓励人们想干事、能干事、干成事的良好环境。这"三个营造"为主的软环境建设，当然要经常讲，但决不是一种空洞的说教，而是通过制度建设、通过行动来体现出来的。我们有许多例证让人们真切地感受到这种环境和氛围的客观存在。

4. 抓国际性的提升是学科建设的重要推动力。

我们在提升国际性方面投入了大量的精力和财力。人民大学国际性的程度还是很高的，留学生有1 500多名，其中攻读学位的有1 300多名，在北京乃至全国高校中位居前列。学生国际交流的规模逐年扩大。我们翻译了大量国外的学术著作和教材，派了大批教师到国外研修、交流、讲学，并引进外籍教师来校任教。人民大学的国际文化交流非常活跃，平均每周至少有一次国际学术会议，每月都有外国大使或著名学者来校演讲。今年暑期，人大将首次举办国际小学期，这是提升国际性的又一重大举措。提升国际性还有另外一个重要目标，就是使中国的学术走向世界。在人文社会科学领域，我们存在着严重的"贸易逆差"，大量的外国学术涌进中国，而中国的学术走向国外的却很少。作为以人文社会科学为主的大学，人民大学要努力成为中外文化交流的排头兵，这也是刘延东同志去年视察人民大学时对我们提出的期望，我们已经在这方面迈出了步伐。

5. 加强学风建设是学科建设的重要保障。

我们认为，一个学校的学风集中体现了这个学校的文明程度和价值取向。在人民大学，我们非常重视弘扬理论联系实际的学风、实事求是的学风、严谨求实的学风、追求卓越的学风和自由研讨的学风，并且很重视严格学术规范，严惩学术不端行为，在这方面，我们曾经取消过博士学位，取消过教授资格，只不过我们没有张扬。人民大学的学风整体上是非常好的，我们提出营造"宁静校园"，就是希望人民大学始终作为一方学术的净土。唯有如此，学科建设才有希望。

总之，搞好学科建设是全方位的、立体式的，而且不是一代人的事情，需要一代又一代师生持续做下去。

练内功　办特色
创一流　壮主流
—— 在中国人民大学部分院系的讲话

Ⅰ．在公共管理学院教师座谈会上的讲话[*]

（2001 年 11 月）

公共管理学院的组建成立适应了新时代、新世纪和国家发展的需要。什么是公共管理、什么是公共管理硕士（MBA）？直到今天还没有一个大家都认可的科学定义。我个人认为 MPA 主要是培养在非营利组织中从事公共管理、公共服务的人才，特别是政府机关的公共管理人才。这对社会发展起着至关重要的作用。中国人民大学在干部培养方面有着悠久的历史和优良的传统，干部就是现在讲的公务员，过去有人称人民大学为"第二党校"，我们不敢当啊，这并不准确，应该讲是"干部的摇篮"才准确。

目前社会运转有两大体系：一是市场体系，二是以政府为代表的公共管理体系。不能说现在搞市场经济就不要公共管理体系了。以政府为代表的公共管理体系对经济的发展、社会的进步、人民生活水平的提高、国家的繁荣富强都起着至关重要的作用。

公共管理体系一直在我国现代化建设中起着非常重要的作用。在

---

* 本文根据讲话录音整理。

计划经济体制下，市场体系（如商学院中的很多专业现在所研究的）是基本不存在的（只在消费领域等部分地存在着），公共管理体系却一直在起着支柱作用。人民大学在公共管理领域中具有诸多传统学科优势，如国民经济管理、财政金融、农业经济、贸易经济、工业经济等都是宏观经济管理，都属于公共管理范畴。现在市场体系中的管理人才的培养受到了广泛重视，这是完全必要的。与此同时，市场经济条件下的公共管理人才的培养同样应当受到高度重视。我校商学院和公共管理学院的组建正适应了这两方面的发展要求。

　　实际上，我国对于公共管理教育的探讨一直在进行。1986年我率团出访西德，就是考察西德的公共管理教育。我们为什么要把现有几个系所结合在一起，成立公共管理学院？因为它们是有联系的。当然，人大的许多院系都在研究公共管理问题，但不可能全部合在一起。财政金融学院有财政、金融政策等公共管理问题的研究，新闻学院有传媒的公共管理问题的研究，档案学院有政府信息管理系统的研究，贸易经济系有市场管理问题研究。我们将国民经济管理系纳入公共管理学院①，因为他们一直在研究公共的经济管理政策；行政管理学系也在研究公共管理，并不仅仅是人们所理解的办公室和后勤系统的管理；软科学研究所实际上是公共政策研究所。这些系所结合在一起，加上其他院系公共管理教育资源的支持和配合，我们有能力创建国内顶尖的公共管理学院。

　　现在的公共管理学院的组织结构是三系、六所，即国民经济管理系、行政管理学系、土地管理系，除了原有的教科所、区域所之外，还要新组建国防与国家安全研究所，我们已有教授在这方面做了长期的研究；社会保障方面要成立社会保障研究所，今后社会保障的教学和研究重点要逐步放在公共管理学院；要成立组织与人力资源研究所，主要研究人力资源政策和公共组织人力资源管理问题；公共财政

---

① 2001年，国民经济管理系并入公共管理学院；2006年，该系被调入经济学院。

要在公共管理学院发展，目前我们学校研究公共财政的人已不如过去那么多，研究企业财务问题的比较多。

要重视教师队伍的建设，调动各方面的资源来服务公共管理硕士即 MPA 的教学。MPA 将是学院重点发展的领域之一，争取在两到三年的时间内使公共管理学院的办学条件和办公条件得到根本改善，要结合国情尽快设计出有中国特色的 MPA 教学方案。

中国办好公共管理硕士（MPA）教育有历史的优势。MPA 学科建设虽然比较新，但是中国管理思想有深厚的历史积淀，一部《资治通鉴》的不少内容就是过去时代公共管理（如果可以称为"公共管理"的话）方面经典的实证分析和案例教学。要研究中国古代、西方近现代的管理思想，古为今用，洋为中用。

Ⅱ. 在商学院命名组建大会上的讲话*

（2001 年 6 月 28 日）

今天我们在此隆重集会，宣布商学院命名组建。首先请允许我代表学校党委、行政领导向商学院的广大师生表示热烈的祝贺。"广大"这个词一般不用，但在商学院命名组建大会上可以用，因为新组建的商学院是我校规模最大的学院。

我在这里提出三点希望：

第一，希望商学院师生，尤其是领导班子要讲大局、讲团结。商学院的组建，是强强联手，优势互补，是为了教学发展、科研提高，使我校的商科教育与科研能得到更大发展。希望大家能在思想上加强认同。经过最近几个月的思考酝酿，组建很顺利，相信在共同的基础之上，能把我们的事业做好。学院发展关键在班子，更关键在一把

---

* 本文根据讲话录音整理。

手，只要班子能真正讲大局、讲团结，不抱山头、不建山头，就没有不可克服的矛盾，希望你们在全校做表率。

第二，积极进行探索和创新。要有改革的精神，学校尊重探索，鼓励创新。学院与学校的关系、学院与系的关系，机制、建制怎么搞？相互关系怎么搞？国内外的经验都不足以解决我们自己的问题，要积极探索。商学院有一个工商管理硕士即 MBA 学位，我校其他院系也有 MBA 教学资源，如财政金融学院、劳动人事学院如何统筹？学院内部如何运作？国外高校的商学院许多都没有本科生，只有研究生，我们照搬国外的不行，不改变也不行，只有积极探索。希望商学院在此方面出经验。

第三，要保品牌，争顶尖。人大已有这样的品牌，名牌一定要保住。顶尖，就应当是中国数一数二的，至少也应在前三名之列，不能只讲是一流，1 000 所高校，前二三十名都可以叫一流。人大是新中国商科教育的发祥地，工商管理学科的资格是最老的，有这样的基础，为什么不争顶尖？做不好，就对不起党和国家，对不起老前辈。到我们这一代，竞争很激烈，我们还是要在全国争顶尖的地位，所以商学院要踏实、扎实地抓教学、科研和队伍建设。学科有务实性，应当克服急功近利的作风，同时又要密切联系实际。通过合作研究，要把我们的学术搞得非常活跃。商科的国际通用性很强，要学习借鉴发达国家的管理理论和方法，自己的经验也要加以整理，加强同国外一流商学院的沟通。同时，也要注意中国特色。中国的国情，中国的文化，深刻地影响着我国的管理实践；我国是社会主义国家，管理也有意识形态性，管理二重性还要讲。此外，一定要注意师资队伍建设。外部条件再好，内部还需努力。这样商学院才能成为顶尖的学院。

当然，还要有一流的学生，人大的学生是国内一流的，也是国际一流的，要把这样的好苗子培养成一流的人才。

总之，祝贺在新世纪起步时组建成立的商学院，早日成为国内数一数二的商学院！

Ⅲ. 在环境学院成立大会上的讲话[*]

（2001 年 11 月 6 日）

我校是一所以人文学科、社会科学、管理科学为主的综合性全国重点大学，人文社会科学是我们传统的优势学科，但我校在理工学科发展方面也有一定积累。早在 1950 年中国人民大学命名组建之际，学校就在当时的八大系之一——贸易经济系设立了商品学教研室。1978 年复校后设立了商品学专业，先后招收研究生、本、专科生，很快成为在全国很有影响的理科、工科和管理科学交叉渗透的学科。1978 年，我校率先在国内建立了以信息技术在经济管理中的应用为方向、以培养信息处理领域的现代化专门人才为目标的理工科性质的经济信息管理系，这也是国内最早以"信息"命名的系所。从上个世纪 80 年代至今，在这两个教学单位基础上先后建立的商品学系、信息学院，在学校的学科建设和人才培养上起到了重要的作用，为兄弟院校发展相关专业起到了先导和示范作用，享有良好的社会声誉。我校又于 1988 年在农业经济系成立了环境经济研究所，经过 10 多年的发展，目前已经成为国内高校唯一同时具有博士、硕士和学士学位授予权的环境经济学教学单位，成为国内外环境经济学与政策分析领域具有重要影响的教学科研机构。

随着 21 世纪的到来，可持续发展战略越来越受到人们重视，保护环境、合理利用自然资源、走可持续发展道路，已经成为中国乃至世界各国探索未来发展道路的方向。因此，作为一所以人文社会科学为主的重点高校，关注人类生存环境，探讨环境保护对策，已是我们

---

　　* 本文根据讲话录音整理。

义不容辞的责任和选择。从学校发展战略上看，我校在世纪之交确立了创建以人文社会科学为主的世界一流大学的宏伟目标。这体现在学科规划上，我们提出了不但要发展齐全的文科，还要有适当的理科、必要的工科；要巩固提高基础优势学科，大力发展应用学科，大力发展交叉渗透的新兴学科，实现多学科协调发展。正是基于这样的认识，学校经过缜密计划、详细论证，决定以商品学系、环境经济研究所等教学科研机构为主体，组建并成立环境学院，旨在适应国家经济建设和社会发展的需要，进一步加快环境教育发展步伐，加强环境科学专业复合型人才的培养，为我国的环境保护、提高人民生活质量和可持续发展作出更大贡献。同时，这也是学校抓住时代发展和社会需求的契机，加快文理交叉学科的发展速度，提升环境科学的整体实力的一个重要举措。

成立环境学院是我校创建世界一流大学进程中的一件大事，新成立的环境学院包括了经济学、管理学、理学和工学等多个学科的交叉渗透，建立了从学士到博士的培养体制，涉及污染控制、生态保护、资源利用和提高生活质量等多个领域。为了高质量地发展环境科学，我们还荣幸地聘请到了著名生态学家李文华院士担任院长。在这里，请允许我代表学校并以我个人名义向李文华院士致以崇高的敬意和谢意！

老师们，同学们，学院的成立，为更好地开展环境科学的教学与研究提供了一个很好的平台，但是要在这个平台上产生优秀成果，培养优秀人才，不断提高教学、科研以及服务社会的水平，还需要学院全体师生付出更多心血、作出更大努力。在此，我想向环境学院的老师和同学们提出几点希望。

第一，希望你们能够发挥传统优势，博采众家之长，利用后发之势，不断取得新的突破。我校商品学系是中国创办最早、学科层次最高的商品学教学与科研机构；环境经济研究所拥有国内高校唯一也是最完整的环境经济专业人才培养体系，科研成果突出。两家联手组建而成的环境学院，理所当然地应当成为中国人民大学的一个有影响力的学院，为国家培养出一大批适应环境保护和实施可持续发展战略需要，高素质、复合型的教学、科研和管理人才；要致力于使中国人民大学的环境教育成为国内本学科领域中的一面旗帜，为我国高等教育的发展作出新的贡献。

第二，希望你们抓住学院组建的良好契机，进一步优化学科设置，广纳各方贤才，提高专业建设水平，扩大招生规模，强化管理，注重质量，在科学研究、人才培养、社会服务诸多方面取得更大突破，为建立和发展具有中国人民大学特色的理工学科和交叉学科起到示范作用。

第三，希望你们积极参与国家的重大可持续发展和环境保护战略决策和科学研究，大力发展与政府有关部门、科研机构和国际组织的合作关系，在原有的基础上，积极扩大合作的广度和深度，开创环境科学教学与研究的新局面。

Ⅳ. 在 2002 年元旦前后部分院系调研的讲话要点*

（2001 年底至 2002 年初）

一、关于创建世界一流大学

2001 年 12 月 17 日，李岚清副总理约集人大、北大、清华三校校长座谈，岚清同志的讲话非常重要，其中最重要的是他开头就讲的，江泽民总书记在北京大学建校 100 周年庆祝大会上提出，我国要建设若干所世界一流大学，北大、清华、人大理所当然都包括在内。

---

　* 2001 年 12 月 29 日至 2002 年 1 月 4 日，作者先后到学校哲学系、财政金融学院、信息学院、公共管理学院、国际关系学院等院系进行调研，听取各院系对学校工作的意见、建议以及对自身发展的设想、规划，并对各院系下阶段的工作作了重要指示，为形成新学期的工作思路做准备。本文根据作者的讲话录音整理要点编辑而成。

世界一流大学不但要有一流的教学科研水平，而且要有一流的校园环境和硬件设施。李岚清副总理的讲话，肯定了我们学校的工作，并强调把人民大学建设成为世界一流大学，"两校"变成了"三校"，意义重大。要创建世界一流大学，必须大大增强自己的国际性，必须站在国际高等教育发展的高度，具备一流的学科、一流的师资、一流的人才。

二、关于学科建设

学科建设是院系工作乃至学校工作的基础，是学校发展的核心环节。学科建设既要讲究全面、基础、理论，又要讲究重点、特色、应用，只有这样，我校人文社会科学才能保持持续、快速、健康的发展，并体现出强大的生命力。

就哲学系来说，马克思主义哲学、中国哲学、外国哲学、科技哲学、宗教学、伦理学等学科方向要全面发展，整体推进；同时，马哲作为人大的招牌性学科要重点建设，力争要有新的突破，宗教学、伦理学作为人大的特色学科也要大力发展。

就信息学院来说，计算机科学与技术应该是基础，只有夯实了基础，才能更好地建设交叉学科、边缘学科，否则，前沿性交叉学科的发展将是无源之水；而经济信息管理是学校的特色学科，应当把它和计算机科学与技术结合起来加以建设，做到"双峰并秀，共同繁荣"。

就公共管理专业来说，要以"两条腿走路"为指导思想，既要搞好原有的硕士点、博士点建设，又要加强公共管理硕士（MPA）学位的建设，力争实现"双赢"。在加强行政管理、国民经济管理[①]等学科理论建设的同时，还应密切结合实际，把握时代脉搏，立足社会，服务现实，善于寻找新的"增长点"，如城市发展与规划等。

---

① 国民经济管理学科已于 2006 年并入经济学院。

三、关于师资队伍建设

学校与学校之间实力的竞争，归根结底，是人才的竞争，因此，只有持之以恒地加大师资队伍建设的力度，使"老、中、青"三代保持一个较为合理的比例，学校才能在日益激烈的竞争中始终立于不败之地。

1. 善于向学校内部要人才。本着"只求所用，不求所有"的原则，各院系应充分调动其他院系相关教师的积极性，为自身相关学科的发展作出贡献。

2. 善于向学界要人才。从学界引进一批学术功底扎实、外语水平较高的优秀教师，可以为学校的学术研究和教学工作注入新鲜的血液。

3. 善于向社会要人才。适当地聘请部分有学术成就的政府官员、企业家为兼职教授，既可以促进学校的教学和科研工作的应用化、实际化，又可以保持与相关机构、企业的联系，请他们为学校的发展献计献策。

四、关于人才培养

教学质量、人才培养质量是一个学校教学评估的重要尺度，在日益激烈的竞争中，人才培养也是学校进一步发展的可靠保证。因此，我们要加大人才培养的力度，争取"多出人才，出好人才"，为国家的人文社会科学事业和经济建设、社会发展作出我们的贡献。

从人才培养的目标来说，要着力于培养具有高度的社会责任感、合理的知识结构、扎实的理论功底、基本的应用技能、宽广的国际视野、较高的外语水平和有独立分析判断能力的 21 世纪新型人才。

从人才培养的层次上讲，不仅要重视本科生质量，还要重视研究生质量，尤其是博士生的培养质量。当前的硕士生培养质量也要引起更多的关注。对此，我们可以结合我国的国情，探索诸如本硕连读等方法来加快各层次优秀人才的培养。

五、关于国际交流

当今世界，高等教育全球化趋势日益明显，任何一所名牌大学几乎无一例外的都是国际性大学；当今任何高校离开了国际交流的大环境，都不可能取得更大的发展，对于我们这样一所要建设成为世界一流大学的高校来讲尤其如此。因此，我们要拥有一种开放性、全球化的视野，把加强国际交流与下述三方面结合起来，努力提高学校的国际性。

1. 提升学科建设国际性。

对于时代性、国际性很强的学科来讲，这一点尤其重要。在加入世界贸易组织的大背景下，像财政金融、工商管理、公共管理、国际经济与贸易、国际关系等学科应加强与国外一流大学的交流、合作，始终与国际学术前沿保持沟通，这是时代的要求和召唤，是竞争的挑战与应对。在某些具体操作上，我们既要坚持中国特色，又要符合国际惯例，灵活把握好两者结合的尺度，做到既维护自身利益，又遵守通行规则。

学科建设国际性，很重要的一条就是教材建设国际性。随着我国加入世界贸易组织，我们的教材建设也要进一步探索如何适当融入世界教育格局。一方面，我们应该大量引进国外先进的原版教材，各院系、各学科要有分析地逐步扩大国外原版教材使用的比例，尤其是涉外专业，学校将为此创造出更好的政策环境和氛围；另一方面，我们应做好国外教材的中国化、本土化工作，把我国的国情和国际惯例结合起来，灵活把握好两者结合的尺度，希望大家在这方面多花工夫，下大工夫。

2. 提升师资队伍国际性。

这方面的工作既要"走出去"，又要"走进来"。一方面，学校鼓励教师出国学习、进修，更提倡出国研究、任教，而且回国后要保持、巩固与国外高校、科研机构、学者、教授的联系，变"短期行为"为"长期行为"，这样才能走上真正的国际性轨道。另一方面，要尽可能地从国外引进一些学校自己培养出去的高端人才，吸引他们回来，为母校、为祖国出力。

3. 提升人才培养国际性。

这要求我们具有奋发有为的精神风貌，积极进取的科学态度，解放思想，大胆实践，敢于冒险。例如，与国外著名大学合作办学就是一个很好的探索，合作办学要落到实处，不能有名无实。

另外，毕业生就业也应注重国际性，我们的毕业生更多地被外事单位、外交战线和外企、跨国性国企选用，这也是学校国际性的一个标志。

V. 在经济学院调研时的讲话[*]

（2002 年 12 月 11 日）

经济学院的前身经济系，是我们国家顶尖的学系。在进入新世纪的时候，中国人民大学的经济学科依然在全国保持着相当的优势，对我国的经济改革等很多方面的问题有发言权。中国人民大学的经济学科为什么能长时间保持领先位置？是因为我们的马克思主义经济学、西方经济学、经济思想史等专业根基很深厚，有一批重要的教材和重要的论著在国内产生持续的影响。我上研究生时，吴树青、胡钧老师讲的《资本论》、吴易风老师讲的《西方经济学》非常精彩，让大家感到中国人民大学不愧是中国最好的大学，他们端正的学风、扎实的功底依然是我们学习的楷模。

在经济学的学科建设上，我们应努力创建具有中国风格、中国气

---

* 本文系作者在经济学院调研时就经济学院建设与经济学科发展发表的讲话。以《创建具有中国风格与气派的经济学》为题原载于中国人民大学《问题与思路》2003 年第 17 期，同时被《发展与繁荣人文社会科学》（纪宝成著）和《中国当代教育家文存·纪宝成卷》全文收录。

派的经济学。在这个问题上，人民大学经济学院要有舍我其谁的气魄。推进经济学的发展并非是简单地照搬照抄西方经济学。人民大学经济学院必须保持自己的特色，坚持马克思主义经济学的指导地位，并吸收西方经济学中有用的成分。像《资本论》这样的著作、这样的科学体系，实在是非常了不起，是人类文明史上的伟大成果，我们应当继续研究它。中国20多年的改革开放不能全说成是西方经济学的功劳，也不能全说成是传统马克思主义经济学的功劳。我国在马克思主义基本原理的指导下，结合中国国情，所创立的中国特色社会主义理论，也就是邓小平理论与"三个代表"重要思想，指引了中国改革开放和社会主义现代化建设。

创建具有中国风格与中国气派的经济学首先要有兼容并包的学术氛围。一所大学不应当要求教师的学术观点完全一致，不同的学术观点总体上在人民大学都应当能够存在，不能套用政治概念说这个老师"左"，这个老师"右"。在这方面经济学院要带个头，树个样板。

创建具有中国风格与中国气派的经济学要把坚持特色与发展创新统一起来。在坚持马克思主义经济学指导地位的条件下，应吸收包括西方经济学在内的一切人类文明成果，并结合中国的实际，进行理论创新。这样的创新不仅仅是某一种观点的创新，而是希望产生某种新的科学体系和理论体系。创新需要出体现一流水平的标志性成果、出传世之作。不要把创新变成贴标签式的东西，变成一种政治口号，创新不是狗皮膏药。创建具有中国风格与中国气派的经济学的历史任务就落在了中青年一代的经济学家的身上，我们新一代经济学家应该承担起来，这样才能无愧于我们所处的时代。

创建具有中国风格与中国气派的经济学要紧跟时代的步伐，要走理论与实际相结合的道路，改革开放的伟大实践能产生伟大的经济学。中国在20多年的时间里，保持着持续快速的经济增长，这在世界经济史上是罕见的。在如此生动丰富的实践中，不能产生若干具有震撼力的经济学著作是一件非常令人遗憾的事情。为此，我们的学者应投身到改革开放与经济发展的实践中，去验证理论、创新理论与发展理论。经济学院应与社会、政府、企业建立更多、更密切的联系。要能做到国有疑难问人大，即要让政府有关部门在制定重大经济政策时，一下子就想到让人大来参与研究。大企业的战略性问题、世界经济问题的宏观战略研究、中央和省市一级政府部门的决策、咨询等，都可以作为我们的研究课题。要走出校门，进一步加强理论与实际的联系。

创建具有中国风格与中国气派的经济学要重视教师队伍的建设。一流经济学院的建设和经济理论创新的关键是教师队伍建设。队伍的素质与学术水平上不去，教学不行，科研也不行。要始终抓住队伍建设不放。在教师队伍建设中，要加强教师的社会责任感，弘扬敬业精神、团队精神、奉献精神、拼搏精神、追求真理和献身科学的精神。经济学院宋涛等老一辈教授所体现的这些精神是经济学院非常宝贵的历史财富，要在新的时期发扬光大，这样凝聚力才能增强。创建具有中国风格与中国气派的经济学这样的历史任务再要求我们老一代的经济学家来完成是不合适的。一代人有一代人的责任，这个责任要由我们的中青年经济学家来承担。这就要求我们的教师进一步提高综合素质，眼界要更开阔，知识领域要涉猎更广。有些问题单纯从经济学角度来考察可能无法把问题认识得很深刻，还需要运用其他领域的知识来观察分析中国改革与发展中的各种重要问题与现象。

创建具有中国风格与中国气派的经济学要把教学搞上去，培养出一流的人才。创建具有中国风格与中国气派的经济学和建设世界一流的经济学院，最终目的是培养出一流的人才。要确保人民大学的生源是中国一流的，人才培养过程是先进的，教学方案是先进的，人民大学经济学院的人才培养在中国是属于一流的。为此，就要在重视队伍建设的同时，提升经济学院的国际性程度，积极与国外、国内的同行交流。特别是在本科生、硕士生和博士生的培养方面引领中国经济人才培养的潮流。我们一定要把教学放在非常重要的位置上，要关爱自己的学生。人民大学的声誉与地位，一是靠高水平的学生，一是靠高水平的科研成果。

Ⅵ. 在档案学院调研时的讲话*

（2003 年 5 月 22 日）

档案学院是学校"发展是硬道理"的实践者。这支队伍人虽然少，但给人的感觉是精神风貌很好，自加压力，自强不息，开拓奋进。档案学院对自己的优势、长处、历史、现状、未来的走向、现实存在的问题应当说都是非常清楚的。有这样一支队伍，有这样一种观念，有这样一种精神，我相信一定能进一步开创新的局面。我说大家是自加压力，很重要的表现是你们自己确定了一个一级学科发展战略，有责任心，奋进、上进，想把事情办好。今后如何进一步发展，也就是档案学院未来的走向和发展定位问题，这个问题涉及人民大学档案学院本身的优势、特色。

一、保持档案学院本身的优势、特色

人民大学学科调整、学校发展的方针——"国际通行、中国特色、人大特有"，你们就占了个"人大特有"。档案专业在其他学校也有一点，真正的本源是在人民大学，所以说是人大特有。

毋庸置疑，档案工作是重要的。人民大学档案学必须要办下去，与时俱进并不意味着丧失自己原有的优势和特色。"举大"未必要"弃小"，"谋远"必须要"虑近"。1998 年学科专业目录调整，我个人认为至少相比原来是进步的。完全把档案放在史学门类里面不一定

---

* 本文根据讲话录音整理。档案学院，其前身是 1952 年成立的档案学系，2003 年 12 月更名为信息资源管理学院。

很好，放到管理学科里面我想也是有道理的。作为一级学科发展，实际上涉及两个问题：一是档案学科自身要改造；二是也要防止趋同化，要防止把自己的特色给丢了。比如目前的学科专业基础课，基本上放在任何一个信息管理系都可以，档案学的基础课没有很好体现出来。

所以我说在谋发展、与时俱进的同时，自己原有的优势、特色一定不要丢了，特别是千万不要把自己其实是符合实际要求的、符合学科发展本身特点及要求的优势、特色给丢了，也不要以社会上的某一种时髦作为衡量问题的标准。人民大学是一所高等学府，是做学问的地方，不是一个职业培训班。同样，图书馆学、情报学作为老学科都应当有自己的特色，不能都变成通用的信息管理。人民大学几代人创立的学科，它的传统、优势、特色要发展下去，不要把它趋同化，与时俱进并不是趋同化。

二、一级学科和发展定位问题

按目前国家设定的"图书馆、情报与档案管理"一级学科发展是档案学院自己确定的发展战略。如果仅仅就图、情、档本身所包含的内涵，我赞成你们的发展战略，即要发展好图书馆学和情报学。

但我认为你们拓展学科领域，还应当是在图、情、档的范围之内做足文章，要看到这里面有很多人文社科的东西，不能都变成信息技术。理工类大学的信息管理就属于信息技术；商学院、公共管理学院都有信息管理；今后信息管理跟英语一样，只不过是个工具，任何管理学学科都应当开这门课，掌握这门技术。

我们不认为档案学科本身就纯粹是所谓信息管理，它需要包括历史等在内的诸多学识。人民大学不可能变成职业技术学院，人民大学的档案学科必然要考虑国家的体制、国家的发展阶段，必须会涉及思想史、制度史等；在学科定位上还要考虑人民大学本身的系科专业设置和各个学院的设置，不能把别人的东西都拿来。当然有些交叉，但学校不能搞太多交叉。图书馆学也绝不仅仅是现代信息技术的问题，它是一种文化，倘若把文化给丢了，仅仅看成信息管理，图书馆专业的特色也就丢了。将来对图、情、档如何发展真得好好研究。总之，在学科定位、发展定位问题上，希望你们要保持自己的优势和特色，同时在现有一级学科的领域当中进行拓展，并要考虑到人民大学现有院系的设置，以此来确定自己的发展空间、发展方向。

我的总体思想是保持人民大学的优势和特色，现在我们将初步的考虑和大家交换意见，档案学院不和任何院系合并了，自己独立存在，但是名字可以调整。至于牌子可以再研究。现在有两个名字可以考虑，一个叫做档案与信息管理学院，我不认为档案本身就纯粹是所谓信息管理；还有一个名字就叫信息资源管理学院，这可以包容图、情、档。

Ⅶ. 听取劳动人事学院工作汇报时的讲话*

（2003 年 5 月 27 日）

我刚到人民大学的时候，曾经不止在一个场合讲过：人民大学的商气重！不仅仅是指人民大学这个校园里面有几百个商店，也指有些教授不怎么做学问或者很少做学问，而且并不只是个别单位有此类问题。说句不客气的话，社会上认为人民大学上世纪 90 年代发展滞缓，甚至后来有的学科是在走下坡路！我至今没有在正式场合讲过这句话，因为感到这是比较伤心的事情。但这是个客观存在。劳动人事学院在 90 年代也有过这样的轨迹，下海经商成了潮流，有些教师受了影响（这个状况当然不仅仅存在于人大），但是，有的人有定力，当这个潮流来的时候，他有做学问的定力，他做成了事情，所以成为有成就者。现在，劳动人事学院已经完全走上了一条新的发展道路。现

＊ 本文根据讲话录音整理，全文原载《中国人民大学劳动人事学院工作简报》2003 年第 5 期。

在的劳动人事学院，应当说方向对头、思路清晰、队伍整齐、措施得力，学术很活跃，成效也很显著，再这样走几年，相信劳动人事学院会取得更大的成绩，在全国的地位会更高，在国际上的影响也会更大一些。要能够保持住现在这样的发展势头。

要想发展，就要练内功，而练内功对研究型大学来讲最重要的是科学研究。抓了科研，练了内功，学术地位就会提升，人才培养质量就会提高。看了劳动人事学院的成绩，应该说增强了我们学校建设世界一流大学的信心。建设世界一流大学不是书记、校长说的事情，而是要有各个院系的实际行动，各个院系行动上来了，我们才有希望。所以，在院系工作年，我们要抓基础，而这个基础就在院系！劳动人事学院提出"学术立院、学术兴院"这样的方针与指导思想，我非常赞成，抓了基础、练了内功可以增强核心竞争力，人民大学在国家的地位才能进一步提升，形象才能更加丰满，我们建设一流大学的步伐才可以迈得更加坚实。

对劳动人事学院今后工作的意见，我谈一些想法：

1. 关于学科定位。

从微观角度讲劳动人事学院劳动人事学院与工商管理有交叉，从宏观角度讲又跟公共管理有交叉。劳动人事学院是1983年成立的，而工商管理学院是20世纪90年代组建成立的，公共管理学院更是进入本世纪后才组建成立的。人民大学从历史上来看，主要是培养干部、公务员，所以从一定意义上讲，过去整个人民大学就是"公共管理学院"。过去人民大学的这些学科很少有向微观方向发展的，因为当时我们国家是政企合一，不论是政府的还是企业的工作人员都是国家干部，改革开放到现在才分别叫公务员和职员了，有了明确的区别。所以人民大学目前的院系构成情况是有历史原因的。现有院系有的是在原来体制下成立的，有的是在新体制下成立的，这样就产生了各个院系之间难以解决的交叉重复的问题。但也不能因为有劳动人事学院，工商管理学院就不能搞人力资源管理，公共管理学院就不能搞劳动经济和社会保障，这就取决于我们学校的协调。现阶段，对学校来说，肯定要设法协调这类问题，学科不能搞重复建设，要考虑规模效益，要考虑效率问题。我们曾经想把劳动人事学院拆了，微观部分并到工商管理学院，宏观部分并到公共管理学院，但是又觉得挺可惜，因为劳动人事学院已经成了人大的一个品牌；再想一下呢，我们人民大学为国家留一个特殊的学院也未尝不可，只要大家都了解、都理解也不是不可以，关键还要看你们自己行不行，也要看学校如何处理好可能的交叉重复所带来的矛盾和问题。

2. 关于科学研究。

不管是你们学术兴院、学术立院，还是人民大学建设世界一流大学，根本问题之一是科研上水平问题。

第一要解放思想。劳动人事学院面临的课题正是我们国家建设与发展所急需的，不管是从哪个发展阶段来看，你们都有广阔的研究领域。我国发展到现在这个阶段，正经历从发展中国家向初步发达国家迈进，从转型来看是从计划经济体制转向市场经济体制，劳动经济、社会保障、劳动关系和人力资源管理问题都是非常大的问题。因此，我特别强调，要进一步解放思想，要紧密结合中国的实际，要特别重视对中国特殊问题的研究；既要研究当前党和政府关注的热点，也应该研究一些潜在的重大问题，也就是说，你们研究问题必须面对现实，不仅研究现在关心的问题，还要研究前瞻性的问题，多出一些原创性成果。比如说，你们的劳动关系研究怎样真正保护好劳动者的利益，这个问题搞不好就会影响社会的稳定。现在是多种经济成分并存，个体经济、私营经济越搞越大，劳动关系或者说劳资关系不研究是不行的。劳动关系怎么搞，这是我们早就应该考虑的问题；几千万民工在全国大范围流动，他们面临的劳动条件、劳动报酬、社会保障等问题如何解决，也需要强化研究。面对这样一些问题，我们中国的学者能不能做出科学、正确的解释？大范围的民工没有稳定的劳动保障，一个社会主义国家应该是这样的吗？不是这样的。这就要求我们深入实际、进一步解放思想去调查研究。劳动关系研究关系到国家的长治久安，你们学院要在这方面下大工夫。

第二要增强国际性。希望劳动人事学院不仅在国内能发表很多东西，在国际上也能够有所建树，让劳动关系和人力资源管理的成果能够走向世界。我们正在筹划人大英文版的学报，不仅鼓励教师用英文写论文，而且可以考虑对一些外语不太好的教师的优秀学术成果组织翻译，以便将优秀成果推向国际。

第三是要努力提升整体科研水平。我认为，在我们人民大学不搞科研的教师不是合格的教师，应该让他们在科研上多下工夫！要帮助他们，让教师的整体科研水平进一步提高。

第四，教师固然要与政府、企业、社会保持联系，但不能只给别人干活而丢了自己的教学与科研。要解决这方面存在的误区。此外，要将教学、科研、社会服务有机地结合起来、统一起来。

第五，科研成果也要让实践来检验。今后，有必要对科研评奖出台新的办法，可以规定成果发表5年或至少3年以上才能参加评奖，没有时间上限，使评奖不受当时政策的影响，用时间和实践来检验是否是真正的学术成就。

总之，一所大学要有自己的风格，要以自己的学术发展促进国家的发展，促进国家的长治久安。

3. 关于队伍建设问题。

你们在队伍建设的机制上还可以创新，能够对全校队伍建设与人事管理作出些贡献。我们的教授在外面都可以兼职，为什么在校内反而不行呢？应当探讨我们的教授既可以是这个学院的也可以兼任另一个学院的可行性，当然也不能只是个名分，责任必须清楚，人事处应该有明确的规范。我就希望你们在机制创新、制度创新方面能够先行一步，对学校的人力资源合理配置作出进一步的贡献。

我很赞成你们的"讲正气、讲实干、讲奉献"。听了你们的讲话，看了你们的材料，我觉得你们的成绩是实干出来的。希望劳动人事学院团结起来搞学问、搞学术，在人民大学创建世界一流大学的进程中，干劲十足地作出突出的贡献，成为人民大学的特色学院！

Ⅷ. 在统计学系调研时的讲话[*]

（2003 年 5 月 28 日）

统计学是一门应用非常广泛的工具性学科，不管是经济的发展、社会的发展还是科学的发展，都离不开统计。治理一个国家要统计，治理一个学校同样需要统计。统计学系经过这么多年的发展，特别是从上世纪 80 年代开始，原有的优势继续保持，同时不断地发现、创造新的增长点，开拓新的学科领域，逐步地使这个系成为文理结合的一个系，体现出了一种开拓奋进的创新精神。

一、统计系体制的调整问题

应当说对统计学系我们曾经有过多种考虑。在国外，单独作为一个统计学院的情况极其罕见，很多都是放在商学院，放在理学院（文理学院）的也不少。国内的情况很不一样，能够像人民大学这样文理交融的统计学系也并不多，人民大学已经形成了自己的特色。从我们学校整个学科专业结构和人民大学将来要树立的社会形象来看，并考虑到学校要组建理学院，我们认为把统计学系合并到任何一个学院都有可能影响统计学科的发展。从国家的需要、社会的需要，从统计学科的发展需要，从我们学校本身学科建设的需要，我们决定组建统计学院。

社会经济应用统计是人大统计学系的传统优势、看家本领，在全国居第一位。数理统计也发展了一段时间，有相当的基础了。虽然国

＊ 本文根据讲话录音整理。统计学系成立于 1952 年，2003 年 7 月更名成立为统计学院。

内的一些理工大学的概率论、数理统计很强，但是往往偏于概率方面，我们要往统计方面偏重，我们的概率论与数理统计将来在中国是有特色、在一流之列的。

其实统计的应用不仅仅是在社会经济管理方面，在科学研究方面也是要依靠大量的统计来得出规律。我们经济当中有一些经验数据，就是根据统计逐步得来的，即使还够不上规律，但它是经验数据，也能够起到指导工作的作用，再经过反复的验证以后它可能就是规律了。在科学研究上大量地属于这样的问题，统计至少是科学发现非常重要的一个工具。另外发展精算，往金融、保险领域延伸，我们组建统计学院的框架就初步具备了。由于这些年来统计学系同志们的努力和开拓，统计学科已经形成一种良好的发展势头。我们学校大多数学科已经在学院建制里面了，只留下孤零零的一两个系，怕学生心理上感觉不是很好，所以我个人的意见，是不是统计学系可以改变为统计学院。

二、对未来统计学院的勾画、描述和要求

我很同意大家的意见，统计学院应当是一个文理结合、文理交融的学院，应当是一个研究型的学院，应当是个中国一流的学院，应当是一个国际性很强、国际化程度很高的学院。我对这个学院的描述就是以下四个方面的要求。

1. 文理结合。

我要强调的是社会经济应用统计方面的传统优势一定要保持，但又决不能躺在已有的成就上吃老本。当前最重要的一个问题就是把概率论与数理统计的博士点拿下来。现在你们正在上进的时候，这个博士点很重要，我也把它看成人民大学今年申报博士点最重要的问题之一。这对统计学系、对学校的发展都有重要意义，因为这意味着人民大学理科有了一个博士点，实现理科类博士点零的突破。系里的各位教授都要发挥个人的影响和组织的影响。另外医学统计希望也逐步提高上去。

2. 研究型。

研究型就是除了本科生以外，很好地发展研究生教育，研究生与本科生并重。研究生的比例要逐步提高上去。但研究型大学很重要的标志在师资水平和科研成果，包括高层次的学术交流，做好这方面的工作就要很好地抓队伍建设，在引进人才上还要下工夫。将来统计学院能否出一位院士？我希望你们要有这样的雄心壮志。拿高水平的研究项目，出高水平的研究成果，研究经费主要靠自己争取。

3. 中国一流。

有了前面几条，中国一流的学院肯定就说得上了。人民大学要建世界一流大学，不可能所有的学院都是世界一流，甚至不可能所有学院都是中国一流。但没有若干个学院是中国一流，建世界一流大学从何谈起？我们对各个学院的要求是不一样的。对统计学院来讲，我们要求就应当是中国一流的，过去是、现在是、将来还是，是与时俱进的。要保持这个传统并不是很简单的事情，因为别人也在发展；搞成一流很难，但垮下去很容易。我希望你们要继续保持下去，下一步的目标应当是争取世界一流。

4. 国际性。

国际性程度很高，这个要求应当是统计学院向世界一流迈进的极其重要的一个方面。我觉得首先是语言，要能和人家交流。在语言方面要有个规划，进人要有严格的要求，以利于迅速提高外语交流的水平。第二，国际学术交流要处在前沿，包括召开重要的国际会议、与高水平的人员交往。第三，国际性还有一个很重要的方面就是培养外籍研究生。应当提出这样的要求，不怎么懂汉语的人也可以来人民大学学统计，这是国际性非常重要的含义。

统计学系有很好的环境和氛围，来之不易，这是保持中国一流、向世界一流迈进的最重要的条件。只有人和才能万事兴，要形成海纳百川、各种观点交融的良好的学术氛围；大家能够互相配合，包括和国内兄弟院校之间也是这样，我们就能够创造出一流的学院来。

总而言之，我们寄希望于统计学系或者将来的统计学院为人民大学创建世界知名一流大学作出更大的贡献，要在世界上有一定的影响，希望大家向这方面努力。学校的条件会越来越好，学校领导的责任是为大家创造更好的环境，包括硬件条件和软环境。学术上则要靠各位教授。我衷心希望三年后有个新的面貌。如果没有大的分歧，成立统计学院的计划应当在这个学期完成。

Ⅸ. 在农业与农村发展学院调研时的讲话[*]

(2005 年 3 月 17 日)

我今天是来跟各位学习和研究工作的。党中央再次强调"三农"问题是所有工作的"重中之重"，对此大家都非常了解，我不多说。人民大学农业经济专业过去是一个强项，后来由于各种原因，既包括人才、师资的新老交替的原因，也包括在国家转型过程中农村本身的地位变化的原因，我校农经的地位也发生了下滑，特别是没有保住国家重点学科的地位。但是，这几年我也有一个深刻的印象，就是大家很执著、很有信心，学科发展很有生机，回升势头比较强。

人民大学作为以人文社会科学为主的一所大学，与农业、农村相关的学科究竟该不该搞？在研究整个学校发展规划的过程中，学校领导班子的考虑是，这块绝对不能丢，而且还要加强。我国是 13 亿人口的大国，农村依然很大。如果农村问题不解决，农业问题不解决，农民问题不解决，那么现代化与小康社会都是不可能真正建成的。因此，学校领导班子在做规划的时候，还是一致认为应当加强对这一块的重视，人民大学关于农业与农村问题的研究，一定要重振雄风。没

---

[*] 本文根据讲话录音整理。农业与农村发展学院是 2004 年在农业经济系的基础上组建而成的，农业经济系是我国综合性重点大学中成立最早、最有影响的"三农"问题研究学系。

有这样的决心，是不可能把问题解决的。把阁下（指温铁军院长）请进来，本身就表明了学校的决心，如果不是出于这样的原因，就不会采取这样的决策。这个举动本身，不仅是向人民大学内部，也是向国家有关部委、向整个农林经济学界所作出的，大家应当认识到这一点。

我们成立这个学院的时候，人数很少。这么少的人单独成立一个学院，没有把你们合并到其他任何学院当中去，这表明学校有一种长远的考虑，这就是人大要在解决"三农"问题方面为国家作贡献，人大应当在这方面有所作为。当时合并到经济学院也不是不可以，但是我们却成立了农业与农村发展学院，就是这个原因。

这个学院的名称没有叫农业经济学院，而是叫农业与农村发展学院，这就是说原来的学科定位不足以服务于解决中国的"三农"问题，光讲农林经济管理不足以服务于解决中国的"三农"问题。我们给这个学院赋予了一个比较宽泛的名称，留的空间比较大，农村发展确实是一个很大的问题。这样定名绝不是作秀或者要找一个好听的名字，绝不是这样！因为时下很多人对农村发展的研究是不那么感兴趣的！这表明人民大学想在这个方面对国家有所贡献，我也相信人民大学在这块领域当中辛勤耕耘的老师们能够有所作为、有所贡献。我们现在已经不是一个农业经济系了，农业与农村发展学院的成立一定会带来很多活跃的思想、很多新的思考。我们这次来交换意见，听听大家的想法，就是希望能在探索的过程中闯出一条路子来。

我想讲的最重要的一个问题，是农业与农村发展学院本身的定位。说实话，这是我最关心的问题。我国现在的专业设置是按照学科来定的，它并不是按照区域来定的，也不应该按照行业来定。或者说，是以学科为基准，兼顾行业的要求来确定的专业。它并没有按照区域来确定，但是我国显著地存在二元结构，城乡差距较大。在存在差距的情况下，应该研究农村问题的却不大研究，金融学不大研究农村金融；贸易经济不大研究农村贸易；商学院似乎也只研究城市的企业，研究大中型企业，不大研究农村的企业。这就形成了一个矛盾。我们为什么叫农业与农村发展学院？某种程度上就是考虑了这样一个现实问题。也就是说，农村金融、农村贸易、农村市场、农村企业、农村合作、农产品加工等，都应当在你们这个学院的视野之内。中国的城市化道路一定需要大量农村集镇发展为城镇，但这必须首先对"三农"问题有深入的研究，我发觉其他相关学院现在不太注意研究农业、农村问题，所以寄希望于这个地方。

农业与农村发展学院的学科定位究竟是什么？我希望学院把这个问题再进一步研究，一定要有助于解决中国的"三农"问题。从学校角度，我们要加强这方面的师资力量，在学科资源上也要进行整合，更多地往农业与农村发展学院整合。因为我觉得在其他学院要研究农村问题很难。我和贸易经济系说，你们现在研究的基本上是城市贸易，农村市场很少涉及；农村金融谁来研究呢？财政金融学院似乎也没怎么研究。农民的利益很大程度上是农村市场利益，但农民从中得益很少，增产往往不能增收，为什么？很大的问题是农民没有得到应得的市场利益。农产品流通、农村金融、农村信用社、农村生产等等，要有人研究，现在的"农业经济学"都在研究这类问题了，我认为是可以的，我希望农业与农村发展学院在学科定位上很好地解决这类问题，其他学科的一些资源应该可以整合到农业与农村发展学院来。农业与农村发展学院这个名字本身就意味着你们可以分享其他专业的资源。在学科定位上，一定要明确学科的方向，必须根据师资条件、传统、优势以及社会的需要、发展的趋势，来确定你们究竟要在哪些方向上下工夫，形成自己鲜明的个性和特色。你们不可能研究关于"三农"的所有问题，但可以通过国际比较，通过国内各高校之间的比较，找出在哪几个方面相对最强，从而凝练和确定你们的学科方向。一方面，你们不要仅仅是重复原来的农业经济、农林经济管理这样一个系的学科领域，要扩展学科专业，学科专业结构要作进一步调整；另一方面，什么专业领域都放在这个学院里面也不一定好，学校不允许搞重复建设，当然一点不重复也是不可能的，总会有些交叉，但要在允许的范围内。总之，要明确学科方向，把学科定位搞清楚以后，才能下决心、下工夫，才能更加科学地发展，也更容易实现我们预定的目标。

在解决"三农"问题上，我校的农业与农村发展学院究竟准备在哪些问题上作出较大贡献？比如研究农村的各种制度如土地制度，具体一点，比如，研究中国乡镇企业究竟是什么性质的东西？什么是涉农企业？是不是就是农民企业家办的企业？农民企业家这个称谓如何？一个问题就会涉及若干具体的问题。所谓农村发展，是涉及整个农村社会的各个方面的发展。农村土地问题要研究，农村人口问题要研究，农村教育问题要研究，农村金融问题要研究，农村市场问题要研究，乡村政权问题、乡村社会结构、农村环境问题、反贫困化问题都要研究，这是非常广泛的领域。我们学院究竟要研究哪几个问题；人民大学的各个院系之间有着合理的分工，要注意研究跟哪几个院系形成什么样的合作关系。

我今天来，最重要的是表达学校对农业与农村发展学院的支持，同时要求学院在学科定位上要进一步研究。学校不会对你们太多地指手画脚，干涉不会太多，只要认为合理就会支持。

要研究"三农"方面的根本问题。在学科上，现在有农业经济管理、林业经济管理，按照这种划分方法，为什么没有渔业经济管理、牧业经济管理？我们研究农业经济管理就不可以将林业经济管理、牧业经济管理等等全部概括在内吗？不要按照这种思路做文章。农业无非是农林牧副渔，粮棉油麻丝茶糖菜烟果药杂等，你们不能说农业经济管理学科就只研究（狭义的农业主要指种植业）农业的经济管理，而不包括以上这些。我希望大家突破现在专业目录的这个思路。

农业与农村发展学院要搞好，要加强，关键在发展。农业与农村发展学院究竟该怎么发展？你总得有点自己的领地吧。需要肯定的是，要给你一定的资源，但超出范围之外的，你自己要拿钱，学校不会全部无偿给你的。

所以大家一定要好好地研究，不管新出的成果是尖锐敏感的，还是四平八稳的；是纯学术的，还是政策性很强的，只要具有超前性，只要认为是好的、对国家有利的，发表或上报渠道就是畅通的，都会有上报的渠道。我真心希望我们农业与农村发展学院多出一些科研成果。

你们60、70年代出生的年轻人这么多，朝气蓬勃，未来就很厉害了。如果现在加强他们的力量，那10年以后我们这个牌子就会长盛不衰；现在是50、60年代的人引领若干年的潮流，以后就要靠你们60、70年代的人来引领。科研搞不上去，教学质量很难上去，要把最新的科研成果转化为教学内容，教学水平才能提高。

我衷心祝愿农业与农村发展学院能够发展得更好。发展得更好的前提，就是把学科定位进一步弄清楚，学科方向进一步搞清楚。当然这是一个过程，也可能若干年以后还会提这样的问题。但是，作为一个阶段性目标，目前我们应当明确，不要试图什么都搞，那肯定不行的！学校也不会允许什么都搞。你们千万不要偏离"三农"这个方向，离开"三农"，农业与农村发展学院就没有生命力了。我们办这个学院就是要为国家解决"三农"问题作贡献，只要紧紧围绕"三农"问题，抓住这个最重要的问题，又有几个优势的方向或者在能够形成优势的方向上努力干下去，我们这个农业与农村发展学院在中国就一定是独树一帜的，一定会这样。

我相信在我们的努力之下，在教育部国家重点学科的五年一评中，恢复你们的国家重点学科地位应该不在话下。

农业与农村发展学院主要研究中国农村问题，研究中国的"三农"问题，但是一定要有国际眼光，要了解国际上的发展趋势，了解国际上不同发展阶段是怎么样处理农业与农村发展问题的。在我国当前这个阶段，发达国家当年是怎样解决农业与农村发展问题的？现代化造成的正面影响是什么？负面影响又是什么？我们国家能避免的问题是什么？这些都非常重要。解决"三农"问题并不是说不需要提高国际性程度；也并不是说搞这个学院，要靠很多留洋的博士回来。当然需要"洋博士"，但我们主要还是要靠我们自己培养的人才。

Ⅹ．在文学院第一次教师会议上的讲话[*]

（2005 年 9 月 5 日）

各位老师，刚才冯俊副校长宣读了学校的三个决定（在原人文学院的基础上，分别成立哲学院、文学院、历史学院），这三个决定是我们中国人民大学学科建设史上的大事，也应该看成人民大学人文学科的大事。大家都知道，2002 年文、史、哲三个学系合并组建人文学院是我提议的，现在分家，分别成立三个学院又是我提议的，我想这也可以理解为一种与时俱进、一种探索。

中国人民大学是一所以人文社会科学为主的大学。人民大学社会科学方面的学科专业，到现在为止整体上讲在国内肯定是处在最前列的。不过，人文学科，包括文、史、哲、外语、艺术，虽然学科数量不少，但是与社会科学相比，整体实力并不是很强，个别的甚至还比较弱。建设世界一流大学，仅仅是社会科学很强是不够的，还要大力发展人文学科。

文学院的招牌跟中文系的招牌是不一样的，空间更大了，学科的容量更大了，不能光是中国语言文学，也要有比较文学和世界文学。严格说来，英语语言文学也可以进来，外国语言文学都可以进来。现在的文学院，还是狭义的文学院，而不是广义的文学院。

学院应该怎么样明确学科发展的新方向，同时又突出我们人民

---

* 本文根据讲话录音整理。

大学自己特色，值得我们新的文学院来思考。这是我的第一个希望。

我的第二个希望，是希望文学院里有几个亮点。我们的文艺学是国家重点学科，文艺评论是其中很重要的部分，希望人民大学真正出现有相当水准的文学评论家。

古典文学方面，当年冯其庸先生编的《历代文选》，是哺育了几代人的书。我是上世纪 60 年代上大学，当时买不起，就借来看，后来到人民大学读研究生，马上就买了这本分上下卷的书。我的意思是人大的古典文学是很有基础的。

语言学方面人大更是有相当的基础，应该成为亮点。文字改革、语言文字，是吴老留给我们的遗产，我们要发扬这一研究优势。中国语言文字的研究及规范问题任务艰巨。

在新的时期，我希望把我们的人文天地打下来，取得新的成就，而且希望这个成就是精品，是上品，是传世之作，是里程碑式的、标志性的。我曾跟学校出版社的负责同志多次讲过，希望出版社要重视出人文方面的著作，不要光出经济、法律方面的，虽然出版这些著作很重要也很好挣钱。经济、法律的著作是专业人员看的，人文学科的书却是全社会都可以看的，人文学科的基础是任何一个接受教育的人都应该打下的文化基础，高级知识分子都应该有人文基础。所以我们的任务非常艰巨。文学院显然应该在这方面担当责任，也是可以大有作为的。

文学应该包括世界文学，我们在世界文学这一块要拿得出手，要有自己的特色，要成为国内最前列的，成为一块招牌。我希望文学院能明确学科方向，要有重点，既要拓宽容量，又要抓重点，在国内把牌子打出来。

今年一级学科博士点你们拿下来了，你们也有雄心壮志争取进入全国前五名，主干学科不进前五名叫什么人民大学呢？排名前几位的大学前些年主要是靠老一辈学者，现在逐步靠年青一代了，那就都在同一个起跑线上了嘛！人家说我们的经济学强是靠老一辈，现在靠年轻的就在一个起跑线上了，这个话我们在文史方面也可以说嘛！看各自的努力和勤奋、各自的工作素质，看大家是否团结一致，就看这个本事了。如果我们很团结，工作思路对头，每一个同志很努力，凭什么我们就不能进入前五名？我觉得这个目标应当实现。

至于学校给文学院支持，我的观点是肯定要重点支持文、史、哲，支持基础学科研究。文化产业之类的也可以做，跟实际结合的事情你们当然可以做，比如历史系介入历史剧，给人家当顾问，这也是给社会作贡献的一个方面，学校肯定支持。但是要保持清醒头脑，不能把这个当成主流，不要忘了学术主流，一定要在主流学术方面拿出非常像样的东西。当然不排除有个别老师就是擅长搞社会工作、应用性的工作，他可以以这些为主，但是整体来讲还是要加强我们的学术研究，学术为本、学术为大。当然，这并不是可以忽视抓好人才培养，相反，研究生培养、本科教学都要搞好，抓科研、抓学术的一个主要目的就是提高人才培养质量。

文学院也要加强对外交流，并不是搞中国语言文学就不用对外交流了，要开阔眼界，何况你们还要搞比较文学。搞文艺评论不知道世界文艺思潮像什么话？国际交流对中国语言文学学科，对各个学科都是同样重要的，希望文学院采取有效措施。你们每年还应该开一两个非常像样的、高水平的学术会议，有的是国内的，有的是国际的。

在文、史、哲各自独立的同时，我们还成立了一个横向的国学院。国学院是文、史、哲彻底不分家，将文、史、哲更好地结合起来，因此国学院还仰仗文学院、历史学院、哲学院的支持。有关老师将来很可能采取双聘制，一部分教师既是文学院的教师又是国学院的教师。这还不仅是一般地兼课，而是两个学院共同的教师，当然人事关系、工资关系要以所在学院为主。特别是中国古代文学、中国思想史这一块，跟国学院的关系非常密切。中国古代文学教研室，是文学

院的教研室，某种意义上讲也是国学院的教研室，在这一块不提倡
分家。

XI. 在历史学院成立大会上的讲话[*]

(2005 年 9 月 5 日)

　　刚才我们宣布了文学院的成立，现在又过来宣布历史学院的成
立。大家都知道我们在 2002 年将文、史、哲三个系合并组建了人文
学院，在三年后的今天，我们又把它分开，分别成立了三个学院，反
映了我们对问题的认识有一个过程，也说明认识事物正是螺旋式上升
的。我刚才在文学院那边讲，当初提议合并的是我，现在分开，提议
的还是我。因为 2002 年的时候，我们总感到人民大学学院太多，而
每个学院的学科覆盖面很有限，因此想合并一些学院，请文、史、哲
带个头。当时我们认识到，虽然文、史、哲不分家，但是文、史、哲
之间的学科界限还是十分清楚的，文、史、哲三个系都是一级学科，
应该相对独立，可以跟其他学院不太一样。实践下来的结果呢，总体
效果还不错，没有影响大家各自的发展。但是由于其他的院系合并得
很困难或合并不了，结果本来人文学科非常宝贵的三个单位并成一个
单位，社会科学则分成十几个单位。外语、艺术属于人文学科，但它
们也都是各自成立学院，最基础的文、史、哲却并成了一个学院。在
其他社会科学各个学院没有进一步整合的情况下，人文学院合并以
后，成了一个户头，两三年下来，我们就感到不利于人文基础学科更
好地发展。按照我们的观点，像人民大学这样的学校，有七八个学院
就够了，如果只有十个左右学院的话，那么人文学院合并是合理的，
但是现在有二十多个学院，把人文这么基础的学科并成一个学院，大

---

[*] 本文根据讲话录音整理。

家知道人们的习惯思维，人们都习惯了，一个单位一个户头，多多少少有这个影响。这三年实际上对于文、史、哲各学科的发展并不是非常有好处。现在分开以后，可能文、史、哲学科能得到更好的发展。我们就是在探索，怎么样有利于学科的发展，我们就怎么办，只要符合这个标准，我们就坚定地把它分开。"文化大革命"前党史系和历史系是一个系，党史系是历史系的一部分，可是后来考虑到它确实也是一门政治理论学科，就分开了。我们感到党史系现在暂时还是不进入历史学院为宜。

历史学院的建立主要还是为了学科建设、学科发展。人民大学要建设世界一流大学，仅仅靠社会科学是不行的，必须把人文学科搞上去，特别是基础人文学科。这对一所研究型综合性大学的地位，对一所大学能不能称为一流的大学，是极其重要的。就如同理工学科一样，没有像样的理科，仅仅拥有应用性很强的工科，是很难称为一流大学的。人民大学是以人文社会科学为主，仅仅社会科学很强，而人文学科不足够强，就很难建成一流的大学，这是我们的一个认识。所以说我们一定要大力加强人文学科，特别是基础人文学科，那就是文、史、哲的建设。人民大学这样的学校，如果文、史、哲在全国不是非常强大的话，学术的含量、学术的分量就不够。而人民大学的文、史、哲都有相当的基础，哲学更是全国长时间的排头兵，上世纪90年代以来虽然有一段下坡路，现在则已出现了回升的势头。中文系从前年就开始回升了。我们历史学科应当说也经历了滑坡的挫折，有时代的原因，历史系内耗比较严重也严重影响了学科的发展。但我们历史学科是有基础的，著名历史学家尚钺先生就是我们历史系当年的代表性人物；人大历史学特别是清史研究，历史上曾经很辉煌，现在也还有相当的实力和水平。所以，我们说把人民大学历史学院建成一流的历史学院，并不是空口唱高调、单纯抒发雄心壮志，并不是不顾条件。

今天我想借历史学院成立的这次会议，一方面向同志们表示祝贺，另一方面也谈一下个人的希望、个人的感想。

第一，历史学院的成立扩展了原来历史系、清史所的容量。历史学院比历史系、清史所提供的平台要大，希望老师们共同努力，明确学科定位，制订发展规划，明确哪个领域是我们主要的发展方向，哪个领域是我们次要的发展方向，重点在哪些地方。现在学科的范围是不够的，要进一步拓展，包括中国历史、世界历史、断代史、专门史等等。我认为应当把近现代史很好地抓起来，要大大地加强和发展这一块，没有近现代史的研究，这个历史学院是不完整的。党史系虽然也研究近现代史，但它更侧重于从政治理论上来研究问题。这是一点，即要扩大学科的容量，扩展学科的方向。

第二，要凝练学科方向，彰显学科特色。在历史学科领域中我们究竟抓哪些重点，以形成人民大学历史学院的学科特色？清史已经是一个特色，是一个亮点，我们相信通过清史编纂掌握更为丰厚的史料，人大的清史研究在下一个阶段会更加辉煌。除此之外，还应在哪些方面形成自己的特色呢？十个手指头全面出击也有效果，但总要攥紧拳头打几拳，更有力嘛！干事情总是这样的。历史学科还是要侧重史论结合，有的可能是以史见长，有的可能是以论见长。论是非常重要的，论这一块，我们相对是强项，需要保持。史也是一样，有各种各样的史，我觉得更应该在主流方面多做文章，主要的学术成就应当更多地出在主流方面，壮大这个主流，为这个主流增光添彩，为这个主流出更多的学术著作。

第三，我要强调学风。首先特别强调团结，不要内耗。老一辈当中的一些问题，你们千万不要"继承"。那是搞不清，剪不断，理还乱。到了新一代，已经是以中青年教师为主了，要克服门派观念，相互尊重，勿忘学术自由，要容许学术自由，提倡学术自由，尊重学术自由。在强调学术自由的同时，我们强调团结协作，学术自由并非意味着内耗，一定要加强团结合作，共同开创人民大学历史学科新的辉煌。二是要提倡"板凳要坐十年冷，文章不写一句空"。对历史学科来说更要提倡这一点。历史学科不看书、不看历史资料，你研究什么历史啊？历史学，特别是中国历史，二十五史不说烂熟于胸，可也应该差不多吧！古文水平应该很高吧！要是因为英语不好评不上教授，但是你古文非常好，我保证你能评上教授。但世界史专业教师的英语不好，那不行。我主要强调这两点，一个是团结的问题，一个是踏踏实实做学问的问题。

第四，我还想提一个历史学科国际性的问题。研究世界史的，肯定要放眼世界；搞中国历史的，也要放眼世界，要了解国际情况。哈佛大学燕京学社是人民大学长期合作的对象，但是你总得拿出东西来吧，相互交流嘛！你水平越高，人家越瞧得起你。我觉得历史学院一定要有一批教授乃至研究生能够进入国际学术交流领域。应该召开国际性的学术会议，也应当组织一些业务上很强的教授到国外看看，古罗马是什么样子，古希腊是怎么回事，古埃及的文化怎么样，并与国际同行交流。"读万卷书，行万里路"对历史学家同样重要。

我期望我校的历史学科尽快恢复并且超越历史上曾经达到过的地位，成为全国最著名的历史学院之一。希望人民大学文、史、哲这些基础学科，能够在恢复到历史最高水平的基础上创造新的学术高峰，有新的学术成就，为我们优秀传统文化的继承和发扬，贡献我们自己的力量。这次文、史、哲三个学院成立了，同时学校成立了国学院，如果说文、史、哲三个学院是纵向的话，那么国学院就是横向的。所以很重要的是通过国学院，把文、史、哲三个学科整合在一起，当然这主要是指中国古代史、传统文化这一部分。所以这一部分的教授，将来很可能是双聘教授，既是历史学院的教授，又是国学院的教授。我们通过这样一个试点，来争取实现基础人文学科的新的发展。以后根据形势发展看看学科发展怎么演变，国学院跟历史学院、文学院、哲学院之间将来是什么关系，慢慢去演变，让后人来逐步解决这个问题。

我们深深感到，历史虚无主义在我国当前的整个社会思潮当中是负面影响很大的一种。历史虚无主义否定中国近现代史，否定中国革命史，否定中国优秀传统文化，历史虚无主义也是民族虚无主义。说老实话，真正的爱国主义，还是要靠文、史、哲来涵养的，中国文化构建起来的爱国主义，那是绝对动摇不了的。真正的爱国主义要建立在热爱本国文化的基础上，一个热爱本国文化的人不可能不爱国。我们历史学科不仅对学术的繁荣具有重要的意义，对弘扬传统文化有重要作用，同时对于培育我们祖国新时期需要的人才，也担负着重要的使命。我们要从这样一个高度，从中华民族伟大复兴的高度，来看待我们历史学科的振兴和繁荣。学校将来要加大对基础学科包括历史学科的支持。希望历史学院在学术研究方面、在人才培养方面取得更多成就。

最后，教师节到来，向同志们致以节日的问候！欢迎大家对今后学校的工作、历史学科的建设多多提宝贵意见！

Ⅻ. 在新闻学院教师座谈会上的讲话*

（2005 年 10 月 19 日）

我刚才听了院长的汇报和各位老师的发言，感觉很振奋。确确实实，新闻学院教师的责任感、使命感、荣誉感和忧患意识都很强，这是我们进一步办好新闻学院的强大动力。我国的改革开放、现代化建设和国际上的经济全球化、政治多极化，使新闻工作和新闻教育的面貌发生了巨大变化，新闻教育总的来说是在适应不断变化着的新闻工作的需要和新闻教育界实际状况的需要。我过去讲，新闻学院是人民大学的一个窗口学院，也可以说是衡量人民大学办得好与不好的标志性院系之一。从人民大学本身来讲，新闻学院也必须办好，新闻学院是人民大学学科建设的"重中之重"，在这方面任重道远。

---

* 本文根据讲话录音整理。

新闻学院马上要举行 50 周年院庆，50 周年的时候我们提出什么样的要求？用最通俗的话来讲，就是你们要做大、更优、更强，要保持一定的规模，优势要更加突出，整个学科结构要更优化、实力更强大。其中最重要的是队伍的实力、学术风气、软环境建设要更强。人民大学创建世界知名一流大学，要靠几个学院，比如经济学院、财金学院、法学院、新闻学院、社会与人口学院、国际关系学院、商学院等。国学院的成立也非常重要，这是近百年来高等教育界的一个大事情。希望新闻学院作出更大的贡献，作出更大贡献并不仅仅是为人民大学，更重要的是为中国教育界作贡献，为中国特色社会主义建设作贡献。

新闻学院继续保持了国家重点学科新闻学排名全国第一，充分展示了我们新闻学院一代又一代领导班子和教师们学术积累所作出的贡献。但是现在我们也应该有危机感，一定要有强烈的危机感，现在有不少高校都在办新闻院系，而不仅仅是老牌的竞争对手，我们的压力还是很大的。刘云山同志、陈至立同志都与我谈到过人大新闻学院，可见新闻学院还有很多领导人在关心，也说明新闻学院有很高声誉。一方面我们感到压力很大，因为大家都在往上走；另一方面，我们还是有优势、有基础的。人民大学在上世纪 90 年代后期发展滞缓，有些跟不上，但到最近，一些著名学者见到我，说人民大学现在已经具有一流大学的气质和神韵，人家的说法还是比较客观的。所以我们新闻学院在前些年学校整体条件并不算好的情况下能够保持这样的水平、取得这样的成果，是学院历届领导和教职员工努力的结果。但是现在，新时期到了，未来这五年就是你们新闻学院的战略机遇期，如果抓住了，你们能为 21 世纪前 30 年奠定很好的基础；这五年抓不住，你就可能下去了。那么今后工作怎么做呢？我有这么几个意见：

一、指导思想

1. 坚持正确的政治方向。

新闻媒体、舆论导向对国家利益乃至整个国家安全都极其重要。

我们是这样，西方也是这样，没有哪个国家不讲政治导向，没有哪个国家不讲价值导向。如果说过去我们对西方新闻自由还不太了解，那么至少在"9·11"以后，在伊拉克战争之后，我们应该看到美国新闻自由的另一面。我们当然要倡导新闻自由，但是新闻自由和价值导向应是统一的；一方面大胆说话，另一方面要按规矩办事，坚持正确的政治方向。新闻学院的每一位教师对此应该有清醒的认识。我们的新闻报道，我们培养出来的学生，是为国家利益、民族利益服务的，包括为人们的精神追求、为丰富大家的精神生活、为了人的全面而自由的发展服务。因此，政治方向和职业道德都要重视。

2. 坚持改革开放，开拓创新。

新闻学院这20年实际上做了很多开拓性工作，原来就是新闻专业，后来有了对各种媒体包括广播电视的研究，这都是创新。新闻跟人们的生活也结合得越来越紧密，现在不光是报纸、广播、电视，还有网络、手机等新媒体，还有创意媒体。总之，新闻媒体已经跟人们的生活完全紧密地结合在一起了。所以，没有开拓创新，我们的新闻教育就跟不上时代，就培养不出跟得上形势和适应21世纪需要的人才。因此，坚持解放思想、开拓创新，以这样的理念、这样的精神状态办学，是新闻学院今后最应重视的头等大事，对这个问题要常想多想。

二、具体工作

1. 加强学科专业建设。

希望新闻学院全体教师，特别是教授、教研室主任、正副院长，对于新闻学院究竟办哪些专业，哪些专业搞本科、哪些专业搞第二学位，治理结构怎么搞，设系还是不设系，还是只设教研室，哪些教研室给两块牌子——既是教研室又是研究所等一些问题进行充分酝酿，实行民主集中制，最后由新闻学院学术委员会、领导班子研究，拿出决定性意见。你们可以有一些研究所，有的研究所还可以做大一点，成为人大的一个品牌；还可以整合各种力量，通过课题来打破行政建制。总之，学科专业建设要一并考虑人民大学的传统优势、特色和未来发展需要，强势的东西一定要站住脚，要加强，但也不能什么都平均使用力量。学科专业设置、内部机构设置问题希望新闻学院经过深入研究，拿出一个基本成熟的方案，当然还可以调整的，不是一次定终身。不过像系这样的机构是不能随便成立的、不能随意调整的。

2. 加强教师队伍建设。

"985工程"的建设思路要从单纯的重大科研项目转到以队伍建设为核心的能力建设上来。也就是说，"985工程"不仅仅要产生一批重大的科研成果，更重要的是要建设可以持续产生重大科研成果的能力。能力建设中最重要的是队伍建设，而队伍建设中最重要的是拔尖人才。第一是拔尖人才，第二是创新团队，第三是合理梯队。我们现在尤其要重视拔尖人才和创新团队的建设。从组织上来讲，应当怎么样创造更好的条件发挥拔尖创新人才的作用，这是加强拔尖创新人才建设的又一个重要方面。我们不仅仅是重视引进，同样重要的是重视现有人才作用的发挥，让他们有所作为。环境和条件一方面是指科研条件，另一方面很重要的是人和，要团结，要有互相协作的意识，"文人相轻"是不能要的，要创造很好的学术氛围、学术环境。一个是"百花齐放、百家争鸣"的学术环境，一个是想干事、能干事、干成事的干事环境，再一个是尊重劳动、尊重知识、尊重人才、尊重创造的科学评价的环境。没有这几个环境，不一定留得住人。要按照这样的要求创造更好的平台，充分发挥现有骨干教师的作用，并且帮助青年教师更好地成长，使其逐渐成为学术骨干、学科带头人、学术大师。

3. 加强硬件设施建设。

未来这一年，是新闻学院硬件建设的关键时期。一定要在学校有关部门的紧密配合之下，为新闻学院21世纪的硬件建设打下坚实的基础。硬件建设要有脱胎换骨的改造，要把硬件设施建设和学科建设、人才培养紧密结合。当然不要好大喜功，要考虑投入产出，要考虑到实用，要立足于创建国内一流的新闻学院。

4. 大力提升国际性，加强国际性建设。

新闻学院本身的国际性建设也很重要。人民大学在国际性这方面不抓，很快就会落后，并且是大的落后。提升国际性也是我们新闻媒体走向世界、培养国际性人才非常重要的一步。新闻学院和密苏里大学已有的合作很重要，教师要尽量出去，要创造机会让他们出去开阔眼界、丰富思路。新进年轻人一定要外语好的，外语不好的，除了特殊的专业，我校原则上不准进。要组织一些国际会议；要在国际上找几所一流大学，建立"铁杆"的合作关系；再找若干所广泛联系的大学，经常走动走动。

总而言之，学校衷心祝愿新闻学院越办越好，要做大，要更优、更强。我们祝贺新闻学院成立 50 周年，有关部门也要支持新闻学院把院庆办好。新闻学院 50 周年，不仅是新闻学院的事，更是人民大学的事，是学校的事。

希望新闻学院全体同志团结起来，群策群力，共同努力，把新闻学院办好。对教授不要求全责备，只要社会责任感强，认真干事，把学生教好，就是优秀教师。希望所有教师敬业、爱岗，热爱学生，热爱我们的专业，热爱我们的事业。

XⅢ. 在法学院成立 55 周年庆祝大会上的讲话

（2005 年 12 月 30 日）

尊敬的肖扬院长，

尊敬的罗豪才副主席，

尊敬的各位来宾、各位校友，老师们、同学们：

大家好！在 2006 年向我们大步走来的喜庆日子里，我们在这里隆重集会，庆祝中国人民大学法学院成立55周年。首先，我代表学校对法学院成立55周年表示热烈的祝贺！对与会的各位领导、各界来宾、各位法学家和法学院的校友们，表示诚挚的欢迎！

弹指一挥间。我还清楚地记得2000年的12月，我们相聚在人民大会堂，满怀喜悦地庆祝中国人民大学法学院建院50周年。就是在那场盛会上，李鹏委员长以党和国家领导人的身份对我们的法学院表示了充分的肯定，提出了殷切的希望。他说，"为了实现现代化，我国要有若干所具有世界先进水平的一流大学。我们很高兴地看到，中国人民大学法学院正在向这一目标迈进，可以说已经达到了这个目标，但还要继续努力！"如今已是五年过去了。回顾过去的五年，我们满怀豪情。因为这五年对法学院来说，是与学校共同成长、共同发展的五年，是奋斗的五年，是汗水和欢笑交织的五年。

在过去的五年里，学校高扬发展和繁荣人文社会科学的大旗，发扬传统，矢志改革，锐意进取，全面取得了可喜的成绩。目前，学校正以党的十六届四中、五中全会精神为指导，以"人民、人本、人文"为办学理念，以"大师、大楼、大气"为办学思路，以"国民表率、社会栋梁"为人才培养目标，全面践行"实事求是"的校训，发扬始终奋进在时代前列和艰苦奋斗的优良传统，真情、真想、真干，朝着"人民满意、世界一流"大学的奋斗目标阔步前进！

在过去的五年里，我们的法学院也在以往辉煌成就的基础上，取得了进一步的发展。在2004年教育部公布的由教育部评估所组织的对全国高等院校和科研院所80个学科的评估中，我校有5个一级学科整体水平排名全国第一，其中就包括法学。可以说，法学院现在是人民大学学术实力最强的学院之一，是人民大学整体实力的重要支柱之一。中国人民大学要建成世界一流大学，就要有若干院系和专业率先进入世界一流行列，也就是要在高原的基础上建设高峰，法学院理所当然是其中一员。

刚才我们参加了明德法学楼的启用仪式，我们都为法学院雄伟的新楼感到振奋。事实上，前两天听说法学院已搬到新楼后我就特意去看了看，看到法学院院领导和师生们都掩饰不住的喜气洋洋，我也很是欣慰和喜悦。我们的法学院素以录取全国最优秀的学生著称，可以说拥有素质一流的学生，拥有一批杰出的校友，比如在座的令我们骄傲和自豪的肖扬院长，同时也拥有一支一流的师资队伍，拥有一流的图书资料，现在，又拥有了一流的大楼和硬件设备，如何不能建成世界一流的法学院？我对此充满信心，充满期待。我相信，只要法学院全体师生同心协力，在广大校友、广大学校之友和社会各界的热心支持下，这个目标就一定能达到。作为校长，我会一如既往，以最大的热情和最大的努力来支持我们法学院的建设和发展。

当然，我们知道事物的发展不可能是一帆风顺的，不可能不出现一点挫折。令人高兴的是我们的法学院总是能凭借自己深厚的功力迅速地克服困难，沉着、镇静、坚韧不拔地朝着自己的目标前进，显示了一个真正强大组织所应具备的优良品质；并且证明只要我们法学院广大师生戮力同心，众志成城，就没有跨不过去的坎，没有克服不了的困难！我们有理由相信，有这样一种优良品质的法学院，一定会有光辉的前景！

本世纪头 20 年，是中国发展的重要战略机遇期，中国的法学教育和法制建设事业也同样处于一个非常重要的发展阶段。人类历史发展的经验证明，健全的法律制度是现代社会文明的基石，是社会实现良性运转、可持续发展的保证。我们要建设"经济更加发展，民主更加健全，科教更加进步，文化更加繁荣，社会更加和谐，人民生活更加殷实"的小康社会，就离不开法制的保障。而健全法制、实现法治的关键，首先在于法律人才的培养，在于法律科学研究的不断精进。这些基础性工作，毫无疑问是大学法学院的基本职责。这是一个法律工作者可以大展宏图的时代，是一个法学院可以大展宏图的时代，时代给予了我们法学教育新的发展机遇。同时，中国人民大学在党和国家的亲切关怀和大力支持下，正处在创建"人民满意、世界一流"大学的历史进程中，这也为我们法学院的发展提供了前所未有的发展机遇。我们希望人大法学院在以往深厚积淀的基础上，在未来的岁月中继续高举"发展才是硬道理"的旗帜，把握机遇，开拓进取，团结务实，以学生为本，以教师为本，以学科建设为龙头，继续发挥在全国法学教育领域的引领作用，在建设"国内第一、世界一流"的过程中不断创造新的业绩！

我们相信，在王利明同志为院长的新一届院领导班子的带领下，全体师生员工团结奋斗，人大法学院一定能取得更加辉煌的成就，在人民大学建设世界一流大学的历史进程中作出更大的成绩，为我国社会主义民主法制建设和学术繁荣作出更大的贡献！

最后，预祝大会取得圆满成功！祝各位领导、各位来宾、老师们、同学们身体健康，新年愉快！祝福人大法学院！祝福人大法学院的师生们！祝福人大法学院的校友们！谢谢各位！

XIV. 在哲学院成立 50 周年庆典大会上的讲话

（2006 年 11 月 1 日）

今天，我们在这里隆重举行中国人民大学哲学院（系）成立 50 周年庆典。首先，我代表学校对哲学院（系）成立 50 周年表示诚挚的祝贺！对到会的各位领导和嘉宾、哲学院的老师、同学以及校友们表示热烈的欢迎和亲切的问候！

中国人民大学哲学院由哲学系发展而来，成立于 1956 年。50 年来，广大师生努力拼搏，奋发有为，为我国哲学高等教育作出了突出贡献，使哲学系成为我国哲学理论科学研究的摇篮、马克思主义理论师资培养及马克思主义教育的基地和指导我国社会主义建设与改革实践的重要理论源泉。中国人民大学哲学系创造了新中国哲学教育史上许多个第一：哲学系编写了马克思主义哲学、伦理学、自然辩证法和逻辑学等学科的国内第一本教材，成为我国哲学高等教育领域的经典教材；中国人民大学哲学系是全国第一批拥有硕士点、博士点以及博士后流动站的单位，是第一批一级学科授权点单位；哲学系培养、哺育了一大批哲学理论研究、教育教学骨干人才，曾经在相当长一段时期内，国内高校哲学系的系主任，几乎都是人大哲学系毕业生。哲学系的广大教师及校友发扬理论联系实际、追求真理、实事求是的优良传统，引领时代精神，促进社会变革，在"拨乱反正"的年代，发出了"实践是检验真理的唯一标准"的时代强音，推动了真理标准问题的全国大讨论，为破除"两个凡是"教条、解放思想、改革开放，进行了思想上、理论上的准备；中国人民大学哲学系学者最早对中国哲学中的"和谐"理念展开系统研究，开创"和合"哲学，为中央"和谐社会"理论的提出提供了重要的思想资源。

回顾人大哲学系50年发展的光辉历程，我们感到无比的骄傲和自豪！放眼未来，我们同时也深深感受到机遇与挑战的并存。当前，我国正处于全面构建小康社会、实现民族复兴的伟大时代，十六届六中全会提出的全面构建社会主义和谐社会的宏伟构想，需要符合时代要求的哲学理论来不断阐发精神内涵，指引改革方向。对于中国人民大学哲学院来说，这就是我们的挑战！这就是我们的机遇！这就是我们的使命！面向未来，人大哲学院如何践行好自己的使命，为50年的光荣历史续写更加辉煌的篇章，在此，我提出几点意见，希望与广大师生们共同探讨。

1. 希望哲学院师生们进一步解放思想，深入社会实际，勇于结合现实问题，大胆进行理论探索和创新。

哲学是关注社会现实、发挥理论引领作用最大的学科门类之一。当前，我国正面临改革与发展的重大机遇期，经济、社会领域正发生着深刻而巨大的变化，现实中存在着许许多多的具体问题、具体情况，需要我们广大理论工作者用马克思主义哲学的宽广视野加以分析、研究、解决。这就要求我们的理论工作者一定要敢于解放思想，关注现实，深入实际，进行大胆的理论探索、理论创新，为社会主义改革和建设事业提供必要的理论支持，做一个头脑清醒、追求真理、注重实践的马克思主义的思想者。具体来讲，我们的哲学理论研究工作者要做到三个方面的要求：

（1）在主观思想上要敢于冲破既有思维定式的束缚，冲破狭隘经验的束缚，以极大的理论创新精神和政治勇气出思想、出理论、出成果，为进一步巩固马克思主义在哲学社会科学中的指导地位作贡献，为繁荣马克思主义学术研究作贡献，为引领和推动改革与发展实践作贡献。

（2）理论研究要密切联系实际，不能"闭门造车"，要深入到丰富的社会实践之中去，从实践中发现真正的问题。在问题锁定之后，要有不畏一切困难的精神，不回避问题，不搞"擦边球"式的、投机取巧的理论研究，而是要进行深入、彻底的理论研究。只有通过艰苦的努力，才能产生指导社会实践的、有价值的理论创新。

（3）要有坚定、严谨、扎实、兼容并蓄的学风。理论研究是坚持真理与理论创新相统一的过程，是理性的肯定与理性的否定相统一的过程，是认同和求异相统一的过程，因此必须建立在扎实、严谨、科学的分析基础上。希望广大师生时刻把学风建设作为学术发展的生命线，严谨治学，踏踏实实，不投机取巧，不急功近利，也不随波逐流。

2. 希望哲学院师生们立足主流，潜心研究，多出精品、上品、传世之作。

去年，为了适应国家经济、社会领域的巨大变革，在哲学高等教育迅猛发展、激烈竞争的环境中，继续保持和发展我校哲学学科的传统优势并推动学科实力再上台阶，学校在哲学系、宗教学系的基础上组建成立了中国人民大学哲学院。哲学院今后的发展就是要在新的起点上"在主流、壮主流、领主流"。我们要建设全国高校最好的哲学院，就必须始终耕耘在哲学主流学术阵地，在主流领域出精品、出上品、出传世之作，培养出将来能够领军的优秀人才。我们深知，真正的高水平、出类拔萃，不是靠自己说的，不能是自己封的，而是要靠高水平的业绩，靠卓越的学术成就，必须是大家公认的。

学术上的主流在很大程度上源于学科内的传世经典著作。哲学系老一辈学者有"抠原著"的钻研精神，庞景仁先生从法文、德文和英文三种语言翻译笛卡儿、康德等哲学家的原著；苗力田先生从希腊原文直接翻译《亚里士多德全集》等经典著作；石峻先生钻研中国哲学史原著的精深程度，令人惊叹敬佩。萧前、李秀林、罗国杰、陈先达、夏甄陶、方立天、张立文等老一辈哲学家们也无一不是在"抠"马列原著和其他原著的扎实基础上取得卓越学术成就的。今天，年轻一辈老师们要想学有所成，就应该继承和发扬前辈的钻研精神，从阅读原著入手，潜心研究，苦练内功，厚积薄发。

近年来，中共中央下发了《关于进一步繁荣发展哲学社会科学的意见》，实施了马克思主义理论研究和建设工程，特别强调哲学社会科学的建设和发展，这对人民大学来说是一个重大机遇，对于哲学尤其是马克思主义哲学等学科更是一个重大的机遇。哲学院广大师生应当充分利用这个大好形势，加快"入主流、在主流、壮主流、领主流"的步伐，加强对全局性、战略性、前瞻性国家重大课题的研究，力争在主流阵地上，多出上乘之作、经典之作、传世之作。

3. 希望哲学院师生们既能"沉下去"，又能"走出去"，努力发展成为底蕴深厚、眼界开阔，具备国际交流与研究能力的优秀学者。

所谓"沉下去"，第一是希望广大师生能够深入到社会实践的第一线去，发现问题，研究问题；第二是希望广大师生们"沉"到书斋里面去，潜心学术、埋头研究。哲学是最为深沉的学问，研究哲学更要有能够"沉下去"、"坐得住"的静气。"板凳要坐十年冷，文章不写一句空",要破除急功近利的心态,甘坐冷板凳。当今社会,各种各样的诱惑很多,是否能够沉下心来、坐稳冷板凳,是决定学术成败的关键。

所谓"走出去",是要老师同学们走出国门,走到国际学术舞台上去,与国际一流的学者们进行思想的交流与碰撞。希望哲学院的广大师生,在甘坐"冷板凳"的同时,还要会喝洋人的"热咖啡",走出国门,多与国际同行们交流、切磋。这就要求我们的老师们进一步加强外语训练,自觉地培养自己的国际视野。

学校在建设"人民满意、世界一流"大学的进程中,需要各个学院、需要一大批学者名家走向国际舞台,需要各个学院努力提高自身的国际性。哲学院是学校的品牌学院,更应该在提升国际性方面走在前列。

50年光阴,弹指一挥间。中国人民大学在哲学系的基础上成立哲学院,从各种资源配置上加大投入,这为哲学学科发展注入了新的活力,为哲学院在新世纪再创辉煌提供了保障。哲学院自去年组建成立以来,广大师生人心凝聚,精神振奋,各项工作井然有序,蒸蒸日上,呈现出欣欣向荣的可喜气象。作为一个有着光荣历史、深厚积淀和优良传统的学院,人大哲学院正在新时期焕发出更强大的力量。我们相信,在新的历史时期,人大哲学院一定能够与时俱进,争取发展成为中国教育界哲学第一院!

ⅩⅤ.　在国学院调研时的讲话[*]

（2009 年 4 月 1 日）

刚才黄朴民常务副院长和各位老师介绍了国学院的工作,从中可

---

　　* 根据中央的安排和部署,中国人民大学深入学习实践科学发展观活动从 2009 年 3 月正式启动。本文系作者作为中国人民大学开展深入学习实践科学发展观活动领导小组组长,到国学院调研时所作讲话的录音整理节选。

以看出，国学院的发展势头很好，这是人大对国家的一大贡献。国学院的事业，是包括在座的各位师生员工干出来的。南怀瑾先生曾对我校国学院给了高度的评价，他认为人大国学院将在中华文化史上留下浓重的一笔。这也代表了海内外学界的认识。从某种意义上说，人民大学成立了国学院之后，促进了社会上传统文化热以各种形态表现出来，应当说，现在社会上国学的发展是比较健康的，作秀和赶时髦的成分大大减少了，人们开始更加理性地认识和研究传统文化的当代价值，从官方到民间，从各级领导到普通百姓，对此已经形成了基本的共识，对传统文化有了基本的认同。

近百年以来，除了无锡国专和存在了仅四年的清华国学研究院，还没有其他专门的实体性的国学教育机构。对我们来说，国学教育是个新事物、新局面、新气象，因为这是现代意义上的、按照现代大学的形式来进行的国学教育，是一种探索，也是一种创新，在中国历史上没有，近百年以来也是少有的。我们要有充分的信心把这个事业做下去。

国学院的进一步发展，需要解决以下几个方面的问题：

一是师资问题。师资队伍建设比刚开始的时候好多了，第一任常务副院长孙家洲同志功不可没，人事处也作出了贡献。国学院成立之初，从文、史、哲三个院系调人，也聘请了校外的一些学者，也选留一些毕业生。到现在为止，队伍整齐了许多，但教师的人数还是太少，希望在保证质量、符合需要的前提下，突破名额的限制，对学术水平高、学术潜力大的教师，有多少进多少。当然，要考虑到国学院发展战略的需要，最着急的专业和方向优先；本校培养的优秀毕业生，也可以根据需要有选择地留下来，并要有意识地加以培养；国外引进的，也需要。国内新进的教师，在同等条件下也要优先考虑外语水平。要依靠老一辈的名师硕儒，人文学科的教授年纪越大学养越深。冯其庸先生对国学院功勋卓著，其他老先生也给予了很大的支持，以后要继续依靠这些老先生，在身体状况允许的条件下，可以多聘请老先生们来工作。总的说来，目前师资队伍建设要依靠老先生，寄希望于中青年，当前重点解决数量方面的问题。

二是物质条件。这方面问题不大，当前主要是图书资料，特别是外文的图书资料，要大力丰富和充实，要尽快成立外文图书室，经费不是问题。这个问题要放在学校发展的大背景下统筹考虑，图书资料可以与学校将要成立的宗教高等研究院和国际青年汉学家研修中心共享。可以先从学校的捐赠经费中拿出 100 万元用于外文图书资料的购买。

三是对国学教育本身的研究和国学学位问题。国学目前在学科体系中没有"户口"，争取设立国学学位或列入学科专业目录很不容易，需要我们进一步加强对国学本身的研究，把国学本身研究透了，有利于国学学位的设置。清朝末年引进西方学科制度时设立经学学科是很科学的，给了传统文化一席之地。人大国学院要研究这些问题，呼吁设立国学学位。很多领导同志认为重振国学是人大对国家的一大贡献；在人大成立国学院之后，光明日报、中央党校、国家行政学院以及一些兄弟高校，都通过不同形式参与到国学教育事业的发展中。我们需要继续努力，不能起个大早，赶个晚集。

四是科学研究。这方面要保持良好的势头，要凭真本事、凭实力说话。国学院要重视学术研究，要策划有影响力的科研项目，要出版和发表高质量、高水平的专著、教材、论文，要办好高质量、高水平的学术刊物和学术会议等平台。国学院的教研室对外也可称作研究中心。选留的博士当教师，科研能力要强，当然讲课也要好。一个老师讲课好，没有学术上的创新思维和广博的知识积累是很难做到的。

五是人才培养。要研究具体问题，比如教学方案的调整完善，比如本硕连读学制执行的情况，在给学生自由选择的同时也要有淘汰机制，比如学生奖学金也可以调整。一切都要有利于人才培养质量的高水准。很快要有毕业生了，学生的就业问题要重视，要了解学生的就业意向，要加强社会宣传。

六是国际性。国学院要组团出访，加强国际学术交流，多了解世界汉学界的著名学者并建立联系。要举办国际学术会议，开展国际合作科研；要和世界著名大学交换学生；要招收留学生，比如开办"中华文化研究硕士项目"。要让世界了解我们，也要让国学走向世界。

XVI. 在国际关系学院调研时的讲话*

（2009 年 5 月 8 日）

刚才陈岳常务副院长介绍了情况，讲得很清楚。国际关系学院目前发展得不错，在陈建院长和陈岳同志的领导下，学院的班子求是、务实，对自身情况的认识很准确、很清楚，与我的印象是一致的。在年初公布的一级学科评估结果中，我校政治学与北大并列第一，这是个历史性的突破，标志着人大的顶级强势学科扩展到政治学科领域，是个很大的成绩。在这里，要感谢国关学院及其他相关学院的所有老师们所作的努力。

刚才各位老师集中谈到了人才培养质量的问题，大家都认识到这是学校和学院今后发展的一个战略重点，我感到很欣慰。今年院长工作会议的主题之一就是人才培养质量。学校会系统地考虑这一问题，要进行制度设计和调整，在导向上要向教学和学生培养倾斜。当然，科研也绝不能放松。

国关学院要为学校提升国际性作出特殊的贡献。现在国家提出要加快建设世界一流大学的进程，这对人大是个重大的机遇。我们本世纪之初确定的是用 20 年或更长一点时间建成世界一流大学，具体战

---

　　* 本文根据作者在中国人民大学开展学习实践科学发展观活动期间到国际关系学院调研时的讲话录音整理。

略是十年基础、十年腾飞。现在十年基础的"固本强基，重塑形象"的目标已经提前实现，今后十年腾飞，到了真正冲击一流的时候了。在这方面，国际关系学院有特殊的责任，更应该走在前面，更快地走向世界。在师资队伍方面，国关学院要为学校师资队伍的国际化作出贡献，要继续注重"海归"的引进，从国外一流大学或著名学科专业引进海外教师。另一方面，中国特色的政治学学科和学术也要走向世界，让世界了解、尊重乃至借鉴，能在世界多样政治文明中占有一席之地，这就对国关学院提出了更高的要求。

政治学的意识形态性很强，需要解放思想，勇于创新，重视新情况，关注新问题，产出一些高端的学术成果。比如网络对政治的影响。网上投票是一种民主的形式，但是其代表性问题值得研究；网络暴力对网络民主的影响，网络上便捷的国际信息交流对政治的影响等等，都值得关注。我校对联合国的研究也要成为亮点。当然，我们的科学研究是建设性的，是富有理性、批判精神的，但不是破坏性的，更不是颠覆性的。与政府唱对台戏不是值得提倡的大学精神，负责任的大学不是这样的。大家既然选择了政治学，就要有敢于探索的精神，要有政治勇气和理论勇气去进行理论创新。你们的学术成果，不仅要服务社会，还要引领社会，要富于前瞻性地服务于社会主义民主政治建设和合理的国际新秩序的确立，否则就很难建设一流的政治学科。

XVII. 在新闻学院调研时的讲话[*]

（2009 年 6 月 5 日）

新闻学院是人大重要的学院之一，为学校的发展作出了重要贡献。

---

* 本文根据作者在中国人民大学开展学习实践科学发展观活动期间到新闻学院调研时的讲话录音整理。

新闻学科也是人大的传统强项，但是，我感到新闻学院的发展要有更多的危机感，是需要居安思危的代表性学院。人大新闻学院新闻学科虽然继续排名全国第一，但在全国的竞争中目前并没有处于明显的优势地位，中国传媒大学和复旦大学新闻学科的实力都很强。当然，我们不是为了竞争而竞争，而是新闻学院作为人大的传统强院，应当处于领先的位置上，不仅要为荣誉而奋斗，而且要随着时代的发展与时俱进，为国家发展、社会进步不断作出新贡献。赵启正部长给了我们很大的支持，把握了学院的发展方向，创造了良好的外部环境。但如何做得更好，则需要靠大家努力。我认为努力的方向主要包括以下几点：

第一，在人才培养方面，要注重学生的政治方向和新闻道德。新闻不仅要追求真实，也要追求真理，不能把真实和真理对立起来。要注重国际性新闻人才的培养。国家的发展和国际影响的提升，迫切需要培养高水平的、国际性的新闻人才。要注重发挥学院史论结合的优势，培养学生扎实的基本理论功底和基本能力，同时注意发展新的专业领域和方向，增加招生人数，积极发展专业硕士学位教育。

第二，高水平的师资队伍建设要优先。首先数量要增加，其次国际性要加强。从新闻学院的实际出发，当前尤应重视引进欧美背景的海外人才，拓展海外资源，同时也要引进实践能力强，有丰富实践经验的人才。要重视青年教师的成长，给他们创造干事业的平台，不要埋没人才。

第三，拓展专业领域。要扬长避短，办出专业特色。广播电视专业要办好，软件和硬件都要加强。国际新闻专业是国家发展的需要，更要办好，学校也要加强这方面的经费支持。同时科研领域也要拓展，在保持传统优势的前提下，对网络媒体等新媒体要加强研究。

第四，提升国际性。新闻学院在这方面潜力很大，会大有可为。包括学生交换、教师研修或互访、召开国际学术会议、国际发表等都要推进。

第五，下一期学校"985工程"建设会继续给予新闻学院重点支持，要结合上述诸方面工作统筹安排，重点是加强能力建设。

大师　大楼　大气

　　"大学是有精神的，惟其精神，使之能经世而独立，历久而弥新。"大学理念是一所大学的思想、精神和灵魂，不仅决定了大学的今天，更决定着大学的明天。中国人民大学要寻求发展，"大师、大楼、大气"一个不能少。对于大师，"大学不仅要推崇大师，吸引大师，还要让自己成为培育大师的土壤"；对于大楼，"名校岂堪芜杂院?""要培养现代化建设所需要的学生，要出高水平的科研成果，就必须拥有现代化的办学条件和设施。拥有良好的办学条件和设备。"对于大气，"就是一所学校的学术视野、学术氛围、学术气度、学术品格、学术胸怀，就是它的校风、它的学风。"要孕育大气，就要保持校园的相对宁静，"变革的时代呼唤宁静的校园"。

唐多令 · 新建明德楼感怀

（2005 年 6 月 7 日）

赞誉又神州，壮哉明德楼！到而今、方静心头。名校岂堪芜杂院？人跃起、旧颜休！

击水正中流，扬帆奋上游。尽辛勤、大水行舟。眼底风云心下事，登高望、气方遒。

七绝 · 荣誉教授授予仪式

（2005 年 9 月 10 日）

白发银丝岁月长，功勋卓著谱辉煌。
欢声笑语齐恭贺，学术常青校运昌。

我对大学理念的认识[*]

——在武汉大学"校长论坛"上的讲话

(2003 年 11 月 28 日)

在今日的高等教育界，讨论大学的理念渐成时尚。这是时代使然，是高等教育在改革开放中的一种进步。我以为，于所有的大学校长，大学的理念都是一个非常严肃的值得思考的重大问题。一所大学的理念是这所大学的思想、精神和灵魂，它决定这所大学的思维方式和发展方向，不仅决定大学的今天，更决定大学的明天。而在与社会的互动关系中，某个阶段大学的理念总是要受社会发展阶段、政治经济发展水平、教育政策、社会思潮等种种因素的影响和制约；但同时，大学作为目前人类社会教育体制中的最高层次，它的理念对社会的发展、对社会思潮的形成又总是起着非常重要的作用。所以，大学的理念是一个永恒的话题。

大学究竟是什么？《大戴礼·保传》中写道："古者年八岁而出就外舍，学小艺焉，履小节焉；束发而就大学，学大艺焉，履大节焉。"据此，大学应当是学大艺、履大节的地方。汉代的太学、隋朝的国子监都是中国古代意义上的大学。中国古代四书之一《大学》的开篇之语，"大学之道，在明明德，在亲民，在止于至善"，则可说是从某个

---

　　* 本文根据讲话录音整理，全文以《对大学理念和大学精神的几点认识》为题在《中国高等教育》2004 年第 1 期发表，同时以《我对大学理念的认识》为题被《发展与繁荣人文社会科学》（纪宝成著）和《中国当代教育家文存·纪宝成卷》全文收录。

方面体现了中国古代大学的精神和理念。但一般来说，现代意义上的大学制度起源于中古时期的欧洲大陆，法国的巴黎大学、意大利的博洛尼亚大学是最早的两所中古大学。大学自出现始，就因为在文化传承和社会进步上的特别作用而有别于其他机构。特别是一些经历近千年风雨仍巍然自立的大学，因为其独特的风格和对人类的贡献而闪烁光芒。所以，大学是有精神的，惟其精神，使之能经世而独立，历久而弥新。在近代以来的大学发展史上，我们总是可以看见一些光辉的名字，如纽曼、弗莱克斯纳、洪堡、蔡元培、梅贻琦、吴玉章、科尔等，大学功能的发展也从单纯的"传道、授业、解惑"到"以研究为重"再到今日的"教研并重并服务于社会"，而科尔更是用 multiversity 来形容今天的大学，以表明今日大学功能之复杂、目的之多元。

大学的理念总是随着时代的发展而发展，今日的大学虽然由昨日发展而来，但又受到所处时代的影响，所以今日大学的理念中自然有了时代赋予它的特质。一所优秀的大学不仅有优良的传统，也能折射出时代的光芒。能够立于时代潮头、站在时代前列、引领时代潮流，这就是大学理念中的时代精神。中国目前正处于一个重要的发展战略机遇期，在由计划经济体制向市场经济体制转化的变革中、在以这种变革为主要推动力的现代化建设中，国家已取得历史性的决定性成就，现在正迈入一个全面建设小康社会的时期。为适应时代的需要，高等教育体制已经发生并且在继续发生重大的变革。所以，对中国的高等学校来说，探索这个时代大学的理念极富现实意义。

大学的理念既有共性的部分，也有个性的部分。由于共同承担着社会赋予的特殊使命，所以大学是有共性的。什么是大学的共性？不同的学者有不同的见解，在我看来，主要有以下几点：

1. 大学是传授知识和发展知识的地方。这两者是相辅相成的，这也是大学之所以能够区别于中小学教育的地方。大学传授的知识是相对高级的知识，而且，由于大学是教育中的最高层次，决定了它施行的教育不是一种简单的知识灌输，而是要启发人的心智，培养人们掌握较复杂知识、解决较复杂问题，并在往后的一生中可以自觉地进行自我教育、自我开发的能力。大学教师要达到这一点，自身就不光要有传授知识的能力，还需要有在传授知识中发展知识的能力。许多优秀的学生在大学里也不光是接受知识，在接受知识中他们也经常能发展知识。我们经常说的"教学相长"应该就含有师生在教与学中互相提升、发展知识的含义。所以，我猜测在 19 世纪末，很多学者摆脱中古大学的传统，提出大学应是"研究中心"这样的概念，部分原因可能是看到大学发展知识的巨大力量正喷薄欲出。

2. 大学的开放性。如果说最初的欧洲中古大学是由于欧洲共同的文字（拉丁文）和共同的宗教（基督教）使得人们能够在一起坐而论道、相互切磋、相互交流，而天然具有开放性，那么今天大学的开放性已经超越了文字和宗教的约束，成为大学的一项传统，成为大学不可或缺的一项基本性质。大学的开放性让知识有了更新的力量，让大学不是一潭死水，而是活泼的、极具生命力的、可以绵延不息的江河。

3. 学术的独立和自由。这是大学的基本理念之一。一所大学，如果没有学术的独立和自由，就很难成为知识创新、发展和丰富的摇篮，大学应当与政府保持密切的联系，与社会保持互动的关系，但不应当逢迎，不应当媚俗，不应当随波逐流；应当遵循自己的发展规律，追求真理，做社会和时代的先锋，而不是盲从者、媚俗者，也不是单纯的所谓"服务器"。

4. 大学应有崇高的使命感。大学应是社会的良心和智慧之所在，大学应当服务于人类社会的整体利益，服务于国家，服务于民族的进步、社会的进步，大学应该是主流价值观传播的地方，是先进文化传承、创造和弘扬的地方，是先进生活方式的倡导者和传播者。如果一个国家的大学，失去了这种崇高的使命感，失去了对国家和社会的责任感，就不仅是大学的悲剧，更是国家的悲剧。

大学理念的共性应该还有一些，在这里无法一一论述。但我要特别谈到在我国当前的教育领域中存在的有代表性的两大问题，因为在我看来，这两个问题与中国当今大学树立自己的理念是息息相关的。如果不能清醒地意识到这两个问题，将会影响到大学理念的正确形成。

1. 在最近一些年里，有一些理论家、一些领导者受到市场经济大潮的影响，不考虑教育的特殊性，把教育等同于一般商品，鼓吹"教育产业化、市场化"。受这种"泛市场化"潮流的影响，有些政府单位希望并且实施通过市场的办法来发展教育的增量，把"教育市场化、产业化"当成在财政上甩掉教育发展这个"包袱"的幌子，这种氛围严重地影响了大学理念的正确形成。我们很担心，在这种氛围下形成的大学理念能不能使大学真正成为"追求真理、追求光明、追求进步"的圣洁的殿堂，能不能培养出具有远大理想、社会责任感的"国民表率、社会栋梁"。

2. 受目前社会上普遍存在的"急功近利"思潮和行为的影响，现在的大学教育在相当程度上存在"重术轻道"的倾向。这里的"道"，指的是理论、理性，是观察、思维、想象和判断能力的综合，指向学生的人格、理想、信念、视野和胸怀。"术"，是指具体的操作性知识。大学的发展要重"术"，但更要重"道"。大学首先要重视知识、能力、责任感相统一的素质教育，培养学生人格与心智的完善，同时重视必要的"术"，基本的"术"。具体技能，应该到工作实践中去锻炼、学习，想让学生一出门就成熟练工是不可能的，大学不是职业训练所，大学培养的不是技术工人。国家发展当然需要大批的技术工人，但应当由专门的职业技术学校来培养。即使职业技术学校也是需要重"道"的。

所以，在当前这个社会转型的历史时期，自觉地保持清醒的头脑对于形成正确的大学理念是非常重要的。

除了共性，不同的大学也有其不同的个性、不同的特色。比如从学校类型来看，有的学校是研究型大学，有的学校是教学为主型大学；从学科特点来看，有的学校以理工科见长，有的学校以人文社会科学见长，有的学校则有很强的综合性的特点；从校风来看，有的学校严谨，有的学校务实，有的学校狂狷。由于每所大学在教育体系中的定位、价值取向、学科结构、传统和历史并不完全相同，所以每所大学的理念有其个性的方面是非常正常的，而个性和特色也往往是一所学校的优势之所在。个性和特色的形成有历史的深厚积淀在其中，学校要与时俱进，但绝不意味着抛弃个性和特色，都走同一个发展模式。一所大学认清自己的优势，找准自己的定位，保持自己的个性，不追风、不趋同，办出特色、办出水平，更能保持住自己的优势。对于整个高等教育来说，正是由于大学个性的存在，不同的大学风格、大学精神在一起相映生辉，才形成了高等教育的繁荣景象。

大学的理念，不仅反映在对大学功能、定位的认识上，还反映在如何认识办学的基本要素方面。我以为，大学之所以为大，根本之处在于它的两大最直接产品——学生和学术，也就是说，大学之大在于学生之大，大学之大在于学术之大。一所大学要想培育出优秀的学生和始终占据学术的前沿，需要具备三大基本要素：

1. 大师。梅贻琦先生当年曾说，"大学者，非谓有大楼之谓也，有大师之谓也"，他十分看重大师是完全正确的。我们知道，"山不在高，有仙则名；水不在深，有龙则灵。"对一所大学来说，大师就是这所大学的"仙"和"龙"，是学校的灵魂之所在。什么是大师？《资治通鉴》有一句话："经师易遇，人师难遭"。大师应该是经师与人师的统一，也就是"道德文章，堪为师表"，不但有渊博的知识，有原创性、奠基性、开拓性、前沿性的学术成就，还能做到文以载道，是知识和品格完美结合的代表，是知行统一的典范。有一流的大师，才会有一流的学生；有一流的大师，才会有一流的学术成果。所以，一所大学不仅要推崇大师，吸引大师，还要让自己成为培育大师的土壤，让已是大师者充分展现他们的光芒，让有潜力成为大师者在这样的土壤上健康苗壮成长。在这方面，当前以科学的方法、坚定的态度推进新一轮的人事制度改革和分配制度改革就是带有根本性的重大举措。我们可以断言，如果没有相宜的管理体制、没有良好的运行机制、没有科学的评价机制，永远不可能产生世界一流的大师。

2. 大楼。我理解，梅贻琦先生当年关于大师、大楼的论述，未必就不重视大楼，但发展到 21 世纪，大楼无论如何都是非常重要的。在这里，大楼是指一所学校的教学和科研设施。要培养现代化建设所需要的学生，要出高水平的研究成果，就必须拥有现代化的办学条件和设施。拥有良好的办学条件和设备，也才能留住人才、吸引人才，所谓"筑巢引凤"。

要把大楼的问题解决好，就不可能不涉及经费问题。对此我个人有两点看法：

（1）教育是公益事业，政府义不容辞应当加大对教育的投入。国家在教育方面已经倾注了大量心血，但是我们对教育的投入仍然远远低于世界平均水平，这与"科教兴国"的战略是不相称的。上一届政府在教育方面的投入有了比较大的增长，财政性教育投入占 GDP 的比重得以回升，但依然没有达到党中央国务院一再重申的 4% 这个发展中国家平均水平的低标准目标。大学关系到一个国家的未来，大学的实力是考察国家综合国力的一个重要组成部分，政府应当继续加大对教育的投入。

（2）整个社会，包括政府都应鼓励和提倡捐资助学，特别是要从制度设计上鼓励捐资助学、以捐资助学为荣的风气和环境的形成，如对捐赠部分采取税收减让的政策，如尽快开征遗产税等等。前不久，我与耶鲁大学校长交谈，了解到该校去年（2002 年）财政收入的 25% 来自捐赠。但令人遗憾的是我国至今尚未形成这样的机制和风气。大学应当多方面、多渠道筹集资金，政府和社会也要提供相应的政策支持和风气导向。

3. 大气。我们这里所谓的大气，就是一所学校的学术视野、学术氛围、学术气度、学术品格、学术胸怀，就是它的校风、它的学风。大气不仅是一所学校风貌的反映，更重要的是会对一所学校的发展、学生的培养、学术的成就产生根本性影响。关于大气，我想强调以下三方面：

（1）人文精神与科学精神相统一。人文社会科学与自然科学如同"车之两轮"、"鸟之两翼"，两者相辅相成，缺一不可。在大学教育中，平衡好人文社会科学教育与自然科学教育的关系是一件至关重要的事情。《周易》有言，"观乎天文，以察时变；观乎人文，以化成天下"，非常精辟地指出了人文与自然的关系及两者不可或缺的内在联系。一所学校要培养全面发展的高素质人才，就必须做到人文精神与科学精神相统一，在传授学生科学知识的同时，注重对学生人文精神的培养，这样才能为社会提供不仅拥有合理知识结构而且拥有健全人格的人才。

（2）开放的精神。从物理学上我们知道，一个系统要不断地与外界互相交换能量才能保持正常运行；我们也知道"流水不腐，户枢不蠹"的道理。一所学校要有活力和创新的能力，就必须有开放的精神、开阔的视野和与外界交流的能力。当今的时代，尤其要重视实践的发展，重视学科的交叉渗透，重视国内外的学术前沿，不管是一个学校还是一个学科，都不能封闭自守，因循守成。在信息化与经济全球化把世界变得越来越小的今天，开放的精神尤其重要，没有这种精神，学校的发展就会受到严重的阻碍，更不要谈站在时代的前列、代表时代的先进文化了。

（3）兼容并蓄的精神。这种精神，首先是指要有学术的自由，没有学术自由就没有学术创新。为此，必须坚决贯彻"百花齐放、百家争鸣"的方针。大学应提倡探索、尊重探索、鼓励探索，既要支持、褒奖成功的探索，也要容忍、善待失败的探索。要倡导在遵守宪法和法律、符合"三个代表"重要思想的前提下，任何学术观点都有存在的空间。而对学术自由的影响往往来自三个方面不适当的做法：一是政界人士不适当的干预，二是学校不恰当的规章制度，三是学术权威不适当的行为。因此，只有务实地处理好这三个方面的问题，才能营造并保持健康的学术环境，才能真正达到"会中外学术有容乃大，凝古今正气无欲则刚"的境界。

　　这种精神，在大学与大学之间、大学与其他社会机构之间，则体现为一种"和而不同"的胸怀，即费孝通老先生说的"各美其美，美人之美，美美与共"理念。大学不能孤芳自赏，要在竞争的同时善于合作，取长补短，才能从各个方面促进自己的发展。大学间竞争的目的应该不在竞争本身，而在于通过良性的竞争，互相促进，不断地完善自己、发展自己，服务于社会，服务于人类的终极福祉。如果只为眼前的局部利益而忘却大学的根本宗旨，不具有兼容并蓄、共同发展、相互协作的精神，甚至恶性竞争、倾轧他人，我很怀疑这样的大学能够得到健康的发展。正如只有大气的学者才能成为真正的大师，只有大气的大学才能成为真正的大学。

大楼之于中国人民大学 *

(2008 年 11 月 3 日)

梅贻琦先生曾有名言，"大学者，非谓有大楼之谓也，有大师之谓也"，今人津津乐道，而 70 年前以辗转流落的西南联合大学和土窑陋洞内的陕北公学为代表的一些大学，确实在艰苦的环境下，云集大师并培育了一代中华民族的栋梁之材。尽管这说明大学最重要的品质乃是"大学之大，有赖教师之大，有赖学问之大"，但梅先生关于大楼的说法，只能说是特定条件下的一种相对说法。我眼中的大楼，是指一所学校的教学和科研设施，是指教师工作的地方，学生学习和生活的场所。国外的大学发展史告诉我们，那些能经历数百年而仍熠熠生辉的大学差不多总是拥有着美丽优雅的校园，学校的教师学生工作于斯、学习于斯、生活于斯，精神气质与斯交融，那些巍峨耸立的大楼，其作用亦远远超出了物质载体的范畴，而成为学者学子们的精神故乡。所以在条件许可的情况下，一所高校要尽量追求美好的校园，特别是发展到 21 世纪，大楼的重要性更是不言而喻。许多学科的学习和研究都需要有现代化的办学条件和设施，否则就难以培养现代化建设所需要的学生、产出高水平的研究成果。可以说，今日之世界，一所大学没有大楼，就吸引不来大师，招收不来优秀的学生，营造不了大气，更不用说要发展成为世界一流大学。

---

* 本文根据作者 2008 年 10 月底、11 月初就校园建设专题接受中国人民大学高教研究室及校史研究室工作人员访谈录音整理。

　　1978年改革开放以后，中国经济的高速发展带来了高等教育事业的蓬勃发展。中国的许多大学审时度势，抓住机遇，在上个世纪90年代就较好地完成了校园建设工作和硬件设施的更新，有的学校更是在地方政府的支持下，开辟了第二校园、第三校园。但由于种种原因，当时的中国人民大学未能把握住机遇，校园环境和办学条件未能得到改善：学校办学面积狭小，教职工住宅严重短缺，教学科研用房、学生宿舍严重不足；校园环境凌乱陈旧，危陋旧房比比皆是；基础设施老化现象严重；学校没有一座独立的学院大楼，各院系教研室没有活动场所，教师包括一些在国内外享有盛誉的学者均没有自己的办公室；长期处于非常罕见的无体育馆、无礼堂、无游泳池、无风雨操场的状态。校园环境的陈旧落后不仅严重影响了学校的教学科研活动，而且影响了教师和学生对学校的信心。上世纪末有位学生家长送孩子从外地到人大读书，孩子一踏入人大校园就哭了，觉得她向往的学校怎么还不如她以前的中学。新生到旁边的北大、清华的校园里去看了以后，心里就更不平衡了：上大学时考分差不多，上大学后怎么学习生活条件差距那么大！

　　所以，当时的大楼之于人大，不仅仅意味着硬件设备的改善，更意味着人才的挽留、信心的提升和学校凝聚力的增强，是物质变精神的问题，是非常重要的人的问题。没有人气儿，没有心气儿，根本不要谈干什么事业。因此，我到人大工作后决定从校园建设这一最迫切的事情入手，来改变学校的办学条件和精神风貌。我在就职讲话中提到当前学校发展的两大任务，其中一大任务便是校园的规划与建设。要在几年时间内将滞后的状况改变，追赶上本来办学条件就比我校优越很多，又先我们十多年便开始新发展的兄弟高校，任务确实非常艰巨。今日我们在明亮宽敞的明德楼工作，身心舒畅，抚今追昔，感慨不已。回顾过去的八年，可以说是中国人民大学校园规划与建设史上卓有成效的八年，辉煌的八年！通过创新理念、坚定信念、科学规划、创造机遇、综合设计、分步落实、坚决推进，我们取得了巨大的成绩，从根本上改变了人大的办学条件和校园面貌。总结起来，我们在校园规划与建设上以高度的责任感、强烈的紧迫感、大无畏的勇气和坚定的决心所做的工作主要有以下五个方面。

一、拆除危陋旧房，整治环境，还校园以教学科研

2000年9月我刚回人大时，学校的硬件环境几乎还停留在80年代。不仅没有几座像样的大楼，而且灰秃秃一片，校园环境凌乱陈旧，基础设施老化现象严重，危陋旧房比比皆是，一些破旧的平房、危房也仍在作为教学用房使用。不仅如此，由于种种复杂的原因，人大校园的西区有空军营建大队、二炮、北京造纸六厂等多家单位，还形成了一个远近有名的便民集贸市场和无数的小商点，私搭乱建现象十分严重，居住及往来人员极其复杂。校园毫无堂皇学府的气派和知识的气息，而是充斥着商气和市井气息。

要重新营造一个优美宁静的校园，首先要做的就是进行校园环境整治。在就任人大校长后我便走遍了学校的每一个角落，在两个星期后的校长办公会（2000年10月11日）上，我提出，"要拆迁学校一部分危陋旧房，要限期完成。北五楼和静园、宜园那条马路以南的全部危陋旧房，包括便民市场、家具库，要求最迟明年5月底全部拆光，然后进行统一规划。能盖房的盖房，不能盖房的进行绿化。因为人大学生的空间太少了，校园内的破旧建筑实在是太密集了。至于'一处'平房区目前拆迁还做不到，财力跟不上，要一步一步来。但除此以外的简陋平房区，我们要求迅速采取措施。"牛维麟同志2000年10月27日来人大报到，比我晚一个月，他到任后问我他的主要工作是什么，我说你现在的任务就是九个字，"拆房子、买房子、建房子"。

从此，学校坚定不移、大张旗鼓地开展了校园环境整治工作。环境整治工作的第一步是取缔校内凌乱的小商点。这些星罗棋布在校园内的小商点有的是学校有关部门开的，有的是教工家属个人开的，有的是校外人员开的，取缔会牵涉到方方面面的利益，但学校还是坚决

采取了各种举措。当时真正打响的第一枪是在 2000 年 12 月 15 日拆除学生活动中心门口的公共厕所。那个 50 年代建的厕所在学校中心的实验楼旁边，又脏又乱，既影响教学环境，又存在安全隐患。随后，物资处的家具库、基建处的水泥仓库、西门附近那个闻名的所谓便民集贸市场等也相继被拆除。便民集贸市场是在 2001 年 1 月 15 日拆除的，这个市场与基建处的水泥仓库等相连，里面到处都是违章搭建的小棚小屋，我记得在教育部工作时，陈至立部长曾经来人大视察过一次。经过该地时她说，"你看你们那个地方（指基建处的仓库）像个养鸡场"，这给她的印象很深。拆掉"养鸡场"后我向她汇报，她非常高兴。拆除工作中最困难的要算拆除三处、四处、五处大片破旧平房区和北五楼等危旧房，里面居住的人员十分复杂，存在许多历史遗留问题和几十年扯不清楚的老大难问题，十分纠缠。在拆迁工作进行时，我和牛维麟同志以及学校相关部门的工作人员都接到过种种恐吓，但我们没有被吓倒，而是坚定不移地推进。几个月内就拆除了校内危陋房屋两万多平方米，搬迁 203 户住户，拆迁、停办农贸市场、商业摊点数十个，并专项整治了乱办班、乱出租现象，校园环境得到了极大改善。拆掉便民市场、"养鸡场"和大片平房区这一片地方后还给了我很大的震动和喜悦：里面有那么多那么好的树木"养在深闺人未识"！拆除后我们因势利导，在这片地方新建了如今人民大学的第一景——百家廊和与其毗邻的大片绿地。拆迁的成功为校园的良好规划与建设打下了坚实基础。

我想这第一步工作之所以能取得重大成绩，主要原因是我们有坚定的信念，那就是学校是教学、科研的地方，我们的校园应该服务于学校的主要功能。对于影响和阻碍学校主要功能行使的一些现象，我们要坚决地予以纠正，这是符合广大教职工和学生根本利益的，而我们广大教职工又是讲政治、讲大局的，所以有深厚的群众基础。其次是对于中国人民大学这么一所共产党办起来的重要大学，党和政府非常希望把学校建设好，无论是精神上还是资金上都给了我们巨大支持。此外，为了比较好地完成拆迁工作，我们多次召开校长办公会和专题办公会，成立了拆迁工作领导小组，有关部门做了大量细致深入的工作，研究了各种应对方案，可谓上下同心，精心设计，细心操作，排除万难，终成大事。

二、周边拓展，内部置换，积极扩大办学空间

办学空间问题一直是中国人民大学发展的一个瓶颈。由于历史的原因，人民大学的西郊主校园非常小，当时只有 870 多亩地，除去其他单位占用的面积、家属楼和附小、幼儿园，真正用于大学办学的面积只有 500 亩。2000 年，西郊校园仅有教学科研行政用房 12.6 万平方米，根本无法满足学校各项事业发展的需要，教学科研条件极端艰苦，长期在低水平的条件下"紧运行"。在教育部发展规划司 2003 年统计的 5 项办学监测指标中，我校"生均占地面积"、"生均教学行政用房"两项指标在全国 227 所综合、师范、民族类院校中分别排在倒数第 9 位和倒数第 6 位，在教育部直属高校中均排在倒数第 7 位。

采取积极措施，扩大办学空间，是中国人民大学在新世纪面临的重要挑战。对此，我们进行了深入的思考和探索。思考之一就是西郊校园长期作为人民大学的主校园，不仅交通方便，而且处于文化气息浓厚的海淀区，最重要的是在长期办学中形成了良好的校园氛围和文化传统，凝聚了广大校友的情感，是许多师生员工和校友的情感"老家"，一定要将之建设好。为扩大办学空间，我们采取的措施主要是三个：

一是通过周边拓展来扩大办学空间。从 2001 年到 2003 年，学校在党中央国务院、教育部和北京市委、市政府的大力支持下，经过艰苦努力，先后收回了北京市造纸六厂长期占用的土地 32.4 亩，收回了兴发大厦、伍富商店、粮店等学校原有房屋总计建筑面积11 641.6 平方米。造纸六厂占地虽然只有 30 多亩，但两边的地连成一片，就是七八十亩地，完全可以进行大楼群的规划，就是在这个地

方，我们建设了中国人民大学现在的明德楼群和知行楼群，从而一举改变了中国人民大学的办学条件。2004年，我找到当时的北京市教委，希望能将当时早已并入首都师范大学的、与我校相邻的原第三师范学校校园作为北京市与教育部共建人民大学的投入划归人民大学，以支持人民大学的发展。这一建议立即得到北京市的支持，教育部副部长张保庆、北京市副市长范伯元共同会商，讨论了这一共建措施的实施意见，此后北京市主要领导也指示要办好这件事。通过与首都师范大学友好协商，我校与首都师范大学签订了原第三师范土地转让协议，我们同时支持首都师范大学6 000万元的土地转让费。原第三师范有土地56亩，现在首都师范大学正在进行内部迁移工作，移交后中国人民大学的校园面积将得到进一步扩大，我们的师生员工将拥有一个更为舒展的校园。现在，我们还在积极与北京市沟通，希望能收回位于人大正门北侧的大华衬衫厂所占用的地方，这也有13亩多地。

二是通过校园置换，改变校园内部住房的功能结构，拓展内部办学空间。我们运用市场的力量，通过商品化、货币化、社会化的途径，将教职工住户由校内迁往校外社会上的居民区，实行校园置换，创造性地将解决教职工住房问题与办学空间拓展、实现学校长远发展相结合，鼓励教职工到校外购房，将校内十分宝贵的土地和房屋资源腾退出来，用于教学和科研。经过前后两期校园置换工作，学校陆续有3 000多户教职工到校外购房，腾退校园内职工住宅8万余平方米；同时将建筑面积达2万余平方米、原计划用于教职工住宅的宜园3楼改作学生公寓；拆迁校园内危旧房屋2万余平方米，总计置换拓展校园内土地180多亩用于办学。在实施校园置换的过程中，学校毅然决定将附属小学、附属幼儿园从校园内迁出，腾退房屋16 121平方米、土地面积27亩。通过实施拓展办学空间战略，学校到2005年底总计收回、腾退房屋近11万平方米，新增可用于办学的土地240余亩，使我校的教学科研行政办公用地增加到740亩左右，比2000年净增近48%。如果加上可预期的"三师"的空间、大华衬衫厂占地的收回和校内住户集并腾出的地方，未来两三年我校的教学科研用地将增加到 850 亩左右。在寸土寸金的中关村地区拥有 850 亩纯净的校园，应该说是了不起的成绩，基本可以保持学校在现有师生规模的正常运行。

三是在实施以上两条举措的同时，我们也希望寻找新的办学空间。人大现在这块地方发展潜力实在有限，为了眼前的舒展和未来的发展，能够继续"周边拓展"最好，但这几乎不可能，因此，如果有条件的话学校也希望有块新校区，但建新校区要十分慎重，必须充分论证。不建新校区，能获得新的文化产业用地和其他学校用地也好。我曾到北京市的昌平区和房山区去看地，由于种种原因至今未能成功。除了北京市以外，学校也在外省市寻找机会。我一直有一个理念，就是中国人民大学这个名字并没有地域限制性，中国人民大学将来未必不可以在条件成熟的地方办分校或合作办学，至少可以探索延伸办学或办产学研结合的基地。我们有信心也会以强烈的责任感去办好。我个人就曾经与几个省市的领导多次接触或商谈，并在多个地方看地。但由于不同地区的政策差异以及办学对地理位置的特殊要求，使得这项工作的探索具有相当的艰巨性。在异地延伸办学和试办产学研基地方面，学校以珠江三角洲、长江三角洲为重点进行了探索，现在已经取得一些重大进展，比如我们在深圳办了深圳研究院，已经完成了多届学生的培养。我们与苏州市人民政府和苏州工业园区签订了协议，在苏州工业园区的高教区设立了中国人民大学国际学院（苏州研究院），苏州高教区专门为我们建了近 200 亩地的校园，一期建设已经开始，专业学位的招生工作也在启动，将于明年 9 月正式开学。我相信，苏州研究院将成为人民大学发展史上的一大亮点。

三、带着感情解决教职工住房问题

世纪之初的中国人民大学，教职工住房问题是历史遗留下来的一个重大难题，截止到 2001 年 4 月，全校共有无房职工 915 人，占职工总数的 17.55%；住房未达标职工 2 456 人，占总人数的 47.1%，在教育部直属高校 71 所当中单项指标是倒数第一位，是最差的学校。我自己也在人大住，我的人大老师包括很多名师都住在狭小简陋的房子里，我很清楚这一点。所以在我没有到学校报到之前，就跟教育部的主要领导汇报，希望支持我解决教师的住房问题。我当时说了一些很朴素、很简单的话。我说凭什么人民大学的教授住房要比其他学校的教授差那么多？但是当时在常规范围内已没有什么好的办法来解决这一天大的难题了，因为国家福利分房政策已经结束了，已经没有任何可能再用福利分房的办法来解决教职工住房。

在这样的政策背景下，对于教职工的住房问题我们可以以国家政策为托词来回避，但是我们没有回避。原因很简单，中国人民大学的教师和职工在国家长期投入严重不足，自身待遇尤其是住房条件与兄弟院校有很大差距的情况下，在教学科研等方面仍取得了巨大的成就，对于这样一批具有奉献精神的人，如果我们因为怕困难就回避，就让历史问题永远遗留在那里，不真正改善大家的工作生活条件，实在是对不起大家。而且在这种状态下如何求得人民大学的新发展呢？所以，上任后我多次在校长办公会和各种会议上说，一定要迎难而上带着感情去解决教职工住房问题。

如何去解决这样的一个历史难题？在狭小的校园新建教职工住房有悖于我们还校园以教学科研的理念，只能用新的观念、新的思路、新的举措来解决教职工住房。所以，我当时想到的是一定要把解决教职工住房问题与扩大办学空间结合起来，经过苦苦思索，终于决定运用市场力量走校园置换这么一条道路。这是逼出来的办法。我们采取了"三不一鼓励"的政策，即不在校园增加新的住房（不在校园新建新的职工住房，因为我们校园面积有限），不在校内增加产权住户，不在校内实行住房达标，鼓励大家搬到校外去，通过商品化、货币化、社会化的方法解决教职工住房问题。这样就把改善教职工住房与置换校园、争取学校的办学空间结合起来，改善职工住房与优化校园环境、优化校园秩序结合起来。这里面包含着观念的转变，学校住房机制的改变。当时房产处的同志们奋斗了多个日日夜夜，测出了全校4 000户的情况（4 000户里有老革命、老干部，有老教授、年轻教授，有讲师、青年干部，有工人，各种各样的情况），研究了国家和北京市所有的住房方面的政策和文件，研究了兄弟院校的成功经验，才制定了一套具体的办法。同时在北京，在人大周围到处找房源，校长办公会、专题办公会开了不知多少次，要找居住环境比较好、物业管理比较好的地方和房源给我们的教师，经过若干反复比较，最后确定的是世纪城。在世纪城的二期工程，我们预定了10万平方米给大家，后来又在回龙观找了一些优惠的房源。在世纪城二期工程进行时，学校有的教师对置换政策还有疑虑，没有参加，致使第一次置换房源没有用完，殊堪可惜！后来这些同志看到搬出去的教师条件大为改善后，很是羡慕。为了进一步改善教师的住房条件，推进校园置换工作的进行，我们又洽谈了世纪城三期时雨园20万平方米住房，并且在北京市争取到了政府的支持和对土地出让金的减免，这一次一举解决了1 400多户住房。此外，还有不少教职工按学校置换政策自行在市场上购买商品房。这样，通过努力，用了5年时间，我校教职工共有3 000余户先后通过置换政策喜迁校外新居，实际购房35万平方米左右，附小、幼儿园也随迁到校外。如今人民大学教职工住房可以说今非昔比，不仅在内地高校中处于领先位置，与港、澳、台等地教师的住房相比，亦不逊色。教职工生活质量提高了，学校校园面积得到了置换，腾出了大量用于学校发展的办学空间。完全可以说，为保障教职工的利益，为人民大学的发展，我们赢得了时间，争取了空间。而且，这也引起了教职工生活方式、思维方式等方面的深刻变革。从此，下班回家以后就回归社会去生活，而不再一切依靠学校，这是符合我国社会变革潮流的，是一种顺应时代的进步。所以，对这件事大家都很开心。我们学校当时900多人是无房户，2 500户未达标，按国家标准缺房13万平方米。如果要我们去征地去盖房，到现在大家也住不上；如果我们没有抓紧时机，没有赶在前两年的房地产大涨价之前办完这几件事情，那我们教师的住房可能就得不到解决，学校建设世界一流大学的进程也会受到影响，所以通过运用市场力量实行校园置换解决教职工住房有多方面的效益。中国人民大学的校园置换的工作得到了党中央、国务院和教育部领导的高度肯定，《中国青年报》和《中国教育报》曾以"圆梦安居"为题对此专门进行长篇报道，在全国引起很大的反响。这件事情大大提高了学校的凝聚力，增强了广大教职工对人民大学建设世界一流大学的信心，激发了广大教师要为人大奋斗的热情。

四、千方百计加大投入，彻底改善硬件环境

由于历史原因，国家对中国人民大学在投入方面的欠账很多。刚到任时，我请学校财务处的同志进行统计，发现尽管屡屡被列为国家重点建设的大学，但资金并未到位，1978 年复校后的 23 年间，中国人民大学从国家得到的投入（包括学费）只有 9 个多亿。校园的狭小和投入的严重短缺造成学校硬件环境的陈旧、简陋和落后。所以学校下定决心，要从各个渠道筹资，千方百计加大投入，以彻底改善学校的硬件环境。

这些年来，我们向主管部委汇报申请经费，向企业筹资，向校友筹资。我认为，为了事业得到好的发展，要钱不丢面子。多沟通，多汇报，这是我们作为下级，作为一所大学的领导职责范围之内的事情，是理所当然的。通过这样一些艰苦的工作，我们得到了国务院领导同志、教育部领导同志、国家发改委、财政部的领导同志，以及北京市领导同志的关怀、同情和支持。另外，向企业和校友筹资也是非常重要的渠道，比如学校国学馆的建设，其资金来源相当一部分是企业家的捐赠。为迎接学校的 70 周年校庆，学校从上到下加大了筹资力度，当年就获得捐赠超过 1 个亿，其中就包括国学馆。我与一位企业家交往过程中谈到重振国学的理想和具体工作的艰难，他就慷慨解

囊，捐赠 5 000 万元（后来增至 6 000 万元）建设国学馆。所以，多渠道筹款非常重要，为了学校的发展一定要千方百计筹集资金。

在得到各方面资金支持的情况下，自 2001 年起，学校按照重新制定的面向新世纪的校园规划，以空前规模的资金投入力度和前所未有的建设规模进行校园基础设施建设。学校相继建成了世纪馆（多功能体育馆）、符合国内高标准比赛要求的游泳馆、公共教学 1 楼（即多媒体教学楼）、品园 5 楼、宜园 3 楼学生公寓、知行楼群、明德楼群、文化大厦、汇贤大厦等，新增教学科研办公用房和学生生活用房 39 万多平方米。在人大校园建设史上值得大书特书的是 2002 年 11 月学校在原造纸六厂以及学校车队、校工厂等占用的地方启动了规模宏大的西北区改造与建设工程，这是学校校园建设史上迄今为止最为重大的工程，主要包括明德楼群工程、西北区学生公寓知行楼群工程和汇贤大厦工程，总建筑面积约为 25 万平方米。我记得第一次提到西北区改造与建设工程是 2001 年 12 月 19 日，在中南海向李岚清同志汇报人大的工作时，我正式提出了人民大学"西北区改造与建设工程"这个概念，得到了李岚清同志的支持。2002 年春节以后上班的第二天，教育部张保庆副部长到学校来视察工作时我们又专门汇报了西北区改造与建设工程，把这个概念树立起来。为了争取西北区改造与建设工程的经费，我和有关同志多次到教育部、财政部、发改委等单位汇报。除了经费问题，相关政策和程序也很重要。为了西北区改造与建设工程又快又好进行，我们向时任北京市委书记贾庆林汇报工作时特别强调了西北区改造与建设工程，贾书记对人民大学很关心，当时就表态要支持，所以工程的各项审批工作都很快，很顺利，一路绿灯。对于基建部门的同志来说，这是非常艰苦的一段时期，有两年多他们不曾有过周末，春节也难以休息。从 2005 年到 2006 年底，西北区工程的几座大楼陆续竣工。2005 年，学校另一座标志性建筑物，建筑面积约 5.8 万平方米的文化大厦也竣工并投入使用。

以明德楼群和文化大厦建成投入使用为标志，中国人民大学的基础教学条件发生了显著的根本性改变，每个学院都拥有了相对独立的办学空间，每一位教师都有自己的工作室，现代化的教学设施使学生的学习环境有了根本的改善。我们的教师和学生的学习办公条件曾经在全国处于落后位置，现在则一跃到领先地位。学生住房的"421"目标也开始部分实现。实现每位教授都有一间工作室的意义并不仅限于教师有了办公室，它还蕴含着学校教学科研管理制度的巨大变革，有了办公室，学校对教师就可以有在办公室接待学生的工作要求，教师们也就更乐意在办公室工作，与同事和学生进行学术交流，学校的学术氛围大大增强。

这几年我们在校园网的建设上也下了很大的工夫，学校确定了"总体规划、分步实施、标准统一、资源共享、重在应用"的信息化建设指导原则，充分利用后发优势，"高起点、大规模、入主流、跨越式"地快速推进，取得了累累硕果：校园网出口带宽从128K发展到1.1G，共有68台高端网络核心及汇聚设备、上千台接入设备提供网络服务；校园信息点数由过去不足1 000点，发展到26 188点，连接所有教学楼、办公楼和宿舍；初步建成了万兆核心、千兆到楼、结构合理、管理细化的校园网络，无论在网络出口条件还是网络核心性能方面，都是北京市乃至全国最好的高校之一。万兆核心网络的建成，不仅极大地缓解了校内应用的网络压力，而且为数字化校园建设提供了良好的硬件条件。在此基础上，学校积极创建网络电视台，开通公共软件平台，构建电子校务系统，启用安全过硬的校园综合信息证件卡，等等。特别是理念先进、特色明显的电子校务系统，极大促进了学校各方面工作的效率，如今已成为高校信息化应用建设的典型模式之一。学校也从信息化建设相对落后的高校跻身全国高校的前列。

除了注重教学科研条件的改善，我们也很注重学生全面发展必不可少的体育设施。2002年，为彻底解决体育设施不能满足体育教学和群众性体育活动要求的状况，学校投入资金对唯一的标准操场进行改造，将原本的煤渣跑道、黄土球场改造为具有国际先进水平的塑胶跑道、天然草坪球场，同时安装了现代化的配套设施，建成了一个符合国际标准，集教学、训练、竞技比赛和群众体育活动为一体的现代化运动场地。为满足学生体育活动需要，学校还将游泳馆西侧的混凝土篮球场改造成为约 4 000 平方米的人造草坪足球场，将世纪馆西侧平房拆除后改建为篮球场，在附小搬迁后又改造利用了附小原有的运动场，从而极大改善了学校的体育教学、训练和群众体育活动的条件。特别是高水准的世纪馆和游泳馆的建成，使得学校体育设施的硬件条件和环境得到彻底改善，基本满足了教学的要求。

在校园建设方面的还有一个重要成就是 2002 年启动了主校园建立 50 多年来第一次校园基础设施改造工程和第一次大规模电力设施改造增容工程，分三年利用暑期进行了大规模的地下管网改造，对主要道路及其相关范围内的给水、污水、雨水、中水、电力、弱电（包括电话、有线电视、校园广播、校园网）、燃气、热力、照明等设施进行了高质量的改造与扩建，管线总长度达 60 多万米，彻底改变了基础设施不配套、地下管线跑冒滴漏、雨污水排放不畅的状况，使道路和地下管网等基础设施达到国内高校中的先进水平，也为建设节约型校园奠定了坚实的基础。人民大学主校园 50 多年没有雨水管道、道路挖了填填了又挖的历史终于一去不复返了。

五、营造校园文化氛围，优化人才成长环境

在人才的培养过程中，校园的文化氛围对人潜移默化的影响是非常巨大的。校园的文化气息能帮助培养学生的人文情怀，校园环境的美化能帮助提升学生对美的感悟和追求。我们总说大学校园是一个人的精神家园，是一个人永远的精神故乡，那么，这个精神故乡就要有些让人们怀念和眷恋的地方。所以，在新世纪的校园规划建设中，我一开始就提出要认真研究校园内人文景观的设置，提高校园的文化品位，建设一个"绿化、美化、人文化、数字化、节约化的校园"，一

个"好看、耐看的校园"。为广大学生创造良好的成长环境和成长氛围。进入新世纪，学校先后新增校园绿化面积 3 万平方米，放眼校园，绿化美化，和谐有度，整洁有序，校园面貌发生了显著变化。

在美化校园方面，我们赋予了校园文化气息，将人大人的情怀和抱负寄寓其中。我们新建了古色古香、风格各异的百家园、宜园、汇贤园、凝园，改造了求是园；对学校主要道路、楼群进行了命名；建起了《吴玉章校长与学生在一起》雕像、孔子铜像以及老校长成仿吾雕像等具有代表性的校园景观，并赋予了这些新建园林建筑人文意境。比如建成于 2001 年 12 月的百家园，就取诸子百家争鸣之意。在倡建百家园时，我提出百家廊应该长 50 米，象征华夏五千年文明，端宽 2.1 米，象征开创 21 世纪，廊呈弧形，则象征兼容并蓄的胸怀和气度，并为百家园撰联："会中外学术有容乃大，凝古今正气无欲则刚"，我还要求学校工会向全体教职员工和学生征集"百家园记"和廊上的对联。如今百家廊已经成为学子们晨读和沉思的好地方，每年毕业周时更是有诸多学子廊下留影，学校终于有了让学子们流连忘返和终身记忆的美好地方。我们增强了人民大学校园的文化品位，校园应该说正在逐步地变得不但好看，而且耐看。人们说，过去在人民大学没有什么好看的景观，从东门到西门可以目不斜视地一穿而过，现在则有了可以留步、观赏的地方，甚至有地方可以让你回味和留恋。学校的人文底蕴开始在校园当中体现出来，体现了人文关怀和文化品位。此外，"数字人大"建设也取得了重大成就，为教师和学生搭起了一个便捷通顺的网上校园。所有这些不仅美化了育人环境，从根本上改善了办学条件，而且会鼓舞士气、激励人心，增强建设世界知名一流大学的信心和决心。前几年，我提出筹建校博物馆的建议，得到了大家的一致赞同，现在，我也一直在思考如何建设好人大的博物馆，这将是体现一个学校文化格调的地方。我现在在外访问，总是为博物馆的馆藏向各地友人化缘征集，引以为乐。

回顾我们在校园建设上取得的成绩，不可谓不振奋人心。在这些重大工作中，我主要是立主题、抓思路、抓组织、抓进度、抓效果，做了一些筹划和决策性、保障性的工作，成就的取得，则有赖于具体部门及分管领导的努力，有赖于全校师生员工的支持，有赖于社会各界有识之士的青睐和帮助，有赖于党中央国务院、教育部和北京市的关爱。校园建设取得的成就，为重塑人大形象作出了重要贡献，为我们未来的发展奠定了一个良好的基础，让我们在近几年以及未来的日子可以将更多的精力放在学校的学科建设和软件建设上。

这两年，学校的校园建设将继续有条不紊地进行，还有许多未竟的事业要求我们不得松懈。第二次置换工作腾出的附小、幼儿园以及林园的 7 幢楼和一些剩余平房的拆迁为我们在东北区也腾出了一些空地。我们又确立了"东北区改造与建设工程"这样的概念，并将在这块土地上，建设高水平的、具有传统文化风格的人大图书馆和国学馆，这两个项目将构成我们东北区改造与建设工程的主体项目，已经获得国家批准，马上正式开工。关于新图书馆的建设，我曾经专门给陈至立同志写信，表明困难，经过多次汇报，已经获得国家发改委的立项和投入；国学馆的建设经费我刚刚谈到部分来源于企业家的捐赠。等这两个馆竣工投入使用，人民大学的东区也将呈现一个新的面貌，我们教学科研的条件将会得到进一步的改善，中国人民大学的校园也将进一步展现中西合璧的特色。另外，我们还有几项重要工程已经在建设过程之中，一个是国际文化交流中心（留学生楼），一个是新的学生宿舍楼，明年 9 月都将投入使用；新的校医院也在立项进程之中。此外，还会有几项工程在未来几年陆续提上日程，新世纪第二轮较大规模的基本建设（以东北区改造与建设工程为代表）已经拉开了帷幕！所有这些工作，都是为了实现把中国人民大学建设成为"人民满意、世界一流"的大学这一光荣与梦想，都需要我们持之以恒、一如既往地努力。

回顾过往，是为了更好地展望未来。有这么多充满热情和激情的同事和师生，我不仅又一次豪情满怀。我相信，未来的人大会更美丽，人大的未来会更光明。

新校园、新生活、新气象

——关于校园建设专题的部分讲话摘编

Ⅰ. 在 2000—2001 学年第二次
校长办公会议上的发言

（2000 年 10 月 11 日）

今天校长办公会的内容主要是讨论如何起步创建世界一流的大学，今后如何发动全校讨论，从行政上如何采取行动。规划是很重要的事情，本学期做什么事情，不能等。我先说几条想法①：

1. 建议讨论成立发展规划委员会。这个委员会的规模不是很大，不是荣誉性的，是干实事的，要经常开会。目标就是创建世界一流大学，不是这一届班子能完成这个目标，可能要一二十年。再成立一个发展规划办公室，处级机构，对学校的学科规划、校园规划提出意见。主要职责就是学校发展战略的规划、设计。

2. 在成立委员会的同时，要尽快对我校目前的校园扩展作出决

---

① 经过了撤销、复校等一系列的动荡和变化，到 90 年代中国人民大学办学条件变得相对落后，与同层次的兄弟高校相比，存在相当的差距。在党和国家领导人的关心，以及教育部和北京市的帮助下，新世纪人民大学进入了崭新的发展阶段，但由于历史欠账较多，落后的办学基础条件、混乱的园区建设现状严重影响了学校的发展和创建世界一流大学目标的实现。为此，作者在就任仅仅两周的 2000 年 10 月 11 日的校长办公会议上强调了要对校园制定合理规划，科学决策。

策，新校区到底做不做？如认为要争取，马上就应操作；如不行，也得有新的思路。

3. 现有校园的问题。建议马上找一个好的设计院对现有校园进行规划设计。现有的设计楼群不能再动，对剩余空间进行重新规划设计，以美化、净化、数字化的要求进行调整、改造，对于伍富商店以南的危旧房要立即进行拆迁，包括北五楼。拆了以后，能盖房的盖房，不能盖房的变成绿地。这些危旧房中住有 160 余户职工，要花 3 000 多万元，这项工作明年五一前应结束。优先拆位于教学区的危旧房。

4. 尽其所能进行美化、绿化工作，对主要的道路进行命名。楼群的命名要尽快进行，首先是学生宿舍楼，建议东面的还叫历史上的称谓——东风楼。校园内主要的景点也要命名，建议一进大门的地区要建一座有特色的艺术品，是人大的标志，经费要全部募捐，一定要设计好。学校的文化品格一定要提高。

5. 绿化工作。每条道路的绿化工作一定要搞好，这学期和下学期完成。北五楼拆掉后，搞成老教工活动的绿地。规划搞出来后，即将到任的牛校长可主持实施。

教育部新批了三个工程项目，多功能体育馆和多媒体教学楼全部是教育部拨款。学生宿舍楼明年必须交工。牛校长务必抓紧这个工程。多功能体育馆的工程设计和施工队伍要再看一看，不要有问题。多媒体教学楼的地点要再研究，现在的地点太挤。可能也要重新设计。浴室的地点也不太好，但要抓紧，希望明年暑假前投入使用。

6. 有两件关系到教职工利益的事。

（1）住房问题。今年要有大幅度解决的方案，要立即着手研究，要买每套 110～140 平方米的住房，不买小的，买 220～230 套，原则上不买二居房，地点要在西面，运河（指京密引水渠）西岸。我们要努力工作，带着感情做好这项工作，决不让教师感到由于没赶上房改而吃亏！

（2）仁达大厦的问题。现在还是一个大坑①，如何建设？遗留问题太多，纠缠不清的矛盾要理清楚，并应用改革的办法加以解决。倾向成立仁达大厦有限责任公司，建成后相当一部分要用于开发。从现在开始就要有人开始论证，不能再拖。这个楼应该建成一个数字化的楼。

Ⅱ. 在 2000—2001 学年第四次 校长办公会议上的发言

（2000 年 11 月 28 日）

基建整体规划问题方面，大的格局变化很困难，所以先搞局部精品。首先把西北区的规划搞好，需要拆除的房子尽快拆除。

…………

培训大楼、新学生宿舍楼都已有比较成熟的想法；多媒体教学楼要重新设计，可以搞一些方案进行比较，设计上要美观；西北区的规划再议，等初步设计出来后，再上校长办公会讨论。

因为学校整个教学资源都很紧张，故这几个楼要抓紧，争取尽快施工。

培训楼整体设计，分步施工，档次要高一些，要能够举办高层次的培训，可以召开国际学术会议，设施条件、餐饮条件都要规划得全一些、精一些。此外，还要研究如何与贤进楼衔接。人大将来不可能再建这样的大楼了，可参考兄弟院校的做法，把这栋楼建设好。

绿化和道路问题要同步设计、同时考虑，要全面周到。

…………

拆迁工作希望多部门协调。便民市场的拆除涉及教师和学生利

---

① 由于种种原因，仁达大厦工程 1999 年动工后不久就被搁置了。作者到任后指示学校基建、财务等部门处理各种遗留矛盾，并调整设计，后来建成文化大厦。

益，拆除的同时看能否引进一些外面的餐馆、超市，要规范、卫生、安全，要提前研究方案进行适当安排。

…………

明年多留出一些绿化地，树种改进一些，大树、小树多栽一些。

我们当前工作的总体思路：首先解决外围问题，解决校园面貌、教职工住房等问题。

Ⅲ. 在 2000—2001 学年第五次 校长办公会议上的发言

（2000 年 12 月 12 日）

充分估计到工作的难度，加强领导，精心组织实施。难点：（1）拆迁户中的钉子户，要做工作，防患于未然；（2）便民市场拆除，态度要坚决，工作要做细，无照的清理，有照的规范，同时另辟途径，尽可能满足师生生活上的需要；（3）临时工住房的安排问题，首先是压缩临时工数量，其次，原则上多渠道解决他们的住房，学校安排、在外租房，逐步社会化，学校不能包下来，民工住房要由暗补变明补，争取让大多数住在校园外面。

Ⅳ. 向教育部陈至立部长并部 党组的工作汇报（节选）

（2001 年 1 月 5 日）

1. 校园环境整治和校园规划工作。

整治与规划、整治与建设相结合，边整边治。已在元旦前对学校主要道路、花园、楼群进行了命名，营造校园文化氛围。与此同时，下决心对校内乱办班、乱出租、商业摊点林立、卫生环境脏乱差等问题进行专项整治；下决心坚决拆除校内危陋旧房，从元旦前起步到今年6月，计划投入4 000多万元，先拆除15 000多平方米，以后有条件再拆除校内其他危陋旧房10 000多平方米。在岚清同志和部领导的亲自过问下，造纸六厂归还我校土地的协议已于12月29日签订，预计6月底可以收回，具体工作正在进行之中。结合这项工作，根据学校发展的要求，已开始研究对校园规划进行适当调整。

2. 认真抓好基建工作。

大胆起用新人，调整了原来十分薄弱的基建处领导班子，基建工作正在出现新的局面。仁达大厦、多媒体教学楼、多功能体育馆等主要基建项目即将开工建设；法学院、工商管理学院、经济学院、新闻学院等学院大楼的规划设计、现有校区的功能分区、改善教职工住房条件等工作均在紧锣密鼓地进行之中。

V. 在中层干部会上作出"带着感情解决教职工住房问题"的重要指示

(2001年2月8日)

教职工住房问题是目前全校最关心的问题之一，是议论的中心热点之一。目前领导班子压力很大，利用这个机会，我就统一认识，坚定不移地做好这项工作再讲一些意见。①

---

① 早在1979年国家开始推行城镇职工住房改革时，人民大学正值复校之初，每年用于基建的资金只有800万元，无力解决教职工住房问题；1990年代国家大规模建设了一批福利住房，人民大学也由于种种原因错过了时机。国家实施新的房改方案后，不再会有专项资金投入到学校教职工住房条件的改善上。住房问题的解决刻不容缓。学校新领导班子基于对教职工住房问题的高度重视和对学校发展的热切期待，经过调查研究，认真讨论，作出了大力解决职工住房遗留问题，把解决教职工住房问题与置换校园、扩大办学空间相结合，以校园置换谋发展的重大决策。作者再三强调：一定要带着感情解决教职工住房问题。

第一，我们在什么情况下来解决住房问题？一个情况是在国家大规模解决住房问题的时机已经过去、开始实行新的房改政策的局面下进行的。新的一届班子完全可以不做这件事。而人大遗留的问题有多大？915户无房，2 400户未达标，缺房13.5万平方米。大面积不达标，非常严重。第二个情况是，现在解决住房问题并没有专款，财政部、教育部不会再为住房拨一笔款。计委、建设部都坚决反对再安排经费解决住房。这是国务院的统一精神，即使有钱也不会给你，因为全国干部的公有住房都已按新的政策解决。在没有一分钱拨款的情况下来解决这一问题，困难相当大。

第二，为什么在这样困难的情况下还要解决教职工住房问题？因为人大教工住房条件是教育部直属71所高校中最差的，影响了队伍稳定、学校发展。如果这个问题解决不好，人大新世纪的发展很困难。因此，掂量再三，权衡利弊，决定还是要干，要带着感情解决教职工住房问题。我总结了"三多两大"："三多"，一是矛盾多，有人总结现在解决住房问题有十大关系、十大矛盾，十分复杂，如到什么时候为止，工龄、校龄怎么算，不同身份的人要不要区别对待，等等，而且很难让大家都满意；二是流言多；三是暗礁多、险滩多。对这么复杂的问题，没有把握，没有经验。所以不排除还要出问题、出娄子。"两大"，一是风险大，如果搞不好，包括校内不满意，上面有意见也不是没有可能，别的高校也都盯着我们，我们的办法将会有许多专家来研究；二是压力大，我们总是要把事情办好，产业处、基建处不知开了多少会、跑了多少路、磨了多少嘴皮子，但还是有流言蜚语。所以需要理解、沟通。

但是，我们相信，全校绝大多数教工一定会理解、支持这样的决策。

第三，解决住房问题要遵循几个原则。一是遵循改革的办法来解决住房，而不是过去福利分房的办法。一定体现改革的精神、思路、办法。如世纪城买房，并不是学校买，是学校帮助大家协商价格，最后大家自己去买。希望中层干部回去，把情况讲清楚，信息不要衰减。但是还带有福利的成分，这个原则大家一定要搞清楚。二是"三不一鼓励"的原则：从今以后在校内不建新房，不分旧房，不搞实物达标；鼓励校内住户迁到校外去。要置换出一批房子用于教学、科研。第三个原则是自愿的原则，校内住户完全可以不走（指的是校园外购房）。如果走也有回收、回购、置换三种方法任君挑选。走与不走，完全自愿；去哪里买房，也完全自愿。每个人都可以作出自己的选择。第四个原则是合理负担、量力而行的原则，学校支持一部分，国家支持一部分（住房补贴），个人再拿一些，超出规定面积部分自己完全负担。大家都要量力而行。不能期望值太高。①

Ⅵ. 在部署西校区危旧房拆迁
工作会议上的讲话

（2001 年 2 月 23 日）

今天共有四位学校领导参加本次会议，反映了这项工作在我校各项工作中的地位和分量。

大家知道经过几个月努力，我们顺利完成了拆迁第一阶段的任务（注：西北区危旧房拆迁工作分为两个阶段实施。第一阶段是拆除物资处的家具库、西门附近的便民市场等公共危旧住户房屋；第二阶段

---

① 以新观念、新思路、新政策切实解决职工的住房问题，把解决教职工住房问题与置换校园、扩大办学空间相结合，积极推进和鼓励教职工到校外购房，这代表着广大教职工的根本利益，也是学校发展过程中的关键环节。通过深入研究国家、教育部及北京市有关房改政策，全面分析职工住房状况，在短时间内明确了新的条件下解决住房问题的基本思路和政策原则。学校确立了房改的三化原则，即住房分配货币化、住房建设社会化、住房消费商品化，最终形成了人民大学解决教职工的一系列政策和做法，被称为"人大模式"。

是拆除三处、四处、六处平房和北五楼等危旧房屋，启动西北区改造建设工程①）。各有关部门密切配合，海淀区支持，打了一个漂亮仗，拆掉了 10 000 多平方米，拆迁了 130 多户。

第二阶段最基本的要求：第一，确保稳定，各项秩序不能乱；第二，保进度，限期完成。这二者有矛盾，是难点，所以决心要坚决，工作要细致，做到这两条，就可以顺利完成任务。

在此，希望大家共同做工作，勇于克服困难，努力把工作做细。领导、工作人员、住户都要认真对待。要大力做好宣传、思想工作。

要加强领导，有问题尽快反映，及时解决。出问题领导要负责任，要检讨。

拆迁要有一个明确的时间表。

Ⅶ. 在讨论确定"诸子百家廊"设计方案时发表"下决心提高校园文化品位"的意见

（2001 年 3 月 5 日）

人大无景。一条道路连名字都没有，这样不行。景点应看成提高校园文化品位内涵的东西。

所以，第一，想在东门一进来的地方设计一个标志性建筑，请大师级或将来会成为大师的人来策划和设计。碑、塔、门均可。一定要

---

① 在中国人民大学被撤销的岁月里，校园逐渐被其他单位占用，面积不断减少，严重压缩了人民大学的办学空间和办学规模。在李岚清同志的直接关心和北京市领导同志的具体指导下，经过艰苦的努力，2001 年，位于学校西北区的北京市造纸六厂所占用土地正式归还给人民大学。科学规划好西北区，充分利用西北区，对于学校改善办学条件和未来发展至关重要。为此，新任校领导班子将西北区建设问题作为学校"十五"建设的重心，先后完成了西北区拆迁工作以及知行楼群、明德楼、汇贤楼等楼群的建设工作，逐步建设形成了具有崭新风貌的西北区，美化了校园环境，扩展了办学空间。

认真设计，不要盲目，急于求成，需要一段时间仔细斟酌，可以请校外的有关专家和教授来设计。

第二，计划在原便民市场地址设计一个标志性景观。那里过去叫"和平林"，很好的名字，但后来沦落为陈至立同志视察时所说的"养鸡场"。现在确定在那里搞一个"诸子百家廊"，体现我校的人文社会科学特色，弘扬百花齐放、百家争鸣的方针和海纳百川、有容乃大的精神，弧形呈开放式的，具有盛唐风格，标志强盛。2.1米宽象征着面向21世纪，50米长象征华夏五千年文明，中西合璧。希望今年8月中下旬竣工，新生报到以后能够驻足流连；新世纪，新学年，人大面貌应有所改变。设计思路、面积、形状已经确定，可以先做施工方案。北五楼拆迁后，那一块的设计以及校医院西楼，都有与此景观般配的问题。

灰楼不能拆，它曾经是北京西直门外西郊最高的大楼，谓之西郊大厦。我们做事情应尽可能不引起人大校友的伤感，前人有价值的东西不能随便拆，要给人一些念想。灰楼已有人提议命名为吴玉章楼（后定名为求是楼）。

宜园5楼，只要有钱，就把它拆掉，以利于西北区的整体规划和建设。

整体规划调整和局部建设工作不停，两边都进行。如果同济大学设计院的调整方案差不多了，就用江苏省政府捐赠给我们的50万元资金建设百家廊。

东门（园林）的设计，要有理念。我认为要体现追求科学、追求真理、追求进步、追求光明的精神。我觉得可以叫求是园，应当求是、求实、求新，同时应当是面向未来的、开放的。校训是实事求是，要充分体现这一点。这是校园的标志性建筑，同时又是艺术品，不能浮躁、轻浮，要厚重、凝重，但又不保守，要富有朝气。不仅要成为人大一景，还要成为中关村一景，与东西南北任何一个方向都可以成景。

我还关心周围花卉草木，要全面实现三季有花、四季常绿。春有迎春，夏有玉兰，秋有银杏，冬有松柏，月季常开，草坪长绿。北五楼拆掉后，既要有树、草、花，又要有空地，师生可以休闲、锻炼。树种的搭配现在就抓紧研究。

缅怀吴老　接续传统　推进发展[*]

——在《吴玉章校长与学生在一起》
塑像揭幕仪式上的讲话

(2001 年 9 月 10 日)

尊敬的郝建秀同志、凌云同志、李东冶同志,

各位领导、各位来宾,老师们、同学们:

今天,来自教育部的领导、一批老校友、老同志以及中国人民大学的师生怀着激动和崇敬的心情,参加我校《吴玉章校长与学生在一起》塑像揭幕仪式,共同纪念敬爱的吴玉章老校长,庆祝新世纪的第一个教师节。在此,我代表学校向各位领导、来宾和老校友的到来表示热烈的欢迎!向全校广大教师致以节日的问候和敬意!

吴玉章同志是我国杰出的无产阶级革命家、卓越的教育家、历史学家、语言文字学家,是我党历史上深受人们尊重的革命老人。他忠于革命,忠于党的事业,一生办教育,在中国革命和建设的各个历史时期,培养了一代又一代优秀人才。1950 年 10 月,吴老受中共中央和政务院的委托,担任新中国第一所新型的社会主义大学——中国人民大学的第一任校长。他坚定不移地贯彻、执行党的教育方针,认真发扬我校从陕北公学时期形成的光荣传统,不断探索和总结办学经验,创造性地提出了一整套适合我国革命和建设需要的教育理论和教

---

　　* 本文根据讲话录音整理。

学方法，为中国人民大学的诞生、成长和壮大奉献了宝贵的精力和才智，也为新中国高等教育的发展作出了卓越贡献。在吴老担任中国人民大学校长的 17 年间，中国人民大学平稳走过了创办和发展的关键时期，建立了理论与实践相结合的办学方针和教学制度，形成了优良的传统和独特的校风，培养了一大批优秀人才，奠定了人民大学在新中国高等教育领域突出的重要地位，使人大成为新中国高等教育，特别是人文社会科学高等教育的一面旗帜。如同许多著名大学的发展都与一些著名教育家密不可分一样，吴玉章这个光辉名字也与中国人民大学的创建与发展历史性地紧紧地联系在了一起。

1938 年吴老 60 岁寿辰时，毛泽东同志为他写了贺词，赞扬他"一辈子做好事"，"这是我们党的光荣，这是中国革命的光荣"，并号召广大青年向他学习。今天我们同样自豪地说，吴老也是中国人民大学的光荣。去年 10 月，在中国人民大学命名组建 50 周年之际，我们命名了"吴玉章路"；现在，在吴老离我们而去的 35 周年之际，我们又在吴玉章路旁、校部办公楼前①的苍松翠竹间竖立了这样一座群雕，就是要纪念吴老为中国人民大学的建立和发展所作出的巨大贡献，让一代代人大师生永远缅怀吴老的革命业绩，学习他的教育思想、崇高品德和治学风范，从中汲取源源不断的精神力量。

我们竖立这样一座雕塑，也旨在深切缅怀吴老对广大学生的关心和爱护。吴老在担任人大校长期间，一贯教导广大教职工要从一切有利于为国家培养建设人才出发，特别要从培养大批的工农干部出发，为完成党所交给我们的培养建国以后新一代红色专家的任务作出贡献。他积极倡导学校形成"团结、紧张、严肃、活泼"的优良校风，主张一切工作要服务于学校的教学，强调从严治校。对学校的系科设置、课程安排、教学大纲、社会实践、科研及文体活动，乃至学生的后勤保障、寝食起居无不关心。他在古稀之年，还经常深入到学生宿

---

① 现科研楼 A 座，在 1996—2005 年曾为校部办公楼。

舍、食堂、教室和阅览室，与学生促膝谈心，检查工作，调查研究，沟通交流。他还亲力亲为，坚持给教师和学生讲课，或把学生请到家里进行重点辅导。在多次政治运动中，他都以党内元老的地位，尽其所能地保护教师和学生，减轻或消除对他们的伤害，人大校史上记载着许多这样亲切的故事、感人的佳话。今天的雕塑就是对吴老关心、爱护学生精神的生动写照，也会鼓励和提醒我们的领导和老师"一日三省吾身"，时时处处以学生为重，以教学、科研为重，一切为了学生，一切为了教学、科研，为社会主义现代化建设培育优秀人才。

我们竖立这样一座雕塑，也是为了进一步增强学校的凝聚力，接续学校的历史文脉，展现学校的历史风采，弘扬优秀传统，丰富校园文化，推动学校发展。从陕北公学算起的60多年来人大所形成的特有的传统和优势，虽然无影无形，却一直在潜移默化地、长久地发挥着作用。古人注重托物言志，倡导"诗言志，歌咏言"。雕塑是一种静默的艺术，却有着丰富的精神内涵，让我们看到了自己的历史，找到了发展的源头，增强了对学校的热爱，增添了发展的信心。今后，我们还要进一步总结、挖掘、弘扬，并通过多种形式表现学校的历史和传统，不断地凝聚人心，振奋精神，团结广大师生员工和海内外校友，共同推动学校在新世纪持续不断地向前发展。

当前，全校师生员工正在认真学习、贯彻江泽民总书记"七一"讲话和"8·7"讲话精神，为把中国人民大学建设成为以人文社会科学为主的世界一流大学而努力奋斗。我们决心在吴玉章老校长思想、精神和品德的鼓舞下，团结起来，开拓奋进，以建设世界一流大学的优异成绩告慰于吴老。我相信，中国人民大学一定会拥有更加光辉灿烂的明天。

谢谢大家！

掀开校园建设工程的新篇章

——在中国人民大学世纪馆、游泳馆、
运动场竣工典礼上的讲话

（2002 年 9 月 9 日）

世纪馆是一座集体育教学、群体活动、体育比赛、艺术教育、大型集会、文艺演出等多种功能为一体的综合性体育馆，这项工程投资多、功能齐，设计精美、造型宏伟。建设这样一座多功能馆，在我校历史上是第一次，是我校建校 65 年来国家投资建设的最大单体项目，是目前国内高校最大的多功能馆之一。新建成的游泳馆和经过维修改造的运动场，已经成为符合国家和国际标准，集教学、训练、竞技比赛和群众体育活动为一体的现代化运动场所。同时通过草坪操场和塑胶跑道的建设，消灭了校内最大的沙尘污染源，净化、美化了校园环境。世纪馆、游泳馆、运动场这三项重大工程的建成，结束了我校多年来"无体育馆、无礼堂、无游泳池、无风雨操场"的历史，极大地改善了我校的体育教学、训练和群众性文体活动的条件，并且可为北京市和教育系统提供体育比赛、文艺活动和群众集会场地。在我们看来，这一变化可谓"一步登天"。我们可以自豪地说，我校由一所体育设施严重落后的高校因此一跃成为全国体育设施最好的高校之一。这对我校在新世纪的发展具有非常重要的意义。

这三项工程是造福于全校师生员工的"为民工程"。它们的建成，不仅为全校师生员工提供了一个集会、健身、休闲、娱乐，修身养性、陶冶情操的好去处，使我校开展体育教学和文体活动的条件大为改善，而且对美化校园环境，提升校园文化品位，优化育人氛围，提高学生综合素质，促进学科建设，展示我校的崭新形象都有着十分重要的意义。所以，广大师生员工为之欣喜、为之振奋，这三项工程也就成了"提气工程"、"凝聚力工程"。

这三项工程是中国人民大学进入新世纪后第一批开工兴建的大型建设项目，是加强学校校园规划与建设、改善办学条件的一个重要举措。在此之前，基本建设的滞后，已经严重影响了我校学科建设、师资建设等多方面的工作，严重制约了我校办学规模的进一步扩大和教学水平的进一步提高。可以说，这三项工程的胜利竣工，掀开了我校加强校园规划与建设、改善办学条件这一艰巨的系列工程新篇章，迈出了把我校建设成为以人文社会科学为主的世界知名一流大学的重要步伐。

今后，随着西北区改造与建设工程的开工，制约我校发展的基本建设滞后的状况将会有根本性的转变，建设世界一流大学应有的硬件基础将得到夯实。我相信，在江泽民总书记考察我校发表的重要讲话的鼓舞下，在刚刚胜利闭幕的我校第十二次党代会精神的指导下，在全校师生员工的共同努力下，中国人民大学在新世纪必将创造更为辉煌的业绩，为我国高等教育事业的发展，为社会主义现代化建设作出更大的贡献！

继承和发扬尚老的治学精神和教育理念[*]

——在"尚钺同志诞辰 100 周年纪念会"上的致辞

(2003 年 3 月 29 日)

尊敬的袁宝华老校长，

各位领导、各位来宾，各位老师、各位同学：

在这阳光灿烂、生机盎然的春天里，我校历史系和清史所在这里联合召开"尚钺同志诞辰 100 周年纪念会"。这次纪念大会是在中国人民大学全体师生同心同德，为创建世界一流大学而努力拼搏的时刻召开的，因此具有特别重要的意义。

我们在这里缅怀尚钺同志，不仅因为他是一位坚强的革命战士，还因为他同时是一位实事求是的史学家、一位德高望重的教育家。

尚钺同志是一位 1927 年就加入中国共产党的老党员，在白色恐怖时期、抗战时期和解放战争的过程中经历了血与火的洗礼。从 1948 年 7 月担任中国人民大学的前身之一华北大学史地系主任开始，他就与中国人民大学结下了不解之缘，为中国人民大学的成立特别是历史系和清史研究所的设立和发展作出了极大的贡献。他历任中国人民大学中国历史和中国革命史教研室中国史组长、中国历史教研室副主任和主任、清史研究小组副组长及 1978 年中国人民大学复校之际成立的历史系首任系主任，1982 年 1 月，为历史学的教育和研究、

---

* 本文根据作者讲话录音整理。

为中国人民大学的发展耗尽了最后的心血，与世长辞。"春蚕到死丝方尽，蜡炬成灰泪始干"是对尚钺同志的最好写照。

关于尚钺同志光辉的一生，大家都有所了解，在此不多赘述。此时此刻，我想和大家分享的是：是什么东西如此跨越时空，在尚钺同志已离开我们20年后的今天，还能够让我们聚在这里，一起缅怀这位老前辈？是一本享有盛誉的《中国历史纲要》？是他曾作出杰出贡献的中国人民大学历史系和清史所？都是的，但不尽然。我想更重要的是尚钺同志留下来的一种治学精神，一种教育理念。

尚钺同志曾特别讲到，"古代史学家曾要求一个'良史'不仅要具备史才、史学、史实，还要具备史德。我们马克思主义史学家也要有一种史德。我想这就是光明磊落、实事求是的品格。那种察言观色、探测风向，是同马克思主义应具有的史德不相容的。史学工作者应该用自己辛勤的劳动，拿出独立的研究成果，去丰富历史科学的宝库"。尚钺同志提倡的这种"史德"，不仅在当时，即便在今天都有着极其重要的现实意义。大家都知道，近来学术道德问题引起了社会的广泛关注，在本月初的人代会和政协会上，它成了人大代表和政协委员们议论的焦点话题之一，教育部也于本月特别发出公文，要求各大院校加强学术道德建设。

不知何时开始，曾经被视为净土的大学校园里，有了种种学术道德问题乃至表现形式不一的学术腐败、浮躁，炒作、粗制滥造成风直至抄袭、造假、剽窃，一些人不再本着自己的良心来从事教育和科研工作。比如，众所周知的某校教师抄袭事件，还有在事件发生后竟有一些学生为其辩护，而有的报纸也说"没有抄袭就没有学术"。我们是要继承，但继承不是抄袭，它们之间的明显界限是每一个受过高等教育的人都知道的常识。这种思想混乱只能说明学术道德问题必须引起学校及社会的高度重视。可能有人会叹息现在整个社会风气都如此，高校及学术界也不能幸免。这当然不无道理，但这并不意味着可以任其自流，对于"随波逐流"的处世哲学，我们不能苟同。高校应

该是社会的良心，学术界是道德的最后界域。我们对于一些不健康的
社会现象，不应该采取放任甚至苟同的态度，而应该首先洁身自好，
同时去呼吁，本着五千年来传下来的真正的学者良心，去着力改变。
我们的同学，也不应该热衷于做"剪刀糨糊加工厂"里的技工，以挣
一点蝇头小利为满足，而应培养报国的情怀和真正的治学精神。

　　现在整个社会都存在"重理轻文"的现象，最近学校做的很大的
一项工作也是向整个社会呼吁重视人文社会科学，我最近作的几场报
告和在凤凰卫视做的两个节目都是谈的这个方面的问题，但这种风气
显然不是一时能纠正过来的。这样，我们一些在从事人文社会科学，
特别是所谓"冷门"学科包括历史学科教研和学习的老师和同学们相
对会受到一些影响。即便如此，我也还是在此提出希望，希望大家能
有"板凳要坐十年冷"的治学、求学勇气和心理准备。特别是为人师
者，先正己道、明己德，身先表率，而后去教导学生。不要去追求一
时之荣显，而应去立"万世之功"。就像尚老所说的那样，"史学工作
者必须用自己辛勤的劳动，拿出独立的研究成果去丰富历史科学的宝
库，即使不是珠玑，哪怕是砖瓦也好"。我深信，人文社会科学的繁
荣和发展是经济发展、社会进步、政治昌明的需要，是人类面向 21
世纪的需要，社会必定会重新审视人文社会科学包括历史学科的地位
和价值，你们的付出一定会得到公正的回报。

　　所以，在缅怀尚钺同志的今天，我希望大家能够继承和发扬尚老
的治学精神和教育理念，本着严谨的治学态度，本着高度的社会责任
感，去付出辛勤的汗水、进行不懈的努力。如果这样，我们的史学工
作者就是在实践"三个代表"重要思想，我们的历史学科就一定能够
在世界一流的历史学科中屹立。我想，那才是我们缅怀尚钺同志的最
好方式。

　　谢谢大家！

醉心学术，静心求道

——在庆祝许崇德教授从教 50 周年暨"21 世纪中国宪政"学术研讨会开幕式上的讲话

（2003 年 9 月 12 日）

尊敬的许崇德教授，

尊敬的各位领导、各位嘉宾：

大家好！前天是教师节、昨天是中秋节，今天上午我们学校刚刚举行了 2003 级新生开学典礼。现在，我们又来到这里，祝贺许崇德教授从教 50 周年。这一周，真是充满欢乐的一周，是喜庆的一周！

首先，请允许我代表学校并以我个人的名义向已在中国人民大学辛勤耕耘 50 年，为国家的法制建设和学校的发展作出了重大贡献的许崇德教授表示衷心的祝贺，更表示真挚的感谢。

在座的有许老师的学生、法学界同仁、司法界朋友，也有社会各界人士，大家对许老师在学术和育人方面特别是宪法和行政法领域取得的巨大成就都很了解，这些方面我就不多讲了。我印象很深的是，我有几次去香港和澳门访问，均会有港澳朋友充满崇敬地提到许老师，作为人民大学的校长，我为人大有这样的名师感到骄傲和自豪。

人民大学能取得今天这样的成绩，能在中国高等教育界有今天这样的地位，与我们拥有一批像许老师这样的学术泰斗、学术前辈是分不开的。我也曾经是人民大学的学生，也曾受益于这样的一些老先生，他们淡泊名利、潜心钻研、爱校爱岗，与之交往，则让人有如沐春风之感，的确是"道德文章，堪为师表"，无论是做人还是做事都可以作为我们的楷模。

我们很容易看到许老师头上的光环和赢得的许多荣誉，比如他为中央领导和在重要的国家宣传法制的讲座上讲授《宪法》，比如他先后被任命为香港基本法起草委员会委员和澳门基本法起草委员会委员等，但其实更重要的是我们应该看到许老师获得这些荣誉的个人基础。许老师50年来，兢兢业业，勤勤恳恳，潜心钻研，醉心学术，静心求道，所以能积累起深厚的专业学养。而专业学养如此之深，不能不归结到个人修养，许老师的温和谦逊、与人为善是有口皆碑的。去年学校征集《求是园诗词集》的诗词和百家廊、双趣亭的对联时，许老师在诗词和古文方面的深厚造诣让我十分敬佩。人们常说，以诗言志，给我印象更深刻的是从许老师的诗词和对联中体现出的学者情怀和高尚情操。

现在的社会风气有些浮躁，年轻人有时容易急功近利。但古今能成就大学问大事业者，无不需要恒心和定力，要耐得住寂寞，才赢得来成果。事实上，这也是我们从许老师他们这些学术前辈身上所看到的。所以，从做人和做事两个方面多学习学术前辈，对我们的教师和学生是大有裨益的。

我想，这才是我们举行这场庆祝活动和学术研讨会的初衷，也是我们能够献给许老师的最好的礼物！

最后，再次对许老师表示祝贺和感谢，并预祝"21世纪中国宪政"学术研讨会取得圆满成功！

加强学术学风建设，繁荣人文社会科学 [*]

（2004 年 11 月 4 日）

    人文社会科学的研究能力和成果是我国综合国力的重要组成部分。繁荣发展人文社会科学，必须大力发展人文社会科学研究事业。健全的学术规范和良好的学风是人文社会科学研究事业健康、文明发展的标志，也是其繁荣发展的基础和前提。改革开放以来，特别是迈入新世纪，人文社会科学受到了党和国家的高度重视，人文社会科学的发展面临良好的机遇与条件。但同时，我们也很遗憾地看到，当前在包括高校在内的人文社会科学研究中也出现了严重的学术失范和学风不正问题。不久前，教育部发布了《高等学校哲学社会科学研究学术规范（试行）》，现在又特地举办"全国高校哲学社会科学学术规范与学风建设论坛"，进一步就相关的问题进行深入的学习与讨论，这充分体现了教育部领导和高校人文社会科学界对这一问题的高度重视以及为解决这一问题、进一步繁荣发展高校人文社会科学的积极努力。我很高兴有机会参加这一论坛并就这个问题发表一些看法。

一、当前学术规范和学风建设中存在的问题及其原因

    当前我国人文社会科学研究中学术失范和学风不正问题，已到了

* 本文系作者参加教育部社政司在杭州主办的"全国高校哲学社会科学学术规范与学风建设论坛"的交流论文，全文原载《社会科学论坛》2005 年第 1 期。

非常严重的程度。毫不夸张地说，任何一个对我国学术研究有所关注和了解的人都会发现，像急功近利、浮躁、脱离实际、漠视和侵占他人成果、片面追求数量、粗制滥造、弄虚作假、学术批评庸俗化以及学术评审的行政化，等等，已经成为极为普遍的现象。这些不良现象严重地损害了学术研究的环境，影响了学术的声誉，挫伤了广大研究者的积极性和创造性，危及人文社会科学的健康发展。这些问题的存在，我相信，对任何一个有责任感的学者来说，都是难以接受的；对任何一个有责任的科研管理部门和领导来说，都是难以听之任之的。认真研究和解决这些问题，应该是我们科研管理部门和人文社会科学界的当务之急。

"冰冻三尺，非一日之寒"，这些问题的存在是长期累积的结果，其出现的原因也是多方面的。要从根本上解决这些问题，就必须研究和了解导致它们出现和存在的深层次原因，只有这样，我们才能做到对症下药、有的放矢，采取切实有效的方法和措施，最大限度地消除这些现象。那么，导致当前人文社会科学研究领域出现严重的学术失范和学风不正问题的根本原因又是什么呢？这可从人们的思想认识、相关的体制和社会环境影响等三个方面来加以考察。

从思想认识上看，首先是有关人文社会科学的一些重大的和基本的问题仍然没有得到很好的解决。一方面，我们对人文社会科学的定位是什么？在社会发展中，它应当发挥什么样的作用？能够发挥什么样的作用？如何发挥作用？等等，我们对这些重要问题的认识并不完全清楚。另一方面，我们对人文社会科学及其各学科中的一些重要概念和基本的理论问题还缺乏广泛的共识，有的甚至还存在严重的分歧，因而易给人一种人文社会科学说不清、道不明的印象。这方面的例子太多了，例如人文社会科学包括人文学科和社会科学两大部分，人文学科的确切含义是怎样的？它是不是科学？什么是政治？什么是文化？什么是社会主义？等等，人们对这些问题讨论了很久，但认识上仍然存在很大的分歧。这就充分表明，在当前，人文社会科学仍然是一个需要被进一步研究、认识和把握的对象。其次，由于历史和现实的原因以及人文社会科学本身的独特性，使人们对人文社会科学产生了一些片面和错误的认识。从历史上来看，我们过去曾经一度把人文社会科学简单地同政治及宣传工作相联系，把它作为解释现行政策或政治理念的工具，而至今这种影响还没有完全消除。从人文社会科学研究的现状来看，长期以来，一些研究者缺乏问题意识、缺乏研究和回答现实问题的能力，因而造成了人文社会科学脱离实际或相对滞后的现象。从人文社会科学的性质和特点来看，其中很重要的一点就是，人文社会科学的研究成果主要是精神产品，其对人和社会的作用方式与自然科学的"硬"与"显"相比，具有"软"和"隐"的特点，比较难以观察和把握。由于以上这些原因，使得至今依然有不少人，包括有关政府部门的一些决策者、管理者和一部分人文社会科学研究者，仍不同程度地存在着怀疑甚至否定人文社会科学的价值和功能，怀疑甚至否定其规律性和科学性的看法。这些错误认识，必然会导致在实际的管理和学术研究活动中，出现轻视甚至否定学术规范、不讲原则的制度和做法以及不尊重学术规律、浮躁的治学态度。

从体制上看，目前的学术体制、教育体制和科研管理体制就存在一些明显的不科学、不合理的地方，导致甚至助长了学术失范和学风不正现象的滋生和发展。例如，现有的学术激励机制、成果评价体系不仅过分强调科研成果的数量，而且把它与研究者的工资、职称、奖励、住房及各种其他待遇直接挂钩，在这样的背景下，学术必然要为利益所驱动。而与此同时，现有的科研管理制度中又缺乏相应的监督和约束机制。其结果必然是片面追求数量、粗制滥造、弄虚作假甚至抄袭剽窃等不遵守学术规范和学术道德行为的大量出现。又如，我们国家目前的教育科研体制仍然体现着鲜明的计划经济特点，这一方面导致了学术行政化的现象——客观地说，现在行政对学术的干预是非常严重的，具有全面性、全程性的特点；另一方面又导致了学术研究的浮躁和急功近利现象。学术研究的浮躁和急功近利现象不仅体现在一些研究者身上，而且也反映在一些决策者和管理者那里。有这种心理的人往往认为可以并且急于通过行政方式、行政手段来推进人文社会科学的繁荣发展和发挥它们的作用，具体而言，就是通过片面追求科研成果的数量和实施一个个项目、工程来达到这一目的。可以说，现在许多违背学术规律的现象，如采取运动式的方式限时进行课题攻关，频繁地对科研人员进行考核，重申报、轻研究，重成果形式、轻成果效益，等等，都与之有密切的关系。而这又必然反过来助长了学术失范现象和浮躁、急功近利的学风。

从社会环境的影响来看，社会主义市场经济的发展，激发了人们对个人利益和个人价值的追求，但在社会尚未建立良好的约束机制的情况下，也引发了人们普遍的浮躁、急功近利和唯利是图的心态，使整个社会价值观出现畸形。如"一切向钱看"，假冒伪劣泛滥，以"片面强调经济发展的速度和总量，忽视经济效益和社会效益"为特征的错误的发展观等等，都是这种心态和畸形价值观的反映。受这种错误思想的影响，一些研究者也出现了浮躁和急功近利的心理，既耐不住寂寞，缺乏坐冷板凳的精神，也不愿深入社会，参与社会实践，漠视自己的社会责任和学术责任，把学术研究当作追求个人名利的工具。在这种情况下，违背学术规范和学术道德的现象自然就难以避免。同时，以这种浮躁、急功近利和唯利是图的心态以及畸形价值观为基础的不良社会风气，也姑息迁就了一些研究者的不良行为，使大量的学术失范和学风不正乃至学术腐败问题得不到及时和有效的查处。

二、关于遵守学术规范、加强学风建设，发展人文社会科学的几点建议

（一）树立科学的人文社会科学发展观

党的十六届三中全会提出"坚持以人为本，树立全面、协调、可

持续的发展观，促进经济社会和人的全面发展"。这是我们党坚持马克思主义的指导，总结过去的经验教训，立足于当代中国发展的实际提出的科学的发展观。它对于指导新时期我国高校人文社会科学的发展具有十分重要的意义。在人文社会科学发展中贯彻科学的发展观，即树立科学的人文社会科学发展观，是人文社会科学健康发展的前提，也是确立和遵守学术规范、树立良好学风的思想基础。

树立科学的人文社会科学发展观，就要坚持以人为本，这是科学发展观的本质和核心。坚持以人为本，首先要求我们充分认识到人文社会科学在社会主义现代化建设进程中，对提高人的素质、促进人的全面发展的重大作用。坚持以人为本，就要求广大人文社会科学研究者树立对社会、对国家、对人民的高度责任感，要关注社会、关注民生，要努力研究和解决社会主义现代化建设中的重大理论和实际问题。人文社会科学工作者决不能漠视自己的学术责任和社会责任，把学术研究当作追求个人名利的工具或小圈子里的活动。坚持以人为本，还要求有关部门决策者、管理者在工作中把为国家和社会服务与为学者服务相统一，充分尊重人文社会科学研究者的学术人格和学术自由，尊重学者的劳动和研究成果，积极地为他们的研究工作创造良好的环境和条件。

树立科学的人文社会科学发展观，就要深刻认识和尊重人文社会科学的规律和特点。与自然科学相比，人文社会科学具有鲜明的文化传承性、研究过程的不可重复性、研究成果的多样性和独特性以及作为知识体系与价值体系相统一性等特点。认识和尊重人文社会科学的这些规律和特点，就特别要求广大人文社会科学研究者树立良好的学风，做到江泽民同志在2002年考察中国人民大学发表的重要讲话中所希望的："要甘于寂寞，淡泊名利，力戒浮躁，潜心钻研；要认真读书，多思慎思，关注现实世界，注重学术积累；要厚积薄发，出精品，出上品；要加强团结、和谐合作，在学术研究中相互切磋，共同进步。"认识和尊重人文社会科学的这些规律和特点，还要求有关的决策者和管理者，要有开阔的视野和宽广的胸怀，要提倡探索、尊重探索、鼓励探索；要坚决贯彻"百花齐放、百家争鸣"的方针，既要尊重研究者的学术自由，不打棍子、不扣帽子，又要提倡积极的健康的学术争鸣和学术批评。

树立科学的人文社会科学发展观，就要坚持全面、协调、可持续发展的方针。贯彻这一方针，就要处理好人文社会科学与社会发展、人文学科与社会科学、基础学科与应用学科之间的关系。要充分认识人文社会科学对于人的全面发展、对于推动经济和社会全面进步的重要作用，促进人文社会科学与社会发展的协调发展；要充分了解人文学科与社会科学的不同规律和特点，采取不同的研究方法、管理方法和评价方式，促进人文学科与社会科学的协调发展；要在大力发展应用学科的同时，加强对基础学科的支持和投入，多出精品力作，促进基础学科与应用学科的协调发展。

（二）不断创新科研管理制度

科研管理制度的健全与否，与人文社会科学研究发展的方向、水准的高低以及学风的好坏都有直接的关系。如前所述，在人文社会科学研究中存在的学术失范和学风问题，与我们的教育、科研体制和评价机制有着一定的关系。要解决这些问题，进一步发展人文社会科学研究事业，就必须适应人文社会科学的特点和国家经济与社会发展对人文社会科学提出的新要求，不断进行科研管理体制的创新。可以说，在现代社会，科研管理制度的创新是人文社会科学研究创新活动的基础。

进行科研管理制度的创新，要体现以人为本的思想，突出为国家、为社会、为人民、为研究者服务的理念；要在制度设计上，防止非学术因素对研究活动的干扰，保障学术自由；要积极适应社会主义市场经济的发展，充分发挥市场机制在科研资源分配，调动广大科研人员的积极性、创造性，促进科研成果转化，加强人才培养等方面的作用；要探索出一种能够把应用研究、咨询服务与社会需求紧密联系起来的有效方式和运作机制；在重要科研计划和重大政策、制度、措施制定上，要坚持民主、科学、公正的原则，充分发挥广大专家学者的智慧；要积极借鉴国外的一些好的经验和做法。我们注意到，当前我国人文社会科学研究中存在的学术失范和学风问题，在一些国家是很少见到的现象，也是让这些国家难以理解的，体现了典型的"中国特色"。那么，那些国家为什么没有或很少有这些现象呢？我想这肯定有多方面的原因，但肯定与它们建立了健全的科研管理体制有关。我们应该对此进行认真的研究，学习和借鉴那些好的东西。

进行科研管理制度的创新，还要特别重视建立健全的人文社会科学的评价标准和评价体系。对于这一问题，我曾专门撰文对此进行过阐述。在那篇名为《时间和实践是科研成果最好的试金石》的文章中，我阐述了这样的观点：现在许多重大的奖项要求参评成果的参评时限太短，带来了一些弊端。一是不科学地排除了一些出版或发表年限稍长的精品和上品；二是影响了评价成果的客观性和公正性；三是容易发生单纯地把当前政治经济社会生活中的热点问题和政策取向当成评价标准的现象，从而导致或助长科研中的"追风"和"急功近利"等情况。为此，我建议延长重大学术奖项参评时限，把科研成果放在一个更长的时段里考察。因为时间和实践是科研成果最好的试金石，只有那些经受了时间和实践考验仍然能得到人们普遍认可的科研成果，才具有重大的学术价值，才称得上精品和上品。今天在这里，我还要强调这一观点。

当然，除此之外，我认为，建立健全人文社会科学的评价标准和评价体系还要注意以下几个问题：（1）坚决摒弃那些简单的量化管理方式和手段；（2）要着重看科研成果的社会认可度和影响力，这包括同行的评价和介绍、学术界的引用率以及政府、企业的采用情况等；（3）要充分体现不同学科成果、人才的特点，坚持定性评价与定量评价相结合，注重分类的原则，如对人文学科与社会学科、应用学科与基础学科评价方式应有所区别；（4）要尊重研究者的原创性劳动，建立健全保护人文社会科学研究成果的有关制度以及有关的监督和制约体系。最后，还有一点要强调的是，在组织评审过程中，要尽力减少行政评估行为。目前，行政主导的评估行为过多过滥，不仅影响了正常的学术研究，违背了学术规律，而且易导致权力寻租行为和腐败现象。对此，我们应该高度重视。

（三）积极为人文社会科学研究创造良好的环境和条件

这方面，除了前面提到的要充分尊重学术规律，提倡积极的健康的学术争鸣和学术批评以及建立科学合理的管理制度之外，还包括以下多方面的内容：

1. 要在全社会范围内加强诚信教育，为人文社会科学工作者创造一个良好的社会环境。诚实守信是中国自古以来的优良传统，是社会健康发展的根本，同时也是立人之本、立校之本。当前在全社会范围内加强诚信教育，对人们遵守社会公德和职业道德，树立良好的行为规范和正确的价值观念，对于转变社会不正之风、净化社会环境，从而对于克服人文社会科学研究中的学术失范和学风不正现象，都有非常重要的现实意义。

2. 决策者和管理者要努力减少行政因素对学术的干预；在处理行政与学术研究的关系上，要坚持"无为"而治，努力使人文社会科学的研究有一个自然的人文社会环境。

3. 要建立健全社会监督、行政管理和个人自律相统一的学术监督与约束体系。

4. 要发扬学术民主，切实做到不唯上，只唯实，既要反对盲目崇拜学术权威，也要反对任何学术权威压制新的学术思想观点和新生力量的做法。

5. 要坚决、及时、严厉地查处抄袭剽窃等学术腐败行为，努力维护学术和学术殿堂的尊严。

6. 要认真贯彻落实《高等学校哲学社会科学研究学术规范（试行）》，为此，要制定具有创造性的具体化的措施，并使之在实践中不断得到充实、发展和完善。

7. 要加强对学术规范的学习和教育，建议高年级本科生就应该接受这方面的教育，研究生应该把学术规范作为必修科。

8. 要努力纠正目前的一些学术排行榜的错误和片面的做法。

9. 国家和社会要加大对人文社会科学研究的支持和投入，引导人文社会科学工作者关注和研究社会主义现代化建设的重大理论和现实问题，积极投身到社会主义现代化建设的实践中去。在现代社会，参加社会活动和社会实践，进行调查研究，不仅是研究和解决现实问题的需要，是人文社会科学得以发展的基础，而且是人文社会科学研究的最基本和最重要的研究方法。转变浮躁的学风，树立严谨的治学态度，确立和遵守良好的学术规范，最重要的就是要坚持理论联系实际的作风，积极参加社会实践，开展调查研究。而做到这一点，仅靠研究者个人的力量往往是很不够的，必须有国家和社会的大力支持与投入。

高校教师聘任制仍需改革与完善[*]

——第二届中外大学校长论坛第二课题组报告

（2005 年 5 月 20 日）

"国家的希望在于教育，教育的关键在于教师"。在建设高水平教师队伍的过程中，如何以科学发展观为指导，探索出一套行之有效的高校教师聘任管理制度，是我们需要认真研究和高度重视的重要课题。

一、改革与完善高校教师聘任制势在必行

（一）教师队伍现状及存在问题

在实施"科教兴国"、"人才强国"战略的过程中，我国高等教育事业得到长足发展，教师队伍面貌发生了巨大变化。但是，与创建人民满意的高水平大学教师队伍的要求相比，仍然存在很多不容忽视的问题：

1. 高层次人才、顶尖人才缺乏。纵观国内各高校，整体上尚缺乏一批学贯中西的拔尖人才；高校师资队伍的国际化程度不高，许多重要学科没有形成以国内外知名的学术界顶尖学者为领军人物的学术队伍；学术梯队不健全，一些学科骨干教师队伍"青黄不接"，优秀

[*] 本文原载《中国教育报》2005 年 5 月 20 日第 3 版，并以《以改革精神把教师聘任制完善和实施好》为题摘要发表于《中国高等教育》2005 年第 7 期。

团队为数不多，学术研究的衔接和传承出现较为严重的问题。

2. 队伍数量不足、质量不整齐、结构不合理的问题还比较突出。近年来，高等教育规模发展很快，高校在持续扩招的同时却对教师队伍的扩大和素质的提高未能给予足够重视，多数高校缺编严重，生师比过高，教师队伍规模无法满足教学、科研、人才培养的需要；教师学术研究的理论和方法相对滞后，原创性、开拓性研究成果相对缺乏，在国内外产生重大影响的科研成果数量不多，一些具有重大现实意义和深远历史意义的学科还没有跻身国际学术前沿；教师队伍的学缘结构、学历结构以及年龄结构分布不尽合理，有的甚至严重不合理；学历参差不齐，绝大多数高校拥有博士学位教师比例太低（据统计，2003 年我国教育部直属高校和中科院及国防科工委所属高校教师中，最高学位为博士者仅占 23.49%，最高学位为硕士者仅占 39.79%）；年龄分布出现断层，中青年学者相对缺乏。

3. 学术精神倒退、学术风气不正、学术道德失范在一定范围内存在。当前，高校教师的学术精神有所下降和倒退。部分教师过多关注各种评审、奖励、荣誉和称号，表现出浮躁、急功近利的心态，不愿静下心来踏踏实实地做学问；有的教师在事业上过于看重自己的发展和个人目标的实现，缺乏集体意识和团队协作精神。高校教师队伍中的学术风气不正、学术道德失范、学术腐败等问题屡有出现，有的违背基本学术道德，或抄袭剽窃，或请人代写，或署名不实；有的片面追求数量，脱离实际，粗制滥造，甚至篡改、伪造数据；有的在各种评审、评估工作中弄虚作假，或以不正当手段影响评审结果。此外，学术批评庸俗化、学术评审行政化等问题也十分突出。部分教师的职业道德、奉献精神和敬业精神令人担忧。受市场经济的强烈冲击，部分教师难以抵御强烈的物质诱惑，人生观、价值观偏离了正确的轨道，热衷于校外兼职，不把主要精力投入到学科建设和教学科研工作，一切为了学生的观念严重淡薄。

产生上述问题的原因是多方面的，主要表现在：

在社会环境方面，目前，传统的管理体制仍然对高校教师队伍建设有相当的影响，"平均主义、大锅饭"仍然是一种潜规则；而在市场经济大潮冲击下，社会上广泛存在的物欲横流和急功近利的浮躁风气也对高校教师产生了直接影响；学术评价机制不健全，形式主义的评审和重数量、轻质量的导向也严重地影响着教师队伍的建设。

在高校内部管理方面，教师队伍建设的理念相对滞后，对市场经济条件下的新情况、新问题缺乏认真的研究和正确的认识，导致了人事管理在内容、激励手段、管理方式和管理目标方面存在着种种弊端，远不能适应以人为本的管理要求。人事管理中一定程度上存在的泛市场化观念，与科学发展观的精神背道而驰。

当前实施的教师管理制度本身存在着许多问题，如：缺乏科学的教师任用规划，人员使用存在随意性和无序性；至今未形成市场经济条件下教师职责的行为规范，教师"教职外收入"大范围存在，严重冲击高校的教学、科研秩序；教师职业仍然是"终身制"，有"进口"无"出口"的问题长期难以解决，教师队伍中的冗员不能有效剥离，使高校积重难返；教师来源单一化，其他行业合适人员进入障碍明显，至今未形成与其他行业人员合理交流的机制；教师的选拔重资历、不重能力和业绩的现象依然存在，未能形成充满活力的竞争氛围；激励措施过于集中到少数优秀教师，没有形成系统、科学的激励机制；为了吸引人才，许多高校纷纷采取了一些"急功近利"的做法，各出"奇招"、"怪招"，竞相攀比，盲目提高物质待遇，互挖人才，造成人才使用的成本不断上升，高校之间的这种恶性竞争、不正当竞争不利于高等教育事业的整体发展。

（二）教师职务聘任制现存问题

我国的教师职务聘任制始于 1986 年，经过近 20 年的摸索与实践，取得了一定的成绩。但是现行的教师聘任制度并不是真正意义上的教师聘任制，甚至还存在一些突出的问题：

1. 聘任制流于形式。真正意义上的聘任制，必须有明确的岗位设置、岗位职责和聘任期限，必须确立平等的聘任关系，实现聘任关系契约化，聘任过程社会化，形成竞争和择优机制，但由于与高校用人制度相应的配套措施严重滞后，社会保障体系不健全，人才流动渠道不畅通，加之执行过程中的种种偏差，造成聘任制难以落到实处，聘任制的实质无法得以体现。

2. 评价体系不健全。当前，建立在现行教师职务聘任制基础之上的教师评价机制很不完善。评价理念混乱，要么过分注重管理目标，忽视教师个体的特殊性和主观能动性；要么片面理解以人为本，不能对教师业绩进行有效管理。评价内容简单，局限于对教学、科研和人才培养业绩的定量考核，缺乏对教师综合素质的定性分析；评价标准单一，过于强调教学、科研成果的数量，不重视甚至忽视质量。评价导向偏差，重科研业绩，轻教学成果。在目前的这种评价体系下，学术必然要为个人利益所驱动，而丧失其独立性、创新性和前瞻性。

3. 过多强调短期效益。现行聘任制下形成的某些效益观在人才引进、使用、培养等方面存在着严重的短视行为，缺乏战略性科学规划，政策不具有连续性，忽略了教师劳动的特点和职业的特性，不注意对教师进行职业生涯的规划，放松了教师队伍的能力建设，未能建立教师管理制度的长效机制。

4. 管理工作不够到位。在实施聘任制的过程中，有相当一部分高校未能深入细致地把握学科特点，在聘任条件、考核标准等方面不注意处理好人文社会科学与自然科学、基础学科与应用学科的关系，采取一刀切的办法，严重违背学科发展的内在规律；对教师队伍中有违职业道德和学术精神的现象不想管、不敢管、不会管，严重涣散了师资队伍的建设；同时，管理部门尚未做到"有所为，有所不为"，行政干预学术的现象仍然普遍存在。

当然，问题并不仅仅是上述几个方面。譬如，现行的教师职务聘任制对于教师不思进取、不认真履行职责的现象缺乏刚性的约束机制；能上能下、灵活开放的用人机制并没有真正建立起来，人才在校内外无法合理流动，等等。

二、改革与完善教师聘任制应当深化认识、统筹安排

聘任制工作是人事制度改革的切入点，是向僵化、保守的人事制度坚冰冲击的破冰船。当前，我们既要清醒地认识到聘任制是一个需要长期不断完善的过程，也要克服和解决很长一段时间以来对试行聘任制指导不够得力，试点不够认真，甚至不总结、不研究、听之任之的问题。我们必须坚持以科学发展观为指针，以改革的精神把教师聘任制完善好、实施好。

（一）准确把握教师聘任制的丰富内涵

高校教师聘任制是在高校和教师双向选择的基础上，以聘任合同的形式把岗位设置、任职条件、招聘过程、任用管理、争议处理等环节，同高校和教师双方的责任、权利、义务组合形成的教师任用和管理制度体系。要改革与完善高校教师聘任制，就必须首先深刻认识和准确把握教师聘任制的内涵。

1. 聘任制应是法律保障机制。教师聘任制表现为学校和教师双方自愿签订聘用合同，明确各自的权利、义务、责任以及解决争议的途径，根据合同约定进行管理，明确高校与教师之间的法律关系和法律地位，保障双方的合法权益。实施聘任制是高校依法治教、民主办学思想的重要实践。

2. 聘任制应是人才竞争机制。教师聘任制赋予高校和教师双方更大的选择空间，有利于加速人员的合理流动，有利于形成开放、竞争的用人氛围，有利于建立科学高效的选拔机制，从而最终实现人力资源的优化配置。

3. 聘任制应是师德师风建设机制。"经师易遇，人师难遭"，高

校教师既要授业，更要传道，不仅要做传授知识的经师，更要做育人的人师。科学的教师聘任制度，就是要通过科学的引导机制、有效的激励机制和必要的约束机制，鼓励教师"淡泊名利、甘于寂寞、力戒浮躁、厚积薄发"。

4. 聘任制应是学术评价机制。学术评价科学与否，直接影响教师学术研究和教学活动的积极性和创造性，只有建立符合高校教师职业特点的科学评价体系，才能全面、客观地评价教师的工作业绩和综合素质。完善的教师聘任制度要求必须有与之配套的科学评价体系，通过建立校内外同行专家评议制度、回避制度、代表作制度，采取定性与定量评价相结合的方式，保证评价的科学性和客观性。

5. 聘任制应是组织文化构建机制。组织文化是大学发展的内在驱动力。教师聘任制通过打造规范的制度文化，凝聚共识，将高校发展目标分解落实到每一个岗位，使学校事业发展成为全体教师的共同意识，使广大教师在心理上认同与支持，并把自己的前途与高校的发展联系在一起，在教师的不断发展中实现学校组织文化建设目标。

6. 聘任制应是职业生涯规划机制。教师的成长、成才和个人综合素质的增强，是教师队伍整体水平提高的重要保证。教师聘任制的内容之一就是建立与教师职业生涯规划相呼应的教师培训、进修制度，引导教师树立"终生学习"的观念，实现高校和教师共同发展和相互促进。

7. 聘任制应是劳动价值实现机制。责酬一致是教师聘任制的重要内容，不同岗位职责的履行应该对应不同的岗位报酬。因此，完善的聘任制度，就是摒弃平均主义的分配方式，形成能够充分体现并积极鼓励教师履行岗位职责和创造突出业绩的薪酬体系。

（二）统筹处理好教师聘任制的几个关系

我们认为，必须按照科学发展观的要求，充分总结现行聘任制的经验和不足，立足现实，着眼未来，统筹协调好以下各种关系：

1. 高校办学目标与教师自身价值的关系。教师职业决定了教师自身价值要通过提高教书育人和科学研究的水平，获得社会的认可来实现，这与高校的办学宗旨和办学目标在总体上是一致的。教师聘任制的关键是要发挥好教师的主人翁意识，激发其个体的内在潜能，引导教师把个人的发展并轨到团队的发展方向上来，将个人发展目标与高校发展目标相结合，并以高校的发展为保障和依托。

2. 拔尖人才培养和学术梯队建设的关系。学科建设的关键是拥有一支高层次、创造性的人才队伍，因此，必须将聘任制改革的重点放在拔尖人才的选拔和培养上，通过完善制度，为他们创造良好的工作生活环境，鼓励以他们为核心形成学术团队。同时，要通过聘任制度的管理和考核机制，解决队伍建设的迫切问题；在实施策略上，要坚持以人才培养为基础，以人才引进为龙头，在政策措施、资源配置上形成合力。

3. 拉开收入差距与保证分配公平的关系。一方面，要鼓励优劳优酬、优绩优酬，调动和引导教师队伍的积极性和创造性；另一方面，我们应当避免在教师队伍中制造新的不公平。应当看到，目前教师的收入除了工资、岗位酬金等之外，还有相当一部分来源于其所在学院、学科现有的无形资产和有形资产，因此，应当坚持合理划分收益来源，通过合适的方式和手段进行适度的调节。

4. 队伍稳定与人员流动的关系。完善的聘任制既要确保骨干教师队伍的稳定，也要坚决推动人员的有序流动。大学要有静气，要为教师从事教学、科研创造宽松、良好的工作环境，要避免聘任制中刚性、生硬的做法给教师队伍建设造成负面作用，但是，教师队伍的稳定绝不是静态的，必须通过人员合理流动，保证教师队伍结构不断优化、质量持续提高。

5. 职责重心下移和宏观指导监督的关系。院系是教师开展教学、科研、人才培养工作的载体，是教师人力资源使用的主体，也是最有活力的学术单元。要发掘教师潜力，提高教师素质，关键在于充分调动院系在教师聘任工作中的积极性、能动性和创造性；学校则要从事务型管理为主转向战略型管理为主，集中精力研究办学目标等重大问题。当前，将教师聘任管理的一部分权力和责任下放到院系，强化院系的全局意识和责任意识，加强对院系工作的科学指导和考核监督，有利于更好地实现聘任制的目标。

6. 统一思想、政策与因校制宜、分类实施的关系。目前，急需主管部门在总结和借鉴国内外高校成功经验的基础上，尽快出台一套系统的制度设计和政策措施，用以指导、规范高校教师聘任制工作。但由于各高校实际状况及发展目标不尽相同，赋予高校一定的实施自主权和灵活性是完全必要的。在高校内部，也要注意因学科制宜地合理配置人力资源，实现学科建设与人才培养、科学研究的有机统一。

7. 改革、发展与稳定的关系。作为一项制度创新，教师聘任制的真正实施必然触及方方面面的利益，起步阶段绝不可能令所有教师皆大欢喜。但是，改革必须深化，没有阵痛就没有长久的健康。发展是改革的目的，稳定是发展的基础，因此，我们必须坚定而又稳妥地推行这项重大制度。对于落聘教师要积极做好安置工作，为他们提供再就业培训、寻找出路，充分体现人文关怀，将聘任工作的震荡减到最小。

三、改革与完善教师聘任制的措施与建议

（一）科学设岗，实现教师资源的合理配置

科学地设置教师岗位是搞好教师聘任制的关键环节和首要问题，也是解决当前高校教师队伍数量不足、质量不高问题的根本措施。各个高校应该根据其自身的办学目标和条件，切实从学科发展、人才培养的现实需要和长远要求出发，科学地规划教师岗位、合理配置教师资源。

生师比应该作为科学设岗的重要依据之一。目前，在高校中普遍存在着片面追求办学规模和短期效益的现象，生师比严重偏离了人才培养的需要，直接威胁着人才培养的质量水准，甚至局部地导致了人才培养质量的下滑或下降。应该说，这也是泛市场化在当前高等教育中不良影响的表现。在教师聘任制中，必须处理好教师队伍数量和质量的关系，在扩大教师队伍规模的同时，要高度重视教师队伍质量的提高。

（二）健全教师职业准入制度，探索新型用人方式

在改革与完善教师聘任制的过程中，各高校必须把教师资格制度落到实处，同时创造条件，建立、健全教师职业准入制度，严把入口关。当前，必须提高用人条件；严格选拔程序，坚持公正、公平、公开的选拔机制；重视同行专家和社会舆论的评价，要注重应聘教师的能力，特别要全面考查其学术影响力和学术道德水平。

要积极进行制度创新，打破高等学校与其他行业、职业的体制性壁垒，针对不同层次、不同类型人才的特点，探索多样化的人才聘任形式，拓宽人才选聘范围，实现优秀人才的跨行业、跨地域、跨国界流动。要依托教育部"高层次创造性人才计划"和"春晖计划"等方式，运用聘请兼职、合作研究、邀请讲学等多种形式，争取更多的海外学者回国工作和为国服务，实现更大程度的优秀人才资源共享。

要积极探索新型的用人管理方式，促进教师人事关系的进一步社会化，使人事关系与劳动关系相分离，实现高校与教师真正的双向选择，从而真正达到人员能进能出和人才柔性使用的目的。

（三）建立科学全面的绩效考核机制

绩效考核涉及评价理念、评价方法、指标体系和评价结果的运用等方方面面，是一个全方位的动态管理过程。

在考核方法上，应根据学科类别与学科层次、岗位类别与教师职

级的具体情况，采取定量与定性相结合，重点考核与全面考核相结合，年度考核与聘期考核相结合，原则性与灵活性相结合的评价模式，并要注意考核的频率和节奏。在考核指标的设计上，既要考核专业能力，又要考核师德学风；既要考核科研，又要考核教学；既要考核学术工作，又要考核社会工作；既要严格要求，又要体现人文关怀。在考核结果的运用上，关键是要处理好教师个体发展与学校建设目标之间的关系。

（四）加强聘后管理、培养和服务，建立学术信用制度

要克服重聘任、轻管理的做法，根据聘任合同的约定和绩效考核的结果，严格对教师的管理；要彻底打破终身制，真正建立起"能进能出、能上能下、优胜劣汰"的竞争机制。要改变重使用、轻培养的做法，不断提高师资水平。要克服重考核、轻服务的观念，关心教师，积极帮助他们解决一些实际问题，使他们安心教学科研工作。

当前，在学术失范、学术腐败问题频生的情况下，要积极探索建立教师学术信用制度，信用制度的形成与发展是市场经济的必然要求。努力建立以学术道德为支撑、知识产权为核心、法律制度为保障的学术信用制度。当前，我们要通过建立教师学术信用制度，记录和反映一些教师在学术活动中的不良行为和学术腐败现象，使之有案可查，从而净化学术风气。

（五）形成以能力建设为核心的教师发展制度

优秀的教师应当具有突出的教学科研能力，在改革与完善教师聘任制的过程中，要始终重视教师队伍的能力建设问题。教师培训是加强教师能力建设的重要途径，在新的历史条件下必须对教师培训进行制度创新。为此，教师培训工作应当实现三个转变：一是要实现工作理念的转变，将以学校为主体的教师培训制度转变为以教师为主体的教师发展制度；二是要实现工作重点的转变，将以基础性培训和学历

补偿教育为核心的继续教育体系转变为以能力建设为核心的终生学习体制；三是要实现工作层次的转变，将以校内培训为主的岗位教育转变为以国内进修和国际研修相结合的职业教育。

要构建有利于教师发展的完整培训体系，提高培训的有效性。在技能培训方面，要帮助教师提高计算机应用技术和外语水平；在业务培训方面，通过举办教育教学方法培训、研究生指导培训、论文写作规范培训、科研项目申请培训、国际学术交流培训等，帮助教师全面提高学习能力、教育教学能力和科研能力；在专业培训方面，通过建立规范的国内外进修制度，引导教师追踪国际学术前沿，掌握本学科前沿的研究动态和先进的研究方法。

要健全培训机构，设立培训基金，调整聘任、考核办法，试点带薪学术休假制度，使教师发展制度在组织、资金和管理等方面得到充分保障，引导教师结合学校的发展目标规划职业生涯，确立终生学习的理念，增强他们参与能力建设的自觉性，这也是以人为本的具体体现。

同时，我们也建议在教育部的指导下，统筹各高校的培训计划，形成全国性的培训网络，最大限度地利用教育资源。

（六）争取良好的社会环境和条件

要依法落实高校办学自主权，按照《教育法》的规定，在用人制度、人事任免制度、分配制度、评审制度等方面赋予高校更多自主决定的权利。

要积极推进事业单位人事制度改革的步伐。高校教师聘任制改革是事业单位人事制度改革的一项重要内容。只有人事政策、干部制度、评审制度、分配方式、人员流动等方面有所创新和发展，教师聘任制才有可能落到实处。

要积极完善社会保障制度。建立和完善社会保障体系，对于真正实现优胜劣汰的人员流动机制具有非常重要的意义。一方面，我们要积极呼吁并推进国家建立与社会主义市场经济相适应的事业单位社会保障制度。另一方面，我们也要通过内部改革，来主动适应我国社会保障制度改革和发展的步伐，积极推进教师的保障制度改革，实现教师医疗、养老、社会福利以及住房问题的社会化，真正解除教师的后顾之忧，这对于教师聘任制实施过程中克服人员流动制度性障碍具有十分重要的作用。

教师聘任制改革是十分复杂的系统工程，需要长期的努力。我们一定要有强烈的机遇意识和紧迫感，要以科学发展观为指导，不断总结国内外的经验，认真研究教师队伍建设中的突出问题，深化认识，不断进行制度创新。

善之本在教，教之本在师[*]

——在中国人民大学首批荣誉教授授予仪式暨庆祝 2005 年教师节表彰大会上的讲话

（2005 年 9 月 9 日）

尊敬的老师们，同志们：

大家好！在这个硕果累累、丹桂飘香的金秋时节，我们欢聚一堂，隆重举行中国人民大学首批荣誉教授授予仪式，共同庆祝第 21 个教师节的到来，同时表彰荣获本年度高等教育优秀成果奖及在我校工作年满 30 年为学校发展默默奉献的优秀教职员工。在此，我代表学校向受到表彰的各位荣誉教授和优秀教职员工致以崇高的敬意和热烈的祝贺！向一直奋斗在教育战线上，辛勤劳动的学校全体教职员工致以节日的祝福和诚挚的问候！

今年的表彰会与以往相比，增添了新的内容。我校在历史上首次设立了"荣誉教授"的称号，授予那些为中国人民大学发展作出卓越贡献，在国内外学术界有重要影响力的离退休老教授，以表彰他们的业绩，激励后学。

众所周知，中国人民大学作为中国共产党亲手缔造的第一所新型正规大学，建校以来，为马克思主义在中国的传播与普及，为我国哲学社会科学的发展和繁荣，为我国社会主义革命、建设和改革事业的

＊ 本文根据讲话录音整理。

发展作出了重要贡献。建校初期，我校着重发展了与国家建设密切相关的理论学科和应用学科，在新中国人文社会科学的大多数学科领域都作出了奠基性、开拓性、前沿性的杰出贡献，为我国培养了绝大多数政治理论课师资，在传播马克思主义基本原理和基础知识方面，充分发挥了"工作母机"的作用；我校教师编写的《政治经济学概论》、《辩证唯物主义和历史唯物主义原理》等系列教材，发行上千万册，哺育了共和国几代教学科研人才；复校后，我校有 26 个博士点是在全国首批设置，新中国法学、新闻学等学科的第一位博士以及第一位外国留学生博士都出自我校；人口学、行政管理、经济信息管理、土地资源管理、人力资源管理、环境经济、知识产权等与现代经济社会紧密相关的专业都肇始于我校，然后走向全国。

"善之本在教，教之本在师"。对于大学而言，教师更是立校之本、发展之基，是学校最可宝贵的财富。上述辉煌成就的取得，可以说都是与以荣誉教授们为主的人大老一辈学者、教授们紧密相连的。他们作为人民大学各项事业的开拓者，在艰苦的办学条件下，不畏艰难，孜孜以求，笔耕不辍，严谨治学，为国家培养了一大批优秀的建设人才，形成了具有人大气派、人大风格且世代传承的教风师德，已经成为学校历久弥新、不断发展的原动力，奠定了人民大学今日在中国高等教育领域的崇高地位。没有大家的鞠躬尽瘁、默默奉献，就没有人民大学事业发展、面貌巨变、人气上升的大好形势，就没有人民大学社会声望和影响持续提升，全校上下众志成城、奋发向上的繁荣景象。在此，我们要向以荣誉教授为代表的广大教师们的贡献致以最崇高的敬意！

进入 2005 年，我校各项工作不断取得新的进展，学科建设进一步加强；教学、科研和学生工作取得新的成绩，办学质量进一步提高；民主办学、依法治校工作深入开展，学校发展动力进一步增强；校园规划与建设、校园置换和后勤改革继续推进，学校办学条件进一步改善。特别是建设创新型国家重大战略的提出和建设中国特色国家创新体系，给我校"985 工程"二期建设和学校事业发展带来了又一个新的历史机遇。面对这样的形势，我们要树立强烈的机遇意识和责任意识，抢抓机遇，乘势而上，全面推进建设人民满意和以人文社会科学为主的世界知名的一流大学的历史进程。要实现这样的目标，队伍建设是关键，这是学校建设的根本，也是我们今后必须常抓不懈的重要工作。

我校现有专任教师 1 447 人，较 2001 年增长 25％，生师比有较大幅度下降。教师中博士学位的比例由 2001 年的 25.9％提高到目前的 54.6％，教师的平均年龄为 42 岁，其中教授的平均年龄为 49.5 岁，副教授的平均年龄为 42.8 岁，在海外取得学位的教师总数达到 115 人（2001 年仅有 36 人），结构大为改善，教师队伍的整体素质大幅提高。总体而言，我校已经拥有了一支学术水平高、业务能力强、爱岗敬业的教师队伍。今天表彰的各位教师，就是他们中的优秀代表。尽管如此，由于种种原因，我校教师队伍中也存在不少问题，需要高度重视、认真研究并不断改进。借此机会，我想以荣誉教授为榜样和标准，向全校教职员工提几点希望，与大家共勉。

第一，希望大家学习荣誉教授们爱岗敬业、诲人不倦的高尚品德，不断提高自身思想政治素质和道德水平。

师德建设是人民大学教师队伍常抓不懈的主题之一，是关系到学风、教风、校风和大学教师社会形象以及学校社会声誉的重要问题。古往今来，人们对教师的道德品质都寄予了最高的期望值标准，每年无数来自全国各地的最优秀学子会聚到人大。他们希望得到的不仅仅是书本的知识，更是做人、治学、处世的道理。希望广大教师不仅要做授业解惑的"经师"，更要做明德传道的"人师"；不仅要给学生传授知识，更要以身作则，给学生传授为人处世的道理，成为青年学生的楷模。一方面，广大教师要不断提高自身的思想政治素质和抵御各种诱惑的能力，不断提高道德修养，增强法制观念；另一方面，还要严格恪守职业道德和学术规范，力戒浮躁之气和抄袭之风，做一个诚实的学者。

第二，希望大家学习荣誉教授们潜心钻研、严谨求实的治学态度，加强学习，努力提高自身的理论水平、专业能力和业务素质。

21世纪是人才竞争的时代，希望广大教师都要树立"不进则退，缓进亦退"的危机意识。一方面要加强科学研究，凝神静气，立足学科前沿，多出精品，多出上品，多出传世之作，提升学问、建设学科、繁荣学术；另一方面，要注重教学基本功的训练，探索教学规律，总结教学经验，注重教学效果，提高人才培养质量。此外，还要加强学术交流，特别要提高外语水平，走出国门，面向世界。

第三，希望大家学习荣誉教授们淡泊名利、甘于奉献的博大胸怀，树立大局观念，强化参与意识，爱校荣校，同心同德，共谋学校发展。

个人的成长总是与一定的组织和环境牢不可分，我们每个人的命运也都和学校的兴衰成败密切相关。老一辈人大人不论是在新中国教育事业刚刚起步的创业之初，还是在学校被迫解散，教育教学流离漂泊的峥嵘岁月，都始终以一腔赤子激情固守着母校的精神家园。正是因为有了这种艰苦奋斗、勤勉耕耘、追求真理的人大精神，学校当年复校时才会在短暂的筹备过程之后迅速恢复发展。

当前，学校各项事业正处于一个非常好的发展时期，但在管理上、办学条件上还存在着一些问题。今后，学校仍继续健全和完善校务委员会、校工会、教职工代表大会等重要制度，积极推进"校务公开"，切实保障教职工参与学校民主决策、民主管理和民主监督的权利，充分发挥教师在治理学校中的重要作用。同时也希望广大教师树立大局观念，发扬爱校荣校的精神，发挥主人翁作用，参与到学校的建设和发展事业中，积极主动地、富有创造性地开展工作，共同推进我校"民主办学、依法治校"的进程。同时，学校也将采取切实有力的措施，进一步改善办学条件，靠正气留人、靠感情留人、靠事业留人、靠机制留人，创造和谐进取的校园氛围。

第四，希望大家学习荣誉教授们坚定的政治信仰和爱国忧民的济世精神，切实发挥好咨政育人的重要作用。

一些有识之士已经注意到，当前经济学等学科教学与研究中，西方一些学科的影响上升、马克思主义经济学的指导地位被削弱甚至边缘化的状况令人担忧。希望广大教师充分认识在新时期研究、丰富、发展马克思主义的重要性、紧迫性和艰巨性，自觉地把坚持马克思主义作为繁荣发展哲学社会科学的根本方向，切实加强马克思主义对教学科研工作的指导作用；希望广大教师心系大众，深入实际、深入基层、深入生活，切实履行一名知识分子应有的社会责任。

老师们、同志们，近日，举国上下都在隆重庆祝教师节，这体现了祖国和人民对我们教师的殷切期望。让我们继续发扬人民大学的光荣传统，坚持求真务实、严谨治学的学风和甘为人梯、乐于奉献的品德，勇于探索，敢于创新，勤奋耕耘，团结一致，与时俱进，为创建以人文社会科学为主的世界知名的一流大学而努力奋斗，为我国高等教育事业的发展、为中华民族的伟大复兴再立新功！

最后，再次祝愿学校全体教职员工身体健康、工作愉快、阖家幸福！谢谢大家！

学习先进，锤炼队伍[*]

——在中国人民大学 2007 年"五一"表彰会上的讲话

(2007 年 4 月 27 日)

各位老师、各位同学，同志们：

大家下午好！在"五一"国际劳动节即将来临之际，我们人民大学的广大师生迎来了一个幸福的时刻，那就是中华全国总工会授予中国人民大学"全国五一劳动奖状"。这是对人民大学的褒奖，这是对人民大学的勉励，我们感到光荣、自豪；我们将以更加豪迈的气概，在我们创建"人民满意、世界一流"大学的历史进程中迈出更加坚实的步伐；在这样的时刻，我们真正地感到：劳动伟大！劳动光荣！劳动万岁！人民大学"全国五一劳动奖状"的获得，是广大师生员工艰苦奋斗、辛勤劳动的结果。我谨代表学校在这样的时刻，向学校师生员工致以亲切的问候和崇高的敬意！

五年来，在党中央、国务院的亲切关怀下，在教育部、北京市的正确领导下，人民大学师生员工紧紧团结在党委的周围，在党委的领导下，坚持贯彻"人民、人本、人文"，"大师、大楼、大气"，"真情、真想、真干"的 18 字办学理念和行动纲领，牢牢把握历史机遇，解放思想、深化改革、埋头苦干、开拓创新，紧紧围绕建设"以人文社会科学为主的人民满意、世界一流大学"的奋斗目标，高举"发

---

* 本文根据讲稿和讲话录音整理。

展、创新、和谐"的旗帜，坚持"特色强校、内涵提高"的科学发展道路，以发展聚人心，以发展促和谐，实现了学科建设、队伍建设、校园建设、民主管理等各方面工作快速、稳健、协调地全面发展。校园环境以及广大师生的精神面貌都发生了翻天覆地的变化，学校的内在凝聚力和创造力不断增强，外在影响力和竞争力持续提升。全校上下呈现出一种同心同德、奋发向上的繁荣局面，取得了一系列突出的成就。因此，我们在继 2006 年获得"首都劳动奖状"之后，又获得了"全国五一劳动奖状"。这些成就的取得，都是和全体教职员工的辛勤努力、艰苦奋斗分不开的。因此，这个荣誉，是我们全校广大师生的共同荣誉。

我们今天隆重举行 2007 年全校先进工作者表彰大会，在这里，我代表学校向受到表彰的同志表示衷心的祝贺。明天，就是 4 月 28 日，5 年前的这一天，江泽民同志亲临我校考察并发表了重要讲话，再次突出强调了哲学社会科学的重要性，重申了"四个同样重要"，提出了"五个高度重视"和"五点希望"，同时充分肯定了我校为马克思主义在中国的传播和普及，为我国哲学社会科学的发展与繁荣，为我国社会主义革命、建设和改革事业的发展作出的重要贡献。江泽民同志还以党和国家最高领导人的身份，衷心祝愿人民大学"在新世纪创造新的成就，为祖国、为人民、为社会主义现代化建设作出更大的贡献，成为以人文社会科学为主的世界知名的一流大学"。我们认为，这是党和国家对我校的发展、定位给予的高度肯定，对学校的发展目标作出的明确要求，也是对我们学校提出的一个光荣而伟大的历史使命。

我们今天召开这样的一个表彰大会，就是要表彰一批在我们人民大学创建世界一流大学进程中默默无闻、勤奋工作的先进典型。通过表彰先进，激励全体教职工继续积极投身学校建设的工作热情，进一步营造"尊重劳动、尊重知识、尊重人才、尊重创造"的良好环境。

这次推选出来的 100 多名先进工作者来自教学、科研、管理和后勤服务等各个不同岗位，从事不同的工作，但有一点是共同的：他们都在平凡的岗位上作出了不平凡的贡献，以自己的辛勤劳动推动了学校的发展，体现了人大人应有的崇高品德和精神风貌。

当前，全党全国人民正在进行构建社会主义和谐社会的伟大实践，全校上下也正在大力推进和谐校园建设。和谐是稳定的最高境界，建设和谐校园必须坚持用科学发展观统领学校的各项工作，以发展谋和谐，以和谐促发展。和谐并不是一团和气，更不是维持现状、停滞不前，和谐必须和发展联系在一起，才能充分展示它的魅力，只有发展才能协调解决各种矛盾，只有发展才能加快解决各种问题，只有发展才能赢得真正的、持久的和谐局面。

借此机会，我想以今天表彰的先进工作者为榜样和标准，向大家提出几点希望，与大家共勉：

1. 希望大家从自身做起，真情、真想，积极投身学校的发展建设事业。

真情就是要真正热爱、关心学校的发展，全身心地投入到党和人民的教育事业中去。真想就是要真心想做成事，真正想干成事，求真务实，认真谋划，真想办法，想好办法。

人们常说，教师是"太阳底下最光辉的职业"，还有一句话叫做"劳动最光荣"，从事与教育有关的劳动那是最值得骄傲的事情。只有对自己所从事的事业充满真情，有一颗热爱教育事业、热爱学校的心，才会主动地去增强自身才干，做好本职工作，才会对自己所从事的教育事业苦心钻研，才会积极地去潜心探索教育事业的规律，才能真正地为学校、为国家的高等教育事业作出更多贡献。

正是因为我们在实践中坚持了"真情、真想、真干"的行动纲领，才取得了学校近年来面貌的巨大变化，才呈现出全校上下众志成城、奋发向上的繁荣景象。事实证明，学校发展要依靠广大教职员工，广大教职员工最终也将得益于学校发展。只要全校上下齐心协力，全体教职员工同心同德，爱校荣校，淡泊名利，甘于奉献，学校的发展基础就会更加坚实可靠，学校的发展目标就会更早实现。

2. 希望大家从实际出发，真抓实干，不断推动各项工作的全面发展。

有了真情、真想还不够，要想真正作出成绩，将蓝图变成现实，关键还在落实。邓小平同志说，世界上的事情都是干出来的，不干，半点马克思主义都没有。如果不真抓实干，再好的思路也只能是空中楼阁，再好的发展机遇也会付诸东流。

进入新世纪以来，学校方方面面所取得的成绩是实实在在的，这与广大教职工的真抓实干是密不可分的。正是因为真抓实干，我们的事业才会发展，正是因为真抓实干，我们才会在建设"人民满意、世界一流"大学的道路上不断前进。

做到真抓实干，一方面，我们要不断提高自身的思想政治素质和抵御各种诱惑的能力，不断提高自身政治素质、道德修养、业务水平；另一方面，要继续恪守职业操守和学术规范，在学术研究和日常工作中力戒浮躁之气和不实之风，保持学术独立和自由，加强团结，相互切磋，实现共同进步。

3. 希望大家从长远着眼，涵养大气，全面提高自身的业务素质。

在真抓实干的同时，还要有真本领。没有真本领，真想、真干就不能成为现实。进入新世纪以来，学校在各个方面都取得了可喜成绩，其中的一条关键经验就是坚持"大师、大楼、大气"的办学思路和战略举措。为了吸引"大师"，学校大力改善办学条件，多方筹措资金；学校坚持民主办学，加强依法治校，支持探索，鼓励创新；学校积极倡导"事业留人、机制留人、感情留人、正气留人"；学校坚持学术自由，贯彻"百花齐放、百家争鸣"的方针；努力营造聚人气、干事业、谋发展的创业环境。正是大家作了这么大的努力，我校广大教师在教学科研等各个方面都取得了可喜的成绩。可以讲，我们学校拥有一支高水平、高素质的教师队伍，当然也拥有一支高水平、高素质的管理干部队伍、教辅人员队伍。这几支队伍，是学校今后发展的保障核心。我们的目标是创建"人民满意、世界一流"大学，要实现这样的目标，我们的各支队伍都有待进一步提高水平。

今天，我要对教师队伍提出几点希望，因为教师队伍是教学科研的核心力量。党中央、国务院当前对高等教育的基本要求，就是提高高等教育质量，也就是说要在培养适应新世纪需要的人才方面下更大的力气，这就对广大教师提出了更高的要求。我们希望广大教师要涵养大气，加强自身建设，要精益求精地不断提高自身业务水平，在自主创新、理论创新方面走在同行的前列。

首先，我们人民大学教师，理所当然应该在理想、信念、道德方面有更高的要求。我们希望广大教师爱国、爱党、爱校、荣校，敬业、乐业、默默无闻、甘于奉献。我们人民大学的广大教师要像当年大庆油田石油工人那样，当老实人、说老实话、做老实事。这种要求看上去并不高，很朴实，但却是一种永恒的价值取向。不仅是工人，知识分子当然也应该如此，每一个中国的公民都应该如此，我们的教师理所当然应该率先垂范。我们要强调"四严"：第一要"严肃"，严肃对待我们的事业，有高度的社会责任感、强烈的事业心，认真地、高度负责地对待、履行一名教师的光荣职责，不为社会上各种诱惑所动，潜心完成我们的教师事业；第二要"严谨"，要严谨治学、勤奋治校，决不急功近利，决不投机取巧；第三要"严格"，严格遵守学术规范，严格遵守国家的法纪法规、学校的规章制度；第四要"严厉"，人民大学不允许学术道德问题玷污学校的荣誉，学校严厉惩处一切违背学术道德的事件和个人。要弘扬人民大学的优良传统，来锤炼新时期人民大学教师队伍。

其次，我们人民大学教师还要大气，只有大气的学者才能成为真正的大师，只有拥有大师的大学才能成为真正的大学。大气要求有崇尚学术、追求真理的情怀，要求有海纳百川、有容乃大的胸襟，要求有和而不同、坚持真理的气概，要求有尊重他人、心系他人、文人相亲的品格。只有这样，我们才能把自己逐步锤炼成为大师，也只有这样，人民大学才能成为真正的大学。

第三，我们人民大学的教师应该是创新型教师。创新型教师才是真正高水平的教师。要关注社会现实，要关注社会实践。要到人民当中去，要到社会大课堂中去。前不久，经济学院院长、商学院院长带着一些教师到内蒙古，深入到神华集团。他们调研后，感慨万千，深受教育，没有想到中国有如此了不得的国有企业，在煤矿业拥有若干世界第一：毛利润世界第一，劳动效率世界第一，科学技术水平世界第一，等等。大量事实说明，只有到实践中去才能激发思想，才能进行创新。我们提倡我们的教师沉下去，要沉到改革开放建设的第一线，向实践学习，向社会学习；还要沉到书斋里去，潜心治学，认真研究。我校的方立天先生、张立文先生长年待在图书馆，没有这样的钻研精神，哪来的《中国佛教哲学要义》、《和合学》？只有沉下去潜心治学，才有可能进行知识创新和理论创新。创新还需要有批判的思维、批判的眼光，但是我们批判的思维、批判的眼光都是建设性的，都是为了我们民族，都是为了我们人文社会科学的繁荣发展。培养创新型的教师还要尊重教师的个性，尊重教师的自由发展。这一点是创新必不可少的。从学校来讲，应该积极、努力地营造自由宽松的学术环境，细心维护"百花齐放、百家争鸣"的学术氛围，为大家自由的创造提供更好的条件。

第四，人民大学教师还必须具备国际视野。其实我们翻开人民大学的校史，20世纪50年代初人民大学教师队伍中，蓝眼睛、高鼻子的外籍教师就为数不少，人民大学一成立就有很强的国际性。只不过后来由于种种历史原因，国家相对封闭，人民大学的国际性也逐步地弱下来。改革开放为我们创造了非常好的条件，我们要想为我们国家人文社会科学的繁荣发展作贡献，就必须静下来，研究中国改革开放的路线和实践，研究中国现代化建设的路线和实践，同时还必须到国际上去，进入世界科学研究和学术发展的前沿。所以，新的历史时期对人民大学教师的国际视野提出了新的要求。学校已做了很大的努力。

我们要进一步创造环境，把更多的教师推到国际学术交流平台上去，我们也希望更多的教师能够自由往返于国际学术交流平台。

我们对教师主要提这四个希望，对教师的这些希望的基本精神同样适用于其他员工，包括干部，包括所有员工。

最后，我希望受表彰的先进个人珍惜荣誉，戒骄戒躁，再接再厉，不断进取，为学校改革、发展、稳定、和谐再立新功。希望全体师生员工向他们学习，恪尽职守，无私奉献，同心同德，开拓前进，勇敢肩负起时代赋予的历史使命。

老师们、同志们，70年前，学校从宝塔山下起航，由小到大，由弱到强，走过了一段曲折、艰辛的历程，是千百万人大人的艰苦奋斗，才成就了我们今天的辉煌，我们为此感到无上荣光！

七十载风雨沧桑，七十载磨砺奋进。70年后的今天，学校的新一轮发展已经拉开序幕，我们生逢盛世，一定要抓住这千载难逢的机遇，团结一致，为加速学校发展，为建设社会主义和谐校园，为实现建设世界一流大学的目标而奋斗！

最后祝愿学校全体教职员工和广大同学身体健康、工作愉快、阖家幸福！谢谢大家！

"中国人民大学校史研究丛书"总序

(2007 年 7 月 31 日)

　　"欲知大道，必先为史。"校史对于学校的重要性，如同国史之于国家。没有国史，国家就会缺少根基，失去灵魂；没有校史，学校亦无从寻觅其精神故乡，无法从中获得经验，汲取力量。校史研究和校史工作①，毫无疑问是一项"承上启下，继往开来，服务当代，有益后世"的重要的文化工程。

　　中国人民大学有着坎坷而辉煌的历史。说其坎坷，是因为学校从其前身陕北公学，到后来的华北联合大学、华北大学，以及新中国成立后在华北大学基础上成立的中国人民大学，一路上栉风沐雨，荆棘满布，随着国家和民族的命运而跌宕起伏；说其辉煌，是因为中国人民大学始终沐浴在历代党和国家领导集体的关怀之下，披荆斩棘，艰苦奋斗，始终与党和国家同呼吸、共命运，并发展成为"我国人文社会科学高等教育领域的一面旗帜"。概括地说，是以毛泽东同志为核心的党的第一代领导集体亲手缔造了中国人民大学；以邓小平同志为核心的党的第二代领导集体给予了中国人民大学第二次生命；以江泽民同志为核心的党的第三代领导集体赋予了中国人民大学"与时俱进"的新品质、新灵魂；以胡锦涛同志为总书记的党中央提出并全力

---

　　① 根据 2005 年 12 月 26 日召开的 2005—2006 学年第 8 次校长办公会研究决定，在《中国人民大学年鉴》编辑委员会的基础上增补一定数量的资深教授、教代会主席团成员等，专门成立校史编纂工作委员会，并组建校史研究室，开展校史编纂有关工作。

推行科学发展观，全面构建社会主义和谐社会，认真实施"科教兴国"、"人才强国"、"教育优先发展"战略，为学校在新时代的发展指明了方向。一所学校的发展历史与新中国波澜壮阔的奋斗史如此紧密联系，这在我国1 000多所普通高校中是独一无二的。

校史研究作为一项承前启后的工作，可"鉴古而知今"、"彰往而察来"，它不但可以告诉我们从哪里来，到哪里去，更重要的是知会我们现在所处的位置，告诉我们应该如何继承先贤精神，在奔流的历史长河中留下不朽之功。史家公认的撰史"存史、咨政、教化"的三个功能，同样是校史研究的重要价值所在。通过追问历史，与历史对话，探究前人办学的成败得失，感悟学校的风骨、风貌和风情，我们可以对现实中的问题进行历史性的探讨，并有针对性地决定学校的发展定位和发展战略。对中国人民大学来讲，我们多年研究校史，享受校史，已经从中获取了许多智慧和动力。我们在新世纪确立创建以人文社会科学为主的"人民满意、世界一流"大学的奋斗目标，其实就是继承历史、结合现实作出的重要抉择。我想这应该就是我们校史研究的当代价值所在吧！当然，这种当代价值还应当包括对高等教育界和其他社会层面的意义。

进入新世纪，我们提出并践行"人民、人本、人文"的办学理念，"大师、大楼、大气"的办学思路，"真情、真想、真干"的行动纲领，这与学校的传统是一脉相承的，又是与时俱进的。研究校史有助于我们深刻理解这样的精神气质，深刻理解我们为什么会提出把我校建设成为以人文社会科学为主的"人民满意、世界一流"大学的奋斗目标。

（一）研究校史，首先有助于我们更好地理解"人民、人本、人文"的办学理念

我们在新世纪总结出来的"人民、人本、人文"的办学理念，是我校从党和国家的期望，从社会经济和高等教育发展的需要，从人民大学的历史地位、学术实力、自身发展这样三个角度审时度势提出来的，是我们在新的历史时期感受新的历史使命和时代精神的结晶，其中也包含追思历史本源、凝练先贤智慧的结晶。

对于中国人民大学这样一所因人民而诞生、以人民来命名的大学来说，为人民服务、让人民满意是学校一切工作的出发点。毛泽东曾赞誉陕北公学"是属于中华民族的"，"中国不会亡，因为有陕公"；刘少奇在1950年中国人民大学开学典礼上讲话指出，中国人民大学是"我们中国第一个办起来的新式的大学，在中国历史上以前所没有过的大学。中国将来的许多大学都要学习我们中国人民大学的经验，按照中国人民大学的样子来办立其他的大学"，并勉励学生"当在人民困难的时候，你们在吃着人民的小米……你们如不能很好地去为人民服务，那就不是中国人民大学的学生"。可见"人民"二字赋予人大人的责任何其重大！我们把"人民"写入办学理念，主要是强调"人民大学为人民"，在一切工作中都要秉承为人民服务的办学宗旨，坚持崇高的使命感、责任感，遵循教育发展规律，按照国家、社会和人民的需要，追求真理，繁荣学术，着力培养学生热爱人民、心系大众的立场，以及忠诚、勤勉、朴实、友爱的品质。理解了人民大学这一独特而神圣的传统和风骨，也就不难理解我们为什么要在学校"世界一流"的奋斗目标前面庄重地加上"人民满意"四个字。

理解"人本"、"人文"同样如此。"人本"即以人为本，我们办学探索70年，之所以走出辉煌的学科建设历程，之所以写下骄人的人才培养篇章，正是由于学校始终坚持以人为本的办学精神。学校历来把包括优秀教师和干部在内的人才放在办学的第一位，努力营造尊重人、关心人、爱护人的人文环境，全心全意依靠教师治教、治学，始终关爱学生，"以学生为本"进行人才培养。"人文"是指以人文社会科学为主和人文气息浓郁的办学特色。这个特色是由学校特定的办学历史、办学任务决定的。在抗日战争和解放战争时期，陕北公学、华北联合大学和华北大学主要是为了夺取战争胜利培养优秀的文职人员、政工干部；新中国成立后，中国人民大学承载为国家培养"万千建国干部"的重要使命，所设学科主要为人文社会科学学科。学校在人文社会科学领域孜孜以求，躬耕不辍，在为我国人文社会科学的发展作出奠基性、开创性贡献的同时，也逐步积淀出"人文立校"的独特气质。进入新世纪，我们坚持特色强校、内涵提高，重要的一点就是要继续坚持以人文社会科学为主的办学特色，大力弘扬人文精神，努力培育科学精神。

（二）研究校史，有助于我们更好地贯彻"大师、大楼、大气"的办学思路

新世纪提出的"大师、大楼、大气"的办学思路，是我校历史上一以贯之并且经过实践检验的工作思路，即：我们办一流的大学要有众多的学术大师，要营造拔尖、创新人才不断脱颖而出的环境；要有优良的教学科研设施，要进一步加强"硬件"建设，不断改善办学基本条件；要有优良的校风学风，要有博大的胸怀、开阔的眼界、宽广的气度和浩然正气，为国家、为社会、为人民培养优秀建设者和领袖人才。这是学校建设发展的基础和根本。学校从建校起就着力培养优秀师资，延揽著名学者，他们为校园营造出浓厚的治学氛围，积淀了厚重的文化养分，为我们今天建设一流大学奠定了坚实的基础。优良的教学科研设施同样也是学校提高办学质量的基本条件之一。人民大学有个令人自豪的传统，就是艰苦奋斗的精神，这是学校取得成绩的根本所在。艰苦奋斗不仅包括在艰苦的条件下创造出一流的业绩，还包括为改善学校办学条件作出不懈努力。从校史研究中我们可以体会到建校以来学校为改善办学环境付出的艰辛。以校舍建设为例：学校从建校初期的 50 多处分散校舍，到后来争取土地和投资建设西郊校园主校区，几多变迁、几番周折；"文化大革命"后复校，学校为争取占用单位退还校舍，付出了很大代价；之后由于投入严重不足等原因，校园建设曾经一度远远滞后于其他同类学校。可以说，我们在新世纪多方争取支持和理解，大力加强校园建设，持续完善办学设施，是顺应历史需要、实现前辈夙愿之举。校史研究还有利于我们更好地理解"大气"的含义。学校在发展的各个历史阶段，都努力营造民主平等、和谐包容的学术气氛，提倡贯彻"百花齐放、百家争鸣"的基本方针。为了建设一流大学，我们要进一步提炼大学精神，弘扬民主作风，构建"兼容并蓄、有容乃大"的学术自由环境，培育浩然之气，从而不断造就人才辈出的学者队伍，形成一大批堪称传世之作的学术成果，培养出德才兼备、志向高远的优秀人才。

（三）研究校史，还有助于我们更好地实践"真情、真想、真干"的行动纲领

"真情、真想、真干"的行动纲领，就是希望广大教职员工胸怀热爱祖国、热爱人民、热爱学校的真挚情感，树立为建设中国特色社会主义伟大事业和中华民族的伟大复兴培养优秀人才的崇高理想，做到想干事、敢干事、能干事、干成事，为建设"人民满意、世界一流"大学作出贡献。从校史中我们清楚地看到，一代又一代的师生员工为了人民大学的发展，为了我国的教育事业，为了民族的解放、独立和复兴作出了巨大的、开拓性的贡献，这样的校史，其实就是一部饱含着"真情"的历史，一部贯穿着"真想"的历史，更是一部始终奋斗着的"真干"的历史。学校长久形成的热爱人民、服务社会的奉献精神，"始终奋进在时代前列"、自强不息的先锋精神，实事求是、脚踏实地的科学精神，都将激励我们在新世纪努力奋斗。校史研究有利于广大师生员工形成对校情校史的共识，有利于所有人大人的"身份认同"和凝聚力、向心力的形成，这是建设"人民满意、世界一流"大学的动力和保证。

"一篇读罢头飞雪"，历史蕴藏着何等丰富的世界和情感！只有善于反省和超越的大学，才会在建设和发展征程中不断展现其勃勃生机。中国人民大学一向重视校史研究，前人的研究成果成为今天不可多得的宝贵财富；进入新世纪，我们进一步推动校史研究工作，希望从中挖掘出无尽的宝藏，获得不竭的智慧和动力。在学校即将迎来建校 70 周年华诞之际，我们决定出版"中国人民大学校史研究丛书"，作为献给学校的一份"精神厚礼"。丛书既包括学校主持编写的史稿，又有记载学校要事线索的纪事，还有教职员工和校友的回忆录等，学校以后的校史研究成果都将纳入本丛书之中。我对此深感欣慰，同时希望我们的校史能够坚持实事求是的原则：既体现共性，又彰显个性；既反映时代的影响，更反映时代的互动；既要有宏观的鸟瞰，又要有细节的挖掘；既体现物质层面的变迁，更体现学校精神风貌的传承。总之，我校作为以人文社会科学为主的大学，校史研究更要突出学校作为高等学府和学术殿堂的人文底蕴和精神力量，使读者从中看到我们的求索，看到我们的奉献，看到我们的风骨、力量和赤子情怀。

历史令我们心潮澎湃，未来让我们豪情满怀，而面对现实，我们唯有不辱使命，鞠躬尽瘁，办好人民大学。相信校史研究丛书的出版，必将有助于人大人更加知我学校，爱我学校，荣我学校，亦将有助于社会各界以至于世界更进一步了解人大，关心人大，支持人大！

我们深知，仅仅靠一个部门、几个人很难把校史研究做得尽善尽美，加之时代久远，几经变迁，资料搜集相当不易，这些研究成果或许会与大家的期待有一定的距离。我衷心地期望大家能够多提意见，不断地丰富它，充实它，完善它。

上述感言，算是序吧。

我写《中国人民大学之歌》[*]

一所好大学，不能没有一首响亮的歌曲。大学之歌，是大学精神的重要载体，是学校鲜明而独特的风貌、风情、风骨的集中展现。歌声可以凝聚人心，可以昂扬斗志，可以穿越时空。从战火中走来，与共和国同辉，与时俱进、不断发展的中国人民大学，更应在新世纪奏响新的时代音符。

创作《中国人民大学之歌》的想法，萌发于两年多前，一年前开始动笔写作。在酝酿过程中，我先后认真参阅了一些兄弟院校的校歌，也专门研究了我校历史上的几首校歌。那期间，在我的头脑里时常会想着歌词的创作：在开会的间隙考虑过，在出差的飞机上琢磨过，在午餐的饭桌上思索过。初稿写出之后，还小范围讨论过三次，请有关同志帮助提意见，请各位校领导传阅，征求意见，几易其稿，最终成文。可以说，写作《中国人民大学之歌》是一个深入思考、反复酝酿、精心构思的过程。

中国人民大学历史悠久，底蕴深厚，特色鲜明，成就卓著。为其写歌，绝非易事。中国人民大学之歌，应当豪情满怀，既要反映历史，又要立足现实，面向未来；既要反映出大学的本质、功能和共

---

　　* 本文原载《音乐创作》2007 年第 6 期。《中国人民大学之歌》（由作者作词，总政歌舞团团长、著名作曲家印青作曲）特色鲜明、底蕴深厚、激昂豪迈、优美动听，充分反映出中国人民大学的历史传统、精神理念、办学特色和发展目标，自 2007 年 9 月初正式发表后，在校园内引起强烈反响，全校广大师生纷纷通过光盘、BBS、校园网、广播台等多种形式自发组织下载、传唱。该歌曲在中国人民大学 70 周年校庆前夕，经 2007—2008 学年第 3 次校长办公会决定，被正式确定为中国人民大学校歌。

性，又要反映出中国人民大学在我国高等教育领域里的独特地位；在风格上，歌词应当高度凝练，既要明快，又要典雅。总之，一定要把中国人民大学的历史使命感和时代责任感充分展现出来。

"从战火中走来的豪迈"——歌词起句烘托出了人民大学前身发展气势磅礴的历史背景。曲作者印青同志高度评价这句歌词，认为只有人民大学才能说是"从战火中走来"，才具备这样独特的历史背景和雄壮气势。"在发展中奋斗的风采"，是对人民大学艰难奋斗历程的概括。熟悉学校历史的人听到这里，会立刻联想到学校在抗战烽火中诞生，在新中国成立之初命名组建，在"文化大革命"中被迫解散，在改革开放中浴火重生的不凡历程；会在脑海里浮现出吴玉章、成仿吾、郭影秋等老一辈学校领导，浮现出何思敬、何干之、艾思奇、胡华、宋涛、萧前等名家学者，浮现出张志新、陈锡添、胡福明、宋鱼水等在平凡岗位作出杰出贡献的著名校友，浮现出许多政绩斐然的党政军高级领导干部、许多遐迩闻名的企业家和许多卓有建树的新闻、法律、文学艺术工作者……会浮现出一代代人大人奋斗不息的光辉形象。

"风云际会，焕发着崇高理想；洪波涌起，激荡着赤子情怀"，揭示出人民大学历经风雨而生生不息的精神底蕴。"风云际会"四个字凝练地概括了学校的历史特征：从抗日战争到解放战争，从新中国成立到改革开放，人民大学始终与党和国家同呼吸共命运，始终奋进在时代前列，为时代培养人才，为时代鼓与呼，成为"我国人文社会科学高等教育领域的一面旗帜"。"洪波涌起"四个字出自曹操的《观沧海》，是时代发展和人民大学汇入、引领时代潮流的生动写照。进入新世纪，学校进一步解放思想，实事求是，锐意进取，开拓创新，为繁荣学术科研、推动经济发展、促进社会和谐、完善民主法治、弘扬传统文化作出了积极贡献，在海内外产生了广泛而强烈的影响。透过"洪波涌起"四字，中国人民大学在新世纪勇于担纲、挺立潮头的形象得到了充分而全面的展示。在这"风云际会"、"洪波涌起"的70

年中，时代在飞速发展，但永恒不变的是"人大人"与时代息息相通的振兴中华的"崇高理想"和忠于人民的"赤子情怀"，正是这种"理想"与"情怀"代代相传，历久弥新，把人民大学的历史、现在和未来牢牢地连接在一起。将这种精神底蕴写入歌中，就是希望"人大人"铭记崇高理想，永葆满腔赤诚，始终满怀对祖国和人民强烈的使命感和责任感！

历史与现实的双重交织之后，一句"壮哉人大，我们永远的精神家园"，高度地概括和赞美了学校。"壮哉人大"四个字，受到印青同志的极力推崇，认为是恰如其分地讴歌了人民大学的不凡特质；而所有的人大师生也都会高度认同——人大是我们"永远的精神家园"。出于对学校的依恋、热爱和自豪，我们要高声赞美，但是，赞美之后，不能满足现状，不能止步不前。因此，我们更要"浩荡弦歌"，"阔步奋进在时代"。"浩荡弦歌"出自于孔子"弦歌不辍"的典故。人民大学具有"雄壮"、"大气"的特色，因此，我们的"弦歌"应当如江水一般气势浩荡，应当是激励人心的战鼓，应当是催人奋进的号角。而"阔步奋进在时代"与人民大学"始终奋进在时代前列"的光荣传统相印合，表明了学校奋进不息、与时俱进的坚定志向。

歌词第一段展现了人民大学的历史使命和时代责任，第二段则要进一步深入揭示人民大学的办学理念和精神特质。"百家廊下的宁静圣洁，求是园中的自由和谐"，既有具象的景物，又有抽象的理念。选择百家廊和求是园这两处风景入词，是有原因的。校友们无论何时，唱到这里脑海中一定不仅会浮现出百家廊前的皎洁明月和求是园中的芳草凝碧，更会联想到学校独特、严谨的校风、学风。学校建百家廊是为营造"百花齐放、百家争鸣"的学术氛围，彰显学校海纳百川、兼容并蓄的气质；而求是园的命名，则是为了弘扬学校从实际出发、实事求是、追求真理、追求光明、追求进步的精神。大学是知识的殿堂，宁静而圣洁，不容世俗玷污，拒绝喧嚣浮躁；同时，大学也要追求"自由和谐"。"自由"是多元矛盾的对立统一。如果大学里没有学术自由，学术的生命力也就会窒息。人民大学既重视自由，又重视和谐。"和谐"包括个人"德智体雅"各方面素质的和谐发展，包括人与人之间的和谐相处，包括各个学科结构的和谐共存，也包括学校与社会的和谐共进。只有在这样自由和谐的环境中，学校的科研、学术、交流等工作才能全面发展，学生们才能身心健康地成长。

描述完学校的风格气质之后，歌词进一步深入揭示了人民大学核心、本质的价值目标。"德智体雅，造就了社会栋梁；真善美爱，培育了国民表率"，这两句歌词集中表述学校人才培养的理念。"国民表率、社会栋梁"是人民大学的人才培养目标。人民大学培养的学生，是敢于承担社会责任、成为时代先锋模范的优秀建设者。我国当前的教育理念比较强调"德"、"智"、"体"和"真"、"善"、"美"。随着时代的发展，我认为这种认识还不够，还应该再增加"雅"和"爱"似乎才更加完善。大学培养出来的人才当然应当追求在"德"、"智"、"体"方面优秀，但还应当是一个优雅的人：内心光明而崇高，行为举止自然而得体，善于融入团体，善于团结他人。"爱"也是人民大学强调的一种精神。这种"爱"不是狭隘的个人感情，而是一种对国家、社会和人民的博大、深挚的爱。人民大学培养"国民表率、社会栋梁"，首先要树立奉献精神，而这种奉献精神的源头就在一个"爱"字上。"德智体雅"和"真善美爱"八字，形成一个近乎完美的人格标准，是我们追求的目标和努力的方向。只要向着这个方向不断努力，就一定会实现优雅的一生、光彩的一生、有成就的一生。

总的来说，歌词第二段从本质、功能和使命的角度，深入揭示了人民大学的办学理念、培养目标。通过这一部分内容的延伸，也使"壮哉人大"的内容进一步具体化，同时，"人大人"的责任感和使命感也得到进一步强化。这样"壮哉"的大学，当然是"精神家园"，当然是"阔步奋进在时代"！

回顾歌曲创作的全过程，我深切地感到，完成这样一首歌的写作，远非我个人力量所能及。是学校的深厚历史，赋予歌曲以精神和灵魂；是学校进入新世纪以来的办学实践，为歌曲提供了丰厚的土壤和养料。这些年，中国人民大学在教育部和北京市的关怀下，在全体人大师生的共同不懈努力下，抢抓机遇、埋头苦干、与时俱进、开拓创新，提出了"国民表率、社会栋梁"的人才培养目标，"人民、人本、人文"的办学理念，"大师、大楼、大气"的办学思路。没有这些在办学实践中丰富和完善的办学理念，就没有这首歌的诞生。我更愿意把这首《中国人民大学之歌》，看做人民大学历史与现实自觉、自信和自豪感的自然流露。

希望这首歌既豪迈、昂扬，又优美、动听，充分展现出人民大学的光辉历史和精神风貌，通过一代代"人大人"的持久传唱，形成强大的凝聚力、战斗力和穿透力，推动中国人民大学向着真理、光明和进步的方向，奋力前进！

最后，还要感谢印青同志，他以对人民大学深刻的理解，准确把握歌词精神，创造出完美的旋律，赋予了歌词新的活力。

中国人民大学之歌

纪宝成　词　印青　曲

从战火中走来的豪迈

在发展中奋斗的风采

风云际会　焕发着崇高理想

洪波涌起　激荡着赤子情怀

壮哉人大　我们永远的精神家园

浩荡弦歌　我们阔步奋进在时代

百家廊下的宁静圣洁

求是园中的自由和谐

德智体雅　造就了社会栋梁

真善美爱　培育了国民表率

壮哉人大　我们永远的精神家园

浩荡弦歌　我们阔步奋进在时代

变革的时代呼唤宁静的校园 *

(2007 年 11 月 2 日)

一、变革时代的大学面临更多危机与挑战

21 世纪是一个变革的时代，科技飞速发展，经济全球化不断深入，人们的交往日趋便捷，整个社会的变革速度远远超过以往任何时代。

在这个急剧变革的时代，知识已成为社会生产最重要的要素，大学日益走向社会的中心。美国教育家布鲁贝克曾指出，20 世纪美国的大学仅次于美国政府，成为社会的主要服务者和社会变革的主要工具，成为新思想的源泉、倡导者、推动者和交流中心；大学不仅要培养高素质创造性的人才，而且还要不断创新知识，促进知识转化为社会生产力，成为推动经济发展和社会变革的重要力量；今日之大学，已不再是中世纪的"象牙塔"式的大学，而是进入了"中心化"发展时期的现代大学，与社会发生着密切的联系。

在变革的时代，人们对大学的重要性已形成了共识：大学已经成为经济发展和社会进步的"加油站"和"服务器"。大学与社会的"亲密接触"，为大学自身的发展带来了巨大的机遇，大学受到了越来越多的关注，得到了越来越多的资源。大学的职能也由单纯的人才培

---

* 本文是作者在北京大学等单位主办的"北京论坛（2007）"上的演讲，《人民日报》2007 年 11 月 12 日摘要发表，《中国教育报》2008 年 3 月 20 日全文发表，《新华文摘》2008 年第 13 期全文转载。

养和科学研究发展到服务社会。与此同时，大学在变革的时代也面临着深刻的危机和挑战，最突出的一点就是如何处理"服务器"和"象牙塔"的关系，如何做到引领社会的同时不被社会的价值所同化，服务社会的同时不受社会的利益所牵引。

从中国的情况看，中国目前正在经历着有史以来最深刻的社会变革，经济高速发展，社会快速转型，对知识和人才需求特别旺盛。伴随着我国经济社会的深刻变革，以及高等教育大众化的到来，大学与社会已产生了前所未有的、广泛的、密切的联系，大学发展与社会变革的相互影响达到了空前的地步。这既促进了大学的知识创新和人才培养，又加剧了知识创新和人才培养的选择性冲突，急功近利和简单迎合正在损害大学的健康发展。在经济市场化、行为功利化、利益多样化、价值多元化的时代面前，大学的"象牙塔"精神正面临着严峻的考验。

今日之大学校园，师生们不谈股票，不谈金钱，似乎极有可能被视为异类。在外界现实利益的诱惑下，大学的"典范"和"崇高"似乎也已今非昔比。在许多情况下，大学里的话题与市井谈论似乎已无本质区别，在这样的校园氛围中，还会有多少关于"人类命运"、"科学与真理"的思考？在传统的大学信仰正在被人们所遗忘或者放弃，传统的行为准则正在被实用主义所取代，有人为大学的商业化、产业化、市场化辩护，有人为学术不端者抱屈，大量师生涌入世俗"名利场"的今天，我们必须高扬大学精神，高高举起宁静致远的旗帜。

我们常用"象牙塔"一词来比喻和形容大学。"象牙塔"意味着大学是那种摆脱外界束缚、放弃暂时利益、保护师生进行知识探索的场所；"象牙塔"标志着大学校园与世俗社会之间存在着一道"防火墙"；"象牙塔"固守着大学校园不受外界喧嚣侵扰的那份宁静。

象牙塔的大学就是宁静的校园，象牙塔精神就是一种宁静致远的大学精神。当然，现代大学成为"加油站"和"服务器"，并非是对象牙塔精神的简单否定，走出象牙塔也并不意味着告别象牙塔、放弃象牙塔。恰恰相反，象牙塔及其精神依然要作为大学的核心和灵魂而存在。

正如前哈佛大学校长博克在《走出象牙塔——现代大学的社会责任》一书中所阐述的：大学应当关注自己，"大学在处理与外界的各种关系中，必须不断地面对各种道德问题和道德责任"，"纯学术研究"是象牙塔的本质所在，正是基于这一点来考虑社会需求，大学才从"传统上向国家提供了最伟大的服务"。哈佛大学在 2000 年的一次讨论中面对社会挑战作出这样的回答：哈佛绝不跟着社会需求的指挥棒转，因为哈佛坚信："社会变化得越快，大学这块变化相对少，思想观念相对独立的领地就越有价值。"可见，越是变革的时代，越要坚守大学的传统；越是变化的社会，越要秉持大学的精神；越是纷扰的诱惑，越要牢牢抓住大学的本质。

二、校园保持宁静是大学的传统和本质要求

大学的校园应该避免世俗的喧嚣，保持一份特有的宁静。西方的大学传统如此，中国的大学传统也是如此。

在中国传统教育思想中，对"道"的追求是一项重要内容，强调君子要关心大事情和大道理，反对跟着世俗的变化而随波逐流。孔子说："三年学，不至于谷，不易得也。"孔子的意思是，学了三年，向学之心还没转到做官求禄上，这种人很难得。他又说"君子食无求饱，居无求安"，"贫而乐，富而好礼"，"不义而富且贵，于我如浮云"。在孔子那里，好学应该是对学习活动的一种无功利的喜爱，应该淡泊名利，甘于寂寞。《论语》中也强调"君子忧道不忧贫"。

诸葛亮在《诫子书》中对求学和明志的境界也有一段精辟的论述："夫君子之行，静以修身，俭以养德。非淡泊无以明志，非宁静无以致远。夫学须静也，才须学也。非学无以广才，非志无以成学。淫慢则不能励精，险躁则不能治性。"

到了近代，中国有一批教育家对大学精神和大学的社会责任有深

刻的认识和精辟的论述。1912年，蔡元培作为教育总长制定《大学令》，确定了大学"教授高深学术"的宗旨，他批判只"对人们进行实践能力的训练，使他们能承担政府所急需的工作"的教育目的，认为"所谓大学者，非仅为多数学生按时授课，造出一毕业生之资格而已，实以是为共同研究学术之机关"。大学生应该以科学研究为单纯目的，反对"以学校为科举，以学校为书院"的急功近利、守一排他的做法。

梅贻琦以"大学之道，在明明德，在亲民，在止于至善"作为大学精神的注解，指出大学之道重于大学之用。他明确"大学的使命有二：一曰学生之训练，一曰学术之研究"，大学要进行高深研究，培养知类通达之人。梅贻琦认为大学应该保持学术独立，所以说"做教师做学生的，最好最切实的救国方法，就是致力学术，造成有用人才"。

这些近代教育家不但秉持大学独立之精神，而且在办学实践中躬力行之。学术自由，兼容并收；延揽大师，教授治学；高深研究，通才教育。这些办学实践不仅带来了社会风气的转移，而且在艰难时代所创办的大学，大师云集，学术辉煌，人才辈出。他们所持的坚持高深研究和学术独立的大学理念，奠定了中国大学的价值和文化品性，是中国现代大学发展的里程碑。

现实生活充满诱惑，搞学术研究必然会碰到或多或少的困顿与无奈，但在中国人民大学著名历史学家戴逸看来："治史的人要有高尚的品德，能够不因为荣辱、不因为名利等而改变自己的态度；能够矢志搞历史，沉下心来真正地坚持在这个岗位上，辛勤地劳动；要能够坐冷板凳，能够甘于清贫的生活，不能认为'书中自有黄金屋'，不能指望搞历史能升官发财。"正是有了一批又一批像戴逸教授这样的学者宁静致远的追求，才有了中国学术的发展与繁荣。

从大学的历史和本质来看，大学应该是探索高深学问、追求真理、关怀终极、关注人类命运的场所，是人类追求文明进步的精神殿堂。

只有理解了这一点，才能够维护与保持大学的本性、恪守大学的本质，才能深刻理解校园的宁静对大学生存和发展的意义，才能更加科学地对待社会变革给大学带来的挑战及更好地应对变革。

三、达成宁静境界的条件是置身闲暇与耐住寂寞

宁静是大学的一种境界，一种状态，是大学精神的真实写照。宁静要求大学要坚持学术本位，大学不能为"发展"而放弃原则，师生不能为"生存"而改变"信仰"。宁静不是封闭，不是自满，不是躲进象牙塔，也不是静止、停滞，而是时刻关注自身、关注变革、关注世界，超越现实、抵制诱惑，将研究高深学问、探求真理作为一种崇高的大学生活方式。

我个人以为，达成宁静的境界，至少需要两个条件：客观条件是闲暇，主观条件是耐得住寂寞。

闲暇意味着大学校园的师生能够从纷杂的俗务中摆脱出来，有时间全身心地沉浸于高深学问。梅贻琦曾这样阐述闲暇对于大学的意义："仰观宇宙之大，俯察品类之盛，而自审其一人之生应有之地位，非有闲暇不为也。纵观历史之悠久，文教之累积，横索人我关系之复杂，社会问题之繁变，而思对此悠久与累积者宜如何承袭撷取而有所发明，对复杂繁变者宜如何应对而知所排解，非有闲暇不为也；人生莫非学问也，能自作观察、欣赏、沉思、体会者，斯得之。"如果大学的师生没有闲暇，校园里处处是来去匆匆、忙忙碌碌的人群，这样的校园能宁静下来吗？

闲暇是客观的，而耐得住寂寞是主观的。耐得住寂寞意味着大学的师生甘心从俗务中抽身而出，自愿沉潜于高深学问的研究之中，正如历史学家范文澜所说"板凳要坐十年冷"。推而演之，耐得住寂寞也意味着大学能够不为社会的和经济的利益所左右，坚持"独立之精神、自由之思想"。大学应当与政府保持密切的联系，与社会保持互

动的关系，但不应当逢迎，不应当媚俗，不应当随波逐流；应当遵循自己的发展规律，追求真理，做社会和时代的先锋，而不是盲从者、媚俗者，也不是单纯的所谓"服务器"。正是在这种意义上，德国的洪堡把"寂寞"视为大学的支配性原则之一。德国学者马卡尔德则认为"寂寞是必要的，作为象牙的象牙塔，作为思考的防爆层"，如果一所大学的师生不能忍受寂寞，不甘于寂寞，这样的大学必定是喧嚣浮华的，宁静也无迹可寻。

对大学而言，宁静是勤练内功，是一种进取。宁静以致远，大学才能承担引领和服务社会的责任，浮躁和急功近利只能使大学"借新民之名，而作扰民之实"。只有在宁静的大学环境里，师生才能抵制诱惑、潜心治学、安心读书，才能坚守大学的使命与追求，才能培养出时代需要的创新型人才和原创性成果，才能以高质量的人才培养和科学研究引领社会进步，促进经济社会发展，服务社会需求，也才能在这个变革时代发挥大学应有的作用，承担起自身的社会责任。

保持校园的宁静，是应对时代变革的最佳选择。保持大学应有的宁静，是在今天市场经济和社会变革的洪流中，大学不为世俗所控制，以致失去远大的精神追求目标的重要保障。大学的宁静，就是在高度市场化和商业化的社会背景下，要求大学了解自身的历史使命与精神追求，具有远离功利、与世俗保持距离的自觉；就是秉持追求真理、繁荣学术的崇高学术理想，形成坚定的、明确的忠诚学术、探索学术、发展学术的氛围和追求，形成对大学精神的坚定信仰，自觉抵制外部社会各种利益的诱惑。只有保持大学的宁静，才能保持大学的清醒和理性，明确自己的使命和目标所在；只有保持大学的宁静，才能自觉坚持和守护大学的精神和原则，激发和保护教师、学生对于学术的兴趣、热情和追求，使之排除种种外在利益的干扰，潜心治学，安心读书。如果大学不能保持自身的宁静，如果大学放不下一张平静的书桌，去研究学问、探索知识和坚守真理，就不能期待大学培养宁静致远的学者以及产生对人类有重大贡献和深远影响的原创性成果，也不可能培养出时代所需要的创新型人才，大学就无法引领社会进步，也无法更好地服务于社会发展。

重建宁静的校园，关键在于重建学风、教风和校风。知识分子的道德价值和意义就在于他们承担着规范、提升社会知识和道德水平的责任。学风是世风的引导力量，学术道德是社会道德的基本防线。良好的学术风气、学习风气、教风、校风对于形成良好的社会风气，对于引导社会价值的取向和走势，具有不可替代的重要作用。去年胡锦涛总书记在全国优秀教师座谈会上的讲话深刻指出，希望广大教师爱岗敬业、关爱学生，刻苦钻研、严谨笃学，勇于创新、奋发进取，淡泊名利、志存高远，特别是希望教师要养成求真务实和严谨自律的治学态度，树立高尚的道德情操和精神追求，恪守学术道德，发扬优良学风，静下心来教书，潜下心来育人。这篇讲话意味深长，静心则得闲暇，潜心则甘于寂寞，这对于我们突破极端功利主义的束缚，摒弃根深蒂固的产业化思维，构建符合知识创造、传授、应用的现代学术理念与制度，建立植根于大学本质而又适应时代变革要求的现代大学制度和宁静的大学文化，具有极为重要的指导意义。

大学是一方净土，变革的时代呼唤宁静的校园！

做褒奖大师的先行者[*]

——在中国人民大学首批一级教授聘任仪式暨
首批荣誉一级教授称号授予仪式上的讲话

（2009 年 5 月 20 日）

各位老师：

今天我们在这里举行一个简朴而又简短的聘任仪式——中国人民大学首批一级教授[①]聘任仪式暨首批荣誉一级教授[②]称号授予仪式。仪式虽然俭朴，但是它的意义十分重大；仪式虽然很简短，但是它的影响相信会相当长远。这样的仪式在人民大学是改革开放以来的第一次，因此它带有开拓性的意义。

事情的缘起是国家在将近三年前作出的一个决定，实行新的教师职称聘任制度，这个制度把高校教师岗位分成 13 级，其中正教授有四个级别，一级、二级、三级、四级。根据国家制定的这样一种新的制度，我们学校在一年多之前已经完成了二级以下岗位的聘任工作。

---

*　本文根据讲话录音整理。2008 年寒假期间，中国人民大学开始酝酿一级教授设置与聘用工作，经过反复调查研究，形成了实施中国人民大学一级教授设置与聘任工作的基本思路，按照"少量、从严"和"公正、公开、民主、高效"的原则，在中国人民大学现有国家重点学科中试点聘任首批一级教授。同时，授予已经离退休的部分老教授荣誉一级教授称号，以褒奖这批著名学者的重要历史贡献。

①　方立天、刘大椿、纪宝成、吴易风、宋涛、张立文、李文海、陈先达、周新城、郑杭生、胡乃武、黄达、曾宪义、戴逸等 14 人被聘任为中国人民大学首批一级教授。

②　卫兴华、方汉奇、王传纶、甘惜分、邬沧萍、罗国杰、夏甄陶、高放、高铭暄等 9 人被授予中国人民大学首批荣誉一级教授称号。

590

这一次一级教授岗位的聘任主要是根据国家的文件精神来实施的，但是文件规定大学的聘任权只到二级岗为止，一级岗的聘任需要我们申报到政府部门去审批。那么一级岗聘任什么时候开始启动呢？这个文件到现在有将近三年的时间了，但一级岗教授的聘任却迟迟没有下文，影响了我们教师队伍的建设。

所以，在去年10月刘延东同志视察人民大学的时候，我们学校专门提出了这样的问题，延东国务委员当时就指示，人民大学可以先行一步，可以做试点。到了今年元月份，我专门就这个问题给习近平同志写了一封信，信里面讲到，一级岗位教授到现在没有实施，造成了一种新的不平衡的现象。因为有关文件规定院士自动进入一级岗，而人文社会科学的一级岗位要层层申报，但是到现在还没有开始。我在信里面比较动感情地写了这么一段话："每当我看到我校白发苍苍、著作等身的老教授，一想起这个问题，心里就感到痛楚和不安。像我校戴逸教授，是国家清史编纂委员会的主任委员，黄达教授是我校前校长、原国家货币政策委员会专家委员，他们学术贡献卓著，现在却只能受聘为二级岗教授。这与他们的地位、贡献和声望是极不相称的，也与两院院士包括诸多最近评上院士不久的中青年科学家受聘为一级岗教授形成太大反差。"习近平同志对这封信作了批示，批给延东同志阅处，然后有这么一句话，"似应加快推进"。刘延东同志也作了更具体的批示。据我们了解，教育部非常重视习近平同志、刘延东同志的批示，而且把批示件送到了人力资源和社会保障部，人力资源和社会保障部的领导同志也作出了重要的指示。我们就是根据这些领导同志的指示精神，决定在校内先行一步。我们感到等待全国统一进行会比较晚，还不知道等到何时，因为人力资源和社会保障部也有他们的难处，据了解现在若干省才开始按上述文件进行我们一年多前就已经做完的工作，据说有的省还没有开始，因而还没有办法继续往下推进。当然这个说法也可能不会得到完全的认同，这涉及许多复杂的问题，可能归根到底还是认为人文社会科学一级岗比较难弄吧，或许还有别的什么原因。

针对这样的情况，学校党委和学校行政部门进行了慎重的研究，根据这样的文件精神、领导同志的批示精神，我们觉得人民大学自己要试行，先行一步。已有好几所学校实际上这样做了，不过它们没有叫一级教授，北京大学叫资深教授，武汉大学好像也是叫资深教授。北大的资深教授是和院士同等待遇，也就是和一级岗同等待遇。人民大学作为以人文社会科学为主的大学，在这个问题上不拿出一种姿态，我们感到是有问题的，所以我们下决心自己做。我跟教育部有关的主管领导同志曾经当面汇报过这件事，并就名称问题讨论过：能不能用一种新的名称，别叫院士，因为没有"院"嘛；我个人认为叫资深教授好像也不太妥帖。我也找过有关专家，希望有一个新的名称，能体现高等学校的特征，也能推广得开的名称。经过深入思考，能体现高校特征的还是叫教授，叫别的名称不太适合，最后还称一级教授。来龙去脉就是这样。因此我们今天聘任一级岗教授，是完善新的教师聘任制度的一种探索，一种努力。我们下决心要体现出人文社会科学与自然科学是同等重要的，我们人民大学应当率先落实党的有关方针政策，落实党中央的指示精神，人民大学有责任、有义务这样做。

这次一级岗聘任在待遇上当然是要按政策规定兑现的。我们敢于这样做，是因为待遇上的兑现和过去的时代不同了，现在国家给人民大学的拨款占我们整个收入和支出的比重只是35％左右，所以人民大学有权动用自己的财力来把这件事解决好，这部分也是小钱，学校就做了这样的决定。这个决定是一种探索，一种努力。什么探索、努力呢？就是从制度层面上真正地落实人文社会科学与自然科学同等重要。这是我讲的第一点。

第二点，这也是一种尊重：凡是对哲学社会科学事业、对人民大学发展作出开拓性的、奠基性的、前沿性的、杰出贡献的专家学者，理应得到这样一个光荣的一级岗聘任。我们讲这是一种尊重，是尊重知识、尊重人才、尊重劳动、尊重创造的一个具体的体现。在人民大学就是要有这样一种"四个尊重"的氛围。当然这也是一种褒奖，凡是作出这些杰出贡献的，理应得到学校的褒奖。这也是一种导向，希望全体教师、全体教职员工从这样的聘任当中得到一种激励，更好地、充分地发挥自己的主动性、创造性、积极性，以学术为本，以学术为大，为我们国家哲学社会科学的繁荣发展，为人民大学今后的新的辉煌作出自己的努力。

这次聘任，由于是学校先行一步，应该说条件比较苛刻。所有受聘的荣誉一级教授都是德高望重的著名学者，应聘为在岗一级教授的也全部是上个世纪 80 年代以前及 80 年代的教授，90 年代的教授一个也没有，像宋老（宋涛）是 50 年代的教授，大椿（刘大椿）和我都是80 年代末的教授，我是 1989 年，大椿是 1990 年，70 岁以下的就是我们两个人，我们也年近 65 岁了，年龄也不小了，在过去来讲也属于老教授之列了。当然比起在座的诸位老教授，我们两个又是年龄最小的。所以一级教授的年龄层次在我校将来会是什么情况呢？人民大学因为"文化大革命"的破坏，停办了 8 年，曾经面临过特殊的人才断档，到这个时候又一次体现了出来。不过我想随着时间的流逝，这种年龄偏大的状况会逐步地加以改变。时间耽误了，也只能靠时间来解决。这一次我们校内先行一步做这件事，就必须更严格要求。刚才林岗副校长介绍了，要少量从严，因为对我们这次一级岗聘任国家有关部门没有非常明确地表态，所以我们第一次搞就用了"中国人民大学一级岗教授"这个称谓，并从严确定了一个"硬杠杠"：上个世纪 90 年代及其后的教授一律不参加一级岗聘任，在这个"杠杠"内，还要求有各种教学、科研的重要成果，在学术上拥有重要成就，有若干省部级以上的重要奖项等等。我们觉得标准从严这是正确的，这也是一种导向，即在教学、科研、学科建设等方面都应当起到一个导向的作用。

我希望通过这次校内一级岗教授的聘任仪式，对人民大学教师队伍的建设，对人民大学学科建设，对人民大学争创世界一流大学的历史进程都能起到非常积极的作用，有非常长远的影响。我们再一次借这个机会祝愿我们人民大学在创建以人文社会科学为主，实现世界一流大学的历史进程当中取得新的成绩。

对此，在这里想再向大家报告两点：第一点，现在中央要求加快世界一流大学的建设进程。原来我们人民大学在本世纪初提出在今后20年或者更长一点时间，把自己建成以人文社会科学为主的世界一流大学。当时提出这样的目标的时候，我们领导班子的意见还不完全一致，感觉这个要求是不是太冒进了点。现在告诉大家，中央还要求加快，教育部正在研究，这对我们又是一个鼓励和鞭策。第二，这次社科基金项目评审的会议上，中宣部部长刘云山同志作了非常好的报告，总结新中国建立60年来哲学社会科学发展的成就、经验，深刻分析了当前的形势，明确提出了今后的任务。这个报告对人民大学来讲有特殊意义，对人民大学进一步贯彻落实科学发展观有重要的指导意义，听了很解渴，很有用处。所以今后一段时间我们的任务依然非常繁重，我们责任重大！

我代表学校衷心地祝贺我们各位教授荣任一级教授，祝贺我们的各位荣誉一级教授。同时，希望我们这些一级教授能够更好地发挥自己的示范带头作用，把人民大学的学科建设搞得更好，把人民大学的人才培养质量提到一个新的水平，为繁荣发展我国的哲学社会科学和把中国人民大学建设成为"人民满意、世界一流"大学作出更多的贡献！

谢谢大家！

科学评聘，加强师资队伍建设

——在中国人民大学职称评审会议上的讲话摘编

Ⅰ．职称评审要讲条件，讲需要，讲导向

——在 2002 年职称评审会议上的讲话

职称工作是学科建设、队伍建设的重要组成部分，而师资队伍建设是创建世界一流大学关键的关键。这项工作虽然年年在做，但不能陷于平平淡淡、没有创新的局面之中。这项工作做不好，会对学校发展产生负面影响。

1. 把职称评审工作与建设世界著名大学的目标结合起来，服从服务于这个战略目标。

（1）讲条件。首先是硬条件，如：政治倾向、任职年限、教学、科研、社会工作都有明确的标准。要有师德，有一种敬业的精神和爱护学生的精神。有些教师只管上课，不布置作业，不讲究教学方案，不与学生交流，不参加任何会议，这种人能评教授吗？哪个国家也没有这么自由的教授。科研也是一样。要认真分析研究成果，要有原创性成果，至少要出中上水平以上的成果，而不是制造学术垃圾，不能是平庸之作、赝品。教学科研实绩的评定条件和标准要认真研究，不能光讲资历，讲平衡，起码的条件要达到，不能马虎。

（2）讲需要。按需设岗，按岗评聘，这是一条原则。其实，从编制上看，人大教师基本工作量的要求并不高。既要从教学、科研、社会工作的当前需要考虑，也要考虑长远发展的需要，服从服务于建设

一流大学的需要和人才储备的需要，特别是一些基础学科，市场短期不需要，但是长远来看社会是需要的，学校储备一部分这类学科的老师是必要的。

（3）讲导向。评职称固然是对某一个人学术水平、学术贡献的认定，通过职称评审也要形成良性机制，引导教师队伍更健康发展，使所有教师能全面发展、全面提高。现在对干部评管理职称的要求比较宽松，管理干部可以评职称，但一定要有真正的科研，科研也一定要体现在本职工作上。如果本职工作做得很差，文件都起草不了，还评什么高级职称！所以要看重导向，要讲究导向，这是一种非常重要的评价、激励机制和手段，使队伍建设向健康方向发展。

2. 评审过程要做到公平、公正、公开。

大家都认同、赞成这"三公"，但关键在落实。院系应当让所有教工知道学校的政策，要把政策交给群众。要让全体人员参加会议，把政策、原则交代给大家，在此基础上，通过竞争、民主、集体的原则，解决职称评审中的问题。民主的原则要有民主的程序，没有程序很难保证民主的贯彻落实。评高级职称是一个单位全体教授神圣的任务、责任，大家都有发言权，如果一个单位的正教授都未参与评审，怎么保持评审的权威性？

3. 加强领导，院系一把手亲自挂帅。

院长、系主任要抓这项工作，精心安排，心中有数，分析本单位学科需要、可能出现的矛盾，并妥善加以处理，要及时与人事处沟通。

Ⅱ. 评审工作要严密、严格和严谨，不要"一刀切"

——在 2003 年职称评审会议上的讲话

职称工作在过去的基础上有了新的发展，集中表现在更加严密、严格、严谨、公正。严密，即在组织程序、审核上严密。严格，即标准的掌握更加严格，所产生的导向作用是巨大的。严谨，即更加认真。在这"三严"的基础上体现的是公正，是实事求是，不是一刀切。

对引进人才、"海归"人员既严格掌握了标准，又实事求是地解决了一些具体问题，是公正的。博士毕业两年就评副教授的时代过去了，当然肯定会有破格情况。

要改进申报工作，形成一种机制。今后晋升每一级职称可改革为允许两次最多三次申报，评不上的就无资格了，当然要有整套配套措施。

副教授层次对人大未来十年、二十年非常重要，对创建世界一流大学非常重要。所以，要严格把握讲师晋升副教授的质量关，而不只是高度重视晋升教授的质量水准。同时，要倾注更大热情关心副教授这支相对年轻的教师队伍的成长。

要告诉大家，任何一位教师只要有敬业探索、艰苦创新的精神，在人大是大有前途的。我们历来重视科研，强调科研，这是正确的，不能动摇。但对于讲课优秀的教师，不一定要死抠他们的科研成果。其实，没有创新性思维，想讲好人文社会科学类课程也是很难的。一个研究型大学，在科研成果方面对公共课的教师不应完全强调与其他课程的教师一样。另外要注意艺术类的科研成果表现形式也是有所不同的。

我们正在进行三年教学科研考核，要坚定不移地执行，不允许凑合、低标准、乱折算、乱折扣。当然也要合情合理，有些地方可有些变通。但根本问题是学术水平、工作业绩、教学科研任务完成怎样，做人做事怎样。要坚持人文关怀与科学精神相结合，纵向、横向相结合，不要把教授头衔当商品。

Ⅲ. 重岗位、重水平、重贡献
——在 2004 年职称评审会议上的讲话

今年的评审工作要特别强调"重岗位、重水平、重贡献"。

重岗位：根据实际情况适度从紧。这是将来逐步走到常规轨道的必由之路，进人要把关，用人要有责任制，要建立适应新形势需要的用人机制。当然，重岗位也要有个过程，学校也会认真地、实事求是地看待这个问题，也要考虑历史遗留的问题。

重水平：一是代表作制度。评审专家一定要重视申报者的代表作，突出科研成果中究竟有什么创新之处、特殊的东西。成果数量可以参考，但要强调代表作。二是外语要求。外语口试还要继续加强，要求基本上能说能听，我们要求教师能用外语进行基本的学术交流，当然也会有个别学科、个别人的例外。

重贡献：包括个人在科学研究、人才培养、社会工作等方面的贡献，还要求有集体荣誉感，要有综合方面的贡献。

对于违背学术道德的，要一票否决；对于人才培养中极不负责任、发生重大事故的，要一票否决；对于违法违纪的，经查实还应有党政纪律处置。

目前引进人才的情况大体上是好的，不仅要注意学术上的高水平或有学术潜力，也要注意政治倾向，对于政治问题要谨慎。此外，引进人才不能只看一时的名气，要防止炒作。

Ⅳ. 针对问题，深化改革，完善制度
——在 2007 年职称评审会议上的讲话

评审中不可避免存在利益平衡问题。评审委员会各专家组成员除

理工组外基本上是校内的，要求专家完全不代表自身所在单位的利益并不容易，但必须要求一切从大局出发，通过协商讨论达成一致。评审专家的大局意识需要继续发扬。从大局出发，有利于学校更好地发展，更好地体现公平公正，以对学校事业高度负责的精神达成一致意见，这种精神应继续弘扬下去。

不少学院能正确对待评审结果。这一次评审全校只有 13 个学院有教师评上正教授，其他学院"教授轮空"，像商学院这样的大院今年"教授"都空缺。这种情况今后还会有，不可避免。人大的正教授已相当多，今后不可能大规模地评聘正教授。

所以需要更科学地设岗，严格按照评聘原则的要求进行评聘，院长们要正确对待评聘问题。院长们面对教师有压力，我们可以理解，但也只能是理解，也希望各学院的老师能理解。

我重点讲一下今后如何完善评聘工作，想提一些建议，也请有关部门进行研究，在国家现行的政策范围内，把明年评聘工作做得更好。我谈几点意见：

1. 进一步强调评聘工作服从服务于学科建设、人才培养、社会服务的需要，服从服务于建设"人民满意、世界一流"大学的战略需要，服从服务于教师队伍动态建设的需要。评聘工作关系到学校的地位、声誉，人才培养质量，科学研究水平，关系到学校的国际性，关系到学校社会服务的水平。

2. 教授、副教授的岗位设置进一步科学化，更加符合实际。这就需要学院和人事处经常交换意见，相互协调。岗位设置是动态的，既是相对稳定的，也会随着学科发展、国家经济建设和社会发展需要、学校实现发展战略的步骤的变化而变化。所以设岗问题要进一步科学化，而且设岗与各个学科的特点有一定关系，并不是千篇一律，还有特殊情况。人事处的一些说法如"按学科设岗、按发展加岗、按任务调岗、按比例控岗"等都是正确的，关键是发展和任务有变化，若变化是一个趋势，那该加岗就得加岗。科学设岗本身就是一个课题，需要加强研究。学院任务、功能发生重大变化时要及时与人事处沟通，把岗位设置工作做得更好。确有一些学科在全国有重大影响，而眼下有些客观因素在一定程度上影响了这个学科的发展，这些学科的岗位多一个两个，可能是必要的。

3. 对教师职务评聘、教师评价考核，除了政治导向外，要将品德、知识、能力、业绩统一起来考虑，作为评价和聘用的重要内容。本次评聘实际上也体现了这样一种精神。有些教师科研水平比较高，但过去教学中有过事故，或言谈行为不得体，引起同事反感，可能就评不上。但若没有违规违纪还是要加强教育引导，将来还可以评。师德师风很重要，不仅要看科研水平，更要看敬业精神、忠于职守的精神。要进一步强调把师德、自身能力、教学科研业绩统一起来考虑。当然，自身能力和业绩是非常重要的，应当向全体教师进一步强调这一点。

4. 制度设计上怎样更好地体现合理竞争的原则。合理竞争的内涵就是按照需要和公平的原则实现优胜劣汰。师资队伍建设最大的问题就是流动的问题，也就是"出口"的问题。没有出口，流动不起来，有些人的学术水平根本就不行，但也能混到退休，这种状况必须改变。现在有关领导强调"非升即走"，我们很拥护，但是"走"到哪里去呢？我们校内能做到的只是"非升即转（岗）"，这也可以看做"非升即走"的一种方式，也需要制度化。合理竞争的原则在制度上要体现出来，最重要的就是讲师升副教授这一环节必须实行"非升即走"或"非升即转"，请人事处尽快制定有关制度。把好了这一关，以后副教授晋升教授就没有这么大的压力。这也是日本的经验，日本讲师升副教授环节要大比例淘汰。他们对教师的考核，不光看学术水准，职业道德、与同事和睦相处能力也都非常重要。当然，我们不能像日本那样一步到位，人民大学应立即制定政策，讲师升副教授严格实行"非升即走"或"非升即转"，比如博士毕业两个聘期内升不了副教授的必须离开教师岗位，可以调离学校，也可以转到校内教辅岗位、行政岗位，个别学科可放宽到三个聘期。如果讲师升副教授这一关解决不好的话，将来副教授升教授麻烦非常大。讲师一般比较年轻，离开教师岗位转到别的岗位可能更有前途，而到了四五十岁再转岗，可能就晚了，这也是对教师本人负责的表现。所以应该先在讲师岗位实行这一政策。

5. 评审过程的具体工作。

（1）强调诚信。申报环节要把学术自律与学术监督相结合。学院要把关，人事处代表学校把关。申报环节严重违反规定的，取消当年申报资格，情节特别严重的，两年至三年内不能再申报。当然，什么是严重，什么是特别严重，请人事处研究。我不相信有些表格的内容填错是因为马虎，比如把教材写成专著，把非学术论文写成学术论文，把非核心期刊写成核心期刊。要强调诚信，严肃学风，严格学术道德规范。

（2）明确制度规定。我建议，申报高一级职称只能申报三次，超过三次，永远不能在人民大学晋升，要求申报人慎重考虑。今年申报的就算一次，没评上的，只剩两次机会。建议人事处认真研究，一定要将这样的内容写进文件里，促使每一个申请者都很严肃地对待这件事情，否则，你年年评，他年年报，不仅学院、人事处的工作量太大，而且矛盾也多，也影响评审质量。

（3）加大匿名评审的范围和力度。让利益相关者解脱一下，让非利益相关者更多介入。预审不行就淘汰。

（4）进一步优化评审组的成员构成。1）可以聘请校外著名教授参与评审组。2）增加更多不担任领导职务、学术水平高、道德文章都很好、关心学校、关心集体的教授。3）不完全拘泥于学科组成员的学科出身，学科组专家可适当交换。如管理组的专家可到经济组等。大家都是搞学术的，文章发表在什么杂志上，翻一翻，一看就能知道文章的水平。这样做也是为了适当解脱院长面临的压力，尽可能化解利益相关者的难题。

　　我讲到这些问题，并非仅有这些问题；评审工作也并不是说过去怎么做我们现在还怎么做，我们要针对存在的问题切实采取措施，从而开创评审工作的新局面，这就得有一个解放思想、深化改革、完善制度的过程。

　　最后吹一个风，就是教师的退休问题，人事处要重新研究。目前我校的退休政策是1996年制定的，1996年以前评的教授63岁退休，1996年以后评的教授60岁退休，博士生导师65岁退休。但人民大学的教授都是博导，都65岁退休？这不适合于当前的情况了。这次要结合岗位设置与聘任改革，出台新的退休政策。总体原则就是多数教授按国家规定60岁退休。将来有一级岗、二级岗、三级岗、四级岗教授，各级岗位的教授什么年龄退休要区别对待，要重新作出规定，而不论是不是博导。否则，年轻教师的晋升空间很小。退休年龄的问题要从严掌握，实在是工作需要可以返聘。人事处对于教授返聘也要完善规定，什么样的人什么年龄可返聘，什么样的人什么年龄不再返聘，都应有明确的规定。现在有些教授的要求实际是让人民大学对他实行终身制，按在职人员而不是退休人员养老，这不符合改革精神；如果不出新规定，返聘问题也会很大。聘任兼职教授和兼职博导也要严格要求，应当实实在在地把握学术标准，不应该成为拉关系的工具。

　　学校一方面严格管理这些事情，一方面结合工资改革，正在考虑新的岗位津贴标准，让有贡献的教师、管理人员、教辅人员在学校财力许可的范围内得到更多一些的合理的报酬，在"优劳优酬"方面体现得更加充分，同时缩小与部分兄弟院校收入分配的差距，这也将包括离退休人员。

　　今年的职称评审工作结束了，这实际上也是我们的一种自我教育，是规则的教育、道德的教育、学风的教育、思想的教育，评出团结来，评出规矩来，评出学风来，评出水平来。

　　我今天讲得很具体，大家有不同意见或其他建设性的意见，可向人事处反映。让我们共同努力，争取来年把这项工作做得更好。

Ⅴ. 加强问题研究，完善制度建设
——在 2008 年职称评审会议上的讲话

　　今年的职称评聘工作很顺利，组织严密、操作规范，申报质量明显提高。这一方面是因为制度更加完善，校风建设进一步见效；另一方面，人事部门实施的隔年申报制度明显起到了提高申报质量的作用，有限次数申报制度使申报者更加严肃认真地对待申报工作，这对学校形成良好的校风也会起到积极的作用。从评聘结果来看，我们看到了学校近些年来工作的成绩；从大的方面讲，我们看到了国家对高等教育的重视，人才向教育系统会聚。各位专家一致认为，今天评审的无论是教授还是副教授的学术水平、国际交流能力都比过去进一步提升，特别是副教授的水平大家都认为普遍较好。由此，我们看到了学校的未来，令人振奋；看到学校这样的发展态势，非常高兴。这也是近年抓教师队伍建设取得的重要成绩。

　　但是也要看到我们在职称评审上无可奈何的一些地方，比如很注重 B 类以上刊物发表的论文数量，这是否很科学？我看不一定。但是这在现阶段是起到促进作用的。当然我也不相信这种制度会永远维持下去，也许过一段时间会取消这种办法，不过现在这种办法是必要的。由于严格实行这一办法，学校的科研质量和数量明显提升，特别是发表在重要学术刊物上的论文数量大幅提升。

　　同时，今年也出现了一些新情况，也有些老问题继续存在，需要进一步强调。

　　思想政治工作还需进一步加强。各学院要联系实际加强教师队伍的思想政治工作，加强师风师德建设。怎样倡导、弘扬教师爱岗敬业、关爱学生、热爱教育事业，这不能仅靠说教，还要靠我们各方面的工作来体现。包括引进人才也要考虑这个问题。不怕有的教授有怪脾气，只要他认真做学问，热爱学生，热爱教育事业，有点怪脾气不是大问题；但是如果私心很重，总是考虑自己的利益，甚至经常为一己之利闹矛盾，这样的人就要慎重对待。

制度建设要进一步加强和完善。我校按国家规定在今年实行了新的教师聘用制度。这项职级晋升工作是否年年这样做？过去评职称涉及的教师数量很少，今年则会增加职级岗位的晋升问题，涉及面就大了很多。如何实施好这项新制度，需要认真研究。

要严格标准。尤其是教授分级以后，二级岗及以上的教授不得有任何照顾的成分。三级岗教授在个别情况下可以允许有一点点照顾，比如担任领导职务时间较长（这也是履行教师"社会工作"职责的一种表现）、由于历史上的特殊原因而又面临退休等。

关于破格的问题。必须有破格但须要慎用破格，这个问题要严格起来。破格是科研导向，但如果不重视教学，不重视人才培养，只看科研，会有很大问题。因此，破格是必要的制度，但是须慎用。之所以还要讲年资，因为年资体现了教师一定时间内在人才培养方面的贡献。当前的导向主要是只讲科研，看发表论文，而忽略了教学和人才培养，这样的导向容易出问题，不是科学发展的导向。因此，要正确理解破格这个问题，然后完善这项制度。当然，对确实优秀的教师晋升可以快点，但是要看得很准；并且职级越高要求也越高，对师风师德的要求越要严格。这样到了二级岗教授一般都会是学术水准过硬和德高望重的。总之，要有破格，但必须慎行破格。

还需要进一步完善核心期刊制度，进行必要的调整。不能在报纸上发表一篇五百字的文章也算一篇学术论文，除非提出了极其重要的有科学价值的观点；所有论文都发表在同一种杂志上或都是在自己办的杂志上发表，这显然也有问题。这样的问题要研究，规定要更加具体，制度要进一步完善。

年年评级评职称都会有一些问题，尽管这次工作很顺利，但是依然存在某种不公平、不尽如人意，但是不可能做到绝对公平，整体上来看是不错的。有些问题和学科建设联系在一起，对急需的、亟待加强的学科可以适当倾斜，在同等条件下优先提职提级。现在这方面考虑得较少，今后要适当加以考虑。商学院认为他们讲课任务多，拿同一条线、同一标准来衡量有问题。教师讲课多也是贡献。受学生欢迎的高水平讲课教师，也就是在人才培养方面作出贡献的优秀教师，在评职称方面理应得到应有的评价。学院提出的这种问题值得我们重视，要统筹考虑。

每次评聘工作都会造成一些不平衡，有一些遗留难题，人事处要做好工作，各学院也要把善后工作做好，保持校园的和谐稳定。

Ⅵ. 关于当前职称评审和岗位聘任工作中的几个具体问题

——在 2009 年职称评审会议上的讲话

2009 年教师职务评聘和岗位聘用工作圆满结束，这次评聘工作从总体来看，准备充分、评审认真、过程热烈、气氛和谐、运作规范、结果圆满、质量上乘、公平公正，在此对各位表示感谢。

（一）本年度评聘工作的新特点、新气象

1. 按学部组建评议组。这是组建学部以来第一次运用学部来进行学术管理，很成功，今后可能很多学术领域的活动都将按学部来进行。

2. 发扬了多年来一贯的严谨、规范的操作作风，凭材料说话、凭事实说话、凭水平说话，体现了学校倡导的各种导向。我们提倡严谨，但不是严抠；我们提倡宽容，但不是宽纵。我们人民大学对学风的要求一贯是非常严格的，我们多次强调过学风问题一票否决，但是

也不能允许借此任意指责，更不能用来诬陷。这次对某问题实事求是地处理，从另一侧面反映了我校的严谨作风，这也是对不良风气作出的严正的、无声的回答，将会对学校的学风建设起到积极的作用。

3. 新生代力量一代比一代强，副教授评聘情况喜人。人民大学未来若干年因此而可以保持良好的发展势头，我们后继有人。这次评聘比上一年更明显地表现了这样的苗头和趋势，令人兴奋，我们对未来充满信心。

4. 这次评聘再次让我们看到了近几年我校在人才引进方面务实、扎实、卓有成效的工作。各个学院都重视了这件事情，文学、理工、经济、外语等学科新引进的人才水平非常高，为人民大学教师队伍增加了新的力量。我校教师队伍建设还是培养与引进相结合，以培养为主，但对于一些新兴学科、弱势学科要以引进为主。

（二）职称评审和岗位聘任工作中要注意的几个问题

1. 今年我校新评聘教授 40 人，至此我校教授数量与教育部的定岗人数相比已经基本满员。这次评聘的教授至少 60％以上是超岗设立的，多数教授是在所在单位满岗或超岗的情况下评的。这种状况是一定历史条件下造成的，目前达到学术水准的，该评的还是要评，不然不利于人大的发展，但是下一步怎么办需要提上日程，认真加以研究。我校上世纪八九十年代留校的少数教师不能与时俱进，有些教授学术水平有待提高，知识结构有问题，但是他们离退休年龄还早，未来若干年退休人数不会很多。所以，在教师职务评聘工作进入教授基本满岗的新阶段，这种新情况、新问题需要研究。超岗可以超一点，但是要有限度。人事部门在研究一些办法，不过还不成熟。但是至少可以肯定的是，对于超岗学科，评聘要求更高是完全可能的。在此我也提醒各学院各部门在进人时高度重视这一问题，坚决杜绝不合用的人才进入教师队伍。

2. 评聘工作每年都有一些申诉，人事部门做了很多工作，但是也只能在制度范围内规范解决。我们并不认为所有的申诉都是合理的，但是确实有一部分申诉相当程度上是有合理性的，其中包括个别院系评聘风气不正，工作思路存在片面性，工作有疏漏等造成的问题。因此，需要建立好的申诉机制，在制度上有所体现，让合理的申诉能够得到某种解决，这是评聘工作进一步走向公平、公正的一个极其重要的机制。

3. 如果院系领导思路不太清楚，处理问题不够全面，就会在评聘问题上导致某些新建学科、弱势学科或学科方向发展不起来。比如某个学科，我回到人民大学时就说要振兴，但9年过去了依然只有一名教授。所谓马太效应，越好就越好，越好人越多，人越多就越有气势；越是薄弱的学科越没有人，越没有人就越没有发言权，也就越容易吃亏。人民大学发展需要一批新兴学科，但是这些新学科在开拓初期总是小的学科，在单位里往往不占主导，容易受到忽视，评职称也就多了一层难度。这种状况如何解决需要制度创新，需要有特殊机制，必要时可以提到学校层面进行讨论。

4. 加大同行专家评议力度。所谓同行专家，指的不是大同行，不是学科门类的同行，而是一级学科特别是二级学科的同行。很多学科虽有共通性，但是隔行如隔山，小同行的评议力度在今后评审中要有所加大。

5. 我校总体来说各项运作较为规范，校风较为纯正，有条件将来把有些职务评审放到学院层面，人事处备案，比如讲师的评审。关键问题是学院不平衡，学院规模不一，大学院完全可以自己评，新成立的学院条件恐怕还不成熟。大的学院、成熟的学院可以试行自己评讲师，学校限制指标。要研究"放权"问题。

6. 职级岗位聘用是对人民大学产生长远影响的大问题。这项国家制度刚刚建立，还处于完善过程中，学校各项配套制度也在完善中。这项制度里，破格是特殊情况下的、非常态的，绝不能把非常态变成常态。破格的条件应当非常严格，且绝不轻易使用。现行的岗位聘用的办法和制度从现在开始要重新审视，有些条件要重新研究，对破格也要重新研究。没有破格是不行的，但是破格一定要只针对非常优秀、成绩卓越、有杰出贡献、学术潜力巨大且岗位迫切需要的人才。破格一定要符合大局的需要，以组织上提出为主。破格的申请机制要科学合理。要确保人民大学一、二、三级教授岗的进入极其严格，一、二级岗教授不允许有任何照顾，三级岗教授也只有在特定的条件下、拥有充分的理由才允许有点照顾。二、三级教授的聘任要变校内资格审查为校内审查与校外同行专家匿名评审相结合。

7. 关于教学导向问题。以前一段时间对教学工作确实重视不够，今年职称评聘体现得更好一些，特别是教学为主型岗位的设置，但是还要进一步加强。学术导向并不仅仅是科研论文，也体现在教学活动中。将来在同等条件下，优先考虑教学工作量多、教学效果好的，要把这种观念树立起来。新修订的教师职务任职条件要重新审视，争取新学期颁布。

刚才提到的问题有关部门要进行研究，征求专家意见，把制度进一步完善起来，使教师职务评聘工作做得更好。

教师职务评聘工作归根到底是一种评价机制，体现一种价值导向，是尊重知识、尊重人才、尊重劳动、尊重创造的集中表现之一。人事部门要进一步解放思想，创新制度，完善评聘制度，全校的学术力量和有关职能部门要密切配合做好这项工作。对各种问题，希望能够通过完善制度加以解决，不能通过制度解决的要有权宜的办法加以解决，等成熟时再制度化。

科学管理与
"真情、真想、真干"

"教育运行，管理必先行"。"作为大学管理者，最重要的一个就是做'明白人'，另一个就是做'干事的人'"。做"明白人"，就要具有清醒的头脑，坚持社会主义的办学方向，坚守大学的使命，有大局意识、机遇意识、权衡观念，把握教育规律和学校发展战略；"要像爱护眼睛一样爱护团结"，善于与他人共事。做"干事的人"，就要"真情、真想、真干"，善于谋划，勇于担当，真抓实干，"想干事、敢干事、能干事、干成事"。

菩萨蛮 · 新年报告会

（2003 年 1 月 17 日）

新年报告新年味，空前创举空前贵。办学倡新风，征途万众雄。

言陈新气象，论发精神爽。馆内掌声声，前方万里程。

永遇乐 · 贺教职工乔迁之喜

（2006 年 2 月 6 日）

满道欢声，盈门喜气，三千家户。宽室华厅，窗明几净，真个撩人妒。几多期盼，几多等待，曾有几多悲苦。到而今，安居圆梦，杏坛盛事新举！

犹堪回首，机谋筹划，闯出一条生路。大丈夫矣！干成事业，响在无声处。恰逢佳节，千祥百瑞，共享太平歌舞。大年夜，声声爆竹，亮花火树。

漫谈大学校长能力建设*

(2006 年 4 月 12 日)

　　大学校长能力建设是一个长期的话题。自从党的十六大提出各级领导干部要加强能力建设以后，各界对这个问题的讨论比较广泛和热烈。在教育领域，如何当好校长、如何搞好高校领导班子建设、如何建设大学校长能力等问题比过去更加受到关注，这是时代的需要。

　　党的十六大提出，各级领导干部应当具有正确判断形势的能力、驾驭市场经济的能力、应付复杂局面的能力、总揽全局的能力、依法执政的能力。十六届四中全会也从提高党的执政能力这个总体要求方面，对领导干部提出了更加具体的能力要求。全会提出，高级领导干部要提高驾驭社会主义市场经济的能力、发展社会主义民主政治的能力、建设社会主义先进文化的能力、构建社会主义和谐社会的能力，以及应对国际局势、正确处理国际事务的能力。

　　在高校开展党的先进性教育活动中，中组部部长贺国强同志就高校党的建设问题作过报告，对高校领导干部能力建设也提出了五个能力要求：第一，要不断提高用马克思主义统领高校教育教学工作的能力和水平；第二，要不断提高科学判断形势的能力和水平；第三，要不断提高推进高校改革发展的能力和水平；第四，要不断提高管理学

---

　　* 本文根据作者在国家教育行政学院第 25 期高校中青年干部培训班和第 4 期高职高专院校评估班上的报告录音整理，全文原载《国家教育行政学院学报》2006 年第 5 期。

校的能力和水平；第五，要不断提高应对复杂局面、处理突发事件的能力和水平。

以上这些提法都讲得很全面。我们要努力从这些方面锤炼自己。对于这些宏观性、原则性的指导和要求，我们还应当根据不同领域的具体实践在工作中尽量把它具体化。我结合自己的工作和在工作中碰到的问题，就高校领导能力建设的内容谈一些体会，这是漫谈，仅供大家参考。

我们处在一个多元化的时代，人们对大学校长角色的概括也很多元。比如大学校长应该是教育家、管理专家、学者、社会活动家，等等。这些描述都有道理。讲到著名的大学校长，我们可以想到很多人，比如艾略特对于哈佛大学，洪堡对于柏林大学，韦廉·兰德对于牛津大学，他们都为学校乃至世界的高等教育作出了很大的贡献。在中国，我们也有很多杰出的大学校长，比如蔡元培对于北京大学，梅贻琦对于清华大学，吴玉章对于人民大学，匡亚明对于南京大学，朱九思对于华中科技大学，等等。这些校长的思想到今天都在闪光。把这些校长描述成政治家、教育家、社会活动家、优秀的管理者等等，都是有道理的。但具体到今天，我们的国家和社会对大学校长的能力提出了什么要求呢？什么是当代中国大学校长最重要的能力？

我们国家目前的改革发展正处在一个关键时期，新情况、新矛盾、新问题比较多，高等教育也是如此。一方面我们高等教育处在新中国成立以来最好的发展时期；另一方面新情况、新矛盾、新问题又层出不穷。高等学校面临的机遇与挑战并存，可以说是新中国成立以来大学校长们所遇到的最为复杂的时期。在这样的形势下，作为当代中国的大学校长，我认为至少要具备两个最基本的能力：一是头脑要清楚，二是要有很强的意志力和行动能力。

一、大学校长要有清楚的头脑

什么叫头脑清楚？首先，它是指大学校长一定要清楚大学的宗旨和使命。大学是传承文明、发展知识的地方，大学是人才的摇篮，大学要推动社会进步。所以，大学应当是圣洁的殿堂，这是对大学的一个基本定位。因此，在大学工作应该有神圣感、使命感、责任感。毫无疑问，大学校长对大学的发展肩负着神圣的使命。但在市场经济大潮的冲击下，人们经常模糊自己的使命、责任、功能。比如，现在有人鼓吹教育市场化产业化，并且打着的是"改革"或"深化改革"的旗号，因而也就具有很强的迷惑性，有的人就以为教育就是商品，要推向市场，诸如此类种种论断很容易使人混淆或迷惑。如果一个大学校长对教育的本质属性，对大学的使命缺乏清醒的认识，随波逐流，就很难成为一个称职的校长。

其次，在大学办学方向上，需要坚持社会主义的办学方向。讲得抽象一点，就是要讲政治。但现在有些人鼓吹不要讲政治，"讲政治"已经被虚化、概念化，成为"喊口号"，对于真正怎么讲政治却研究得很少，甚至不感兴趣。如果一个大学校长不讲政治，很难想象他能掌好大学的舵。我认为，讲政治要把握好以下五条原则：一是讲社会主义方向。对于高等学校，要以马克思主义为指导、以"三个代表"为指导思想。二是讲政治纪律。要认真贯彻党的路线、方针、政策。三是讲政治眼光。要有政治敏感性、政治洞察力。要善于从政治的角度观察、分析问题。比如贫困学生贷款问题、大学生就业问题等等，这些都是具体问题，但也是政治问题。四是讲思想作风。领导干部思想政治作风端正非常重要。它包括廉政、勤政、民主、科学、奉献等等。大学校长并不完全靠手中的权力来发挥作用，也需要用人格魅力来管理学校。大学校长的人格魅力是学校的宝贵财富。现在全社会倡导"八荣八耻"，大学校长也应该践行这"八荣"。五是讲学习。这里主要指的是学习政治理论，学习管理经验、管理方法、管理理论，提高政治素质、理论水平和政策水平。

当前如何坚持马克思主义是一个非常值得重视的问题。其一，随着苏东剧变，社会主义革命和建设在一些国家遇到挫折，使得一些人包括一些领导对马克思主义信念发生了动摇，认为社会主义失败了、马克思主义失败了；其二，我们国家曾受到"左"的东西危害，有人就把责任归于马克思主义，认为马克思主义有问题；其三，我们在改革开放、面向世界过程中借鉴了很多资本主义社会的东西，一些人就认为不用讲姓"社"还是姓"资"的问题；其四，随着我国市场经济的发展，多种经济成分并存，价值多元化，人民的选择性大大增加，差异性也大大增加，因此，很多人对坚持马克思主义没有信心。在这个问题上如何把握、如何进行引导，应该是一个大学校长要认真研究的问题。这就需要校长本人先要加强马克思主义的理论修养，对马克思主义理论有深入的理解才会真正信仰，大学校长要自己真信、真实践，才能把握好、引导好。

最后，对于每一所大学的具体功能定位，该校校长应当了然于胸。比如校长要清楚地知道本学校的特色和优势是什么，在哪些方面和领域可以为社会作出大的贡献。每一所大学要"有所为，有所不为"，而不应当盲目跟风趋同化。现在有的大学在定位上往往经不住诱惑，缺乏定力，比如不顾现实、不顾积累想要面面俱到发展成"巨无霸"等等。在制定学校发展战略规划的时候，总是会遇到很多问题，校长会承受很多压力，包括一些来自学校内部的压力。比如教师们总是会对自己的学科情有独钟，希望大力发展，但学校对学科发展总是有通盘考虑，有优先、有重点。对于学校发展建设中的根本问题，大学校长一定要头脑清楚，做好定位，抓准发展方向，坚持发展战略，同时要有技巧地处理问题，不要挫伤教师的积极性。头脑清楚体现在很多方面，这里就不一一论述了。

二、大学校长要有很强的行动能力

大学校长除了头脑清醒外，还要有很强的行动能力。首先，要有战略规划能力，即大学校长要能规划出大学的愿景。2000 年，人民大学举办命名组建 50 周年大会。我们对会议的主题就进行了认真的思考。一个组织的发展，人是最重要的因素。所以，我们认为提出一个激发全校师生员工积极性、凝聚人心的主题是至关重要的。人民大学是一所以人文社会科学为主的大学，在人文社会科学教学科研上有很强的实力，但是"重理轻文"思潮对学校在上个世纪 90 年代的发展造成了极不利的影响，学校处于发展的低潮。所以，我们确定会议主题为呼吁社会重视人文社会科学，并提出把人民大学定位为"创建以人文社会科学为主的世界一流大学"。紧接着，我们在全校花了半年时间进行大讨论：为什么提出这个目标？能不能实现这个目标？怎么实现这个目标？通过目标的提出和讨论，大大增强了学校的凝聚力。到 2002 年 4 月 28 日，江泽民同志到人民大学讲话，规划了人民大学的发展目标：把人民大学建设成为人文社会科学为主的世界知名的一流大学。这个根本性问题的确定，为人民大学在新世纪的发展指明了方向，以目标鼓舞人、指引人。经过全校师生 5 年同心协力的奋斗，学校面貌今日发生了巨大变化。在当时学校展开的大讨论中，我们除提出战略目标外，还制定了具体可行的"1231"工作思路。"1"是一个高举，即高举"发展才是硬道理"的旗帜；"2"是做好两个规划和建设，即学科规划与建设、校园规划与建设；"3"是三个抓实，即抓实改革、抓实调整、抓实管理，在改革中发展，在调整中前进，在管理中提高；最后一个"1"是千方百计加大投入。通过这个具体的"1231"工作思路，我们把战略规划和具体行动结合在一起，形成了学校发展 5 年来的好局面。

其次，大学校长要有认识环境、判断形势、把握机会的能力。要做好校长，就要认识我们这个时代，认识我们国家改革开放的全局情况，了解国家高等教育发展情况，了解本学校的学科发展情况，了解国内外相关学科的发展情况，认识自己的优势、弱项和问题。此外，既要认识形势，判断形势，还要把握机遇，作出决策。如前所述，我到人民大学后一个重大的举措就是呼吁发展繁荣人文社会科学。在我们国家现代化建设的关键时刻，如果再不重视哲学社会科学，现代化建设和改革就会出现很多问题。作为号称人文社会科学旗舰的中国人民大学，没有理由不为人文社会科学的发展与繁荣鼓与呼。事实上，党中央、国务院也认识到发展繁荣哲学社会科学的重要性。从2001年7月到2002年5月，江泽民同志就"发展繁荣哲学社会科学"这个主题发表了三次重要讲话；2004年初，中央下发了3号文件，作出了《关于发展繁荣哲学社会科学的决定》。哲学社会科学也因此受到了空前的重视，主客观努力给我们人民大学的发展创造了良好的机遇，同时人民大学也把握住了这个形势，抓住了这个机遇。

最后，要有组织指挥的能力。大学校长要成为一个行动的发起者、组织者、建构者和协调者。我们现在的大部分校长曾经是教师、学者，有的在行政岗位工作过，有的则没有或时间很短，所以有的校长对学术领域非常熟悉，但在行政组织协调能力上、行动能力上差一些。因此，作为校长锻炼动手能力很重要，要防止说得多、动得少，要锤炼真抓实干的能力。作为校长，在作出决断以后，要善于组织力量、调动各方面的积极性，来保证任务的完成。这就涉及如何使用干部、如何协调各方面力量的问题。同时，校长还必须要有一抓到底的精神和韧性，绝不知难而退，绝不半途而废。

作为大学校长，跟企业以及各界领导人一样，有一个共性，就是要抓发展。发展才是硬道理。但对于高等教育来讲，大学校长"抓发展"又跟其他领域的领导人有所不同，很重要的一个方面表现在大学校长的教育理念。大学校长的教育理念对大学的发展非常重要。我们人民大学的办学理念是："人民、人本、人文"；"大师、大楼、大气"；"真情、真想、真干"。这18个字是我们人民大学的发展"真经"。"人民"是指人民大学要坚持为人民服务，这是学校的办学宗旨。"人本"是以人为本，以学生为本，以教师为本，即人民大学校园里的教师和学生能够得到自由而全面的发展，这是人民大学的办学理念。"人文"，是指人民大学充满人文精神，以人文社会科学为自己的办学特色。怎么实现这些宗旨、理念和办学特色呢？对此，我们就提出了"大师、大楼、大气"。"大师"，即加强师资队伍的建设，尤其重视拔尖创新团队的建设。"大师"既是学问的大师，也要具有人格魅力、堪为师表，是经师与人师的统一。我们要尊敬大师，支持大师，培养大师。人民大学要成为培养大师的土壤，成为大师展现风采的舞台。"大楼"是指学校的硬件建设。梅贻琦校长曾说：大学者，非大楼之谓也，乃大师之谓也。即大学应当拥有大师，但这并不是说不重视大楼。21世纪，大楼非常重要，硬件非常重要。如果没有良好的硬件环境，怎么培养创新型人才？人民大学在坚持艰苦奋斗作风的同时，还要通过硬件建设上的努力，尽量为教师和学生创造一个良好的学习和工作环境。为此，我们狠抓教学大楼、教授工作室、校园网、电子图书馆等的建设，如今都取得了好的成绩。"大气"，是指一所学校的学术眼光、学术品格、学术胸怀、学术气度以及学风、校风，也就是软环境的建设。蔡元培先生曾提出"兼容并蓄"、"思想自由"，即大学是个开放的地方，是各种知识交汇的地方，大学必须要有宽广的学术胸怀、学术气度。要加强软环境建设，我们就要坚持三个"坚决"：坚决贯彻"百花齐放、百家争鸣"的方针，坚决贯彻不戴帽子、不打棍子、不抓辫子的方针，坚决贯彻解放思想、实事求是、一切从实际出发的精神。人民大学提出，只要不违反宪法和法律，任何观点都可以存在。我们不能把学术问题政治化，也不能把政治问题学术化。我们要尊重探索，既支持成功的探索，也容忍失败的探索。只有这样，才可能有理论创新、学术创新。"大师、大楼、大气"是一个完整的系统，它们相互支撑、相互支持。在这个基础上，我们又增加了"真情、真想、真干"。"真情"就是对国家、对民族、对教育事业、对学校要有真感情，要敬业，要忠于职守。如果没有"真情"，没有责任感和使命感，就不能把学校建设好。"真想"，就是在真情的基础上对学校发展、对具体工作要积极思考，多谋善断，要有办法。"真干"，就是真抓实干，讲行动、讲效果、讲业绩。

总的来说，大学校长应当是一个明白人，头脑清醒，不为各种诱惑所动，也不为毁誉所迫；大学校长是个行动者，有干成事的意志、能力和魄力。只有这样，大学校长才能在这个时代胜任自己的职务。

重视、强化干部队伍建设[*]

——在中国人民大学暑期干部培训班上的讲话

（2002 年 7 月 18 日）

刚才谈了学校建设与发展方面的方向性问题，接下来我想谈谈人的问题，关于队伍建设问题。没有一流的师资队伍，就没有一流大学；同理，没有一流的管理干部，就没有一流的管理和服务，也一样没有一流大学。

今天师资队伍建设我就不多说了，重点讲讲我们管理干部的队伍建设问题。毛主席曾精辟地讲过，"政治路线确定之后，干部就是决定的因素"①，这是适用于任何地方的普遍真理。今天参加培训的干部，有党务系统的，有行政系统的，整个人民大学的日常运转就主要依靠这两支干部队伍。干部队伍建设，一定要提到非常重要的日程上来，绝不能轻视干部队伍的建设。关于干部队伍建设的问题，我想重点从以下三个方面来讲讲。

一、怎样使用干部、选拔干部

我自己感到在选拔干部方面要做到敢破敢立，既要破除一些东西，又要树立一些东西。

---

* 本文节选自讲话录音整理稿的第二部分。担任校长以来，作者非常重视干部培训工作，要求相关部门定期和不定期举办不同层次、不同类别的培训班。

① 《毛泽东选集》，2 版，第 2 卷，526 页，北京，人民出版社，1991。

首先，要破除一种重使用轻培养，甚至只使用不培养的观念和思想，真正树立一种善待干部的意识。我们的组织人事部门应该具有这样一种意识，应该建立健全这些制度。关心我们干部的成长，不是做一些表面上的好事，而是要帮助他们健康成长，要使用他们，要给他们"压担子"，让他们完成任务；同时要创造条件和环境培养他们，也要正确处理和提高他们的物质生活待遇。这次请大家到珠海（本次培训会议地点）来参加培训，也是学校在创造机会，让大家出来走走看看，拓宽我们的眼界，吸取社会发展的营养。我曾讲过，我们自己的学生毕业留校，辛辛苦苦工作八九年，还是一个科员的待遇，这似乎有些不大正常吧？有人说这是学校的规定。规定不合理，为什么不改？善待干部应该体现在各个方面。我们的同志很辛苦，像学校办公室、发展规划处、资产处、基建处等很多单位，现在经常加班加点，他们没有丝毫怨言，我们当领导的觉得亏欠他们。没有别的，就得经常关心、慰问一下，他们就会感到很开心。干部工作是讲究人性化的、富有人情味的工作，是做人的工作，该提拔的提拔，该解决问题的解决问题。组织上要关心，物质待遇方面也要关心，不要让他们感到受冷落。当然，非分的要求不能满足，犯了错误也要严肃批评和处理。我们要从普通干部、办事员关心起，这样他们才能健康成长。

第二，要破除论资排辈的思想，树立不拘一格使用人才的观念和意识。总的来看，人民大学还算是能够大胆使用年轻干部的，总体上氛围还是很好。

第三，要破除求全责备的片面观念，树立看主流、看本质、看发展的意识。求全责备就容易把自己陷入孤家寡人的境地，十全十美的人是不存在的，我们看人应该看本质而不能只看表面。有的是人品问题，那就要小心，要慎重；至于一个人工作中一般性的错误、缺点，是可以改正的，需要指出来，但不必揪住不放，尤其是一个人的脾气、性格问题。在这个方面要讲究辩证，要看主流、看本质、看发展，好干部就要大胆使用。

第四，要破除小圈子用人的狭隘观念，牢固树立五湖四海的意识。提拔熟悉的干部不是绝对不可以，但是如果团团伙伙、站队搞派系，就是一个大问题了。如果有这样的问题，如果不纠正，将来会后患无穷。人民大学要继承过去的优良传统，提拔干部既要看个人的领导素质，也要看团队建设和班子建设的整体素质。对班子成员要考虑经历阅历、专业结构甚至脾气性格等，实行优化组合、优势互补，搭在一起构建成为好班子。大前天，书记（中国人民大学党委书记程天权）感慨，我们这个新班子，是一个互补的班子，很团结，很协调，很和谐。所以一定要牢牢树立五湖四海的意识，科级、处级一直到校级干部都应该是这样，走到一起就是缘分，但不要搞团团伙伙，因为这也是个品质问题。

第五，要破除单纯平衡照顾的观念，真正树立贯彻德才兼备原则的意识。单纯的平衡照顾，这也是我们容易犯的毛病。坦率地讲，在干部问题上，有一点平衡，有一点照顾，这是难以避免的，从讲大局的角度，有时候这有利于大局的稳定，是必要的，也是正确的；但单纯地只讲平衡，只讲照顾，不考虑工作要求，不考虑连带反应，就容易坏事。如果把平衡照顾当成提拔干部的唯一依据，就会违背德才兼备这样一个基本原则。

二、使用干部、选拔干部的三项制度

在使用干部、选拔干部方面我提了上述五个方面的想法，但在制度上我们仍需要积极探索。

第一，任期制。现在院系领导干部是任期制，机关干部暂时没有实施。任期制的好处在于明确任期的各项工作目标，增强责任心，有助于开拓新的工作局面，有助于干部队伍的更新。如果任期制仅仅是一种形式，没有任期目标，任期制就会失去意义。所以，任期制一定要从任期目标上进行完善、进行丰富，任期结束必须跟上考核和评价，看看任期目标是否实现，是基本实现还是超额完成。

第二，轮岗制。轮岗制一定要作为一种正常的干部制度来坚持，科级以上必须轮岗，而且一般必须有两个以上岗位经历才能提拔。轮岗可以开阔眼界，可以增长全局意识，可以激励我们的干部不断学习新的东西。在不同的岗位上不断学习，对个人有好处；对大局来讲，加深了理解，增进了沟通，也大有好处。在一个岗位时间太长，容易形成思维定式，容易造成保守思想，容易滋生本位主义。我说的轮岗，既包括党政干部之间的轮岗，党务干部不一定一辈子做党务工作，符合基本条件的就可以轮岗，又包括行政干部之间的轮岗，既有处与处之间轮岗，又有处内岗位轮岗，防止一些不正常现象的发生。当然，轮岗也有局限性，比如专业性强的技术岗位，轮岗会对工作有所影响，对特殊岗位可以特殊研究。轮岗绝不是整人，虽然我们这次科级干部轮岗进行得很艰难，但是毕竟大家最后还是能理解和支持。

第三，聘任制。在全国范围内，聘任制是中国高等教育改革发展的一个基本方向，迟早会开始实施的。我们人事处要大胆地进行制度创新和探索，特别是专业性较强的职位和辅助性职位，要探索采取合同管理的模式。比如学校的世纪馆，全是最现代化的一流体育设施，很难通过委任制的办法来管好。世纪馆的管理人员，我们不妨就采取合同聘任方式，完全可以实行一年一聘或两年一聘。

总之，这三项制度有的需要进一步健全完善，有的需要大胆探索和改革，这些工作需要我们全校干部职工共同努力，依靠大家群策群力。

三、干部要强化"八个意识"

我们干部一定要树立良好的思想作风、工作作风，建立良好的工作秩序，不断努力提高工作效率。概括起来，干部队伍要强化以下几个方面的意识。

第一，要有政治意识。我们这样的学校有光荣的革命传统，这就要求我们的干部要有正确的政治方向、政治立场、政治观点；要有良好的政治敏感性、政治判断力，这就要求我们对工作中或社会上发生或存在的许多情况或现象，包括对传言、谣言，要有敏感性和判断力，我们少数干部大道消息不听，小道消息乱哄哄，这样是不行的；要有良好的政治素质、政治纪律，这是凝聚力极其重要的组成部分，从学校工作来讲，要维护和贯彻上级党委和学校的重要决策，不能"上有政策，下有对策"。

第二，要有大局意识。这一点非常重要。有的事情从小处看应该办、马上办，从大局来看则可能应该缓一步办或者不能办。要做到部门利益、局部利益服从整体利益，个人利益服从集体利益。越是层次高的领导，越要有这种意识，做到顾大局、识大体。

第三，要有发展意识。"发展是硬道理"，任何时候都要讲发展，只有发展，才能化解问题，才能为国家作贡献。发展，就要善于解决大问题，大问题解决了，小问题就都会自然消解了；发展，就要善于抓住主要矛盾，主要矛盾抓住了，其他矛盾自然就会解决；发展，就要善于抓机遇，许多事抓住了机遇就能办成，就能获得发展，而机遇往往是稍纵即逝的；发展，还要干事情，想干事，善谋事，会行动，干成事。正如小平同志说的那样，世界上的事情都是干出来的，不干，半点马克思主义都没有。

第四，要有改革创新意识。要发展就要创新，因循守旧是不行的，要与时俱进，深化改革，并且改革应该是脚踏实地的改革。在创新方面，一要有一股勇气、一股正气。没有勇气，就没有勇往直前的胆识，就不能创新；老是考虑个人得失，老是在乎别人的评价，同样也不能创新。邓小平同志在南方谈话时说过改革开放胆子要再大一点，步子要再快一点，还有我们常说的"大智大勇"，说的都是这个意思。二要有细致的工作，要求我们在工作中仔细认真，这样才能发现工作中的新矛盾和新问题，在发现问题和解决问题的过程中不断创新，不断开创工作新局面。

第五，要有服务意识。我们的干部都是为人民服务的，管理就是服务。要营造良好的政策环境和制度环境，提高我们的工作效率，不断解决面临的问题，而不是推三阻四、矛盾上交、拖拖拉拉。每个岗位都有自己的职责，每个干部都应该认真履行自己的职责。特别是要增强院系领导的服务意识。院系领导首先要了解学校的规章制度，不要不了解情况就提意见和要求，不看文件、不把握学校意图，是不行的。我们不允许把学术问题行政化，也不允许把行政问题学术化。行政体系就是下级服从上级。院长、系主任既是教授，又是行政干部，不能以教授学术研究的态度和风范对待行政工作、履行行政职责。院系领导在第一线，服务意识更为重要，要为教学、科研营造一个良好的制度环境和政策环境，使教师能潜心地搞好教学，学生能专心搞好学习。

第六，要有效率效果意识。效率意识就是效益意识。可以马上解决的问题就最好不要拖拖拉拉，应养成良好的习惯，促进高效的服务体制的形成。我们对工作要一抓到底、善始善终，毛主席当年说过一句话，"抓而不紧，等于不抓"[1]，因此我有八个字要送给大家——"注重行动、注重效果"，这八个字对于我们文科院校来说非常重要。

第七，要有协作沟通意识。只有加强单位内部的团结协作，才能把事情办好，才能形成战斗力。我们人民大学有团结协作的优良传统，要把这种精神保持下去，但沟通不畅的问题也还较为严重，存在信息不对称、互相不沟通、乱提意见的现象。沟通意识不强，首先学校领导要负责，其次中层干部也要负责。沟通不好，常常容易产生不必要的误解，增加隔阂；良好的沟通则有利于增进团结、提高效率、稳定大局。

第八，要有竞争意识。现代社会是一个高度竞争的社会，竞争可以说是无时不在、无处不有。身处这样一个时代，我们的工作因竞争而充满生机与活力，也因竞争才不断发展与进步。所谓"物竞天择，适者生存"也就是这个道理。大到学校的全方位发展和办学，小到每

---

① 《毛泽东选集》，2版，第4卷，1442页，北京，人民出版社，1991。

一个部门、每一个干部自身的工作岗位，都应该树立正确的竞争意识，而且要敢于竞争。竞争不仅是一种手段，还要讲求艺术、讲求策略，要公平竞争、合理竞争，而不是恶性竞争。我们还要特别强调合作，强调要在竞争的同时善于合作，取长补短，竞争的目的应该不在竞争本身，而在于通过良性的竞争，互相促进，应当在竞争当中自强自立，不断地完善自己、发展自己，服务于学校，服务于社会，服务于人类的终极福祉。

院系工作年与人事工作年[*]

——在 2002—2003 学年第二学期全校
中层干部会议上的讲话

（2003 年 2 月 14 日）

我们送走了一个团结战斗的、在中国人民大学历史上非常辉煌的 2002 年，开始进入新世纪的第三年，我们的工作究竟该怎么做？结合我们学校前两年工作的情况和当前存在的问题，从学校工作的全局出发，经过分析、讨论，学校党委常委会作出了一个决定，把今年定为"院系工作年"和"人事工作年"，也就是说今年工作的重点是院系工作和人事工作。为什么叫"院系工作年"？因为学校的核心问题、核心任务是教学，是科研，是人才培养，而这些工作又主要由院系来承担，所以把目光投向院系是理所当然的事情。那么工作究竟应该怎么做？我想在座的同志都在学校工作多年，应当说心中都是有数的。

我今天就跟同志们汇报我们领导班子讨论这些问题时的所思、所虑、所想，当然也是一种工作要求，希望各部处、各院系能够结合自己的情况来讨论这些问题。

一、关于院系工作年的问题

所谓院系工作年，就是我们要更加关注院系的工作。关心院系的

＊ 本文根据讲话录音整理。

工作，当然只是一个手段，目的是抓教学、抓科研、抓学科建设；指导思想是抓基础、练内功、增强核心竞争力，为创建世界知名的一流大学迈出更加坚实的步伐。这是它的本质和核心。其实我们前两年的工作也是围绕这个来做的，但和前两年抓发展的表现形态和工作重点不大一样。我刚来的时候，是从当时关系到广大教职工切身利益的最迫切的、不解决就不能把我们的工作推向前进的教师住房问题入手，从校园环境建设问题入手，不抓这些问题就谈不上抓其他的问题。现在我们这些方面的工作都已取得重大进展或突破性进展，大家人心凝聚了，人气上来了，都认为现在要更好地抓教学科研，抓基础、练内功、增强核心竞争力，来创建世界知名的一流大学。那么，这个院系工作年究竟如何抓？做哪些工作？切入点在什么地方？重点在哪里？我们想有以下几项工作来跟同志们讨论。

（一）要理顺校、院、系各级组织的关系，理顺体制

各级各类组织要科学定位、明确职责、高效运转。我们人民大学尽管是一个老学校，但改革开放以来的历史新时期，在组织机构方面是不断地发生变化的，也是与时俱进的。在变化了一段时间以后，组织就应当规范，不但要规范组织建制，而且要规范组织行为。校、院、系各级的职责和任务是什么？权利、义务是什么？这些目前并不是十分清楚。为了很好地加以界定，学校总的设想是将来校和院这两级是最基本的管理单位。校和院的权力和责任应当非常清楚，院这一级的权力应当是很完整的，包括人事权、财权、组织教学和科研等等。由于各种各样的原因，院系调整有先有后，模式很不一样，要逐步一致起来、规范起来。关于系，院属的系和过去没有学院的系是有区别的。区别在什么地方？这个（院属的）系是不是仅仅成为过去的教研室？有的老牌系，如哲学系，和财政金融学院派生出来的系应是两回事。系下面还有没有教研室？是什么关系？这些都不清楚。这是纵向的组织机构。科研机构就更复杂了，有系一级的研究所、校一级的研

究所、教育部设立的 12 个研究基地，以及各种各样的"四无"（无编制、无经费、无专职人员、无办公场所）研究所、研究中心。这样一种状况是由各种各样的原因形成的。现在画一张人大组织结构图十分困难，画出来的也很难符合实际。所以我们要理顺体制、科学定位、明确职责、高效运转。这项任务非常艰巨，先要清理"四无"研究所，"清理"并不是说已经出了什么问题，而是要清楚定位，哪些该有，哪些不该有。要把各种关系理顺，这个工作要求在今年上半年基本完成，下半年进行扫尾。具体来说，一是校、院、系、教研室纵向关系怎么处理，二是教学科研机构的关系怎么处理。我们今天明确一个原则，一切教学科研机构都必须在院一级的统一领导之下，包括教育部的 12 个重点研究基地在内，都不得自立山头。本来学校资源就十分有限，把学校资源分得七零八落，重复建设、浪费、不合理占用和使用资源，这不符合改革的精神。需要明确的是，学校领导绝不是想要把交给大家的资源收回，而是希望大家把有限的资源尽可能地用好，之所以把资源交给大家就是想充分发挥它的作用。

（二）院系调整

院系调整工作，从我们这一届领导班子来讲，本学期是最后一次进行，即将进入尾声。基本原则是目前所有的系、所都要进入学院，力争使我们院系的设置能够有利于资源的优化配置，有利于学科的发展。我们过去和现在的领导班子在这方面跟同志们一起都已做了大量的工作，克服了很多困难，取得很多经验，也有一些教训，有教训是可以理解的，我们总结教训就可以了，但不能影响我们工作的继续进行。工作都是阶段性的，我们不可能保证以后不进行院系调整，但大的变动不会有，可能还会有微调。本学期要把这项工作完成，能够赶在招生简章印刷之前最好，实在来不及的，我们认为也应在 5 月份基本结束，6 月份扫尾。有关院系、有关部处已经做了大量的工作，上学期以及寒假中工作一直在进行。思想基础已经具备，条件已经成熟。但是这次院系调整以后依然会存在某些不合理，特别是有一些学院的学科还有交叉现象。我们也不指望通过一次改革就能把所有不合理现象全部解决。在找不到更好的办法之前，宁愿保持现状。因为改革是为了更好地发展，如果改革之后还不如原来，就不如不改。同时，我们在院系调整过程当中，要组建成立一个新的学院——理学院。上次我参加教育部直属高校咨询工作会议，在大会上作了发言，讲话中我提到人民大学要进行学科、院系的调整，组建理学院。清华大学党委书记陈希同志对我说："老纪同志是庄严宣布人民大学要成立理学院。"陈至立部长对我的发言也表示赞许。学校已经花了很多精力，组建的理学院一定是要有基础、相关联、高起点、入主流，力争高水平。不进入主流就不能产生影响。

（三）要抓学科

抓学科的工作我们一刻也不敢懈怠，学校老领导对学科建设是非常重视的，我们这届班子从产生之日起，也对学科建设给予了高度的重视。现在提出了抓学科，就是在原来的工作基础之上，把学科工作做得更好。现在要做的是进一步明确人民大学学科的发展方向，要仔细分析学科的优势、问题和走向。每个院系对自己的学科都要做这项工作，在分析的基础上，分类指导，提出具有针对性的措施。要把握住学科发展方向、优势学科群、重点学科点。我校目前有国家重点学科 25 个、北京市重点学科 4 个，共 29 个；学校重点建设的学科原来提出 8 到 10 个，虽然没有最后确定下来，但为期不会太远，这次会议以后就要确定；还有一个院系建设的学科，共三大类。通过这样的区分，我们把相关联的学科群、支撑学科、重点学科都明确下来，要形成文字，形成文件。抓三年五载，必有成效。在政策、队伍建设等方面针对不同类别的学科，根据其现状给予支持，在这里，我想重点强调几个方面的学科问题。

1. 马克思主义基本理论学科建设问题。人民大学长期以来被认为是马克思主义理论的坚强阵地、坚强堡垒，是中国的马克思主义理论人才摇篮，是工作母机。但是这已经是历史，了解我们的现状就会发现人民大学马克思主义基本理论学科的建设已经不同以往，教育部马克思主义哲学的研究基地和邓小平理论研究中心没有定在人民大学，最近北京市第四十六届党史教材的编写工作也委托给了其他学校，我们必须反省自身的原因。关于国际共运、科学社会主义的基本问题，我校没有多少人在研究，边边角角的问题倒还仍有人在研究。马克思主义经济学方面的研究还可以。我们有一个马克思主义学院，希望马克思主义学院的老师们团结一致，搞好马克思主义理论学科。从学校来讲，我们要跟大家一起坚定马克思主义的信念。我们如果能与时俱进，继续抓好对马克思主义基本理论在新时期的研究，就一定能给人民大学增添新的光彩。我们要从政策上、经费投入上、社会舆论上让搞马克思主义基本理论的同志们感到在新的历史时期是大有作为的。要沉下心来，需要研究的问题还很多。令人遗憾的是，目前我们在主流方面新的研究成果不多。例如，我们的中共党史系没有研究周恩来、刘少奇的专家。当年彭明教授是我们国家著名的五四运动研究专家，胡华先生是中共党史研究领域的泰斗级人物，现在则缺少这样的学者。现在提倡解放思想，中共党史、新中国建设史有太多的事件要写，历史的是非曲直很多问题值得研究。若召开国际会议，以上任何问题拿出来都是很好的议题。哈佛大学等很多世界知名高校对此都非常关心，但人民大学还缺少这方面的研究成果。我们党正处在新的历史时期，担负着新的历史使命，我相信党中央期待着人民大学在马克思主义基本理论方面能够与时俱进，拿出符合时代要求的高水平的理论学术著作、传世之作，而不是仅仅满足于一般的辅导和宣传。马克思主义学院前几年编了一部《马克思主义发展史》，这就很重要，很有分量，要多拿出一些像这样的著作来。

2. 中国传统文化的基础研究。我们希望文、史、哲这些系，特别是人文学院，要拿出非常像样的传世之作，要像清史所那样，拿出重头戏来。清史所在戴逸先生和诸多教授的共同努力之下，这些年为国家作出了很多贡献——《清通鉴》、《清史编年》、《18 世纪的中国与世界》，这些著作都影响全国。《18 世纪的中国与世界》在国际上也有一定的影响。我们历史系能不能也拿点东西出来？要多把精力用到学术上来。我们的文艺评论过去很了不得的；我记得我青年时代就读过冯其庸先生选著的《历代文选》。我讲这番话的意思就是说我们是有基础、有能力的。只要我们狠下一条心来团结奋斗，在弘扬中国优秀传统文化方面我们一定能够有所作为。要研究诸子百家，孔子研究院一成立就产生很大影响；方立天、张立文两位先生研究了很多问题，有丰硕的成果。不仅仅人文学院，包括法学院、经济学院、档案学院①等等在这一方面都应作出贡献。法制史、经济思想史、政治制度史也都应在过去研究基础之上继续开拓新的层面和主题，完善过去的成果并且进行创新。这都是在传统文化研究上要加强的方面。

3. 各个学科的基础理论都要认真抓上去。商学院的专业应用性很强，但也有基础理论，法学院、新闻学院也是一样。由于我们的国家处在大变革的时期，社会发生深刻的变革，各个应用学科的基本理论都应当认真总结这 20 多年来改革开放的实践，来调整、充实我们在这些方面的科学研究。

在学科建设方面我重点讲了上述三个方面，大家可以看到我们强调的都是基础的东西，因为这些基础理论的东西和应用性的相比往往容易被忽视。人民大学这样的学校如果在各个学科的基本理论方面不能作出贡献的话，就会成为一般的应用型大学，如何谈建设世界一流大学？我们在未来的学科建设当中应当把马克思主义基本理论、中华优秀传统文化、各个学科的基本理论作为一个重点，把它抓上去。可能一时不见得有效果，但这项工作我们一定要抓好，这是当前从实际出发繁荣学术、发展学术所必需的。这是一流大学对国家、对民族应

---

① 2003 年 12 月，在档案学院基础上成立中国人民大学信息资源管理学院。

当作出的贡献，这也是追求真理、追求科学的体现。

（四）科研问题

院系工作年，就要很好地抓科研。刚才我讲的三个方面都和科研有密切的关系。这里我主要讲以下几点：

1. 怎样建立一个灵活的、有成效的科研体制和机制，以便我们共同努力把事情做好。后面我会讲到，今年不仅是院系工作年，还是人事工作年，我们的教授将来在学校内部应当有兼职制度；这特别要在科研方面体现出来；既要有人员编制比较固定的研究机构，也要有一些人员编制比较灵活的研究机构，使之在校内能够流动，就是那12个研究基地的模式，其生命力就在这里。建立一个灵活的体制，既要灵活又要规范，所以要对"四无"研究所进行清理。哪些该留，哪些不该留，留下来以后是什么样的体制、机制，应是灵活的，同时又是规范的。

2. 科学研究非常重要的一点是要创造一个鼓励创新的学术环境。党的十六大报告中有这么一句话，营造鼓励人们干事业、支持人们干成事业的社会氛围。江泽民同志考察人民大学也讲到这样一个意思，说各级党委和政府重视人文社会科学，要创造一种鼓励学术创新的学术环境。我们要鼓励进一步解放思想，敢于研究重点问题、热点问题、难点问题。不抓住重点问题、热点问题、难点问题，就根本不可能有什么创新。人文社会科学很多研究领域跟意识形态密切相关，跟路线、方针、政策密切相关，但是不能因此你就谨小慎微，什么都不敢碰，什么都不敢写，那要你干什么？你是大学，大学是社会的良心，是追求真理的地方，人民大学充分尊重人才、尊重学术自由。没有思想进一步的解放，就不可能有理论上的创新。我相信我们只要是出于公心、报国之心、报国之志，为了人民的利益，为人民服务，就应当敢于讲话，敢于研究问题。有些问题可以公开发表，有些目前还不适合公开发表的问题可以登在我们学校编的《问题与思路》上，通过内部材料的方式送给有关领导机关直至中央领导同志看。要进一步解放思想，我觉得搞科学研究一定要强调这个思想，同时学校要创造一个宽松的学术环境。

3. 一定要有严谨的学风。江泽民同志在人民大学讲话①，真是言之谆谆啊！我们一定要牢记在心，严格遵守学术规范，不但要当经师，而且要当人师，"经师易遇，人师难遭"。学风非常重要。现在的舆论界对高等学校非常关心，对学风问题非常关注。要有严谨的学风，我想这一点不仅是为了学校的声誉，也是为了真正的理论创新。没有严谨的学风，是不可能有理论创新的。所以我希望各位领导和所有教职工共同努力，把人民大学教风、学风搞好，不仅老师是好样的，学生也是好样的。

4. 科研工作一定要抓立项，抓重大课题的立项。我们现在的立项申报的成功率比较低，这个状况要引起高度重视。这表明我们的教授们对于国家的事情、对于学科前沿的事情关心不够充分，有些心中无数，没有站在学科前沿。我们要在短时间之内把立项成功率提上去。国家在人文社会科学方面将采取重大鼓励措施，人民大学是人文社会科学方面非常重要的一所学校，我们在争取国家、教育部、北京市重大课题方面要作出更好的努力。除此之外，我们自身的积极性也要调动起来。教授本人的积极性、院系的积极性、学校的积极性都要调动起来。我们看到诺贝尔奖从来都不是规划出来的，都是研究者自己站在学科的前沿，把握住学科发展的脉搏、时代发展的脉搏，提出的重大课题。这就说明学者个人的积极性、基层的积极性是基础，是非常重要的。我们的责任是要支持这样的积极性，把它变为现实生产力。所以学校在科研方面的专门投入将进一步加大力度，过去只有几十万，今年达到 200 万，我认为还可以继续增加，用于支持学校的重

---

① 指 2002 年 4 月 28 日，中共中央总书记、国家主席江泽民考察中国人民大学时发表的重要讲话。

大课题。因为国家的课题有时候和学者的认识是不完全一致的。国家的某些重大课题，我们可能没有能力做到；另外，我们的某些学术兴趣可能国家课题也没有覆盖到。国家的课题也是专家提的意见，我们的学者也可能认为还有另外一些问题很重要，或者学校的某个特色要加强，所以学校也要用经费来支持自己的学者提出的很有价值的课题。国家没有钱，学校要给钱，院系创收的钱也可以支持。当然话又说回来，我过去也搞过科研工作，我得过奖的科研成果好像没有谁给过钱，也没有谁来支持我，自己努力很重要。学者个人、院系、学校的积极性都很重要。教授们有价值的选题，特别是我前面提到的三个方面的理论选题，即马克思主义基本理论、中华优秀传统文化、各门学科的基本理论方面的，国家的选题或北京市的选题可能没有包括进去，但是有价值的，学校就要支持。

5. 要抓国际交流。科学研究要抓国际交流。这次编纂清史，国家图书馆馆长任继愈先生提了一个非常重要的意见，那就是编纂清史要看一看国外的政府当时对清朝情况的认识，比如说鸦片战争，当时英国政府是怎么决策的、怎么对待清政府的，国外的学者又是怎么认识这个问题的。现在很多问题都解密了或者更便于交流了，对这些问题都应该很清楚、很了解，才能够写出符合实际的清朝历史来。我想这种观点显然是非常正确的。当时李岚清副总理充分肯定了任先生的意见。所以不加强国际学术交流，我们的学术视野就会受到很大的局限。

6. 要有正确的评估和导向。在评职称、科研评奖、舆论引导等各个方面都应当本着尊重知识、尊重人才、尊重劳动、尊重创造这样一种精神，把我们学校作出过重大贡献、表现突出的专家，尤其是中青年专家推荐给社会，宣传他们、褒奖他们，也鼓励他们、鞭策他们，这项工作对科学研究是非常重要的。老是"养在深闺人不识"也是不行的，我们已经做出的事情该宣传的还要宣传。各种评奖应当杜绝轮流坐庄的错误做法。当然，这个事情也很难办。我记得我当年做教研室主任也碰到过此类问题。某某老师教材评奖了，那论文评奖就要给另一位老师，去年评过奖了，今年就不评了，哪怕今年科研成果再好，也说去年评过了，就算了吧。这是不行的。我不反对适当的平衡、照顾，当领导的对这种事情有时候也不能不考虑。但是把这个当做第一原则就大错特错了。我们要照顾也是在绝对不能把优秀成果埋没的前提下才考虑的，真正高水平的一定得评出来。在这个大前提之下，存在照顾现象也不是说一点道理也没有，因为照顾在某种意义上也是为了积极性。当领导的有时要学会平衡、学会调和、学会让步，这也是当领导必备的素质之一，没有这个本事就不要当领导了。所以适当地平衡、照顾，不是说不可以，因为出发点也是为了调动积极性、保护积极性，但是不能因为这个就埋没了我们的优秀研究成果，埋没了我们的优秀人才，这是问题的关键。

科学研究上不去，学科建设就谈不上，学校的名声也就谈不上。通过科学研究出成果、出人才、出大师，要出学贯中西、通今博古的学术大师。我要特别提醒40岁左右的中青年骨干教师，特别是其中已经成名的，如果你们沉浸于已有的名声、已有的地位，忙着到处跑、到处讲课，到处讲没有创新的东西，你就要小心。这一辈子你的学术之树能不能保持常青？不要看你现在跳得很欢，5年后拿不出像样的成果，就可能走下坡路了。当然要联系社会，但毕竟学校工作是主业，不要花过多的精力去当律师，不要花过多的精力到企业去干私活，不要花过多的精力去"满天飞"。5年之后你能拿出什么？充其量你是百万富翁，学术上你还有什么？所以我特别提醒40岁左右的同志，要保持自己的学术之树常青，我们要鼓励二三十岁的青年教师成长起来，参与竞争，互相促进！要看到我们人民大学的一批老教授非常不简单，像卫兴华这样的教授，他是搞马克思主义经济学的，时代变化这么大，他们过去讲的不少东西现在发生了变化，但是他们还是在苦苦地研究很多基本的东西。包括我们在座的邬沧萍老师，他们多大岁数了，都还在学术创新，本来就有深厚的积累，还不断地关注现实问题，跟上时代，研究很多重大的问题。我们有些 40 岁左右的教师正是年富力强，由于之前若干年的辛苦努力，已经成名了，但你得努力下去，如果现在就不能坐冷板凳，不能研究新问题，就会失去学术生命。当然我相信我们人大绝大部分同志都是把握得比较好的，要把持住自己，要慎思慎行！这很重要。

（五）教学问题

教学是院系工作的永恒的任务、永恒的中心工作。教学质量当然是永恒的主题，教学质量是我们的生命。我们要抓好本科生的教学，同时也要做好研究生培养工作。为什么这样说呢？因为研究生这几年规模扩大得非常迅速，每年增长 30%，现在我们的研究生，加上三大专业学位（法律硕士、工商管理硕士、公共管理硕士）生，跟本科生的比例基本达到 1:1。我昨天回到教育部，回到我原来工作的司，他们正在筹备召开招生计划工作会议，我看他们编的会议材料，人民大学的研究生与本科生比例之高可能现在全国第一。研究生发展速度快，怎样提高研究生的培养质量就非常值得我们研究！有些学生给我写信，提到的一些问题，我认为有合理的地方，可能是学制方面的问题，也可能是哪个制度上的问题。比如法学院，法律硕士是任何专业的人都可以考。有个学生给我写信，他是学理工的，考上了我们的法硕，两年毕业，他说两年以后他居然是个法律硕士，学的知识好像非常有限，你怎么能保证他作为一个合格的法律硕士研究生毕业？时间就这么短，他原来没有法律基础，就这么两年他已经成了法硕，到社会上去人家只有瞧不起他。他提的这个问题我当然觉得是有道理的，但这个问题解决起来却没有那么简单。我们的研究生院、法学院对这样的具体问题怎么来回答？按理讲，你既然考我们的法硕，你就应该有一定的基础，不管你是自学的，还是从其他渠道学的，你肯定有一定的基础，没有基础你怎么能考得上呢？但是大家知道，中国的研究生考试，许多学生是一年考不上考两年，两年考不上考三年，一般说来考三年很可能考上了。但是进学校后学习潜力有问题，加上学习时间短，问题就更大。我想法硕有这样的问题，工商管理硕士（MBA）有没有这样的问题？公共管理硕士有没有这样的问题？在博士生培养方面，我很不客气地说，个别导师对自己的学生都非常不了解，一学期能见一两次面就不错了。有些研究生苦不堪言，找老师找不到，老师满天飞，全国到处跑。但也有相反的情况，导师找自己的学生有的也难。所以研究生的培养质量很值得我们注意。本科生这一块，教授上第一线给本科生讲基础课的比例依然不能达到应有的要求。关于双语教学，我们并不是盲目地、不分条件地讲双语教学，而是讲一定的专业、一定的年级，适当地开展双语教学是完全必要的，但是我们这方面的师资力量跟不上。这些都说明了人民大学的教学质量同样面临着严峻的挑战。对于这一点我们丝毫不应当懈怠，不应当盲目乐观。

教学问题上我再重点强调以下几条：

1. 对教师的任职资格、任课资格、任课水平，应当认真地进行考核。谁来考核呢？教研室为主。同时要确保我们的教授按照一定的比例进本科课堂，当然越多越好。教务处要制定个办法出来，各院系应当有一个办法。

2. 教材建设问题。人大历来重视教材建设，也取得过很多辉煌的成绩，我们希望把"九五"期间的教材、"十五"期间要建设的教材重新审视，该完善的进一步完善，该修改的进一步修改，该新编的抓紧新编，保证我们绝大部分课程的教材在全国是一流的。好的教材不要轻易地改版、轻易地新编，你可以第一版、第二版、第三版搞下去，成为名牌。教材建设一定要抓紧。

3. 课堂教学。要抓课堂教学和课堂教学的延伸。课堂教学的内容怎么样、教师讲授的方法怎么样、授课的水平怎么样，应当有一个评价，对教师应当有一个激励机制。课堂教学的延伸包括辅导和答疑，我们要逐步形成制度，每一个任课教师应当明确学生每一个星期什么时候能找到你。现在还做不到每个教师都有办公室，凡是教师有专用办公室的，应当逐步明确每周星期几、上午还是下午、几点到几点接待学生，任课教师都要做到这一点，各个院系要制定办法。待西北区建成以后，每位教授拥有一间办公室，学校将统一地作出规定，每一位教授必须有一定的时间坐班。课堂教学的助教制度也要有严格的办法，教务处要认真地研究这个事情。我们博士生是可以当助教的，是可以引导本科生进行研讨的。记得我上大学的时候主干专业课就配有一个助教，他不讲课，就主持课堂讨论。

4. 教学制度的创新。包括学分制，究竟怎么搞法更好？要不断完善它。包括本硕连读、硕博连读，国家规定是什么？我们的自主权在哪儿？我们能够做到多少？还应该争取什么？在教学制度，包括教学管理制度的创新上，我们要狠下工夫。

5. 关心学生的学习、生活。从图书馆到校园网等公共服务体系，都要为我们的学生第二课堂的学习提供丰富的内容、优良的服务。

（六）队伍建设

院系工作十分重要的是队伍建设，学科建设很重要的是师资队伍建设。队伍建设包含两个方面，一个是师资队伍，一个是管理队伍。从院系来讲，师资队伍我们讲过很多次了，我想重点是优秀拔尖人才。党的十六大报告中提到拔尖创新人才，我们尤其缺乏这样的人才。我们的方针是培养和引进相结合，以自己培养为主，但是不排除某些学科在某个特定时期以引进为主，以自己培养为辅。比如我们组建理学院，就不可能是自己培养为主，而是以引进为主。这就是说，各个学科情况是不同的，应当因学院制宜。那天我去经济学院调研，他们的思路我觉得很有道理，虽然有引进，但并不是要求一下子引进多少已经卓有成就的拔尖创新人才，而是着重引进二三十岁很有前途的、很有水平的年轻人自己培养。这也很好，比较符合经济学院的实际。

引进人才，第一个重点是引进国内的优秀拔尖人才，主要是自愿流动的学术骨干，人家愿意来我们不拒绝，择优而用，但要注意不要跑到人家大学里面去乱"挖"，尤其不要到西部大学去"挖"。第二个重点是注重从国外、海外引进。那天我们在校长办公会上提出这样一个想法，就是现有的25个国家重点学科每个学科都能至少有三到五位教授能够用外语熟练地、自如地进行国际学术交流，当然副教授更要有这样的要求。从这种意义上来讲，能够动员、吸引那些热爱祖国、有报国之志的"海归派"是完全必要的。不仅仅是外语水平的要求，更重要的是国际视野、国际眼光，国际学术前沿的东西带进来以后，我们可以互相碰撞、互相交融，这样有利于学术创新。学校已经制定了师资队伍建设规划，这个规划在实践中还可以进一步修改、完善，希望同志们尤其是院长们充分利用这个大好时机，以高度的责任感、事业心抓住机遇。这也是机不可失、时不再来，为"官"一任、造福一院是应当的。在你手上把队伍建设搞好了，对学院、对人民大学都是非常重要的。

引进拔尖创新人才，我看最重要的一个方面是院长或者说是学院领导班子本身要有比较高的水平，本身要有一种宽阔的学术胸怀，一种高明的学术眼界，知人、识人还敢用人，还能够容人，拔尖创新人才才能够引进来，也才能营造出一个拔尖人才脱颖而出的学术环境和氛围。如果像武大郎开店，拔尖创新人才是永远也引不进来的。另一个方面是，要舍得花时间。引进一个人才也没那么简单，记得当年吴官正同志担任江西省领导的时候，就花了大力气引进人才，亲自三进清华园，把一位江西籍的院士聘回去担任南昌大学的校长，礼贤下士，跟三顾茅庐也差不多了，人家被他感动了，去做校长，对南昌大学的建设作出了贡献。所以你要舍得投入，这个投入当然包括研究与策划，比如要了解本学科在全国的发展状况，对排名前十位的学者应当了如指掌，同时眼睛还要向外。我们的院长、院系领导、总支书记要共同研究这些事情，来引进人才。所以，一是要有学术眼光、学术胸怀；二是要投入时间和精力，要精心筹划。

队伍建设有很多问题，包括住房问题等其他政策问题，学校都在认真地进行思考和安排。现在引进人才基本上不存在住房问题，不像过去，引进人才没地方住，现在好歹有地方住。

队伍建设的第二方面，是干部队伍建设。院系的干部队伍建设要引起高度重视，要纳入议事日程，要建立淘汰机制。像有些院系的个别办公室人员对待学生的态度比较恶劣，让学生望而生畏，我的校长信箱里面收到过学生这方面的投诉信；有些工作人员一天到晚无所事事，这种情况再也不能持续下去了。我还听说院系给学校写报告往往都是院长亲自动手，有的办公室主任居然连个报告都写不了，人事部门应该认真研究管理干部队伍的素质问题，要让那些惯于养尊处优、无所事事，甚至于无事生非的人转岗，甚至让他下岗。全社会都在进行改革，1998年我在教育部时，当时的国家机关改革是很痛苦的。人员分流问题，那可是国家机关，说分流就分流了。为什么学校不能改革？没有这样一种机制，工作也很难出成效。我们的目的不是要裁减谁，我们是要求每一个人都很好地完成自己的本职工作，要求并不过分。你不适合这个岗位，那看什么岗位适合你，你去另外一个岗位履行职责。所有岗位都不适应，那你就只有下岗。下岗有下岗的政策，我们一定会遵守法律，依法办事。这样的事情后面讲人事工作的时候还会讲到。还有一点，就是要逐步提高院系管理干部的学历层次，要进行梯队建设，不光教师队伍是这样，管理干部队伍也是这样，因为时代发展了。

队伍建设的第三个方面，院系领导班子建设。院系领导班子的建设是院系工作年的一个工作重点。院系的教学、科研、学科建设工作能不能做好，关键在于院系领导；教授们的积极性能不能够调动起来，能不能有一种非常好的学术环境和学术氛围、工作环境和工作氛围，能不能保持一种昂扬向上的、团结一致、艰苦奋斗的精神状态，尤其在于院系的领导班子的作用。在这个问题上学校要做更多的工作，这里面有制度的问题，也有个人怎样正确处理好各种关系的问题，特别是个人业务和领导岗位职责的关系。既然你已经承担了院系领导的职务，我们应当着重从这方面提出要求，从这个方面对你进行考查，在学术业务方面不得不有所放弃、有所损失，一心二用很难把工作做好，你的第一要务是履行你的领导岗位职责，学术业务只能是兼顾。当然个别院长可以有一些特殊对待，但应当有其他的组织措施。上次我们召开了老同志座谈会，有位老同志提出了一个意见，希望把学校领导班子的工作作风、敬业精神"克隆"给院系领导。当然这种说法我们不敢当，这是对我们校级领导班子的肯定和鼓励，但也表明对院系领导还是有期望的。所以院系领导并不都是能力问题，很重要的是愿不愿意投入。当然学校考虑任命谁的时候也应考虑到学科建设的需要、行政领导的需要，应当更好地统筹考虑。但一旦任职了，你就应当服从大局，从个人来讲，既然你承担了责任，你就应当带领全院教职工把这个学院搞好，这是你的第一要务，特别是院长。学校在这方面将进行一些制度创新，会有一些规定陆续出台。同时我们也要求更好地民主办学、民主兴院，民主决策搞得好有利于决策科学，也能分解院长所承担的风险。有的同志提出是否可以搞教授会，进人进谁，留人留谁，教授们充分讨论、举手表决。我们认为这类问题当然要请教授们讨论，但院长肯定也要起主导作用。这个问题可以提出来讨论，要经过充分的研究，以正式的工作部署为准。

队伍建设的最后一个方面，校部机关所有部处都要为院系工作年各项任务的实现提供更好的服务，创造更好的政策环境。不仅仅是研究生院、规划处、教务处、人事处、科研处、学生处，还有组织部、宣传部、财务处、校园建设管理处、工会，包括后勤集团等等各个方面。各个部处都要为院系工作来服务，为实现院系工作年的任务来服务。校领导都有分工联系的院系，每一个校领导都要把分工联系的院系工作抓好，至少要抓好一个学院，抓出典型、抓出样板，一起把工作做好。

二、关于人事工作年的问题

今年，不但是我们的院系工作年，还是人事工作年，我刚才讲了很多问题，都跟人事工作密切联系在一起。我讲的人事工作是广义的人事，不仅仅是人事处主管的人事，还包括组织部的人事。

（一）认真抓好三年到期的考核工作

我们的教师聘任制每年要考核一次，三年要总考核一次教学科研的完成情况。要严格地、坚决地按照原来的规定进行考核。据我们了解，很可能有 7%～8% 的教师过不了关，过不了关就过不了关，该批评的就批评，该转岗的转岗，愿意调走的欢送，三年内没有一篇论文发表，你当什么大学教授？要毫不客气，毫不手软。当然有特殊的情况另论，所谓特殊情况肯定是说得过去的，说不过去的是不行的。可能有 7%～8% 不过关，这个数字就不得了，1 200 个教师，可能有八九十个教师是这样的情况！要按原来的规定办事，保持政策的连续性，不能说我们换了学校领导，原来的领导说的话就不算数，那不行。抓好三年的考核工作，同时要进一步完善我们的分配制度，研究我们的问题在哪儿、有什么缺陷，听听教师的意见，听听我们院系领导的意见。

（二）根据学校发展的状况，各个学科、各个院系的发展状况，重新核定编制

编制应当是实事求是的、科学的、合理的。人民大学办学条件目前很不理想，有三项指标在全国 600 多所本科院校当中位于倒数 20 名之列：一个是人均占地面积全国倒数第 6 位，这个没办法，我们校园面积就这么大；人均教学行政用房国家规定 15 平方米，人民大学只有 6.5 平方米，师生比人民大学是 1：25，这两项都是全国倒数第十九位。在教育部直属的 71 所高校当中，我校人均占地面积第 65 位，人均教学行政用房为第 65 位，仪器设备值为第 63 位，师生比为

第64位，图书资料为第8位。我们的基本办学条件状况就是这样。这两年我们如果不把世纪馆、游泳馆及其配楼、多媒体教学楼①建成投入使用，我们的人均面积更会少得可怜。要看到，尽管这两年有变化，但我们还差得很远，你看一看兄弟院校的数字就清楚了。所以我为什么把校园建设管理处的同志盯得甚至不敢见我，天天盯住西北区改造与建设工程，就是要急于改变这个面貌。西北区工程搞好以后，至少我们的教学、科研、行政用房和学生生活用房就上去了。但是我也跟教育部发展规划司建议，生均占地面积标准要修改，过去一个学生一分地（生均0.1亩用地）这个标准现在还行吗？那是当时国情条件下和计划经济条件下搞的。他们说将来这一指标作为参考指标，这是当年三个部委联合制定的法定文件，现在想修改国家标准也很难；反过来说，你认为不合理，但全国都是这个标准来的，你排在了这个位置上也是问题呀。教学科研用房是硬指标，仪器设备值是硬指标，师生比这也是硬指标，你不好说什么吧？所以我来了一句"我要把对人民大学的国家投入公布于众"，这当然是开玩笑的话，但也有它的道理。投入太少，是难以达标的根本原因。但为什么对人民大学的投入这么少呢？关键还是我们要努力把工作搞上去。师生比这一块跟人事工作有很大关系，为什么我们讲院系工作年同时也是人事工作年，因为我们知道，人事工作没跟上去，院系工作会很困难。要重新核定编制，根据各个学科、各个院系承担的教学科研工作量核定编制，这里边还有教学编制、科研编制，怎样合理地来分配安排是一门学问。我们希望人事处要认真地调查研究，不断地提高自己的服务水平、政策水平。

（三）要创造鼓励能干事、干成事的政策环境

这方面，我们已经讲过许多正面激励的举措，今天就不讲了。我今天要反过来说，对于不干事、干不成事的人员就得有出口、有办法，有了这

---

① 2004年10月18日更名为"公共教学1楼"。

方面的办法也能有利于创造出良好环境。所以人事处要认真研究当年设立的校内人才交流中心，发挥好它的作用，要接收院系调整下来的人员，让院系的人员有出口；要研究高职低聘的办法，研究转岗、轮岗的办法，研究到人才交流中心去的办法。有的人实在不行学校就把他养起来好了，发国家工资，岗位津贴没有，也不是不可以研究这样的办法。要进行一点制度创新，在当前特定的情况下，可以研究研究，但数量不能大。只有研究出一些可行的办法，才能够逐步地营造出鼓励想干事、支持干成事这样一种氛围。不干事的、干不了事的要么你就下岗，要么你就转岗。要有这样一种机制，这种机制不是人民大学独创的，社会上早就轰轰烈烈地展开了，人民大学为什么是"世外桃源"呢？有一个学院院长跟我们讲，他那个学院的老师，学校给他的钱，学院给他的钱，加起来绝不比外资企业的少。外资企业是一个什么工作局面？员工要时时刻刻考虑自己的饭碗，上班劳动强度大，干工作非常卖力。我们不能够允许把人民大学变成一个社会的避风港。机关、企业都按照新的人事制度在工作，我们还在很多方面用计划经济时期的一套东西，让有的人觉得到学校来就是很好，跑到学校吃安逸饭。学校比较稳定这是好的，但稳定的环境是提供给干事的人；不干事你就应当下岗，干不成事你就应当转岗，到你能干成事的地方去。我们希望人事部门对这些问题进行认真研究。这个问题如果解决得比较好，各个院系工作肯定会做得好得多。当然我相信做好这项工作很不容易。我们也希望教代会、工会、院系共同配合把这项工作做好。

（四）进行制度创新

人事工作年要求制度创新，就是在我们的组织体制方面、工作方法方面，或者工作程序方面进行制度创新。院系有学术委员会，学术委员会干什么？要不要成立教授委员会？教授委员会跟学术委员会是什么关系？职责是什么？它跟院长什么关系？怎么体现民主办学、教授治教？教授治教不是治校，要让更多的教授更充分地发表自己的见解，同时也化解院长承担的部分责任。我们希望在这些方面能够有制度创新。在分配制度、轮岗制、聘任制、转岗制这些方面都能够积累经验，逐步形成比较规范的文件。学校对院系实行工资总额的动态包干，这个制度要不要搞？有些大学一年要花十天、半个月的时间，全面地跟各个院系逐个地谈，把上一年的账给你算一下，比如上一年完成了什么，没完成什么，今年学校给你多少钱，你必须完成多少任务。在分配制度上也不一定就是我们现在这样的制度，也不是不可以有所变通。学校将来也可能考虑有一部分教师只管总额、只管标准，具体由学院自己去定，我们不去管。我指的是岗位津贴这一块，国家工资都是一样的。加大院系的责任，也加大院系的权力，教师岗位津贴的多少，让院系去决定。这是一种思路，可行不可行要研究。总之在这些问题上要进行制度创新。要以改革的精神来对待这样的问题。

（五）加强领导班子建设

人事工作年的最后一个含义就是要加强领导班子的建设问题，我刚才的讲话已经涉及的就不多讲了，这个问题党委还会专门开会来讨论。这是组织人事部门重要的任务之一，要把那些德才兼备，真正有能力、有水平、有奉献精神，能干事、干成事的同志提拔到领导岗位上来。一个班子还是应当老中青相结合，当然这是就总体来讲、就多数来讲，具体到每一个班子不一定都是这样。

人事工作绝不仅仅是人事处所能做好的，而是要各个院系共同努力才行。研究生院、教务处、科研处等某种程度上讲都是用人单位，你们的意见很重要，要积极配合人事处把工作做好。

提醒大家一下，今年是人民大学复校 25 周年。邓小平同志关于人大复校的讲话后，国务院第 129 号文件是 1978 年 7 月 7 日发出的，人民大学是 7 月 16 日传达的，7 月 23 日召开全校教职工大会正式宣布复校。那是多么难忘的岁月！今年要举行适当的纪念活动。在科学研究方面今年重大的事件之一还有一项，就是十一届三中全会到今年也是 25 周年，以什么适当的形式纪念，请大家研究。当然我们还有几个重要的论坛都要做好，"人文社会科学论坛"今年是第三届，要一年比一年好，要赶快拟定主题。

三、加强国际学术交流

最后要谈的一点就是今年要进一步加强国际学术交流工作。第一，要更加讲究出访成效，特别是院系和教师的出访，要为学校的学术交流尽力，不仅仅有利于个人，还得有利于所在学院和学科的发展。第二，要开好国际学术会议，我校大小国际学术会议加在一起一年四五十个，关键是提高质量，选好主题。第三，出版翻译引进国外著名的学术著作和教材，同时要研究将人民大学重要学术成果推介到世界上去。我希望科研处、出版社好好地研究这些事情。有些教授由于历史的条件和种种原因，外语水平不是很好，他们高水平的研究成果能不能组织翻译推介到国外去？我们能不能出英文版的《中国人民大学学报》，推动我们的学术成果不断走向世界？第四，要大力开展学生之间的国际交流，进一步加大短期交流的工作力度。第五，要进一步做好留学生工作，争取留学生的规模继续有所扩大。

今天我把新的一年、主要是本学期的工作要点跟同志们汇报了一下。总体来讲，我们要把院系工作年和其他各项任务的完成看成是教育创新的实践活动，看成是学习"三个代表"的实践活动，看成是创建世界一流大学的实践活动。院系工作年并不是一年，要抓若干年。要把院系工作年与我们的"211 工程"结合起来，与我们的基地建设结合起来，通过我们的共同努力，使 2003 年继续成为为人民大学在新世纪打基础的非常重要的一年！

民主办学，依法治校[*]

——在中国人民大学第五届教职工代表大会、工会第十四次代表大会上的报告

（2003 年 9 月 22 日）

"依法治校"是贯彻党的十六大精神、推进依法治国基本方略、全面建设小康社会的必然要求，是教育事业深化改革，加快发展，推进教育法制建设的重要内容。

实行依法治校，必须有利于全面贯彻党的教育方针，坚持教育为社会主义现代化建设服务，为人民服务，与生产劳动和社会实践相结合，培养德智体美全面发展的社会主义建设者和接班人。实行依法治校，就要严格依法开展教育教学、科学研究活动和学校的各项管理工作，依法保障学校、举办者、全体师生员工的合法权益，不断提高全体师生员工的法律素质，形成符合法治精神的育人环境和工作环境，提高学校依法处理各种关系的能力。实行依法治校，还要在依法理顺政府与学校的关系、落实学校办学自主权的基础上，完善学校各项民主管理制度，实现学校管理与运行的制度化、规范化、程序化，形成教育行政部门依法行政，学校依法自主办学、依法接受监督的格局。

在我校各项工作都取得重大进展的局面下，"民主办学、依法治校"已经成为对学校各项工作提出的一项新的必然要求，这也是学校

---

* 本文节选自讲话录音整理稿的第三部分。

建设成为以人文社会科学为主的世界一流大学的重要保障。根据《教育部关于加强依法治校工作的若干意见》等有关文件的精神，结合我校实际，主要做好以下工作：

1. 重视制度建设，依法加强管理。

依据有关法律法规，制定和完善学校规章，进一步建立健全管理体制，明确学校党委、校长、校务委员会、学术委员会、学位委员会等各种机构的职责权限和议事规则，完善学校组织、人事、内部财务、会计、审计（特别是事前审计）和资产管理制度，健全监督机制；对全校以往各项规章制度进行梳理，分别予以废止或修订，或根据需要制定新的规章制度，把"民主办学、依法治校"落到实处。

2. 加强校务公开，推进民主建设，完善民主监督。

以本学期召开的教职工代表大会为契机，进一步完善教职工代表大会制度，切实保障教职工参与学校民主决策、民主管理和民主监督的权利；进一步探索和完善教授参与治教、治校的有效机制，通过各种委员会、领导小组发挥教授在教学、科研和学科建设、队伍建设中的重要作用；加强与教师、学生的沟通和交流，进一步健全沟通交流机制；强化"以人为本"的理念，严格教师、干部管理，维护教师、干部权益；完善学校保护机制，自觉尊重并维护学生的各项权益。

3. 加强法制建设，提高法律素质。

学校各级领导都要学法、用法，增强法制观念，以良好的法律意识、法制观念指导学校管理和教育教学活动，依法履行职责；进一步加强法律顾问工作，保证学校的发展规划、章程、各项管理制度和对外签订的民事合同等符合法律的规定；同时，还要努力加强和提高全体师生员工的法制意识和法律素质水平。

4. 进一步改进学校管理工作。

以创新和务实的精神进一步加强干部和职工队伍建设，进一步加强学校教学、科研、人事、财务、基建、后勤等方面管理制度的建设；继续规范、整合学校经营性资产；切实提高教学、科研和办公设施使用效率；切实提高各部处、各院系和各级管理人员的服务意识、服务水平；按照重行动、重实效的要求，加强和完善对工作的督促和检查，努力提高工作效率和工作质量，坚决克服和纠正"信息衰减"和"中梗阻"的现象。此外，要继续推进学校视觉形象识别系统使用工作；加强所有涉及学校形象的规范管理工作，如旗帜、印章、各机关部处的排序、英文译名等；要切实改进学校档案工作，颁布学校档案管理制度，推进档案电子化管理工作；要编好、用好《中国人民大学年鉴》；同时要建立健全应对危机的长效常态管理机制。通过上下共同努力，力争在全校早日建成政令畅通、反应灵敏、运转规范、运作高效、服务优良的管理体系。

在实践中锻炼成长[*]

——在中国人民大学机关干部培训会议上的讲话

(2004 年 6 月 24 日)

今天，我借这个机会向大家提几点希望：

（一）希望全体干部要进一步解放思想、更新观念

前面讲了我们很多的成就，都是解放思想、更新观念得来的。但是我还要说，我们仍有一些部处，有一些同志，在某些方面，思想依然不够解放，依然用传统的思维方式对待新的事物，跟不上时代的要求，不理解学校的很多改革措施。怎样使我们始终保持一种活力，解放思想、更新观念是十分必要的。我们有些部处某一方面很有成就，但是另一方面的工作又显得跟不上。比如，某些部处不敢得罪人，遇到问题就往后退，这些都和解放思想、更新观念不够有关系。解放思想、更新观念靠谁呢？主要靠自己，靠自己来学习，靠自己来认识，没有人能强行对你怎么样。我们有些同志还是以原来的思维方式来设想人民大学的未来，这一点我感到很危险，所谓很危险就是工作打不开局面，陈规陋习仍束缚着我们的思想和观念。特别是在不正常的情况下形成的一些东西，现在好像感觉正常了，这就更危险了。所以，解放思想、更新观念绝不仅仅是一个口号，它有实实在在的内容。我

---

　　*　本文节选自讲话录音整理稿的第三部分，全文原标题为《尊重人才、强化服务，进一步抓好党风廉政建设》。

希望每一个同志、每一个单位结合本单位和个人的实际情况，好好地思考这个问题。

（二）希望大家要多学习、多看书、多学文件

"学习、学习、再学习"，这是江泽民同志当年所提倡的。不光是他提倡，我们老一辈革命家都在提倡，有成就的学者也都是这样提倡的。我们面临的新问题、新情况太多，我们不懂的东西太多，比如我们现在的文化大厦竣工后怎么办？用传统的办法分配给大家行吗？怎么经营？如果说到法律，法律知识我们不那么具备，如果说到市场，市场知识我们不那么具备，那么我们就没有办法进行决策，进行管理。我们有几位校领导是善于学习的模范，他们反复地学习、研究、琢磨一些新问题。例如，我们的西北区工程投入使用后，将来教授都有办公室，运行成本会大幅度增加。我们同时要进行校园置换，但现在就听有人说：我们不搬家，搬家到校外去干什么？就住在校园里面，晚上要用空调，到办公室去；要用电话，到办公室去；要上网，到办公室去。如果搬出校园，这些条件就没了。你看，他就是在用旧的思维来设想未来，打小算盘。作为管理人员，就得有一个管理的办法。这个管理也不能凭空出来，从哪里来？学习！国外怎么做的，兄弟院校怎么做的，理论上合理不合理，我们学校有那么多教授，听他们讲一讲，向他们求教，这不就是在学习吗？再比如，大学生就业越来越成为一个值得关注的问题，如果人民大学就业率较低的话，学校的社会声誉、社会地位就会直接受到影响，所以学生处很注意这个问题，花了不少心思，也想了不少招数，这个招数也不是凭空来的。怎么来的呢？学习！他们十分关注全国的动态，密切关注教育部的方针政策，详细了解兄弟院校的做法，包括其他国家和地区的一些做法，理论上还向劳动人事学院曾湘泉等专家和教授请教。请别人来讲一讲，出出招数，出出主意，不断提高自己、充实自己，对我们的干部队伍建设很有好处。所以，多学习、多看书、多学习文件，都

是非常重要的，值得我们提倡。

（三）希望大家要讲自律

我们都是在高等学校工作的干部。从文化层次上来讲，相对其他人群，是高知识、高文化的社会群体，但在理想、道德、情操、品格、敬业精神、社会责任感等这些方面，是不分什么文化层次的，不敢说我们就比别人高，比别人强。按理论来讲，接受过高等教育，在这些方面就应该对自己有更高要求。但是在市场经济条件下，社会上的各种诱惑太多了，特别是处在首都北京，加上人民大学的这一个金字招牌，一方面差异性多了，选择性强了，利益也多元了，另一方面困惑、误区、陷阱也随之增加。事物总是有两个方面，现在大家欢呼自由多了。我们的改革发展，确确实实给大家大大增加了自由度。但自由需要自律。20 世纪 90 年代以来，市场经济发展越来越迅速，这十几年当中由于社会的转型和剧烈的变革，有的方面规范跟不上去，有的制度建设跟不上去，社会风气不可避免存在着不好的一面。我们一批青年干部、青年教师就在这种多元的气氛当中成长起来了。一方面改革开放的大潮激励着我们，另一方面一些负面的东西对我们有侵蚀、有影响，所以自律非常重要。因为我们的组织工作，包括党的思想政治工作，都不可能像计划经济体制下那样去做了。那个时候，组织对个人是非常重要的。现在组织对个人也应该有一定的约束，但是一些人不习惯了，特别是年青一代不习惯了；如果不习惯组织的约束，那么个人自律就显得更加重要了。自我的道德修养、法律意识、纪律观念，自律、自省、自诚、自勉都是非常重要的，我绝不是危言耸听。我来人民大学已经几年了，有一段时间感到人大商气太重，大家可能听我讲过这些话。个别人眼睛太向钱看了，一旦出现重大问题的话，对个人是个悲剧，对学校也是极大的伤害。我们要堂堂正正做人，"三个代表"重要思想并不是教条，要用我们的行动来体现，如果大家都能做到，那么整个学校就会变得更好。像我刚才讲的，学校这么大的进步都是大家干出来的，这就是实践"三个代表"重要思想的结果。

（四）希望大家要认真研究和实践科学发展观

前面提的都是对个人的要求，这一点既是对个人提的，也是对班子、对各级领导干部提的。科学发展观，一定要认真研究，认真实践。我们解放思想、学习、自律，都是为了干事情。干事要科学地去干，要有一个科学的发展观统领。从学校的班子来讲，我们要经常地反省自己，是不是哪个方面做得不够，做得不行。这几年我们有很多的经验，取得很多的成绩，但也并不是没有教训。不办错任何一件事是很难的，但是我们应当把疏漏、错误、失误，减少或压缩到最低限度，尽可能不要给工作造成大的损失。党中央提出了"以人为本"、"全面协调可持续发展"的科学发展观，对大学，同样完全适用。这就要求我们每一个干部，要认识到什么是"以人为本"，"全面协调可持续发展"提出了什么样的要求。目前，教育部"985 工程"就提出来了一个观点，说现在的高等教育有很多"平原"，也有"高原"，但是没有"高峰"。前几天，我在教育部一个会议的小组讨论会上开了一个玩笑，我说大家要少一点铲平"高峰"的做法，不要搞平均主义！这是我向教育部提的一点建议和意见。反过来我们自己呢？我们在各个院系之间、各个学科之间搞平衡的也很多。我想，不搞平衡恐怕是不对的，但是"高峰"也是科学发展观所要求的。人民大学享誉国内外，就是与我们的一些重点学科有关。当然，其他学科也不是不重要，但是我们的"高峰"应当让它保持高度或更高，而不要慢慢变成"高原"。我们在座的同志能不能在这方面出点文章、写点东西？大学的发展观是个什么样的发展观？有什么样的矛盾需要我们处理？记得去年"非典"之前我们到江苏南京某一大学，当时我对该校的"特区"政策非常感兴趣，实际上就是有几个研究所是"学术特区"，酬金、津贴完全和别的院系不一样。现在"985 工程"要求大学搞

"特区"。我们就犯愁了，"特区"在哪几个学科实施？实施以后如果有的教授年薪20万，那别的教师怎么办？马上就要平衡，就要协调，这些观念自然就出来了。这个要求是对还是不对呢？我想就要科学地进行研究。

科学发展观在高等学校主要体现在哪些方面？我们对学生怎么样服务到家，对教职工，对教学、科研怎么样服务到家，怎样体现以人为本？比如附小搬迁，我听说有的人对我的意见很大，说要把纪宝成搞倒，他居然把附小迁走，我们送孩子上学太难了。他们有意见，我完全可以理解，但是我们考虑问题必须要更深层次、更长远一些。科学发展观在人民大学到底怎么落实？人性化、以人为本到底怎么体现？对于住在校内的人来说，附小搬迁后送孩子上学可能有点困难，但要看到附小搬了以后，不但方便了大多数教职工，小学的办学环境、办学条件也改善了，孩子受到的教育会更好。如果我们把附小迁走以后，这些孩子受到的教育更差，办学环境、办学条件更差，而不是比现在好，那我们要检查检查。但事实是附小搬迁后条件要比在校内好多了，我们也感到很高兴。以人为本怎么贯彻？一方面，要保护教职工的积极性，充分调动教职工的积极性，让他们有用武之地；另一方面，对不正确的东西我们也要加以正面的引导，这恐怕都是以人为本的重要方面。歪风邪气我们是不能容忍的，任由它滋生蔓延，那是不行的。但更重要的是我们要服务好。在人才培养方面，我们要真的把学生当成国家的未来，帮助他们成才，这是人民大学贯彻以人为本极其重要的更为主体的方面。同时我们也要让广大的教师在人民大学这个平台上能够充分发挥自己的作用，能够不断地取得丰硕的研究成果；让我们广大的干部在人民大学这个舞台上，能够找到自己的位子，能够心情愉快地工作。我想，这些都应当是以人为本。我们现在有些人的服务态度不好，使我联想到我原来在基层商业部门工作，当时要求售货员对顾客提供微笑服务，有的就理解为一天笑到晚，那岂不是最后神经都会麻木了？其实微笑服务的本质是要求和蔼可亲地来接待顾客，努力提高服务质量，而不是皮笑肉不笑在那里笑，绝不是这样。我们讲的要服务好，也并不在于一天到晚都要笑脸相迎，而是真的帮助解决困难和问题。我们有些大教授，对学校的规章制度可能搞不清楚，在这方面他不是专家，应当理解他，理解了，就能很好地为他服务。为什么过去教授要配助教，要配各种各样的助手？主要是他不应该把时间、精力放在这些琐事方面。所以做到以人为本，就要根据我们的服务对象，来做好我们自己的工作，来帮助我们的工作对象，来更好地履行我们的职责。这些都是我们落实以人为本非常重要、具体、核心的内容。大家只要多想想以人为本，服务他人、便利他人、帮助他人，让他人很好地生活、很好地工作、很好地成长、很好地成才，那么我们人民大学以人为本的科学发展观就算落实得比较好了。所以，我觉得科学发展观就是这两部分内容，一个叫做以人为本，一个叫做全面协调可持续发展，这是两个既相关联、又不完全相同的领域。我们学校领导，准备今年暑假召开一个比较高层次的务虚会议。所谓务虚就是不讨论具体问题，而是讨论大的事情、大的发展思路，思考在人民大学贯彻科学发展观，目前要处理好哪些重大问题。也希望各个部处利用这个假期结合自己的工作好好理一理这方面的思路。

人民大学这几年是干了许多事情，成绩来之不易。这些事情不是某个学校领导或学校领导班子干的，功劳属于广大教职工，其中机关干部功不可没。很多同志当年夜以继日奋斗的形象，我在脑海里面都有，非常感谢大家。同时也说明只有在实践当中我们才能出干部、出人才、出经验。没有实干、没有实践，永远培养不出来高水平的干部。我们今后也应当在实践当中锻炼我们的干部队伍。在未来的工作中，一定要注重解放思想、更新观念，要学习、学习、再学习，自律、自省、自诚、自勉，这很重要。我想，我们学校整个领导班子愿意与我们机关干部一起，与全校广大师生员工一起，把人民大学今后的工作做得更好，在实践"三个代表"重要思想的过程中，在创建世界知名一流大学的历史进程当中作出新的更大的成绩，让人民大学再创辉煌！

清醒、团结、干事[*]

——在中国人民大学党校第 14 期新上岗
处级干部培训班上的讲话

(2004 年 10 月 22 日)

学校历来重视几支队伍的建设，包括师资队伍和干部队伍，对于学校办学来讲，两者都很重要。何况我校正处于转型的时期，正处在向上爬坡和创建世界一流大学的奠基阶段，师资队伍和干部队伍就显得更为关键、更为重要了。

对新上岗的处级干部进行培训，这是一项很好的制度，应该坚持下去。我很愿意参加这样的培训班。这几天事情很多，不敢说每一分钟都安排满了，但每一个小时确实都安排满了，而且事情比较散杂，跨度很大，不能集中精力想一想这次培训，来不及认真准备会议发言，所以我今天就采取一个漫谈的形式，谈些情况、谈些感受、谈些体会、谈些认识，至少我年龄长一些，经历多一些，有些想法与大家交流一下，分享一下。组织部给我出的题目是"如何当好干部"，我觉得有六个字"清醒、团结、干事"。今天就从这三个方面来讲讲。

一、谈一谈"清醒"

对于这一点，有不同的经历，就有不同的理解。清醒不是无谓

---

* 本文根据讲话录音整理。

之谈。

（一）政治上要清醒

政治观点、政治纪律、政治敏锐性、政治坚定性，是领导干部必须认真对待的重要问题。我们的大学是人民的大学，是社会主义的大学，要坚持正确的办学方向，高校的干部必须保持清醒的头脑。学校各方面的工作，都可能涉及政治方向。学校不是生活在真空当中，而是在社会当中。高校是人才汇集的高地，是人才培养的基地，处于转型时期，各种观点、思想在高等教育领域激荡，有时甚至是尖锐、复杂的局面和形势。人民大学以人文社会科学为主，意识形态、价值观念是不可回避的问题。

政治上的清醒要在具体的问题上体现出来，在人大提出这一点很重要，有很多问题不能不从政治角度来考虑。比如"教育市场化"看来是个经济问题，但是作为政策，那么普通老百姓的孩子如何上学，这就是个政治问题。日常工作中也应从政治角度来思考，"非典"事件，搞不好就是个政治问题，贫困学生的保障问题，搞不好也是个政治问题。

学校对学术、管理工作的领导，都有政治的因素。如何在政治上锤炼自己？要有祖国的、人民的、政治的观念，要有党性修养，要有理想、有信念、有纪律。政治上的清醒不是口号，主要体现在安排工作、处理问题之中。政治上强不强，是通过工作表现出来的，而不是喊出来的。"讲政治"是保持清醒头脑的一个重要方面。有些人政治上是不清醒的：有人信奉谣传，并以此指导自己的行为，是政治上犯糊涂；有人偏好乱猜测、乱分析，并用这些指导工作，是政治辨别不清，缺乏鉴别力、敏感性不强的体现。

总之，在政治方向上、改革发展上、具体事情上，都要清醒。

（二）要有大局意识、大局观念

很多人在这个方面也犯糊涂，胸中若无大局，往往是不清醒的。

科学发展观就是一种大局观。搞改革、搞发展，必须要有大局观，否则就可能出问题。很多人随意使用"跨越式发展"这个词，我经常泼冷水。在实际工作中，既要有常规发展，也要有跨越式发展。该跨不跨，丧失良机；不该跨乱跨，就是重弹"大跃进"的老调。现在到处都讲"跨越式发展"，天天跨着走，不累吗？但是如果前进道路上遇到壕沟的时候，就要敢于跨越。

建设世界一流大学，涉及一个大局。这么多高校，不能都提建世界一流。但是人民大学敢不敢提、该不该提，是人大的问题。从全局考虑，应该有一所以人文社会科学为主的一流大学，而人民大学有过辉煌成就，现在有这样的实力。建设世界一流大学，也要把局部和大局联系在一起才行。俗话说的"为官一任，造福一方"是不错，但是如果没有大局观，有可能造福了一方，但是祸患了四方。

高校之间的竞争同市场上的竞争不完全是一回事。有的学校恶性竞争，用难以想象的条件"挖"人才，不是正常吸引人才，只能说品格低下，这样的大学，能建一流大学吗？

要正确处理局部和整体的关系、眼前和长远的关系，树立大局观。我们不敢说一点问题也没有给后人留下，但是我们要时时提醒自己，尽量不给后人添麻烦。

（三）要有权衡的观念和意识

权衡利弊得失，是工作中经常遇到的问题。决策无非是要抓住机会，分析机会的利弊。是不是一名称职的领导干部，也要看有无分析形势、抓住机遇的能力。有些事情是好事，但是不适合做；不顾一片反对的声音，硬要去做，效果会不好。任何事情都可能有利有弊，有的是时间长短的问题。这些都需要分析、需要权衡，而后才决定、才行动。

以前，人民大学把家属区建在校园里，当时的理由是很充分的，现在却花很大的精力置换出去，制约的力量是很大的。我们是在反复权衡利弊得失之后下决心去做校园置换这件事的。我们引进西方的东西，比如教材、学术观点等等，由于对人家的学说研究不足，学力不够，也可能把别人不优秀的东西引进来，在没有掌握全局、研究不够的情况下，就可能带来误读、误解、误导，甚至危害。所谓"好心办坏事"，往往是权衡利弊不够，对负面影响认识不够，分析不足。

总之，作为干部，要学会权衡，抓住机遇，学会分析利弊得失。

二、讲一讲"团结"

我们的小学就已很注重关于团结的教育。天天讲团结，说明团结方面可能经常出问题。不团结就不能把事情办成，团结尤其重要。对个人来讲，团结是健全人格的一种体现，善于与他人共处；对组织单位来讲，团结是一种人气，人气很旺，众人拾柴火焰高；对做事情、谋发展来讲，团结是一种资源，一种力量。团结出新的生产力、创造力，要像爱护眼睛一样爱护团结。

（一）要善于与他人共处，与他人共事

这是对干部的基本的素质要求。如何做到团结，凝聚人心？要有一个共同的奋斗目标。对于人民大学来说，一是要办人民满意的大学；二是要创世界一流大学，也就是"人民满意、世界一流"。要靠这样的目标把师生凝聚起来。一个目标是可以分解的，单位也要有自己的目标。

干部要认同目标，要有为目标奋斗的价值取向。这样工作的时候，看看符不符合目标，如果符合目标，个人利益受到损失也要去做，这样团结就会实现。

（二）要有民主、平等的心态

我们要做到尊重他人、包容他人，做到以人为本，努力构建和谐社会。不要因为有自己的意见而不接受他人的意见。有自己的观点，

这没有问题，但必要的调和、忍让是工作中的要求。善于妥协、善于调和、善于忍让，是包容力的重要内容。有的原则要坚持，有的原则是可退可进的，原则性与灵活性要统一。工作中并非时时处处都是那么重大的原则，也不是生死的斗争。有了矛盾调和一下，看上去好像是中庸之道，中庸之道也很好，不走极端，掌握好一个度，这是团结的一个重要的方法论问题。为一点小事，在那儿"坚持原则"，闹矛盾，就不太像话了。工作中并不是不允许争论，但是不能因分歧而伤感情，当然也不是让大家放弃原则，也不是不坚持正确的事情，有时忍让一下，你的意见就可能得到执行。

（三）要善于沟通、交流

信息沟通、思想交流是团结的重要法宝。信息不对称，分析就不准，就会影响人与人的关系。我们开创的新年报告会的形式很好，由校长来汇报情况，可以说也是在增进全校团结。不像有的领导搞得神神秘秘的，还说是"距离美"。该民主的时候民主，该集中的时候集中。但是平常的交往，不能居高临下。社会上有部分人对党委领导下的校长负责制持保留意见，但我认为一个人说了算的体制是有问题的，不要追求一个人说了算，得有集体领导，得有一定的制约。就制度设计而言，权力不受任何制约的情况是不可能的，事实上也是没有的，即使在封建社会也不是这样，那时也是有制约的。从信息论的角度看，权力制约是有利于"兼听则明"的。

沟通信息很重要。在很多情况下，不团结、闹矛盾都是不了解造成的，彼此不了解、不沟通就容易造成误解。我和学校其他领导大事必商量，小事必通气。这也是一种尊重、一种平等。主要领导之间的关系很重要，要及时保持交流，坦坦荡荡，即使有什么问题，大家也能理解，有什么难处，大家也能谅解。我把信息沟通、思想交流看做团结的"法宝"，这是极其重要的。学校办公室、宣传部在沟通交流信息上要多下工夫。"中梗阻"的情况，不传达、不贯彻、不上报，这都会影响团结。团结体现在各个方面，部处之间、院系之间、院系内部、院系与部处之间等等。

三、说一说"干事"

在这里，我最想说的是四句话十二个字：想干事、敢干事、能干事、干成事。

（一）想干事

想干事是前提。不想干事，天天一杯茶、一张报，甚至痴迷上网打游戏等等，这样的人不能在干部的岗位上。现在面临着大好的发展机遇，是干事的最好机会。我到人民大学来，感到压力很大。在第一个任期的工作总结上，我曾经表述了刚到人大任校长时的感受：我们为人大的辉煌成就而感到振奋，感到钦佩，同时也为人大与成就不相称的办学条件、办学现状感到不安，感到震惊。但我们抓住机遇干事业，取得了明显的成效。几年来，我有两次心情最为舒畅：第一次是江泽民同志来校考察并讲话，以国家最高领导人的身份对人民大学作出规划；第二次是教育部相关部门经过评估公布了80个一级学科的排名情况，我校有5个学科在全国高校中排名第一。

要看到国家处于重要战略机遇期，高等教育领域也是这样，人大也处于最好的发展时期，包括许多知名的老教授也都这么认为，不干事更待何时？我们要以高度的历史责任感、荣誉感、自豪感来做事。从大的方面讲，是为了国家，为了民族，为了人民；从小的方面讲，是为了人大重创辉煌，为了个人理想。每一项工作都是整个机器的零部件，有一个部件出问题，整个机器就可能出问题，所以要保证每一个部件运转正常。现在做事情的潜力很大，空间很大，每个单位都是大有作为的时候。

干部也要有忧患意识、危机意识。这也是我们干事的一个重要动力。

（二）敢干事

"敢"在古代文献中称"勇"，所谓大智大勇、智勇双全等等。有智无勇干不成事，有勇无谋往往把事情干糟、干坏。干成每一件事都不容易，特别是前人没有干的事情。有时在复杂环境下的干事，赞誉者有之，毁谤者有之。几年来，学校拆迁旧房、整顿商店、清理乱办班、制止教师在外兼实职、校园置换、后勤改革、人事改革等等，无一不涉及各方面的利益、个人的利益。既有惊涛骇浪，又有暗流汹涌，诬告、陷害、威胁都是有的，难道这样就退缩不前了？看准了的事情，就要坚持下去。没有胆识和勇气，就别当干部，别挑担子。没有勇气和胆略，是有重大缺陷的干部。没有政治勇气和理论勇气，学术上就不可能创新，行政管理也是这样，不能因为得罪了个人的利益、不正当的利益或眼前的利益，就不去做事情。我们把校园置换和房改结合，是需要政治勇气的。"勇敢"对当好干部很重要，要有胆有识，勇往直前，坚持到底，把事情干漂亮。

（三）能干事

能干事是一种智慧，要多筹划、多谋划。大学里的干部在谋划问题上往往是有一些欠缺的。谋划是用心的、花时间的。很多人不谋划，据了解，包括一些副院长在内的不少中层干部连学校的文件也不太看，要么是不认真，要么是不会做干部。谋划太重要了，办小事，成大事，都没有不谋划的。领导干部应抽出时间，跳出具体事务，想大事、议大事、谋大事，这才是高明的领导，而且这种思考问题的时间也是值得的。"谋划"、"筹划"是非常值得研究的，事在人为，只要谋划了，大部分的事情是能够做成的。俗话说"谋事在人，成事在天"，一般在这样的环境下，符合规律的事情基本上都能办成。

（四）干成事

干成事就是绝不能半途而废、功亏一篑，议而不决，决而不行。

干事是会遇到挫折的，但也要把事情办成。领导都要做到大事情一抓到底，细节都不能放过。比如收回造纸六厂，就是李岚清同志、陈至立同志等多次过问才办成的。重大事情领导都得亲力亲为、亲自动手、一抓到底。

给大家举个例子。我校要办一个针对外国人的全英文的"当代中国研究"项目。党委常委会都通过了，教育部有关部门也非常支持。可报告打到校部机关，有的处说国家没有这样的学位，有的处说没有这样的收费标准，四个相关处统统都说不行。改革开放中碰到的很多事物，原来都没有规定；没有这样的学位，没有这样的标准，可以去反映、去汇报，都可以去做、去争取。连教育部领导都说好，办事的处长反而说不行，科长否定校长。所以，干部一定要为发展服务，一定要把好事情办成才行。

总之，干部要有敬业精神、使命感、责任感、忧患意识，要智勇双全、坚韧不拔、耐心细致、善于等待、百折不回、干事成事。

固本强基练内功　内涵提高上台阶 *

——在 2004—2005 学年第二学期全校
中层干部会议上的讲话

（2005 年 2 月 25 日）

同志们，大家过了一个愉快、祥和的春节，新的工作又开始了，现在可以说是新的一年的开始，也是新的学期的开始。昨天学校党政联席会议对本学期的工作、本年度的工作作了一些讨论。今天我代表领导班子，将我们想到的一些主要问题给同志们作个汇报和介绍。

关于今年这学期的整个工作安排，学校会发一个工作要点给同志们，供大家在工作当中作参考。我今天就不再按照工作要点来讲，还是主要讲一些思路，讲讲重点工作，讲讲我们很关注的一些事情，既是提出工作要求，也是向同志们沟通一些信息，谈一谈认识，以便于同志们进一步了解学校总体工作思路，安排好新学期的工作。

我们感觉，2005 年将是收获的一年，也是今后发展关键的一年。所谓收获的一年，就是这几年来，我们在"实践'三个代表'重要思想，创建世界知名一流大学"这个历史进程中所付出的种种努力，从去年开始已经逐步取得成效，今年应当是过去几年工作大面积收获的又一年。不管是校园建设，包括校园环境、工作条件、教职员工的生活条件方面，还是我们教学的成果、科研的成果，预期在 2005 年都

---

* 本文根据讲话录音整理。

将会有显著的成效，会结出丰硕的成果。所谓关键的一年，从国家来讲，大家看到全党都在认真贯彻党的十六大精神，保持共产党员先进性教育活动正在全国开展，科学发展观正在深入人心，建设小康社会、构建和谐社会的目标也已经深入人心。2005年，在这些方面，从全国来讲都将会有许多重大部署和举措，很多重大的行动我们都要参加进去。从学校工作来看，2005年，是我们第十个五年计划执行的最后一年，今年我们对第十个五年计划制定的种种发展目标要进行检查，看看最后哪些实现了，哪些没有实现。应当说这是很关键的一年。预计我们原来制定的"十五"计划各项主要目标都可以实现，有些已经提前实现。2005年又是我们"985工程"实质性全面实施的第一年。去年"985工程"的制定、申报、审批，几乎搞了一年时间，到了下半年教育部审批下来，真正大规模、全面的、实质性的实施今年是第一年，可以认为是起步开局的一年，这就显得很重要。今年又是我们"211工程"本阶段建设的最后一年，"211工程"今年要做阶段性总结，如果不总结，就很难进入下一阶段的建设，这不就是很关键的吗？从学校领导班子来讲，今年也是新一届行政领导班子工作的第一年，跟过去工作联系起来考虑，我们每一年的工作都是为今后的工作打基础，今年将收获前几年工作取得的成果，也是为人民大学创建世界知名一流大学继续打基础的一年，所以2005年对人民大学在21世纪初若干年内的发展是很关键的一年，把今年的工作做好对于今后人民大学若干年的发展，具有重要意义。所以一定要在学校党委的领导下，全校继续乘势而上，把2005年的工作做得更好。

我们工作的基本指导思想还是要高举邓小平理论、"三个代表"重要思想的伟大旗帜，认真贯彻落实党的十六大、十六届三中全会、十六届四中全会精神。我们始终要以改革为动力，以发展为主题，以科学发展观统领各项工作，继续解放思想、更新观念、抓住机遇、加快发展，为创建人民满意的、以人文社会科学为主的世界知名一流大学继续奋斗。我们的目标是"人民满意、世界一流"，这八个字我们是要记住的，这样才能把人民大学的工作做好。具体的工作思路是继续坚持"1231"：一个高举，就是高举"发展才是硬道理"的旗帜；两个规划和建设，就是学科规划与建设、校园规划与建设，坚持不动摇；继续抓实改革、抓实调整、抓实管理；继续千方百计地筹措办学经费，继续保持较大力度的投入。我们现在有能力、有条件说这样的话。我们要更加注重队伍建设，更加注重提高质量，包括教学质量、科研质量、管理质量、服务质量等等各个方面；继续加强环境、制度的建设，创造一个和谐的环境，创建一个大家能有所作为、大有作为的环境，团结的、和谐的、奋斗的、奉献的，也是学术自由的一种环境。让我们的学生在这样的环境中健康成长，让我们的教职员工在这样的环境中施展自己的才能。每学期的工作，我们想每年都是一样，领域总是那些——教学、科研、行政、后勤等各个方面。我们工作的重点、工作的一些具体内容可能会有一些变化。我今天把最近一段时间以来，包括放假之前我们领导班子讨论的问题、同志们反映的一些问题，以及我们现在正在思考的一些问题综合起来，给同志们讲一讲，讲错的、遗漏的，程天权书记和其他同志还可以修正和补充。

（一）关于学校内部治理结构

完善治理结构是一个长期任务，这项工作几年来一直在进行，但是我们感到这项工作应当到了一个阶段性决策的时候，或者说应当有阶段性的明朗化。我们认为人民大学发展到今天，必须进一步规范、完善学校内部的治理结构，来提高学校的运行效率，提高管理的质量和服务水平。我们党正在推进加强执政能力建设的工作，对学校来讲就是要加强服务能力的建设。治理结构和服务能力完全联系在一起，如果治理结构不科学，就会不协调，甚至内耗、扯皮。人民大学已经不是 20 世纪 70 年代、80 年代、90 年代的人民大学了，现在规模已经很大了，专业结构也比过去丰富得多、复杂得多，办学的层次也很不一样，发生了很多新的变化，队伍状况包括干部队伍也已发生很大的变化。学校内部治理结构究竟怎么办？我们想最重要的有这么几点：

第一，校、院、系三级组织，责任、权利、权力是什么？怎么界定？学校各职能部处与学院的关系是什么？怎么界定？各个学院内部，院和系该怎么设置？要不要设立系？什么情况下设立系？如果设立系，系和院是什么关系？干部职数该如何定？有很多问题。应当说，若干年来学校是在探索的过程当中，五花八门的情况都有，前两年我们就想把这项工作提上日程，但是感到条件不成熟，需要摸索一段时间。这两三年，人事部门、组织部门、规划部门实际上不断地在这方面进行研究，调查了解国内外的情况。今年上半年，对这个问题要作出结论，要进行调整和安排。预计这项工作本学期不可能全面完成，可能要延续到全年。我们现在不同的学院，校、院、系的关系是不一样的，有的是校、院两级，有的是校、院、系三级，有的系是学校设的，有的系是学院自己设的，名目繁多。院系建设是一项基础性工作，但是它又是与时俱进的。随着社会的发展，学校也产生了很多新的情况，大家都要努力适应新的情况，但是不能总是处在这样一个不规范的状态。这项工作做不好，对于整个学校的工作质量、运行质量、教学、科研等方面都会产生消极影响。做这样一件事情应该说是人心所向，是大家的迫切愿望、迫切要求。为此，我们上个学期末召开专题办公会研究治理结构问题。希望我们各院系的领导同志、各职能部门的有关同志在这个问题上献计献策、群策群力，把这项工作做好，把治理结构进一步清晰化。其实其他方面的治理结构问题这几年也一直都在探索，比如后勤的治理结构应当说发生了巨大的变化，不知道同志们感觉到没有，今天的后勤再不是四年前的后勤了，它的治理结构已经发生了很大的变化。各个院系在这方面也作了积极的探索，我们这一次就是在大家探索的基础上认真加以研究并使之清晰。

第二，加强领导班子的建设。这方面的工作党委组织部门一直在抓。我要强调的是，学校领导实行的"三重一大"① 制度，其基本精神各学院也必须贯彻执行。领导班子怎样加强集体领导，院系领导班子成员怎样发挥各自的作用，学院里党政机构怎样密切配合，学院一级的重大事项、重大决策怎么做，学院一级的会议制度、决策程序怎么样，都是我们要进一步研究解决或完善的问题。加强学院这一级领导班子的领导能力、服务能力建设，是非常重要的，应当作为本学期以及全年的一个工作重点。

第三，编制问题要进一步研究，要定岗定责，这既是人事制度，也是治理结构方面的问题。人民大学有教学编制、教辅编制、行政编制，现在我们还要提出科研编制；还有教师双聘制度，这提出了很长时间，也有了初步意见；还有临时用工的制度，后勤集团在这方面很有经验。编制问题是治理结构问题里面一个极其重要的方面，要继续完善。为了加强科研工作、学科建设，科研编制是必须要有的。上世纪 80 年代人民大学是有科研编制的，研究所都是科研编制，后来科研编制逐步没有了，都变成了教学编制，但发展到今天，全部都是教学编制也是有问题的。现在又提出了科研编制的问题。人事处在这方面已经酝酿了很长一段时间，应进一步研究，尽快实施。

第四，要提高行政管理的质量。怎样运转规范？怎样运转高效、科学合理？上个学期学校已经专门召开了行政管理工作会议，本学期应当成为贯彻落实行政管理工作会议的第一个学期，要明显见成效。我们希望行政管理工作会议确定的各项目标、各项措施在本学期能够得到认真的贯彻落实。这个问题就不详细讲了，因为已经专门召开了行政工作会议。学校有关部门和各院系在贯彻行政管理工作会议方面要加强沟通，出现问题要随时加以解决。不能说会议开过就等于工作已经做过了，关键是要努力把会议精神落实下去。

---

① 三重一大，即"重大决策、重要干部任免、重要项目安排和大额度资金的使用"。《中国人民大学"三重一大"制度规定（试行）》于 2005 年 1 月 12 日印发。

同志们，我校整个工作重心从去年开始正在做适当的转移，我们现在的提法是"固本强基练内功，内涵提高上台阶"。治理结构的完善、服务能力的增强，是苦练内功从而实现"更上一层楼"的最基本的方面之一。如果学校的运行不畅，教学、科研、管理各项工作就会大打折扣。我们注意到，国企改革十分注重企业内部治理结构，我们搞经济学的同志大概都很了解，希望你们把理论也运用到人民大学内部治理结构上来。人民大学虽然不是企业，但是也是组织机构，它和企业有着很多共性的地方，同样要把治理结构搞好。学校治理结构还有很多其他内容，比如需进一步提高教代会的作用、工会的作用，民主党派、共青团等组织的作用等。治理结构内容非常广泛，希望大家关注这件事情，共同来提高人民大学的服务能力、管理能力，提高我们的运行质量。

（二）关于学科建设

学科建设是学校的实力之所在、竞争力之所在，也是学校影响力之所在，我们苦练内功、提高内涵，始终要把重点放在学科建设上面。学科上不去，就谈不上有什么实力，谈不上什么竞争力、影响力。这一点大家都很明白。在这里我重申一些基本思路。学科建设，我们要重点强调"三个意识"、"一个体系"。"三个意识"，来自于江泽民同志考察人民大学时的讲话：当时江总书记说"人民大学已经成为人文学科、社会科学、管理科学教学领域的重要基地"，这就提出了基地意识；他提出"要把人民大学建设成为以人文社会科学为主的世界知名的一流大学"，"为主"就是有特色，是特色意识，"一流大学"就是一流的意识。基地意识、特色意识、一流意识这"三个意识"我们要牢牢地把握住。"一个体系"就是学科结构体系，即"主干的文科、精干的理工科"。人民大学当前学科建设的指导思想和工作思路就是"三个意识"、"一个体系"。要按照这样的要求把我们的工作做好，自觉地把自己建设成为中国人文社会科学教学领域一流的重要基地，这三个意识体现了历史责任感、使命感、荣誉感，我们要为之而奋斗。我们还要按照"主干的文科、精干的理工科"的要求考虑我们的学科体系。"主干的文科"，即文科要尽量搞全，除了老的学科以外，现在特别要重视像艺术学、教育学、人类学、心理学等一些我校基础比较薄弱或者过去没有的学科，把它们做大做强，特别是做强；"精干的理工科"，去年以化学系成立为重要标志，人民大学的学科结构发生了重大变化，这个变化对我们未来的发展非常重要。化学系已经成立，要继续巩固、提高。今年的重点是成立物理系，不再是筹建阶段了，要开始正式招生。此外，要将建设新的数学系提上日程。我们现在的数学系主要是应用数学，它在历史上作出了很多贡献，但是它不能适应人民大学组建理学院的需要，存在一个改造与提高的问题。今年我们要在理学院的组建上多下工夫，把理学院的牌子亮出来。

关于学科结构体系，我们的一个重要原则是不求全，不是理、工、农、医什么学科都搞；也不求大规模，不会去建5万人的大学校。但是我们追求高起点、高水平、有特色、有优势，即"两高、两有"。我们要么不搞，要搞就要高起点，力争高水平。要在每一个大学科里面凝练学科方向，形成自己的特色，在特色里面形成自己的优势。中文系是老牌系，人民大学中文系和北京大学中文系相比，特色是什么？要研究这个问题，要把特色和优势搞出来。老牌的系是这样，新的系也是如此。如化学系，他们准备做材料化学，围绕这个形成特点，我们的物理系也准备搞材料物理，这样，人民大学的理、化很有可能都会在材料方面下工夫。这就会形成人民大学理学院的特色，形成自己的优势，不是一般的优势，而是要居全国前列，在国际上也要有发言权。我们化学系有这样的雄心壮志，才创建了一年时间，就已经有两篇文章发表在世界最高级别的化学刊物上。

我们学科建设的工作方法则是整体推进，重点突出。所谓整体推进，即学校所有的学科都要向前发展，学校要为所有学科的发展创造条件。在学科建设问题上，无论是捡了芝麻，丢了西瓜，还是捡了西瓜，丢了芝麻，都不行。不管大学科、小学科、热门学科、冷门学科，只要是人民大学的学科都应当得到支持，要做到整体推进。在这一点上各有关部门、各院系的领导同志一定要这样做，不能有亲有疏，不能院长是搞什么专业的重点就搞什么，对其他专业不太关注。我们要牢固树立整体推进思想，不能让有的学科感觉到没有人管，什么都没有份儿，这样不行！在整体推进的基础上则要有重点。什么是重点？人民大学的优势学科、传统学科应当是重点。国家 25 个重点学科当然是重点，还有其他的重点，比如说我们正在建的学科，一定时间之内要扶植它，那么在这个时间内它就是重点，比如化学系、物理系，我们在时间、精力、物力、人力的投入上在一段时间之内要适当倾斜，这是必要的。已经是优势的学科要作为重点；新兴的、对人民大学未来发展有很大影响、对国家而言也很重要的学科，也都是重点。"985 工程"的指导思想就是要在高原上耸立起高峰，"整体推进"就是营造高原，"重点突出"就是要造就高峰。"985 工程"建设强调了人民大学的经济学、法学、哲学，强调了马克思主义基础理论，强调了若干个重要的学科领域，如新闻学、社会学、管理学等等。"985 工程"的文件大家都看到了，要按照其中人民大学的报告来实施。在这个过程中，将来肯定还有参差不齐的，高峰中也有不同的海拔高度，那就要看各学科自己的努力了。希望各部门、各学院自觉地贯彻"整体推进，重点突出"这个工作要求，把学科建设搞好。

学科建设的关键是教师队伍建设。教师队伍建设我们年年都在讲，本学期，我们的教师队伍建设将继续按照原来学校确定的人才引进计划、人才建设规划、"985 工程"关于队伍建设的要求来做，包括长江学者计划、新世纪人才计划、百人引进工程等，都要继续做好。此外，人民大学本身要不要搞特聘教授，也要进一步研究。在这里，我着重强调几个重点问题。

第一个重点是梯队建设，老、中、青梯队建设。法学院的学术力量是强大的，但他们善于分析自己，通过分析总结出很有价值的结论和问题。他们认为，40岁左右的人才他们很强，有一批很杰出的中青年学者，分布于法学的各个领域，但30岁左右的人才队伍则比较薄弱，需要大力加强。我认为他们很有远见，这就是梯队建设问题。我们的法学院是中国一流的法学院，也是人民大学很重要的一个学院，他们自觉地分析自己，看到自己的问题——年轻人是未来，30岁左右的没人起来，再过10年问题就会很大。可见梯队建设问题很重要。

第二个重点是拔尖创新人才的培养和引进。拔尖创新人才也就是学术骨干、学术领军人物，是有可能成为大师的人才。这几年，很多学院都在这方面下了工夫，法学院是这样，商学院现在也积极努力，注重拔尖创新人才和学术骨干的引进，经济学院、财政金融学院、新闻学院、国际关系学院也做得不错，各个学院都非常重视，都很努力。我们的思路是引进与培养并重，培养和使用更为重要，这个思路大家都是赞成的。这些行之有效的成功做法，我们要继续推行。希望大家一定要把队伍建设放在非常重要的地位，经常思考、经常研究，不能停在口头上、规划上，一定要见诸行动，做实做好。

本学期，在师资队伍培养、提高方面，我们学校将实行两个重要的举措，一个是要"走出去"：走出国门。学校利用"985工程"，利用我们和国家留学基金管理委员会签订的协议，资助派出一批教师到国外去进修、考察、学术访问。除了国家给我们的名额，除了我们学校和国外大学签订的合作协议以外，我们自己也筹集资金派出一批教师，从今年开始，要连续实行好几年。让大家到国外去开阔视野，了解国际学术的前沿，同时也为我们未来的学术骨干营造一个国际交流的环境和平台，到国外去结交朋友，扩充自己在国际上的资源。现在我校在提升国际性方面很努力，师资队伍国际性是非常重要的。具有国际学术活动的背景，应当成为将来我校绝大部分教师的经历。如果我校的大部分教师没有国际学术活动的背景，就很难建设世界知名一流大学。目前人民大学在国际上的知名度尽管这些年有比较大的变化，但是距离要求依然较远。所以学校下决心，依靠"985工程"走出去，希望各院系的领导以及我们很多有志于在人民大学献身于学术的教师，积极主动地把自己纳入这个规划当中去，努力争取这些指标。我们个别院系对此认识不是很清楚，考虑出去以后给多少钱，工作量怎么办，津贴奖金怎么办，收入是不是减少了，在国内可以挣很多钱，在国外挣不到钱了等等。如果只是想这些问题，导向就是不对的。我们还是应当从大局出发，这对人大的未来发展具有重要意义；对个人的学术、学科、院系来讲，其实也是非常划算的、非常值得的。大量活生生的事实告诉我们，机不可失、时不再来啊！抓住机遇非常重要！学校决心最近几年拿出一笔钱来做这个事情，但怎么可能今后年年拿这个钱？并不是将来都会有的。"走出去"这一点，人事部门、研究生院、教务处、科研处等部门要与院系共同努力，把人员组织好，因为这是学校的行为。我们把学校行为、各级组织的行为和个人行为完美地结合起来，不要由于种种并不是很合理的理由，把这个机会错过了。比如，我们访问伊利诺伊大学，发现他们有一个访问学者项目非常好，待遇非常优厚，时间为一年，只是对接收的学者的英语有要求。我们就跟人家谈，要求人家给人民大学名额，结果名额有了人大也没有人去。希望我们的教师不要短视，眼前你少挣一点钱，花点时间进行外语培训，出国学习和学术访问一段时间，对你一生很重要。这同时也是为了学校的利益、学科的利益、人民大学的地位、人民大学的声誉而采取的组织行为，并非完全自愿，并不是不愿意去就可以不去。

第二个方面的举措就是要"沉下去"。什么叫"沉下去"？到改革开放第一线去，到建设中国特色社会主义的伟大实践当中去，到基层去。去年暑假我校工会、教代会办了一件好事，组织了一些教师到甘肃省定西县考察。定西县是我国最贫穷的地方之一，去了以后效果很好，地方很欢迎，教师也觉得受益匪浅。因此利用"985工程"的一部分经费，组成人民大学教授学习考察团分赴若干个地方进行学习考察、咨询服务，在与实践结合的过程当中来确立课题、出项目，既提高我们科学研究与中国重大现实问题结合的能力，同时也锻炼我们的队伍，提高我们队伍的素质，并和研究生的培养结合起来。这在人民大学过去是有着优良传统的。在市场经济条件下，怎样让我们的教授将理论和实践紧密结合在一起，很多院系、很多教授在这方面都作了积极探索，积累了很多经验。学校只不过把大家的经验集中起来，拿出一笔钱来，采取这样一个举措。由若干位教授组成的学习考察团将由学校领导、各学院院长带队，分赴若干个地方。最近我们第一批教授学习考察团，由冯惠玲副校长带队到杭州去学习考察咨询规划，杭州方面也邀请了我们，相互结合在一起。考察团由不同院系的教授们组成，必要的时候可以带讲师、博士生做助手。我们是以人文社会科学为主的大学，很多杰出的教授都是以社会为大课堂培养出来的，特别是社会科学这一块。这个工作由科研处、人事处为主负责组织，但是更重要的是各院系自己的积极性，要主动地和科研处、人事处共同研究，尽快启动。当然，考察活动是在假期当中进行，还是在学期当中进行，或是有的在学期中，有的在假期进行，都要妥善安排。这项工作从本学期启动，也将是一个延续若干年的行为。

　　教师队伍建设的第三个重点是选拔优秀毕业生，强调延揽优秀人才。在这个问题上，要进一步地转变思想观念。要有广阔的胸怀，要有学术眼光，要有学术气度，千万不要走"武大郎开店"的思路，千万不能有"大树底下不长草"的情况，如果这个思想观念不能很好地加以解决，优秀人才就很难进来。一方面要看到我们师资队伍建设的成就；另一方面应当说我们还是存在着某些不良风气，我们有的教师年龄不是很大，好像就有点"学霸"气了，还有家长式的作风，好像这个学科就是他个人的。这样的情况存在，就会贻误大局。学院的领导一定要出于公心，认真对待这个问题。人事处和学校的学科建设领导小组也要切实负起责任，哪个学科点师资队伍不够强，人才进不来，就要跟学院的同志讨论；如果我们有的国家重点学科将来评不上国家重点了，原因之一很可能就是院系的领导和学科责任教授的学术眼光、学术胸怀、学术气度上有问题。希望院系的领导同志、学校的职能部门切实负起责任来。

最后一点，希望通过五年左右的努力，我校教师队伍的外语水平能够有根本性的改变。要把提高外语水平作为一个非常重要的目标，最起码大部分学科是这样。有的学科我们不一定对外语要求很高，但是外语好，也非常有利。比如说搞历史，外语好，对于世界史、历史比较研究，那是很重要的。如果外语不好，那么研究中国古代史的，是不是古文应当好一点？古文不好，外语也不好，那你很难做一个合格的历史系的教授。历史系教授如果古文不好，这个恐怕不行吧？年轻的教授，如果不认识繁体字，那怎么看古文？我相信历史系教师绝不会这样，特别是人民大学的教师不会如此。对外语水平的要求，我们要动真格，将来在评职称、在推荐各种优秀人才方面，对于若干个学科来讲，外语是必备条件。不是所有学科，但是对大部分学科来讲，外语将是必备条件。特别是年轻一点的同志，要加强外语的学习，积极参加各种培训。我们在外语培训上其实花了很多钱，有时感到很伤心，办的培训班，上课的人太少。我们有的年轻教师太忙了，忙得没时间学习外语，很可惜！

（三）关于教学工作

首先说研究生教学。刚刚召开的研究生教育工作会议确定了当前的主要工作思路，一共五句话："稳定规模、改善结构、创新管理、提高质量、提升国际性"。我们要继续执行这个工作思路。这次研究生教育工作会议应当说开得很成功，现在的关键在于落实。在这个问题上，我们觉得不管是博士生还是硕士生的培养，都要首先加强招生环节的把关。人民大学的本科生生源非常优秀、非常整齐，研究生的情况是不是可以这么说：有的非常好，有的很一般，甚至个别较差，很不整齐。我们首先应当把好生源关，然后把好培养关，提高培养质量。当然，培养过程是关键，是核心。我们研究生培养质量有的很好，有的实在不敢恭维。研究生如何参加课题研究，是提高研究生培养质量的最关键一环，怎样把研究生组织到科学研究当中来，是提高研究生培养质量的重要的、最有效的途径。不搞研究叫什么研究生？所以，研究生院、各个院系应当在这方面下工夫。其他的如弹性学制的问题、学分制的问题、开课多少的问题等等，研究生教育工作会议都曾谈到，我就不多讲了。

我今天重点讲一讲本科生的教学。首先要强调，不管是研究生还是本科生的培养，一定要贯彻以学生为本。要用以人为本的科学发展观统领我们的各项工作，对教学来讲就是以学生为本。现在有的教师不是从学生利益出发，比如个别教师随便调停课，或者忙于其他事务，没时间指导学生等。对于教学工作，人民大学这个老学校有丰富的经验，也应当说绝大部分教师、绝大部分课堂，都是好的。我们也了解过，有些兄弟院校的毕业学生到人民大学来读研究生，一听课，感觉人大教师的水平确实不一般。好的评价是非常多的，这就说明人民大学有一支很好的教师队伍，我们应当感到自豪。但是我们必须同时看到自己存在的问题，高度重视并努力解决这些问题。根据教育部的安排和我们自己的申请，我校的本科教学工作评估时间已确定在2006年，本来北京市希望我们在2004年进行评估，我们当时没有同意，因为西北区的明德大楼那时候还没建呢，那时硬件条件太差，而这座大楼今年就要竣工了。这次评估是对人民大学声誉有极大影响的一次评价。本科教学是一所大学基本水准的最集中、最典型的标志，也是一个国家高等教育最基本的一个层次。一个国家的本科教育搞得好，这个国家的高等教育水平不会差；如果一个国家本科教学水平差，那么这个国家根本就谈不上什么高等教育的水平。一所大学也是如此，即使是研究型大学，本科教学也是最重要的一个层次。衡量一所大学的学术声誉、社会影响力，本科生教育应当说是最被看重的一个方面。当然我们把教学工作搞好并不是为了这个评价，评价本身也是手段之一，目的是培养高层次合格人才、高水平的人才。孟夫子讲人生三大乐，第三个就是"得天下英才而教育之"。人民大学真正是"得天下英才而教育之"的一所大学，考到人民大学的本科生都是青年学生中的佼佼者，最优秀的学子集中到人民大学来了。我们人才培养的最低标准也应该是对得起这些学生、对得起这些学生的家长，最高的标准应该是对得起国家、对得起民族。一定要以学生为本，这个思想要牢牢树立起来。我们的教师、我们的干部、我们的后勤人员，都要牢牢确立以学生为本的理念。以人为本在人民大学最集中的表现是以学生为本。要把这个思想牢牢地贯彻到我们教学、管理、服务的各项工作中去。教学工作我不全面谈，我们主管本科教学的副校长以及教务处还要专门开会布置，在这里我想强调几点：

第一点，希望教授更多地上本科课堂。在这件事上教务处应当做一个硬指标规定。现在这方面的情况并不理想，这一点我始终想不透。或许原因之一是有些教授们外面的活动多，认为本科生的课堂把他捆住了，研究生课堂可以自由一些，所以愿意上研究生的课。这也反映了研究生教学管理存在问题。现在研究生的课，有的院系似乎可以随便调，当然制度肯定是不允许的。但是个别老师上研究生的课程很自由，说上就上，说不上就不上，上午的课改到下午，下午的课改到晚上，改到星期六、星期天。这样的情况即使很少、很个别，研究生院也要认真查处，为什么调课那么容易？本科生课堂不敢随便动，因此就不愿承担本科教学任务了。教授上本科课堂之所以成为问题，可能这是主要原因之一。人事部门、教务部门要从制度设计上解决这个问题，一方面我们要强调以人为本，强调关爱我们的学生，要有一种培养人才的责任感；另一方面，必须制定必要的制度。我最近听说教学评估学院自查中，每个院自查评价都是优秀，怎么都是优秀呢？仅就教授上本科生课堂要求这一点，打分就不能都是优秀。堂堂人民大学，这件事情并不是很难解决。只要我们院系领导把这个工作讲好、做到，把工作妥善地加以安排，就可以解决。希望教授们的学术活动、外出讲课活动集中安排在假期。我们放"春假"含义是什么？除了一方面是春天踏踏青、休息休息，其实很重要的一点是让我们的教师多一个比较长的自由时间，去集中从事学术活动。我们的春假加"五一"长假共有 9 天，9 天对于教师来讲，参与一个不大不小的学术活动时间是够的。此外还有暑假、寒假。当然学校也要研究学术假的问题，学术假将来有可能作为奖励措施。普遍实行学术假，目前还不具备条件，但是作为奖励措施是可以研究的。在教学、科研等方面连续若干年做得很优秀的教师，给他一次学术假奖励；长期担任领导干部的、双肩挑的，将来也应当有学术假补偿。不然谁当"双肩挑"干部？有的同志学术水平很高，当了院长或副院长，行政工作占用了很多时间和精力，我们也感到很可惜。怎么办呢？将来给学术假，摆脱一段时间的行政工作，或者退下来给一年时间搞学术活动。将来要研究这样的机制。刚才讲教师对学生，我们强调以学生为本；但对学校领导来讲，教师也是"本"！我们也要多关心教师，既要严格要求，也要多关心他们，解决他们的实际问题。总之，我们希望推动教授多上本科教学第一线，这一点要作为考核教务处处长和院长们的一个指标。

第二点，要加强课程建设。首先应当明确，课程不是一门课的名称，而是一个产品。这门课程是教给学生的，是为学生服务的一个产品，这个产品是多重组合的，包括教材怎么样，师资怎么样，教学时间怎么样，教学内容和教学方法怎么样。所以，课程是一个产品组合概念。加强课程建设，就要从教材到教学人员，到讲授的艺术、水平，到批改作业，到考试判卷子，都要严肃认真作为一个完整的体系来加强，这是最基本的工作。但最基本的工作往往被忽略，很值得警惕。我认为，抓课程建设是大学最基本、最起码的工作。所有课程都要认真对待。现在我们个别院系，开课随意性太强，缺乏科学性、系统性。我们的院系和教务部门在课程建设上已经下了很大工夫，也取得了很优秀的成绩，要弘扬成绩，找出差距，提高水平。我当过教研室主任，一门课是哪几位教师讲授，过去都是要严格考虑的。一门课程至少总得有两个教师来讲，而且水平还得比较好。如果不够了，就要赶快考虑进人，这才叫做以学生为本。如果有人讲就开设这门课，没有人讲这门课就不开了，因人设课，这还叫什么以人为本？所以加强课程建设，是制定科学合理的教学方案、提高人才培养质量的最基础的工作之一。

第三点，要加强教学管理，保持正常的教学秩序。这项工作应当说取得了很大的成绩，人民大学教学运转是正常的，我们广大的教师、教务秘书、院系领导等等，在这方面都很自觉地做了大量的工作，保持了学校正常的教学秩序，但是也存在一些问题，这方面还有潜力，还有提高的余地。现在教育部关于教学评价的要求，有一些是最基本的。这些基本要求讲出来，有些教授可能会不屑一顾，怎么还提这种要求？但恰恰是这些最基本的要求，最基础、技术含量最低的环节，往往被忽视了。听课制度，个别院系好像做得很不够，有的做了但没有任何记录；有的记录了，没有保存。这是多此一举吗？当然不是。人民大学以管理学科著称，我们讲管理学的教师，恐怕不认为听课制度是不必要的吧？既然听课了就得有记录吧？这个要求不高吧？对于这样一些基础管理，有些院系很重视，很有成效；有的院系则差一些。希望我们的院长、副院长，系主任、副主任，教研室主任带头做好这些事情。最不起眼的、最基础的事情要做好。这也要作为考核教学管理乃至教务秘书最重要的工作内容之一。

第四点，加强本科教学方法的研究，加强教育科学的研究。要加强研究教学的会议制度，要给教师提供讨论的平台和机会。现在某些院系、教研室活动基本上停止了，长期不开会，你能说是教师的问题吗？应当说这是院系领导的问题、教研室主任的问题。我记得有一次见到邬沧萍教授，他跟我讲：人口学系每周一次会议，有话则长，无话则短，几十年如一日，一直坚持下来。他们做得很好。现在不少系、教研室长期不开一次会，很多教师无拘无束，独来独往。我们有的院系的领导也往往是无拘无束。人口学系的学术档案也是最好的，人口学系做到什么程度呢？要了解教师科研成果，教务秘书马上能告诉你，每位教师发表的每一篇文章都有复印件存档，而且是完整的！人口学系不也是人民大学的吗？它怎么能做到？填表这些小事情，确实不应当惊动一些大教授，学术秘书、教务秘书就帮他填了。希望我们有些院系到人口学系参观学习，取取经。学院、教研室要开会，要交流。比如，参加了一次国内或国际的学术会议，与会的老师要把这个会议的效益最大限度地释放出来，要在教研室会议上汇报给大家。我们上世纪 80 年代都是这样，80 年代办学条件比现在要差得多，怎么那个时候能办得到，现在就办不到呢？学术前沿状况如何，教材怎么样，教学怎么样，学生们有什么反应，这些教研室都应当研究。系、教研室定期召开会议布置工作，交流信息，研讨问题，研究教学法，这样才能提高水平，才能有集体荣誉感。这样好的传统、好的作风，应当加以恢复。

第五点，要充分发挥责任教授在本科教学中应有的作用。我们强调责任教授应当对本科教学作出贡献。所有教授都要作出贡献，责任教授更应当有一份责任。教学工作的内容非常广泛，我这里不可能一一谈到，主管教学的校领导、教务处、研究生院等都会召开专门的会议布置。其实很多院系也很重视，我了解到商学院上学期末就召开了全院教学工作会议，很好！我们也知道有些学院经常研究教学问题，希望大家向这些好的学院学习，把教学工作做好。

（四）关于科研工作

科研工作非常重要，但是我觉得没有更多话可讲，因为上学期末，已经开了全校科研工作会议，冯惠玲副校长作了一个很好的报告，对整个科研工作作出了安排，大家就按那个会议精神进行工作。但是科研方面我觉得有这么几件大的事情、大的活动、大的思路，要把握好。科研工作与学校的学科建设紧密联系在一起，没有科研也就没有高水平的学科建设，学科建设的很多问题和科研工作都有关系。

要讲的第一个思路是，要重视基础理论的研究，也要重视当前热点、难点、重点问题的研究，这两个方面都非常重要，不能只强调某个方面。比如说，张立文教授的《和合学》，这是基础研究，早就做了，当时李瑞环同志给予很高的评价。现在国家提出建设和谐社会，这部著作的学术影响力和现实意义立刻就展现出来了，所以基础研究是非常重要的。在人民大学，基础研究一个是文、史、哲的基础研究，一个是马克思主义基础理论的研究，这两个方面的基础研究都非常重要。各个学科的基础理论研究也都很重要。法学是社会科学、应用科学，但是法理、法制史也可以认为是基础研究。要重视基础研究，同时也要重视现实问题，重视热点、难点问题的研究，服务现实、服务社会。党中央最近提出很多课题，比如科学发展观、建设和谐社会、加强党的执政能力建设、保持共产党员先进性等，都是非常重大的现实问题，也有很多基础理论在里面。再比如人文奥运的问题，人民大学人文奥运研究中心已经通过他们的努力赢得了社会的重视，已经很有名气了。这就是抓住了重大的现实问题。劳动人事学院、公共管理学院，在人才强国等重大现实问题上都有很好的成果，还有社会保障、金融证券、企业改革等等，人民大学对很多现实问题研究得都很好。对于学校领导来讲，要重视支持容易受到忽视的基础理论的研究，特别是一些冷门的、社会上不大重视，但是从学术上来讲非常重要的基础理论研究，学校要给予更多的关怀和支持。"985工程"经费里面要重视对基础理论研究的支持。

第二个思路是要抓项目。当下的科学研究不抓项目不行，没有项目就没钱。没有项目，科研也会缺乏针对性、时效性，科研的效果也往往要通过各种项目展现出来。纵向项目、横向项目、校级项目和自己的项目要结合起来。人民大学的教师应当人人都有项目。在这方面，既要高度重视出去拿项目，也要高度重视自选项目、自立项目。

方立天教授的《中国佛教哲学要义》、张立文教授的《和合学》，恐怕都是自选课题。出去拿项目，争取资金的支持，同时也能把人民大学与社会各界紧密联系起来，实现研究和社会现实的结合，项目就是我们高水平地联系社会各界的桥梁和纽带。横向的项目很重要，它可以来自地方政府，可以来自各个企业及社会各界。重视横向课题，重视自选项目，都要心中有数，特别要注意重大项目的集体攻关。我们希望通过抓项目，人民大学能够不断涌现标志性的科研成果，把我校的科学研究不断地推向前进。项目是一个推动力，它的成果展现了我们的科研水平，希望能够出精品，出上品，出传世之作，出标志性的重大研究成果。我们今年抓的成效也许 5 年以后就体现出来了。现在很多成果就是若干年前做的工作。我们就是要这样一代代地为后来创造条件，为人民大学未来的发展打下基础。

第三个思路是要创设学术品牌。本学期一些重大活动和几个重大的科研学术品牌要搞好。吴玉章学术贡献奖，这是第一次设立，要把它搞好；怎么把吴玉章基金发展壮大，现在已经有了一些思路，要进一步研究。2005 年中国人文社会科学论坛是上半年举行，基本的题目是马克思主义和中国道路，马克思主义学院已经做了很多工作。我们要实实在在地把人文社会科学论坛搞好，它已经是我校的一个学术品牌了。这次论坛主题与马克思主义理论研究和建设工程是有一定联系的，要从学术的角度把人民大学、把国内外关于马克思主义的研究成果，通过这次论坛展现出来，把人民大学在国际上关于马克思主义的学术交流成果展示出来。此外，我们的其他几个讲座如吴玉章讲座、共和国部长论坛，我们的内部刊物《问题与思路》，都要办好。《中国人民大学学报》、《教学与研究》、《经济理论与经济管理》以及新闻、法律、人口等方面的杂志要办好，要展示人民大学的科研水平，为国家的学术繁荣作出应有的贡献。值得一提的是，创办《中国人民大学学报》英文版，本学期是关键的一学期，组织架构已经搭建，有关工作正在进行当中，希望经过上半年的努力能够结出果实来。这是人民大学国际学术文化交流的一个重要阵地和平台。

第四个思路是要继续探索科研管理体制改革。我们前面已经提出了科研编制的问题，今年上半年一定要出台。学校的研究机构、研究中心和院系的关系怎么样，在治理结构当中要认真地加以研究。对跨院系的、跨学科的研究机构，要找出恰当的机制，把这样的事情办好。

我们希望科研经费能够继续增加，这是和抓项目联系在一起的。总体讲科学研究工作应当按照上学期末的科研工作会议精神去开展。

人民大学人文社会科学研究，根据有关方面公布的数字，2003年我们发表的学术论文的总量和北京大学比还是有差距，居第二位。我认为至少论文数量上不应当比北大少。我们不能是数量导向，应当是质量导向，但是没有数量也是不行的。没有数量，谈什么质量？我们人文社会科学这方面教师人数并不比北京大学少很多，只是少一点嘛！我跟人事部门多次谈过，人大教师数量少是个问题，要逐步增加。这对论文的数量也会有一定的影响，但更重要的是质量上要进一步提高。教师发表论文依然是非常重要的，不要指望学校在考核标准上有什么松动。这虽然存在弊端，但是依然有其合理性，只不过我们评价的时候要注意到某些实际情况。如果一个教师真的在十年磨一剑，那你也不必苛求他。但是十年磨一剑也会有阶段性成果出来，当然，像方立天、张立文这些教授，我认为应当免予考核了。他们德高望重，兢兢业业，你不要他搞科研，他也会搞。

（五）关于校园建设与校园置换

今年是人民大学校园建设、校园置换最关键的一年，成果收获最丰盛的一年，这方面的工作我多次讲过，这里不详细讲，但要强调以下几点：

第一，明德楼和文化大厦要如期竣工，如期验收。大家知道，由于"非典"的影响，水泥、钢铁涨价，造成我们与承建单位之间的矛盾、扯皮。尽管这样，我们还是希望能够如期竣工。现在希望在 4 月 28 日江泽民同志考察人大的纪念日①前，明德楼第一期能竣工；礼堂到今年 10 月份竣工。还有验收问题，要如期验收也很难，牵扯到消防、绿化、水、电、气等部门，很多步骤，很不容易。我校有关部门已经做了大量的工作，希望大家继续艰苦努力，协调北京市海淀区各有关部门，保证如期验收。这算是一项要求。

第二，今年将要进行的基本建设项目要抓紧。培训中心，也就是未来人民大学的学术交流中心已经动工，要进一步抓紧；今年暑假继续有道路修建问题，要妥善安排好。新的留学生楼跟高丽大学合建，这项工作继续加紧进行，争取今年能够审批、立项，同时要研究"十一五"期间校园建设规划问题。

第三，校园置换工作今年进入了关键阶段。首先要让我们的教职工高高兴兴搬家，要把乔迁这件好事办好。同时，学校也要收到校园置换实实在在的效益，腾出房子，腾出地，用于办学。这些后续工作更为艰巨。要加紧制定可操作的方案，要采取多种措施保证目标的顺利实现。校园置换里面还有一项实在的工作，那就是附小搬迁②暑假必须完成。附小搬迁涉及方方面面的工作。有关同志已经做了很多工作，包括与开发商、与海淀区教委协调关系等等。同志们，现在办成一件事是非常难的，存在各种障碍、各种扯皮、意想不到的问题，哪一件都不容易。我们要平稳地、圆满地把附小搬迁好，然后在世纪城办出一个高水平、高质量的新的人大附小。校园置换还有大量具体复杂而细致的工作，希望校园建设处以及有关的负责同志精心地把这件

---

① 指 2002 年 4 月 28 日，中共中央总书记、国家主席江泽民考察中国人民大学并发表重要讲话。

② 2005 年 9 月 5 日，中国人民大学附属小学新学期开学典礼暨体育馆奠基仪式在世纪城新校址隆重举行。

事情做好。

第四，院系搬家①问题。争取在今年 6 月份开始打响第一炮。现在校园建设处还不敢拍胸脯保证，说得比较勉强，说是争取，所以今天我也就不敢理直气壮这么说。但是希望暑假这件事情能完成，争取在新学期各院系基本到位。也可能有个别的还不能完成，因为腾空以后，旧地方还需要粉刷、装修，工作量比较大，能 8 月份完成就 8 月份完成。但是能不能天遂人愿，是不是要拖到下学期还很难说，这件事情工作量很大，各机关部处也要作好充分准备。

在搬家过程当中要强调几点：第一点，装修。装修要实事求是，该风格统一的要统一，该彰显个性的彰显个性。学校研究好了，既要朴素、大方、实用，同时也要有品位，有人民大学的品位。人民大学的风格、学术殿堂的风格、学术殿堂的品位，都要彰显出来，要有文化氛围，要有文化气息。人民大学不能任何地方都毫无修饰，名人名言、诗词歌赋总要有一点，书法国画等美术作品，总要有一点吧！装修问题我们还是要贯彻勤俭办校的原则，但是也要符合时代的要求，要有一定的品位，要符合人民大学的地位，在这个问题上要很好地把握，要研究这样的问题。该花的钱要花，不该花的不能乱花。特别要提醒大家，办公用具不能随便就扔了，电脑不能随便就换了。在这些地方要勤俭一些，能用的你还是要用。有些院系财大气粗，更换的东西可以交给学校，无偿地转给财力比较差的院系也可以！不能太大手大脚，这要提醒一下。

更重要的一点是，人民大学现在是家大业大了，管理的办法要跟上来。明德大楼物业管理费原来预计一年 700 多万元，经过招标现在

---

① 2005 年底，明德楼正式投入使用，2005 年 12 月至 2006 年 1 月，商学院、法学院、经济学院、财政金融学院、农业与农村发展学院、统计学院及部分机关部处相继迁入明德楼。搬迁后，上述学院办公用房总使用面积较原来增加 115%，同时腾退出理工楼、人文楼、贤进楼内的部分办公用房。明德楼的竣工在人民大学历史上首次保证了每位教师均拥有一定面积的工作室，为教师教学科研工作创造了良好的条件。

是 300 多万，300 多万也是个大数。校园建设管理处和有关部门，包括财务处在内要共同努力，认真研究各个院系占用学校资产的管理体制问题。过去人民大学可以说不存在这样的问题，一个院、一个系就那么几间房，还有什么可管理的呢？现在不同了，一个院系占用学校好多固定资产，这要有一个新的管理机制。过去我们人民大学太穷，没有这些东西，所以这些制度也没有必要存在。今年是一个大的转折点，所以，有关的管理制度要跟上。资产管理处、财务处已经到兄弟院校进行了调研学习，今年上半年还应当继续调研学习，再参观考察一两所院校，把我校的有关规定迅速制定出来。原则是，学院不合理占用房子越多，付出的代价也越大。要把各个学院控制在合理使用、合理占用学校固定资产的范围之内。

还有重要的一点，要建立新的工作秩序。教授有了工作室以后，工作秩序要进行调整，所有的教授必须要有坐班的时间。这是一项硬的制度规定，过去没有条件就不提这个要求了，现在就必须有坐班的时间，当然不是要你每天都这样做，但是规定你接待学生的时间，参加学校公益活动、团体活动的时间，你必须在工作室待着，其他时间自便。同时对于教授使用电话、网络，用电等方面都要有管理制度出台。

因此我们提出"新大楼、新气象、新秩序"的口号。这是今年一项重大任务。我们的工作方式、生活方式，都要随之进行改变。一开始可能不适应，几十年来人民大学都是那么一种管理方式，现在忽然有房子了，工作方式、生活方式就改变了。过去我们穷有穷的生活方式、穷的工作秩序，现在不能说富，但是我们现在应当说是家大业大了，大了一点就要有大了一点的生活方式、大了一点的工作秩序。这一点大家应当理解，改善了生活条件、工作环境、工作质量，同时你的"自由"也就少了一点，这是不是辩证的关系？这次院系搬家，实际上酝酿着一场深刻的秩序的变革、观念的变革。这个变革是积极的、现代的、符合世界潮流的。

最后，要把铁一号①、清华东路校园如何使用，如何开发其潜力，提高利用效率，纳入议事日程。铁一号是人民大学的发祥地之一，是宝地啊！它被冷落了那么多年，可惜了。现在它是北京市火灾隐患单位，又是国家重点文物保护单位，北京市不断地给我们发通知，我们至今没有什么办法，就让它这么死不死、活不活地待在那里，太可惜了。清华东路是继续教育学院在使用，最近他们新成立的领导班子做了不少工作，利用效率正在提高。这两块地怎么用，学校要统一地进行研究。规划部门、资产管理部门要研究这些问题，这也是效益。

总而言之，校园建设、校园置换到了关键时期，到了大见成效的时期，我们决不能功亏一篑，一定要好事办好，让学校满意、各个院系满意、教师满意、家属满意、学生满意，决不能到冲刺阶段的时候松劲了。这是人民大学面貌大改观的一个重要的转折点，希望有关部门、各个院系，今年一定要把这件大事办好。

（六）关于后勤服务工作

后勤服务工作是学校办学条件的一个重要方面。今年的后勤服务除了把原来的工作做好以外，要继续进行人事制度改革。后勤部门已经在后勤临时工的改革上做了大量的艰辛工作，这项制度改革、制度建设要完善起来；要把带有经营性资产（虽然是服务资产，但是它带有经营性）的管理进一步加强；把引进物业管理、引进餐饮单位的工作完善起来、制度化起来，并让相关的管理成熟起来，要制度化、现代化。

后勤工作的另外一个方面是一定要改善服务态度，提高服务质量，在这方面还有很大的潜力，也存在很多的问题。希望后勤集团再接再厉，总结经验，找出差距，加以改进。我曾经和后勤集团的

---

① 即铁狮子胡同一号（现名张自忠路3号），中国人民大学旧址。

领导同志讨论过，对于食堂大师傅、掌厨的，你们要提高他们的报酬，否则人民大学就总是实习场所，老是为别人培养人才，培养出一个就走了，到私人饭店去了，这怎么行？没有高水平的厨师是不行的。报酬问题要研究好，要有一个机制，这里也有高级人才、创新人才的问题。我们的后勤工作要更好地为学生服务，特别是为贫困学生服务，包括一些免费服务。我上学期跟世纪馆工作人员讲，能不能让我们的学生都能有机会进去锻炼身体，免费的时间段有没有？能不能多一点？他们都在改进，希望进一步改进。后勤的安全，包括交通安全，需要大家共同努力。附小没有搬迁之前，人大的校园里面交通安全存在极大的隐患，这也是当时考虑附小搬迁的一个重要原因，送孩子上学的车太多了。虽然现在这些车没有了，但交通安全要始终给予关注。人民大学校园里面如果出了一起交通事故，那就不得了。

（七）关于产业与财务安全问题

学校新成立了产业管理处，所有的资产要划分为经营性资产和非经营性资产，要建立不同的管理制度，这是我们人民大学一项重大的制度创新。产业管理处正在积极研究对经营性资产的管理办法，要参照现代企业管理制度，参照社会上一些管理办法，研究人民大学的经营性资产的管理。对非经营性资产也要进行研究，后勤掌握的是非经营性的资产，但是具有经营性质，有经营项目，有经营的内容，这怎么进行管理，要好好研究。我们北戴河休养所已经改造为北戴河学术交流中心，今年5月份将全面竣工。一个新的人民大学北戴河休养所即将展现在人们面前，怎么进行管理，怎么进行经营？即将竣工的文化大厦怎么进行经营？这些都要很好地研究，要进行制度创新。

经济安全问题，对我校主要是财务安全、财务管理问题。这些年来我们财务工作做得很好，保证了人民大学的经济安全。我们各级领导，尤其是校级领导，要高度重视经济安全。目前人民大学的财务状况良好，经济十分安全。审计署对人民大学的审计表明，学校的财务状况、运转状况是好的。我们要继续牢固地树立经济安全的意识，加强财务管理。财务工作无非是开源、节流两方面，要并重。我们节流的方面还有很多空间。国外有的大学放暑假的时候，学生统统把行李拿走，学生宿舍都另有他用，我们现在还做不到这一点，但是我们有条件地、有限制地做一些事情是完全可以的。这几年人民大学后勤管理水平提高，水电方面的开支大幅度下降，这都是节流。另一个很重要的方面就是要开源。要把分配制度搞好，充分调动各个创收单位的积极性。各个单位，包括培训学院、出版社、书报资料中心、校工厂，还有几个公司，都要处理好分配关系、利益关系，调动各方面合法创收的积极性。还有研究生院的课程学位班，这些都是人民大学创收的主要来源。人民大学必须高度重视创收，拓展资金来源。在开源问题上，要下更大的工夫，这不仅仅是财务处的事情，也是学校整个领导班子的事，是各个院系、各有关部门共同的事情。至于社会捐赠，我们还要耐心做工作，也要有大的举措，希望得到社会更多的捐赠。

在这方面还要加强队伍建设。我们经济管理这方面的队伍不是很强，虽然作出了很好的成绩，但是还需要进一步提高。市场管理、财务管理、产业管理这支队伍我们要进一步提高。要重视这支队伍包括后勤集团队伍的建设，如果这支队伍搞不好，对学校工作就会有很大的影响。

（八）关于学生工作

学生工作除了教学这些问题以外，还有招生、培养、就业，以及贯穿全过程的思想政治教育工作。2005年学生工作应当是有大举措的一年。除了做好日常工作以外，党委已经决定，召开学生思想政治工作会议，希望大家积极筹备，把这个会议开好，开出实效、开出水平。中央下发了十六号文件《关于进一步加强和改进大学生思想政治教育的意见》，我校要认真贯彻文件精神。我在这里强调一下，学校为了加强大学生的思想政治工作，把学生处一分为二，一是招生就业处，一是新的学生处也是学生工作部。我要提醒学生工作部，你们一个很重要的工作是研究生的思想政治教育，学生思想政治工作绝不能忽视研究生这一块。团委的工作，主要集中在大学本科生这一块，对研究生工作做得不是很多，也不大好做，但是以党委学生工作部、学生处的名义做研究生的工作可能更方便，当前应当把研究生工作抓好，而不能仅仅是本科生这一块。学生工作部（学生处）、团委要密切配合，把学生思想政治工作抓实、抓好，上半年要专门开会，党委会有专门部署。大家要认真对待这个事情。

学生工作第二个问题就是招生工作。招生工作非常复杂，今年新增加了小语种的考试，艺术类考生考试工作原来在艺术学院，现在也集中到学校来，还有自主招生的问题，所以整个招生工作要常年化、制度化、精细化。招生面临着激烈的竞争，招生宣传工作要认真研究，兄弟院校争夺最优秀的学生资源是毫不手软，人民大学凭什么不这样做？我们有的教授不理解，招生工作还要他们做工作？他就不知道时代不一样了，和过去完全不同，要提高招生工作的艺术性，这是一种竞争，竞争是要讲艺术、讲策略的。要想办法，保证最好的学生来到人民大学。

第三个问题是就业工作。就业工作关系到学生的切身利益，关系到人民大学的声誉，关系到人民大学为社会作贡献的大小。怎么样能保证毕业生到最需要的地方去，到能够很好地施展他们才能的最合适的地方去，这是我们应尽的责任。所以我们对就业工作要倾注更大的心血，除了学校职能部门以外，很重要的是各个院系。预计今年的就业工作将面临更加严峻的挑战。在大众化教育的条件之下，大批毕业生涌向市场，名牌大学的毕业生怎样适应这样的竞争、适应这样的就业制度，还需要进行探索。这也有一个转变认识的过程，这个过程是比较痛苦的，需要我们更多地关照和关心毕业生，用"以人为本"的精神把就业工作做好，非常重要。

还有一点是学生日常的生活学习条件的创造和维护。希望各有关部门真正贯彻以学生为本的原则。学校的新学生宿舍楼那么漂亮，也有淋浴设施，但据了解，有的喷头能喷水，有的不能，造成学生使用的不方便，这怎么行？我们有关部门不能太官僚，要深入到现场看看。对学生的日常生活、教学条件要维护好、运转好，实实在在地发挥为学生服务的各种功能。

（九）其他几项工作

一是校园网络建设问题。网络建设本学期应当大见成效，希望网管中心的同志们更加努力。校园一卡通问题、上网速度问题，都应当在本学期大见成效。钱已经给了，有那么多钱，时间也给了，这么长时间，网管中心的同志们是不是好好地把这些事做一做？网络宣传问题学校要努力，各院系也要努力。我们有的学院网页真是不能看，连教授简介都不全，有的院系网页恐怕很久没有更新了。人民大学的英文网页距离世界一流大学还有很大差距。网络宣传问题，校办要督办，网管中心要提供技术支持。英文网页，国际交流处要切实负起责任，校办协助做好。学校的主页也要进行检查，提高水平。各个院系要认认真真地对待这件事情，网上的教授简介能不能让每位教授自己写一个自我介绍，院长组织个小班子审定一下，然后传到网上，今后定期更换，有新教授就马上补上去。这是最基础的工作。人大的网页这几年虽然有所改进，但是问题还是比较多，这也是行政管理难题。

二是加强教学辅助单位建设问题。本学期开始，要大大加强教辅单位建设，其中最重要的是图书馆建设。要把2005年变成图书馆建设转折的一年，从此开始人民大学图书馆新的历史，这要下很大的力气。"985工程"建设对图书馆的投入很大，学校要继续加大投入，要建成一个国际一流的、现代化的、文科为主的大学图书馆。今年腊月二十八日，我曾专门向陈至立同志汇报了新建一座人大图书馆的问题，至立同志说，对人大来讲，文科为主，图书馆显得更为重要，她表示支持人大新建一座现代化的图书馆。我们的图书馆，不仅是纸质的图书，电子图书、音像资料等都要大大加强。图书馆还有一个体制问题。本学期开始要理顺这个体制，这也是内部治理结构的内容之一。要建设分馆，今年要在明德楼里面把法学、经济管理这两个分馆建设起来。我希望，人民大学的法学分馆、经济管理分馆是全国一流的。同时，有关学院的资料室存废问题要认真进行研究，在学校治理结构里面要研究这个问题。

加强教辅单位建设另外一个方面就是加强实验室建设。随着化学系、物理系的建设，人民大学实验室建设要上新台阶，今年要确保教育部重点实验室设立的成功申报，并起步建设。将来还要建设国家重点实验室，要向这方面努力。我们已经下决心，信息学院、信息资源管理学院、理学院，要把教育部重点实验室建立起来。实验设备问题、实验场所问题，随着这次搬家，都要落实好，解决好。

还有就是学校筹备博物馆，最好目前与档案馆两块牌子一班人马。校史馆将来是博物馆的一个组成部分。一所大学没有一个博物馆是说不过去的，特别是一所名牌大学。从现在起，要加强博物馆文物的采集、收集工作，加强校史馆实物的采集、收集工作。希望各个院系踊跃向学校档案馆、博物馆捐赠有价值的文物资料。内部的研究材料和成果汇集都应当在档案馆、校史馆存档，否则将来就找不到这些东西了。去年我们召开的中国人文社科论坛，像飞机上发的宣传材料，都应当送到档案馆。重要的外事活动、学术活动，重要教授的手稿、教案都应该收集。像吴大琨教授、宋涛教授、黄达教授、戴逸教授、卫兴华教授等，这些教授的教案、手稿都应当收集，要有这种意识。没有这些文档资料就没有历史感，没有历史感就没有厚重感，那样算什么一流大学？圣彼得堡大学著名的化学家、社会科学家的很多手稿都在，连门捷列夫发现元素周期表时的最初的草稿都在，我们学校这方面的工作历史上相当薄弱，现在要大大加强这方面的正规化、制度化建设，把博物馆筹建工作做好。

三是出版工作。出版社、书报资料中心，各个杂志刊物，希望都能更上一层楼。出版社的发展战略应当说是不错的，要继续实施，书报资料中心应当有新面貌。

最后是成人教育工作。继续教育学院、培训学院和研究生课程学位班，既是为社会培养人才，也担负着为学校创收的任务。我们不指望继续教育学院创收多少，因为政策的原因，他们的收费标准很低。但要运行好，保证教学质量，保证培养合格人才。培训学院要重视高端培训，要重视国内培训和国际培训相结合、高端培训与普通培训相结合，两个结合把人民大学的培训品牌打出去。再一个是咨询工作，人大的咨询工作开展得不错，现在的问题是如何进一步地向集体化、规范化、制度化方向发展。人大出版、人大培训、人大咨询，这三个牌子应当都亮出去，在社会上形成品牌。要调动教师的积极性，要打出人大的品牌，咨询不要只搞"个体户"。要把分配关系搞好，把利益关系处理好，集中力量形成人大出版、人大培训、人大咨询三块牌子，这都应当成为金字招牌。

我今天讲的主要是这些内容，总体来讲是通过现在的工作能够"固本强基练内功，内涵提高上台阶"，通过我们的工作增强人民大学的实力和竞争力，扩大提高人民大学的活力和影响力，为创建"人民满意、世界一流"大学作出我们应有的贡献。

团结是力量，是资源，是境界 *

I. 在 2005 年中国人民大学法学院行政
领导班子换届大会上的讲话

(2005 年 5 月 12 日)

15 年来，以曾宪义同志为首的法学院领导班子紧紧依靠全院教职工，团结奋斗，把法学院建成了人民大学的王牌学院，在全国法学教育界也是首屈一指。这其中包含着曾宪义同志的心血和付出。学校党委常委会决定由曾宪义同志今后担任名誉院长，就是学校对他所作贡献的褒奖和鼓励。学校对法学院领导班子换届十分重视，领导班子换届以后，曾宪义同志不再参加领导工作，希望法学院在以王利明同志为院长的新一届领导班子的领导下继续保持良好的发展势头，继续巩固在国内法学教育领域中的优势地位，向着建设世界一流大学法学院的目标胜利前进。

在此，我提四点希望：希望新一届领导班子搞好团结，视团结为生命；希望新一届领导班子务实做事，高举"发展才是硬道理"的大旗，作出实绩；希望新一届领导班子多谋善断，要民主决策、科学决策、群策群力；希望新一届领导班子开拓进取，不断创造新的成绩。

---

* 本文由作者先后两次出席中国人民大学法学院行政领导班子换届大会的讲话录音整理摘编而成。

在以曾宪义同志为代表的老一辈手上，法学院教职工艰苦奋斗，为建设世界一流法学院打下了坚实的基础。我们完全相信，在以王利明同志为院长的新一届领导班子的带领下，法学院完全能够在建设"国内第一、世界一流"的过程中不断取得更大的成绩和辉煌！

Ⅱ. 在 2009 年中国人民大学法学院行政领导班子换届大会上的讲话

（2009 年 4 月 26 日）

在王利明教授担任法学院院长期间，法学院全体教职工团结一心、兢兢业业，使法学院的各项工作更上一层楼，目前已经建成了国内最好的法学院，也为向"世界一流法学院"宏伟目标的迈进打下了坚实基础。我相信，在法学院全体教职工的紧密配合下，韩大元教授等新一届领导班子成员也一定能够带领全院师生，在此基础上取得新的辉煌。

数代人大法律人通过艰苦奋斗，奠定了法学院坚实的发展基础，在新中国法制建设事业中发挥着重要作用。人民大学法学院办得好不好，不仅关系到人民大学的声誉，也对中国法学教育的发展有重要影响。作为国内最好的法学院，应当始终坚守大学的使命、守护大学的精神，崇尚科学、追求真理，关注民族和国家的前途命运，服务于社会发展的需要。全体教师应当始终保持清醒的头脑，处理好人才培养和科学研究的关系。人才培养是大学的根本任务，科学研究也是大学的基本要求，两者应齐头并进、不能偏废。

站在新的历史起点上，新一届领导班子不仅要使法学院在国内高校的激烈竞争中继续保持领先地位，更重要的是要促进学术繁荣，服务国家发展。为此，我希望全体教职工要保持与时俱进的品质，不断解放思想，坚持开拓创新，处理好继承与创新的关系，协调好认同与求异的关系。团结是一种力量，是一种资源，是一种境界，这也是法学院近年来取得辉煌成绩的成功秘诀，无论新一届法学院领导班子成员，还是法学院全体教职工，都应当继续保持团结奋斗的作风，唯此才能使法学院取得更大的成绩！

共产党员要高高举起
"发展才是硬道理"的旗帜*

——在中国人民大学中层党员干部先进性
教育活动党课上的讲话

(2005 年 10 月 10 日)

在党中央的科学周密部署下,根据中发 [2004] 20 号文件确定的指导思想、目标要求、指导原则和方法步骤,共产党员保持先进性教育活动在神州大地如火如荼地开展了起来。

根据统一部署安排,中国人民大学是保持先进性教育活动的第二批单位之一。学校党委非常重视这项工作,认真贯彻中央的总体部署和要求,认真落实中央关于开展先进性教育活动的一系列重要指示精神,认真借鉴第一批先进性教育活动的成功经验,紧紧围绕改革发展稳定大局和学校的中心工作,统筹安排,精心组织,扎实推进,来确保先进性教育活动取得实效。

第一阶段学习即将结束,根据《中国人民大学开展保持共产党员先进性教育活动实施方案》的要求,结合自己的学习感受和工作感

* 本文根据讲话录音整理,曾被《理论探索与实践创新》(程天权主编,北京,中国人民大学出版社,2006)收录,并曾获北京市领导干部论文一等奖;其中部分内容以《只有发展才能永葆先进性》为题载于《学校党建与思想教育》2006 年第 1 期。

悟，现就我个人最深刻的心得体会总结如下：

一、抓发展是中国共产党作为执政党的先进性的一个根本要求和集中体现

中国共产党要承担起推动中国社会进步的历史责任，就必须始终紧紧抓住发展这个执政兴国的第一要务，把坚持党的先进性和发挥社会主义制度的优越性，落实到发展先进生产力、发展先进文化、实现最广大人民的根本利益上来，推动社会全面进步，促进人的全面发展。我们是一个发展中国家，能不能解决好发展问题，直接关系到人心的向背和事业的兴衰。建设中国特色社会主义要靠发展来推进，紧紧把握住这一关键点，才能从根本上把握人民的愿望，把握社会主义现代化建设的本质，才能使党的执政地位不断巩固，使强国富民的要求不断得到实现。简单地说，抓发展是我们中国共产党作为执政党的先进性的一个根本要求，或者说是先进性的一种集中体现。

什么是"发展"？翻阅《辞海》，我们可以知道，"发展"是指事物由小到大，由少到多，由简到繁，由低级到高级，由旧质到新质的运动、变化的过程。从"发展"的最一般定义可以看出，其中有数量问题，涉及规模、速度的问题；有结构问题，由简到繁，由旧质到新质；有质量问题，由低级到高级；还有效益问题。它既具体表现在规模、速度、数量上，又体现在结构、效益、质量上。

"发展"运用到社会领域中来，就是发展生产力。小平同志指出，"社会主义阶段的最根本任务就是发展生产力"①。中国共产党作为执政党，当然要把这一最根本的任务当成自己的最神圣使命和自身先进性的最集中体现。小平同志还指出，"社会主义的优越性归根到底要体现在它的生产力比资本主义发展得更快一些、更高一些，并且在发展生产力的基础上不断改善人民的物质文化生活"②。这就跟资本主义发

---

① ②　《邓小平文选》，1版，第3卷，63页。

展生产力有所不同。搞资本主义，并不是不能发展，但是，搞资本主义只能有少数人幸福富裕，而大部分人不可能过上幸福的生活。社会主义发展生产力不是为少数人服务的，而是为了最广大人民的利益，社会主义发展与资本主义发展最大的不同就在于此。所以，小平同志所强调的发展，最根本、最核心的是发展生产力，造福最广大的人民。

发展生产力，首先就要发展经济，但发展生产力并不等于只发展经济。发展生产力涉及许许多多的方面，是经济和社会的全面发展，既包括物质文明的发展，也包括精神文明的发展。"发展"对一个马克思主义者来讲，最重要的要归结到人的全面而自由的发展，因为一切发展都是为了人，为了人的全面而自由的发展，这才是我们发展的最终极的目标。马克思和恩格斯在《共产党宣言》中就明确提出，在取代资本主义社会的联合体里，"每个人的自由发展是一切人的自由发展的条件"①。在《资本论》中，马克思又指出：在取代资本主义社会的新社会中，"以每个人的全面而自由的发展为基本原则"②。这就是说，马克思主义的发展观，归根到底是全体人民全面而自由的发展，这就是我们所说的"以人为本"的科学内涵。凡是有利于实现这一点的都是我们希望的发展、需要的发展、着力推动的发展。

我们党历来重视发展。毛泽东同志在 20 世纪 50 年代，就有过这样一句冲击力很强的话：中国的发展能否成功，关系到中华民族的球籍问题。以此说明发展的极端重要性。以邓小平为核心的中央集体面临的是一个经历"文化大革命"沧桑的国家，所以邓小平同志深有感悟地指出，"发展才是硬道理"，世界上的事情都是干出来的，不干，半点马克思主义都没有。有人对《邓小平文选》作过统计，里面"发展"这个词总共用了 1 066 处，而且第 2 卷用的比第 1 卷多，第 3 卷用的比第 2 卷多。当然，这只是一个统计数据，但是这个统计数据反

---

① 《马克思恩格斯选集》，2 版，第 1 卷，294 页，北京，人民出版社，1995。

② 《马克思恩格斯全集》，中文 1 版，第 23 卷，649 页。

映了一个问题，说明发展在我们的改革开放总设计师邓小平同志心目中是一个什么样的地位。以江泽民同志为核心的中央集体提出的"三个代表"重要思想，它的核心、它的主题还是建设中国特色社会主义，建设中国特色社会主义的主题还是发展。江泽民同志强调指出发展是我们党执政兴国的第一要务，并指出，"紧紧把握住这一点，就从根本上把握了人民的愿望，把握了社会主义现代化建设的本质"①。党的十六届三中全会提出了"以人为本，全面、协调、可持续"的科学发展观，目的就是为了使我们国家的发展更加健康因而更加持久地发展下去。所以，对于什么是发展，发展什么，我们党的几代领导集体都已经讲得很清楚。增强综合国力、提高人民的物质文化生活水平，要靠发展；巩固发展社会主义制度、实现和谐稳定的社会局面，要靠发展；解决台湾问题、完成祖国统一大业，要靠发展；反对霸权主义、维护主权完整与独立、维护世界和平，要靠发展。也就是说，解决中国的所有问题，或者说解决我们国家面临的所有问题，关键都是发展。发展是我们社会主义阶段以及人类社会今后永恒的主题。作为执政党，共产党就是为人民谋利益，人民的利益是靠发展得来的。我们要全心全意为人民服务，为人民谋利益，那就是要一心一意地、聚精会神地来搞发展。

因此，所谓先进性，集中体现在发展上。发展是执政党先进性的根本要求、集中体现和根本保证。发展反过来又能保证我们党的先进性、促进我们党的先进性。而保持先进性才能保证我们更好地发展。发展与保持先进性之间，是一种良性互动的关系。我们国家正是因为重视了发展，才有了翻天覆地的变化。中国历史实践也充分地证明了这一点：因为有与时俱进的中国共产党的领导，我们的国家能得到迅速发展，社会主义建设能取得初步成功；而同时我们的社会主义制度、我们的社会主义建设也在促进着党的发展壮大和理性成熟。尽管

①《江泽民文选》，第3卷，539页，北京，人民出版社，2006。

在社会主义建设过程中，我们遇到过种种挫折，但由于我们党坚持了发展才是硬道理，坚持了以经济建设为中心，所以我们能战胜挫折，取得巨大成就。当然我们抓的发展是科学的发展，是全面协调的发展，是物质文明、精神文明、政治文明一起抓的发展。

二、为建设人民满意、世界一流的中国人民大学而奋斗是中国人民大学各级党组织、每一个共产党员先进性的集中体现和根本要求

发展是具体的，总是在每一个方面体现出来。高等学校是知识的殿堂，是人才的摇篮，是社会的良心。小平同志讲，科学技术是第一生产力；江泽民同志讲，人才资源是第一资源（人是生产力中最活跃的因素）。而科学技术要发展，人力资源素质要提高，最基础的还是抓教育。高等学校既对发展先进生产力起着重要的作用，又对发展先进文化承担着重要的责任，把高等学校办好，符合人民的愿望，符合人民的根本利益。第欧根尼曾说："一个国家的基础在于对其青年的教育。"教育从某种意义上来讲，是塑造未来的事业。我们所工作的领域和发展先进生产力、发展先进文化，实现最广大人民的利益紧密地联系在一起。我们要以这样的责任感和使命感来看待教育事业，来看待我们的工作。

"发展才是硬道理"这一点我在担任中国人民大学校长后，感触尤深。中国人民大学是新中国创立的第一所新型大学，是与党和国家同呼吸共命运的一所大学，为马克思主义在中国的传播和普及，为我国哲学社会科学的发展和繁荣，为我国社会主义革命、建设和改革事业的发展作出了重要贡献。但就是这样的一所无论是在新中国的建设史还是教育史上都有着特殊地位的大学，由于种种原因，在 20 世纪 90 年代后走进了一段迷惘期、低落期和消沉期。要改变这样的状况，只有依靠发展的思路和发展的举措。2000 年 9 月 27 日，我在就任中

国人民大学校长的讲话中，就以发展为主旋律，谈到要高举邓小平"发展才是硬道理"的旗帜，搞好学科规划与建设、校园规划与建设，抓实改革、抓实调整、抓实管理，千方百计加大投入，这就是我们这几年一直坚持的"1231"的工作思路。在这样的工作思路指导下，我们这一届领导班子始终把发展放在第一要务的位置上。

经过5年来人民大学全体师生的共同奋斗，人民大学的面貌焕然一新，学校事业得到极大发展。学校的办学规模扩大，全日制本专科在校生人数上升了46.70%，硕士研究生人数上升了66.70%，博士研究生人数上升了149.60%，外国留学生人数上升了124.90%；教职工人数也有较大幅度增加，具有研究生学位的人数达教师总数的89%以上，拥有博士学位的超过50%；科研项目大幅增加，这5年科研经费约是前5年的3倍。学校的学科设置进一步合理，不仅进行了卓有成效的院系调整合并，还新成立了理学院、国学院，加强了学校人文精神与科学精神融合的气氛；校舍面积成倍翻升，学校实力大为增强，固定资产由2000年的不足3.3亿上升到今年年底的约18个亿；人民大学的校园、教学科研设施曾经与自己的名声地位极不相符，现在则有了好看、耐看的校园，现代化、数字化、人文化校园环境和教学科研设施。去年10月份陈至立同志在我的述职报告的批示中有这样一句话，"四年来人大的成绩有目共睹，望再接再厉，争取更上一层楼"。这是对我们过去工作的肯定，也是对我们今后工作的鼓励和要求。正是在这样一个谋求发展的过程中，我们进一步深刻意识到：大到一个国家、一个地区，小到一个学校、一个单位，都是一样，只有发展才能化解历史留下来的矛盾，只有发展才能解决发展过程当中出现的新的问题，只有发展才能够创造新的业绩、新的辉煌。

要真正把发展作为一个组织、一个集体的第一要务，我体会主要要做到两点：一是要在集体中树立强烈的发展意识，二是要在发展中充分发挥共产党员的模范带头作用。

（一）树立强烈的发展意识

回顾学校这几年来所走过的历程，我想在树立强烈的发展意识上我们实际是抓了两条：一是呼吁繁荣发展哲学社会科学，二是提出了创建"人民满意、世界一流"的大学的奋斗目标。这是我们抓发展的最重要的切入点。

1. 繁荣发展哲学社会科学。

2000 年 10 月 15 日，中国人民大学精心筹划了命名组建 50 周年大会，以呼吁发展人文社会科学为中心议题，李鹏同志在讲话中对自然科学与人文社会科学的关系用了"车之两轮"、"鸟之两翼"的形象比喻，陈至立同志作报告讲的中心也是发展人文社会科学，这是我到中国人民大学后精心组织的第一个重要会议。我到人民大学后发表的第一篇文章就是《新时期要更加重视人文社会科学》，该文引起了强烈的社会反响。应该说，进入新世纪以来，党和国家开始对繁荣哲学社会科学有了高度的重视。江泽民同志在 2001 年到 2002 年不到一年的时间里，就对哲学社会科学的重要性发表了三次重要讲话，特别是在中国人民大学考察时发表的讲话中，对哲学社会科学的重要作用和地位作了充分的阐述，极大地鼓舞了人民大学的师生和整个哲学社会科学界。胡锦涛同志也高度重视哲学社会科学，在讲话中多次指出哲学社会科学的重要性。2004 年，中央专门发布了《关于进一步繁荣发展哲学社会科学的意见》。

一方面，繁荣发展哲学社会科学应该说是时代发展的需要、历史的必然。中国人民大学在其中的主要作用是顺应了历史的必然、回应了时代的呼声，从社会发展现实需要出发，敏锐地抓住了社会发展中的重大问题，为哲学社会科学的发展鼓与呼，为哲学社会科学的繁荣与发展做理论与学术上的准备，在推动哲学社会科学发展方面发挥了一所号称为"人文社会科学旗舰"的重要高等学府的应尽责任。另一方面，一个以人文社会科学为特色的高等学府，也只有在社会对哲学社会科学的作用和地位有正确评价的时候，才能比较顺利地得到发展。

从这个方面来说，学校是抓住了发展的机遇、发展的契机，为自己的发展创造了良好的宏观环境。不仅从外部环境上为学校的发展创造了条件，而且树立了学校员工的发展意识，加强了学校员工的发展信心。

2. 提出了创建"人民满意、世界一流"的大学的奋斗目标。

在我们这次先进性教育活动当中，无论是胡锦涛同志在新时期保持共产党员先进性专题报告会上的讲话，还是贺国强同志到高校调研时的讲话，都把坚持理想信念作为共产党员保持先进性的基本要求，这充分说明了理想信念的重要性。坚持理想信念有不同的层次、不同的方面，从大的方面来说，是每个党员都要树立远大的共产主义理想，都要坚定不移地为建设中国特色社会主义而奋斗。具体到中国人民大学，也需要一个明确的目标和方向。所以，在充分考虑到人民大学的地位、优势、历史成就和当前实力的基础上，我们在进入新世纪之际提出了创建世界一流大学的奋斗目标，开启了"实践'三个代表'重要思想，创建世界知名一流大学"的历史进程。我仍然记得2000年10月5日那一天，就是在人大附中庆祝建校50周年的大操场上，我郑重地向当时的教育部党组副书记、副部长吕福源同志提出我们的这个奋斗目标，教育部经过考虑对我们的目标给予了支持。10天后在人民大学命名组建50周年的大会上，李鹏同志对人民大学提出了创建世界一流大学的期望。最终江泽民同志以党和国家最高领导人的身份，亲自规划了人民大学的这个发展目标，他在考察人民大学的讲话中指出，要把人民大学建设成为"以人文社会科学为主的世界知名的一流大学"。为了使学校目标深入人心，成为每个员工的目标，我们还展开了长达半年的大讨论，我个人也利用各种机会，包括参加会议和写文章，阐述人民大学树立这个目标的必要性和可能性，来打消疑虑、鼓舞人心。去年的新年报告会上，我们更是把这个目标进一步发展和明确为创建"人民满意、世界一流"的大学。明确加上"人民满意"四个字，是学校不断实践、不断思考的结果。学校在2002年设计新的学校标志时，即以"三个人"为图标，表达"人民、人本、人文"的含义，也就是为人民服务的办学宗旨、以人为本的办学理念和以人文社会科学为主的办学特色。中国人民大学是人民办的大学，学校来自于人民，学校一切活动都应当服务于人民，"人民满意、世界一流"体现了"三个代表"重要思想的要求，体现了发展先进生产力，发展先进文化，实现最广大人民的根本利益的要求，因而也就是体现了党的先进性。为最广大的人民服务、让人民满意是学校过去和现在的目标，也将是学校永恒的目标。

中国人民大学这几年的成功实践，极大证明了理想信念在凝聚人心、鼓舞人心、振奋精神、团结力量、创新事业、开拓新局面上的巨大作用。这样的理想信念的明确，在人民大学的发展史上可以说是十分关键的。人是精神动物，需要理想信念的感召；组织也是需要精神的，一个组织要有生命力，需要组织精神的激励；恰如其分的理念信念是一个组织发展和前进所不可缺少的。因为树立了"实践'三个代表'重要思想，创建世界知名一流大学"的理想信念，人民大学走出了低谷，开创了新的局面；今后也只有坚定"创建'人民满意、世界一流'的大学"的理想信念，学校才能走向卓越，走向辉煌。这样的目标，符合党的先进性要求，可以说是党的先进性在中国人民大学的一个集中体现。

（二）充分发挥共产党员的模范带头作用

只有发展意识还不够，还有个怎么干，怎么抓发展的问题。共产党员怎么做才算发挥了模范带头作用，才是实践了先进性的要求，我想结合这几年的工作谈几点体会。

1. 抓发展必须讲政治。

抓发展要坚持社会主义办学方向，讲政治集中体现在社会主义办学方向上。我们办的是社会主义大学，是为实现最广大人民的根本利益来服务的。坚持社会主义办学方向，第一个重要方面就是以马克思主义来指导我们的人才培养，来指导我们哲学社会科学的发展、各个学科的建设，繁荣发展社会主义的哲学社会科学。第二个重要方面是培养社会主义现代化建设所需要的合格人才。我们培养的人才是为社会主义现代化建设服务的，是坚持以马克思主义为指导，为人民服务，为建设中国特色社会主义服务的人才。我们的学生培养目标是"国民表率、社会栋梁"，这并不是个抽象的中性的词汇，而是为人民服务的、为建设中国特色社会主义服务的"国民表率、社会栋梁"。我们的学生要勇于担纲，担纲指的是担建设中国特色社会主义之纲、担为人民谋利益之纲。抓发展要讲政治，不管是科学研究、人才培养，还是学科建设，都应当体现这样的精神。

2. 抓发展就要抓机遇。

要抓住机遇，很重要的就是要解放思想，思路决定出路。解放思想、更新观念、抓住机遇、加快发展，这是我们几年来一直在坚持的指导思想。抓住机遇首先要发现机遇、洞察机遇，还要创造机遇、扩大机遇，更要用足机遇。洞察机遇就要解放思想、更新观念，眼观六路、耳听八方，要精心地分析、研究、洞察。所以，我们强调解放思想，一个方面就是增强洞察机遇的能力。比如人民大学在全国高校中首次实行的、创造性的校园置换，改善了教师的住房条件，使广大教职员工能够安居乐业，同时扩大了办学空间，改变了校园面貌，凝聚了人心。这就是洞察了机遇，创造了机遇，抓住了机遇。再比如"985工程"的建设、"马克思主义理论研究和建设工程"的建设，对我们来说，也是今后发展中需要抓住抓好的关键机遇。我们过去的发展体现了抓住机遇、创造机遇的重要性，今后的发展，也继续有赖于我们抓住机遇、创造机遇的能力。这是我们不断加强执政能力建设一个很具体也很重要的方面。

3. 抓发展要讲辩证法，以科学的发展观为指导。

发展不是抽象的而是具体的，不是孤立的而是连续的，不是片面的而是整体的，不是静态的而是动态的。党中央提出的科学发展观、五个统筹、以人为本的全面协调可持续的发展就是辩证的。我们抓发展就是要认真落实以胡锦涛同志为总书记的新一届领导集体提出来的科学发展观,按照胡锦涛同志的讲话和十六大三、四中全会的精神,发挥模范带头作用,做好四个方面的统筹协调。

一是学科建设、校园建设、校风学风建设的统筹协调。学科建设的核心是教师队伍建设,队伍建设不仅仅是师资队伍,也包括干部队伍,包括后勤管理等等。队伍建设很重要的方面是政治素质要过硬、道德素质要过硬、业务素质要过硬、团结协作要过硬。校园建设的核心是硬件条件办学设施的建设,要建设科学化、人文化、数字化、美化、绿化的校园。校风学风的建设很重要的就是"百花齐放、百家争鸣"风气的养成,"尊重劳动、尊重知识、尊重人才、尊重创造"风气的建设;是正气留人、事业留人、感情留人、待遇留人等几个方面的统一,是想干事、能干事、干成事环境的建设。

二是规模、结构、质量和效益四个方面的统筹考虑。在工作中,经济建设也好,学校发展也好,大家对抓规模、速度、数量兴致勃勃,一谈起来思路开阔,措施也很多,但往往忽视了结构和效益问题。在人民大学的发展中,我们要同时高度重视结构、质量和效益。规模大了、速度快了是发展;结构的优化、质量的提高、效益的提升也是发展,甚至是更重要的发展。中国的高等教育在规模有了极大扩张之后,已进入了做强的关键时期。做强高等教育就要依靠优化结构和提高质量。就要统筹考虑规模、结构、质量和效益。作为一所高等学校,我们要想谋求更健康的发展,在日常工作中就要自觉做到这四个方面的统一。

三是教学、科研、社会服务三者的统筹协调。我们是高校,教学是学校"质"的规定性,教学当然是工作的中心,但我们是研究型重点大学,教学是中心,科研也是中心,两者不可偏废,要努力使两者有机统一,相互促进。我们要积极开展社会服务,但不应当偏离、脱离上述两个中心,要掌握好"度"。这样的统筹协调,是我们保持良性发展的经常性内容。

四是改革、调整、管理三者的统筹协调。抓发展要靠改革，要靠调整，要靠管理，不能把改革与管理对立起来。改革、调整、管理的内涵是调动一切积极因素，这具体体现在两个方面：一是理顺体制，调动组织的积极性；二是充分调动个人的积极性。当前学校的工作一是要抓治理结构的调整、完善和建设。然后通过改革、调整和管理进一步整合好资源，形成一个体制合理、管理科学、运转高效、服务良好的治理结构。同时通过科学的人事考核制度、评价制度，合理的分配制度等，调动每一个人的积极性，把大家的智慧和力量拧成一股绳，为建设"人民满意、世界一流"大学而奋斗。总之，要在改革中发展、在调整中前进、在管理中提高。

在我看来，把握好上述四个方面的统筹协调，是高校领导班子领导能力建设的重要内容，也是我们高校工作中贯彻落实科学发展观的具体体现。

4. 抓发展应当真抓实干。

真抓实干首先是一种精神状态，是一种作风，是一种风气，是党性问题。胡锦涛同志在《在全党大力弘扬求真务实精神，大兴求真务实之风》这篇文章中，就强调了"求真务实、真抓实干"这八个字，批评了十种现象：第一，不思进取，得过且过；第二，工作浮躁，工作不实；第三，好大喜功，急功近利；第四，随心所欲，自搞一套；第五，心态浮躁、追名逐利；第六，弄虚作假，欺上瞒下；第七，明哲保身，患得患失；第八，贪图享受、奢侈浪费，追求低级趣味；第九，以权谋私，与民争利；第十，高高在上，脱离群众。要坚持党的先进性，坚持党员的先进性，就要摒除这十种现象，以这些现象作为镜子时常反省自己，这是一种党性锻炼、党性要求。

真抓实干还体现在工作作风上。第一是抓具体。抓具体、具体抓才是真抓实干。要把目标变成现实，就要抓具体工作。尤其是比较大的、比较难的事情，领导者一定要深入第一线，身体力行。第二是抓到底。要善始善终。毛泽东同志当年讲"抓而不紧，等于不抓"，抓不到底等于没有抓。一件看准了的事情要紧紧抓住它，坚忍不拔、排除一切困难地坚决抓到底，才能把事情做好。第三，在具体工作上，还要抓问题。李岚清同志曾说发展就是解决问题，就是在过去取得成就的基础上，来解决过去历史遗留下来、过去难以解决的问题，或是新出现的问题。问题解决了，事物也就发展了。所以，发展也就需要有敏锐的问题眼光，能够发现问题，抓住问题，并能抓准时机，解决问题。抓解决问题就是抓发展，就是真抓实干。

我体会到作为一个党员领导干部，只要在上述的几个方面作出了实实在在的努力，就能在发展中比较好地发挥模范带头作用，实践先进性的要求。

这些年的具体实践让我深刻体会到，树立强烈的发展意识，发挥共产党员的模范带头作用，为建设"人民满意、世界一流"的中国人民大学而奋斗是中国人民大学各级党组织、每一个共产党员先进性的集中体现和根本要求。在学校的发展上，我们要坚持以"人民、人本、人文"为发展目标，要以"大师、大楼、大气"为发展措施，还要以"真情、真想、真干"为发展的行动纲领。"人民"就是为人民服务的办学宗旨；"人本"是以人为本的办学理念，在学校里最重要、最核心的理念就是以学生为本，为他们健康成长、和谐发展提供条件，同时为师生员工服务好，管理思想要体现这方面的精神；"人文"，一方面是人文精神，另一方面是人文社会科学为主的办学特色。"大师"是讲学科建设、队伍建设；"大楼"是硬件建设、校园建设；"大气"是软环境建设，包括学术环境、学术风气、校风、学风、学术胸怀、学术视野等，兼容并蓄、有容乃大，还包括浩然正气，人民大学是讲正气的地方。"真情"也是真心，真正地忠于党、忠于国家、忠于人民、忠于党的教育事业，对学校充满感情，是真实的感情，不是虚情假意，不是标语口号；"真想"，即一切从实际出发，真正为学校的发展出谋划策，想出符合实际的蓝图，想出符合实际的思路；"真干"，就是真抓实干。这九个词加在一起，就是我们的发展理念，就是我们念的"发展经"。在这样的发展理念指导下，我们取得了巨大的成绩；我想，今后我们也只有以这样的精神状态、这样的发展理念来要求自己，高高举起"发展才是硬道理"的旗帜，坚持"两个务必"，才能真正深刻理解和准确把握新时期党中央对共产党员和基层单位保持先进性的基本要求，把学校的工作做好，为国家的发展、为民族的发展作出应有的贡献！

加强高等教育研究，建设
"人民满意、世界一流" 大学[*]

——在中国人民大学高等教育学会成立大会上的讲话

(2005 年 10 月 28 日)

一、重视高等教育研究是中外著名大学的共识

中国高等教育学会周远清会长曾多次指出：大学要重视高等教育研究，没有高水平的高等教育科学研究，就很难建成高水平的大学；不重视高等教育研究的校长，在办学上很难算是成熟的大学校长。对远清同志的论述，我深表赞同。重视高等教育研究，已经成为中外大学的共识。据统计，中国内地高校目前约有 800 家高教研究机构。美国几乎所有规模超过万人的大学都设有专门的院校研究机构，特别是那些一流的大学，更是拥有实力雄厚的高等教育研究机构。大家之所以这么重视并越来越重视高等教育研究，是因为它对高等教育的发展具有重要的意义。

1. 重视高等教育研究，是认识和把握高等教育发展规律的需要。

大家都知道，高等教育是一个复杂的、开放的、多层次的、多结构的系统，同时与政治、经济、文化、社会、人口、科技等各个领域

---

   * 本文根据作者作为中国人民大学高等教育学会会长的讲话录音整理，《中国高教研究》2006 年第 1 期摘要发表。作者非常重视高等教育研究，认为一所大学要办好，首先就要把自己研究好，把高等教育的规律和趋势研究好，并分别于 2000 年 11 月和 2005 年 1 月组织成立了发展规划处和高等教育研究室。

有着千丝万缕的联系。高等学校也非常特殊。高校作为一个基层组织，处于第一线，组成人员是最复杂的，在我国现阶段尤其如此。军队里长官和士兵的关系非常单纯，工厂里是各级领导、技术人员和工人的关系，都比较单纯。大学不是这样，大学里面有学术大师，也有普通工人，有老师，也有学生，教师是从助教到教授，学生是从本科生到博士生，从全日制学习到在职学习，且每年都在流动，还有管理干部、一般员工、后勤工人，还有食堂、医院、居委会等等。全世界恐怕找不到一个基层单位，是由这样复杂的人员构成的。高等学校面对的是这样复杂、多元的群体，所以大学内部不同群体的利益诉求不同，看问题的角度也完全不同。要办好大学，就必须处理好对内、对外各种各样的关系。不研究、不思考高等教育的内外规律，很难推进高等教育的发展。特别是在高等教育深化改革的新形势下，如果没有高水平的高等教育研究，仅凭经验办学，将很难建设高水平的高校，很难在高等教育发展中有所创新。更何况现代高等教育制度在中国的历史并不很长，并且经过很多的艰难曲折，尽管改革开放以来有很大的发展，但很多领域都是新的，即便想凭经验办学，有时也是无章可循。所以，加强高等教育领域的学习和研究，了解和学习其他国家在高等教育领域的先进经验，了解和学习其他组织可供高等教育机构借鉴的做法，了解时代的呼声和社会的发展脉络，探究高等教育发展规律并把握好规律，对高等学校来说，无疑是十分重要的。历史上凡是有远见、有创新并在高等教育领域作出杰出贡献的教育家和前辈，都是十分重视教育思想、教育理论、教育理念的先导作用的。只有高度重视高等教育研究，才能较为全面、深入地理解高等教育；只有高度重视高等教育研究，才能认识、把握高等教育发展的内部和外部规律；只有高度重视高等教育研究，才能在改革创新当中促进高等教育全面、协调、可持续发展。

2. 重视高等教育研究，是应对时代挑战的需要。

在世纪之交，我国高等教育取得了跨越式发展，高等教育改革取得了突破性进展，目前进入了一个关键的发展时期。全面建设小康社会，构建和谐社会，实现中华民族伟大复兴，对我国高等教育的发展提出了更高的要求。全球化的不断深入，知识经济的到来，国际竞争的加剧，对高等教育提出了一系列挑战。高等教育如何在创新型国家的建设中发挥更大作用，如何在进入大众化阶段后统筹协调规模、结构、质量和效益的关系，如何处理好国际性和民族性的关系，政府管理与大学自治的关系，学术自由与社会责任的关系，"象牙塔"与"服务器"的关系，这些都很值得研究。有些人批判"象牙塔"，主张"服务器"，但都是"服务器"，不要"象牙塔"行不行？还有公益性与市场性的关系等，都是高等教育发展所面临的重要课题。重视高等教育研究，是回答时代问题、应对时代挑战最有效的措施之一。可以说，高等教育越是快速发展，越需要重视并加强对全局性、战略性和前瞻性问题的研究。

3. 重视高等教育研究，是提升大学竞争力的需要。

随着知识创新在经济发展和社会进步中的作用日益突出，大学在国家的发展中扮演着越来越重要的角色。从某种意义上讲，国家之间的竞争也是大学之间的竞争。作为会聚人才的高地和培养人才的基地，我国的大学要更好地承担"科教兴国"和"人才强国"战略的重要使命，就必须不断提高办学水平，提升大学的竞争力。要提升大学的竞争力，就要对自身的理念、传统、优势、特色、不足等有清醒的认识和科学的判断，确定合理的发展目标，制定切合实际的发展战略。而要做到这一点，也就必须重视高等教育研究。

二、加强高等教育研究，对我校建设"人民满意、世界一流"大学具有战略意义

进入新世纪以来，我校启动了实践"三个代表"重要思想、创建世界知名一流大学的历史进程。加强高等教育研究，对我校实现这一

战略目标具有战略意义。

1. 建设"人民满意、世界一流"大学要有一流的高等教育研究。

建设一流的大学，仅仅靠经验、靠热情、靠上级文件是不行的，必须要有一流的高等教育研究，以科学的理念、方法指导办学实践，从实践中不断学习、总结、提炼，上升到规律性的高度。我们开展高等教育研究，不仅仅是高教研究机构的事情，整个学校、每个院系、每个部门、每个教职员工，都需要重视和加强高等教育研究，加强对学校发展的研究，加强对学校面临问题的研究，开创一流的高等教育研究局面。

对学校来讲，要研究借鉴国内外高水平大学的办学经验，要研究学校的发展思路、发展规划、发展措施，要研究那些关乎学校事业发展的全局性、战略性问题。比如，以人文社会科学为主的大学如何创建世界一流大学，哲学社会科学如何纳入到国家创新体系中，哲学社会科学如何进行评价等等。中国人民大学很多同志觉得有些大学排名不合理，对人文社会科学不公平，反过来说，为什么中国人民大学不能搞出个比较合理的排行榜？或者能够提出强有力的令人信服的不同意见嘛！这一点教育部也有领导跟我谈过，说中国人民大学也可以搞呀，可以有不同的思路，至少引起大家的注意。这好比我们参加某个游戏，觉得游戏规则不合理，要改变这种游戏规则，就必须对它进行研究，有能力、有资格发言。再比如，我国当前经济社会的发展，对人才培养目标、培养类型、培养规格、培养质量等等究竟提出了哪些新的具体要求？在现实环境下，我们如何才能确实有效地搞好我们的师资队伍建设？我们学科建设的当务之急是什么？如何结合学校的特色和历史并通过开拓创新来将我们的学科建设提升到一个新的水平线上？一所现代的大学应该采取什么渠道和方式来加大筹措资金的力度？大学应该如何科学地运营和发展自己的资产？还比如学校治理结构问题，什么样的治理结构是在中国目前形势下最适合我们的治理结构？政府与大学究竟是什么关系？政府对大学的发展究竟承担什么责任？这些问题都急需我们去研究。

对学院来说，除了研究专业学术的发展，还要加强对学科教育的研究、对学科建设和学科发展的研究、对人才培养规律的研究等等，将科学研究和学科研究结合起来。比如，在人文社会科学为主的大学里如何办好理工科，这是学校也是理学院应该不断思考的问题；国学院如何发展，国学人才如何培养，国学学科如何建设，没有现成的经验，需要我们在工作实践中不断探索、研究。对机关部处来说，也有许多亟待解决的问题，需要加强对工作的研究。我们很多机关部处日常的工作就很烦琐，经常是疲于应付，很容易陷入具体事务中不能自拔，也就很难有创新，但如果经常自觉地对自己的工作进行研究，就有可能更好地把握工作，抓住重点，创新方法，提高效率。现在经常讲学习型组织，学习的目的是什么呢？还是要结合研究自身，加强自身建设，做到"苟日新，日日新，又日新"。

对教职工个人来说，加强高等教育研究也有非常重要的意义。现代社会对我们的教师提出了更高的要求。在教学上，教师不能只是想着完成几堂课，也应该研究教学方法，研究学生的心理，实现教学相长等等。在科研上，教师不仅要钻研自己的专业，而且要研究自己的学科发展趋势和最新研究方法。学校各个院系和学校有关部门要更多地为教师在高教研究方面提供引导和服务。而教师本人，也需要在专业研究之外，做一些与专业相结合的高等教育研究。我想大家都很清楚，这不是浪费时间，而是磨刀不误砍柴工。管理干部也同样如此，要结合自己的岗位和本职工作加强研究。现代社会瞬息万变，不加强学习，不加强研究，不吐故纳新，很容易被时代所抛弃，用落后于时代的思路去工作，效果可想而知。所以要做到与时俱进，不断开创工作新局面，就必须加强对高等教育的研究。我曾经讲过，中国人民大学校园置换的方案，就几乎可以作为博士论文。它收集资料丰富，涉及问题复杂，整个方案很长、很规范、很具体，这是一种高水平的研究。所以才有人大校园置换的成功。这是一个案例。

2. 我校具有开展高质量、高层次高等教育研究的学术优势和群众基础。

在很长的一段时间里，我校对高等教育研究工作重视不够，对高等教育缺乏足够的研究，对中国人民大学本身缺乏足够的研究。这些现象值得我们思考。尽管我校的高等教育研究工作存在着一些不足，但是也应该看到我校的优势和特点：

（1）我校有开展高质量、高层次高等教育研究的学术优势。高等教育研究并不是孤立的，而是与很多学科领域密切相关，可以从管理学、经济学、法学、历史学、哲学、社会学、政治学、心理学等多学科的角度，运用不同学科的方法来研究，这样更有利于我们全面而深刻地理解高等教育，掌握其内在和外在规律，创造性地推动高等教育的发展。我校恰恰在这些学科领域具有学科比较齐全、水平层次比较高、视野比较开阔的整体优势，但是这一整体优势过去在高教研究方面应用得很差，中国人民大学成立高教学会，就是希望通过发动大家共同努力，把这个优势运用到研究高等教育改革与发展中来。

（2）我校有开展高质量、高层次高等教育研究的群众基础。我校有一些教师对高等教育研究颇有心得，发表过一些高水平的文章。在中国高等教育学会公布的2003年和2004年全国高校在14个核心期刊发表的高等教育科研论文成果统计中，我校分别以47篇和60篇的数量排名第7位和第8位。人大历史上出过一些高教研究的书，比如《学者谈艺录》，汇集了人大教授从事教学科研的心得。可见我校高教研究还是有良好群众基础的。我们要因势利导，更多地鼓励教师、干部参加进来；同时，还要通过适当的形式进一步将大家组织起来，共同开展重大课题的研究。我校教育研究所、高等教育研究室以及今天成立的高等教育学会，都是从不同角度从事高等教育研究的单位，应该进一步加强协作，提高我校高等教育研究的质量和水平，既为高等教育学科建设服务，也为我校的改革发展服务。

3. 我校高等教育研究应立足于学校办学实践，服务于学校发展。

实践的需要是开展研究工作的动力和源泉。我校高等教育研究应该立足于学校的办学实践，服务于学校的发展，进而服务于国家高等教育事业的发展。这是开展高等教育研究工作的出发点和落脚点。做到这一点，必须注重把理论研究和应用研究结合起来，突出应用研究；注重把增进知识和解决问题结合起来，突出解决问题；注重把学术探求和服务现实结合起来，突出服务现实。

高等教育研究立足于学校办学实践、服务于学校事业发展的这一定位，指出了研究对象、研究内容和研究范围的重点。我曾在成立高等教育研究室的会上提出我校高等教育研究应关注七项重点研究任务的建议：一是高等学校的职能、特点及定位；二是中国人民大学的发展战略，包括战略目标、战略重点、战略阶段、战略定位及战略措施；三是高等学校的队伍建设；四是高等学校的学科建设；五是高等学校的人才培养；六是高等教育的经费投入；七是高等学校的内部治理结构。这七项研究重点是学校关注的问题，也是对学校发展、学术发展具有重要意义的问题。

当然，除了服务于学校的发展，我们也有责任、有义务、有能力为国家高等教育事业的发展献计献策。中国人民大学不仅要在经济、政治、法律、社会、文化、管理等方面成为"思想库"和"智囊团"，而且也要成为国家高等教育改革与发展的"思想库"和"智囊团"。

三、充分发挥高等教育学会的作用，推进我校高等教育研究的开展

学校经过近5年的快速发展，步入了一个"固本强基、内涵提升"的关键阶段，在这样的时候成立高等教育学会，是正当其时的，也是学校发展进程中的一件大事、喜事。中国人民大学高等教育学会作为群众性的学术团体，在学校党委的领导和中国高等教育学会的指

导下开展工作。作为中国人民大学的校长和学会的会长，我对中国人民大学高等教育学会提出两点希望，大家共同把学会办好。

1. 希望人大高教学会充分发挥组织、沟通的作用，推进我校高等教育研究工作的深入开展。人大高教学会是民间团体，是群众性组织，具有跨学科、跨部门、跨行政级别、跨行政建制开展高等教育研究的优势，希望学会充分发挥这一优势，踏踏实实、认认真真做一些研究工作，真正开拓学校教职员工的视野，真正为学校的发展和国家高等教育的发展提供决策咨询服务，办成沟通学校教职员工的平台，沟通校内外、国内外高等教育界的平台，沟通高等教育理论和实践的平台。

2. 希望人大高教学会开展的研究工作具备问题眼光、国际眼光和综合眼光，开拓学会工作的新局面。这一点我多次强调过，在此就不多讲了。

愿中国人民大学高等教育学会能够起步顺利，不断开拓创新、与时俱进，为学校的发展、为国家高等教育发展作出应有的贡献。

追求卓越，追求一流[*]

——在中国人民大学书报资料中心新领导班子宣布大会上的讲话

(2007 年 8 月 28 日)

今天能有机会和书报资料中心的这么多同志见面，我感到非常高兴。首先，我要对刚卸任的领导班子的同志在任期内对中心作出的贡献表示衷心的感谢！他们的任期，正是书报资料中心重大的转折时期，中心各项事业都有所发展，各项指标都在增长，取得了阶段性的重大成绩。特别是 2005 年，书报资料中心彻底改变了 40 多年来传统的"复印报刊"工艺，除港澳台的 8 种刊物外，实现了中心刊物的全部重新录入排版，使刊物的质量有了一个质的飞跃，并达到"一本三版"的效果，成为中心历史上一个具有重要意义的转折点。这几年取得的成就，为中心未来的发展奠定了很好的基础。

书报资料中心是人民大学的金字招牌之一，它出版的《复印报刊资料》在国内外都具有很高的知名度，影响很大。我去过不少国家，很多国家的大学图书馆都有我们的《复印报刊资料》。书报资料中心是中华文化学术的窗口，也是人民大学走向世界、中华文化走向世界的桥梁和纽带。可以说，几十年来中国人文社科领域的大学生、研究生、讲师、教授都是伴随着书报资料中心的成长而成长的。《复印报

---

* 本文根据即席讲话录音整理。

刊资料》是中国文化出版界的特色产品，是学者成长的良师益友。1958 年书报资料中心的成立就完全是一个创新，是当年解放思想、开拓创新的结果。学校为有书报资料中心这么一个学术出版机构而自豪，书报资料中心全体员工也一定为自己是中心的一员而感到光荣和自豪。

但是时代在发展，技术在进步，改革开放使中国发生了巨大变化，信息技术日新月异，中心遇到了来自改革开放和信息技术现代化这两个方面新的严峻的挑战。怎样适应新的形势，迎接新的挑战，使自己不但能够生存下去，而且还要在新的台阶上、新的舞台上抓住新的机遇，创造新的业绩，这就需要大家继续努力，不断创新，唯有如此，方能继续为中国人文社会科学的繁荣与发展作出自己应有的贡献。

还有，由于历史上种种的原因，中心内部也存在各种各样的困难，如由于用工制度的不同而形成的一些历史问题。虽然老领导班子做了大量的工作，化解了很多矛盾，但这个问题说明中心需要制度创新。随着改革开放的不断深入，出版业进一步市场化，人民大学书报资料中心上世纪 80 年代的垄断地位已经一去不复返了。在这种情况下，如何应对市场竞争，这是更加严峻的挑战。数字化、网络化产品的出现，严重冲击着纸质产品，对传统的复印报刊资料产生强烈冲击。一方面，竞争的单位大大增多了，另一方面，竞争的手段更加技术化和现代化，中心确实遇到了空前的挑战。

内有体制机制的问题，外有各种各样竞争的压力，这就需要我们有清醒的思路，思路决定出路。要有宽阔的眼界，中心领导班子和全体员工要上下一心，同心同德，开拓进取，以求得自身的发展。我2001 年去学校出版社时，给出版社题写了八个字：追求卓越，追求一流，这八个字同样适合书报资料中心。在新的历史条件下，新的形势下，新的挑战面前，怎么样追求卓越，怎么样创造新的一流业绩，很值得思考。

我想，除了上面讲的几个问题以外，要把书报资料中心办好，一定要找好自己的定位，我们的核心任务就是：为发展繁荣中国人文社会科学服务。

我们拥有 148 个期刊，这可能是中国任何一个学术单位所没有的资源。在世界上如果有超过的，那恐怕也极为个别了。因此，我们完全有能力为中国人文社会科学的发展繁荣作出我们特殊的贡献。

书报资料中心在今后的发展中应强化五种意识：

一是质量意识。学术质量和学术声誉是《复印报刊资料》的生命线，在这个问题上要认真研究，采取切实可行的措施，确保刊物的学术声誉。

二是市场意识。中心要有与当前市场经济相适应的经营理念，在总结过去经验的基础上，用现代的营销理念和经营管理体制，拓展市场，开创新局面。

三是国际化意识。要有国际化观念，在拓展国际销售市场方面下大力气。

四是多样化意识，亦即集团化发展意识。中心要拓展自己的传统业务。中心现在有纸质期刊、电子产品、广告、咨询等业务，几个重要的领域应该说都有了，在这些传统的业务领域当中如何更好地创新，开发自己的新产品，需要下真功夫。

五是效益意识。既要有经济效益也要有社会效益。中心 148 种刊物，不是每种刊物都能创造很多的利润，应该分门别类分类指导。这方面的思路原来就有，应进一步巩固、优化和完善。

书报资料中心新的领导班子已经组成，这个领导班子应该是一个坚强的、团结的、干事的领导班子，头脑要清醒，立场要坚定，作风要务实。新班子组建以后，要通过一段时间的调查研究，在上一届领导班子工作的基础之上，充分听取各个部门广大职工的意见，进一步丰富和优化中心的"十一五"规划，特别在改革措施方面，要进一步细化。要花大力气加强职工队伍建设，建立一支高起点、高水准的专业化的编辑队伍和管理队伍。要在体制、机制问题上多做文章，深化改革，优化人才资源的结构配置，充分调动各类员工的积极性，使他们能够各得其所，各自发挥自己的作用，共同为中心的发展服务。这一点，要充分重视上一届领导班子创造的经验，巩固他们的成果。相信只要大家上下一心，开创新局面应该是指日可待的。

今天我们一行来送新领导上任，也是要利用这个机会给书报资料中心送来最美好的祝愿：祝愿我们在新的世纪，以科学发展观为统领，在现有工作的基础上，大踏步地前进，创造新的历史性的业绩，为人民大学创建"人民满意、世界一流"大学服务，为繁荣中国人文社会科学服务，为建设中国特色社会主义伟大事业服务。

最后，祝大家工作进步，身体健康！

共建一流大学　共享发展成果　共创美好未来

——在中国人民大学第六届教职工代表大会、工会第十五次代表大会上的报告

(2008 年 1 月 16 日)

各位代表，同志们：

新年伊始，我校隆重召开中国人民大学第六届教职工代表大会、工会第十五次代表大会。首先，请允许我代表学校领导班子向上届"两代会"代表，向多年来为我校发展作出巨大贡献的全校教职员工表示衷心的感谢！向新一届"两代会"的隆重召开表示热烈的祝贺！

这次"两代会"是在全党全国人民深入学习贯彻党的十七大精神，全校广大师生员工以 70 周年校庆为新起点，学校进入"全面提升，重点突破，强化优势，登攀一流"的发展新阶段这样一个关键时刻召开的，对于进一步全面贯彻落实科学发展观，进一步弘扬"立学为民、治学报国"的人大精神，进一步推动学校事业又好又快发展，创建"人民满意、世界一流"大学具有重大、深远的意义，必将成为一次凝聚人心的大会，鼓足干劲的大会，共促发展的大会！

上一届"两代会"是在 2003 年 9 月召开的。四年多来，在学校党委的领导下，全校师生高举"发展、创新、和谐"的旗帜，坚持"人民、人本、人文"的办学理念，"大师、大楼、大气"的办学思路和"真情、真想、真干"的行动纲领，弘扬"立学为民、治学报国"

的人大精神，按照"1231"的总体工作思路，坚持走"特色强校、内涵提高"的科学发展道路，实现了学校各项事业快速、稳健、协调的全面发展。以 2005 年明德楼的投入使用为标志，学校校园环境发生了翻天覆地的巨大变化，教学科研条件得到了根本性的改善；以 2007 年 8 月发布的新一轮国家重点学科评审结果为标志，全面奠定了我校在全国人文社会科学领域和高等教育领域当仁不让的领军地位。学校面貌发生了巨大而深刻的变化，内在凝聚力和创造力不断增强，外在的影响力和竞争力持续提升，在建设"人民满意、世界一流"大学的伟大进程中迈出了坚实的步伐。全体人大人以一往无前的奋斗精神和波澜壮阔的创新实践，谱写了新世纪中国高等学校内涵提高、特色强校的壮丽诗篇。

下面，我把学校四年多来的工作作个简单的回顾和总结，并就下一步工作提出一些思路和措施，请各位代表讨论、审议。

一、过去四年工作的回顾和总结

（一）规模适当提升，结构继续优化，质量全面提高，人才培养工作成绩斐然

在上世纪末以来全国高校扩招的高潮中，我们从实际出发，积极严谨地把握发展节奏，在办学规模上没有盲目贪大、求全，而是实施了差异性的发展战略，有选择性地追求卓越。从 2003 年至 2007 年，我校全日制在校生由 17 647 人增加到 21 311 人，增长 20.8%，其中本科生增长 20.1%，研究生增长 13.9%，留学生增长 100.6%。在校生规模扩张速度远远低于全国平均增长水平。目前全日制在校生规模基本控制在 2 万人左右，研究生与本科生比例基本保持在 1:1.1。

在控制规模增长的同时，我们着力提高了人才培养的质量。一是坚持以马克思主义的理论武装学生，既注重文化知识的传承，又注重人文精神的培育，既强调中国国情的教育，又引导学生胸怀世界，具

有广阔的国际视野；二是适时地调整了学科结构，在"主干的文科、精干的理工科"的原则下，适应时代发展需要，强化特色学科、优势学科，发展新兴学科、交叉学科，进一步优化了文理交融、相互促进的育人环境；三是更加注重改善知识结构，更加注重夯实基础，在本科教育方面探索并实施通识教育，在研究生层次通过探索培养机制改革，培养具有创新思维和能力、具有坚韧不拔的勇气和毅力、能够创造性地解决问题的创新型人才；四是不断调整优化生源结构，特别是进一步提高研究生生源质量；五是积极创造条件，加大力度，每年推荐一批学生到国外一流大学、一流专业，师从一流导师学习，不断提高人才培养的国际性。

我们始终将学风建设作为保证教育质量的一项重要工作，强调学生多读书、读原著、读元典，在直接触摸人类知识精华的过程中，学会与伟人的心灵直接对话。通过实施情境教学、互动式教学等教学方式改革，着力培养学生的"问题意识"和运用专业知识与基本原理解决实际问题的能力、独立思考的能力，培养学生的创新人格、创新能力。通过每年举办百余场高水平的学术研究会、论坛和讲座，以及"共和国部长论坛"、"人大代表人大行"等一系列品牌性的学校活动，培养学生的理论兴趣，拓宽学生的学术视野。通过打造人大特色的校园文化体育活动，培养积极、健康、高雅、活泼的校园文化氛围，全面提升学生的艺术素质和身体素质；通过体系化的心理健康调研、咨询、教学，健全学生的身心素质，引导学生全面、协调、健康发展。

正是得益于上述举措，我校学生培养质量得到了全面提高，继续保持了社会适应能力强、理论素养高、发展后劲足的特点，在全国高校总体就业率不到80％的情况下，我校毕业生就业率始终保持在90％以上。在连续九届全国优秀博士论文评选中，我校共有22篇论文入选全国优秀博士论文，占全国已入选人文社科优秀博士论文总数的1/7强，在所有高校和科研院所中位居第一。此外，我校学生近年来在一系列课外学术竞赛、文体活动中也屡创佳绩，如：2003年以来连续四次捧得"挑战杯"大学生课外学术科技作品竞赛"优胜杯",成为仅凭人文社会科学作品捧杯的唯一一所高校;2006 年、2007 年连获大学生数学建模竞赛全国一等奖,北京赛区一等奖;获得 2005 年首届大超男篮联赛冠军、2006 年海峡两岸大学生辩论赛冠军、第四届世界合唱比赛混声组金牌、2007 年首届中国大学生排球联赛冠军;涌现出身残志坚、孜孜求学的路蒙佳,在支教事业中不幸遇难的沈喆桓,屡破纪录获得奥运参赛资格的刘念,捐献造血干细胞、为社会奉献爱心的刘幸等一批当代优秀青年的代表。

按照"国民表率、社会栋梁"的培养目标,贯彻"一切为了学生"的理念,学校教学工作也取得了突出成绩:在 2005 年第五届国家级教学成果奖评奖中,我校获得 5 项国家级一等奖、10 项国家级二等奖,获奖数量居全国高校前列。在 2006 年教育部组织的本科教学评估中,我校获得 19 个二级指标全部为 A 的全优佳绩。

(二)高举人文旗帜,弘扬传统文化,发挥"智库"作用,科学研究工作成果丰硕

学校充分发扬在人文社会科学领域的综合性学科优势,秉承"追求真理、崇尚学术"的教风学风,营造"兼容并蓄、有容乃大"的学术氛围,按照"入主流、在主流、壮主流、领主流"的总体要求,积极探索有人大特色的科研发展之路,不断提高繁荣学术和服务社会的水平和质量。

党的十六大以来,我校先后有 10 位教师应邀为中共中央政治局集体学习作辅导报告或为中共中央政治局常委作专题讲座,一大批教师以讲座、课题研究、学术研讨等形式为中央领导和中央国家机关提供决策咨询;我校有 25 位专家成为中央第一批"马克思主义理论研究和建设工程"课题组首席专家或主要成员,是全国入选人数最多的高校;我校还承担了"北京 2008 年奥运会总体影响研究"(OGGI)等一系列特大、重大项目;广大教师参与了包括《物权法》、《反垄断法》、《公司法》、《破产法》等在内的一批重要法律、法规的起草、修订工作；在建设社会主义和谐社会、创新型国家和社会主义新农村，国际关系与全球化，两岸关系研究，绿色国民经济核算研究（"绿色GDP"），金融改革和资本市场发展战略以及高等教育发展等重大问题上，我校教师的意见、建议均发挥了积极作用。在继承和弘扬优秀传统文化，重振国学基础上率先提出的"增加中国传统节日为法定节日"，以及"大型、特大型国有（控股）企业回归 A 股"等政策建议得到国务院领导和社会各界的高度评价并付诸国家决策。我校在国内首创组织编写一年一度的"三大报告"，即《中国人民大学中国人文社会科学发展研究报告》、《中国人民大学中国经济发展研究报告》和《中国人民大学中国社会发展研究报告》，以及通过跨学科合作研究推出的"三大发布"，即"中国宏观经济预测"、"中国创新指数"和"中国发展指数"，均在全社会引起了广泛关注和强烈反响，已经成为具有人大品牌特色的权威科研成果。

四年来，整体科研工作发展迅速："十五"期间，我校各类科研项目立项数 2 608 项，是"九五"时期的 4.16 倍；科研经费总额达 2.4 亿元，比"九五"期间的 0.58 亿元翻了两番多；2006 年科研经费首次突破亿元，达到 1.022 亿元，2007 年又到达 1.146 亿元。2004 至 2006 年我校获得的国家社科基金项目、国家社科基金重大竞标项目和教育部人文社科重大攻关项目立项数连续三年保持全国高校第一。2007 年学校国家社科基金面上项目连续第五年保持全国高校第一，国家社科基金重大项目竞标以较大优势获全国第一，教育部人文社科重大攻关项目立项数与其他五所院校并列第一。在自然科学领域，我校近年来也从无到有，并取得了长足进步，科研立项和经费逐年增长，尤其是 2007 年，获得两项国家杰出青年科学基金，是我校在此类资助中取得的零的突破。

在科研项目和科研经费大幅度增长的同时，项目结构和经费渠道也发生了显著的变化：学校科研经费中来源于校外企业、社会横向课题的金额由"十五"初期的 1/3 发展到"十五"末期的 2/3，国际资助项目亦大幅增加。"十五"期间，我校共举办国际学术会议 299 次，教师出国参加国际学术会议 7 039 人次，在国际学术会议上提交论文 2 281 篇，分别比"九五"期间增长 90.5％、298.6％和 95.5％。我校论文被中文社会科学引文索引（CSSCI）收录数量 2000 年居全国高校第三，2001、2002、2003 年均居全国第二，2004、2005、2006 年连续三年保持全国高校第一位，分别达到 1 858 篇、1 867篇和 2 110 篇。

学校通过建立科学合理的评价、激励机制，鼓励自由探索，鼓励跨学科研究，充分营造良好的教学科研环境和宽松自由的学术氛围，尊重知识、尊重人才、尊重劳动、尊重创造。在我国哲学领域具有重要影响的"和合学"思想，《中国佛教哲学要义》、《二十一世纪中国易学史》等著作的问世以及 OGGI、"三大发布"等重大课题、研究成果的诞生都是学校不断推进学术繁荣、营造自由和谐、宁静圣洁的学术氛围的产物。

（三）整合校内资源，调整学科布局，凸显重点特色，学科建设工作成效显著

在学科大调研、细分析的基础上，学校按照"主干的文科、精干的理工科"的学科发展定位，一方面兼顾"国际通行、中国特色、人大特有"的原则，面向世界，面向未来，建设较为齐全的大文科，继续保持并与时俱进地丰富和强化鲜明的人文社会科学特色和优势；另一方面按照"有基础、相关联、高起点、入主流，力争高水平"的原则，发展"少而精"的理工学科。2005 年 9 月，学校成立理学院；2005 年 10 月，成立国学院及国学研究院，大力倡导国学研究和教育；2007 年 10 月，又成立国剧研究中心，进一步为弘扬和传播中华民族优秀传统文化作出积极贡献。这些举措既形成了学校浓郁的人才培养氛围，又丰富和改善了学校的形象，产生了积极的办学效益，在海内外都引起了强烈反响。

经过几年来的不断调整、优化，我校基础学科优势进一步突出，新兴学科、交叉学科进一步加强。目前，学校设有学士学位专业62个，第二学士学位专业8个，硕士学位学科点146个（包括自主设置的30个硕士点），博士学位学科点100个（包括自主设置的22个博士点），博士学位一级学科授权点14个，博士后流动站14个；有成人教育专科专业7个，本科专业10个。学校拥有33个国家重点二级学科，8个国家重点一级学科，在人文社会科学领域名列全国高校第一；另外还有4个北京市重点学科，有5个国家文科基础学科人才培养和科学研究基地和1个大学生文化素质教育基地，13个教育部人文社会科学重点研究基地。在由教育部组织的全国高等院校和科研院所重点学科评估中，理论经济学、应用经济学、法学、社会学、新闻传播学等5个一级学科整体水平排名全国第一，总数位居全国高校第三位。数据工程与知识工程实验室获准建设教育部重点实验室。

应强调指出的是，近年来，我们的学科发展在适当进行极少数外延式扩张的同时，更注重内涵式的增长，即把学科点增加的侧重点放在对原有学科的整合、派生上，放在对特色优势学科的强化、拓展上。通过院系调整、师资力量整合、跨学科平台搭建等，激发产生新的生产力。从2003年到2007年，学校硕士学位学科点和博士学位学科点的增幅分别达到52.6%和35.1%，绝大多数都是在原有学科基础上衍生而来。这种以内涵式提高为主、集约型发展的增长模式符合我校的学科特点，成为我校学科点增长的主要方式，不仅进一步巩固了传统、基础学科，而且在新增学科点上焕发了新的生产力。在教育部最新公布的国家重点学科评审结果中，我校有8个一级学科和8个二级学科获批为国家重点学科，至此，我校已有33个国家重点二级学科和8个国家重点一级学科，在人文社会科学领域均居全国第一，充分体现了学校近年来狠抓学科规划与建设，坚持内涵式提高道路所取得的积极成果。

（四）按需扩大规模，优化队伍结构，完善体制机制，师资队伍建设成就突出

学校高度重视教师队伍建设，以梯队建设、创新团队建设为重点，不断调整教师队伍结构；以师德师风建设为核心，努力营造聚人气、干事业、谋发展的氛围，营造出人才、出大师的和谐环境，积极创造有利于拔尖人才、创新团队脱颖而出的机制，创造有利于人才施展才华的舞台。

2003 年以来，我校新增教师 506 人，使全校专任教师总数达到 1 700 人，聘用非固定编制教师 360 人，基本满足了高质量的教学和人才培养的实际需求。同时，学校紧密围绕学科建设目标，不断优化教师队伍结构，使教师平均年龄降到 42.5 岁，50 岁以下教授比例达到 52.9%，中青年学术骨干成为教师队伍的主体。在学历结构上，具有博士学位的教师由 2003 年的 47.2% 提高到目前的 63.4%。在学缘结构上，近五年新近补充教师中最后学历为外校的教师达到 78.1%，其中留学回国人员占 25.7%。到目前为止，学校初步形成了一支学历层次高、专业结构好、学缘结构优、科研能力强、年龄结构合理的师资队伍。

学校坚持"请进来、走出去、沉下去"的举措，努力加强师资队伍建设。学校从"985 工程"二期投入 7 700 万元用于高层次人才队伍建设。2004 年以来共聘请"长江学者"8 人；资助 100 余位海外优秀博士来校讲学；资助 112 名教师出国研修；资助数百位教师出国参加高水平学术会议；举办了 22 次学科国际前沿教师培训；学校公派长期留学人员 670 人次，短期学术交流 5 241 人次。留学回国人员大部分成为学校教学与科研工作的中坚力量，极大地推动了教学科研工作的开展。此外，学校还与香港大学、香港城市大学、香港中文大学、台湾政治大学、台湾辅仁大学等学校进行交流活动，每年有 500 多人次的教师和学生赴港澳台地区进修、学习和开展学术交流活动。

在教师队伍建设问题上，我校特别重视坚持不懈地加强师德师风建设。我们始终认为，宁静致远的校园氛围应当是研究型大学的一种境界、一种状态、一种基本格调。"教师重教、学生向学、宁静圣洁、自由和谐"的良好学风、教风和校风应当成为人民大学这样一所志存高远的研究型大学努力追求的目标。维护大学精神、守护宁静校园，关键在教师。"教授治学"是保障教育质量的必由之路。我们通过各种措施不断增强教师自觉抵制不良诱惑的能力，鼓励教师坚持学术本位，摒弃浮躁、潜心治学，提倡教师不仅做"经师"，更要为"人师"，做知识和品格完美结合的代表、知行统一的典范，在教学活动中彰显自己的人格魅力和学识能力。从 2002 年开始，我们进行制度创新，设立了指导教授、责任教授制度，明确教授的学术和学科发展责任；2004 年我们又创立了荣誉教授制度，表彰首批 33 位荣誉教授，鼓励广大教师争做"学为人师、行为世范"的楷模。

从 2005 年起我们试行教师职业生涯发展规划，将个人发展与学校发展、学术发展更紧密地结合在一起，增强教师的爱岗敬业精神。我们始终坚持"事业留人、机制留人、感情留人、正气留人"的方针，努力营造聚人气、干事业、谋发展的和谐环境。按照"重岗位、重业绩、重贡献"的原则，在教师评价标准上：既注重专业能力考核，又注重师德师风考查；既考核学术工作，又考核社会工作；既严格要求质量，又体现人文关怀。学校本着既保证顺利、和谐、稳定，又坚持标准、质量、效益的指导思想，做好工资改革工作。继续采取灵活多样的方式，进一步提高教职工津贴，并向规范化迈进。以工资人事制度改革为契机，进一步健全队伍建设机制，形成良性的激励机制，进一步营造"想干事、能干事、干成事、干好事"的环境和氛围。所有这些措施，对保证形成良好的教风、学风，提高办学质量起到了重要的作用。

（五）空前加大投入，加强校园建设，扩大办学空间，校园环境展现新的面貌

学校采取内部置换与周边拓展相结合的方式扩大办学空间，以空前规模的资金投入、前所未有的建设规模推进校园建设。四年来先后兴建了知行楼群学生公寓、文化大厦、明德楼、汇贤大厦等工程，总计面积近 30 万平方米。我们把解决教师住房问题作为关系人才队伍建设的重大问题。从 2002 年开始，学校陆续采用商品化、社会化、货币化的思路，将解决教职工住房问题与拓展学校办学空间相结合，通过精心谋划和艰苦工作，使 3 000 余户教职工通过置换政策喜迁校外新居，教师住房条件从最差一跃成为全国最好的高校之一。同时，学校总计收回、腾退房屋近 11 万平方米，在西郊主校园 906 亩办学空间内，新增可用于办学的土地 240 余亩，使学校教学科研行政办公用地增加到 740 亩左右，比 2000 年净增 48%，教学、科研、行政、学生生活条件均得到了大幅度改善。

以 2005 年明德楼投入使用为标志，学校教学科研条件发生了根本变化：全校教学科研行政用房由 2000 年的 12.6 万平方米增加到 2005 年的 36.8 万平方米，增长了 192%；学生生活用房由 10.7 万平方米增加到 23.2 万平方米，增长了 117%。实现了几代人大人梦寐以求的教授每人一间工作室，副教授两人一间工作室的目标，老师们在工作室既可以潜心研究，又方便接待学生答疑解惑。与此同时，公共服务体系建设也取得了跨越式发展：实验室建设取得了突破性进展，仪器设备总值由 2000 年的 0.4 亿元增加到目前的 1.99 亿元，"数字人大"校园网络系统已发展为全国高校信息化建设的典型；学校图书馆共有藏书 337.9 万册（包括线装古籍 40 余万册），电子图书 15.04 万种，通过资源整合，形成了从学校图书馆到学院图书馆，涵盖人文社会科学各主要门类的多类型、多层次图书文献信息服务体系；通过不断改善教学技术硬件条件，目前，95% 以上的公共教室实现了多媒体化，教学环境建设已达到国际水平。

2007 年，学校西北区改造与建设工程最后一个建设项目——汇贤大厦的竣工交付使用，标志着我校西北区改造与建设工程顺利完成。继西北区建设和住房置换工作之后，学校在 2007 年前后又开始

了校内职工住宅调整集并暨校园东北区建设规划工作，成功组织了
232 户教职工的搬迁工作，拆除了 6 栋住宅楼。以 70 周年校庆日当
天国学馆、新图书馆工程奠基为标志，东北区改造与建设工程正在加
快进行之中，中国人民大学将以更加崭新的校园面貌展现在世人
面前。

（六）拓展交流范围，扩大国际影响，注重实质合作，国际交流工作展现新的活力

建设世界一流大学，提升国际性是关键。没有国际的视野，没有
开放性，就不可能建设世界一流的大学。几年来，我们通过与海外著
名大学签订校际合作协议、举办国际会议、合作开展国际项目、加强
教师的海外引进和派出、扩大留学生规模、加强学生的海外交流与联
合培养等措施，全方位地推进国际学术交流，从而整体提升学校的国
际性。

截至 2007 年 11 月底，与我校签订学术交流协议的大学共 154
所，比 2000 年的 66 所增加了 88 所。其中，14 所进入上海交大 2007
世界大学学术排行前 100 名，52 所进入前 500 名，充分表明我校已
经与一批世界知名学府或所在国家的重要大学建立了合作交流关系。
目前，在我校就读的留学生为 1 558 人，接近 2000 年 523 人的 3 倍。
他们来自 85 个国家，其中攻读学位者 1 240 人，比例为 80％，在全
国高校中名列前茅。

我校关于把"面向国外的汉语教学"提升到国家战略高度的咨询
意见，受到了国家领导人的肯定和重视，推动了我国分布在世界各地
的 100 多所孔子学院的建设和发展。目前，我校已先后与一批国外大
学联合开办 8 所孔子学院，面向海外进行汉语教学。2006 年，在国
家汉语国际推广领导小组办公室授权下成立的中国人民大学汉语国际
推广研究所将发展成为我国汉语国际推广的主要研究基地，为推进国
家汉语国际推广工作作出重大贡献。2007 年 3 月，由国家汉语国际

推广领导小组办公室与我校共同主办的"世界汉学大会"在我校举行，这是新中国成立以来在中国内地首次举办的高水平、高规格世界性汉学大会。2007年10月，由我校作为中方组织者之一，主办了"中欧论坛2007"，在欧洲8个国家的23个城市，分9个专题开设了46个分论坛，产生了强烈的国际影响和社会影响，开创了中国与欧洲民间对话的新渠道，同时也提升了学校的国际知名度，创造了我校对外合作交流的新模式。

目前，平均每周就有一个国际会议在我校召开，每5天有一个国外、境外学校层面的团组来访。通过加强人才引进和派出培养，在海外获得博士学位和有长期海外学习经历者占专任教师比例达到36.6%。这些都为我校在"十一五"期间进一步提升国际性，达到冲击一流、实现一流、跻身一流、巩固一流的目标打下了坚实基础。

（七）依靠教职员工，服务学校发展，保障职工权益，民主办学、依法治校工作翻开新的篇章

学校的发展必须依靠广大教职员工。四年来，学校认真贯彻落实党委领导下的校长负责制，坚持民主集中制原则，坚持"民主办学、依法治校"和管理创新，通过完善并实施"三重一大"和其他一系列规章制度，保证了学校人事、教学、财务等方面工作的安全、有序、稳定运行，较好地实现了"校令畅通、反应灵敏、运转规范、质量提高"的要求。

从现代大学制度的要求出发，学校积极推进内部治理结构改革，依照"三级架构、两级管理"的原则，把改革的方向定位为提升校级宏观管理的科学性、规范性、权威性与增强和调动学院管理的主体性、积极性并重，理顺校、院、系等三级组织之间的关系。学校制定和完善了党代会、党委全委会、常委会、校长办公会、书记办公会、校务委员会、学术委员会、学位委员会等各种会议和组织机构的职责权限、议事规则，完善了学校内部教学、科研、人事、基建、财务、会计、审计（特别是事前审计）和资产管理等规章制度，从而保证了各项管理有法可依、有章可循。为加大依法治校工作的力度，学校在学校办公室设立了法律事务室。在进一步健全校务委员会制度的过程中，学校提高了专家学者在校务委员会成员中的比例，充分发挥他们在办学中的咨询和参谋作用。以 70 周年校庆为契机，学校成立了董事会，作为一项管理制度创新，不仅为发展筹集了宝贵的办学资金，而且为广大校友和社会各界人士参与学校治理提供了平台。

学校采取切实有利措施加强学校教职工代表大会制度和校务公开工作的规范化建设，认真落实教代会的四项职权，充分发挥教职工代表大会在学校管理中的民主监督、民主参与作用，最大限度地保护和调动广大教职工的积极性和创造性。通过完善"三重一大"制度以及各项日常民主管理制度，保证了广大教职工知情权、参与权、建议权的进一步落实。学校近年来在民主评议领导干部、坚持校务公开制度、教代会制度的完善与创新和师德建设等方面不断探索并总结出很多新鲜经验，各项工作均走在北京乃至全国高校的前列。

在充分发挥教职工主体作用的同时，学校积极采取措施，改善教职工办公条件、住房条件，通过工资制度改革不断提高教师收入，继续加大关心、关注离退休老同志生活的力度。我校离退休职工平均工资从 2003 年的 1 967 元增加到 2007 年的 3 021 元，增长了 53.6%，年均增长 13.4%。

（八）创新办学理念，弘扬人大精神，丰富校园文化，学校外在的影响力持续提升

四年来，我们进一步丰富和发展了新世纪以来逐步形成的办学理念，先后提出了建设"人民满意、世界一流"大学的奋斗目标，坚持

"人民、人本、人文"的办学理念，"大师、大楼、大气"的办学思路和"真情、真想、真干"的行动纲领；本科教学评估期间，又提炼出人民共和国建设者的摇篮、中国人文社会科学高等教育的重镇、马克思主义教学与研究的高地三大办学特色。2007年校庆期间，在总结中国人民大学70年办学历程的基础上，我们提出了"立学为民、治学报国"的人大精神，并通过校史的编写、整理、展览，校歌的创作、传唱以及一系列校园文化活动，回顾了人民大学自1937年成立以来始终奋进在时代前列，与党和国家同呼吸、共命运的发展历程，全面展现了中国人民大学为祖国、为人民、为新中国的革命建设所作出的卓越贡献。

由于学校近年来事业的快速发展，学校的社会影响力也大大增强。

一是党和国家领导人来校考察工作或出席学校重大活动的人次大幅度增加。据不完全统计，包括全国人大常委会副委员长、全国政协副主席在内，2007年党和国家领导人共出席我校重大活动36人次，对学校工作给予亲切关怀和悉心指导；同时，学校领导、专家学者、教师代表拜会党和国家领导人或参加党和国家领导人出席的重要活动约23次，这些活动包括中共中央政治局集体学习、全国优秀教师代表座谈会等。

二是党和国家领导人对学校事业发展给予充分肯定或作出重要批示。2007年5月4日，中共中央政治局常委、国务院总理温家宝同志亲临人民大学视察，亲切看望在校师生，并发表重要讲话，高度肯定了中国人民大学70年来对我国社会主义革命、建设和改革事业所作出的巨大贡献，并对人民大学70周年校庆表示热烈祝贺，希望人民大学以70周年校庆为起点，把学校办得更好。在校庆筹备期间和校庆日前夕，中共中央政治局常委、全国政协主席贾庆林同志，中共中央政治局常委李长春同志，中共中央政治局常委习近平同志，中共中央政治局常委李克强同志，中共中央政治局常委、中纪委书记贺国强同志，中共中央政治局常委、中央政法委副书记周永康同志等先后亲自或委托办公室来电、来信向我校 70 周年校庆表示热烈祝贺。庆典大会当天，中共中央政治局委员、北京市市长王岐山同志，全国人大副委员长许嘉璐同志莅临我校 70 周年庆典大会并发表重要讲话，高度评价中国人民大学在教学、科研、人才培养等方面取得的突出成就。校庆日活动结束后不久，中共中央政治局委员、商务部部长薄熙来一行专程来我校参观校史展、李岚清篆刻艺术展，充分肯定学校 70 年来取得的成就。

三是学校的社会关注度大大增强。根据《大学》杂志于 2007 年末公布的"2008 中国最受媒体关注的大学排行榜"的统计，我校以全年 13.5 万篇的新闻报道量位居全国最受媒体关注的大学第三位，仅次于北大、清华。2008 年 1 月 2 日，中国校友会网大学评价课题组正式发布《2008 中国大学评价研究报告》，我校社会声誉度排名第 3 位。我校一大批杰出校友不断充实到党和国家的重要岗位，一大批重大研究成果社会反响巨大，海内外各国友人频频来校访问……所有这些都充分展现了人民大学各项事业蓬勃发展、蒸蒸日上的喜人景象。

二、四年来学校财务工作以及近期岗位聘任工作

2003 年以来，学校财务工作以"创新观念、加强管理，提高服务水平"为指导，重点在"开源、节流、效益"等关键环节上下工夫，学校经济运行总体平稳，财务状况良好。2003 年全年总收入 7.2 亿元，全年总支出 6.9 亿元。2007 年实现了全年总收入 13.5 亿元，总支出 11.1 亿元。2007 年比 2003 年总收入增加了 6.3 亿元，增长了 88％；总支出增加了 4.2 亿元，增长了 61％。收入增长的主要原因是财政拨款和学费及各类办班收入的增幅较大。支出增长的主要原因是学校人员经费（包括购房补贴）有了较大幅度的增加。

自 2003 年以来，学校集中财力，重点投入，着力解决关系学校

长期发展的硬件建设、学科建设中的重大问题，并在教职工的住房等民生问题上加大了投入。自 2003 年以来，基建完成投资 10 亿元，新建了约 40 万平方米的教学楼、办公楼及学生宿舍，极大地改善了校园面貌和教学、科研以及学生生活等硬件条件；队伍建设总投入 9 156 万元，其中"211 工程"学校配套为 2 730 万元，"985 工程"国家拨款为 6 426 万元。共发放住房补贴 4.6 亿元，对改善教职工的住房条件提供了有力的支持。

学校在财务管理方面不断建立健全财务管理制度。2005 年 1 月，学校出台了"三重一大"制度，对学校及校内各单位大额资金的使用作出了规定，几年来我们严格执行了"三重一大"制度，根据国家有关的财经法律、法规，学校和有关部门制定了货币资金支取授权审批办法、收费管理办法、银行账户管理办法、"985 工程"项目资金支出管理实施细则、财务报销指南等一系列财务规章制度，逐步建立和完善了学校财务制度体系，进一步规范和加强了财务管理工作，保障了学校资金的安全，促进了各项资金科学、合理、有效地使用。

岗位聘任工作是 2007 年到 2008 年的一项重要工作，是我们国家在新时期推进的极为重要的人事制度改革，影响深远，涉及每位同志。根据人事部、教育部关于高等学校岗位设置管理工作的有关文件和讲话精神以及教育部的统一安排，从 2006 年开始学校即积极准备聘岗各项筹备工作。2007 年 11 月教育部正式批复岗位设置方案后，我校正式进入聘岗工作的具体实施阶段。

学校领导班子高度重视聘岗工作，在文件制定过程中多次开会研究，多次听取汇报，多次作出重要指示。在政策制定的过程中，学校充分履行民主程序，共召开 10 次教职工座谈会，听取近 300 名教职工的意见，与学校所有单位的负责人交换了意见，并认真采纳了教职工的修改意见和建议。文件通过后，学校专门组织政策解读，面向各单位详细介绍文件内容，解释有关问题；同时，要求各单位在聘岗工作中必须在单位内部向教职工传达文件，认真解释和及时反映群众的问题。在聘用工作中，各级聘用组织既能够按照学校要求，认真领会政策、传达文件、摸清情况、解决问题，又能服从组织、顾全大局。从目前情况来看，聘岗总体进展平稳，政策深入人心，各项工作达到了预期的效果。我们相信，尽管聘岗工作时间紧、任务重、影响大，但在学校上下的共同努力下，一定能够圆满完成，进一步推动我校人事制度改革的完善。

回顾过去的四年，学校的学科建设、教学科研、人才培养、校园建设和后勤改革等工作进展较为顺利，关键在于能够紧紧依靠各级党组织、各级工会组织，充分调动广大教职工的积极性、主动性和创造性，扩大参与度。学校近年所取得的成绩也得到了党中央、国务院及教育部、北京市的充分肯定，学校先后获得"全国五一劳动奖状"、"首都文明单位标兵"、"北京市党建和思想政治工作先进高校"、"北京市依法治校示范校"、"首都劳动奖状"、"北京市教育创新先进单位"等奖励或荣誉称号。

在看到成绩的同时，我们也要清醒地认识到，随着学校事业广度和深度的不断加大，我们的工作还有一些不足之处和需要加强的一面，要正视工作中面临的挑战与问题。

1. 尽管这些年来学校事业取得了快速发展，但是许多兄弟高校同样保持着快速发展，高校之间的竞争日趋激烈，对我们自身取得的成绩不能盲目乐观，办"人民满意、世界一流"的大学任重而道远。

2. 尽管这些年我校的学科建设取得了巨大成就，但是学科建设仍然存在不平衡现象，人文、基础理论学科需要更强有力的支持措施，理学院、国学院、艺术学院等新兴学院还需进一步加大支持力度，不断结合新情况、新问题，研究新措施、新方法。

3. 尽管这些年我校校园环境发生了翻天覆地的变化，但从创建"人民满意、世界一流"大学的新起点出发，为实现学校的可持续发展，还需要积极寻找办法，进一步拓展办学空间。

4. 尽管这些年随着学校事业的快速发展，广大师生员工的精神面貌发生了深刻变化，爱校荣校的优良传统进一步弘扬，但是仍存在极少数教职工对教学科研的投入不够，对学生的关心不够的现象，存在极少数学生对学习的投入不够的情况，校风学风建设仍需常抓不懈。

5. 尽管这些年来民主办校、依法办学工作取得了明显成效，但是学校内部治理结构还不够完善，学校管理工作还有提高的必要和空间。

6. 尽管这些年来我校党的建设和思想政治工作得到了显著成绩，但是党的工作依然存在发展不平衡问题，特别是各级领导班子建设、学生思想政治工作和党的基层组织建设有待进一步抓实、抓细。

总的来说，上一届"两代会"以来的四年是不平凡的四年。这四年，是学校综合实力大幅提升的四年，是学校社会地位和影响显著提高的四年，是广大师生员工得到更多实惠的四年。四年来的成就，是全校师生员工在前辈基础上共同奋斗的结果。我代表学校，向人民大学的老一辈领导、老一辈著名学者和广大离退休教职工表示崇高的敬意！向正在各个岗位辛勤耕耘的广大教师、干部和学生表示衷心的感谢！

三、学校的远景目标和近期任务

当今世界正在发生广泛而深刻的变革，当代中国正在发生广泛而深刻的变革，为我国高等教育事业的发展提出了新的时代要求，也为我校建设"人民满意、世界一流"大学提供了新的发展机遇。按照我校"十一五"规划提出的战略目标，要争取利用本世纪头 20 年战略机遇期，初步建成以人文社会科学为主的"人民满意、世界一流"大学。这 20 年时间分为两个阶段："十年基础，十年腾飞"，每五年上一个台阶。当前学校基本已完成了"改善条件，重塑形象，固本强基"的任务，正在积极实施"十一五"规划，进入"全面提升，重点突破，强化优势，登攀一流"的新阶段。

今后一段时间学校工作总的指导思想是：全面贯彻党的十七大精神，高举中国特色社会主义伟大旗帜，以邓小平理论和"三个代表"重要思想为指导，深入贯彻落实科学发展观，按照十七大提出的"提高高等教育质量"的要求，围绕学校总体发展目标和"十一五"规划，继续高举发展、创新、和谐的旗帜，进一步解放思想，抢抓机遇，埋头苦干，开拓奋进，坚持走"内涵提高、特色强校"的科学发展道路，努力实现新的发展，创造新的辉煌，矢志不渝地履行"立学为民、治学报国"，力争经过本世纪头 20 年或再长一点时间的努力，把我校建设成为以人文社会科学为主的"人民满意、世界一流"大学。

我们要把这一指导思想和目标贯彻到各项工作中，近期要着重抓好以下几方面工作：

（一）以党的十七大精神为指导，全面推动学校各项工作

党的十七大是党在改革发展关键阶段召开的一次十分重要的会议，为全面构建中国特色社会主义伟大事业描绘了宏伟蓝图。深入学习贯彻党的十七大精神，进一步加强高校党的建设，推进高等教育事业的健康发展，是当前和今后一个时期高校党委最重要的任务。我校学习贯彻十七大精神要做到"四个结合"。

1. 把学习和宣传结合起来，充分发挥我校学科优势，面向全社会进行广泛宣传，继续在校内组织策划"学习十七大"系列报道。

2. 把学习和研究结合起来，组织全体教师尤其是学科带头人深入学习十七大精神，撰写一系列有深度的理论文章，召开高层次的理论研讨会、座谈会，推动理论创新。

3. 把学习和教学结合起来，在推动十七大精神进教材、进课堂、

进学生头脑方面取得明显进展。

4. 把学习与推动各项工作结合起来，推动教育创新，开创各项工作的新局面。

（二）在新的起点上加强学科建设，更加注重学科结构优化、质量提高

1. 以新一轮重点学科名单公布为新的起点，立足长远，放眼世界，继续居安思危，"居危思危"，深刻剖析自己，找出学科建设中学校整体存在的重大问题。

2. 进一步完善"主干的文科、精干的理工科"的学科体系，更加注重学科结构优化、质量提高，强化特色学科、优势学科，进一步大力支持人文、基础理论学科，进一步大力支持理学、国学、艺术学科等新兴学科，促进学科的整体水平全面提升。

3. 进一步提升学科的国际性水平，力争使人民大学在迈向世界一流大学的历史进程中，在某一或某些学科真正能够与世界一流学科对话，甚至取得世界范围内决定性的地位。

4. 进一步加强队伍建设，注重新一代学科带头人的培养工作。进一步改善学科硬件设施和条件。

（三）进一步发挥高等教育创新平台与党和人民事业思想库的作用，凸显科研工作特色和优势

1. 继续巩固和提高人文社会科学教育的地位，弘扬学校长期形成的我校科研工作的三大特色和优势，即以人文社会科学为主，注重马克思主义理论的指导地位，注重传统文化的传播弘扬。学校将在进一步加强理论创新的基础上，全面推动优秀成果和优秀人才不断脱颖而出，为繁荣我国人文社会科学事业作出新的更大的贡献。

2. 进一步发挥马克思主义理论研究优势，在加强马克思主义基本理论研究方面，在推进中国特色社会主义理论体系的研究和建设方面，下大力气、出大成果，为不断推动马克思主义指导中国特色社会主义建设的伟大进程作出新的贡献。

3. 进一步强化传统文化交流窗口和平台的作用，继续大力弘扬中华民族优秀传统文化。紧贴时代主题，从致力于国家强盛、民族复兴的战略高度着眼，从推动社会主义文化大发展大繁荣的角度入手，高举继承和弘扬中华民族优秀传统文化的旗帜，全面分析、系统研究中华文化的发展脉络、经典精粹及其当代价值，为弘扬中华民族优秀文化，建设中华民族共有的精神家园作出更大贡献。

4. 以改革开放 30 周年为契机，举行以改革开放 30 周年为主题的人文社会科学论坛等系列活动，推出一批有影响力的理论成果，为开创中国特色社会主义事业新局面作出更大的理论贡献。

（四）坚持立德树人的根本任务，进一步提高人才培养的质量和水平

1. 进一步巩固通识教育成果，继续推行本科专业主文献制度建设；在试点的基础上推进研究生培养机制，全面提高研究生培养质量。

2. 继续坚持以社会主义核心价值体系武装学生，培养具有崇高理想、高尚品格、创新精神、实践能力和国际视野的人民共和国优秀建设者和杰出人才，更为出色地为中国特色社会主义事业提供强有力的人才支持。

3. 培养学生崇高的学术理想和学术追求，并且为此而努力奋斗，要引导学生认真读书，占领前沿，同时积极关注现实，加强调查研究；要培养学生的理论勇气，既要坚持真理，又要勇于创新。

4. 进一步做好招生、就业工作，进一步优化生源结构，进一步加强就业指导，开拓就业市场，提升毕业生的综合竞争实力。

（五）进一步强化国际学术文化交流窗口的功能，大力提升学校的国际性

1. 进一步提高对提升国际性的重要性和紧迫性的认识。提升国际性是我校进入新世纪第二个发展阶段的重要工作，是"全面提升，重点突破，强化优势，登攀一流"战略的主要任务。要从创建世界一流大学的战略高度认识我校的国际性战略，下大决心、花大力气、采取大措施、开拓新思路，在未来几年内使国际性的提升成为学校发展的新增长点、新的亮点。

2. 进一步以更加自信和开放的态度，巩固与诸多世界一流大学和学术机构的深度校际合作关系，继续保持和巩固汉语国际推广的领先优势地位，进一步加强包括孔子学院在内的各种形式的海外存在，大力提升国际性，不断推动和谐世界的发展繁荣。

3. 进一步提升教师的国际性。继续实施"教师国际培训支持计划"，重点提高国际学术论文发表的数量与质量，重点资助一批有国际影响力的学科领域教师参与具有世界影响的顶级国际会议。

4. 提升学生的国际性。要进一步扩大留学生招生范围；积极争取各种计划、项目为学生创造更多的出国学习机会。

（六）在新的起点上加强校园建设，拓展办学空间，巩固精品校园建设成果

当前，学校事业发展进入了新的阶段，站在了新的起点，办学条件和办学空间问题重新成为制约学校新发展的瓶颈。

1. 加快推进图书馆新馆、国学馆、国际文化交流中心、校医院、西南区学生公寓等工程建设，加快首都师范大学海淀校区（简称"三师"）土地及校舍移交相关工作进度，并力争解决大华衬衫厂、张自忠路3号院使用等历史遗留问题，建设一个更加绿化、美化、数字化、人文化、现代化的精品校园。

2. 积极争取北京市和上级有关部门支持，力争在校外建设中国人民大学文化产业基地，解决学校预留发展用地问题，进一步巩固成果，努力拓展办学空间。

（七）依靠全校广大师生员工，进一步加强民主办学、依法治校，以人为本，建设和谐校园

1. 进一步加强各级领导班子建设，发挥好学校党委的领导核心作用、分党委（党总支）的政治核心作用、党支部的战斗堡垒作用、党员的先锋模范作用，注重基层，夯实基础，深入开展党的思想、理论、组织、作风、制度建设，构建党的先进性建设长效机制，为和谐校园建设提供可靠保证。

2. 学校各级党组织要创造性地开展工作，进一步激发广大师生员工的爱校、荣校热情和投身学校事业发展的创造性、积极性，巩固学校安全稳定基础，营造众志成城、共促发展的喜人景象。

3. 充分调动一切积极因素促进学校事业发展，进一步发挥教代会、工会、校务委员会、董事会、民主党派、离退休教职工等组织与群体在治校理教中的民主参与和民主监督作用，进一步发挥校内媒体的作用，吸引广大师生员工关注学校发展，参与学校建设，加强主体意识，发挥主人翁作用。

4. 继续坚持"以人为本"原则，关心和解决师生员工最关心、最直接、最现实的"民生"问题，当前来看，要深入关心青年教职员工的生活条件问题，重视和解决师生员工学习、工作及生活中的困难，对思想上有困惑和生活上有困难的师生员工，要满怀热情地为他们排忧解难，有的放矢地进行帮扶，努力为师生员工办实事、做好事、解难事。

同志们，中国人民大学进入新世纪以来在人才培养、科学研究、社会服务、国际交流等方面所取得的快速、稳健、协调、全面的发展，是全校师生员工共同努力的结果，发展的成果也理当由全校师生员工共同分享。

我代表学校感谢全校师生员工在各自岗位上为学校发展作出的不懈努力和辛勤工作，感谢你们对学校领导班子长期的理解和支持！希望大家在今后的工作中，继续发扬我校的优良传统，坚持以党的十七大精神为指导，全面贯彻落实科学发展观，为共同创造人民大学的美好未来，为提高高等教育质量，办好让人民满意的高等教育作出新的更大贡献！

做一个合格的办公室工作人员[*]

——在中国人民大学学校办公室
暑期工作研讨会上的讲话

(2008 年 7 月 11 日)

　　我首先对学校办公室（简称"校办"）一年一度的暑期总结和学习研讨这样的会议能够一直坚持下来感到非常高兴，也对大家表示敬佩。刚才听了大家的发言和几位同志简要的小结，听到了大家的见解，我感到很振奋，也很欣慰。你们及时地、全面地贯彻学校院长工作会议的精神，这个主题非常好，确确实实体现了我们校办工作的特点，就是要讲大局，识大体。你得了解学校的全局工作才能更好地做好自己的工作，这次会议体现了这样一个特点。大家围绕着学校的中心工作、围绕着学校的大局来自觉工作的精神，我感到非常欣慰，并为校办有这样的一支整齐队伍感到鼓舞，增强了我们做好学校工作的信心。我们校领导的信心来自于什么地方？就是来自于广大师生员工。广大师生员工有信心，校领导就有信心。听到、看到大家贯彻学校院长工作会议提升国际性这个中心议题的讨论和行动，我相信人民大学提升国际性的工作一定能够见成效。我们未来这三年，也就是到2010 年底的时候要有明显的成效，为今后十几年的发展在这方面打

　　* 本文根据即席讲话录音整理，并作为北京市高等教育学会办公室工作研究分会编的《高校办公室工作的理论与实践》（北京，中国人民大学出版社，2009）一书的代序发表。

下坚实的基础，我想这一目标一定能够实现。所以我首先对这个会议本身有这样一个感言，我自己深受鼓舞，深感欣慰。

学校办公室是一支凝聚力很强、战斗力很强的队伍。我来到人民大学马上就快8年了，这8年也是弹指一挥间。这8年来很多大事情历历在目，每一件工作都跟校办有着密切的关系。学校党委、学校行政许多重大的决策都是首先经过校办，最先经过校办把它传达下去、贯彻下去、落实下去的，校办也自己参与或者是自己组织了许多重大的活动。所以，学校这些年翻天覆地的变化，不管是学科建设，还是校园建设，还是制度建设，很多方面取得了成就，都跟校办的同志们的奋斗、拼搏，跟同志们付出的心血分不开。每想到这一点，我对校办的同志们充满了感情，以至于我们现在再跟大家提什么要求好像是多余的，因为这是一个很好的集体、团结的集体、战斗的集体。各项工作很扎实，关键时刻上得去。校办能打、能冲，这个精神给人印象非常深刻。我代表学校感谢同志们为学校改革发展所付出的辛勤努力和作出的杰出贡献。

校办跟学院和其他职能部门的机构是不太一样的，一方面，其他的机构都带有专业性，校办则是一个综合性的单位，是学校的一个枢纽，跟交通枢纽一样。处于枢纽的位置上，沟通的职能非常重要。上传下达、纵横交错的信息靠我们收集、交流、分析、整理，这个功能非常重要。另一个方面，学校大量工作都是通过校办来协调，我们的职能部门很看重校办，我们学院很看重校办，离开了校办的协调他们自己办事情就感到比较难，校办的协调是权威性的。因为你处在这个位置上，综合性很强，了解各方面的情况，所以这个协调的功能是特别重要的。还有，重大事件直接的组织指挥功能也是很重要的，这个组织指挥当然主要是由校领导来履行，但是校办的参谋作用也是很重要的。沟通、协调、参谋，给校领导当参谋，对重大事件抓落实、抓细节，这些就是校办的主要工作。这就对我们校办的干部素质提出很高的要求。我认为做一个合格的办公室工作人员至少要树立大局意识、服务意识、拼搏意识、规范意识和效率意识这样"五种意识"。

第一，大局的意识。作为办公室工作人员，大到国家的路线方针政策，小到人民大学的全局和整体都要了解。校办工作的特点，就是要讲大局，识大体。怎么样认识大局，把握大局，我觉得对大家一生都很有影响。我过去大学毕业分配到县基层工作，不管是中央的路线方针，还是省里的政策，最终都要到县里进行落实，通过我们的手变成具体的措施。正是因为有这个特点，所以就锻炼了一种大局的意识，锻炼了一种把握大局的能力。在县里工作也要了解全局的形势，省委什么要求、县委什么精神你都要了解。你们同样如此，千万不要以为是一个办公室，没有必要了解那么多事情。不但要认真研究党中央、国务院关于教育的基本方针、基本路线和基本政策，还要了解教育主管部门和地方政府负责人对教育的指示和看法。光这些还不够，你就教育谈教育是不行的，你还要了解经济建设、政治建设、文化建设、社会建设对教育提出了什么要求；不但要了解国内情况，还要了解国际的有关情况。这一点当校长需要知道，我们办公室的同志也应当知道。当然，还要了解学校的大局，你毕竟是在人民大学工作。

第二，服务的意识。所谓服务就是通过我们的活动创造最良好的教学科研环境。我们所有机关都是服务机构。服务于什么？服务于学生，服务于教师，服务于教学、科研活动。我们所有的行政人员、机关干部，服务意识是最重要的意识之一；通过我们的活动创造最良好的教学科研的秩序和环境，这是最重要的服务。当然这不只是靠校办，而是要靠所有的部处。所谓服务就是创造最良好的教学科研的环境，这要通过建立各种规章制度来实现，通过程序来实现，通过我们的组织协调来实现。所以服务意识并不是让你端茶递水，教授来了客客气气地倒一杯水，这当然是服务，但这是最浅层次的服务。深层次的服务是创造最良好的环境，通过我们的活动，通过我们的行为，加强制度建设来创造良好的环境，建立良好的工作秩序、校园秩序。所以服务意识里面就要体现你的政策水平、业务水平，没有政策水平，没有业务水平，你根本不可能提供良好的服务。因而大家都要努力提高自己的思想水平、政策水平、业务水平。大家不要小看了服务。我们先把服务作最浅层次的理解，即态度热情，发自内心的微笑服务。这个服务当然是需要的，但更重要的是我刚才讲的职能服务。你们都是本科毕业、硕士毕业、博士毕业，你们对服务问题要有更深层次的理解。毛主席讲他是"人民的勤务员"，邓小平同志说愿意当大家的"后勤部长"，什么意思呢？就是他创造最良好的环境给你。我们对服务意识本身要有一个正确的认识，在行动上要体现好。

第三，拼搏的意识。任何事情都是干出来的，邓小平同志讲过，不干，半点马克思主义都没有。我们有一些人就是会讲空话，讲大道理、空道理，只说不干，或者会闹矛盾、扯皮，这些都是不行的。要用拼搏的精神来做好自己的工作，扎扎实实做好各项工作，大事要做好，难事也要尽可能做好，即使日常工作也要有拼搏精神。拼搏精神并不是要你不吃不睡，天天废寝忘食，而是关键时刻要靠得住、上得去，关键时刻要废寝忘食，那是拼搏精神。平时上班的时候总是有一种奋斗的意识，去面对每一天的工作。我是指要始终保持这样一种意识、这样一种精神状态。我觉得我们校办的同志拼搏精神都是有的，我就不多说了。

第四，规范的意识。我们是需要创新的，但是创新并不意味着胡来，并不是不要规范，校办的工作尤其要有一个规范的意识，也就是法治的意识。一个良好的校园秩序没有规范是不行的，良好的工作程序的形成没有规范是不行的，校办要站在规范的最前列，各项工作都守规矩。我们校办要在守规矩问题上、规范意识问题上站在全校的最前列，起到示范作用。我们的服务是规范的服务，我觉得规范问题要进一步深入人心，大家要深刻理解这个问题。

第五，效率的意识。要讲效率，效率就是在一定的时间范围之内把事情干好，完成得很漂亮。我们不是商业单位，不是要挣多少钱就是效率，我们说的效率就是每一项工作干得很漂亮，在一定的时间要求范围之内把工作完成得很好。应当说我们校办这些年来，无论是自己抓的，还是协助别人做的，一般的工作都完成得很漂亮，做得很好。但是效率意识什么时候都不能松懈。效率意识就是质量第一的观念。效率是质量与数量的统一，任何量都有质的问题，都是一定的质量前提之下的数量。效率问题也是时间的问题，事情在一定的时间之内完成。时间、数量、质量是构成效率的最基本的要素。所以我们要从时间、质量、数量，还有投入、产出等方面全面地去看我们的工作效率如何。应该说我们这些年做得很好，但是这里面仍然有空间，仍然有潜力，要经常从时间、数量、质量、投入和产出这些方面去评估、去挖潜。我要强调，效率的意识是很重要的。

这样一些意识你们还可以讲出若干，我这里只讲了五种意识。我想每一次讲话也不可能讲得很全，也不用讲全，大家都是聪明人，都是举一反三的人，我觉得也不需要讲得太多。

最后我想讲一讲学习的问题。因为我们校办工作人员整体来讲很年轻，有几位年龄大一点的，但总体讲是年轻的占绝大部分。老年人，像我这样年龄的人也要学习。活到老，学到老，我们都要学。我们校办绝大部分是年轻人，所以学习的问题我也强调一下。其实，大家也不一定一辈子做校办工作，以后的选择机会和前途都是很广阔的，学习也就有超出当前工作需要的含义。我想讲这么几条。

第一，一定要多读书。不要以为你大学毕业了，是硕士、博士了，你认为你的书已经读得很多了，差不多了。我告诉你们，你们现在在学校工作，学校是最具备条件多读书的一个单位。将来假如你们调出去工作，到时候想看书都不易，找不到书看。街上报亭的那些书是消遣的，消遣的书当然可以看看，我讲多读书不是让你们看消遣的书。你们要看到我们国家教育制度上长期存在的一些弊端，你们读的书是不全面的。包括我们也一样，我们很多书没有读过，我们教育制度本身是不完备的，甚至在一定时间存在重大缺陷，导致我们一代又一代人在文化知识上的一些重大的缺陷。我说的多读书，是希望你们多读经典、元典，特别是要读人文方面的书籍。在座的文史哲专业的毕业生可能人文方面的书读得多一点，其他专业的同学人文方面的书读得是比较少的。即使文史哲的，由于我们过去的教学方案、教学实际有一定局限，也有很多的缺陷。不仅要读中国的经典原著，还要读西方的经典原著，书是读不完的。我们学经济的，熟悉亚当·斯密《国富论》之类的东西，但是他的《道德情操论》很多人都没有读过，我们都没有读过。你看了《道德情操论》之后才知道，就是资本主义所提倡的挣钱，也是讲究道德规范的，他的思想跟孔夫子的思想是一致的。尽管一个是东方，一个是西方，而且年代相隔两千多年，但是在怎么样挣钱问题上他们很多基本观点是一致的，具有人类普世性的价值。东方和西方，尽管有不同的文化源流，但是在文化的起点上有很多观点是差不多的，是一致的。

我觉得你们要多读经典和元典，也多读一些历史书籍，了解我们中国的历史。现在言必称希腊，很多人对国外的历史津津乐道，对国外名人的话语掌握了很多，但对中国的名人了解很少，对中国的历史了解不多，近代史不知道，当代史也不知道。美国最近发生了什么很清楚，中国在最近几十年发生了什么反而不太知道，这怎么得了？所以我说要多读经典、元典，多读一些历史方面的书籍。历史不仅是古代史，还包括近现代史。我非常信奉汤因比的那句话：古典教育是一种无价的恩惠。我欣赏这句话，这与我们老祖宗讲的"多识前言往行，以畜其德"是差不多的意思。人文的素养就是从这儿来的。我们现在的国家干部中，非常重要的问题是"有知识缺文化"。我们的人才培养和干部成长机制是有缺陷的。"有知识缺文化"，比较厉害的概括就是"有知识没文化"，也就是专业知识是有的，"文化"相对欠缺，其他严重欠缺，琴棋书画不知道，柏拉图什么观点、孔夫子什么思想都不知道，唐诗宋词还是少儿时代背的那一点东西。古人当官还会琴棋书画、吟诗作赋等等，这恐怕值得我们思考。我们人民大学的干部应该有很好的修养，要过一种优雅的生活，这是我们要提倡的。

所以我们校歌当中是"德智体雅",加了一个"雅"字。此外,你的知识面很宽,你的"崇高"自然而然就能逐步地建立起来。理想、道德、情操,跟这些密切相关。我们现在连毛泽东的东西都不大熟悉了,这怎么得了?你们年青一代要看毛泽东著作,里面有非常了不起的思想。他是共产党的领袖人物,在那么一个时代,能够被全国人民所拥戴,被全党所拥戴,没有深邃的思想是不可能的事情。过去我在大学学生会当宣传部长,就看他写的《〈共产党人〉发刊词》,写得真好。就是现在你看也是非常正确的。我们有一些人不知天高地厚,你所说的创新,其实很可能古人前人早就讲过了。你不去了解,不去继承,怎么知道创新呢?所以一定要多读书,读书养德,读书养廉。我上一次在中纪委座谈会上的发言就讲了"读书养廉"的问题。读了书你的眼界不一样,情趣不一样,可能低俗的东西就少一点。我看过一篇文章,习近平同志当年倡导读书养德,我觉得观念都是一致的:读书养德,读书养廉。所以希望大家多读书,浩然正气都是从这里面来的。

第二,一定要"干中学"。前面我强调了书本知识,现在强调实践,"干中学"。只有书本的知识是不够的,古人的"学"和"习"是两个意思,我们把"学习"都说成是读书了,这是很大的误解。"学而时习之","学"是读书、听老师讲,"习"是练习、实践,你读了书然后再去实践它。你光念书那是不行的。孔夫子的思想是"知行合一"的,所以我们建的亭子命名"双趣亭"①。"学"和"习"这两个你都搞好了,那才是有趣的事情。学而不习,乐从何来?你学的都是嘴皮上的东西,没有什么乐,所以孔夫子的话大家要理解得清楚一点,所以一定要"干中学"。如果不"干中学",你很可能成为书呆子,很可能成为教条主义者。世事通达皆学问,这是我们古人总结出来的,

---

① 双趣者,知行统一其趣无限,其乐无穷之谓也。此亭形制亦似双亭,若谐趣其中,亦可谓双趣。

你不通达世事，光知道书本上的，你肯定办不好事。我回到人民大学以后多次说过这个问题：不通达世事，好像是桃花源中人，对外面的世界根本不了解，对实践当中的事件不了解，怎么能办好高校？你要干事，"干中学"，才知道它涉及多少矛盾，涉及多少问题。学校的事情可能涉及教育部，可能涉及财政部，可能涉及北京市，你才知道一件事情办得多么艰难！我们这些年干部成长得比较快，上面开始从人民大学选调干部了，这是非常有道理的。凭什么你出干部，凭什么用你的人呢？"干中学"才能锻炼成长，"干"才能真正出人才。

所以大家一定要重视实践，而且大家一定不要拒绝做小事，从小事做起，现在你做什么工作就把你本岗位的工作做好，做大事要从做小事做起。过去我就多次讲过，不拒绝做小事。我认为小事大事其实很多思维方式是一致的。小事的经验扩而大之，可能就变成大事的经验，小事和大事的思维往往是一致的，是锤炼你的，所以大家千万不要这样想，感到大材小用。我堂堂博士干这样具体的事情？你千万不要这样想。我们过去大学毕业到下面基层工作，在办公室打开水、扫地、擦桌子，这些是要自己天天做的。

我认为一个人真正的成才是"干"中"学"出来的，"干"出来的。光有书本知识是绝对不够的，我前面提的多读书是拓宽眼界，陶冶性情，增强情趣，有一个正确的、积极的人生态度，具备奋斗、优雅等等这样的一些素质。但光是多读书肯定是不够的，我觉得还要"干中学"才能真正地成才。我当年"接受再教育"，被丢到深山老林、大山区、深山区，不是一天两天，不是一个星期两个星期，也不是一个月两个月，是整整两年！青春年华啊！处在那种艰难的情况下，当时我说的话是："天生万物皆当用，只待机缘慧眼来。"后来我们终于等到了粉碎"四人帮"。你那个时候干的事情、你当时的积累到后来都发挥作用了，都能起作用。所以你如果放纵自己，心灰意冷，什么都不做，什么都不干，你最后就什么都不是了。所以我觉得"干中学"非常重要，要多读书，要"干中学"。

第三，一定要做研究。大家文化程度比较低一点的话，我就不会提这个要求，我们这儿绝大多数都是硕士以上，都是这样的水准，所以要提做研究。做研究并不一定是我们立课题，不是科研处讲的"研究"，是要以研究的眼光对待我们的很多工作，要以研究者的眼光来审视我们所做的工作，在工作的基础上进行研究。任何一项工作都有研究的价值。研究就是要多看、多思，慎思、深思，就是要做到眼勤、腿勤、手勤。要做好研究必然如此。你感兴趣的，或者是你感到很重要的任何一件事情你都可以抓住它，研究它。养成了研究的习惯，有了研究的眼光，你的研究的思维就会很发达，思维方式就会发生变化，日积月累必成大器。不要急，急功近利是不行的，一下子就想把自己怎么样，那是不可能的。平时养成研究的习惯，有了一种研究的思维，养成一种研究的眼光对待各种事情的话，自己一旦做研究，你就很有可能真正能够作出创新性的成果。一讲创新就能创新出来这是不可能的，你早就要有一种研究者的眼光，你学会观察问题、分析问题的方法，别人看不到的你能看到，别人想不到的你能想到，这就是创新。有了这种创新的思维，日积月累你就必成大器，你将来做工作一定会开创新局面，搞研究一定会有重要的研究成果，你可能在理论观点上、制度创新上作出自己的贡献，一定会这样的。所以我觉得做研究这一条对于我们年轻人来讲，是非常重要的事情。

希望大家从年轻时开始培养起来这些东西。学习问题我就想强调这三条："多读书，干中学，做研究"。这9个字也许是对大家一生都管用的事情。当然，一张一弛，文武之道，确实要善于工作，善于学习，善于生活。我希望我们年青一代人比我们这一代人要有更多的情趣、更多的业余爱好，不要像我们这一代人。我们这一代人往上看感觉不如老一代人，往下看也不如你们年轻的。上一代你看看孙国华教授，合唱、指挥、小提琴、钢琴，样样在行，老的一代跳舞跳得那么好，唱歌唱得那么好，还有书法，还有画画，都很好。你看袁隆平，有人以为是老土，他可不是，袁隆平拉小提琴很厉害。小一辈的就是你们，你看你们卡拉OK什么的多来劲啊！我们这一代人比上不行，比下也不大行，你们这一代应该超过我们这一代。要养成很多良好的生活情趣，这个情趣也在一张一弛当中来实现，要拥有一个奋斗的人生，拥有一个优雅的人生，拥有一个有成就感的人生，小到为我们学校作出贡献，大到为我们国家作出贡献，再大的话你们为世界的文明进步作出贡献。

　　谢谢大家！

大学的探索

纪宝成

（第三卷）

中国人民大学出版社
·北京·

目　　录

塑国民表率　育社会栋梁

接续文脉　重振国学

兼容并蓄与提升国际性

塑国民表率　育社会栋梁

大学，社会良心之所在。中国人民大学以"得天下英才而教育之"而自豪，以"国民表率、社会栋梁"为人才培养目标，要求学生坚持"明德、博学、求是、笃行"的学术品格，坚持"忠诚、勤勉、朴实、友爱"的道德人格，牢记"行为精英、心为平民"的处世原则，培养强健的身心，奋发进取，成为中国特色社会主义事业的建设者、接班人、先锋队和引领者。

画堂春·与八二商经班同学欢聚

（2001 年 9 月 2 日）

师生相聚话当年，欢声笑语甜绵。人生得意几多篇，莫此为先。

成就一番事业，耕耘幸福家园。一杯红酒万千言，一路歌弦。

卜算子·咏毕业周

（2007 年 6 月 29 日）

聚散馆楼堂，澎湃心潮涌。又是依依惜别时，恋念离情梦。

明德激情歌，世纪豪情颂。务实求真大道行，一路黎民共。

国民表率，社会栋梁[*]

——在中国人民大学第 25 次学生代表大会上的讲话

（2002 年 3 月 30 日）

今天，中国人民大学第 25 次学生代表大会在这里隆重召开，这次会议是我校在新世纪举行的第一次学生代表大会，谨此，我代表学校向大会的顺利召开表示热烈的祝贺，并借此机会向全校大学生致以亲切的问候！

学生代表大会及其常设机构学生会，是学生自我教育、自我管理、自我服务的群众团体，在学校校园生活中发挥着极其重要的作用。刚才会议从七个方面回顾了第 24 届学生会的工作，内容丰富多彩，工作开展得有声有色，很令我感动。从报告中我们可以感受到我校学生会、学生干部（包括学生会干部、班级干部）在带领全校同学刻苦学习、奋发拼搏，形成良好的校风、学风，包括积极开拓第二课堂、丰富校园生活中起到了模范、带头作用；在学校及社会一些重大活动中，学生干部打前锋、担重任，起到了中坚、骨干作用；在代表和维护学生合法权益，反映同学们建议和要求方面，学生会和学生干部起到了桥梁、纽带作用。因此，在这一届学生会履行职责即将终止的时候，我代表学校向学生会的全体干部致以崇高的敬意！同时，我希望即将由本次代表大会产生的新一届学生会和全体干部，学习 24

---

* 本文根据讲话录音整理，全文被《中国当代教育家文存·纪宝成卷》收录。

届学生会在工作中积累的经验，发扬优良传统，继续为人民大学的发展、为学生的健康成长作出自己的贡献。

同学们，今天你们是学校的主人，你们身上展现的是学校的风采，代表的是学校的未来和希望。几年以后，你们将要服务于社会、报效祖国，中华民族的伟大复兴要靠你们这一代青年去实现。所以借此机会，我要对你们提一点希望：希望大家在今后的人生旅途中成为"国民表率、社会栋梁"。人民大学是全国最优秀高中毕业生的集中地，人民大学的莘莘学子、青年才俊，将来理所当然、责无旁贷应成为"国民表率、社会栋梁"。怎样才能成为"国民表率、社会栋梁"呢？让我们一起重温江泽民总书记去年4月寄语全国大学生的话：希望你们成为理想远大、热爱祖国的人；希望你们成为追求真理、勇于创新的人；希望你们成为德才兼备、全面发展的人；希望你们成为视野开阔、胸怀宽广的人；希望你们成为知行统一、脚踏实地的人。总书记从五个方面提出了对全国大学生的希望。我希望同学们能够透过这五句话，体会到内含的殷切期望，体会到自己作为炎黄子孙肩上的重任。如果你们能够从这五个方面着手，按照总书记的谆谆教导来剖析自己、锤炼自己、提高自己，从现在开始就志存高远，注重个人情操和创新能力的培养，同时具有"千里之行，始于足下"的实践精神，那么，将来你们一定能成为国民表率和社会栋梁，一定能创造出无愧于时代和人民的业绩。

青春年华，是火一样的年华。希望同学们珍惜青春年华，珍惜大学生活，在人民大学的教学楼、图书馆、宿舍楼内，在春华路上、求是园中、百家廊下努力学习，勤于思考，奋发成才。

最后，祝大会圆满成功！祝同学们身心健康，学习进步！

努力培育人大学子的学术品格[*]

——在中国人民大学参加第八届"挑战杯"
全国大学生课外学术科技作品竞赛
获奖作品汇报暨表彰大会上的讲话

(2003 年 12 月 18 日)

老师们、同学们:

大家好!

很高兴能够在新的一年即将来临之际参加这次会议。作为校长,看到我们的同学在第八届"挑战杯"全国大学生课外学术科技作品竞赛中取得优秀成绩,我感到很欣慰,也很骄傲。在这里,请允许我代表学校并以我个人的名义向获奖的同学们表示最热烈的祝贺!向六位指导教师和所有以高度负责精神投入到学生学术科研活动的老师表示最衷心的祝贺和感谢!

今年我校获得了"挑战杯"竞赛的总分第九名,比两年前前进了五个位次。大家不要小看这个进步,由于既定赛制的设计和我校学科的特点,进入前十名应当说是一个来之不易的成绩,一个值得我们骄傲的成绩,当然我们还要再接再厉,再攀高峰。竞赛成绩只是一个方面,另一方面的意义则在于,在这次竞赛的准备和组织工作中,无论是校团委、指导教师还是同学,通过富有创新的辛勤劳动,克服重重

---

* 本文曾收录于《中国当代教育家文存·纪宝成卷》。

困难，出色地完成了任务，充分展现了自己的风采、展现了中国人民大学的风采。

"挑战杯"竞赛作为我国唯一一项综合性、全国性的大学生学术科技竞赛，从一个侧面反映了一所高校的教学水平和学生的科研水平，反映了一所学校学科建设和发展的状况，从而受到了全社会的普遍关注和高度重视，也成为教育部门考察高校发展和学科建设的指标之一。在我校实践"三个代表"重要思想、创建世界知名一流大学的历史进程中，组织好该项竞赛，意义重大。近年来，学校非常重视该项赛事，并已经将学生在该项赛事中取得的成绩列为学科竞争力评价指标之一。但是，我们绝不能把获奖作为根本目标，不能把眼光局限在一时一事，而是要从促进学生科研活动、提高学生学术能力、检验教学质量和发现学术人才的高度来组织和参与该项竞赛。"挑战杯"竞赛和其他许多竞赛、评比、论坛一样，都只能算做亮点，学校工作只有依托深厚的学科基础、进取的科研团队和一流的学生素质，才能折射出夺目的光芒，所谓根深才能叶茂，厚积方能薄发。所以，我们的根本任务在于把学校办好，把学校真正办成一所学术的乐园：教师以在教学和科研活动中传授和发展知识为乐，学生以在教学和参与学术实践中接受和创新知识为乐，知识产生的乐趣和美丽在这里可以得到最大的体现和彰显。我想这恐怕是"挑战杯"对一所大学提出的最大的挑战了。作为一所研究型大学，迎接这一挑战的最为重要的方面，就是我们全体教职员工都要为学生的奋发成才服务。营造良好的学术氛围，激发学生的学术兴趣，提高学生的科研能力，培养学生的创新精神，应当成为我们一项常抓不懈的基本任务。

同学们，在第七届"挑战杯"竞赛表彰大会上，我曾经对全校同学参与学术科研活动提出了五点要求：第一，要发扬我校实事求是、始终奋进在时代前列、有容乃大和服务社会、艰苦奋斗的精神，贯穿一种踏实的学风和求索的精神；第二，要放开眼量，在继承中国传统文化的基础上吸收一切人类文明成果；第三，要持之以恒，厚积薄发；第四，要大胆创新，多出原创成果；第五，要学会合作。我相信，能够做到这五点，我们赢得的将不仅仅是一个"挑战杯"，而是人生路上的每一次挑战。我希望，"明德、博学、求是、笃行"成为我们人大学子的学术品格，"国民表率、社会栋梁"成为我们人大学子的终身追求！

最后，祝大家新年愉快！学习进步！再创新绩！

"一把手工程"

——在中国人民大学 2004 年毕业生
就业工作会议上的讲话

(2004 年 1 月 3 日)

同志们:

新年伊始,我首先代表学校领导给大家拜年。祝大家在新的一年里身体健康,工作顺利!

作为毕业生就业工作领导小组的组长,去年 12 月 26 日,我主持召开了学校毕业生就业工作领导小组会议,听取了学生处的有关工作汇报,就加强学校毕业生就业工作作出了一些决定。其中一项决定就是,作为 2004 年学校开展的第一项工作,召开关于毕业生就业工作的会议。另外,今天会上发给大家的《关于做好我校 2004 年毕业生就业工作的通知》,也以学校 2004 年第一个文件来发布。这么做充分体现了学校对毕业生就业工作的高度重视。

毋庸置疑,毕业生就业工作已经成为全校一项非常重要的工作。从宏观上讲,它是关系到国家现代化建设、社会政治稳定和实现人民群众切身利益的重大问题,关系到人才强国战略的实施和推行;从微观上讲,它是关系到我校社会声誉、资源竞争和未来发展,关系到创建世界知名一流大学的全局性重大问题。今天,我们在这里召开 2004 年毕业生就业工作会议,主要任务是:以"三个代表"重要思想为指导,深入学习领会、认真贯彻落实去年 12 月份中共中央、国务院召开的全国人才工作会议精神和 11 月 7 日全国普通高校毕业生就业工作会议精神，进一步提高认识，统一思想，把毕业生就业工作摆在更加突出的重要位置，明确目标任务，全面部署 2004 年我校毕业生就业工作。

下面，我讲几点意见：

一、2003 年我校毕业生就业工作回顾

2003 年是我国高校扩招后的第一个本科生毕业高峰年，也是我校历史上毕业生人数最多的一年，共有毕业生 3 757 人，比上一年净增 877 人，增幅达 30.5%（其中本科生 1 720 人，研究生 2 037 人，分别比上一年增长 18.3%和 42.8%），其中非定向毕业生为 3 240 人。加上整个社会就业工作面临着城镇新增劳动力 1 000 万人，国有企业和集体企业下岗职工登记失业人员近 800 万人，农村富余劳动力向城镇转移规模达到 1 000 万人以上，"三峰叠加"的局面，客观上造成了高校毕业生就业的外部环境很不宽松。特别是去年上半年突发的"非典"疫情，给就业工作的联系、洽谈带来了严重的障碍，给本来形势严峻的就业工作增加了更大的困难。

面对严峻形势，学校领导高度重视，认真贯彻落实党中央、国务院领导的重要指示，把毕业生就业工作放在了关系学校未来发展的重要位置。学校有关领导和有关部门深入各个院系，进行认真细致的调查研究，了解毕业生就业的实际困难和问题，并进行了针对性的指导和全局性的统筹，从而保证我校 2003 年毕业生就业工作经受住了毕业生总量大幅增长和"非典"疫情严重影响的双重考验，取得了令人满意的成绩。截止到 2003 年 7 月，我校 2003 年毕业生就业落实率和就业水平均保持在全国高校的领先水平，本科生、研究生的总落实率比全国平均水平分别高出 7 个百分点和 0.7 个百分点。

在十分困难的条件下，我校还能够保证就业率不低于上一年，保证绝大多数毕业生就业。这些成绩的取得，实在是来之不易，它靠的

是全体教师的大力支持，靠的是各部门的通力合作、密切配合，靠的是各院系负责人有力领导、措施得当，靠的是从事毕业生就业工作人员的艰苦努力和无私奉献。在此，我谨代表学校党政领导向各院系、各部处领导，向所有关心我校毕业生就业工作的教职员工，以及从事毕业生就业工作的全体同志表示衷心的感谢！

回顾过去的一年，我们的主要做法和经验是：

（一）学校领导高度重视，各部门通力配合

2003年就业形势严峻，对此我们有比较清醒的认识。主要领导亲自抓毕业生就业工作，全面规划，确定目标，初步形成了"学校统一领导，各部门通力合作，全体教师共同努力"的工作体系。校领导多次召开校长办公会议，讨论、研究和部署毕业生就业工作，要求目标落实到院系，由院系领导亲自抓学生就业，层层落实。在校领导的统一领导下，各机关单位通力合作，对学生就业指导中心所做的工作给予了大力支持和密切配合。所以，只有统一认识、上下一致、齐心协力，我们才能做好毕业生就业工作，我们才能顶住重重困难，取得上述的成绩。

（二）积极完善毕业生就业服务体系，提高就业指导能力和服务水平

在这场攻坚战中，我校就业指导中心的工作人员为毕业生顺利就业作出了很大的贡献。中心树立起"一切为了学生"的服务意识，不断充实和完善就业服务内容，提高业务能力和服务水平。2003年中心共组织小型专场招聘会近200场，发布就业信息6 000余条，组织就业指导讲座30余场，向用人单位发信函近3 000份，推荐毕业生4 000余人次，并办理了近3 000人次的协议签订手续。除了一般性工作外，中心还针对毕业生的不同需要，开展个性化指导，包括心理辅导和职业生涯设计，为学生排忧解难，切实有效地帮助学生顺利就

业。以人为本的服务理念、全方位的服务体系、认真细致的服务工作，是我校毕业生顺利就业的根本保障。

（三）加强就业服务信息化建设，构建方便快捷的沟通平台

我校自2000年建立起来的就业信息网，在这几年中不断发展完善，已经形成具有提供信息、个性服务、毕业论坛等多项功能，具有反应及时、信息量大、更新速度快、有效性强等特点的综合信息化平台。在2003年我校毕业生就业工作中，就业信息网充分发挥了其应有的作用，不仅成为毕业生获取就业信息的最重要渠道，同时也是用人单位挑选毕业生的信息资源库。尤其在"非典"期间，就业信息网作为毕业生和用人单位沟通的重要平台，为双方提供了双向选择的可能性，并促成了大量就业协议的签订，为我校毕业生就业工作的顺利开展作出了重要贡献。

（四）贯彻落实毕业生就业政策，做好毕业生的思想教育工作

党中央、国务院在2003年出台了一系列的毕业生就业政策，打破旧体制中的种种限制，为毕业生就业扩宽了渠道，提供了一个更加宽松的就业环境。为了把党中央、国务院的政策贯彻下去，把先进的就业理念传达下去，我们通过开展认真、细致的思想教育工作，不仅对全体毕业生进行动员和宣传，而且对个别学生进行辅导和指导，培养他们艰苦奋斗的思想意识，自觉地把个人的前途、命运与祖国和人民的需要结合起来，改变就业观念，主动积极地去基层、去西部、去祖国现代化建设最需要的地方就业和创业，不断拓宽就业渠道，不断努力进取，以最终实现自己的人生价值。

（五）适应社会需求，调整和加强学科专业建设，优化人才培养结构

多年来，我们在调整学校的人才培养结构方面采取了很多措施，

特别是我们下大力气抓学科建设，建立新兴学科，加强优势学科，努力改善、调整教学内容，使我们的学科专业结构和人才培养更加贴近社会发展的要求，使我们培养的人才更符合社会的需要。同过去相比，我们的学科结构已经有了很大的变化，在进一步巩固原有优势学科的基础上，建立起了一批适应经济和社会发展需求的新兴专业，为现代化建设培养了大批急需人才。随着学科实力的增强，我们培养的学生就业能力也会进一步提高，从而提高我校毕业生在就业市场上的竞争力，提高我校在社会上的声誉。总而言之，通过调整和加强学科专业建设，提高学生的就业能力，走内涵提升的发展道路，是保证我校毕业生充分就业的根本。

二、提高认识，统一思想，把毕业生就业工作摆在更加突出的重要位置

（一）充分认识当前高校毕业生就业的严峻形势

今后总体上比较严峻的就业形势将会长期存在，毕业生就业工作是我校一项"正确认识大环境、日益重视小环境"的全局性重要工作。

2004 年全国有高校毕业生 280 万人，比 2003 年又净增 68 万，增幅达 32%，加上过去数年未能就业的一部分毕业生沉淀到下一年度竞争就业岗位，2004 年全国实际需要就业的普通高校毕业生有可能突破 300 万人，毕业生就业工作压力进一步加大。全国高等学校毕业生人数急剧飙升，尤其是从 2002 年到 2004 年增加了近一倍，增长速度远高于国内生产总值（GDP）增长带来的就业岗位的增加，使全国范围内的高校毕业生就业呈现显著的供大于求的状况。同时，从全国的就业形势看，劳动力总量供大于求的局面将会长期存在，劳动和社会保障部已将城镇登记失业率由 4.5% 调整为 4.7%，城镇登记失业

率将进一步上升；下岗失业人员数量居高不下，结构性矛盾将更加突出；农村富余劳动力转移规模继续加大，等等，所有这一切将会在一定程度上加剧今年高校毕业生就业工作的压力和困难。

这样的就业大环境不容乐观，而我校因两年制和三年制硕士研究生同期毕业，以及本科毕业生人数的增加，造成 2004 年的毕业生总数急剧上升，将再度突破历史最高点，达到 6 987 人，比上年净增长 3 230 人，增幅达 86％；其中非定向毕业生 5 600 余人，比上年净增了 2 400 余人，增幅达 72％以上。因此，今年我校面临的毕业生就业形势空前严峻。对此，我们要有充分的思想准备，认真、科学、准确地分析毕业生就业工作所面临的有利条件和不利因素，抓住机遇，采取有效措施，不断克服和解决就业工作中遇到的各种困难和问题，调动一切力量帮助毕业生顺利就业。

当前我校毕业生就业工作面临着一些不利因素：

（1）毕业生数量在短期内迅猛增加，应当说这种增长是超常规的，而社会有效需求在短期内增长有限，结构性的矛盾将更加突出。

（2）由于长期计划经济和精英教育的影响，一些毕业生的择业观念同当前社会实际不相吻合，就业期望值较高。我校绝大多数没落实单位的毕业生，不是找不到工作，而是"有业不就"，传统的就业观念还没有改变。

（3）有些院系领导和教师对于做好高校毕业生就业工作的重要性认识还不到位，只管培养，不管"销售"，只重就业管理，不重就业服务，对毕业生就业工作的积极性不是很高，就业辅导员的工作也没有完全落到实处。

（4）学校就业指导中心的人员编制还存在一些问题，在招聘、洽谈场地等方面的困难暂时也还难以彻底解决，在信息化建设上有许多方面还有待完善。

这些问题都是我们在今后的工作中要注意克服和着重解决的。

当然，解决我校毕业生就业问题也有一些有利条件：

（1）我国已经加入世界贸易组织（WTO），中国经济与全球经济一体化进程将加快，产业结构调整和战略性重组以及国际资本和技术的进入，无疑将加大对高层次人才的需求，由此而产生新的就业机会也将有利于高校毕业生就业。

（2）近年来，我国经济在全球经济不景气的条件下保持了较快增长的良好势头，2003年GDP增长9.3%，随着全球经济增长的恢复，2004年其将会继续快速增长，对扩大就业可以产生强有力的拉动。特别是我国经济增长方式的转变和产业结构调整的不断推进，高校毕业生作为高素质人才将拥有更多的就业空间。从总体、长期来看，我国的高校毕业生人数与我国社会主义现代化建设的需要相比仍有差距。因此，当前存在的高校毕业生就业难的问题是发展中的问题，是前进中的问题，是可以缓和、解决的问题。

（3）随着党的十六届三中全会关于人才工作会议精神的贯彻落实，社会主义市场经济体制的进一步完善，包括劳动力市场、人才市场在内的全国统一市场的进一步形成，毕业生就业空间必将更加广阔。

（4）随着我校学科专业结构的进一步调整和加强，更加注重人才培养的知识结构和能力水平、贴近社会的需要，必将对我校毕业生就业工作产生重要的推动作用。特别是我校已经建立并不断完善的就业服务体系，也将为毕业生顺利就业助一臂之力。

（5）随着毕业生就业制度改革的不断深化，高校毕业生的择业和就业观念、心理承受能力、就业期望值也都在发生变化，这些都是我们做好今年以至今后几年毕业生就业工作的保证。

（二）充分认识做好毕业生就业工作的重大意义

国家现在把高校毕业生就业工作摆在了一个前所未有的高度。党中央、国务院领导同志多次强调，就业是民生之本，实现就业是人民群众最直接、最现实的利益所在。高校毕业生是国家宝贵的人才资源，是全面建设小康社会、实现中华民族伟大复兴的生力军。他们的就业问题，更是关系现代化建设、社会政治稳定和实现好人民群众根本利益的一个重大的全局性问题。

从国家的高度来看，高校毕业生就业直接关系到全面建设小康社会的宏伟目标的实现，直接关系到广大人民群众的切身利益，直接关系到改革发展稳定的大局，也直接关系到高等教育的持续健康发展。人才资源是第一资源。国际竞争的核心是人才的竞争。实施人才强国战略，是全党、全社会的共识。我国正处于全面建设小康社会的重要时期，经济改革和结构调整正在向纵深发展，各项事业急需大批人才。科学合理地配给好高校毕业生这一宝贵的人才资源，使之成为现实的生产力，是建设中国特色社会主义、实现中华民族伟大复兴的必然要求。做好高校毕业生就业工作，是实践"三个代表"重要思想，努力办好让人民满意的教育的重要体现。

从学校来看，随着市场经济的完善和高等教育的发展，高校必将面临各种资源的竞争，包括生源的竞争、办学经费的竞争和师资力量的竞争。毕业生就业状况已经成为衡量一所大学办学质量的重要指标，是学校赖以生存和发展的重要基础。必须看到，今后推动高等教育发展的根本力量，不是政府，也不是主观愿望，而是社会需求。毕业生在就业市场上有竞争力，学校的社会声誉就好，生源就更好，各方面的投资就更多，学校的发展就更快。可以这样说，做好毕业生就业工作正是我校"一切为了学生"办学理念的最根本体现；毕业生就业工作完成得好不好，直接关系到学校未来的生存和发展。

因此，我们必须提高认识，统一思想，把毕业生就业作为学校的一项战略工作抓紧抓好。各院系党政领导必须高度重视毕业生就业工作，认真分析我校毕业生就业工作面临的形势、存在的问题，提出思路，制定措施，齐抓共管，形成合力；有关职能部门要密切配合，明确职责，积极、主动、创造性地开展工作。毕业生就业已经不是就业指导中心或学生处一个机构的事，而是我们大家的事，是全校的事，我们要调动一切积极性，同心协力做好这项工作。

三、做好 2004 年毕业生就业工作的几点要求

（一）以就业为导向，转变办学指导思想

近几年，我校教育事业得到快速发展，在扩大学生规模的同时，我们也要进一步认识到，在经历了从计划经济体制到市场经济体制、从给毕业生分配工作到实行自主择业两个转变的条件下，必须转变办学指导思想，树立新的人才观和以就业为导向的发展观。高校是人才培养的基地，但不是毕业了就是人才。要成为人才，就要能就业、创业，并且有能力创造出多于未受过高等教育的劳动者创造的社会财富。这是市场经济体制条件下必须确立的新的人才观。同时，我们还必须看到，今后推动高等教育发展的根本力量是社会需求，而不是政府，更不是高校主观愿望。毕业生在就业市场上有竞争力，学校的社会声誉就好，生源就更好，各方面的投资就更多，学校的发展就更快。因此，学校在制定发展战略和开展各项工作时，都要以就业为导向，转变办学指导思想。

（二）以就业为导向，深化教育教学改革，促进学科专业调整

我们学校的教育教学改革、学科专业结构调整、人才培养模式改革和创新，虽然在大致方向上都已经明确，但是这两年的毕业生就业情况仍然暴露了我们工作中存在的一些问题，这对我们学校的教育教学改革、课程设置和专业调整，提出了更高的要求。

因此，面对毕业生就业的严峻形势，当务之急是加大力度，真抓实干，加快改革步伐。要以就业为导向，采取强有力的措施，帮助学生增强适应就业市场竞争的能力；要按照"宽口径、厚基础、灵活专业方向"的要求，根据就业市场需求的变化，及时加强有针对性的专业教学。有关部门要认真细致地进行市场调查，做好人才需求分析，

为我们的专业调整和学科建设提供现实依据；要主动与用人单位合作，培养社会需要的人才。

（三）明确任务目标，落实领导责任，实行"一把手工程"

在去年 11 月 7 日召开的 2004 年全国普通高校毕业生就业工作会议上，周济部长明确提出了 2004 年毕业生就业工作的目标，力求 2004 年的就业率要高于 2003 年的水平。我们必须克服困难，坚定不移地贯彻落实这个要求。截至 2003 年 7 月，我校毕业生初次落实率达到 92.4%，其中本科生 90.0%，研究生 94.7%。

按照这样的标准，今年 7 月，如果毕业生初次落实率要达到 92.4%，落实人数就需要在去年的基础上将近翻一番，任务十分艰巨，关键要依靠各院系的领导。按照国办发〔2003〕49 号文件，高校毕业生就业工作要继续实施"一把手工程"，明确目标，落实责任，实行一把手负责制。这项工作思路我们去年就已经提出来了，今天，我们进一步强调，会后各院院长、系主任、分党委（总支）书记要亲自挂帅，将"一把手工程"落到实处，形成校长、书记统一领导，学生处统筹协调，相关部门全力支持，院系党政共同参与的毕业生就业工作体制。院系党政一把手要加强统筹和协调力度，制定帮助学生就业的具体措施，动员全体教师齐抓共管，层层落实，真正把毕业生就业工作纳入重要的议事日程，将毕业生就业的各项工作落到实处，尤其在人员、经费、场地等方面予以切实保证，以确保 2004 年就业工作任务的顺利完成。在对院系党政领导进行考核时，毕业生就业工作应是最重要的方面之一，一般情况下，学生就业工作做得不好，就不能被认为是一个称职合格的领导。

（四）抓紧构建"四化"标准的毕业生就业服务体系

近几年我们的就业服务工作不断完善，服务水平不断提高，已经建立起立体化、信息化的全方位服务体系。现在的任务是要进一步拓宽工作面，努力构建一个更加完善的，符合全程化、全员化、专业化、信息化"四化"标准的毕业生就业服务体系。所谓"全程化"就是对学生的择业教育要贯穿始终，而不局限于毕业前夕。应当注重把就业教育与学校经常性的思想政治教育紧密地结合起来，与学生的日常学习、生活联系起来，学习内容也要努力适应未来就业的需要。这意味着就业指导无论在时间还是在空间上都需要进一步拓展。所谓"全员化"就是指参与就业指导服务工作的不再局限于专业工作人员，而是需要全校师生共同参与，群策群力，发挥综合优势。所谓"专业化"就是进一步提高就业指导中心工作人员的专业素质，提高他们的服务质量和水平。所谓"信息化"就是进一步完善就业信息网的建设，为毕业生提供更全面、更周到、更有效的服务。

学校将继续加强就业指导中心的工作，配备充足的专业人员，并按照教育部的要求，提供充足的就业工作经费，逐步改善办公、招聘、洽谈场所等条件，按"四化"标准推动就业服务体系的进一步完善。在学校内部改革中，就业指导这一块必须大大加强。

（五）拓宽就业渠道，加强与用人单位的互动

学校毕业生就业工作部门要树立"服务第一"的观念，既要当好毕业生的"娘家"、院系毕业生就业工作的"指导站"，又要当好用人单位和毕业生的"红娘"，主动走出校门与用人单位建立广泛深入的联系，为毕业生创造更多的就业机会。对于毕业生就业相对集中的地区，我们要派出专人走访用人单位，寻求更大程度、更大地域范围的校企联合、校企合作，不但使学生有条件在实践中将理论知识与实践应用结合起来，帮助他们提高职业技能，同时也努力拓宽我校毕业生的就业渠道，扩大毕业生就业平台。

（六）加强就业辅导员制度

我校自1996年开始建立就业辅导员制度，多年来，这一制度发

挥了有效的作用。但是，面对新变化和新需要，就业辅导员制度需要进一步加强。根据毕业生大幅增加的实际情况，各院系要充实就业辅导员队伍，配备专职专业人员，配合校就业指导中心做好学生就业的咨询、服务工作；要将班主任纳入就业辅导员队伍，在体现就业工作全程化方面发挥其应有作用，帮助学生进行职业生涯规划，开展和加强就业、择业辅导等方面的工作，应当成为班主任考核工作的重要内容。

（七）加强毕业生就业服务体系信息化建设

2004 年，国家、地方、高校将三级联网，教育、人事、劳动等网络和市场也将互联互通，资源共享。在这样的形势下，我们要进一步发挥我们网站原有的特点，并进一步拓宽工作面，建设信息丰富的网络数据库，试行视频面试系统，召开网上招聘会，通过网络方便、快捷、准确地向毕业生提供就业需求信息，促进学生就业。

（八）适应就业工作需要，加强毕业、就业、创业教育

目前，我校的毕业生中仍然存在"有业不就"的现象，这反映的就是毕业生的职业观念方面的深层次问题。我们要从帮助学生树立正确的世界观、人生观、价值观和职业观的角度，有针对性地对学生加强毕业、就业、创业教育。

开展毕业教育，就是要通过加强毕业生思想教育，使他们的思想和境界得到进一步升华，进一步坚定服务于祖国、奉献于人民的意识和责任感。要认真抓好和严格实施毕业前教学和毕业教育的每一个程序，妥善安排毕业生完成社会实践、论文答辩、毕业鉴定等工作，保证教育教学质量。要充分发挥党组织的作用，精心加强毕业年级的党的建设，把优秀分子吸收到党的队伍中来，这不仅是为党的队伍输送新鲜血液的需要，对毕业生就业工作的顺利开展也会起到强有力的推动作用。我们还要认真安排好毕业典礼，通过庄严而

神圣的仪式，使学生受到一次终生难忘的世界观和人生观教育。

加强就业教育，就是在学生毕业这个关键环节，进一步帮助学生正确认识自身和社会需求的关系，确立正确的人生信念，主动将个人价值的实现与国家、民族的命运联系起来，将个人建功立业的志向与为全面建设小康社会奋斗、实现为人民服务的理想联系起来，自觉地、主动地到基层去；鼓励学生到艰苦的地方和行业去就业、创业，把个人的才智融入为实现中华民族伟大复兴而奋斗的洪流之中，就是要帮助毕业生确立与市场经济体制、与大众化高等教育相适应的职业观、择业观。要大力挖掘近年来这方面的先进典型，认真加强这方面的教育。

加强创业教育，就是要增强毕业生的创业意识，帮助毕业生认识到社会上有许多创业的机会和有利条件，鼓励毕业生自主创业。国外高校毕业生自主创业成功的例子很多，国内近年来也涌现出了不少毕业生创业成功的事例，我们应当加强这方面的宣传教育。

要加强就业指导和相关课程的建设，扩大就业指导课的选修面，最大限度地发挥其积极作用。

（九）各部门、各单位通力合作，全校教师共同参与

人事、财务、规划、教务、后勤、保卫等各部门、各单位要一如既往地对毕业生就业工作予以支持，予以倾斜。在现有条件下，在各方面资源有限的情况下，优先满足毕业生就业工作的需要。规划、科研、教学、招生等部门更要根据毕业生就业状况所反映的信息推动学校学科建设、科学研究、教学改革、招生等各项工作，组织部、宣传部、学生会、团委要通力合作，做好毕业生就业相关工作。

要充分发挥校友办以及各地校友会的作用，为我校毕业生就业提供更多信息和机会。

要充分发挥研究生指导老师的积极性，鼓励他们帮助学生树立正确的择业、就业观念，顺利就业。

劳动人事学院要加强对高校特别是我校毕业生就业方面课题的研究工作，在加强理论研究的同时，探索制度创新、工作创新。

有上述各方面的保证，人民大学的毕业生就业工作有理由走在北京地区和全国高校的前列，使我校的毕业生就业率和就业层次保持在一个较高的水平。

同志们，毕业生就业工作是关系国家大局稳定、关系社会主义现代化建设、关系学校生存和发展的重要工作。希望同志们以与时俱进的工作态度，以对国家、对人民、对学校、对毕业生高度负责的精神，切实做好我校 2004 年毕业生的就业工作，让更多的毕业生找到工作单位，让更多的毕业生家长安心。

谢谢大家！

深化改革，创新管理，实现研究生教育
从数量扩张型向质量提高型的转变[*]

——在中国人民大学 2004 年研究生
教育工作会议上的讲话

（2004 年 12 月 15 日）

各位老师、同志们：

我们今天隆重举行的研究生教育工作会议，是我们学校进入新世纪后召开的第二次研究生工作会议，这说明研究生教育在我们学校工作的重要地位。刚才国务院学位办主要负责同志作了一个很好的报告，围绕着研究生教育创新问题，从当前形势和问题出发，提了很多非常好的意见。我很受启发，相信在座的各位老师也一定会从中受到启迪，这对我们今后研究生培养工作将起到很好的指导作用，我们表示感谢！

我今天讲话想围绕这样一个题目：深化改革，创新管理，实现研究生教育从数量扩张型向质量提高型的转变。

进入新世纪后，我们学校研究生扩张的速度非常快，但是只能说是数量上的扩张。现在我们提出要向质量提高型转变，具体方法就是深化改革、创新管理。这次会议筹备的时间很长，在 2003 年年终安排 2004 年工作的时候，我们就提出这次会议要以这个主题来进行。

---

* 本文被《中国当代教育家文存·纪宝成卷》全文收录。

经过大半年精心的准备，研究生院进行了大量的调查研究，从审视我们的指导思想、培养制度、培养方案出发，结合国内外的有关动态确定我们这次会议的主题是"稳定规模、改善结构、加强管理、提高质量"，我想在这里再加一点"提升国际性"，供大家参考。总而言之，所有讨论内容都要围绕这一主题来进行，要把质量问题放在头等重要的位置上加以考虑，争取早日实现向质量提高型的转变。我认为，这是我们"实践'三个代表'重要思想，创建世界知名一流大学"历史进程中的一项重大战略举措。为了开好这次会议，研究生院起草了三个文件，即《2004—2010 年中国人民大学研究生教育发展纲要》、《关于提高研究生培养质量的若干意见》、《关于加强学科建设、导师队伍建设和管理体制改革的几点意见》。这三个文件主要涉及研究生培养的几个重要方面，并不是试图涉及研究生培养的所有问题，文件可能还不太成熟，请大家在会上进行讨论。三个文件提出的问题是非常重要的，是在我们经过了大量的调研和论证后提出的。本次会议实际上前几天就开始了，6 日召开了研究生教育改革与发展纲要座谈会，7 日召开了管理体制改革和学科建设座谈会，8 日召开了提高研究生教育质量座谈会，我们有相当一批院系的领导同志和指导教授、责任教授参加了前三天的座谈会。同时我们也召开了博士生联谊会，还请美国密歇根大学研究生院的领导专程到我们学校参加会议并作了报告，受到了大家欢迎，我们准备请他们再讲一次。下面，我就两个方面内容向同志们作一个汇报，这个汇报有的是我们曾经讨论过的，有的是我个人的一些思考，供同志们来研究、参考、讨论。

一、进入新世纪，中国人民大学的研究生教育工作进入了一个新的历史阶段

我们学校是国家研究生培养的著名高校之一，是一个老牌的研究生培养学校。在 1950 年中国人民大学被正式命名组建的时候，研究

生教育就同时产生。但是真正的发展，应该是在改革开放以后。我们的研究生教育有以下几个特点：历史比较长、规模比较大、质量比较高，在全国高校中长期以来处于前列，特别是在人文社会科学领域。历史比较长表现在 1950 年命名组建时就有研究生教育，改革开放后也是最早试办研究生院的大学之一，有若干个博士点最早在中国人民大学诞生；规模比较大表现在各个时期，中国人民大学研究生比例一直就是很高的，在 1986 年本科生与研究生的比例是 2.6：1，当时位居全国第一位，现在研究生绝对人数已经超过了本科生，研究生报考人数也曾连续 17 年位居全国第一位，就是在最近几年高校合并后，报考中国人民大学的人数仍然保持在前列；质量比较高表现在社会上对中国人民大学研究生培养质量较为认可，社会声誉较好。在国务院学位办连续进行的五届"百篇优秀博士论文评选"中，在人文社会科学领域我们先后共有 16 篇论文获得优秀博士论文，位居全国第一位。这三个特点反映了中国人民大学在研究生培养上是有一定基础的，是几代中国人民大学的学者们辛勤努力、各级领导高度重视才有了这样的基础和成就，在座的各位老教授都是这段历史的见证人。

尽管这样，我校研究生培养目前仍有以下几方面的问题值得我们认真地研究。

首先，随着时代的发展，国家宏观环境对研究生教育提出了新的要求。十六大提出了全面建设小康社会的战略目标，党和政府提出了"科教兴国"、"人才强国"的战略和科学发展观，现代化建设事业的发展、经济体制的改革和整个社会的转型对各方面人才的需求十分强劲。并且在这一转型时期，我们社会的组织形式、人们的生活方式、价值观念更加多样性和多元化，涌现出了很多新的情况和问题，这些都是人文社会科学研究的新内容和新对象，我们作为以人文社会科学为主的大学就更应该在人才培养的数量、结构、规格、质量等方面作出相应的调整。具体来讲，2002 年 4 月 28 日江泽民同志考察人民大学，亲自规划了我们的发展方向和战略目标，即"把中国人民大学建设成为以人文社会科学为主的世界知名的一流大学"。新的发展目标、发展思路，对研究生教育提出了新的要求。应当承认，我们跟国外一流大学在若干方面存在较大差距，其中一部分表现在研究生培养上，这就要求我们必须把研究生教育提到比过去更重要的位置上来。根据这一精神，我们提出"主干的文科、精干的理工科"的新的学科建设思路，这又是一个新的挑战。根据自身条件和办学传统，我们当然要花大工夫强化我们的文科特色和优势学科，同时，我们也要适当发展一些新的学科。就主干的文科而言，我们还有若干文科领域实力并不强或不太强，教育学、艺术学、人类学还应该有较大的提高；就精干的理工科而言，我们的建设方针是"有基础、相关联、高起点、入主流，力争高水平"，是"小、精、尖"，比如成立化学系，是因为我们原来就有应用化学硕士点，并且与我们的环境科学有很大的关联，既为当前能力之所及，也为未来发展之所需。总的说来我们学校的发展不要求全学科、大规模，但是我们要求高起点、高水平、有特色、有优势。

其次，发展规模方面。进入新世纪后，我们跟全国情况一样，研究生规模迅速扩大，由此带来了很多新情况、新问题。据资料显示，1980 年全国在校研究生 22 000 人，1990 年为 93 000 人，2000 年为 301 000 人，2003 年迅速增长至 643 000 人，今年高达 800 000 人。这个增长速度是惊人的，这与 20 世纪 80 年代全国几万在校研究生相比完全是两回事。我们学校今年研究生招生人数为 3 516 人（未包括"单证"专业学位研究生），其中硕士生 2 648 人，博士生 868 人，与1999 年相比硕士生招生人数增加了 1.57 倍，博士生增加了 1.28 倍。现在研究生总人数为 9 400 多人，本科生总数为 9 200 多人，研究生数量已超过本科生数量。研究生的规模迅速扩张对我们的导师队伍、办学条件、管理水平的要求大大提高，这就引发了很多的新情况、新问题。

再次，我们的师资队伍发生了巨大的变化。我校老一辈的研究生导师已经很少了，今天人民大学的导师队伍中绝大部分是"文化大革命"以后培养出来的。据统计，55 岁以下的导师占整个队伍的 64%，55 岁到 60 岁的老教师是非常少的，55 岁到 60 岁之间是个断档，60 岁以上略多一些，但已临近退休。

最后，就是制度观念创新带来的变化，其引发的新问题需要我们认真对待。其中最大的变化就是我们 2001 年 10 月作出缩短硕士研究生学制的决定，2002 年正式付诸实施。2002 年两年制硕士研究生比例占到了 79.3%，2003 年为 88.5%，今年在新增了 21 个硕士点的情况下依然有 88.5% 的硕士专业实行两年制，个别专业实行两年半学制。学制缩短以后在培养方案、培养环节等实践探索过程中出现了新的情况和问题，如何来解决这些问题，让两年制成熟起来，也是对我们研究生培养提出的新的要求。另外前两三年的较大范围的院系调整也引起研究生培养方面的新情况和新问题。

以上就是我们进入新世纪、新的历史阶段之后所出现的新情况、新问题，这要求我们要有新的举措。我们应当及时地加以研究，因势利导，把人民大学研究生培养工作带入一个新阶段、新高度，尤其是在规模扩大之后继续保持研究生培养的高水准。所以学校经过认真的研究，在年初的时候就提出要召开研究生工作会议，通过会议来发动广大的教师、各个院系、各有关部处认真地研究研究生的培养问题，以使研究生培养工作能够在新的情况下有比较清晰的工作思路。经过今后几年的努力，我们能在新的历史条件下，在规模如此扩大的情况下，仍然保持我们研究生培养工作位于全国的前列，不辜负国家对人民大学的期望，也不辜负人民大学自己的历史荣誉。所以我们希望各个院系、各位导师能够结合这些新的东西，在会议期间畅所欲言，完善我们的工作思路和举措，而不只是泛泛而谈。

如何实现从数量扩张型向质量提高型的转变，最重要的是我们要以科学发展观为指导，要以人为本，坚持全面、协调、可持续发展。我们应当在科学发展观的指导下以一种创新的思维来研究实现这个转变。

二、如何实现我校研究生教育从前几年的数量扩张型向质量提高型的转变

我主要提出以下几点供大家共同讨论。

（一）加强学科建设是实现质量提高型转变的基础

学科建设搞不上去，研究生培养质量就要大打折扣。人民大学有良好的学科基础，比如我们有 12 个教育部人文社会科学重点研究基地、6 个基础文科人才培养和科学研究基地、25 个国家重点学科、4 个北京市重点学科；这次教育部学位中心公布了 80 个一级学科评审的结果，我们处于第一位的有 5 个，即理论经济学、应用经济学、法学、新闻学、社会学，第一的数量跟浙大、中国农大并列全国第三。但是，我们现在讲学科建设并不是主要讲这些东西，2002 年研究生工作会议以及去年我们颁布的《中国人民大学学科建设白皮书》根本的问题是提醒大家要有忧患意识和危机意识。我们的学科建设虽然取得了巨大的进步，但那是历史，时代在前进，学科在发展，全国各兄弟院校也在发展，我们的学科优势不进则退；而且，值得指出的是我们的优势有的其实是很脆弱的，在这次的评审中有的学科就只有微弱优势；此外，我们有的新学科还刚刚起步，没有什么优势可言。因此说我们危机感要更强，要科学冷静地看待自己真实的实力，科学冷静地看待我们自己，不能盲目乐观，当前在我们的学科建设过程中始终要有忧患意识。在前不久召开的一次中层干部培训会上，我讲的第一个问题就是要清醒，政治上要清醒，改革、发展也要清醒，心要热、头要冷、步子要稳。我们为既往学科建设的成就感到自豪，但是我们要看到未来，要想保持我们的领先地位或优势地位，我们就应当不断分析我校各学科在全国所处的位置，更多地看到我们的不足。所以对这个学科排名，只能作为一种参考，我们自己对自己要心中有数。总之，学科建设是关键，学科建设搞不上去，给研究生的培养带来的后

果是灾难性的。在这方面我重申的是要有清醒的头脑，要有忧患意识和危机意识。同时我们也要强调，学科建设要与时俱进，要适应时代的要求，要应对社会经济发展提出的挑战，为此，就要有强烈的责任意识和担纲意识。

加强学科建设，目前我们面临着很好的机遇，一是"985工程"二期的实施，我们中国人民大学有10个基地1个平台。怎样把我们的学科建设通过"985"提高到一个新的水平上来，是我们当前必须紧紧抓住的一个重大机遇；另一个机遇就是中央3号文件提出繁荣哲学社会科学的意见与马克思主义理论研究和建设工程，这对于我们这所以人文社会科学为主的研究型大学来讲，无疑又是一个难得的重大的发展机遇。要坚决抓住这两大机遇来加强我们的学科建设。

（二）队伍建设是实现质量提高型转变的关键

队伍建设也是学科建设的重中之重。我主要强调两个方面：

第一，在队伍建设规划上要从三个方面下力气。首先，要有适度规模。我们现在教师实际上有1 500多人，其中有400多位博导，今年我们招了800多名博士生，这个生师比表面上看还是可以的，平均一个导师带两个博士，但存在结构性矛盾，有些专业是不合理的，所以我们教师队伍的人数还是偏少的。整个人民大学的生师比（如果把继续教育学院算进去的话）超过了教育部的规定，我们教师数量要适当增加，导师也要适当增加。其次，要有合理梯队。现在有些重点学科由于历史的原因，老教授一旦退下去，后边年轻教师跟不上。农业经济系曾经很辉煌，但是前些年由于梯队接不上，出现断层，由国家重点学科变成了非重点学科。当然这个系基础还是有的，现在已经走出了低谷并迅速上升，下次我们一定要争取重返重点学科行列。最后，重视拔尖创新人才培养。这既要广泛吸纳外界人才，更要加大自身培养力度，要改善环境让我们自己的教师队伍中的优秀年轻教师脱颖而出。我们要解放思想，一切不利于优秀青年教师脱颖而出的制度都在改革之列，要创造更加良好的学术环境让他们大有作为，使这些人中不断涌现出新的学科带头人，并帮助其中的出类拔萃者成为大师级人物。

第二，加强师德建设和学风建设。教师更应该努力提高自身素质，最重要的一点就是要有忠于职守、忠于学术理想、忠于党的教育事业的使命感，也就是师德问题、学风问题。社会学系的老师们是不是可以把这个问题也研究一下，在当代转型时期，大学、社会、政府、市场四方面的力量是如何影响大学老师的行为的，正面的、负面的影响究竟有哪些。我在一本书中曾看到这么一段话：在科学领域假如有人把他从事的学科当做一项表演事业，而不是发自内心地献身于学科，献身于使他因自己所服务的主题而达到高贵与尊严的学科，则他必定会受到败坏和贬低。在科学的领地，个性是只有那些潜心服务于他的学科要求的人才能够具备的。个性张扬，首先要忠于你的职守、忠于科学、献身科学，才有资格谈个性。我很认同这段话。现在社会上的陷阱、诱惑很多，且不适当的干预、不正当的竞争比比皆是，这无疑给学术殿堂带来了很大的困难、压力。保持我们的队伍、学术的纯洁性很不容易，人民大学广大学者要共勉。在研究生培养当中怎样忠于职守，怎样忠于自己的理想，怎样追求真理与科学，值得我们思考。比如个别导师一年半载不见自己学生一面的现象依然存在。而现在又出现个别相反的现象，就是经常见学生，让学生给老师打工。如果是学术上的"打工"那理所当然，但如果是学生帮老师进行营利性的活动，这是不应该的！还有些教师存在着学术规范问题，这要引起高度重视，通过学风建设要加以解决，但有些行为则根本不是什么学术规范，而是学术腐败，甚至是犯罪。像这样的问题，我们要警钟长鸣。人民大学并不是生活在真空中，人民大学并不是没有出现过这样的问题，甚至出现了个别非常严重的问题。有个已有一定名气的年轻导师的问题真是令人匪夷所思，在市场经济大潮的冲击下，昏昏然断送了个人的大好前程，也给人民大学的声誉带来极坏的影响。所以在我们教师队伍建设中师德、学风这样的问题依然要提出来，这个问题解决不好，研究生培养质量就会产生很大的问题，至少在这样的老师当导师的学科点上是有问题的，这样的导师培养出来的学生也值得研究。

（三）稳定规模、改善结构是实现质量提高型转变的内在要求

李岚清同志在《李岚清教育访谈录》关于"研究生教育既要重数量，更要重质量"的谈话中说："研究生规模的扩大，肯定是一件好事。……在这里，我为什么首先要强调数量呢？因为没有足够的数量，整体质量就很难说。当然数量并不能代替质量，然而只有少数人受到高质量的教育，大部分人受教育有限制，或受不到教育，恐怕更不行。我们要全面建设小康社会，首先必须要有足够数量的高素质人才。随着经济、科技的发展和社会的进步，国家对高素质人才的需求越来越大。有些同志担心，研究生数量上去了，教育质量会不会降下来？其实，这也是我的担心。……为此，我多次讲过，研究生教育要采取措施，进一步提高培养质量"。我们提出我校由数量扩张向质量提高的转变，本身包含着一个潜台词，就是规模积极扩张到一定数量的时候要告一段落，在现有条件下我们把我校研究生数量限制在10 000人，现在已有9 400多人。其实世界上很多名校的规模都不大，如耶鲁大学本科生与研究生也就8 000：8 000，大规模并不等于名校。没有适当的数量发展是不行的，但任何事情有个度的问题，因此稳定规模是未来几年发展的指导方针。

改善结构，我觉得最需要强调的是两类结构。

第一，人才培养结构。我们研究生培养传统是培养学术型人才，应用型人才的培养受到歧视，职业型人才以前没有。我把现行的专业学位称之为职业学位，它就是一种研究生层次的职业教育，是高层次的岗位教育。1991年人民大学设置了工商管理硕士专业学位，1995年设置了法律硕士专业学位，2001年设置了公共管理硕士专业学位，今年设置了会计硕士专业学位。人大这四个专业学位也就是四个研究生层次的职业学位，规模发展特别快，这是好事情，符合社会的需要。对人才培养类型结构这个问题观念要改变，思想要解放，要从长期的培养学术型人才怎样更快地转到培养应用型和职业型的硕士和博士研究生的轨道上来，这是个比较重大的问题。李岚清在《李岚清教育访谈录》中指出："研究生培养的方向也需要进一步调整。过去研究生教育的任务是培养大学教师和科研机构的研究人员。现在我们已经进入了高科技时代，各行各业都需要高素质的人才，因此研究生教育不能只局限于培养研究型人才，应当转向培养更多的应用型的技术和管理人才。美国的硕士学位，学术型的只占15%，专业型的或者是应用型的占85%。我国虽然已开设了若干专业型或是应用型的学位，但看起来还远远不够。有些还没有真正按照应用型的模式来开设课程，有的专业学位实际上只是把原来的研究型课程搬过来，或者降低理论水平，精简压缩教材，让学生能够在短时间内读完。这样做的结果，并没有真正把应用型和学术研究型的研究生教育分开"。过去中国的研究生教育也是研究生层次的精英教育，规模特别小，1980年研究生才22 000人，根本不能满足高等学校和研究机构的要求，所以全部培养研究型的人才。现在我们已经有了80万研究生了，跟两万人是完全不同的概念，所以怎样培养应用型和职业型的具有研究生学位的人才是我们今后一段时间的重要问题。但是只有名称上改变了，如果教学方案、课程内容、教学环节还是跟学术型研究生一样的话，那么培养的最多是一种"压缩饼干"式的学术型人才，而不是另一种类型的人才。研究生教育一个重要的变化就是学术型、职业型两种不同人才类型的培养应该用不同的培养办法，我认为这是研究生培养领域内的一场教育革命，从教育观念到培养制度、教学内容再到培养环节都应该有新的突破。我本人也是研究生的导师，我也为这个问题感到苦恼，学术型的和应用型的区别在课程设置上很难体现，所以这个问题我认为很值得我们研究。

第二，学科结构问题。这虽然不是一个很复杂的问题，但是也需要我们进一步的研究。社会对人才的需求不完全一样，并不是你有师资就培养，没有师资就不培养，我们应当按照社会的需要进行学科结构方面的调整。还有研究生两个层次的结构，即硕士生和博士生的结构，这个层次结构也需要进一步的研究。我们初步的设想是：博士生基本稳定在每年招生 800～900 人，在校生总体人数稳定在 2 500～2 600 人的规模上，其他的都是硕士研究生；硕士学位人才培养结构的重点是应用型、职业型。这样的结构是否合理大家可以研究。研究型人才的培养方式也需要我们今后进行深入的探讨，以求新的质量提升。

另外还有一个结构问题：生源结构。对此问题需要我们各个院系去认真研究。本来这个问题不应当提出，但是社会上出现了研究生的应试教育，也就是与高中生应试教育一样，在大学阶段也搞应试教育，即怎样让它的学生顺利通过研究生入学考试。据说某省某一所大学本科生入学以后的主要培养目标就是上人民大学的研究生，它以人大为目标，在课程设置上、课外辅导上，全力以赴专攻人大的研究生考试。这样行吗?! 还有一些报考研究生的同学首先考虑的并不是为了提高自己的素质，不是为国家作贡献，或者对什么学术问题感兴趣，而主要是甚至单纯是为了改变身份，改变地域条件。虽然这在某种程度上也有他们的合理性，因为他们不违法，通过自己努力改变自己身份，改变地域条件，没有必要去指责，但是有一条，单纯为考而考，研究生培养质量就会大打折扣。现在研究生招生考试制度存在严重的缺陷，一年考不上考两年，两年考不上考三年，连考三年一般可以考上，实在不行考四年，也总能考上。这样招进来的研究生，我很怀疑他的创新观念、创新能力，他能不能被培养成我们所要求的创新人才值得怀疑。这样的考生有的一进来就很快暴露出来基础不行，说老实话是不易造就的。所以在生源结构问题上、在录取的环节上，要认真地研究我们招生录取制度的改革，面试这样的制度设计是很重要的。我们希望人民大学研究生大多数应来自于如"211工程"的学校、"985工程"的学校，其他学校的也是要的，这有个教育的公平性问题，但是刚刚我们讲的那种现象也是一种不公平，是另外一种不公平。因此生源结构很值得我们研究，导师们心中应该有数。我们人民大学应该在研究生录取问题上找到一个办法来应对这种情况，以保证研究生录取质量，也希望国务院学位办领导我们研究解决这类问题。

（四）强化培养过程是实现这个转型的核心

强化培养过程的问题很多，我们不一一讲。我想着重讲这么几个方面的问题。

第一，课程。美国有的学校博士生课程是24门课，我们学校有位校务委员给我写了封信，提出博士研究生至少要上20门课程，60个学分。中国的研究生特别是文科研究生太舒服了，我们在这个方面的教育思想有问题，对国外的情况了解有问题，认为课程多了就压抑了个性的发展，这种理论对不对很值得研究。我这次在纽约专门把我们财政金融学院和哥伦比亚大学联合培养的金融政策的研究生找来开了个座谈会。他们说在美国学习太苦了，比在人大读研究生苦多了，他们在国内读了一年，现在在哥伦比亚是第二年，每个学期7门课程，一年要读14门课程，压力极大，根本没有时间到这到那去，成天都是在看书、上课、讨论、做作业。我们财金学院研究生有这么累吗？在这个方面我们的教育思想是有问题的，认为课程多了就严重影响了研究生创新能力的提高，但是被认为注重创新能力培养的美国大学的研究生为什么课程那么多？我们现在的这种培养方式实际上在相当程度上是"放羊"，对这种号称自由的培养我表示怀疑。

那么，我们该增加什么样的课程呢？有的课程分高级、低级，其实有的高级很难说就是学术水准、理论水准意义上的"高级"，而往往指的是"专"、"深"，本科生无须那样"专"，博士生应当"专"、

"深"一些，也就是"高级"了。所以，不能因为要给硕士生、博士生开"高级"课程而把本科生课程的理论学术水平压得很低。人大的本科生是最优秀的一代青年，如果教师讲太低了，他们根本"吃不饱"。所以，如果博士生的知识面不够宽，基础不够好，如跨专业考来的博士生，那就可以也必须到本科课程上去拿学分，这并不是什么研究生不能学的低级课程。其实，在国外这种情况并不罕见，如果学生没有学过某课程，那就去听本科的课去，许多课程本身没有那么多高级、低级之分。所谓的高级实际上就是专一些、深一些，比如说市场营销课程是为本科生开的，到了高级课程那就可能是关于旅游的营销怎么办、零售的营销怎么搞，作为高级课程相对于初级课程，并不一定是理论基础有多深刻、多不同，而在于专。所以我们的课程设置很值得研究。这样去思考问题，开的课就会多了。

第二，研究生的产、学、研相结合。在培养过程中怎么让研究生以社会为课堂参加导师的科学研究，参加到人文社会科学的研究中去，我觉得这是个大问题。现在网络信息更灵通了，我们有的教师就靠网络来搞科研。这当然有快捷的好处，但网络可以代替活生生的社会实践吗？特别是人文社会科学类的科学研究恐怕是不能单靠网络资源的。我们整个学科建设、导师队伍的成长都有这个问题。如果产、学、研不能很好结合，不了解活生生的改革开放的实践、现代化建设的实践、中国转型时期发生的各种各样的问题，单靠媒体搞科研那怎么行！何况我们有的媒体报道的并不十分真实或不可能全面。研究生一定要多读书，要多注重学术积累，要参加到科学研究活动中去。对于文科类研究生来说，到社会实践中去，以社会为课堂，是最为重要的培养环节之一。

第三，指导模式的创新问题。导师制还是导师组，还是导师组和导师个人相结合，这个问题我们没有定见，但是"师傅带徒弟"的方法应当进一步改进，我们觉得导师组是必要的，国际关系学院将要在会议上介绍他们实行导师组的情况和经验。当然我并不是主张以导师组来取代导师个人的作用，个人作用非常重要，我们应该着重研究在研究生培养过程中哪些领域应该导师组起作用，哪些领域应该导师个人起作用。指导模式的转变或创新，也要有利于制约当前有些导师不负责任的情况。

第四，要严格各个培养环节，特别是课程学习、综合考试、开题报告、论文写作和论文答辩。培养环节要非常严格，任何一个环节达不到标准就要停下来，把这个环节弄通了再往前进。我们主张"木桶原则"。在论文开题报告的环节上，我感觉就有这个问题。人民大学的经济类专业中，不管哪个专业的硕士论文、博士论文，一段时间以来，往往存在着趋同性问题，例如产业经济的研究生也要写金融方面的论文，产业经济的指导教师能够高水平地指导金融方面的论文吗？什么热就写什么问题，不仅种了别人的地，荒了自己的田，而且造成很多题目内容趋同，很难保证论文质量和培养质量。对于一部分学科点上存在的这个问题应当认真研究，加以解决。我们是希望一方面发挥导师个人的作用，导师制是不能废除的；另一方面要以责任教授为主成立导师组，在一定的环节上导师组起决定作用，例如开题报告，导师组的作用是很重要的。对于这个问题应当认真研究，包括指导模式和培养环节。我还想顺便指出，在论文写作和答辩这个问题上，在学术规范、学风上要严格要求，我们人民大学一贯要求很严格，要坚持，要弘扬。对于抄袭、剽窃这类问题不管什么时候发现都一票否决，不管学位是授予了还是尚未授予。

第五，环境建设问题。强化培养过程，环境至关重要。学校决心在硬件条件方面创造更好的工作环境和研究生的培养环境。我们西北区的明德大楼明年5月份全面竣工，明年暑假将是人民大学喜庆的日子，我们各个学院陆续大搬家，从下半年起我们基本上就能够实现每个教授一个工作室的目标。在图书条件方面，我们正在尽力地创造电子图书馆。除了硬环境，很重要的是软环境，即学术环境、学术氛围、学术自由、学术民主、科学精神、团队精神、拼搏精神等，这样的环境更重要，并且要靠大家来共同创造。

第六，加强培养过程中的思想政治工作。研究生的思想政治工作是我们整个学生思想政治工作中最薄弱的环节之一。要注意对学生的政治方向、政治品质、价值取向、心理素质等方面的锤炼。现在各种社会思潮激荡碰撞，以马克思主义来引导研究生把握正确的学术方向是个十分现实、十分严肃的问题，应当引起我们的高度重视。现在就业压力很大、竞争压力很大，有些同学信念、意志很脆弱，针对他们心理的诊断也属于思想政治工作的内容。所以怎么样强化研究生的思想政治工作，让他们保持正确的政治导向，保持良好的健康心态，让生活过得有滋味、有意义、有价值，需要思想政治工作中的制度创新和组织落实。

（五）制度创新是实现转型的重要保证

制度创新已经讲了不少，我在这里主要强调四个方面的内容。

第一，对硕士研究生的学制适当地缩短在人民大学已经试点，要进一步完善，但也不排除有些学科的学制依然保持三年制。

第二，现在要讨论博士生的学制问题。我们多数意见倾向于延长到四年，也就是三年或四年都可以毕业，这是一个制度创新问题。

第三，硕博连读的制度。硕博连读实际上隐含着这样的观念，即硕士是过渡性的学位，但我们国家现在的硕士学位并不是一种过渡性的学位。这个问题不知道将来国务院学位办如何考虑。硕士学位如果是过渡性的，那连读是自然而然的要求，比较简单；如果不是一种过渡性的，是相对独立的学位，那么就需要研究怎样才能搞好硕博连读。我赞成、支持连读的试点，但并不是所有的学科都可以这么搞。我个人认为将来大多数硕士学位都会成为过渡性的学位，也许这是个趋势，但是对这一点不敢妄言，需要研究。也有人提出本硕连读，但我认为本硕连读的提法不一定科学，本科生和硕士生就概念来讲是两个独立的不同的人才培养层次、不同的台阶、不同的类型，怎么能够连读呢？而本科毕业生被保送硕士生则是合理的制度设计，我觉得要扩大本保研试点，这个我赞成，也值得大家去研究，这是制度创新。

第四，对我校来说，当前一项十分重要的制度创新是管理体制的创新。我们实行校院两级管理，学校管规范、管宏观，学院是管理的主体。改革的方向是扩大学院的自主权，强化学校管理的权威性。这两者并不矛盾。怎样建立良好的管理体制，需要在探索的过程中作较大幅度的调整，要在我校完善治理结构的努力中有比较好的解决。

（六）提升国际性是实现这种转变的重要途径

这是实现质量提高型转变的一个重要的途径，也是时代的要求。提升国际性，也就是我们研究生培养的一个重要方面是要盯住世界、走向世界。我觉得我们人民大学真正提升国际性还需要走很长一段路。或许有人不大同意我们这样的看法，而我们认为我国真正创建世界一流大学，将来也许首先会在人文社会科学领域取得突破。因为在人文社会科学领域中国家的特殊性、民族的特殊性很强，民族的可能就是世界的。在自然科学、技术科学领域中我们要赶上别人不大容易，不能想象在我们这个核心技术、原创性技术至今还十分匮乏的国家会很快涌现出理工类的世界一流大学，但是在人文社会科学领域中，别人现在可能要关注中国了，而且很可能会越来越关注中国。所以人民大学提升国际性也是一项极其重要的历史性任务和我们应尽的职责。提升的具体办法可以有如下考虑：

一是教师队伍本身的国际性问题。这主要不是指到国外去招聘引进外籍教师，我们目前并不具备这个条件，而主要是让我们的教师普遍拥有国际学术活动的背景。目前我们在这方面还存在一定差距，到目前为止在国外取得博士学位、硕士学位的教师人数很少，还不足百人。这样说并不表示我们只重视"洋博士"，而不重视"土博士"。因为人文社会科学的教师本来出国的人数就不多，跟自然科学的教师出国深造的人数是不可比的。但是，要求我们的教师队伍大面积地拥有国际学术背景是合理的，而现在我们有国际学术背景的教师还不够多，所以我们要着力引进国外的博士生、硕士生，特别是博士生，这是提升我校国际性的一个方面。但是更重要的是我们的教师要出去，绝大部分教师至少要有半年以上的在国外学习进修或科学研究的经历。这并不是不能实现，我们有些学院如国际关系学院现在已几乎人人都有在国外的经历，这点非常重要。对人文社会科学来讲，没有国际视野、没有国际眼光、没有在国外做学问的经历，要提升国际性是很困难的。

二是互换研究生，合作培养。我们现在已经与哥伦比亚大学等进行了这方面的合作。高丽大学、维也纳大学等也提出这个问题，这很好，但是这个规模不会有很大，因为存在着一些制度性障碍和费用方面的问题。

三是我们还应该继续努力扩大国外的留学生到人民大学来留学的规模。外国留学生到中国来留学，大多是来学习中国的人文社会科学，除了语言以外，一旦进入了专业学习，大量的是学习中国的人文社会科学，以成为他们国家的中国通。到中国来真正学习自然科学的研究生并不是很多，所以人民大学大有作为。我们学校的留学生现在有1 000多一点，到人大来的留学生大部分是来学专业的、拿学位的。我们要把这一块继续加强，同时新开辟全英语教学的"当代中国研究"硕士项目，一定要把它搞好。我们在国外跟我们大使馆的人员交换意见，他们也很欢迎人民大学把这方面的硕士课程开通，扩大国外的留学生规模。

四是更多地参加合作科研，包括让研究生特别是博士研究生，参与国际上的合作与研究。我们认为在这方面提升国际性是人民大学提升研究生培养质量的一个重要途径，在这方面要进行进一步的探索。

（七）加强学位与研究生教育本身的科学研究也是实现这个转型的不可或缺的一个重要方面

加强对研究生教育的科学研究，比如学位办领导同志刚才介绍的诸多问题就非常值得我们认真研究。我们再一次提出来的是，我们认为国务院学位办颁布的学位、学科专业目录是要进行调整的，至少在人文社会科学领域要进行调整，自然科学恐怕也有类似的要求。人文社会科学现在的一级学科、二级学科分类基本上是按学术性、研究型人才培养的要求设计出来的，也是根据社会转型刚刚开始的国情设计出来的。发展到现在，实在是问题多多，严重影响了研究生人才培养。例如，公共管理一级学科完全是个拼盘杂拌，公共财政都不列入其中，这怎么叫公共管理？工商管理是把管理科学与工程作为核心目标来评价的，这怎么能够成为商科？财政学究竟是学还是政？究竟是培养理论型人才还是应用型人才？我认为应当培养应用型人才，它应当属于公共财政、公共管理的依法治国的范畴。时代不同了，经济体制转型了，宏观的财政政策和货币政策应该由经济学院去研究。目前的专业目录把财政学列为应用经济学而不是列为公共管理，这是值得研究的。而"管理学门类"能不能成立也是个问题，很值得研究。工商管理和公共管理根本就是两回事，现在的目录却变成一个学科，说成是大管理类，这很奇怪。在我看来，工商管理可以另列为商科，服务于营利性活动；公共管理应列入法科，服务于依法治国。再如，对研究生的培养结构、研究生质量的评估、研究生课程的设置、研究生的培养经费等方面我们也应当加强研究，这对于提高我们的科学性，真正贯彻落实科学发展观非常重要。所以我们希望我们院系领导特别是各位导师应该认真加强研究生培养的科学研究。

我讲的第二个大问题就是这么多，我主要是罗列了一些问题，请大家对这些问题进行研究，当然不止于这些问题。如果说这个转型的内涵大家赞成的话，这个提法是否科学还可以研究。数量扩张型的提法主要是从这几年规模扩大比较快的实际出发的，并不是说这几年没有重视质量，而是要说加强人才培养质量是永恒的主题。提出向质量提高型转变，也是意在今后要更加关注培养质量。这个转型工作的思路，我认为就是五点：稳定规模、改善结构、创新管理、提高质量、提升国际性。我们的工作思路就是通过落实这五点来实现这个转型。

　　同志们，开好这次研究生教育工作会议是当前我校的一件大事情，这对学校未来一段时间的发展将会起到极其重要的作用，我希望，不仅要把这次会议开好，而且有关的讨论还应该延续到会议之后，并且，关键在于行动，在于落实。我讲错的话请同志们批评指正，谢谢大家！

学生思想政治工作应做到
"新"、"实"、"全"*
——在中国人民大学学生思想政治
教育工作会议上的讲话

(2005 年 4 月 8 日)

老师们、同学们：

我们学校召开这样一个非常重要的会议，是认真贯彻落实党中央16 号文件精神的大会，也是系统地回顾、总结前一段我校学生思想政治工作经验的大会，同时，也是动员部署在新的历史阶段如何加强我校学生思想政治教育工作的极为重要的大会。刚才程天权书记代表党委作了非常全面系统的报告，报告认真贯彻党中央的指示精神，回顾了我们学校的思想政治工作，总结了经验，找出了差距，提出了问题，针对当前思想政治教育工作当中值得研究、值得重视的新情况、新问题作出了判断，提出了应对措施，并对今后的工作提出了要求。这个报告值得每一位同志认真地学习，不管是各个学院还是各个部门，都要结合实际工作，认真学习、研究和贯彻。

刚才有几位同志的发言，我想对大家都有启发，有一定的震撼力，有一定的冲击力。我们应当有忧患意识，在现实生活中，在校园工作中，包括后勤管理、行政工作等各个方面，都要有忧患意识。同

---

* 本文根据讲话录音整理。

样，思想政治教育也应当有忧患意识，要看到我们存在的问题，看到我们存在的差距。没有问题意识，我们的理论就不能创新；没有问题意识，我们的工作就不能有新进展。不要怕揭露更多存在的问题，相反，揭露问题有助于开创新的局面。

　　天权书记的报告很系统、很全面，我没有更多的话要讲，我只想特别强调几个问题。思想政治教育工作一定要紧紧围绕"育人"这个根本。育什么人呢？我想要从素质教育的角度、从以人为本的角度、从促进人的和谐发展的角度来看问题。

　　我前几天到大兴为教育部中青年干部培训班作过一个报告，报告中引用了爱因斯坦的一个观点。早在20世纪30年代，爱因斯坦就提出"全人教育"的观点，他说："青年人在离开学校时，是作为一个和谐的人，而不是作为一个专家……把发展独立思考和独立判断的一般能力，应当始终放在首位，而不应当把获得专业知识放在首位。"为此，他呼吁通过社会改革与教育改革来使每个人都得到全面发展。直到晚年，爱因斯坦对培养全面发展的人才仍念念不忘。1952年，他在《纽约时报》上发表题为《培养独立思考的教育》的文章，再次指出："用专业知识教育人是不够的。通过专业教育，他可以成为一种有用的机器，但是不能成为一个和谐发展的人。"也就是说，大学生离开学校时应是和谐发展的人，而并不一定非要是某一方面的专家。这应该怎样来理解？如果培养的学生仅仅为"稻粱谋"，是一个养家糊口的人，那不是大学的社会责任。

　　大学，社会良心之所在，是社会发展的一种动力之所在。我们要培养的是"国民表率、社会栋梁"。因此，思想政治工作要紧紧围绕素质教育，围绕塑造和谐发展的人、全面发展的人，不能仅仅停留于防什么东西，堵什么东西；要抓住根本，要重视对学生理想、信念、道德、情操、意志、品格、行为、举止等方面的教育，而这几个方面，恰恰是学生思想道德素质的体现。《礼记·大学》中讲道："大学之道，在明明德，在亲民，在止于至善。"大学的责任在于培养对社会有贡献的人,培养道德上的新人,培养行为举止臻于至善的人。思想政治教育应该从这样一种高度、从根本上来考虑问题、认识问题。当然,由于小学、中学的教育状况和整个社会的问题,会有一些本不该由大学阶段解决的问题大学都要做。怎么样做呢?我只强调三个字:

第一要"新",即要分析新形势,把握新特点,作出新判断,提出新理念。刚才讲的情况中多半是新的形势、新的问题,如果不认清当前新的情况,还按照过去的形势,就很难解决问题。我们当学生的时候,或者是 80 年代的大学生,都是一个班一个班地开展活动;现在选修课很多,课余活动很多,这样一来,情况就跟过去不一样了,能不能只以班级的形式开展活动就很值得研究。因此,人民大学要根据新的形势,思想政治工作也要更新观念,也要开放,力求创新内容,创新机制,创新手段,创新形式。刚才大家的发言都无一例外地谈到了做好思想政治工作要根据当前变化了的新形势和新问题来进行。

第二要"实",即要讲实话,出实招,做实事,见实效。我们的思想政治工作固然需要很多形式,只要不是形式主义,形式是完全需要的,工作对象是年轻人的思想政治工作尤其如此。但现在做好年轻人的工作需要新的形式。不知道大家是否感觉到,近几年我们学校非常重视开学典礼,非常重视毕业典礼,场面非常庄重,非常肃穆,为什么?因为形式很重要,形式承载内容,要创新形式。但是,不管什么样的形式,都要实实在在,不能哗众取宠,不能作秀,要非常平实、非常真实、非常诚实。我们讲话要真实,老师和学生之间要真诚对话,要平实的、真实的、诚实的对话。没有"实",思想政治工作永远也做不好。我们在座的很多思想政治工作者,为平凡的事情奉献了毕生的精力。在这方面,人民大学也积累了丰富的经验,有着优良的思想政治工作传统。虽然时代不一样了,但传统做法当中还有很多值得肯定、值得借鉴的东西,它们是平实的、朴实的。所以,要以"实"来感动人。中央要求加强思想政治工作的针对性和实效性,针对性就是要针对新特点、新情况、新问题,实效性就是要落到实处,实实在在。

如果我们要加强和改进学生思想政治工作，不做实事，不见实效，工作就会成为空话，人民大学就不成其为人民大学。

第三要"全"，即要全员育人，全方位育人，全过程育人。刚才的报告不仅仅是对党内同志说的，而且也是对全校同志说的。全员育人，不仅仅是思想政治工作干部或是兼任思想政治工作的干部的责任，而且也是我们每一位干部、每一位教师、每一位专业人员、每一位后勤工作人员的共同责任。它表明的是一种政治智慧和价值导向，也表现为我们学校各项规章制度、学校的各种行为，包括教学的、行政的、后勤的等各种行为。我们的院系办公室、学校各个部门的办公室、校医院、食堂、保卫处等，方方面面人员的行为举止，构成了人民大学的育人环境。学生特别是刚到人民大学的新生，充满了憧憬，充满了敬畏感。如果环境很差，服务很差，人民大学会给他们留下什么样的印象？因此要全员育人，服务育人。全员育人，还包括政治导向、价值导向。现在在政治课上讲的是马克思主义，到了专业课上个别人讲的是什么主义就很难说了。我觉得我们各个院系的领导、各位教授，要认真严肃地对待这件事情。作为人民大学这样的高水平大学，我们的思想政治工作者，我们各级党委领导同志，要保持正确的价值判断，体现我们应有的思想政治水平。坚持全员、全方位育人，教学、科研、服务、行政等各个方面都有责任。全过程育人，从学生进入学校开始直到毕业，甚至毕业以后，都可以将其纳入育人全过程。我们很多校友在离开学校以后经常返回母校来看看，他们讨论的往往就是对国家和社会的责任，怎样为国家建设作贡献。只有坚持全员育人、全方位育人、全过程育人，我们人民大学的思想政治工作才能做得更好。

刚才天权同志作了一个很好的工作报告，我在这里则强调了学生思想政治工作要从育人的根本出发，做到"新"、"实"、"全"。对这次会议大家要认真研究、讨论，贯彻并对学校的工作提出批评、建议。让我们共同努力，把我校的学生思想政治工作做得更好，为我们建设世界一流大学作出贡献，为我们培养一流的人才而努力！

合作培养国防生，共同服务国防事业
——在与武警部队合作培养国防生
签约仪式上的讲话

（2005 年 5 月 19 日）

尊敬的武警部队梁洪副司令员、尊敬的各位来宾：

大家好！今天是个令人愉快的日子，天朗气清、惠风和畅，更重要的是，今天我们在这个会议室，揭开了中国人民大学与中国人民武装警察部队合作的新的篇章。首先，请允许我代表学校欢迎大家来到这里，参加中国人民大学和中国人民武装警察部队的合作协议签约仪式，一起分享合作与友谊的欢乐。

其实，中国人民大学与人民军队的渊源是十分深厚的。中国人民大学的前身陕北公学就创立于抗日战争的烽火硝烟当中，和当时的抗日军政大学一起，为我们党的革命事业培养了大量急需的干部和军事人才。可以说，学校从创立之初就开始了和人民军队的合作，或者说，人民大学与人民军队本是同根生，本是一家人。时至今日，中国人民大学已经成为我们国家人文社会科学领域高等教育的重要基地，我们 60 多年来培养的 18 万多名各类专业人才，已在政治、经济、法律、新闻、教育包括国防等各个行业领域内成为国家建设的中坚骨干力量。

当前，我国正进入一个发展的战略机遇期，从国际局势来讲，虽然存在局部动荡和战争，但总体上是和平缓和的；从国内建设来说，人们已深刻领悟到稳定是发展的前提，稳定已是人心所向，党中央、国务院更在近期提出了深得民心的建设和谐社会的奋斗目标。但过去一个多世纪以来的风风雨雨、艰难困苦，让我们深深懂得要以自信的姿态屹立于民族之林，要实现建设和谐社会的宏伟目标，就必须有一支强大的现代化国防力量作为后盾。服务于国防事业和国家的安全稳定，是每一个中国人的责任和义务。中国人民大学作为我党创办的新中国第一所新型大学，作为一所人民的大学，责无旁贷、义不容辞。

高校与部队合作培养国防生，是为了贯彻落实江泽民同志关于"军队生长干部要走出军队自己培养和依托国民教育培养并举的路子，从更大的范围选拔高素质人才"的指示和中央军委、国务院《关于建立依托普通高等教育培养军队干部制度的决定》的文件精神，进一步改善部队干部队伍结构，提高干部队伍水平的具体措施。同时，也为高校直接服务于国防事业、培养部队急需的高素质人才开辟了新路。事实上，普通高校通过与部队合作，来服务于国家的国防事业、为国防事业培养和输送人才的做法，被世界上很多国家所采用。这不仅有效地利用了更多的社会资源服务于我们的国防事业，同时，也增加了高校的办学内容，活跃了校园生活，对在青年中普及国防意识、加强爱国主义教育、完善大学生素质教育、树立良好的学风校风等诸多方面都将发挥重要的积极作用。

中国人民大学有着强大的人文社会科学研究实力，我们崇尚"明德、博学、求是、笃行"，在培养宽口径、厚基础、高素质、多潜力的人才方面有自己的独到之处。学校学者的研究领域非常广泛，在军事、国防研究方面也有一定基础和力量，例如，在公共管理学院，我们有专门的国防与国家安全研究所；人文学院历史系的黄朴民教授，就是一位声名卓著的军事历史研究专家。在过去的岁月里，我们曾经为部队输送过优秀毕业生。我们有能力也有信心在未来的日子里，通过多种合作方式，为部队、为国防事业培养更多的高素质人才。现在，中国人民武装警察部队依托中国人民大学培养武警干部，这是对中国人民大学的信任，也是对中国人民大学的支援。我相信，在双方的共同努力下，我们在人才培养方面的合作一定会取得成功。同时我也希望，以招收、培养国防生为契机，加强双方的各方面合作、共建，更好地服务于我们的国防事业和高等教育事业，服务于中华民族的伟大复兴。让我们携起手来，共同为祖国的安全、稳定、繁荣、昌盛而努力奋斗！

谢谢！

以学生为本，大力提高人才培养质量[*]

——在中国人民大学新世纪第二次
本科教学工作会议上的讲话

（2005 年 11 月 25 日）

教务部门要我即兴发表讲话，就会议谈些感想。我想重点讲一个问题，就是进一步贯彻以学生为本的教学理念，大力提高人才培养质量。

一、牢牢树立以学生为本的人才培养理念

党的十六届三中全会、四中全会、五中全会强调科学发展观，"以人为本，全面、协调、可持续发展"。中央要求我们以科学发展观统揽工作的全局。我们今天研究本科教学，乃至于研究整个人民大学的人才培养，都应当在科学发展观的统领之下来进行。

在大学的工作当中，以人为本究竟怎么具体体现？我想，在教育教学工作当中，就是以学生为本，而不是以教师为本，教师都是为学生服务的，都是为人才培养服务的，为国家培养合格的建设者和接班人服务的。没有学生，这个学校就不能存在，这是最简单的道理。没有学生，当然也不需要教授，不需要管理干部，不需要校长，也不需要院长。所以，没有了正确的教学理念，想把本科教学工作搞上去是

＊ 本文根据讲话录音整理。

804

很困难的。扪心自问，我们是不是以学生为本？在这个问题上，我们积累了很多很好的经验。但是我们工作中还存在很多问题，例如因人设课，是典型的以教师为本的；随意调课，这也是以教师为本，根本不是以学生为本；有些课开不出来，就不开了，不是以学生为本；实习基地没了，就不搞实习了，也不是以学生为本。再想想世纪馆、食堂、后勤服务是不是都很好地贯彻了以学生为本？实际上都有一定的差距！刚才，会议提到了本科教学存在的种种问题，我作为校长感到坐不住，感到对不起我们的学生。我深深地感到，有些事我们没有认真地担负起责任来。以学生为本，首先要关爱学生，当然学生也要敬师。人大应该形成"爱生敬师"的风气。如果老师不关爱学生，凭什么要学生尊敬老师？如果学生看到某位老师老在挣钱，上课老在应付他们，把主要精力花费在外面，到处跑着上课、作报告，一天挣个七八千、五六千，一个月挣多少万，能让学生好好尊敬你吗？为了迎评促建，我们能不能讨论讨论、检查检查人民大学贯彻以学生为本的理念有没有牢牢地树立起来？我们党政领导同志、负责同志，我们每一位教师、每一位管理人员、每一位后勤工作人员，是不是真正地以学生为本了？我们高喊以人为本，具体到本科教学当中去，就是以学生为本，实际上是不是做到了这一点？我们如果不牢牢树立以学生为本的教学理念，本科教学、研究生培养就都会有问题。

二、进一步探索科学的本科人才培养目标的具体定位

要贯彻以学生为本，我觉得有这么几点，与大家好好共同研究、探讨一下。

第一，本科教学在研究型大学的地位。研究型大学的本科教学处在什么位置？人民大学当然是研究型大学。什么叫研究型大学？我的理解是，研究型大学最根本的标志是两个方面：一是培养研究型的、创造型的人才，培养有思想的人才，而不是仅仅有知识、有技能的人。人民大学培养的人才，首先是有思想的，他们对社会、对时代、

对人生，能做到比较科学的、理性的判断，能用批判的眼光看待各种各样的问题，具有开展科学研究的能力。研究型大学就应当围绕这样的人才培养目标来进行。人民大学的毕业生，既是一个专业人士，也是一个思想者。这才叫做研究型大学，否则，我们有什么资格称自己是研究型大学？像商学院这样应用性很强的学院，应好好考虑人才培养目标、专业设计、课程设计。二是创造出一大批一流的科研成果。作为研究型大学与一般大学不完全一样的就是，要有一批站在时代前列的、学科前沿的、推进社会进步的科研成果涌现出来。我想研究型大学最重要的是这两个方面。

第二，研究型教学的属性分析。研究型大学很重要的方面体现在研究型教学上，教学过程本身就是研究型的，是启发式的。考上人民大学的学生都是非常优秀的，由于目前人民大学外语、数学、计算机三门公共课教学水平不平衡，有的课堂教学质量不是很高，一些学生很有意见。教学过程应是一个研究型的教学过程、教学相长的过程。教学相长并不是说学生比老师高明，而是学生能够提出问题，甚至是老师所想象不到的问题。学生能够提出问题让老师进行思考，让老师必须研究这些问题，这就是教学相长。爱因斯坦强调，提出问题比解决问题更重要。提出新的问题或者从新的角度提出老的问题，都是创造性的思维，这才是科学的、真正的进步。青年学生恰恰具备这一点。我们有些教师长期工作在一线，可能提不出什么新东西了，但是一跟学生交谈，他忽然冒出一个问题，我们可能想到过也或许没有想到过，让老师难以回答，或者很值得回答，这就叫教学相长。为什么很多人愿意在大学工作呢？原因之一是因为年轻人有朝气，有创新的精神，他们老是想出新的问题，给老师出题目，这样老师的思想也会随之不断地在活跃，不断地从学生那里汲取营养、感受青春，这就叫研究型大学。谁把研究型大学仅仅理解为写几篇文章、搞点科研，谁就是片面的理解。当然应该搞好科研，这是研究型大学很重要的方面，我无意贬低科研，而是说还要把科研成果转化为教学成果，把最新的科研成果转化为最新的教学内容，来培养学生的创造性思维，培养创造型人才，这是研究型大学天然的使命。把研究型大学和本科教学对立起来是很荒唐的，我们任何老师都不会赞同，但是我们很可能自觉不自觉地陷入到这个泥潭当中去，从而背离了以学生为本的办学理念。

研究型大学不是研究院，不是中国科学院、中国社会科学院，而是大学。大学嘛，就要培养学生，不培养学生叫什么大学？现在理论界、教育学界，把大学分为很多类型，什么教学型、教学研究型、研究型大学。从学术研究的目的来划分无可非议，但有的人这样划分，潜台词是说这几个类型一个比一个高，研究型大学是最好的、最了不起的。如果是这样理解的话，我觉得这种划分目的就很荒唐。这对国家的、民族的教育事业有什么好处？培养的人才类型不同、规格不同，不同类型的学校都可以办世界一流的学校，为什么办世界一流学校的就只有极个别的研究型大学？普通本科大学、职业技术学院就不能办成世界一流的本科和高职？我们有些大学认为自己要培养的是诺贝尔奖获得者。这种培养目标是和党的教育方针一致的吗？我之前到英国访问某所知名大学，它的培养目标是世界一流的劳动者大军，而我们有些人则把目标定位为培养诺贝尔奖获得者，这难道也是符合科学发展观的教育理念？我们当然希望有中国的科学家获奖，但诺贝尔奖获得者是你能规划出来的吗？人民大学不能做这样的一所大学。我们还是讲"人民满意、世界一流"。

说到以学生为本，如果本科生都不在这个视野里面了，还讲什么以学生为本。我们工作当中存在着一些重科研轻教学、重研究生轻本科生、重文轻理这样一些问题。虽不能完全说人民大学就是重科研轻教学，但这个倾向是存在的。我们重文科轻理工科，说老实话，这是不自觉的，我们有些人的文科思维太强烈了。我们要认真对待它，把它解决好。不认真解决好这些问题怎么叫在本科培养当中体现以学生为本？

第三，明确本科生的培养目标。我们要认真研究本科生的培养目标。有人可能会说人民大学后年就要迎接校庆 70 周年了，即使从 1950 年算起也有 55 年，难道培养目标还不清楚吗？目标是清楚的，我们就是贯彻党的教育方针，培养德、智、体、美全面发展的社会主义的建设者和接班人。这个话没错，但人民大学能不能将其具体化？因为我们要的是"人民满意、世界一流"这样一个教育目标，培养的学生是什么？我校本科人才培养目标定位为"培养高层次、高水平、高素质、国际化的精英型人才"，希望大家再具体一点，对此再研究研究。这些年来我们也有过一些新的提法，总的来讲希望学生将来成为"国民表率、社会栋梁"。"国民表率"指的是做人，"社会栋梁"指的是做事，做人和做事两个要结合在一起。因此人民大学的培养目标，一定是成才与成人相结合的，不能只讲成才方面的要求。现在流行提创新型人才，这个提法也并不是很全面的。这个创新型是指成才方面的要求。成人方面呢？要不要忠于国家、忠于人民？只讲创新并没有体现全面发展、和谐发展的理念。所以对于本科生来讲，还得有成人方面的要求。

一般来说人民大学的学生使命感很强，与党和国家同呼吸、共命运，敢为天下先，始终奋进在时代前列。可人民大学培养人才的特色或具体要求是些什么呢？好像至今还不够清楚，"高层次、高素质、国际化"的提法不足以表明这些东西。人民大学作为一所老学校，我们过去就只有一个"实事求是"校训，没有更多有自己特色的东西。后来我们概括了几个方面，包括始终奋进在时代前列、艰苦奋斗等优良传统和"国民表率、社会栋梁"的人才培养目标，还提出过"明德、博学、求是、笃行"，这是我对研究生讲的，是对研究生学术品格的要求，当然也应当要求本科生有这种品格。对于本科生，在人品方面的要求是什么呢？我想根据这个时代，根据我们的传统，有个提法想请大家研究，叫"忠诚、勤勉、朴实、友爱"。做人很忠诚，讲诚信，对国家、对人民、对事业、对组织忠诚；做事情很勤奋、很努力、很勤快，坚忍不拔，吃苦耐劳；为人很朴实，人民大学朴实的校风现在还保存着，做人做事很诚实、很纯朴、很实在；还有团结友爱，尊敬师长，尊重他人，敬爱他人。我们应当要求我们的学生具备这样一些基本的品质。

以学生为本很重要的是把学生培养成什么人，一定要将学生培养成有用之才。有用之才一定是德才都要考虑的，一定是成才与成人相结合的，这是家长的希望、学生本人的希望，也是国家的希望。小而言之，家长把孩子送到人民大学来是希望孩子在人民大学能健康成长；作为学生本人，希望自己能成长为对国家、对人民有益的人，同时也能够实现自己的理想。从国家来讲，当然是希望培养社会主义的建设者、接班人。所以怎样才能让全面发展、个性发展统一在一起成为和谐发展，实施素质教育，把学生培养成有用之才，这就是以学生为本的最核心的问题。人民大学的本科教育是一种素质教育，让人得到全面而自由的发展是马克思的理想，我们应该向这个方向努力，我们的教学环境、生活环境、学习环境都要围绕这个目标来进行。我们难得开一次本科教学工作会议，这是新世纪的第二次，所以利用这个机会，希望我们的学院领导、教授们、老师们能够围绕人民大学的本科生教育的培养目标，进一步地把它丰富、具体，体现人民大学的特色。

三、将以学生为本的办学理念落实到具体实践之中

现在我似乎感到有一种学科建设空心化的倾向，空谈学科建设。学科建设是什么呢？学科建设当然要落实到队伍建设当中去，但也要落实到专业建设当中去，落实到课程建设当中去，落实到实验室建设当中去，落实到实习基地的建设当中去，这才是学科建设啊！以学生为本也一样要具体化，我认为以学生为本当前尤其要注意解决如下几个方面问题。

第一，加强实习教学环节。人大的实习基地还不能满足需要，教务处应该在这方面切实负起责任来。招生就业部门在这方面也要切实

负起责任来，有些专业没有实习基地要停止招生。我最近去一位校友那里，他建了一个非常现代化的艺术博物馆，那里已经是中央美术学院实习基地，我马上想到我们的艺术学院也可以与之联系成为自己的实习基地呀！各院系、有关部门都应千方百计地重视实习基地的建设。

第二，努力提高教授进本科生课堂的比例。在教授上本科教学的第一线方面，我们人民大学目前做的还是不够的，情况并不太理想。当然我们作为研究型大学教授多，本科生却没有那么多，但这不是一个我们比例比较低的理由和借口。我们这么多的大课堂，为什么不能变成小课堂？大家一定要注意，今年教师节前温总理在人民大会堂接见获得高等教育国家级教学成果奖代表时的讲话，他明确提出教授、院士上课堂、上基础课。国家领导人提出如此具体的问题，不值得我们深思吗？名教授不给本科生上课，还是名教授吗？我们的考核导向有问题，人事处应该马上出台规定，将在两三年内没有给本科生上课的教授应当考虑诫勉等举措。你不给本科生上课，就不是合格的人民大学教授，不管你是谁；当然如果真的是没有本科课堂，那可另当别论。若实在没有本科课堂，你可以给全校学生开选修课嘛。当然，老教授你们不要担心啊，考核对象是在 55 岁以下的教授。美国耶鲁大学对教授没有规定退休年龄，而是教授感到自己不能胜任岗位的时候就会自动提出退下来，因为老教授的授课工作量跟青年教授完全一样，一周 10 节、12 节课，甭想少。你要当教授就要上课堂，不上课堂就退休。我们目前还不可能做出这样的规定，所有教授每年都上本科课堂也许目前做到也还有些困难，但是一个聘期你不给本科生上一门像样的课程，下个聘期就不应再聘了。学校刚刚发了个文件，从 2006 年开始，凡是教授有工作室的，每个星期要有两个半天接待学生，接待时间要公布出去，这个时间内本科生、研究生都可以来找你答疑解惑。我们助教制度还没搞起来，大家的科研经费都可以拿出一部分来支持研究生当助教，可以给他们发一点钱，学校也要给予相应的支持。这些就叫以学生为本。当然有的学院在这方面做得很好，可以在会上交流。

第三，管理部门要树立以学生为本的管理理念。做好本科教学，不光是教师的事情，我们的各级领导直至教务秘书都要认真负起责任来。这也是以学生为本。后勤服务也一样，要以学生为本。我跟后勤集团的负责同志谈过，我说世纪馆那么漂亮，如果本科生在校四年除了开学典礼、毕业典礼、几次体育活动外，其他时间都没进去过，这就不像话啊！世纪馆要为社会服务这肯定是需要的，以馆养馆嘛，但必须要提为学生成长服务，如果不提这个，学生得到实惠太少，那以学生为本是不是就有些问题？食堂也是一样，怎样把饭菜做得更好，清洁卫生，饭菜可口，质价相符？后勤部门落实以学生为本，就是为学生提供各种方便。人民大学的宿舍管理我不是很满意，学生工作部和团委都在抓这个方面的工作，后勤部门也在配合一起抓，希望能"以学生为本"，把学生宿舍管理得比较好并能持续地好下去。

总之，也要把学科建设落实到专业建设、课程建设和实验室建设，落实到各项管理服务中去，否则以人为本不是空话吗？要研究整个专业的设置方案是不是非常合理，课程是不是按照人才培养规格的要求设置的，每门课配备的教师是不是受学生欢迎的。当然所有教师都让学生欢迎不容易做到，但是最起码学生非常不认可的教师必须下岗，否则叫什么以学生为本啊？课程建设就包括教师的配备和教材的质量等。实验室建设和实习基地建设在目前都是薄弱环节。没有这些建设和各种服务，很难讲把学科建设都抓到了实处。所以以学科建设并不仅仅是抓队伍建设，队伍建设只是非常基础的一个方面，专业建设、课程建设、实验室建设、实习基地建设都是学科建设的内容。

四、加强教学领导，加强基础管理

实现以学生为本就必须加强领导，抓好教学管理和教学服务，实际上我刚才已经提到了这一点。当教务处长跟我讲个别学院连分管本科教学的副院长都没有的时候，我的心情很沉重，也对干部工作有意见，连履行职责的班子成员都不齐全，我们是怎么考核这个班子的？本科教学是人民大学教学最重要、最基础的一块，个别领导班子连起码的基本职能都不认真履行，这还叫个领导班子吗？所以听到这个情况我心里就发虚，感到我们这里真的有官僚作风，真是对不起学生。要以人为本，涉及人民大学各个方面所有部门，不要以为只是教师的事情。教学管理要强调加强领导，要理顺管理的体制。

讲管理，还要特别注意基础管理和日常管理。我们经常讲创新，大家对创新感兴趣，但基本的管理不能没人管。基础管理、日常管理其实是最重要的管理，但又往往被人所忽视，正是这些基础管理、日常管理保证着教学秩序的正常运行，保证着教学质量，保证着办事效率。连战访问北京大学时，北京大学送给他的礼品是其母亲当年在燕京大学进修时的相关证件，我感到很震撼，也很佩服，细想一下我们人民大学对进修生的管理，资料保存能如此周全吗？恐怕有不足，有待改进。我们想改造一下灰楼（现求是楼），却没有任何当初的设计图纸，怎么也找不到。不要谈那么久远，现在有的单位连改革开放以来的资料都不很全，人大档案工作改进的空间不是很小啊！所以我们拜托各位院长、各位办公室主任，一定要把基础管理抓起来。每位院长一定要把办公室主任配强，配备一些事业心很强、责任心很强的人。以学生为本一定也要体现在教学管理中，教学管理是为学生成才、为学生全面发展服务的。既要满足学生各种合理的要求，保证正常的教学秩序，也要对学生中存在的不健康的东西加以规范和引导，这才叫做以学生为本。

我今天把以学生为本再强调了一下。首先请大家讨论，这个提法对不对？教学以学生为本，并不是以教师为本，而是大家都以学生为本，共同为学生服务，让他们健康成长，能够和谐发展，成为我们国家所需要的合格的建设者和接班人，成为"国民表率、社会栋梁"。我认为，以学生为本和建设"人民满意、世界一流"大学的办学目标结合在一起，是贯彻党的教育方针的具体体现。牢牢树立以人为本的理念，我们的各项工作肯定会做得更好一点。

校友，大学的宝贵资源[*]

——在中国人民大学千名工商管理硕士（MBA）校友返校大会上的讲话

（2005 年 12 月 18 日）

各位校友，老师们、同学们：

大家上午好！

我今天不仅是作为校长来欢迎大家，也作为 1990 级工商管理硕士（MBA）校友的任课老师来讲话。在今天这个美好的日子里，我很高兴能够出席"情系人大，共创未来"中国人民大学 MBA 校友返校活动，在这里请允许我代表学校党政领导，并以我个人的名义，向人民大学的各位老校友，向各位 MBA 校友们表示热烈的欢迎和美好的祝愿！

人民大学开办 MBA 教育 15 周年，也就是在中华人民共和国这片国土上开办 MBA 教育 15 周年。15 年来中国人民大学一共为社会培养了 4 000 多名优秀的 MBA 毕业生，他们中的许多人已经成长为各行各业的中坚力量，并开始在中国这样一个快速发展和充满活力的经济舞台上崭露头角，为完善社会主义市场经济体制，为中国的经济建设，为中国和平崛起，贡献着自己的力量。

中国人民大学是我们党创建的第一所新型正规大学，具有光荣的

---

* 本文根据讲稿和讲话录音整理。

历史，走过了辉煌的 68 年。进入新世纪后，特别是在江泽民同志 2002 年 4 月 28 日考察中国人民大学以来，党中央向我们提出了创建以人文社会科学为主的世界知名一流大学的号召，人民大学的广大师生深受鼓舞。我们正在以饱满的热情、严谨的作风和开拓创新的精神，为实现"人民满意、世界一流"这样一个宏伟的目标而努力奋斗。

如何理解中国人民大学这样一所大学？进入新世纪以后，我们广大师生进行了认真的思考。我们将学校的精神、信念概括为这么一句话："人民、人本、人文"。也就是说人民大学的办学宗旨是人民大学为人民；人民大学的办学理念，就是以人为本，充满人文关怀，让我们的学生得到和谐发展；人民大学的办学特色就是以人文社会科学为主，发扬人文精神。这就是人民大学的办学宗旨、办学理念、办学特色，我们把这些思想贯穿在一起，构成了人民大学新的学校标识——三个篆字的"人"字。标识于 2002 年开始试用，试用一年后正式颁布实施并使用。这个标识还蕴含着"三人行必有我师"、"三人成众"这样的团队精神；它还构成了一个动态的图案：三个人目标一致，携手并进，勤奋耕耘，与时俱进。远看这个图案像个"川"字，海纳百川，又像个篆字的"州"字，胸怀九州。这就是我们人民大学的精神，人民大学的信念，它包含了人民大学艰苦卓绝奋斗 68 年的历史，包含着我们实事求是、勇于开拓创新的学校传统。我们同时还提出了"大师、大楼、大气"这样六个字。人民大学要拥有"大师"，没有一流的大师，不可能建成一流的大学，也不可能培养出一流的学生；我们认为在新的时期也需要"大楼"，"大楼"就是指硬件条件，没有先进的教学设施和科研设施，不可能建成一流大学，也不可能为一流的大师提供施展才能的舞台；我们还很看重"大气"，所谓"大气"就是学校的胸怀、气度、眼界、品格、气象，就是学校的校风、学风，就是浩然正气。"大师、大楼、大气"一起构成了人民大学创建世界一流大学所需要的最基本的元素。把这些结合在一起，我们就能实现"人民、人本、人文"的办学宗旨、办学理念、办学特色。这几年来，人民大学正是在这样的理念支持之下，认真贯彻党中央、国务院的一系列方针政策，按照"三个代表"重要思想的要求，在教学、科研以及基础建设、校园环境、人文气象等各方面都取得了有目共睹的可喜成就，为创建世界知名一流大学打下了坚实的基础。我们相信广大校友从踏进学校的大门开始，就会感受到人民大学这几年所取得的巨大的成就，所发生的巨大变化。

从一定意义上讲，学校的品牌，是靠其培养起来的学生来传承的；一所名牌大学，是靠众多的校友支撑起来的。前几天我作为大陆两所高校的代表之一，出席台湾辅仁大学 80 周年校庆。在辅仁大学表彰杰出校友的晚会上，我非常惊喜地发现其中一位是我们人民大学商学院培养的博士。她本科是在辅仁大学读的，博士是在人民大学商学院读的，去年毕业。这位校友知道我在现场，拿着奖杯就跑到我这儿来了，说要向母校的校长报喜，我也倍感光荣和自豪。所以说一所名牌大学是由众多杰出的校友支撑起来的，也是由众多的杰出科研成就支撑起来的。

我们看看美国的一些知名大学。哈佛自 1636 年建校以来已经培养出 300 多届毕业生，活跃在商业、政治、法律、学术、教育等各界的哈佛校友们为美国现代文明作出了杰出的贡献，因此人们总爱提及这样的名言：先有哈佛，后有美利坚。可以说哈佛培养了学生，学生又成就了哈佛。同样被誉为"现代 MBA 发源地"的宾夕法尼亚大学沃顿商学院也极其重视其校友资源，至今已连续举办 100 多届全球校友大会，其大多数校友都是各地政界、商界或学术界的精英。美国西北大学凯洛格商学院之所以能够多年在商学院排名中保持领先地位，与其高度重视校友网络的建设和校友资源的开发利用大有关系。其校友之间的纽带非常紧密，团队精神、责任感、相互尊重和信任的校园文化，通过校友网络得到了延伸。学校每年都颁发"凯洛格杰出校友奖"，颁发给所有为凯洛格商学院的发展贡献自己的时间、精力和提供独到见解的校友。正是凭借着强大的校友网络资源，促成了凯洛格商学院的持续发展。同样，斯坦福大学商学院、芝加哥大学商学院、麻省理工学院商学院等世界知名的商学院都极其重视自己丰富的校友资源。

我国开展工商管理硕士即 MBA 教育的时间不过 15 年，在办学经验、课程设置，特别是在校友资源管理和整合上都重视得不够。正是看到了这个资源的重要性和重要价值，我们中国人民大学率先在国内举办了此次规模盛大而空前的校友返校活动，这是我国 MBA 创建以来第一个大型的校友返校活动，在我国 MBA 教育过程中将会起到积极的作用，意义不凡。

MBA 校友作为一所名校的宝贵资源，从一种程度上体现了学校的形象和地位。我们一定要更加重视 MBA 教育，把它办成人民大学的一个著名品牌。这除了学校的努力，也需要广大校友们的真诚支持。

各位校友，邓小平同志讲"发展才是硬道理"，人民大学这几年正是高举了"发展才是硬道理"的旗帜，才发生了如此重大的变化。我们这几年基本的工作思路就是"1231"，"1231"思路已经实行了五年，这五年应当说完全按照这个思路来进行工作的。

今天我就不给校友们详细汇报了，我只汇报两点。一点是你们看看校园面貌的变化、校园的建设。2000 年底，校园内用于教学科研、行政和学生生活用房的全部建筑面积只有 23 万平方米，这五年，我们新建设了 42 万平方米的建筑物，包括西门正在建造的学术交流活动中心，主体框架已经基本竣工；你们看到的明德楼，是到目前为止国内高校单体面积最大的教学楼，建筑面积 14 万平方米，地下有两层，地下第二层有停车位 500 个。这是校园的规划和建设。另一点是学科的规划和建设，人民大学也取得了辉煌的成就。在去年《中国教育报》正式刊登的教育部对全国 80 个一级学科的评估中，人民大学的理论经济学、应用经济学、法学、社会学和新闻学 5 个学科名列全国第一位，政治学、管理学、哲学、历史学等也名列前茅，这说明人民大学的学科建设在全体师生员工的努力下，取得了辉煌成就。

人民大学的未来同样离不开发展，我们现在正在开展先进性教育，先进性教育最后还是要落实到发展上。我们要在新的世纪实践"三个代表"重要思想，创建知名世界一流大学，靠什么呢？依然靠发展。校友们的未来也是离不开发展，母校愿意与各位校友共同发展，共创美好明天！

在这里，我向各位提出两点希望：

第一，希望大家本着"人民、人本、人文"的理念，追求卓越、勇于创新，在中国改革开放的时代大潮中发挥更大的作用，成为新经济和新时代的领军人物，在实际工作中为社会作贡献，真正成为"国民表率、社会栋梁"。人民大学这几年对学生提出来的要求，就是希望大家毕业以后，把"国民表率、社会栋梁"作为自己的终身追求。

第二，希望大家继承和发扬人大的光荣传统，更加关心和支持母校各方面的工作，常回来看看，给学校的工作和发展提出批评、建议，以促进母校在新世纪的健康发展。

我们这次活动得到了兄弟院校的广泛关注和热情支持，同时也引起了众多媒体的广泛关注和报道，中央电视台、《中国经营报》、《经济观察报》、《21世纪经济导报》、《北京青年报》、《人才周刊》、《新京报》，新浪网、搜狐网、中国 MBA 网、中国 MBA 教育网、MBAHOME 网等，对这次活动进行了大量宣传和专题报道，在此我们一并表示感谢！

最后，祝在座的 MBA 校友，身体健康，家庭幸福，事业有成！

新年即将到来，向大家拜个早年！谢谢！

关于创新型人才培养的认识与思考[*]

——在第三届中外大学校长论坛上的报告

（2006 年 7 月 14 日）

建设创新型国家，需要创新型人才。培养一大批创新型人才，是建设创新型国家的当务之急，是全社会的历史责任和重大工程，也是高水平大学的首要任务和重要职能。高校培养创新型人才，不仅是为了科学的进步和经济的发展，也是高校追求和实现自身价值的重要体现，其最终目的是为了实现人类社会的终极福祉，实现人身自由而全面发展。

一、高校是培养和造就创新型人才的摇篮，是建设创新型国家的人才基础

培养创新型人才，高校重任在肩，责无旁贷。但是，创新型人才的培养不能从大学才开始。高校要不断启发、引导、发挥学生的创造性思维和创新能力，进一步培养、塑造、形成学生的创新型人格。不同类型的高校在培养创新型人才中都负有历史责任和重要使命。高校为创新型人才的成长打下基础，真正成为创新型人才最终是在工作实践中实现的。

---

　　* 本文是作者在 2006 年 7 月 12 日至 18 日参加教育部在上海主办的第三届中外大学校长论坛时提交的书面报告，曾在论坛上口头报告部分内容，并以《注重创新人格培养》为题在《求是》2006 年第 24 期摘要发表。

（一）什么是创新型人才

创新性或创造性是人类思维的高级形态，是人类智力、能力最集中的体现。什么是创新性，这是一个有争议的问题，到底"新"到什么程度才算是创新性的，或者是创造性的？有人提出，创新就是创造发明，提出新理论、新原理、新技术，大学培养创新型人才就是培养科学家、理论家。这种认识当然是对的，但只反映了问题的一个方面，并不全面。创新理论、创新技术、勇攀科学高峰的当然是创新型人才，但是"创新"的含义应当大大拓展，即具有创新性思维。不论在何种工作岗位上，能够创造性地开展工作，创造性地解决问题，开拓工作新局面的人才，都是创新型人才。因此，创新并非高不可攀，并不总是属于某些精英人物，从理论上讲，人人皆可创造、创新。创新既包括新原理、新思想、新理论、新概念，又包括新技术、新工艺、新作品，还包括新政策、新方法、新局面等。

（二）培养大批创新型人才是建设创新型国家的当务之急

客观地讲，新中国成立以来，在科技方面取得了以"两弹一星"、人工合成牛胰岛素、杂交水稻、高性能计算机、载人航天、基因组研究等为代表的创新性成就；在高等教育方面建立了比较完备的学科体系，形成了一定的自主创新能力，为建设创新型国家奠定了良好的基础。但是也应该看到，我国同美国、日本等创新型国家还有很大的差距。据统计，在去年国际发明专利申请的十三四万件中，美国约占30％，德国和日本约占17％，中国只占2％左右。我认为，建设创新型国家的最主要制约因素是缺乏一大批创新型的人才，因此，培养大批创新型人才，是建设创新型国家的当务之急。正如国家主席胡锦涛同志深刻指出的那样：源源不断地培养造就大批高素质的具有蓬勃创新精神的科技人才，直接关系到我国科技事业的前途，直接关系到国家和民族的未来。

（三）不同类型的高校在培养创新型人才中都负有历史使命

中国高等学校的类型应当多样化，以适应社会对人才需求的多样化。我认为，中国高校类型应当有三种：一种类型是研究型大学，这应当是少量的，这些学校以本科教育为基础，本科教育与研究生教育并重，培养学术型、理论型人才；第二种类型是教学型普通高校，以本科教育为主，有条件的可适当担负研究生培养任务，以培养应用型人才为主；第三种类型是高职院校，培养目标是岗位型、技能型、操作型人才。

研究型大学、教学型高校、高职院校在培养和造就创新型人才方面都负有光荣的使命。研究型大学培养和造就能够提出新理论、新思想、新方法的人才，教学型高校培养把新思想、新理论、新方法具体转化为生产力和操作高新技术的人才，而高职院校则是培养在生产一线应用和实践新知识、新理论的岗位操作人才。高等教育除了培养高精尖的学术型、研究型人才，更多的是培养具有创新精神和实践能力的应用型高级专门人才。据有关专家研究，技术进步有两个规律，一个是技术创新规律，一个是技术扩散规律。创新是一种飞跃、一种质变、一种革命，但要通过技术扩散规律，把创新技术加以应用，加以推广，促进产品的升级换代。据研究，技术扩散所形成的技术推广力，远远大于技术创新本身所直接形成的经济推广力。社会需要有创新思维的人去扩散新技术、应用新技术。所以人才的培养既要培养一流的科学家，也要培养大量的工程师、技师，来应用、推广新知识。自 2001 年日本经济产业省发表白皮书，首次提出"中国已成为世界工厂"以来，中国的制造业日益引起世人关注。现在，中国已有制造行业的 80 余种产品位居世界第一。但我国只是制造业大国，并非制造业强国。中国目前的发展阶段，对中等层次的人才——技术工人——的需求非常迫切。发达国家的产业工人基本都是技术工人，高级工占 35%，中级工占 50%，初级工占 15%。而我国 7 000 万产业工人中只有 1/3 是技术工人，其中，初级工占 60%，中级工占

36%，高级工仅为 4%。无疑，要改变这一状况，急需大批新型技术工人，也就需要大力发展职业技术教育。中国高等教育扩大规模不仅是为了在数字上提高入学率，而且是为了培养现代化建设所需要的各类人才，是为了提高国民素质，增强综合国力。因此，我们既要重视高科技人才的培养，也要重视新时代所需要的生产、管理第一线劳动者的培养，提高他们的科学技术水平，提高他们的业务技能，培养他们的创新思维与创新能力。

知识经济时代各级各类的人才，不论是科学家、理论家、高级管理人才，还是一般技术人员、管理人员、技术工人等，都应具有创新精神和一定的创新活动，这样才能在各自岗位上有所创新，有所发展，推动经济的发展和社会的进步。

（四）高校为创新型人才的成长打下基础，真正成为创新型人才最终是在工作实践中实现的

大学阶段只是为培养和造就创新型人才打基础，大学的毕业生只是创新人才的"毛坯"，真正成为创新型人才还要在生产与社会实践活动中去完成。据专家对各个领域创新型人才的最佳创造年龄进行研究，情况分别是：化学家为 26～36 岁；数学家为 30～34 岁；物理学家为 30～34 岁；哲学家为 35～39 岁；发明家为 25～29 岁；医学家为 30～39 岁；植物学家为 30～34 岁；心理学家为 30～39 岁；油画家为 32～36 岁，等等。从这些数据可以看出，虽然每个领域的最佳创造年龄有所不同，但是大多数集中在 30 多岁。而另一项对 4 万多名科学家的研究表明，他们的主要成就大多创造于 40 岁左右。有两位研究者发现，人的创造活动有两个高峰期：第一个高峰期是 30 岁后半期至 40 岁后半期，第二个高峰期是 55 岁左右。这方面的研究结果虽然不尽一致，但大致表明，三四十岁的中年人是最有创造性的，当然，不同学科、不同个体之间的差异也很大。

上述不同情况的研究表明，创新是有最佳年龄段的，高等学校考虑的是如何创造条件促进人才的成长，让他们在大学阶段打下良好的基础，并形成创新性的人格，以期在他们毕业后的工作与社会实践中，促使他们在最有创造力的年龄真正作出成就，而不应要求高等学校的学生一毕业就是诺贝尔奖获得者。

二、目前我国高等教育存在着不利于创新型人才培养的一些问题

我国改革开放以来取得的重大发展成就，与高等教育为社会输送了大量优秀人才是分不开的。但是，我们应当看到，高等教育的人才培养与建设创新型国家的要求相比，还存在一定的差距。高等教育中也存在着一些不利于培养创新型人才的问题。

（一）教学方式仍然较为单调

随着高等教育进入大众化阶段，在校生人数大幅度增加，给高等学校的教学工作带来了挑战，也给培养创新型的人才增加了难度。有不少学校和教师对教学方式、方法进行了改革和创新，也取得了一定的成绩。但是，很多高校的教学方式还是以"填鸭式"的课堂教学为主，缺乏"启发式"教学，缺乏形式多样的教学方法。这样的情况在本科教学中并不罕见：教师照本宣科念讲义，学生稀里糊涂记笔记，按照感知—理解—巩固—反复操练—应用的传统教学程序进行知识的灌输；教师讲什么，学生记什么，学生只是被动地接受，无法参与到互动式的讨论中来；教师很少利用现代化的多媒体手段进行教学，更缺少课堂教学同社会实践、学术会议、实地考察、社区服务等多种方式的结合。单调的教学方式忽视了学生的特点和个性，不能做到因材施教，难以激起学生的求知欲和学习热情，无法充分调动学生的眼、耳、手、口、心，使学生全身心地投入到学习和创造过程中。更有甚者，可能导致学生死读书、读死书、读书死，无法培养

学生自身的创造性思维。

（二）评价制度和考试制度单一、粗糙

现有的学生评价制度、考试制度过度讲求整齐划一，评价内容不全面、不科学，评价方式单一、粗糙，压抑了创造性思维的成长。比如大学中的有些考试，几乎是中学应试教育的翻版，强调答案的标准化和唯一性，强调答案和老师讲的一致，单纯考查学生对已有知识的记忆，记忆力好的学生哪怕不理解所学的知识，也可能顺利通过考试并取得好成绩。那些想法大胆新颖的学生往往得不到认同。这种情形使得学生把通过考试作为学习的唯一目的，考试过后就把所学的东西还给了书本和老师，学生的个性和特长得不到理解和支持，创造性得不到激发甚至被消磨。当然，对于学生来说，基本的标准和要求还是应该达到的，但是关键在于学校要建立统一基础之上的综合性、多样化的评价制度和考试制度，培养学生理性的批判思维，鼓励具有创新思维的学生脱颖而出。

（三）教育投入不足

教育投入不足也是影响创新型人才培养的制约因素之一。一方面，大学的教室、图书馆、实验室等教学科研设施是培养创新型人才的有利条件，高等教育投入的长期不足，势必影响到这些教学科研设施的更新和完善，从而不利于创新型人才的培养。另一方面，生均教育经费的持续下降，使得高校在加大教学投入和实施教学改革上有些捉襟见肘、力不从心，难以保证教育教学质量的提高。

三、创新型人才培养的几个重要方面

创新型人才培养是需要从多方面进行努力的，概括起来，主要有以下几点：

（一）扎实的理论基础和知识基础是培养创新型人才的前提

许多人认为，创新性是神秘的，是以非凡的能力和特殊的机制为基础产生的，因而把新观点、新理论的产生误以为是突发性的"灵感"、"灵机一动"、"灵光一现"。然而，真正有价值的创造是长期思考的结果，是建立在深厚的知识基础之上的。诺贝尔奖得主、美国卡内基－梅隆大学专门研究人的创造心理机制的心理学教授西蒙，经过长期对某些创造性人物的个案分析和认知心理的实证研究后发现，创造是长期思考和知识积淀的结果。例如，牛顿当被问及如何解决复杂的科学和数学问题时，他说："通过不断的思考"。在另一个场合，他把自己的成功归因于"站在巨人的肩膀上"。前一个观点强调创造是以不断的思考活动为基础的，后一种观点认为自己的创造是以前人的成就为基础的，是在继承基础上的创新，是继承与创新的结合。综合而论，创新活动的前提是知识基础加深入思考。因此，创新型人才的培养应该是以增强知识基础为前提，并引导学生深入思考问题从而形成创造性思维。

为学生的培养提供坚实的理论基础与知识基础，本质上要求大学，尤其是研究型大学必须要重视文理基础学科建设。从世界著名大学来看，一流的大学可以没有法学院、医学院、工学院，但一般都有理学院、人文学院及社会科学学院，因为高水平的基础学科是大学提高水平和持续发展的基础。不是仅有大学的名称或其所设的学科门类多就能成为一流综合性大学的。一流综合性大学共有的特征是有高水平的基础学科（包括理科和文科），并以其为核心形成与高水平应用学科共生的学术环境。如果没有这样的学术环境，即使囊括了大部分应用学科门类的大部分专业，也难以成为真正意义上的一流综合性大学。美国麻省理工学院、加州理工学院之所以进入美国乃至世界上最好的大学行列，原因之一就是在学科结构上突破了单纯发展工科优势的局限，相继发展了人文社会学科，在学科设置上不求全，但求精，把理科或文科或两者都办成为全美乃至世界顶尖水平，从而完成了真正意义上的向综合性、研究型的转变。之所以强调建设高水平基础学科的重要性，是因为一所大学基础学科和基础研究的水平，反映其对重大科研项目的发展趋势及其技术路线的判断和选择能力，决定其人才培养和科学研究的水平。

我认为，对于以人文社会科学为主的大学来讲，如果没有真正的理工科特别是真正高水平的理科，就不可能实现文理交叉、融合；同样，对于以工科为主的大学而言，如果没有高水平的人文社会科学，也不可能真正实现文理交叉、融合，从而促进学科综合化。当然，发展新兴学科不能走其他学校的老路，而必须有所创新。如中国人民大学提出了发展"精干的理工科"的发展目标，并提出了"有基础、相关联、高起点、入主流，力争高水平"的具体指导思想。

人文社会学科专业的学生，要学习一定的数学与自然科学知识；理工科专业的学生，要具备人文学科方面的知识与素养。作为一所以人文社会科学见长的中国大学的校长，我愿意讲一点人文学科对于培养创新型人才的重要性。哈佛大学前任校长尼尔·陆登庭曾指出："大学教育从根本上说是一个人文过程，是有关价值的事情，而不仅仅是信息或知识"。如果大学仅仅传授一般的信息或知识，而没有一种人文精神，将不成为大学。

大学中自然科学与人文社会科学的门类的划分，只是知识领域的一种划分，而非实践的划分。二者虽然在研究对象、研究领域、研究方法等方面存在差别，但在以事实为依据、以规律为对象、以实践为标准来体现其客观性和科学性等方面并无两样。正是这种无差别性，决定了人文社会科学与自然科学一样都是科学。作为科学与价值相统一的宏大的知识体系，人文社会科学包含着世界观、人生观、价值观等根本问题，能够为人们的活动提供科学认识、价值观念和行为规范，有助于人们形成正确的世界观、人生观和价值观，同时也为教育人们树立正确的理想、信念和信仰提供必要的手段与知识源泉。研究表明，人文学科对于提高大学生的创造能力起着显著作用。人文社会科学有助于开阔视野，形成思维的整体性；有助于养成批判意识，超越传统规范；有助于培养宽泛广博、触类旁通、杂交互补的综合思维；特别是有助于培养人的想象力。历史一再证明，凡是富于开拓性、首创性的科学家和思想巨人都受过人文教育的启蒙，具有深厚的人文素养。

（二）以系统的专业训练培养学生的创新性思维

创新型人才的培养需要系统的专业训练。所谓术业有专攻，学生应该尽可能多地掌握本专业领域的理论、方法、知识和信息。从高等教育发展史上看，学科的分化和专业化大大促进了知识体系的深化和增长，保证了学科发展的效率和思想上的创造性。在知识体系和学科体系日趋细化的今天，如果不进行某一学科的系统的专业训练，不系统地掌握一门学科的基础知识和分析方法，不深入了解前辈学者在本学科领域所作的贡献与同行们所研究的前沿和方向，就很难有所创新。创新并不是空中楼阁，而是需要夯实基础，而系统的专业训练就是打基础的工作。

中国有句古话叫"隔行如隔山"，学科的分化也造成了不同学科、不同知识体系之间的隔阂。我们所说的专业训练不能仅仅从一个学科的范围内去理解，除了学习本学科的知识外，专业训练的另一层含义是要注重学科交叉融合，培养学生较宽的视野与多方面认识问题和解决问题的能力。以社会科学为例，当代社会科学各学科的教学与研究，正逐步由学科方向转向以问题为导向的研究途径或方法。例如，政治学日益将研究范围扩展到国家、政府、政党等正式的政治体制之外，把原来属于社会学视野中的非正式组织或体制纳入到学科的范围；当代经济学家则用经济学的假设、理论和方法来研究传统的国家、政府、阶层、利益团体及权利等政治学主题。所以，首先出现了研究主题、范围及对象的交叉结合。其次出现了社会科学多学科的概念开始互用。政治学、社会学和心理学引用经济学的竞争理论、结构模式、效益理论和政策理论，而经济学、社会学则分别把政治学的组织理论、权力理论及制度理论引入自己的学科之中，社会学的科层制理论、社会体系论和混沌学说则分别被经济学、政治学和心理学所吸收，故每一学科为解决本学科的问题及促进学科发展都在引进、借鉴其他学科的理论和概念。再次出现了研究方法的交叉。社会科学的主要学科越来越多地采用自然科学方法尤其是定量分析方法及数学模型，包括系统分析、控制论、运筹学、数理统计、博弈论等方法与技术，同时自然科学也逐步借用社会科学的研究方法和研究视角。当代人文社会科学在研究方法、研究主题、概念、理论等方面创新融合了不同学科的范式，加强了各学科之间的交流，打破了专业垄断，拓展了研究主题及研究范围，形成了大量交叉性、综合性、边缘性的新型研究领域。这就要求我们在人才培养中必须注重重构基础、反映前沿、交叉融合，将学科专业设置综合化，打破课程界限，开设跨学科、跨专业的课程，按知识、能力、素质协调发展的要求来重新设计与科技、经济、社会发展相适应的教学计划和课程体系，以使大学真正成为培养和造就创新型人才的摇篮。

创新型人才的培养需要有利于学科交叉的多学科、综合性的学科设置。但是，高等学校的综合化并不意味着学科越多越好，同时也不意味着只发展优势学科。因为大学不同于研究机构，它的中心任务是培养人才，而培养人才需要合理的知识结构与学术氛围，这一点正是大学与研究机构的重要区别。欧洲的德国、法国等国的科学院虽然科研实力很强，但并不允许招收研究生，因为它们缺乏大学的多学科的氛围，难以给学生进行合理的知识与能力培养，故只有与大学联合招收研究生。因此，大学需要合理的学科结构和较宽的学科专业范围。在这其中，应有相应数量的学科达到较高水平。同时，大学的学科设置也有边界，并不是规模越大、学科越齐全就越好，因为学校的资源是有限的，有些学科之间的相关性不大，特别是在信息技术发达的情况下，大学可以利用外校力量弥补自己某些学科的不足。比如伦敦经济学院就是采取"夹缝中求生存"的战略，利用校外学术资源培养本校人才。

有了多学科，并不等于形成了综合性，还要在形成合理的学科结构和优势学科及实现学科间交叉融合上下工夫。一流大学要形成由基础学科、主干学科、优势学科和新兴交叉学科所组成的学科体系。在这方面，麻省理工学院（MIT）是典型代表。在 MIT，各种形式的跨学科研究和教学机构成为学校学术发展的主要基地。它特别强调人文学科、社会学科、管理学科同工程技术的交叉研究以及与教学相结合，通过成立"科学技术与社会计划"、"城市研究联合中心"、"国际研究中心"等综合性研究机构，开展多学科交叉研究。正是多学科知识交叉融合的激流推动着它的科学研究，同时促进了其高素质人才的培养。

（三）创新性人格的养成是培养创新型人才的重要方面

创新性不仅仅是认知或思维的问题，也需要创新性的人格或个性。美国心理学家韦克斯勒（D. Wechsler）曾收集了众多诺贝尔奖得主青少年时代的智商材料，结果发现，他们大多数并不是高智商，而是中等或者中下等智商，但他们的人格或个性与一般人有很大差别。例如，美国耶鲁大学的认知心理学家斯滕伯格（Robert Sternberg，1986）认为，创新性的人格有 7 个特点：对含糊的容忍、愿意克服障碍、愿意让自己的观点不断发展、活动受内在动机的驱动、有适度的冒险精神、期望被人认可、愿意为争取再次被认可而努力。其他心理学家还在此基础上强调了好奇心、对经验的开放性、广泛的兴趣等人格特点对于创造的重要性。

创新性不仅取决于良好的思维能力，还需要有健全的创造性人格的配合与促进。在人的创新活动中，创造性思维是重要的，但是创新性人格同样是举足轻重的。创新性人格是人的非智力因素的有机结合和高度发展，是创新型人才表现出的整体的精神面貌。因此，没有创新性人格，人的创新活动将陷入困境。大学培养创新性人格，以下几点至为重要：

（1）培养学生高度的社会责任感和追求真理、献身科学的品质。崇尚科学、热爱真理、富有社会责任感，是创新的根本动力。这决定了创新的目的与方向，是创新型人才成长的动力、目标与价值导向，要培养学生的这种人文素养和人文关怀。这就要求学生要勇于探索，敢于坚持，要有"敢为天下先"的理论勇气，要在理论上与思想上有执著追求的坚定性。这种坚持真理的坚定性，不是固执己见，而是充分尊重不同观点，兼容并蓄，从不同观点中汲取营养，有容乃大。

（2）培养学生关注现实、关注前沿的学术品格。学习与研究要深入学术领域，站在科学的前沿，体验实践的呼唤，感知时代的脉搏，面向社会，面向世界，深入实际，要在丰富多彩的社会实践中发现问题，寻找有价值、有意义的课题与项目。这就需要我们有问题眼光、国际眼光、综合眼光。第一，要有问题眼光。马克思曾指出，对一个时代来说，"主要的困难不是答案，而是问题。""问题就是公开的、无畏的、左右一切个人的时代声音。问题就是时代的口号，是它表现自己精神状态的最实际的呼声"①。发现问题和解决问题的过程是我们认识事物规律、把握时代脉搏的过程。没有问题意识，就不可能发现问题和提出问题；不善于发现问题和提出问题就不可能有创新意识。第二，要有国际眼光。要站在世界的高度观察和研究问题，要学习和借鉴世界各国有益的科学文化成果。第三，要有综合眼光。中国古代的《周易》有言："观乎天文，以察时变；观乎人文，以化成天下。"我们把这种思想加以引申，即只有把科学精神与人文素养紧密地结合起来，运用综合眼光观察问题、解决问题，才能实现创新性。

（3）培养学生严谨勤奋的学风和对学术研究的兴趣。创新性离不开人的主观努力，亦即人的主观能动性。一个人刻苦努力，积极向

---

① 《马克思恩格斯全集》，中文1版，第40卷，289～290页。

上，具有广泛的兴趣和强烈的求知欲，创新性就可能得到发展；相反，一个人饱食终日，无所用心，工作上没要求，事业上无大志，创新性就不可能得到发展。高尔基指出：才能不是别的什么东西，而是对事业的热爱。当学生迷恋学习与研究时，就为创新性的发展提供了巨大的动力。坚强的意志对于创新性的发展也有重要意义。一些人的成功往往不是因为他们有高于常人的天分，而是他们具有坚强的意志品质，具有明确的目的性、果断性、自制力、独立性与顽强性。著名的数学家华罗庚说过："根据我自己的体会，所谓天才就是靠坚持不断的努力。"最后，还需要力戒急功近利、急于求成的浮躁心态和方法，要甘于寂寞。马克思曾把理论研究比之于"入地狱"，他说："在科学的入口处，正像在地狱的入口处一样"①。我国历史学家范文澜也说过："板凳要坐十年冷，文章不写一句空。"要勤奋为本，严谨为先，身体力行，一以贯之。

（4）培养学生善于与他人团结合作的协作精神。随着时代的进步和科技的发展，人们所掌握的知识越分越细致，个人不可能知晓一切，而问题又都是复杂的，只有团结协作，才能避免因个人知识和能力的不足所造成的局限性。集思广益，众志成城，才能有所突破，有所创新。

（四）立足于培养创新型人才改革与创新教育

首先，要创新教育观念，以培养不同层次、不同类型的创新型人才为目标。要突出学生在人才培养过程中的主体性，即学生是教育目的的体现者，是学习活动的主人，是学习活动的探索者和反思者。从注重知识传授向注重能力培养转变，从单纯追求全面发展向注重个性发展转变，尊重学生的个性，充分激发每个人的潜能。

其次，要创新人才培养模式，以培养学生的创造性思维与创新性

---

① 《马克思恩格斯选集》，2版，第2卷，35页，北京，人民出版社，1995。

人格为重点。创新性要求能力必须与思想道德素质、心理素质协调发展，这就要求大学要积极推进素质教育，注重培养学生知识、能力与素质的共同提升，不断增强学生的自主能力、分析能力、动手能力和创造能力，全面提高学生的创造性思维与创新性人格。

第三，要创新教育制度。要从有利于培养学生的创造性思维和创新性人格出发，创新教育教学评价制度，建立科学的教学质量评价指标体系，把提高学生的创新能力作为检验教师教学效果的重要评价标准，引导教师把重点向开发人的创新潜能倾斜。创新考试制度，以考查学生的创造性思维和综合素质为主。

第四，要建立一支创新型的教师队伍。创新型教师是指那些研究能力强、善于吸纳最新研究成果并将其积极应用于教育教学中、通过行之有效的教育教学方法把其传授给学生的教师。他们具有创造性的教育观念、知识结构、研究能力、个性特征、教学艺术和管理艺术。创新型教师队伍的建设是培养和造就创新型人才的关键。

四、中国人民大学培养创新型人才的探索

中国人民大学是一所以人文社会科学为主的综合性、研究型大学，有着"始终奋进在时代前列"，"关注社会，关注现实"，"追求真理，追求光明，追求进步"的优良传统。进入新世纪以来，人民大学在办学实践中对如何培养创新型人才进行了一些探索，总结了一些做法和体会。

（一）完善学科布局结构，为培养创新型人才打好基础

学科是一所大学进行人才培养、科学研究和社会服务的基本平台。没有布局合理、结构完善的学科体系，就难以提升人才培养的能力和科学研究的水平。如前所述，一所大学要想在创新型人才培养方面有所作为，就应该使学科达到一定的规模，设置不同类型的学科，因此，完善学科布局结构，是我校培养创新型人才的一项基础工作。

在具体工作中，我校突出了"一流意识"、"基地意识"、"特色意识"等三个意识，逐步构建了"主干的文科、精干的理工科"的学科体系，从这三个意识和一个体系出发，来完善我校的学科布局结构。

在"主干的文科、精干的理工科"原则指导下，我校按照"有基础、相关联、高起点、入主流，力争高水平"的思路努力发展了理工科，组建了包括物理系、化学系和数学系在内的理学院。我校发展理工科的目的不是装点门面、赶时髦，其深远意义在于，要在人民大学实现人文社会科学与自然科学必要的交叉融合，促进科学的发展和学术的繁荣；同时也是为了在校园内实现文理渗透、交叉融合的学术氛围和思维方式。此外，学校还组建了徐悲鸿艺术学院，逐步形成了人文素养、科学精神与艺术气质相结合的有利于创新型人才健康成长的育人环境。这种环境对人才培养的影响是潜移默化的，它使得学生在日常学习生活中耳濡目染，感受到不同学问体系的思维方法、理论命题和价值取向，形成发散式的、多学科的角度和视野，在不同知识的对话、交流、碰撞和激荡的过程中培养学生的创新思维和创新能力。

（二）促进学科的交叉和融合，是培养创新型人才的有效途径

创新和创造的过程既是一个不断分化的过程，也是一个不断整合的过程。促进学科的交叉和学科的融合，不仅是发展新知识的重要方式，也是培养创新型人才的有效途径。

在学科交叉方面，我校于2003年创办了经济学院与信息学院合作的经济学与数学双学位实验班，通过经济学和数学交叉培养创新型的经济学人才。我们认为，中国基础理论经济学的发展较之西方国家仍相对落后，原创性不足，这种状况集中体现在数学等高级分析工具的缺乏上。把复杂经济变量数量化，用精密的经济模型拟合各经济因素之间的相关关系，能够对经济现象的本质与变化趋势有一个更清晰的认识。因此，把经济学思考方法与数学工具相结合起来，有利于培养出同时具备坚实的经济学、数学理论功底和创新思维，能够与国际

接轨的现代经济学人才。该实验班成立三年来，在本科生培养、教学方法和科研等方面做了很多有益的探索，取得了大量宝贵的经验和成果，很多学生的创新能力已崭露头角，在校内外的学术大赛中都取得了优异的成绩。目前实验班的学生状态良好，呈现出良好的发展态势。

在学科综合方面，我校于 2005 年成立了新中国第一个国学院。从人才培养的角度看，移植自西方的文史哲分科无疑促进了各自学科的发展，但同时也造成了知识体系的肢解和文史哲学科之间界限分明、难以交流等问题，不利于培养融会贯通、推陈出新、全面发展的通才。正如钱穆先生所说，"西方学术则唯见其相异，不见其大同。……学以致用，而所用之途各异。学以求真，而无一大同之真理"。为了创造性地发展和弘扬中国优秀的传统文化，学校对原有的文史哲学科进行整合，组建了国学院。国学院的学生都有较为扎实的国学基础，并对国学抱有浓厚的兴趣，我们相信通过较长时期的艰苦努力，他们一定能为国学的继承性创新和创造性转化作出自己的贡献。

（三）建设具有创新思维和创新能力的师资队伍，是培养创新型人才的重要保证

没有具备创新思维和创新能力的教师队伍，很难培养出具备创新思维和创新能力的学生；建设具有创新思维和创新能力的师资队伍，是培养创新型人才的重要保证。在这方面，学校采取了"走出去"、"引进来"、"沉下去"的战略。"走出去"是指派教师前往国外一流大学学习，掌握学科前沿，了解最新动态，提升国际性水平。学校已经遴选并资助了 95 名教师赴国外一流大学进修。"引进来"是指吸引一流人才、拔尖创新人才到学校工作。2005 年学校引进、调入了 47 名在本学科领域具有突出成绩的学术骨干和具有发展潜力的青年学者，极大地提高了师资队伍的水平。"沉下去"是指组织教师深入实际、

深入基层、深入改革开放的第一线。学校陆续组织了 9 路教授考察团，分别前往浙江杭州市、湖北宜昌市、广西南宁市、吉林长春市等地进行调研、考察。对于人文社会科学来说，不深入实际，就很难有所创新。"纸上得来终觉浅，绝知此事要躬行"，关注现实，理论联系实际，是人文社会科学的教师不断创新所需要的基本素质。

除了通过建设具有创新思维和创新能力的教师队伍来培养学生之外，我校还通过加强师德、师风建设来影响学生创新人格的形成。《资治通鉴》上说"经师易遇，人师难遭"，教师不仅要传授知识，培养学生的能力，更要教学生做人，塑造学生的道德品质和创新人格，所谓"道德文章，堪为师表"。我校设立"荣誉教授"的称号，另一方面弘扬尊重教的传统美德，另一方面树立"传道、授业、解惑"的典范。

（四）倡导"大气"的学术氛围，是培养创新型人才的丰厚土壤

在我校"大师、大楼、大气"的办学理念中，"大气"就是指一个大学的学术气度、学术眼界、学术胸怀、学术品格、学术环境和学术氛围。我们主张，只要符合宪法和国家法律，任何学术观点都有存在的公共空间，通过不同观点的相互碰撞，才能产生新的思想和智慧火花。据统计，我校平均每天都有学术会议、讲座或报告，每周有一次国际学术会议召开，每十天有一位外国大学校长来访，每两周有一位外国政要、驻华大使或外国著名学者来访。我校举办的"中国人文社会科学论坛"、"共和国部长论坛"、"吴玉章学术讲座"等学术活动，已经成为颇有影响力的学术品牌。频繁的学术活动、浓厚的学术氛围、不同学术思想的氤氲激荡，为学生提供了从不同场合、不同角度、不同观点汲取营养的丰富机会。在这样的氛围中成长的学生，自然而然眼界就开阔了，思路就宽广了，思维就活跃了。倡导这种"大气"的学术氛围，就为创新型人才的培养提供了丰厚的土壤。

（五）营造鼓励创新的校园文化，是培养创新型人才的重要阵地

校园文化反映着一所大学的价值追求，是一所大学校风、学风的综合反映，对于学校的发展、人才的培养和学术的成就具有重要影响。校园文化对大学生的性情陶冶、品德铸造、情操培养、素质提升、灵魂塑造也起着潜移默化的作用。营造一种尊重创造、鼓励创新的校园文化，是培养创新型人才的重要阵地。学校有关部门从1998年开始就组织了学生课外学术科技作品竞赛，并于2001年改为每年一次。为了培养学生的创新意识和创造精神，这项赛事定名为"'创新杯'中国人民大学学生课外学术科技作品竞赛"。有很多学院也组织了类似的竞赛，如经济学院的"经英杯"学生论文大赛等。这些活动为营造鼓励创新的校园文化氛围，提高学生的创新意识和创新能力发挥了积极的作用。学校还非常注重通过社会实践提高学生理论联系实际的创新能力，学校连续8年获得社会实践"全国先进组织单位"称号，学生们也在社会实践中将他们所学的知识同社会实际结合，增强了社会责任感，获得了课堂上无法得到的教育。此外，学校专门设立了"科研创新奖学金"，对那些在学习和研究上有所创新的学生进行奖励。

通过不同层次、不同方面的工作，学校在创新型人才培养方面也取得了一定的成绩。在全国百篇优秀博士论文评选中，我校2005年、2006年各有2篇获选，总数达到20篇，在人文社会科学领域居首位。自2001年至今的历届"挑战杯"全国大学生课外学术科技作品竞赛中，我校学生都取得了优异的成绩。在去年第九届"挑战杯"竞赛中，我校参赛学生共获得特等奖一项、一等奖一项、二等奖两项、三等奖两项，成为唯一一所全部以人文社会科学作品参赛、捧杯并进入前十名的高校。我校代表队在第三十届国际大学生程序设计竞赛（ACM-ICPC）选拔赛四川和北京赛区比赛中均获得金牌，并在四川赛区以唯一出线队的身份，获得进军该项赛事世界总决赛的资格（全国能获得此资格的大学不超过10所，全世界范围内不超过 80 所）。

五、结语

古罗马哲人塞涅卡曾说，"如果我们满足于以前的发现，因此停滞不前，就永远不会有新的发现"，人类的进步需要不断的创新。他还说"真理之门向每个人都是敞开的"，每个人都可以成为创新型人才。高等教育就是要启发、引导、发挥学生的创造性思维和创新能力，培养、塑造、形成学生的创新性人格。高等教育培养创新型人才，不仅是为了科学的进步、经济的发展和社会的前进，其最终目的是为了人自由而全面的发展。全面发展并非方方面面的平均发展，而是要有所创造、有所创新。如果没有创造、没有创新，何谈人的自由而全面发展，也就难以实现"每一个成员都能完全自由地发展和发挥他们全部才能和能力"的美好愿望。

以本科教育质量为生命，建设世界一流大学*

——中国人民大学本科教学工作水平评估校长报告

(2006 年 12 月 11 日)

中国人民大学是我们党亲手创办的第一所新型正规大学。在近70年的办学历程中，广大师生发扬"始终奋进在时代前列"的优良传统，勤俭办学，艰苦奋斗，求真务实，不断探索有自身特色的办学模式和思路，为马克思主义在中国的传播和普及，为我国人文社会科学的发展和繁荣，为我国社会主义革命、建设和改革事业的发展作出了重要的贡献。

在人才培养方面，我们强调"从根本上抓教学，从过程中强教学，多角度营造人才成长环境，全方位提高人才培养质量"。下面，我就本着这样一种认识，向各位专家着重汇报一下人民大学本科教学的基本情况，请各位专家提出宝贵的意见和建议。

一、学校基本概况

中国人民大学的前身是 1937 年诞生于抗日战争烽火中的陕北公学，以及后来的华北联合大学、华北大学。1950 年 10 月 3 日，中国人

* 本文根据作者代表学校在中国人民大学本科教学评估工作启动仪式上的报告录音整理，当时学校决定将该报告全文印发全校，要求各单位、各部门认真研究和领会，并以报告为指导，切实推进本单位、本部门工作。2006 年 12 月 10 日至 15 日，教育部组织评估专家组对中国人民大学本科教学工作水平进行评估，最后中国人民大学以全优的成绩通过评估。

民大学举行隆重的开学典礼，宣告新中国第一所新型正规大学的成立，翻开了中国高等教育史新的一页。著名教育家吴玉章、成仿吾、袁宝华、黄达、李文海先后担任校长。从 1950 年至今，国家历次确立重点大学，中国人民大学均位居其中。目前，学校作为国家"985 工程"和"211 工程"重点建设的大学之一，已经形成以本科教育为基础、研究生教育为重点、继续教育为辅助的全方位、多层次的办学格局。

学校现有 23 个学院、5 个跨院系研究机构，另设有继续教育学院、培训学院及深圳研究院。学校设有学士学位专业 61 个，第二学士学位专业 8 个，硕士学位学科点 144 个（包括自主设置的 29 个硕士点），博士学位学科点 99 个（包括自主设置的 22 个博士点），博士学位一级学科授权点 14 个，博士后流动站 14 个；有成人教育专科专业 7 个，本科专业 10 个。

学校目前拥有专任教师 1 671 人，其中教授 499 人，副教授 636 人。截止到 2006 年 10 月，学校共有全日制在校生 20 049 人，其中国内学生（含港澳台学生）18 893 人，包括普通本科生 9 947 人，硕士研究生 5 921 人，博士研究生 3 025 人；有外国留学生 1 156 人。

学校目前拥有 25 个国家重点学科，总数居全国高校第五（其中社会科学领域的重点学科数居全国高校第一），4 个北京市重点学科；有 5 个国家文科基础学科人才培养和科学研究基地，1 个大学生文化素质教育基地，13 个教育部人文社会科学重点研究基地。在连续 8 届全国百篇优秀博士论文评选中，中国人民大学获选 20 篇，在人文社科领域位居全国高校第一。在由教育部组织的全国高等院校和科研院所重点学科评估中，中国人民大学的理论经济学、应用经济学、法学、社会学、新闻传播学等 5 个一级学科综合排名全国第一，总数居全国高校第三位。

学校在"十一五"规划中进一步明确了总体发展目标，10 年夯实基础，10 年实现腾飞，每五年跃上一个台阶，经过 20 年或者再长一点时间的努力，把学校建设成为以人文社会科学为主的"人民满意、世界一流"大学。

目前，全校师生员工正高举邓小平理论和"三个代表"重要思想伟大旗帜，以科学发展观为统领，解放思想，实事求是，与时俱进，开拓创新，全面实施"十一五"规划，为把学校建设成为"人民满意、世界一流"大学而努力奋斗。

二、与时俱进的教育理念

一流大学的教育理念，从根本上关系到人才的培养质量和科研水平。我们在办学中始终坚持了一套既是基本的也是先进的办学观念，它们是长期形成的，又是在新的实践中不断丰富发展的。

（一）始终坚持先进的办学理念

1. 忠诚党的教育事业，以"人民大学为人民"为办学宗旨，办"人民满意"的大学。

中国人民大学始终坚持党的教育方针，坚持马克思主义理论的指导地位和坚持社会主义的办学方向，始终将"人民"二字作为学校一切工作的出发点，高举"立学为公"的旗帜，把树立为人民服务的世界观、人生观、价值观放在首位，培养学生热爱人民、心系大众的立场。这些思想观念在新世纪被进一步概括为办"人民满意"的大学，成为学校的奋斗目标，教师的精神追求，学生的努力方向。

2. 始终奋进在时代前列，努力实现和践行大学的功能和使命。

学校坚持"始终奋进在时代前列"的光荣传统，努力实现大学的功能和使命。一方面，在追求真理、繁荣学术的同时，努力研究回答实践中提出的重大理论和实际问题，不断推出有深度、有高度、有说服力的理论成果，为党和政府决策服务，为国家经济社会发展服务，为繁荣人文社会科学作贡献；另一方面，本着"一切为了学生"的教育理念，努力培养"国民表率、社会栋梁"，培养一批又一批具有远大理想、高尚情操、创新品质和实践能力的堪当社会中坚的高水平的优秀建设者。同时积极践行国际文化交流的使命，参与和推进不同文化、不同民族之间的相互理解、信任和尊重，实现建立和谐世界的目标。中国人民大学只有在人才培养、科学研究、社会服务和国际文化交流等方面奋发有为，开拓创新，不断作出突出业绩，才是与时俱进、真正一流的高等学府。

3. 秉承"实事求是"的校训，坚持理论与实践相结合。

学校的历任领导和广大教师都坚持脚踏实地、理论联系实际、知行并举的精神；坚持一切从实际出发，适应客观现实的需要，按照教育规律办学；坚持在教学中贯彻教育与生产劳动相结合、教育与社会实践相结合的教育方针。进入新世纪，学校坚持自身办学特色，不跟风、不赶潮、不贪大、不求全，稳步推进、协调发展。

4. 兼容并蓄，有容乃大，坚持民主办学。

学校强调一流的大学要有博大、宽容的学术胸怀，宽松、开放的学术环境和自由、民主的学术气氛，要"凝古今正气，汇中外学术"，弘扬良好教风、学风，努力营造有利于优秀人才脱颖而出的和谐环境，努力建设一流的教师队伍。

5. 以"国民表率、社会栋梁"为学生培养目标，始终注重培养德才兼备的优秀人才。

学校在人才培养标准上始终坚持德才兼备、政治素质与专业素质相统一，成才与成人相结合。进入新世纪，学校将自己一以贯之的培养目标概括为"国民表率、社会栋梁"，要求学生既坚持"明德、博学、求是、笃行"的学术品格，又具有"忠诚、勤勉、朴实、友爱"的道德人格，努力把学生培养成为具有远大理想，对祖国和人民有深厚感情、有强烈社会责任感和历史使命感，积极进取、勇于担纲的优秀建设者、各行各业的先锋队和引领者。

（二）逐步确立科学的办学定位

近年来，我们将承继历史与创新未来统一起来，从我校的实际、社会需要的实际出发，从我国改革开放的大局、高等教育发展的全局出发，解放思想、实事求是地确定我校开拓新局面、实现新发展的办学定位。

1. 高标准，确立建设"人民满意、世界一流"大学的目标定位。

学校始终牢记党和国家几代领导人的嘱托，与党和国家同呼吸、共命运，在新中国人文社会科学高等教育领域多个学科的专业设置与建设、课程建设、教材建设、师资培养等方面作出了奠基性、开创性的贡献，发挥着先导和示范作用，成为我国人文社会科学人才培养和科学研究的重要基地，成为发展繁荣我国人文社会科学的一面旗帜。进入新世纪，学校经过深入研究和广泛讨论，从党和国家的需要，从高等教育发展的需要，从人民大学的历史地位、学术实力和自身发展三个角度出发，审时度势地提出了把中国人民大学建成以人文社会科学为主的"人民满意、世界一流"大学的发展目标。

2. 坚持以人文社会科学为主的学科优势，确立"主干的文科、精干的理工科"的特色定位，不求全。

中国人民大学是一所以人文社会科学为主的综合性、研究型全国重点大学，在长期的办学实践中，逐步形成了鲜明的人文社会科学特色和优势。从上述特色出发，学校在新世纪提出"主干的文科、精干的理工科"的学科建设原则，兼顾"国际通行，中国特色，人大特有"，积极调整学科布局和专业设置，大力巩固和加强基础学科，积极发展和扶持应用学科、交叉学科、新兴学科，使重点学科、特色学科优势更加突出，人文社会科学学科专业更加齐全，理工学科专业发展稳健精干。

3. 保持研究生与本科生适当规模和合理比例的规模定位，不贪大。

在长期的办学实践中，学校的各类教育教学历史长、规模大、质量高。我国人文社会科学26个博士点在中国人民大学首先设置；新中国法学、新闻学等学科的第一位博士以及第一位外国留学生博士都

出自中国人民大学。1986 年学校本科生与研究生人数的比例已达
2.6∶1。进入新世纪以后，学校按照科学发展观的要求，在办学规模
上没有盲目求大，而是稳步发展，并逐步将研究生与本科生比例控制
在 1∶1，不断加大对本科教育的投入力度，并着力提高研究生培养
的质量。目前，学校已经形成了以本科教育为基础、研究生教育为重
点、继续教育为辅助的全方位、多层次的办学格局。

4. 立足现有校园，通过周边拓展与内部置换拓展办学空间的空
间定位。

中国人民大学在近年来的发展中，也曾经考虑过兴办分校和异地
办学问题，并曾经进行过一些尝试和探索。然而，学校很快意识到，
异地办学和办分校不仅财力难以保证，不便于管理，更重要的是，有
可能对学校的办学质量带来不利影响。于是，学校逐步确立了立足现
有条件、现有校园，通过周边拓展与内部置换相结合的方式，拓展办
学空间。经过近几年的实践，取得了突出成效。

（三）不断丰富鲜明的办学思路

学校在发展的每一个历史阶段，都有明确的办学思路。进入新世
纪，学校进一步明确了"人民、人本、人文"的办学理念，"大师、
大楼、大气"的办学思路，"真情、真想、真干"的行动纲领，高度
凝练了人民大学新世纪发展理念的精髓。

"人民、人本、人文"的办学理念，是指学校作为"人民的大
学"，要秉承为人民服务的办学宗旨，教学、科研都要体现人民性，
关注民心、民意、民生，一切为了社会进步，一切为了人民福祉；要
弘扬以人为本的办学理念，营造尊重人、关心人、爱护人的人文环
境，全心全意依靠教师治教、治学，以学生为本开展教学活动；要坚
持以人文社会科学为主的办学特色，大力弘扬人文精神，努力培育科
学精神。

"大师、大楼、大气"的办学思路，是指一流的大学要有众多的

学术大师，要营造拔尖、创新人才不断脱颖而出的环境；一流的大学要有优良的教学科研设施，要进一步加强硬件建设，不断改善办学基本条件；一流的大学要有优良的校风、学风，要有博大的胸怀、开阔的眼界、宽广的气度和浩然正气，为国家、为社会、为人民培养合格的建设者和可靠的接班人。

"真情、真想、真干"的行动纲领，是指广大教职员工要胸怀热爱祖国、热爱人民、热爱学校的真挚情感，树立为建设中国特色社会主义伟大事业、实现中华民族的伟大复兴培养优秀人才的崇高理想，做到想干事、敢干事、能干事、干成事，为建设"人民满意、世界一流"大学作出自己的贡献。

在确立学校发展目标和办学思路的同时，学校在具体工作中牢牢把握"1231"的整体工作思路，即一个高举——高举"发展才是硬道理"的旗帜；两个规划与建设——着力搞好学科规划与建设、校园规划与建设；三个抓实——抓实改革、抓实调整、抓实管理，在改革中发展，在调整中前进，在管理中提高；一个投入——千方百计筹措办学经费，规模空前地加大投入力度。这一工作思路贯穿于"十五"计划的始终，并在"十一五"规划中得到继续贯彻。

三、追求卓越的本科教学

学校一贯高度重视本科教学工作，始终认为本科教育是研究型大学的基础，抓好本科教学是提高研究型大学教育质量的重点和关键。要把大学办得让人民满意，首先必须搞好本科教学，着力提高学生知识、能力、社会责任感相统一的综合素质，着力培养学生的崇高理想、创新精神和实践能力，追求卓越的本科教学，不断提高人才培养质量。去年，在第五届国家级教学成果奖评奖中，中国人民大学共获得5项国家级一等奖，其中独立完成或牵头完成的2项，参与完成的3项；获得10项国家级二等奖，其中独立完成的8项，牵头完成的1项，参与完成的1项。获奖数量在全国高校位居前列。

（一）注重"三基"教学，厚实成才基础

学校一贯高度重视学生基本知识、基本理论和基本技能的培养与训练。夯实基础，是提高学生综合素质、培养学生创新精神和实践能力的根本。

1. 重视基本知识教育。

学校历来重视本科学生基本知识、基本素质的培养。这主要通过不断探索和加强通识教育以及贯彻"宽口径、厚基础、多选择"的人才培养模式来实现。一方面通过修订和完善本科专业培养方案、调整本科专业课程设置、修订和完善本科专业教材等方式，下大气力加强基本知识教育；另一方面充分发挥学校人文学科齐全、师资队伍实力雄厚的优势，开设通识教育系列课程。同时，聘请校外专家开设高质量的系列讲座，内外结合，进一步丰富和完善素质教育课程体系。素质教育课程由 2001 年的 8 门增加到 2005 年的 59 门。学校还注重人文社会科学专业学生的自然科学素养和科学精神的培育，成立了理学院。这些措施进一步促进了学生个性发展，提高了学生不断吸纳新知识的能力、适应社会工作需要的能力和可持续发展的能力。

2. 强化基本理论教学。

学校一贯坚持知识、能力协调发展的育人思想，注重学科基础课和专业基础理论课的建设，强调本科生要加强专业基本理论的学习，全面提高专业素质和理论素养，打下扎实的理论功底。从 2003 年开始，学校要求同一学科内各专业一、二年级课程设置要打通，均应开设本学科的概论课、原理课、方法课等基本理论课；三、四年级课程设置则注重各相关学科（理论）发展史、原著元典选读、学科理论前沿等方面课程的安排。在加强教师教学中基本理论课程建设的同时，提倡、鼓励学生多读书、读好书。

3. 提高基本技能训练。

学校重视加强学生的基本技能训练，不断提高学生运用所学学科专业基础知识和基本理论解决实际问题的能力。一是重视方法课程的开设，全校各学院、各专业都在学科基础课和专业必修课中设置方法类课程，或在基础理论课中加强方法论的内容。二是在教学过程中注重理论联系实际，引导学生关注现实、发现问题，着力培养学生的问题意识和分析能力。我校学生毕业论文的选题多与社会现实问题密切相关。三是通过专业实习、社会实践、境外考察，逐步提高学生解决实际问题的能力。如学校参加"挑战杯"全国大学生课外学术科技作品竞赛以来第一个特等奖作品《危机干预实践："非典"期间大学生心态变化分析》，就是由社会与人口学院两位本科生在 2003 年北京遭遇 SARS 时完成的。

（二）构建"三个体系"，保证教学质量

近几年来，学校还在探索中逐步形成并不断完善研究型教学体系、实践型教学体系和教学质量监控体系建设，不断提高本科教学质量。

1. 研究型教学体系建设。

我校具有很强的科研能力，成果丰硕，人文社会科学的科研项目和经费额度连年在全国高校名列前茅。2004 年，我校在中文社会科学引文索引（CSSCI）源期刊发文数达到 1 858 篇，已居全国高校第一位。我们努力正确处理科研与教学的关系，始终坚持以科研支撑、引领教学，以高水平的科研工作带动高质量的本科教学工作，积极推进研究型教学体系建设，对提高本科教学质量发挥了极其重要的作用。

一是重视科研成果转化，丰富课堂教学内容。高水平的科研成果使得教师的授课内容能不断追踪学术前沿，通过师生互动、教学互动、理论与实践互动，教学内容更加充实，教学水平相应提升，并推动和催生了一批优秀教学成果。

二是采纳前沿科研成果，提高教材建设质量。高水平的科研成果带动了一大批高质量精品教材的出现。2001 年，我校有 101 本教材

入选"十五"国家级教材规划，其中人文社会科学类 95 种，占人文社会科学类全部入选教材的 12.5%，位居全国高校第一。2002 年，学校有 25 种教材进入高等教育出版社"百门精品课程教材建设计划"立项。同年，在全国普通高等学校优秀教材奖评选中，有 22 种 56 本教材获奖，获奖总数居全国高校人文社科类第一。2004 年，我校有 48 本教材被评为"北京市精品教材"。2006 年，又有 239 本教材被列入"十一五"国家级教材规划。高质量的教材建设又促进了相应学科的课程建设和教学改革，为本科教学质量的提高奠定了坚实基础。

三是加强学术研讨活动，优化人才成长环境，营造浓郁的校园学术氛围，使教师能与国内外同行保持交流与对话，使学生能呼吸到新鲜的学术空气，感受和体验人文与科学精神的滋养。自 2001 年以来，学校共举办各类学术研讨会 719 次，其中国际会议 226 次。在加强学生国际学术交流方面，自 2002 年以来，学校按公派方式总计派出 143 名本科生前往境外友好大学学习；选派 152 名本科生参加各类国际交流项目。学校法学院连续 10 年先后有 60 名学生参加"中欧法学联合培养项目"，赴法国交流（同期该项目全国高校共有 80 人赴法交流）。2006 年学校有 11 名本科生获得"中国大学生赴英实习项目"资助，前往英国进行为期 5 个月的实习，入选人数居全国高校首位。

四是调动学生的科研积极性，培养学生的学术兴趣。据不完全统计，"十五"期间全校本科生共发表学术论文 416 篇，出版著作 38 部，承担课题 18 项。学校重奖在"挑战杯"、"ACM 程序设计大赛"等高水平比赛中获得优异成绩的学生个人和团队，倡导开拓创新、力争上游的良好学风。多数学院都有学生自己的学术刊物，成为学生开展课外研究、提升实际应用能力的重要载体。

2. 实践型教学体系建设。

我校有着关注现实、贴近社会、服务公众的优良校风和理论联系实际的光荣传统，一贯重视实践教学体系建设。

一是注重实验课程教学，巩固课堂教学效果。通过本科教学改革立项，积极推动实验课程教学内容与教学方式的改革，探索情景模拟、诊所式教学、仿真实践、模型构建、咨询演示等教学方式。如在文科应用学科实验项目的设计上强调创新性、综合性，强调以学生为主，由学生自主选题，自主设计，综合运用所学知识独立完成教学任务。近几年，学校还特别注重加强实验室建设，到 2006 年 9 月底，建成和在建的实验室总计 48 个，仪器设备总值近 2 亿元，比 2000 年的 0.4 亿元增长近 5 倍。这些措施促进了教师和学生树立实践教学、实践学习的理念，在本科教育、创新人才培养体系中发挥了重要作用。

二是精心组织专业实习，提高实际应用能力。学校制定《中国人民大学本科学生专业实习管理办法》，在规范管理、加强实习基地建设的基础上，探索符合以人文社会科学为主的研究型大学人才培养目标要求的实践教学模式。学校现有 116 个校、院两级实习基地；一些学院还组织了将实习环节与教师科研相结合的研究性实习，提升学生实习的科研含量。

三是鼓励参加社会实践，培养服务社会意识。学校充分利用校内外各种教学资源，将专业实习与社会实践有机结合，有效融合第一课堂和第二课堂，培养学生的创新能力和服务意识，强化学生的社会责任感和使命感。学校的青年志愿者活动在全国高校中开展较早，形成了"扶贫支教接力"、"社区挂职"、"文化助残"、"青春健康之旅"、"爱心桥"、"宁养项目"等一大批学生喜爱、公众赞扬的品牌项目。

3. 教学质量监控体系建设。

2000 年 9 月，学校编制完成了《中国人民大学管理标准·教学质量体系》，确立了本科教学质量体系的规范与标准。该标准于 2001 年开始试点，2003 年在全校推行。

《中国人民大学管理标准·教学质量体系》将本科教学管理工作的各个环节要素化，并进一步细化为《本科教学质量手册》、《教学服务规范》、《教学服务程序》、《教学服务提要》、《管理文件汇编》等五项内容，分别对本科人才的培养目标、教学及教学管理工作的内容、程序以及依据等进行了规范，进一步明确了教学工作各个环节的质量标准。

经过三年多的理论研究、制度准备和实际推行，本科教学质量体系已初步确立，进一步完善了校、院两级的教学管理工作，全面质量管理的理念已渗透到学校本科教学管理工作的各个环节，以全面质量管理为理论基础的校内本科教学质量保证体系初步建立。学校的教学督导制度、课堂教学评估制度、三级听课制度等也都行之有效，在教学质量监控中发挥了重要作用。

（三）加强师资建设，提升教学水平

近年来，学校紧密围绕学科建设和教学需要，坚持以提高整体素质为核心、以培养拔尖人才为目标、以优化结构为基础、以制度创新为动力、以加强管理为保障的原则，不断深化人事制度改革，加强师资队伍建设，充分调动广大教师教书育人的主动性、积极性和创造性，对不断提高我校教学水平和人才培养质量发挥了根本性作用。

1. 加大投入力度，培养拔尖人才。

学校确立"请进来、走出去、沉下去"的方针，积极实施教师队伍的素质提升计划。"请进来"就是邀请国外知名学者和国内专家、学者来校开展学科前沿的讲学或聘请为兼职教授、名誉教授；"走出去"就是通过各种途径将一批批教师派往国外一流大学访学研修；"沉下去"就是鼓励教师理论联系实际，"沉"到社会经济建设的第一线去考察学习，"沉"到书斋里去潜心治学，不为世俗诱惑所动。学校在"985工程"二期建设中投入7700万元用于高层次人才队伍建设。2004年以来共聘请"长江学者"8人；邀请100余位海外优秀博士来校讲学；资助112名教师出国研修；资助数百位教师出国参加高水平学术会议；举办22次学科国际前沿教师培训；组织10多个教授考察团赴全国各地，结合中国改革发展的重大实际问题开展学术研究，在开阔学术视野的同时，积极将人文社会科学研究成果推向社会。

2. 加强制度建设，确保人尽其才。

学校确立了"按学科设岗、按任务调岗、按发展加岗和按比例控岗"的原则，明确了岗位数量与学科建设、教学科研的关系，为教学工作持续改进提供了制度保障。同时探索实行专职与兼职、固定与流动、短期聘任与长期聘任相结合的用人机制，运用聘请兼职、合作研究、邀请讲学等多种形式，实现优秀人才的跨行业、跨地域、跨国界流动和资源共享。

学校完善教师职务评聘制度，按照"重岗位、重业绩、重贡献"的原则，逐步建立科学化的评价机制。实行开放的教师职务聘任制度，对于紧缺教职的补充实行校内评聘与社会引进相结合的方式，目前已有半数以上新增的教授、副教授岗位面向社会招聘。

学校建立科学全面的绩效考核机制，根据聘任合同的约定和绩效考核的结果，严格对教师进行管理，打破终身制，建立优胜劣汰的竞争机制。2003 年，学校对全体教师进行了三年聘期总考核，本着严格要求与人文关怀相结合的原则，对考核不合格的教师进行了处理，其中 55 人试聘、35 人低聘、10 人转岗，既影响深远又波澜不惊，有力地推动了教师队伍建设。

3. 营造引人环境，改善留人条件。

学校积极倡导"事业留人、机制留人、感情留人、正气留人"，坚持机制创新，努力营造聚人气、干事业、谋发展的创业环境。不断改进教师职务评聘工作思路，实行了以开放、竞争、激励的聘用理念为前提，面向校内外公开招聘的教师职务聘用制度。推进以岗位业绩酬金为核心的收入分配制度改革，推进校园置换，大面积改善教师住房条件，让教师安居乐业。在普遍提高教职工待遇的基础上，适当拉开收入差距，稳定了学术和管理骨干队伍；重视培养中青年学术骨干，在职称评定、岗位竞聘、出国进修、项目申报、评优评奖工作中给予政策倾斜，努力为他们搭建施展才华的舞台。

通过以上措施，学校逐步形成了一支学历层次高、专业结构好、科研能力强、年龄结构合理的师资队伍。全校现有 1 671 名专任教师，从职称结构上看，有教授 499 人，副教授 636 人，讲师 470 人，助教 60 人，分别占教师总数的 29.9%、38.1%、28.1% 和 3.6%；从年龄结构上看，全校教师平均年龄为 42.5 岁，50 岁以下教授占教授总数的比例为 52.9%，45 岁以下副教授占副教授总数的比例为 70.9%；从学历结构上看，专任教师中具有研究生以上学历的占 90.4%，其中具有博士学位的占 63.4%；从学缘结构上看，近五年补充的教师的最后学历为外校的占 78.1%，其中留学回国人员占 25.7%，初步形成了多元化的教师学缘结构，满足了教学、科研和人才培养对教师队伍的实际需求，为提高本科教学工作水平提供了有力的保障。

（四）营造育人环境，加强学风建设

学风建设是本科教学与人才培养的重要环节。优良学风对学生成长起着潜移默化的作用，是保证和深化教学质量的重要前提。学校一贯重视学风建设，着力培育优良学风。

1. 发挥人大学子勤奋好学的优良传统，着力营造刻苦钻研、奋发向上的学习氛围。

学校注重弘扬我校学生为祖国富强、为民族复兴而勤奋好学的优良传统，把加强学生思想政治工作、加强学生心理素质教育落实到认真学习、奋发成才上来，着力营造刻苦钻研、奋发向上的学习氛围。在认真搞好课堂教学、讨论，保障第一课堂的教学效果的同时，大力推进以课外读书、查阅文献、参与辩论会和研讨会、参加学术竞赛和学术社团活动、发表学术论文等多种形式为主的第二课堂活动。广大学生刻苦学习、勤于钻研的学习习惯，联系实际、求真务实的学习态度，博学、审问、慎思、笃行的学习精神，赢得了社会的广泛赞誉。

2. 举办各种学术活动，拓展学生学术视野。

学校举办各种高水平的学术研究会、论坛和讲座，以培养学生的理论兴趣、拓宽学生的学术视野。据不完全统计，全校平均每周有一次国际学术会议召开，每两周有一位外国政要、驻华大使或外国著名学者来校演讲，由国内著名学者主持的学术论坛和报告会则更加密集，平均每年举办的高水平讲座超过 350 场。2005 年，有超过 5 万人次的学生参加了各种形式的学术活动，学术气氛浓郁，收效良好。

3. 加强校风校纪教育，纯洁学风。

长期以来，我校认真贯彻"一切为了学生"、"以学生为本"等教学思想，不断加强校规校纪教育，纯洁学风。一是加强制度建设，及时制定或修订有关规章制度，以正面教育为主，从制度上对学风建设的效果予以保证。二是坚持管理和引导并重、激励和淘汰并行，加强对学生学习及考试的管理，切实开展对有关违纪学生的处理，严明校纪校规。三是注重从学生的日常行为规范入手，积极推进学生的自我教育和自我管理，自觉遵守校规校纪。通过上述措施，在广大学生中形成了勤勉好学、诚实守信的良好风尚，追求真理、崇尚学术的精神境界，不畏艰苦、奋发向上的学习毅力，以及严肃严谨的治学态度、严格严明的考风考纪。

4. 大力开展文体活动，促进学生身心健康。

学校开展了一系列特色鲜明的校园文化活动，一年一度的"五四"文艺比赛，"一二·九"大合唱，大学生辩论赛，篮球、排球、足球联赛等都吸引了大批同学参加。学校学生艺术团是北京高校首屈一指的艺术团队，平均每年在校内为师生演出 50 场，曾应邀赴台港澳地区和法国、比利时等国访问。江泽民同志 2002 年考察中国人民大学时观看了艺术团的表演，随行的李岚清同志盛赞我校学生艺术团为"业余团体，专业水平"。近年来，学校学生运动队先后获得首届中国大学生男子篮球超级联赛冠军、飞利浦全国大学生足球联赛亚军、北京高校武术比赛团体总分第一名；学生艺术团合唱团在第四届世界合唱比赛决赛中夺得混声组金牌与流行组银牌，创下我国参赛以来最好成绩。这些文体活动展示了校园文化独特的魅力，提高了学生的艺术修养，促进了学生的身心健康。

5. 重视人文环境建设，为培育优良学风营造氛围。

学校重视校园人文环境建设，致力于建设"美化、绿化、数字化、人文化"校园。新建或改建了百家园、品园、《吴玉章校长与学生在一起》雕像、孔子铜像等校园景观；命名了学校主要道路、楼群；发布了由 3 个并列的篆书"人"字为图形的新校徽图案；建成了校史馆，以加强校史校情教育。这些措施为校园增添了人文气息，提升了文化品位，对培育良好的校风、学风，激励学生爱校荣校、成长成才起到了重要作用。

（五）不断加大投入，根本改善条件

学校千方百计地采取措施，从扩大办学空间、发挥资源效用入手，以改善公共服务平台为突破口，以加大教学经费投入为保障，确保本科教学工作环境和条件不断得到改善。

1. 周边拓展校内置换，积极扩大办学空间。

一是通过周边拓展，积极扩大办学空间。2001—2003 年，学校通过艰苦努力，先后收回土地 32.4 亩。二是通过校园置换，创造性地将解决教职工住房问题与拓展学校办学空间相结合，先后有 3 000多户教工喜迁新居，学校同时总计收回、腾退房屋近 11 万平方米，在西郊校园 906 亩办学空间内，新增可用于办学的土地 240 余亩，使我校的教学科研用地增加到 740 亩左右，比 2000 年净增近 48%，为学校的发展争取了时间、赢得了空间、凝聚了人心。

2. 投入力度规模空前，教学环境彻底改善，"找老师难、找教室难、找计算机设备难"一去不复返。

自 2001 年起，学校以空前的资金投入和建设规模进行校园基础设施建设。到 2005 年底，以明德楼群和文化大厦投入使用为标志，学校新开工和复工工程面积近 40 万平方米，教学科研行政用房由 12.6 万平方米增加到 36.8 万平方米，增长了 192％；学生生活用房由 10.7 万平方米增加到 23.2 万平方米，增长了 117％。全校可供多媒体教学的教室由 2000 年的 31 间增加到 300 余间。随着校园主干网的升级，信息点总数目前已达 25 376 个，是 2000 年的 196％。学校教学条件和环境发生了根本性变化，每个学院都拥有相对独立的办学空间，每位教师都有自己的工作室，学生生活条件也有了很大改善。此外，学校重视公共服务平台建设，瞄准技术发展潮流，完善图书馆服务功能，建设技术先进的数字化校园，加强多媒体教学设施建设，并大力推进实验室建设，使本科教学公共服务平台在国内高校中处于相对领先的地位，根本改善了教学环境。

3. 确保教学经费投入，维持教学经费增长。

学校一贯重视对本科教学的经费投入，充分满足教学工作的需要。一是在编制年度预算时，本着"统筹规划、突出重点、教学优先"的原则，优先安排与本科教学相关的业务费、实验室维持费、教学仪器设备维修费、体育维持费等四项教学经费预算。二是除安排日常的教学业务费外，还安排教学专项资金，用于支持教学改革、教材建设和优秀教学成果奖等项目。三是在安排国家专项及配套资金时，优先考虑本科教学方面的需求。四是制定管理制度和指导政策，鼓励学院将培训教育和服务社会的结余经费优先用于补充本科教学经费。近年来，学校逐年加大对本科教学经费的投入力度，经费投入的增长从绝对额、相对比例两方面持续高速增长。2003—2005 年，学校为教学工作累计投入 3.2 亿元，四项教学经费占学费收入的比例从 2003 年的 25.1％提高到 2005 年的 35.68％，充分保证了本科教学工作的需要。

四、底蕴丰厚的办学特色

办学特色是一所大学的办学历史与传统、办学理念与思路、学科与专业、科学研究与人才培养等的综合体现，是一所大学内在核心竞争力与外在社会影响力的重要指标。中国人民大学在近 70 年的发展历程中，坚持以特色建校、以特色立校、以特色强校，逐步形成了鲜明的办学特色和优势，被誉为人民共和国建设者的摇篮、中国人文社会科学高等教育的重镇、马克思主义教育研究的高地，并在本科教学环节得到充分体现，对人才的培养产生了深刻的影响。

1. 始终坚持人民共和国高水平的优秀建设者摇篮的办学目标与定位，培养学生"与党和国家同呼吸、共命运"、"始终奋斗在时代前列"，始终"心系人民、服务祖国"的优秀品质。

1950 年中国人民大学成立时就提出"培养万千建国干部"；1987年，陈云同志为中国人民大学的题词"人民共和国的建设者"，都集中体现了我校一个重要的办学特色，即人民共和国建设者的摇篮。说到底，建设者的含义，是指各个建设领域能干事的中坚骨干，是指各个建设领域干成事的建设性人才。概而言之，他们应当是勇于担纲的"国民表率、社会栋梁"，应当是共和国政治、经济、文化、社会各个领域高水平的优秀建设者、引领者。

第一，培养人民共和国高水平的优秀建设者，是党和国家赋予中国人民大学的光荣使命。中国人民大学从诞生起，始终受到党和国家领导人的深切关怀，寄予了殷切的希望。1950 年，刘少奇同志出席中国人民大学开学典礼并在讲话中指出：中国人民大学是"我们中国第一个办起来的新式的大学，在中国历史上以前所没有过的大学。中国将来的许多大学都要学习我们中国人民大学的经验，按照中国人民大学的样子来办立其他的大学"。1977 年，邓小平同志对人民大学复校作出批示，明确指出"人民大学是要办的，主要培养财贸、经济管理干部和马列主义理论工作者"[①]。1992 年和 1997 年，江泽民同志曾经先后两次为我校题词，勉励我校"坚持党的教育方针，培养优秀建

---

① 《邓小平文选》，2 版，第 2 卷，69 页。

设人才"，"高举邓小平理论伟大旗帜，培养跨世纪优秀建设人才"。培养高水平的优秀建设者始终是党和国家对中国人民大学的期望和要求，也是我校一以贯之的办学定位。

第二，培养人民共和国高水平的优秀建设者，是学校在长期的办学实践中形成的办学目标。为适应国家建设的需要，培养人民共和国的建设者，中国人民大学成立之初设立了经济计划系、财政信贷系、贸易经济系、合作社系、工厂管理系、法律系、外交系和俄文系等八大系，集中在人文、经济、政法和管理等门类。1978 年复校后，又相继建立了经济信息管理、人力资源管理、社会学、行政管理等适应改革开放新时期现代化建设需要的新学科专业。进入新世纪后，又建立了金融工程、信用管理和保险等学科专业。学校积极推进本科人才培养模式改革，加强研究性教学和实践性教学，强调对学生进行系统的基本知识教育、基本理论教学和基本技能训练，重视对学生综合素质和创造能力的培养。进入新世纪，学校进一步完善"主干的文科、精干的理工科"的学科体系，进一步推动本科学生综合素质的提高，推动优秀建设人才的培养。

第三，培养人民共和国高水平的优秀建设者，是学校在长期的办学实践中培育的丰硕成果。在学校优良传统和文化的熏陶下，中国人民大学的学生以"国民表率、社会栋梁"为努力方向，以卓有成效的工作业绩得到了社会的高度肯定。截至 20 世纪末，据不完全统计，中国人民大学的毕业生中有近 400 位担任过省部级领导干部，目前则有 160 多位人民大学的毕业生在中央和地方担任副省部级以上领导职务；仅据对十四、十五、十六届三届中共中央委员或候补委员的统计，本科学历为我校的校友就有 23 位，名列全国高校第三。大批优秀毕业生已成长为学界名师、理论权威、管理名家、商界精英、政界中坚、劳动模范等，担当着各行各业优秀的"先锋队"、"引领者"。

正因为如此，中国人民大学能够多年保持一流的本科生源和一流的就业水平。连续多年文科招生分数在全国居于第二、三位，理科居于第三至第五位;"十五"期间,在持续面临严峻就业形势的情况下,本科毕业生就业率始终保持在95%以上。

2. 依托中国人文社会科学高等教育重镇的优势,培养学生深厚的人文素养、宽广的知识视野、充足的发展后劲。

在长期的办学实践探索中,中国人民大学逐步成为新中国人文社会科学高等教育科学研究和人才培养的重要基地,为厚实学生的人文素养、拓宽学生的知识视野、强化学生的发展后劲提供了坚实的保障。

第一,依托人文社会科学综合优势,建立基础厚实、口径宽广的本科课程体系。学校是我国人文社会科学领域学科专业设置最齐全的大学之一。我国人文社会科学特别是社会科学的许多学科专业都肇始于中国人民大学,然后走向全国。学校充分发挥人文学科齐全、人文传统浓厚的优势,构建以思想政治素质课、应用基础素质课、自然科学素质课、人文素质课、艺术素质课等为主要内容的全校通识课程群,以及分层、分级的教学组织形式,通过按学科大类招生和按学院培养,以及副修制、转专业制等确立"宽口径、厚基础、多选择"的人才培养模式,培养学生厚实的人文知识素养。进入新世纪,学校高扬发展繁荣人文社会科学的大旗,在全国率先成立孔子研究院、国学院,弘扬传统文化,进一步推动了本科学生综合素质的培养。

第二,依托高水平的科学研究,开展研究性教学,提高学生的学习能力。学校师资力量雄厚。仅"十五"期间,学校就承担国家社会科学基金重大项目12项,国家社会科学基金项目182项;教育部哲学社会科学研究重大课题攻关项目18项,教育部人文社会科学项目221项。高水平的科研成果使教学内容变得更加充实,教学水平得到相应提升,激发了学生的学习兴趣。

第三,浓郁的人文学术环境,拓展了学生的视野。学校高扬人文社会科学旗帜,举办了一系列论坛、报告,推动人文社会科学的发展繁荣。"中国人文社会科学论坛"、"共和国省(部)长论坛"、"诺贝尔经济学奖获得者讲座"、"外交使节和国外政要讲坛"、"大法官讲坛"、"大检察官讲坛"等构建了高水平的学术交流平台，为学生了解学科发展前沿成果、拓展学术视野创造了良好条件。

第四，学校始终注重优势的人文社会科学与精干的理工学科相互渗透，促进人文精神与科学精神的相互交融。学校培养的本科毕业生之所以理论基础扎实、适应能力强、发展后劲足，很大程度上与学校综合的学科优势、人文学科与理工学科的相互交融密切相关。

3. 依托马克思主义教学与研究高地的优势，培养学生深厚的马克思主义理论素养、坚定的马克思主义信念。

中国人民大学是国内外公认的中国马克思主义理论教育、研究和传播的重要基地。在本科教学中，学校重视发挥这一优势，培养学生深厚的马克思主义理论素养和坚定的马克思主义信念。

第一，依托马克思主义理论教育"工作母机"的作用，重视马克思主义专业人才的培养。中国人民大学在国内最早设立了各种层次的马克思主义理论专业。马克思主义理论与思想政治教育、马克思主义哲学、中共党史、政治经济学等 4 个学科均为国家重点学科。据 20 世纪 90 年代统计，在全国高校的马克思主义理论教研室（部）主任中，中国人民大学培养出的学生占三分之二以上。

第二，依托马克思主义学科专业齐全的优势，构筑高质量的马克思主义理论教学体系，强化对学生的马克思主义基本理论教育。中国人民大学开创了中国高校系统开设马克思主义理论课程的先河，建立并完善了"整体讲解、多门配合、广泛渗透"的马克思主义理论教育课程体系，把专业知识的传授、理想信念的教育和世界观、人生观、价值观的培养结合起来。学校教师编写的《辩证唯物主义和历史唯物主义》、《政治经济学教程》、《政治经济学概论》、《中国革命史讲义》等教材，不仅用做本校学生用书，而且受到全国高等学校师生和广大读者的热烈欢迎，大都发行数百万册甚至上千万册，哺育了共和国几代马克思主义理论教学科研人才，在全国产生了深远的影响。

　　第三，发挥马克思主义理论师资的优势，培养学生坚定的马克思主义信念。在长期的办学过程中，中国人民大学涌现了一批具有深厚的马克思主义理论基础、熟悉马克思主义经典著作、善于运用马克思主义的基本原理和立场方法解决实际问题的著名学者和专家，其中既有一大批德高望重的老一辈马克思主义理论家，又有一大批年富力强的中青年学者。2004 年，中央实施"马克思主义理论研究和建设工程"，我校有 25 位专家担任中央"马克思主义理论研究和建设工程"第一批教材系列课题组及经典著作和重大问题课题组的首席专家或主要成员，成为全国入选人数最多的高校。这些教师对马克思主义的坚定信念与人格魅力给学生以深深的影响。

　　中国人民大学培养的学生整体上体现了具有较高的马克思主义理论素养，善于运用马克思主义的基本立场、观点和方法分析解决实际问题等特点，得到党和国家各级领导以及社会各界的一致公认。为追求真理不惜牺牲宝贵生命的张志新，1978 年在《光明日报》发表《实践是检验真理的唯一标准》的胡福明，1992 年在《深圳特区报》发表《东方风来满眼春》的陈锡添，新世纪用知识服务人民的"中国法官十杰"之一的宋鱼水等校友，是中国人民大学培养的千千万万优秀人才的杰出代表。

　　尊敬的各位专家、各位领导，中国人民大学高度重视本科教学评估工作。1999 年，学校成立了本科教学评估办公室，着手开展"迎评促建"工作；2004 年 3 月，组织开展了为期半年的第一轮本科教学工作水平自评、自查工作；2006 年 3 月，成立了中国人民大学迎评促建工作委员会，加强组织领导；2006 年 5 月至 6 月，进行了全校范围的第二轮自评、自查工作，重点对存在的问题进行了梳理和整改。

　　我们清醒地认识到，与中国人民大学这样一所以人文社会科学为主的综合性、研究型大学应有的地位相比，与建设"人民满意、世界一流"大学的目标相比，在本科教学方面我们还有很多问题需要改善、需要探索、需要解决。最重要的问题有以下三点：一是如何进一步落实以学生为本的教学理念，始终坚持本科教学中心地位不动摇，始终保持本科教学质量不放松，努力形成领导重视本科教学、教师潜心本科教学、管理人员服务本科教学的良好机制，进一步完善本科教学质量保障体系。二是如何进一步构建研究型教学体系，培养研究型创新人才。需要进一步研究完善和强化通识教育，进一步改革教学内容、教学手段和方法，包括加大案例教学、专题讨论式教学、研讨式教学的比例，进一步加强实践教学环节，进一步鼓励教师把科研和教学密切结合，培养学生的创造性思维。三是如何进一步提升本科教学的国际性，积极提升教师的国际化水平，提高学生的国际交往能力，为更多的本科生提供参与国际学术交流的机会。

此次教育部评估专家组莅临我校评估，是对我校本科教学工作的重大推动。我们殷切希望各位专家深入我校本科教学工作各个环节进行检查、指导，帮助我们查找问题，发现不足，以更好地推进我校本科教学工作。我们将以这次评估为契机，进一步贯彻"以评促建、以评促改、以评促管、评建结合、重在建设"的方针，全面审视我校本科教学工作，针对存在的问题，加大建设力度，把本科教学的中心地位更好地、持久地落到实处，切实保证本科教学质量的提高，力争"百尺竿头，更进一步"，进一步推进创建"人民满意、世界一流"大学的历史进程。

加强通识教育，追求卓越的本科教学[*]

——在中国人民大学第一次通识教育工作会议上的讲话

（2007 年 4 月 4 日）

人才培养最基本的是教育，最主体的是教育教学活动。今年中国人民大学工作的重心要深入到教学领域，在总结经验和反思过去工作的基础上更加系统、更加集中地抓教学，花更大的精力提高人才培养质量。这里围绕提高人才培养质量主要讲两个问题：一是我们为什么要开展通识教育；二是如何在中国人民大学开展通识教育。

一、我们为什么要开展通识教育

现在提高高等教育质量已经成为党和国家在高等教育领域最基本的工作方针。提高高等教育质量的核心要求也就是提高人才培养质量，要把它上升到大政方针的高度来理解，这也是温家宝总理在政府工作报告和其他场合所讲到的。这个问题的提出主要是因为我国已经做大了高等教育，目前全国高等教育在学学生人数已经达到 2 500 万，高等教育毛入学率已经达到 23％。在短短的八九年时间里，我国高等教育规模已经比美国多出将近 1 000 万大学生，可见，我国高等教育大众化的速度几乎是全世界最快的。

---

　　* 本文全文原载《北京教育》（高教版），2007 年第 Z1 期。

我们曾经做过一个研究，得出的结论是：第一，中国是在更快的速度上实现了高等教育大众化。美国历史上有 10 年时间高等教育发展最快，年均增长 7.9%，而我们只用了 7 年时间，本科在校生规模年均增长 24.3%，研究生年均增长 25.6%。第二，我国是在较低的经济水平上实现了高等教育大众化。美国 1950 年高等教育毛入学率达到 14% 左右，人均 GDP 是 9 000 多美元；日本 1962 年实现了 15% 的毛入学率，人均 GDP 是 5 000 多美元；英国 1972 年实现毛入学率 15% 的时候，人均 GDP 是 1.3 万美元；韩国 20 世纪 80 年代初毛入学率达到 14% 左右，人均 GDP 是 4 000 多美元。我国 2002 年实现毛入学率 15% 的时候，人均 GDP 是 1 133 美元。在人均 GDP 1 000 多美元的情况下实现高等教育大众化，世界上除了中国以外绝无仅有。与此同时，我国高等教育增量部分、扩招部分得到的财政支持力度是非常小的。很多省市扩大招生了，但是财政拨款并没有增加，或者增加很少，因此，人均教育经费大幅度下降。

在这样的背景下，我们的高等教育究竟应该采取什么样的方针呢？是继续扩大招生，还是应当重在调整结构、提高高等教育质量？三年前我在中国人民大学主办的"海峡两岸高等教育研讨会"上就曾经提到，中国高等教育已经到了不应再扩大规模，而应当做强的时候了，也就是应该"调整结构，加强管理，提高质量，提升国际性"。这是我想要说明的一个核心问题，即提高高等教育质量是党和国家对高等教育当前和今后一段时间的一个基本要求，这是国家意志，反映了时代的要求、人民的呼声。

对人民大学来说，要把学校建设成为"人民满意、世界一流"的大学，必须要在人才培养质量方面下更大的工夫，把提高高等教育质量问题放在更为重要的议事日程上，抓住不放，把人民大学人才培养质量提升到一个新水平，为新世纪人民大学的发展打下更加坚实的基础。

人民大学如何提高高等教育质量？在本科教学方面，要通过通识教育的理念与思想来加强本科教育，重新认识人才培养理念，正确认识和理解通识教育，解放思想，更新观念，按照通识教育的要求来考虑我们的制度设计、课程设置、教材建设和队伍建设，然后体现到教学制度上和教学活动当中。要把通识教育看做一种理念、一种制度、一种课程体系。

什么是通识教育？目前还没有一致认识。但是，通识教育的核心内涵是很明确的，是指非专业性的、非职业性的教育。所谓非专业性教育、非职业性教育，就是指一个公民所必需的、共同的一些知识、经验、价值观念。"通识教育"这个词来自美国，general一词是"普遍的、一般的"意思，把它翻译成"通识教育"，也就是普遍的知识、共同的知识、一般的知识、大家都应当具备的知识。

现在学者们一般都认为通识教育起源于古希腊，是西方的东西。但在我看来，中国古代教育在很大程度上也是通识教育。比如儒家的教育思想，孔子提出："君子不器"，要把知识分子培养成"君子"、"士"、"君子儒"，在教育中重视人格的完善、心智的完善，注重教养，主张德才兼备，比如孔子提出："德者，才之帅也；才者，德之资也。德才兼备。"孔子还提出君子应有"智"、"仁"、"勇"三方面的修养："仁者不忧，知者不惑，勇者不惧"，即仁德的人不忧虑，智慧的人不迷惑，勇敢的人不惧怕。此外，孔子还注意美育陶冶，提出君子应"文质彬彬"，追求"尽善尽美"，"质胜文则野，文胜质则史。文质彬彬，然后君子"。朴实多于文采，就未免粗野，文采多于朴实，又未免虚浮。文采和朴实，内容和形式，配合适当，这才是君子之修养。提出学习"礼、乐、射、御、书、数"六艺，六艺就是德才兼备、文武全才。宋朝张载提出应培养具有"为天地立心，为生民立命，为往圣继绝学，为万世开太平"的理想人格的圣儒。中国古代教育思想很看重基本素质的训练，理想、道德、心智的完善，人的教养也包括天文地理等自然知识的训练。可惜的是有一段时间我们传统文化的传承出了问题，但现在大家越来越意识到传统文化的重要性，谈通识教育的时候，不能不又谈我们的老祖宗。在西方，通识教育在 20 世纪成为高等教育的中心议题之一，其根本原因就是，工业革命以来，特别是 20 世纪初以来，随着科学技术迅速发展，人才培养中出现了中外普遍存在的"三过"现象：过窄的学科专业设置，过弱的人文素养，过强的功利主义倾向。在整个 20 世纪都是如此，只不过美国教育家们提出了通识教育这样的理念与这种趋势相抗衡。20 世纪美国的高等教育之所以能够走在世界的前面，通识教育功不可没。在实用学科迅速发展、专业划分越来越细的情况下，通识教育理念起到了平衡和协调的作用，对这种过于专业化、实用化、功利化的潮流或趋势进行了遏制。

美国的通识教育有很多模式，1945 年美国哈佛大学公布的通识教育红皮书可能最具代表性。我国在清末民初引进了西方高等教育制度，开始设立学科。当时要实业救国，所以从一开始就重理轻文，强调理工学科，可以说，重理轻文从民国时期就开始了。虽然当时有些教育家包括梅贻琦、竺可桢等主张培养通才，不主张过于专门化，但是这个意见没有被当时的民国政府所采纳。新中国由于学习苏联的模式，所以有了 1952—1953 年的院系调整，综合性大学主要是文理大学，其他工、农、医等部门全部分离出去，成立单独的院校，如工学院、农学院、医学院、财经学院等，这些全部是实用科学，要么是技术科学，要么是社会科学。这样一来，中国实用领域的技术科学、社会科学得到进一步强化，专业越分越细。这个历史过程可能适应了当时我国经济建设发展的需要，也确实培养了大批人才，但是，从那个时候开始，基础教育、共同课教育就已经开始受到削弱。"文化大革命"结束以后，这个趋势没有得到及时扭转，发展到现在，共同课只包括政治理论课和技能课程、工具性课程。其实人民大学在重建初期还是很重视文化基础课的，然而，现在共同课的概念就是政治理论课和数学、外语、计算机，其他的如大学语文、历史等都没有了。

而且，现代大学的组织形式和学科制度只重视适应知识的高度分化的要求，忽视了对知识的高度综合的适应。它使专业产生凝聚力的同时，也使本学科、本专业与其他学科、其他专业相脱离。以学科为中心的学院和以专业为单位的学系成为主要组织形式。这种组织形式和学科制度一方面使专业的相互分割日益发展，同时使院系以学科专业内部的严格学术训练为借口，树立界限，画地为牢，谋求自身利益，限制了人才与学术的交流和发展。随着知识的增长与分化，院系权力空前膨胀，不仅将本来相互联系的知识割裂为狭窄的知识领域，而且将人才培养变成狭窄的职业训练，最终使大学处于分崩离析的状态。这种状况和可能的趋势，应当引起我们的关注和警惕。因此，加强通识教育有助于我们认真反思学科专业的划分、院系的权力与教师的归属，要求各部门、各院系通盘考虑，完善内部治理结构。唯此，才能培养出和谐发展的人，才能打通学科专业壁垒，促进学科交叉融合。

二、如何在中国人民大学开展通识教育

首先，要让大学生对各种知识有所了解，包括自然科学、人文科学、社会科学以及主要的技术进步等，都应当教给各个领域的学生。在这方面，有不少学校，包括美国的和中国的，都做了一些探索。美国哈佛大学将其通识课程分为七个领域：外国文化，历史研究，文学和艺术，道德思考，社会分析，定量推论，自然科学。斯坦福大学的通识课程则包括九个领域：各种文化、观念、价值，世界文化，美国文化，数学，自然科学，技术与应用科学，文学与艺术，哲学、社会与宗教思想，社会与行为科学。这些年来国内也在加强通识教育，我个人感觉比较典型的例子是复旦大学。复旦大学通识教育的核心课程分六个板块：文史经典与文化传承，哲学智慧与批判性思维，文明对话与世界视野，科技进步与科学精神，生态环境与生命关怀，艺术创作与审美体验。每一板块又包括若干课程。

其次，要根据通识教育的理念，重新审视我们的办学理念和课程设计。从我校的实际情况出发，我们最有利的条件是人文社会科学学科非常齐全，自然科学学科基本具备，开展通识教育的条件基本具备。我们要在原来共同课的基础上研究通识教育问题。我们设想，既要有各个专业、各个学科都开设的共同课程，也可以考虑分成几大类学科，同中有异。有的同志提出来文、史、哲艺术是一片，第二片是经济管理类，第三片是理工类，第四片是政治法律类，可以按照这四片或五片来设计通识课程。这四片或五片要有共同的课程，也要有相互区别的课程，要按照这样的思路来进行通识课程的设计。通识课程最重要的问题之一是需要解放思想，需要下工夫。通识课程不等于导论、概论这种概述性的课程，重要的是要引导学生读经典著作，要读原著元典，要精读、深读，要从概念、概述性的课程转向为元典、经典、深度的教学。比如说，鼓励学生读诸如《论语》、《孟子》、《道德经》、《道德情操论》、《共产党宣言》、《新民主主义论》等元典、经典的原文。要让学生接触到最基本、最精华的东西，导论、概论知识在讲元典的时候讲一些就可以了。当然，有一部分通识课程依然可以是概论这些东西，但是要大大提高经典和元典的比重，加强学生直接与伟人、与先贤先哲接触和对话的能力，让他们直接触摸人类的精华和不同时代的代表作，这是高等教育的职责，这样才能提高学生的创新能力，防止他们学到的知识是支离破碎的。要按照这样的要求来构建通识教育的课程体系就相当有难度了，不再是零敲碎打地补一补，点缀点缀。我们原来也有共同课，如 20 世纪 90 年代的文化素质教育，都取得了一定的成绩，但是往往使人感到不少是点缀性、功利性的，甚至于把素质教育变成给学生增加一些茶余饭后的谈资，而不是看成一个基本价值观念的养成，基本道德观念的养成，教养、毅力的养成，人格、心智的完善。通识教育课程应当是非功利性的，或者是功利性程度很低的课程，所以，课程设计是一个非常重要的问题。为了把课程设计搞好，我们要认真研究美国的情况、中国高校的情况以及人民大学的历史情况。

在人民大学开展通识教育，要充分估计到困难和问题。

第一个难题是，我们在思想观念上能不能跟得上这个时代。大学究竟应当教给学生什么？这个问题，每一位教授、每一位院长、每一位校领导要经常问一问自己。在今天这样一个文化多元、信息多变的时代，大学阶段性地对自己基本功能的实施状况、对基本职能的履行情况进行反思是十分必要的，对自己的办学理念进行阶段性的梳理和反思也是非常有必要的。这种梳理与反思恰恰是为了与时俱进，既把我们教育本质的东西、精华的东西留下来，弘扬下去，同时也针对出现的新情况、新问题、新矛盾，采取新的措施。所以，这一次通识教育大讨论要充分解放思想。大家可以看看本科教育评估专家组给我们的反馈意见，其中有专家指出人民大学虽然是名校，在全国属于高水平，但是一部分专业的基础教育还比较薄弱。我认为专家们的意见是正确的，虽然在历史上我们有共同课，有素质教育，取得了很多成绩，但是过去的做法大多数还是零敲碎打、就事论事，缺乏清晰的理念和明确的目标。我们这次要把这个问题解决好，如果这个问题不解决好，通识教育就很难搞好。

第二个难题是，由于我们的教师大多是在专业教育的环境下成长起来的，自己所受的通识教育可能相当有限。有些教师在某些专业领域的成就很高，但是很基本的东西不一定强，有的甚至较差，如果自己没怎么学过，课程设计怎么搞呢？观念认识怎么跟得上呢？这样，我们在制度设计、课程设计以及教师的配备方面将会出现困难，解决这个困难的唯一办法只有在干中学，在实践当中提高，在培养中提高。这个问题是历史局限性造成的，应该说人民大学比许多大学条件要好些，因为学科比较齐全，教师队伍建设水平也是比较高的。现在，应该说文、史、哲、国学各个学院大展身手的时代到了。

第三个难题是，抓通识教育既会引起教学制度本身的很多变革，也可能对人民大学的人事管理、分配制度、人力资源调配、院系科研机构的设置等带来新的影响。所以，在这些方面，各有关部门如何配合这样一场教学方面的变革，来进行更大范围内的制度更新、调整和完善也将是一个难题，也值得我们加以高度重视。从这个角度讲，通识教育绝不仅仅是个一般的课程设置的问题，它还将会影响到学校全局性的工作，牵涉到对教师的考核、教师的评估等。一旦涉及对教师的考核，涉及教学科研工作量的统计，就很可能引起很多不同意见。我觉得有不同意见不可怕，不同意见可以使我们考虑得更加全面一些，避免犯错误，避免从一个极端走向另一个极端。但是，我想通识教育应当坚定不移地推行，希望各有关部门密切地关注、配合，注意研究出现的新情况、新问题，尽可能把问题解决得比较科学、比较合理。对推进通识教育过程中可能会出现的一些矛盾和问题，我们要妥善地加以处理，要按照构建和谐校园、构建和谐社会的精神加以处理。

最后一点值得注意的问题就是，我们一定既要充分解放思想，借鉴国外、校外的经验，也要充分重视本校广大师生员工的意见，特别是教授和学生的意见，依靠广大教师，依靠广大学生，把通识教育搞好。具体的工作安排，我们设想，从 2007—2008 新学年开始，就应当有新的教学计划，通识教育建设成果要部分地体现出来。争取花三到五年时间，把人民大学本科通识教育基本建设好，推动通识教育人才培养模式逐步确立和完善。目前，复旦大学成立了复旦学院，南京大学成立了匡亚明学院，它们都有比较重大的变动。人大要不要采取一些比较激烈的措施呢？这个问题我们还没有明确，还有待于大家共同探讨。

要发展高等教育，如果没有一种与时俱进、解放思想、更新观念的精神，而是抱残守缺的话，人民大学将会落伍。我们建设世界一流大学要高度关注这些问题，每位院长，不仅是某一领域的专家，也应是一位教育家，哪怕是一位准教育家，校长、副校长、书记、副书记都要如此。虽然每个人都有自己的专业领域，但为了学生的发展，为了学校的发展，还要花时间努力使自己成为一名教育家或者准教育家。

推行通识教育将会引起制度的变迁，会对组织结构、教学结构、教学资源的重新整合提出新的要求，提出新的挑战。如何应对这些问题，还要集中大家的智慧，认真研究，在探索中前进。

与时俱进，做好学生工作[*]
——在中国人民大学团学干部、学生代表座谈会上的讲话

（2007 年 6 月 6 日）

今年是学校学生工作年，学生工作含义很广泛，今天所讲的是狭义的学生工作。刚才听了学校学生工作部部长、团委书记的汇报，结合平时的情况，我们应当对人民大学的学生工作予以高度评价。学生工作对人民大学优良校风、学风的形成与弘扬起到了重要作用，是人民大学建设"人民满意、世界一流"大学不可分割的一个组成部分。

学生工作千头万绪，中心任务是人才培养，方方面面都要围绕人才培养来进行，这项工作很光荣，也很有成效。人民大学学生精神风貌好，政治坚定，积极向上，是因为有一个健康成长的环境。新世纪的人民大学学生都是很幸福的，硬件条件、学校规模、专业结构都比较好。大家做了很多的工作，还需要进一步总结经验，包括过去的优良传统，新世纪如何与时俱进。

一、充分认识学生工作的重要性

大学时代是大学生人生观、世界观、价值观形成的重要时期，大学生活对人的一生有重要的影响。更值得注意的是，我们现在确实面

---

[*] 本文根据讲话录音整理。

临着新的情况、新的问题和新的挑战，仅凭老经验、老方法是不够的，必须要解放思想，对当前学生工作的形势有清醒认识。当前我国正处于一个深刻的转型时期，正在探索建设中国特色社会主义。国家治国理念、经济形态、社会组织结构、价值观念、社会运行机制都正在发生深刻的变化、变革，都没有完全定型，所以我们的工作面临很多挑战，难度很大。我们既要跟上，又要探索，既要坚持党的教育方针，正确认识各种现象，又要妥善处理各种矛盾，解决好具体问题。现在学生工作比过去更复杂、更难做。人民大学是我党亲手创办的新中国第一所新型正规大学，是一所研究型的大学，人大培养的人才应当是有社会责任感的，有理想有素养的，有合理知识结构的，踏实务实不张扬的，勤奋工作奋发有为的。这些传统在新的形势下要继续发扬下去。人大的学生应当是社会的栋梁，在校期间要加强对他们的思想教育。我们要创造一个有利于他们健康成长的环境。学生工作系统担负着主要责任，要从这个角度认识学生工作的重要性。

二、怎样做好当前的学生工作

我们已经做了很多工作，都积累了很好的传统。我这里只是有感而发，提几点想法：

（一）关于学生工作落脚点的问题

学生工作的中心或目标、落脚点，大家认识得很清楚，是为了学生的全面发展、和谐发展，落脚点是德、智、体、美、雅全面发展。社会发展要和谐，个人发展也要和谐，得多少奖，归根到底是为了让学生全面健康成长。我们已做得很好，但还要强调这一点，不能因为追求浅层次的亮点，而忘记根本的问题。所以工作中要考虑到学生"三观"的养成，考虑到学生的修养、品德、理想、信念、情操，落实在让他们怎样做人，怎样做社会主义新人。前不久有的大学组织学生讨论《恰同学少年》，我认为很好。学校要搞一些有力度、有创意、有影响的活动，丰富学生的精神生活。搞得好的，还有可能在全国产生带动性的影响，如我校的学生志愿者活动。温总理在人民大学的讲话中提出希望同学有责任感，讲得十分深刻。策划组织学生活动不仅要让学生学会做事，更要让他们学会做人。学生活动目前是丰富多彩的，在怎么做事的方面我们已组织了很多活动，要继续努力；在怎么做人的方面我们还要加强组织策划，要开展有重大影响的、有时代主题的活动。

（二）处理好学校与学院的关系

学生工作的基点要放在学院，要处理好学校和学院两个层面的关系，进一步依靠学院，依靠基层。有些大活动要学校层面直接组织，但这不是主体；有些活动要学校协调，学院落实；更多的是学院组织的活动。搞大活动也要依靠学院，脱离学院单独由学校组织活动，肯定不是坚实的。学生工作部、学生处和团委要指导、组织学院开展活动，统筹谋划全校工作，包括队伍建设。学生工作队伍不稳，人员被挪用，有没有我们工作上的问题？要发挥学校、学院两个层面的积极性，学院要能主动、积极地开展工作，不一定都是学校布置的，学生处要承担起总结、推广基层工作经验的责任。

（三）处理好专业团队与学生主体的关系

组织学生活动，如文体活动、社团活动、学术活动、志愿者活动等，要处理好专业团队与广大学生主体的关系。专业团队是骨干，广大学生是主体，搞好前者是为了提高后者。这几年人大专业团队（文艺、体育）成绩突出，要继续抓好。同时，要下大力气推动全体学生的参与，把群众性更好地体现出来。要设计相当多的、人人都能参与的活动。合唱节、文明宿舍活动，要继续坚持，多组织一些这样的活动，使整个校园生动活泼，人人在活动中体验愉悦，受到教育。

（四）处理好学生工作内容与形式的关系

学生工作要重视内容，也要讲究形式，要认真琢磨形式问题，形式与内容要高度统一。没有好的形式，好的内容难以体现出来；没有好的内容，就容易变成形式主义。形式可以是豪华的，也可以是简朴的，可以是烦琐的，也可以是简约的。但要警惕形式主义、作秀意识，警惕奢侈浪费，年轻人不要养成过于追求形式的习惯。所以，研究形式要结合内容，要重视内容，没有内容就完全是形式主义。必须处理好二者关系。

（五）处理好学生干部与学生群体的关系

学生干部总体上是好的。怎样让学生干部更好地发挥模范、骨干、带头的作用？首先要认识到学生干部本质是学生，不是干部。香港把学生干部叫"领袖生"，"领袖生"也是"生"，落在一个"生"上，即以学习为主，学习是根本任务。所以，学生干部必须品学兼优，综合素质要好，要全面发展，学习不能差。给学生干部的压力不要过重过大，平时不要占用他们过多的学习时间。对动用学生干部搞活动要慎重，不要轻易把他们拉出来为学校干活，尤其不要让学生来担任这个助理那个助理。我知道这种现象机关存在，学院也有。研究生可以干一些，做辅导员、"三助"都可以。但是本来应当由教师、干部做的事，让学生去做是不合适的。如果方法不当，会让一些学生养成一些坏习气，吹牛、拍马，官气十足。

（六）关于学生工作队伍建设的问题

目前，我校已有这方面的制度创新，在班主任制度的基础上，增加了辅导员制度，与学院、与宿舍结合，与班主任队伍纵横交错，编织一张网，为学生服务。这个制度目前还不成熟、不完善，希望在探索当中予以完善。学生工作干部的编制要健全、工作要饱满、态度要积极、人员要到位。专职人员首先要做好本职工作，要不断进行工作创新，有为才能有位。此外，对干部使用问题的认识要大气一些，在学院一级有很多工作是打通的，因此部分干部兼做一些其他工作未尝不可，但毕竟是专职岗位，本职工作要做好，工作必须到位。对没有专职干部的，我们要督促配齐，寻求人事处的配合。

（七）其他问题

其他方面没有大的问题，大家提提建议，学校来保证；活动场地也要保证，再研究一次，看如何解决场地不足的问题。后勤集团、招生就业部门、网管中心等有关部门的工作都要给予充分肯定。学生宿舍、食堂、教室、图书馆、运动场的问题还要狠抓，要依靠基层。奖励、表彰要用，批评、处分也要用，宽严得当。当然，要以奖励表彰为主。

做"立学为民、治学报国"精神的实践者和传承者[*]

——在中国人民大学第28次学生代表大会上的讲话

(2008 年 4 月 10 日)

"立学为民、治学报国"这八个字是我们在中国人民大学 70 周年校庆大会上，总结学校 70 年办学历程所积累的人文精神时提出的。"立学为民、治学报国"是一种始终保持对祖国、对人民无限忠诚的责任；是一种始终脚踏实地、艰苦奋斗的精神；是一种以人为本、团结合作的胸怀；是一种开拓创新、锐意进取的情怀；是一种淡泊明志、宁静致远的境界；也是一种严谨求实、戒骄戒躁的学风。它既是人民大学这所从战火中走来，与党和人民同呼吸、共命运的大学革命精神在新时期的概括，又是人大优良传统在改革开放和建设中国特色社会主义新时代的一种弘扬。进入新世纪以来，学校高举中国特色社会主义的伟大旗帜，贯彻落实科学发展观，坚持"特色强校、内涵提高、质量第一"的发展道路，在各项事业发展中取得了令人瞩目成就，所有这些正是"立学为民、治学报国"精神的具体体现。

我们身处这样一个改革发展的时代是幸运的。我们的国家正在建设中国特色社会主义的道路上阔步前进，我们的学校也正在建设"人民满意、世界一流"大学的进程中阔步前进。今年 3 月 15 日，胡锦

---

[*] 本文根据讲话录音整理，全文原载《学校党建与思想教育》2009 年第 3 期。

涛总书记来到我校参加了"中日青少年友好交流年"的开幕式,并对人民大学作出了"发扬传统,办出特色,办出水平"的重要指示,为学校新时期的建设发展进一步指明了方向。胡锦涛总书记再次当选国家主席后出席的第一个公务活动选择在人民大学举行,充分体现了党和国家对人民大学的亲切关怀、充分信任和殷切希望。这是对学校70年来"立学为民、治学报国"的光荣传统的肯定,是对学校新世纪以来"特色强校、内涵提高、质量第一"的科学发展道路的肯定,是对学校奋力建设"人民满意、世界一流"大学奋斗目标的肯定。

我们身处这样一个改革发展的时代也是责任重大的。作为学校的主人,大学生是"立学为民、治学报国"精神的传承者和实践者,大学生展现的是学校的成就和风采,代表的是学校的未来和希望。

一、弘扬"立学为民、治学报国"精神,就要立志高远,胸怀人民

中国人民大学从战火中走来,得以"中国人民"这一神圣的称号命名,既是人民大学的无上光荣,又是人民大学的神圣使命。作为人民大学的学生,应当对"人民"这两个字有更加深刻的理解,这是我们学习的目的和宗旨,也是我们全部力量的源泉。温家宝总理2007年"五四"青年节来我校看望青年学生时,曾经对广大同学提出三点希望,希望大家坚持理论联系实际的学风,要有勇于创新、追求真理的勇气,要树立对祖国和人民强烈的责任感。他深情地指出,"只有对国家和人民爱得越深,我们的这种责任感才更为强烈。这是我们学习的动力、生活的动力,也是将来工作的动力"。温总理的这番话揭示了当代青年成长成才的根本道理。

当前,我国经济体制深刻变革,社会结构深刻变动,利益格局深刻调整,思想观念深刻变化。这些变化不仅带来了一系列新情况,也带来了一系列新问题。我们国家变得强大了,人民的生活水平大幅提

升了，但与此同时，拜金主义、物欲横流、奢侈浪费、诚信沦丧等也相当程度地出现在社会生活中，并已不同程度地影响青年学生的健康成长。现在，有的同学斤斤计较个人利益，遇到困难就怨天尤人；有的同学把读书学习的目标仅仅理解为考高分、谋高薪、做高官；有的同学只在意个人生活的小圈子，只关注娱乐圈里的八卦新闻，不那么关心国家大事，不那么关心身边同学……这样一些现象的背后，既有大环境的原因，也有我们同学自身缺乏宏图大志的原因。作为一个时代青年，作为一名人大学子，要牢记"为民"乃立学、治学之根本，要关注社会、关注国情、关注民生，自觉地运用社会主义核心价值体系所倡导的积极向上的思想教育和引导自己，自觉抵制不良社会风气的影响；在明辨是非、美丑之中，树立正确的世界观、人生观和价值观，坚定建设中国特色社会主义、实现中华民族伟大复兴的伟大理想，并决心为之而奋斗。

二、弘扬"立学为民、治学报国"精神，就要脚踏实地，潜心学习

学习是大学生的第一要务。不"立学"何以"为民"，不"治学"何以"报国"？"立学"是掌握报国本领的基础和根本。在科技进步日新月异、社会竞争日趋激烈的今天，学习的重要性日益突出。希望同学们始终牢记"千里之行，始于足下"的古训，发扬"谦虚谨慎、艰苦奋斗"的优良传统，培养"不唯书，不唯上，不唯洋，只唯实"的独立思想，遵循"学而知新、厚积薄发"的治学之道，时刻坚持学习本位，摒弃浮躁，潜心求学。

从这一思想出发，我们的学生干部、学生骨干要把学习放在首位。学生干部本质上仍然是学生，要处理好当学生干部和当学生的关系，要把学习放在首位，带头学习，以身作则；各级学生组织在开展活动时要注重求实、求新，讲求方法，引导广大学生把更多的时间投

入到学习中去。胡锦涛总书记在 2007 年全国优秀教师代表座谈会讲话的时候指出（我曾有幸参加这个座谈会），希望广大教师"静下心来教书，潜下心来育人"，显然很有针对性。要培养合格的大学生，当然需要优秀的教师，需要良好的办学条件和气正风清的和谐校园氛围，但另一个重要的方面还在于受教育者本人的努力。对于学生来说，这种要求就是希望大家静下心来读书，潜下心来钻研。正因为此，近些年来，我本人一直强调守护大学精神，守护宁静校园，在《中国人民大学之歌》里也有"百家廊下的宁静圣洁，求是园中的自由和谐"，都是希望大家淡泊明志、宁静致远，把刻苦读书、潜心钻研、探求真理作为一种崇高的大学生活方式。当然，我们所指的学习也不是一味地固守书本，而是要同时关注现实，联系实际，在"道"、"术"结合、知行统一中增长知识，积蓄能量，提升教养，增强社会责任感，以全面发展的素质彰显人大学子的风貌和风采，将来成为祖国合格的建设者和接班人。

三、弘扬"立学为民、治学报国"精神，就要心胸宽广，团结合作

《论语》曰："子绝四：毋意，毋必，毋固，毋我。"勤奋学习、立志报国还必须学会与他人团结合作。当今社会，一个取得成功的人必然也是一个心胸宽广的人，必然也是一个懂得关爱他人的人。一个人的力量相对于社会是渺小的，只有将个人的眼光投向社会，关注他人，具备与他人和谐相处、共事合作的能力，不拘泥于个人的天地，充分发挥团队优势，调动集体的力量，才能成就真正伟大的事业，才能成就真正对人民有益的事业。无论是卓越的领航者还是优秀的团队成员，都要求我们拥有宽广的胸怀、包容的品格、团队合作的精神，严于律己，宽以待人，对社会充满责任，对理想充满自信，对事业充满热情，对生活充满活力，永远以良好的精神面貌和工作状态迎接一

个又一个挑战。

作为学生干部，要处理好"学生"和"干部"的关系。学生干部首先是一名学生，其次才是一名学生干部。学生干部要成为勤奋学习的表率，成为社会活动的骨干，成为学校与广大学生的桥梁，把为同学服好务放在重要位置，主动培养服务他人、无私奉献、为他人着想的精神品质。要处理好学生活动与广大学生的关系。我们工作的出发点和落脚点是全体学生，团组织和学生干部要把各种各样的活动组织好。抓社团和活动的目的是要通过学生骨干来带动全体学生，带动整个校园，让整个人民大学充满活力。我希望大家从今天做起，将实现个人价值与树立远大理想统一起来，始终保持自信乐观、宽容淡定的态度，做生活的勇者、求知的智者、事业的强者。

四、弘扬"立学为民、治学报国"精神，就要继承传统，勇于创新

建设创新型国家，需要大批创新型人才。创新理论、创新技术、创新制度、勇攀科学高峰的当然是创新型人才，但具有创新型思维、在任何工作岗位上都能够创造性地开展工作、创造性地解决问题、开拓工作新局面的人，都应该说是创新型人才，不要把创新看得太神秘。大学是培养创新型人才的重要基地，同学们应该在大学阶段为成长为创新型人才打下良好的基础。

成为创新型人才，需要继承传统。传统是创新的根基、土壤、种子和资源。任何形式的创新都不是空中楼阁，而是建立在传统的基础之上。无论是制度创新、理念创新还是思路创新，都离不开挖掘、继承、发扬自身的传统。从某种意义上讲，有时候继承传统也是一种创新。人民大学成立国学院，这是继承传统文化，也是一种时代的创新。我们不仅要继承传统，重视知识的学习，更要重视创新型思维的培养，重视创新人格的养成。爱因斯坦曾精辟地指出，学校的目标应

当是培养独立工作和独立思考的人,这些人把为社会服务看做自己最高的人生目标,并且他还强调,学校始终应当把发展独立思考和独立判断的一般能力放在首位,而不应当把取得专门知识放在首位。我个人认为爱因斯坦的教育思想是非常独到的。要成为创新型人才,就要培养自己高度的社会责任感和人文情怀;激发自身追求科学、追求真理的激情;养成关注现实、关注前沿的学术品格;形成勤奋求实、严谨求真的学术态度;造就持之以恒、坚忍不拔的毅力和信心;具备"敢为天下先"的勇气和理性批判的精神;保持开放的心态和与他人团结协作的意识,树立为人类进步作贡献的崇高理想。

过去有这样一句话:对一切事物要抱有怀疑的态度。我本人不太赞同这种认识,我倒是赞成对一切知识、一切事物都要持探究的态度、思考的态度,要深思,要慎思,要采取思考的态度,追问一句:它合理还是不合理?合理的当然不怀疑,不合理的那就要怀疑、批判。所以说,要坚持理性批判的态度或者说理性怀疑的态度看待问题。如果没有探索的态度,遇到事情不去思考,一切都认为就是这样,不可能改变,不可能解决,那也就不可能有创造、创新。人民大学不应当只培养这样的人才,人民大学必须培养创新型人才,创新人格的培养尤为重要。没有对人民的赤胆忠心,没有热爱祖国、报效祖国的赤胆忠心,没有追求真实、追求真理的科学精神,就不可能创新,绝不可能。

创新意味着拼搏、奉献,意味着要付出种种代价,这种代价不仅仅是付出心血和汗水,还有学术上的风险,甚至政治上的风险。所谓仁者无敌,仁者无畏。没有博大的胸怀,没有勇敢的精神,永远不可能创新。学术人格、创新人格是非常重要的问题。我希望我们人大的学子们,要学会培养自己的创新人格,培养自己的创新思维,要在继承的基础上不断地进行创新。

一所大学最重要的历史作用和社会价值就在于,能够培养、输送适应国家发展和社会进步需要的大量优秀人才。人民大学无疑在这方面已经作出了杰出的贡献。新中国创立、建设、发展的各个阶段，都有我们的校友在众多关键岗位和重要领域拼搏奋斗的身影。他们被誉为高水平的优秀建设者和各行各业、各个层面的领袖人才，成为社会主义事业的优秀接班人，成为真正的"国民表率、社会栋梁"。在他们身上最直接地体现了"立学为民、治学报国"的人大精神。今天，历史的重任落在了新一代大学生的身上，人大的精神需要由你们来传承，人大的发展需要由你们来推动，人大的辉煌需要由你们来延续、来开创！因此，我希望同学们一定要在建设中国特色社会主义伟大事业中，做"立学为民、治学报国"精神的实践者和传承者。

高校应在干部教育培训中
发挥独特的积极作用
——在中共中央组织部干部教育培训
制度创新座谈会上的汇报

（2008 年 7 月 8 日）

重视干部教育培训工作是我党的一项优良传统。进入新世纪以来，新的形势和任务对干部队伍的政治理论素养、知识业务水平和领导能力都提出了更新、更高的要求，加强干部教育培训比以往任何时期都更为迫切和重要。

在进一步发挥中央及地方各级党校、行政学院培训作用的同时，充分发挥高等院校特别是全国重点高校在干部教育培训中的独特作用，既能有效发挥高校服务社会的功能和优势，又能使干部教育培训工作进一步丰富内容，贴近实际，不断创新。现将有关情况汇报如下。

一、中国人民大学开展干部教育培训工作的情况

中国人民大学是我党亲手创办的第一所新型正规大学，其前身是 1937 年诞生于抗战烽火中的陕北公学以及后来的华北联合大学、华北大学。学校在这几个历史时期始终将干部教育培训作为主要的办学任务，先后培养近 4 万名党政干部，为中华民族解放事业提供了强有

力的人才支持。

1949 年 12 月 16 日，党中央和政务院"为培养具有马克思列宁主义素养的新中国建设干部"，决定以华北大学为基础成立中国人民大学。学校继续将干部教育培训作为一项义不容辞的责任，坚持不懈，不断发展，形成了学历教育与非学历教育、在职教育与非在职教育相结合的干部教育培训机制，并且创立了新中国第一家以培养在职干部为主的函授学院，开创了新中国成人高等教育的先河，为新中国建立和完善新的党政干部培训机制作出了重大贡献，因此人民大学被誉为新中国干部的摇篮。

改革开放以来，特别是进入新世纪以来，人民大学在发扬传统、优势和特色的基础上，进一步丰富了干部教育培训的内容和形式，采取干部专修科、劳模班、研修班、函授教育、网络教育、各种干部短训班，以及工商管理硕士（MBA）、高级管理人员工商管理硕士（EMBA）、法律硕士、公共管理硕士（MPA）等学历教育形式，为我国公务员队伍和企业干部队伍建设作出了重要贡献，被誉为公务员的摇篮、企业家的摇篮。

中国人民大学开展党政干部、企业干部教育培训的形式除正规的学历教育之外，主要有六种：一是受党政机关委托的培训任务，如中纪委、中央统战部、中直机关、原国家经委、教育部、北京市等；二是以校地（省校、市校）共建形式开展的党政干部合作培训，如与北京、广东、云南、四川、浙江、安徽、西藏等省市区组织部门开展的合作培训；三是按照国家有关规定，面向社会提供研究生层次的研修培训，其中大量面向机关、企事业单位管理干部；四是以对口支援形式面向内蒙古、新疆等少数民族地区开展的培训；五是大型国有企业委托或校企合作所承担的专题培训、研修班培训；六是其他各种形式的培训。从培训方式上看，也在不断创新，既有我校独立开展的培训，又有"党校加高校"、"境内加境外"等模式的培训；既有学制较长（1～3 年）的培训，又有短期（1～2 天）专题培训。从培训对象上看，既有各级党政机关的领导干部，又有政法系统、财税金融系统、新闻出版系统、民族宗教系统等各行各业的领导干部和高层专业人员，也有大型国有企业的高级管理人员，以及有影响的民营企业人士等。

　　人民大学开展的干部教育培训工作取得了丰硕的成果和广泛的社会影响。干部专修班方面，改革开放以来，学校受各系统委托开办学制两年的干部专修班，共培养学生 3 939 名；函授教育方面，从改革开放到新世纪初，学校函授学院（现名为继续教育学院）通过继续教育方式先后培养 60 000 余名毕业生，其中多数是来自党政机关、军队干部和国有企业、金融机构的业务干部；研究生课程进修班方面，从 1995 年至今，学校共招收、培养包括哲学、经济学、法学、管理学等学科门类研究生课程进修班 35 000 余人（其中 5 616 人获得硕士学位），多数为党政机关、国有企事业单位干部；进入新世纪，学校大力发展网络教育，共培养 20 000 余名毕业生，其中 3 000 余人获得学位，他们中的大多数也都是党政干部和企业人员。1991—1993 年，学校还受原国家教委委托，试点招收青年劳动模范入学学习，共招收三届 131 名，圆满完成学业。此外，各个学院承担的各种短训班也先后培训了数万名人才。以上各种形式的干部教育培训，为国家培养了大批建设人才，他们中很多人成长为改革开放的骨干力量，十七届中央委员中的张宝顺、孟学农、韩长赋等领导同志就是他们中的优秀代表。

　　多年来，人民大学所有学院（系、所）在完成全日制本科生、研究生教学任务的同时，都参与了多种形式、规模不等的干部培训工作。为更好地服务社会，2003 年，学校在教育培训中心的基础上组建成立了培训学院，专门承担党政干部和企业干部的非学历、高端培训。据不完全统计，从 2003 年至今，培训学院高端培训的学员超过 61 700 人次，其中干部培训 46 500 人次，企业内训 5 600 人次，其他各类研修班 9 600 人次。培训地区覆盖全国 26 个省、自治区、直辖市。培训对象涵盖中直机关、各大部委、地方党委组织人事系统、大型国有企业、民营企业等数百家单位。

二、中国人民大学开展干部教育培训的特色和优势

（一）充分发挥学校人文社会科学整体优势，特色鲜明

中国人民大学是一所以人文社会科学为主的综合性、研究型全国重点大学。进入新世纪以来，学校按照"国际通行，中国特色，人大特有"的思路，狠抓重点学科、特色学科和传统优势学科，并构建起了以经济学、法学、管理学、政治学、社会学、新闻学、哲学等为代表的人文社会科学优势学科群，形成了人文社会科学学科齐全、整体水平较高、密切联系实际的特色，也使人民大学在干部教育培训方面显现出独特的优势。

商学院是我国最早开展商科高级管理培训的学院之一，从 1988 年开始，至今已有上万人接受各种高级管理培训。学院圆满完成了与北京市、江苏省徐州市、内蒙古自治区通辽市、山东省济宁市、湖北省宜昌市、浙江省奉化市等地方组织部门开展的合作培训，并面向中国移动、中国联通、国家电网等大型国有企业以及民营企业管理层举办了多期专门性的干部研修班。

公共管理学院承担了全国税务、交通、社会保险等多个系统的干部教育培训工作，从 2004 年开始的全国交通系统司局级干部脱产短期培训，整合多学科高水平专家优势力量系统授课，受到学员的高度评价。在首期 44 位高级管理人员结业典礼上，交通部一位副部长高度评价该研修班：培训目的明确，课程设置合理，教学组织完善，师资力量雄厚，后勤服务周到。

法学院从 1990 年开始，与最高人民法院合作开展全国高级法官培训班。从 2005 年开始，承担了为中央及地方公检法司等系统的专业培训工作，共培训各类干部 700 余人。

新闻学院近年来举办了 8 期全国各省市政府部门新闻发言人培训班，共培养 300 余人。

受广州市委组织部委托，2003 年以来培训学院为广州市培训干部 240 余人；为中山市市委培训干部（从市领导到村镇领导）2 000 余人，他们中的很多人成为基层党政工作的骨干力量。

（二）内容贴近实际，"关注前沿"、"解渴"、"管用"，广受欢迎

中国人民大学从自身学科特色和优势出发，不断创新形式，并根据培训对象的需要提供贴近实际的"菜单式"服务，受到了委托单位的高度评价。

与云南省的省校共建合作是最具代表性的合作形式之一。从 2007 年 11 月开始，受云南省委组织部的委托，学校对云南省对外经贸、工业经济、法院、财税系统、党政后备干部、各地州副职 6 个系统的领导干部开展了 6 期"党校加高校"式的、针对性很强的培训。目前共结业学员近 400 人，受到广泛欢迎。在此基础上，2008 年 5 月，我校又与云南省签订了省校合作协议，进一步巩固了从干部教育培训到提供智力支持的全方位的合作体系。

应中央统战部的要求，人民大学于 2006 年、2007 年举办了两期宗教领袖研修班，培训各省市区五大宗教学员 157 人，其中 80％为省市一级人大代表和政协委员，12 位担任全国人大代表和政协委员。学员在 4 个月的集中学习中，既接触了专业理论知识，又接受了全面的人文熏陶，扩大了知识面，拓宽了眼界。两批学员对研修班的效果十分满意，均表示受益匪浅。

2003 年 6 月至 2004 年 5 月，劳动人事学院受北京市委委托，面向全市组织系统 523 名领导干部（其中局级干部 110 人）举办了 9 期培训班。时任北京市委副书记的杜德印同志在结业典礼上高度评价人民大学培训工作"将在北京干部人事管理历史上写下重重的一笔"，认为这是一次高质量的业务培训，所设计的培训内容和专题"管用"、

"解渴"、"对北京市组织人事干部观念的转变将产生长期的深远影响，为干部人事制度改革奠定了人才准备，武装了一代人"。

（三）各项管理严格规范，坚持质量第一

中国人民大学始终坚持正确的社会服务导向，按照"守规矩"、"讲诚信"、"创品牌"的工作原则，以学校为主导，根据自身学科特点和优势，认真研究培训计划，科学、规范开展培训工作，确保培训质量，自觉维护学校声誉，拒绝任何形式的挂靠、转包，赢得了广大学员的广泛认可。

学校先后为中央直属机关事务管理局和江西鹰潭、四川荣县、安徽肥东县等地开展公益性质的培训课程，在无任何盈利的情况下，克服困难，根据受训单位的需要提供优质的培训服务。

为响应党和国家西部大开发的政策号召，学校从 1999 年开始与新疆大学联合在新疆举办了 MBA 课程研修班，10 年期间共培训 14 期学员 1 160 人，被新疆企业界誉为"企业家的摇篮，高管人才的宝库"。学校还面向部分边远省份（如黑龙江伊春市、新疆阿勒泰地区、内蒙古呼伦贝尔地区）开展免费培训项目，专门选派学校优秀教授前往当地或组织学员来校开展培训，很多学员而今已成为当地重要的领导骨干。

三、高校在干部教育培训工作中的作用和优势

（一）高校开展干部教育培训是社会服务功能的延续

教学、科研、社会服务、国际交流是现代大学的四项基本职能。在建设创新型国家、提高政府执政能力的过程中，高校特别是重点高校、研究型大学作为知识创新的基地，承担着义不容辞的责任。充分发挥高校的社会服务职能，全面、深入、系统地参与我国干部队伍的培训，不仅能够促进干部队伍的专业化建设工作，也能够有效地促进

大学履行社会职责，提升大学理论联系实际的能力和水平，拓展学校的社会资源，加速大学自身的发展。

（二）高校开展干部教育培训是实现科学研究成果转化的一种重要形式

干部教育培训是高校科研成果接受社会检验并实现成果转化的重要形式。我校把人文社会科学的研究成果和国际学术前沿的最新成果直接转化为干部教育培训的教学内容，对于干部更新知识，拓展视野，提升业务能力和政策水平，增强政府的执政能力都起到了积极作用。

（三）高校拥有独特的校园文化氛围，更有利于干部综合素质的全面提高

高校拥有独特的校园人文环境和学术氛围。接受培训的很多同志重新回到大学校园感觉十分亲切，他们不仅能够在课堂上获取专业知识，而且大学丰富的藏书，多种多样的讲坛、学术会议，丰富多彩的学术活动都成为他们学习新知、开阔眼界、提升自身综合素质的重要源泉。

四、进一步发挥高校在干部教育培训中积极作用的几点建议

（1）干部教育培训应该在更加开放的系统中进行，大学特别是一批具有丰富教育培训经验的大学，有条件举办大规模、分层次、系统化、个性化的干部教育培训，与党校、行政学院相比有着自身的优势和特色。因此，应该更好地、制度化地将大学培训纳入到干部教育培训体系中来，使之真正成为名副其实的干部教育培训的一个重要的方面军。

（2）干部教育培训的主管部门与高校要加强双向互动，总结干部培训中的学历教育与非学历教育等多种形式，与时俱进地探索创新更加贴合实际的教育培训形式。例如，劳模班、干部专修班等干部培训形式曾在历史上发挥过重要的积极作用，现在应该加以研究，创新形式，或许可以继续发挥新的作用。

（3）进一步丰富干部教育培训的内容。除现有内容外，可以适当增加中外优秀文化方面的课程内容，倡导干部多读书、读原著、读元典，拓展视野，陶冶情操，使我们的干部不仅具有厚实的政治理论、精良的业务知识，而且具有高雅的文化修养，以修德养廉。而这样的培训普通高校具有明显的优势。

（4）对承担培训任务的高等学校，除委托部门给予必要的培训费用之外，政府也应该加大经费投入和支持力度，主要用于高校建设干部教育培训的基础设施，改善条件，推进教材建设和课程体系建设，支持教师开展必要的教学、科研和社会调查等活动。

中国人民大学具有"立学为民、治学报国"的精神，具有理论联系实际的优良传统，具有干部教育培训的丰富经验，在新的时期，一定能够按照科学发展观的要求，继续做好干部教育培训工作。

部分开学典礼、毕业典礼和
学位授予仪式上的讲话

Ⅰ. 我们永远的精神家园
——在中国人民大学 2001 届毕业典礼上的讲话

（2001 年 6 月 27 日）

同学们、老师们：

今天，我们隆重举行 2001 届学生毕业典礼。首先，我代表学校向今年毕业的 1 270 名本科生、29 名第二学士学位生、626 名硕士生、279 名博士生表示热烈祝贺！向为培养本届毕业生付出辛勤劳动的广大教职工表示衷心的感谢！

在本届毕业生中，有 58 名同学获得市级优秀毕业生光荣称号，128 名同学获得校级优秀毕业生光荣称号，132 名同学获得院系级优秀毕业生光荣称号，有 12 名同学光荣入伍，有 2 名同学到西部工作。在此对获奖的同学表示热烈祝贺！向参军和支边的同学表示崇高的敬意！

今年是新世纪的第一年，你们是新世纪的第一届大学毕业生，这是你们的荣幸，是你们的骄傲。21 世纪是一个充满着希望的世纪，是一个崇尚知识和尊重人才的世纪，这为你们建功立业提供了最好机遇；同时，21 世纪也是一个充满着竞争的时代，是一个强者对话和优胜劣汰的时代，这也成为你们事业发展面临的最大挑战。在这样一个机遇和挑战并存的时代，我相信同学们一定能用大学时代获得的知识和智慧赢得机遇，战胜挑战，在新世纪迎来事业的新发展，谱写人生的新篇章。

同学们，几载寒暑，几番耕耘，经过几年的刻苦努力和拼搏进取，你们圆满完成学业，即将迈向新的人生征程，在此，我代表学校向你们提出几点希望和祝愿。

第一，希望你们大力弘扬中国人民大学的光荣传统，始终奋进在时代前列。

始终奋进在时代前列，是中国人民大学的光荣传统和优良校风。作为一所在战火中诞生的大学，中国人民大学无论在革命战争年代、和平建设时期，还是在改革开放时代，总是勇敢面对时代挑战，奋进在时代前列，为国家的昌盛、民族的团结、社会的繁荣作出了重要贡献，也在中国高等教育史上写下了辉煌篇章。一届又一届人大毕业生以自己敏锐的政治头脑、坚定的理论素养、扎实的业务功底、踏实的工作作风，活跃在政界、新闻界、法律界、经济界和学术界，活跃在祖国大江南北甚至是海外的各个重要领域、重要岗位，为国家、为社会、为人民作出了突出贡献，赢得了社会的广泛认同和赞誉，也为母校争了光。"时势造英雄"，作为新一届人大毕业生，我希望你们走向社会后树立远大的理想和坚定的信念，继续弘扬中国人民大学的光荣传统，以历届优秀的校友们为榜样，在汹涌澎湃的时代大潮中，立足时代潮头，引领时代风骚。

第二，希望你们谨记中国人民大学的校训，奉献于国家，服务于人民。

同学们，60多年前毛泽东同志曾为我校前身陕北公学题词，希望陕北公学为中国革命造就这样一批人，"这些人是革命的先锋队。这些人具有政治远见。这些人充满着斗争精神和牺牲精神。这些人是襟怀坦白的，忠诚的，积极的，与正直的。这些人不谋私利，唯一的为着民族与社会的解放。这些人不怕困难，在困难面前总是坚定的，勇敢向前的。这些人不是狂妄分子，也不是风头主义者，而是脚踏实地富于实际精神的人们"。今天，我们重温这段题词，依然具有现实意义。尽管同学们今天面对的时代不再是先辈们所处的战火纷飞的年代，但是有一点依然是共同的，即依然需要忠诚坦荡的胸怀，依然需要脚踏实地的精神，依然需要实事求是的态度，依然需要艰苦奋斗的作风。希望同学们走出校门之后，一定不要忘记毛泽东同志所提倡的那么一种精神、那么一种信念、那么一种历史使命感和社会责任感，不要忘记我校"实事求是"的校训，树立正确的世界观、人生观、价值观，脚踏实地为人民做实事，勤勤恳恳为国家作贡献。

第三，希望你们继续发扬中国人民大学的学风，做知识经济时代的骄子。

21 世纪是知识经济的时代，是崇尚学习的时代，是倡导创新的时代，在这样一个时代，知识起着主导作用，掌握知识就意味着把握主动权，处于竞争的优势地位。身处这样一个时代，同学们不但要有良好的思想政治素质、深厚的专业功底、良好的人文素质、广博的社会知识，而且还需要掌握获取新知识的途径和方法，需要培养解决问题和积极创新的能力。同学们在学校虽然接受了比较系统的教育，在知识结构和能力素质方面打下了一定的基础，但是要适应知识经济日新月异的发展需要，要想站在时代前列，迎接更多更新的挑战，就必须学习，学习，再学习，勇于实践，大胆创新，在丰富多彩的社会大课堂里继续努力，不断完善自己的世界观、人生观和价值观，不断吸纳新知识、新理论、新方法，不断提高综合素质和竞争能力。"天道酬勤"，希望同学们继续保持和发扬母校的优良学风，充分展示人民大学学子的风采，在各自的工作岗位上取得新进步，作出新成绩。

第四，希望你们勿忘母校培养，继续关心、支持母校的建设和发展。

　　同学们，当前我校正处于建设以人文社会科学为主的世界一流大学的起步阶段，正处于建设和发展的紧要关头，学校研究并制定了发展战略，以江总书记"三个代表"重要思想为指导，高举邓小平理论关于"发展才是硬道理"的旗帜，以建设一流大学为目标，以加快发展为主题，抓好学科的规划与建设，抓好校园的规划与建设，努力改善办学条件，争取三五年内使学校面貌发生明显的变化。学校的建设和发展固然主要取决于校内师生的努力和奋斗，但是也与广大校友的关心与支持分不开。世界上任何一所一流大学的建设和发展都离不开广大校友的鼎力支持。无数的事例说明，校友是学校事业发展的延伸，是学校办学的重要依靠力量，校友的支持是学校发展的重要支撑点。人民大学之所以取得今天的成绩，具有今天的声望，是同一届又一届校友的出色表现分不开的。

　　同学们，几年来你们和母校同呼吸、共命运，学校的兴衰变化时刻牵动着你们的心弦，学校的一草一木凝聚着你们的关爱，你们既为学校建设和发展中所取得的进展和成绩而高兴，也为学校在建设和发展中遇到的困难和问题而忧虑。在此，我代表学校向你们表示感谢！同时，中国人民大学是你们人生的重要驿站，是你们永远的精神家园，希望你们今后"常回家看看"，继续关心、支持母校的建设和发展，用你们的工作成就为母校增光添彩，为母校早日建设成为以人文社会科学为主的世界一流大学添砖加瓦，贡献自己的最大力量。

　　最后，再次预祝同学们在新的人生旅途上再接再厉，在改革开放和社会主义现代化建设的广阔舞台上，取得突出成绩，作出突出贡献，实现新的价值，获得新的成功。你们的成功，就是对母校的最好回报；你们的成功，就是母校的光荣！祝同学们在新的岗位上大展宏图，在新的征程上鹏程万里！

　　谢谢大家！

Ⅱ. 没有围墙的大学 *

——在中国人民大学网络教育学院 2001 级新生大会上的讲话

（2001 年 3 月 1 日）

同学们：

在这新世纪的第一个春天，我谨代表中国人民大学向网络教育学院的各位新同学表示热烈的欢迎和真诚的祝贺！

你们是中国人民大学注册的又一届新生，与往常不同的是，你们不是用传统的教室、传统的黑板来近距离学习，你们的老师将主要通过互联网向你们传授知识，在中国人民大学 60 多年的历史上这是一个新的重要的创举。

很多人都会有体会，上大学尤其是上名牌大学，是年轻人的一个梦想。目前我们国家还不很发达，改革开放以来，虽然我们取得了重大成就，我国高等教育也在改革中迅速发展，但距离发达国家还有差距。由于我国是穷国办大教育，在财力上还有一定的限制，远程教育就是我国发展高等教育的一种非常重要的方式。科技的发展、网络的出现，为我们远程教育提供了现代化的条件，我们现在正在进行的是现代远程教育，也就是通过网络教育来上课，这是新时代为学生求学创造的一种新条件。

世界上不少国家对网络教育的发展都给予了前所未有的关注，网络教育将成为 21 世纪人类最主要的学习渠道之一。党中央、国务院，特别是教育部对网络教育的发展特别关注。1999 年初教育部在《面向21 世纪教育振兴行动计划》当中已经把发展网络教育列为我国教育事

---

* 本文根据讲话录音整理。1998 年，中国人民大学创办了我国第一所采用互联网教学的网上大学——网上人大，主要面向在职人员，基于互联网，实行业余、分散式教学。经过十多年的努力，网上人大的办学能力和办学质量已处于国内领先地位，是我国最具影响力的网上大学之一。

业的一项重要的决策。我们中国人民大学在全国网络教育领域中可以说是走在最前面的。为了响应国家"建设具有中国特色的教育体系"的号召，我们在全国率先发展了网络教育，并在近几年取得了较大的进展。人民大学早在 1997 年就开始了网络教育的探索和筹备工作，1998 年成立了网络教育学院和网络教育委员会，1999 年 9 月中国人民大学现代远程教育网正式开通，2000 年 9 月开始面向全国正式招生。

现在我们很高兴地看到，有这么多的青年人能通过网络这种渠道走进我们学校，这一点令我们这些工作过很多年的教育工作者由衷地感到欣慰。同学们可以突破传统教育方式，在一个没有围墙的大学里面，得到中国人民大学教师的指导，接触到中国人民大学丰富的教育资源。通过网络教育学院为你们搭建这样一个平台，你们还将得到更多更好的学习资源，我们对大家寄予厚望。未来把握在你们自己手中，希望你们通过这几年的网络大学的学习生活，充分利用教学资源，努力学习专业知识，立志成为一个有理想、有道德、有文化、有纪律的 21 世纪所需要的合格人才。网络教育为同学们提供了更加灵活的学习方式，为更多有志青年提供了学习的机会，但网络教育绝不是速成的高等教育，要通过网络学习来取得中国人民大学的文凭，同样需要同学们通过刻苦的学习和持续的努力，或者要付出一定代价和牺牲才能够取得，在这方面同学们应该有一个清醒的认识。你们只有一步一个脚印，认真扎实地学习，才能取得好的成绩，希望今后在你们当中能涌现出一大批出类拔萃的人才，成为中国人民大学的骄傲，成为国家的栋梁。

同学们，网络教育是一个美好的、新生的事物，代表了未来教育发展的大方向，我们虽然初步积累了网络教育的一些经验，但它毕竟刚刚起步，在教学模式、课程内容、课件资料、服务管理等方面仍然需要在实践当中不断地改进，目前还远远没有达到理想的程度，还需要付出很多心血，不断探索，希望同学们也积极参与这样的探索。在你们的身后有许多为网络教育的发展而辛勤工作的教师、教学管理人员和专业技术人员，他们和你们都是我们网络教育的开拓者，让我们一起为中国人民大学网络教育事业的长远发展、为我国教育事业的发展共同努力，共创美好的明天！预祝同学们学习顺利，努力成才！

Ⅲ. 发扬光大学校的传统 *
——在中国人民大学 2001 级博士新生大会上的讲话
（2001 年 9 月 20 日）

同学们：

我首先代表学校热烈祝贺和欢迎同学们进入中国人民大学攻读博士学位。我今天与大家见面，主要想表示学校对博士生教育是十分重视的，同时给大家介绍一些学校的情况，对同学们在校学习期间提一些要求和希望。

一、中国人民大学的情况：历史和传统

（一）历史沿革

我校的前身是 1937 年在延安成立的陕北公学，毛泽东同志在陕北公学有个演讲，已收入《毛泽东选集》。当时延安有几所重要的学校，如抗日军政大学是培养军事干部的，中共中央党校是培养党的干部的，还有陕北公学。陕北公学主要是为革命根据地的建设培养干部的，即现在的公务员，如财政、盐税、土地改革等方面的人才，也包括文学、艺术等方面的人才。经过 1937 年至 1949 年的抗日战争和解放战争，陕北公学演变为华北联合大学、华北大学。

陕北公学成立时，校长是成仿吾。成老是文学家，与郭沫若齐

---

* 本文根据讲话录音整理。

名，他也曾参加二万五千里长征。他在《战火中的大学》的回忆录中回顾了我校从陕北公学到华北大学期间，一直是在战火纷飞的年代中度过的，即我校诞生于民族危亡之际，经过抗日战争和解放战争的洗礼。1949 年 10 月 1 日开国大典时，在群众游行的队伍当中，只有华北大学一所大学的师生在游行中获准经过金水桥达到天安门。

1949 年 12 月 16 日中央人民政府政务院根据中共中央政治局的建议，作出《关于成立中国人民大学的决定》的决议。这是新中国人民政府作出的第一个成立大学的决定，即以华北大学为基础组建中国人民大学，吴玉章同志任校长。吴玉章同志当时是我党著名的五老之一，在他六十寿辰时，毛主席曾经为他致了贺信："一个人做点好事并不难，难的是一辈子做好事，不做坏事，一贯地有益于广大群众，一贯地有益于青年，一贯地有益于革命，艰苦奋斗几十年如一日，这才是最难最难的啊！我们的吴玉章老同志就是这样一个几十年如一日的人。"这段耳熟能详的话就是出自这封贺信。

1950 年 10 月 3 日在东城区铁狮子胡同 1 号举行了庆祝大会和开学典礼，正式成立了中国人民大学。刘少奇同志、朱德同志到会祝贺并发表了重要讲话。张澜、董必武等党和国家领导人出席。刘少奇同志讲话的核心内容是希望把中国人民大学办成新中国新型高等教育的新模式，并说将来的大学都要向人民大学学习。这是中国共产党办的第一所大学，为此提出了很高的要求。

（1）人民大学的校址：东城区铁狮子胡同是清朝末年的海军司令部，后来又是段祺瑞临时执政府的所在地。鲁迅先生写的《纪念刘和珍君》，为悼念反动政府对女子师范大学搞的镇压——"三·一八"惨案，就是在那个门口发生的。抗日战争期间它是侵华日军华北驻军司令部所在地，后来它成为华北大学和新成立的中国人民大学的校址。直到"文化大革命"前还有三个系在那里从事教学科研活动。1978 年复校以后，我校清史研究所、复印报刊资料社（现书报资料中心）和其他研究机构在那里办公。另外还有海运仓——现中央音乐学院所在地，原来都是人民大学的校址。

1950 年西郊这块地方就被定为人民大学的新校址，但当时中央对人民大学的校址一直没有作出最后的决定。当时从现在的中央民族大学开始直到现在的海淀医院这片土地都是人民大学的拟用校址。当时我校的灰楼（现求是楼）是北京西直门外最大的大厦，号称西郊大厦，出了西直门，这座楼就是最宏伟的建筑（原来只有三层，第四层是"文革"后加盖的），当时苏联专家就在这里工作。为什么我校一直未定校址？当时我们国家一直想仿照苏联莫斯科大学来建设中国人民大学，最初想选址在北京站对面那一片，一直举棋不定。后来经过抗美援朝、增产节约运动、"大跃进"等变化，直到 1964 年、1965 年郭影秋同志调来后才最后正式确定就在此地发展人民大学。

郭影秋同志早年是在新四军，是一位儒将，解放初期是云南省省长，后来是南京大学的校长兼党委书记。1963 年，国家拟调他任国务院副秘书长时，吴老找到周恩来总理，说自己年事已高，精力不够，周总理就请郭影秋同志担任我校党委书记，协助吴老主持学校工作。郭影秋同志到任时，人民大学只有灰楼、红楼、林园楼、南五楼、北五楼、一处至六处平房。其中南五楼、北五楼、一处至六处后来成为棚户区，直到去年才拆除。郭影秋来后才建了现在的八百人大教室、老图书馆（现在的学校二代图书馆）和教学二楼。老图书馆建成后还未正式投入使用，就发生了"文革"，人民大学两个派性组织分别占图书馆和教学二楼。人民大学的校园建设一直是比较差的，基础设施建设比较落后，大家进入人民大学都感到人大不像个著名高等学府的样子，其中有上述这样一段历史原因。

（2）人民大学的社会地位：到"文革"前这段时间，人民大学在社会上的地位一直很高。1954 年，当时的高等教育部第一次确定六所全国重点高校，人民大学位列其中。苏联专家重点支持两所学校，一所是哈尔滨工业大学（以理工学科为主），一所是人民大学（以人文社会科学为主）。大批各学科门类的苏联专家来到人民大学。人民

大学的探索

大学一开始是招收调干生（经过推荐考试录取的），都是过去八路军、新四军及后来的解放军中的小知识分子，他们有的原来就是大学生，有的是高中生，也有少量初中生。当时有的同志跟苏联专家学半年或一年马上就成为教师，那是真正的"现买现卖"，苏联专家刚讲过，经整理后他就上讲台讲。这是社会急剧变革、大规模转型时期不得不如此的措施。

当时，我校也有一批马克思主义理论家，他们在陕北公学时就是教师或学员。如现在还健在的宋涛教授，就曾是陕公的学员，是资格最老的。宋涛教授道德文章堪为师表，是马克思主义经济理论的"祖师爷"。还有尚钺，他曾是朝鲜领袖金日成的老师。像他们这样的马克思主义理论家、文学家、历史学家有一批集中在人民大学，但数量不可能很多，大批的都是新中国成立以后培养的，也有从清华等其他高校调过来的教师。

1953年、1954年、1955年全国高校院系调整时，我校也被调整出去一部分。比如，贸易系对外贸易专业与北京对外贸易专科学校合并成立对外贸易学院，即今天的对外经贸大学；外交系被调整出去成为现在的外交学院。人民大学原有的一些重要学科就是这样一步步地被分离出去了。此前，在以华北大学为基础组建中国人民大学时，华北大学的工学院、农学院、艺术学院等都分离出去自成院校或与他校合并。现在人民大学的农科系、工科系没有了，艺术学院已复建，外交系在恢复，外语系是逐步恢复的，外经贸到现在也还没有完全恢复元气。

1954年、1959—1960年以及1978年"文革"后中央每次确定的全国重点大学都有人民大学，一直到90年代中期，人民大学首批进入国家"211工程"。在2000年庆祝中国人民大学命名组建50周年期间，《人民日报》等大报都全文刊载了《党的三代领导集体与中国人民大学》的文章。这篇文章是经过中共中央办公厅审定的，而且还做了很多修改。一所大学能与党的三代领导集体相联系并以这种题目出现，这也是比较罕见的。它对人民大学的基本定位是：人文社会科学——马克思主义理论、财经政法管理、应用型社会科学学科（如新闻等）。中国人民大学是马克思主义理论教学的"工作母机"，是公务员的摇篮。对人大的定位不是哪一个人可以这样决定的，而是一种历史的选择和延续，在陕北公学时就这么延续下来的，是为根据地培养干部，培养建设人才的。

到"文革"时，人民大学首当其冲被解散了。吴老1966年12月份去世，他对"文革"是不赞成的，对打倒刘少奇是不赞成的。他去世时《人民日报》在边角有一个报道，对吴老的去世及悼念非常低调。对于人大的解散，郭影秋同志远见卓识，向中央提出建议，人大成建制地分散，不能把它搞散了，一个系一个系地调整，主要并到北京大学、北京师范大学、北京经济学院等。比如新闻系就到了北大。由于是成建制解散的，这支力量就保存下来了，没有让大家各奔前程。所以1977年邓小平同志提出来"人民大学是要办的，主要培养财贸、经济管理干部和马列主义理论工作者"[1]。当时国务院发文件：凡属1970年人大解散以前的所有财产回到人民大学，所有人员全部回到人民大学。一所大学由国务院发文件来恢复，人大是唯一的一所。1978年进京户口特别困难，但那时原人大老师可以拉家带口全部进京。我是1978年有幸进入人民大学当研究生的，是复校后第一届研究生。那时是在防震棚上的第一课，吴树青老师给我们讲《资本论》，78、79、80级学生都是在极其困难的情况下上课的。校长、书记都是在原来的浴室内办公的。所以人大长期以来条件很差，复校以后很艰苦，真正发展是在改革开放这20多年中。

新中国成立以来人大培养了17万多人，是有学历的毕业生，加上新中国成立前的一批毕业生，主要工作战线是政府机关，培养政界干部非常多，人大确实是公务员的摇篮。还有就是企业界，再有就是

---

① 《邓小平文选》，2版，第2卷，69页。

高校和科研单位。因为人大被认为是马克思主义理论教育的"工作母机"嘛，大批学者从人大走向社会。新闻界、法律界等有大批的人大毕业生。我校法律学科很全，法学院可以认为是全国第一法学院，各种统计资料和历史见证都可以佐证人大法学院是中国第一法学院。从人民大学毕业后成为党政干部、企业家、学者，以及从事公共服务的（新闻、法律专业毕业生）人很多。据有关方面不完全统计，人大毕业生后来成为省部级以上干部有 400 人，司局级、厅局级干部 2 万多人。人大自新中国成立以来为国家现代化建设、为改革开放培养了大批人才，现在人大培养的人才也开始走向国际社会。因为社会经济制度不同、历史文化不同，文科走向国际很难，特别是原来意识形态上一些东西能走向世界是很难的，最近才逐步走向国际社会。比如，国际货币基金组织在华盛顿总部有中国经济学家 20 名，其中有 4 位是人大毕业生，这在中国大学中占第一位。

（二）人民大学形成的优良传统

去年庆祝我校命名组建 50 周年时总结了五大传统：

（1）始终站在时代的前列。这就是毛泽东同志在陕北公学的演讲中提出的要求。他认为陕北公学培养出来的学生应始终站在时代的前列。用今天的话来说就是与时俱进。一代又一代的人大人在此方面都作出了无愧于当时的突出贡献。在新中国高等教育史上人民大学有无数个中国第一。50 年代，最先成立工厂管理系，也就是企业管理系；改革开放后，如知识产权专业是人大最先举办的，1986 年成立知识产权中心，开始知识产权法第二学士学位的培养，知识产权人才的培养是从人大起步的；再如信息管理，复校时人大成立了全国第一个经济信息管理系，当时全中国的老百姓还不知道什么叫信息管理，许多领导也不知道，把计算机运用到经济领域中来建立信息管理系统，教育界人大是第一家。在建立这些新专业方面我们有一批老学者是具有远见卓识的。再比如，人力资源管理、土地管理、环境经济、工商管理硕士这样一些专业，都是人大第一个搞起来的。人大始终站在时代前列，努力与时俱进，若干社会科学学科专业都是从人大开始的，然后再走向全国。

有人说人大是第二党校，我个人认为是不敢当。我们是搞学术的，是培养一般的普通人才的，因此我觉得这种说法不是很切合实际，但人大的马克思主义理论这方面确实是比较强。所以李鹏委员长去年在这个讲台上讲，过去 50 年来，中国人民大学与党和政府同呼吸、共命运，并不是每一所大学都能得到这种评价的。

人大还培养了很多优秀人才。我举三位优秀校友为例：一是"文革"中的张志新，敢为真理而献身，不惜上断头台，她认为打倒刘少奇是错误的。二是改革开放的第一篇旗帜性的文章——《实践是检验真理的唯一标准》，作者胡福明。三是小平同志南方谈话被认为是改革开放的关键时期的重要谈话，有一篇名为《东方风来满眼春》的长篇通讯报道了邓小平同志的南方谈话，作者陈锡添也是人民大学毕业生，他现在是《深圳特区报》的主编。当时国家面临着何去何从的关键时刻，小平同志的南方谈话也未公开，所以写这篇通讯是冒有某种风险的。这三位校友都是站在时代前列的。后两篇文章不是一般的文章，对历史发展产生了积极影响，改革开放中来自民间最具影响力的就是这两篇文章，一篇是理论文章，一篇是通讯，都是历史性的文献。

（2）实事求是的传统。这个校训不是现在才提出的，而是人大一直以来的传统。一切从实际出发，不赞成本本主义，也不赞成经验主义，"实事"就是要从实际出发、从实践中来，"求是"就是找出规律，按规律办事。人大的很多学者都是按此来要求自己的。

（3）兼容并蓄，有容乃大。人民大学的学术氛围是非常自由的，只要遵守宪法，坚持四项基本原则，任何学术观点、任何流派在人大都可以存在。人大学术环境的宽松程度是很多人想不到的。没有学术自由就不可能有学术创新，这一点我们是非常明确的，人大的历届领导都是尊重我们的教授的,尊重学术自由的。当然政治运动的干扰则是另外一回事,那不能认为是人民大学的传统,那是外界的干扰。就人大本身来讲,学术气氛是自由的,当然自由也要自律,你们在读博士期间会明显感受到这一点。

人大的学术氛围活跃,讲座很多,各行各业的人都会来。包括外国驻华大使,现在几乎每个月都有一位驻华大使来人大作报告。学生们都用英文对话、提问题,其中有些问题水平很高,赢得讲课人的赞誉。大家都知道人大的学生水平很高,所以经常也有国内外的学者来作报告。

(4)面向现实,面向实际,紧密地为现实服务,与时代脉搏一起跳动。大家要着力于研究改革开放过程中提出的重大理论问题、实践问题。这个一直是人大很好的传统。

(5)艰苦奋斗的传统。人大办学条件那么差,没有艰苦奋斗的精神怎么办得起来呢?"211工程"人大只得到4 500万元的拨款,可以用于做什么?人大离休干部很多,在"211工程"同一个时间段内,我校自己补贴给离休干部的津贴就达到4 800万元;后来我和"211工程"验收组的同志讲,拨款金额比我校对老干部的补贴金额都要少。得知这一点,他们对人大评价很高,认为我们产出太高了,效益太好了,但这完全是勒紧裤腰带的结果,而不是正常的效益。

人大的校园环境不是很好,我校的绝大部分教授没有办公室,绝大多数教研室没有办公室,只有少量作为国家研究基地建设的才有一间办公室,这在全国高校中是非常罕见的。克服办学条件差,确实是人大广大教职工长期以来形成的传统——艰苦奋斗的传统。我当研究生时,每人发一个马扎,开大会、看电影都用它。但我也以为,艰苦奋斗有其时代的物质内涵,我们不能把抗日战争时期的物质条件用来要求现在的学生。为此,我们现在需要努力地改善办学条件,要求国家和政府多投入,也努力自筹经费多投入,当然发扬艰苦奋斗的精神仍然是完全需要的,特别在学术上没有艰苦奋斗的精神,没有一往无前克服困难的精神，学术成果就不会有，所以这种精神我们必须要传承下来。

我今天给大家介绍历史和传统，无非是希望今年的博士生进校后了解学校的历史和传统，并根据时代的要求加以发扬光大。

二、中国人民大学的现状

中国人民大学校本部现有教职工 2 400 多人，教师有 1 100 多人，其中正教授 300 多人，副教授 600 多人，正、副教授 900 多人，高级职称的人员超过 80%。在校本科生 6 000 多人，研究生也将近 6 000 人，其中博士生 1 000 多人。研究生与本科生之间的比例为 1∶1.4，是全国该比例最高的三所学校（北大、清华、人大）之一。根据去年的统计，清华的该项比例为 1∶1.39，北大为 1∶1.41，人大为 1∶1.4，今年招生后数据可能会有些变化，但这三所大学的比例基本上为 1∶1.4。在中国，这三所大学当然可以称为研究型大学。第四名则是 1∶2 左右。这个比例现在被认为是衡量研究型大学的重要指标之一，但我以为本科生教育仍然是这些大学教育的基本层次。看一所大学，固然要看研究生所占比例，但本科生的教学质量也是极其重要的。所以人大本科生教育还必须坚决办好，而且还要保持一定的招生规模。今年我校研究生招生 2 400 人，本科生招生 2 300 人，研究生招生规模已超过本科生。当然从人民大学师资力量来讲，容纳这么多研究生，我个人认为还是有难度的。师资队伍的建设还不能适应这么大规模的研究生培养，但是时代的发展、国家的需要、社会的需要，要求扩大研究生的培养规模，我们这些名牌大学不扩大怎么办呢？我们只能按这个要求去扩大，并努力把相关方面的工作搞上去。尽管如此，在今后几年学习中，你们也可能会遇到一些不如意的地方，我预先给大家打个招呼。有些考生找到我说：我连续两三年考人大，前两年不够分数，今年够了，为什么不录取我？人大上分数线的考生太多了啊！考个博士生不容易啊！考生准备得辛辛苦苦，够了分数你也不录取人家，没有别的原因，就是因为我们没有这么多教师。我校今年硬性规定，一个研究生导师只能带 2 个博士生，特殊情况下带 3 个，绝不允许带 4 个。明年我们也不能再扩大了，应继续保持这个规模，再扩大将会影响研究生的培养质量。一所学校的声誉是非常重要的，我们必须珍惜、维护我们已有的崇高学术声誉。

我校现在有学士学位点 48 个，即 48 个本科专业，硕士点 89 个，博士点 54 个；国家级重点学科点 14 个，在全国高校人文社会科学中是最多的；国家级的人文社会科学研究基地 12 个（全国刚审定完的有 103 个），在全国排名第一，它相当于理工类的国家级的实验室，现正在通讯评议国家级的重点学科。原来我校 14 个重点学科是 80 年代中期定的，以后再未评过。今年有关部门布置重新评审重点学科，据我们初步了解通讯评选的结果，人大在人文社会科学领域在全国高校中遥遥领先。超过 10 个重点学科的高校全国只有 16 所，人大已经不是超过 10 个的问题了，很可能是全国拥有重点学科点最多的大学之一。另外基础文科人才培养基地和科学研究人大有 6 个，是全国学科门类最多、最全的。这些年来，应用文科普遍吃香，但是基础学科的招生仍十分困难，经费也不多。国家审定了若干基础人才培养基地，目的是保留"革命火种"，人大的中文系、历史系、哲学系和理论经济学专业等都在其中，但这些学科专业经费的筹集是比较困难的，不管是基本建设投资还是日常事业经费都很少。

来人民大学工作之前，我担任过教育部高教司司长和发展规划司司长，与国家计委、财政部打交道的机会比较多，人比较熟一点，胆子也比较大一点，有时讲话比较冲。我曾经多次提出，国家教育经费投入为什么达不到国家教育发展纲要提出的 4% 的要求？世界各国用于教育的财政支出，全世界的平均数据是 5.2%，而中国仅仅要达到 4% 还实现不了，为什么？90 年代以来，我国国力增强，教育财政支出占国内生产总值（GDP）的比例却连年下降，1996 年降到 2.44%，这是相当于赞比亚、乌干达等国家的水平。世界最不发达国家为百分之二点几，恐怕没有比这个再低的了，周边国家如菲律宾也都比我们高。如果办教育没有相当的经费，那么实现各级各类教育目标恐怕就是一句空话了。

办教育就必须占用资源，在当今条件下教育家的任务之一就是筹措办学经费与资源，没有这个本事你就不要当校长。我能不能当这个校长，就看我有没有这个本事，没有的话将来我就自动下台。美国大学校长的首要任务也是一样的，看起来有共性。总的来说，我国实行"科教兴国"战略，教育的前途是光明的。最近江泽民总书记的讲话中对科学教育事业也很重视。人大得到教育经费的情况有所改善，能够进一步地发展。教育部对我校的困难了解不很具体，与我们过去汇报得很不够密切相关，这是重要原因之一。

人大现有700多名离休干部，在全国还能找出第二个这样的基层单位吗？不管是企业单位还是事业单位，也许都没有这样的情况。当年他们都是革命的宝贵财富，现在每人每月增加贴补50元，我都没办法。人大实行岗位津贴，著名教授每年给5万元，离休干部给多少？老红军也还有几位健在。所以人民大学有许多特殊的情况，处理的时候比较困难一些。大家看到人大的办学条件差请多包涵，我们还在努力改进，但经费确实比较困难，比较紧张。

科研方面人大是不错的，最近三年平均每年出版的专著650多部，发表的文章将近2 000篇。说起来数字并不是很高，但在全国来说还是不错的，总的来说我校出过一批有影响的成果。人大也有部分教师参加了全国人大和国务院一系列的重要法律和重要文件的起草工作，包括最近六中全会文件的起草工作我校也有人参加了。中国所有重要法律的起草都有人大的教师参加，从宪法到各种各样的专门法律，如知识产权法、婚姻法等，香港基本法、澳门基本法的起草人里也有人民大学的教师。有些事情在其他院校可能显得很重大，但在人民大学并不那么显眼，甚至很普通。例如，最近二三年我校有9位学者给党中央、全国人大和国务院领导同志讲过课。

大学的探索

我们的校园较小，这块主校园大约为 906 亩。我们到国外考察，许多名牌大学校园不一定都很大。哥伦比亚大学那么著名的学校，校园也不大，就看怎么来办学。如果国家和政府再给人民大学一块地皮，那当然是很高兴的事；如果不给，那只有"在两亩半地里'闹革命'"。北京市政府已经批准了，要把在人民大学的西北角的造纸六厂还给人民大学，这是李岚清副总理若干次批示的结果，也是北京市领导高度关怀重视的结果，教育部支持我们一点资金，把这块地收回来。有 30 亩地，加上原来两边 10～20 亩不好用的地，连起来实际上就是 70～80 亩地，相当于某音乐学院用地，所以我们还是可以有所作为的。

人民大学中有许多著名学者，国务院学位委员会学科评议组的成员中人大有 14 位，这在全国高校中居第四位。前三位是清华、北大、浙大。原来人大是第三位，浙江大学四校合并后，其总数比我校多了。由于现在文科没有实行院士制度，国务院学科评议组成员就被认为是人文社会科学中的最高层次，当然它与院士不是一一对应的，它还有行政身份在内，但基本上属于最高层次的学者。高教司组织的人文社会科学领域的 8 个教学指导委员会，其中有 5 个是由人民大学教师担任主任，还有 3 个是由我校教师担任副主任，这也是人民大学学术水平的突出表现之一。人民大学还有跨世纪人才、跨世纪教师等一批骨干力量。改革开放以后，在人文社科领域人民大学历次科研获奖数量基本上都在全国高校名列前茅。

以上就是人民大学的基本情况。

未来我们的目标是经过 20 年或更多一点的时间把人民大学建设成为以人文社会科学为主的世界一流大学，这个目标已得到教育部的肯定。李鹏同志的讲话中也提到了；委员长的话，各大报纸也都刊登了。现在我们将高举邓小平"发展才是硬道理"的旗帜，既要抓学科规划和建设，又要抓校园规划和建设。同时抓改革，抓发展，抓调整，在创新中来建设世界一流大学。

三、对博士生的要求和希望

坦率地讲，博士生阶段并不是靠教师，应主要靠自己。在博士生阶段不要指望导师给你讲多少课程，但学校应创造条件，让同学们有机会去听到好的课程。除了学校规定的一些课程，大部分时间还是要靠自己去选择课程、选择讲座来吸取各种营养，靠同学们自己的刻苦钻研来研究问题，所以对博士生的要求是很高的。我们目前还不能完全做到没有课题的老师不能当博士生导师，这是因为社会环境不具备，国家对人文社会科学投入太少，我们现在不能保证每个导师手中都有带经费的课题。总体来讲，导师都应该有科研课题，是不是有经费那就另说了。博士生要参加导师的科学研究或在导师指导之下，开展科学研究。如果一个博士生在校三年期间没有参加过一个科研课题，那博士学位能否获得，我认为就很值得怀疑了。所以我要求大家在博士生阶段一定要参加各种课题研究，不管是导师的课题、自己选的课题，还是同学们自己组织的共同攻关的课题，应该提出这样的要求。参加科学研究，最后要有科研成果体现出来，这是个很严肃的问题。研究生不能就当前改革开放过程中提出的重大理论问题发表意见，或在基础研究中不能提出自己的学术见解，这样的博士生就不能称做博士生。博士是个学术型、理论型的学位，并不是一个应用型的学位。目前我国的学位制度正面临调整和改革，社会上的导向也存在很大的问题，其实很多岗位并不需要博士生，因为博士生未来主要应从事教学和科研，而不是去当老总。美国的老总有几个博士生？除非他后来改行了。但中国目前的国情就是这样，大家既然来了还是要努力学习。如果你在应用型的岗位上，你就多偏重一些政策性研究，但大多数的博士生要偏重学术性研究、理论性研究，没有一定的学术见解就称为博士这不大相宜，希望大家认真地对待这个问题。

在座的同学有的是人大毕业的，有的可能不是，不是人大硕士毕业的博士生，我建议你们对比一下人大硕士生阶段和博士生阶段的课程有些什么异同。在比较中你们可能发现一些课题，有值得你研究的地方。人民大学从来不搞封闭，人才培养要反对"近亲繁殖"，人大博士生的录取十分重视兄弟院校毕业生而并不只是录取本校的学生，这是防止"近亲繁殖"的一项可行的措施。人文社会科学尤其要如此，其目的是把兄弟院校的学术成就、良好的学风也带到人民大学来。它是人民大学"兼容并蓄、有容乃大"精神在招生工作和人才培养工作中的一种具体体现。希望同学们把兄弟院校的学术成就、良好的学风带到人民大学来，以提高教学质量和学术成果水平。

在学风方面、科研方面我有一些想法和同志们来共同研究。

（1）著书要立说，撰文要立论。就是说要创新，这才能叫科学研究，这样我们的人文社会科学才能推向前进，才能有人文社会科学的繁荣。七拼八凑，把别人的东西拿过来加工、加以润色就成了一本书或成为一篇文章，眼下有这种"时髦"，我们希望人民大学的博士生不要做这种事情。

（2）要厚积薄发。我们希望同学们在学习过程中把理论功底搞厚实一些，占有资料要翔实一些，掌握现实情况要实在一些，在比较研究中找出自己确有心得的东西写成文章。

（3）不求令人信服，但求引人思考。在人文社会科学中对有些问题有多种解释，都有其合理性，不要唯我独尊，不要打压他人，不要自以为是地认为舍我其谁，要尊重社会科学发展的规律。发表的东西能引起人的关注，如你作一场学术报告能引起人的兴奋，引起大家思考，甚至引起讨论、商榷，那你就取得了很大的成功，我认为应有这样的态度。

（4）要把继承与借鉴、创新相统一。继承是非常重要的，没有继承，不可能有创新，不要蔑视古人、蔑视前人、蔑视他人。只有采取这样的态度来进行科学研究，才能取得真正的成功。不仅把别人的成就，也把别人的失误、错误当成自己思维的材料和前进的基础，以这样的态度来对待别人、对待传统、对待历史、对待别人的成果，包括对待其他国家的成果，在此基础上我们进行创新。这就涉及一个学风的问题。现在学风不正的情况在学术界是存在的，以致社科院正在研究要不要建立道德委员会，我们人民大学也在研究要不要成立教授道德委员会。剽窃别人作品的行为很不像话，七拼八凑、伪劣假冒的东西在学术界并不是不存在。我们作为博士生，学风、文风要端正，要像当年范文澜先生倡导的，"板凳要坐十年冷，文章不写一句空"。我们都要用这样一种严谨的治学态度来对待科学研究。

江总书记最近在北戴河接见国防科技专家和哲学社会科学专家时发表了重要讲话，全国一共 20 位哲学社会科学专家，人民大学的戴逸教授、陈先达教授名列其中。我们感到很自豪。这两位教授深受鼓舞，整个人民大学也深受鼓舞。江总书记在讲话中提出了"四个同样重要"，即在认识和改造社会过程中哲学社会科学和自然科学同样重要，培养哲学社会科学家与培养自然科学家同样重要，提高全民族的哲学社会科学素质与提高全民族的自然科学素质同样重要，任用优秀的哲学社会科学人才并充分发挥他们的作用与任用自然科学人才并充分发挥他们的作用同样重要。前三个我们可以想象，第四个却完全出乎我们的预料，这一点不能小看。哲学社会科学的研究能力和研究成果是综合国力的一个重要组成部分，这一点提得非常高。最近若干年来，党和国家最高领导人是第一次这样系统全面地论述哲学社会科学，论述其地位、作用，提出要求，提出期望，我们当然深受鼓舞。

目前我们人文社会科学面临着空前的好环境，人民大学要认真学习江总书记的要求，同时要认真地贯彻"双百"方针，营造良好的学术环境，树立正气，树立良好的学风。在同学们的参与之下，我们一起把人民大学的学风、校风建设得更好。

同学们是博士生，不是本科生，本科生都有教学相长的问题，博士生更应该有一个教学相长的问题。虽然你们是博士生，但在某一个具体领域的研究超过你们的导师，这是正常的。我们的导师都要以一种平和的心态来对待这个问题，事实本来就是如此。有人说，本科生阶段是老师出题目老师知道答案，硕士生阶段是老师出题目老师不一定知道答案，老师只是认为是一个重要问题，你自己研究去吧！博士生阶段是老师没有题目，也没有答案。连题目都是你自己发现的，老师共同与你研究，这就叫博士生研究阶段。这段话有它的科学性。一篇优秀的博士论文很可能就是一个重大的科学发现。所以博士论文最后都是可以发表的，学术创新很可能就在博士论文中出现，博士学位论文是理论创新的一个重要载体。我们希望人民大学的博士生能够写出原创性的博士学位论文出来，即要在理论学术上有原创性的博士学位论文。我们对老师们讲，学术成果不能光看有专著多少部，不能光看论文有多少篇，关键问题还是原创性学术观点有多少，有多少观点是人民大学老师提出来的，这才是重要的。将来人文社会科学的评价机制一定会涉及这一点。教学相长很重要的是体现在你们学术论文上，超过你的老师，超过其他人。没有人研究过这个问题，你第一个研究出来，当然你就代表这个领域的最高水平。所以你们和导师的关系，纯属"师傅领进门，修行在个人"。这个过程硕士生阶段就开始了，更不要讲博士生阶段了。在这里我并不是为导师推卸责任，导师要尽心尽责，这是没有疑问的，但你要把你的学位论文完全指望在你的导师身上那也不行。

你们在生活上有什么困难和要求，可以随时向学校提出来。博士生个人阅历、经历、年龄都不一样，有的已组建了家庭，有的没有组建家庭，还有的家在外地，情况很复杂，与本科生不一样，因而有比较多的意见和要求，这是很正常的情况。不过，我希望大家给学校提的意见是理性的，你们资历较深，哪些学校能办的，哪些学校不能办的，哪些是能谅解的，哪些是不能谅解的，你们都有个基本的分析，能谅解的就不要提意见了。

以上如果有不妥当的地方，请大家批评指正，谢谢大家。

Ⅳ. 始终奋进在时代前列

——在中国人民大学 2004 届毕业典礼上的讲话

（2004 年 6 月 30 日）

老师们、同学们：

大家好！今天，我校 4 000 多名毕业生代表与数百名教职工代表欢聚一堂，隆重举行 2004 届毕业生毕业典礼。首先，我代表学校向圆满完成学业、应届毕业即将奔赴工作岗位或继续深造的 1 851 名本科生、3 976 名硕士生和 518 名博士生同学，表示热烈的祝贺！向为培养这些毕业生同学付出辛勤劳动的广大教职工以及各位家长和亲属们，表示衷心的感谢和诚挚的问候！

众所周知，从去年开始，全国普通高校毕业生就业形势变得十分严峻。加之从 2002 年开始我校实施研究生两年制学制改革，2001 级和 2002 级硕士研究生同期毕业，增加了今年毕业生的就业人数，也给我校的就业工作带来了不小的压力。在这样严峻的形势下，我校的就业情况仍然良好，到目前为止，实实在在的一次就业率为 91.8%。这其中，既有我们就业指导部门工作人员的辛勤劳动的结果，也有我们人民大学毕业生的高素质和高水平得到社会普遍认可的因素。作为校长，我着实感到欣慰和自豪。

"岁月不居，时节如流"，大学的生活转瞬即逝。几年前，迎接你们步入校门的情景在此时此刻又历历在目。你们满怀着青春的朝气和求知的热情，告别亲人和朋友，来到中国人民大学，从此以后，你们每个人的命运就同中国人民大学紧密联系在一起了。

你们是幸运的，因为你们在校的这几年，正赶上中国人民大学步入快速发展的轨道，你们是见证者、受益者，也是参加者、创造者，见证了学校所经历的多项重要事件和取得的令人瞩目的成绩。

回首过去的四年，大家不会忘记：2000 年 10 月 15 日，我校举行命名组建 50 周年纪念大会，李鹏同志发表了人文社会科学与自然科学是推进现代化建设的"车之两轮"、"鸟之两翼"的著名讲话；2002 年 4 月 28 日，江泽民同志考察我校，就繁荣发展哲学社会科学发表了历史性的重要讲话，并以党和国家最高领导人的身份提出要把我校建设成为"以人文社会科学为主的世界知名的一流大学"，亲自规划了人民大学的发展定位、发展方向和发展特色；2002 年金秋，我校举行了盛大的庆祝建校 65 周年庆典活动，学校以此为契机，步入了新的发展阶段；2003 年春夏之交，我们戮力同心，共抗"非典"，在校园内构筑了一座坚强团结、健康平安、充满关爱的"安全岛"，经历了一次没有硝烟的战争的考验。几年来，我校高扬人文社会科学旗帜，为发展和繁荣哲学社会科学事业鼓与呼，在不懈努力中，取得了显著成效，连续四次成功举办的"中国人文社会科学论坛"，已经成为学术界的知名品牌，有着广泛的社会影响。2001 年以来，校园面貌发生了翻天覆地的变化，西北区工程拔地而起，文化大厦竣工在即，多媒体教学楼、世纪馆、百家廊、求是园、《吴玉章校长与学生在一起》雕塑、孔子塑像等已经成为了人大的靓丽风景线，原来那个过于简单甚至简陋到可以说有些破烂的校园已经成为历史，一座具有浓郁人文气息、现代化的大学校园已开始呈现在世人面前。

2004 年新春之际，党中央发布了 [2004] 3 号文件《中共中央关于进一步繁荣发展哲学社会科学的意见》，以罕有的高度和力度重视推动哲学社会科学事业的发展。在此之前，我校已经被列入了国家"985 工程"建设二期计划。不久前，中央又宣布实施马克思主义理论研究和建设工程。这些都是我校面临的巨大发展机遇。相信我们这所具有光荣历史和优良传统、具有强大学科实力和丰富办学经验的学校，在新的历史机遇下一定能够乘风破浪，创造出更大的辉煌！

同学们，你们克服了学习、生活中的种种困难，顺利完成学业，在你们即将离开母校，奔赴工作岗位，步入新的学习岗位，步入新的人生旅程之时，作为你们的老师和朋友，我也要讲几句肺腑之言。

一、希望你们志存高远，爱岗敬业，努力把自己造就成为"国民表率、社会栋梁"

同学们，中国人民大学是我们党亲手缔造的第一所新型正规大学，始终奋进在时代的前列。在战争年代，她是冲锋陷阵的勇士；在黑暗屈辱的岁月中，她是追求真理的先锋；在社会主义革命、建设和改革事业中，她作出过重要贡献。在如今全面建设小康社会、实现中华民族伟大复兴的实践中，同样要奋进在时代前列。学校已经规划了在新世纪的人才培养目标和规格，这就是已在国内外被广泛传扬和认可的"国民表率、社会栋梁"。这是指做人与做事的统一，这是希望也是要求大家不仅要有知识、有能力，而且要有高尚的道德情操，有强烈的事业心和社会责任感，在社会实践中成长为兴业之士、治国之才、学术精英。古人以"修身、齐家、治国、平天下"自律，这给了我们丰富的人生启迪；胡锦涛总书记对青年人提出三点希望——"勤于学习、善于创造、甘于奉献"，这应当成为我们的人生座右铭。在全面建设小康社会的历史进程中，我希望你们能以胸怀天下的气度和舍我其谁的气魄，勇于担纲，努力做中华民族传统美德的继承者，做探索真理、勇于创新的开拓者，做"三个代表"重要思想的实践者，为建设中国特色社会主义的伟大事业和中华民族的伟大复兴贡献力量。我希望你们能爱岗敬业，踏实工作，勤勤恳恳，要想干事、能干事、干成事，要干一行爱一行，爱一行精一行，将实现自我价值与服务社会联系起来，将远大理想与脚踏实地结合起来，在锤炼自我、发展自我的同时服务社会、造福人民。

二、希望你们继续加强学习，努力投身实践，牢固树立谦虚谨慎、艰苦奋斗的作风

21世纪是一个充满了挑战的强者对话的时代，从"学习型企业"、"学习型机关"直至"学习型政党"、"学习型社会"，体现了这

个时代对学习和创新的呼唤。拿到人民大学的毕业证书，只是给大家一个新的起点，而不是永久的优势，唯一持久的优势就是你有能力比你的竞争对手学习得更快、更好，正如有人所说，人生是没有毕业的学校，而学习则是终身的职业。步入社会以后，希望你们善于观察、勤于反思、虚怀若谷、见贤思齐，学他人所长，不断接受新理念、开阔新眼界、增长新本领，在大浪淘沙的时代中不断锤炼自己，逐渐适应社会。毕业后，大家的生活条件不会像学生时代这样清苦，环境也会比现在优越，然而，"忧劳可以兴国，逸豫可以亡身"，好的作风和传统绝不能丢。大家要牢记"三个面向"、"两个务必"，面向现代化、面向世界、面向未来，时刻保持谦虚谨慎、不骄不躁的作风，时刻保持艰苦奋斗、脚踏实地的作风，力戒短视、浮躁、炒作和急功近利。人的一生很少有一帆风顺的，遇到困难、挫折、失败的时候，要做到"只为成功找方法，不为失败找理由"。挫折和失败也是好老师，艰难困苦，玉汝于成。我相信，只要大家求真务实、虚心学习、勤于思考、百折不挠、坚忍不拔，挑战会变为机遇，挫折也将成为财富。

三、希望你们发扬学校优良传统，爱校荣校，继续关心、支持母校的建设和发展

半个多世纪以来，中国人民大学将一批又一批豪情满怀的热血青年培养成为热爱祖国、热爱人民、脚踏实地、埋头苦干的栋梁之材。他们胸怀经世治国之志，为国家富强、民族振兴和社会进步作出了重要贡献，赢得了广泛的社会赞誉，为母校增添了光彩。同学们，作为即将走出校门的新一届人大人，你们要继续发扬人大的优良传统，秉承"实事求是"的校训，牢记母校"人民、人本、人文"的精神理念，追求真理、追求光明、追求进步，在广阔的天地里建功立业，在时代大潮中引领风骚。

同学们，大学时光是我们每个人一生中最美好、最珍贵、最值得

怀念的岁月。人大校园里留下了你们指点江山、激扬文字的青春豪情，留下了你们挑灯苦读、孜孜以求的奋斗足迹，留下了同窗之间、师生之间的深厚情谊。而今此地一别，山川阻隔。相信你们不论身处何时何地，一定会饮水思源，心系母校，希望你们继续关注母校、支持母校、宣传母校。"海角天涯心路在，百家廊外月如初"。母校永远是你们事业发展的坚强后盾，是你们的精神家园，是你们的第二故乡，随时欢迎你们回母校看看！

同学们，"雄心志四海，万里望风尘"，在你们即将背起行囊、奔赴工作岗位的时候，我衷心地祝福你们：永远追求！永远进步！始终奋进在时代前列！人大的莘莘学子万岁！

谢谢大家！

Ⅴ. 做一个合格的大学生

——在中国人民大学 2004—2005 学年开学典礼上的讲话

（2004 年 9 月 9 日）

老师们、同学们：

今天，我们在这里欢聚一堂，隆重举行 2004 级新生开学典礼。我校 2004 级新生共有 5 937 人，其中本科生 2 500 人，硕士研究生 2 582 人，博士研究生 855 人。大家都是青年学子中的佼佼者，风华正茂、出类拔萃。"得天下英才而教育之"乃人生之大乐，此时此刻，我与学校全体教职员工一样，内心充满了喜悦和自豪。在这里，请允许我代表学校对全体新同学加入人大人的行列表示热烈的欢迎和诚挚的祝贺！

中国人民大学命名组建于 1950 年，其前身是 1937 年诞生于抗日烽火中的陕北公学。自成立之日起，她与祖国同呼吸、共命运，始终奋进在时代的前列，为祖国、为人民、为社会主义现代化建设事业作出了巨大贡献。作为中国共产党亲手创办的第一所新型正规大学，她一直受到党和国家的高度重视和热情关怀。1954 年就被国家定为首批 6 所重点高校之一，现在又是国家"985 工程"重点建设的高校之一。特别是 2002 年 4 月 28 日，江泽民同志亲临我校考察并发表重要讲话，希望"中国人民大学在新世纪创造新的成就，为祖国、为人民、为社会主义现代化建设作出更大的贡献，成为以人文社会科学为主的世界知名的一流大学"，从而以党和国家最高领导人的身份对我校在新世纪的发展进行了战略规划，指明了我校在新世纪的发展方向。

同学们，你们是幸运的，因为你们赶上了中国人民大学蓬勃发展的机遇期。进入新世纪后，学校有了长足的发展，不管是校园校貌、师生员工的精神面貌，还是学校规模、学科实力，都发生了巨大变化。这是在学校的全体教职员工和你们的学兄学姐们共同努力下取得的成果。当前，全校广大师生员工正在以胡锦涛同志为总书记的党中央的领导下，坚定不移地迈步在"实践'三个代表'重要思想，创建世界知名一流大学"的历史进程当中，你们的到来，为学校注入了新鲜的血液和新的活力，相信我们这所具有光荣历史和优良传统的学校，在新的历史机遇期一定能够乘风破浪，再创辉煌！

同学们，大学不仅是传授知识的场所，更是放飞理想、培养素质、陶冶情操、砥砺品格的大熔炉。大学时光，说长，稍纵即逝；说短，若细细磨炼，将会终生受益。爱因斯坦曾说："我们一生到世间，面前就树立起了一个巨大的问号，怎样度过自己的一生"。我想，你们一来到人民大学，也面对一个巨大的问号，就是怎样度过自己的大学生活。这是一个人成长的关键时期，走好这段人生道路，写好这段人生历史，为整个人生选好方向，定好目标，打好基础，将对你们一生的发展起着至关重要的作用。

作为惯例，校长总是要对新入学的同学们提几点希望。今日也不能免俗，但与其说是以校长的身份对同学们提希望，不如说更是以一个曾经的人大学生、一个曾经有过大学生活经历的师长的身份谈谈自己的感受。人民大学培养学生的最高目标为"国民表率、社会栋梁",这个目标是在两年半前提出并确定下来的,这就表明作为一所研究型重点大学,我们接收的是优秀学生,我们培养的是社会精英。我以为,要做"国民表率、社会栋梁",首先是要做个合格的公民。放在现在,就是要做个合格的学生。"合格"两个字,看上去要求不高,但其实内涵丰富,更是将来好上加好的基础。现在,社会生产和社会生活的很多方面都存在追求卓越和粗制滥造、伪劣假冒的矛盾现象,但人民大学将在任何情况下,都以培养合格的学生为要务。合格包含的内容广泛,包括身心、德智、知识与能力诸多方面。在我们看来,最基本也是最重要的,就是要培养诚信的品质,也就是做到我们的校训所要求的"实事求是"。这体现在大家即将开始的校园生活的方方面面,与老师和同学的交往要讲求诚信,对待自己的学业和每一次测试要讲求诚信,对待自己的学术研究要讲求诚信。只有以诚信为本,以诚信立身,才会为自己的未来发展打下深厚的知识基础和人格基础。诚信是一个社会健康和谐发展的基本要素,我相信中国将会愈来愈看重这种品质,并把这一点作为对一个公民的基本要求。所以,诚信是成就一切学问和事业的基本前提,所有的投机取巧、背信弃义和浮华不实都是为我们的校园所摒弃的。

进一步说,在合格的基础上,要做个有创意的公民。放在现在,就是要做个有创造力的学生。而创造力是以深厚的知识积累和活泼的思想为基础的。21世纪的竞争是人才的竞争,学习作为吸纳知识、思考古今、认知世界、辨别是非的有效方式,是提升和完善自我的最佳途径。同学们正处于学知识、长才干的重要阶段,求知欲强,可塑性大,要重视基础理论、基础知识的系统学习,打好学科专业基础,但不能读死书,更不能死读书。既要善于接受知识,也要善于提出问题、分析问题,要不断接受新理念、吸纳新观点、学习新知识,不断开阔自己的眼界,拓宽自己的思路,活泼自己的思想。要见贤思齐,学他人所长。要从书本中学，从实践中学，向今人学习，向古人学习，向国人学，向洋人学，学做学问，学做事，学做人。学无止境，要把学习当做一种乐趣，乐在其中。在知识和思想的海洋里，你们是完全自由的，要善于享用这种自由。

更进一步说，"国民表率、社会栋梁"是要做个道德和才艺都堪为典范的公民，也就是要做到胡锦涛总书记曾对青年人提出的三点希望，"勤于学习、善于创造、甘于奉献"。这就无论在品德还是在知识才能上都对大家提出了较高的要求。同学们，你们是未来世界的创造者，是未来中国的建设者，是未来风气的开启者，民族的富强、国家的昌盛寄托在你们这一代身上。我丝毫不会怀疑，在你们中间会走出未来中国的各级领导人、政治家、企业家、思想家、学问家和各个领域的中坚骨干。年轻人，应该有梦想、有激情、有追求、有抱负。"立志当立天下志，求名当求万世名"，你们要有历史使命感和责任感，要勇于担纲。同学们躬逢全面建设小康社会的战略机遇期，沐浴着 21 世纪的阳光，更应该以崭新的面貌挺立于时代的潮头，以舍我其谁的气魄，将自己塑造成这个伟大时代所需要的新人。所以，大家在校期间，不仅要提高自己的专业知识水平，更要培养高尚的道德情操和高度的社会责任感；不仅要涉猎广博的知识，更要培养逻辑分析、吸纳新知、批判创新的能力。既要有宽广的视野、开阔的心胸，又要有精深的知识、专门的技能；既要具备独立学习、独立思考的学术能力，又要具备与他人合作与竞争的人际交往能力。尤其重要的是，要将个人的理想，与全面建设小康社会、实现中华民族的伟大复兴、建设中国特色社会主义的伟大事业联系起来、统一起来。努力将自己锻炼成为身心、德智、知识与能力协调发展的素质全面的建设者，努力成为中华民族传统美德的传承者，成为"三个代表"重要思想的实践者，成为德才兼备、知行并举的"国民表率、社会栋梁"。

同学们，大学是有精神的，正是这种精神，让一所大学能经世而独立，历久而弥新，而这种精神，是由一所学校的许多代师生共同创造的。学校里的每一分子，都是这种精神的享受者，同时也是创造者。同学们进入人民大学，会强烈地感受到一种人文气息，一种精神氛围，这就是人民大学自成立以来逐渐形成的人大精神。它可以扼要地用学校校徽所蕴涵的"人民"、"人本"、"人文"来表示，即人民大学为人民的办学宗旨、以人为本的办学理念、以人文社会科学为主的办学特色。它是人民大学始终奋进在时代前列的优良传统，它是人民大学"实事求是"的校风，它是人民大学追求真理、追求光明、追求进步的信念。正是在这一精神的鼓舞下，一批又一批豪情满怀的人大人，胸怀经世治国之志，脚踏实地、求真务实、与时俱进、开拓创新，在广阔的天地里建功立业，在时代大潮中引领风骚。据统计，自建校以来，中国人民大学共为国家培养了18万名毕业生，他们活跃在政界、学界、企业界、新闻界、司法界、外交界和军界，许多人成为理论家、教育家、企业家、军事家、名教授、名专家、名记者、名律师和各级领导干部，在各自的岗位上作出了应有的贡献，赢得了广泛的社会赞誉，为母校争了光。"大学之大乃学生之大"，正是这些人大学子、人大校友支撑起了今日的人大，作为新一代人大人，你们既要背负人大光荣的传统，又要使这些传统延续下去，并不断赋予其新的内涵。今天你们以人大为荣，明天人大以你们为荣。

同学们，你们进校后，我校普通本科生和研究生总数已达到18 752人，研究生与普通本科生的在校生比例达到了1∶1，是全国这项比例最高的几所研究型大学之一。今年的新生一多半是硕士、博士研究生新生，对于你们，我还想再提一些要求。希望你们在校学习期间更多地关注现实世界，关注学科前沿，努力了解改革开放和现代化建设的实践，努力去探索、去回答时代所提出的新课题。大学之大乃学问之大，要遵循厚积薄发的治学之道，注重学术积累；要修炼"板凳要坐十年冷，文章不写一句空"的治学精神；要培养自己掌握科学方法、深入学科前沿的研究能力；要培养自己胸怀天下的气度和敢为天下先的气魄；要树立正气、端正学风，严格学术规范，严守学术道德、净化学术风气，维护健康的学术环境，以对社会、对国家、对民族、对历史也是对自己负责的态度，潜心钻研，静心求道，力争推出有价值的学术成果。

人生不过百年，大学时光更是稍纵即逝，青春须早为，岁月不待人。希望你们把握好青春、把握好自己，祝愿你们的生活在这里翻开新的一页，学业在这里开始新的精进，人生在这里迈上新的台阶。祝你们人人拥有一个精彩、充实的大学生活。

同学们、老师们，明天就是新中国的第 20 个教师节，我愿借此机会，代表学校向全体教师和员工表示崇高的敬意和诚挚的节日祝贺！也与全校广大学生一起，祝愿全校广大教职员工身体健康、工作进步、家庭幸福！

谢谢！

Ⅵ. 行为精英，心为平民

——在中国人民大学 2005 年博士学位授予仪式上的讲话

（2005 年 7 月 1 日）

尊敬的各位委员、各位来宾，尊敬的各位老师、各位同学：

大家上午好！今天，我们在这里隆重举行中国人民大学 2005 年博士学位授予仪式，心情无比激动。这是一个庄严的时刻，是一个幸福的时刻，是一个感恩的时刻。首先，请允许我代表校学位委员会各位委员和学校领导，向经过数年辛勤耕耘而获得博士学位的 616 位博士表示热烈的祝贺！向为此付出艰辛劳动的博士生导师们致以衷心的感谢！向默默无闻给予支持和帮助的各位学生的亲属表示崇高的敬意！光荣属于你们，光荣属于人大。

大家是博士毕业生，理论水平很高，但在颁发学位证书之后，作为校长、作为学位委员会主席，临别时还是要说几句话。作为临别赠言，我今天想说三个意思：

第一，中国人民大学是中国人文社会科学的学术重镇，作为这一重镇的博士毕业生，无论你们今后从事的是什么职业，我希望大家对自己都能多一份期许。今天在这里有八个字要与大家分享："行为精英，心为平民"。"行为精英"，是希望大家在今后的工作中，能始终保持旺盛的精力和热情，保持一种自强不息的强者态势，勇于面对挑战，敢于拼搏，追求卓越；"心为平民"是希望大家在生活中、在思想上，始终保持平民意识。平民意识不仅仅是停留在生活方式上的不奢华，而且是要心系大众，深入实际、深入基层、深入生活。我们的国家在过去的20多年里取得了巨大的发展，发生了翻天覆地的变化，国力大为增强，人民生活水平大为提高。但是大家，特别是博士生都知道，这种发展是不均衡的，还存在城乡发展不平衡、地区发展不平衡、经济社会发展不平衡等种种矛盾和问题。兼之我们生活在一个多元化的转型时代，社会纷繁复杂，受各种思潮影响，人们的内心很难保持恒定。特别是随着知识的积累、地位的提高、财富的增加，人们的想法很容易受自身所处环境的影响而改变。追求卓越的精英阶层，包括知识分子，很容易在不知不觉中就脱离大众。这就需要我们的精英、知识分子，在内心深处要有平民意识，要时刻警醒自己，只有来自于平民又服务于平民的知识和一切努力，才是真正有价值的。一个社会无论如何发展，社会的主体部分总是平民。中国是一个有13亿人口的社会主义大国，我们有着数量最为广大的平民。作为受过最高层次教育的人，我们在今后的工作中，无论是从事研究工作、行政管理工作还是其他，都应该深入群众、心系大众。愈是"行为精英"，便愈要"心为平民"。因为精英阶层，总是对社会思潮、对政府决策有着更多的影响，我们对自己要更多一份责任感、更多一份清醒。胡锦涛同志曾多次讲道，"各级领导干部要坚持深入基层、深入群众，倾听群众呼声，关心群众疾苦，时刻把人民群众的安危冷暖挂在心上，做到权为民所用，情为民所系，利为民所谋"。我想这一点既是对领导干部讲的，对我们所有的知识精英也是适用的。社会的发展已经向我们指出这样一个趋势：那就是，未来中国的弄潮儿，是那些能做到"行为精英，心为平民"的人们。这是我的第一点想法，也是我在不同领域工作这么多年的一个深刻感受，说来与大家共勉。

第二，博士是最高学位，是研究能力的证明。我们每个人博士学位的获得，都是在一篇厚厚的凝聚心血的博士论文的基础上。所以，大家毕业后无论从事的是否是学术研究工作，我希望大家在建设中国特色社会主义、构建社会主义和谐社会的伟大事业中，都能继续保持思考的习惯、研究的习惯，追求人生的境界，追求思想的高度。这就需要我们在今后的工作中，继续训练自己的问题眼光、培养自己的国际意识。要勇于创新、善于创新，但同时要处理好继承与发展的关系；要引领潮流、与时俱进，但必须辨明与时俱进与急功近利的区别。而要保持研究能力并取得成效，我以为重要的是实践我们的校训："实事求是"。实事求是，言简意赅、朴实而深刻，它是中国传统文化的思想精粹之一，也是我们党的优良传统和思想路线。我们十分珍视这个校训，因为它的内涵是那么丰富，值得我们一生去实践，我们觉得这是我们为之骄傲的学校传统，是我们很荣幸地继承下来并可以献给未来每一个人大人的最好礼物。所以，在你们毕业的时候，我愿意再谈到我们的校训，并希望大家在今后的工作中去实践这一校训。实事求是，需要勇气，需要智慧，需要下大工夫、真功夫。只有实事求是，才能创新。实事求是，搞学术工作就可能取得有价值的学术成就，搞实际工作就能开创新局面。

第三，在人民大学的这个不大的校园里，你们度过了一段耕耘的时光，一段青春的岁月，在这里拜师结友，徜徉于知识的海洋，领会着理论的美妙，你们是这座校园培养出来的值得骄傲的儿女，这里也因之而成为你们永远的精神家园。你们选择了人大，就注定了你们的未来将和人大的历史、人大的未来紧紧地联系在一起。所以，希望你们无论身在何处，都能心系母校，爱校荣校，继续关心、支持母校的建设和发展，并常回家看看。校友是学校事业发展的延伸，是学校办学的重要依靠力量，是学校最为珍贵的财富，人民大学在将来的工作中，也将会进一步注重校友工作，把校友工作做好，让你们无论走到天涯海角，都能感到学校与你们是息息与共的。我相信，在党中央、国务院、教育部和北京市的支持和帮助下，在大家的努力之下，人民大学一定会越办越好，在建设"人民满意、世界一流"大学的历史进程中一定会取得伟大胜利，让我们共同关注母校的发展。光荣属于人民大学，光荣属于每一个人大人！

最后，我再次对 2005 年获得博士学位的各位学子表示衷心的祝贺！祝大家在新的工作起点起步顺利！一路走好！前程辉煌！

谢谢！

Ⅶ．勇于"创新" 勿忘"公共"
——在中国人民大学 2006 年公共管理硕士（MPA）
学位授予仪式暨新生开学典礼上的讲话
（2006 年 3 月 17 日）

各位领导、各位来宾，老师们、同学们：

大家好！早春时节，在这样一个风和日丽的上午，我们中国人民大学 500 余名公共管理硕士研究生在这里聚集一堂，隆重举行 2006 年公共管理硕士学位授予仪式暨新生开学典礼。我谨代表学校向顺利完成学业、即将获得学位的 173 名同学表示诚挚的祝贺，同时向来自全国各地的 415 名 2005 级公共管理硕士（MPA）新生表示热烈的欢迎！

这是一个喜庆的日子，无论是对毕业生还是新生，我们都充满喜悦、充满祝福、充满期待。我们与毕业生一起庆祝过去奋斗岁月里取得的成就；与新生一起翻开学习生活的新篇章。无论是入学还是离校的你们，毫无疑问都面临着人生的一个转折点。

作为校长，作为这个大家庭里的一员，在这样的时刻，对你们虽有着无限的期望，无限的祝福，却只能浓缩成短短话语，作为迎新寄语和临别赠言。

我相信在座的每一位都和我一样，深深地感受到我们正处于一个伟大的时代。在这个激动人心的伟大时代里，整个世界在迅速地发展变化，中华民族也正在致力于自己的伟大复兴，我们把这个时期看做是中国的发展战略机遇期。在这样的一个发展战略机遇期，我们每个人都和国家一样，在时代的大潮里搏浪前进。如何走在时代的前列，成为这个时代的弄潮儿，我想是每一个优秀的人大人都必须认真思考的问题。

在前两天刚刚结束的十届人大四次会议上，温家宝总理在政府工作报告中再次重申了"加强自主创新，建设创新型国家"，这是我们党综合分析世界发展形势和我们国家目前所处的历史阶段提出的重大战略举措。要建设创新型国家，首先就需要我们的青年有创新的思维、创新的能力。对于我们人民大学这样一所研究型重点大学的学子来说，这是应该努力去提高的能力。

我们要深刻认识到，"创新"不是自然科学和技术的专利词，人文社会科学一样需要创新，人文社会科学领域的创新对国家民族的命运一样举足轻重。譬如中国共产党对马克思主义理论在中国实践的创新性运用，让我们拥有了独立自主的新中国，让我们走上了有中国特色的社会主义道路；譬如邓小平"一国两制"理论的创新，让香港、澳门成功回归到祖国怀中。这样的例子太多太多。我们仔细读一下人类进步史，就会发现写满的都是思想的突破和理论的创新。而作为公共管理专业的学生，你们尤其应当树立创新意识，并将这种意识付诸实际工作之中。因为你们大部分人从事的都是或将是公共性工作，你们的管理工作、服务工作中如果充满了创新因素，它们必将有效地辐射到社会的各个领域，广泛地渗透到公众的行为意识之中，从而为在全社会树立创新意识发挥重要作用。说到这里，我还要特别强调"公共"二字，在我国正确地选择了社会主义市场经济并取得巨大成效的同时，我们也要看到一些不良思潮对人们的影响，比如"泛市场化"，以市场的观点看待一切。这些思潮使有的人变得片面，变得急功近利，头脑中忘了"公共"二字，忘了在市场经济之外还有一块"公共经济"。如果没有"公共"二字，我们的政府还能说是人民政府吗？我们的公务员又能说是公务员吗？所以，希望你们在今后的工作和研究中牢固树立公共意识、为人民服务的意识。

就创新而言，我们不能空泛地就"创新"来谈"创新"，而必须把"创新"和创新能力的培养变成一种现实可能性。这首先需要下工夫，需要一点一滴对知识、对实践经验的积累，厚积才能薄发；其次需要勇气，有勇气冲破习惯势力、固有思维模式的约束，敢为天下先，我个人认为，勇气是成就一个优秀人文社会科学工作者的先决条件；再次需要眼光，要有问题眼光、国际眼光、综合眼光，要学会让眼光超越个人的工作和生活小圈子，投向我们的国家、我们的世界、我们的时代；最后，我想需要的就是践行我们的校训——"实事求是"，"实事求是"，能帮助我们真实、清醒、科学、理性地面对人类社会，面对自己的人生，面对实践，面对既有知识；能帮助我们在探索中去发觉事物的本来规律；能帮助我们在脚踏实地的基础上无所畏惧地真正实现创新。同学们，这是一个值得用一生去咀嚼和体会的校训，随着你们年龄和阅历的增长，我相信你们会越"嚼"越有味道。

公共管理硕士学位教育在中国的发展，本身就充满着探索和创新，而它的进一步发展和完善，更需要创新。中国人民大学的 MPA 教育，应该说在国内是最好的之一，有人认为，人大的 MPA 教育已成为国内 MPA 教育领域的一面旗帜，是人民大学一块新的金字招牌。这种美誉的取得，我想应归功于过去这些年来我们公共管理学院师生们的智慧和汗水，也包括在座每一个毕业生的付出，而这种美誉的保持和发展，则有待于我们的新生、有待于来者、有待于我们师生在未来进一步的努力和奋斗。

同学们，大学是有精神的，惟其有精神，才能经世而独立，历久而弥新。中国人民大学的精神是对"人民、人本、人文"的追求，是对"大师、大楼、大气"的追求，是对"明德、博学、求是、笃行"的追求，是对"真、善、美、爱"的追求。我相信，我们的每一位MPA同学，无论在学校还是在工作岗位上，都会用自己的行动彰显我们共有的精神，而我们的中国人民大学，也一定会因为你们的彰显愈加美丽。我相信，我们的每位同学，都会用自己的行动证明自己无愧于这个伟大的时代；我们的中国人民大学，也会用自己的行动证明自己无愧于这个伟大的时代。

最后，真诚地祝福大家！谢谢！

Ⅷ. 天行健，君子以自强不息

——在中国人民大学 2006 年学位授予仪式上的讲话

（2006 年 6 月 30 日）

各位同学、各位老师、各位委员、各位来宾：

大家上午好！今天，我们在新落成的堪称国内高校一流的如论讲堂隆重举行中国人民大学 2006 年学位授予仪式，我感到由衷的高兴。这是一个庄严的时刻，这是一个幸福的时刻，这是一个感恩的时刻。首先，请允许我代表校学位委员会和学校领导，向经过数年辛勤耕耘而获得学位的 678 位博士、3 792 位硕士、2 376 位学士表示热烈的祝贺！向为此付出艰辛劳动的导师们表示崇高的敬意！向默默无闻给予支持和帮助的各位学生的亲属致以衷心的感谢！

时光如白驹过隙，转瞬即逝，但对奋斗者来说，时光会留下最好的见证，譬如你们手捧的学位证书，就承载着你们过去岁月中辛勤的劳作和汗水，譬如我们崭新的如论讲堂和日新月异的校园，就承载着学校全体师生努力向上的信念和奋斗。所以，奋斗者们有理由为自己举行喜庆庄严的仪式，对过往进行总结和肯定，为未来立下新的里程碑。而我，很荣幸能在你们人生最重要、最辉煌的时刻之一，作为你们的校长和学位委员会主席，为你们颁发学位证书并分享你们的喜悦。

今天我们在座的有全体博士毕业生，以及硕士和学士毕业生代表，请允许我按照我们中国人民大学的传统，代表学校全体教师为同学们作临别赠言。

第一，不断追求思想的深度和理论的高度。今天的学位授予仪式，是你们人生中的一个新起点。结束了在大学的学习，有的同学仍在学界继续从事教育或研究工作，有的同学则走向了政府机关、企业或其他单位，无论你们将从事的职业是什么，作为人民大学的毕业生，你们都要继续不断追求思想的深度和理论的高度。而要做到这一点，就必须保持你们高度的社会责任感，以民族复兴、振兴中华为己任，践行社会主义荣辱观，把个人有限的时间和生命投入建设中国特色社会主义、构建社会主义和谐社会的伟大事业当中；就必须保持你们旺盛的求知欲，保持问题眼光、国际眼光和综合眼光，保持冷静独立的思考，保持一定的理想主义，做一个在精神上不断自我提升的思想者。冯友兰先生在他的哲学短文《人生的境界》中，把人生分为四个境界：自然境界、功利境界、道德境界和天地境界，并指出：人们在做相同的事的时候，由于各人觉解的程度不同，所做的事对于他们也就各有不同的意义，这个不同的意义决定了各人人生境界的等级。"明德、博学、求是、笃行"是我们的学术品格。人民大学的毕业生，理应追求人生的高境界、享受人生的高境界。

第二，"行为精英，心为平民"。今后不管身居何职何位，希望我们人民大学的毕业生都能做到平民意识和精英行为的统一。这也是我在去年的博士学位授予仪式上讲到的。"行为精英"是希望大家在今后的工作中，能始终保持旺盛的精力和热情，勇于面对挑战，敢于拼搏，追求卓越；"心为平民"是希望大家在生活中、在思想上，始终保持平民意识。平民意识不仅仅是停留在生活方式上的不奢华，而且要心系大众，深入实际、深入基层、深入生活。我们国家与社会的发展，需要真正心系大众、扎根大众的精英。我们的办学宗旨是人民大学为人民，但大学办学宗旨的实现需要师生和校友们在实践中一以贯之。

第三，做身心强健的人。我们面临的是一个多元化而又瞬息万变的现代社会。现代社会给人们带来很多便捷和益处，但也带来很多压力。希望大家在今后的工作生活中，无论身处何种境遇，都要保持身心强健。保持身心强健，我想有三条很重要，一是自勉自励，"天行健，君子以自强不息"，拥有一颗坚忍的心，奋发进取，百折不挠，才能积小胜为大胜直至赢得最后的胜利；二是做个胸怀宽广的大气的人，这就需要把眼光投向社会和他人，不过于在意个人得失；三是要养成经常锻炼身体的好习惯，生命在于运动，运动不仅造就强健体魄，也造就强者心态。"逝者如斯夫，不舍昼夜！"事物永远处在发生、发展的过程之中，愿你们永远保持着生生不息的刚健活力！

同学们，你们选择了人大，注定了你们的一生和人大的历史、现在和未来紧紧地联系在一起。你们被她感染，同时感染她；你们由她铸造，同时铸造她；你们成为她的一部分，而她依赖你们而存在。所以，即便离开校园，你们也要记住，这里是你们永远的精神家园，而你们也永远是人大值得骄傲的儿女。你们要经常回家看看。明年金秋，学校将迎来70周年华诞，70周年于一所大学可谓年少，正是蓬勃向上的好时候。期望各位同学届时能返回母校，载歌载舞，共庆佳时。

临别赠言，言短情深。再次向各位同学表示祝贺，表示祝福。

谢谢大家！

IX. 牢记"中国"、"人民"、"大学"

——在中国人民大学 2006 届毕业典礼上的讲话

（2006 年 6 月 30 日）

老师们、同学们：

大家下午好！今天，我校 2006 届毕业生与部分教职工欢聚一堂，隆重举行 2006 届毕业生毕业典礼。首先，我代表学校向圆满完成学业、应届毕业即将奔赴工作岗位或继续深造的 2 376 名本科生、2 532 名硕士生和 678 名博士生表示最热烈的祝贺！向为培养这些同学付出辛勤劳动的广大教职工以及各位家长和亲属们，表示衷心的感谢和诚挚的问候！

同学们，你们就读人大的这几年，正值学校各项事业发展的黄金时期，你们见证并参与了学校发展过程中的诸多重要事件和瞩目成就。学校在"实践'三个代表'重要思想，创建世界一流大学"的历史进程中，高举"发展才是硬道理"的旗帜，一手抓学科规划与建设，一手抓校园规划与建设，取得了历史性的重大成就，校园校貌发生了翻天覆地的变化，为学校在新世纪的发展奠定了良好的基础。学生是学校的主体，学校取得的成就与你们密不可分，借此机会我也向为学校发展作出贡献的同学们表示由衷的感谢！

"数年耕耘，一朝收获"，对于 2006 届全体毕业生来说，今天是个神圣的日子，此时此刻，你们一定会感到无比的欢欣和骄傲。我愿意与大家一起回顾你们与学校共同成长的这段难忘岁月：你们一定不会忘记教学楼内的孜孜以求，不会忘记图书馆里的漫漫思索；你们一定不会忘记核桃林内的朗朗书声，不会忘记运动场上的虎虎生气；你们一定不会忘记辩论赛场的智力碰撞，不会忘记"一二·九"大合唱的激情澎湃；你们一定不会忘记百家廊前的明月初上，不会忘记红楼边的玉兰花开……这些珍贵的记忆已经融入你们年轻的生命，成为人生中一段难忘的回忆。

同学们，经过数年寒窗苦读，你们圆满完成学业，即将步入人生的下一个旅程。有的同学会继续深造，大部分同学则将奔赴工作岗位。走出校门，你们会更真切地感受到社会主义现代化建设的巨大成就，更真切地感受到13亿人民在960万平方公里的土地上为中华民族的伟大复兴正在进行着的探索与奋斗，更真切地感受到自己还要在社会大课堂里学习知识，在社会实践中增长才干。你们会从现实的工作和生活中学到很多新东西，你们会更深刻地理解什么是"理论来自于实践"，什么是"学无止境"，为什么要"明德、博学"，为什么要"求是、笃行"。

在你们走向社会大课堂的前夕，在今天这个特殊时刻，除了要向你们表示祝贺，我还特意挑选了三个你们最熟悉的词汇，作为临别赠言送给你们。

第一个词是"中国"。作为中国人民大学的毕业生，希望你们时刻铭记"中国"二字，踏入社会之后，无论身在何方，所事何业，都要胸怀祖国，关心中国的历史、现状和未来，树立为中华民族的伟大复兴而奋斗的雄心壮志！

对祖国的热爱，是人类最高贵、最神圣的情感，也是一个国家和社会得以存续的道德支柱。胡锦涛总书记在"八荣八耻"的社会主义荣辱观中，将"热爱祖国"放在"八荣"之首，这足以说明，"爱国"是社会对个人的根本要求，是个人融入社会并取得成功的首要道德品质。

中国人民大学具有"始终奋进在时代前列"，与党和国家同呼吸、共命运的优良传统，这一光荣传统应当在你们身上得到继承和发扬。告别学生生涯，进入社会之后，你们的爱国之情应该有更为具体的表现。你们有义务和责任去更具体、更实在地了解自己祖国的历史，去学习、传承和发扬自己民族的文化；你们有义务和责任更具体、更实在地去关注中国社会、关心中国人民，尤其要敢于实事求是，科学全面地正视社会现实。在国家需要的地方、需要的时候挺身而出，担起自己的社会责任。有幸生在向全面建设小康社会迈进的 21 世纪的中国，你们应当为实现中华民族的伟大复兴而奋斗！

我们强调爱国，同时要防止狭隘的民族主义。与狭隘的民族主义相反，21 世纪的真正爱国者应当具备宽广的国际视野。21 世纪是一个全球化的时代，只有深刻洞悉世界局势，熟练掌握国际规则和标准，才能够深度参与国际交流与合作，在激烈的国际竞争中脱颖而出。只有了解世界，才好建设中国，你们要自觉拓宽国际视野，努力使自己成为高素质、复合型的国际性人才，为中华民族的复兴大业作出应有的贡献。

第二个词是"人民"。作为中国人民大学的毕业生，希望你们永远不忘"人民"二字，要心系人民，扎根群众，关注民生，立足本职工作，以脚踏实地、埋头苦干的精神为人民服务。

中国人民大学以"人民满意、世界一流"为办学目标，以"国民表率、社会栋梁"为人才培养目标，从人大校门走出去的毕业生，对于"人民"二字，应当具有深刻的理解。对于人大人来说，"人民"二字是我们做一切工作的目的，是我们评价一切工作的标准，也是我们全部力量的源泉。马克思在《青年在选择职业时的考虑》一文中指出："人们只有为同时代人的完美、为他们的幸福而工作，才能使自己也达到完美"。"如果我们选择了最能为人类福利而劳动的职业，那么，重担就不能把我们压倒，因为这是为大家而献身"①。因此，你们想要成就一番事业，就一定要把服务人民、回报社会确立为自己事业的首要目标。心中装有"人民"二字的人，就会不拘泥于小我，就会拥有更广阔的视野、更广博的胸怀；心中装有"人民"二字的人，就会深刻理解"江河之于水滴"的意义，就会把自己的脉动汇于社会的脉动之中，让个体的生命更加强健；心中装有"人民"二字的人，

---

① 《马克思恩格斯全集》，中文 1 版，第 40 卷，7 页。

就会对外在的世界更有激情，对生命更加尊重，对他人更有爱心。胸怀、强健、激情和博爱，造就一个大写的人，这样的人，才能成就真正的事业。

第三个词是"大学"。作为中国人民大学的毕业生，希望你们努力践行大学之道，矢志不渝地追求真理，追求光明，追求进步，做一个务实的理想主义者。

"大学之道，在明明德，在亲民，在止于至善。"这句话出自中国古代经典《大学》，饱含精妙的人生智慧。它不仅指出了学问的境界，也指出了人生的境界。在你们离校的最后时刻，我特别强调这句话，为的是希望你们永远坚持对真、善、美、爱的追求，做一个务实的理想主义者。

"实事求是"是人民大学的校训，也是数代人大人践行的优良传统。你们在今后的日子里如果能做到，也一定会终身受益。但在希望你们践行"实事求是"校训的同时，我希望你们还能保持一定的理想主义。我们生活的时代是一个物质极大丰富的时代，人们创造物质，又依赖于物质，这样导致了今天人们的世界观、人生观或许是人类历史上前所未有的现实。正视现实的人生态度当然是好的，但是我们却不能因此做了现实的奴隶。高等教育赋予我们的不应只是创造和收获物质财富的能力，更应当是自我精神提升的能力。所以在这个讲求现实的时代，我希望我们的同学们能够同时保持一定的理想主义，在尊重现实的基础上超越现实，追求思想的深度，追求人生境界的高度。在理想主义的照耀下，拥有优雅的人生、奋斗的人生。

最后，我要把上面三个词语合在一起送给你们，从今以后，"中国人民大学"这六个字将会与你们终身相伴，无论走到哪里，"人大人"将是你们一生的光荣称号。从今天起，你们的身份也将由"人大学子"转换为"人大校友"。校友是母校联系社会的重要桥梁纽带，希望你们继续发扬母校的优良传统，关心母校的事业发展，为母校扩大社会影响、提升社会声望贡献力量。月是故乡明，花是母校香。希望你们常回母校看看，共叙同窗之情、师生之谊，这里永远是你们的精神家园。

在我眼中，你们是振翅欲飞的雄鹰，经过大学生活的磨炼，已经打造了强健的翅膀，愿你们一飞冲天，直上云霄，让云端高处的阳光照亮"人大人"的徽章。

同学们，前进的号角已经吹响，人大校史簿上，等待你们书写华章！谢谢！

Ⅹ. 立德、立功、立言
——在中国人民大学 2008 年博士学位授予仪式上的讲话
（2008 年 6 月 23 日）

老师们、同学们，尊敬的各位来宾：

大家好！今天，我们隆重地举行中国人民大学 2008 年博士学位授予仪式。首先，请允许我代表校学位评定委员会和学校，向经过数年辛勤耕耘而获得学位的 775 位博士表示热烈祝贺！向为此付出艰辛劳动的导师们致以崇高的敬意！向关心学校发展和支持各位同学完成学业的亲属们表示衷心的感谢！

在准备学位论文的过程中，大家都付出了辛勤的汗水和艰苦的劳动。获得博士学位，是大家学业发展道路上的一个光辉的里程碑，更是对大家今后一生工作生活的鞭策，需要大家一如既往，甚至付出百倍、千倍的更大努力，来追求学业，追求事业，追求人生的更高境界。

古人谈到人生境界的时候，曾经说过"太上有立德，其次有立功，复次有立言，虽久不废，此之谓不朽"。"立德、立功、立言"是古代知识分子人生至善、至坚、至信的最高境界。在今天的博士学位授予仪式上，我想结合"立德、立功、立言"这样三个人生的境界，和大家一同进行探讨。

首先，"立德"要心系民族命运，心系国家发展，心系人民福祉。

"立德"是为人处世、成就事业的根本。要立造福天下之大"德",要胸怀祖国,造福人民。古人云:"大学之道,在明明德,在亲民,在止于至善。""德"是道德、人格、理想、信念、价值。我曾对人大学子提出了"明德、博学、求是、笃行"的要求,明德是最基本的。胡锦涛总书记在今年"五四"前夕与北京大学师生代表座谈时,号召广大青年要大力弘扬爱国主义精神,时刻心系民族命运,心系国家发展,心系人民福祉。对博士毕业生来说,这是大家今后事业发展的根本前提。走向社会,你们将面临各种各样的利益的诱惑,实践也证明,如果一个人心浮气躁、利欲熏心,就难以成就大业,更无法谈及为国家和民族作出应有的贡献。因此,希望大家以"立德"为先,好好规划今后的人生之路。

中国人民大学是一所从战火中走来的大学。得以"中国人民"这样一种神圣的称号命名,既是人民大学的无上光荣,又是人民大学的神圣使命。从中国人民大学毕业的博士,应当对"中国人民"这四个字有更加深刻的理解,这应该既是学习的目的和宗旨,也是我们事业发展的力量源泉。从我校光荣传统当中提炼出的"立学为民、治学报国"的人大精神,首先强调的就是一种始终保持对祖国、对人民无限忠诚的责任;就是一种始终脚踏实地、艰苦奋斗的精神;就是一种以人为本、团结合作的胸怀;就是一种开拓创新、锐意进取的情怀。人民大学毕业的博士生应该牢记"立学为民、治学报国"的人大精神,努力践行"国民表率、社会栋梁"的人才培养目标,志存高远,刻苦学习,勤奋钻研,努力成为党和人民事业发展需要的优秀人才,与全国人民一起投身民族振兴的伟大事业。

其次,"立功"要牢记"行为精英",不忘"心为平民"。

"立功"是要立振兴中华之大"功",引领潮流,推动发展。治"经世致用"之学是几千年来中国知识分子的美好愿望。然而,追求卓越的精英,往往容易在不知不觉中脱离大众,脱离国情。因此,我们每年都在学位授予仪式上强调博士生要牢记"行为精英",不忘

"心为平民"。"行为精英",是希望你们在今后的工作中,始终保持旺盛的精力和热情,勇于面对挑战,敢于拼搏,超越优秀,追求卓越;"心为平民"是希望你们在生活中、在思想上,始终保持平民意识,生活方式不求奢华,深入实际,深入基层,深入生活。《老子》有云:"圣人无常心,以百姓心为心"。作为社会精英的你们,不仅要具备高深的知识和引领社会潮流的意识,还要具有一颗平民的心,要懂得人民的利益和情感,始终不偏离人民的立场,成为真正心系大众、扎根大众的社会精英。作为人民大学的博士毕业生,你们也理应更多一份责任感、更多一份清醒,要时刻警醒自己,只有来自于平民又服务于平民的知识和努力,才能真正对社会作出有价值的贡献。

当然,我也希望你们在未来的道路上,无论身处何种境遇,都要保持身心的强健。要大气,要拥有一颗坚忍不拔的心,积极进取,百折不挠;要有正气,要做个充满正义和良知,胸怀宽广的人,把眼光投向社会,投向大众,投向中国特色社会主义建设,不过多在意个人得失荣辱;要有朝气,要养成经常锻炼身体的好习惯,时刻保持健康乐观、积极向上的心态。生命在于运动,运动不仅造就强健的体魄,更造就强者心态、强者胸襟。

最后,"立言"要恪守治学之道,坚持真理,勇于创新。

"立言"是要立实事求是之大"言",要宁静治学,经世致用。大学是知识的殿堂,探求知识的真谛需要一种"不唯书,不唯上,不唯洋,只唯实"的学术独立精神,需要一种"板凳要坐十年冷,文章不写一句空"的治学态度,克服急功近利,不断追求真理,不懈追求人生最高境界的精神和勇气。在人民大学几年的学习生活,你们积累了厚实的基础知识,接受了系统的专业训练,更为重要的是,"百家廊下的宁静圣洁,求是园中的自由和谐"给予了你们一种治学精神的锤炼和人生境界的熏陶。结束博士阶段的学习之后,你们当中有的人将继续从事教学科研,有的人则要到政府机关企事业单位工作。不论你们走到哪里,都要时刻牢记学校所给予你们的这种锤炼和熏陶,永远保持旺盛的求知欲，保持冷静独立的思考，保持一定的理想主义，做一个在精神上不断自我提升的思想者，不断追求真理，勇于坚持真理。

今年是改革开放 30 周年。30 年来，我们国家取得了飞速发展，人民生活发生了翻天覆地的变化。30 年的发展不仅改变了中国的面貌，也为世界的发展提供了宝贵的借鉴经验。与此同时，改革开放过程中产生的一些问题也不容回避：功利主义、泛市场化、发展失衡、污染严重、贫富分化等问题在侵蚀和困扰着人们。这些都需要我们去研究、解决。我希望大家在今后的道路上，能够把工作同自己的求学、治学之道紧密结合起来，继续保持对重大政治、经济、社会和文化问题的关注和敏感，自觉运用问题的眼光、国际的眼光和综合的眼光来观察、分析、解决问题，为社会进步贡献力量。

同学们，2008 年是不平凡的一年，是令人难忘的一年，大家在这个特殊的年份里完成博士学业，走向社会，无疑具有特殊的意义。《论语》有云："士不可以不弘毅，任重而道远。"希望你们时刻牢记"立学为民、治学报国"的人大精神，始终保持对社会和人民的高度使命感，满怀赤诚之心，坚定报国之志，深入国情，深入民情，勇于追求真理，勇于坚持真理，不断发展，不断创新，引领社会潮流，推动社会进步，为国家富强和民族振兴努力贡献自己的力量！

谢谢！

XI. 立振兴中华之志，治经世致用之学，塑自强不息之魂

——在中国人民大学 2008—2009 学年开学典礼上的讲话

(2008 年 9 月 4 日)

同学们、老师们，尊敬的各位来宾：

大家好！在这样一个金风送爽的美好时节，我们又迎来了新一批

人大学子。和所有老师一样,我把每年的这一天当做一个盛大的节日,内心充满了喜悦与自豪。在此,我代表中国人民大学向你们表示热烈的欢迎和诚挚的祝贺!

百年期盼,圆梦中华。刚刚闭幕的北京奥运会的成功举办,向世界展示了一个古老的中国、现代的中国、真实的中国,也是一个自信的中国、充满活力的中国,这必将对中国进一步走向世界,让世界进一步了解中国产生巨大的影响。同学们,你们适逢其时,来到伟大祖国的首都北京,何其幸运!能够在这样一个辉煌壮丽的时代进入中国人民大学读书求学,你们何其幸运!

中国人民大学是一所从战火中走来的大学。前身是 1937 年诞生于抗战烽火中的陕北公学,以及后来的华北联合大学、华北大学。70多年来,中国人民大学始终奋进在时代前列,始终保持对祖国、对人民的无限忠诚和高度的使命感、责任感,立学为民、治学报国,为新中国的建立,为社会主义革命、建设和改革开放作出了卓越的贡献。从这所始终保持光荣传统的高等学府里已经走出 20 多万名高水平的优秀毕业生,他们是共和国的建设者,是社会的中坚力量,是祖国的优秀儿女,也是中国人民大学的骄傲。

中国人民大学是一所在发展中奋进的大学。进入新世纪以来,作为我国最具代表性的研究型大学之一,学校高扬人文社会科学旗帜,解放思想、抢抓机遇,开拓奋进,以改革的精神大力加强学科建设、校园建设和制度建设,学校面貌发生了与时俱进的巨大而深刻的变化,内在凝聚力和创造力不断增强,外在影响力和竞争力持续提升,在建设"人民满意、世界一流"大学的进程中迈出了坚实的步伐。2008 年 3 月,胡锦涛总书记来到人民大学参加"中日青少年友好交流年"的开幕式,充分肯定学校进入新世纪以来发展建设所取得的成就,并作出了"发扬传统,办出特色,办出水平"的重要指示,为中国人民大学在新时期的建设进一步指明了方向。

同学们,能够进入这样一所崇尚真理、追求卓越、底蕴深厚、大师云集、人才辈出、成就辉煌的著名高等学府求学深造是你们的光荣，你们也为此付出了艰辛的努力。然而，所有的成绩和成功都只属于过去，从进入人民大学的这一刻开始，你们又都站在了一个新的起跑线上，即将翻开大学生活这一人生新的篇章。在这样一个具有特殊意义的时刻，我给大家提几点希望，与大家共勉。

一是希望你们坚定理想、砥砺德行，立振兴中华之志。

温家宝总理 2007 年"五四"青年节亲临我校看望广大师生时，对同学们提出了三点希望：希望大家坚持理论联系实际的学风，要有勇于创新、追求真理的勇气，要树立对祖国和人民强烈的责任感。温总理饱含深情地指出，"只有对国家和人民爱得越深，我们的这种责任感才更为强烈。这是我们学习的动力、生活的动力，也是将来工作的动力"。温总理的这番话揭示了当代青年成长成才的根本道路。

中国人民大学是共和国优秀建设者的摇篮。要想成为一个优秀的建设者，首先要有对国家、对社会、对人民强烈的责任感。这是树立正确的人生观、价值观、荣辱观的核心内容。人民大学 70 多年发展奋进历程所积淀的"立学为民、治学报国"的人大精神，高度凝练了这种对祖国、对人民无限忠诚的责任感，它是一种始终脚踏实地、艰苦奋斗的精神，是一种以人为本、团结合作的胸怀，是一种开拓创新、锐意进取的情怀。一代代人大人秉承"立学为民、治学报国"的人大精神，以天下为己任，不仅成就了自己的人生理想，也为国家建设、民族富强作出了卓越贡献。

作为新一代的人大人，我希望你们牢记"为民"乃立学之根，"报国"乃治学之本，在几年的大学时光中努力实践"行为精英，心为平民"的处世原则。所谓"行为精英"，是希望大家在今后的人生旅程中，始终保持旺盛的精力和热情，勇于面对挑战，敢于拼搏，追求卓越；所谓"心为平民"是希望大家在生活中、在思想上始终保持平民意识，不仅在生活上要节俭朴素，更要时刻心系大众、深入实际、深入生活。国家与社会未来的发展，需要真正心系大众、扎根群众的人才。这次奥运会上，中国人民大学共有 9 000 多名同学参加志愿者工作，是志愿者最多的高校之一。这些同学在奥运村、在国家体育馆、在媒体村、在地铁站，做着普通得不能再普通的工作，却完成得非常出色。他们做的都是最平凡的事情，而伟大恰恰来自于这种平凡。作为一名新的人大人，从踏入校门的这一刻开始，我希望你们就要培养自己对国家、对人民的赤子情怀，培养自己面向世界、面向未来、面向现代化的眼光，更加具体、更加实在地了解祖国的历史，了解现实的国情，了解中华民族所走过的道路，了解世界多种文明和各种优秀文化；更加具体、更加实在地去关注社会、关心大众，尤其要敢于实事求是，科学全面地正视社会现实，胸怀祖国，放眼未来，放眼世界，树立为中华民族的伟大复兴、为建设中国特色社会主义的伟大事业而奋斗的雄心壮志！

二是希望你们宁静、淡泊、博学、笃行，治经世致用之学。

"大学之道，在明明德，在亲民，在止于至善。"大学的学习，鼓励对人类文明的科学认识、继承和发展，鼓励对知识、对真理的自由探索，是一种对至善至美的创造性追求。《中庸》里有句名言："博学之，审问之，慎思之，明辨之，笃行之"。简单几个字概括了大学学习的几个层次，对我们很有指导意义。

"博学"，意谓广泛涉猎，勤奋读书，扎扎实实学习。我希望你们多读书，在读书中培养浩然正气，在读书中开阔眼界、增长本领，在读书中领悟博大和包容。我希望你们多读经典、元典，通过直接触摸人类知识的精华，你们能够与古圣先贤的心灵直接对话，从中体会知识的魅力和汲取真知的乐趣。我希望你们不仅读西方的经典原著，更要读东方的经典原著，从中体会不同文化源头之间相互的注视、融合和冲突，体会在人类普适性的价值层面观点的一致性。我希望你们注意选读一些历史文化方面的书籍，《易传》上说："君子以多识前言往行，以畜其德"。英国历史学家汤因比也曾说过："古典教育是一种无价的恩惠。"不仅要对国外的历史名人津津乐道，更要对自己的国家、民族，对优秀的传统文化津津乐道。我希望你们经常阅读一些专业方面的文献性著作和学术期刊，配合课堂学习，系统地、扎实地掌握专业知识。

"审问"、"慎思"、"明辨"是学习的深化，也就是在学习中一定要善于独立思考，培养问题意识，敢于实事求是。"实事求是"是人民大学的校训，学校也始终致力于培养学生独立探索、自主创新的精神。要处理好"认同"与"求异"的关系、"继承"与"创新"的关系，要勤于思考，在敢于科学继承的同时，敢于突破传统思维定式的束缚，不唯书，不唯上，不唯洋，只唯实，培养严谨求实、明辨是非、敢为天下先的科学精神和优良学风。

"笃行"是学习的升华，就是要努力践行真知，学有所用，学以致用。在大学时期，"笃行"首先要求我们关注现实，关注社会，"家事、国事、天下事，事事关心"，努力从实际出发思考问题，培养理论联系实际的学风，培养务实精神和实践能力。孔子所说的"学而时习之，不亦乐乎"，实际上包含了"知行合一"的思想。所谓"学"就是读书，所谓"习"是练习、实践。学习、实践、再学习，才能体会其中的无穷乐趣。今年入学的很多新同学住在知行楼，所谓"知行"就是要做到"知行合一"。在校园的西北区，有一座美丽的双趣亭。所谓"双趣"，就是学习和实践要有机地结合，才能从中获得真知，增长才干。

要高质量地进行从"博学"到"笃行"的学习，需要大家安下心来读书，潜下心来治学，要求大家保持淡泊的心志，进入宁静的境界。能不能抵制住种种诱惑，能不能克服掉种种浮躁，对于大家能不能高水平地完成大学学业乃至今后的人生道路将会产生至关重要的影响。所以古人说"非淡泊无以明志，非宁静无以致远"，这句话是非常深刻的。

三是希望你们强健身体、完善心智，塑自强不息之魂。

大学的学习和生活，从某种意义上讲就是对人的综合素质的高水平拓展和提升。这既是对大家知识、能力和社会责任感的提升，又是对大家身体素质、意志品格的磨炼。毛泽东同志在青年时代曾经讲过："欲文明其精神，必先野蛮其体魄。"强健的身心是顺利完成大学学业，走向社会的重要基础。

保持身心强健，其一要自勉自励，自强不息。不要过分看重一时一事的得失。要拥有一颗坚忍的心，奋发进取、百折不挠、坚持不懈，努力追求学业的进步和综合素质的提高。要积极融入到丰富多彩的大学生活之中，做胸怀宽广的人。其二要养成健康积极的生活习惯，坚持锻炼身体。生命在于运动，运动不仅造就强健的体魄，也造就强者的心态。热爱运动的人总是更有勇气面对挑战，更有热情面对人生。其三要学会关爱他人，增强与他人和谐相处、共事合作的能力，具备团队精神。同学们一起加油共同努力，使我们学校更多地涌现文明班级、文明宿舍，使我们的校园始终保持宁静圣洁、自由和谐，充满生机和活力。

各位新同学，"立振兴中华之志"、"治经世致用之学"、"塑自强不息之魂"，就是我在今天这个不平常的日子送给大家的三句话。这些话是针对本科生新同学讲的，但其精神和要求对研究生新同学同样是完全适用的。需要强调的是，研究生主要是在程度不等的各种形式的科学研究中完成自己学业的。我们有理由期待人民大学的研究生们，尤其是博士研究生，在研究生时代就能为学术的繁荣和建设创新型国家作出自己的贡献。

同学们，大学时代是人生最美好的时期。作为一名中国人民大学的学生，希望你们以"忠诚、勤勉、朴实、友爱"为道德人格标准，以"明德、博学、求是、笃行"为学术品格要求，以"德、智、体、雅"和"真、善、美、爱"为综合素质追求，以"国民表率、社会栋梁"为人生成长目标，成为一个有高远志向的人，有高尚品德的人，有高贵心灵的人，有高雅人生趣味的人，成为一个和谐发展的人大人！

谢谢大家!

XII. 继承人大传统　弘扬时代精神
成就成功梦想
——在中国人民大学 2009 届毕业典礼上的讲话

（2009 年 6 月 25 日）

同学们、老师们：

大家下午好！今天，我们在这里隆重举行 2009 届毕业典礼。首先，我代表学校向圆满完成学业即将奔赴祖国四面八方乃至全球五洲四海，或踏入社会或继续深造的 2 721 名本科毕业生、4 295 名硕士毕业生和 878 名博士毕业生，表示热烈的祝贺！向为此付出辛勤劳动的广大教职工表示衷心的感谢！向含辛茹苦培育你们的家长表示诚挚的问候！

今年的毕业典礼，我想特别提到的是，我们学校拥有了第一批 52 名国防生毕业生，将在武警部队锻炼成长，建功立业。对此，我心中充满了喜悦和自豪。此外，还有 130 名同学主动选择到西部地区工作，237 名同学到基层单位就业，26 名同学选择到农村支教或担任"村官"等等，我衷心祝愿你们在充满挑战而又充满期待的环境中努力工作，为我们的学校增添新的光彩。

参加今天毕业典礼的各位同学，有的在人大学习和生活了两年、三年、四年，有的从本科到博士一直在人大学习，在这片热土上已经生活了近十年的时光。我们都不会忘记，近两年，中共中央总书记胡锦涛、国务院总理温家宝、国家副主席习近平、北京市委书记刘淇、国务委员刘延东等党和国家领导人都分别来到人民大学，作出重要指示，提出殷切希望，既充分体现了党和国家对我校的亲切关怀，也是对我校新世纪以来取得的巨大成绩的高度肯定。

近年来，学校以科学发展观为统领，弘扬"立学为民、治学报国"的人大精神，高举"发展、创新、和谐"的旗帜，坚持"人民、人本、人文"、"大师、大楼、大气"、"真情、真想、真干"的十八字"发展真经"，走出了一条"特色强校、内涵提高、质量第一"的科学发展道路，成为全社会广泛认可的发展和繁荣人文社会科学的排头兵，弘扬和研究中国优秀传统文化的排头兵，坚守大学使命、守护大学精神的排头兵，为中国高等教育的科学发展和中国特色社会主义建设事业作出了独特的贡献。

在教育部学位评估中心年初公布的新一轮全国一级学科评估结果中，我校有 7 个一级学科排名全国第一，总数位居全国第三位，在人文社会科学领域占全部 21 个一级学科的 1/3，居全国高校首位。在校园建设方面，这几年以明德楼的投入使用为标志，学校教学、科研条件得到了根本性的改善。目前，新的学生宿舍楼和国际交流中心即将投入使用，以图书馆新馆、国学馆为标志的东北区改造和建设工程正在加紧进行。以学科建设和校园建设的巨大成就为代表，我校世纪初确定的"十年基础，十年腾飞"的第一阶段，即"固本强基、重塑形象"阶段的目标已经提前实现，为再过十年左右我校努力跻身世界一流大学行列奠定了坚实基础。这些振奋人心的成绩，是全校广大师生员工共同奋斗的结果，同时也离不开在座各位同学的辛勤努力，我代表学校衷心感谢你们！谢谢大家！

今天，你们即将开始人生新的旅程，而这个新的旅程又幸运地开启在新的时代。我们生活的这个时代充满机遇，也充满挑战，更充满变革。"海阔凭鱼跃，天高任鸟飞"，时代赋予了你们无限的可能，你们要在变革的交织与激荡中，思考、历练与完成自我、超越自我，从而达到更高的人生境界，在建设中国特色社会主义的伟大事业中，成就自己的人生梦想，成为未来社会的成功者。作为校长、老师和长辈，我很想谈谈未来社会成功者要处理好的三个方面的关系，和大家共勉。

第一，未来社会的成功者，要处理好理想与现实的关系。

1937年10月，毛泽东同志在为陕北公学的题词中勉励师生做具有"政治远见"、"斗争精神和牺牲精神"而又"不怕困难"、"脚踏实地富于实际精神"的人。我想，人的进步离不开理想的召唤、精神的激励和信念的支撑，但是仅仅憧憬未来是不够的，还需要不断学习进取，踏踏实实把崇高理想与实干精神结合在一起，这样的人，才是真正的理想主义者而不是空想主义者。

人民大学的教育理念，既包含了崇高的理想，又包含了实干的精神。崇高的理想就是学校始终倡导的"立学为民、治学报国"的人大精神。坚持"立学为民、治学报国"，就应将母校的光荣传统作为自己前进的力量源泉，树立高远的志向，将实现自我价值和报效祖国、服务人民、服务社会联系起来，为人民的福祉、为社会主义事业作出自己的贡献。这样的理想和信念是我们心中的明灯，要永远在心中点燃，指引我们人生的航程。实干的精神就是学校始终倡导的"行为精英，心为平民"的处世原则。所谓"行为精英"，是勇于担纲，乐于吃苦，敢于拼搏，严于律己，抵制诱惑，摒弃浮躁，脚踏实地地追求卓越；所谓"心为平民"，是牢记自己永远是普通老百姓中的一员，无论身处何种岗位，都要从最广大劳动人民的利益出发考虑问题，人民大学的毕业生不要忘记为人民服务。希望大家不耽于空想，不骛于虚声，从点滴做起，从小事做起，踏踏实实服务于普通老百姓，逐步实现心中的理想。

第二，未来社会的成功者，要处理好继承和创新的关系。

继承与创新是为人、为学永远需要面对的问题。牛顿曾经说过，"如果我能看得更远的话，那也是因为我站在巨人的肩上"。要做一个合格的创新者，首先要做一个优秀的继承者。一是要继承优秀的中华传统文化。作为人大的毕业生，要继续关注历史传统，关注民族文化，多读书、读好书，特别是精读元典，同时在想问题、做事情的时候，不忘中国历史，牢记中国国情，做中华优秀传统文化的继承者，使中华文脉薪火相传、生生不息。二是要借鉴世界各国的优秀文明。随着全球化进程的加快，不同文明的交流、交融乃至激荡交锋日益明显。只有深刻了解别的国家和民族的文化，才能够深度参与国际交流与合作，在激烈的国际竞争中脱颖而出。因此，无论是继续深造还是走向工作岗位，都要继续自觉拓宽国际视野，努力使自己成为学贯中西的高素质、复合型人才。

一个成功者不仅要有认同的思维，还要有求异的思维，而认同或求异都要以符合事物本来面目和客观规律为准绳。因此，在学习和继承的同时，还必须结合发展着的实践和变化了的实践，不拘泥于传统和定论，敢于提出理性的、建设性的不同观点、思路和举措，敢于求新创新。人大人有着实事求是、追求真理的优秀品质，既敢于继承，又敢于创新。在粉碎"四人帮"后的拨乱反正初期，我校校友胡福明以一篇《实践是检验真理的唯一标准》冲破了思想的禁锢，发出了振聋发聩的时代强音；在改革开放的关键时期，陈锡添一篇《东方风来满眼春》的报道传遍了神州大地，吹响了新的时代号角。学校这些年在学科建设、校园建设方面取得的许多成就，都与我们正确处理了继承与创新的关系、解放思想、实事求是、一切从实际出发、大胆去试、大胆去闯密切相关。坚持开拓创新，既要有舍我其谁、勇于担纲、"事到万难需放胆"的勇气，也要细致认真、严谨求实、"宜于两可莫粗心"的精神，不断探索新思想、新观点，提出新方法、新途径，解决新问题、新困惑，积极呼应、汇入乃至引领时代发展的新潮流，不断创造属于人大人的新高度。

第三，未来社会的成功者，要处理好律己与待人的关系。

如何律己和待人是人生永远的课题。我们常说，"严于律己，宽以待人"。律己的过程实际上是一个自我完善的过程。我们的先贤先哲两千多年前就提出了"修身为本"、"本立而道生"、"吾日三省吾身"的命题和论断，西方的哲人也提出"未经反思的生活不值得过"的说法，今天依然极富意义。在当今的商业社会，人们在不断追求个性的解放，是不是就不需要对自己约束了呢？其实恰恰相反，我们更加需要像德国思想家康德所说的对"头上的灿烂星空"和"心中的道德法则"那样的敬畏之心，尊重历史、尊重前人、尊重自然，尊重法律；更加需要古人所说的"一粥一饭，当思来之不易；半丝半缕，恒念物力维艰"的感恩之心，感恩祖国人民，感恩母校师长，感恩父母亲友，感恩同学同事，感恩每一个相遇相识的人。敬畏之心是"律己"，感恩之心是"待人"。"律己"是提升个人，"待人"是融入社会；"律己"是独善其身，"待人"是兼济天下。正确处理"律己"和"待人"的关系，才有可能实现古人讲的"修身、齐家、治国、平天下"的追求，才有可能达成我校"国民表率、社会栋梁"的人才培养目标。

同学们，在今后的人生旅程中，你们既会有顺利和成功，也可能会有暂时的坎坷和挫折，无论境遇怎样，希望大家都能够始终以"国民表率、社会栋梁"要求自己，始终以"自信人生二百年"的乐观和"一蓑烟雨任平生"的豁达来面对人生、面对社会、面对未来。在遇到困难和挫折时，不要忘记"宝剑锋从磨砺出"的坚忍，不要忘记"梅花香自苦寒来"的深邃，决不放弃，决不懈怠，拿出勇气，开创新局，你们只有经历这样的锤炼，才有可能逐步成熟起来，成为一个身心强健的人，一个全面发展的人，一个有益于人民的人。

"神闲气定心头亮，起步旌旗壮"。同学们，参加了今天这场庄严的典礼，你们中的绝大多数人将从"人大学生"转变为"人大校友"。但是，改变的只是称呼，不变的是感情。无论你们身在何处，母校永远是你们的精神家园。希望你们继续关注母校，支持母校，宣传母校，更希望你们常回母校看看！亲爱的同学们，祝福你们每一个人都有美好的前程和幸福的人生！谢谢大家！

Ⅷ. 姑苏城外弦歌起，独墅湖边好读书

——在中国人民大学国际学院（苏州研究院）
首次开学典礼上的讲话
（2009 年 9 月 6 日）

尊敬的肖扬老院长、陈焕友老书记，
尊敬的苏州市委蒋宏坤书记、阎立市长，
尊敬的各位领导、各位来宾、各位校友，老师们、同学们：

大家好！今天，我们怀着激动的心情，隆重举行中国人民大学国际学院（苏州研究院）开学典礼。首先我代表中国人民大学向出席会议的各位领导和嘉宾表示热烈的欢迎！向教育部，苏州市委、市政府，苏州工业园区和社会各界在苏州研究院建设过程中给予的巨大支持表示衷心的感谢！向首批来到苏州研究院工作和学习的老师们和 439 位新同学表示亲切的问候！我校国际学院也就是苏州研究院的落成和开办得到原中共中央政治局常委、国务院副总理李岚清同志和全国人大常委会蒋树声副委员长的亲切关怀，他们先后为此挥毫题词。李岚清同志的题词是"大力培养高素质精英人才，为振兴中华作贡献"，蒋树声副委员长的题词是"读书富智，博学笃志"，这是对我们强有力的鼓励、鞭策和支持，在此，谨向李岚清同志和蒋树声副委员长致以诚挚的谢意！在这里，我还要特别感谢最高人民法院前院长肖扬同志、江苏省原省委书记陈焕友同志，他们专程前来出席我们今天的开学典礼。感谢教育部原副部长章新胜同志、教育部发展规划司副司长宋德民同志，他们专程从北京前来视察校园并与师生代表座谈。所有这些也都是对我们的鼓舞、鞭策和支持！南京大学党委书记洪银兴、苏州大学校长朱秀林、南京财经大学校长徐从才等兄弟院校的领导也专程前来祝贺，我们表示热烈的欢迎和衷心的感谢！

苏州是一座历史文化名城，物华天宝、人文荟萃、底蕴深厚；长

三角地区领改革开放风气之先，经济社会发达，国际化水平很高；苏州工业园区是国家改革开放最重要的实验区之一。中国人民大学能够来到我国经济最发达的核心地带，与苏州市人民政府在苏州工业园区的高教区内合作共建国际学院，我们深感荣幸，也倍感责任重大，我们有决心、有信心，一定会把国际学院也就是苏州研究院办好！

"落其实者思其树，饮其流者怀其源"，苏州研究院的建成，离不开苏州市委、市政府和苏州工业园区的直接推动和大力支持，离不开独墅湖高教区卓有成效的、多方面的具体配合与协调。2003年7月30日，我作为"三个代表"重要思想中央宣讲团成员来到苏州，与时任江苏省委常委、苏州市委书记的王珉同志会见时，共同提出了建立中国人民大学苏州研究院的设想。当年11月20日，我与时任苏州市市长的杨卫泽同志签署了《中国人民大学、苏州市人民政府（苏州工业园区管理委员会）合作建设中国人民大学苏州研究院协议书》，苏州市人民政府把苏州研究院的建设纳入苏州研究生城的总体规划，给予了有力的政策支持。2006年7月15日，我又到访苏州，与高教区商定了我校苏州研究院的院址，创办工作由此开始正式启动。2007年4月9日，时任江苏省委常委、苏州市委书记王荣同志出席中国人民大学国际学院奠基仪式，与我们一起拉开了苏州研究院校园建设的序幕。今天，江苏省委常委、苏州市委书记蒋宏坤同志，市长阎立同志，市人大主任杜国玲同志，市政协主席王金华同志，工业园区马明龙书记、杨知评主任等领导又亲临我们的开学典礼，再一次体现了苏州市委、市政府对我校国际学院的高度重视、有力支持和亲切关怀。对于苏州市几任领导、工业园区和独墅湖高教区的各位领导对我校苏州研究院的大力支持，我再次表示衷心的感谢！

几年来，我们中国人民大学高度重视筹建国际学院，学校领导几十人次亲临苏州研究院建设工地了解情况、指导工作、解决问题。学校有关部门全力以赴、密切配合，在制度建设、组织保障、教学运转和硬件建设等各方面做了大量工作。今年3月，学校为保证国际学院实质性运转，确保同学们顺利入学，从各部门抽调业务骨干成立联合办公室，在高教区强有力的协助、配合和支持下，在前期联络处富有成效的工作基础上，经过大量艰苦细致的工作，实现了现在开学时的设施到位、管理到位、人员到位，确保了正常的教学秩序、工作秩序、生活秩序。全校广大师生员工也都积极关注苏州研究院的成立和发展，以极大的热情和实际行动支持着研究院的建设；校友代表及社会各界对苏州研究院的各项建设给予了大力支持；高教区内的各兄弟院校也对人民大学在苏州办学给予了大力支持。在此，我代表学校一并表示衷心感谢！

六年心思，三年辛劳，终成正果。国际学院即苏州研究院的创办，将有助于人民大学更好地深入改革开放第一线，更好地把握时代发展的脉搏，更好地吸收社会实践的丰厚营养，更直接地发现和回答中国改革开放和现代化建设进程中出现的重大理论和现实问题，从而对学校提升人才培养质量、提高科学研究水平、充分发挥社会服务功能起到巨大的推动作用。苏州研究院将成为中国人民大学贯彻落实科学发展观，探索世界一流大学建设的一个示范区；成为全面提高人才培养质量、服务区域社会经济文化发展的一块试验田；成为全面提升学校国际性、促进中外文化交流的一支排头兵。

国际学院要牢牢把握"高水平、有特色、国际性"的发展定位，人才培养讲求务实，科学研究讲求创新。作为人民大学的一个学术特区，它是我校采用延伸办学模式、以培养研究生层次为主、面向区域经济社会发展的直属延伸办学机构；它整合利用人民大学的优势学科，努力成为人民大学一个新的人才培养基地、科学研究基地和社会实践基地，努力打造国际合作平台、高端培训中心和创新研发园区；与此同时，它将结合当地的实际需要，在为苏州市乃至长三角地区新时期的改革开放和现代化建设提供高质量的人才保障和有力的智力支持方面贡献自己的一份力量。

在此，我特别欢迎第一批439位新同学的到来。大家既是受教育者，也是国际学院的共同创业者。希望大家能和老师们一起，共同探索这种延伸办学的新模式，共同探索结合了改革开放最前沿的实践来进行人才培养的这样一种新实践。我们会让大家在这里接受到和北京校园同样良好的教育，在某些方面甚至还会有所创新，更具特色，取得更好的人才培养效果。苏州研究院既有自己的校园，又有高教园区的大校园，怎样在这样一个新型的校园当中学习、生活、成长，需要有一种创新的精神。希望同学们充分利用这里的有利条件，注意广泛汲取知识，与兄弟院校的学子们携手和谐共进，同时也要保持人民大学的特色，发扬人民大学的传统，成为高教园区的优秀群体。在这样一个具有特殊意义的时刻，我谨提三点希望，与大家共勉。

一是立学为民、治学报国。中国人民大学具有与党和人民同呼吸、共命运，始终奋进在时代前列的传统和"立学为民、治学报国"的精神。希望大家继承这样的传统，弘扬这样的精神，努力按照党和人民的殷切希望，按照人民大学的人才培养目标，把自己锤炼成为"国民表率、社会栋梁"。我们所在的这座楼命名为"开太楼"，就是希望大家拥有"为天地立心，为生民立命，为往圣继绝学，为万世开太平"的襟怀和器识，努力用科学发展观和社会主义核心价值体系武装自己，牢固树立实现中华民族伟大复兴和建设中国特色社会主义的远大理想，树立报效祖国和人民的社会责任感和时代使命感！

二是明德、博学、求是、笃行。这是我们人民大学对学生的学术品格要求。希望大家不断完善道德人格，不断提升思想修养；"姑苏城外弦歌起，独墅湖边好读书"，希望大家面向现代化、面向世界、面向未来，勤奋学习，博采海纳，系统掌握本专业所需要的基本理论、基本知识和基本技能，多读书，读经典，读元典；希望大家发扬人大"实事求是"的校训精神，勤于思考，勇于探索，联系实际，学以致用；希望大家无论是学习、生活，还是道德、文章，都无愧于祖国和人民的期望，无愧于"人大人"这一光荣而又神圣的称号。

三是崇尚学术、纯洁学风。高等学校特别是研究型大学是崇尚学术、探求真理的堂皇学府。学风、校风则是一所大学精神风貌和价值取向的集中体现。希望大家能以"板凳要坐十年冷，文章不写一句空"的学术精神，摒弃浮躁，抵制诱惑，拒绝平庸，宁静读书，潜心治学；希望大家都能诚信为本、严谨为先，踏踏实实，一步一个脚印；希望大家拥有敢为天下先的勇气，培养出科学的思维能力和创新精神，理论联系实际地善于发现新问题，敢于探索新领域，勇于开拓新境界。通过大家的共同努力，在苏州研究院创办之初，就能形成优良的学风、校风，使苏州研究院成为一方学术的净土，成为大家共同的精神家园。

同学们，当你们徜徉独墅湖畔，置身苏州园林、工业园区的时候，大家一定会时刻感受到新老苏州的魅力。希望大家在这里求学问道，既要体味苏州两千五百年吴楚文化的文采风流，又要领略长三角经济甲于海内的生机活力，发挥人文社会科学"察盛衰之理，审权势之宜"的优势，最终学有所获、学有所成，回馈社会，报效国家！

最后，祝愿苏州研究院的各位老师和同学学习进步、生活愉快，在这里度过一段人生中最美好、最有意义的时光！祝愿各位领导和嘉宾身体健康、万事如意！

我相信中国人民大学国际学院（苏州研究院）一定越办越好，它的明天一定灿烂辉煌！谢谢大家！

接续文脉　重振国学

文化是民族的脊梁和根基所在。大学的一项重要功能在于文化的传承、发展和创新。"会中外学术有容乃大",这就要求大学是开放的、兼容的。接续文脉,重振国学,首次在大学校园中竖立孔子像、建立新中国第一所国学院、呼吁将传统节日设为法定节假日、举办世界汉学大会等创举,表达的是传承和弘扬中华民族优秀文化乃至整个世界优秀文化的宏伟抱负。

醉花阴·国学院开学典礼

（2005 年 10 月 16 日）

　　正是一年秋风爽，更天清气朗。庆语贺纷纷，锦簇花团，喜气眉梢漾。

　　神闲气定心头亮，起步旌旗壮。此去细登攀，佳绝风光，最合登高唱。

蝶恋花·世界汉学大会

（2007 年 3 月 28 日）

　　嫩绿鹅黄春讯早。佳蕙和风，勃发生机窈。风景这边犹看好，登高望去皆芳草。

　　宾客如云咸长少。举世空前，一览全球小。明德堂中儒释道，精微汉学风光俏。

竖立孔子铜像，弘扬民族精神*

——在中国人民大学孔子像揭幕仪式上的讲话

（2001 年 9 月 19 日）

尊敬的章新胜副部长、汤恩佳先生，

老师们、同学们：

9 月的北京，秋风送爽。为弘扬中华民族优秀传统文化和孔子思想，香港孔教学院院长汤恩佳先生向我校捐赠了一尊孔子铜像，这是我校学术建设和校园文化建设的一件具有重要意义的大事。在新学期开学之际，我们在这里隆重举行孔子铜像揭幕仪式。首先，我代表学校向汤恩佳先生表示衷心的感谢！

孔子是我国伟大的思想家、政治家和教育家，儒家学派的创始人，中国传统文化的典型象征。他一生勤奋好学，著书立说，行教逾半个世纪，培育弟子三千，精通"六艺"者 70 余人。孔子的思想博大精深，核心是以道德为最高价值的"仁义"理论。在政治观上，他主张"为政以德"；在义利观上，他主张"见利思义"，"义然后取，人不厌其取"；在价值观上，他提出"礼之用，和为贵"的中庸思想；在意志观上，他指出："三军可夺帅也，匹夫不可夺志也"；在生活观上，他提倡"发愤忘食，乐以忘忧，不知老之将至"的乐观精神；在人格观上，他推崇"德"、"智"、"勇"统一的君子人格；在教育观

---

* 2001 年 9 月 19 日，中国人民大学在全国高校中第一个竖立起孔子像。

上，他提倡"学而不厌，诲人不倦"的精神和"有教无类"、"因材施教"等思想。他的思想对中华民族的文化心理形成了极为深远的影响。孔子既属于中国，又属于世界，孔子的思想既是历史的，又是跨时代的。在法国，1687年就出版了拉丁文译本《论语》、《中庸》。著名的启蒙思想家伏尔泰把孔子尊为"真理的解释者"，雅各宾派领袖罗伯斯庇尔在《人权和公民权宣言》中引用了孔子"己所不欲，勿施于人"等名言。在朝鲜、韩国、日本、越南、新加坡、马来西亚等亚洲国家，形成了庞大的"儒家文化圈"。在美国出版的《世界名人大辞典》和英国出版的《人民年鉴手册》，把孔子列为十大思想家和十大文化名人之首。可以认为，孔子的思想是世界文化遗产的重要组成部分。

我们所处的时代，是经济全球化、世界多极化、生存数字化、文化多元化的时代，人类在向现代化迈进的进程中，面临着前所未有的科学与价值的冲突。1992年，世界上1 575名科学家发表了一份《世界科学家对人类的警告》，指出"人类和自然正走上一条相互抵触的道路"。科学技术的迅猛发展，使当代人一天的见识比17世纪以前的人一生的经历还要丰富，但同时，使我们在社会问题上面临的挑战和困惑也比以往更为繁多和复杂。如果人类要选择科技、经济、社会的全面与和谐发展，就必须在高度重视自然科学的同时，也高度重视人文社会科学。

中国人民大学是以人文社会科学、经济与管理科学为主，兼有理工科的全国综合性重点大学，是我国人文社会科学人才培养和科学研究的重要基地，是我们党和政府制定方针、政策依靠的重要力量，是我国高等人文社会科学学科建设的重要支柱，具有高水平的学术地位和教学质量，为我国高等人文社会科学教育事业作出了突出贡献。在人民大学竖立孔子铜像，对于我们传承和发扬中华民族优秀传统文化，贯彻"双百"方针，促进人文社会科学在新世纪的繁荣发展，具有积极的意义。特别是在经济全球化的当今时代，在人大校园竖立孔子铜像，无疑具有不同寻常的深远意义。

　　弘扬孔子思想的共同愿望，使中国人民大学与香港孔教学院的联系更加紧密。汤恩佳院长向我校捐赠孔子铜像，是我们两校携手深入研究孔子思想的新的开端。我们对汤恩佳先生的这种精神表示敬佩，并希望两校为继续发扬中华民族优秀传统文化共同作出贡献。

弘扬孔子思想　培育民族精神

——在中国人民大学孔子研究院成立庆典暨"孔子与当代"国际学术研讨会上的讲话

（2002 年 11 月 30 日）

尊敬的谷牧同志,

尊敬的学界前辈张岱年先生,

各位领导、各位来宾,老师们、同学们:

今天,我们在这里隆重举行中国人民大学孔子研究院成立庆典暨"孔子与当代"国际学术研讨会。首先,我代表学校对各位领导、各位来宾光临此次会议和庆典活动表示热烈的欢迎!

我相信今天将会是中国人民大学历史上值得纪念的日子之一,不仅是因为如此多的嘉宾让我们蓬荜生辉,更是因为孔子研究院成立之深远意义,它的深远意义或许并不是我们今天能完全预料到的。

孔子是中国古代最著名、最有影响力的思想家、教育家,是中国传统文化最杰出的导师代表,由他开创的儒家学派的思想成为中华民族传统文化的主干,对中华民族价值体系的形成及发展有着极其重大、极其深刻的作用和影响。作为世界十大文化名人之一,孔子与穆罕默德、耶稣和释迦牟尼一起,被称为缔造世界文化的"四圣哲"。孔子既属于中国,又属于世界,他的思想既是历史的,又是跨时代的。譬如他的"和而不同"思想,对指导今天不同文明之间的关系和国家之间的矛盾都有着重要的现实意义。江泽民同志最近访美,也特别提到各个国家相处要"和而不同"。这只是孔子思想海洋中的一颗水珠，他的思想精华还有很多值得我们去学习、去吸纳、去实践、去弘扬。

我们曾经要"打倒孔家店"，但孔子的思想是那样深刻地植根在我们的思维习惯和生活方式上，流在我们的血液里，"历久而弥新"。不好好继承孔子文化的精华，作为一个中国人，就很难形成一种全面的成熟的文化观。孔子研究院的成立，是我们自觉继承和弘扬孔子思想精华，自觉继承和弘扬中华民族优秀传统文化的文化象征和具体实践。

中国是世界七大文明古国之一，而且是唯一没有中断历史的文明古国。中华民族的传统文化，不仅哺育了中华儿女，而且还深刻地影响了整个东亚以及西方世界。在五千年历史长河中，中华文化充分展现了其生生不息的创造活力和吸纳外来文化的包容能力。中华民族传统文化是我们的文化之根、民族之魂，在经济全球化、政治多极化、生存数字化、文化多元化的当今世界，如果我们不能以开放性的、建设性的态度来继承和弘扬我们的优秀传统文化，那么我们中华民族就很难自立于世界民族之林。

所以，我们成立孔子研究院，不仅要研究、继承和弘扬孔子思想，而且要通过此举来研究、总结、继承和弘扬中华民族传统文化中所有精华的东西，服务于新时期民族文化的形成、民族精神的塑造。

中国人民大学是一所具有光荣革命传统的学校，一直站在中国革命和中国建设事业的最前列，一直站在中华民族争取民族独立和追求祖国富强事业的最前列，一直继承和发扬着中华民族的自强不息、开拓奋进的宝贵精神。在进入 21 世纪以来，我们学校一直在考虑，在新的世纪，中国人民大学如何继续保持心系民族兴亡、服务社会大众的光荣传统，如何在回应中国社会改革和发展所需要解决的重大理论课题方面，在弘扬中国优秀传统文化和培育、丰富中华民族精神方面继续发挥建设性的作用。

当今中国已进入全面建设小康社会的发展阶段，伴随着"庶之"、

"富之"的逐步实现，"教之"即八方教化的问题，也愈发显得迫切。社会的发展变化，日益从自在走向自为，对社会科学指导作用的依赖和需求日益提高。随着社会结构和社会生活的快速变革，解决人的精神世界的问题也越发重要。党的十六大报告审时度势，明确指出加强文化建设和文化体制改革的重要性，并指明文化建设和文化体制改革的主要任务是："牢牢把握先进文化的前进方向"；"坚持弘扬和培育民族精神"；"切实加强思想道德建设"；"大力发展教育和科学事业"；"积极发展文化事业和文化产业"；"继续深化文化体制改革"。作为人文社会科学重镇，中国人民大学应当发挥自己的作用，努力推动实现物质文明和精神文明建设的双丰收，推动经济发展与社会进步的协调发展，实现中华民族的伟大复兴。

为了落实上述思想，学校新近成立了当代中国研究中心、人文奥运研究中心、人文社会科学发展战略研究中心和孔子研究院。在加强人文学科建设和弘扬传统文化方面，我们首先做了一些象征性的举措：

第一，在 2001 年 9 月 19 日，我们接受社会捐赠，在校园内竖立了一尊高 3.5 米的孔子铜像，孔子铜像祥和沉默。这一举措具有不言自明的象征意义，它表明了中国人民大学在新的时期，在进入新的世纪的时候，对待中国优秀传统文化的态度。回顾近一个世纪以来我们中国人对待孔子、对待传统文化的风风雨雨，我们是否可以说，五四运动打倒孔家店，被认为是思想解放的一种标志，而在 21 世纪之初，中国人民大学为孔子竖像，同样是思想解放的标志。我们的举措得到了人民大学广大师生的赞同，得到了教育部的坚定支持，得到了海内外华人的高度评价。

第二，我们新建了一个百家园。这个动议在前年年底提出，去年开始施工，前不久全面竣工。我们把中国传统文化重要奠基者的先秦诸子中的孔子、老子等 9 人请进了百家园，让我们的学生时常与先贤先哲会话，从中国文化的历史源头汲取无穷的智慧，使我们培养的人才成为中国优秀传统文化的自觉继承者。同时，我们也把古希腊的哲学家苏格拉底、柏拉图等9位哲人请进了百家园，目的是让我们的师生海纳百川，放眼世界，汇中外学术，凝古今正气。

在上述象征性举措之后，我们成立孔子研究院就是后续的实质性举措。研究院集中了一批在此领域有着深厚修养和精深造诣的学者教授，并有一批学有专长的中青年学术骨干负责部门工作和承担研究任务。我们的目的，是想以这样一个学术机构，整合全校之人文研究力量，外借社会贤达、专家学者之助，对孔子的思想和学说扎扎实实地进行全面的、系统的研究，通过我们的努力，架起现代与传统的文化桥梁，充分凸显和发掘中国传统文化的资源性价值。孔子研究院已经提出了具体的研究规划，结合我校的"211工程"二期建设，近期将开展"中国孔学史"、"孔子与中华民族精神形成史"、"孔子学说在世界传播和影响史"等课题的研究。我们相信，这些研究的成果对中国传统文化的研究、对中华民族精神的弘扬和中华民族凝聚力的进一步形成，都会起到积极的推动作用。经过慎重研究，我们还积极谋划和筹备启动《儒藏》编辑出版工程，这是一项意义重大、工程浩大的文化事业，我们呼吁政府有关部门高度重视我校孔子研究院的这一创意，我们希望全社会和海内外华人都来支持、参与这项事业。孔子研究院的另一个牌子是中国传统文化研究中心，我们的研究对象还要从孔子扩展到整个中国传统文化。

今天，我们"以文会友，以友辅仁"，共同研讨"孔子与当代"这样一个富有深刻思想内涵和时代意义的重大课题。这使我想起欧洲的文艺复兴运动，文艺复兴在某种程度上是对古希腊、古罗马文化的复兴，但这种复兴不是对古代文化的简单照搬，而是通过创新，让古老的智慧在与新的时代的摩擦中碰撞出火花，释放出新的光和热。文艺复兴对欧洲社会乃至整个世界的发展都曾起到过不可估量的巨大作用。我想，如果在社会主义建设时期我们以积极、健全、理性、开放的心态对待我们的传统文化，开发取之不竭的传统文化宝藏，根据时代特点和要求，像孔子当年或"因"或"损"或"益"地辩证对待其时代的传统文化一样，古为今用，继承创新，也一定会对我们的国家、我们的社会的进步和繁荣，对人民生活水平特别是精神生活的提高，对我们的民族、我们每一个人的价值观念、处世修身、安身立命都会大有裨益。不仅如此，对于世界良好文化格局的形成，对于处理世界各文明之间的关系，也都具有重要的资源性价值。我诚挚地感谢与会的诸位专家学者，也祝愿大家的研讨活动成果丰硕。回想 20 世纪 80 年代中期，我校从事中国哲学教学和研究的同志，曾经举办了改革开放以来首次纪念孔子诞辰的活动，当时与会的梁漱溟等国学大师百感交集，激动不已。那次会议开得很成功，"物是人非事不休"，我相信，在新的世纪我们开的这次高层次的孔子思想和研究的盛会，也一定会取得圆满成功。

　　孔子研究院的成立，得到了国家领导人和教育部领导、北京市领导、兄弟院校领导的支持，得到了张岱年先生、任继愈先生等学界著名人士的支持，得到了孔子后裔孔黛碧小姐等人的支持。在此，我代表学校，衷心地感谢各位的支持。祝愿此次会议取得圆满成功！祝各位专家学者精神愉快！

通力协作，共襄纂修清史之盛举[*]

——在中国人民大学两岸学者
清史纂修研讨会上的讲话

(2003 年 8 月 25 日)

纂修清史是弘扬中华文明、繁荣中国学术文化的一项盛举，是新世纪一项宏大的学术工程，规模宏大，任务艰巨，需要海内外炎黄子孙通力协作，共襄盛举。

我国有优良的修史传统。有"正史"之名的二十五部史书系统详细地记录了数千年的中国史，是我们中华民族文化的重要载体。清朝统治中国时间跨度长，内容丰富，与我们今天的现实生活紧密联系、息息相关。当代面临的许多重大问题都要追溯到清代才能够了解问题的根由。

2002 年 11 月，国家作出了启动清史纂修工程的重大决定，并成立了由文化部、中宣部、中央文献研究室、国家计委、财政部、教育部、人事部、新闻出版总署、中国社会科学院、国家文物局、国家档案局、国家图书馆、国家第一历史档案馆、中国人民大学等单位有关负责同志和编纂委员会主任组成的清史纂修领导小组。2002 年 12 月中旬，清史编纂委员会成立并在京召开第一次工作会议。清史编纂委员会由清史学界的专家学者组成，全面负责清史纂修的学术组织工

---

* 本文根据讲话录音整理。

作。编纂委员会由历史学家戴逸先生担任主任，马大正、朱诚如和成崇德三位专家担任副主任。

这项工程由政府财政划拨专项资金资助，预计用 10 年左右时间完成。作为新世纪的一项标志性学术工程，清史主体工程的任务是在充分吸收史学传统和现代研究成果的基础上，集合海内外清史研究人才，编纂出一部规模在 3 000 万字左右的清史巨著，一部能够反映当代学术水准、经得起历史检验的传世之作。围绕主体工程，还将进行清代档案和文献的整理与出版。清代档案保存至今的共有 2 000 多万件，分藏于海内外。整理利用这些档案，既能为此次纂修清史提供重要的史料，同时也是一项意义重大的文化工程。清代历史文献汗牛充栋，极为丰富，大规模的文献整理和出版，不但可以满足清史纂修的需要，还将起到抢救、保存和继承中国历史文化遗产的重要作用。

几十年来，清史研究硕果累累，为纂修清史奠定了丰厚的学术基础。两岸学者交流广泛，取长补短。这次会议将极大地促进两岸学术交流活动的开展。

修史工程，体例先行，确定体裁体例是当前最为紧迫而重要的任务，直接关系到清史的质量。台湾学者对清史研究造诣很深，在《清史稿》校注及明清档案整理方面有令人瞩目的成就。因此，我衷心希望各位专家学者在为期三天的研讨会上畅所欲言，共商清史纂修大计。

中国人民大学一直重视清史纂修这一宏大的学术工程。当年国家倡导修史时，我校戴逸教授就是七人编纂委员会中最年轻的一位。为了纂修清史，国家还专门成立了中国人民大学清史研究所。几十年来，清史研究所一直在严谨求真地进行科学研究，尽心尽力地为清史纂修做准备；去年我们正式向国家提出了纂修清史的建议，并被采纳。目前，工程已经启动，人民大学更要一如既往地对这一事业给予全力的支持。作为校长，我在这里要郑重地表这个态！

中国传统节日应设为法定节假日 [*]

Ⅰ. 关于增加中国传统节日
为法定节假日的建议

(2004 年 2 月 27 日)

传统节日是一个国家或民族的历史文化长期积淀的产物，并自诞生始成为民族传统文化最重要的载体之一。它独具的喜闻乐见、全民参与的特点，决定了它在弘扬民族文化中有着不可替代的重要作用。大凡历史文化悠久的国家或民族，都有自己丰富多彩的传统节日。

中国的传统节日形式多样，内容丰富，是中华文明的一个重要组成部分。这些流传至今的节日风俗，都具有特定的文化内涵，凝聚着中华民族的智慧，体现着中华文明的特点，千百年来发挥了传承、传播中华文明的重要作用。世界各地的华人都非常重视中国传统节日。香港特别行政区和澳门特别行政区虽在近代曾脱离母体很长时间，但一直保留着一些重要的传统节日。在香港，春节、清明节、端午节、中秋节和重阳节为五大传统节日，被规定为法定假日；在澳门，春节、清明节、中秋节和重阳节被规定为法定假日。新加坡华人同样非常注重春节、清明节、端午节和中秋节等中国传统节日，每年举行各

---

  * 从 2004 年的全国"两会"开始，作者作为全国人民代表大会代表连续四年提交"将除夕、清明、端午、中秋等传统节日纳入法定节假日"等相关建议，这些建议均成为当年"两会"代表讨论和关注的热点问题，最后促使这一建议于 2007 年 12 月被国务院正式采纳并实施。

种各样的活动进行庆祝。可以说，华人走到哪里，就会把重要的传统节日带到哪里。每逢佳节，身处世界不同地方的华人都会以相同或相似的方式举行庆祝活动。所以，传统节日对华人来说，除了传承文化，还起到了一个文化纽带和精神桥梁的作用。

在当代中国，要发展面向现代化、面向世界、面向未来的民族的、科学的、大众的社会主义文化，首先就要注重中华民族的传统文化。而重视传统节日并发掘其内涵，对于我们继承民族文化、保持民族特色、弘扬民族精神、增强民族凝聚力，无疑有着极为重要的意义。

但现在中国的法定节日中，只有春节反映了中华民族传统文化的特色，其他的一些传统节日，虽然在民间有所保留，但并未被规定为官方法定节日，没有法定假期。由于重视程度不够，一些传统节日近年来有逐步衰落的迹象。一方面是一些传统节日在走向衰落；另一方面则是随着现代人们生活水平的提高，休闲时间的增加，仅有春节已经远远无法满足人们的需求，很多城市青年开始引进西方的节日，如圣诞节、复活节等。对自己的传统节日缺乏了解或兴趣而盲目引进西方的节日，这样的现象不能不引人深思。所以，我们要充分重视和发挥传统节日在今天的作用，使之服务于社会主义文化的发展、社会主义精神文明的建设和中华民族的伟大复兴。

有鉴于此，加上与世界很多国家地区相比，我国的法定假日偏少，只有 10 天（如法国与英国每年有 13 个法定假日，香港有 12 个法定假日），我们提出以下建议：

第一，建议在目前春节法定假日的基础上再增加 1 天，即增加除夕日这一天。春节是中国人最重要、最隆重的传统节日，是中国新年的开始，有辞旧迎新、全家团圆、共享天伦的寓意。除夕夜的团聚和年夜饭则是春节最重要的标志，离家在外的游子、亿万民工克服一切困难都要赶在除夕夜之前到家，为的就是一家人在除夕夜吃团圆饭。年复一年、波澜壮阔的春运高潮，显示了春节在中国人心目中的崇高地位及在培养家庭意识和增强民族凝聚力方面的重要作用。所以，除夕日放假，意义深远。

第二，建议增加清明节、端午节、中秋节为法定节日，各个节日都放假1天。清明节是中国人扫墓祭祖的日子，在这一天，人们缅怀先辈，既寄托哀思，也激励后人；端午节起源于屈原投江的传说，有浓重的爱国主义色彩；中秋节是我国仅次于春节的第二大传统节日，选择在仲秋月圆之时，既有"春华秋实庆丰收"之谓，又有"花好月圆人团聚"之意，并以赏月、吃月饼为其形式，无论是从内容上还是从形式上，都把中华文化中的真、善、美发挥到极致。以上三大节日，都以"爱家、爱国、爱传统"为主旋律，增加这些传统节日为法定假日，可以增加节日的文化含量，更好地利用大众化的方式弘扬传统文化。

第三，元宵节和重阳节也是我国非常重要的传统节日（如重阳节充分体现了尊老敬老的优良传统），虽然不一定设为法定假日，但通过定为法定节日予以强调并适当注入新的时代内涵，可以达到发扬优良传统，保持家庭和睦、国家稳定、社会和谐的目的。

总之，中国的传统节日是中国文化的重要组成部分，重视传统节日，增加部分节日为法定假日，是传承传统文化的重要举措，增加了节日的文化含量，突出了中国特色。这对于帮助年青一代更好地了解中国文化和传统，涵养民族之根，弘扬民族之魂，具有十分重要的意义。

Ⅱ. 再次建议增加中国传统节日为法定假日

（2005年3月6日）

我们在2004年的十届人大二次会议上提出了"关于增加中国传统节日为法定节假日的建议"。建议一经提出，在全国各界引起热烈反响和呼应。国务院法制办公室 2004 年 5 月 10 日国法函［2004］109 号对此予以了及时回复，认为"将除夕、清明、端午、中秋等中国传统节日增加为法定假日，需要综合考虑我国目前的经济发展状况和社会各方面的承受能力。您的建议，我们将在今后相关工作中予以认真研究"。

应广大群众要求，我们再次提出此议案，并补充三点理由：

（1）建议案一经提出，便成了去年"两会"期间的热点之一。引起了全国甚至整个华人世界的重视和热烈反响，几百家媒体争相登（转）载、讨论，街头巷尾议论纷纷，人们的态度基本上是表示赞成和拥护的。至今我们还经常收到全国各地群众的来电来信，表示支持提案并希望建议案能获得通过。所以建议案是有广泛群众基础的，反映了民意。

（2）增加除夕、清明、端午、中秋等传统节日为法定节日并放假 1 天与增加元宵节和重阳节为法定节日，出发点并非为了休假，而是为了使广大群众能利用假期进行丰富多彩的庆祝活动，回味悠久历史，享受民俗文化。这是精神文明建设的最直接手段之一，是弘扬传统文化的最便捷手段之一，是增强民族凝聚力的最有效手段之一。尽管只增加 4 天假期，但可以传承五千年文明，涵养 13 亿人口，直接服务于"构建社会主义和谐社会"这项历史性任务。

（3）建议案是在充分考虑到我国的经济发展状况、社会各方面的承受能力并与世界各国的情况进行横向比较的基础上提出的。我国目前的节假日与世界上很多国家包括一些不发达国家相比都是偏少的，而我国恰巧是世界上劳动力资源最丰富的国家。我们认为，我国现阶段完全有能力增加 4 个重要传统节日为法定假日。而且我国目前的法定节日，只有春节反映了中华民族传统文化的特色，迫切需要增加传统节日为法定节日来弥补这方面的不足，来弥补曾缺失的民族传统文化教育这一课。

所以我们再次郑重地提出提议，希望能被本届政府采纳。

Ⅲ. 建议加快将中国传统节日设为法定假日立法进程的议案

（2006 年 3 月 6 日）

我们在 2004 年十届人大二次会议和 2005 年十届人大三次会议上提出了《关于增加中国传统节日为法定节假日的建议》和《再次建议增加中国传统节日为法定假日》的建议。国务院法制办公室分别以国法函［2004］109 号和国法函［2005］132 号对此予以了回复，其中，［2005］132 号函答复："您提出的增加中国传统节日为法定假日的建议，对于弘扬民族优秀文化传统、形成温馨和谐的社会环境、增强中华民族的凝聚力和认同感，具有重要的意义。目前，中央有关部门正在统筹研究是否将传统节日设立为法定节假日的问题"。

这样的答复令我们十分欢欣鼓舞，希望能加快立法进程。应广大群众要求，我们提出建议加快将中国传统节日设为法定假日的立法进程，并补充以下三点理由：

（1）将中国传统节日转变为法定假日的建议案已经在社会上产生了积极的反响。前年和去年"两会"期间，该建议案一经提出，便成为了提案建议的热点和焦点之一，在全国各界甚至在整个华人世界引起了强烈反响和呼应，数百家媒体争相登（转）载，并在网上公开讨论征集网民的意见。人们的态度基本上对此表示赞成和拥护。至今我们还经常收到来自全国各地群众的来电来信，支持建议案并希望建议案能获得通过；至今"传统假日列为法定假日"在网络上仍为热门话题，其中很多是海外媒体对建议案的跟踪报道，反映了华夏儿女共同的心声。所以该建议是有广泛群众基础的，反映了民意。广大群众对建议案成为现实翘首以待。

（2）将传统节日定为法定假日建议案的出发点并非为了休假，而是为了使广大群众能够利用假期进行丰富多彩的庆祝活动，回味悠久历史，享受民俗文化。通过群众自发性的活动弘扬中华民族优秀传统文化既是精神文明建设的最直接手段之一，又是增强民族凝聚力的最有效手段之一，同时，更是在广大青年之中普及传统教育，振奋民族精神，弘扬爱国热情的重要手段之一。近年来，在广大青年中，圣诞节、情人节等西方节日借助媒体渲染、商家炒作，已经越来越为青年一代认同和接受；相比之下，中华民族传统节日的庆祝活动则愈显颓势，甚至很多在外来文化渗透影响下成长起来的青少年根本不知道清明、端午、重阳的来历和意蕴。将传统节日定为法定假日尽管只增加 4 天假期，但却可以在广大青年中普及文化传统及爱国主义思想教育，涵养 13 亿人口中华民族优秀传统文化的底蕴。建议案早日成为现实，可以早日直接服务于"构建社会主义和谐社会"的历史性重任。

（3）建议案是在充分考虑到我国的经济发展状况、社会各方面的承受能力并与世界各国的情况进行横向比较的基础上提出的。我国目前的节假日与世界上很多国家包括一些不发达国家相比都属于偏少类型，而我国又是世界上人口最为众多的国家，我国目前的法定节日，只有春节能够充分反映中华民族传统文化的特色，迫切需要增加传统节日为法定节日来弥补这方面的不足，来弥补曾缺失的民族传统文化教育这一课。从实际可操作性角度讲，我们认为我国现阶段完全有能力将除夕、清明、端午、中秋 4 个重要传统节日设为法定假日。甚至可以考虑，春节还可再增加 2 天的假日，相应地，"五一"假期可以减少 2 天。

为此，我们再次郑重提议，希望加快将中国传统节日设立为法定假日的立法进程，望予采纳。

Ⅳ. 关于增加中国传统节日为法定假日实施意见的建议

（2007 年 3 月 4 日）

2006 年 9 月，我国第一个专门部署文化建设的中长期规划——

《国家"十一五"时期文化发展规划纲要》正式发布,《纲要》再次强调"要充分发挥传统民族节庆的作用,增强中华民族凝聚力,促进和谐社会建设"。传统节日是一个国家或民族历史文化长期积淀的产物,并成为民族传统文化世代相传的最重要的载体之一。其独具的喜闻乐见、全民参与的特点,决定了它在弘扬民族文化、构建和谐社会中有着不可替代的重要作用。

我们在十届全国人大二次会议、三次会议、四次会议上连续三年提交建议或议案,建议增加中国传统节日为法定假日,不但受到了社会各界的广泛关注,同时也得到了国务院有关领导的高度重视,目前有关部门正在做进一步研究,增加中国传统节日为法定假日已指日可待。

有鉴于此,为进一步推动将传统节日设为法定假日的进程,特提出以下节假日调整方案,建议对我国目前法定节假日安排进行调整,即取消"五一"和"十一"黄金周,增加传统节日为法定假日,进一步强化春节,落实带薪休假制度,具体方案如下:

第一,建议取消"五一"和"十一"黄金周,"五一"和"十一"的假期调整为1天。"五一"和"十一"黄金周集中式放假带来的交通拥挤、旅游产品短期供给不足、旅游安全隐患增大、景区资源保护压力加大等一系列负面影响日益显现,取消黄金周不但能够消除其带来的负面影响,同时能够保证人们在工作效率最高的时节投入工作,提高我国的劳动生产率,促进我国国民经济的发展。

第二,建议将清明、端午、中秋、除夕列为法定假日,各放假1天。这样广大群众可以利用假期进行丰富多彩的庆祝活动,领悟节日内涵,回味悠久历史,享受民俗文化。这对于弘扬中华民族优秀传统文化、形成温馨和谐的社会环境、增强中华民族的凝聚力和认同感、激发爱国主义热情具有积极而深远的意义。

第三,建议强化春节这一中华民族最重要的传统节日,在目前春节法定3天假日的基础上,再增加1天,将正月初四设为法定假日。

这样，从除夕到初四连续 5 天假期，加上节前和节后两个周末共 9 天假期，既可以缓解春运客流高度集中带来的交通压力，同时又有利于离家在外的游子和各地亿万务工人员能够有更多时间在家共庆团圆，对于培养家庭意识和增强民族凝聚力等都有积极的作用。

第四，落实带薪休假制度。《劳动法》规定，国家实行带薪年休假制度。落实这一制度，不但可以更好地体现个人意愿和个人需求，为职工创造良好的工作环境，提高劳动积极性，同时可以避免出现国家统一放假时集中性的大规模人员流动现象，旅游、消费、交通等资源可以得到更为均衡的利用。根据国务院有关规定，带薪休假天数最多不超过两周，建议将带薪休假尽量安排在夏季，这样不但有利于职工避暑、缓解电力紧张，而且有利于全年节假日的均匀、合理分布。

第五，建议将元宵节、七夕节、重阳节同青年节、建党节、建军节一样列为法定节日，积极组织相关纪念活动，彰显民族文化的优良传统，进一步扩大传统节日的影响。

根据以上建议，调整后的我国法定节假日增加 1 天，全年共 11 天，由于我国实行周双休日制度，总的年均法定休假日天数为 115.3 天，在世界上处于中等水平。调整后，我国在冬、夏两季有春节和带薪假期两个长假，全年平均分布"五一"、国庆和清明、端午、中秋、除夕 4 个中国传统节日假期，这样不但能够对旅游、交通、消费起到正面引导作用，同时人民群众的休息权利也能够得到更和谐的实现，各个节假日的内涵也将得到更好的发挥。

《中国古代治国要论》序 *

对于现代的国家和国民来说，知识的来源原本有三个方面：一是纵向借鉴，从历史学；二是横向借鉴，从他国学；三是自己摸索，从实践中学。这三个支点，缺一不可。但长期以来，我们实行"拿来主义"、"摸着石头过河"似乎多些，很少青睐我们祖先留下的思想宝库和治世经验。可不可能在我们拄着借来的拐杖、摸着石头过河时，蓦然回首，却发现千百年前的古桥就在不远处立着呢？

汤因比曾说："在我看来，对于任何一个将成为历史学家的人来说，尤其是对出生于这些时代的人来说，古典教育是一种无价的恩惠。"在我看来，这样的意义不仅仅限于历史学家，它也适用于当代社会的每一个人，尤其是作为社会管理者的公务员。以史为鉴、"察盛衰之理，审权势之宜"、"嘉善矜恶，取是舍非"，从来是一种人文精神，也从来是经世济用之正途要术。具有丰富的历史知识，从来都是高水平领导者必备的基本素质之一。

我在教育领域工作多年，对我们的教育在这方面的欠缺有着深刻的体会。源自 20 世纪初的反传统思潮带给了我们面向西方的视野和革新的勇气，也成为历史虚无主义和"左"的流毒的根源之一。反映在我们的教育中，就是一段时间以来中国古典教育的缺失。作为一个教育工作者，看到自己的青年在欣赏西方古典文学艺术的同时，却不具备欣赏唐诗宋词的能力时，心里不能不涌起一种痛楚；看到自己的

---

　　* 本文系《中国古代治国要论》（纪宝成主编，北京，中国人民大学出版社，2004）一书的序言部分，同时被《中国当代教育家文存·纪宝成卷》一书全文收录。

青年在解决理论方法和问题时总是习惯于探询西方世界却很少光顾自己的民族文化宝库时，心里不能不涌起一种遗憾。当这种心痛和遗憾所面对的对象是一个民族的几代青年时，这是怎样一种巨大的损失！

其实，历史是无法割裂的，只是你肯不肯自觉地去认识罢了。人类社会的发展规律告诉我们：尊重历史才是尊重现实，懂得如何自觉探询历史的民族才会真正懂得如何理性地探索未来。只有在善于向西方学习的同时，还善于向我们的古人、前人学习，我们才有可能后来居上、引领时代。

到了该补上这一课的时候了，以我们补科学教育一样的志气和热情。所以，自 2001 年我国正式实施公共管理硕士（MPA）学位教育以来，我作为全国公共管理硕士学位教育教学指导委员会的主要负责人，就一直想要从 MPA 教育领域入手，编一本专业领域内的历史教科书，让故纸堆中的历史鲜活起来，展现我们传统文化精粹在现实生活中的生命力和功用，在公共管理硕士学位教育中加入"君子以多识前言往行，以畜其德"的理念，让我们的 MPA 学员能够在较短的时间里尽可能精要地了解中国历史上治国安邦的经验和实践，从中获得色彩纷呈的治国理念、政治智慧和制度设计等方面的广泛启迪，加强他们在专业历史知识方面的修养，或者至少是提供这么一种概念，让他们能更自觉、更自如地学习和运用祖先的智慧。

在中国古代博大精深的学术体系中，"治国安邦"之学应该是地位最为尊崇的学术，也是内容最为丰富的学问。中国古代丰富多彩的治国理念、纷繁凝重的治国实践实在是一座宝藏。而长期以来，我们对这一宝藏很少有过像样的开发利用。关于中国古代历史和传统文化的典籍浩如烟海，却鲜有现代人编写的系统介绍中国古代治国思想、制度和实践的专门书籍，当然这方面的知识也就难以系统地出现在大学的讲坛上。为了弥补这方面的缺憾，两年多前，我和我的同仁们开始了这方面工作的探索，直到今天这本书的付梓出版。

工作开始后，我们深刻地体会到编写实践的不容易，特别是面对着这样一座璀璨的宝藏，挖掘和取舍都是很大的挑战，而如何选择最具有现实借鉴意义的历史资料更是挑战，这需要我们的作者不仅有历史的眼光，还要有现代的眼光；不仅要有历史知识的积淀，还要有公共管理知识的涵养；不仅要有丰富的综合知识，更要有运用这些知识的能力。所以，这本书的出版，只能说是我们尝试着迈出的第一步，这方面的研究，还需要继续。

重估国学的价值[*]

（2005 年 5 月 26 日）

当我们的青少年对好莱坞大片趋之若鹜但却不知道屈原、司马迁为何许人时，当我们的大学生能考出令人咋舌的托福高分但却看不懂简单的文言文，甚至连中文写作都做不到文从字顺时，那么，我们可以断言，我们的文化教育一定是在哪个重要环节上出了问题，出现了深层次的民族文化危机，是民族振兴、国家崛起过程中必须加以正视并克服的障碍与挑战。

导致这类现象出现的原因自然很多，如在汹涌澎湃的市场经济大潮冲击下实用功利主义的驱使与影响，如西方强势文化话语霸权的渗透与制约，等等。然而，其根本的原因，是长期以来我们对固有的传统文化的认识与承续出现了严重的偏差或迷失，对体现民族之魂魄的基本载体——国学有意无意地采取了忽略或偏激的态度。随着时间的推移，这种漠视文化本根做法的后遗症将显得日益严重，这绝不是杞人忧天、危言耸听，而是众多有识之士的共识。因此，在今天完全有必要重新认识国学的价值，呼唤国学的回归，重建国学的学科。

一、披沙拣金：衡估国学的价值

要在新的历史条件下呼唤国学、重建国学，首要的前提是必须以

---

　　* 本文原载于《南方周末》2005 年 5 月 26 日，《新华文摘》2005 年第 17 期全文转载，同时被《中国当代教育家文存·纪宝成卷》收录。该文的发表引起了社会各界对国学的广泛关注和讨论，被认为是新时期重振国学的一篇历史性文献。

历史唯物主义的立场、观点与方法认识国学、理解国学，对国学的内涵、性质作出准确的把握，对国学的价值、意义作出科学的总结。

所谓"国学"，作为名词古已有之，指的是国家一级的学校，然而作为近代意义上的概念，则是在 20 世纪初期形成的，对其具体的界定，人们多有分歧，比较有代表性的意见是，相对于新学它指旧学，相对于西学它指中学，引申而言，即今人眼中中国的传统学术文化，"国学者何？一国所有之学也"[①]。我们认为，国学可以理解为参照西方学术对以儒学为主体的中华传统文化与学术进行研究和阐释的一门学问。它有广义与狭义之分。广义的国学，即胡适所说的"中国的一切过去的历史文化"，思想、学术、文学艺术、数术方技均包括其中；狭义的国学，则主要指意识形态层面的传统思想文化，它是国学的核心内涵，是国学本质属性的集中体现，也是我们今天所要认识并抽象继承、积极弘扬的重点之所在。

国学具有鲜明的历史特征与时代精神，与世界历史上任何一种文化形态一样。我们以历史主义的态度冷静地考察它在中国历史上的地位与作用，就能够发现：第一，就形式而言，国学是中华文明的主要载体，中华文明中的观念文明部分，通过国学这种文化形态得以展现并传承，它就像一根坚韧纽带，将形形色色、方方面面的中华文明珍珠串联在一起，形成一个完整的统一体。第二，就内涵而言，国学是中华民族精神的集中体现，它像流水一样，滋润着中华民族的茁壮成长；像土壤一样，培育着中华民族的主体意识，使中华民族以特有品质与风貌自立于世界民族之林，并在相当长的时段中引领世界历史发展的风骚。儒家所倡导的"德治仁政"治国理念，道家所追求的人与自然和谐一体哲学思维，法家所主张的"信赏必罚"管理方略，墨家所宣扬的"兼爱交利"文化精神，兵家所阐发的"避实击虚"行为科学，均已积淀为普遍的民族心理和宝贵的历史财富，为中国历史的进

---

① 邓实：《国学讲习记》，载《国粹学报》，第 19 期。

步、社会的发展、国家的统一注入了强大的动力，作出了伟大的贡献。第三，就文化的承继性而言，国学是走向新的时代的起点，建设新型文明的资源。庄子说："指穷于为薪，火传也，不知其尽也。"真正优秀的思想文化是民族永恒的精神财富，它的某些内容也许会随着时间的流逝而失去意义，然而它的合理精神却超越时空的界限而亘古长青，生机盎然。我们所面临的时代条件和文化主题与古代社会已有本质的不同，在此基础上从事新型文化创造也不可能是对传统学术的简单回归，但是历史不能割断，文化无法终结，新文化的建设必须以传统为资源，否则便是数典忘祖，而所谓"建设新文明"云云，也必然成为无源之水、无本之木。从这个意义上说，在今天高度重视国学，揭示其价值并按照现代理念进行改造与重建，乃是理有固宜，势所必然。

二、百年悲欢：反思国学的失落

国学的价值与意义毋庸置疑，国学对现代文明建设的作用无可替代，然而，近百年来，国学却遭遇了前所未有的危机，国学的地位由社会意识形态的巅峰迅速向下滑落，长期沉沦在遭否定、受针砭的尴尬境地。尽管曾有人创办过各类国学专修学校，出版过多种国学刊物，大声疾呼重视国学、重建国学，可往往是言者谆谆，听者藐藐，曲高和寡，并不能从根本上扭转国学被边缘化的颓势。当年梁启超谋划创办《国学报》的不了了之，马一浮惨淡经营复性书院的难以为继，就是这方面很有说服力的例子。

百年来，国学地位遭贬低，国学价值遭否定，国学意义遭质疑，国学前途遭抹黑，是一个不争的事实。这个历史进程始于鸦片战争的失败，而随着甲午战争、戊戌变法的结局而强化，到"五四"新文化运动的兴起而趋向高潮。当时由于以袁世凯、张勋等人为代表的北洋军阀的倒行逆施，使正处于转型的中国社会组织陷入巨大的危机之中。而社会上尊孔崇儒、设立孔教的喧嚣与政治复辟等行径，直接导致了新文化运动对孔子所代表的中国传统学术文化的猛烈批判。这一方面是全面否定孔子与儒家经典，如陈独秀曾称，"全部十三经，不容于民主国家者盖十之九九，此物不遭焚禁，孔庙不毁，共和招牌，当然持不长久"①。吴稚晖对中国社会所长期尊奉的孔子等先秦诸贤，极尽奚落、挖苦、咒骂之能事，将其称为"周秦间几个死鬼"，断言"国学大盛，政治无不腐败"②。四川的吴虞则明确喊出了"打孔家店"的口号。另一方面是主张彻底废除国学，内容涉及古籍、习俗、节日，甚至文字、姓氏，如钱玄同主张不拜孔子、关羽与岳飞，鼓吹什么"端午、中秋……简直是疯子胡闹，当然应该废除，当然应该禁止"③。即便像鲁迅这样杰出的思想家，有时也不免对与国学相关联的事物采取片面偏激的态度，如对中医、中药的功用一概加以否定，对京剧等传统文娱形式也刻薄嘲讽、无限上纲。总之，在一段时间里，国学几乎成为落后、愚昧的代名词，必须由它来为中国近代以来的衰落与灾难承担总责任。

这种以激烈批孔、否定传统文化为中心内容的思潮兴起不是偶然的，它是当时不少知识分子痛感中国近代落后挨打悲惨历史的产物，是他们极度忧患民族命运、国家前途的积愤之言。他们的感慨、愤懑在某种意义上具有合理性，因为国学中的确包含已经不合时宜的思想意识，如极端维护专制的理念、束缚人心与人性的三纲伦理等，必须经过改造和扬弃后，才能重新焕发精神，与现代生活接轨。然而，真理越过一步即成为谬误，如果因为国学有一定的历史局限性而对它加以一概抹杀，全盘否定，显然偏激而片面，就像恩格斯批评杜林对待黑格尔、康德的非理性行为一样，是把洗澡水与孩子一起倒掉，并不可取。

其实五四运动前后，新型知识分子也并不都是一概批孔贬儒、否定国学的。如郭沫若就曾将孔子与华盛顿、列宁、罗素等人相提并

---

① 《陈独秀著作选》，第1卷，320页，上海，上海人民出版社，1993。

② 《吴稚晖学术论著》，124页，上海，上海出版社，1925。

③ 《钱玄同文集》，第2卷，17页，北京，中国人民大学出版社，1999。

论，又如蔡元培、贺麟等人也曾主张抽象地继承孔子的精神遗产。即使是不少一度激烈反孔、否定国学的人，如陈独秀等，后来的观点也有所变化，主张以科学理性的立场与方法评价孔子，分析国学。至于中国共产党的领导人，更是提倡以历史唯物主义为指导，认识和借鉴以孔孟儒学为主体的传统思想文化，如毛泽东就明确指出："今天的中国是历史的中国的一个发展；我们是马克思主义的历史主义者，我们不应当割断历史。从孔夫子到孙中山，我们应当给以总结，继承这一份珍贵的遗产。"①刘少奇在其《论共产党员的修养》一书中，也把学习我国历代圣贤优美的对我们有用的遗教与学习马列主义相提并论。

尽管如此，五四运动前后激烈而亢进的反传统文化大潮的后遗症依然是十分严重的，可以说，它在某种程度上对中国传统文化起到了颠覆性的破坏效果，造成的文化精神裂痕与创伤深刻久远，长时间无法得到弥合。在未能为文化激进主义无情攻击与荡涤的国学进行堂堂正正的正名前提下，要正确认识国学的地位与价值自然困难重重，要振兴国学，重塑民族之魂也一样举步维艰。而近代以来，按西式学科体系打破国学原有整体结构，文、史、哲彼此独立成为专门学科，虽说有它的合理性，并也在各自领域一定程度上承续了国学的相应内涵与传统，但毕竟在国学的整合性上受到了相当大的限制，这多少也是使国学传承与光大不能顺畅的一个外部原因。

三、回应挑战：走向国学的重建

一方面国学作为中华文明之根，直接关系着保持民族文化主体性、增强民族意识自觉性，其价值与地位怎么强调也不为过；另一方面，近代以来国学发展的道路崎岖坎坷，留下了非常沉痛的历史教训，其后遗症至今仍对我们的现实生活产生消极的影响。于是，

---

① 《毛泽东选集》，2版，第2卷，534页，北京，人民出版社，1991。

我们就合乎逻辑地要提出一个重大的文化命题：在新的形势下接续文脉，重建国学，振兴国学，使之在当代文化建设中发挥应有的作用。

应该乐观地看到，在今天重建国学、振兴国学正遇上很好的机遇，具备了比较充分的条件。

首先，重视传统文化正越来越成为人们广泛的共识，为重建国学创造了良好的社会氛围。多年来重理轻文的价值取向，忽视对优秀传统文化的认识与借鉴，其潜移默化的结果是文化迷茫的触目惊心，道德滑坡的愈演愈烈。这一点已日益为人们所认识，因此希望通过历史地、辩证地弘扬以儒学精华为主体的国学来扭转社会风气的趋向，丰富人们的精神世界，从而在发展经济的同时，全面提升人的基本素质，促进社会的和谐发展，业已成为普遍的要求。

其次，与 20 世纪二三十年代讲求国学的背景不同，在当前重建国学是中华民族强大自信的标志，是进入世界多元文明体系、开展文化对话的表现。20 世纪二三十年代，也曾掀起过国学热，一部分知识分子曾创办《国学季刊》、《国粹学报》等刊物，为振兴国学而全力以赴、摇旗呐喊，然而这是面临外患迭至、救亡承续的被动反应，属于处于弱势地位的悲壮捍卫。今天的情况则不同，随着中国国力的不断提升，中国在国际上的威望与影响力日益扩大，各国对创造经济奇迹的中国文化土壤投入了更大的关注，兴趣越来越强烈。在这种背景下重建国学，乃是属于均势地位条件下的对话，而要进行世界范围的文明对话，重要的前提之一是必须凸显中华文化的主体性，道理很简单，只有是民族的，才是世界的。而重建国学恰好能满足这种时代的需要，更好地张扬中华文化的主体意识与时代意识。

最后，国学作为一个整体性的学科，近代尤其是新中国成立以来已受新式教育学科体系分类的影响而被消解，分别归属于中文、历史、哲学等学科，但是分散在这些学科中的国学基本内涵都有了一定程度的保留以及相应的发展，换言之，国学在今天社会的文化建设中依然是有一定基础的。重建国学只要认识到位、时机得当、方法恰宜，具有相当大的可操作性，即主要是进行综合的技术性操作问题；对于缺乏基本素材的能力建设问题或知识结构的短缺问题，也是可以通过累积效应逐步加以解决的。

显而易见，重建国学、振兴国学有前景，有支撑，有需求，有共识，有条件，适逢其时也！

当然，国学的重建与振兴是一个需要深入探讨、反复尝试、长期坚持、不断改进与完善的过程。我们认为，总的原则应该是在创新的基础上重建，做到积极借鉴、汲取前人经验与根据新的形势不断开拓创新的有机统一。具体地说，其重点是在四个方面：重建理念，重建方法，重建队伍，重建学科。

1. 重建理念。

在今天重建国学，绝不是对传统国学的简单回归与重复，而是要以现代的理念指导国学的重建：一是要沟通历史与现实的畛域，不为整理国故而整理，而是立足于从丰厚的历史文化资源中寻求启迪，接受借鉴。二是要具有世界意识，开阔视野，注重东西文化比较，在世界文明发展的大格局中进行定位，建设既融合世界潮流，又富有中国个性的新型国学。三是要扩大国学研究的范围，除传统的文、史、哲内容外，要注重扩充新的成分，包括要改变"形而上者谓之道，形而下者谓之器"的观念，增强对中国古代科学技术的整理与研究。

2. 重建方法。

重建国学，研究方法与手段上的创新也是不可或缺的重要课题。传统的方法与手段当然要借鉴、要运用，但是，不能仅仅囿于此，而要充分运用现代科技手段，包括系统论理论、信息技术、计算机数据处理分析技术、数学模型处理等，提高定量分析与定性分析的比率。同时广泛借鉴新的学科知识结构，如在史学领域，除了传统的史学研究方法外，还可以大量引进口述史学、心态史学、影视史学、计量史学的知识，使国学研究与传承跃上一个新的台阶。随着对外交流的拓展，还必须加强语言上的沟通能力，从而更好地吸收海外汉学研究的成果。

3. 重建队伍。

人才队伍的建设是国学重建中的重中之重，没有一支高素质的国学研究队伍，重建国学便只能停留在口号阶段，必然会流于形式。因此建设具备现代理念、掌握现代科技、拥有扎实传统文化学术功底、富于献身精神的国学研究队伍乃是振兴国学研究的根本前提。在队伍重建中，高等学校将起主导性的作用，承担着搭建国学人才培养广阔平台的重大责任，因此，在一些有条件的高校设置国学专业应尽快提上议事日程。

4. 重建学科。

与人才培养密切联系，国学专业学科的重建也要以创新的意识予以高度的重视和积极的筹措。这包括国学专门人才的选拔方式的制定、课程体系的设置、教材体系的建设、学制学位体制的确定、教学质量评估体系的论证，等等。做到学科的重建有利于国学研究特殊人才的培养，有利于所培养的人才真正能够成为国学整理与研究的骨干力量。

重建国学、振兴国学是一个漫长的过程，应当在实践中积极摸索，随时调整，逐步完善，持续发展，因此必须允许多样化，允许讨论和争议，由历史来检验，由社会来评判。老子说："合抱之木，生于毫末；九层之台，起于累土；千里之行，始于足下。"我们坚信，只要秉持正确的理念，投入积极的努力，运用恰当的方法，那么，国学的振衰起弊、继往开来的目标一定能够实现。

脊续文脉　重振国学

——在中国人民大学振兴国学教育座谈会上的讲话

（2005 年 5 月 29 日）

尊敬的各位来宾，老师们、同学们：

大家上午好！在这么一个初夏的美好日子里，我们能够邀请到国学领域的硕学宏儒和卓有成就的中青年学者来到我们人民大学，共商"振兴国学教育"这样的大事，实在是意义非凡。我相信讨论振兴国学教育的意义不会只限于一时一地，它对我们这个时代乃至中华民族的长远发展都具有积极深远的意义。

国学，有的人也称之为"国故学"，顾名思义，是指一国固有之学问。国学就是对中国固有的学术文化，主要以儒学为核心，以经、史、子、集为主要内容的传统文化进行研究和开发的学问。国故之成为"学"，是晚清以来中西文化交汇碰撞的一个结果。在这场东西方文化的历史相遇中，内忧外患、落后挨打的空前的民族危机让人们自觉不自觉地把传统文化当做了禁锢中国社会的障碍，"西学东渐"成了当时不可逆转的时代潮流。中国固有之学问，遂被植根于西方的学术规范、学术体制和学术传统所取代，学术的现代转型被许多人简单理解为就是学术的西方化。于是，中国自身的学术首先成为"国故"；进而，无论是 20 世纪前期"五四"前后激烈而亢进的反传统文化大潮，还是 20 世纪中期以后破坏性极强的"文化大革命"，对中国固有学术文化的态度都一概是批判和唾弃，在 20 世纪初也曾有过短暂辉煌的国学也就几乎沦为绝学。中国的现代学术与传统学术之间，出现了深刻的断裂。当然，传统的义理之学、考据之学、辞章之学，在引入西方的学术传统、学术制度之后变成文、史、哲，文史哲因而延续了国学的某些内容，也取得了一些成就，但作为整体的传统文化被分割、断裂了。

国学所传承中华文明源远流长、博大精深。她的精华是涵养民族主体意识的根基，是维系民族精神的命脉。这种断裂，让我们的新学术在建立之始就没有了根本，没有了特色，没有了优势。但这又岂止是学术上的断裂，这种断裂直接影响到中国人的思维、中国人的精神面貌和社会生活的方方面面，使我们新道德、新秩序、新文化的形成缺失了一个基础、一种依托、一根主干文脉、一个最重要的源泉。

我们的文化发展到近代，难道就真的没有生命力了吗？一种能让一个民族经历五千年而薪火不息的文化，难道就真的只能拱手于外来文化，退出这个民族的文化主场吗？一个民族，应该如何对待自己的传统文化？对这些问题，众多有识之士已经做了很多深入的思考，然而总是言者谆谆，听者藐藐，应者寥寥。我们确乎看到很多文化断裂带来的遗憾。而中华民族的复兴、文化的自觉与复兴则是根本性的要求。正是在这样的背景下，我们强烈呼吁：脊续文脉，重振国学。

在当前，重振国学，意义重大，我仅举四点：

1. 重振国学，是恢复文化自信的一个重要举措。近世以来中国社会的衰落，在面临帝国主义侵略时的无力，被采取一种文化归因的解释策略，也就是简单地把原因和过错归结到中国传统文化身上。在这种文化心态下，国人对于本国固有文化和固有学术的自信心，降落到了历史的最低点。而国学在近代的衰微，研究的不足，人才的匮乏，普及的不够，将之作为批判对象时的举一忘十、断章取义，都导致知识界和广大学生对国学知之甚少，从而更容易采取一种轻蔑的态度，愈发对中国固有文化缺乏自信。中华民族的伟大复兴，是海内外中华儿女的共同心愿和共同事业。中华民族的伟大复兴，理应包括中国文化的伟大复兴，每个中华儿女应当坚信，中华文化仍将再次焕发青春，再现活力，再展魅力，再次造福于中国与世界。恢复文化自信，是尊重、继承和发展本国文化传统的第一步。

2. 重振国学，是提高民族文化素质的一个必要步骤。国学研究，是以中国传统文化经典为核心，以中国传统学术方法为手段，保存和传承中国传统人文精神的一种重要方式。国学研究和国学教育，将有助于人们了解中国传统文化经典，接受人文精神熏陶。了解和熟悉一国文化经典，是该国国民获得文化教养的主要方式，是最起码的文明教养。中国传统文化的一个特点是与日常生活紧密结合、息息相关，寓其形于市井生活，一粥一饭，一歌一谣，可口口相传，于实践中学习，经济成本低，普及性强。中国地大物博，人口众多，经济尚不发达，且各地区发展差异性很大，要克服这些困难，提高全民族的文化素质，诉诸国学教育，实在是实际高效的办法之一。西方的学术有自己的优势，为学术而学术，为科学而科学，但东方学术也有自己的传统和优势，重视知行的统一就是其中之一。

3. 重振国学，是加强爱国主义、构建和谐社会的一个重要方式。我们的学生以及所有国民，从国学教育和国学普及中可以真切地体悟到，我们是一个有着悠久文化历史的国家，是一个有着灿烂文化传统的民族，而不是一个没有文化之根的流浪民族。我相信，这种从文化自豪中萌生出来的爱国主义、这种从文化共荣中产生的凝聚力，将是极为牢固的。通过学习和了解国学，也将有助于丰富和提升我们的精神生命，使我们获得安身立命的精神家园，学会优雅地对待人生，完善自我。传统文化是多元的，既有孔孟的严谨刚毅，又有老庄的逍遥豁达；传统文化也是开放的，《周易》尚变，赞"日新之谓盛德"。传统文化给我们的将是更多的灵感、更多的选择、更多的自由。用她的沉静洗去现代超发达的物质社会带给我们的喧嚣浮躁，用她的雍容缓解现代快节奏的日常生活带给我们的紧张压力，帮助我们应对各种人生问题，树立良好的人生态度，通过强调个人的修身齐家，帮助涵养新时代的新道德、新秩序，为和谐社会的构建提供健康的细胞和组织，为和谐社会的实现夯下坚固的基础。

4. 重振国学，是激活中国人文学术创造力的一个重要因素。近现代以来中国人文学术领域内的一个重要文化现象，即是大规模移植西方学术，把基于西方文化传统和文化经验的学术类型和文化类型当成一种普遍形态。这种情况对于中国人文学术的影响是复杂的。一方面，我们受惠于西方人文学术，依傍西方人文学术建立了现代的学科制度和教育制度，并产生了大量学术成果，造就了大批专业人才。另一方面，人文学术普遍面临的西方化与本土化的矛盾，成了长期摆在我们面前急需破解而又难以破解的文化难题。如果我们失去了深厚的传统文化底蕴，失去了固有的人文学术支撑，我们就很容易陷入历史虚无主义和文化虚无主义的泥沼，在文化上、在学术上失去根基，在学习西方经验的时候也就很容易饥不择食和生搬硬套，而不顾及西方人文学术所存在的局限性和中国人文学术自身的经验、问题和语境。大量的隐性抄袭和堆砌外来语汇尽管有时会给中国人文学术带来表面的繁荣景象，但这种景象是虚假的，不能反映民族的诉求，不能体现民族的精神，不能经受时代的检验，更不用谈创生新的适合中国特色社会主义的文化理论。中国传统文化，不是仅供展览与瞻仰的"国故"，它不仅是我们的文化之根，也是当代活的文化要素，是宝贵的文化资源，是中国人文学术创造力的重要源泉。

所以，呼唤国学，振兴国学，不仅是学术发展自身的需要，更是中国社会发展的需要，是中华民族进步的需要。应该乐观地看到，在今天重建国学、振兴国学正遇上很好的机遇，具备了比较充分的条件。一是党中央、国务院的重视。党的十六大报告中就提出，"民族精神是一个民族赖以生存和发展的精神支撑。一个民族，没有振奋的精神和高尚的品格，不可能自立于世界民族之林。""必须把弘扬和培育民族精神作为文化建设极为重要的任务，纳入国民教育全过程，纳入精神文明建设全过程"。国家要发展，民族要进步，当然需要科学技术。科学技术也是展现国家实力的重要表现之一。但从某种意义来说，科学技术似乎是没有国界的，各个民族都要发展科学技术，各个国家都要追求经济发展，能体现民族特征的，还是民族文化、民族精神。二是重视传统文化正越来越成为人们广泛的共识，为重建国学创造了良好的社会氛围。这在前面也多次谈到。三是从世界范围来看，中华传统文化的魅力和对现代社会的价值也越来越为人们所重视。曾经有一个比许多中国人自己还热爱中国文化的李约瑟，现在则是有越来越多的李约瑟出现。人们讨论中华民族对人类文明作出的贡献，讨论"东学西渐"，季羡林老先生还乐观地创造了一个词叫"东化"。

一所大学，在繁杂的日常科研与教学工作外，时时反省自己是否遵循了大学的根本宗旨，当得起那个"大"字与"学"字，是一项必须经常做的功课。而大学的根本宗旨是什么？是做人类文明和社会进步的学术库、思想库，做社会经济发展的催化剂和清醒剂，培育时代新人，引领时代潮流，孕育时代新风。

作为一所以人文社会科学为主的综合性、研究型重点大学，中国人民大学在新的历史时期创办以传承中华文明、建设和谐社会、培养国学人才为宗旨的国学教育方面，义不容辞、责无旁贷。事实上在过去的很多年里，中国人民大学一直自觉地做着这方面的探索和实践。许多学者多年来一直在包括历史研究、文化研究、传统思想研究、《儒藏》研究等在内的传统文化研究领域进行着扎扎实实、艰苦细致的工作，为中国传统文化的研究和传播作出了积极的贡献。在此，我想要借此机会向他们表示感谢，感谢他们即便在传统文化研究最为人们所淡漠和忽视的时候，在冷板凳上也一样作出了令世人瞩目的成就，展现了学者的品格、学校的品格、学术的品格。

跨入新世纪，我们学校进一步认识到振兴国学除了学者个人的努力，还需要组织的努力和支持，这样才能汇小流而成江海。2001年，学校引领时代学术风气之先，在校园内竖立了孔子铜像；组织专家学者呼吁修《清史》并为国家所采纳，戴逸教授以古稀之身担任了这一惠泽百世的巨大工程的首席专家；2002年初，学校建百家廊，汇聚先秦孔子、老子等百家先贤，寓"会中外学术有容乃大，凝古今正气无欲则刚"之意，进一步在校园文化中彰显传统文化的光芒；2002年，学校成立了孔子研究院，支持了一系列相关立项，组织传统文化方面的教材编写，并呼吁编修《儒藏》；去年，学校举办了包括儒家经典教育系列讲座、传统文化研究专题讲座、经典诵读水平测试、大学生"经典与我"征文等内容的"孔子文化月"活动，收到了非常好的效果。这些活动，在人民大学校园内营造了重视传统文化的学术氛围、培养了大学生对传统文化的热爱。堆沙成塔、积水成渊，这些一点一滴的努力，成为我们采取更系统、更有组织的"振兴国学"行动的先导。正是在这样的认识和实践基础上，中国人民大学决定成立中国人民大学国学院、中国人民大学国学研究院。中国人民大学国学院的成立，可以说是水到渠成，应运而生。

中国人民大学国学院既具有研究的功能，也具有教学的功能；既要为国学研究与振兴直接提供学术上的支持，更要为国学的发展与振兴培养人才、积蓄力量。所以，中国人民大学国学院从今年开始设置国学班，实行六年制本硕连读，之所以实行六年制，是因为感到现在国学教育在小学、初中、高中都比较薄弱，所以本科四年制是不行的，我们实行六年制，毕业后直接取得硕士学位。当然，我们还要呼吁国家设立国学学位：国学硕士、国学博士。这样做也是我们探索新型学科制度和人才培养制度的一种尝试。中国人民大学将在国学人才培养模式、学制学位、课程体系、教材建设、师资队伍建设、支撑条件建设以及招生办法、教学方法等方面进行探索。我们呼吁社会各界支持国学教育，呼吁政府主管部门解决有关学制学位等方面的问题，为国学教育进行若干方面的制度创新。国学本身是集义理之学、考据之学、辞章之学为一体，但是引进西方学说后被分割为文、史、哲。在文史哲方面，的确也培养了些人才，也有其自身优势和特点；但是文史哲的分设消解了国学整体性的优势，把义理之学、考据之学、辞章之学彻底分割。如果说百年来也有一点国学教育的话，那也是支离破碎的，更重要的是认识上、政治上的原因，国学几乎成为绝学，只是在文史哲方面有所延续，个别方面有所进展。建立国学院我们经过了深入研究，但仍然保留文史哲，它有它的优势，是按照西方学术制度、学术分类建立起来的。我们现在重新设立国学，还国学集义理之学、考据之学、辞章之学于一体的本来面貌，从整体上研究国学、培养人才。事实上，教育部也认识到这个问题，也曾经做过文史哲实验班的试点工作，希望通过文史哲实验班来解决这个问题，但经过多年实践，最后并没有达到期望的效果。采取国学专业的形式解决这一矛盾，可能是有益的探索。设置国学班，充分发扬中国传统人文学术融会贯通的特点，或许将会大大有助于拆除人文学科领域内的学科壁垒，探索建立新型的学科制度和人才培养模式。这也是我们设立国学班的思考之一。中国人民大学国学班将于 2005 年开始招生，学制六年，在现行政策框架内采取本硕连读的办法，毕业后直接获得硕士学位；同时也从 2004 届本科学生中选拔学生进入国学班，他们将成为我校国学专业第一届学生。

当然，国学院的建设绝非易事，国学的重建也非一朝一夕之功，在 20 世纪初，就曾有过梁启超谋划开办《国学报》的不了了之，马一浮惨淡经营复兴书院的难以为继。所以，国学的重建是一个需要深入探讨、反复尝试、长期坚持、不断改进与完善的过程。我们认为，总的原则应该是在创新的基础上重建，做到积极借鉴汲取前人经验与根据新的形势不断开拓创新的有机统一。我们将在重建理念、重建方法、重建队伍、重建学科四个方面进行努力和探索。

重建理念，就意味着在国学的重建中，我们不会对传统国学进行简单回归与重复，而要以当代的马克思主义、以现代的理念和现代的视野指导国学的重建，真正架起传统与现代的桥梁。一是坚持历史唯物主义的立场、观点和方法，辩证地对待中国传统思想与学术，取其精华、弃其糟粕；二是沟通历史与现实的畛域，立足于从丰富的历史文化资源中寻求启迪，接受借鉴，为火热的当代建设和增进人民福祉提供服务；三是要具有国际意识，开阔视野，注重东西文化比较，在世界文明发展的大格局中进行定位，建设既融合世界潮流又富有中国特色的新型国学；四是要扩大国学研究的范围，除传统的文史哲内容外，注重扩充新的成分，包括要改变"形而上者谓之道，形而下者谓之器"的观念，增强对中国古代科学技术的整理与研究。

重建方法，就意味着研究方法与手段上的创新。我们将在借鉴和运用传统的方法与手段之余，充分运用现代的科学研究方法和科技手段，使国学研究与传承跃上一个新的台阶。并将注重、借鉴和吸收海外汉学研究的成果和方法。

重建队伍，就意味着队伍的重组、培养与纳新。我们将大力启用国学人才、培养国学人才，并将在国学研究与教学人才的聘用当中，注重国学本身的特点，借鉴传统的方法。通过灵活宽松的政策，鼓励学者的交流，将中国人民大学国学院建设成为国学学者的基地和乐园。

重建学科，就意味着我们将从国学自身的特点出发，以与现有其他学科建设不同的方式进行国学的建设，包括国学专门人才的选拔方式的制定、课程体系的设置、教材体系的建设、学制的确定、教学质量评估体系的论证等各个方面。国学院也将实行新的人事分配制度。

重建国学是一个漫长的过程，但千里之行，始于足下。我们坚信，只要秉持正确的理念，投入积极的努力，运用恰当的方法，坚持严谨的学风，一步一步坚忍不拔地去做，那么，国学的振衰起弊、继往开来的目标就一定能够实现。

我今天的讲话主要是两个方面，第一是呼吁脊续文脉，重振国学；第二是以实际行动来实践自己的呼吁：在前一段工作的基础上成立中国人民大学国学院、国学研究院。

今天我在这里还要十分荣幸地宣布：聘请冯其庸教授为我们国学院首任院长，已蒙冯其庸先生的同意。能够请到这样一位著名的红学家、国学大师担任我们的首任院长，我们感到很荣幸、很自豪。

最后，我代表中国人民大学全体师生，向来参加座谈会的各位来宾表示衷心的感谢。我的上述发言，请大家批评指正，我相信大家的真知灼见一定会给我们的国学重建工作带来启迪；我也借此机会请求在座诸位，对中国人民大学国学院的建设和发展，不断地予以扶持、指点和帮助。

谢谢大家！

振兴国学教育的历史新起点

——在中国人民大学国学院开学
典礼暨揭牌仪式上的讲话

(2005 年 10 月 16 日)

对于中国人民大学国学院——新中国成立的第一家国学院的开学典礼，全国人大、国务院、全国政协领导同志和各级领导、社会各界、海内外同行们给予了热情的关注和格外的关爱，纷纷发来贺信、贺词和祝语。而今天光临这一典礼的各界来宾之中，既有国家领导人和相关部委的领导，也有名重海内外的学界泰斗、活跃在学科前沿的学术带头人和中坚力量，还有企业界的精英名流和新闻媒体的诸多朋友。所有这些都给我校带来了荣耀和生机，通过各自不同的方式，展示社会各界对我们学校、对我们国学院的鼎力支持，我们表示衷心的感谢！在此，我要特别提请国学院的师生们注意：一所大学的一个新建学院的开学典礼，能受到海内外社会各界如此热情的关注，能有如此高层次的领导、专家学者、社会名流莅临，可谓兹事体大，盛况空前！请允许我与同学们、老师们一起分享这样的幸运！

此时此刻，我作为校长，回顾国学院从筹办到现在的一段经历，既有取得初步成绩的由衷喜悦，更感受到使命的光荣和责任的重大。今天，我愿意把自己最近的感悟和期许汇报给大家，分作以下三个层面加以表达，希望得到大家的指正。

大学的探索

一、砥节砺志，回报全社会的关爱与支持

我们经过认真的准备和酝酿，于 2005 年 5 月 28 日正式宣布成立中国人民大学国学院暨国学研究院。国学院的成立是中国人民大学历史上的一件大事，也是我国高等教育领域的一件大事，在某种程度上，甚至可以视为我国构建和谐社会进程中一项很有意义的举措。消息一经传出，立即在全社会引发了广泛的关注，反应之热烈，大大出乎我们的意料。各级领导人、著名的专家学者、各界的精英人士以及许多普通民众，包括海外的爱国华侨和华人，纷纷通过多种途径，高度评价我校的这一创举。他们充分肯定创办国学院的积极意义，认为此举是时代的需要、历史的必然，对于结合时代精神弘扬博大精深的中华文化意义不可低估，对于增强民族自信心和凝聚力作用极为显著，对于构建和谐社会、促进中华民族的伟大复兴影响极其深远。令我特别感动的是，我先后接到了 100 多封生活在基层的普通民众的来信，他们用敦厚淳朴而又热情洋溢的语言，对我们创办国学院这一盛举给予了极大的肯定和支持。如四川成都的一位先生在来信中自称只是具有中等文化的市民，但却真挚而热烈地表达了他的心声，并说明他致信的目的就是要显示这样一个基本事实："下里巴人"也爱"阳春白雪"。当我翻看这些来信的时候，多次被感动，多次被振奋。什么是大势所趋？什么是民心所向？什么是责任重大？我相信，只要你阅读过这些普通人所写的不普通的信，一定会和我有相同的感受：我们全身心地投入传承中华文化的伟大事业，办好国学院，为涵养我民族之根、雄壮我民族之魂尽心尽力，就是对人民负责、对历史负责。

当然，我也注意到，还有不同声音的存在。有人对在今天推行国学教育的必要性持有保留意见，有人对创办国学院的基础条件不无疑虑，有的意见相当尖锐甚至是尖刻，但是，只要是在讨论学理问题，是在讨论国家命运与教育者的责任，那么，即便是其中有不尽平和的表述，我们都愿意把他们的意见当做推进工作的动力。

"海纳百川，有容乃大"，我们应该具备听取不同意见的勇气和诚意，并在实际工作中不断地反省与改进，努力弥补可能存在的薄弱环节和缺点疏漏，扬长避短，精益求精，牢牢把握工作中的主动权。我认为努力锤炼这样一种虚怀若谷的情怀和集思广益的作风，并在国学院今后的发展中加以坚持和发扬，才能保证我们既定目标的圆满实现。

二、把握机遇，开创国学教育与研究的新局面

古人说，"得时无怠"，要成就一番事业，除了主观上锲而不舍努力奋进外，一个重要的因素就是要善于衡估形势，筹划全局，把握有利时机，使成功的可能性顺利转化为现实性。国学的重建同样没有例外。

我校创办国学院，全面启动新形势下的正规国学教育与研究，恰好赶上千载难逢的大好时机。

首先，振兴国学教育与研究的大好时机表现为党和国家对社会主义精神文明和文化事业建设、对发展繁荣哲学社会科学给予了高度的重视，发出了培育、弘扬民族精神的伟大号召，并站在创新型国家发展的高度作出了全面的战略部署。这就为我们在今天科学理性地呼唤国学、重振国学创造了最佳的政治文化环境，为我们从事国学教育、开展国学研究指引了正确的政治方向，营造了良好的事业氛围。

民族精神是中华民族赖以生存和发展的精神支撑，是激励中国人民团结一心，建设伟大祖国的坚实思想基础和强大精神支柱。而这种民族精神的传承与弘扬，主要是通过自身固有的精神文化来体现，国学正是这种精神文化的客观载体与具体象征，它承载历史、浓缩文化、影响现实、面向未来。因此，以开放性、建设性的态度来重视国学、弘扬国学，将中国的现代化与厚实的中国文化紧密联系在一起，是我们面对的时代要求。这是一种责任，也是一种机遇。

其次，振兴国学教育与研究的大好时机表现为全社会对中华优秀传统文化的价值与地位有了普遍共识，对了解、掌握国学基本知识和基本精神的愿望日益强烈。近些年来，人们有关传统文化的认识已逐渐趋于客观和理性，对过去相当长时间里这方面"矫枉过正"的做法开始进行反思，越来越多地意识到积淀厚重、历久弥新的中国优秀传统文化是民族的魂魄；人们对深入了解和掌握中国优秀传统文化的知识体系与精神实质有了强烈的渴求，认识历史、传承文化、弘扬传统，正在成为人们的自觉要求与理性追求；人们把接触国学、认识国学作为满足需求、建设理想的精神文化家园的一个重要渠道；社会上各类国学教育活动方兴未艾，国学知识传播方式日渐丰富。这些表明，我们开创国学的教育与研究，振兴国学、重建国学，具备着广泛的社会基础和很好的社会条件。我们完全有可能凭借这种普遍的社会热情，以科学的理论与方法为指导，使感性的国学热忱升华为理性的、科学的国学重建。

最后，振兴国学教育与研究的大好时机表现为随着世界战略格局的演变，当前多元文明之间的沟通、交流、互补正成为世界文化存在与发展的主流。而伴随着中国综合国力的不断提高，中国和平崛起的不可逆转，中国文化在世界上的影响力也迅速提高，世界各国对中国传统文化产生了浓厚兴趣并给予极大关注，越来越把了解中国传统文化作为认识中国的重要途径，视之为展开多元文化对话、交流的有效渠道；也越来越把中国传统文化视为当代世界文明的一个重要组成部分，视之为解决人类当前面临的共同问题、谋求整个世界和谐发展的重要的智慧来源。这样，就从国际战略局势演变的层面上，对我们在今天开展国学的教育与研究提出了又一方面的现实需求。国学的教育与研究也就从新的层面获得了前所未有的机遇和空间。

"潮平两岸阔，风正一帆悬。"我们没有任何理由错过历史发展给予我们的机遇，而必须以最大的热情和努力顺应时代的潮流，承担历史的重任。我们的国学院在这种形势下启程，便没有克服不了的困难，便没有实现不了的目标。

三、追求超越，探索国学学科建设的新路径

什么是国学？这在学术界确实存在着若干不同的观点。据我所知，章太炎先生称国学为一国固有之学术，吴宓先生称之为中国学术的总体，张岱年先生界定为中国学术的简称，曹伯韩先生认为，国学的范围是指西学输入以前中国原有的全部学术。还有一个与之相关联的说法：钱穆先生曾经条析中国的传统文化为人统、事统和学统，亦即为人、做事、治学的三大传统。暂且抛开具体意见的分歧，我们是否可以取得大致相同的认识：国学是中国传统学术，是中华传统文化的精华，它沉淀于历史的长河，而又升华于现代的社会，既是延续传统的纽带，又是开创未来的阶梯。它具有完整性、综合性、包容性、开放性。国学固然是指依存于经典的知识及其体系，更是蕴涵着为人处世、齐家治国的世界观、人生观、价值观。总之，国学乃是使中国人之所以成为中国人，中华文化之所以特立于世界文化之林，并对人类进步作出特殊贡献的民族文化体系。

一讲到国学院，人们总是不由自主地回忆起 80 年前亦即 1925 年创办的清华国学研究院，并有意无意地将今天的国学教学与研究同它进行类比。的确，当年王国维、梁启超、赵元任、陈寅恪四大导师的风采与造诣，造就了中国教育史上的一段辉煌。可以说，当年的清华国学研究院的师生们共同创造了一段脍炙人口的历史佳话：一个仅仅存在了 4 年的研究院，在 80 年之后的今天，依然存活在学人的记忆中。这说明，只要为国家、为民族的教育事业、文化事业作出实实在在的努力，就一定会在历史上留下精彩华章，成为人们深情追忆和向往的对象。今天我们兴办国学院，必然要研究当年清华国学研究院成功的经验，尊重"独立之精神，自由之思想"的人文传统，发扬"笃实治学、止于至善"的优良学风，这是我们继承优秀文化遗产、推进当前工作的题中应有之义。当然，我们更应该致力于在继承基础之上

的创新和超越。在这一方面，确实有很多事情值得我们去思考、去探求、去解决。

在研究方法上，我们既要继承前人行之有效的传统方法，又要注意导入现代化的教育、科研手段。我们应该自觉地养成把中国学问置于世界文化总体格局之中加以分析和判断的思维习惯，而不能将自己局限在过于狭小的范围之内。摒除坐井观天、抱残守缺的腐儒、陋儒习气，是我们需要时常警醒和诫勉的。强调学问态度的严谨与追求学术方法的创新，对于我们是同等重要、不可偏废的。

在研究内容上，我们一定要尽量拓展研究的空间。我们当然要把经、史、子、集的文献元典当做我们学习研究的基本对象和重要内容，但也要注意我国各民族、各地域最新文物资料的研究，注意现代学术的成就，跟踪学术前沿的发展动态。当年王国维先生所提出的"两重证据法"、陈寅恪先生将自辟蹊径的研究内容引入课堂教学的若干创举，早已为我们作出了极好的榜样。现在，我们如果不在这方面有所作为，岂不愧对前贤？

在研究旨趣上，则应尊重师生个人的选择，允许多样化状态的存在。无论是醉心于考据之学，还是致力于义理之学、辞章之学，抑或注重于国学与西学的沟通与比较，只要能在各自的领域内做到极致，就是成功。

因此，我们倡导的国学教育，绝不是简单的钻故纸堆，更不是复古，而是充满了明确的创新意识和与时俱进的当代精神；绝不是张扬狭隘的民族主义，而是追求在世界文化多元化的背景之下，既各美其美，也美人之美，致力于将博大精深的中国文化作为世界文化的一部分，作为全人类共同的精神财富加以继承、阐释和光大。我们谈到兴办国学院，还应当指出的是这并不是图一时的热闹，而是要踏踏实实地从事一项带有探索性质的教育事业。为丰富教学内容，为完善教育体制，为弘扬中国的传统文化，为世界多样化文明的沟通互补和交相辉映，我们要付出艰辛的劳动，作出开拓性的努力。至于国学学科建设的新路径，主要应该由这一领域的专家学者去探求，当然学校领导也有一份义不容辞的责任。让我们共同为国学院的学科建设、组建一流的学术梯队、提供一流的管理服务、缔造宽松和谐的学术环境、激励求真务实的学术品格而努力。我坚信，新时代的国学学科建设之路一定会在我们这一代人的努力开辟之下渐成康庄大道。当然，这一切都绝对离不开政府和社会各界的关心、指导和支持。在这里我们尤其恳切地呼吁政府有关部门，在政策制度层面和财力、物力方面给予强有力的、实实在在的有效指导和支持。

最后，我还想借这个机会对国学院的同学们说几句话，作为新中国第一所国学院的第一批学生，你们站在了国学教育的起跑线上，可能会有人用羡慕的眼光看待你们，也可能会有人用质疑的眼光看待你们，你们的态度应该是处之泰然。"若有求全之毁或不虞之誉，皆当付之一笑，不足论也。"这是南怀瑾先生在来信中赠给我的，我现在转赠给你们。我同时要充满期望地祝福你们，祝福你们刻苦学习、和谐发展，尽快成长为可以担负弘扬中华优秀传统文化这一社会重任的中华才俊。

关于设立国学学位的三次建议 *

Ⅰ. 关于增设国学学位和加强
中国传统文化教育的建议

（2007 年 3 月）

弘扬优秀传统文化的重要意义，已愈来愈为全社会所认识。而在优秀传统文化的传承与弘扬中，教育显然有着举足轻重的作用。2006年 9 月 13 日，中共中央办公厅、国务院办公厅发布了《国家"十一五"时期文化发展规划纲要》（以下简称《纲要》），《纲要》对我国新时期的文化建设包括弘扬中华优秀文化进行了高屋建瓴的阐述。《纲要》的第七部分第三十条也特别指出要重视中华优秀传统文化教育和传统经典、技艺的传承。但我们在新的历史条件下对传统文化教育的重视才刚刚开始，在我们的传统文化教育中还存在一些不完善的地方。现就进一步弘扬中华优秀文化、加强中华优秀文化教育提出两条建议：

1. 增设国学学位。

弘扬中华优秀文化，特别是要在高等教育领域长期推进这一工作，应当正式设置国学学位。2005 年新中国第一家国学院中国人民大学国学院成立，近年又有几所在全国有影响的大学设立或正在

---

　　* 这是作者作为全国人大代表在第十届全国人民代表大会第五次会议和第十一届全国人民代表大会第一次、第二次会议上提交的系列建议。

筹划设立国学院，都得到了社会各界的广泛支持，但我国目前施行的大学学科专业目录和学位授予目录上没有国学这一科目，如果国学学位问题迟迟得不到解决，显然会制约国学教学和研究的正常开展，因此，我们建议及早对现行的大学学科专业和学位目录进行调整，将国学正式列入其中，给学业合格者授予名副其实的学位，使国学与文学、历史学、哲学成为并列的学科门类。这是完善现行高等教育管理、加强中国传统文化学科建设的带有创新意义的举措，也是弘扬中华优秀文化的题中应有之义。

2. 落实《纲要》精神，加强中国传统文化教育。

（1）各级学校应进一步加强中国传统文化教育。总体讲，小学、中学、大学的教育均应增加传统文化所占据的比重。除了要在语文等课增加古典文化的比重之外，还可以考虑在中学阶段增设一门新的课程"国学经典导读"。在高考命题中也应同步增加有关内容。不论以何种方式处理，应该明确规定国学经典在教材中所占据的比重。

（2）在干部培训教育中应进一步加强中国传统文化教育。各级领导干部和国家公务人员应进一步提高中国传统文化素养。2006 年12 月，中共中央印发的《2006—2010 年全国干部教育培训规划》提出了全国干部教育培训四项主要任务，其中有一项主要任务就是："着眼于提高干部的综合素质，积极开展科学文化素养培训"。我们的先哲曾云："君子以多识前言往行，以畜其德"，具备必要的历史文化素养，尤其是熟悉本国的传统文化、了解国家的历史与现状并善于学习和借鉴，是各级领导干部和国家公务人员应具备的基本素质。各级领导干部和国家公务人员要自觉、认真地学习中国传统文化的经典和相关知识，国家有关部门也要将中国传统文化的教育培训作为各级领导干部和国家公务人员继续学习、终身教育的重要组成部分，不断提高各级领导干部和国家公务人员传统文化素养。

Ⅱ. 再次建议修订现有学科目录，
增设国学学位

（2008 年 3 月）

党的十七大报告中提出："弘扬中华文化，建设中华民族共有精神家园。""要全面认识祖国传统文化，取其精华，去其糟粕，使之与当代社会相适应、与现代文明相协调，保持民族性，体现时代性。"弘扬中华文化，教育是一项重要的基础工程，特别是要在高等教育领域长期性、制度性地推进这一工作，国学学位的设立显得十分必要。

我们曾在十届人大五次会议上提交《关于增设国学学位和加强中国传统文化教育的建议》，国务院学位委员会 2007 年 9 月 12 日学位[2007] 29 号文件进行了回复："您提出的有关建议意见，我们将在修订过程中会同有关部门、机构和专家进行认真研究"。

考虑到设置国学学位对弘扬传统文化的重要性和紧迫性，在广泛征求意见的基础上，再次建议修订并完善现有的学科目录，设立国学学科门类和国学一级学科，并单独设立国学学位。主要理由如下：

1. 设立国学学位有助于现行学科体制改革。

现有的学科体制是随着清末科举制度的废弃、引进西方学科制度、对于中国固有教育形态与观念进行改革的产物，它对于中国传统学术与教育的更新，产生了积极的推进作用，但是这种学科专业分类的思想与机制，将中国传统人文学术纳入西方的学科分类，忽略其自身特点，难免会削足适履，比如中国传统的经学、子学，按照现在中国的学科专业划分，分别被划入哲学门类和一级学科哲学之内的中国哲学、美学、伦理学、宗教学四个二级学科之内，结果是人为地割裂了中国固有学术的内在联系。"五四"之后，北大与清华之所以在原有的西方学科体制之外，重新创立国学门与国学研究院，就是自觉地对于这种全盘西化的学科建制的纠正与改革。

中国古代从孔子开始，依照自己的学术理念与文化精神进行教育，培养出许多优秀的人才，产生了众多的伟大人物。这种教育思想与模式，在今天仍然有着强大的生命力，通过取其精华、去其糟粕，完全可以为今天所用。但新中国成立以来，我们长期实行苏联的专才教育与文、史、哲分科的模式，严重妨碍了人才的全面成长，造成学生视野较为狭隘、知识不全面、人文精神欠缺，其弊端越来越受到人们的批评。

由于目前中国的学位体制中没有国学学位，造成国学研究与国学教育难以前行。主要表现在这样几个方面：（1）在目前的学科体制内，遗缺国学学位，不利于制度性地弘扬中华文化，不利于建设中华民族的共有精神家园。（2）由于没有国学学位，使国学教育在招生、培养与就业诸方面受到限制，难以培养出中国传统文化方面的通才与复合型人才，使当前各地的国学教育面临着瓶颈的挤压。（3）国学学位的缺失，意味着传统学术与中华文化在今天中国的教育体系中没有取得完整的合法性地位，这对于中国文化在当今全球范围内的推广、对于全球孔子学院的发展都是极为不利的，与时代要求相背离。事实证明，国学学位的缺失已成为制约国学人才培养与教育发展的瓶颈。这种状况应当引起重视与改进，这也是中国当前教育改革与高等教育质量工程的重要组成部分。

2．设立国学学位有助于满足社会对国学人才的需求。

国学人才在目前具有广泛的社会需求，以往关于中国传统学术与文化的教育与人才培养，主要由现有的文、史、哲相关专业来承担，如果设立国学学位，则国学的人才培养更能体现出中国传统学术与文化方面人才的特点，大体上可以从教学科研与实践应用两方面来看：

（1）为了拓展新的视角研究中国学术与文化，不断发扬光大国学研究，必须培养新一代的国学研究人才，转变以往在文、史、哲分科基础上培养人才的方式，以提升对于中国传统文化与学术的研究水平，使传统学术与文化更好地融入现代社会，成为精神文化资源。

（2）这几年随着高校人文通识类课程的增加，对学生的人文素质教育成为高校教育教学的重要内容，对这方面的师资队伍需求有增加的趋势；各高校设立的传统文化方面的硕士点与博士点越来越多，相应的师资要求也不断增加；目前民间各类关于国学教育的实体与商业性的国学短期班也呈现出越来越旺的趋势，也促使相关的师资队伍与国学人才的大幅度跟进。

（3）与国学相关的对传统文化的传播工程的快速发展，决定了国学人才的培养存在着巨大的市场需求。2006年9月，《国家"十一五"时期文化发展规划纲要》颁布，传统文化的保护、传承和创新工作得到充分重视，这是国家在政策层面对近年兴起的回归传统文化热潮的正面反应。随着人民生活水平的提高，传统文化作为一种文化产业也日益兴起，与此相关的文博管理、文化交流、文物鉴定等行业的人才需求量逐渐加大。在各类文艺创作方面，比如电影、电视剧的创作与编辑等都急需大量国学方面的人才。

（4）随着中国综合实力的加强，海外对于国学人才的需求越来越旺。讲授汉语与中国文化的人才在海外日益增多，特别是国家汉办启动的海外孔子学院的项目，使得中国文化进一步走向世界，影响世界。按照国家汉语推广计划，到2010年，孔子学院总数将达到500所。与此同时，从事中外文化交流的专业人士也不断呈现出上升的趋势，中国向海外输出国学方面的人才可谓供不应求。

综合上述分析，可以看到设立国学学位，对于弘扬中华文明、培养国学人才、改革学科体制等都具有重要意义。为此提出如下建议：

第一条，建议完善现有的《研究生学科专业目录》，设置国学学科门类，相应设置国学学位。在国学门类下设国学一级学科，其下设以下7个二级学科：（1）经学，（2）子学，（3）国史，（4）国文，（5）国艺学，（6）小学，（7）中国少数民族文化与边疆研究。具体说明如下：

（1）经学。经学是中国自先秦之后的主流学术，儒家的经典通过历代的解释而得以传承与发展，派生出相关的文字学与文献学。在历代的传承过程中，形成了一定的学科性质的规范，国学视野下的经学，是指在现代立场与眼光中对于传统儒学的诠释与研究。

（2）子学。子学是指国学中特有的诸子百家之学。子学与经学的划分是相对的，以往封建社会尊崇经学，子学被置于附属的地位，但国学中的子学是指经学之外的诸子百家之学，其中也包括儒家的一些典籍。中国古代的诸子百家学说范围广泛、蕴涵极深，以人文学科为主，同时兼含部分古代宗教文化与科技文化的内容。

（3）国史。指中国古代的史学，相当于四部中的史部。中国古代经史相连，素有六经皆史之说，国史作为国学的一个学科，与现代的历史学门类下的二级学科中国古代史有所不同，它重视史学与其他学术的联系，注重史学中人文精神的建构，在史学的学科范畴与研究方法上有着自己的鲜明传统。同时也很重视西方史学的理论与方法建设。

（4）国文。相当于四部中的集部，主要指中国古代文学。国文作为中国既有的文学学科，具有明显的汉语文学的特点，文体的独特文化意义极深，对这一点国学大师章太炎、陈寅恪多次强调过。因此，将国文作为国学的二级学科，有利于突出中国传统文章之学的特征，同时也借鉴了西方的文学学科的观念。

（5）国艺学。这里指对中国传统的艺术，包括国剧（京剧、昆剧等）书画、音乐舞蹈等的理论研究。其中，京剧是传统艺术的结晶，承载着中华民族的精神文化和价值观念，以及民族审美心理。最近教育部倡导在中小学教育中引入京剧，就说明了这一点。在国学学科内设立国艺学，可以拓宽国学的门径，与现代国学人才的培养与社会需求更好地结合起来。

（6）小学。一方面，研究传统学术中以文字学与文献学为主要范畴的学问，含括文字、音韵、训诂、版本、目录、校勘等，在传统的四部中，小学作为经学的附庸，被当成经学的工具范畴，国学则运用现代学术理念，将小学作为整个中国古代学术的基础学科；另一方面，为了在现代视野下对传统学术进行创新，小学除了传统的内容之外，也应包括出土的简帛、文献等新兴学科内容，以及国学通论等基础性知识。

（7）中国少数民族文化与边疆研究。中国是一个多民族、多元文化的国家，国学不仅包括传统汉学研究的内容，而且包括边疆民族地区各民族的语言、历史、地理和宗教文化的研究。要发掘和继承优秀民族文化遗产，为中华多元文化的交流和互补，为建设和谐民族大家庭，作出重要贡献。

以上有关国学学位的设置及学科分类办法可归纳如下表：

学科门类	一级学科	二级学科	研究方向
国学	国学	经学	经学历史 经学通论 经典研究 ……
		子学	诸子学 传统宗教 传统科技 ……
		国史	……
		国文	文体学 诗文评析 文学流变 ……
		国艺学	京剧 书画 乐舞 ……
		小学	文字学 音韵学 版本与目录 训诂与校勘 国学基础 简帛与出土文献 ……
		中国少数民族 文化与边疆研究	……

第二条，尽快加以调研与论证。对于国学与国学教育各个方面的现状，建议国务院学位办尽快组织相关专家进行论证，尽快提交国务院学位委员会决策，以推动国学学位的设立与国学教育的发展。

Ⅲ. 关于加快设置国学学位进程的建议

（2009 年 3 月）

我们曾在十届人大五次会议和十一届全国人大一次会上分别提交了《关于增设国学学位和加强中国传统文化教育的建议》和《再次建议修订现有学科目录，增设国学学位》。国务院学位委员会分别于2007 年 9 月 12 日（学位［2007］29 号文件）和 2008 年 6 月 24 日（学位［2008］16 号文件）进行了答复。

党的十七大报告明确提出："弘扬中华文化，建设中华民族共有精神家园。"近两年来，弘扬中华优秀传统文化，开展国学教育，已经形成了非常广泛的社会共识，得到广大人民群众的拥护和支持。中国人民大学、北京大学、厦门大学、武汉大学、华中科技大学、中国社会科学院等单位，都旗帜鲜明地开展了国学教育和研究工作。

随着国学教育事业的蓬勃开展，国学学位的缺失以及中国传统文化在现行学科制度中没有一席之地，已经成为制约我国国学教育事业健康发展的制度性障碍，其不利影响日益明显：一是不利于稳定地推进研究、继承、弘扬和传播中华文化；二是国学教育在招生、培养与就业诸方面受到限制，不利于培养出中国传统文化方面的通才与复合型人才；三是中国传统学术与中华文化在现行学科体系中没有"户口"，不利于中国文化在世界的传播，也不利于全球孔子学院的发展和汉语的国际化，进而不利于中国文化软实力和国际影响力的提升。

学科专业和学位是开展人才培养、科学研究乃至社会服务和国际文化交流的重要基础。我国现行学科划分是学科制度全盘西化的结果，在这样的学科体系之中增设一个完整体现中华传统学术文化的学科门类和学位，是完全应该的、必要的，是与时俱进的时代要求。这对于现今开展国学教育、弘扬传统文化具有非常重要和紧迫的意义，因此，我们再次建议加快国学学位的设置，同时设立国学学科门类和国学一级学科。具体建议如下：

对设立国学学科门类和一级学科加快调查研究和论证，除调研必要性、科学性之外，重点论证国学一级学科下设的二级学科。希望今年结束调查研究，正式提交国务院学位委员会讨论并进行决策。

如设置国学门类、国学学位获得通过，教育主管部门可以先选择条件较为成熟的少数高校进行试点，防止"一窝蜂"开设国学专业的局面出现，在总结经验之后，再审慎地逐步推开。

加强国剧研究 弘扬传统文化

——在中国人民大学国剧研究
中心成立庆典上的讲话

（2007 年 10 月 25 日）

尊敬的周铁农副主席，李卫红副部长，

各位专家、各位来宾，女士们、先生们：

上午好！在这金秋十月的美好日子，我荣幸地在这里向社会各界宣布：中国人民大学国剧研究中心成立，这是我校为发展和繁荣国学所实施的又一个重要战略举措，对于弘扬中华民族的优秀传统文化，拓展与深化国学的研究，推动国学更好地走向社会、扩大受众，意义重大，影响深远。这个意义概括起来讲，就是我校响应和落实党的十七大精神，从国家文化战略发展的高度，把弘扬民族文化，构建共有精神家园作为自己始终不渝的崇高使命，并为之而努力奋斗。

我们今天所倡导和弘扬的国学，是一个大国学的范畴，它所总结和研究的对象，既包括经、史、子、集传统国学的内涵，也包括国剧在内的其他中国传统文化的丰富成分，可以说是整个中国传统文化的集中概括。换言之，举凡中国传统文化中具有学术研究与总结价值的内容，均在我们所关注与探讨的视野之内。从这个意义上讲，中国优秀传统文化的重要载体之一——国剧，自然是我们今天所说的新国学的有机组成部分。运用正确的观点、科学的方法对这份宝贵的文化遗产进行全面的认识和深入的研究，毫无疑义是我们国学研究工作者所应该担当的一项重要使命。

中国戏曲源远流长、异彩纷呈，从最早的参军戏开始，到元代杂剧的兴盛、明清传奇的繁荣，中国古典戏曲生生不息、代有发展，关汉卿、马致远、王实甫、白朴、高则诚、汤显祖、洪升、孔尚任等戏曲大师，业已成为文化史上的光辉象征，享誉千秋；《西厢记》、《窦娥冤》、《琵琶记》、《牡丹亭》、《长生殿》、《桃花扇》等典范名剧，业已成为文学圣殿中的闪亮明珠，流芳百世。近现代以来，以京剧、昆曲为代表的中国戏剧，更是百花争艳、万紫千红、美不胜收、蔚为大观。京剧、昆曲以及越剧、评剧等地方剧种，活跃于全国各地的城镇乡村，丰富着广大民众的精神文化生活；流派多样，风格各异，推动着戏剧自身艺术表现力的推陈出新、生机盎然，给人们带来无穷无尽的独特的美的享受。

作为深深植根于中国文化土壤的一种重要艺术体裁或形式，中国的戏曲乃是中国传统文化形象化、直观化的生动体现，是中华民族传统价值观、道德观、人生观的艺术再现，鲜明生动地反映了中国民众的爱憎立场与价值取向。很显然，其主导的倾向是质朴健康、积极向上的。具体地说，对丑恶现象的鞭挞、对美好人性的讴歌、对和平生活的向往、对和谐秩序的追求等，构成了国剧文化的主流精神。而由于它具有生动、形象的艺术感染力，又使得它融入生活，贴近民间，为广大民众所喜闻乐见。在某种意义上，它较之于抽象的学理阐释更易深入人心，引起共鸣，发挥独特的感化挹注、潜移默化、怡情陶冶的作用，从而在民族性格的形成、道德观念的养育、价值体系的构建方面具有不可替代的地位。仅此一点，就足以表明我们在今天对国剧开展科学的研究是多么的必要与迫切了。更何况，国剧独步世界的精湛高雅的艺术表现形式，本身就是一座美的殿堂，吸引着我们去作愉悦的探胜和美妙的鉴赏。

正因为认识到了这种重要性，近代以来，曾有不少专业人士对国剧进行了认真的研究，可谓薪火相传，不绝如缕。以 20 世纪初叶国学巨匠王国维撰写《宋元戏曲考》为重要标志，近代意义上的国剧研究即已拉开序幕，随后又陆续涌现出像吴梅、齐如山、任二北、王季思、钱南扬、周贻白、张庚、郭汉城、徐朔方、冯其庸等老一辈著名专家，先后推出了一批重要的国剧研究学术成果。近些年来，又有为数不少的中青年专家投身于这一领域的研究，并取得了较为可观的成绩。这一切表明，国剧的研究在中国是有传统的，已经具备了一定的基础。

　　然而，以更高的标准衡量，国剧的研究仍存在着继续提升的空间，这主要是如何搭建广阔的平台，变研究上的单兵突进为集团作战，形成规模集约效应。具体地讲，我们现在所迫切需要做的工作，就是如何在已有成绩的基础上，顺应整个社会重振国学的时代呼唤，开阔视野、整合力量、改善方法，为国学的研究与光大注入新的生机、提升新的境界、开创新的局面。正是基于这样的认识，中国人民大学在全国高校中第一个创办国学院之后，又第一个创立了国剧研究中心。我们希望通过搭建这样一个崭新的平台，从大国学的范畴与视角，对国剧开展全新意义上的研究，形成不同于一般戏曲史研究的、具有自己鲜明特色和风格的国剧研究与国剧推广的体系及方法，从而在新的形势下，完成国剧研究学理总结的升华与方法手段的创新。

　　要顺利达成这一目标，我们必须凝聚高度的共识，必须付出艰巨的努力，必须筹划正确的步骤，尤其是必须从战略的高度关注和解决国剧研究的立场与方法问题，以确保将我们的国剧研究事业沿着健康的方向，循序渐进、脚踏实地不断推向前进。

　　古人云："不足谋全局者，不足以谋一域。"在我看来，国剧研究虽是一个非常专门的学术领域，但是就其研究的指导思想与思维方法而言，它与其他学科的研究之间也有相通之处，这就是谋全局，抓重点，显特色，重比较。

　　所谓"谋全局"，就是要对我校国剧研究中心的建设宗旨有明确的定位，对其近、中、远期发展任务与目标有清晰的规划，对国剧与整个国学之间的关系有准确的把握，对国剧研究内部的各个子系统的互动结构有恰宜的认识。抓纲举目，纲举目张，高屋建瓴，掌控全局。明确我们的宗旨与目标是在国内乃至全世界构建国剧研究的广阔平台，营造国剧研究的浓厚氛围，立足国剧研究的最新前沿，使之成为一面旗帜，致力于整合国内外的国剧研究力量，致力于国剧研究的理论建树与方法创新，致力于学理研究与文化推广的双管齐下与相辅相成，致力于国剧研究新生力量的培养以保证事业的可持续发展。

所谓"抓重点"，就是要在观照、兼顾全局的前提下，突出工作的重点，把握工作的关键，选择正确的战略突破方向，集中优势资源，在比较短的时间里，形成国剧研究中的亮点，出成果，出人才，出影响，以点带面，循序渐进，不断完成阶段性的目标。《孙子兵法》有云："无所不备，则无所不寡"，做任何事情的大忌，是不分主次和轻重缓急，面面俱到。我校国剧研究中心的工作也不例外，受各种客观条件的限制，我们不可能从一开始就全面铺开摊子，而必须选择那些具有关键性又有可操作性的工作作为我们优先考虑、优先投入、优先解决的重点。至于何谓重点，那要由具体主事者和有关专家们来判断、论证与选择，如研究古典戏剧与近现代戏曲何者为优先、纯学理探讨与国剧推广哪个为重点等，我认为都可以讨论与计议，但是树立重点意识，分清主次轻重，处理先后缓急，戒绝平均使用力量的基本原则，则一定要在我们的国剧研究中有所贯彻，有所反映。

所谓"显特色"，就是要有意识地致力于形成和凸显中国人民大学国剧研究的自身优势与鲜明特色，坚持以我为主，形成品牌效应。中国人民大学是中国人文社会科学教学与研究的最重要基地之一，有博大厚重的人文底蕴与研究实力。这就为我们开展国剧研究提供了得天独厚的巨大优势，也能够保证我们的国剧研究在国学、文、史、哲等多学科、多领域的坚实支撑下，扬长避短，避实击虚，走出适合于自己的新路，形成区别于他人的特色。我个人认为，这种优势与特色或许会表现为：研究体系结构的综合性，研究方法和手段的多样性，研究成果推广中的及时性，研究人才培养上的可持续性，研究的理论创新与方法改进的前沿性，等等。总之，我们要牢固树立特色就是实力、特色就是生命、特色就是前途的意识，在国剧研究中把注重"显特色"作为一个重要的理念来加以贯彻。

所谓"重比较"，就是指我们的国剧研究是一个开放的体系，要以比较的视野来观照具体的研究，要以虚心的态度来学习与汲取他人的成果。鉴于国剧具有理论探索价值与舞台艺术表现魅力相结合的特殊优势，我们倡导研究者与艺术家的互为资鉴；鉴于国剧是国家剧种与众多地方剧种相总和的艺术体裁，我们倡导不同剧种之间的互为沟通；鉴于综合性大学与专业戏曲院校研究侧重点的不同，我们主张我校国剧研究中心应该虚心学习与积极借鉴他人的长处和特点。

特别需要指出的是，我们的国剧研究必须具有世界性的视野，必须把它放置在世界文化发展的大背景下进行考察，从而对其历史演变、文化价值、时代精神以及前途命运作出更科学、更全面的认识与评估。我认为坚持本土文化主体性，并不排斥世界文化的多元互补性。就国剧而言，对世界戏剧了解得越多，对我国国剧就会更加珍惜，在借鉴和研究上就会更有深度、更为科学。同样的道理，对我们国剧研究得越深，对世界戏剧就越有鉴别力，就越能准确合理地吸取其优点，以弥补国剧自身的某些不足。而要做到这一点，就要善于将国剧与世界戏剧进行比较，古希腊的悲剧与喜剧，莎士比亚、莫里哀、易卜生等人的作品，斯坦尼斯拉夫斯基、布莱希特等人的戏剧表导演理论以至当代西方戏剧流派，都是我们从事国剧研究中的比较参照坐标，只有这样，我们的国剧研究才能超越前人的成就，引领时代的风骚。

中国人民大学国剧研究中心的成立，标志着我校国学教育与研究事业正在顺利地向纵深推进，是又一个阶段性成就的缩影和象征，这是值得庆贺的。但是，我们也清醒地认识到，良好的开端只是成功的一半，并不等同于成功本身，国剧研究要真正达到我们预期的目标还有漫长的路要走。所以一方面我们自己要锲而不舍、持之以恒，在已经选定的正确道路上坚定不移地向前迈进，争取创造突出的成绩，以报答国家和社会对我们国学事业的关怀与厚爱；同时，我们也真诚地盼望政府、社会各界一如既往关心我们的工作，在各方面提供强而有力的支持。我坚定地相信，在大家的共同努力下，包括国剧在内的国学研究一定能够兴旺繁荣，长盛不衰！

在《康有为全集》出版座谈会上的讲话

（2007 年 11 月 10 日）

各位领导，各位专家，媒体的朋友们：

大家下午好！今年是戊戌变法运动领袖、一代国学大师康有为先生逝世 80 周年。我们聚在这里，庆祝《康有为全集》的出版，缅怀这位既敢为天下先又具有明显历史局限性，经历复杂、思想庞杂、成就卓然、毁誉皆有的国学大师。康有为作为我国近代一位伟大的改革家、思想家和学者，曾经站在时代的前列，在政治、思想、学术领域内，进行了具有开拓性意义的可贵探索。他一生的著述，对于研究他本人以及近代中国政治、思想、学术发展演变的历史，具有重要价值。系统地整理康有为的这些著作，无疑是一件极有意义的工作；《康有为全集》的出版，无疑是当前学术界、出版界的一件盛事。首先，请允许我代表中国人民大学向国家清史编纂委员会，《康有为全集》的编者姜义华教授、张荣华教授和中国人民大学出版社致以深深的敬意，在时下显得有些浮躁的学术氛围里，是他们甘于寂寞，用辛勤的劳动，换来煌煌十二巨册的《康有为全集》的顺利出版。这是对促进我国文化大发展大繁荣所做的扎实贡献，是对国学研究的有力支持，也是对一代国学大师最好的纪念。

康有为先生是我国清末戊戌变法运动的领袖，面对内忧外患，他从一个普普通通的儒生，通过自己对国学与西学的探讨，把握时代脉搏，七次上书提出一系列变法主张，领导了戊戌变法。他在思想上充分吸收中国传统文化的精髓，大胆突破思维定式，顺应时势改换孔子的历史形象，提倡进取精神、思想自由和平等观念，为变法寻找合理依据。他善于利用中国传统学问为变法大造舆论，极好地发挥了中国传统文化的思想原动力，在当时起到了振聋发聩的巨大作用。他在艺术上也有着很多贡献，其书法独树一帜，对书法界产生了很大影响。作为国学大师，康有为不仅满腹经纶，而且敢为天下先，敢于特立独行，治学为文的方方面面、点点滴滴，无不折射出康有为的无穷魅力。

伟大的民族精神是一个民族赖以生存和发展的文化脊梁，是激励中国人民团结一心、建设伟大祖国的坚实思想基础和强大精神支柱。历史充分证明，民族精神的传承与弘扬，主要是通过自身固有的精神文化来体现，国学正是这种文化精神的客观载体与具体象征，它承载历史、浓缩文化、影响现实、面向未来。近百年来大行其道的激进的乃至极右的反传统思潮，使国人对我国传统文化的认识出现了严重的偏差和迷失，当年一时冲动甚至刻意为之的破坏，造成了今天重振国学的艰难与迫切。当今在改革开放、发展建设中日渐强大的中国需要提倡国学，需要尽最大的努力发挥我国的传统文化，使得我们民族的文化生命力更加旺盛。"旧学商量加邃密，新知涵养转深沉"，这是我国古代思想大师朱熹的名言，不仅体现了一代思想大师的学问气象，而且可以成为中华民族认真对待历史传统、从容应对世界风云的文化态度。

国学作为一个内容丰富的文化系统，具有极大的解释活力和拓展空间。20 世纪 90 年代以来，世界进入经济全球化、政治多极化、文化多元化的新时代。随着世界战略格局的演变，多元文明之间的交流和互补正成为世界发展的主流。从这种意义上来讲，弘扬中国传统文化、振兴国学，不仅是我国经济、政治、文化协调发展的需要，同时也是对世界文化、世界文明发展的贡献。大国崛起，必须有强大的文化作为后盾。可以认为，在继承中以新的视野新的思维振兴国学也是应对日趋激烈的国际竞争，增强综合国力，实现中华民族伟大复兴需要的一项重大举措。

中国人民大学是共产党创办的第一所新型大学，有着与我们的人民、我们的党和国家同呼吸、共命运的优良传统，有着立学为民、治学报国的崇高使命感和责任感。中国人民大学成立新中国第一家国学院，为的就是继承人民大学经世济民的优良传统，抓住现在这一极佳的战略拓展时机，建设我国的核心价值体系，弘扬博大精深的中华文化，增强民族自信心和凝聚力，建设中华民族共有精神家园，增强文化创新后劲和文化发展活力，跟随建设和谐社会的旋律，促进中华民族的伟大复兴。重建国学是一个艰苦努力的过程，应当在实践中积极探索。在座的都是我国历史学界的著名专家，有着丰厚的学养，我们热切期待大家能够经常到我们人民大学来做客，多多支持我们的国学研究，通过大家的共同努力迎来国学研究的春天，迎来中国文化繁荣的全新格局。

《康有为全集》是一笔丰厚的精神遗产，值得我们不断探讨。中国人民大学出版社推出《康有为全集》，为我国文化发展作出了重要贡献。我们应该学习康有为的创造精神，勇于古为今用，善于弘扬传统文化，努力奉献我们的智慧，给后世保存一份厚重的文化馈赠，为中华文明的传承书写新的历史篇章！

谢谢大家！

"国学经典解读系列教材"总序[*]

（2008 年 6 月）

    "国学经典解读系列教材"的编写与出版，是中国人民大学国学院教学工作的重要环节，也是国学院的基本建设工程之一。

    中国人民大学创办国学院，被誉为是顺应历史潮流、立德立功之举，在社会上引发了广泛的关注，得到了各界的支持。我校已经在国学教育方面先行一步，更应该具备一种担纲意识，继续为推动国学教育向纵深发展作出应有的贡献。

    编写这套教材，不仅是为了适应中国人民大学国学院教学的基本需要，也是力图振兴我国经典教育的一个具体步骤。经典著作如同岁月长河积淀、打磨出来的珍珠，在中国传统文化宝库中熠熠生辉。自先秦以来，儒、墨、道、法诸家所奠定的经典文化构成了中华文化的主流形态，在两汉以后的封建社会中进一步得到巩固与发展，形成了专门的学问与学科，是国学的主体。需要指出的是，我们今天所说的经典，乃是广义上的经典，不仅有儒家的经书，而且包括诸子与史部、集部的群书，它是中华文化与学术的集成和荟萃。至于其地位与

---

    * 本文系作者为"国学经典解读系列教材"（北京，中国人民大学出版社，2008）所作的总序。该系列教材第一批共 8 本，分别为《〈论语〉解读》、《〈孙子兵法〉解读》、《〈史记〉解读》、《〈文心雕龙〉解读》、《〈诗经〉解读》、《楚辞解读》、《唐诗解读》、《宋词解读》等，已陆续投入教学使用。该系列教材的编写与出版，是中国人民大学国学院教学工作的重要环节，也是国学院的基本建设工程之一，不仅是为了适应中国人民大学国学院教学的基本需要，也是力图振兴我国经典教育的一个具体步骤。

作用，正如刘勰《文心雕龙·宗经》所说："经也者，恒久之至道，不刊之鸿教也。故象天地，效鬼神，参物序，制人纪，洞性灵之奥区，极文章之骨髓者也。"这段话说明中国古代的经典是中华民族文化精神的载体，是中国传统思想文化之精华，其精神意蕴可以穿越时空而获得传承与光大。

在中国古代一直有读经的传统，在 20 世纪的中华民国年间曾经废止读经，但这并不等于经典教育的废除，相反，它可以在新的时代条件下得到创造性地继承与更新。正如朱自清先生在《经典常谈》中所说："读经的废止并不就是经典训练的废止，经典训练不但没有废止，而且扩大了范围，不以经为限，又按着学生程度选材，可以免掉他们囫囵吞枣的弊病。这实在是一种进步。"这种看法显然是通达和正确的，值得今人加以借鉴。今天我们编写这套教材，也同样是为了更好地对学生进行经典学术教育，而绝不是简单地恢复读经。

国学的精华主要凝结在经、史、子、集四部的经典之中。经、史、子、集四部的名称和顺序是在《隋书·经籍志》中最后确定下来的。后来清代乾隆皇帝时编修《四库全书》，也是按经、史、子、集四部来整理和编修的。四部不光是目录学的概念，而且与现代意义上的学科也存在一定的关联。一般说来，经部、子部大略相当于现在的哲学学科，史部大略相当于历史学科，而集部接近于现代的文学学科，这说明国学与现代学科分类是可以互相兼容的，并不存在水火不相容的问题，当年的北大国学门与清华国学研究院，也是将四部与现代学科互相融合的。因此，传统经典教育与现代教育可以相得益彰、和谐相生。

不过，长期以来，由于人们对于中国传统学术重视不够，再加上厚今薄古思想及其理解中存在的偏颇，国学并没有在百年来的教育体系中获得应有的地位。在"文化大革命"中更是受到整体上的打压。进入新时期之后，国学与国学教育在社会各界倡导下，有了长足的发展。近年来，党和政府不断强调繁荣哲学社会科学的重要性，强调尊重民族传统文化的重要意义，随着整个中华民族复兴之局的到来，国学走向振兴的时机已经成熟。

我们所说的国学，是指运用现代立场与眼光、放在国际视野中来研究中国传统学术的一门学问。它包含三层意思：其一是传统学术的内容；其二是用现代眼光来阐释、辨析与创新，是今人眼中的国学；其三是把国学看做全人类宝贵的文化财富来阐释、比较、辨析与创新，是国际视野中的国学。因此，振兴国学不仅是指光大传统，更主要的是指激活国学的现代价值和创新精神，国学内在的融合中外、推陈出新的精神与能力，是我们今天在构建和谐社会、进行文化创新时所要秉承的。对于传统经典的解读、阐释与辨析，毫无疑问是对于这种理论创新能力的激活，国学的生命力也在这种创新中得以生生不息，走向未来。因此，在国学教育中，这种经典的研读、阐释与辨析，是最要紧的门径之一。

中华经典属于一种世俗文化，与世界其他各国的经典多属神学系统大不相同。比如，《论语》是孔子弟子记录孔子与学生思想观念的一部语录体的儒家经典，充满着世俗人情的意味。再比如《庄子》这本书，也很关注通俗的演绎。因此，认为经典高不可攀的看法并不准确。不过，经典毕竟是经典。唐人编的《艺文类聚》对于经典的解释是"经也者，径也，言五路无所不通"，也就是说，经典承载着普适性道理，好比通向各条路径的通衢一样，它必然会去掉那些浮浅的东西，提升为哲理，有的在形态上不可能不深奥，如《周易》与《老子》这一类经典。因此，需要做一些解读与注释的工作。历来对于经典多有注释与解读，乃至于形成了专门的学问。

经典教育在整个国民教育中具有重要的意义。早在20世纪中叶，朱自清先生在《经典常谈》中就指出："在中等以上的教育里，经典训练应该是一个必要的项目。经典训练的价值不在于实用，而在文化。有一位外国教授说过，阅读经典的用处，就在教人见识经典一番。这是很明达的议论，再说做一个有相当教育程度的国民，至少对于本国的经典，也有接触的义务。"这几年，以《论语》、《庄子》等为代表的国学经典，通过现代传媒的推介与个体阅读，在国民中引起了热烈的反响，便充分证实了这一点。这也证明，国学经典教育在今天的整个国民教育体系中，具有不可或缺的地位。

在中国人民大学国学院的教学方案中，经典教学类的课程占有很大比重，这也是它与现代文、史、哲专业教学的一个不同之处与亮点所在。为了满足国学院的教学需要，同时也为了顺应向海内外重张国学经典教育的时代大潮，我们编写出版了这套国学经典解读。该系列教材的学术定位，绝不是一般意义上的教材，而是承担了追求学术底蕴、深入浅出、明快易读、服务大众的职责。

基于这样的认识，在编写体例上，我们要求体现出"国学经典解读系列教材"的宗旨。虽然古往今来，关于中国古代经典的解读类书籍浩如烟海，不胜枚举，但是以国学的精神与方法去解读还是大有用武之地的。本系列教材集中从国学的角度去对传统经典进行解读，具体而言，就是立足于当代人文视野，贯彻义理、文章与考据融为一体的精神，打通现代文、史、哲三科的中间环节，通过解读与讲授，培养学生从经典中掌握国学知识，领会国学精神，提高治学能力，从而帮助学生打下坚实的国学基础。关于选择范围，有的是全本，有的则是选本，选本要求依据编写指导思想在字数范围内选择优秀的代表性篇目。

篇目注释与解读是本书的重点所在，它由两部分组成：注释时力求准确严谨，同时行文上明快易懂。全篇解读则力求从传统经典中开掘出国学基本的价值观，培养学生的人文素质，使学生在知识与精神方面获得提升。所选书目，主要依据中国人民大学国学院的教学方案来选定。该系列教材的编注者以中国人民大学国学院的教师为主，部分作者则为在国学院任教的人大其他学院的教师，同时也邀请到其他高校和科研部门的一些学者参与这项工作。这些教师在从事教学与科研的同时，倾心编注了这套教材，表现出对国学教育事业的热忱和投入。

本系列教材已列入中国人民大学"985 工程"重大攻关项目，得到项目资金的支持。这对编好、出好这套教材是不可或缺的条件，也反映了中国人民大学在重振国学、弘扬国学方面所持的态度、立场和支持力度。

这套系列教材的编写，如同人大国学院其他工作一样，均具有筚路蓝缕的性质，尽管我们已在主观上尽了自己的努力，但受各种因素的制约，仍不可避免存在着一定的不足，因此，我们期望得到大家的批评、指正，使这套系列教材在教学与研究的过程中不断得到完善，共同推进国学教育事业的发展。

是为序。

开展汉藏佛学研究，弘扬"大国学"

——在中国人民大学汉藏佛学研究
中心成立大会上的讲话

(2008 年 6 月 22 日)

尊敬的各位来宾，老师们、同学们：

大家下午好！今天我们齐集一堂，共同见证中国人民大学汉藏佛学研究中心成立这一鼓舞人心的盛事。在此，我谨代表中国人民大学，向出席成立大会的各位领导、各位来宾，特别是远道而来的加拿大、美国、澳大利亚和中国香港等地的朋友们表示热烈的欢迎！向大力支持我校汉藏佛学研究中心成立的中国藏学研究中心、北美汉藏佛学研究协会和香港汉藏佛学研究基金会表示诚挚的谢意！

一年前，我校在国学院成立了以研究西域历史、语言、宗教、文化为主要内容的西域历史语言研究所。一年后的今天，我校又成立专门从事汉藏佛教比较研究的汉藏佛学研究中心。作为中国人民大学国学院的重要组成部分，西域历史语言研究所和汉藏佛学研究中心都是在国学院成立不到三年的时间里筹建起来的。这两个学术机构的创建，进一步展现了我们开办国学院的理想和初衷，说明了我们所主张的国学，并不局限在经、史、子、集等概念的汉学，当然，我们并不否认经、史、子、集在国学中的主体地位和重要性。

中国是一个由多个民族、多元文化组成的国家，在漫长的历史长河中，每一民族都以其历史创造为中华文明作出了不可磨灭的贡献。

正可谓各美其美，美美与共，最终共同构建了幅员辽阔、山河壮丽、生存面貌多样、文化传统有别的伟大中华。因此，我们的国学理应涵盖中华民族各成员的优秀传统文化。今天，我们进一步开发历史和文化资源，全面系统地研究中原和边疆、汉族和少数民族的历史和传统文化，用我们的探索和研究的成果来告诉世人：中华民族绝不是一个想象的共同体，而是一个具有深刻历史根源和文化内涵的坚实存在，为建设多民族和谐共存的精神家园作出贡献。

西藏是中国不可分割的一部分，西藏文化亦是中国文化不可分割的一部分，它丰富了中华民族的文化内涵和文明积淀。历史上的汉、藏及多个民族共同接纳了佛教文明，并使之薪火相传——汉传佛教和藏传佛教作为北传大乘佛教的两大分支，是现存的最重要的两种佛教传统。对汉传佛教和藏传佛教的研究，是当今佛学研究的重镇所在。汉传佛教和藏传佛教这两大传统之间的关联源远流长，又都有极为丰富的文献资料存世，作为佛教研究的最主要的资源宝库，佛学研究必须以研究汉传佛教和藏传佛教的文献为基础。而这两种文献资料虽然各具优势，但各自并不完整，唯有对它们进行比较研究，方能使其互相补充、订正而臻于完善。

毫无疑问，开展汉藏佛学研究既是一项富有开拓性和巨大学术影响力的学术研究工作，也是一项具有重要现实意义的工作。我校成立全球第一个汉藏佛学研究中心，其目的是既志在创办一个具有一流国际学术水准又具有远大发展前景的学术机构。

女士们，先生们，中国人民大学创办的国学院之所以能在全国高校中独树一帜，不仅由于我们身体力行地将国学院办成了一个实体，更由于我们正在用实践对国学的理念进行创新和创造。所谓创新，就在于我们突破以研究汉族传统文化为主要内容的国学的樊篱，与时俱进，将国学研究作为构建中华民族的民族认同、建设我们共有精神家园的一项重要内容来建设。今天我们所倡导的国学研究的对象，应当是整个中华民族的历史和传统文化；国学研究的内容，应当包括中华民族所有成员的历史和传统文化；国学研究的目的之一，应当是揭示中华民族形成和发展的历史过程、展现中华民族共有的精神和文化财富。

我衷心地希望各位来宾支持国学院，支持汉藏佛学研究中心的发展，通过我们的努力，将汉藏佛学研究中心办成一个向世界开放的、相互交流的学术平台。谢谢！

创新国学教育的实践探索与理论思考

——在中国人民大学国学院成立三周年
庆典暨国学教育论坛上的讲话

(2008 年 10 月 26 日)

三年前，我们也在这里，以继绝振衰、舍我其谁的豪情隆重举行了中国人民大学国学院开学典礼暨揭牌仪式，揭开了国学经历百年风雨之后再度崛起的伟大序幕，共同见证了我国高等教育发展史上具有继往开来战略意义的标志性事件。三年后的今天，我们依然在这里，隆重举行中国人民大学国学院成立三周年庆典暨国学教育论坛，来回顾总结三年来我们在开展国学教育、建设国学学科、弘扬传统文化、重塑民族精神方面所做的努力，共同见证我们群策群力、携手并肩，推动国学教育更上一层楼、为构建中华民族共有精神家园恪尽职守的崭新一页。

此时此刻，我特别要衷心感谢季羡林、饶宗颐、何兹全、任继愈、叶嘉莹、南怀瑾、许嘉璐、杜维明、成中英、袁行霈、张岂之、李学勤、汤一介、欧阳中石、范曾、方克立，以及校内的戴逸、方立天、张立文等海内外学术前辈和著名专家学者对人大国学院的指导和帮助。衷心感谢国学院首任院长冯其庸名誉院长在国学院创办和建设过程中所作出的奠基性的卓越贡献。

三年时间，在历史的长河里只是短暂的一瞬间，然而，在我们心目中，它却打下了独特的烙印，具有特殊的意义：这三年来，在党和国家领导人的亲切关怀下，在上级职能部门的积极指导下，在社会各界的热情支持下，经过广大师生员工坚持不懈的努力奋斗，我校国学院筚路蓝缕，从无到有，已经初具规模，已经稍有成绩，成为了中国人民大学学科建设中的一个崭新生长点，成为了国内外瞩目的、正规国学学历教育中的一面旗帜。

我校创办新中国第一家国学院，首倡国学教育，乃是基于弘扬优秀传统文化、构建中华民族共有精神家园、在国民教育领域落实科学发展观、构建社会主义和谐社会的强烈使命感。继承和弘扬中华优秀传统文化，是新世纪以来中国人民大学顺应时代潮流、担当历史使命的自觉选择和战略举措。而 2005 年 5 月宣布成立新中国第一家国学院，使我校新世纪以来弘扬中华优秀传统文化的一系列活动达到高潮。三年来，随着国学院各项工作的开展，我们对从事国学教育的重要性有了更为深刻的理解，认识到国学作为中国传统学术，中华传统文化的精华，既是指依存于经典的知识及其体系，也是中国富有鲜活生命力的思想智慧与科学方法，更是蕴涵着为人处世、齐家治国的世界观、人生观、价值观。今天，研究国学、重振国学是恢复文化自信的需要，是提高民族文化素质的需要，是提高人文学术创造力的需要，是体现国家文化软实力、争取国际文化话语权的需要，是马克思主义中国化具体落实于国家文化建设事业、构筑社会主义新型文化的需要，也是恢复中国人文学术融会贯通的传统，探索新型学科制度和人才培养制度，从而有效改变当前人文学科领域普遍存在的学科专业划分过细、学科壁垒森严、知识结构单一现象的需要。

正是基于这样的理念，我们国学院的全部工作从一开始就立足合理的立场，反映时代的精神，引领正确的方向；也正是基于这样的理念，国学院所从事的国学教育事业，能够具有鲜明的学术特征与时代特色，体现当代国学教育的本质属性，受到社会各界的普遍关注和肯定。

前不久的 10 月 5 日，中共中央政治局委员、国务委员刘延东同志在视察我校的讲话当中充分肯定我校在积极推动繁荣发展人文社会科学、弘扬中国传统文化、创新国学教育方面的成就和特色，给予我们极大的鞭策和鼓励。刘延东同志到人大来，肯定了人民大学新世纪以来的四项成就，其中一项成就就是"积极推动、繁荣发展人文社会科学，弘扬中国传统文化，创新国学教育"。我们认为这是代表党中央、代表国务院的讲话。

"到得前头山脚尽，堂堂溪水出前村。"令人感慨的是，三年来的艰辛冷暖自知，但是令人欣慰的是，三年来的收获有目共睹，借此机会我向大家汇报一下国学院三年来的发展成果。

一、放开视野，合理构建国学教育的学科体系

我们在实践中提出了国学学科建设上的全新体系，按照"大国学"、"新国学"的战略发展思路来构建国学的学科体系。这里的"大"，是就空间性而言，即我们所说的国学乃是整合了国文、国史、经学、子学、国艺、国术等诸多分支在内的"大国学"，既以传统的经、史、子、集文化知识的传承与现代诠释为基础，也立足于中华民族"大国学"的概念与思路，进行开拓性、前沿性的扩张，以前者为基础性的本体，以后者为增长性的亮点。它的立体交叉性和包容渗透性，使得人才培养理念与模式具有极大的创新性，既博且精，以满足社会日益增长的国学人才需求。这方面的重要举措包括我们以国学院为依托，成立跨院系的国学研究院，把先期建立的孔子研究院挂靠在国学院，卓有成效地整合了学校的国学研究资源，产生了积极的矩阵效应；也包括在 2007 年先后成立了西域历史语言研究所和国剧研究中心，其中西域历史语言研究所是在党和国家最高领导人直接关怀下成立的，其宗旨乃是为了具体落实建设"大国学"的理念，使国学包容更丰富的内涵，真正成为整个中华民族精神文化财富的象征。这里的"新"，则是就时间性而言，即我们倡导的国学，与传统的国学既有联系，更有区别，它当然要求系统地、而不是支离破碎地掌握中国

传统学术文化，但绝不是简单地钻故纸堆，更不是复古，而是充满了明确的创新意识和与时俱进的时代精神；它当然要张扬我们的民族自豪感，但绝不是张扬狭隘的民族主义，而是追求在世界文化多元化背景下，既各美其美，也美人之美，致力于将博大精深的中国文化作为世界文化的一部分，作为全人类共同的精神财富加以集成、阐释和光大！换言之，我们今天所从事的国学教育与国学研究，乃是今人眼中的国学，是国际视野下的国学，是当代形态意义上的国学。

二、锲而不舍，积极探索国学教育的创新机制

由于种种原因，正规的国学教育在我国中断已有数十年之久。我校从事国学教育与研究，可以说是一种全新的事物，是开拓性的探索，是独特性的创新。经过三年的努力，我们已初步走出自己的道路，找到可持续发展的方向，既传承光大中国传统治学的精神，包括中国书院教育中的积极精神，又融合现代教育的优势，从而着力彰显了国学教育的自身特点。

我们实行六年制本硕连读学制，并在反复论证基础上制定了完整系统的国学教学方案，已开设出学科基础课、专业必修课、专业选修课三大模块的数十门课程。

我们强调国学经典研读的重要性，并围绕这一点来设置课程，组织编写教材，出版了直接服务于教学需要的《〈史记〉解读》、《〈论语〉解读》、《〈孙子兵法〉解读》、《〈文心雕龙〉解读》、《〈诗经〉解读》、《楚辞解读》、《唐诗解读》、《宋词解读》等一系列基本教材。

我们为学生提供尽可能优越的学习条件，在有限的学校经费中，拨出专款作为国学院学生的普遍助学金，并自三年级开始实行导师制，带动学生尽快进入学术研究层面。

我们积极创造条件，由学生直接主导和参与各类大型学术活动，重视教学相长，突出学生学习的主动性，举办了学生学术活动月等活动，将其作为教学的重要环节，激活其中蕴涵的国学热情与主观能

动性。

我们开展学生的游学实习活动，作为教学环节纳入教学计划，使古人追慕的"读万卷书，行万里路"的理想，在现代教育背景下成为鲜活的现实。

我们在学生的各类活动中都有意识地彰显国学的特色，使国学不仅成为其学习的对象，更融进他们的日常生活，成为其生命存在的一部分。

三、厚积薄发，努力打造国学教育的学术成果

我们坚持以科研支撑教学的导向，积极提倡紧紧围绕国学学科建设这一中心开展科研活动，在政策上对教师和学生的学术研究给予人力、财力的倾斜与支持，从而在短短三年的时间里取得了比较丰硕的成果，这包括：

策划和组织撰写"中国人民大学国学研究丛书"，作为国学院整体研究水平及成果的集中反映。

组织推出"西域语言历史研究丛书"学术专著 12 部，并编辑出版《西域语言历史研究辑刊》。与此同时，孔子研究院开展海外《儒藏》编纂工作，取得重大进展，并于近期编撰出版第一批作品。

创办《中华国学研究》学术刊物，使其成为展示国学院科研成就的一个窗口，成为国学院与海内外国学研究界开展学术交流的基本平台。

致力于科研成果的功能转化，在高度重视学术研究原创性、纯学理性的同时，也关注研究贴近社会现实、弘扬经世致用的学风。

创立品牌学术活动"中国人民大学国学论坛"，邀请学界著名的专家学者来校作学术报告，其成果结集为《国学论坛》已经正式出版。

和中国社科院历史所合作，联合主持了列入国家"十一五"文化发展规划的重大出版工程"域外汉籍珍本文库"的编纂工作。第一批

成果已经正式出版。

积极开展海内外的学术交流，开拓国学院师生的学术视野，及时了解海内外国学教学与研究的最新动态，先后与海外 10 余所高校建立起了联系并且开展相关合作，主办或合办了"国学与和谐社会发展"南北论坛，主办了"国学的历史、现状与未来"学术研讨会等一系列重要的学术活动和会议，达到了以合作争取社会认同和支持，以开放交流促进自身建设的战略目标。

"行百里者半九十"。虽然我们在三年中取得了超过预期的成绩，但是我们仍清醒地认识到，这仅仅是重振国学的开始，离我们既定的目标还有漫长的路要走，现在还并不是真正庆祝的时候。换言之，我们只能将这次活动作为我校开展国学教育阶段性回顾的标志，作为向更远大目标前行的一个契机。为此，我们要"咬定青山不放松"，持之以恒，脚踏实地把提倡国学、重振国学的事业进行到底。

第一，进一步就国学教育的重要性形成普遍的共识。

尽管在大家的共同努力下，近些年来社会上对传统文化的关注有了明显的加强，对开展国学教育的必要性多有肯定，但是国学教育所面临的问题仍有不少，步骤、方法还在摸索，社会分歧依然存在，扎实耕耘尚待时日。在某些人眼中，国学依旧是落后、保守的代名词，是现代化的对立面。更多人则认为，国学不过是一种古代的知识体系，是专家在象牙塔里进行研究的对象，而没能意识到国学更是鲜活生存于当代人生活中的一种民族文化精神，是教化社会、实现社会和谐、促使人类进步的一种活跃积极因素。而个别单位、个人假借国学名义，打着文化幌子追逐私利、捞取好处的所作所为，也对重振国学带来了负面的影响。因此，当务之急是必须通过学术讨论和社会宣传，进一步化解一些人对国学的疑虑与误解，走出国学教育中的思维误区，进一步深化人们对国学核心价值的认识，从国家宏观文化发展战略的高度来把握弘扬国学的方向，开展国学教育的工作，使国学真正成为国家文化软实力的核心组成部分，真正成为中国走向世界、体现民族文化主体性的重要载体，真正成为在今天弘扬中华优秀文化传统，构建社会主义和谐社会的最重要历史文化资源。

第二，为国学教育的可持续发展争取制度化的保证。

我们认为，这些年来，国学教育呈现了良好的发展势头，然而，"智者之虑，必杂于利害"，我们在庆幸事业发展的同时，也必须清醒地看到事业发展的隐忧。在当前，制约国学教育与学科建设健康发展的最大瓶颈就是国学学位的设立问题。随着我校国学院的发展与全国范围内国学教育的延伸，国学教育面临的深层问题日益显现出来。目前的学科门类是百年来教育全盘西化的结果，其中并没有国学一项，这种情况不利于国学教育的正常发展，因为它导致国学教育中规范化、制度化的缺失，导致国民对国学教育认同感、归属感的淡漠，导致中国传统人文学术研究中整体性、综合性的分割，导致中国文化在国际文化话语权的角逐中被边缘化。一句话，是画地为牢，自我矮化！这种百年来的失误再也不能延续下去了。我校几年前就注意到增设国学学位的必要性与急迫性，率先在全国人大会议上建议设立国学学位，率先在全国范围内进行了国学学位的论证，率先向国务院学位办申报了关于设立国学学位的论证报告。今天我要借此机会，再一次向全社会发出呼吁，希望大家一起来关注和推动设立国学学位的问题，使国学学位的设置早日成为现实，从而为国学教育的长期有序发展提供制度上的有力保障。我们相信，在刘延东国务委员肯定了中国人民大学创新国学教育的论断基础之上，国学学位的设立之日一定能够很快到来。

第三，在国学教育的开展过程中强化国际性的意识。

今天的国学既然是国际视野下的国学，那么在国学教学与研究中，就应该在立足传统的同时超越传统，自觉与西方的学术命题与方法开展交流与借鉴，在新一代国学人才的培养上，加大国际性的成分，真正做到立足本土、面向世界、贯通中西、学兼天下。在学术研究上应该加强与国际汉学界的密切交流与沟通，搭建世界汉学研究和交流的桥梁，充分利用"世界汉学大会"平台，加强与世界各国汉学家的携手合作，树立起国学在世界汉学研究中的主体地位和引导作用。最近我访问美国，在普林斯顿大学、加州大学伯克利分校时都谈到了人民大学国学院。

加强世界各国汉学家的携手合作，树立起国学在世界汉学研究中的主体地位和引导作用，使中国人民大学国学院成为众所公认、人所向往的世界汉学研究和交流中心，成为促进中外文化交流的排头兵，这句话是刘延东同志对人民大学提出的三点希望当中的一点。第一点是落实科学发展观，成为落实科学发展观、创建世界一流大学的示范区。第二点是进一步深化教育改革，成为培养创新型人才、高素质人才的试验田。第三点是希望中国人民大学成为弘扬传统文化、促进中外文化交流的排头兵。我们万万没有想到刘延东同志会对人民大学提出这么高的要求，我们深感责任重大。

同时我们认为，海外孔子学院不能单纯满足于教授语言，还应该把重点放到弘扬中华文化形态、推广中华文化核心价值上来，这一点恰好适宜由国学教育来担当。因此，我们要积极呼吁，应该把提升国学教育的国际性作为发展国学教育的战略任务来对待，有意识地把在海外孔子学院中加大加重国学的对外教学比重制度化、规范化，从而进一步提升中国文化在国际文化角逐大格局中的向心力与竞争力。

第四，把师资队伍建设作为加强国学教育的关键来落实。

要搞好国学教育，拥有一支德才兼备的、高水平的师资队伍乃是基本前提。国学的博大性、通贯性、综合性，要求国学教育的师资也具有相应的特质与条件，必须是贯通文、史、哲，博知古今，兼融中西。然而，由于长期以来的文、史、哲分科教育的体制，使得目前在国学教育第一线的教师，无论在知识体系构成上，还是在学术方法运用上，都明显存在着不足，不具备前辈国学名家的厚实功底与研究能力，这势必影响到国学教育的效果和学生培养的质量，也严重制约了国学教育向纵深发展。改变这种状况只能从现在做起，从我们自己做起，需要我们身在其中的人，包括学校、学院、教师个人格外努力，包括在人才引进、流动、考核问题上采取灵活的措施，使得新型国学教师队伍尽快得到整合和成长。同时也希望有关领导部门高度重视国学师资的培养，加大经费投入，为他们的教学、科研、对外交流等提供更好的条件。

"雄关漫道真如铁，而今迈步从头越。"创新国学教育正未有穷期。三年的历史已成过去，未来的辉煌犹可期待，尽管国学教育事业的发展并不会一帆风顺，但是我们还是对这一开创性的事业抱有坚定的信心。决心在摸索中前进，在争议中开拓，在磨合中调整，在赞许中反思，最终实现我们创办国学院、建设国学学科的美好初衷。"此去细登攀，佳绝风光，最合登高唱。"

《国学学刊》发刊词*

(2009 年 6 月)

　　国学是中国传统文化与学术及其研究和阐释的一门学问，其历史源远流长，内容博大精深，影响广泛深远。就形式而言，国学是中华文明的主要载体，是中华文明中的观念文明部分，通过国学这种文化形态得以展现并传承。就内涵而言，国学是中华民族精神的集中体现，它像流水一样，滋润着中华民族的茁壮成长；像土壤一样，培育着中华民族的主体意识，使中华民族以特有的品质与风貌自立于世界民族之林，并在相当长的时期里引领世界历史发展的风骚。就文化的承继性而言，国学是建设新型文明的资源。真正优秀的思想文化，是民族永恒的精神财富，它的合理精神，超越时空的界限而亘古长青、生机盎然。就文明的互补性而言，国学是中华文明和其他民族优秀文明开展对话与交流的重要平台，作用于世界新文化建设的强大动力，既可以积极丰富和大力提升和谐世界的内涵以及境界，又可以为中华文化在保持其主体性的同时，包容与汲取世界其他优秀文化以发展丰富中华文化提供载体，创造契机。

　　总之，国学是中国传统学术，是中华传统文化的精华，它固然是指依存于经典的知识及其体系，更是蕴涵着为人处世、齐家治国的世

---

　　* 本文为作者为《国学学刊》（原名《中华国学研究》，由中国人民大学主办）创刊所作的发刊词。《国学学刊》（季刊）以研究中华民族的传统文化为宗旨，以经、史、子、集和新出国学资料为研究对象，设有国学与文化、经学研究、国史研究、思想史研究、国文研究等栏目，立足于构建今人眼中的国学、国际视野下的国学、当代意义上的国学。

界观、人生观、价值观。在今天，研究国学、重振国学是恢复文化自信的需要，是提高民族文化素质的需要，是提高人文学术创造力的需要，也是探索新型学科制度和人才培养制度的需要。

"临渊羡鱼，不如退而结网"，要落实这样的理念，要实现这样的愿景，我们必须锲而不舍、脚踏实地地进行努力，作出成绩。为此，我们成立新中国第一家国学院，从事六年本硕连读的大学国学教育，并招收与培养博士研究生，培养国学人才，开展国学研究；为此，我们积极呼吁、充分论证在国家教育体系中设立国学学位的必要性与合理性，希望使国学教育的可持续发展得到制度化的有力保证；为此，我们围绕国学教育与研究的能力提升与体系完善这个中心，致力于教学方案的制定、基本教材的建设、师资队伍的打造、海内外学术交流的拓展、教学方法的创新……凡此种种，不一而足，令人感慨的是，三年来的艰辛，冷暖自知，但令人欣慰的是，三年来的收获，有目共睹！

从这个意义上说，今天我们创办《国学学刊》杂志，是我们多年来大力推进国学教育与研究大战略中的重要组成部分，是繁荣国学研究学术生态、提升国学研究整体水准的重要步骤。

我们的目标是，就形式而言，它应该成为一个广阔的学术平台，为海内外国学研究者提供传播学术资讯、切磋学术心得、展示学术成果、贡献学术理念的理想场所；就格调而言，它应该成为一个包容的学术世界，在学术上真正落实"百花齐放、百家争鸣"的精神，即刊物以研究中华民族的传统文化为宗旨，举凡经、史、子、集和新出国学资料的研究，都列为本刊的研究物件，不预设立场，凡有理、有据、有见解的学术研究，均予以鼓励和提倡；就定位而言，它应该成为一个前沿的学术阵地，这就是要拒绝平庸，在有限的篇幅里，尽可能释放最大数量的国学研究前沿资讯，体现国学研究的主流成果与发展趋势，反映海内外国学研究的最新水准；就境界而言，它应该成为一方高尚的学术净土，即鼓励言之有物的研究，反对空洞不实的学风。为改善学术研究风气、端正学术研究态度、弘扬实事求是、学贵笃实的精神尽自己的一份力量。

当年顾颉刚先生创办《禹贡》杂志，为中国历史地理学科的建立奠定了基础；华岗同志在山东大学创办《文史哲》杂志，对当时人文科学研究的推动作出了贡献。今天我们在新的历史时期创办《国学学刊》，同样应该在国学教育与研究方面起一种引导的作用，谱一页崭新的历史！

这是我们不懈的追求，更是我们庄严的承诺！

附：

国学的春天 *

(2008 年 6 月 22 日)

解说：他是一位学者，在讲台上诲人不倦；他是一位官员，在领导岗位上审时度势，指点江山；他更是一位教育家，是第一个在校园里竖立孔子像的大学校长、第一个创办国学院的大学校长；在改革的时代，他高举"立学为民、治学报国"的旗帜。他就是中国人民大学校长纪宝成。

2008 年是纪宝成担任人大校长的第八个年头，八年前，纪宝成从教育部发展规划司司长的职位调任人大校长。上任之初，纪宝成就在人民大学提出了"打造人文社科航空母舰"的办学目标。担任校长一年后，纪宝成作出了一个出人意料的决定，在人大校园里竖立了一尊孔子塑像。

率先竖立孔子塑像

现场采访——孔子塑像

记者：这就是孔子像，2001 年 9 月竖立的。

纪校长：2001 年 9 月 19 日，我校举行了揭幕仪式，整座塑像高

---

* 本文根据中央电视台新闻频道《面对面》栏目对作者进行专访的文字实录整理。文中小标题为编者所加。

3.3 米，是青铜的，大概 1 吨重。

记者：在全国的高校中，学校里面竖立孔子像的有人大，还有其他学校吗？

纪校长：记得就是那一年或是第二年，山东大学就竖了一尊，是大理石的，也是比较大，但是在我们后面立的。

当时竖立孔子像是需要勇气的。我清楚地记得当时一位先生跟我打电话，他说，纪校长，有人想捐赠我们人民大学一尊孔子像，你敢不敢要？

记者：有什么不敢的？

纪校长：当时五四运动是打倒孔家店，"文化大革命"是批孔的。到了"拨乱反正"的时候，这个问题也没谈过，是批孔批错了，还是怎样？没人讲这样的话。这也许是任何大学都没有竖立孔子像的原因吧。

记者：但是这是一个学术机构，作为一所大学，一个研究机构，有什么不可以竖立孔子像的？

纪校长：现在感到这个事情好像是很简单的事情，在当时的情况下，需要很大的政治勇气，因为没有哪一所大学竖立孔子像。所以这位先生给我打电话，问我敢不敢要，这句话是带有挑战性的，我当时真是愣了一下。因为我并没有想到会有人给我打这样的电话，我也没有考虑过有这样的问题出现，所以我愣了一下。但我马上回答，我说要，为什么不敢要？

记者：为什么敢要呢？

纪校长：因为改革开放已经这么长时间了，对各种问题的认识，已经是很不一样了。"百花齐放、百家争鸣"的氛围也已经基本形成了，对中国传统文化的肯定已经是呼之欲出。

解说：在人大竖立孔子像是纪宝成弘扬传统文化的第一步，接下来，人大成立了孔子研究院，每年举办孔子学术活动月，并开始重新整理编纂《清史》、《儒藏》等国学典籍。这些学术活动的开展既发扬了人大特有的人文社科优势，又为进一步弘扬传统文化奠定了基础。2004 年底，纪宝成在一次与校友的会面中，谈到要在人大成立国学院。

首创国学院

解说： 2005 年 5 月 29 日，中国人民大学举行振兴国学教育座谈会。纪宝成在会上宣布，人大决定成立国学院，并聘请著名红学家、国学大师冯其庸先生担任国学院院长，学院将于当年 9 月正式挂牌招生。此言一出，立即引起社会的广泛关注。

记者： 人大设立国学院的目的是什么？有很多人很关心，您是为了国学知识的普及，还是说为了培养一批真正的专家，还是说为了培养您的学生将来到社会上去就业的时候，更有竞争力？

纪校长： 人大创立国学院，为的是培养一批国学方面的人才。现在有些青年人，他们可以对西方好莱坞的大片了解很多，趋之若鹜，但是不知道司马迁、屈原何许人也；他们托福考试可以考到令人咋舌的高分，居然连外国人都感到很惊讶，但是对中国的文言文，比较浅显的文言文，都不大能看得懂，甚至于用当代、现代文字来写文章时，也经常会出现文字不顺、语句不通的现象，标点符号都往往出问题。我曾经写文章讲这样的事情，这不只是我个人的看法，恐怕全社会都有同感。我们感到，在当今世界、在中华民族伟大复兴的时代，没有一批了解自己传统文化的专家，问题是很大的。所以，我们的目标就是，要培养一批从整体上比较完整地掌握中国传统文化的优秀人才。

记者： 但是解决这样一个问题，解决这样一个现象，应该把工夫用在小学、中学做好普及教育的时候，作为已经进入到大学课堂的这些学生来说，恐怕他们不应当承担这样的一种被普及的教育，而是说如何成为一个专家，这两点，我不知道您是怎么去协调的？

纪校长： 你讲的当然是很对的，确实应当从小学抓起，甚至从幼儿园就该抓起，这是对的。但是从幼儿园、小学到大学还是十几年以后的事情，我们不能再等十几年呀！所以，小学、中学、大学各有各的任务，我们现在就是抢时间，抓机遇，来弥补这样一个缺陷。

记者：能够弥补上吗？

纪校长：那就要通过几代人来共同弥补，总得从我做起，从现在做起。如果现在不做，恐怕将来就更难做了。

解说：在宣布人大成立国学院的同时，纪宝成在报刊上发表了一系列文章，呼吁重振国学。文章刊登后有人赞成，也有人提出质疑，认为国学过于宽泛难以界定，国学已经陈旧显得不合时宜，甚至有人认为人大没有能力来办国学院，一时间围绕人大成立国学院展开的争鸣成为 2005 年教育界、文化界的一大热点现象。

记者：当冠以国学院这样一个称呼的时候，人们对这个问题的疑问可能更大，到底什么是国学？

纪校长：国学的含义或定义，虽然有各种各样的说法，特别是（国学的）边界往往是模糊的，但是它的核心是非常清晰的，就是中国自己的传统的学说、思想文化，这是它的核心。这点谁也不能否认。

这个核心是非常清晰的，边界是模糊的。（国学的定义）有狭义的，有广义的，狭义的可以仅仅理解为学术层面的，经、史、子、集是主要载体；广义的有精神层面的文化，也有生活层面的文化。生活层面有很多，我们的言谈举止，我们的生活习俗，传统节日，再开阔一点讲，中国的戏曲，中国的武术、气功，都可以算做国学范围之内；天文、地理、历算、农学，中国国学的范围中都有。

记者：当时在命名国学院的时候，有没有把这些东西考虑进去？

纪校长：我们人民大学的国学院是狭义的，是指的学术层面、精神层面，它是以儒家、墨家、道家、佛家等的学说及其沿革，作为自己主要的研究对象。而这些学说的载体主要是经、史、子、集。

生活层面的东西、一些辅助性的国学知识我们涉及但并不去研究。至于天文、地理、历算、农学等，它们也分别被归纳到数理化等各个方面去了，我们也就不再研究。

筚路蓝缕，探索创新

解说：从20世纪初开始，国内高校曾相继开办过国学研究机构，1922年北京大学文科研究所创办国学门，1925年清华大学创办国学研究院，但存在的时间都不长。新中国成立以来，高校中还没有出现过专门的国学院，也没有成功的经验可供借鉴，办学中的现实问题摆在了纪宝成的面前。

记者：怎么解决这个师资力量的问题，能不能找到足够的人来支撑起这样一个国学院？

纪校长：最现实的困难就是师资力量。我们研究过，清华是1925年成立国学研究院，我们是2005年，正好相差80年。当时清华成立国学研究院的时候，它对教师提了三个条件，第一叫初通国学，第二叫了解西学，第三叫能与学生沟通。它就提了这三个条件来选拔人才。在那个时候，毕竟处在西学东渐的过程当中，对中学比较了解的人还是比较多的。所以，王国维、梁启超、赵元任、陈寅恪四大名师就过去了。但是它只存在了4年，你想一想，在历史上只存在了4年的一个教学机构，80年以后，还有这么多人来津津乐道，这本来就是值得人们深思的一个问题。

记者：您觉得说明一个什么问题？

纪校长：说明人们对中国传统文化的热爱和忧虑，以及期望，交杂在一起。我们遇到的问题跟那个时候比，在师资问题上，当然就有困难了，但是我们有这个信念，事情总得从我做起，总得从现在做起，国学大师不可能从天上掉下来，我们必须从实际出发。第一，人民大学是以人文社会科学为主的大学，在各个学科里面都有这样的教师，特别是文、史、哲等学科，我们把他们聚拢来，这是自己原有的师资；第二，社会的资源是极其重要的，我们面向社会招揽名师，把当代能够调集起来的这方面的积极因素，尽可能调动起来，将相关人才尽可能地吸引到人民大学来，为我们培养人才所用。

解说：面向社会招揽名师成为人大国学院解决师资问题的重要方式之一，在纪宝成和人大国学院的邀请下，一批在国学或传统文化领域享有盛誉的大师走进了人大，如美国哈佛大学的杜维明、国家图书馆馆长任继愈、著名画家范曾等。

记者：一请就能请到吗？

纪校长：他们都非常热情，而且让我感觉到，他们到这里来从来都不讲报酬，不计报酬，一请就到，没有任何前提条件。他们很高兴接受邀请，然后把手上工作安排好，商量个比较合适的时间，他们就来了。

记者：有各种各样的名师到学校来，但毕竟他们是蜻蜓点水式的，他们不是驻校的老师。国学院如果能够成为扎扎实实的一个非常优异的学院的话，它应当有自己的大师，属于驻校的老师。

纪校长：现在人民大学常驻的教师队伍当中，有人民大学自己的，也有从外校、外地调来的。这些人才的水平在全国来讲已经处在比较前列。另外，我们现在还有一个办法，就是把已经退休的、70岁左右的老先生请来。他们退休了，但是身体很好，国学功底非常深厚，或者在国学某一个领域里有高深的研究。

记者：返聘？

纪校长：返聘，两年，三年，或者一门课的教学。这些办法还正在实践当中，我相信，在实践当中还会得到进一步丰富。

解说：除了师资力量之外，生源是国学院创办过程中亟须解决的另一个问题，网络时代的年轻人会对古老而传统的国学产生兴趣吗？2005年6月，国学院招生的宣传在人大校内外展开，为了吸引更多的学生报考国学院，人大特意提到了未来国学院学生的就业问题。

记者：为什么设立这样一个国学院的时候，会特别提及学生就业方面的问题？

纪校长：因为这是全新的学科专业，所以人们就会自然而然提出来。像文、史、哲专业的就业尽管是有一定难度的，但是人们不会提出来，是什么原因呢？因为这些是老专业，人们了解情况。而这是个全新的，就业情况究竟如何，谁也不知道。

记者：您对他们未来的就业乐观吗？

纪校长：我是乐观的，不乐观我就不干这件事情，我们是乐观的。

记者：这是从学校老师、校长这一方面来讲。我们站在学生的角度来想，他们为什么要进入人大国学院？

纪校长：我认为学生可能是有几个方面的考虑，一个是学生有兴趣，国学本身就是被追求的目标，他们有兴趣。没兴趣恐怕是不可能来，这是第一。第二，他们当然也会理性地考虑，人总还是要吃饭，所以，他们将来通过什么样的方式来实现自己的价值，实现自己的追求，必然要考虑一个就业的岗位。这个我想他们也都是分析过的。根据我们国家发展的情况，随着经济的发展、中华民族的崛起、综合国力的提高、人民生活水平的提高等，对文化的需求会越来越强。学术界、文化界，实业界、政界，甚至军界，对国学人才，都是完全需要的。不要以为军界就不需要，在现代化战争背景下，《孙子兵法》同样是极其重要的教科书，《孙子兵法》恰恰是国学的重要教学内容之一。所以，我们认为这是大势所趋，他们的就业不应当有问题。

记者：当您给他们描绘了一个非常好的就业目标的时候，他们可能会对这个专业感兴趣，这不是说学生对于深厚的国学文化以及能够在这儿学到什么感兴趣，而是对未来能有一个什么样的出路感兴趣。

纪校长：高中生上大学的时候，选择什么专业，既有理性的认识，也有很多的盲目性。在家长身上，同样也体现出来。他们所追求的当时的热点，未必未来就是热点。所以现在很热的专业未必将来就是很热的专业。

记者：而国学专业，恐怕在相当大的程度上是要坐冷板凳的。

纪校长：既然选择这条道路，他们就有这样的心理准备。中国13亿人口，有这么几十个人，或者几百个人，或者几千个人，甘坐冷板凳，这个不足为奇。他们有这方面的兴趣、这方面的爱好，愿意在这门学科上、这个领域内耕耘，愿意在这个地方有所收获，我认为社会一定会器重他们，他们也一定会在自己的领域当中作出成就。冷板凳，看怎么冷法，到了开花结果的时候，它也就不会再冷了。

解说：经过近半年的紧张筹备，2005 年 10 月 16 日，中国人民大学国学院举行了开学典礼暨揭牌仪式，这是新中国成立以来的第一家国学院。首批考入国学院的学生有 58 名，他们分别来自人大 13 个学院中的 20 个不同专业。

记者：2005 年 5 月 28 日，人大就正式宣布了关于成立人大国学院的决定。当年 9 月份，就已经挂牌招生了。为什么要这么快？

纪校长：这些事情不能说是一夜之间突然地想出来，马上就干，不是这样。首先人民大学是一所以人文社会科学为主的大学，文、史、哲有相当大的优势，在中文、历史、哲学这三个系，在这些系科课程当中，保留了相当多的中国传统文化的因子在里面，中国传统文化的研究成果放在那儿，所以在这个方面学校是有一定的基础的。

记者：国学和已经存在的文、史、哲三个系结合起来的那种感觉是一样的吗？

纪校长：应当是不一样的。文、史、哲分科是西方的学科制度，从某种程度上可以说，我们现在高等教育的学科制度实际上是全盘西化了，全部接收了西方的。它（分科）对某一个方面的问题可以研究得比较深入，但是，也带来很大的问题。比如中国的传统学术，本来是一体化的东西，却人为地把它分割了。比如《史记》这部著作，你可以说它是史学著作，但是你也可以说它是文学著作，但很多篇目可以认为是政治学的著作，很多篇目可以认为是经济学的著作；你也可以认为是社会学的著作。你如果简单地把它归到史学里面去，那就是它（分科）的问题。

所以我们经常讲，文、史、哲不分家。说不分家，实际上它又分了家，而且学科壁垒愈演愈烈，以至于西方的汉学家们到中国来对话，他们很难找到一位把文、史、哲贯通的教授来进行对话，比较难。什么原因呢？是我们长时间的学科分科。而国学就把文、史、哲统一起来，从整体上贯穿起来来研究。我们采取本硕连读制，六年一贯制。六年毕业即可授予硕士学位，六年时间可以学很多的东西。

记者：即便六年很漫长，我们能够保证他们一定会成为延续文脉的专家吗？

纪校长：我们不仅仅是培养国学方面的、仅仅掌握传统文化的人才，我们还让他们胸怀世界，胸中怀着世界，眼中看到传统。所以，他们还必须对当代的、西方的人文方面的知识、理论、前沿有所了解，还得对自然科学有一定的了解，还得对世界有一定的了解。因为设立国学，我们并不是复古，希望他们要比其他专业的学生对中国传统文化有更多的了解，有更深刻的认识。培养这么一批专家，这是我们最低层次的要求。至于他们将来能不能成为国学大师，现在不好讲。有人问我，纪校长，你们是不是培养国学大师？我说这个不敢讲。我希望他们当中经过几十年的奋斗，有人成为国学大师。对此我深信不疑，他们当中一定会出现新一代的国学大师，而且是学贯中西的国学大师。

岁月诗痕

解说： 在纪宝成的倡导和推动下，人大校园的中心建起了诸子百家廊，长廊两侧镌刻着中国先秦诸子和古希腊哲人的名言，和孔子塑像一样，诸子百家廊也在无形中传递出传统文化的气息。

现场采访——诸子百家廊

纪校长：我拟了一副对联，（指着百家廊的对联说）这是我拟的：

"会中外学术有容乃大，凝古今正气无欲则刚。"

记者：什么意思呢？

纪校长："会中外学术有容乃大"是说明人民大学要成为而且应该成为这样一所能包容中外学术的大学，也只有这样的大学才能成为真正的堂皇学府，有容乃大。"凝古今正气无欲则刚"是说明虽学术很重要，但是也要很好地做人。要弘扬古今的正气，浩然正气，不要光是急功近利，我拟了这副对联以后，也没请什么著名书法家来写。

记者：谁写的？

纪校长：是请了我们的一个学生。

记者：为什么不想找书法家，而是找一个你的学生写呢？

纪校长：我就想校长和学生共同来完成这一作品，充分体现了学校教师和学生都有一个共同追求的目标，也体现了这样一个意境。

解说：熟悉纪宝成的人都知道，写古典诗词是他的一大业余爱好。他的诗词集《岁月诗痕》共收集了 327 首古体诗词，其中最早的一首诗写于 14 岁，他在诗中描绘了故乡扬州的景致。1944 年，纪宝成出生在江苏扬州，自幼耳濡目染，对传统文化兴趣浓厚。

记者：为什么喜欢写古诗词？

纪校长：应当说我们从小就受到一些古文方面的熏陶，特别是古诗词方面的熏陶。因此，对诗词产生一种兴趣。

记者：您小时候受古文的熏陶是在家里还是在学校里，还是自己的兴趣？

纪校长：那时我家在扬州的乡下，从小也看了一点线装书。读什么"明月松间照，清泉石上流"等。

记者：为什么这句诗给您留下那么深的印象？

纪校长：因为一方面书上有，另一方面有一幅画，画上就写这两句诗。

记者：那画挂在什么地方？

纪校长：就挂在家里面。

记者：每天都能看到？

纪校长：经常能看到，所以印象很深刻。还看到"萝卜白菜士大夫皆食之"这样一些话。它给我印象很深刻，当时我对士大夫是什么也不太懂，萝卜白菜是经常遇到的，士大夫皆食之。这些话给我印象也是很深的。我是1950年上小学，那是新中国成立后，50年代初期，特别在初中，古文还是占一定比重的，从那时候开始我就对诗词有了一些兴趣。

记者：那是一种什么兴趣？是一种觉得它好玩，还是觉得它的确能够怡情养性？

纪校长：感觉很优美。那个时候是小孩子，感到古诗词很优美，它描述出来的感情，那种情景、那种意境，确实能让人感到陶冶情操，是一种美的享受。

解说： 1962年，纪宝成考入北京商学院。那时候，社会上对传统文化并不重视，也不提倡年轻人学古典诗词。但在大学学习期间，纪宝成还保留着少年时对传统文化的兴趣。

记者：这是一个重要的兴趣吗？

纪校长：应当说是深刻地影响了我的兴趣。

记者：为什么这么说？

纪校长：我虽然后来学了经济，但是我对文史方面的东西一直没有怎么放弃。我是在大学阶段，自己在图书馆看了有关的书籍，看到了王力的一本书叫《诗词格律》，那本书是我的启蒙老师。那本书的很多内容我都用手抄下来，因为买不起。那时正好书也很少，因为毛主席不大主张青年来学古体诗词，所以这样的书也很少，就王力的一本《诗词格律》，在图书馆借来一看，我抄写了不少。但是，光有那本书还不够，所以我就到北京图书馆去看，自学了一个月，对诗词方面各类基本问题，基本上都有所掌握。

记者：为什么不把自己的兴趣和自己的前途放在一起，而是把它分开了呢？喜欢的是古文，但学的却是经济？

纪校长：这个事情就很难说了，记得我高中时是学理科，对化学特别感兴趣，当时的有机化学成绩特别好。我们那时候临近高考前三个月才分理科班、文科班。当时我选择的是理科班，分班学习大概有两个星期了，我的中学的教导主任来找我，他说希望我报考文科，如果我文科考不取的话，学校介绍推荐，让我当小学教师。如果理工科考不上，那学校就不管我了。

记者：您的化学学得非常好，难道您没有自信吗？

纪校长：这就很难说了，考试也有失手的时候。为什么当时要我考文科呢？因为当时我的作文在我们高中可能属于全校第一，（学校）觉得我考文科的把握更大。当时农村的孩子能不能考上，能不能有工作，这是非常重要的事情。所以，马上我就改为考文科了。1962年考大学，文科基本上没有什么学校可选择，那时候大学非常少，除了一些综合性大学外，就是师范学院。无非就是中文、历史、经济，可选择的很少。当时还有一个目的就是考到北京来，只要是北京的学校，不管什么学校就填在第一位。

解说：1966年，纪宝成从北京商学院毕业，1968年起在湖北宜昌县从事了10年的基层经济工作。1978年恢复高考后，纪宝成考上了人大贸易经济系的研究生，研究生毕业后，纪宝成留校任教，在人大度过了10年学者生涯。2000年纪宝成到人大担任校长，这是他在9年官员任期后的重新回归。但不论个人的经历如何变化，纪宝成一直都没有放弃对古典诗词的喜爱。

记者：您写古体诗词一直没有间断过吗？

纪校长：因为我写诗词不是刻意制作，也不是故意非要留下来，因此有时候一年只写了一两首，但有时一年也写了20多首。

记者：人都说诗言志、歌咏言。您是在什么情况下会写古体诗词？

纪校长：并不是说每碰到什么事情必写，不是这样。有时间、有情趣就写一下；没有时间、没有情趣，大家聊天去了，干别的事情去了，那就不写了。所以没有任何负担，也没有刻意之作，因此写出来有真情实感，没有什么套话。

记者：您个人对这些古典文学的兴趣和爱好，跟在人大建立这样一个国学中心，有没有必然的关系？

纪校长：个人爱好仅仅是让自己对这个领域有所了解，有点肤浅的了解，仅仅是这样。当然，我认为这是非常珍贵的东西。没有这种文化认同感，在新的时代，我们民族就很难复兴。既然给了这样一个舞台，给了我这样一个位置，我觉得在人民大学应当做一些事情，就是怎样弘扬优秀的中国传统文化。在学术界，"百花齐放、百家争鸣"的氛围越来越好，党的十六大也提出了弘扬我们的民族精神，所有这些都呼唤着一个东西，就是文化层次上的东西。

对国学院未来充满信心

解说：从2005年10月创办至今，人大国学院已经走过了两年多的时间。在两年多的时间里，外界一直关注着人大如何进行国学教育，而人大国学院也在教育方式上进行了诸多的尝试与创新。

记者：到现在，比如说一个学生培养到什么样的水平就是好，他达到什么样的标准就是优异，这个标准方面有没有确立下来？

纪校长：只能是摸着石头过河，边走边实践，在探索当中得到发展。但是我们每一步探索都是非常严谨的，都要经过尽可能的充分论证，是把当时条件下人们最好的智慧集中在一起来进行论证的。比如说我们教学方案的制定，反复开过多次专家会议，才拟了一个教学方案。这个方案我们在实践当中，已经经历了快三年，每一年我们都要总结有什么利，有什么弊，有什么得，有什么失，在利弊得失当中，比较以后，再进行修改，下一届学生增加什么课程，减少什么课程，增加什么形式，减少什么形式。现在我们不想说这是稳定的，也更不想说我们这是最好的，绝对不是这样。我们在实践当中来优化它，来提升它。

记者：怎么让年轻人喜欢上国学院的课？现在年轻人的兴趣都非常广泛，而且现在整个社会给他们提供的条件、诱惑也特别多，而国学，从目前看这种课程设置，往往是经、史、子、集，怎么能够让他们沉下心来读这些书，吸引他们的注意力？

纪校长：很多人都认为中国传统教学应死记硬背，这种认识恐怕也是近代人编造出来的。中国古代，小孩子是死记硬背的，到了书院的时候，完全是启发式的、讨论式的、辩论式的；中国书院教学是这个传统，它是研究性的、探讨性的、开放性的。所以，我们在国学院的教学当中，要引入我们古代书院制度中的好的东西，我们要把它发扬出来，用这样一种教学方式讨论研究。然后我们还有很重要的一条制度——游学，去年已经实施了。我们规定每六年学习当中要有两次游学。

记者：这恐怕跟文、史、哲这些既有的院系设置也是不大一样的地方，为什么要这样做？

纪校长：我们信奉一句古话："读万卷书，行万里路。""读万卷书"就是勤奋地读书，"行万里路"就是走到社会大课堂里，了解社会，认识社会。所以对于国学这样的学科，这样的教学活动，如果仅仅把学生关在房间里，不了解社会的话，我们觉得也许会出现腐儒、酸儒，国学是以读有字的书为主，但是也必须读无字的书。在学习阶段，这样一种体验让他们有这样的意识，将来更好地走向社会实践这个大课堂。

记者：一次多久？

纪校长：一个月左右。

记者：学校担负所有的费用？

纪校长：基本上是这样的，当然吃饭的费用同学自己出，但是差旅费是学校出。

记者：这是一笔不小的费用。

纪校长：但是我们认为培养优秀的人才，这样做是值得的。

解说： 人大国学院实行六年的本硕连读制，2008 年，国学院招收的 2004 级学生已经进入大四，这时他们有一次自由选择的机会，可以选择继续学习，也可以选择毕业或者考其他专业的研究生，而几乎所有的学生都选择继续留在人大国学院学习。

记者： 您更希望您的学生，从人大国学院走出去的学生做什么？

纪校长： 我们的希望是能够培养比较系统地掌握中国传统文化的这样一类专门人才。他们有可能是搞学术研究的，从事教书，从事科学研究，在出版界工作等等；他们可能成为一个学者，知名的学者，乃至于成为国学大师，这是一条道路。当然相当一部分的学生，我想他们可能会走向企业界，走向政界。

记者： 您希望他们这样做吗？

纪校长： 我当然也希望。

记者： 为什么？

纪校长： 因为社会各界都需要传统文化，传统文化并不只是学术界的事情，还应当深入到社会各界当中去。"修齐治平"，这是我对他们最高的期望。修身、齐家、治国、平天下。南怀瑾先生曾问过我培养目标是什么，当我说培养国学专门人才的时候，南怀瑾先生对我说，你这个高度还不够。我说愿闻其详，先生有什么指教。他说："出将入相。"他说中国历史上所有的政治家都是国学熏陶出来的，难道今天面向现代化的、具有世界眼光的国学人才不能够出将入相吗？南先生言之有理。但是，这需要今后几十年实践的锤炼，我相信，这批人当中，既可能出现国学大师，也不排除"出将入相"的可能性。

解说： 2008 年 2 月，年事已高的冯其庸先生辞去了人大国学院院长的职务，在没有合适人选的情况下，身为人大校长的纪宝成亲自兼任了国学院院长，同时，他也公开表示，人大将面向全球公开招聘国学院院长。

记者： 为什么没有再选用其他的人？

纪校长： 冯老先生主要是年事已高，当时我们请他的时候，就有一个"君子协定"。他干两年，做了很多事情，发挥了无可替代的作用，但是年事已高，因此，我们就跟他商量，请他继续担任我们国学院的名誉院长。所以，老先生还在为我们操心。在这种情况下，找一个院长不是很容易。

记者：难在什么地方？

纪校长：难在究竟以什么样的标准来做这件事情，像冯其庸这样的老先生，基本上都是这么大岁数了，都是高龄了。在目前还找不到像冯其庸先生这样的人担任院长的时候，学校经过认真地研究，学校党委常委会经过认真地讨论，最后一致建议让我担任院长。

记者：您会担任多久？

纪校长：现在还说不清楚。但我始终认为，我只是一个过渡性的人物，我的主要任务是进一步明确国学院的办学目标、办学模式，要整合校内各种资源力量，支持国学院搞下去。坦率地说，我当了国学院院长，可能在协调、组织、指挥方面有优势。但是我一再说明，我不是国学方面的专家，我对这块只知皮毛。

记者：您把自己在过渡时期定义为一个组织者，怎样让它能够更好地过渡？

纪校长：组织者也好，协调者也好，我认为，我是为国学院的健康发展服务，是个服务人员。

记者：但问题是，这个过渡总会有一个期限，到什么期限的时候，这个人什么时候能出现？

纪校长：我们的眼光是放在国内外来物色人才。如果找到合适的，也可能就很快了。但一时找不到，就可能很慢。比如国外我们看上谁了，人家可能来不了，什么收入问题，什么家庭问题，各种各样的问题，很多具体问题。在国内同样也有这样一个情况。而且能不能达到人民大学的要求，也不是谁都可以的。

记者：您看这个问题能不能从另外一个角度看，找这个国学院的院长这么难，是不是也说明我们在国学方面的大师级的人物还只是凤毛麟角，很难选择？

纪校长：当然，因为百年来国学的地位一再遭到贬低，国学的价值一再遭到质疑，国学的作用一直遭到否定，这种情况之下，有多少国学大师能够出来？当然是凤毛麟角。

解说：2008 年 2 月 21 日，是中国传统的元宵佳节，这一天，人大国学院的师生在校园里举办了传统的灯谜会。刚刚兼任国学院院长的纪宝成和师生们一起猜灯谜，而在学生的心目当中，笑容可掬的纪校长还有一个独特的称呼"纪宝宝"。

记者：您怎么看他们对您的称呼？

纪校长：纪宝宝？因为我的名字里有一个"宝"字嘛！我看恐怕是他们对校长的一种昵称吧！

记者：学生能对校长有这样的昵称，您觉得是他们对您的喜爱还是说一种什么其他的感情？

纪校长：我不太了解，我想他们表示对这个校长比较认可，比较喜欢吧！

记者：您了解学生吗？

纪校长：应当说有一定的了解。我很关爱我的学生。我们人民大学一切从学生出发，很关爱我们的学生。关爱他们，也就不排除对他们的满腔热情，也就不排除对他们的严格要求。

解说：在纪宝成的办公室里，新的国学院设计规划图已经确定，而在不久的将来，一座全新的国学院将出现在人大校园内。

记者：您花了这么大的精力在国学院上，另外自己现在也在兼任着国学院院长，国学院在您心里面占到非常重要的一个位置。

纪校长：确实在我心目中占有很重要的地位，但我花的时间不可能很多，我还主要负责全校很多大事情。毛主席当年说，要弹钢琴。国学院只是钢琴上一个键，只不过我眼睛要经常看看这个键弹不弹。我告诉你，国学院的那些副院长、教授们（非常自觉），不要你督促他们。

记者：您弹不弹也得弹了，因为您现在已经是国学院的院长。

纪校长：不需要扬鞭，他们"自奋蹄"，他们都非常努力。我一个学期跟他们大概也就多开几次会，多打几次电话。我不可能眼睛只盯着国学院，那还得了？那其他学院的院长还不把我吃了吗?! 这个是不可能的。只能把它放在应有的位置上。所以，我引用辛弃疾的一句诗文"东岸绿荫少，杨柳更须栽"。我这地方很少甚至没有绿荫，大家赶快来帮我栽树。要给它一些特别的关注、格外的关注，因为它毕竟是个新的事物。

记者：近几年，人们对国学和传统文化的关注持续升温，在这一时代背景下，人大国学院应运而生，但在高等学府开办国学院，弘扬传统文化，仍然需要"敢为人先"的勇气和"甘坐冷板凳"的学术精神，借用纪校长提到的那句辛弃疾的诗词"东岸绿荫少，杨柳更须栽"，不管人们是否承认，传统文化都以它特有的方式滋养着现代人，延续文脉，也就是延续我们的精神。

兼容并蓄与提升国际性

　　大学离不开文化，文化也离不开大学。"会中外学术有容乃大，凝古今正气无欲则刚"。国际文化交流是高等教育的第四项重要职能，大学要注重研究文化的传承与创新，融合与特色之间的和谐，要宣扬这种和谐理念，更要培养追求这种和谐理念的青年。中国人民大学在建设世界一流大学的历史进程中，始终发扬兼容并蓄、学贯中西的优良传统，主动加强国际交流与合作，特别是进入新世纪以来，更加注重从战略高度出发，大力全面提升国际性、不断扩大世界影响力，并取得了长足发展和显著成效。

七绝·访欧途中偶感

（2003 年 10 月 21 日）

欧国风情不胜收，文明各异各千秋。

劝君莫奏单边曲，兼蓄东西汇大流。

七律·亚太国际教育协会年会

（2009 年 4 月 18 日）

空前盛会众轩昂，西语东音共一堂。

纵论危机言不尽，细谈教育意犹长。

动容宾客欢声乱，携手精英浩气扬。

一样心思连广宇，东方何必让西方。

在授予松浦晃一郎总干事名誉教授暨 "联合国教科文组织版权与邻接权教席" 设立仪式上的讲话

(2001 年 8 月 24 日)

尊敬的松浦晃一郎总干事,

尊敬的各位来宾,女士们、先生们:

下午好!

今天,我们在这里举行授予松浦晃一郎总干事中国人民大学名誉教授暨 "联合国教科文组织版权与邻接权教席" 设立仪式,这是我校在新学期到来之际的一件盛事。请允许我代表中国人民大学全体师生对松浦晃一郎总干事和各位嘉宾的到来表示热烈欢迎!

松浦晃一郎先生先后担任过日本驻美国大使馆参赞,日本驻法国特命全权大使等,现担任联合国教科文组织的总干事,是具有国际崇高声望的教育家、法学家和外交家。在担任总干事之后,松浦先生一贯关心世界各国的教育事业,积极推动世界法学教育的发展,特别是发展中国家知识产权法教育的改革与发展,对中国法学教育的研究及发展也倾注了极大热情。正是在松浦晃一郎先生的支持下,我校法学院成功地设立了我国第一个 "联合国教科文组织版权与邻接权教席",这将对中国版权法和邻接权法的教学与研究起到重要的推动作用。对此,我谨代表中国人民大学对松浦晃一郎先生表示衷心的感谢!

大学的探索

中国人民大学是一所以人文社会科学包括经济、法律、管理科学为主的全国著名的综合性重点大学，是中国人文社会科学人才培养和科学研究的主要基地之一，在国家经济建设和社会发展中发挥着特殊的重要作用。在新的世纪到来之际，中国人民大学正在致力于建设成为一所以人文社会科学为主的世界一流大学。中国人民大学法学院是新中国建立以后国家创办的第一个正规高等教育法学机构，经过半个多世纪的建设，已成为中国法制建设、高层次法律人才培养以及科学研究的重要基地之一，在全国法学教育领域处于领先地位，并已跻身于世界著名法学院行列。

纵观中外著名大学的发展历程，无不倚重于高水平的国际交流与合作，"有容乃大"，只有兼容并蓄，才能够办出世界一流的大学和学院。今天我们授予松浦晃一郎先生名誉教授并设立"联合国教科文组织版权与邻接权教席"，正是对上述办学理念的又一体认和实践。我相信，此举一定会进一步推动我校的国际交流与合作，加强联合国教科文组织对我校的了解、关心和支持，进一步扩大我校法学院与世界著名法学家在知识产权方面的学术交流和合作，增加中国知识产权界学者对世界各国知识产权法的认识，完善我国的知识产权法律制度，同时也为学校及学院的建设和发展注入新的动力与活力。在此，我衷心希望松浦晃一郎先生能经常到中国人民大学来，对学校的教学和研究工作提供指导和建议，我也诚挚地祝愿"版权与邻接权教席"的设立取得圆满成功，为中国的法制建设作出特别的贡献！

谢谢各位！

在中国人民大学—哥伦比亚大学
"经济政策与财政金融管理"
项目签约仪式上的致辞

(2002 年 5 月 25 日)

尊敬的各位来宾，各位朋友：

在今天这样一个阳光明媚的日子里，中国人民大学和哥伦比亚大学合作举办的"经济政策与财政金融管理"项目签约仪式在北京隆重举行。这不仅是中国人民大学的一件大事，相信也是中美高等教育国际交流与合作迈出的重要一步。我代表中国人民大学，向参加签字仪式的中外朋友们表示热烈的欢迎。

未来中国的经济发展需要大批高素质的经营人才，同样需要一批训练有素的经济政策高级管理人才，以确保经济决策的科学性和可行性。与此同时，随着经济全球化趋势的发展，进入 21 世纪的中国将在更宽的领域和更高的层次上融入世界，进而对高级人才的培养提出了国际化的要求。由我校财政金融学院和哥伦比亚大学国际关系与公共事务学院合作实施的"经济政策与财政金融管理"项目，就是中国人民大学顺应时代要求，培养高层次、国际化经济管理人才的重要实践。

作为本项目的合作方，中国人民大学财政金融学院近年来积极推进一流财政金融学科的建设，致力于培养融贯中西的国际一流人才，学院的各方面建设都取得了很大的成绩。财政金融学院为中国宏观经济政策的制定和实施提供了许多建设性的意见，2001 年，学院的财政学和金融学专业都被评为全国高等学校重点学科第一名。哥伦比亚大学是世界闻名的一流大学，该校国际关系与公共事务学院在培养人才和学术研究等方面有着良好的学术规范和独到的经验，在经济政策研究方面具有很高的学术地位。我校财政金融学院与哥伦比亚大学的合作将实现优势互补，为我国培养适应未来全球化环境的一流人才，而且为我校带来其在人才培养、教学和科研方面的宝贵经验。

　　江泽民主席今年 4 月 28 日在考察我校时，就哲学社会科学的重要性发表了重要讲话，对哲学社会科学的发展和繁荣提出了殷切希望，并提出将中国人民大学建设成以人文社会科学为主的世界知名的一流大学。中国人民大学作为中国人文社会科学的重要基地，必然要为哲学和社会科学的发展发挥示范作用。展望未来，我相信中国人民大学和哥伦比亚大学的合作将会以"经济政策与财政金融管理"项目为基础，发展到更广的范围和更高的层次，成为中美高等教育合作的典范。最后，祝愿"经济政策与财政金融管理"项目顺利实施并取得丰硕成果！

　　谢谢大家！

教育的意义[*]

——在接受日本创价大学授予
名誉博士学位仪式上的谢辞

(2002 年 9 月 28 日)

尊敬的池田大作会长、若江正三校长，

女士们、先生们、朋友们：

今天，我非常荣幸地接受若江正三校长授予我创价大学名誉博士学位称号，对于若江正三校长以及创价大学全体师生对我个人及中国人民大学的深情厚谊谨表衷心的感谢。获颁授名誉博士是我的光荣，是创价大学对我以往工作的肯定，更是对我今后工作的激励。

在此前的很多天里，我一直在思考的问题是：近些年来，我曾获得了不少的荣誉，是什么为我赢得了这些荣誉？仅仅是对我个人努力的肯定吗？

我想这些荣誉是对一段时间以来中国教育工作者锐意改革的肯定，是对中国知识分子全身心致力科教兴国事业的肯定，是对中国人民大学在人文社科领域所作贡献的肯定。我个人只不过是幸运地作为他们中的一员，来代表他们接受这些荣誉。

我很感激的一点是，命运将我与学术研究、与教育管理紧紧联系

　　* 本文系纪念中日邦交正常化 30 周年之际，作者在日本创价大学接受名誉博士仪式上的谢辞，同时被《发展与繁荣人文社会科学》（纪宝成著）收录。

在一起，能让我在这么重要的领域，和我的同仁一起服务社会。所以，如果说我对教育事业、科研事业有一点贡献的话，是事业本身和它赋予个人的强烈使命感成就了我。

我的工作经历用一句话来概括就是"三个 10 年"，10 年基层、10 年教师、10 年官员。如今又是中国人民大学这么重要的一所人文社会科学重镇的大学校长，开始了新的工作。这些工作角色不同，对个人的要求也不同，但有些基本的信念是一样的。此时此刻，我想与大家分享这些我感触最深的东西。

教育是人类最高的善。这里指的教育不仅仅指新知识、新技术的传授和学位的获取，更重要的是指完善人格的培育和品德的培养。作为一个致力于教育事业 20 多年的教育工作者，我深感教育对国家、民族乃至整个人类社会的重要性。日本是一个高度重视教育的国度，也是受益于教育的一个典范。早在明治天皇时期，日本即在亚洲第一个开始实行义务教育制，为社会与经济的发展奠定了坚实的基础，创造了日本腾飞的奇迹。

今天，我们生活的世界并不是一个大同的世界，在充满鲜花和微笑的同时，也充斥着贫困、青少年吸毒犯罪、地区暴力冲突和文化冲突以及霸权主义、种族主义等种种问题。人们用经济的、政治的、军事的、法律的各种手段试图解决这些问题，但这些问题仍然存在。我想，通过教育，通过培养追求真理、追求光明、追求进步并具有宽容、博爱精神和乐观、健康人生观的新一代，或许可以大大有助于这些问题的根本解决。就像池田大作先生提出的，通过教育来陶冶人的情操，唤起人的良知和潜能，使之走向创造价值的方向，促进完备人格的形成，培育伟大的心胸以包容和贡献他人，把一切知识贡献给人类的幸福与和平。

在教育当中，有两点我认为是相当重要的。

一是社会责任感。社会责任感赋予我们价值和快乐，在我个人看来，完备人格形成的中心就是社会责任感。一个人不管地位如何、工作如何，都应有社会责任感。社会责任感让我们为社会创造价值的同时让自己的价值得到实现，让我们在为他人制造快乐的同时自己得到快乐。一个有社会责任感的教育工作者、科研工作者，就不会成为一个眼光狭隘、思维局限的象牙塔中人。他会去关注社会生活中的重大问题，围绕问题去做研究，不与社会脱节，做到科研服务社会；同时，学术研究也能从社会生活中吸收养分，成为真正活泼的、有生命力和创造力的研究。

我们也要注重培养学生的社会责任感，我对人民大学的同学提出的要求是希望他们将来成为"国民表率、社会栋梁"。一个很重要的方面，当然是希望他们身先表率，学以致用，为社会创造更多的价值，但也有从他们自身出发考虑的一个方面，是希望他们在今后的工作、生活中不过分计较个人得失，"不以物喜，不以己悲"，做理想远大、胸襟宽广、富有爱心的人，这样他们在将来的人生中也会享受到更多的乐趣。

另一点就是我们要在教育中注重文化的传承与创新、融合与特色。传承是创新的基础，创新是传承的发展。没有什么新文化不是在旧文化的基础上发展起来的，正是新文化的出现和撞击，才赋予了文化真正的生命力，所谓生生不息。融合的问题自"9·11"事件以后被广泛关注，文明冲突成了社会的焦点话题之一，中国圣贤孔子在两千多年以前即已谈及的"和而不同"思想再次被各国理论学者所关注。中国的《国语》有言，"和实生物，同则不继"，将这样的文化观放到现在，还可以帮助我们解决很多问题。没有传承的文化是断裂的文化，没有融合的文化是狭隘的文化，但只有传承没有创新、只有融合没有特色的文化也是没有活力、没有生命力的文化。所以，我们要研究文化的传承与创新、融合与特色之间的和谐，要宣扬这种和谐理念，更要培养追求这种和谐理念的青年。

现实社会告诉我们，不要太理想化。但作为一个教育工作者，在清醒认识现实的基础上，我愿意保持一定的理想主义倾向。我们不能拥有的很多东西，我们的青年通过努力可以拥有。我们的理想可以是他们的现实，他们有理由拥有一个更美好的明天。在我理解，这是教育的意义所在，也是生命的意义所在。

女士们，先生们，今年对中日两国人民来说是值得纪念的一年。30年前，中日两国实现了邦交正常化，让我们携起手来共创中日友好的光明未来。

最后，借此机会祝创价大学校运昌隆！祝中国人民大学与创价大学之间的友谊地久天长！

附：

爱尔兰都柏林大学授予纪宝成
名誉博士学位赞辞*

(2008 年 6 月 16 日)

纪宝成，1944 年生于中国扬州。1966 年本科毕业于北京商学院。在湖北省工作了 10 年之后，他继续在中国人民大学攻读经济学硕士学位。1981 年硕士毕业后，被中国人民大学商学院聘为教授，主攻专业方向为市场与商品流通、贸易和流通经济。任教期间，纪宝成教授共发表论文 200 多篇，主编著作 23 部。其中，《商品流通论》获得国内贸易部优秀教材一等奖；《转型经济条件下的市场秩序研究》获得著名的孙冶方经济科学奖。同时，他还是《中国工商管理研究前沿》的主编。

而后，纪宝成教授任中国人民大学教务长。2000 年被任命为校长，现在是其第二个任期。

纪宝成教授是公认的中国高等教育领域的领军人物。无论在学术上还是行政上，他的工作都得到了国内外的广泛认可。

他曾在众多重要机构任职，现在他还是第十一届全国人大代表，国务院学位委员会委员，全国公共管理硕士（MPA）专业学位教育

---

　　* 本文为爱尔兰都柏林大学授予本书作者名誉博士学位的赞辞，由都柏林大学经济学院院长罗德尼·汤姆教授宣读。2008 年 6 月 15 日至 18 日，本书作者应邀出访爱尔兰，期间出席了都柏林大学名誉博士学位授予仪式。

指导委员会副主任，中国市场营销学会副会长，中国教育国际交流协会副会长等。

纪宝成教授也曾先后在商业部、国内贸易部和教育部等多个部门任领导职务。

已有 20 余所大学授予纪宝成教授荣誉教授头衔。日本创价大学和韩国高丽大学也分别授予其名誉博士学位。

纪宝成教授为中国高等教育体系的改革和现代化作出了巨大的贡献，推动中国高等教育更好地应对学术环境全球化所带来的挑战。

同时，他在世界孔子学院的发展方面发挥着重要作用，是爱尔兰都柏林大学孔子学院自 2006 年建立以来重要的推动者。通过孔子学院，都柏林大学与人民大学建立起了长期而坚固的合作关系，两校将由此获得更大的收获。

纪宝成教授不仅仅是现代主义者和改革家，作为人民大学的校长，纪宝成教授表现出对中国历史和文化深深的尊重。在中国的历史和文化被当做封建的残渣余孽被摒弃一个世纪以后，在他的领导下，人民大学建立了中国第一个国学院，以此来重新唤起人们对国学的兴趣。这是一个勇敢而创新的举动，为中国学术继承经典遗产打下了基础。

毫无疑问，纪宝成教授是一位公认的学术领袖和改革家，他的行动和想法获得了国际学术界的高度尊重。但是在中国，他的声望还远不止于此，他几乎成了中国家喻户晓的人物。当选全国人大代表以来，纪宝成教授提交了一系列建议案，建议把中国的一些传统节日定为全国法定节假日。2007 年 12 月，国务院批准了这项建议，现在亿万中国人在中国传统节日时享受法定节假日。

都柏林大学能在今天授予纪宝成教授荣誉博士学位，我们感到非常骄傲。我们希望与中国的联系，特别是与人民大学的合作，能够不断加深和扩展。

在授予五位外国著名学者
中国人民大学名誉教授仪式上的讲话

(2004 年 5 月 29 日)

尊敬的各位来宾、各位朋友，老师们、同学们：

今天，在花团锦簇的逸夫会议中心，我们迎来了五位远道而来的贵宾，同时也是当今国际经济学界的巨匠。他们是斯坦福大学的米切尔·斯宾思教授与罗纳德·麦金农教授，哥伦比亚大学的贾格迪什·巴格沃蒂教授、帕德玛·德塞教授和埃德蒙德·菲尔普斯教授。我十分荣幸地代表中国人民大学 20 000 多名师生员工授予这五位学者名誉教授称号，并向他们表示最热烈的祝贺和最崇高的敬意。

大学者，"囊括大典，网罗众家"之学府也。中国人民大学是一所以人文科学、社会科学和经济管理科学为主，兼有信息科学、环境科学的综合性、研究型全国重点大学，被誉为我国人文社会科学教育和研究领域的一面旗帜。兼容并蓄，广纳百家，是我们学校一贯的办学特点。迈入新世纪以后，中国人民大学确定了创建以人文社会科学为主的世界知名的一流大学的宏伟目标。要达到这样的目标，就要求我们进一步发扬海纳百川、博采众长的优良传统。1998 年，我们高兴地聘请到罗伯特·蒙代尔教授担任中国人民大学名誉教授。今天，即将成为中国人民大学名誉教授的这五位学者，都是国际经济学界具有重大影响的学术大师。能够同时邀请阵容如此强大的学者群担任学校的名誉教授，是中国人民大学的一件盛事，也是中国高等教育界的一件盛事。

在罗伯特·蒙代尔教授的倡导、关心、支持与努力下，中国人民大学和哥伦比亚大学建立了深厚的友谊和密切的合作关系。我们与贾格迪什·巴格沃蒂教授、帕德玛·德塞教授和埃德蒙德·菲尔普斯教授，虽然素未谋面，但心交已久。斯坦福大学的米切尔·斯宾思教授是信息经济学领域的大师，罗纳德·麦金农教授是金融发展理论的奠基人，他们都是中国人民大学的新朋友。重视学术的高等学府对卓有成就的学术大师从来都是相见恨晚、一见如故的。我们真诚地欢迎你们！希望各位学者今后能够在百忙之中，经常抽空来我校举办讲座、指导研究，中国人民大学拥有中国一流的学生，相信我校师生的热情、好学和勤奋将会给各位教授留下深刻的印象；同时，也衷心地希望各位学者能够成为中国人民大学与国际著名大学，乃至中国经济学界与国际经济学界增进交流、加强合作的友好使者，促进中外经济学理论和实践在全球化进程中的共同进步和繁荣。

最后，让我们再次向五位学者表示衷心的祝贺，并期待着在即将开幕的中国人文社会论坛上，领略各位经济学大师的学术风采与真知灼见。预祝我们的贵宾在北京愉快！

谢谢大家！

促进奥林匹克精神与中国文化的融合

——在"2008 奥运国际论坛（2004）"上的致辞

（2004 年 6 月 24 日）

奥林匹克运动是目前世界上规模最大、参与国家与人员最多、代表性最强的体育盛会，从古希腊到今天，人们对它的热情从未消退，它的魅力与日俱增，影响遍及地球的几乎每个角落。虽然以体育竞技为表现形式，奥运精神的最高层面从来都不是竞技本身，而是以一种无比壮丽和激动人心的方式，最大可能地弘扬人文的精神，唤起人类对自身价值的不断体认和珍视。国际奥委会前主席萨马兰奇曾说奥运会的目的是推动人们"将身体活动、艺术和精神融为一体而趋向一个完整的人"。这或许可以看做是对奥运精神最简单而又最经典的诠释。

我们今日还记得北京申奥成功的热烈场面，在中国举行奥林匹克运动会是几代中国人的光荣与梦想。我们想要在自己的国土上，展现奥运之壮美；我们想在自己的国土上，展现中国文化之奇美；我们更想在自己的国土上，展现奥运精神与中国文化结合之完美。中华文明源远流长、宏浩博大，它克明峻德、修道以仁，它刚健有为、自强不息，它阴阳相济、追求神人以合。它的和平、和谐、和爱、和美的"和而不同"观念可以对奥林匹克更高、更快、更强的竞技文化进行生动的补充。在中国举办的奥运会应该体现出中华文明对奥林匹克精神的拓展，体现出中国的人文特色与人文精神，在这个方面，我们的人文社会科学工作者是可以而且应该大有作为的。

中国人民大学是一所以人文社会科学为特色的综合性高等学府，或许有的来宾从中国人民大学的图标上就已经发现了学校的理念：图标由三个篆字的"人"字组成，基本含义就是人民大学为人民的办学宗旨，以人为本的办学理念，以人文社会科学为主的办学特色和人文关怀，它表达了我们对"人民、人本、人文"的追求。这样的特色，这样的追求，决定了我们迎接2008年人文奥运的方式不只是耐心的等候和殷勤的期盼，而是要用我们的眼睛和心灵来感受和揭示奥运精神，用我们的学识和热情来丰富和光大奥运精神。

所以，在刘淇同志2000年来我校提议中国人民大学承担起深入研究人文奥运的任务时，我们以一种非常愉快和深感荣幸的心情接受了这项任务，学校立即调集有关专家学者，于2000年10月成立了人文奥运研究中心。中心成立几年来，学校建立了一支由高水平的资深学者和思想活跃的中青年学者组成的实力雄厚的研究队伍，并且承担了国际奥委会"奥运会总体影响评估项目"（OGGI）。中心在人文奥运的内涵、人文奥运与全球化背景下的中外文化交流与合作等方面做了大量的研究工作，并取得了可喜的研究成果。

今年，北京奥组委举办了第二届奥林匹克文化节。中国人民大学一如既往，积极参与，要求承办此次国际论坛。事实上，我在2002年春季访问美国时曾专门就奥运问题就教于一些在这方面有研究经验的大学，他们都很感兴趣。也就是那时，我和我的同事们产生了一种想法，即要以中国人民大学为平台，举办一场有关奥运的国际研讨会，通过专家学者们的交流和讨论，引进以往的经验，发掘新的做法，为2008年奥运会的召开提供一些智力与实践上的支持，作为我校对2008年奥运会的献礼之一。所以说，这次会议的动因，可以追溯到两年多以前。在此，我要特别感谢北京市政府、国际奥委会文化与教育委员会及北京奥组委给予我们这个机会，帮助我们实现这个愿望。同时，我也要再次感谢各位来宾的热情参与和配合，我相信通过热烈讨论，大家的真知灼见一定会形成丰硕的成果。

《世界名人人大演讲录》序 *

  "古之学者必有师。师者，所以传道授业解惑也。"亚里士多德认为"人的本质在于求知"，而从大师的传道、授业、解惑中习得知识，无疑是求知者的一个极为难得的机会。《世界名人人大演讲录》收入的就是来自全球三十位大师级人物在中国人民大学发表的演说，相信他们的博大思想、渊深学识、精辟论断必能引发我们的思索、激荡我们的心灵，使我们从中获得启发、学到新知、增长智慧。

  在全球化的今天，中国与世界日益融合。敞开胸怀，兼容并蓄，吸纳人类一切的先进文明与优秀文化就显得尤为重要。作为我国人文社会科学高等教育领域的一面旗帜，中国人民大学一直秉承始终站在时代前列，追求真理、追求光明、追求进步的光荣传统。而在新的世纪新的时代，学校要得到进一步发展，就必须进一步发扬光大这一传统。近年来，学校的各种国际会议、合作研究、课程讲座日益蓬勃，来人大进行交流访问的国际友人络绎不绝。中国人民大学已经成为了我国与国外进行学术交流的一个重要桥梁。为了使这些大师们的思想能够更加广泛地传播，为更多国人所知晓，我校国际交流部门的同志们收集、整理了其中的部分演讲，择珠作链，编译了此书。

  爱默生曾说："在最高层次的文明里，书乃是最高层次的乐趣。"

---

  * 本文系《世界名人人大演讲录》（冯俊主编，北京，中国人民大学出版社，2004）一书的序。

在今天这个各种出版物成堆的时代，即便是在最高层次的文明里，也充斥着鱼目混珠的现象。但翻开这本书，展开与大师们思想的交流、灵魂的对话，相信我们会感受到最高层次的乐趣。

在本书即将付梓之际，欣然为之序。

关于增强大学国际性的几个问题[*]

——在第五届中国国际教育论坛上的演讲

（2004 年 10 月 23 日）

20 世纪中后期，经济全球化、信息化、知识化的浪潮席卷而来，人类社会从来没有如此地联系紧密、互动频繁，人类社会也从来没有如此地相互依赖、相互影响。如果说最早的人们是用步行来丈量世界，迈入 20 世纪后是用汽车和飞机的速度来丈量世界，那么发展到 21 世纪，人们是用光缆和互联网的速度来丈量世界。经济全球化、信息化、知识化作为时代发展不可逆转的潮流，对我们社会生活方方面面的影响是极其深刻的。

一、增强国际性是大学发展的必然趋势和内在需求

早在 19 世纪中期，马克思、恩格斯在《共产党宣言》中就曾写道，"资产阶级，由于开拓了世界市场，使一切国家的生产和消费都成为世界性的了。……过去那种地方的和民族的自给自足和闭关自守状态，被各民族的各方面的互相往来和各方面的互相依赖所代替了。物质的生产是如此，精神的生产也是如此。各民族的精神产品成了公共的财产。民族的片面性和局限性日益成为不可能"①。

---

* 本文摘要发表于《中国高等教育》2005 年第 1 期，与胡娟合作，原题为《克服障碍，实施大学国际性战略》。

① 《马克思恩格斯选集》，2 版，第 1 卷，276 页，北京，人民出版社，1995。

历史的发展已充分证明了这一论断的正确性，并且，和马克思、恩格斯所处的时代相比，现代科学技术更是从可能性和必要性上极大地推进了现代社会的国际性特征，把国际性变成了当今时代的基本特性之一。

教育的产生与发展始终是和人类的社会经济生活联系在一起的，增强教育尤其是大学的国际性，是世界物质与精神生产的国际性日益增强这一趋势的必然结果。大学作为传授知识、研究知识、发展知识和运用知识服务实践的场所，不可避免地要率先受到这一浪潮的影响。如果不想为浪潮所吞噬，就必须顺应潮流、引领潮流。大学不可能脱离时代而存在。提升、增强国际性，已经成为现代的大学谋求生存和发展必须面对的时代要求和挑战。

增强国际性，也是大学发展内在需求的自然流露，是大学传统和特质与现代社会结合的必然要求。我们知道，现代意义上的大学起源于中古时期的欧洲大陆，由于当时欧洲拥有共同的文字（拉丁文）和共同的宗教（基督教），来自欧洲大陆不同国家、不同地域的人们能够聚在一起坐而论道、相互切磋。这就使得当时的大学很有"普世主义"的风格，大学作为知识的殿堂，从其诞生开始就天然具有了开放的精神和世界的精神。虽然后来由于政治、经济、宗教上的争斗，使得大学也曾成为世俗势力对垒的堡垒，但知识的无国界性和穿透力，决定了开放精神和世界精神从未在大学传统中消亡，反而是随着时代的发展而日益彰显。

所以，可以说，今天人们如此重视加强大学国际性问题，是外在拉动和内在驱动共同作用的结果。国务委员、教育部原部长陈至立在第一届"中外大学校长论坛"上曾经指出，"未来的大学将顺应经济全球化和科学技术迅猛发展的潮流，在更迅速的技术创新、更快捷的知识流动和更激烈的人才竞争中，谋求自身发展，全球范围内的教育交流和合作将进一步加强。现代信息技术极大地拓展了教育的时空界限，大学的资源将跨越时空，为更多的学校和学习者所共享。"

二、增强国际性是我国大学发展的重要战略

中国社会尽管在近现代有很长一段闭关锁国的经历，但这并不是我们民族文化和民族精神的正常体现，而是一个暂时落后的国家和民族在反侵略、反殖民的"救亡图存"中的本能反应。事实上，无论是儒家的"和而不同"思想还是道家的"上善若水"理念，赋予中国人的精神内核都是"海纳百川，兼容并蓄"。所以，在改革开放以后，中华民族的开放精神和包容理念开始大放光芒。

民族特性中的包容性和学习精神也体现在高等教育领域。在意识到自己国家的高等教育无论是条件、规模、结构还是效益上都处于相对落后的地位这一现实后，无论是中国的教育主管部门还是大学都积极地开展国际合作和交流，将增强国际性作为高等教育和大学获得发展的重要战略手段之一。有资料统计，从1978年到2001年底，中国各类出国留学人员达46万人，学成回国的有14万人，现在中国每年有2.5万人出国留学，中国已成为世界最大的留学生派出国。与此同时，来华留学人员累计达到30多万人，每年有1.5万名外国文教专家受聘中国。可以说，从20世纪80年代到现在，特别是在加入世界贸易组织（WTO）后，在增强国际性方面，中国的大学特别是研究型大学一直或被动或自觉地进行着深刻的变革，这场深刻的变革，涉及大学的方方面面，从教师的科研方式到教学方法、从大学的专业设置到课程建设、从教师队伍的培养到聘任、从大学的管理理念到管理方式、从大学的软件建设到硬件建设，都可以看到这场变革带来的巨大影响。在这场增强国际性的变革中，中国的大学受益匪浅。在科研方面，教师和学者通过获得国际最新科研资料、与国际同行的交流与合作，了解到世界的前沿动态，将自己的科研视野推向了世界，让自己的学术成果能够立于国际前沿；在教学方面，学校更多地从培养适合时代需要的国际型人才的角度出发，学习了其他国家大学在学生教

育方面的一些成功做法，调整了课程设置、教学内容和教学方式，更加注重学生创新思维、独立精神和基本素质的培养，建立了更加活泼、更加灵活的现代教学机制，也有了学生互换交流、全英文授课等国际性很强的教学活动在某些学校、某些专业上的实验；在服务社会方面，许多大学采取了更加多元化的服务理念和服务方式，与社会不同机构、企事业单位采取多种形式合作，建立了更加富有成效的科技成果转化为生产力和理论服务实践的方式。

正是在这样的实践过程中，中国的大学进一步意识到加强国际性的重要性并坚定了加强国际性的信心。我们认为，与世界很多其他大学一样，做国际文化交流的桥梁和纽带、促进不同文明之间的沟通与交往，已经成为了现代中国大学继人才培养、科学研究、社会服务之后的第四项社会功能。不仅是大学自身，中国社会从政府到民间、从教育主管部门到普通百姓都对加强中国高等教育的国际性采取着积极的态度。教育主管部门组织召开高层国际论坛，为大学提供与其他国家大学互相交流的平台，譬如已举办了两届的中外大学校长论坛和此次会议就是例证。政府还出台包括《中外合作办学条例》等规章政策，促进和规范高校间的国际交流与合作。普通百姓也以其自己的方式参与和支持高等教育走向世界，比如中国的父母总是节衣缩食、竭尽所有去支持子女出国深造。

三、我国大学在增强国际性的过程中遇到的主要障碍

尽管人们对大学国际性的增强与提升充满了热情，并采取了一系列措施，也取得了一系列成果，但在实践中，仍然存在现实的障碍，影响了中国大学国际性的进一步发展，这些障碍如果不能得到很好的解决，中国的大学将很难在国际性方面走向成熟。在我看来，最主要的障碍有：

（一）教育经费投入的不足

中国政府虽然在教育方面已经倾注了大量心血，但对教育的投入仍然远低于世界平均水平。尽管近年来财政性教育投入占 GDP 的比重得以回升，但仍没有达到 4% 这个发展中国家平均水平的低标准目标，政府应该进一步加大对教育的投入。教育经费方面的问题一方面体现在政府的投入上，另一方面则体现在对公众资金的吸引上。中肯地说，我们应该承认中国目前仍没有建立起将公众资金吸引到高等教育上来的良好机制。目前获得公众资金投入的主要方式是对大学生学费的收取，虽然我们对学生学费的收取只占学生培养成本的 20% 左右，但必须指出的是，中国仍然是一个存在较大地区差距的发展中国家，目前的学费对于很多学生家庭特别是对于来自西部和边远山区的贫困家庭来说，已经是不堪重负。在可预见的未来的一段时间，中国不可能也不应该通过继续提高学费来获得更多的公众资金。政府应该采取的措施是从制度设计上建立起一套鼓励捐资助学的机制，培养以捐资助学为荣的社会风气和环境，如对捐赠部分采取税收减让的政策，尽快开征遗产税等。

教育经费的不足已经成为中国大学发展的最大瓶颈。我在国外很多大学访问，问到这些大学的年财政收入，发现是我们的几倍甚至是十几倍时，心里的感触是很复杂的。很难想象，在资金实力方面相差悬殊的大学，在国际竞争上能处于真正平等的地位。

（二）思想观念的滞后

一个人能走多远，取决于他的思想能走多远，大学同样如此。尽管在思想认识上，中国的政府、社会和大学都对增强国际性有积极的共识，但在现实生活中，思想上的保守和褊狭总是会以种种面目出现，有的甚至会披着看似开放的面纱。比如对新思想、新思维的不加了解的拒绝和不认同；比如片面的国粹主义或是片面的全盘西化；比如对从国外引进的成果不加辨析地使用和盲目地崇拜，从而造成大面积的误导甚或造成一种学术上的新垄断现象；比如国际学术交流中对不同己见者随便扣上"左"或"右"、"冒进"或"保守"的帽子，如此等等。我们的大学要进一步走向世界，必须进一步倡导思想解放，坚持实事求是、与时俱进，坚持"百花齐放、百家争鸣"，坚持既重视纵向继承又注重横向借鉴，真正营造兼容并蓄、海纳百川的学术氛围，进一步促进学术自由和学术繁荣。只有克服思想上的保守和僵化，营造一个和谐的、自由的、健康的学术环境，一所大学才能成为真正的国际性大学。

（三）制度上的障碍

中国的大学目前在国际交流工作中，仍然存在不少制度上的障碍。这些障碍有的是不同国家不同教育体制所造成的，例如，不同国家学位学历的互相承认问题，这种相互承认有利于国际高等教育的合作和资源的共享，但有的国家硬性地对其他国家的高等教育套用自己的标准和评价方式，使得这个问题长期不能得到根本性的解决。有的障碍与我国的高等教育管理体制和具体制度设计有关，比如大到中外合作办学、小到试行开设全英语教学的学位项目等，大学包括知名的研究型大学仍不能享有合理的自主决策权；而在大学的国际交流与合作中，也存在着若干不必要或不适当的行政审批。所有这些，导致许多知名学校在国际交流方面的创新实践与学校其他工作方面的创新实践相比明显落后，不能对学校的整体发展起到良好的支撑作用。有的障碍则是由于大学本身内部规章制度的不合理造成的，导致国际交流与合作工作的渠道不畅通或发展不平衡，或者造成国际交流工作不能以学科建设、人才培养为中心，与学校的中心工作脱节等等。

通过开拓性的工作尽可能跨越这些不同类型的制度性障碍，通过制度创新来营造一个有利于加强大学国际性和国际竞争力的良好制度环境，我国大学国际性才能得到进一步发展。

此外，还存在着语言等方面的障碍，也需要坚持不懈地认真对待。

四、在增强国际性的过程中应注意的几个问题

我们认识到提升、增强大学国际性的必要性、重要性、可能性，同时我们也认识到我们所处的国际环境是复杂的，我们接触到的事物都是多元的，在这样的背景中，一切依赖我们自己的判断和选择。所以，在提升大学国际性的变革进程中，正确的价值判断和理性选择是十分重要的。在这方面，我以为我们至少要处理好以下三个关系：

（一）国际性与民族性的关系

联合国教科文组织 21 世纪委员会的报告中曾经指出："现代人有一种头晕目眩的感觉；一方面是世界化，他们看到而且有时承受着这种世界化的多种表现；另一方面是他们在寻根，寻找参照点和归属感。他们在这两者之间左右为难。"这表明如何处理好国际性与民族性之间的关系，已经成为当今各国关注的一个问题。特别是发展中国家，由于是在不公平的国际政治经济秩序中被动地卷入经济全球化大潮中的，在竞争中不可避免地处于不利地位，所以，一方面要在大力推进国际交流与合作中努力学习并借鉴各国有益的文化成果为己所用，另一方面又要在发展国际性的同时一定要注意坚持自己的民族性。鲁迅先生曾说，"愈是民族的，愈是世界的"。这句话是富有哲理的，它揭示了一个国家、一个民族的真正国际竞争力之所在。

中国是国际社会中的一员，中华文明是世界文化宝库的一个组成部分。我最近主持编写了一本著作《中国古代治国要论》。因有感于我们丰富文化遗产的很多方面没有人去整理、去使用，所以我倡导和主持了这个项目，尽管有心理准备，在研究的过程中，我仍然为我们祖先的智慧感到震惊。几千年前的很多理论和实践，放到今天都仍有其极强的现实价值。所以，在倡导放眼世界，学习和吸取外国有益文

化成果的同时，中国的大学一定要重视本民族的文化传统，从本民族的文化宝库中吸收营养。如果没有自我的存在，所有的东西都是借来的，那样的国际性恐怕是空中楼阁，不具有存在的基础。

处理好国际性与民族性间的关系，还包含一个本土化的问题。我们提倡国际性，不是空泛地流于概念，而是确实地服务于国家和民族的发展。我们学习外来的知识和先进经验，完全是为了更好地解决本国实践中碰到的具体问题。这样，我们就必须把学来的知识转化为确实的营养，而一般来说，外来的文化都需要有一个本土化的过程，才能被吸收、消化和利用。所以，我们在吸收外来文化的时候要充分考虑到中国的具体国情，重视外来文化的本土化或者说是中国化。

大学在提升国际性的进程中要处理好这样的关系，同时，在国民生活的其他方面也要处理好这样的关系。

（二）共性与个性的关系

大学是有共性的，比如开放的精神、独立的精神、对真善美的价值追求等，但是，每所大学同时又具有自己的传统、个性和特色。比如从学校类型来看，有的学校是研究型大学，有的学校是教学型大学；从学科特点来看，有的学校以理工科见长，有的学校以人文社会科学见长，有的学校则有很强的综合性大学的特点；从校风来看，有的学校严谨，有的学校务实，有的学校狂狷。大学的共性决定了增强国际性对大学在普遍意义上的必要性，而个性则决定了每所大学在增强国际性的战略和政策选择上应该是各具特色的，而不能走趋同的道路。比如我们的以理工科为主的院校，在目前的情况下，盲目要求留学生的数量与以人文社会科学为主的学校或综合性学校一样，就是不现实的。处理好共性和个性的关系，才能在增强国际性的过程中，走一条适合自己的发展道路。通过增强国际性，来滋润和发展自己的个性；同时，通过个性的魅力，来增强自己在国际交流中的吸引力和竞争力。

（三）引进来和走出去的关系

国际高等教育交流的完美状态，当然是引进来和走出去处于一种相对平衡和谐的状态。但由于教育是个特殊的服务行业，涉及国家的主权、意识形态、社会道德建设和民族文化传承等一系列重大问题，因此，各国在开放教育市场上都十分谨慎。目前，在世界贸易组织（WTO）143 个成员国中，大部分成员国都未在开放教育市场的协议上签字。事实上，现在的国际高等教育交流，在这个方面的一个显著特征就是有很强的不平衡性。虽然高等教育国际交流是双向或多向的文化交流活动，但是，由于发展阶段、发展速度、发展重点和发展环境的不同，这种交流对各个国家的影响是不同的。相对而言，西方发达国家往往是世界科学技术的中心，有着强大的政治影响和坚实的经济后盾，往往会在这种双向交流中占主导地位，比如国际学生的流向主要是从发展中国家流向发达国家，人才的流向也是如此；而从文化输出的流向来说，则是从发达国家流向发展中国家。这样很容易造成文化殖民主义，造成发展中国家文化个性的缺失，造成某些发达国家的价值观成为世界的主流价值观，从而进一步拉大这种不平衡。

早在 20 世纪初，蔡元培先生就曾说过，"我们一方面要注意西方文明的输入，一方面也应注意我国文明的输出"。中华文明有着五千年的悠久历史，作为世界上唯一一个延续下来的文明，中华文明有其独特的特点和顽强的生命力，这本身就值得人类去思考、去发掘。而当代中国是世界上最大的发展中国家，中国的进步与发展所创造、积累的中国特色的经验和知识具有很强的世界意义，中国发展的举措和走向也越来越强烈地影响着世界发展的历史进程，显然，这同样值得人们去思考、去研究。中华文明包括当代中国文明是属于全人类的文化宝藏，我们在对外交流当中，要以一种自信的姿态，自觉地介绍我们的文明、宣传我们的文明、展现我们的文明，服务于人类的共同繁荣这一个大目标。大学作为知识和人才的载体，要主动承担起这项责任，促进世界不同文明之间的相互了解、相互学习和相互融合。

五、质疑一个概念：国际化

现在有个趋势，现代英语很喜欢在某个形容词后面加上"ization"，比如 internationalization，urbanization 等，汉语言也一样，对应着有个"化"字，比如国际化、都市化等，其实关于这个"化"字并没有某个标准，显然是人们为了表达上的方便，用个"ization"或"化"字省去很多说明和解释，但老实说，有时我很害怕这种语言上的懒惰带来思想上的懒惰或混淆。美国也罢、欧洲也罢、日本也罢，高等教育都是各有其特色的，"国际化"这个词本来就是一个大杂烩，加上一个"化"字，如何去"化"呢？又"化"到哪儿去呢？显然，"国际化"提法的含义是模糊的，也很难有个统一的标准。所以，我不敢轻易使用"国际化"这个词。当然，有的人所谓的"国际化"并不是漫无边际的，其实就是"美国化"，而对这样一种片面内涵的"国际化"我们是不赞成的。增强国际性应以开放性的增强为尺度，如果片面地学习和仿效某种文化，忽视其他文明的光辉和自己的文化宝库，其结果只能是走向开放的反面，走向封闭的另一种表现形式，我想，这不是我们真正想要增强的国际性。

共享思想的光辉[*]

——在中国人民大学"2005 年席勒国际学术研讨会"开幕式上的讲话

(2005 年 9 月 21 日)

众所周知，席勒是一位以歌颂自由、追求自由、捍卫自由著称的作家。自由精神不仅贯穿于他的全部诗歌、戏剧和美学著作中，而且成为他短暂而熠熠生辉的一生的真实写照。他的自由观始终带有革命性，正如作家海涅所评价的那样，"席勒为伟大的革命思想而写作。他摧毁了精神的巴士底狱，他在建造自由的圣殿……他是世界主义者。他是预言家，同时也是战士，为他预言的美好未来而战"。席勒追求自由平等的、理想主义的激情不仅对读者始终具有撼人心魄的力量，而且支撑他早已病重的身躯多活 10 年。

席勒非常善于从窄狭的生活中获取崇高的自由思想。无论是当时德国的鄙俗落后还是法国的血腥恐怖统治，都不但没有阻止他为自由而战，反而更促使他反思人类的现状与未来，促使他以艺术呼唤自由，用哲学思辨描绘出人类自由的审美状态。席勒的理想主义显然是对其时代黑暗现实的有力反击。无怪乎席勒和歌德被誉为德国文学史上最明亮的一对"双子星座"。

席勒最好的作品都是讴歌人民起义、为自由民主而奋争的狂飙激

＊ 本文根据讲话录音整理。

情。早在清朝末年，席勒就被作为德国文豪介绍到中国，他的"狂飙突进"式的反封建精神在"五四"时期曾起到推进作用。今天，席勒的崇敬者并不局限于德国人，而是遍布全世界。他的影响已经超越了国界，超越了时空，世界各地的纪念活动已经充分证明了这一点。他的《欢乐颂》让我们今天诵读起来，仍感热血沸腾。

说到席勒，我不禁想起早席勒100多年的中国伟大的民主思想启蒙家黄宗羲。黄宗羲（1610—1695）是中国明末清初杰出的思想家、哲学家、史学家，他的具有民主启蒙意义的民本思想是17世纪中国思想界的灯塔，具有划时代的意义，不仅在中国思想史上，而且在世界思想史上都具有极为重要的地位和价值。梁启超在《中国近三百年学术史》中盛赞黄宗羲的《明夷待访录》，说他在西方启蒙思想家卢梭《民约论》出世前数十年有这等议论，不能不算人类文化之一高贵产品。黄宗羲的民主精神对后来的戊戌维新运动和辛亥革命都曾起到过重要的思想启蒙作用。正如席勒在他的不朽著作《强盗》第二版的扉页上写道"打倒暴虐者"，充满了火热的激情；黄宗羲在他的《原君》名篇中尖锐地指出，"然则为天下之大害者，君而已矣"，可以看做是吹响了反对封建专制的号角。正是这些伟大的思想家用他们充满力量和美感的文字，激励人们为真理而战，为人类的进步而战。所以，在几百年后的今天，我们纪念这些伟大的思想家，内心仍充满感激、充满崇敬。

我之所以会在这样的时刻想到黄宗羲，是因为有一点纪念之外的感受。我们为什么会自发地在这里纪念席勒逝世200周年，是因为一些伟大的翻译家把席勒的思想和著作介绍给了我们，让我们即便不懂德语，也能领略席勒充满魅力的文字和思想。我也希望我们的翻译家能更多地把像黄宗羲这样的伟大的中国思想家、文学家的著作介绍给其他国家的人民，让其他国家的人民能像我们一样，享受他们思想的光辉，领略他们精神的风采。也就是说我们不仅要促进西风东渐，也要促进东风西渐。而这样伟大的事业，要依靠我们的翻译家，依靠我们的语言文字工作者。

国际文化交流是高等教育的第四项职能 *

——在第四次亚洲研究中心
主任会议上的演讲

(2006 年 12 月 15 日)

　　高等学校职能是伴随着高等学校的产生而具有的，随着社会的发展与高等学校自身的发展，高等学校职能也不断丰富发展。高等学校职能是社会与高等学校相互关系的集中反映，是高等学校适应社会、维持自身存在与发展的基础。社会在变动，高等学校的职能也在变化。像所有其他人类社会的机构一样，大学也总是通过变革生存，而变革总是从现实开始的。

一、国际文化交流是高等教育的基本职能

　　高等教育所具有的职能，既是高等教育本身性质所决定的，也是随着时代的发展而日益获得的。

　　高等学校是传授知识、培养人才的专门机构。11 世纪在欧洲诞生的中世纪大学就是为传授知识应运而生的。教学是高等学校永恒的任务，也是它最基本的职能。高等学校是发现、创新知识的场所。19 世纪以后，随着科学文化的迅速发展，大学的职能进一步发展。洪堡

　　* 本文系作者在越南出席由韩国高等教育财团主办、越南国家大学（河内）承办的"第四次亚洲研究中心主任会议"主旨演讲，原题为《国际文化交流是大学的第四项基本职能》。本文曾被收入《大学国际化理论与实践》（北京，北京大学出版社，2007）一书。

在 19 世纪初创办柏林大学时就明确提出了"通过研究进行教学"的思想和"教学与研究统一"的原则，至此，科学研究正式进入大学。高等学校是应用知识的地方。从一般意义上说，高等学校中的教学、科研活动无疑都包含着应用知识，但从特定意义上说，高校运用知识直接为社会服务产生于美国。《莫雷尔法案》创造了美国历史上著名的赠地学院，赠地学院开创了高等学校从"象牙塔"转为"社会服务站"的先河，威斯康星大学的"威斯康星思想"更是明确地把社会服务作为大学的重要职能。从此，应用知识在高等学校有了新的内涵，为社会服务成为高等学校的基本职能。在 21 世纪，随着经济全球化的进一步发展和信息技术的普及，国际文化交流在高等教育中的作用日益显现，正成为高等教育的第四项职能。

二、为什么说国际文化交流是高等教育的第四项职能

国际文化交流成为高等教育的第四项职能是由高等教育本身性质所决定的，存在其必然性。以高等知识为核心是高等教育组织最基本的特征。曾任哈佛大学校长的内森·普西 1963 年在《学者时代》一书中指出，每一个较大规模的现代社会，无论它的政治、经济或宗教制度是什么类型，都需要建立一种机构来传递高等的知识，分析批判现存的知识，并探索新的学问领域。换言之，凡是需要人们进行理智分析、鉴别、阐述或关注的地方，就有大学。大学是从事高等知识探索、研究与传播的场所和组织。高深知识在高等学校中占据着支配地位，其组织与权力围绕着高深知识运转。而且，这种高深的知识并非一般的知识，与普通的知识相比有许多不同之处，美国高等教育学家伯顿·克拉克为此曾作了深入研究：（1）高深知识具有专门化的性质，且有越来越分化发展的趋势。任何其他组织都不像高等教育机构涉及如此广泛深入的知识领域。（2）固有的自立性和内在的深奥性越来越强，专业与专业之间、专业知识与普通知识之间的距离正在不断拉大。（3）探索和发现知识是一项永无止境的任务，每一个专业都要

跨入目前尚未标界的领域才能不断前进，因此不能由一般的组织来完成。（4）知识是通过世世代代积累起来的，并随着时间推移而发展，因此需要不断有新人来继承和超越，诸如"文化遗产"和"人类精华"这类术语明显地含有通过人类知识的继承而发扬光大的意义。

高等教育组织以探索、创新与传播高深知识为己任，这不但限定了它的组织状态、目的以及活动方式，同时，也表明了其存在的必要性及基本职能。高等教育具有文化交流功能的思想在西方可以追溯到古希腊时期，当时的学者普遍认为，高等教育本身就具有国际性，其基本观念源于知识的普遍性。中世纪的大学追求的也是这种普遍性，认为人文学科是一切知识的基础，一切学问在范围上都是世界性的。正是基于这种观念，拜占庭的学者到了波伦亚和佛罗伦萨，来自欧洲各地的学者在巴黎、牛津和剑桥仿佛是生活在自己的家园一样。然而，16世纪欧洲的宗教改革运动在大学树起了宗教流派的樊篱，从而严重破坏了知识普遍性的观念，继而民族国家的边界进一步加深了这种樊篱。1648年的《威斯特伐利亚和约》，使大学基本价值观念变得更进一步从属于教派和地方势力。

到了19世纪，随着科学的发展，才出现了相反的趋势，科学知识的世界普遍性越来越广泛地得到承认。第二次世界大战后，尤其是冷战状态结束后，大学间的国际文化交流日益活跃。随着经济全球化和信息技术的发展，国际竞争已从军事对峙转向了经济竞争，特别是知识、人才的竞争，也使得许多问题，如环境问题、能源问题、贫困问题、发展问题、和平问题，成为人类需要共同面对的问题，大学必须通过国际文化交流加强合作，共同为人类发展服务。特别是随着信息技术的普及，知识的传输已越来越不受国界的限制，知识全球化已经显现。并且有越来越多的教师和学生相信，要想在未来取得成功，就必须具有国际的知识和经验。正如克拉克·克尔所说，高等教育的重要目的之一是帮助个人和国家为未来做准备，而未来更多地取决于全球的发展，较少局限于一国范围；高等教育是知识体系的核心组成部分，而当今的知识体系是国际性的，它们甚至还包括外层空间。克尔明确指出，我们需要一种超越赠地学院传统的新的高等教育观念。这种观念实际上就是高等教育要面向世界，国际文化交流已日益成为高等教育的基本职能。

三、高等教育的国际文化交流与高等教育国际化、全球化的区别

国际文化交流的概念要比高等教育的国际化、全球化广泛得多。高等教育的国际化、全球化主要限于物质层面，指教师的国际交流、学生的国际交流、科研上的合作以及各种培训等。而国际文化交流不但指物质层面，而且包括制度层面和理念层面。理念层面，就是高等教育发展必须认识到知识的普遍性，只有通过国际文化交流才能继承和吸收人类文化遗产和当代新成果，才能真正发挥高等教育的作用，才能使普遍主义的知识观在专业教育中占据主导地位，也才能为国际的认同和享有的声誉而骄傲。制度层面，即高等教育的机构设置、大学与政府关系、人才培养模式、管理体制与运行机制等方面的相互交流。物质层面，主要是大家认可的教师交流、学生交流、外教教学、合作培训、共同研究等，特别重要的是课程设置与教学内容的国际合作交流。与经济相比，物质层面的国际文化交流不仅表现为外在的人员流动与合作，而且开始涉及高等教育的深层次——课程与教学内容，并已逐步从国际文化交流的边缘上升为核心内容。许多发展中国家更是将教学内容与课程的国际发展作为实现各国高等教育现代化、提高教学和研究水平、建设世界一流大学的重要途径。

高等教育国际化、全球化主要表现为外在的、不同国家和地位的人员流动。除了举办或参加国际会议、开展国际合作研究等活动外，留学教育也成为高等教育国际化的核心内容。在经济与信息技术尚不发达的情况下，直接超越国界、跨地区的人员流动是实现高等教育国

际化在诸种目标和实施各种有关活动的主要手段。伴随着经济全球化不断推进和信息技术的突飞猛进，基于知识普遍性的高等教育的性质决定了国际文化交流已成为高等教育的基本职能。"国际文化交流"一词在高等教育诞生之初就已存在，从历史和现实看，任何高等教育机构的发展都离不开国际文化交流。只不过在古代表现形式是区域性，而到了近现代以后，日益发展成为国际性、全球性。高等教育国际化、全球化是近代之后才出现的新名词。具体而言，"国际化"一词早已有之，高等教育国际化在 20 世纪 70 年代在欧美国家被广泛使用。"全球化"一词出现于 20 世纪 60 年代后期，而高等教育全球化之一概念的广泛使用始于 80 年代后期，特别是 90 年代以后。就目的和影响而言，全球化强调在世界范围内建立超越国家、不受任何约束或排除政治，特别是文化差异的统一标准，即建立一元化世界。而国际化则表现为国家与国家之间的交流，其最终目的不是建立世界范围内的统一模式，相反却以主权国家或不同文化的存在为前提。

国际文化交流是不同国家、不同区域或不同文化差异下的高等教育体系的多向交流。这种交流的双方主体是平等的，因为任何一种高等教育体系的发展都需要以其自身的"母体"和适合它生长的土壤为"基因"。异域、异质高等教育之间的交流只有在本土中找到生长点，才能开花结果，最终被融合进去，成为高等教育发展新的营养和有机成分。异质文化教育的交流结合不是照搬而是一种选择；不是叠加而是重构；不是焊接而是熔铸；不是同化而是内化；不是改造而是创新。国际文化交流的前提就是要承认各种高等教育体系，人类高等教育的存在和发展，从来都是多元的。历史地看，高等教育并未因为文化交流而走向单一的、完全相同的体系。各国的高等教育将以异域、异质的不同形态相对应地存在着，将以各自的连续性、积累性、渗透性而历史发展着。高等教育只有遵循教育发展和跨文化交流的客观规律，才能充分发挥其作为文化载体和传播媒体的功能。随着经济全球化和信息技术的迅速发展，国际文化交流已成为高等教育的基本职能。当今世界，所有国家的高等教育机构无不深深地认识到国际文化交流的重要性和迫切性。现代高等教育机构是国际文化交流的最佳媒介和桥梁，也是交流成果及其社会效益良性循环的重要枢纽。只要人们充分认识到国际文化交流在各国高等教育发展中的极端重要性，珍惜国际文化交流的价值和时机，尽最大努力、最大限度地排除军事的、政治的和意识形态方面的破坏和干扰，国际文化交流就能在广度、深度和效度方面取得不断的提高和发展，从而使国际文化交流真正成为高等教育的基本职能。

高等教育国际化、全球化更多的是强调"化"，即西方模式与统治地位，强调纵向合作与流动为主，而不是平等的合作与交流关系。欧洲学者曾提出了国际化的四种模式：（1）输入式的国际化。美国和英国，主要是美国，它们所认为的国际化是指以主人的身份来接待外国留学生和教师，并以英文出版的学术刊物垄断学术霸权，拥有绝对话语权。（2）选择式的国际化。德国、法国、日本等国的高等教育机构的学术研究力争国际的认可，追求本国学术地位。（3）生存式的国际化。试图通过国际交流与合作得到认可，如以色列、瑞典、荷兰等国家。（4）期望式的国际化。发展中国家的高等教育机构希望能成为国际交流与合作的伙伴，但是由于不能被平等对待而面临困难。① 很明显，一个国家的政治、经济背景，领土大小及地理区位，主流文化，高等教育系统的质量，其语言在国际文化交流中所起的作用，及其过去高等教育方面的国际化政策等都是应该考虑的因素。欧美发达国家在高等教育国际化过程中追求经济效益或商业利润，而大多数发展中国家则希望通过高等教育国际化进一步提高本国的教学与研究水平，使学术研究与人才培养得到国际的认可，以期实现国家竞争力的提升。

---

① 参见：于尔根·安德斯：《高等教育、国际化与民族国家》，载《北京大学教育评论》，2003（3）。

总之，国际文化交流是一种状态描述，是国与国之间高等教育的交流方式。而国际化则是一种趋势把握，"化"总是带有主体价值介入的含义，含有强制性或自愿性的主观意识成分。

四、充分发挥高等教育的国际文化交流的功能

要充分发挥高等教育的国际文化交流的功能，必须认识到不同学术文化之间的传播与交流是各国高等教育发展的重要动力。世界各国高等教育发展的历史已充分证明：一个国家高等教育的生命力很大程度上是由其源泉和自身发展的丰富性、竞争力，与外界交往的机会和频率，对外界学术文化吸收的强与弱，学术文化所依存的社会活力及活动范围等因素所决定。例如，19 世纪，德国是世界高等教育的中心，大批美国青年赴德国留学。当时，尽管出国留学的人数并不多，但却对美国高等教育的发展产生了深远影响。因此，20 世纪以前的美国高等教育系统常常被看做是欧洲智力上的"殖民地"。直至 20 世纪中叶以后，美国才成为国际文化交流的中心地带。美国高等教育的成功很大程度上得益于国际文化交流。即使成为中心，美国学者也强调国际交流的重要性。伯恩教授指出，一个学科如果只注重美国的经验，而排斥其他文化的经验，"就是欺骗学生和反映一种愚蠢的沙文主义"。故国际文化交流已由过去的边缘和附属位置日益走向中心，成为高等学校的一项核心战略议题和国家高等教育政策的一个重要维度。

必须充分发挥高等教育的国际文化交流功能，在交流中提升我国高等教育的实力与竞争力，力争在国际文化交流中的主导权。学术文化交流沿着不同的渠道在世界范围内传播与渗透，信息技术的发展与普及为新知识的即时传播提供了技术保证。看起来似乎开放、公正的国际文化交流掩盖了这样一个事实，即大学的知识生产系统和学术文化交流系统最典型的特征是分工，即西方发达国家（主要是美国）是生产者，而其他国家则是消费者。在两极对立的分工体系中，文化交

流体系集中并掌握在产出大国手中，诸如设立理论体系和方法标准等关键性工程，长期以来一直是少数国家或机构的特权，而国际社会的其他成员则必须照章办理。美国及其他主要工业化国家的学术和科学体系中有影响的规范和模式往往成为世界共同的规范和模式，而其他地区有着不同导向的学者很难在那些重要的国际刊物上发表研究成果。英语主宰了世界上的学术文化交流。这一现状不仅是发展中国家遇到的难题，而且较小的工业化国家也必须经常考虑这些因素。例如，北欧各国，尽管其人均收入高，但也必须调整其教育定位以适应世界学术文化交流体系，学生经常到外国去攻读学位，把英语作为学术交流的语言，有时甚至是教学的语言。我国高等教育发展不可能独立于世界体系之外，要改变国际文化交流的不平等地位，必须实现由消费者向积极参与者的转变，通过国际文化交流不断提高我国高等教育的水平，从而确立我国高等教育在国际文化交流中的主导权。对国际交流的本质与作用有一个清醒而客观的认识是非常重要的第一步，然后才可能确立国际文化交流的战略地位。

充分发挥国际文化交流在高等教育发展中的地位与作用，必须加强高等教育创新。创新是一个民族的灵魂，进行原创性、高起点、高水平、高质量的科技与文化学术创新活动是高等学校义不容辞的责任。中国科技不可能仅仅依靠引进技术来满足自身需求，更不能渴望别人来解决自身发展面临的核心技术和战略性科技问题。大学必须着力提高解决当前和未来我国经济社会发展的重大科技问题的能力，围绕国家的发展战略目标，加强基础性、前瞻性和前沿性的科学研究，实现关键技术的自主知识产权。所以，只有大幅提高高等教育的创新能力，提升高等教育竞争力，才能使我国在日趋激烈的国际竞争和国际交流中逐渐占据主动地位，而不是被再一次拉开距离。

要充分发挥国际文化交流的作用，必须注重高等教育学术文化的本土化与民族化。要使我国高等教育通过交流与传播而获得发展，必须经历一个与本国、本民族学术文化相互交流、融合而实现的本土化过程。没有这种本土化，就不可能运用高等教育的学术成果来解决每一个国家与民族所面临的不同的实际问题，从而也就必然使学术文化失去生命力与活力。民族化是走向世界学术之林的必由之路。我们要着力研究中国这一特定空间和条件下的问题，找出解决这些问题的独特途径、探索运行的特殊规律，在此基础上形成我们的理论框架、研究方法和知识体系，寻找特殊的发展规律和运行机制。本土化最终绝不是与世隔绝，而正是为了走向世界。只有那些自知之明的理性认识，才能使我国高等教育的文化交流从自在状态走向自觉；从无意识、下意识的存在走向意识层面；从消极、被动的随波逐流、自生自灭到主动地选择、创造和建构。总之，国际文化交流并不是照搬他国的发展模式，也不是各国走向趋同，而是世界各国根据本国高等教育的历史传统和发展现状，发展本土的经验和特色。

最后需要强调的是，促进国际文化交流，推动高等教育发展，必须借助于国家的力量。在经济全球化和科学技术迅猛发展的今天，市场力量的确从来没有这般突出，而第三世界国家与大学的关系也从来没有如今天这般重要。大学是国家和民族利益的代表，在国家经济发展、社会进步和民族复兴中担负着重要职责。由于原本处于世界高等教育发展的边缘，第三世界国家的大学欲摆脱困境，并真正成为国家科技创新和人才培养的源头，就必须依靠国家的强大支持。近代德国大学的崛起依靠的是国家力量，现代美国高等教育的辉煌和研究型大学的兴盛在很大程度上得益于国家的重点扶植，第三世界国家的大学要有所作为，也未必能超越这一逻辑。促进国际文化交流，充分吸收世界先进的高等教育成果，并不是否认国家在高等教育发展中的地位与作用。这一点与高等教育全球化是完全不同的。全球化意味着一个大学超越民族国家意识形态时代的到来，即大学作为全球市场中独立的知识生产者存在，而不是民族国家利益的代表者，更不是民族国家政治权力和意识形态话语的合法解释者。大学从此转化为全球市场提供知识生产和服务的商业化机构，成为代表发达资本主义经济政治利益的全球性知识、文化和人才培养机构。在国家内部，大学通过淡化它作为国家公共事业机构的性质，强化其提供服务的有偿性而被有意识地纳入私营化和市场化的运行逻辑。而在大学的市场化运行逻辑中，知识享用和占有势必倾向于社会优势群体，其结果是进一步加剧了社会结构的不平等。作为全球化理论基础的新自由主义虽然主张接受高等教育是共享权利，但由于过分强调高等教育个人的投资属性，以及高等教育运行的市场法则，这种市场取向和效率主义反而加剧了接受高等教育机会的不均等。全球化在扩大了国际高等教育中心与边缘差距的同时，也制造了第三世界国家内部的不平等。

汉学是什么[*]

——在中国人民大学"世界汉学大会2007"开幕式上的讲话

(2007 年 3 月 26 日)

尊敬的陈至立国务委员,

尊敬的周济部长,

尊敬的法国驻华大使苏和先生,

尊敬的各位学者、各位来宾,老师们、同学们:

大家上午好!

"世界汉学大会 2007"的主会场设在中国人民大学明德堂,我们深感荣幸,而在我看来,明德堂之于这次大会的主题,或许也是别有意味的。

按照《大学》的说法,大学之道,在明明德,而明德之始,应当是格物、致知、诚意、正心,最终修、齐、治、平。用现在的话说,天下太平的基础在于推己及人的精神境界和内在的和谐,才有望"明明德于天下"。这是古人的遗训,是中国的智慧,也是本次世界汉学大会的题中应有之义。

在一定意义上说,谈论汉学有如谈论我们的国学,即使方家宿儒

* 本文曾被国内外多家网站转载;《光明日报》2007 年 4 月 5 日全文刊登。江苏省 2007 年高考语文试卷选用本文。

也未必没有分歧。比如章太炎先生称国学为一国固有之学，吴宓先生称国学为中国学术的总体，钱穆先生则将中国文化概括为人统、事统和学统。然而无论国学是什么，无论国学的边界怎样模糊，它的内核始终是清晰的，它也必须成为汉学所关注的对象，并且与汉学相互激荡。

那么汉学究竟是什么呢？我想应该如同我们对国学的认识一样：它的内核是清晰的，它的边界则是相对模糊的。据我所知，日本在14至15世纪开始形成传统汉学，据此则区域性的汉学历史已有700年；利玛窦于1582年入华，他所象征的传教士汉学亦有400余年；从1814年法兰西学院设立第一个汉学教席开始，学院式、专业化的汉学已经走过了将近200年的历程；将汉学扩展为"中国研究"的美国汉学兴起于第二次世界大战之后，至今也有60多年。在这一过程中，始终存在着"汉学是什么"的问题。而德国汉学家奥托·弗兰克最为宽泛的定义，或许也最容易得到比较广泛的认同，即汉学就是关于中国人和中国文化的研究。

从筚路蓝缕到蔚为大观，汉学的发展经历了一个漫长的历程。由于时代和文化观念等原因，汉学研究当然也具有某些历史的局限，然而，天下同归而殊途，一致而百虑。一代代汉学研究者的艰辛努力，为中国文化走出遥远的东方、成为世界历史发展的积极动力，作出了不可忽视的贡献。

汉学不是我本人的研究专业，但是从人文学术的角度看，对话精神应当是所有人文学科包括形态各异的汉学研究所共同持守的内在品质，同时这也是人文学术可以共同分享的价值命意。

一个和谐的世界，需要汲取一切有益的文化资源。而不同文化所包含的诸多相似元素，早已为今天的对话提供了基础。正如学者们曾经追索过的、孔夫子所谓的"己所不欲，勿施于人"或者"己欲立而立人，己欲达而达人"，在许多文明中都可以找到共通的表述。

比如印度史诗《摩诃婆罗多》有言："你自己不想经受的事，不要对别人做；你自己向往渴求的事，也该希望别人得到。"

释迦牟尼同样"以己比人"，他说，"我如是，彼亦如是，彼如是，我亦如是；故不杀人，亦不使人杀人"。

基督教主张"爱邻如己"，"你们要别人怎样待你们，你们也要怎样待他们"。

伊斯兰教也强调"你自己喜欢什么，你就该稀罕别人得什么；你自己觉得什么是痛苦，你就该想到对别的所有人来说它也是痛苦"。

一言以蔽之，口之于味，有同嗜焉；耳之于声，有同听焉；目之于色，有同美焉。不同的文明历千年而不泯，必有其共同的追求和理想。寓于其间的是人类所渴望的正义、公平、自由等基本价值。

一个和谐的世界，可以表征于同嗜、同听、同美；而一个和谐的世界之所以然，却又恰恰是存在差异和不同，因此古希腊哲学家赫拉克利特有"不同产生和谐"之说，中国的先贤先哲们也有相同的论述。中国文化的精髓之一就是孔夫子说的"和而不同"。所谓"和实生物，同则不继"，亦即"中也者，天下之大本也；和也者，天下之达道也。致中和，天地位焉，万物育焉"，而"不同"之"和"，还可以表述为"声一无听，物一无文"。总之在中国古代贤哲的眼中，失去了多样性的世界必将是死气沉沉。

中国与西方的认识方式、思维逻辑乃至整体的文化观念，的确存在这样或那样的差异和不同。比如，西方人的执著，可能推衍出渐进的认识，进而强调主体与客体的关系，强调对象描述的精确性。中国式的洒脱，则通向了圆融和体悟，论述对象的本质规定在清晰中往往又带有某种模糊。但这二者并没有孰优孰劣、孰是孰非，却只有因"差异"生发的"对话"与"启迪"、从不同导致的互补与和谐。

在当今世界上，"和而不同"的原则正显示出越来越重要的价值。任何一种唯我独尊的权力话语，或者任何一种民族主义的狭隘立场，都已经无法描述文化共生中的多元品格。赫拉克利特的名言"不同产生和谐"与中国古人的思想息息相通，如果逐字翻译，也许可以说是

"在不同之中有最美的和谐"。这与"和而不同"同样肯定了"差异"和"共识"的两极，也同样针对着消灭"差异"的霸权主义和拒绝"共识"的文化自闭。

汉学之为谓，本身就是以差异为前提，本身就启发着文化间的共识和对话。差异成全着一个丰富多彩、五彩缤纷的世界，通过差异而达致中和，多样世界才可以和谐、共融、互动、相生，才可以通向普遍的价值理想。汉学如是，文化如是，世界亦当如是。

一个和谐的世界，还必须是一个对话畅通的世界。但是对话的前提是"让他者成为他者"，而不是强使"他者"作为"我们"所描述的对象。"对话"所蕴涵的终极价值，应当是返诸己身，从"文化间的对话"（inter-cultural）导向"文化内的对话"（intra-cultural），乃至"在他种文化的眼中……更充分地揭示自己"，从而"相互丰富"。

因此，当汉学在世界范围内营构中国形象并以此影响到不同文明对中国的理解时，中国学界对海外汉学的关注也在日益增强，海外汉学已经成为中国学界面对的一个重要研究领域。也许可以说，这标志着一个无法回避的大趋势：中国不再仅仅是知识学的对象和想象的"他者"，更是积极从事自我理解的价值主体。同时，任何一种文明都已经无法在单一的语境中自给自足，互为"他者"的基本格局，不仅使汉学研究也将使整个世界进入文明对话的新范式。

因此，汉学的意义既在于海外学界的长期努力，也在于中国学人的积极回应。海外汉学与中国本土学术进行对话，才能洞悉中国文化的深层奥秘；中国学人向世界敞开自己，才能进一步激活古老的传统和思想的底蕴。

就此而言，许多汉学家已经身体力行，而中国的学界，也必须有所承担。中国人民大学是中国最重要的大学之一，是以人文社会科学为主的学术中心，在各个领域都拥有一批著名的专家学者。我们愿意为全世界的汉学家提供一个高水准的学术平台，将今天的世界汉学大会发展成为一个定期举办的世界汉学大会。

德国哲学家雅斯贝尔斯曾经提过"轴心时代"的著名命题。他以苏格拉底、释迦牟尼、孔子和耶稣为例，认为这些影响了历史的思想巨人不仅代表着不同的文化传统和精神财富，而且具有深刻的现代价值："人类一直靠轴心时代所产生的思考……而生存，每一次新的飞跃都……被它重新燃起火焰。"雅斯贝尔斯还特别写道："孔子是第一位在广度和深度方面开拓了人类理性的伟人，并且是至今还活在人们心中的人。"

从一定意义上说，今天的世界汉学大会乃至整体的汉学，都必须包含着对于古代思想资源的回溯，也必然通过其繁衍交流的历史，指向其现代的意义和影响。大会的五个分论题，正是基于汉学家与汉学史的个案研究，基于汉学所描述的"中国形象"及其历史变迁，基于中外学人对中国传统文化之核心价值的多重阐释，基于汉学作为文化载体的跨文化能量，基于对话可能给予汉学研究的新范式，从不同的角度勾连历史与未来、精神与现实、海内与海外。如果世界正期待着"新的飞跃"，那么用雅斯贝尔斯的话说：汉学也应当为之增添一炬"重新燃起"的"火焰"。

这次大会适逢其时、适逢其世，群贤毕至，少长咸集。与会代表既有诸多重要的国外汉学家和汉学研究机构负责人，也有中国大陆以及港、澳、台地区的著名学者。在古老的中国文化中，"尚友"的传统历久弥新，如孟子所说，"尚友"就是"友天下之善士"。今天的世界汉学大会，迎来的正是远方的朋友、天下之善士。

按照古代的哲学观念，人就是"小宇宙"，在这样的意义上，我们的对话就是世界的对话，我们的对话就是为创造世界的和谐。愿中外学者在汉学研究的学术平台上、在文明的对话中，碰撞出思想的火花，照亮彼此的心灵，也照亮我们共同拥有的世界。

继承东亚人文精神　促进人类共同发展[*]

——在"东北亚名人会"第二次会议上的讲话

（2007 年 4 月 16 日）

两天前，温家宝总理刚刚结束了对韩国和日本的正式友好访问。这次访问进一步增强了中韩之间的全面合作关系，确立了中日战略互惠关系，是一次为了和平与友谊的融冰之旅。这样的背景更赋予本次"东北亚名人会"以特殊的意义。

我们来日本之前，中国的中央电视台正在放一部历史连续剧《鉴真东渡》。鉴真是我的家乡扬州人，他在一千多年前不畏困难，历经艰险，六次东渡日本，为中日两国的文化交流和世代友谊作出了不朽的贡献。我童年在扬州时，曾多次往大明寺吊古，然而鉴真的遗迹不可多得，反而是近年几次访问日本，在奈良唐招提寺多见鉴真的遗迹，中日两国文化交流之密切、友谊之绵长由此可见一斑。中韩间的友谊亦是如此，我多次访问韩国，无论是学术交流之时还是觥筹交错之间，都有宾至如归之感。今年是中韩交流年，原本在中国就刮得很猛的"韩流"势头更劲。中韩两国人民之间享有很多共同的文化风

　　* 本文根据作者作为中方代表团成员和唯一的中国大学校长，参加 2007 年 4 月 16 日在日本首都东京举行的"东北亚名人会"第二次会议上的书面发言和讲话录音整理而成。"东北亚名人会"由新华通讯社、日本经济新闻社和韩国中央日报社三家新闻机构共同举办，每年一次，轮流在中、日、韩三国举行，三国各有 10 名政治家、企业家、学者和文化界名人参加，包括各国一所著名大学的校长。中方代表团团长是国务院前副总理钱其琛。作者还主持了 2008 年 4 月 28 日在北京举行的"东北亚名人会"第三次会议。

俗、共同的喜好，"韩流"激发起的中国青年的热情便是明证。

近代以来，随着科技与交通的发展，中日、中韩各方面交流更是频繁。特别是自 1972 年、1992 年中国分别与日本、韩国建交以来，经贸发展极为迅猛。根据中国商务部公布的数据，中日双边贸易额由 1972 年的 11 亿美元增加到 2006 年的 2 073.6 亿美元，增长近 200 倍。目前，日本已经成为中国第三大贸易伙伴，中国也已经成为日本第二大贸易伙伴。截至 2006 年末，日本在中国实际投资累计达到 579.7 亿美元，累计投资项目为 37 714 个，有数千家日本企业活跃在中国各地。中韩两国的经贸发展自建交以来发展同样迅猛，两国 2006 年的双边贸易额已突破 1 300 亿美元，相当于 15 年前的 26 倍。中国已连续多年成为韩国最大的贸易伙伴和第一大海外投资对象国，而韩国也已成为中国的第四大贸易伙伴。目前，在中国投资的韩国企业超过 3 万家，投资金额累计达到 350 亿美元，中国已成为韩国企业对外投资的首选地。

教育的交流也在近年得到长足的发展。2006 年在华的韩国正式留学生人数达到 5.4 万人，占在华留学生的 38%，成为在华外国留学生最多的国家。日本来华留学生人数则久居外国来华留学生人数前列，自 1972 年以来，累计各类留学人员已有 10 万余人来华留学，2004 年在华日本长短期留学生达 1.6 万人，占外国在华留学生的第二位。以中国人民大学为例，我校目前拥有韩国留学生 1 031 人，日本留学生 82 人，在我校留学生国别中分别占第一、第二位。中国赴日本和韩国留学的学生人数也十分可观。据报道，中国在日本的留学生已经达到 8.59 万人，占日本留学生总人数的 2/3。近年赴韩国学习的人员也日益增多，根据 2005 年的相关统计，已近万人。

的确，今天这样紧密活跃的经济文化教育交流与三国一衣带水的紧邻地理位置是分不开的，是与经济利益的互补、互惠分不开的，但是，我认为还有重要的一点是我们文化中的相同元素在起作用。我们的祖先通过互相学习、互相激发创造的独具特色的东亚文明，作为三国人民共享的精神财富，至今仍滋养着三国的民众，编织着三国人民的心灵纽带，构建着三国人民的友谊桥梁。

所以，现在我很想就"继承东亚人文精神，促进人类共同发展"这一主题谈谈个人感想并与大家共同探讨。

东亚人文精神的基本内容是什么？不同的人可能有不同的理解，但是我想，一个是"仁爱"的观念，对于他人的亲善与关爱，一个是"和"的观念，对于和谐、和睦的追求，这两个观念作为亚洲人文精神的最为重要的内容，可能不会有多大的疑问与争议。

东亚人文精神的形成，儒家文化起了最为重要的作用。儒家思想的核心观念，是关于"仁"的观念。何谓"仁"？一是仁者爱人，二是仁民爱物，以友爱的态度对待大自然的万事万物，"仁"就是对于他人的亲善与关爱。对他人表示亲善与关爱，并不是出于个人利益的考量，而是完全出于无私的心理。除"仁"之外，儒家还大力提倡"和"，主张"礼之用，和为贵"。礼仪文化和制度文化最为重要、最为根本的作用是维护社会的和谐与和睦。所以，《中庸》讲："和也者，天下之达道也。"儒家追求"和"，并不是否认差异，更不是要取消差异。孔夫子的主张是"和而不同"，即是主张"不同"而"和"，主张多样性的世界，失去多样性的世界将是死气沉沉的。中国西周时代的史官史伯认为："和实生物，同则不继"。也就是《中庸》上讲的"中也者，天下之大本也；和也者，天下之达道也。致中和，天地位焉，万物育焉。""和"是多种因素成分的协调与和谐，"同"则是同一事物、同一因素的简单相加。孔子讲："君子和而不同，小人同而不和"。"和而不同"是于人于事有所肯定亦有所否定，"同而不和"则是不加任何取舍地一味认同。

从4世纪开始，中国儒学开始向海外传播。日本早期儒学的主要内容是"德治"的政治理念，最早将儒学引入个人修养及信仰领域的是圣德太子（574—622），他所颁布的《宪法十七条》明确提出了"以和为贵"，并提出"忠于君"、"仁于民"，具有非常浓厚的儒家色彩。17 世纪的伊藤仁斋（1627—1705）对儒学有创造性的发展，他认为，"仁义二者，实道德之大端，万善之总脑"，"天地之大德曰生，人之大德曰仁"。儒家思想是否有利于资本主义的发展，德国的韦伯提出了否定的回答，而与其同时的日本近代资本主义之父涩泽荣一则给予了肯定的回答，他提出了有名的"《论语》算盘说"，亦即经济道德一致论，认为资本主义的经济活动与儒家的道德精神不仅不是相互违背的，而且是完全并且应当统一的。

儒学传入韩国亦很早，距今已有两千年的历史。公元 918 年，高丽王朝建立。高丽朝历时五百年，太学课程即以儒家经典为主，并定期举行祭孔活动，开科取士，由儒生担任文官，民间私人讲学之风非常兴盛。李氏王朝建立后，朱子学大兴，韩国朱子学的代表人物李退溪（1501—1570）著有《圣学十图》，将天地、社会、人生融为一个统一的系统，在这一系统中，"仁"是贯通天人的灵魂。《圣学十图》实质上就是讲如何做人，如何提升人格境界。而提升人格境界，最为重要的还是"仁"。"仁为万善之长，一善不备，则仁不得为全仁矣。"儒家的思想观念一直是韩国社会占主导地位的文化观念。

儒家思想不仅对日本、韩国产生了深远的影响，也对亚洲其他国家产生了重大的影响，亚洲各国人民则在自己的实践中发展了儒家思想并形成了自己各具特色的思想和文化。今天的亚洲人文精神是亚洲各国人民经过几千年的智慧共同创造和发展的，而其中"仁"的观念、"和"的观念因其真理性而经久不衰、历久弥新，作为亚洲人文精神的基本元素延续至今。

目前，亚洲地区特别是东亚地区是世界经济最活跃的地区。东亚经济持续稳定发展的内在动力是什么？以儒家思想为基本内涵的亚洲人文精神能否为东亚经济的持续稳定发展提供支持？当今世界，各种各样的冲突持续不断，这些冲突包括地域间的冲突、国家间的冲突，包括不同文明、不同宗教间的冲突，也包括同一文明、同一宗教内部的冲突。东亚人文精神能否为解决各种冲突提供一种基本的价值理念？几十年前，在池田大作先生与英国历史学家汤因比的对话中就对这样的问题进行过探讨，汤因比先生对此表示出一种十分积极和肯定的态度，但是我们在今天要做到却并不容易。

首先，这需要我们坚持"和而不同"的精神。在当今世界上，"和而不同"的精神正显示出越来越重要的价值。多元文化、多元文明的并存、共在，将会长期存在，任何一种"唯我独尊"的权力话语或者任何一种民族主义的狭隘立场，都已经无法描述文化共生中的多元品格。冲突只有通过对话才能解决。但是对话的前提是让"他者"成为"他者"，而不是将"他者"作为"我们"所描述的对象。对话就是面对"他者"，这就需要互相理解、谅解，需要奉行和生、和处的原则，自己要生存、要发展，也应当允许"他者"生存与发展，既然要与"他者"共生、共在，就应当懂得如何与"他者"共处，就应当培养共处的意识，学会共处的艺术。对话而不是对抗，求同存异，"和而不同"，这就是共处的意识。处理当今世界各种事务，都应当具有这样一种意识。

其次，需要我们具有仁者爱人的胸怀。"和而不同"的心理意识，根源于对于"他者"的理解与关爱。没有对于他人的关爱，只是一味地损人利己，就不可能与"他者"和平共处。儒家讲"仁民爱物"，以"仁民爱物"的胸怀对待一切，对一切事物保持爱心，以友爱的态度对待"他者"，才能与"他者"友好相处，才能与"他者"共生、共在。而"仁民爱物"的胸怀中，很重要的一个部分就是前面提到的"己所不欲，勿施于人"，这其实也是全世界各族人民的共同价值观，在各国的经典思想中都可以找到类似的表示。目前，在中日和韩日关系中，一个很大的障碍就是日本少数人对历史问题的态度，我想如果这些人能本着"己所不欲，勿施于人"的精神来反思历史，就会更加理解中国人民和韩国人民的感情，理解中国人民和韩国人民"和为贵"的理念和"记住历史是为了不重复历史"的善良愿望，彼此间的关系也会更加和谐。

　　我们正处在一个新的全球化的时代，在学习世界各国文明的基础上，我们正通过互相学习、激发和激荡形成新的亚洲文明。在这个注重不同文明之间对话的时代，区域合作显示出了极大的效益。同一地区的人民应该更多地沟通，在沟通中求同存异，在求同存异中共同进步、共同繁荣。具有诸多相同文化元素的中、日、韩三国，应该通过携手并进在这样的时代背景和时代潮流下引领风骚。而在这样的历史进程中，三国的教育界特别是高等学校显然责无旁贷，也任重道远。

　　中国人民大学充分认识到在当今世界弘扬传统文化的重要意义，多年来一直致力传统文化的研究、普及与推广。学校相继成立了孔子研究院和国学院。中国人民大学孔子研究院目前正聚集全国力量编纂《海外儒藏》，《海外儒藏》的编纂工作由著名学者张立文主持。其中的韩国四书部分，共计 48 册，经过众多专家学者的精心点校，工作已经基本完成，有望在明年正式出版发行。日本四书部分、越南五经部分正在点校之中。《海外儒藏》的编纂出版，是前所未有的事业，也是泽及当代、利在千秋的伟业。此项事业的顺利进行，需要各方面的关心和支持，我们也热诚期望得到各方人士的大力支持，共同开发我们的文化宝库并发扬光大之。

立足中国　面向世界[*]

——"西方人文社科前沿述评"代序

（2007 年 6 月）

　　由美国华人人文社会科学教授协会会长鲁曙明教授主编的"西方人文社科前沿述评"由中国人民大学出版社出版，与广大人文社会科学学者朋友见面，我感到由衷的高兴。

　　人类的全部知识是由自然科学和人文社会科学两个部分组成的。然而，在人类的实践活动中，各学科都是相互交叉起作用的。人类的任何一项实践活动从来都不是靠某个单一的学科来完成的。人类的福祉需要仰仗的不仅包括以自然现象为研究对象的自然科学，还包括以人类本身及其活动为研究对象的人文社会科学，二者相辅相成，缺一不可。然而，有相当一段时间，由于特殊的原因，我们对这一问题的认识并不全面，自觉不自觉地轻视人文社会科学，有的甚至将"科教兴国"褊狭地扭曲为"技术兴国"，使人文社会科学的发展面临窘境，产生一系列问题甚至付出沉重代价：人文缺失、物欲横流、拜金主义、技术至上、价值扭曲、诚信沦丧、急功近利、浮躁浅薄、对大自然的无情索取、对传统文化的漠视蔑视……实在令人遗憾，令人痛切。正因为如此，多年来，我在不同场合，通过各种不同的方式，多次大声疾呼重视人文社会科学，发展与繁荣人文社会科学。

---

　　[*] 本文是作者应邀为美国鲁曙明教授主编的"西方人文社科前沿述评"丛书（北京，中国人民大学出版社，2007）所作的序言。原题为《发展与繁荣中国的人文社会科学》。

自然科学和人文社会科学对人类的社会发展和生活实践都发生作用，但作用的方式各有不同。自然科学经过由基础理论向应用研究的转化，其成果可以物化和体现在技术当中。新技术一旦出现，就给人类改造自然的活动展现新的前景，这对生产力发展的影响是直接的、明显的、看得见摸得着的。人文社会科学则不同。如果说自然科学、科学技术是人类改造自然的"硬件"，那么，人文社会科学也许可以称做人类改造自然的"软件"，它的作用是一种支撑、导引、保证的作用，它发生作用的方式是间接的、隐蔽的，往往是看不见摸不着的，是一种"软实力"。人文社会科学对社会作用的方式有自己的特点，它能启蒙思想、传承文明、教化育人、改善制度、规范行为、丰富生活，促进人的全面发展和社会的全面进步。随着社会的发展，这些作用会越来越大。与自然科学相比，人文社会科学在社会发展中的作用方式有所不同，但如果我们把这种不同看成是可有可无，那就大错特错了。

进入新世纪以后，人们呼吁重新评价人文社会科学，呼吁高度重视、大力发展人文社会科学。幸运的是，党和政府以及许多有识之士高瞻远瞩，大力扭转"重理轻文"的不良倾向，人文社会科学和自然科学同被喻为"车之两轮"、"鸟之两翼"，社会各界也积极响应，纷纷出台发展与繁荣人文社会科学的具体方案。越来越多的朋友认识到，那种认为科学主要是指自然科学，甚至只是与自然科学相关的技术的眼界过于狭隘，完全不利于科学的发展，也不利于社会的进步，更和21世纪科学与社会发展的大趋势格格不入。不发展自然科学不行，不发展人文社会科学也不行。重视自然科学和人文社会科学的发展，对于国家建设和高等教育事业的发展同等重要。这一认识上的转变意义十分重大，将开创我国新时期人文社会科学繁荣发展的新局面。人类社会的发展已经进入信息化、全球化的新时代，我们国家的建设已经进入了实现科学发展、构建和谐社会的新阶段，要在这样一个迅速变革和发展的新时代、新阶段，实现国家的现代化和中华民族的伟大复兴，无不需要与时俱进的新的思想、新的见解，需要人文社会科学研究的理论创新。

大学的探索

中华民族是一个有着优良文化传统的民族，并且为自己的历史和文化感到骄傲。虽然我们在过去一个多世纪里曾经在保持传统文化和引进西方文明间挣扎过、摇摆过，但正是在这样的历史过程中，当代中国人逐步学会了选择，学会了处理传统文化与西方文化之间的关系，这就是既立足中国又面向世界，既要继承弘扬优秀传统文化，又要努力学习借鉴各国人民创造的有益文化成果，并将这两者统一于建设中国特色社会主义伟大实践之中，通过坚持不懈的理性的探索与创新，逐步形成新时期具有中国特色、中国风格、中国气派的人文社会科学。我们欣喜地看到，随着实践的发展，学术气氛更加民主，人们变得更加宽容，眼界也更加开阔，尊重探索、鼓励创新、"百花齐放、百家争鸣"的气氛正在形成，实事求是、客观公正、兼容并蓄的学术文化观正在养成，各种学术观点、学术流派活跃并存的局面正在出现。与此同时，我国学术界也积极加强与西方学术界的交流，选派一批又一批人文社会科学的访问学者去发达国家学习交流，与西方学术团体共同举办人文社会科学各学科的国际研讨会，与国外学者联合开展研究课题，合作撰写、发表研究论文，因此，我们对西方人文社会科学的研究和教育的了解日益加深。

毋庸置疑，由于历史进程和文化背景的不同，与西方国家相比，我国人文社会科学各个学科的研究和教育，必然存在着这样那样的差异或区别，彰显着自身的特色。众所周知，中国的人文社会科学的发展是以马克思主义为指导的，但正如列宁所说："马克思主义同'宗派主义'毫无相似之处，它绝不是离开世界文明发展大道而产生的一种故步自封、僵化不变的学说。恰恰相反，马克思的全部天才正是在于他回答了人类先进思想已经提出的种种问题。他的学说的产生正是哲学、政治经济学和社会主义极伟大的代表人物的学说的直接继续。"① 以马克思主义为指导的中国的人文社会科学的发展要有海纳

---

① 《列宁全集》，中文2版，第23卷，41页，北京，人民出版社，1990。

百川的气派，吐故纳新，兼容并包，广泛学习和科学借鉴人类一切文明的优秀成果，这样才能取人之长、补己之短，促进我国人文社会科学的繁荣和发展。

自 20 世纪初以来，特别是第二次世界大战以后，西方人文社会科学界开始反思各个学科的研究方法和理论建设，追求专业研究的科学严谨性。各学科的专业协会每年举办地区性、全国性乃至国际性的专业年会，汇集交流研究成果，专业刊物制定严格的学术标准，为自由学术讨论提供机会和空间。经过数十年的发展，各个学科都呈现出新的时代特色和新的发展成就。西方人文社会科学发展的明显特点是：研究问题密切关注现实社会生活，研究方法不断完善，理论不断推陈出新，研究教育广泛普及。应该说，西方人文社会科学发展的经验，有很多值得我们学习借鉴的地方。我们繁荣发展人文社会科学，必须具有国际眼光，扩大眼界，积极吸纳和学习国外人文社会科学领域已经取得的能够为我所用的成就和精华，以利于我们从更广的视野和更新的基础上进行人文社会科学的研究。

中国人民大学出版社邀请美国华人人文社会科学教授协会的教授们撰写这套"西方人文社科前沿述评"，非常及时，非常必要。丛书各章作者在美国或其他国家和地区的高校从事人文社会科学的教学研究，他们从专家的角度，比较系统地介绍、评析西方人文社会科学主要学科的发展历史、理论体系、研究方法以及前沿热点问题，这对于全面了解西方人文社会科学发展的来龙去脉，繁荣发展我们自己的人文社会科学研究和教育，具有重要的借鉴意义和参考价值。从这套丛书中，我们还看到，尽管各学科之间有一定的相通性，就是我们常说的学科交叉，但西方人文社会科学的各个学科的研究又都有其独特性，学科进一步细化，关注研究某个特定领域的具体问题，力图形成一套有用的研究方法，发展出一系列较为完整的理论去解释他们所面临的复杂的社会现象，从不同侧面去揭示他们所处的社会形态中的活动规律。这些理论反过来又成为指导政府部门和其他社会组织制定政策法规的重要依据，成为人们生活的指导原则，彰显出人文社会科学与社会生活的密切关系。

他山之石，可以攻玉。我们在现阶段应该首先花大力气学习借鉴西方学者多年来从事人文社会科学各学科研究的方法。无论是定量的还是定性的方法，不仅在我们的研究过程当中，而且更重要的是在我们的人文社会科学教育中，尤其是研究生特别是博士研究生的教育中，要认真分析研究方法与学科理论之间的关系，切实加强研究方法的训练，培养出一批又一批具有较强的独立研究能力的人文社会科学研究人员。与此同时，我们应该注意到，西方学者在各学科中总结归纳的理论，虽然包含一些具有普适性的观点，这些理论当然对我们有很大的参考或启迪意义，但作为完整的理论体系来说，一方面，从来就没有、今后也不会有一成不变的永恒的理论，更为重要的另一方面，我国的国情包括发展阶段与西方发达国家有很大的不同，因此，我们不能照抄照搬，食"洋"不化，而必须在仔细咀嚼、充分消化的过程中，学会将这些理论放在中国具体的社会实践和文化体系中考察验证，根据我们的实践，结合我们的理论，融合提炼，以我为主，开拓创新，用中国人的智慧从中国的角度和实际出发，对世界人文社会科学研究作出贡献。

人文社会科学的研究对象是人和社会，因而人文社会科学的研究必须站在维护和发展人的尊严、维护和发展最广大人民的根本利益的立场上，必须面对社会、面向实际，它的研究成果必须被社会接受、承认和采用，必须对社会发展作出贡献。这个要求是非常高的。社会实践是人文社会科学发展的源泉，人文社会科学只能在社会实践中才能发生、发展，也只能通过实践才能产生理论的创新。因此，人文社会科学工作者必须避免过时而空洞的说教，杜绝教条主义和本本主义，深入了解国情，正确认识历史，密切关注社会，贴近现实，通过严谨科学的研究方法研究社会过程，实事求是地认识人的自身发展规律和社会各领域的发展规律，不断实现人文社会科学理论的创新。

发展与繁荣人文社会科学，需要广大人文社会科学工作者付出扎实而艰辛的劳动。研究方法和理论思维的培养，非一朝一夕之功，更不能寄希望所谓的"速成"、"文化快餐"，而需要博览群书，孜孜以求，"板凳要坐十年冷，文章不写一句空"。在社会发展瞬息万变、诱惑随处可见的情况下，人文社会科学工作者更要坚守自己的学术气节，树立良好的学风，克服浮躁和急功近利的倾向，力求突破，力求创新，拿出高水平的成果，贡献给社会。如果这样，"西方人文社科前沿述评"也就实现了它的出版价值。

最后，我要向这套丛书的作者们，支持这套丛书出版的所有人员包括创意者、编辑者、出版者，表示由衷的敬意和感谢。

是为序。

对话加深理解，理解推动合作[*]
——在第二届"中欧论坛（2007）"大会上的讲话

（2007 年 10 月 5 日）

尊敬的居伊·费尔霍夫施塔特首相阁下，

尊敬的德洛尔先生，

尊敬的瓦尔德纳委员，

尊敬的范·坎普校长先生，

尊敬的卡蓝默主席，

尊敬的关呈远大使阁下、章启月大使阁下，

女士们、先生们、朋友们：

今天的中欧论坛全体大会是一次空前的盛会，是中欧之间日益广泛而深刻的社会对话的一个里程碑，也是中欧双边关系走向成熟、健康和稳定的具体象征。作为本次论坛的中方主办单位中国人民大学的校长，我在这里要向所有参与本次论坛并为中欧对话和交流作出贡献的人士表示衷心感谢！两年前，我们在中国南沙主办了第一届中欧论坛，罗卡尔议员、卡蓝默主席以及在座的许多朋友都参加了那次论

---

　　* 本文根据作者以"中欧论坛（2007）"中方代表团团长身份在大会上的致辞录音整理。2007 年 10 月 4 日至 7 日，由中国人民大学、中山大学作为中方组织者，法国梅耶人类进步基金会、比利时布鲁塞尔自由大学等单位作为欧方组织者共同主办的"中欧论坛 2007"在欧洲举行，来自中国及欧洲各地的近千名不同职业的代表参与了本次以"迎接当代世界的挑战、开展社会之间的对话"为主题的盛会。该论坛作为中国人民大学 70 周年校庆的系列重大活动之一大获成功，极大地扩大了中国人民大学在中国和欧洲各国的影响。

坛。其最重要的成果之一，也就是我们今天在这里聚会的理由：通过对话加深理解，通过理解推动合作。

中国人民大学位于中国首都北京，是一所以人文社会科学为主的综合性、研究型全国重点大学，被誉为"中国人文社会科学高等教育领域的一面旗帜"。我校与38个国家和地区的145所大学建立了学术交流关系。在欧洲，有53所大学是我校的正式合作伙伴，在我校合作建设的8所孔子学院中，有5所在欧洲，可以说，中国人民大学是国际社会认识和了解中国的最好窗口之一。

欧洲问题研究是中国人民大学引为自豪和骄傲的重点研究领域。借此机会，我想简要回顾近年来我校所走过的中欧交流的历程。1994年，为响应欧盟对华政策的调整，考虑到未来中欧关系的重要性，我校成立了欧洲问题研究中心。1997年，中国政府与欧盟委员会正式启动了中欧高等教育合作项目，中国人民大学不仅是该项目中方管理办公室的所在地，而且是该项目最积极的参与者，在4年间执行了120多项合作项目，派出了60多位教授来欧洲进行访问和讲学，接待了20位欧洲学者到我校访问讲学，召开了多次关于欧洲问题研究的国际会议和讲习班。2001年，我校欧洲问题研究中心主任宋新宁教授被欧洲联盟委员会授予"让·莫奈讲座教授"，2005年，该中心又被欧盟委员会命名为"让·莫奈最佳欧洲研究中心"，这是世界范围内欧洲以外的国家仅有的6个最佳欧洲研究中心之一。去年，就在我们现在所在的这个校园，我们又与布鲁塞尔自由大学合作，在欧洲建立了第一个中欧合作的布鲁塞尔当代中国研究所，主办了不定期的"布鲁塞尔中国论坛"。所有这些活动的目的，都在于进一步加强中国与欧盟国家间的相互了解和合作，这样全方位地进行中欧教育交流与合作，在中国的大学中是首屈一指的。

进入新的世纪，中国人民大学在中欧之间的交流与对话中占据了更加重要的位置。从那时起到现在，历届欧盟驻华大使和绝大多数的欧盟成员国驻华大使都曾到中国人民大学访问和演讲，欧盟委员会前副主席布里坦爵士和两位现任的欧盟委员会委员，包括此刻在座的瓦尔德纳女士，以及来自欧盟委员会、欧洲议会、欧洲法院的几十位朋友都曾访问中国人民大学并发表演讲。还有很多学者和学生在人民大学讲学和进修。应当说，在中国，还没有哪一所大学能够像中国人民大学这样迎接过这么多来自欧盟国家的尊贵客人。

由此我们完全可以自豪地宣布：我们是中欧交流史的创造者之一，我们是中欧交流史的见证人之一。在这个意义上讲，中国人民大学不仅是欧洲问题研究的重镇，而且是培养从事欧洲问题研究和中欧交流的新力量的重要教育机构。就像我们寄希望于本次论坛能够为中欧之间的对话、理解和合作作出独特贡献那样，我们相信，中国人民大学一定会在中欧合作中担当更加重要的角色。

50年前，一群富有远见的人士代表自己的人民签署了《罗马条约》，为今天的欧盟奠定了发展的基础；30多年前，中国与欧洲共同体建立了正式的外交关系，成为当时所有社会主义国家中的先行者。从那时起到现在，中欧关系不断向广度和深度发展，以贸易为例，2006年，中国与欧盟的双边贸易达到2 723亿美元，欧盟已超过美国成为中国的第一大贸易伙伴。正如中欧双方最高领导人多次指出过的那样，目前的中欧关系正处于历史上的最好发展时期，中国与欧盟正在进行有关伙伴关系合作协议的谈判，双方在政治、经济、文化、外交等各个领域的合作关系在不断向深入的方向发展，我们完全有理由相信，在中国、欧盟和欧盟各成员国政府的共同努力下，在社会各个阶层的共同参与下，中欧关系将进入一个全新的发展阶段。

700多年前，一位名叫马可·波罗的勇敢的欧洲人，历尽千辛万苦来到中国，开启了中欧交流与对话的大门。此后，经济发达而政治昌明的欧洲成为有志改变祖国命运的中国人一心向往的地方，孙中山先生曾经来过这里，周恩来、邓小平等早期中国共产党人也来过这里。今天，我们毫无阻碍地聚会在这里，共同讨论中欧关系的未来。

通过过去两天里的论坛活动，我们对此有着更多的共识。也正是因为这样，我们中国代表的到来也得到了许多欧洲朋友的协助和支持，在此，我要特意感谢我们的欧洲合作伙伴——法国梅耶人类进步基金会、布鲁塞尔自由大学！再次感谢所有来参与对话的代表，感谢你们对大会的成功举行所作出的贡献！

在授予鱼允大教授
中国人民大学名誉博士学位仪式上的讲话

(2007 年 10 月 30 日)

尊敬的鱼允大教授,

各位来宾,老师们、同学们:

大家好!在这样一个秋高气爽的美好日子,我们在这里隆重举行仪式,授予韩国高丽大学前任校长鱼允大教授[①]中国人民大学名誉博士学位。首先,请允许我代表中国人民大学全体师生向鱼允大教授表示热烈的祝贺!向前来参加我校 70 周年校庆的各位来宾表示诚挚的欢迎!

鱼允大教授是管理学领域的著名学者,他在国际金融研究领域取得了累累硕果,共出版了 10 余部具有重要影响力的学术著作,发表了数十篇高质量的科研论文,并担任各种学会会长职务,在学术领域成就斐然。鱼允大教授是一位杰出的教育家。他在担任高丽大学校长期间,大力推行"环球高大计划",通过实行一系列的改革措施,积极推进高丽大学的国际化进程。在他的领导下,高丽大学全体师生同心同德、奋发进取,使高丽大学走出国门,正在迈向世界著名大学的行列。同时,他还倡导成立亚太国际教育协会,不仅提高了韩国大学

---

① 鱼允大,韩国高丽大学商学院教授,曾任高丽大学校长。现任韩国国家品牌委员会委员长。

的国际化水平，还促进了亚太地区高等教育机构的交流与合作。鱼允大校长还是一位出色的社会活动家。他凭借渊博的国际金融知识，多次参与韩国政府的金融决策。他曾先后担任韩国外交通商部外交政策顾问委员、教育人力资源部政策顾问委员会委员长等重要职务，为韩国政府制定外交、教育政策提供咨询。

鱼允大教授是中国人民大学的老朋友。在担任高丽大学校长期间，他不遗余力地推动两校间的合作与交流。在他的积极倡导和大力支持下，两校间成功开展了合作举办"中韩21世纪学术论坛"、两校学生互换、两校篮球队友谊赛、共同成立中韩企业经营研究所等一系列富有成果的合作项目。特别是在鱼校长的积极推动下，两校决定在人民大学共同建设高丽会馆。今天，这一象征两校友谊的标志性建筑即将奠基动工，并将把两校的情谊永久地凝固在人民大学校园中。

众所周知，今年对中国人民大学是意义非凡的一年，人民大学迎来了70周年华诞。在这样一个特殊的日子来临之际，我们授予鱼允大教授中国人民大学名誉博士学位无疑具有特殊的意义。

今天，鱼允大教授已经成为人民大学的一员。我们衷心希望鱼允大教授能够经常来人大访问、讲学，并继续关注和支持人民大学与高丽大学以及与韩国的交流与合作。

最后，再次向鱼允大教授表示祝贺，祝愿人民大学和高丽大学的友谊不断发展，祝愿中韩两国人民的友谊万古长青！

谢谢大家！

正义兴业　强国富民[*]

——在"国际儒学论坛（2007）"开幕式上的讲话

（2007 年 12 月 1 日）

尊敬的各位专家、学者：

上午好！岁在严冬，寒气袭人，各位专家学者不辞劳苦，又一次莅临中国人民大学，参加"国际儒学论坛（2007）——儒家文化与经济发展"国际学术研讨会，可谓群贤毕至。我谨代表中国人民大学，对今天到场的各位领导、各位嘉宾、各位专家学者表示最热烈的欢迎和最诚挚的感谢！

儒学传统，博厚幽远、深沉有容，一方面，它陶冶中华民族的情操，塑造中国人的心理性格，提升出独具魅力的精神境界，这即是所谓"内圣"；另一方面，它又向外开拓，注重事功，主张开物成务，组织、指导着中国人的生活实践，包括政治、经济等方方面面，这即是所谓"外王"。从"内圣"到"外王"，整个儒学是一个一以贯之、知行合一的学说整体。纵观儒家学说发展史，不仅有孔子、孟子、二程、朱熹、陆九渊、王阳明这条"内圣"的线索，还存在着孔子、荀子、董仲舒、王通、陈亮、叶适、顾炎武、黄宗羲、颜元这样一条致力于发展"外王"精神的线索。此外，《左传》有言曰："太上有立德，其次有立功，其次有立言，虽久不废，此之谓不朽。"历史上，

＊ 本文系作者在中国人民大学举办的"国际儒学论坛（2007）"开幕式上的致辞，论坛主题为"儒家文化与经济发展"。

儒家不仅有著书立说传世教人的思想家、学问家，还有心系天下、为国为民、建功立业、先忧后乐的志士仁人。

《孔子家语》记载孔子这样一句话："政之急者，莫大乎使民富且寿也"。《论语》中也记载他说："邦有道，贫且贱焉，耻也。"孔子多次称赞管仲九合诸侯、不以兵车、一匡天下，还曾不无称赞地说做生意的学生子贡"亿则屡中"，这些都可以看到孔子思想中经世致用的一面。荀子强调从国到民"上下俱富"是"国计之极"，《易传》宣扬"富有之谓大业，日新之谓盛德"。宋代永康学派的陈亮大力提倡事功实学，期于开物务成。永嘉学派的叶适更直接强调富国强兵、发展商业。明中叶至清代，高拱提倡真才实学，发之为强国实证，清整吏治，为国理财，以权行经。张居正推动了改革事业，取得显著实效。黄宗羲提出"工商皆本"，王夫之赞成"反虚而实"，傅山则云"修身经世"，颜元提出"正其义以谋其利，明其道而计其功"。这些学说皆重"外王"又兼"内圣"，以"外王"考定"内圣"。总而言之，"内圣"以提高思想境界为目标，外王以成就政治、经济等事业为目标，儒学是有虚有实的学问，它关切形而上的终极本体，也关切形而下的发用流行。

儒学培育出来的不只是志士仁人、圣贤君子，它还成就了许多巨商富贾、务实雄才，著名的晋商、徽商就是儒学孕育出来的经济奇观。他们重仁行义，交往守诚，获利有信，取财有道，在今天依然可以看到的晋商文物里、在他们的宗祠碑刻上篆刻的不是教人如何钻营巧取、血腥暴力，他们的生财之道竟是儒家的道德格言、诚实守信，这不能不令人深思。是儒学搁浅了我们，还是我们错怪了儒学？近人抛却那种粗暴武断的批判，开始平静真诚的反思，寻找儒学与经济关联的秘密，探求道德与利益融通的渠道。马克斯·韦伯在西方的基督教新教伦理中找到了资本主义精神的源头动力，我国亦有学者在儒家伦理之中寻找商人精神之源泉，我想，这绝不是一种攀比或强为。日本资本主义之父涩泽荣一有名言"《论语》加算盘"，意在强调，经济的发展离不开传统道德的辅助，而经济之所以不振，是因为"世人分《论语》、算盘为二"。近些年来，随着东亚各国的经济飞跃，尤其是中国改革开放后在经济上取得了巨大成就，人们开始关注东亚各国经济腾飞背后的精神支柱，甚至提出了"儒教资本主义"，我们暂且不论这一提法有多少合理性，但它至少给我们提供这样一个信息，儒学传统并不是我们前进中的绊脚石。

我想，随着经济的深入发展，儒学的魅力会进一步彰显，以和为价值取向、以诚为交往保障、以通为互惠道路、以义为道德自律的儒学思想会逐渐得到世人的认可，将对经济的稳定、繁荣和发展贡献一己之力。儒学至少可以在这样两个方面为推动经济发展发挥积极作用：（1）儒家的"内圣"之学可以为塑造经济活动中的人的道德人格和经济活动中的市场伦理提供精神资源；（2）儒家的"外王"之学更能经过阐释与转换，为中国经济的现代化以及全球化的世界经济，提供一种积极的动力支持。

孔子曰："人能弘道，非道弘人。"道不可须臾而离人，没有人的创造、发扬，任何学问都可能被废弃搁浅。我们今天召开这样一个研讨会，正是"以人弘道"的体现，是专家学者们担当精神的体现。通过这次会议的深入探讨，定能取得许多建设性的成就，必将促进儒家文化在当今经济社会发展中发挥更大的作用，裨益世道，有补于人心。

预祝本次儒学国际会议取得圆满成功！谢谢！

交流，沟通，理解[*]

——在彼得·卡赞斯坦中国人民大学
名誉教授授予仪式上的讲话

(2008 年 4 月 30 日)

今天，我们国际关系学院举行这样一个授予仪式，聘请卡赞斯坦教授担任中国人民大学名誉教授！我谨向卡赞斯坦教授表示热烈的祝贺！

中国人民大学是我们国家以人文社会科学为主的、最具有代表性的重要大学之一。在国际政治、国际关系研究方面处于全国前列。1950 年，人民大学就建立了政治学科。1964 年，在周恩来总理的亲自关怀下，人民大学与北大、复旦一起成立了国际政治系，从此成为我国最重要的国际政治人才培养和科学研究基地之一。

卡赞斯坦教授是国际政治学界的著名学者，他所在的康奈尔大学是美国著名的大学，与我校有良好的关系。这次聘请卡赞斯坦教授为我校名誉教授，表明人民大学和康奈尔大学之间的合作又向前迈进了一步，也表明我校对卡赞斯坦教授这样的著名学者的学术地位的肯定。2006 年秋天我曾经访问康奈尔大学，大卫·斯考顿校长会见并宴请了我。2007 年 10 月，大卫·斯考顿校长访问中国人民大学，出席我校 70 周年校庆大会，并作为国外友好高校代表致辞。我校与康

＊ 本文根据讲话录音整理。

奈尔大学在劳动经济、农业经济等领域已经有了比较深入的、广泛的交往，现在两校又在国际关系、国际政治领域开展合作，我对两校之间的合作向纵深发展感到由衷的喜悦。卡赞斯坦教授将来和我们一起工作，对我校国际关系学院的教师来讲，是一种缘分；对我们的学生来讲，是一种福分。

在这样的时刻，我想到国际政治、国际关系这样的学科所承担的任务，我想不仅仅是对学术的繁荣作出贡献，而且要对国际和谐秩序的构建作出贡献。中国改革开放 30 年，取得了巨大的成就。中国人立足于自己的国土，面向全世界来求得自己的发展，同时也为世界的和平与发展作出贡献，应该说是成就卓著的。但是，西方总是有些政客对中国看不惯，在中国贫穷落后的时候，他们指责中国；当中国开始发展的时候，他们同样指责中国。特别是最近，围绕着中国举办奥运会和所谓的西藏问题，在西方有一种喧嚣，让中国人感觉非常惊讶。西方不是强调自由、民主、人权吗？为什么中国举办奥运会这样美好的事情在他们眼中都成了罪过呢？所以我就在想，世界各国人民之间的交流、沟通和理解是非常重要的。我到过西方一些国家，我感到中国人对西方世界的了解比起西方人对中国的了解要多得多、深得多。为什么会这样呢？因为中国相对落后，落后的国家对先进的国家总想多看一些、多学一些；为什么他们对我们了解很少，而且以一种蔑视的态度看待我们呢？因为他们觉得自己比较先进，有一种莫名的狂妄、傲慢。当中国人不是很强调意识形态的时候，在西方却特别强调意识形态。在欧美的报纸上，妖魔化中国的报道天天都看得到，美国 CNN 某评论员最近破口大骂中国，完全有失美国人的尊严，再一次显露了极少数美国人的扭曲、阴暗的心理。

我为什么在今天这样一个欢乐的场合讲这样的问题呢？我主要想到，国际关系、国际政治这样的学科肩负着促进各国人民之间的交流、沟通、理解的责任，肩负着促进各国人民友好、合作的责任。在这方面看来，我们任重而道远。最理性的、最好的做法就是采取各种各样切实有效的措施，搭建各种各样沟通和交流的渠道、桥梁，促进各国人民之间的交往、学者之间的交往和政府之间的交往。因为有了这样一种心情，所以我对今天卡赞斯坦教授荣任我校名誉教授感到格外兴奋。

关于国际文化战略问题的几点认识[*]

——在"第二届中华战略文化论坛"上的演讲

(2008 年 11 月 16 日)

对我国改革开放 30 多年来的发展战略理论以及实践进行全方位的回顾与反思，总结经验，寻找差距，拓展思路，从而在战略文化的层面上为国家的进步、民族的振兴提供有益的意见、建议，这无疑是富有意义和价值的工作，也是从事人文社会科学研究者的光荣使命。作为一名中国文化的真诚热爱者和坚定守护者，我呼吁：统一制定国家层面的较为完整、较为系统的国际文化战略，此其时也！今天我很乐意就我们国家的国际文化战略问题谈些自己的看法。

任何不抱偏见的人都会承认，改革开放 30 年使中国的整个社会面貌发生了根本性的改观，也在世界文明史上留下了辉煌的一页。它的成就、它的地位、它的意义、它的影响已不乏充分的肯定和总结，已不乏广泛的揄扬和宣传，这当然是理有固宜，心有共鸣，很正确，很必要！因为这么做，有利于准确全面反映和见证中华民族发展和崛起的宏伟壮丽的历史画卷，有利于鼓舞和振奋一种自强不息的民族精神，从而凝聚人心，促进事业。

然而，"智者之虑，必杂于利害，杂于利而务可信也，杂于害而患可解也"，一个国家、一个民族、一个政党、一个团队能够立于不

---

* 本文根据演讲录音整理，全文原载《学术界》2009 年第 3 期。

败之地的重要原因之一，就是既善于在逆境锲而不舍、孜孜以求，更善于在顺境朝乾夕惕、如临如履，保持清醒的头脑，就不会忘乎所以，自我陶醉。因此，我们在热情讴歌改革开放 30 年来巨大成就的同时，更应该去积极关注、反思和解决我们这项光荣事业中相对滞后的问题，更应该站在历史的高度、以国际的视野考察我们国家未来广阔的发展前景，为事业的可持续推进提供战略预测上的前瞻性、战略选择上的多样性、战略手段上的可操作性。我认为，这就是在人文社会领域落实科学发展观的应有之义，也是人文社会科学工作者义不容辞的神圣职责。

鉴于这样的认识，再来回顾总结改革开放 30 年的历史，我们会发现，相形于经济、政治、军事等领域的辉煌成就，我们国家的文化发展与繁荣尚存在着比较大的提升空间，换言之，在决定社会面貌、时代精神的几大核心要素中，文化这个板块可以说是盛水木桶中比较短的那块木板，这一点，在今天正表现得越来越明显，即随着我们国家整体硬实力的迅猛发展，我们国家的软实力并没有进入相应的位置、体现相应的力量，这已经在一定程度上成为了制约、阻滞我们国家和平发展的一个瓶颈。

造成这种局面的原因是多样的，但不可否认的一个重要因素是我们的文化发展战略的制定与实施显然相对滞后，未能很好地应对在全球化背景下的复杂形势和种种挑战：对自己优秀传统的漠视，导致了广大民众对自己文化主体性的疏离；对自己历史文化资源的菲薄，导致了广大民众对自己民族自豪感的缺失；缺乏对西方文化观念有针对性的分析与批判，导致了西方价值观的无孔不入的渗透与泛滥；在国际文化交流过程中只讲借鉴或只强调防御而不主动出击，导致了西方话语霸权的横行与西方文化的单向输入。

所有这一切，都告诫和提醒我们，中国的发展既面临着新的战略机遇，同时也遭遇了新的严峻挑战，这包括如何顺利实现经济发展模式的转型，如何积极参与国际秩序体制的重组，如何在提升硬实力同时，发展以文化为核心的软实力，使之在多极竞争中立于不败之地……总之，现在显然不是高枕无忧、歌舞升平的时候，漠视存在的问题，陶醉于所谓"盛世"的风光，那是危险的，相反，我们只有戒骄戒躁，虚怀若谷，脚踏实地，再接再厉，才能促成我们的事业"百尺竿头，更进一步"！

那么，中国文化该怎么样保持自己的特色、自己的风格、自己的气派，该怎么样积极参与世界文明的整合、融会和重新构建，这不是光凭一腔热情空喊口号所能达到目的的，而必须取决于选择正确的文化战略，立足于扎实的工作。我个人认为，以下的思路与方法是值得尝试的。

一、凝聚共识

这就是必须认清制定和实施国际文化战略的重要性与迫切性。所谓战略，即指导全局的方略。要顺利开展国际文化对话与交流，关键在于有清晰的战略发展思路，有充实的战略架构内涵，有可行的战略运作手段，尤为重要的是有一致的战略理念认同。很显然，制定正确可行的国际文化战略是我们所要优先解决的问题，这一点乃是基于这一命题的重要性，即我们在今天重新审视和不断完善我们国家的文化发展战略，乃是推动国家各项事业可持续发展、实现中华民族全面复兴的重要保障，是战略运筹与战略选择的重中之重。

这中间的道理很简单：在当今经济全球化、政治多极化、文明多样化的世界中，中国已不可能关起国门从事自己的建设，中国文化也不可能与世隔绝自我发展，而只能在全世界这个最大的平台上，与其他文化进行对话交流，开展互动互补；以博大的襟怀、坦荡的气魄，注重不同文化的比较，在世界文明发展的大格局中进行定位；在世界文化多元化背景下，既各美其美，也美人之美，既充分汲取和借鉴世界尤其是欧美近现代文化中的精华成分，又致力于将博大精深的中国文化作为世界文化的一部分，作为全人类共同的精神财富加以集成、阐释和光大！

从这个意义上说，国际文化战略是国家形象在这个世界上的集中体现、民族精神的充分展示，是沟通世界的广阔平台，共同繁荣的坚强纽带，也是解决歧见的有效手段。可以认为，没有正确国际文化战略的国家，有可能成为失去发展方向的国家；没有正确国际文化战略的民族，有可能成为丧失前途的民族。这些就是我们应当凝聚的共识。

二、夯实基础

对外开放，并不只是让国外文化进来，同样重要的是中国文化要走出去，夯实基础，在新的时期主要是指夯实走出去的基础。在当前主要是推广海外汉语教学，打造中国文化传播的语言平台。语言文字是传播文化的主要媒介，人们要了解并热爱某个民族的文化，必须通过语言文字这个媒介来实现，不然，一切将无从谈起，换言之，文化的隔阂首先来自于语言文字的阻隔，只有克服这个障碍，才能使世界各国民众接触我们的文化，了解我们的历史，认识我们的传统。

然而，长期以来，汉语虽然拥有最多的受众，但是与英语、法语等主要语种相比，却处于明显的弱势地位，尤其为广大西方民众所陌生。在这种背景下，谈论中国文化的传播与推广，很大程度上不啻是缘木求鱼、画饼充饥。在诺贝尔文学奖的评选中，中国人的优秀作品总是被忽视，这中间除了有评奖者自身的西方文化价值观在作祟之外，语言文字的隔膜恐怕也是一个重要的因素。

因此，在制定和实施国际文化战略的过程中，我们必须把推广海外汉语教学、打造传播中国文化的语言平台作为基础性的工作来落实，使更多的国外民众熟悉汉语、运用汉语。

我们欣喜地看到，近年来随着中国国力的全面提升，在国际政治生活中的角色越来越重要，各国民众认识中国及其文化的兴趣也日趋浓厚，由此而带动汉语学习热潮的蓬勃兴起。国家决策者敏锐地捕捉和把握这种有利的战略时机，全面启动了以创办海外孔子学院为主要形式的汉语国际推广战略，并收到了显著的效果。当然，这方面的工作还只是开始，有大量值得改进的空间，这包括资源的整合、内容的完善、形式的创新、方法的更新、渠道的开拓，要源于语言文字教学，又超越语言文字教学，即以语言文字教学为基础，又不以语言文字教学为满足，力争通过语言文字教学这个形式、这个载体，使西方大众于潜移默化之中了解、理解乃至认同我们的文化核心价值。

夯实基础的另一个重要方面就是大力加强中华文化的外文翻译、出版，尤其是英文翻译、出版工作。要把这方面的工作列为我国国际文化战略的重大战略举措抓实、抓细，务求短期内有长足的进展。

三、把握重点

这就是重振和弘扬国学，确立国际文化战略的主导方向。在参与国际文化交流与竞争的过程中，一方面我们要摆脱抱残守缺的思维，跳出故步自封的窠臼，以"海纳百川，有容乃大"的健康心态，主动借鉴和吸取其他民族优秀文化精华，丰富和完善我们的固有文化，但是另一方面我们更应该注意坚持民族文化的主体性，立足于文化双向交流，同时避免文化单向输入。这意味着，我们的文化理所当然是国际文化对话中的平等一员，平等交流与对话的核心主题是要张扬我们经受了悠久历史洗礼并充满着当代精神的文化价值观。

众所周知，当今时代，文化已成为国家核心竞争力、国家软实力的重要组成部分，文化在综合国力竞争中的地位和作用日趋重要。美国学者布热津斯基提出了大国和强国的四条标准：经济发达、军事强大、科技雄厚、文化富有吸引力。美国学者约瑟夫·奈提出的软实力，其占首要位置的就是文化的吸引力和感染力。

因此，我们在制定和实施国际文化战略的具体活动中，既要兼顾全面，更要紧抓关键、突出重点，把中国文化价值观的张扬和推广作为国际文化战略的核心内容与主导方向。这个核心、这个主导就是国学所代表的中国文化本位意识。国学作为中国传统学术、中华传统文化的精华，既是指依存于经典的知识及其体系，也是中国富有鲜活生命力的思想智慧与科学方法，更是蕴涵着为人处世、齐家治国的世界观、人生观、价值观。它拥有很多具有普世价值的思想和主张，有如璀璨的明珠闪耀在世界文明的天空。比如"仁者爱人"、"仁民爱物"、"己所不欲、勿施于人"、"忠恕之道"、"中庸之道"、"天人合一"、"厚德载物"、"自强不息"、"和而不同"等，对于应对当今世界的重大问题，处理人与自然、国家与国家之间的关系等都是非常宝贵的资源。

显而易见，以国学作为我们国际文化战略实施中的核心命题，有利于在价值层面推广我们的具有普适性的思想与理念，有利于增强文化吸引力，有利于恢复文化自信，有利于提高人文学术创造力，更好地体现国家文化软实力，争取国际文化话语权。

中国人民大学作为一所以人文社会科学为主的研究型大学，长期以来一直将参与和实践我国国际文化战略作为自己重要职责，并作出了一定的贡献，尤其是长期面向海外发行以"中华学术窗口"著称的《复印报刊资料》所作出的贡献而享誉海外学界。近年来，我们在美洲、欧洲、非洲创办了多所孔子学院，积极推动汉语教学在全球的开展；我们在国家汉办的授权和指导下，创建了汉语国际推广研究所，主办世界汉学大会，为国际文化战略的启动与开拓搭建了新的重要平台；我们组织撰写《汉语国际推广战略研究报告》，为国际文化战略的制定与实施提供了可资参考的宏观思路；我们创办了新中国第一家国学院，弘扬传统文化，创新国学教育，为我们国家的国际文化战略的推行提供了文化资源上的有力支撑；我们启动了"京剧海外传播推广工程"，对国际文化战略实施的形式创新开展积极的探索；我们克服重重困难主持编纂《海外儒藏》，并与中国社科院有关部门合作，主持编纂列为国家"十一五"重大文化出版工程的"域外汉籍珍本文库"，致力于使国际文化战略在基础性领域逐一得到落实；我们还试

大学的探索

办《中国人民大学学报》（英文版），向海外推介当代中国学术，如此等等。

　　所有这一切，都反映了我们围绕实施国际文化战略这一重大任务而埋头实干的精神和孜孜不倦的追求。尽管我们在这方面所做的工作还是初步的，但是我坚信，在社会各界的共同努力下，我们国家的国际文化战略一定能够更好地适应时代的要求，在国际文化交流与互补中发挥独到的作用，为构建和谐世界新秩序开辟广阔的道路，实现美好的愿景，在这其中，我们中国人民大学一定会更加有所作为，更多贡献力量。

促进国际学术文化交流
推动亚太高等教育发展 *
——在中国人民大学亚太国际教育协会
2009 年年会开幕式上的讲话

（2009 年 4 月 16 日）

尊敬的蒋树声副委员长、李斗熙主席、郝平副部长、赵凤桐主任，
各位来宾，女士们、先生们：

大家上午好！在这个春光烂漫的美好时节，由中国人民大学举办
的亚太国际教育协会 2009 年年会隆重开幕了。首先，我谨代表中国
人民大学对各位来宾表示热烈的欢迎！

随着全球化、信息化、知识化的浪潮纷至沓来，各国高等教育间
的相互交流与合作也越来越紧密。加强高等教育领域尤其是大学之间
的国际合作，是世界物质与精神生产的国际性日益增强的必然结果，
是大学发展的内在需要，也是大学传统和特质与现代社会结合的必然
要求。

正是基于这样的认识，2006 年 3 月，由韩国高丽大学、日本早

---

* 2009 年 4 月 15 日至 17 日亚太国际教育协会 2009 年年会在中国人民大学召开，本文
系作者代表举办方在年会开幕式上的讲话。亚太国际教育协会成立于 2006 年 3 月，这也是该
组织成立以来首次在中国举办年会及教育展。本次年会被认为是新中国成立以来教育系统举办
的规模最大的一次国际会议，共有 684 位海内外的高等教育界代表人士参加。中国人民大学是
亚太国际教育协会的 13 个创始会员之一。

稻田大学、新加坡国立大学和我校等 13 所亚太地区的大学共同发起创立了亚太国际教育协会。协会以推动亚太地区以及世界其他国家和地区高等教育机构的合作为宗旨，每年春天组织一次年会和展览，迄今已拥有机构和个人会员 283 个。协会已经逐渐成为与北美国际教育工作者协会和欧洲教育者年会齐名的第三大地区性国际教育协会组织。

本次年会的主题是"全球金融危机下的亚太高等教育——发展领导能力，促进和谐发展"。这是一个世界性的课题，反映了世界高等教育的新动态。正如各位所知，这次金融危机席卷全球，已在不同国家的大学产生了不同程度、不同方面的影响，使得多数大学的经营与运转、招生、学生就业等事务遭受冲击。这次大会给我们提供了一次"应对危机，提高能力，促进和谐"的良好契机。相信各位同仁能够通过这次大会，广泛交换看法，深入探讨问题，为国际高等教育领域应对经济危机提出对策和建议。

作为亚太国际教育协会的创始会员，中国人民大学非常珍惜这次举办年会的机会。中国人民大学是一所以人文社会科学为主的著名研究型大学，被誉为"中国人文社会科学高等教育领域的一面旗帜"。近年来，中国人民大学在学科建设、校园建设、人才培养、队伍建设等方面取得了辉煌成就。

中国教育部学位中心今年 1 月公布的 2007—2009 年全国 81 个一级学科排名，中国人民大学有 7 个学科排名全国第一，总数居全国第三，占所有人文社会科学一级学科 21 个学科的 1/3，在人文社会科学领域继续领先，并居中国高校首位。中国人民大学一直致力于全面提升国际性，通过扩大学生交换规模，鼓励学者参与国际交流，提高留学生质量，拓展海外孔子学院，实施国际小学期，在中国最美丽的城市之一苏州建立国际学院等举措，努力推进建设世界一流大学的进程。中国人民大学先后同 49 个国家和地区的 162 所大学建立了学术交流关系，拥有留学生总人数 1 573 人，其中攻读学位的有 1 313 人，拥有 9 所海外孔子学院，并正在积极筹建第 10 所。中国人民大学已经发展成为了解中国的重要窗口和国际学术文化交流的重要平台。

在此，我真诚地欢迎海内外各界朋友常来人民大学做客，让我们加强联系与合作，通过共同努力，为推动亚太地区以及世界其他国家和地区高等教育机构之间的合作，推动文明的交流和融合，促进世界的发展和和谐作出我们的贡献！

最后，祝年会及展览取得圆满成功！祝各位在北京生活愉快！谢谢大家！

提升国际性，我们别无选择[*]

——在中国人民大学 2008 年院长工作会议上的讲话

（2008 年 7 月 6 日）

　　这次会议对人民大学的未来发展非常重要，在人大历史上会有里程碑式的意义。这次会议集中讨论提升国际性问题，今天的会议主要是统一思想，部署动员，对国际性战略措施等进行分析、讨论。明天还要集中讨论学科建设的问题。院长们能聚在一起讨论问题的机会并不多，我们希望高水平地开好这次会议，八小时以内服从会议的统一安排，八小时以外希望大家自由交流。

　　提升国际性，学校层面既需要有统筹规划，又需要有统一认识；既需要广大师生员工的共同努力，又需要各位院长的倡导执行。要想提升学校国际性，院长们作为从规划到行动的关键人物，需要有热情，需要有执行力，这才是能够成功的最重要的因素。我今天的任务就是进行总动员，回去后你们也要在各自学院进行动员，传达本次会议精神，要把整个学校动员起来。关于提升国际性问题，我主要讲三个大的方面：

一、我们为什么要把它当做今天最紧要的任务来抓？

　　我们正处于一个伟大的时代。这是一个变革的时代，充满活力，

---

　　* 本文被《中国人民大学提升国际性行动纲要》引为序，略有删改；《光明日报》2008 年 10 月 22 日以《关于提升大学国际性的思考：我们别无选择》为题摘要发表。

充满机遇；这又是一个双向变化的时代，暗流潜伏，不进则退。这是一个喧嚣的时代，在熙熙攘攘之中，我们很容易随波逐流；这又是一个拒绝平庸的时代，如果不能开拓进取、引领潮流，我们很容易被时代淘汰。是主动选择还是被动出局，取决于我们今天的思考与行动。

考察高等教育和大学发展的历史，我们会发现那些世界名校无一不是抓住了某个历史阶段的潮流并成为引领者，从而能够脱颖而出。巴黎大学、牛津大学等作为最古老的一批大学，建立了大学的教学功能；以洪堡大学为代表的德国大学，拓展了大学的科研功能；美国的大学则敏锐地把握了社会对高等教育的需求，引领了高等教育的第三个功能——社会服务，所以它们在 20 世纪后半叶几乎独领风骚。那么，我们一个正在崛起的大国的大学，凭什么在新的时代脱颖而出？

履行当代大学的第四项职能，即进行国际学术文化交流，人民大学与中国的大学和世界的大学都是站在同一个时间点上，我们要牢牢抓住这一点。当今时代，光靠一所大学是不可能的，这与国家软实力紧密相关，如果话语权始终由西方掌握的话，我们要成为世界一流大学就很困难。如果我们不从更高的角度改变世界的秩序，光靠大学的努力，只能是痴心妄想。所以，认识这个问题，我们不能只从大学角度来考虑，还要把大学的国际性与时代、与国家、与高等教育联系起来看。我们应对国家所处的时代有深刻的理解和把握。

探询整个时代，我们发现：全球化浪潮和知识经济影响到社会生活的各个层面，整个高等教育的生存环境和发展环境发生重大变化；大学不再只是回应本国的和传统的要求，同时还要回应国际竞争和知识经济带来的新要求。科学技术的发展和经济的全球化将我们引入一个越来越小、彼此依存度越来越高的世界。中国与世界的关系也不例外，正如党的十七大报告中所指出的那样："当代中国同世界的关系发生了历史性变化，中国的前途命运日益紧密地同世界的前途命运联系在一起。""中国发展离不开世界，世界繁荣稳定也离不开中国。"

这样的话应该说振聋发聩。这与经济全球化的到来有关，同时也与中国的迅速发展有关。目前，中国已经成为世界经济第三大国、贸易第二大国，经济和贸易世界大国的地位将我们从政治、经济、文化等各个方面与整个世界前所未有地紧密联系起来。

中国经济走向世界，必然要求文化上同时走向世界。中国的和平崛起，绝不仅仅靠经济的崛起，必然要求整个软实力的提升。只有中国的文化走向世界、影响世界，得到尊重、得到理解，并成为世界多元文化的重要一极，才能算真正的和平崛起，中国的大国地位才能真正确立，中国与世界人民的友谊才能建立在更深厚的基础上。最近发生的种种问题和事件，固然与反华势力有关，但也与在价值层面上西方并不很了解我们有关。我们常把西方政府和人民分开，但有时看到外国人民也不理解我们，因为他们在文明形态、价值观念、思维方式、发展成就等方面并不了解中国，了解的仅仅是"made in China"。经济强大只能说明我们是"经济动物"。要让世界了解中国、理解中国，至少得到应有的尊重，中国才能和平崛起。这样的任务需要大学来合理地担当，人民大学这样的学校必然要在其中，这是时代的要求，也是国家的期盼。

中国经济地位的提升，带动了中国高等教育地位的提升，这种提升本身蕴涵着新的任务：大量出现的与中国有关的国际事务需要纳入大学的视野和研究范畴；大量的国际交往也需要大学输送大批具有国际视野的优秀人才；大量的中国与世界相互沟通和理解也需要大学去承担；国际文化交流，或者说中国文化、文明的输出也需要大学去承担。西方世界最感兴趣的一是中国古代文化，一是当代中国，其中主要涉及的是人文社会科学领域。

特别还要指出的是，中国、印度、巴西等国家的崛起带来的多极化正在改变着最近几个世纪以来西方主导世界的格局，国与国之间的竞争和摩擦出现了历史性的新变化。为了适应这样的变化，中国作为一个后发国家在国际依存度不断增强的同时，还必须增强自己的自主性，否则即便经济总量上去了，也不可能成为真正意义上的大国。我国政府为此制定了加强自主创新能力，建设创新型国家的战略目标，这也向大学提出了新的任务：大学如何在人才培养和科学研究上服务于创新型国家的建设？如何在变化着的世界格局中创造性地加强国际交流与合作？高等教育如何在加强国际性的同时坚守本土性？这些都是时代提出的重大问题。如果一所大学特别是一所研究型大学不能够适应国家的需要，不能在人才培养和科学研究方面服务于国家的目标建设，针对与本国有关的各种国际事务展开积极有效的研究，产出具有国际先进水平的创新性成果，培养出具有国际竞争力的创新型人才，就不可能成为新时代的一流大学。

所以，无论是从国家命运还是从大学自身命运来说，大学都不得不应对新的时代带来的关于提升国际性的挑战。

探询整个高等教育，我们发现：大学的竞争模式和竞争对手发生了巨大改变，高等教育的国际竞争时代已经来临，任何一所大学都不可能再将视野和思维封闭在一国的高等教育系统之内。早在 20 世纪末，在对整个世界发展趋势进行深刻观察的基础上，联合国教科文组织就深刻地指出国际文化交流已经成为了现代大学继人才培养、科学研究、社会服务之后的第四项重要的社会职能。而在联合国教科文组织指出这一新的趋势之前，一些发达国家的名校已经雄心勃勃地展开了它们的"全球战略"。它们利用雄厚的经济实力和在学科领域的领先地位在全球范围内引进优秀学者、吸纳优秀学生、拓展海外教育市场。对中国教育市场的争夺也已展开。根据 2005 年的统计数据，中国已经成为世界上最大的留学生输出国，而中国接收的留学生数量则只有美国的四分之一，不到英国的一半。如果以国际论文发表为一个指标考察国际学术话语权，那么中国的大学与一些国际公认的著名大学更是有着极大的差距。当前，中国的经济已经对很多国家形成了挑战，但是，在面临国外一些高校带来的竞争压力的同时，中国的大学却不能对其他国家的大学形成挑战。就国际竞争力而言，我们的高等教育已经滞后于经济的发展。

伴随着经济全球化浪潮和知识经济的到来，高等教育的国际竞争时代已经来临，需要我们积极主动地去应对。再过二三十年，如果一所研究型大学不能够在世界高等教育版图拥有一席之地，恐怕就避免不了落伍，甚至会面临被淘汰的命运。

探询培养对象，我们发现：我们面对的学生已经是在全球化经济和信息时代成长起来的新一代青年，他们在国际性方面对我们有了更高的要求。经济全球化潜移默化地改变着我们的日常生活，各国商品的大量流通和输入也带来了他国的文化和观念。信息时代让我们的青年非常快速地就能接收到各国的最新消息，在网络和各种媒体的虚拟下，地球村正在逐渐成为现实。商品和科技铸造的开放世界决定了这个时代的青年拥有比他们的前辈们更加广阔的视野和更具国际性的眼光。他们在对整个世界的理解和把握上，对大学和教师的引导也就有了更高的渴望。如果我们的教师自身不具有国际眼光、综合眼光和比较眼光，就不可能有效地引导我们的学生。中国人民大学的人才培养有着远大的目标，我们吸收的都是青年中的佼佼者，我们培养的是"国民表率、社会栋梁"，他们是中国未来的创造者、建设者和接班人，在他们当中，理所当然应涌现出一批具有国际竞争力的领袖人才。这样的人才，应该了解中国的传统和现实，也要了解西方文明和当今世界。人才培养的高起点和高目标向我们提出了高要求，如果我们不能满足学生对我们的期待和要求，我们将被我们的学生所抛弃。

探询自己，我们发现：我们的特色和优势如果不能与时俱进，就可能跟不上与时俱进的高等教育评价体系，不能培育和挖掘出新的增长点，更不可能从中国一流走向世界一流。在长期的办学实践中，中国人民大学形成了以人文社会科学为主的办学特色，被誉为中国人文社会科学高等教育的一面旗帜。这些年来，尽管学校在提升国际性上取得了很大的成绩，但由于学科特色的制约、社会的误解和历史上国际交流的相对薄弱等种种原因，学校目前的国际性还很不够，国际声誉与国内地位相比仍不匹配：缺乏若干有能力引领中国学术走向世界的学科；缺乏一批达到国际学术前沿水平并为国际同行所认识的标志性成果；缺乏学贯中西、具有国际影响力的大师；缺乏具备国际战略眼光的人才培养模式；缺乏学校由中国一流走向世界一流的制度保障。

在我校学科建设、校园建设、制度建设取得巨大成绩的情况下，国际性已经成为我校进一步发展最主要的软肋之一，从某种意义来讲，也是制约学校发展的一个瓶颈。按照目前中国高等教育的评价体系和学术标准，我校确实在人文社会科学高等教育领域有着崇高的地位。但是，我们也要看到评价体系存在着国际可比性正在增强这样一种发展趋势。如果看不到或者看到了也掉以轻心甚至不屑一顾这样一种同样包含着合理性的评价要求，我们的特色和优势就很可能在新的评价体系中不能彰显。我们注重从传统渠道加强学科建设，但正如我们一位教师感叹的那样，"我们传统的学术潜力差不多已经挖掘到头了"。如果我们不能把握教育发展趋势和最新学术动态，从改变理念和改造教师队伍出发，抓住提升国际性这一当前最紧迫的问题加强我们的优势、培育新的增长点，我们的优势学科也有可能在不知不觉中落伍。

或许存在这样的说法，"国际性应视学科而定，有的学科，中国第一即已是世界第一"。这当然是有一定道理的，我们为已经走在中国前列的学科和专业感到骄傲。但是，任何学科都具有本土性，同时又具有国际性。尽管对中国特色、中国传统的学科不能与其他国际通用学科一样以国际发表或教师的国际性水平等为标尺，却一样存在着国际性的要求，甚至走向国际的要求更为迫切。越是中国的就越是世界的，但如何成为世界的，就需要一个传导和转化机制，这个传导和转化机制就是：如何走出去，让自己的成果、自己的形象为世界所充分认识，让我们的中国第一和世界第一由"我说"转化为"他说"，让所有希望了解那个领域的海外学者，都知道并向往人民大学。或许还有这样的质疑："难道英文发表就意味着比中文发表水平高吗?"当然不一定是这样,但是英文发表意味着我们拥有了更广阔的读者群,我们的学术影响力就走出了国门。我们也就在更广阔的领域为自己和学校赢得了声誉。所以,我们鼓励中文发表,而在学校由中国一流走向世界一流的进程中,我们理应用更大的力度鼓励科研成果为世界所认识,为世界同行所了解、所尊重。

我们这些年一方面大力加强本土性,另一方面也要大力加强国际性。只有更好地了解自己,才能更好地认识世界;而只有深刻认识世界,才能深刻认识中国。新世纪开始时,中国人民大学从历史和现状出发,确立了创建"人民满意、世界一流"大学的总体奋斗目标,制定了"十年基础,十年腾飞,每五年上一个台阶"的战略部署。应该说,经过"十五"时期和"十一五"前期建设,学校固本强基的任务提前完成,办学条件得到根本改善,形象得以重塑,作为中国顶尖级大学的地位得到恢复和巩固。但是,我们的现状离我们的目标和国家的期盼还有很大的距离。如果我们把月光放得长远些,自觉地将人民大学置身于世界高等学校办学实力和国际性水平构成的坐标当中,那么更会感到我们不仅与一些发达国家的名校有巨大差距,即便是与某些国内的高校相比,也有一定的差距。这样的差距,在一个不进则退的时代,如果不能乘势快速弥补、迎头赶上,不要说实现宏伟目标,就是几十年后我们能否保持国内一流的研究型大学的地位,也是个值得思考的问题。正是在这样的紧迫感和使命感中,我们确定提升国际性是当前人民大学最重要的任务之一,提出并制定了"中国人民大学全面提升国际性"行动计划。

二、我校提升国际性的基础和当前的主要挑战

从战火中走来的中国人民大学,既有光荣的革命历史传统,又有兼容并蓄、海纳百川的胸怀气度。学校自命名组建之初就高度重视国际交流与合作,注重吸收国外高校先进的教学管理经验,将开放、合

作的理念始终贯穿于学校发展建设之中。

新中国成立初期及此后一段时间，中国人民大学以"敢为天下先"的勇气和魄力，艰难摸索国际学术交流的道路，在吸收借鉴的基础上，与中国社会主义建设的实践相结合，填补了国内大量学术空白：在全国第一个研究、借鉴苏联人文社会科学诸多学科的相关学术成果；在全国高校第一个开设了"西方经济学介绍与批判"课程；第一个设立世界经济教研室，对我国研究、借鉴西方经济学理论起到了奠基性作用。这一时期，中国人民大学国际交流工作充分反映国家外交政策，对外交往的主要对象是苏联、东欧社会主义国家、亚非拉国家，主要形式是接待社会主义国家的代表团来访和聘请苏联专家，尤其是苏联专家对我校教学、科研的诸多领域，曾经在一定程度上发挥了开拓性、奠定性的作用。

伴随着国家改革开放的步伐，中国人民大学大踏步地走向世界。学校根据实际情况确定了国际交流的内容和方式，把工作重点放在学科建设所急需的领域，通过交流与合作，在国内学术界创造了多个具有重要意义的"第一"：主编了第一套全国通用的《西方经济学》教材；翻译出版了中国第一部西方主要哲学家全集——《亚里士多德全集》中文译本；第一个在我国高等院校开设"西方文艺理论史"课程；外国留学生在我国获得的第一个人文社会科学博士出自中国人民大学。始于1985年的中美经济学教育交流项目（简称"福特班"）先后持续了10年，是我国第一次最大规模、最系统地引进西方经济学理论和方法的项目，该项目聘请世界一流的经济学家讲学，为国家培养了417名开放型经济学高级专门人才，对改革开放理论与实践研究具有重大意义。此外，中加管理教育合作项目、中美法学教育交流项目、中美国际关系学教育交流项目、中国—欧盟高等教育合作项目、联合国人口基金项目等，也都是这一时期人民大学国际交流项目的典型代表。

进入新世纪以来，中国人民大学从建设世界一流大学的战略高度出发，充分认识到加强国内外学术交流的重要意义，大力提升学校的国际性，努力营造一个自由交流、互相碰撞、兼容并蓄、民主平等的学术氛围，学校的国际学术交流发展迅速，在人文社会科学领域的学科优势日益为国际同行所了解和认同，国际影响力有了显著上升。主要表现在：（1）实现强强合作，与世界主要国家和地区的一大批著名高校和学术机构建立了合作交流关系。截至 2007 年底，学校已与世界上 41 个国家和地区的 153 所高校和机构建立了学术交流关系。（2）国际互动频繁，学校的国际学术交流有了长足发展。我校举办的高水平的国际学术会议年均 50 次左右，国际学术名流纷纷登上人大讲坛；国外高层代表团来访频繁，高端国际交流日益密切。（3）教师队伍的国际竞争力有所改善，教师国际学术水平有所提高。截至 2007 年底，在国外取得博士学位的教师有 119 人，占专任教师的 7.4％；有 6 个月以上出国经历的教师达 412 人，占专任教师的 26％。（4）人才培养开始面向世界，全英文项目有所突破。学生国际交流渐趋活跃，交流形式日益多样。合作培养本科生、研究生已经起步并积累了一定的经验。“2＋2”、“2＋1”模式的体制外人才培养取得了显著成就。国际学生大幅度增加，截至 2007 年底，达到 1 558 人，其中攻读学位留学生达到留学生总数的 80％，在中国高校中名列前茅。（5）在促进中外学术文化交流的出版领域取得显著成就。（6）学校在国家对外文化交流中的地位显著提升，国际声誉日益增强。成功举办了一系列重大国家级外事活动：2008 年 1 月，温总理来到我校，与英国首相布朗共同出席中英两国公众交流活动；3 月，胡锦涛总书记来到人民大学参加“中日青少年友好交流年”的开幕式，这是胡锦涛总书记在连任国家主席后出席的第一项国事活动。这些充分体现了党和国家对人民大学的高度关怀、充分信任，也说明我校在民间外交和国际文化交流中发挥了越来越重要的作用。（7）积极在全球传播和弘扬中国传统文化；百余种学术刊物在全球发行；率先引进出版了一系列具有国际影响的著作和教材。

我校国际性的提升主要面临的问题和挑战包括：（1）学科整体国际影响力和竞争力不足，缺乏若干有能力引领中国学术走向世界的学科。（2）科研整体国际影响力和竞争力有限，缺乏一批达到国际学术前沿水平并为国际所认识的标志性学术成果。（3）教师队伍整体国际影响力和竞争力偏低，缺乏一批具有多元学术背景和国际影响的教师。（4）人才培养体系国际性不够，特别是缺乏一种具备国际战略眼光、国际先进理念和可操作的本国人才的国际性培养模式，与国外合作培养本国学生的规模偏小。（5）提升国际性的制度保障体系的科学性、先进性不足，缺乏一整套迈向世界一流、成熟完备的制度设计和相关配套机制。（6）提升国际性的经费投入是瓶颈之一。由此可见，提升国际性涉及学校工作的各个方面，是一项整体性、系统性的工程。

三、从当前实际出发，全面提升国际性

我们提升国际性的战略目标，那就是"到21世纪20年代中期，中国人民大学整体办学实力以中国顶尖大学之一处于亚洲领先地位，进入世界大学前列：建成若干世界一流的学科；会聚一批学贯中西的国际知名学者；产出一批具有国际影响力的学术成果；培养一大批具有国际竞争力的优秀学生；构建一个特色鲜明、兼容并蓄、和谐文明的大学校园"。为实现这一目标，我们也有一个"三步走"的战略设想。这三个战略步骤是"第一阶段（2008—2010年）：统一思想，科学规划，切实落实，形成学校在学科、科研、教师、人才培养等方面国际性的明显提升的势头；第二阶段（2011—2015年）：加速发展，全面推进，重点突破，科研成果的国际影响、教师队伍的国际性、学生的国际竞争力大幅提升，若干个学科成为具有世界影响的一流学科；第三阶段（2016—2027年）：快速发展，整体提升，进入一流，学校整体办学实力以中国顶尖大学之一处于亚洲领先地位，进入世界大学前列，基本建设成为'人民满意、世界一

流'的大学。"

要在行动上落实提升国际性的计划，就要解放思想、创新思路、创新办法、创新制度。经过初步讨论，我们确定了九大战略举措，包括三十条，暂且把它称为"提升国际性三十条"。下面我从六个方面来加以概括：

（一）加强国际性人才引进，提升教师队伍的国际性是关键

首先，要在高层次、国际性人才引进问题上下真功夫，要采取超常规措施，打破体制、机制、组织等方面束缚，为引进人才创造条件。一方面，要设立学科特区，以高标准、高要求聘请有欧美名校留学背景的高层次人才，以不同形式补充、丰富我校师资队伍结构。面向全球招聘教师，到2015年，力争引进一批海外一流大学著名学者或学术骨干，从海外大学取得博士学位的中国教师在教师队伍中所占的比例达到20%，全职与至少教授一门课程的外籍教师在教师队伍中所占的比例达到10%。另一方面，要在培养自身队伍上下工夫。人才队伍建设的立足点还是要以我为主。要在继续保证常规工作的基础上进一步加大力度，如外派教师出国研修、年轻教师的选留和短期讲学项目等。力争到2015年，使80%的中青年教师有半年以上国外学术经历，所有中青年教师能出国参加高水平的国际学术会议；受聘三级及以上岗位的教授除部分老教师外，原则上都应具有运用外语独立进行国际交流的能力。

其次，管理队伍的国际性也是队伍建设的一个重要组成部分。组织部门要认真研究学院领导班子的搭配问题，一些具有国际性的学科、专业，要重点培养一批有留学、访学背景，能够熟练地运用外语交流的后备干部。国际交流处和人事处要进一步加强管理干部队伍出境、出国交流访问的力度，每年确保一定数量的管理人员出国学习，开拓国际视野，力争到2015年，对20%以上的管理干部进行国际培训，稳步提升管理干部队伍的国际性。

（二）加强国际性课程建设、教材建设，继续适当扩大留学生规模，大力提高留学生培养质量，提升校园内人才培养的国际性是基础

要采取硬性规定，加大各学院本科生课堂采用英语教学的力度，教务处要检查、抽查双语教学课堂的落实情况。力争到2010年，双语教学课程翻一番，达到150门，到2015年翻两番，达到300门，使我们的学生不出国也能在外文水平和专业训练方面达到大大提升国际性的目的。

出版社、书报资料中心要在进一步引进国外经典原版教材、刊物杂志的基础上，加强我们自身学术成果的翻译出版工作。要把国际性课程建设、教材建设作为提升人才培养国际性的基础。

留学生的存在是校园内人才培养国际性的集中体现。要在巩固现有留学生规模优势的基础上，进一步研究改善生源结构，要深入了解外国学生的需要，通过进一步研究全英文项目的结构，使我们现有的多个项目办成会聚人才的项目，在招生标准、住宿、餐饮等方面突出特点。同时，要切实提高毕业生的质量，留学生和中国学生要统一标准，一视同仁。只有在留学生毕业问题上严格把关，才能保证人才的培养质量，才有可能培养出能在所在国家站得住的学术骨干和社会中坚。

（三）以多种方式创新合作办学模式，大力加强我校与海外著名大学联合培养本科生、硕士生和博士生的项目，努力扩大学生交流活动，创造条件鼓励我校毕业生赴海外著名大学攻读硕士、博士学位

力争从2010年起，每年出国学习一学期以上的学生超过300名，到2015年超过800名；部分专业尤其是外语类专业本科生实行"7+1（学期）"培养模式，要求至少有一个学期在海外大学学习。积极探索"双学士"、"2+1"国内国外双硕士的项目试点。认真策划学生的对外交流项目，使人大的毕业生在未来的就业市场上具有国际竞争力。

（四）加强国际发表，提升科学研究的国际性是重点

让世界从学术文化上深入地认识中国、了解中国是国际性大学的基本任务之一。它关系着国家的软实力，是国家对外文化战略的核心组成部分。所以我们要义不容辞，在这一层面向世界推介中国学术文化。

要通过国际发表基本知识培训、科研方法培训和设立国际合作研究项目，提升教师科研能力和国际发表能力。力争到 2015 年，人文社会科学领域和自然科学领域国际论文人均发表达到国内先进乃至领先水平。国际发表很重要的是策划问题，建议由规划处、研究生院确定若干个重点发展的学科。应该帮助教师按照国际学术规范发表论文。思想要解放，观念要更新。到 2015 年，力争有 1～2 种我校主办的学术刊物成为被纳入国际社会科学引文索引体系（SSCI）的刊物。

要在制度上尝试探索，根据学科特点，对新聘任教师提出国际发表的新要求，在非语言类的外籍教师聘任中明确国际发表的要求。在职称评定过程中要有国际发表的数量和质量标准，从 2011 年开始将国际发表纳入教师职务晋升考核体系。对在有重要影响的国际刊物上发表的学术论文给予重奖。

要研究并形成人民大学品牌性、制度性的国际学术会议、论坛，加强宣传，在国内外形成自己的优势和特色。组织好对优秀科研成果如经济和社会发展报告的英文翻译工作，对我校举行的有重大影响的国际学术会议出版英文论文集，积极促成国际发表。加大对教师和在校学生特别是在校博士生参加国际学术会议的支持力度。

（五）扩大海外影响，重视国际形象塑造是提升国际性的途径

积极探索海外合作办学和科学研究，实现学校学术影响的海外拓展与提升。发挥海外孔子学院的作用，把人民大学办成国外汉学家们认可的国际汉学研究中心。整合对外语言文化学院、文学院的资源，做好汉语国际推广工作，做好中国语言和文化的对外传播工作。积极

发挥各种学术资源与学术品牌的作用，加强学校出版社与书报资料中心的国际性，多种渠道提升学校的海外影响。完善"2＋2"的体制外本科生培养模式。加强海外校友会的建设，密切与海外校友的联系，充分发挥海外校友在提升学校国际性战略中的作用。充分利用各种宣传载体，积极参加各种国际宣传活动，进一步挖掘宣传渠道，大力提升学校国际形象。

（六）加大投入和制度建设是提升国际性的保证

提升国际性问题涉及组织、管理、教学、后勤保障等一系列环节，学校要大力增加这方面的经费投入，积极改善硬件环境，为提升国际性提供保障。学校有关校领导和国际交流处、财务处等部门正在研究和计算可能需要的经费投入。除了加大投入，制度建设是重要保障，学校尤其要从组织实施与制度保障方面入手：（1）将全面提升国际性纳入学校领导的重要议事日程，设立中国人民大学全面提升国际性行动委员会，加强学校外事机构的组织建设。学校成立中国人民大学国际性行动计划领导小组，成员由学校主要领导和相关部处主要负责人组成，对学校全面提升国际性进行决策；国际交流处设立委员会办公室，委员会及其办公室以专题办公会议和联席会议形式协调和推动计划领导小组各项措施的落实。（2）建立中国人民大学国际顾问制度。鱼允大教授就是我们聘任的首批国际顾问之一。（3）学校相关职能部门按各自职责范围，负责全面提升国际性的有关工作。（4）学院是学校全面提升国际性的实施主体，学院院长全面负责本学院国际性发展的具体建设与实际管理，直接对学校国际性行动计划领导小组负责并汇报工作。（5）多渠道筹集资金，整合资源，同时根据需要设立专项经费，为全面提升国际性提供资金和物质保障。（6）围绕全面提升国际性，进一步建立、修订、细化和完善各项规章制度，建立和完善国际性评价机制，为全面提升国际性提供较为完备的制度性保障服务。

回想新世纪初，在很多国内高校都已经完成了校园改造的时候，我们面对的还是一个相对陈旧落后的校园，但我们没有气馁，而是创新思路，奋起直追，经过 5 年多的艰苦努力，改造出了一个面貌全新的校园。我们的学生拥有了良好的学习生活环境，我们的教师也拥有了目前国内高校领先的住房条件和工作条件。我们用 5 年多的时间，在基础建设上做了比以前 50 年的总和还要多几倍的事情，取得了即便在同样的时代背景下，很多学校要 10 多年或更长时间才能取得的成绩。我们也花了七八年时间使得人大的学科建设在过去的基础上又有了大的提升。这就说明，任何事情，只要敢想肯干，经过一段时期的努力，就一定会有成效。21 世纪 20 年代中期达到我们刚才讲到的预期目标是完全有可能的。相较于硬件的改造，全面提升国际性这样的软件建设工程当然要复杂得多，也艰难得多。但是，只要我们从现在开始，统一认识、开拓思维，同心协力、聚精会神进行全面提升国际性这一重大工程，我们就一定能取得成功。

让我们一起用行动来选择，因为我们别无选择！

图书在版编目（CIP）数据

大学的探索/纪宝成.
北京：中国人民大学出版社，2009
ISBN 978-7-300-11563-4

Ⅰ．①大…
Ⅱ．①纪…
Ⅲ．①高等学校-校长-工作-文集
Ⅳ．①G647.12-53

中国版本图书馆 CIP 数据核字（2009）第 223272 号

大学的探索

纪宝成

Daxue de Tansuo

出版发行	中国人民大学出版社			
社　　址	北京中关村大街 31 号		邮政编码	100080
电　　话	010－62511242（总编室）		010－62511398（质管部）	
	010－82501766（邮购部）		010－62514148（门市部）	
	010－62515195（发行公司）		010－62515275（盗版举报）	
网　　址	http://www.crup.com.cn			
	http://www.ttrnet.com（人大教研网）			
经　　销	新华书店			
印　　刷	北京华联印刷有限公司			
规　　格	158 mm×236 mm　16 开本		版　次	2009 年 12 月第 1 版
印　　张	74 插页 11		印　次	2009 年 12 月第 1 次印刷
字　　数	969 000		定　价	128.00 元（三卷，精装）

版权所有　侵权必究　印装差错　负责调换